2026

에듀윌
9급공무원
기본서

암기보다는
스토리 파악이 중요해

한국사 선사~근세

신형철 편저

eduwill × ZANMANG LOOPY

YES24 수험서 자격증 공무원
한국사 7급 교재 베스트셀러 1위

최연소 합격 전략 연구소장
잔망 루피의 공무원 합격 비법

나의 합격 비법을 알려줄게!!

교재 무료 혜택

2025년 최신기출 무료특강 (국가직9급/ 지방직9급)

[경로안내]
① 에듀윌 도서몰(book.eduwill.net) 접속
② '동영상강의실 → 공무원' 클릭
③ [최신기출 해설특강] 9급공무원 한국사 (국가직/지방직)

풍부한 부가학습자료 PDF

[경로안내]
① 에듀윌 도서몰(book.eduwill.net) 접속
② '도서자료실 → 부가학습자료' 클릭
③ '공무원 한국사' 검색하여 다운로드

따라만 하면 자동회독! 5회독 플래너
(교재 내 수록)

eduwill × ZANMANG LOOPY

**에듀윌과 함께 시작하면,
당신도 합격할 수 있습니다!**

대학 진학 후 진로를 고민하다 1년 만에
서울시 행정직 9급, 7급에 모두 합격한 대학생

직장생활과 병행하며 7개월간 공부해
국가공무원 세무직에 당당히 합격한 51세 직장인까지

누구나 합격할 수 있습니다.
시작하겠다는 '다짐' 하나면 충분합니다.

마지막 페이지를 덮으면,

**에듀윌과 함께
공무원 합격이 시작됩니다.**

70개월 베스트셀러 1위
에듀윌 공무원 교재

기초부터 확실하게 기본 이론

기본서
국어 독해

기본서
국어 문법

기본서
영어 독해

기본서
영어 문법

기본서
한국사

기본서
행정법총론

기본서
행정학

다양한 출제 유형 대비 문제집

단원별 기출&예상 문제집
국어

단원별 기출&예상 문제집
한국사

단원별 기출&예상 문제집
행정학

단원별 기출&예상 문제집
행정법총론

* YES24 수험서 자격증 공무원 베스트셀러 1위 (2017년 3월, 2018년 4월~6월, 8월, 2019년 4월, 6월~12월, 2020년 1월~12월, 2021년 1월~12월, 2022년 1월~12월, 2023년 1월~12월, 2024년 1월~7월, 9월~10월 월별 베스트, 매월 1위 교재는 다름)
* YES24 국내도서 해당분야 월별, 주별 베스트 기준

에듀윌 공무원

출제경향 파악 기출문제집

| 9급공무원 기출문제집 영어 | 9급공무원 기출문제집 한국사 | 9급공무원 기출문제집 행정학 | 9급공무원 기출문제집 행정법총론 |

7급공무원 시험 대비 PSAT 교재 | 영어 집중 영단어 교재 | 실전 대비 모의고사

민간경력자 PSAT 기출문제집 | 7급공무원 PSAT 기출문제집 | 영어 빈출 VOCA | 기출 품은 모의고사 국어

더 많은
공무원 교재

* 교재 이미지는 변경될 수 있습니다.

공무원 1위

1초 합격예측
모바일 성적분석표

1초 안에 '클릭' 한 번으로 성적을 확인하실 수 있습니다!

활용 GUIDE

실시간 성적분석 방법!

STEP 1 QR 코드 스캔 ▶ **STEP 2** 모바일 OMR 입력 ▶ **STEP 3** 자동채점 & 성적분석표 확인

STEP 1
QR 코드 스캔

- 교재의 QR 코드를 모바일로 스캔 후 에듀윌 회원 로그인
- QR 코드 하단의 바로가기 주소로도 접속 가능

STEP 2
모바일 OMR 입력

- 회차 확인 후 '응시하기' 클릭
- 모바일 OMR에 답안 입력
- 문제풀이 시간까지 측정 가능

STEP 3
자동채점 & 성적분석표 확인

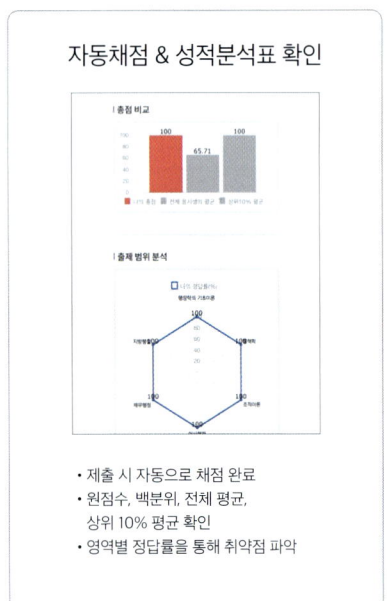

- 제출 시 자동으로 채점 완료
- 원점수, 백분위, 전체 평균, 상위 10% 평균 확인
- 영역별 정답률을 통해 취약점 파악

※ 본 서비스는 에듀윌 공무원 교재(연도별, 회차별 문항이 수록된 교재)를 구입하는 분에게 제공됨.

공무원, 에듀윌을 선택해야 하는 이유

합격자 수 수직 상승
2,100%

명품 강의 만족도
99%

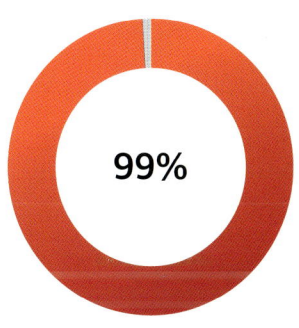

공무원

베스트셀러 1위
70개월(5년 10개월)

5년 연속 공무원 교육
1위

---

* 2017/2022 에듀윌 공무원 과정 최종 환급자 수 기준   * 9급공무원 대표 교수진 2023년 7월 ~ 2024년 4월 강의 만족도 평균(배영표, 헤더진, 한유진, 이광호, 김용철)
* YES24 수험서 자격증 공무원 베스트셀러 1위 (2017년 3월, 2018년 4월~6월, 8월, 2019년 4월, 6월~12월, 2020년 1월~12월, 2021년 1월~12월, 2022년 1월~12월, 2023년 1월~12월, 2024년 1월~7월, 9월~10월 월별 베스트, 매월 1위 교재는 다름)
* 2023, 2022, 2021 대한민국 브랜드만족지수 7·9급공무원 교육 1위 (한경비즈니스) / 2020, 2019 한국브랜드만족지수 7·9급공무원 교육 1위 (주간동아, G밸리뉴스)

공무원 1위

1위 에듀윌만의
체계적인 합격 커리큘럼

온라인 강의
원하는 시간과 장소에서, 1:1 관리까지 한번에

① 독한 교수진의 1:1 학습관리
② 과목별 테마특강, 기출문제 해설강의 무료 제공
③ 초보 수험생 필수 기초강의와 합격필독서 무료 제공

쉽고 빠른 합격의 첫걸음 **합격필독서 무료** 신청

직영 학원
최고의 학습 환경과 빈틈 없는 학습 관리

① 현장 강의와 온라인 강의를 한번에
② 확실한 합격관리 시스템, 아케르
③ 완벽 몰입이 가능한 프리미엄 학습 공간

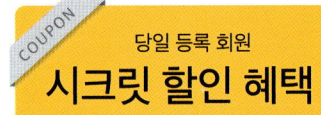

합격전략 설명회 신청 시 **당일 등록 수강 할인권** 제공

친구 추천 이벤트

"**친구 추천**하고 한 달 만에
920만원 받았어요"

친구 1명 추천할 때마다 현금 10만원 제공
추천 참여 횟수 무제한 반복 가능

※ *a*o*h**** 회원의 2021년 2월 실제 리워드 금액 기준
※ 해당 이벤트는 예고 없이 변경되거나 종료될 수 있습니다.

친구 추천 이벤트
바로가기

* 2023 대한민국 브랜드만족도 7·9급공무원 교육 1위 (한경비즈니스)

회독플래너

실패율 Zero! 따라만 해도 5회독 가능!

구분	PART	CHAPTER	1회독	2회독	3회독	4회독	5회독
선사 ~ 근세	우리 역사의 기원과 형성	한국사의 바른 이해	1	1~2	1	1	1
		선사 시대의 우리 역사	2~3				
		국가의 형성	4~5	3	2		
	고대의 우리 역사	고대의 정치	6~10	4~8	3~6	2	
		고대의 경제	11	9	7	3	
		고대의 사회	12	10			
		고대의 문화	13~15	11~12	8		
	중세의 우리 역사	중세의 정치	16~20	13~17	9~11	4	2
		중세의 경제	21	18	12	5	
		중세의 사회	22	19			
		중세의 문화	23~25	20~22	13~14		
	근세의 우리 역사	근세의 정치	26~29	23~26	15~16	6	3
		근세의 경제	30	27	17		
		근세의 사회	31			7	
		근세의 문화	32~33	28~29	18		
근대 태동기 ~ 현대	근대 태동기의 우리 역사	근대 태동기의 정치	34~38	30~32	19~20	8~9	4
		근대 태동기의 경제	39~40	33	21	10	
		근대 태동기의 사회	41	34			
		근대 태동기의 문화	42~43	35	22	11	
	근대사(개항기)	흥선 대원군의 개혁 정치와 문호의 개방	44	36	23	12	5
		근대 국가 수립 운동	45~47	37~38	24~25	13	
		일제의 침략과 국권 수호 운동	48	39	26	14	
		개항 이후의 경제·사회·문화	49	40			
	일제 강점기	일제의 식민 통치와 항일 민족 운동	50~54	41~44	27~29	15~16	6
		일제 강점기 경제의 변화	55	45	30	17	
		일제 강점기 사회 운동					
		민족 문화 수호 운동	56	46	31		
	현대 사회의 발전	대한민국 정부 수립과 6·25 전쟁	57~58	47~48	32~33	18	7
		민주주의의 시련과 발전	59	49	34	19	
		북한의 역사와 통일을 위한 노력	60	50	35	20	
		현대의 경제·사회·문화 발전					
			60일 완성	**50일 완성**	**35일 완성**	**20일 완성**	**7일 완성**

승자는 시간을 관리하며 살고, 패자는 시간에 쫓기며 산다.
- J. 하비스 -

직접 체크하는 회독플래너

본문의 회독체크표를 한눈에!

구분	PART	CHAPTER	1회독	2회독	3회독	4회독	5회독
선사 ~ 근세	우리 역사의 기원과 형성	한국사의 바른 이해					
		선사 시대의 우리 역사					
		국가의 형성					
	고대의 우리 역사	고대의 정치					
		고대의 경제					
		고대의 사회					
		고대의 문화					
	중세의 우리 역사	중세의 정치					
		중세의 경제					
		중세의 사회					
		중세의 문화					
	근세의 우리 역사	근세의 정치					
		근세의 경제					
		근세의 사회					
		근세의 문화					
근대 태동기 ~ 현대	근대 태동기의 우리 역사	근대 태동기의 정치					
		근대 태동기의 경제					
		근대 태동기의 사회					
		근대 태동기의 문화					
	근대사(개항기)	흥선 대원군의 개혁 정치와 문호의 개방					
		근대 국가 수립 운동					
		일제의 침략과 국권 수호 운동					
		개항 이후의 경제·사회·문화					
	일제 강점기	일제의 식민 통치와 항일 민족 운동					
		일제 강점기 경제의 변화					
		일제 강점기 사회 운동					
		민족 문화 수호 운동					
	현대 사회의 발전	대한민국 정부 수립과 6·25 전쟁					
		민주주의의 시련과 발전					
		북한의 역사와 통일을 위한 노력					
		현대의 경제·사회·문화 발전					

승자는 시간을 관리하며 살고, 패자는 시간에 쫓기며 산다.
— J. 하비스 —

__일 완성 | __일 완성 | __일 완성 | __일 완성 | __일 완성

두고 쓰는 "스탠드형" 우리 역사 흐름표

공부할 때 옆에 세워두고, 시대의 큰 흐름을 파악하며 암기하자!

HOW TO USE
- STEP1 전체를 따라 읽는다.
- STEP2 세워두고 본다.

Part I. 우리 역사의 기원과 형성

- 약 70만 년 전 — 구석기 시대 시작
- 기원전 8,000년경 — 신석기 시대 시작
- 기원전 2333 — 고조선 건국 (『동국통감』의 기록)
- 기원전 20C~15C — 청동기 시대 시작
- 기원전 194 — 위만, 고조선의 왕이 됨
- 기원전 108 — 위만, 고조선 멸망(우거왕)
- 기원전 5C경 — 철기 시대 시작
- 기원전 2C~1C — 부여, 고구려, 옥저, 삼한의 등장
- 기원전 57 — 신라 건국 (『삼국사기』의 기록)
- 기원전 37 — 고구려 건국 (『삼국사기』의 기록)
- 기원전 18 — 백제 건국 (『삼국사기』의 기록)

Part II. 고대의 우리 역사

- 기원~
- 194 — 고구려 고국천왕, 진대법 실시
- 260 — 고이왕, 16관등 및 공복 제정 (백제 고조)
- 313 — 고구려 미천왕, 낙랑 축출
- 371 — 백제 근초고왕, 평양성 공격(371), 태학 설치(372), 불교 받아들임(373)
- 4C
- 372~373 — 고구려 소수림왕, 불교 수용(372), 태학 설치(372), 율령 반포(373)
- 400 — 고구려 광개토대왕, 신라에 침입한 왜 격퇴
- 5C
- 427 — 고구려 장수왕, 평양 천도
- 433 — 백제 비유왕·신라 눌지왕 간, 나제 동맹 체결
- 475 — 고구려 장수왕, 백제 한성 함락, 개로왕 전사, 신라에 공납 중지 천도
- 520 — 신라 법흥왕, 율령 반포 및 공복 제정
- 6C
- 527 — 신라, 불교 공인
- 538 — 백제 성왕, 사비 천도, 국호 남부여
- 554 — 백제·신라, 관산성 전투 (聖王 戰死)
- 612 — 고구려-수, 살수 대첩 (을지문덕)
- 645 — 고구려-당, 안시성 전투
- 660 — 백제 멸망
- 668 — 고구려 멸망
- 7C
- 676 — 통일 신라, 문무왕 삼국 통일
- 남북국 시대
- 682 — 신라 신문왕, 국학 설치
- 698 — 발해 건국 (대조영, 고왕)
- 8C
- 722 — 통일 신라 성덕왕, 정전 지급
- 751 — 통일 신라 경덕왕, 불국사·석굴암 창건(경덕왕~혜공왕)
- 771 — 성덕대왕 신종
- 780 — 혜공왕 피살 (신라 하대 시작)
- 788 — 통일 신라 원성왕, 독서삼품과 설치
- 9C
- 822 — 김헌창의 난
- 846 — 장보고의 난
- 889 — 원종과 애노의 난
- 900 — 견훤, 후백제 건국
- 10C
- 901 — 궁예, 후고구려 건국
- ~910

Part III. 중세의 우리 역사

- 900~
- 918 — 왕건, 고려 건국
- 926 — 발해 멸망
- 936 — 고려, 후삼국 통일
- 956 — 광종, 노비안검법 실시
- 958 — 광종, 과거제 실시
- 976 — 경종, 시정 전시과 실시
- 998 — 목종, 개정 전시과 실시
- 1019 — 현종, 귀주대첩 (강감찬)
- 11C
- 1076 — 문종, 경정 전시과 대립 (제3차 휼요, 경정전시과)
- 12C
- 1107~1108 — 예종, 여진 정벌(윤관, 1107) 동북 9성 설치(1108)
- 1126 — 인종, 이자겸의 난
- 1135 — 인종, 묘청의 서경천도 운동
- 1145 — 인종, 『삼국사기』 편찬(김부식)
- 1170 — 무신정변
- 13C
- 1231 — 몽골의 제1차 침입 (최우 집권 시기)
- 1236 — 팔만대장경 조판 시작 (~1251)
- 1270 — 원종, 개경 환도, 삼별초의 대몽 항쟁
- 1281 — 충렬왕, 『삼국유사』 편찬(일연)
- 1285 — 도도
- 14C
- 1356 — 공민왕, 쌍성총관부 수복
- 1377 — 우왕, 『직지심체요절』 편찬, (이상) 화약무기 설치(최무선)
- 1388 — 위화도 회군
- 1391 — 공양왕, 과전법 제정
- ~1400

Part IV. 근세의 우리 역사

- 1350~
- 1388 — 위화도 회군(이성계)
- 1392 — 태조, 조선 건국
- 1394 — 태조, 한양 천도
- 1398 — 제1차 왕자의 난 (무인정사)
- 15C
- 1401 — 태종, 신문고 설치, 사간원 독립
- 1413 — 태종, 호패법 실시
- 1429 — 세종, 『농사직설』 편찬
- 1443 — 세종, 「훈민정음」 창제, 계해약조 체결
- 1466 — 세조, 직전법 실시
- 1470 — 성종, 관수 관급제 실시
- 1485 — 성종, 『경국대전』 반포
- 1498 — 연산군, 무오사화
- 16C
- 1504 — 연산군, 갑자사화
- 1510 — 중종, 삼포 왜란
- 1519 — 중종, 기묘사화
- 1543 — 중종, 백운동 서원 설립 (주세붕)
- 1545 — 명종, 을사사화
- 1555 — 명종, 을묘왜변, 비변사의 상설 기구화
- 1589 — 선조, 정여립 모반 사건
- 1592 — 선조, 임진왜란
- 1597 — 선조, 정유재란
- ~1600

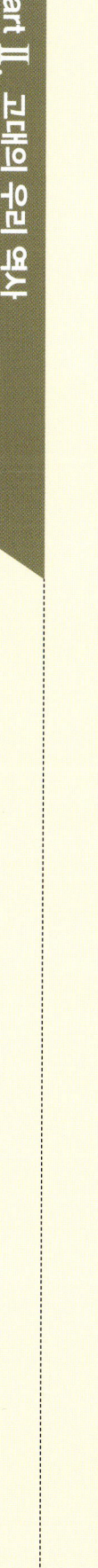

Part V. 근대 태동기의 우리 역사

- **1600~**
- **1608** 광해군, 대동법 실시 (경기도)
- **1610** 광해군, 「동의보감」 편찬
- **1623** 인조반정
- **1624** 이괄의 난
- **1627** 인조, 정묘호란
- **1636** 인조, 병자호란
- **1659** 효종 죽음, 기해예송
- **1674** 현종, 갑인예송
- **1680~1694** 숙종, 대립붕당시대 진입, (서인과 남인의 진퇴, 1680, 1689, 1694)
- **1708** 숙종, 대동법 전국 실시 (잉류 지역 제외)
- **1712** 숙종, 백두산정계비 건립
- **1725** 영조, 탕평색 실시
- **1728** 영조, 이인좌의 난
- **1742** 영조, 균역법 실시
- **1750** 영조, 균역법 실시
- **1776** 정조, 규장각 설치
- **1784** 정조, 최초조선천주교 신해통공
- **1791** 정조, 수원 화성 건설
- **1794~1796** 세례를 받음 (이승훈)
- **1801** 순조, 신유박해
- **1811** 순조, 홍경래의 난
- **1860** 철종, 동학 창시 (최제우)
- **1862** 철종, 임술 농민 봉기
- **1863** 고종 즉위, 흥선대원군 집권
- **~1870**

Part VI. 근대사(개항기)

18C

- **1860~**
- **1863** 고종 즉위, 흥선대원군 집권
- **1866** 병인박해(1월), 제너럴셔먼호 사건(7월), 병인양요(9월)
- **1868** 오페르트 도굴 사건
- **1871** 신미양요
- **1873** 흥선 대원군 하야, 고종의 친정
- **1876** 강화도 조약, 조일 수호 조규 부록, 조일 무역 규칙 체결
- **1882** 조미 수호 통상 조약, 임오군란, 한성 조약 체결
- **1884** 갑신정변, 한성 조약 체결
- **1885** 한성 조약 체결, 거문도 사건(~1887)
- **1894** 동학 농민 운동, 청일 전쟁, 갑오개혁
- **1895** 시모노세키 조약, 삼국 간섭, 을미사변, 을미개혁
- **1896** 아관 파천(고종), 서재필 (독립신문) 독립협회 설립
- **1897** 대한 제국 수립

19C

- **1904** 러일 전쟁 (~1905)
- **1905** 을사늑약
- **1907** 국채 보상 운동, 간도 협약(한-일), 정미 7조약
- **1909** 간도 협약 (청-일)
- **~1910**

20C

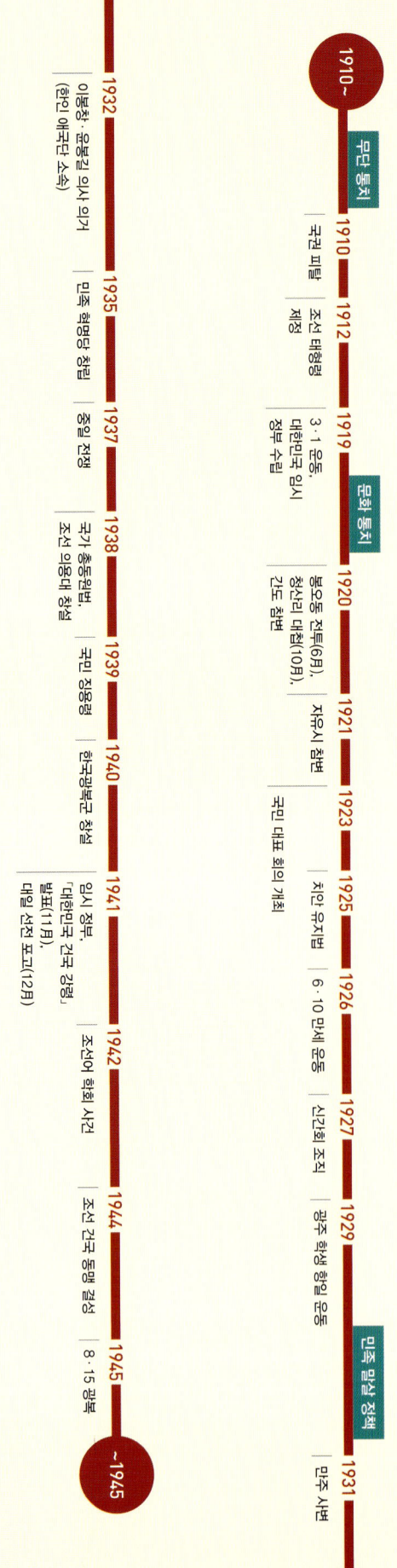

Part VII. 일제 강점기

- **1910~** 국권 피탈
- **1912** 조선 태형령 제정

무단 통치

- **1919** 3·1 운동, 대한민국 임시 정부 수립
- **1920** 봉오동 전투(6월), 청산리 대첩(10월), 간도 참변
- **1921** 자유시 참변
- **1923**
- **1925** 치안 유지법
- **1926** 6·10 만세 운동
- **1927** 신간회 조직
- **1929** 광주 학생 항일 운동

문화 통치

- **1931**
- **1932** 이봉창 윤봉길 의사 의거 (한인애국단 소속)
- **1935** 민족 혁명당 창당
- **1937** 중일 전쟁
- **1938** 국가 총동원법, 한국광복군 창설
- **1939**
- **1940** 한국광복군 창설
- **1941** 임시 정부, 「대한민국 건국 강령」 발표(11월), 대일 선전 포고(12월)
- **1942** 조선어 학회 사건
- **1944**
- **1945** 8·15 광복

민족 말살 정책

- **~1945**

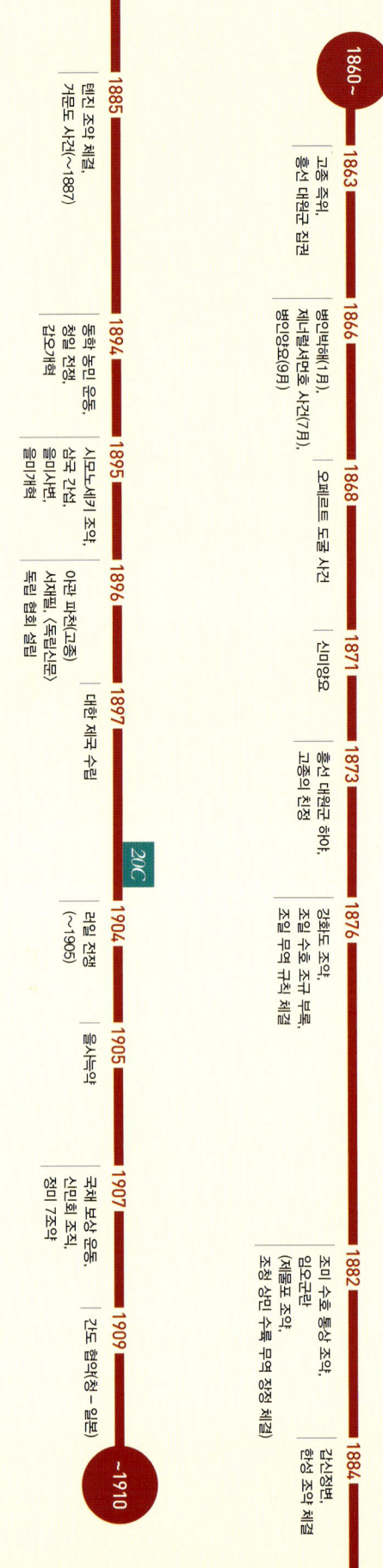

Part VIII. 현대 사회의 발전

- **1945~**
- **1948** 5·10 총선거, 대한민국 정부 수립
- **1950** 6·25 전쟁
- **1952** 발췌 개헌
- **1954** 사사오입 개헌
- **1960** 4·19 혁명, 장면 내각 수립
- **1961** 박정희, 5·16 군사 정변
- **1963** 박정희, 제3 공화국 출범
- **1964** 6·3 시위
- **1965** 한일 협정
- **1966** 「브라운 각서」, 3선 개헌
- **1969**
- **1970** 박정희, 경부 고속 국도 개통, 전태일 분신 사건
- **1972** 7·4 남북 공동 성명(7월), 유신 헌법 제정(10월), 국민 투표로 확정(11월), 공포(12월)
- **1976** 3·1 민주 구국 선언
- **1979** 부마 민주 항쟁, 10·26 사태
- **1980** 5·18 민주화 운동
- **1987** 6월 민주 항쟁(6. 10.), 「대한민국 건국 강령」, 6·29 민주화 선언
- **2000** 6·15 남북 공동 선언
- **2007** 노무현, 10·4 남북 공동 선언
- **2018** 문재인, 4·27 판문점 선언
- **~현재**

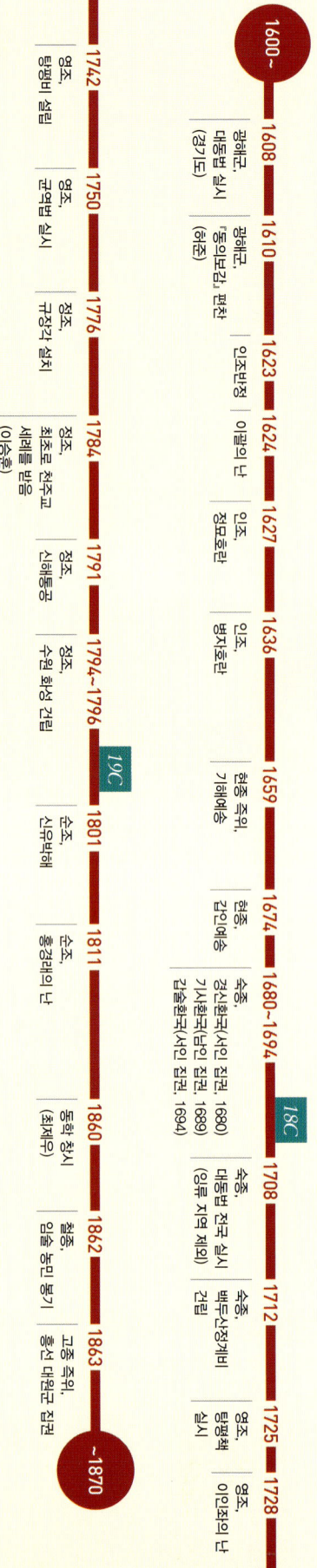

에듀윌이
너를
지지할게

ENERGY

시작하는 방법은
말을 멈추고
즉시 행동하는 것이다.

– 월트 디즈니(Walt Disney)

설문조사에 참여하고 스타벅스 아메리카노를 받아가세요!

에듀윌 9급공무원 기본서 한국사를 선택한 이유는 무엇인가요?
소중한 의견을 주신 여러분들에게 더욱더 완성도 있는 교재로 보답하겠습니다.

참여 방법	QR코드 스캔 ▶ 설문조사 참여(1분만 투자하세요!)
이벤트 기간	2025년 6월 16일~2026년 5월 31일
추첨 방법	매월 1명 추첨 후 당첨자 개별 연락
경품	스타벅스 아메리카노(tall size)

2026
에듀윌 9급공무원 기본서

한국사 선사~근세

머리말

역사를 잊은 민족에게 미래는 없다!

여러분들은 '공무원 합격'이라는 목표를 갖고 있습니다.
저자 역시 그 목표가 이루어질 수 있도록 항상 노력하겠습니다.

안녕하세요, 에듀윌 공무원 한국사 강사 신형철입니다.

'역사를 잊은 민족에게 미래는 없다.'라는 문구는 한 나라의 국민 혹은 민족이 어떻게 역사를 인식해야 하는가, 혹은 올바른 역사 교육이란 무엇인가를 고민하게 하는 문장입니다.

공무원 수험생들은 한국사를 단순한 암기 과목인 동시에 신경을 덜 쓰더라도 고득점을 획득할 수 있는 과목 정도로 생각하기도 합니다. 그러나 엄청난 분량의 이론서, 방대한 보충 자료, 넘치는 기출 문제 등은 가벼운 마음으로 시작한 공부를 부담스럽게 만듭니다.

수험생 여러분들이 '역사학자'일 필요는 없습니다. 한국사 과목은 공무원이 되기 위한 디딤돌 과정입니다. 따라서 국어나 영어 과목처럼 너무 많은 시간을 투자할 필요는 없으나 최소 6개월 이상은 집중해서 학습해야 합니다.

짧은 시간에 여러분들이 고득점을 획득할 수 있도록 하는 것은 전적으로 강사의 몫입니다. 공무원 시험을 준비하는 수험생들이 최소한의 노력으로 최대의 효과를 거둘 수 있도록 많은 고민을 통해 교재를 집필하였습니다.

1. 최근 5개년 출제비중 & 출제개념 & 학습목표
각 파트 첫 부분에 최근 5개년 출제비중과 출제개념을 수록하여 학습의 강약을 조절할 수 있도록 하였고, 키워드와 학습목표를 한눈에 파악할 수 있도록 하였습니다.

2. [단권화 MEMO] 보충설명
핵심적인 내용이나 학습방향을 잘 잡아야 하는 이론의 경우 보조단에 *과 ■ 표시를 이용하여 코멘트 및 보충개념을 기재하였습니다.

3. 바로 확인문제
이론 중간에 [바로 확인문제]를 수록하여 문제를 통해 이론을 적용시킬 수 있도록 하였습니다.

4. 풍부한 사료·심화 자료
공무원 시험에는 사료와 다양한 자료를 활용한 문제가 자주 출제됩니다. 따라서 기출되었던 사료는 물론이고, 출제가 예상되는 사료나 심화 자료를 풍부하게 수록하였으며 사진 및 도표를 컬러로 표현하였습니다.

5. 보조 자료 부록 파트
각 권의 이론 뒤에 부록을 수록하였습니다. 최근 기출된 유네스코 지정 문화유산을 비롯하여 역대 왕계표, 꼭 알아야 하는 근현대 인물 20인 등 권별로 참고할 수 있는 보조 자료를 수록하였습니다.

힘이 들 때에도 포기하지 말고, 본인을 믿으며 묵묵히 나아갔으면 좋겠습니다.
여러분을 응원하겠습니다.

2025년 6월
한국사 강사 신형철

ANALYSIS

기출분석의 모든 것

최근 5개년 출제 문항 수
2025~2021 9급
국가직, 지방직/서울시 기준

구분	PART	CHAPTER	2025 국9	2024 국9	2024 지/서9	2023 국9	2023 지/서9	2022 국9	2022 지/서9	2021 국9	2021 지/서9	합계
선사~근세	우리 역사의 기원과 형성	한국사의 바른 이해										0
		선사 시대의 우리 역사	1		1	1	1			1		5
		국가의 형성			1			1			1	3
	고대의 우리 역사	고대의 정치	3	2	1	3	1	2	4	2	2	20
		고대의 경제										0
		고대의 사회										0
		고대의 문화	1	1	1		1	2		1	2	9
	중세의 우리 역사	중세의 정치	2	1	1	2	1	1	3	1	4	16
		중세의 경제		1				1				2
		중세의 사회								1		1
		중세의 문화	1	2	2	1	2	2			1	12
	근세의 우리 역사	근세의 정치	1	1		1	2	2		1	1	9
		근세의 경제										0
		근세의 사회								1	1	2
		근세의 문화		1		1	1		2	1		6
근대 태동기~현대	근대 태동기의 우리 역사	근대 태동기의 정치	2	1	1	1	2	1	1	1	1	11
		근대 태동기의 경제	1		1	1				1		4
		근대 태동기의 사회				1						1
		근대 태동기의 문화	1		2			1	1		1	6
	근대사(개항기)	흥선 대원군의 개혁 정치와 문호의 개방			1	2		1		1	2	7
		근대 국가 수립 운동	3	2	3	1	2	1	1			13
		일제의 침략과 국권 수호 운동	1	1				2	1		1	6
		개항 이후의 경제·사회·문화		1		1	2	1		2		7
	일제 강점기	일제의 식민 통치와 항일 민족 운동	2	2	2	2	1	1	1	1	2	14
		일제 강점기 경제의 변화							1	1		2
		일제 강점기 사회 운동		1	1		1					3
		민족 문화 수호 운동		2		1	1					4
	현대 사회의 발전	대한민국 정부 수립과 6·25 전쟁	1	1		1	2	1	1	2	1	10
		민주주의의 시련과 발전				1			2	1	1	5
		북한의 역사와 통일을 위한 노력										0
		현대의 경제·사회·문화 발전			1					1		2
		합계	20	20	20	20	20	20	20	20	20	180

최근 5개년 출제 개념

2025~2021 9급
국가직, 지방직/서울시
기준

구분	PART	CHAPTER	출제 개념
선사 ~ 근세	우리 역사의 기원과 형성	한국사의 바른 이해	사실로서의 역사, 기록으로서의 역사, 사료 비판
		선사 시대의 우리 역사	구석기·신석기·청동기·초기 철기 시대의 유물과 유적지
		국가의 형성	단군 조선(부왕, 준왕), 위만 조선(위만, 우거왕), 부여, 고구려, 옥저, 동예, 삼한, 제천 행사, 서옥제, 가족 공동 무덤, 민며느리제, 책화, 천군, 소도
	고대의 우리 역사	고대의 정치	태조왕, 고국천왕(진대법), 고국원왕의 전사, 소수림왕, 광개토 대왕, 장수왕, 광개토 대왕릉비, 충주(중원) 고구려비, 고이왕, 근초고왕, 무령왕, 성왕, 지증왕, 법흥왕, 진흥왕, 김유신, 문무왕, 신문왕, 경덕왕, 신라 하대, 무왕, 문왕, 선왕, 5경 15부 62주
		고대의 경제	민정 문서(신라 촌락 문서), 녹읍, 식읍, 관료전, 정전, 장보고
		고대의 사회	화랑도, 진골 귀족의 생활 모습, 골품 제도, 화백 회의, 제가 회의, 정사암 회의, 호족과 6두품, 원종과 애노의 난
		고대의 문화	원효, 의상, 교종, 선종, 풍수지리 사상, 고분, 벽화, 승탑과 탑비, 고대 국가의 탑(정림사지 5층 석탑, 미륵사지 석탑, 황룡사 9층 목탑, 분황사 탑), 삼국의 불상
	중세의 우리 역사	중세의 정치	후삼국의 통일 과정, 태조, 광종, 성종, 최승로, 도병마사(도평의사사), 대간, 음서, 묘청(서경 천도 운동), 무신정변, 최충헌, 최우, 삼별초, 서희, 강조, 대외 항쟁(거란, 여진, 몽골, 홍건적, 왜구), 충선왕, 공민왕의 개혁 정책, 위화도 회군
		중세의 경제	전시과 제도, 공음전, 한인전, 구분전, 외역전, 『농상집요』, 주전도감, 은병(활구), 관영 상점, 벽란도
		중세의 사회	광학보, 중류, 향리, 호족, 문벌 귀족, 권문세족, 신진 사대부, 여성의 지위, 향·소·부곡민의 사회적 지위
		중세의 문화	관학 진흥 정책, 9재 학당, 사학 12도, 의천, 지눌, 혜심, 천태종, 조계종, 수선사 결사, 요세, 『삼국사기』, 『동명왕편』, 『삼국유사』, 『제왕운기』, 『직지심체요절』, 대장경, 속장경, 주심포 양식, 연등회, 팔관회, 고려의 불상과 탑
	근세의 우리 역사	근세의 정치	태조, 태종, 세종, 세조, 성종, 『경국대전』, 삼사, 과거제, 훈구, 사림, 조광조, 사화, 붕당의 형성과 전개, 동인, 서인, 임진왜란
		근세의 경제	과전법, 직전법, 관수 관급제, 공법(전분 6등법과 연분 9등법), 방납의 폐단, 『농사직설』
		근세의 사회	양천제, 족보(성화보), 서얼, 중인, 공노비와 사노비, 서원과 향약, 한성(서울)의 역사
		근세의 문화	성리학, 이황과 이이, 『성학십도』, 『성학집요』, 『고려사』, 『동국통감』, 『조선왕조실록』, 성균관, 향교, 『조선왕조의궤』, 『혼일강리역대국도지도』, 경복궁, 창덕궁, 창경궁
근대 태동기 ~ 현대	근대 태동기의 우리 역사	근대 태동기의 정치	광해군, 정묘호란, 병자호란, 훈련도감, 속오군, 환국, 완론 탕평, 준론 탕평, 영조, 정조, 초계문신제, 세도 정치, 간도와 독도
		근대 태동기의 경제	영정법, 대동법, 균역법, 결작, 이앙법, 광작, 화폐의 전국적 유통, 신해통공, 선대제 수공업, 만상, 송상, 경강상인, 내상, 전황
		근대 태동기의 사회	양자제의 보편화, 친영 제도, 신분제의 동요, 향전, 신유박해, 황사영의 백서 사건, 동학
		근대 태동기의 문화	호락 논쟁, 『동사강목』(안정복), 『발해고』(유득공), 『동사』(이종휘), 정약용, 이익, 유형원, 중농주의 실학, 유수원, 박지원, 박제가, 홍대용, 중상주의 실학, 서민 문화, 풍속화, 법주사 팔상전, 화엄사 각황전, 금산사 미륵전, 수원 화성
	근대사(개항기)	흥선 대원군의 개혁 정치와 문호의 개방	흥선 대원군의 개혁 정치, 병인양요, 신미양요, 강화도 조약, 조미 수호 통상 조약
		근대 국가 수립 운동	임오군란, 제물포 조약, 조청 상민 수륙 무역 장정, 갑신정변, 톈진 조약, 거문도 사건, 동학 농민 운동, 갑오개혁, 『홍범 14조』, 을미사변, 을미개혁, 독립 협회, 대한 제국, 광무개혁, 지계
		일제의 침략과 국권 수호 운동	러일 전쟁, 한일 의정서, 제1차 한일 협약, 을사늑약, 한일 신협약, 을미의병, 을사의병, 정미의병, 서울 진공 작전, 안중근, 보안회, 대한 자강회, 신민회
		개항 이후의 경제·사회·문화	방곡령, 상권 수호 운동, 농광 회사, 국채 보상 운동, 대한 천일 은행, 화폐 정리 사업, 근대 시설, 원산 학사, 육영 공원, 「교육 입국 조서」, 『독사신론』, 주시경과 지석영, 〈한성순보〉, 〈제국신문〉, 〈황성신문〉, 〈대한매일신보〉, 〈만세보〉, 『유교구신론』
	일제 강점기	일제의 식민 통치와 항일 민족 운동	일제의 식민 정책(조선 태형령, 치안 유지법, 국가 총동원법), 독립 의군부, 대한 광복회, 1910년대 국외 항일 운동, 3·1 운동, 대한민국 임시 정부, 의열단과 한인 애국단, 봉오동 전투, 청산리 대첩, 간도 참변, 자유시 참변, 3부 통합, 한국 독립군, 조선 혁명군, 조선 의용대, 한국광복군, 민족 혁명당
		일제 강점기 경제의 변화	토지 조사 사업, 회사령, 산미 증식 계획, 농촌 진흥 운동, 징용·징병·공출·배급, 물산 장려 운동
		일제 강점기 사회 운동	정우회, 신간회, 근우회, 암태도 소작 쟁의, 원산 총파업, 형평 운동
		민족 문화 수호 운동	제1차 조선 교육령, 조선어 연구회, 조선어 학회, 박은식, 신채호, 정인보, 문일평, 안재홍, 사회 경제 사학, 백남운, 실증주의 사학, 진단 학회, 민립대학 설립 운동, 신경향파 문학, 나운규의 「아리랑」, 일제 강점기 의·식·주의 변화
	현대 사회의 발전	대한민국 정부 수립과 6·25 전쟁	카이로 회담, 조선 건국 준비 위원회, 모스크바 3국 외상 회의, 신탁 통치, 미소 공동 위원회, 정읍 발언(이승만), 좌우 합작 위원회, 좌우 합작 7원칙, 남북 협상, 5·10 총선거, 대한민국 정부 수립, 반민법, 반민 특위, 6·25 전쟁
		민주주의의 시련과 발전	발췌 개헌, 사사오입 개헌, 제3대 대통령·제4대 부통령 선거(1956), 진보당 사건, 4·19 혁명, 장면 내각, 5·16 군사 정변, 6·3 시위(1964), 『브라운 각서』, 유신 헌법, 통일 주체 국민 회의, 긴급 조치, 10·26 사태, 5·18 민주화 운동, 4·13 호헌 조치, 6월 민주 항쟁(1987), 6·29 선언과 대통령 직선제, 노태우 정부, 김영삼 정부, 김대중 정부, 노무현 정부, 이명박 정부, 박근혜 정부, 문재인 정부
		북한의 역사와 통일을 위한 노력	북한 정권 수립 과정, 7·4 남북 공동 성명, 남북한 이산가족 고향 방문, 남북한 동시 유엔 가입(1991), 남북 기본 합의서, 한반도 비핵화 선언, 6·15 남북 공동 선언, 10·4 남북 공동 선언, 4·27 판문점 선언
		현대의 경제·사회·문화 발전	농지 개혁법, 원조 경제와 삼백 산업, 경제 개발 계획, 박정희 정부의 공업화 정책, 3저 호황, 금융 실명제, OECD 가입, IMF 구제 금융 사태, 금 모으기 운동

STRUCTURE
이 책의 구성

영역별 구성

선사~근세 / 근대 태동기~현대

이론 학습
1. [선사~근세]편은 역사 이론, 선사 시대, 초기 국가(고조선, 부여, 고구려, 옥저, 동예, 삼한), 고대 국가(삼국~남북국), 중세 국가(고려 시대), 근세(조선 전기)의 정치·경제·사회·문화를 다루고 있다.
2. [근대 태동기~현대]편은 근대 태동기(조선 후기), 근대사(개항기), 일제 강점기, 현대사 내용을 충실한 기출 문제 분석을 바탕으로 하여 수록하였다.
3. 특히 근대사(개항기)~현대사에서는 '사건의 선후 관계를 나열'하는 문제가 자주 출제되기 때문에 각 파트를 본격적으로 학습하기 전에 중요 사건을 정리한 연표(연표로 보는 핵심정리)를 수록하여 시대적 흐름을 직관적으로 빠르게 파악할 수 있도록 하였다.

바로 확인문제 및 풍부한 자료 수록
중요한 이론 밑에는 '바로 확인문제'를 수록하여 문제 적응력을 높일 수 있게 하였고, 풍부한 '사료', '심화' 자료와 사진 및 지도를 수록하여 공부하는 데 도움이 되도록 배치하였다.

부록
1. [선사~근세]편 부록에는 한국의 유네스코 지정 유산, 역대 왕계표를 수록하여 역사 지식의 외연을 넓힐 수 있도록 하였다.
2. [근대 태동기~현대]편 부록에는 꼭 알아야 할, 근현대 인물 20인을 수록하여 근현대사에서 자주 언급되는 인물을 정리하였다. 이를 통해 학습과 관련된 내용뿐 아니라 해당 인물의 생애, 업적 등을 스토리 형식으로 쉽게 파악할 수 있을 것이다.

스탠드형 우리 역사 흐름표

[스탠드형 우리 역사 흐름표]는 공무원 시험을 처음 준비하는 초시생들이 한국사의 흐름을 정확하고 빠르게 파악하는 데 유용한 자료이다. 파트별로 꼭 알아두어야 하는 중요 사건만을 흐름대로 제시하였기 때문에, 각 시대별 키워드를 파악하는 데도 효과적이다.
책상에 세워 두고 습관적으로 사건의 흐름을 파악할 수 있도록 하자.

탄탄한 기출분석 & 기출분석 기반의 개념

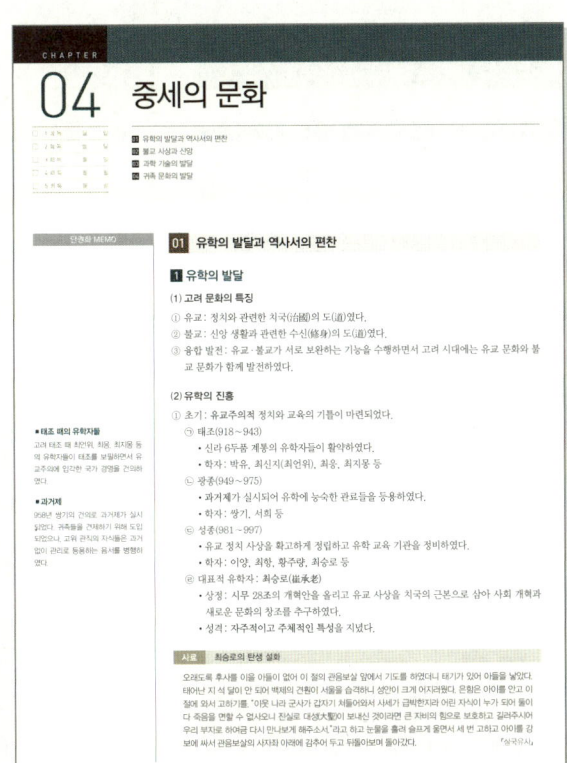

탄탄한 기출분석

최근 5개년 9급 기출을 분석하여 영역별 출제 문항 수와 출제개념을 분석하였다. 본격적인 개념학습 전에 영역별 출제비중과 개념을 먼저 파악하면 학습의 나침반으로 활용할 수 있을 것이다.

▶ 최근 5개년 출제 문항 수: 최근 5개년 동안 국가직, 지방직/서울시 9급 시험에서 영역별로 몇 문항이 출제되었는지 분석하였다.

▶ 최근 5개년 출제 개념: 최근 5개년 동안 국가직, 지방직/서울시 9급 시험에서 영역별로 어떤 개념이 출제되었는지 분석하였다.

기출분석 기반의 개념

학습효과를 높일 수 있도록 개념을 체계적으로 배열하였고, 베이직한 내용은 본문에, 더 알아두어야 할 내용은 【단권화 MEMO】에 수록하였다. 또한 기출문제를 기반으로 하여 뽑아낸 관련 [사료]와 [심화]를 함께 수록하였으니 이론과 함께 확인하면 더 깊은 이해가 가능할 것이다.

▶ Daily 회독체크표: 챕터마다 회독체크와 공부한 날을 기입할 수 있다.

▶ [사료], [심화]: 기출을 기반으로 한 이론 관련 사료나 심화 내용을 담았다.

STRUCTURE

이 책의 구성

바로 확인문제

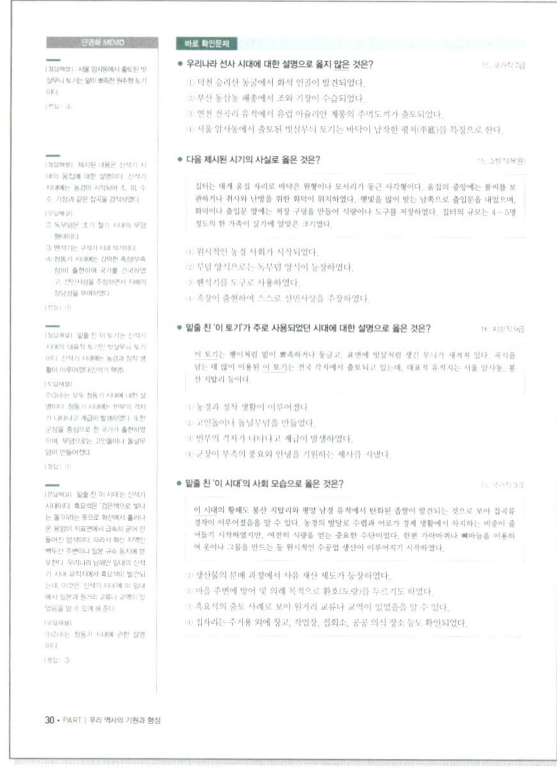

바로 확인문제

개념학습 후 2회독 효과!

이론과 관련된 문제를 바로 풀어볼 수 있도록 배치하여, 앞서 학습한 개념을 확실히 익힐 수 있도록 하였다.

부가학습자료

**회독플래너 &
풍부한 학습자료
PDF &
2025년 최신기출
무료특강**

회독플래너

회독 실패율 ZERO!

실패율 없이 회독을 할 수 있도록 5회독플래너를 제공한다. 앞면에는 회독의 방향성을 잡을 수 있도록 가이드라인을 제시하였고, 뒷면에는 직접 공부한 날짜를 매일 기록하여 누적된 회독 횟수를 확인할 수 있도록 하였다.

▶ [앞] 회독플래너
▶ [뒤] 직접 체크하는 회독플래너

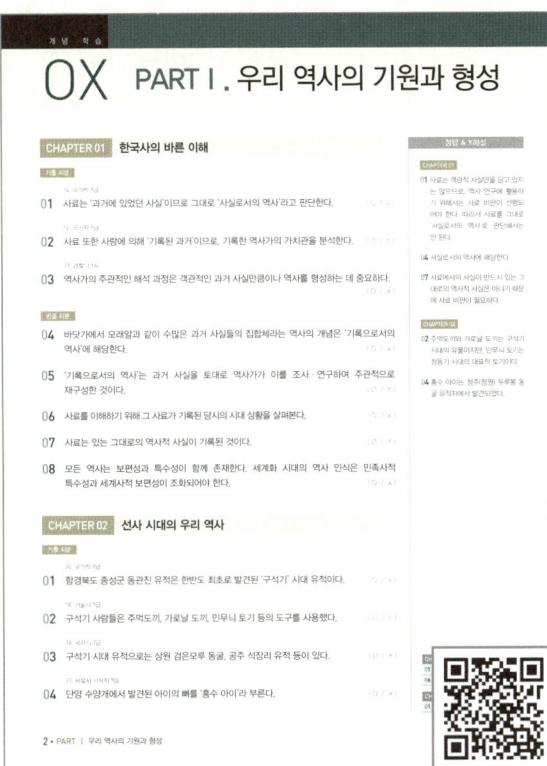

풍부한 학습자료 PDF
빈틈없는 완벽 마무리!

개념 학습 OX 문제, 주제별 학습자료, 핵심 테마 50선 핸드북을 PDF로 제공하여 실전 감각을 높이고 역사 지식의 외연을 넓힐 수 있도록 구성하였다.

※ 다운로드 방법: 에듀윌 도서몰(book.eduwill.net) 접속 → 도서자료실 → 부가 학습자료에서 다운로드 또는 좌측 QR코드를 통해 바로 접속

2025년 최신기출 무료특강
최신기출 전격 해부!

2025년 최신기출 해설특강으로 출제경향을 꼼꼼히 살피고 약점을 파악할 수 있도록 구성하였다.

※ 지방직/서울시 9급 시험 해설특강은 해당 시험일로부터 30일 이내에 업로드될 예정입니다.

※ 접속 방법: 에듀윌 도서몰(book.eduwill.net) 접속 → 동영상강의실에서 수강 또는 좌측 QR코드를 통해 바로 접속

CONTENTS

이 책의 차례

부가학습자료 회독플래너, 풍부한 학습자료 PDF, 2025년 최신기출 무료특강

- 머리말
- 기출분석의 모든 것
- 이 책의 구성

PART Ⅰ 우리 역사의 기원과 형성

CHAPTER 01	한국사의 바른 이해	16
CHAPTER 02	선사 시대의 우리 역사	21
CHAPTER 03	국가의 형성	31

PART Ⅱ 고대의 우리 역사

CHAPTER 01	고대의 정치	56
CHAPTER 02	고대의 경제	102
CHAPTER 03	고대의 사회	116
CHAPTER 04	고대의 문화	130

PART Ⅲ 중세의 우리 역사

CHAPTER 01	중세의 정치	156
CHAPTER 02	중세의 경제	203
CHAPTER 03	중세의 사회	221
CHAPTER 04	중세의 문화	236

PART Ⅳ 근세의 우리 역사

CHAPTER 01	근세의 정치	276
CHAPTER 02	근세의 경제	315
CHAPTER 03	근세의 사회	331
CHAPTER 04	근세의 문화	346

부록

| 01 | 한국의 유네스코 지정 유산 | 382 |
| 02 | 역대 왕계표 | 394 |

PART I

우리 역사의 기원과 형성

5개년 챕터별 출제비중 & 출제개념

CHAPTER 01 한국사의 바른 이해	0%	사실로서의 역사, 기록으로서의 역사, 사료 비판
CHAPTER 02 선사 시대의 우리 역사	63%	구석기·신석기·청동기·초기 철기 시대의 유물과 유적지
CHAPTER 03 국가의 형성	37%	단군 조선(부왕, 준왕), 위만 조선(위만, 우거왕), 부여, 고구려, 옥저, 동예, 삼한, 제천 행사, 서옥제, 가족 공동 무덤, 민며느리제, 책화, 천군, 소도

한눈에 보는 흐름 연표

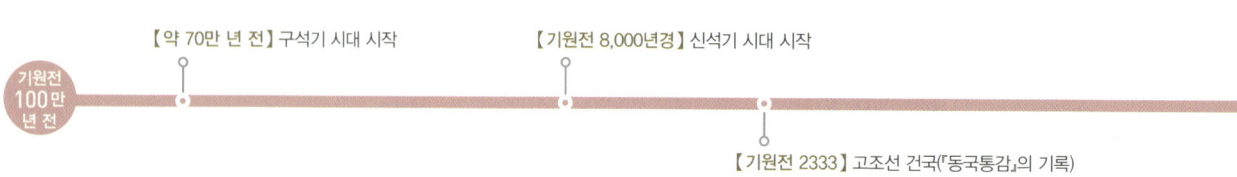

【약 70만 년 전】 구석기 시대 시작

【기원전 8,000년경】 신석기 시대 시작

기원전 100만 년 전

【기원전 2333】 고조선 건국(『동국통감』의 기록)

기원

【기원전 18】 백제 건국(『삼국사기』의 기록)

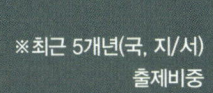

※최근 5개년(국, 지/서) 출제비중

4%

학습목표

CHAPTER 01 한국사의 바른 이해	❶ 사실로서의 역사와 기록으로서의 역사를 구분한다. ❷ 사료 비판의 개념을 이해한다.
CHAPTER 02 선사 시대의 우리 역사	❶ 각 시대(구석기, 신석기, 청동기, 초기 철기)의 주요 유물과 유적을 구분한다. ❷ 청동기 시대부터 사유 재산, 계급, 국가가 형성되었음을 기억한다.
CHAPTER 03 국가의 형성	❶ 고조선은 청동기 문화를 바탕으로 건국되어, 철기를 받아들이며 연맹 왕국으로 성장했음을 이해한다. ❷ 단군 조선(부왕, 준왕)과 위만 조선(위만, 우거왕) 시대를 구분한다. ❸ 고조선 이후 출현한 여러 나라(부여, 고구려, 옥저, 동예, 삼한)의 제도 및 풍습을 구분한다.

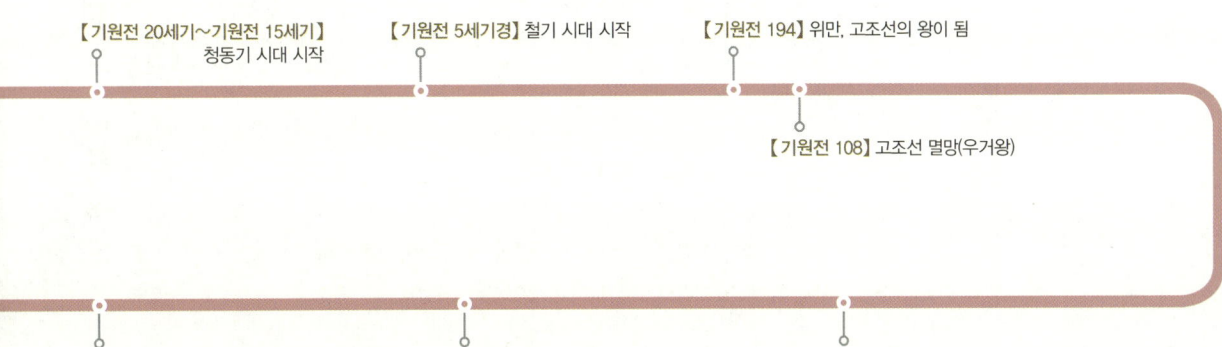

CHAPTER 01 한국사의 바른 이해

- ☐ 1회독   월   일
- ☐ 2회독   월   일
- ☐ 3회독   월   일
- ☐ 4회독   월   일
- ☐ 5회독   월   일

01 역사의 의미
02 역사 학습의 목적
03 한국사의 보편성과 특수성
04 민족 문화의 이해

단권화 MEMO

＊역사
사실로서의 역사와 기록으로서의 역사의 특징을 구분하자.

■ **역사의 어원**
역사(歷史)에서 역(歷)이란 세월·세대·왕조 등이 하나하나 순서를 따라 계속되어 가는 것으로서 '과거에 있었던 사실'이나 '인간이 과거에 행한 것'을 의미한다. 사(史)란 활쏘기에 있어서 옆에서 적중한 수를 계산·기록하는 사람을 가리키는 말로서 '기록을 관장하는 사람' 또는 '기록한다'는 의미로 쓰였다.
한편, 영어에서 역사를 뜻하는 단어 'history'의 어원으로는 그리스어의 'historia'와 독일어의 'Geschichte'를 들 수 있다. 그리스어 'historia'는 '탐구' 또는 '탐구를 통하여 획득한 지식'을 의미하며, 독일어 'Geschichte'는 '과거에 일어난 일'을 뜻한다.

■ **역사의 의미**

사실로서의 역사	기록으로서의 역사
과거 사실을 객관적으로 보존	과거 역사를 주관적으로 기록
랑케(L. V. Ranke): "있는 그대로 기술한다.", "역사가는 자신을 숨기고 사실로 하여금 말하게 하여야 한다."	• 카(E. H. Carr): "역사란 현재와 과거의 끊임없는 대화이다." • 신채호: "역사는 아(我)와 비아(非我)의 투쟁이다." • 박은식: "나라는 형(形)이요, 역사는 신(神)이다."

|정답해설| 진흥왕이 한강 유역을 확보하여 '삼국 통일의 기반을 마련하였다'는 것은 주관적 가치 판단이 반영된 서술이다.

|정답| ③

---

01 역사의 의미

'역사'라는 말은 매우 다양한 뜻으로 사용되고 있지만 일반적으로 '과거에 있었던 사실'과 '조사되어 기록된 과거'라는 두 가지 뜻을 지니고 있다. 즉, 역사는 '사실로서의 역사(history as past)'와 '기록으로서의 역사(history as historiography)'라는 두 측면이 있다. 전자가 객관적 의미의 역사라면, 후자는 주관적 의미의 역사라 할 수 있다.

(1) 사실로서의 역사

① 사실로서의 역사는 시간적으로 현재에 이르기까지 일어난 모든 객관적 과거 사건을 뜻한다.
② 사실로서의 역사란 바닷가의 모래알과 같이 수많은 과거 사건들의 집합체로 볼 수 있다.

(2) 기록으로서의 역사

① 기록으로서의 역사는 과거의 사실을 토대로 역사가가 이를 조사·연구하여 주관적으로 재구성한 것이다. 이 과정에서는 필연적으로 역사가의 가치관과 같은 주관적 요소가 개입하게 되므로, 이 경우 '역사'라는 말은 기록된 자료 또는 역사서와 같은 의미로 작용한다.
② 기록으로서의 역사는 과거의 모든 사실을 대상으로 하는 것이 아니라 역사가들이 특별히 의미가 있다고 선정한 사실에 한정되어 있으며, 이를 연구할 때는 과학적 인식을 토대로 학문적 검증을 거쳐야 한다.
③ 우리가 역사를 배운다는 것은 역사가들이 선정하여 연구한 기록으로서의 역사를 배운다는 뜻이다.

> **바로 확인문제**
>
> ● 밑줄 친 부분과 관련된 서술로 가장 옳지 <u>않은</u> 것은?
>
> > 기록의 역사란 과거의 사실을 토대로 역사가가 이를 조사하고 연구하여 주관적으로 재구성한 것이다. 이 과정에서 필연적으로 역사가의 가치관과 같은 주관적인 요소가 개입하게 된다. 그러나 비록 <u>주관적 요소가 개입되더라도 역사가는 주관적인 해석을 가능한 배제하여 사실로 하여금 과거를 말하게 하여야 한다.</u>
>
> ① 구석기인들은 동굴이나 막집에서 살았다.
> ② 백제의 성왕은 웅진에서 사비로 천도하였다.
> ③ 진흥왕은 한강 유역을 확보하여 삼국 통일의 기반을 마련하였다.
> ④ 나당 연합군의 공격으로 660년에 사비성이 함락되었다.

02 역사 학습의 목적

(1) 의미
① 역사를 배운다는 것은 역사 그 자체를 배운다는 의미와 역사를 통하여 배운다는 의미가 동시에 담겨 있다. 전자가 과거 사실에 대한 지식을 늘리는 것을 의미한다면, 후자는 역사적 인물이나 사실들을 통하여 현재의 내가 살아가는 데 필요한 능력과 교훈을 얻을 수 있다는 것을 의미한다.
② '역사는 지식의 보고(寶庫)'라는 말이 있다. 이는 역사가 정치·경제·사회·문화·종교 등 여러 방면에 걸친 지식이 포함되어 있는, 과거 인간 생활에 대한 지식의 총체라는 것을 의미한다. 역사를 배움으로써 우리는 인간 생활에 관한 지식의 보고에 다가갈 수 있다.

(2) 의의
우리는 역사 속의 인물과 사건을 통해서도 많은 것을 배울 수 있다.
① 우리들은 역사를 배움으로써 과거의 사실을 토대로 현재를 바르게 이해할 수 있다. 지나온 과거를 제대로 알지 못하면 지금 서 있는 자신의 참모습을 찾을 수 없다. 이러한 의미에서 역사는 개인과 민족의 정체성을 확립하는 데 매우 유용하다.
② 우리들은 역사를 통하여 삶의 지혜를 습득할 수 있다. 현재란 과거의 연속이며 과거 없는 현재는 있을 수 없듯이, 역사를 배움으로써 현재 우리가 당면한 여러 문제를 올바르게 파악하고 대처할 수 있다. 나아가 우리는 역사를 통하여 미래에 대한 전망을 예측할 수 있다.
③ 우리들은 역사를 배움으로써 역사적 사고력과 비판력을 기를 수 있다. 역사 학습은 역사적 사실의 외면에 대한 파악에서 시작하여 역사적 사실의 내면의 이해로 발전해 간다. 이러한 과정을 통하여 역사적 사건의 보이지 않는 원인과 의도, 목적을 추론하는 역사적 사고력이 길러진다. 또한 비판이란 잘잘못을 가려 정당한 평가를 내리는 것을 의미하는데, 역사는 이 같은 비판력을 기르는 데 가장 적합한 학문이다.

(3) 역사의 외면과 내면
① 역사의 외면: 역사적 현장에 있었다면 관찰할 수 있는 객관적 사실을 말한다.
② 역사의 내면: 사건 현장에서 관찰할 수 없는 사건 배경이나 사건을 주도한 사람의 의도 등을 말한다.

(4) 사료의 가치 이해*
역사 연구 방법론은 일반적으로 사료학과 사료 비판으로 나눌 수 있다.
① 사료학: 사료의 수집과 정리 및 분류를 그 내용으로 한다.
② 사료 비판: 사료의 진위를 구별하는 것으로, 외적 비판과 내적 비판으로 나눌 수 있다.
　㉠ 외적 비판: 사료 그 자체에 관하여 그것의 진위 여부, 원 사료에 대한 타인의 첨가 여부, 필사(筆寫)인 경우 필사 과정에서의 오류, 혹은 사료가 만들어졌을 단계에서 작자·장소·연대 및 전거(典據) 등에 관하여 사료의 가치를 음미하는 것이다.
　㉡ 내적 비판: 사료의 내용이 신뢰할 만한 것인가를 분석하고, 사료의 성격을 밝히는 작업으로서 이는 사료 자체가 반드시 역사적 진실이라고는 할 수 없기 때문에 연구자가 행하는 작업이다. 즉, 내적 비판은 사료의 기술(記述)을 분석하고 기술 개개의 점에 관하여 신뢰할 수 있는 이유의 유무를 조사하는 것이다.

■ **동양의 역사 연구**
동양에서는 역사학이 정책의 입안을 위한 이론적 근거와 참고 자료를 마련하기 위하여 연구되었다. 특히 역사학의 제1차적인 목적을 귀감에서 찾는다. 대부분의 역사책에 거울 감(鑑) 자를 쓰는 이유이다. 우리나라에서는 서거정의 『동국통감』, 중국에서는 사마광의 『자치통감』, 주희의 『통감강목』, 원추의 『통감기사본말』 등이 대표적인 예이다.
실제로 중국의 역사를 보면 주나라의 봉건적 지방 분권 체제가 춘추 전국 시대라는 혼란기를 초래하였다는 것을 귀감으로 삼아 진의 시황제는 중앙 집권적인 군현제를 실시하였고, 송 태조는 당의 멸망 원인이 절도사의 난립에 있었음을 귀감으로 삼아 철저한 문치주의를 표방하였다.

*사료의 가치 이해
사료의 활용은 사료 비판이 전제되어야 한다.

| 단권화 MEMO |

| 정답해설 | 사료는 객관적 사실만을 담고 있지 않다. 사료를 역사 연구에 활용하기 위해서는 사료 비판이 선행되어야 한다. 따라서 사료를 있는 그대로 '사실로서의 역사'로만 판단해서는 안 된다.

| 정답 | ①

바로 확인문제

● 다음 글을 근거로 할 때, 사료를 탐구하는 자세로 옳지 <u>않은</u> 것은? 16. 국가직 9급

> 역사라는 말은 사람에 따라 다양한 뜻으로 사용되고 있지만, 일반적으로 '과거에 있었던 사실'과 '조사되어 기록된 과거'라는 두 가지 뜻을 지니고 있다. 즉, 역사는 '사실로서의 역사'와 '기록으로서의 역사'라는 두 측면이 있다. 전자가 객관적 의미의 역사라면, 후자는 주관적 의미의 역사라 할 수 있다. 우리가 역사를 배운다고 할 때, 이것은 역사가들이 선정하여 연구한 '기록으로서의 역사'를 배우는 것이다.

① 사료는 '과거에 있었던 사실'이므로 그대로 '사실로서의 역사'라고 판단한다.
② 사료를 이해하기 위해 그 사료가 기록된 당시의 전반적인 시대 상황을 살펴본다.
③ 사료 또한 사람에 의해 '기록된 과거'이므로, 기록한 역사가의 가치관을 분석한다.
④ 동일한 사건 또는 같은 시대를 다루고 있는 여러 다른 사료와 비교·검토해 본다.

03 한국사의 보편성과 특수성

(1) 세계사적 보편성
① 인간은 동물이나 식물과 다른 인간 고유의 생활 모습을 지니고 있으며, 자유·평등·박애·평화·행복 등 공통적인 이상을 추구하고 있다.
② 이러한 인간 고유의 생활 모습과 이상은 국가와 민족을 초월한 전 세계 인류의 공통점으로, 이를 세계사적 보편성이라 부른다.

■ 한국사의 보편성과 특수성

민족이란 일정한 특징을 지닌 하나의 집합체이다. 어느 민족이든 민족으로서의 기본적인 공통성을 지니고 있다. 모든 민족은 선후와 정도의 차이는 있겠지만, 대부분 비슷한 역사적 경험을 쌓아 오늘에 이른 것이다. 이러한 공통점을 지니고 있는 것은 민족에 작용하는 힘이나 압력, 이를 극복하기 위하여 요구되는 노력이 공통성을 지니고 있기 때문이다.
그런데 비록 모든 민족이 공통점을 지니고 있다 하더라도 실제의 역사는 각 민족에 따라서 다양하게 전개되었다. 즉, 모든 민족이나 국가의 역사에 하나의 일관된 법칙이 적용되는 것은 아니라는 점이다. 따라서 한국사 연구는 우리 민족의 역사적 사실에 대한 깊은 연구를 바탕으로 각 민족이 공통적으로 지니고 있는, 일반화할 수 있는 법칙을 추론할 수 있어야 한다.

(2) 민족의 특수성
① 인간은 자신이 터를 잡고 살아가는 지역의 자연환경에 따라 고유한 언어·풍속·종교·예술, 그리고 사회 제도 등을 다양하게 창출하게 되는데, 이를 그 민족의 특수성이라 한다.
② 교통과 통신이 아직 발달하지 못하였던 근대 이전 시대에는 민족적·지역적 특수성이 매우 두드러졌다. 이에 세계를 몇 개의 문화권으로 나누어 그 특수성을 이해하기도 하고, 하나의 문화권 안에서도 다시 민족 문화나 지방 문화의 특수성을 추출하기도 한다.

(3) 역사의 올바른 이해
모든 민족의 역사에는 이러한 보편성과 특수성이 함께 존재한다. 따라서 역사를 바르게 이해한다는 것은 세계사적 보편성과 지역적 특수성을 균형 있게 파악하였다는 의미이다.

*우리 민족의 특수성

우리 민족의 특수성으로는 어떤 내용이 있는지 파악해 두어야 한다.

(4) 우리 민족의 보편성과 특수성*
우리 민족은 외부 세계와 접촉이 빈번하였던 만주와 한반도에 자리 잡고 역사적 삶을 영위해 왔다. 그 후 활동 무대가 한반도로 좁아지기는 하였지만, 국토의 자연환경을 효과적으로 활용하여 다양한 민족·국가들과 문물을 교류하면서 내재적인 변화와 발전을 이룩하였다.
① 보편성: 우리 민족은 세계의 모든 민족이 그랬던 것처럼 자유와 평등, 민주와 평화 등 전 인류의 공통된 가치를 추구해 왔다. 여기서 자연스럽게 우리 역사의 보편성을 찾을 수 있다.

② 특수성: 우리 민족은 반만 년 이상의 유구한 역사를 이어 오고 있다. 이 과정에서 국가에 대한 충성, 부모에 대한 효도가 중시되고 두레·계·향도와 같은 공동체 조직이 발달하는 등 우리 민족의 특수성을 엿볼 수 있다.

(5) 한국사의 이해

한국사의 이해는 우리 민족의 역사적 삶의 특수성을 이해하고 그 가치를 깨우치는 것이어야 한다. 우리 역사와 문화의 특수성에 대한 이해는 한국사를 바르게 인식하는 데 기초가 될 뿐만 아니라 우리가 민족적 자존심을 잃지 않고 세계 문화에 공헌하는 데에도 필요하다.

> **바로 확인문제**
>
> ● 한국사의 올바른 이해에 대한 설명으로 적절하지 <u>않은</u> 것은? 14. 사복직 9급
> ① 조선이 일본의 식민지로 전락하였던 것은 분권적인 봉건 제도가 없었기 때문이었다.
> ② 한국사는 한국인의 주체적인 역사이며, 사회 구성원들의 총체적인 삶의 역사이다.
> ③ 한국사의 보편성과 특수성의 문제는 세계사 안에서 한국사를 올바르게 보는 관점을 제시한다.
> ④ 다양한 기준에 의거해 시대 구분을 하더라도 한국사의 발전 양상에 주목할 필요가 있다.

단권화 MEMO

|정답해설| 일제 강점기 식민 사학자들의 정체성론에 해당한다. 정체성론이란 조선의 역사 발전은 늦게 진행되어 (일본과 비교해서) 고대 국가 수준에 머물러 있었기 때문에 조선에 중세 시대는 없다는 것이다(중세 부재론). 이에 백남운 등 일제 강점기 사회 경제 사학자들은 한국사도 세계사적 발전 법칙에 따라 중세를 거쳐 근대로 나아가고 있었다고 주장하면서 정체성론을 비판하였다.

|정답| ①

04 민족 문화의 이해

(1) 우리 문화의 특징

우리 조상들은 유구한 역사를 거치면서 슬기를 발휘하고 노력을 기울여 문화를 발전시켜 왔다. 우리 문화는 다른 어느 민족의 그것과도 구별되는 특수성을 지니고 있으면서도 보편적 가치를 추구해 왔다.

① 선사: 선사 시대에는 아시아의 북방 문화와 연계되는 문화를 이룩하였다.
② 고대: 중국 문화와 깊은 연관을 맺으면서 독자적인 고대 문화로 발전하였다.
③ 고려: 고려 시대에는 불교를 정신적 이념으로 채택하였다.
④ 조선: 조선 시대에는 유교적 가치를 중요시하는 문화 활동을 하였다.

(2) 한국 사상의 개성

특히, 불교와 유교는 외래 사상을 그대로 들여오지 않고 이를 한국화·토착화시켜서 한국 사상으로서의 개성을 확립하였다.

① 우리 조상들은 불교와 유교를 소화하여 우리 것으로 만들었다. 튼튼한 전통 문화의 기반 위에서 선진적 외래 문화를 주체적으로 수용하는 것이 민족 문화 발전의 열쇠라는 관점에서 볼 때 우리의 민족 문화는 무한한 발전 가능성을 안고 있다.
② 우리는 이러한 민족 문화에 대한 자부심과 긍지를 가지고 민족 문화를 보존함과 아울러 이를 더욱 발전시켜 나가려는 자세를 가져야 한다.

(3) 세계화 시대의 역사의식

흔히 현대를 세계화 시대라고 한다. 이는 정보 통신 기술과 교통의 발달로 세계가 점점 긴밀해지고 교류 또한 활발해지고 있기 때문이다.

■ **한국 불교·유교의 특수성**
한국 불교는 현세 구복적이고 호국적인 성향이 남달리 강하다. 한국 유교는 삼강오륜의 덕목 중에서 충·효·의가 특히 강조되었는데, 이는 우리 조상이 가족 질서에 대한 헌신과 국가 수호, 그리고 사회 정의 실현에 대한 특별한 애정을 지니고 있었음을 잘 보여 준다. 조선 시대 유학자들이 비타협적이고 배타적 경향이 큰 이유도 이 때문이다. 이는 중국의 유학이 인(仁)을 중심 개념으로 설정하고 사회적 관용을 존중하는 것과 대비된다.

① 개방적 민족주의: 세계화 시대의 역사의식은 안으로는 민족 주체성을 견지하되, 밖으로는 외부 세계의 변화에 적극적으로 대응하는 개방적 민족주의에 기초하여야 한다. 내 것만이 최고라는 배타적 민족주의도, 내 것을 버리고 무조건 외래의 문화만을 추종하는 것도 모두 세계화 시대에는 버려야 할 닫힌 사고이다.

② 인류 공동의 가치: 아울러 세계화 시대의 시대적 요청은 인류 사회의 평화와 복리 증진 등 인류 공동의 가치를 추구하려는 진취적 역사 정신이라는 점을 잊어서는 안 된다.

심화 민족주의(民族主義)

❶ 민족주의는 일반적으로 민족의 생활·전통·문화를 보존하여 국민 국가를 형성하고, 국가의 성립 후에는 독립성·통일성을 유지·발전시킬 것을 추구하는 사상이나 움직임을 일컫는다. 역사적으로는 자기 민족을 다른 민족이나 국가와 구별하고 통일·독립·발전을 지향하는 사상 혹은 운동이며, 정치적으로는 민족을 사회 공동체의 기본 단위로 보고 자유 의지에 의하여 국가적 소속을 결정하려는 입장이라고 할 수 있다.

❷ 19세기 후반 민족주의는 공격적·팽창적 민족주의와 방어적·저항적 민족주의로 나누어지게 된다. 강대국들은 공격적·팽창적 민족주의를 통하여 약소국을 침략하여 식민지로 삼으려 하였고, 이에 대하여 약소국들은 스스로를 보존하고 국민 국가를 형성하기 위하여 강대국의 공격과 침략에 맞서 투쟁하였다.

CHAPTER 02 선사 시대의 우리 역사

- [ ] 1회독   월   일
- [ ] 2회독   월   일
- [ ] 3회독   월   일
- [ ] 4회독   월   일
- [ ] 5회독   월   일

01 선사 시대의 세계
02 우리나라의 선사 시대

01 선사 시대의 세계

1 인류의 기원

(1) 인류의 출현
① 우리가 살고 있는 지구상에 인류가 처음으로 출현한 시기는 지금부터 약 300~350만 년 전으로 알려져 있다. 최초의 인류는 아프리카에서 화석이 발견된 오스트랄로피테쿠스였다.
② 이후 인류는 지혜가 발달하면서 불을 사용하는 법을 알게 되어 음식을 익혀 먹었고, 빙하기에도 추위를 견딜 수 있게 되었다. 또한 사냥과 채집을 통하여 식량을 조달하였고, 시체를 매장하는 풍습을 지니게 되었다.

(2) 구석기 시대의 인류
구석기 시대 후기인 약 4만 년 전부터 진정한 의미의 현생 인류인 호모 사피엔스 사피엔스가 출현하였다. 이들은 두뇌 용량을 비롯한 체질상의 특징이 오늘날의 인류와 거의 같으며, 현생 인류에 속하는 여러 인종의 직계 조상으로 추정하고 있다. 이렇게 인류가 진화할 수 있었던 것은 생각하는 능력을 가지고 주변의 자연환경에 적응하면서 문화를 창조해 나갔기 때문이다.

2 신석기 문화와 청동기 문명의 탄생

(1) 신석기 시대의 시작
① 환경의 변화: 기원전 약 1만 년경에 빙하기가 끝나고 후빙기가 시작되면서, 인류의 생활은 환경의 변화에 적응하여 또다시 바뀌었다. 이에 구석기 시대가 지나고, 과도기인 중석기 시대를 거쳐 신석기 시대가 전개되었다.

▲ 신석기 시대 석기류와 토기류
러시아 아무르강 하구 수추섬에서 발굴되었다. 우리나라에서는 함북 웅기군 서포항 유적(3기 문화층)에서 이와 비슷한 유물이 발굴되었다.

단권화 MEMO

■ 인류의 진화
• 인류 진화의 요인: 인류 진화의 요인 중 가장 중요한 것은 직립 보행이었다. 인류는 직립 보행으로 자유로워진 두 손을 이용하여 도구를 사용할 수 있게 되었고, 두뇌 용량이 커져 지능이 발달하게 되었다. 또한 언어를 사용하여 의사소통을 하고 문화를 발달시킬 수 있었다.

• 원시 인류의 진화

오스트랄로피테쿠스	남방의 원숭이
호모 하빌리스	손재주 좋은 사람(능인)
호모 에렉투스	• 곧선 사람(원인) • 구석기 전기(자바인·베이징인, 불의 사용, 채집 생활)
호모 사피엔스	• 슬기 사람(고인) • 구석기 중기(네안데르탈인, 석기를 제작·사용, 매장의 풍습)
호모 사피엔스 사피엔스	• 슬기 슬기 사람(신인) • 구석기 후기(현생 인류, 크로마뇽인)

■ 오스트랄로피테쿠스
두뇌의 용량이 현생 인류의 3분의 1 정도였으나 직립 보행을 하여 두 손으로 간단하고 조잡한 도구를 만들어 사용할 수 있었다. 인류는 처음에는 나무로 된 도구를 사용하다가 곧이어 돌로 도구를 만들어 사용하였다.

단권화 MEMO

■ **선사 시대의 연구**

1833년 프랑스 학자 투르날(Tournal)은 기록이나 고문서가 나오기 이전으로 거슬러 올라가는 인류 역사의 일부 시대를 지칭하기 위하여 '선사(prehistory)'라는 단어를 만들어 냈다. 이에 비하여 역사 시대는 문자에 의한 기록이 나타난 이후를 지칭한다. 최초의 문자 기록이 대략 5,000년 전에 이루어졌다는 점을 감안하면 선사 시대는 인류의 출현부터 약 5,000년 전까지의 장구한 시기를 연구 대상으로 삼는다.

선사 시대를 연구한다는 것은 유적에서 출토되는 몇 가지의 유물로부터 선사 시대를 재구성하는 것으로서, 마치 범죄 현장에 남아 있는 극히 단편적이고 미미한 실마리들로부터 범죄 상황을 추리해 내는 탐정의 역할과 같다.

■ **선사 시대와 역사 시대 구분**

일반적으로 선사 시대와 역사 시대를 구분하는 기준은 문자의 사용 여부이다. 선사 시대는 문자를 사용하지 못했던 구석기 시대와 신석기 시대를 말하며, 역사 시대는 문자를 만들어 쓰기 시작한 청동기 시대 이후를 말한다. 우리나라는 철기 시대부터 문자를 사용한 것으로 추정하고 있다.

＊**우리나라의 선사 시대**

각 시대별 주요 유적과 유물을 구분하여 기억해야 한다.

■ **알타이 어족**

터키에서 중앙아시아와 몽골을 거쳐, 한국과 일본에 이르는 지역에 분포하는 어족(語族)으로서, 몽골어·터키어·한국어·일본어·만주어·핀란드어·헝가리어·퉁구스어 등을 포함한다.

---

② **특징**: 신석기 문화는 농경과 목축의 시작, 간석기와 토기의 사용, 정착 생활과 촌락 공동체의 형성 등을 특징으로 한다.
③ **신석기 혁명**: 구석기 시대 사람들이 식량 채집 생활만 한 것과는 달리, 신석기 시대 사람들은 농경과 목축을 시작하여 식량을 생산하는 경제 활동을 전개함으로써 인류의 생활 양식이 크게 변하였다. 이를 신석기 혁명이라 한다.

(2) 선사 문명의 형성

신석기 혁명에 의한 획기적인 변화는 중동 지방을 비롯하여 아시아 여러 지역에서 기원전 8,000년경에 시작된 것으로 추정되며, 이후 세계 각 지역으로 퍼져 나갔다.

① **4대 문명**: 기원전 3,000년경을 전후하여 메소포타미아의 티그리스강과 유프라테스강, 이집트의 나일강, 인도의 인더스강, 중국의 황허강 유역에서 문명이 형성되었다.
② **문화의 발달**: 이들 큰 강 유역에서는 관개 농업의 발달, 청동기의 사용, 도시의 출현, 문자의 사용, 국가의 형성 등이 이루어져 문화가 크게 발달하였다.

(3) 역사 시대의 전개

이러한 변화들은 모두 청동기 시대에 일어났다. 이로써 인류는 선사 시대를 지나 역사 시대로 접어들게 되었다.

02 우리나라의 선사 시대*

1 우리 민족의 기원

(1) 생활 영역

우리 조상들은 대체로 중국 요령(랴오닝)성, 길림(지린)성을 포함하는 만주 지역과 한반도를 중심으로 한 동북아시아에 넓게 분포하여 살고 있었다.

(2) 우리 민족의 형성

① **민족의 기틀**: 우리나라에 사람이 살기 시작한 것은 구석기 시대부터이며, 신석기 시대에서 청동기 시대를 거치면서 민족의 기틀을 마련하였다.
② **경과**: 어느 나라 역사에 있어서나 모든 종족은 인근에 사는 종족과 교류하면서 문화를 발전시키고 민족을 형성해 왔다. 동아시아에서는 선사 시대에 여러 민족이 문화를 일으켰는데, 그중에서도 우리 민족은 독특한 문화를 이루고 있었다.
③ **민족의 계통**: 우리 민족은 인종상으로는 황인종에 속하고, 언어학상으로는 알타이 어족과 가까운 관계에 있다. 또한 오래전부터 하나의 민족 단위를 형성하고, 농경 생활을 바탕으로 독자적인 문화를 이룩하였다.

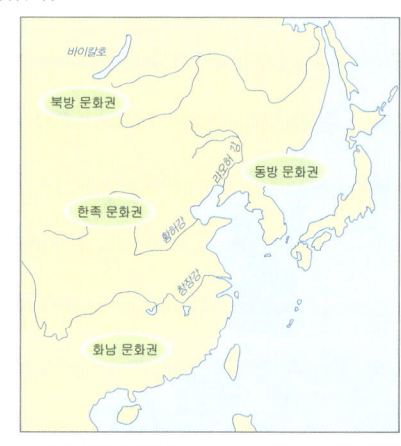

▲ 선사 시대의 문화권

| 심화 | 우리 민족에 대한 호칭 |

중국 고전에 의하면 우리 민족을 예(濊), 맥(貊), 예맥(濊貊), 동이(東夷), 한(韓) 등으로 호칭하였다.
- 맥(貊)이 기록된 중국 문헌: 『시경』, 『논어』, 『중용』, 『맹자』 등
- 예맥(濊貊)이 기록된 중국 문헌: 『사기』 흉노전, 『삼국지』 위서 동이전 등
- 동이(東夷)가 기록된 중국 문헌: 『논어』, 『예기』, 『산해경』, 『사기』 등
- 동이(東夷)에 관한 최초의 우리 문헌: 김부식의 『삼국사기』

| 바로 확인문제 |

● 우리나라의 선사 시대에 대한 설명으로 옳은 것은?
① 구석기 시대에서 신석기 시대를 거치면서 민족의 기틀이 이루어졌다.
② 우리 민족은 언어학상으로 인도-유럽 어족과 가까운 관계에 있다.
③ 우리 조상들은 대체로 만주 지역과 한반도를 중심으로 분포하였다.
④ 우리 민족의 영역에 사람이 살기 시작한 것은 신석기 시대부터이다.

| 오답해설 |
① 우리 민족의 기틀은 신석기 시대에서 청동기 시대를 거치면서 형성되었다.
② 우리 민족은 언어학적으로 알타이 어족, 인종학적으로 황인종에 속한다.
④ 한반도와 그 주변 지역에 사람이 살기 시작한 것은 구석기 시대지만 구석기인들은 우리 민족과 직접적 혈연 관계는 없다.

| 정답 | ③

2 구석기 시대의 유물과 유적

(1) 구석기 시대의 구분

우리나라와 그 주변 지역에 구석기 시대 사람들이 살기 시작한 것은 약 70만 년 전부터이다. 구석기 시대는 석기를 다듬는 수법에 따라 전기·중기·후기의 세 시기로 나누어진다.

① 전기: 전기에는 큰 석기 한 개를 여러 가지 용도로 썼다.
② 중기: 중기에는 큰 몸돌에서 떼어 낸 돌조각인 격지돌을 잔손질하여 석기를 만들었다. 따라서 크기는 작아지고 점차 한 개의 석기가 하나의 쓰임새를 가지게 되었다.
③ 후기: 후기에는 쐐기 같은 것을 대고 형태가 같은 여러 개의 돌날격지를 만드는 수준까지 발달하였다.

▲ 구석기 시대의 유적지

■ 르발루아 기법

르발루아 기법은 구석기 중기 문화를 대표하는 석기 제작 기술이다. 명칭은 19세기에 발견된 구석기 중기 유적인 파리 근교의 르발루아 페레 유적에서 기원하였다.

(2) 구석기 시대의 유적지

우리나라 구석기 시대의 대표적인 유적지로는 평남 상원 검은모루 동굴, 경기도 연천 전곡리, 충남 공주 석장리 등이 있다. 이들 유적에서는 석기와 함께 사람과 동물의 뼈 화석, 동물 뼈로 만든 도구 등이 출토되어 구석기 시대의 생활상이 밝혀지게 되었다.

단권화 MEMO

■ **모비우스 학설**
미국의 고고학자 '모비우스'에 의한 학설로서, 인도를 기준으로 서쪽(유럽, 아프리카, 서아시아)은 아슐리안 문화권, 동쪽(동아시아, 아메리카)은 찍개 문화권으로 분류한다는 내용이다. 연천 전곡리에서 아슐리안형 주먹도끼가 출토되면서 이 학설을 반박할 수 있게 되었다.

■ **사람의 화석이 발견된 구석기 유적**
청원 두루봉 동굴 유적, 평양 만달리 동굴 유적, 덕천 승리산 동굴 유적(한반도 최초로 인골 화석 발견), 단양 상시리 바위 그늘 유적(남한 최초로 인골 화석 발견)

▲ 흥수아이

|정답해설| 지문은 '경기도 연천 전곡리'에서 발견된 '구석기 시대' 유물인 아슐리안형 주먹도끼에 대한 설명이다. 구석기 시대에는 막집 등에 살면서 식량을 찾아 이동하는 생활을 하였다.
|오답해설|
①③ 청동기 시대, ② 신석기 시대에 대한 설명이다.
|정답| ④

○ **구석기 시대의 유적지**

시대	출토 지역	유물 및 특징
전기 구석기 시대 (70만~10만 년 전)	단양 도담리 금굴 유적(충북)	우리나라에서 발견된 구석기 유적 중 가장 오래됨(약 70만 년 전)
	상원 검은모루 동굴(평남)	포유 동물 화석, 주먹도끼, 긁개 발견
	연천 전곡리(경기)	• 1978년 미군 병사가 한탄강 주변에서 발견함 • 아시아 최초로 **아슐리안형 주먹도끼**가 대량으로 출토됨 → 기존의 주류 학설이었던 '모비우스 학설' 반박
	공주 석장리(충남)	• 전기·중기·후기 구석기 시대를 포괄하는 문화층 형성 • 1964년부터 발굴(남한 최초 발견)
중기 구석기 시대 (10만~4만 년 전)	제천 점말 동굴(충북)	• 전기~후기에 이르는 10여 문화층 • 사람의 얼굴이 새겨진 털코뿔이뼈 출토
	웅기 굴포리(함북)	• 1963년부터 발굴 • 찌르개, 매머드 화석 발견
	양구 상무룡리(강원)	• 중기~후기 구석기의 유적지 • 후기 구석기의 유적지에서 백두산 계통의 흑요석 출토
	덕천 승리산 동굴(평남)	인골 화석 발견(한반도 최초)
	단양 상시리 바위 그늘(충북)	25세 정도의 남자의 뼈 출토(남한에서 최초로 발굴된 인골 화석)
후기 구석기 시대 (4만~1만 년 전)	종성 동관진(함북)	1933년 한반도 최초로 발견된 구석기 시대 유적지
	제주 빌레못 동굴	동물 화석, 집터 발견
	단양 수양개(충북)	• 석기 제작지 출토 • 동물(고래, 물고기 형상) 석상 출토
	평양 만달리 동굴	20~30세가량의 남자 유골(아래턱뼈) 발견
	청원 두루봉 동굴(충북)	흥수굴에서 어린아이의 뼈 화석 발견(흥수아이) → 장례 의식 확인
	제천 창내(충북)	막집 유적 발견

바로 확인문제

● 밑줄 친 '이 유적지'에서 살았던 사람들의 생활상으로 옳은 것은?

> 이 유적지는 한탄강 유역의 현무암 대지에 자리 잡고 있다. 1978년 겨울, 주한 미군 병사의 신고로 처음 유적의 존재가 알려진 이후 11차에 걸친 발굴이 이루어졌으며, 주먹도끼와 가로날 도끼 등 아슐리안형 석기가 발견되어 세계 고고학계의 이목을 집중시킨 바 있다.

① 고인돌과 선돌 등의 거석 기념물을 세웠다.
② 농경이 시작되었고, 정착 생활이 이루어졌다.
③ 잉여 생산물을 둘러싸고 부족 사이에 전쟁이 벌어졌다.
④ 막집 등에 살면서 식량을 찾아 이동하는 생활을 하였다.

3 구석기 시대의 생활

(1) 경제 생활

① 원시 채집 경제: 구석기 시대 사람들은 동물의 뼈나 뿔로 만든 도구와 뗀석기를 가지고 사냥과 채집을 하면서 생활하였다.

② 도구의 사용: 처음에는 찍개 같은 도구를 여러 가지 용도로 사용하였으나 점차 뗀석기를 제작하는 기술이 발달함에 따라 용도가 뚜렷한 작은 석기들을 만들게 되었다.

▲ 주먹도끼(경기 광주 곤지암읍 삼리)

③ 도구의 용도: 주먹도끼·찍개·찌르개·팔매돌 등은 사냥 도구이고, 긁개·밀개 등은 대표적인 조리 도구이다. 한편 경기도 연천 전곡리 유적 등에서 출토된 가로날 도끼는 주먹도끼와 함께 구석기 시대 전기의 대표적인 석기로, '도끼'라는 명칭에도 불구하고 실제 용도는 자르는 도구일 가능성이 높다.

④ 슴베찌르개: 구석기 시대 후기에 사용된 이음 도구로서, 창의 역할을 하였다.

▲ 슴베찌르개(경기 광주 곤지암읍 삼리)

(2) 사회 생활

① 주거지(집터)
  ㉠ 주거지의 종류·형태: 구석기 시대 사람들은 동굴이나 바위 그늘에서 살거나 강가에 막집을 짓고 살았다. 이를 보여 주는 구석기 시대 유적으로는 상원의 검은모루·제천 창내·공주 석장리 등이 있다.
  ㉡ 흔적: 구석기 시대 후기의 막집 자리에는 기둥 자리, 담 자리 및 불 땐 자리가 남아 있다.
  ㉢ 규모: 집터의 규모는 작은 것은 3~4명, 큰 것은 10명이 살 수 있을 정도의 크기였다.

② 무리 생활
  ㉠ 이동 생활: 구석기 시대에는 무리를 이루어 큰 사냥감을 찾아다니며 생활하였다.
  ㉡ 평등 생활: 무리 가운데 경험이 많고 지혜로운 사람이 지도자가 되었으나, 권력을 갖지는 못하였으며 모든 사람이 평등한 공동체 생활을 하였다.

(3) 예술 활동

구석기 시대 사람들은 구석기 시대 후기에 이르러 석회암이나 동물의 뼈 또는 뿔 등을 이용하여 조각품을 만들었다.

① 유적지: 공주 석장리와 단양 수양개에서 고래와 물고기 등을 새긴 조각이 발견되었는데, 이를 통하여 구석기인들의 소박한 솜씨를 엿볼 수 있다.

② 의미: 이러한 유물에는 사냥감의 번성을 비는 구석기 시대 사람들의 주술적 의미가 깃든 것으로 보인다.

4 중석기 시대

중석기 시대는 구석기 시대에서 신석기 시대로 넘어가는 과도기이다. 구석기 시대에서 신석기 시대로 넘어가는 전환기에 빙하기가 지나고 다시 기후가 따뜻해졌다. 이런 새로운 자연환경에 대응하기 위하여 이 시기 사람들은 적합한 생활 방법을 찾으려고 노력하였다.

단권화 MEMO

■ 주먹도끼
짐승을 사냥하고 가죽을 벗기며, 땅을 파서 풀이나 나무뿌리를 캐는 등 여러 용도에 사용하는 만능 석기였다.

■ 중석기 시대
유럽에서는 구석기 시대에서 신석기 시대로 넘어가는 과도기적인 단계를 중석기 시대로 부르고 있다. 그러나 우리나라에서 중석기 시대를 설정하는 것은 아직 문제로 남아 있다. 북한에서는 웅기 부포리와 평양 만달리 유적을 중석기 시대 것으로 보고 있으며, 우리나라에서는 통영 상노대도 조개더미의 최하층, 거창 임불리와 홍천 하화계리 유적 등을 중석기 시대의 유적으로 보는 학자도 있다.

> **단권화 MEMO**

(1) 활
큰 짐승 대신에 토끼·여우·새 등의 작고 빠른 짐승을 잡기 위해 활을 사용하였다.

(2) 잔석기
① 이 시기의 석기들은 더욱 작게 만들어진 잔석기로, 한 개 내지 여러 개의 석기를 나무나 뼈에 꽂아 쓰는 이음 도구도 만들었다. 이음 도구로는 톱이나 활·창·작살 등이 만들어졌다.
② 기후가 따뜻해지면서 동식물이 번성하게 되어 사람들은 식물의 채취와 고기잡이를 많이 하였다.

> **바로 확인문제**
>
> ● 밑줄 친 '주먹도끼'가 사용된 시대에 대한 설명으로 옳은 것은?   23. 지방직 9급
>
> > 이 유적은 경기도 연천군 한탄강 언저리에 넓게 위치하고 있다. 이곳에서 아슐리안 계통의 <u>주먹도끼</u>가 다량으로 출토되어 더욱 많은 관심이 집중되었다. 이곳에서 발견된 주먹도끼는 그 존재 유무로 유럽과 동아시아 문화가 나뉘어진다고 한 모비우스의 학설을 무너뜨리는 결정적 증거가 되었다.
>
> ① 동굴이나 바위 그늘, 강가의 막집 등에서 살았다.
> ② 내부에 화덕이 있는 움집이 일반적인 주거 형태였다.
> ③ 토기를 만들어 음식을 조리하거나 식량을 저장하였다.
> ④ 구릉에 마을을 형성하고 그 주변에 도랑을 파고 목책을 둘렀다.

| 정답해설 | 밑줄 친 (아슐리안 계통의) 주먹도끼는 구석기 시대 유적지인 경기도 연천군 전곡리 유적에서 발견되었다. 구석기 시대 사람들은 동굴이나 바위 그늘, 강가의 막집에서 살았다.

| 오답해설 |
② 움집은 신석기 시대부터 사용된 주거 형태이다.
③ 신석기 시대 농경이 시작되면서, 수확물을 저장할 토기가 만들어졌다.
④ 청동기 시대에는 구릉에 마을을 형성하고, 다른 부족의 침략을 막기 위해 도랑(환호)을 파고 목책을 둘렀다.

| 정답 | ①

5 신석기 시대의 유물과 유적

(1) 신석기 시대의 시작
우리나라의 신석기 시대는 기원전 8,000년경부터 시작되었다.

(2) 간석기
① 신석기 시대 사람들은 돌을 갈아서 여러 가지 형태와 용도를 가진 간석기를 만들어 사용하였다.
② 신석기 시대 사람들은 부러지거나 무뎌진 도구를 다시 갈아 손쉽게 쓸 수 있게 되었으며, 단단한 돌뿐만 아니라 무른 석질의 돌도 이용하였다.

▲ 농경 굴지구(전북 진안 정천면 모정리) 땅을 파고 일구는 도구이다.

■ 신석기 시대 자연환경의 변화
기원전 8,000년경, 후빙기에 들어서면서 한반도의 자연환경은 크게 변화하기 시작하여 해수면이 높아지고 동식물이 바뀌어 갔다. 기원전 5,500년경부터 3,000년경까지는 기후가 따뜻하여 소나무 숲에 상록 활엽수, 낙엽 활엽수가 첨가되어 현재와 비슷한 삼림 형태를 이루게 되었다. 이 무렵의 한반도는 대략 지금과 비슷한 형태를 하고 있었으나, 서해안은 해수면이 현재보다 7m쯤 낮아 주민들이 현재의 해안선보다 바다 쪽으로 더 나가 생활할 수 있었다.

(3) 토기(土器)
진흙으로 그릇을 빚어 불에 구워서 만든 토기를 사용하여 음식물을 조리하거나 저장할 수 있게 되었고, 이에 따라 생활이 더욱 나아졌다.

① 종류 : 우리나라 신석기 시대의 대표적인 토기는 빗살무늬 토기이며, 이보다 앞선 시기의 토기도 발견되고 있다. 무늬가 없는 것, 토기 몸체에 덧띠를 붙인 것, 눌러 찍은 무늬가 있는 것으로 각각 이른 민무늬 토기·덧무늬 토기·눌러찍기무늬 토기(압인문 토기)라고 부른다.

■ 갈돌과 갈판

도토리 등 나무 열매나 곡물 껍질을 벗기거나 갈아서 가루를 만들 때 사용하였다.

㉠ 이른 민무늬 토기(원시 무문 토기, 기원전 8,000~기원전 6,000): 제주 한경 고산리에서 출토된 한반도 최초의 토기로서, 무늬가 없고 작다.
㉡ 덧무늬 토기(기원전 6,000~기원전 5,000): 양양 오산리 유적에서 출토된 덧무늬 토기가 대표적이며, 토기의 몸체에 덧띠가 붙여져 있고 밑이 둥글게 되어 있다.
㉢ 빗살무늬 토기(기원전 4,000~기원전 3,000)
  • 북방 계통(시베리아, 몽골)의 영향을 받은 신석기 시대의 대표적인 토기이다.
  • 도토리나 달걀 모양의 뾰족한 밑, 또는 둥근 밑 모양을 하고 있으며 크기도 다양하다.
  • 유적지는 부산 동삼동·서울 암사동·김해 수가리·평양 남경리 등 전국적으로 분포되어 있으며, 대부분 바닷가나 강가에 자리 잡고 있다.

▲ 덧무늬 토기(강원 고성 문암리)
토기를 제작하여 사용한 사실을 통하여 식량의 저장과 정착 생활을 추정할 수 있다.

▲ 빗살무늬 토기(서울 강동 암사동)

㉣ 유적지: 위의 토기들은 제주도 한경 고산리, 강원 고성 문암리, 강원 양양 오산리, 부산 동삼동 조개더미 등에서 발견되었다.

바로 확인문제

● 다음에 제시된 유물이 처음 사용된 시대의 사실로 옳은 것은? 16. 소방직(복원)

① 조·피·수수 등을 재배하는 농경이 시작되었다.
② 사유 재산 제도가 출현하고 계급이 발생하였다.
③ 탁자식과 바둑판식 형태의 고인돌이 축조되었다.
④ 철제 무기와 철제 연모를 사용함에 따라 그동안 사용해 오던 청동기는 의식용 도구로 변하였다.

● 다음 토기가 사용된 시기의 생활상으로 옳지 <u>않은</u> 것은? 19. 국가직 7급

이 토기는 그릇의 표면에 점토 띠를 덧붙여 각종 문양 효과를 내었으며, 바닥은 평저 또는 원저로 이루어져 있다. 대표적인 예로 부산 동삼동, 울주 신암리, 양양 오산리 유적 등에서 출토된 것이 있다.

① 움집에서 주거 생활을 하였다.
② 검은 간 토기를 함께 사용하였다.
③ 가락바퀴를 이용해 옷을 만들었다.
④ 농경이 시작되어 조와 기장 등을 경작하였다.

단권화 MEMO

■ 양양 오산리 유적
신석기 시대 유적지로, 토제 인면상(흙으로 빚어 구운 사람의 얼굴상)과 덧무늬 토기 등이 출토되었다.

|정답해설| 제시된 유물 중 왼쪽은 빗살무늬 토기, 오른쪽은 가락바퀴로 모두 신석기 시대 유물이다. 신석기 시대에는 조·피·수수 등을 재배하는 농경이 시작되었다.
|오답해설|
②③은 청동기, ④는 철기 시대에 대한 설명이다.
|정답| ①

|정답해설| 제시된 자료는 신석기 시대에 제작된 덧무늬 토기에 대한 설명이다. 검은 간 토기는 초기 철기 시대의 토기이다.
|오답해설|
①③④ 신석기 시대 사람들은 반지하형 움집에서 주거 생활을 하였고, 가락바퀴와 뼈바늘을 이용해 옷이나 그물을 제작하였다(원시적 수공업). 또한 농경이 시작되어 조, 피, 수수, 기장 등 잡곡을 재배하였다.
|정답| ②

단권화 MEMO

■ 신석기 시대 사람들의 생활

신석기 시대 사람들은 씨족별로 대략 20~30명씩 무리를 이루어 사냥과 고기잡이, 채집 등을 행하며 공동체적인 삶을 영위하였다. 사냥과 고기잡이에서는 도구와 기술이 뒤떨어졌기 때문에 공동 노동을 하였고, 채집 생활도 함께 행하는 것이 일반적이었다.

■ 전기 신석기 시대의 유적지
- 시기: 전기 신석기 시대 (5,000~6,000년 전)
- 유적지: 경남 창녕군 부곡면 비봉리 일대
- 출토: 2004년
- 유물

구덩이	다량의 도토리를 저장한 16개의 구덩이 발굴
두개골	돌칼로 자른 뼈로, 사슴 뼈와 개 뼈 등 발견
망태기	질긴 풀을 이용해 만든, 국내에서 발굴된 것 중 가장 오래된 물건으로 직경 15cm, 깊이 10cm 정도만 남아 있으며 날줄 두 가닥으로 씨줄을 꼬아 만든 '꼬아 뜨기' 기법을 사용함
갈판과 갈돌	도토리를 가는 데 사용된 물건으로서, 도토리를 갈아 물에 개서 만든 음식물도 불에 탄 채 발굴됨
기타	멧돼지 뼈·호두·솔방울 등이 출토됨

■ 가락바퀴(충북 청주 산성동)

실을 뽑는 데 사용된 도구이다.

■ 신석기 시대의 집터(강원 양양 지경리)

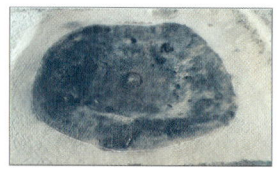

신석기 시대 사람들이 살았던 움집 자리로 동그란 모양의 바닥 중앙에 화덕 자리가 있다.

6 신석기 시대의 생활

(1) 경제 생활

① 농경의 시작: 신석기 시대부터 농경 생활이 시작되었다.
  ㉠ 유적지: 황해도 봉산 지탑리와 평양의 남경 유적에서는 탄화된 좁쌀이 발견되어 신석기 시대에 잡곡류를 경작하였음을 알 수 있다.
  ㉡ 농기구: 이 시기에 사용한 주요 농기구로는 돌괭이·돌삽·돌보습·돌낫 등이 있다. 그리고 현재 남아 있지는 않지만, 중국이나 일본의 경우처럼 나무로 만든 농기구를 사용하였을 가능성도 있다.
  ㉢ 형태: 집 근처의 조그만 텃밭을 이용하거나 강가의 퇴적지를 소규모로 경작하였던 것으로 보인다.
② 사냥: 농경 기술이 발달하면서 사냥과 고기잡이가 경제 생활에서 차지하는 비중은 점차 줄어들었지만, 여전히 식량을 얻는 중요한 수단이었다. 주로 활이나 창으로 사슴류와 멧돼지 등을 사냥하였다.
③ 고기잡이: 고기잡이에는 여러 가지 크기의 그물과 작살, 돌이나 뼈로 만든 낚시 등을 이용하였다. 또한 굴·홍합 등 많은 조개류를 먹었는데, 때로는 깊은 곳에 사는 조개류를 따서 장식으로 이용하였다.
④ 원시 수공업 생산: 농경 도구나 토기의 제작 이외에 원시적인 수공업 생산이 이루어졌다. 가락바퀴나 뼈바늘이 출토되는 것으로 보아 옷이나 그물을 만들었음을 알 수 있다.
⑤ 일본과의 교류: 우리나라 남해안 일대의 신석기 시대 유적지에서 흑요석이 발견되는데, 이를 통해 이 일대에서 일본과 원거리 교류나 교역이 있었음을 알 수 있다.

▲ 신석기 시대의 유적지

(2) 사회 생활

① 주거지(집터): 도구가 발달하고 농경이 시작되자 주거 생활도 개선되었다.
  ㉠ 집터는 대개 움집 자리로 바닥은 원형이나 모서리가 둥근 네모꼴이다.
  ㉡ 움집의 중앙에는 불씨를 보관하거나 취사와 난방을 위한 화덕이 위치하였다.
  ㉢ 햇빛을 많이 받는 남쪽으로 출입문을 내었으며, 화덕이나 출입문 옆에는 저장 구덩이를 만들어 식량이나 도구를 저장하였다.
  ㉣ 집터의 규모는 4~5명 정도의 한 가족이 살기에 알맞은 크기였다.
  ㉤ 강원도 양양군 지경리 유적의 움집에서 동그란 모양의 바닥 중앙에 화덕 자리가 발견되었다.
② 부족 사회
  ㉠ 신석기 시대에는 부족 사회를 이루고 있었다.
  ㉡ 부족은 혈연을 바탕으로 한 씨족을 기본 구성단위로 하였다.
  ㉢ 이들 씨족은 점차 다른 씨족과의 혼인을 통하여 부족을 이루었다.

㉣ 부족 사회도 구석기 시대의 무리 사회와 같이 아직 지배와 피지배의 관계가 형성되지 않았고, 연장자나 경험이 많은 자가 자기 부족을 이끌어 나가는 평등 사회였다.

(3) 원시 신앙

농경과 정착 생활을 하게 되면서 인간은 자연의 섭리를 생각하게 되었다.

① 애니미즘: 농사에 큰 영향을 미치는 자연 현상이나 자연물에 정령이 있다고 믿는 정령 신앙으로 풍요를 기원하는 의미가 담겨 있다. 그중 태양과 물에 대한 숭배가 으뜸이었다.
② 영혼·조상 숭배: 사람이 죽어도 영혼은 없어지지 않는다고 생각하여 영혼 숭배와 조상 숭배가 나타났다.
③ 샤머니즘: 무격신앙(巫覡信仰)으로서, 영혼이나 하늘을 인간과 연결시켜 주는 존재인 무당(巫堂)과 그 주술을 믿었다.
④ 토테미즘: 자기 부족의 기원을 특정 동식물과 연결시켜 숭배하였다.

(4) 예술품

① 이 시대의 예술품으로는 주로 흙으로 빚어 구운 얼굴 모습이나 동물의 모양을 새긴 조각품, 조개껍데기 가면, 조가비 또는 짐승의 뼈나 이빨로 만든 치레걸이 등이 있었다.
② 함경북도 청진의 농포동 유적지에서 여성을 형상화한 흙으로 만든 조각품이 출토되었다.

> **바로 확인문제**
>
> ● 신석기 시대의 사회 모습에 대한 설명으로 가장 적절하지 않은 것은?   15. 경찰직 2차
> ① 농경 생활이 시작되었고, 돌괭이, 돌삽, 돌보습, 돌낫 등의 농기구를 사용하였다.
> ② 집터는 대개 움집 자리로, 바닥은 원형이나 모서리가 둥근 사각형이다.
> ③ 이 시대의 대표적인 토기는 민무늬 토기이다.
> ④ 영혼이나 하늘을 인간과 연결시켜 주는 존재인 무당과 그 주술을 믿는 샤머니즘도 있었다.

○ 구석기 시대와 신석기 시대의 문화 비교

구분	구석기 시대	신석기 시대
유물	• 뗀석기: 주먹도끼, 찍개 → 슴베찌르개 • 골각기(뼈로 만든 도구)	• 간석기: 일반 농기구 사용 • 토기: 이른 민무늬 토기·덧무늬 토기·눌러찍기무늬 토기 → 빗살무늬 토기
유적	전국적으로 분포	해안(바닷가)과 강가
주거 형태	동굴·강가의 막집, 바위 그늘	원형 및 방형의 움집
경제 생활	사냥과 채집·어로	농경의 시작, 사냥과 채집·어로의 존속, 원시 수공업 생산
사회 생활	무리·이동 생활, 평등한 공동체	정착 생활, 부족 사회, 평등 사회
예술 활동	사냥의 대상인 동물의 번성을 비는 주술적 성격	조개껍데기 가면(부산 동삼동 유적지, 인천 옹진 소야도에서 출토)
종교 생활	주술	애니미즘, 영혼 및 조상 숭배, 샤머니즘, 토테미즘 등

단권화 MEMO

■ **토테미즘**
단군왕검(곰), 박혁거세(말), 김알지(닭), 석탈해(까치), 김수로왕(거북이) 등

▲ 조개껍데기 가면(인천 옹진 소야도)

|정답해설| 민무늬 토기는 청동기 시대의 대표적인 토기이다. 한편 신석기 시대의 대표적인 토기는 빗살무늬 토기이다.

|정답| ③

| 단권화 MEMO | | 바로 확인문제 |

| 정답해설 | 서울 암사동에서 출토된 빗살무늬 토기는 밑이 뾰족한 원추형 토기이다.

| 정답 | ④

● 우리나라 선사 시대에 대한 설명으로 옳지 않은 것은? 15. 국가직 7급

① 덕천 승리산 동굴에서 화석 인골이 발견되었다.
② 부산 동삼동 패총에서 조와 기장이 수습되었다.
③ 연천 전곡리 유적에서 유럽 아슐리안 계통의 주먹도끼가 출토되었다.
④ 서울 암사동에서 출토된 빗살무늬 토기는 바닥이 납작한 평저(平底)를 특징으로 한다.

| 정답해설 | 제시된 내용은 신석기 시대의 움집에 대한 설명이다. 신석기 시대에는 농경이 시작되어 조, 피, 수수, 기장과 같은 잡곡을 경작하였다.
| 오답해설 |
② 독무덤은 초기 철기 시대의 무덤 형태이다.
③ 뗀석기는 구석기 시대 석기이다.
④ 청동기 시대에는 강력한 족장(부족장)이 출현하여 국가를 건국하였고, 선민사상을 주장하면서 지배의 정당성을 부여하였다.

| 정답 | ①

● 다음 제시된 시기의 사실로 옳은 것은? 15. 소방직(복원)

집터는 대개 움집 자리로 바닥은 원형이나 모서리가 둥근 사각형이다. 움집의 중앙에는 불씨를 보관하거나 취사와 난방을 위한 화덕이 위치하였다. 햇빛을 많이 받는 남쪽으로 출입문을 내었으며, 화덕이나 출입문 옆에는 저장 구덩을 만들어 식량이나 도구를 저장하였다. 집터의 규모는 4~5명 정도의 한 가족이 살기에 알맞은 크기였다.

① 원시적인 농경 사회가 시작되었다.
② 무덤 양식으로는 독무덤 양식이 등장하였다.
③ 뗀석기를 도구로 사용하였다.
④ 족장이 출현하여 스스로 선민사상을 주장하였다.

| 정답해설 | 밑줄 친 '이 토기'는 신석기 시대의 대표적 토기인 빗살무늬 토기이다. 신석기 시대에는 농경과 정착 생활이 이루어졌다(신석기 혁명).
| 오답해설 |
②③④는 모두 청동기 시대에 대한 설명이다. 청동기 시대에는 빈부의 격차가 나타나고 계급이 발생하였다. 또한 군장을 중심으로 한 국가가 출현하였으며, 무덤으로는 고인돌이나 돌널무덤이 만들어졌다.

| 정답 | ①

● 밑줄 친 '이 토기'가 주로 사용되었던 시대에 대한 설명으로 옳은 것은? 16. 지방직 9급

이 토기는 팽이처럼 밑이 뾰족하거나 둥글고, 표면에 빗살처럼 생긴 무늬가 새겨져 있다. 곡식을 담는 데 많이 이용된 이 토기는 전국 각지에서 출토되고 있는데, 대표적 유적지는 서울 암사동, 봉산 지탑리 등이다.

① 농경과 정착 생활이 이루어졌다.
② 고인돌이나 돌널무덤을 만들었다.
③ 빈부의 격차가 나타나고 계급이 발생하였다.
④ 군장이 부족의 풍요와 안녕을 기원하는 제사를 지냈다.

| 정답해설 | 밑줄 친 '이 시대'는 신석기 시대이다. 흑요석은 '검은색으로 빛나는 돌'이라는 뜻으로 화산에서 흘러나온 용암이 지표면에서 급속히 굳어 만들어진 암석이다. 따라서 화산 지역인 백두산 주변이나 일본 규슈 등지에 분포한다. 우리나라 남해안 일대의 신석기 시대 유적지에서 흑요석이 발견되는데, 이것은 '신석기 시대'에 이 일대에서 일본과 원거리 교류나 교역이 있었음을 알 수 있게 해 준다.
| 오답해설 |
①②④는 청동기 시대에 관한 설명이다.

| 정답 | ③

● 밑줄 친 '이 시대'의 사회 모습으로 옳은 것은? 15. 국가직 9급

이 시대의 황해도 봉산 지탑리와 평양 남경 유적에서 탄화된 좁쌀이 발견되는 것으로 보아 잡곡류 경작이 이루어졌음을 알 수 있다. 농경의 발달로 수렵과 어로가 경제 생활에서 차지하는 비중이 줄어들기 시작하였지만, 여전히 식량을 얻는 중요한 수단이었다. 한편 가락바퀴나 뼈바늘을 이용하여 옷이나 그물을 만드는 등 원시적인 수공업 생산이 이루어지기 시작하였다.

① 생산물의 분배 과정에서 사유 재산 제도가 등장하였다.
② 마을 주변에 방어 및 의례 목적으로 환호(도랑)를 두르기도 하였다.
③ 흑요석의 출토 사례로 보아 원거리 교류나 교역이 있었음을 알 수 있다.
④ 집자리는 주거용 외에 창고, 작업장, 집회소, 공공 의식 장소 등도 확인되었다.

CHAPTER 03 국가의 형성

- 01 청동기·철기 문화
- 02 단군과 고조선
- 03 여러 나라의 성장

01 청동기·철기 문화

1 청동기의 보급

(1) 보급 시기

① 청동기의 본격화: 신석기 시대 말인 기원전 2,000년경에 중국의 요령(랴오닝), 러시아의 아무르강과 연해주 지역에서 들어온 덧띠새김무늬 토기 문화가 앞선 빗살무늬 토기 문화와 약 500년간 공존하다가 청동기 시대로 넘어간다. 이때가 기원전 2,000년경에서 기원전 1,500년경에 해당하며, 한반도의 청동기 시대가 본격화되었다.

② 고인돌의 등장: 당시 지배층이 가진 정치권력과 경제력을 반영한다.

(2) 사회적 변화

청동기 시대에는 생산 경제가 그전보다 발달하였다. 청동기 제작과 관련된 전문 장인이 출현하였으며, 사유 재산 제도와 계급이 나타났다. 이에 따라 사회 전반에 걸쳐 큰 변화가 일어나게 되었다.

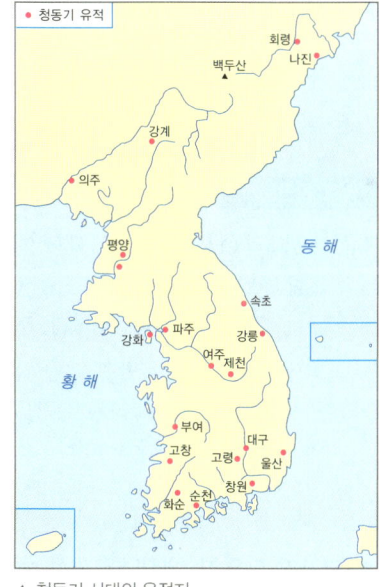

▲ 청동기 시대의 유적지

(3) 유적

① 청동기 시대의 유적은 중국의 요령성·길림성 지방을 포함하는 만주 지역과 한반도에 걸쳐 널리 분포되어 있다.

② 대표적 유적지로 남한 지역에는 **경기도 여주 흔암리**, 경기 파주 덕은리, **충남 부여 송국리**, 충북 제천 황석리, 전남 순천 대곡리 등이 있으며, 북한 지역에는 함북 회령 오동리, 함북 나진 초도, 평북 강계 공귀리, **평북 의주 미송리** 등이 있다.

단권화 MEMO

■ 덧띠새김무늬 토기
신석기 시대 말기부터 나타나는 새로운 양식의 토기로, 청동기 시대의 가장 이른 시기를 대표한다. 신석기 시대의 덧무늬 토기나 철기 시대의 덧띠 토기(점토대 토기)와는 다른 새로운 양식의 토기이다.

단권화 MEMO

■ 비파형 동검
청동기 시대의 대표적 동검인 비파형 동검은 만주로부터 한반도 전역에 이르는 넓은 지역에서 출토되고 있다. 비파형 동검의 분포는 미송리식 토기 등과 함께 이 지역이 청동기 시대에 같은 문화권에 속하였음을 보여 준다.

|정답해설| 미송리식 토기는 청동기 시대의 토기가 맞지만 이른 민무늬 토기, 덧무늬 토기는 신석기 시대의 토기에 해당한다.

|정답| ④

|정답해설| 밑줄 친 '이 시대'는 청동기 시대이다. 청동기 시대에는 고인돌, 반달 돌칼, 민무늬 토기가 제작되었다. 슴베찌르개(이음도구, 창의 역할)는 구석기 시대 후기의 유물이다.

|정답| ④

(4) 유물

이 시기의 전형적인 유물은 집터를 비롯하여 고인돌·돌널무덤·돌무지무덤 등 청동기 시대의 무덤에서 나오고 있다.

① 석기: 반달 돌칼·바퀴날 도끼·홈자귀 등
② 청동기: 비파형 동검·거친무늬 거울 등
③ 토기: 덧띠새김무늬 토기·민무늬 토기·미송리식 토기·붉은 간 토기 등이 있다.
  ㉠ 민무늬 토기: 청동기 시대의 대표적인 토기로서, 지역에 따라 모양이 약간씩 다르다. 밑바닥이 편평한 원통 모양의 화분형과 밑바닥이 좁은 팽이형이 기본적인 모양이며, 빛깔은 적갈색이다.
  ㉡ 미송리식 토기: 평북 의주 미송리 동굴에서 처음 발굴되었다. 밑이 납작한 항아리 양쪽 옆으로 손잡이가 하나씩 달리고 목이 넓게 올라가서 다시 안으로 오므라들고, 표면에 집선(集線)무늬가 있는 것이 특징이다. 주로 청천강 이북, 요령성과 길림성 일대에 분포한다. 고인돌·거친무늬 거울·비파형 동검과 함께 고조선의 특징적인 유물이다.
  ㉢ 붉은 간 토기(홍도): 고인돌과 집자리에서 발견되었다.

▲ 미송리식 토기

바로 확인문제

● 선사 시대의 생활상과 문화에 대한 설명으로 가장 적절하지 않은 것은?   16. 경찰직 1차

① 슴베찌르개는 주로 구석기 시대 후기에 사용하였는데, 이것은 창의 기능을 하였다.
② 황해도 봉산 지탑리와 평양 남경의 유적에서는 탄화된 좁쌀이 발견되는 것으로 보아 신석기 시대에 잡곡류를 경작하였음을 알 수 있다.
③ 신석기 시대의 집터는 대개 움집 자리로, 바닥은 원형이나 모서리가 둥근 사각형이며, 움집의 중앙에 화덕이 위치하였다.
④ 청동기 시대의 토기로는 미송리식 토기, 이른 민무늬 토기, 덧무늬 토기가 대표적이다.

● 〈보기〉의 밑줄 친 '이 시대'와 가장 관련이 없는 것은?   22. 6월 서울시(자체 출제) 9급

| 보기 |

이 시대에는 농경이 더욱 발달하여 조, 기장, 수수 등 다양한 잡곡이 재배되었다. 한반도 남부 지역에는 벼농사도 보급되었다. 한편 돼지와 같은 가축을 우리에 가두고 기르는 일도 흔해졌다. 사람들은 농경이 이루어지는 강가나 완만한 구릉에 마을을 이루어 살았다. 농경의 발달로 생산력이 늘어나자 인구가 늘어나고 빈부 차이와 계급이 발생하였다. 또한 식량을 둘러싼 집단 간의 싸움이 자주 일어나면서 마을에는 방어 시설이 만들어지기도 하였다.

① 고인돌   ② 반달 돌칼
③ 민무늬 토기   ④ 슴베찌르개

2 철기의 사용

(1) 보급 시기
우리나라에서는 기원전 5세기경부터 철기 시대로 접어들었다.

(2) 영향
① 농기구의 변화: 철제 농기구의 사용으로 농업이 발달하여 경제 기반을 확대하였다.
② 철기의 보편적 사용: 철제 무기와 철제 연모를 쓰게 됨에 따라 그때까지 사용해 오던 청동기는 의식용(儀式用) 도구로 변하였다.

(3) 중국과의 교류
① 화폐: 철기와 함께 출토되는 중국 화폐인 명도전·반량전·오수전을 통하여 중국과 활발하게 교류하였음을 알 수 있다.

▲ 명도전
중국 춘추 전국 시대에 연나라와 제나라에서 사용한 청동 화폐이다.

▲ 반량전
중국 진에서 사용한 청동 화폐로서, '半兩(반량)'이라는 글자가 새겨져 있다. 사천 늑도 유적지에서 발견하였다.

② 한자 사용: 경남 창원 다호리 유적에서 나온 붓은 당시에 이미 한자를 쓰고 있었음을 말해 준다.

(4) 유물
철기 시대에 청동기 문화는 더욱 발달하여 한반도 안에서 독자적인 발전을 이룩하였다.

① 동검(銅劍): 청동기 시대의 비파형 동검은 한국식 동검인 세형 동검으로 변화·발전하였다.

▲ 비파형 동검(경북 상주·충남 부여)   ▲ 세형 동검(충남 부여 연화리)

② 청동 거울: 거친무늬 거울은 잔무늬 거울로 그 형태가 변하여 갔다.
③ 거푸집[용범(鎔范)]: 청동기 시대 후기부터 청동 제품을 제작하였던 틀인 거푸집도 전국의 여러 유적에서 발견되고 있다. 이는 한반도에 독자적인 청동기 문화가 존재하였음을 알려 주는 것이다.
④ 토기(土器): 토기는 민무늬 토기 이외에도 입술 단면에 원형·타원형·삼각형의 덧띠를 붙인 덧띠 토기, 검은 간 토기 등이 사용되었다.

▲ 청동 도끼 거푸집(전남 영암)

단권화 MEMO

|정답해설| 위만 정권이 성립된 이후 고조선과 중국 간의 교역이 활발해졌다. 평북 위원과 강계 지방에서 연(燕)의 명도전, 전한(前漢)의 오수전 등 화폐가 발견되었으며 김해 패총에서는 신(新)의 왕망전, 사천에서는 진(秦)의 반량전 등이 출토되었다.

|정답| ①

|정답해설| 창원 다호리 유적에서 붓이 출토되어 당시 우리 민족의 문자 사용이 확인되었다.

|정답| ②

|정답해설| 고인돌의 축조는 청동기 시대에 해당한다.

|정답| ①

바로 확인문제

● 다음과 같은 상황을 뒷받침할 수 있는 유물로 알맞은 것은?   07. 법원직 9급

> 고조선은 중국과의 빈번한 교역을 통해 경제적으로 성장할 수 있었다.

① 명도전   ② 호우명 그릇   ③ 칠지도   ④ 임신서기석

● 붓이 출토되어 문자를 사용한 사실이 있음을 알려 주는 유적지는?   12. 국가직 7급

① 여주 흔암리   ② 창원 다호리   ③ 부여 송국리   ④ 순천 대곡리

● 우리나라 초기 철기 시대의 상황으로 가장 옳지 않은 것은?   14. 경찰 간부

① 지배층의 무덤으로 고인돌이 축조되기 시작하였다.
② 청동기 문화도 더욱 발달하여 잔무늬 거울 등이 제작되었다.
③ 민무늬 토기 외에 덧띠 토기, 검은 간 토기 등이 사용되었다.
④ 중국으로부터 철기와 함께 명도전, 반량전 등이 유입되었다.

3 청동기·철기 시대의 생활

(1) 생산 경제의 발달

청동기·철기 시대에는 이전부터 주요한 생산 도구로 사용하였던 간석기가 매우 다양해지고 기능도 개선되어 생산 경제가 좀 더 발달하였다.

① 농기구: 이 시기의 사람들은 돌도끼나 홈자귀·괭이, 그리고 나무로 만든 농기구로 땅을 개간하여 곡식을 심고, 반달 돌칼로 이삭을 잘라 추수하는 등 농경을 더욱 발전시켰다.

▲ 반달 돌칼

② 농업: 조·보리·콩·수수 등 밭농사가 중심이었지만, 일부 저습지에서는 벼농사를 지었다.
③ 목축업의 성행: 사냥이나 고기잡이도 여전히 이루어졌지만 농경의 발달로 점차 그 비중이 줄어들었고, 돼지·소·말 등 가축의 사육은 이전보다 늘어났다.

(2) 주거 생활

① 위치: 집터 유적은 한반도 전역에서 발견된다.
  ㉠ 대체로 앞쪽에는 시냇물이 흐르고 뒤쪽에는 북서풍을 막아 주는 나지막한 야산이 있는 곳에 우물을 중심으로 자리 잡고 있다(배산임수 지형).
  ㉡ 이것은 우리나라의 전통적인 취락 여건으로서, 오늘날 농촌의 자연 취락과 비슷한 모습을 띠고 있다.
② 형태: 집터의 형태는 대체로 직사각형이며 움집은 점차 지상 가옥으로 바뀌어 갔다.
  ㉠ 움집 중앙에 있던 화덕은 한쪽 벽으로 옮겨지고, 저장 구덩이도 따로 설치하거나 한쪽 벽면을 밖으로 돌출시켜 만들었다.
  ㉡ 창고와 같은 독립된 저장 시설을 집 밖에 따로 만들기도 하였고, 움집을 세우는 데에 주춧돌을 이용하기도 하였다.

■ 신석기 시대와 청동기 시대의 움집 비교

시대 구분	신석기 시대	청동기 시대
집자리 형태	원형·모가 둥근 사각형의 (반)지하형	직사각형·지상 가옥화
위치	하천·강가의 단일 유적지	내륙 지방의 집단 취락, 배산임수
화덕 위치	중앙	한쪽 벽
저장 구덩이	화덕 옆, 출입문 옆	따로 설치, 밖으로 돌출
작업대	없음	있음
크기	4~5명	4~8명

③ 집단적 취락 형태: 집터는 넓은 지역에 많은 수가 밀집되어 취락 형태를 이루고 있다. 이것은 농경의 발달과 인구의 증가로 정착 생활의 규모가 점차 확대되었음을 보여 준다. 또한 마을 주변에 방어 및 의례 목적으로 환호(도랑)를 두르기도 하였다.
④ 규모의 다양성: 같은 지역의 집터라 하더라도 그 넓이가 다양한 것으로 보아 주거용 외에 창고, 공동 작업장, 공공 의식의 장소 등도 만들었음을 알 수 있다.
⑤ 사회 조직의 다양성: 주거 생활을 통하여 사회 조직이 점차 발달하였고 복잡해졌다는 것을 추정할 수 있다. 보통의 집터는 부부를 중심으로 하는 4~8명 정도의 가족이 살 수 있는 크기이며, 이는 한 가족용으로 만들어졌다.

(3) 사회의 분화

① 분업의 등장: 이러한 환경에서 여성은 주로 집안에서의 일을 담당하고, 남성은 농경·전쟁과 같은 바깥에서의 일을 담당하였다.
② 계급의 분화: 생산의 증가에 따라 잉여 생산물이 생기게 되자 힘이 강한 자가 이것을 개인적으로 소유하게 되었다.

(4) 무덤

① 청동기 시대에는 고인돌과 돌널무덤 등이 만들어졌고, 철기 시대에는 널무덤과 독무덤 등이 만들어졌다. 그중에서 계급 사회의 발생을 보여 주는 대표적인 무덤이 고인돌이다.
② 고인돌
　㉠ 형태: 고인돌의 전형적인 형태는 보통 북방식에서 볼 수 있듯이 2~4개의 판석 형태의 굄돌을 세워 돌방을 만들고 그 위에 거대하고 편평한 덮개돌을 얹은 형태이다.
　㉡ 종류: 형태에 따라 북방식(탁자식), 남방식(바둑판식), 개석식으로 구분한다.
　㉢ 분포: 고인돌은 우리나라 전역에 걸쳐 분포되어 있다.
　㉣ 의의: 무게가 수십 톤 이상인 덮개돌을 채석하여 운반하고 무덤에 설치하기까지는 많은 인력이 필요하다. 따라서 고인돌은 당시 지배층의 정치권력과 경제력을 잘 반영해 주고 있다.

▲ 북방식 고인돌(강화 부근리)

▲ 남방식 고인돌(전북 고창)

▲ 고인돌의 하부 구조(전남 보성)

(5) 선민사상(選民思想)

정치권력이나 경제력에서 우세한 부족들은 스스로 하늘의 자손이라고 믿는 선민사상을 가지고, 주변의 약한 부족을 통합하거나 정복하고 공납을 요구하였다.

단권화 MEMO

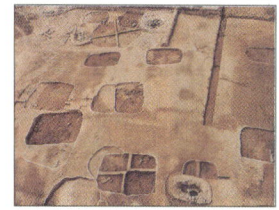
▲ 청동기 시대의 집터
(대구 수성 상동)

▲ 철기 시대 전기의 집터
(복원, 제주 삼양동)

■ **지배와 피지배 관계**
생산물의 분배와 사유화로 인해 사람들 사이에 갈등이 생겨나고, 빈부의 격차와 계급의 분화가 촉진되었다. 계급의 분화는 죽은 뒤에까지도 영향을 끼쳐 무덤의 크기와 껴묻거리(부장품)의 내용에 반영되었다.

■ **거석 문화와 고인돌**
고인돌과 선돌(입석)은 거석을 이용한 구조물로서, 거석 문화의 상징이다. 크게 보았을 때 이집트나 마야의 피라미드, 중동 지방의 각종 석조물, 프랑스 북부 대서양 연안 지역의 거석렬(巨石列)과 영국의 스톤헨지 등이 모두 이러한 거석 문화의 산물이다.
우리나라에는 세계에서 가장 많은 고인돌이 분포되어 있는데, 유네스코 세계 유산 위원회는 2000년 12월에 고창·화순·강화의 고인돌 유적지를 세계 문화유산으로 지정하였다.

(6) 군장(君長)의 등장

① 정복 활동: 청동이나 철로 된 금속제 무기의 사용으로 인해 정복 활동이 활발해졌고, 이를 계기로 지배자와 피지배자의 분화가 촉진되었다.
② 계급 사회: 평등 사회는 계급 사회로 바뀌어 갔고 권력과 경제력을 가진 지배자가 나타났는데, 이를 족장(族長)이라고 하였다. 족장은 청동기 문화가 일찍부터 발달한 북부 지역에서 먼저 등장하였다.

4 청동기·철기 시대의 예술

(1) 특징

① 예술과 종교의 일치: 사회와 경제의 발달에 따라 예술 활동도 활발해졌다. 이 시기의 예술은 종교나 정치적 요구와 밀착되어 있었는데, 이는 당시 제사장이나 족장들이 사용하였던 칼·거울·방패 등의 청동 제품이나 토(土) 제품, 바위그림 등에 반영되어 있다.
② 생활 모습: 청동으로 만든 도구 모양이나 장식에 당시 사람들의 미의식과 생활 모습이 표현되어 있다. 지배층의 무덤에서 출토된 청동으로 만든 의식용 도구에는 말·호랑이·사슴·사람 손 모양 등을 사실적으로 조각하거나 기하학 무늬를 정교하게 새겨 놓았다.
③ 주술적 의식: 이러한 도구들은 주술적 의미를 가진 것으로서, 어떤 의식을 행하는 데 사용된 것으로 보인다. 흙으로 빚은 짐승이나 사람 모양의 토우(土偶) 역시 장식으로서의 용도 외에도 풍요로운 생산을 기원하는 주술적 의미를 가지고 있었다.

(2) 바위그림[岩刻畵]

바위 면에 새긴 바위그림은 당시 사람들의 활기찬 생활 모습을 보여 준다.

① 울주 대곡리 반구대 암각화: 거북, 사슴, 호랑이, 새 등의 동물과 작살이 꽂힌 고래, 그물에 걸린 동물, 우리 안의 동물 등이 새겨져 있다. 이것은 사냥과 고기잡이의 성공과 풍성한 수확을 염원하고 있는 것으로 추측된다.
② 고령 장기리 암각화(고령 알터 바위그림): 동심원, 십자형, 삼각형, 방패형 등의 기하학 무늬가 새겨져 있다. 동심원은 태양을 상징하는 것으로서, 이 바위그림 유적은 다른 지역의 청동기 시대 농업 사회에서 보이는 태양 숭배와 같이 풍요로운 생산을 비는 제사 터와 같은 의미를 가진다.
③ 울주 천전리 암각화: 선사 시대 마름모꼴 무늬, 굽은 무늬, 둥근 무늬, 십자 무늬, 삼각 무늬 등 기하학적 무늬와 동물상이 새겨진 부분이 위쪽에 있다. 한편 아래쪽에는 삼국 및 통일 신라 시대 선각화(線刻畵)와 명문(銘文)이 새겨져 있다.

▲ 울주 대곡리 반구대 암각화 탁본(울산 울주 대곡리)

▲ 고령 장기리 암각화

바로 확인문제

● 다음 설명에 해당하는 문화유산은?

25. 국가직 9급

> 고래 잡는 사람, 호랑이, 사슴, 물을 뿜고 있는 고래, 작살이 꽂혀 있는 고래 등이 바위에 묘사되어 있다. 당시 이 지역 사람들의 생활 모습과 신앙, 예술 세계를 이해하는 데 중요한 자료이며 국보로 지정되어 있다.

① 고령 장기리 암각화
② 황해 안악 3호분 행렬도
③ 경주 천마총 장니 천마도
④ 울주 대곡리 반구대 암각화

● 다음은 각 유물과 그것이 사용되던 시기의 사회 모습에 대한 설명이다. 옳은 것만을 모두 고르면?

18. 지방직(사복직 포함) 9급

> ㄱ. 슴베찌르개 – 벼농사를 짓기 시작하였고 나무로 만든 농기구를 사용하였다.
> ㄴ. 붉은 간 토기 – 거친무늬 거울을 사용하여 제사를 지내거나 의식을 거행하였다.
> ㄷ. 반달 돌칼 – 농사를 짓기 시작했지만 아직 지배와 피지배 관계는 발생하지 않았다.
> ㄹ. 눌러찍기무늬 토기 – 가락바퀴와 뼈바늘을 이용하여 옷이나 그물을 만들어 사용하였다.

① ㄱ, ㄴ   ② ㄱ, ㄷ   ③ ㄴ, ㄹ   ④ ㄷ, ㄹ

선사 시대의 정치·경제·사회·문화 비교

구분	정치적 성격	경제적 성격	사회적 성격	문화적 성격
구석기 시대 (약 70만 년 전)	정치 발생 ×	사냥과 채집의 자연 경제	무리, 이동 생활, 평등 사회	뗀석기, 골각기(뼈 도구), 막집
신석기 시대 (기원전 8,000년경)	정치 발생 ×	농경의 시작 (조, 피, 수수 등 잡곡류 경작)	부족 사회, 족외혼, 평등 사회	간석기, 토기(빗살무늬 토기), 가락바퀴, 뼈바늘, 원시 신앙, 움집
청동기 시대 (기원전 20세기~기원전 15세기)	국가의 발생 – 군장 등장	일부 지역에서 벼농사 본격화	사유 재산, 계급 발생–고인돌, 선민사상, 성 역할의 분리	청동기(비파형 동검, 거친무늬 거울), 간석기(반달 돌칼, 바퀴날 도끼, 홈자귀), 토기(미송리식 토기), 배산임수, 움집의 지상 가옥화
철기 시대 (기원전 5세기)	연맹 왕국 성립	철제 농기구, 명도전·반량전·오수전(중국과 교역)	부족 연맹 사회, 제정 분리(소도)	검은 간 토기, 붓(창원 다호리 유적, 한자), 널무덤, 독무덤, 철기 사용, 청동기 문화의 독자적 발전(세형 동검, 거푸집, 잔무늬 거울)

단권화 MEMO

|정답해설|
울주 대곡리 반구대 바위그림(암각화)은 거북, 사슴, 호랑이, 새 등의 동물과 작살이 꽂힌 고래, 물을 뿜고 있는 고래 등이 새겨져 있다. 이것은 사냥과 고기잡이의 성공과 풍성한 수확을 염원하고 있는 것으로 추측된다. 현재 국보 제285호로 지정되어 있다.

|정답| ④

|정답해설|
ㄴ. 붉은 간 토기는 청동기 시대의 토기이다. 청동기 시대에는 거친무늬 거울을 사용하여 제사를 지내거나 의식을 거행하였다.
ㄹ. 눌러찍기무늬(압인문) 토기는 신석기 시대의 토기이다. 당시에는 가락바퀴와 뼈바늘을 이용하여 옷이나 그물을 만들어 사용하였다 (원시적 수공업).

|오답해설|
ㄱ. 슴베찌르개는 구석기 시대 후기에 사용된 이음 도구이다. 한편 벼농사가 본격적으로 시작된 때는 청동기 시대이며, 신석기 시대부터 나무로 만든 농기구를 사용하였다.
ㄷ. 반달 돌칼은 청동기 시대 대표적인 석기 농기구이다. 청동기 시대에는 계급(지배와 피지배 관계)이 발생하였다.

|정답| ③

단권화 MEMO

＊고조선
단군 조선과 위만 조선의 주요 사건을 순서대로 기억해 두어야 한다.

■ 고조선 관련 중국 사료
- 『관자』: 조선이란 명칭이 처음 나온다. 기원전 7세기 이전에 고조선이 성립한 사실을 기록하였다. 이는 요령성에서 출토된 비파형 동검이 기원전 9세기경에 출현한 사실을 뒷받침한다.
- 『위략(魏略)』: 기원전 4세기 이전부터 조선에서 왕을 칭하기 시작하였으며 조선후(朝鮮侯)가 스스로 왕이라고 일컫고 군사를 동원하여, 중국의 연(燕)을 공격하려다가, 고조선의 대부(大夫)인 예(禮)의 만류로 그만두었다는 기록이 나온다.
- 『산해경』: 조선의 위치가 열양(열수의 북이라는 뜻)의 동쪽이라는 기록이 있다.

■ 우리 문헌의 고조선 역사 서술
『동국통감』, 『표제음주동국사략』(유희령 – 중종), 『신증동국여지승람』, 『동국역대총목』(18세기 홍만종. 단군 정통론), 『동사강목』(안정복) 등에 실려 있다.

■ 『삼국유사』에 수록된 단군 신화
『삼국유사』에 수록된 단군 신화에는 "與高同時(여고동시)", 즉 고(高, 요순 시대의 요 임금)가 재위하던 시기와 같다는 내용이 기록되어 있다.

02 단군과 고조선*

1 단군 조선과 위만 조선

(1) 고조선의 특징

① 요령성을 중심으로 성장하여 한반도(대동강 유역)까지 발전하였다(요동 중심설).
② 그 외 고조선 중심지 이설(異說)로는 대동강 중심설, 중심지 이동설이 있다.
③ 비파형 동검, 미송리식 토기, 고인돌, 거친무늬 거울 등은 고조선의 세력 범위를 알려 주는 유물이다.
④ 단군 신화 수록 문헌
  ㉠ 고려: 『삼국유사』(일연), 『제왕운기』(이승휴)
  ㉡ 조선: 『세종실록지리지』, 『응제시주』(권람 – 세조), 『동국여지승람』(노사신 등 – 성종)

▲ 고조선의 세력 범위

사료 고조선과 관련된 기록(대외 교역)

환공(桓公, 재위 기원전 685~기원전 643)이 관자(管子)에게 물었다. "내가 듣기로 해내(海內)에 7가지 옥폐(玉幣)가 있다고 하는데, 들어 볼 수 있겠는가?" 관자가 대답하였다. "음산(陰山)의 연민(礝磻)이 하나요, 연(燕)나라 자산(紫山)의 백금(白金)이 하나요, 발조선(發朝鮮)의 문피(文皮 – 호랑이나 표범의 가죽)가 하나요, 여수(汝水)와 한수(漢水) 우구(右衢)에서 나는 황금(黃金)이 하나요, 강양(江陽)의 진주가 하나요, 진(秦)나라 명산(明山)의 증청(曾靑 – 구리 광석의 일종)이 하나요, 우씨(禺氏) 변산(邊山)의 옥(玉)이 하나입니다." 『관자』

사료 단군 신화에 비친 당시 사회 모습 해석

고기(古記)에 이런 말이 있다. ㉠ 옛날 환인의 아들 환웅이 천부인 3개와 3,000명의 무리를 이끌고 신단수 밑에 내려왔는데, 이곳을 신시라 하였다. 그는 ㉡ 풍백, 우사, 운사로 하여금 ㉢ 인간의 360여 가지의 일을 주관하게 하였는데, 그중에서도 곡식, 생명, 질병, 형벌, 선악 등 다섯 가지 일이 가장 중요한 것이었다. 이로써 ㉣ 인간 세상을 교화시키고 인간을 널리 이롭게 하였다. 이때 ㉤ 곰과 호랑이가 사람이 되기를 원하므로 환웅은 쑥과 마늘을 주고 이것을 먹으면서 100일간 햇빛을 보지 않는다면 사람이 될 것이라고 하였다. 곰은 금기를 지켜 21일 만에 여자로 태어났고 환웅과 혼인하여 아들을 낳았다. 이가 곧 ㉥ 단군왕검이다. 『삼국유사』

㉠ 선민사상(이주민인 환웅 부족) – 계급 발생, ㉡ 농경 사회, ㉢ 계급 사회, ㉣ 홍익인간의 이념, ㉤ 토테미즘, ㉥ 제정일치

⑤ 고조선은 연맹 왕국으로 발전하면서, 기원전 4세기~기원전 3세기경에는 중국 전국 시대의 연(燕)과 대적할 정도로 성장하였다.
⑥ 연(燕)의 장군 '진개'의 침입으로 서쪽 국경 2,000여 리를 빼앗겼다('만번한'을 국경으로 삼음).

> **사료** 고조선과 연(燕)의 대립(기원전 4세기~기원전 3세기)
>
> 옛날 기자의 후예인 조선후(朝鮮侯)는 주나라가 쇠약해지자 연(燕)이 스스로 높여 왕이 되어 동쪽 땅을 침략하려는 것으로 보고, 역시 스스로 왕을 칭하면서 병사를 일으켜 연을 치고 주나라 왕실을 받들려 했다. 그러나 이러한 계획은 그 대부(大夫)인 예(禮)가 간하여 중지되었다. 이에 예(禮)를 사신으로 보내어 연을 설득하니 연이 계획을 중지하여 공격하지 않았다. 그 뒤 자손들이 교만하고 사나워졌으므로 연은 장군 진개를 보내 조선의 서방(西方)을 공격하여 땅 2,000여 리를 빼앗고 만번한에 이르러 경계를 삼으니 조선이 드디어 약해지고 말았다.
>
> 「삼국지」 위서 동이전

⑦ 기원전 3세기경부터 부왕, 준왕과 같은 강력한 왕이 등장하여 왕위를 세습하였으며, 그 밑에 상(相), 대부(大夫), 장군(將軍), 대신, 박사 등의 관직이 설치되었다.

> **바로 확인문제**
>
> ● 다음 중 단군 조선의 역사를 다룬 책으로 옳은 것은?   17. 서울시 9급
>
> ① 『삼국사기』
> ② 『표제음주동국사략』
> ③ 『연려실기술』
> ④ 『고려사절요』

(2) 위만의 집권

① 위만 조선의 성립 과정
  ㉠ 1차 유이민의 이동: 중국이 전국 시대(기원전 403~기원전 221) 이후로 혼란에 휩싸이게 되자 유이민들이 대거 고조선으로 넘어오게 되었는데, 고조선은 그들을 받아들여 서쪽 지역에 안배하여 살게 하였다.
  ㉡ 2차 유이민의 이동(위만의 입국): 진(秦)·한(漢) 교체기(기원전 3세기경)에 연의 왕 노관(盧綰)이 한(漢)에 반역하여 흉노로 망명할 때 위만도 무리 1,000여 명을 이끌고 고조선으로 들어왔다.
  ㉢ 위만은 준왕에게 고조선의 서쪽 변경에 거주할 것을 허락받은 뒤에 신임을 받아 서쪽 변경을 수비하는 임무를 맡게 되었다.
  ㉣ 서쪽 변경에 거주하는 이주민 세력을 통솔하게 된 위만은 세력을 키워 수도인 왕검성에 쳐들어가 준왕을 몰아내고 왕이 되었다(기원전 194). 이때 준왕은 남쪽 진국(辰國)으로 가서 한왕(韓王)이라 칭하였다고 한다.
  ㉤ 위만 조선이 성립된 이후, 철기 문화가 본격적으로 수용되면서 경제적·군사적 발전이 확대되었다.

단권화 MEMO

| 정답해설 | 『표제음주동국사략』은 조선 중종 때 유희령이 『동국통감』을 요약하여 정리한 책으로서, 단군 조선부터 고려 시대까지의 내용을 담고 있다.

| 오답해설 |
① 『삼국사기』에는 단군 조선의 역사가 수록되지 않았다.
③ 『연려실기술』은 조선 시대의 정치, 문화를 정리한 역사서이다.
④ 문종 때 완성된 『고려사절요』와 『고려사』는 고려 시대의 역사를 정리한 역사서이다.

| 정답 | ②

■ 위만

위만은 고조선으로 들어올 때 상투를 틀고 조선인의 옷을 입고 있었다고 한다. 그리고 왕이 된 뒤에도 나라 이름을 그대로 조선이라 하였고, 그의 정권하에서 토착민 출신으로 높은 지위에 오른 자가 많았다. 이와 같은 내용으로 위만의 고조선은 단군의 고조선을 계승한 것이라고 볼 수 있다.

단권화 MEMO

② 우거왕: 정복 사업과 중계 무역의 이익 독점 → 한의 침입으로 멸망(기원전 108)
  ㉠ 위만 조선은 왕권을 강화하고 관료 조직을 정비하였다. 위만의 손자인 우거왕 대에 역계경이 진국(辰國)으로 망명할 때 2천여 호를 이끌고 왔다는가, 한 무제의 침입 때 투항한 조선상 노인(路人), 상(相) 한음(韓陰), 니계상(尼谿相) 삼(參)과 장군 왕겹(王唊), 그리고 끝까지 저항한 대신 성기(成己)의 예로 보아, 발달된 정치 조직이 있었던 것으로 파악할 수 있다.
  ㉡ 위만 조선은 예(濊)나 남방의 진(辰)이 중국 한과 직접 교역하는 것을 막고, 중계 무역을 독점하려 하였고, 흉노와 교류하면서 한(漢)을 견제하였다.
  ㉢ 당시 위만 조선에 예속되었던 예맥의 군장 '남려'가 우거왕과의 관계를 끊고, 그가 지배하던 28만여 명의 인구와 함께 한나라로 투항하자, 한 무제는 만주 요동 지방에 창해군을 설치하였다(기원전 128).
  ㉣ 한(漢)의 침입
    • 한(漢)은 섭하(涉何)를 파견하여 위만 조선을 회유하려 하였으나, 우거왕이 이를 수용하지 않았다. 당시 섭하는 조선의 장수를 살해하고 본국으로 달아났는데, 이후 섭하가 고조선과 가까운 요동군(遼東郡)의 동부도위(東部都尉)로 부임하자 조선은 그를 기습하여 살해하였다. 이 사건은 한나라의 군대가 고조선에 출병하게 되는 원인으로 작용하였다.
    • 한 무제(武帝)가 직접 대규모의 무력 침략을 감행하였으나, 고조선은 1차 접전(패수)에서 대승을 거두었다(기원전 109). 이후 약 1년간에 걸쳐 한(漢)의 군대에 완강하게 대항하였다.
    • 흉노 토벌 문제에 대한 건의가 받아들여지지 않자, 조선상 역계경이 2천여 호를 이끌고 진국(辰國)으로 망명해 버렸으며, 주화파(조선상 노인, 상 한음, 니계상 삼, 장군 왕겹)들의 항복과 우거왕의 피살로 마침내 왕검성이 함락되었다(기원전 108).

사료 고조선 유이민의 남하

❶ 조선후(朝鮮侯) 준이 분수를 모르고 왕을 칭하다가 연에서 망명한 위만의 공격을 받아 나라를 빼앗기자, 그 측근 신하와 궁인들을 거느리고 한(韓) 땅에 들어가 스스로 한왕(韓王)이라고 불렀다.

❷ 『위략(魏略)』에 따르면 "처음 우거(右渠)가 아직 격파되기 이전에 조선상(朝鮮相) 역계경(歷谿卿)이 간하였지만, 우거가 듣지 않았다. 이에 역계경은 동쪽 진국(辰國)으로 갔다. 이때 민(民)으로 따라가 옮긴 자가 2,000여 호(戶)였다."고 하였다.

『삼국지』 위서 동이전

사료 고조선의 멸망

조선상(朝鮮相) 노인(路人), 상(相) 한음(韓陰), 니계상(尼谿相) 삼(參), 장군(將軍) 왕겹(王唊)이 함께 모의하여 말하였다. "처음 누선에게 항복하려 했으나, 누선은 지금 잡혀 있고 좌장군 단독으로 장졸(將卒)을 합하여 전투가 더욱 맹렬하여 맞아서 싸우기 두려운데도, 왕은 항복하려 하지 않는다."라며, 한음, 왕겹, 노인은 도망하여 한나라에 항복하였다. 노인은 도중에서 죽었다. 원봉(元封) 3년(기원전 108) 여름, 니계상 삼이 사람을 시켜 조선 왕 우거를 죽이고 항복하였으나, 왕검성은 함락되지 않았다. 죽은 우거의 대신(大臣), 성기(成己)가 또 반대하여 다시 군사들을 공격하였다. 좌장군은 우거의 아들 장항(長降)과 (조선)상 노인의 아들 최(最)로 하여금 그 백성을 달래고 성기를 죽이도록 하였다. 이로써 드디어 조선을 평정하고 사군(四郡)을 설치하였다.

『사기』 조선열전

③ 한 4군 설치와 소멸
　㉠ 한(漢)은 고조선의 영역에 **낙랑**(현재 대동강 유역), **진번**(위만에게 멸망한 부족 국가인 옛 진번 지역 – 현재 황해도 일대), **임둔**(위만에게 멸망한 부족 국가인 옛 임둔 지방 – 현재 함경남도, 강원도 일부), **현도**(압록강 중류 지방)의 4군을 설치하였다.
　㉡ 군 밑에 현을 두고 한인(漢人)의 태수와 현령을 파견하여 토착민을 억압하는 통치를 하였다.
　㉢ 한 4군 소멸 과정
　　• 임둔·진번 폐지: 진번은 낙랑에, 임둔은 현도에 편입하고(기원전 82), 이어 낙랑군은 진번 땅에 남부도위(南部都尉), 임둔 땅에 동부도위(東部都尉)를 각각 두었다가(기원전 75) 폐지하고(30) 그 지역에서 옥저와 동예가 성립하였다.
　　• 현도군의 이동: 토착 세력의 강한 반항으로 현도군이 만주 흥경으로 옮기게 되고 그 자리에서 고구려가 성장하였다.
　　• 대방군의 설치: 한반도 남쪽에 진(辰)이 흥기하여 많은 조선인이 남하하자 요동 지방의 공손강(公孫康)은 지배 체제를 강화하기 위해 진번의 옛 땅에 대방군을 설치하였다(204).
　　• 낙랑군·대방군 소멸: 고구려 미천왕의 공격으로 낙랑군(313)과 대방군(314)이 소멸되었다.
　㉣ 점제현 신사비: 낙랑 시대 유물인 '점제현 신사비'는 한반도에 현존하는 최고(最古)의 비석이며, 산신에게 풍년과 백성의 평안을 비는 내용이 담겨 있다.

> **심화** 기자 조선

• **개념**: 기자 동래설은 은나라 말 기자가 동래(東來)하여 조선의 왕이 되었다는 설이다. 이에 삼국에서 한말에 이르기까지 기자는 도덕적 군주로 역사적 평가를 받아 왔다.
• **기록 사료**: 먼저 중국 측 사서로 사마천의 『사기』,『송미자세가』, 반고의 『한서 지리지』, 복생의 『상서대전』 등이 있고, 우리 측 사서로는 일연의 『삼국유사』, 이승휴의 『제왕운기』, 이이의 『기자실기』, 윤두수의 『기자지』, 오운의 『동사찬요』, 유계의 『여사제강』, 홍여하의 『휘찬여사』 및 『동국통감제강』 등이 있다.
• **시대별 기자에 대한 인식**: 삼국 시대 이래 단군과 더불어 신으로 숭상되었고, 고려 시대에는 숙종 때 평양에 기자 사당을 지어 '교화의 임금'으로 제사를 지냈다. 특히 『제왕운기』에서는 단군 조선 – 기자 조선 – 위만 조선으로 이어지는 삼조선설이 처음 제기되었다. 조선 시대에는 15세기 『동국통감』에서도 삼조선설이 채택되었고, 16~17세기 사림 유학자들은 이를 적극적으로 계승하였다. 일제 시대의 식민 사학은 기자 조선을 수용하여 식민 사관의 근거로 이용하였다. 그러나 한말·일제 시대 민족 사학은 기자 조선을 부정하였으며, 현재 우리 역사학계도 기자 조선의 존재를 부정하는 입장이다.

단권화 MEMO

■ 낙랑의 유물

와당 (瓦當)	낙랑예관(樂浪禮官)·낙랑부귀(樂浪富貴) 등의 문자가 새겨져 있음
봉니 (封泥)	문서·편지 등을 봉할 때 사용하는 흙덩이로 낙랑태수장(樂浪太守章)·대윤장(大尹章)의 문자가 쓰여 있음
박산로 (博山爐)	구리로 제작된 화로로 봉황(鳳凰)을 새김
동경 (銅鏡)	낙랑의 대표적 유물로 용호(龍虎)의 무늬와 문자가 새겨져 있음
채화칠협 (彩畵漆篋)	채화총(彩畵塚)에서 나온 바구니로 충효의열(忠孝義烈)의 그림이 있음
전화 (錢貨)	오수전(五銖錢)·화천(貨泉) 등의 화폐가 있음

2 고조선의 사회 모습

고조선의 사회상을 알려 주는 것으로 8조의 법이 있었는데, 그중 3개 조목만 전해진다. 한 군현 설치 이후, 풍속이 점차 각박해지면서 법 조항이 60여 조로 증가하였다.

> **사료** 8조법
>
> (고조선에서는) 백성들에게 금하는 법 8조를 만들었다. 그것은 대개 ㉠ 사람을 죽인 자는 즉시 죽이고, ㉡ 남에게 상처를 입힌 자는 곡식으로 갚는다. ㉢ 도둑질을 한 자는 노비로 삼는다. 용서받고자 하는 자는 한 사람마다 50만 전을 내야 한다. 비록 용서를 받아 보통 백성이 되어도 풍속에 역시 그들은 부끄러움을 씻지 못하여 결혼을 하고자 하여도 짝을 구할 수 없었다. 이러해서 백성들은 도둑질을 하지 않아 대문을 닫고 사는 일이 없었다. ㉣ 여자들은 모두 정조를 지키고 신용이 있어 음란하고 편벽된 짓을 하지 않았다.
> 농민들은 대나무 그릇에 음식을 먹고, 도시에서는 관리나 장사꾼들을 본받아서 술잔 같은 그릇에 음식을 먹는다.
>
> 『한서 지리지』

㉠ 생명과 노동력 중시, ㉡ 사유 재산 제도의 형성, ㉢ 형벌, 노비 – 계급 사회, ㉣ 남성 중심 사회

바로 확인문제

● ㉠ 나라에 대한 설명으로 옳은 것은?   18. 국가직 7급

> 주나라가 쇠약해지자 연나라가 스스로 왕을 칭하고 동쪽으로 침략하려 하였다. ㉠ 의 후(侯) 역시 스스로 왕을 칭하고 군사를 일으켜 연나라를 공격하려 하였는데, 대부인 예(禮)가 간하여 중지하였다.

① 8조의 법을 제정하였는데 세 조항만 전해진다.
② 박·석·김씨가 왕위를 교대로 계승하였다.
③ 매년 10월 무천이라는 제천 행사를 열었다.
④ 전연의 공격을 받아 심한 타격을 받았다.

● (가)와 (나) 시기 고조선에 대한 〈보기〉의 설명으로 옳은 것만을 고른 것은?   16. 국가직 9급

보기
ㄱ. (가) – 왕 아래 대부, 박사 등의 직책이 있었다.
ㄴ. (가) – 고조선 지역에 한(漢)의 창해군이 설치되었다.
ㄷ. (나) – 철기 문화를 본격적으로 수용하며, 중계 무역의 이득을 취하였다.
ㄹ. (나) – 비파형 동검과 고인돌의 분포를 통하여 통치 지역을 알 수 있다.

① ㄱ, ㄷ   ② ㄱ, ㄹ   ③ ㄴ, ㄷ   ④ ㄴ, ㄹ

단권화 MEMO

| 정답해설 | 제시된 내용의 ㉠ 나라는 고조선이다. 반고의 『한서 지리지』에 의하면 고조선에는 8조의 법이 있었으나, 현재는 세 조항만 전해진다.

| 오답해설 |
② 신라에서는 박·석·김씨가 왕위를 교대로 세습하다가, 내물 마립간 시기부터 김씨가 왕위를 독점 세습하였다.
③ 동예에서는 매년 10월에 무천이라는 제천 행사를 열었다.
④ 고구려 고국원왕 때 전연(前燕)의 침략을 받아 수도가 함락되었다. 이때 미천왕릉이 파헤쳐져 시신을 탈취당했고, 고국원왕의 어머니가 포로로 잡혀갔다.

| 정답 | ①

| 정답해설 | (가) 단군 조선 시대, (나) 위만 조선 시대이다.
ㄱ. 단군 조선은 기원전 3세기부터 부왕, 준왕과 같은 강력한 왕이 등장하였고, 상·대부·장군·대신·박사 등의 관직도 두었다.
ㄷ. 위만 조선 성립 이후 철기 문화가 본격적으로 수용되었고, 우거왕은 지리적 이점을 이용하여 중계 무역으로 이득을 취하였다.

| 오답해설 |
ㄴ. 위만 조선 시기에 한 무제는 만주 요동 지방에 창해군을 설치하였다(기원전 128).
ㄹ. 위만 조선은 철기 시대에 해당하며, 비파형 동검과 고인돌은 청동기 시대의 유물이므로 이것으로 당시의 통치 지역을 파악할 수는 없다.

| 정답 | ①

03 여러 나라의 성장*

1 부여

(1) 성립
부여는 만주 길림(지린)시 일대 송화(쑹화)강 유역의 평야 지대를 중심으로 성장하였다.

(2) 발전
① 부여는 이미 1세기 초에 왕호를 사용하였고, 중국과 외교 관계를 맺는 등 발전된 국가의 모습을 보였다.
② 3세기 말 선비족의 침략을 받아 국력이 크게 쇠퇴하였고, 결국은 고구려에 항복하여 편입되었다(494, 문자왕).

(3) 정치
① 왕 아래에 가축의 이름을 딴 마가(馬加)·우가(牛加)·저가(猪加)·구가(狗加)라는 대가들이 있었다. 대가들은 각각 대사자, 사자 등의 관리를 두었다.
② 사출도: 가(加)는 저마다 행정 구획인 사출도(四出道)를 다스리고 있어서, 왕이 직접 통치하는 중앙과 합쳐 5부를 이루었다.
③ 가(加)의 권한: 가(加)들은 왕을 추대하기도 하였고, 수해나 한해를 입어 오곡이 잘 익지 않으면 그 책임을 왕에게 묻기도 하였다.
④ 궁궐, 성책, 감옥, 창고 등의 시설이 있었다.

(4) 경제
① 반농반목(半農半牧)의 농경과 목축이 주산업이었다.
② 특산물로는 말·주옥·모피 등이 유명하였다.

▲ 여러 나라의 성장

(5) 법률 (출전: 『삼국지』 위서 동이전)
① 살인자는 사형에 처하고 그 가족은 노비로 삼는다.
② 도둑질한 자는 그 물건 값의 12배로 배상한다(1책 12법).
③ 간음한 자는 사형에 처한다.
④ 투기가 심한 부인은 사형에 처하고 그 시체를 남쪽 산 위에 버려서 썩게 한다. 단, 여자 집에서 시체를 찾아가려면 소와 말을 바쳐야 한다.

단권화 MEMO

＊여러 나라의 성장
해당 주제 중 특히 초기 국가의 제천 행사와 풍습을 『삼국지』 위서 동이전 사료 내용과 연결하여 기억해 두어야 한다.

■ **여러 나라의 변천**
위만 조선이 있었던 기원전 2세기경 남쪽에는 진(辰)이 있었으며, 여기에서 마한·변한·진한의 삼한이 형성된 것으로 보인다. 이후 기원전 1세기경에는 고구려·백제·신라의 삼국과 더불어 부여·동예·옥저 등이 공존하고 있었다. 부여 및 마한의 목지국은 왕을 칭할 정도로 연맹 왕국 단계에 이르렀다. 이후 동예·옥저·삼한의 소국들은 연맹 왕국 단계에 이르지 못하고 고구려·백제·신라·가야로 통합되었다. 이 시대를 고고학에서는 철기 시대 후기(기원 전후부터 서기 300년까지)라고도 한다.

■ **부여의 계급**
부여의 사회 계급은 귀족인 가(加)가 있고, 그 밑에 호민(豪民)으로 불리는 지배층이 있었다. 그 아래에 민(民)과 하호(下戶)로 불리는 계층이 있었다. 그리고 맨 아래에는 전쟁 포로, 채무자 혹은 살인자의 가족으로 구성된 노비가 있었는데, 노비는 호민층 이상이 소유했다. 전쟁이 일어나면 호민과 민이 무장하여 싸웠으며, 하호는 전투에 참여하지 못하고 식량을 공급하는 일을 맡았다고 한다.

단권화 MEMO

■ 제천 행사

제천 행사는 하늘을 숭배하고 제사하는 의식으로서, 대부분 농사의 풍요와 성공적인 수렵 활동을 기원하는 것이었다.

(6) 풍속

① 제천 행사: 영고(迎鼓)라는 제천 행사가 있었다. 이것은 수렵 사회의 전통을 보여 주는 것으로 12월에 열렸다. 이때에는 하늘에 제사를 지내고 노래와 춤을 즐기며, 죄수를 풀어주기도 하였다.
② 우제점법(牛蹄占法): 전쟁이 일어났을 때에는 제천 의식을 행하고, 소를 죽여 그 굽으로 길흉을 점치기도 하였다.
③ 장례: 국왕의 장례에는 옥갑(玉匣)을 사용하였고, 많은 사람들을 순장(殉葬)하는 풍습이 있었다. 또한 여름철에는 얼음을 사용하여 장사를 지냈다.
④ 혼인: 형이 죽으면 아우가 형수를 아내로 맞아들이는 형사취수제(兄死娶嫂制)가 있었다.
⑤ 백성들은 흰옷을 좋아하였으며, 중국의 은력(殷曆)을 사용하였다.
⑥ 생활 모습: 목책(木柵)을 둥글게 쌓아서 성(城)을 만들며, 궁실(宮室), 창고(倉庫), 뇌옥(牢獄, 감옥)이 있었다. 또한 성책을 모두 둥글게 만들어서 마치 뇌옥과 같았다는 기록이 있다.

(7) 역사적 의의

부여는 연맹 왕국의 단계에서 멸망하였지만 역사적 의미는 매우 크다. 그 이유는 고구려나 백제의 건국 세력이 부여의 한 계통임을 자처하였고, 또 이들의 건국 신화도 같은 원형을 바탕으로 하고 있기 때문이다.

> **사료 부여의 풍습**
>
> ❶ 흰옷을 즐겨 입어, 흰 베로 만든 큰 소매 달린 도포와 바지를 입고 가죽신을 신는다.
>
> ❷ 구릉과 넓은 못이 많아서 동이 지역 가운데서 가장 넓고 평탄한 곳이다. 토질은 오곡을 가꾸기에는 알맞지만 과일은 생산되지 않았다. 사람들 체격이 매우 크고 성품이 강직 용맹하며, 근엄하고 후덕하여 다른 나라를 노략질하지 않았다. …… 형이 죽으면 형수를 아내로 삼는 것은 흉노의 풍속과 같았다.
>
> ❸ 형벌이 엄하고 각박하여 사람을 죽인 사람은 사형에 처하고, 그 집안사람은 노비로 삼는다. 도둑질을 하면 물건 값의 12배를 변상하게 하였다. 남녀 간에 음란한 짓을 한 사람이나 질투하는 부인은 모두 죽였다. 투기하는 것을 더욱 미워하여, 투기하는 사람을 죽이고 나서 그 시체를 나라의 남산 위에 버려서 썩게 한다.
>
> 「삼국지」 위서 동이전

> **사료 부여의 산업과 특산물**
>
> ❶ 부여의 토지는 오곡(五穀)이 자라기에는 적당하지만, 오과(五果)는 생산되지 않는다.
>
> ❷ 그 나라 사람들은 가축을 잘 기른다. 명마(名馬)와 적옥(赤玉), 담비와 원숭이(가죽) 및 아름다운 구슬이 산출되는데, 구슬 가운데 큰 것은 대추(酸棗)만 하다.
>
> 「삼국지」 위서 동이전

> **사료 부여의 예왕지인**
>
> 그 나라의 노인들은 자기네들이 옛날에 다른 곳에서 망명한 사람들이라고 말한다. 지금 부여의 창고에는 옥(玉)으로 만든 벽(璧)·규(珪)·찬(瓚) 등 여러 대를 전해 오는 물건이 있어서 대대로 보물로 여기는데, 노인들은 '선대(先代)의 왕께서 하사하신 것이다.'라고 하였다. 그 도장에 '예왕지인(濊王之印)'이란 글귀가 있고, 나라 가운데에 예성(濊城)이란 이름의 옛 성이 있으니, 아마도 본래 예맥(濊貊)의 땅이었는데, 부여가 그 가운데에서 왕(王)이 되었으므로, 자기들 스스로 '망명해 온 사람'이라고 말하는 이유가 여기에 있는 듯하다.
>
> 「삼국지」 위서 동이전

바로 확인문제

● 〈보기〉에 해당하는 고대 국가에 대한 설명으로 가장 옳은 것은? 19. 2월 서울시(사복직 포함) 9급

| 보기 |
- 은정월(殷正月)에 제천 행사를 행하면서 국중 대회를 열었다.
- 전쟁이 일어났을 때는 소를 죽여 그 굽으로 길흉을 점쳤다.
- 형이 죽으면 형수를 부인으로 맞아들였다.
- 남의 물건을 훔쳤을 때는 물건 값의 12배를 배상하게 하였다.
- 지방 행정 구획으로 사출도가 있었다.

① 소와 말을 순장하였고 큰 새의 깃털을 장례에 사용하였다.
② 제천 행사는 '동맹'이었으며 국동대혈에서의 제사가 있었다.
③ 천군이 신성 지역인 소도에서 농경의례 등을 올렸다.
④ 재해가 발생하면 왕은 교체 혹은 죽음을 당하기도 하였다.

● 다음 (   )의 국가에 대한 설명으로 옳은 것은? 21. 계리직 9급

> 지금 (   )의 창고에는 옥으로 된 벽(璧)·규(珪)·찬(瓚) 등 여러 대에 걸쳐 내려온 물건이 있어 대대로 보물로 여기는데, 원로들이 말하길 선대(先代) 왕이 하사받은 것이라 한다. 그 인문(印文)은 '예왕지인(濊王之印)'이다.
> 『삼국지』 위서 동이전

① 추수가 끝나는 10월에 동맹이라는 제천 행사를 열었다.
② 단궁, 과하마, 반어피 등의 특산물이 생산되었고 10월에 무천이라는 제천 행사를 하였다.
③ 해마다 씨를 뿌리고 난 5월과 추수를 마친 10월에는 계절제를 열어 하늘에 제사를 지냈다.
④ 사출도를 두었으며 12월에 영고라는 제천 행사를 개최하였다.

2 고구려

(1) 성립

『삼국사기』의 기록에 따르면 고구려는 부여에서 남쪽으로 내려온 주몽이 건국하였다. 주몽은 부여의 지배 계급 내의 분열·대립 과정에서 박해를 피해 남하하여 독자적으로 고구려를 세웠다(기원전 37).

> **사료** 고구려의 건국 이야기
>
> 시조 동명성왕은 성이 고씨이며 이름은 주몽이다. …… 부여의 금와왕(金蛙王)이 태백산 남쪽에서 한 여자를 만나게 되어 물은즉, 하백의 딸 유화라 하는지라 …… 금와왕이 이상히 여겨 그녀를 방에 가두어 두었는데 햇빛이 따라와 비추었다. 그녀는 몸을 피하였으나 햇빛이 따라와 기어이 그녀를 비추었다. 이로 인하여 그녀는 잉태하게 되었고 마침내 알 하나를 낳았다. …… 한 사내아이가 껍데기를 깨고 나왔다. 기골과 모양이 뛰어나고 기이했다. 일곱 살에 의연함이 더하였고, 스스로 활을 만들어 쏘는데 백발백중이었다. 부여의 속어에 활 잘 쏘는 것을 주몽이라 하니 이로써 이름을 삼았다. ……
> 주몽의 어머니가 비밀을 알고 아들에게, "장차 이 나라 사람들이 너를 죽이고자 하니 너의 재간으로 어디 간들 못 살겠느냐. 지체하다가 욕을 당하지 말고 멀리 도망하여 큰일을 이루어야 한다."라고 타일렀다. 주몽은 그를 따르는 세 사람과 함께 도망하여 강가에 이르렀다. 그러나 다리가 없어 강을 건널 수 없었고, 추격병이 뒤따라오고 있었다. 주몽이 강물에 고하여, "나는 천제의 아들이고 하백의 외손이다. 오늘 도망하여 여기까지 왔으나 추격병이 쫓아오고 있다. 어떻게 하면 좋겠는가."라고 외치자 물고기와 자라가 떠올라 다리를 만들어 주니 주몽이 강을 건널 수 있었다. …… 졸본천으로 갔다. 그곳 땅이 기름지고 아름다우며 산천이 험하였다. 마침내 이곳에 도읍하기로 하였다. …… 나라 이름을 고구려라 하고 고를 그의 성씨로 삼았다.
> 『삼국사기』

단권화 MEMO

|정답해설| 〈보기〉의 국가는 부여이다. 부여에서는 재해가 발생하여 농사가 잘되지 않으면 왕은 교체 혹은 죽음을 당하기도 하였다.

|오답해설|
① 삼한에서는 소와 말을 순장(殉葬)하는 풍속이 있었으며, 진한과 변한에서는 큰 새의 깃털을 장례에 사용하여 죽은 자가 승천(昇天)하는 것으로 믿었다고 한다.
② 고구려에서는 동맹(10월)이라는 제천 행사가 있었으며, 국동대혈에서의 제사 의식이 있었다.
③ 삼한에서는 천군이 신성 지역인 소도에서 농경과 종교에 대한 의례를 지냈다.

|정답| ④

|정답해설| 제시된 사료는 『삼국지』 위서 동이전 중 부여의 내용이다. 부여에는 가(加)들의 독자적 행정 구역인 사출도가 있었으며, 매년 12월에 제천 행사인 영고를 개최하였다.

|오답해설|
① 고구려에서는 매년 10월에 동맹이라는 제천 행사를 열었다.
② 동예에서는 단궁, 과하마, 반어피 등의 특산물이 생산되었고, 10월에 무천이라는 제천 행사가 열렸다.
③ 삼한에서는 해마다 씨를 뿌린 후 5월과 추수를 마친 10월에 계절제를 열어 하늘에 제사를 지냈다.

|정답| ④

단권화 MEMO

▲ 졸본성(오녀산성)

■ **좌식자(坐食者)**
상호(上戶)인, 일하지 않는 자를 말한다.

■ **서옥제(壻屋制)**
혼인을 정한 뒤 신부 집의 뒤꼍에 조그만 집을 짓고 거기서 자식을 낳고 장성하면 아내를 데리고 신랑 집으로 돌아가는 제도이다.

■ **형사취수제(兄死娶嫂制)**
고국천왕 사후 왕비인 우씨와 왕의 동생인 산상왕과의 결합은 고구려 형사취수제의 실례를 보여 준다.

▲ 국동대혈(중국 길림성 집안)

(2) 발전

① 초기: 고구려는 압록강의 지류인 동가강 유역의 졸본(환인) 지방에 자리 잡았다. 이 지역은 대부분 큰 산과 깊은 계곡으로 된 산악 지대였기 때문에 농토가 부족하여 힘써 일을 하여도 양식(糧食)이 부족하였다.
② 발전: 고구려는 건국 초기부터 주변의 소국들을 정복하고 평야 지대로 진출하고자 하였다. 그리하여 압록강가의 국내성[집안(지안)]으로 옮겨 5부족 연맹을 토대로 발전하였다.
③ 진출: 그 후 활발한 정복 전쟁으로 한의 군현을 공략하여 요동(遼東) 지방으로 진출하였을 뿐만 아니라 동쪽으로는 부전고원을 넘어 옥저를 정복하여 공물을 받았다.

(3) 정치

왕 아래 상가·고추가 등의 대가들이 있었으며, 이들은 각기 사자·조의·선인 등 관리를 거느리고 있었다.

(4) 경제

① 주요 산업: 농업을 주로 하였으나, 산악 지대라서 생산은 보잘것없었다.
② 형태: 주변 국가를 약탈하여 부족한 생산력을 보충하였고, 집집마다 부경(桴京)이라는 창고를 가지고 있었다.
③ 하호(下戶): 생산을 담당할 뿐만 아니라 멀리서 어염(魚鹽)을 날라다 좌식자를 먹여 살렸다.

(5) 법률

① 처결: 뇌옥(牢獄, 감옥)은 따로 두지 않고 중대한 범죄자가 있으면 제가 회의를 통하여 사형에 처하고, 그 가족을 노비로 삼았다.
② 절도죄: 12배를 물게 하였다.
③ 기타: 전쟁에 패(敗)한 자는 사형에 처하였다.

(6) 풍속

① 혼인: 고구려에는 서옥제(壻屋制)와 형사취수제(兄死娶嫂制)라는 혼인 풍속이 있었다.
② 투기: 여자가 투기를 하면 사형에 처하였다. 고구려 12대 왕인 중천왕의 총애를 받던 관나부인은 왕비를 모함하려다 도리어 죽음을 당하였다.
③ 제천 행사
  ㉠ 건국 시조인 주몽과 그 어머니 유화(柳花) 부인을 조상신으로 섬겨 제사를 지냈다.
  ㉡ 『후한서』에는 "고구려는 10월에 제천 의식을 지내는데 밤에 남녀가 노래한다. 거처의 좌우에 큰 집을 짓고 귀신, 영성(靈星, 농사를 주관하는 별), 사직에 제사를 지낸다. 이를 동맹(東盟)이라고 부른다."는 기록이 있다.
  ㉢ 국동대혈: 『삼국지』 위서 동이전에는 "그 나라 동쪽에 큰 동굴이 있어 수혈(隧穴)이라고 부른다. 10월의 나라 안 큰 모임 때 수신(隧神)을 맞이해 나라 동쪽의 물가에서 제사를 지내는데, 신의 자리에 나무 수신을 둔다."라는 기록이 있다. 수신은 고구려 시조(주몽)의 어머니인 유화 부인으로 추정된다.

④ 장례
　㉠ 금·은의 패물로써 후하게 장례를 치렀다(후장제).
　㉡ 돌무지무덤(적석총)을 만들었고, 그 앞에 소나무와 잣나무를 심었다.
⑤ 복식(服飾)의 구분
　㉠ 엄격한 계급 사회이므로 각 계급에 따라 복식을 달리하였다.
　㉡ 대가(大加)들은 책(幘)이나 깃(羽)이 달린 소골(蘇骨)·절풍(折風)을 썼다. 귀족들은 허리에 숫돌[礪]과 칼을 차고 다녔다.

사료　고구려의 풍속

❶ 고구려에는 큰 산과 깊은 골짜기가 많고 평원과 연못이 없어서 계곡을 따라 살며 골짜기 물을 식수로 마셨다. 좋은 밭이 없어서 힘들여 일구어도 배를 채우기는 부족하였다. 사람들의 성품은 흉악하고 급해서 노략질하기를 좋아하였다. …… 나라 안의 대가들은 밭을 일구지 않았으며 앉아서 먹는 자가 만여 명이나 되었다.

❷ 그 나라에는 왕이 있고, 벼슬로는 상가, 대로, 패자, 고추가, 주부, 우태, 승, 사자, 조의, 선인이 있으며, 신분이 높고 낮음에 따라 각각 등급을 두었다. …… 왕의 종족으로서 대가인 사람은 모두 고추가라고 불렀고, 모든 대가들도 스스로 사자, 조의, 선인을 두었는데, 명단은 반드시 왕에게 보고해야 한다.

❸ 감옥이 없고 범죄자가 있으면 제가들이 모여 회의를 하여 사형에 처하고, 처자는 몰수하여 노비로 삼는다. 그 풍속은 혼인할 때 구두로 미리 정하고, 여자의 집 몸채 뒤편에 작은 별채를 짓는데, 그 집을 서옥이라 부른다. …… 아들을 낳아서 장성하면 남편은 아내를 데리고 자기 집으로 돌아간다.

『삼국지』 위서 동이전

바로 확인문제

● 다음 풍습이 있었던 국가에 대한 사실로 옳은 것은?　　　21. 경찰직 1차

> 혼인할 때 말로 미리 정하고, 여자의 집에서 자기들이 살고 있는 큰 집 뒤에 조그만 집을 짓는다. …… 자식을 낳아서 장성하면 부인은 남편의 집으로 돌아간다.

① 큰 새의 깃털을 사용하여 장사를 지냈다.
② 관리가 뇌물을 받으면 3배를 추징하였다.
③ 대가들은 스스로 사자, 조의, 선인을 두었다.
④ 다른 마을을 함부로 침범하면 소, 말 등으로 배상하였다.

● (가) 국가에 대한 설명으로 가장 옳은 것은?　　　22. 법원직 9급

> 　(가)　에서는 본래 소노부에서 왕이 나왔으나 점점 미약해져서 지금은 계루부에서 왕위를 차지하고 있다. 절노부는 대대로 왕실과 혼인을 하였으므로 그 대인은 고추가(古鄒加)의 칭호를 더하였다. 모든 대가(大加)들은 스스로 사자·조의·선인을 두었는데, 그 명단을 모두 왕에게 보고하여야 한다. …… 감옥은 없고 범죄자가 있으면 제가들이 모여서 평의하여 사형에 처하고 처자는 몰수하여 노비로 삼는다.
> 『삼국지』 위서 동이전

① 혼인 풍속으로 서옥제가 있었다.
② 신성 지역인 소도가 존재하였다.
③ 영고라고 하는 제천 행사를 개최하였다.
④ 읍락의 경계를 중시하여 책화라는 풍습이 있었다.

단권화 MEMO

|정답해설| 제시된 사료는 『삼국지』 위서 동이전에 기록된 고구려의 서옥제에 관한 내용이다. 고구려에서는 상가, 고추가 등의 대가들이 사자, 조의, 선인 등의 관리를 거느렸다.
|오답해설|
① 진한과 변한에서는 장사 지낼 때 큰 새의 깃털을 함께 묻어서 죽은 사람의 영혼이 하늘로 오르기를 기원하였다.
② 백제에서는 관리가 뇌물을 받거나 국가의 재물을 횡령했을 때는 3배를 배상하게 하고 종신토록 금고형에 처했다.
④ 동예에서는 산천을 중시하여 산과 내마다 구분이 있어 함부로 들어가지 않았다. 만약 다른 부족의 영역을 침범하면 노비, 소, 말로 배상하는 책화의 풍습이 있었다.
|정답| ③

|정답해설| 제시된 사료의 "소노부(전왕족)", "계루부(태조왕 이후의 왕족)", "절노부(왕비족)" 등을 통해 (가)가 고구려임을 알 수 있다. 고구려에는 혼인 풍속으로 서옥제가 있었다.
|오답해설|
② 삼한에서는 신성 지역인 소도가 있었다.
③ 부여에서는 12월(은력 정월)에 제천 행사인 영고를 개최하였다.
④ 동예에서는 읍락의 경계를 중시하여 책화의 풍습이 있었다.
|정답| ①

3 옥저와 동예

(1) 성립
함경도 및 강원도 북부의 동해안에 위치한 옥저와 동예는 변방에 치우쳐 있어 선진 문화의 수용이 늦었으며, 일찍부터 고구려의 압력을 받아 크게 성장하지 못하였다.

(2) 정치
각 읍락에는 후(侯), 읍군(邑君), 삼로(三老)라는 군장이 있어서 자기 부족을 다스렸으나, 이들은 큰 정치 세력을 형성하지 못하였다.

(3) 옥저(沃沮)
① 경제: 어물과 소금 등 해산물이 풍부하였고 토지가 비옥하여 농사가 잘되었다(오곡이 풍부). 또한 고구려에 소금, 어물 등을 공납으로 바쳤다.
② 풍속
  ㉠ 혼인: 고구려와 한 갈래였으나, 풍속이 달랐으며 민며느리제(매매혼)가 있었다.
  ㉡ 장례: 가족이 죽으면 시체를 가매장하였다가 나중에 그 뼈를 추려서 가족 공동의 무덤인 커다란 목곽에 안치하였다(골장제 – 두벌묻기). 또한 목곽 입구에는 죽은 자의 양식으로 쌀을 담은 항아리(옹기솥)를 매달아 놓기도 하였다.
  ㉢ 고구려 복속 이후 사회 모습: 고구려의 대가(大加)로 하여금 조세를 책임지도록 하였고, 맥포(貊布)·어염(魚鹽) 및 해중 식물 등을 천 리 길을 지어 날랐다. 또한, 미녀를 고구려에 보내 고구려 사람들의 종이나 첩으로 삼았는데 그들은 노복(奴僕, 노예)과 같은 대우를 받았다.

> **사료** 옥저의 풍속
>
> 이 나라는 대군왕이 없으며, 읍락에는 각각 대를 잇는 장수(長帥)가 있다. …… 이 나라의 토질은 비옥하며, 산을 등지고 바다를 향해 있어 오곡이 잘 자라며 농사짓기에 적합하다. 사람들의 성질은 질박하고, 정직하며 굳세고 용감하다. 소나 말이 적고, 창을 잘 다루며 보전(步戰)을 잘한다. 음식, 주거, 의복, 예절은 고구려와 흡사하다. ……
>
> 옥저는 큰 나라 사이에서 시달리고 괴롭힘을 당하다가 마침내 고구려에게 복속되었다. 고구려는 그 나라 사람 가운데 대인을 뽑아 사자로 삼아 토착 지배층과 함께 통치하게 하였다. 그들은 장사를 지낼 적에 큰 나무 곽을 만드는데, 길이가 10여 장(杖)이나 되며, 한쪽 머리를 열어 놓아 문을 만든다. 사람이 죽으면 시체는 모두 가매장을 하되, 겨우 형체가 보일 만큼 묻었다가 가죽과 살이 다 썩은 다음에 뼈만 추려 곽 속에 안치한다. 온 집안 식구를 모두 하나의 곽 속에 넣어두는데, 죽은 사람의 숫자대로 살아있을 때와 같은 모습으로 나무로 모양을 새긴다. 또 솥에 쌀을 담아 문 곁에 엮어 매단다. ……
>
> 그 나라의 혼인 풍속은 여자 나이 10살이 되기 전에 혼인을 약속한다. 신랑 집에서는 여자를 맞이하여 성장하면 길러 아내로 삼는다. 여자가 어른이 되면 친정으로 되돌려 보낸다. 친정에서는 돈을 요구하는데, 신랑 집에서 돈을 지불한 뒤 신랑 집으로 되돌아온다.
>
> 「삼국지」 위서 동이전

(4) 동예(東濊)
① 경제
  ㉠ 토지가 비옥하고 해산물이 풍부하여 농경·어로 등 경제생활이 윤택하였다.
  ㉡ 특히 명주와 삼베를 짜는 등 방직 기술이 발달하였다.
  ㉢ 특산물로는 단궁(短弓)이라는 활과 과하마(果下馬)·반어피(班魚皮) 등이 유명하였다.

■ 민며느리제
장래에 혼인할 것을 약속하면, 여자가 어렸을 때 남자 집에 가서 성장한 후 남자가 예물을 치르고 혼인을 하는 풍습이다.

■ 과하마
말을 타고 과일나무 아래를 지날 수 있다는 데서 유래한 것으로서, 키가 작은 말을 뜻한다.

② 풍속
　㉠ 의식: 매년 10월에 무천(舞天)이라는 제천 행사를 열었다.
　㉡ 혼인: 족외혼(族外婚)이 엄격하였다.
　㉢ 책화(責禍): 각 부족의 영역을 함부로 침범하지 못하게 하였다. 만약 다른 부족의 생활권을 침범하면 노비와 소·말로 변상하게 하였다.
　㉣ 꺼리는 것이 많아 가족 중 한 사람이 질병으로 죽으면 살던 집을 버리고 새로운 곳으로 이주하였다.

▲ '철(凸)'자형과 '여(呂)'자형 집터(강원 강릉 병산동, 강원 횡성 둔내)
최근 강원도 동해시와 강릉시를 중심으로 '철(凸)'자 모양과 '여(呂)'자 모양의 집터가 계속 발굴되어 동예의 문화가 고고학적으로 밝혀지고 있다.

사료 　동예의 풍속

❶ 동예는 대군장이 없고 한 대 이후로 후, 읍군, 삼로 등의 관직이 있어서 하호를 통치하였다. 풍속은 산천을 중요시하여 산과 내마다 구분이 있어 함부로 들어가지 않는다. 부락을 함부로 침범하면 노비, 소, 말로 배상하게 하는데 이를 **책화**라고 한다.

❷ 동성(同姓)끼리는 결혼하지 않는다. 꺼리는 것이 많아서 병을 앓거나 사람이 죽으면 옛집을 버리고 곧 새 집을 지어 산다. 삼베가 산출되며, 누에를 쳐서 옷감을 만든다.

『삼국지』 위서 동이전

바로 확인문제

● (가)와 (나)의 나라에 대한 설명으로 가장 적절한 것은?　　18. 경찰직 1차

> (가) 고구려 개마대산 동쪽에 있는데 개마대산은 큰 바닷가에 맞닿아 있다. …… 그 나라 풍속에 여자 나이 10살이 되기 전에 혼인을 약속한다. 신랑 집에서 맞이하여 장성하도록 길러 아내를 삼는다. 성인이 되면 다시 친정으로 돌아가게 한다. 여자의 친정에서는 돈을 요구하는데, 돈을 지불한 후 다시 신랑 집으로 돌아온다.
> (나) 남쪽으로는 진한과 북쪽으로는 고구려·옥저와 맞닿아 있고 동쪽으로는 큰 바다에 닿았다. …… 해마다 10월이면 하늘에 제사를 지내는데 밤낮으로 술 마시며 노래 부르고 춤추니, 이를 '무천'이라고 한다.

① (가) 신부의 집 뒤에 서옥을 짓고 훗날 자녀가 태어나 성장하면 아내와 함께 신랑 집으로 돌아가는 풍습이 있었다.
② (가) 중대한 범죄자가 있으면 제가 회의를 통해 사형시키고 그 가족은 노비로 삼았다.
③ (나) 족장들은 저마다 따로 행정 구획인 사출도를 다스렸다.
④ (나) 씨족끼리는 혼인하지 않는 족외혼 풍습과 다른 읍락의 경계를 침범하면 소, 말, 노비로 보상하는 책화라는 풍습이 있었다.

|정답해설| (가) 옥저, (나) 동예에 대한 사료이다. 동예에서는 같은 씨족끼리는 혼인하지 않는 족외혼이 엄격하게 이루어졌으며, 책화(다른 읍락의 경계를 침범하면 소, 말, 노비로 보상하는 것)의 풍속이 있었다.

|오답해설|
① 고구려에서는 신부의 집 뒤에 서옥을 짓고 훗날 자녀가 태어나 성장하면 아내와 함께 신랑 집으로 돌아가는 풍습이 있었다. 이것을 서옥제라고 한다.
② 고구려에서는 중대한 범죄자가 있으면 제가 회의를 통해 사형시키고 그 가족은 노비로 삼았다.
③ 부여의 부족장(마가, 우가, 구가, 저가)은 저마다 별도의 행정 구획인 사출도를 다스렸다.

|정답| ④

| 단권화 MEMO |

|정답해설| (가) 옥저의 민며느리제, (나) 부여의 제천 행사인 영고에 관한 사료이다. 부여에는 가(加)들이 다스리는 독자적 행정 구역인 사출도가 있었다.

|오답해설|
① 무천은 동예의 제천 행사이다.
② 고구려 태조왕(53~146)부터 계루부가 왕위를 독점하였다.
④ 삼한 중 변한에서는 철이 많이 생산되어 낙랑과 왜에 수출하였다.

|정답| ③

|정답해설| 제시된 자료에서 '무천', '책화'라는 단어를 통해 동예에 대한 사료임을 알 수 있다. 동예에서는 후·읍군·삼로 등의 군장이 하호를 통치하였다.

|오답해설|
② 삼한에서는 국읍마다 천신에 대한 제사를 지내는 천군이 있었다.
③ 옥저에서는 사람이 죽으면 가매장한 후 뼈를 추려 목곽에 안치하였다(골장제, 가족 공동묘제).
④ 진한(辰韓)과 변한(弁韓)에서는 아이가 출생하면 돌로 머리를 눌러 납작하게 하는 풍습이 있었다. 이것을 편두라고 한다.

|정답| ①

● (가), (나) 국가에 대한 설명으로 옳은 것은?   19. 지방직 9급

(가) 그 나라의 혼인 풍속에 여자의 나이가 열 살이 되면 서로 혼인을 약속하고, 신랑 집에서는 (그 여자를) 맞이하여 장성하도록 길러 아내로 삼는다. (여자가) 성인이 되면 다시 친정으로 돌아가게 한다. 여자의 친정에서는 돈을 요구하는데, (신랑 집에서) 돈을 지불한 후 다시 신랑 집으로 돌아온다.
(나) 은력(殷曆) 정월에 하늘에 제사를 지내며 나라에서 대회를 열어 연일 마시고 먹고 노래하고 춤추는데, 영고(迎鼓)라고 한다. 이때 형옥(刑獄)을 중단하여 죄수를 풀어 주었다.

① (가) – 무천이라는 제천 행사가 있었다.
② (가) – 계루부 집단이 권력을 장악하였다.
③ (나) – 사출도라는 구역이 있었다.
④ (나) – 철이 많이 생산되어 낙랑과 왜에 수출하였다.

● 다음 자료에 나타난 나라에 대한 설명으로 옳은 것은?   17. 국가직(사복직 포함) 9급

해마다 10월이면 하늘에 제사를 지내는데, 밤낮으로 술을 마시고 노래 부르며 춤을 추니 이를 무천이라 한다. 또 호랑이를 신(神)으로 여겨 제사 지낸다. 읍락을 함부로 침범하면 노비와 소, 말로 변상하는데, 이를 책화라 한다.

① 후·읍군·삼로 등이 하호를 통치하였다.
② 국읍마다 천신에 대한 제사를 주관하는 천군이 있었다.
③ 사람이 죽으면 가매장한 다음 뼈만 추려 목곽에 안치하였다.
④ 아이가 출생하면 돌로 머리를 눌러 납작하게 하는 풍습이 있었다.

4 삼한(三韓)

(1) 연원

① 진(辰)의 성장: 고조선 남쪽 지역에는 일찍부터 진이 성장하고 있었다. 진은 기원전 2세기경 고조선의 방해로 중국과의 교통이 저지되기도 하였다.
② 연맹체의 성립: 진에는 고조선 사회의 변동에 따라 대거 남하해 오는 유이민에 의하여 새로운 문화가 보급되었고, 이는 토착 문화와 융합되면서 사회가 더욱 발전하였다. 그리하여 마한·변한·진한의 연맹체들이 나타났다.

(2) 위치 및 발전

① 변한·진한: 변한은 김해·마산 지역을 중심으로 후에 가야의 모체가 되었다. 진한은 대구·경주 지역을 중심으로 발전하여 후에 신라의 발생지가 되었다. 변한과 진한은 각기 12개국으로 이루어졌고 모두 4만~5만 호였는데, 그중에서 큰 나라는 4천~5천 호, 작은 나라는 6백~7백 호였다.
② 마한: 천안·익산·나주 지역을 중심으로 하여 경기·충청·전라도 지방에서 발전하였다. 마한은 54개의 소국으로 이루어졌고 모두 10여만 호였는데, 그중에서 큰 나라는 1만여 호, 작은 나라는 수천 호였다. 후에 백제의 모체가 되었다.

▲ 마한의 무덤(전남 나주 용호리)
중앙에 널무덤이 있고 주변에는 해자 모양의 고랑이 있어 주구묘라고 불린다.

▲ 마한의 토실(충남 공주 장선리)
『삼국지』위서 동이전에 나오는 마한의 집 형태로 최근에 발견되었다.

(3) 정치
① 연맹장 : 삼한 중에서 마한의 세력이 가장 컸으며, 마한을 이루고 있는 소국의 하나인 목지국(目支國)의 지배자가 마한왕 또는 진왕으로 추대되어 삼한 전체의 주도 세력이 되었다.
② 군장 : 삼한의 지배자 중 세력이 큰 것은 신지·견지 등으로, 작은 것은 부례·읍차 등으로 불렸다.

(4) 제정의 분리
① 천군 : 삼한에는 정치적 지배자 외에 제사장인 천군(天君)이 있었다.
② 소도(蘇塗) : 신성 지역이었으며, 이곳에서 천군은 농경과 종교에 대한 의례를 주관하였다.
③ 성격 : 천군이 주관하는 소도는 군장의 세력이 미치지 못하는 곳으로서, 죄인이라도 도망을 하여 이곳에 숨으면 잡아가지 못하였다. 이러한 제사장의 존재를 통하여 고대 신앙의 변화와 제정의 분리를 엿볼 수 있다.

> **사료** 제정이 분리된 삼한
>
> 귀신을 몹시 믿기 때문에 고을마다 한 사람을 뽑아 세워서 천신에게 제사 지내는 것을 주관하게 하였는데, 이 사람을 천군이라 불렀다. 또 이들 여러 나라에는 각각 별읍이 있었는데, 이를 소도라 하였다. 큰 나무를 세우고 거기에 방울과 북을 매달아 놓고 귀신을 섬겼는데, 사방에서 도망해 온 사람들은 모두 여기에 모여 돌아가지 않았다.
> 『삼국지』위서 동이전

(5) 풍속
① 생산 및 주거 : 소국(小國)의 일반 사람들은 읍락에 살면서 농업과 수공업의 생산을 담당하였으며, 초가지붕의 반움집이나 귀틀집에서 살았다.
② 두레 : 공동체적인 전통을 보여 주는 두레 조직을 통하여 여러 가지 공동 작업을 하였다.
③ 제천 행사 : 삼한에서는 해마다 씨를 뿌리고 난 뒤인 5월에 '계절제'와 가을 곡식을 거두어들이는 10월에 '계절제'를 열어 하늘에 제사를 지냈다. 이러한 제천 행사 때에는 온 나라 사람들이 모두 모여서 날마다 음식과 술을 마련하여 노래를 부르고 춤을 추며 즐겼다.
④ 편두(編頭) : 진한과 변한에서는 아이가 출생하면 돌로 머리를 눌러 납작하게 하는 풍습이 있었다.
⑤ 문신 : 왜와 가까운 진한 및 변한에서는 문신의 풍습이 있었다.
⑥ 장례 : 삼한에서는 소와 말을 순장(殉葬)하는 풍속이 있었으며, 진한과 변한에서는 큰 새의 깃털을 장례에 사용하였다. 이를 통해 죽은 자가 승천(昇天)하는 것으로 믿었다고 한다.

단권화 MEMO

■ **마한 목지국**
마한 목지국은 처음에 성환·직산·천안 지역을 중심으로 발달하였으나, 백제의 성장과 지배 영역의 확대에 따라 남쪽으로 옮겨 익산 지역을 거쳐 마지막에 나주 부근(오늘날 대안리, 덕산리, 신촌리, 복암리)에 자리 잡았을 것으로 추정된다. 왕을 칭하던 국가 단계의 목지국이 언제 망했는지는 알 수 없으나, 근초고왕이 마한을 병합하는 4세기 후반까지는 존속하였고, 그 이후에는 백제의 정치 세력하에 있는 토착 세력으로 자리 잡았을 것으로 보인다.

■ **소도**
신구 문화의 충돌을 완충하고, 사회의 여러 갈등을 완화하는 역할을 수행하는 신성 불가침의 장소로 제정 분리(祭政分離)를 의미한다.

■ **귀틀집**
큰 통나무를 '정(井)'자 모양으로 귀를 맞추어 층층이 얹고 틈을 흙으로 발라 지은 집이다.

단권화 MEMO

사료 삼한의 풍속과 경제

삼한에서는 5월에 파종하고 난 후 귀신에게 제사를 지내는데, 이때 많은 사람이 모여 노래하고 춤추고 술을 마시며 밤낮을 쉬지 않고 놀았다. 10월에 농사일이 끝난 후에도 그와 같이 제사를 지내고 즐겼다. 토지가 비옥하여 오곡과 벼를 재배하기에 좋았으며, 누에를 칠 줄 알아 비단과 베를 만들었다. 나라에 철이 나는데, 한과 예와 왜가 모두 여기서 가져갔다. 시장에서 물건을 사고파는 데에도 철을 사용하여 중국에서 돈을 사용함과 같았다.

「삼국지」 위서 동이전

사료 편두와 문신의 풍습

아이가 태어나면 곧 돌로 그 머리를 눌러서 납작하게 만들려고 하므로, 지금 진한(辰韓) 사람 머리는 모두 납작하다. 왜(倭)와 가까운 지역이므로 남녀가 문신(文身)을 하기도 한다.

「삼국지」 위서 동이전

(6) 경제

① 농경의 발달
 ㉠ 삼한 사회는 철기 문화를 바탕으로 하는 농경 사회였다.
 ㉡ 철제 농기구의 사용으로 농경이 발달하였고 벼농사를 지었다.
 ㉢ 밭갈이에 처음으로 가축의 힘을 이용하기도 하였다.
 ㉣ 저수지의 축조: 벽골제(김제), 의림지(제천), 수산제(밀양), 공검지(상주), 대제지(의성)

사료 삼한의 농경

❶ 마한(馬韓)은 서쪽에 위치해 있다. 그 백성은 토착 생활을 하였고, 곡식을 심었으며, 누에를 치고 뽕나무를 가꿀 줄 알았으며, 면포(綿布)를 생산하였다.

❷ 변진(弁辰, 변한)은 토지가 비옥하여 오곡(五穀)과 벼를 심기에 적합하였다. 누에를 치고 뽕나무를 가꿀 줄 알아 비단과 베를 제작하였다. 소와 말을 탈 줄 알았다.

「삼국지」 위서 동이전

② 철(鐵) 생산
 ㉠ 변한(弁韓)에서는 철이 많이 생산되어 낙랑·왜 등에 수출하였다.
 ㉡ 철은 교역에서 화폐처럼 사용되기도 하였다.
 ㉢ 마산의 성산동 야철지가 유명하고, 김해 패총에서는 왕망전(王莽錢)이 출토되었다.

(7) 사회의 변동

철기 시대 후기의 문화 발전은 삼한 사회의 변동을 가져왔다.

① 지금의 한강 유역에서는 백제국이 성장하면서 마한 지역을 통합해 갔다.
② 낙동강 유역에서는 구야국이, 그 동쪽에서는 사로국이 성장하여 중앙 집권 국가의 기반을 마련하면서 각각 가야 연맹체와 신라의 기틀을 다져 나갔다.

여러 나라의 성립과 발전

구분	위치	정치	경제		풍속	제천 행사	정치적 변동
부여	만주 송화강 유역의 평야 지대	마가·우가·저가·구가 → 사출도 지배	• 농경, 목축 (반농반목) • 특산물(말, 주옥, 모피)		• 순장 • 1책 12법 • 우제점법	12월 영고	고구려에 복속
고구려	졸본 → 국내성	5부족 연맹체, 제가 회의	산악 지대, 토지 척박 → 약탈 경제		• 서옥제 • 1책 12법	10월 동맹	중앙 집권 국가로 성장
옥저	함경도 함흥평야	왕이 없어 군장이 다스림 (후, 읍군, 삼로)	어물, 소금이 풍부		• 민며느리제 • 가족 공동묘		고구려에 복속
동예	강원도 북부		단궁, 과하마, 반어피		책화	10월 무천	
삼한	한강 남쪽	제정 분리, 목지국의 영도	• 농경 발달 • 변한: 철생산		두레(공동 노동)	5월, 10월 계절제	• 마한 → 백제 • 변한 → 가야 • 진한 → 신라

바로 확인문제

● (가), (나)의 나라에 대한 설명으로 옳은 것만을 〈보기〉에서 모두 고르면?

14. 지방직 9급

(가) 살인자는 사형에 처하고 그 가족은 노비로 삼았다. 도둑질을 하면 12배로 변상케 했다. 남녀 간에 음란한 짓을 하거나 부인이 투기하면 모두 죽였다. 투기하는 것을 더욱 미워하여, 죽이고 나서 시체를 산 위에 버려서 썩게 했다. 친정에서 시체를 가져가려면 소와 말을 바쳐야 했다.

(나) 귀신을 믿기 때문에 국읍에 각각 한 사람씩 세워 천신에 대한 제사를 주관하게 했다. 이를 천군이라 했다. 여러 국(國)에는 각각 소도라고 하는 별읍이 있었다. 큰 나무를 세우고 방울과 북을 매달아 놓고 귀신을 섬겼다. 다른 지역에서 거기로 도망쳐 온 사람은 누구든 돌려보내지 않았다.

『삼국지』

┤ 보기 ├

ㄱ. (가) - 왕 아래에는 상가, 고추가 등의 대가가 있었다.
ㄴ. (가) - 농사가 흉년이 들면 국왕을 바꾸거나 죽이기도 하였다.
ㄷ. (나) - 제천 행사는 5월과 10월의 계절제로 구성되어 있었다.
ㄹ. (나) - 동이(東夷) 지역에서 가장 넓고 평탄한 곳이라 기록되어 있었다.

① ㄱ, ㄴ   ② ㄱ, ㄹ   ③ ㄴ, ㄷ   ④ ㄷ, ㄹ

단권화 MEMO

|정답해설| (가) 부여, (나) 삼한에 대한 사료이다.
ㄴ. 부여에서는 흉년이 들면 국왕에게 책임을 물어 국왕을 바꾸거나 죽이기도 하였다.
ㄷ. 삼한에서는 5월과 10월에 제천 행사를 거행하였다.
|오답해설|
ㄱ. 고구려, ㄹ. 부여에 대한 설명이다.
|정답| ③

PART II 고대의 우리 역사

5개년 챕터별 출제비중 & 출제개념

CHAPTER 01 고대의 정치	69%	태조왕, 고국천왕(진대법), 고국원왕의 전사, 소수림왕, 광개토 대왕, 장수왕, 광개토 대왕릉비, 충주(중원) 고구려비, 고이왕, 근초고왕, 무령왕, 성왕, 지증왕, 법흥왕, 진흥왕, 김유신, 문무왕, 신문왕, 경덕왕, 신라 하대, 무왕, 문왕, 선왕, 5경 15부 62주
CHAPTER 02 고대의 경제	0%	민정 문서(신라 촌락 문서), 녹읍, 식읍, 관료전, 정전, 장보고
CHAPTER 03 고대의 사회	0%	화랑도, 진골 귀족의 생활 모습, 골품 제도, 화백 회의, 제가 회의, 정사암 회의, 호족과 6두품, 원종과 애노의 난
CHAPTER 04 고대의 문화	31%	원효, 의상, 교종, 선종, 풍수지리 사상, 고분, 벽화, 승탑과 탑비, 고대 국가의 탑(정림사지 5층 석탑, 미륵사지 석탑, 황룡사 9층 목탑, 분황사 탑), 삼국의 불상

한눈에 보는 흐름 연표

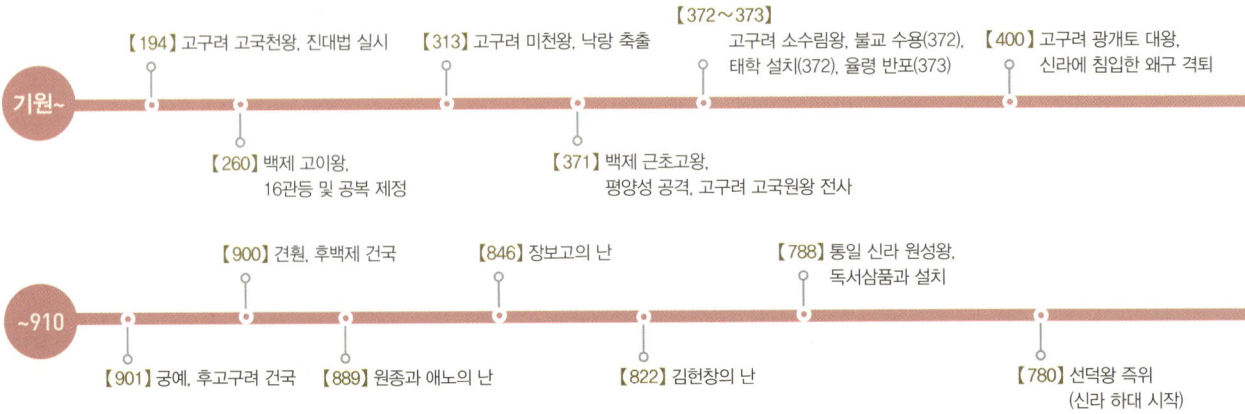

※ 최근 5개년(국, 지/서) 출제비중

16%

학습목표

CHAPTER 01 고대의 정치	❶ 고구려, 백제, 신라 주요 왕들의 업적을 시기별로 알아 둔다. ❷ 삼국 간의 항쟁을 거쳐 통일을 이루는 과정을 파악한다. ❸ 통일 후 신라는 중대와 하대로 구분하여 시대의 특징을 파악한다. ❹ 발해의 주요 왕들의 업적을 구분한다.
CHAPTER 02 고대의 경제	❶ 녹읍, 식읍, 관료전 등 토지 제도의 특징을 이해한다. ❷ 민정 문서의 내용과 의미를 기억하고, 장보고의 활동을 파악한다.
CHAPTER 03 고대의 사회	❶ 제가 회의, 정사암 회의, 화백 회의 등 삼국의 귀족 회의를 구분한다. ❷ 골품제와 화랑도의 특징을 알아 둔다.
CHAPTER 04 고대의 문화	❶ 교종, 선종, 원효, 의상 등 고대 국가의 불교적 특징을 파악한다. ❷ 도교, 풍수지리설, 고분, 벽화, 탑, 불상 등 고대의 문화유산을 파악한다.

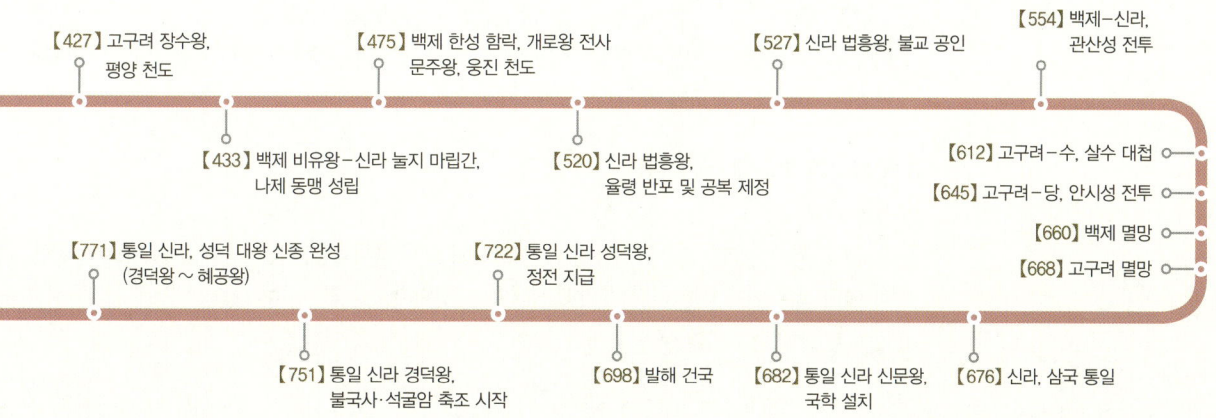

【427】고구려 장수왕, 평양 천도
【475】백제 한성 함락, 개로왕 전사 문주왕, 웅진 천도
【527】신라 법흥왕, 불교 공인
【554】백제-신라, 관산성 전투
【433】백제 비유왕-신라 눌지 마립간, 나제 동맹 성립
【520】신라 법흥왕, 율령 반포 및 공복 제정
【612】고구려-수, 살수 대첩
【645】고구려-당, 안시성 전투
【660】백제 멸망
【668】고구려 멸망
【771】통일 신라, 성덕 대왕 신종 완성 (경덕왕 ~ 혜공왕)
【722】통일 신라 성덕왕, 정전 지급
【751】통일 신라 경덕왕, 불국사·석굴암 축조 시작
【698】발해 건국
【682】통일 신라 신문왕, 국학 설치
【676】신라, 삼국 통일

CHAPTER 01 고대의 정치

- 01 고대 국가의 성격
- 02 고대 국가의 성립과 발전
- 03 삼국의 통치 제도
- 04 신라의 삼국 통일
- 05 통일 신라(신라 후기, 후기 신라)의 성립과 발전
- 06 발해의 성립과 발전
- 07 남북국의 정치 구조

01 고대 국가의 성격

(1) 동양의 고대

① 중국: 동아시아 문화권의 중심을 이룬 중국은 동아시아 사회 발전에 커다란 영향을 미쳤다.
  ㉠ 춘추 전국 시대·진(秦): 중국에서는 주나라가 쇠퇴하면서 춘추 전국 시대의 혼란기를 겪었다. 진은 이러한 혼란을 극복하고 중국 최초의 통일 국가를 수립하였고, 중앙 집권적 통치 체제를 확립하였다(기원전 221).
  ㉡ 한(漢): 진의 뒤를 이은 한(건국: 기원전 202)은 영토를 크게 확장하고 서역과 교역을 확대하였다. 특히 유학을 국가 이념으로 채택하여 유교주의적 중국 문화의 기틀을 확립하였다.
  ㉢ 삼국 시대·진(晉)·5호 16국 시대·남북조 시대: 3세기 초 후한이 멸망한 이후 중국은 다시 분열되어 삼국 시대(220~280)·진·5호 16국 시대(4세기 초)·남북조 시대(439~589)로 이어졌다. 이때 창장강 이남 지방의 개발이 본격화되었고, 문벌 귀족이 사회의 지배 세력이 되었으며, 불교가 융성하는 등 귀족 문화가 발달하였다.
  ㉣ 수(隋)·당(唐): 6세기 말 수가 중국을 통일(589)하였으나, 무리한 고구려 원정 끝에 멸망하고, 당(618~907)이 건국되었다. 당에서 발달한 한자·유교·불교·율령 체제 등은 우리나라, 일본, 베트남에 전파되면서 동아시아 문화권을 형성하였다.

② 인도: 마우리아 왕조 → 쿠샨 왕조 → 굽타 왕조

③ 오리엔트 지방: 아시리아 → 페르시아의 통일 제국 → 헬레니즘 시대

④ 일본: 야마토 정권(4~7세기) → 다이카 개신(645) → 나라 시대(710) → 헤이안 시대(794, 교토로 천도)

(2) 서양의 고대

① 그리스: 아테네와 스파르타 등의 폴리스 발달 → 헬레니즘 시대
② 로마: 도시 국가로 출발 → 포에니 전쟁의 승리로 세계 제국으로 발전 → 게르만 민족의 대이동(4~6세기), 동로마 제국과 서로마 제국으로의 분열(395)

(3) 우리나라의 고대 국가 성립

① 성립 과정
  ㉠ 군장 국가·연맹 왕국: 철기 문화의 보급과 이에 따른 생산력의 증대를 토대로 성장한 여러 소국들이 군장 국가와 연맹 왕국을 이루었다.

ⓒ 고대 국가 형성: 왕은 자기 집단 내부의 지배력을 강화하는 동시에 다른 집단에 대한 지배력을 키워 나갔다. 이 과정에서 주변 지역을 활발히 정복하여 영토를 확대하였고, 정복 과정에서 성장한 경제력과 군사력을 바탕으로 왕권을 강화하여 고대 국가를 형성하였다.
② 성립 시기
　　㉠ 고대 국가로의 발전 과정은 선진 문화의 수용이나 지리적 위치에 따라 차이를 보인다.
　　ⓒ 고대 국가 성립 시기에 대해 『삼국사기』에서는 신라·고구려·백제의 순서로 건국되었다고 기록되어 있지만, 고구려·백제·신라의 순서로 중앙 집권적인 고대 국가 체제가 정비되었으며, 가야는 삼국의 각축 속에서 중앙 집권을 이루지 못한 채 연맹이 해체되어 신라와 백제에 흡수되었다.

(4) 우리나라 고대 국가의 특징
① 왕위 세습을 통한 왕권 강화: 처음에는 형제 상속이 이루어지다가 점차 부자 세습화되었다.
② 관료 체제 정비: 왕권에 복속된 부족장들이 중앙 귀족이 되면서 그 신분을 보장받기 위한 관료 체제가 정비되었다.
③ 신분제 마련: 관등 제도와 골품제와 같은 엄격한 신분제를 마련하였다.
④ 행정 제도의 정비: 각 지역의 부족적 분할을 행정적 조직으로 재편하였다. 즉, 군장 세력 관할하에 있던 지방에 중앙 관리를 파견하였다. 이들은 행정·사법·군사권을 모두 가지고 있었으며, 그중 군사적 성격이 강하였다.
⑤ 율령 반포: 왕·귀족의 지배 체제 유지를 위해 율령을 제정하였다.
⑥ 영토 확장: 강력한 왕권을 바탕으로 **정복 전쟁**을 전개하였다. 피정복지의 백성은 노비로 만들었다가 다시 양인으로 삼되 차등을 두기도 하였다.
⑦ 불교 수용: 사상적 통합을 위해 원시 신앙 단계를 넘어선 고등 종교인 **불교**를 수용하였다. 왕실이 불교 수용에 적극적이었던 것에 반해, 귀족은 반대하다가 이후 적극적으로 수용하였다.

> **단권화 MEMO**
>
> ■ **중앙 집권 국가의 성립과 발전**
> - 고대 국가의 사회는 왕을 정점으로 지배 계급과 피지배 계급으로 구성되었다. 지배 계급은 관료·신관·무사들로 이루어졌으며, 피지배 계급은 농민·상인·수공업자 등 평민과 노예로 이루어졌다. 동양에서 생산을 주로 담당하는 계층은 평민들이었고, 노예는 가내 노예가 대부분으로 주민의 10% 이내인 경우가 많았다. 반면 그리스의 도시 국가들과 로마 제국에서는 생산을 노예 노동에 의존하는 노예제가 발달하였다.
> - 우리나라의 국가 발전 단계에 관한 이론에 있어 중요한 계기는 군장 사회설의 수용이었다. 이 이론에 따르면 고대 국가의 출현에 이르는 인류 사회의 발전 과정은 '군집(bands) → 부족(tribes) → 군장 사회(chiefdom) → 초기 국가(primitive state)'의 단계를 거친 것으로 파악되었다. 이러한 군장 사회설은 '군장 사회 → 연맹 왕국 → 고대 국가'의 발전 단계론으로 재정리되어 한국사 서술에 적용하고 있다.

02 고대 국가의 성립과 발전

1 고구려의 성립과 발전

(1) 성립과 발전
① 성립: 부여 유이민과 압록강 유역의 토착 세력이 연합하여 성립하였다.
② 발전: 졸본 지방 소국들을 통합하면서 성장하였고, 2대 유리왕 시기에 국내성으로 도읍을 옮기며 발전의 토대를 마련하였다.
③ 중앙 집권 국가로의 체제 정비: 6대 태조왕(53~146) 때부터 시작하였다.

사료	유리왕의 「황조가」

펄펄 나는 저 꾀꼬리 / 암수 서로 정답구나
외로울사 이 내 몸은 / 뉘와 함께 돌아가랴
　　　　　　　　　　　　　　　　　　　　　　　『삼국사기』

단권화 MEMO

*고구려 주요 왕들의 업적
태조왕, 고국천왕, 미천왕, 소수림왕, 광개토 대왕, 장수왕의 업적은 특히 잘 알아두어야 한다.

■ **절노부**
절노부는 태조왕 이후에 왕위를 독점했던 계루부(桂婁部)와 전(前) 왕족인 소노부(消奴部)와 함께 고구려의 중심 세력이었다. 『삼국사기』에서는 절노부를 '연나부(椽那部)'·'제나부(提那部)'로 표기하고 있으며, 북부(北部)·후부(後部)·흑부(黑部)로도 불렸다. 『삼국지』 위서 동이전에는 절노부가 계루부의 왕족과 혼인하는 왕비족이며, 그로 인해 절노부의 대가는 소노부의 대가와 함께 '고추가(古鄒加)'라는 칭호를 가질 수 있었다고 기록되어 있다.

■ **진대법(賑貸法)**
매년 3월부터 7월까지 나라에서 종자 및 곡물을 대여하고 10월에 추수를 하면 국가에 상환하도록 한 제도이다.

(2) 주요 왕들의 업적*

① 건국 초기: 동명왕(1대)·유리왕(2대)·대무신왕(3대)·민중왕(4대)·모본왕(5대)

■ **2세기**

② 태조왕(6대, 53~146)
  ㉠ (동)옥저 복속: (동)옥저를 복속(56)하는 등 본격적인 영토 확장을 시작하였다.
  ㉡ 계루부 독점: 5부족 중 **계루부에서 왕위를 독점** 세습하게 되었다.

③ 고국천왕(9대, 179~197)
  ㉠ 행정적 5부: 부족적 전통을 지녀온 5부에서, 수도와 그 주변 지역의 행정 단위를 의미하는 5부로 개편하였다.
  ㉡ 부자 상속: 왕위 계승을 형제 상속에서 부자 상속으로 바꾸었으며, 절노부 출신의 여인을 왕비로 간택하였다.
  ㉢ 진대법 실시: 국상 을파소의 건의를 받아들여 진대법을 실시하였다(194).

■ **3세기**

④ 동천왕(11대, 227~248)
  ㉠ 공손(公孫)씨 세력과 대립: 즉위 초에는 요동 지방의 공손씨 세력과 대립하여 한때 (공손씨에게 배반당한) 오(吳)와 연결을 시도하였다.
  ㉡ 위(魏)와의 관계: 공손씨의 배후에 위치한 위나라가 화친을 희망해 오자(234) 오나라 사신의 목을 베고(236) 위의 연호 개정을 축하하는 사신을 파견하는(237) 등 위와의 관계를 강화하였다.
  ㉢ 위와 연합하여 공손씨 세력을 멸망시켰다(238). 그러나 공손씨 멸망 후 위와 국경을 접하게 됨에 따라, 위와도 긴장 관계로 바뀌었다.
  ㉣ 동천왕은 한반도와 중국을 연결하는 교통 요지인 서안평을 습격(242)하였으나 실패하였고, 위나라 장군 관구검의 침략을 받아 환도성이 함락(246)되는 시련을 겪었다.
  ㉤ 이때 동천왕이 옥저 지역으로 도망가는 등 위기가 계속되었으나, 유유(紐由)·밀우(密友) 등의 항쟁으로 이를 극복하였다.

■ **4세기**

⑤ 미천왕(15대, 300~331)
  ㉠ 서안평 점령(311): 5호 16국 시대의 혼란을 틈타 압록강 하류 지역인 서안평을 점령하였다.
  ㉡ 낙랑군(313)·대방군(314) 축출: 고조선의 고토를 회복하였으며, 압록강 중류 지방을 벗어나 남쪽으로 진출할 수 있는 발판을 마련하였다.

⑥ 고국원왕(16대, 331~371)
  ㉠ 전연의 침입: 342년 선비족 전연(모용황)의 침입으로 수도가 함락되었다. 이때 미천왕릉이 파헤쳐져 시신을 탈취당했고, 고국원왕의 어머니와 왕비가 포로로 잡혀갔다.
  ㉡ 백제의 침입: 백제 근초고왕에게 공격받아 **평양성에서 전사**하였다(371).

⑦ 소수림왕(17대, 371~384): 중앙 집권적 고대 국가의 완성
　㉠ 불교 수용(372): 전진(前秦)과 국교를 수립하고, 순도에 의해 불상과 불경이 전래됨으로써 고대 국가의 사상적 통일에 기여하였다.
　㉡ 태학 설립(372): 태학을 설립하여 유학의 보급과 문화 향상에 기여하였다.
　㉢ 율령 반포(373): 율령을 반포하여 국가의 조직과 체제를 정비하였다.
⑧ 광개토 대왕(19대, 391~412)
　㉠ 영토 확장
　　• 광개토 대왕릉비를 통해 당시의 활발한 정복 사업을 알 수 있는데, 북으로는 요동과 만주 지방을 확보하고, 남으로는 한강 이북까지 진출하였다.
　　• 재위 기간 공략한 64개의 성과 1,400여 개의 촌락을 포함하는 대제국을 건설하여 동북아시아의 패자로 성장하였다.
　㉡ 신라의 요청으로 왜군 격퇴
　　• 신라 내물 마립간의 요청을 받아 보병과 기병 5만 명을 보내 왜군을 격퇴하고, 백제와 가야의 연합 세력을 격파하여 낙동강 하류까지 진출하였다.
　　• 그 결과 고구려의 세력이 한반도 남부 지방에까지 영향력을 미치게 되었으며, 금관가야의 세력이 쇠약해지는 원인이 되었다.
　㉢ 연호 사용
　　• 우리나라 최초의 연호인 '영락'을 사용하였다.
　　• '연호의 사용'은 대국 의식의 표현으로서, 중국과 대등함을 나타내는 동시에 왕권의 강화를 의미하는 것으로 볼 수 있다.

▲ 광개토 대왕릉비

■ **연호(年號)**
동아시아에서 황제(또는 왕)가 즉위한 해에 붙이던 칭호이다. 원래는 육십갑자(간지)를 사용하여 연도를 표시하였으나, 60년이 지나면 다시 같은 간지가 나오기 때문에 이를 구분하기 위하여 사용한 것이다.

◎ 광개토 대왕의 영토 확장 순서

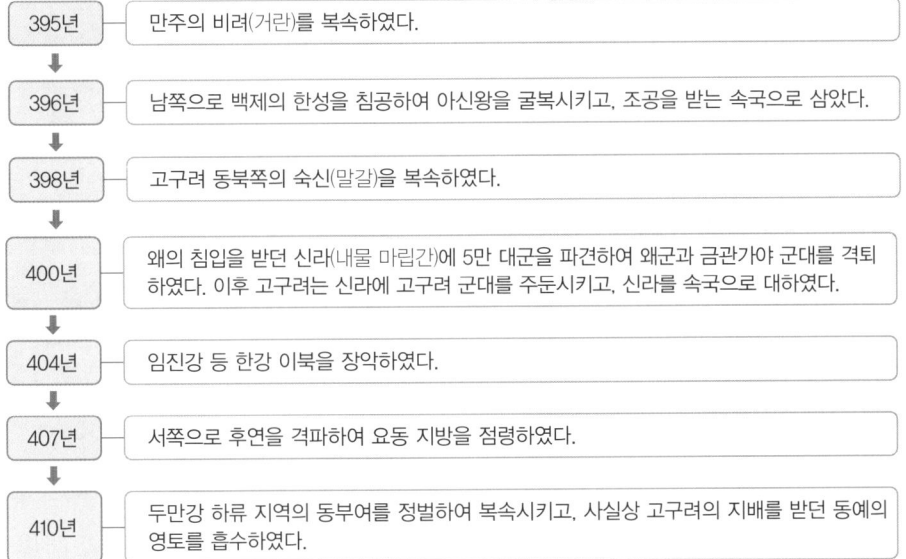

395년	만주의 비려(거란)를 복속하였다.
396년	남쪽으로 백제의 한성을 침공하여 아신왕을 굴복시키고, 조공을 받는 속국으로 삼았다.
398년	고구려 동북쪽의 숙신(말갈)을 복속하였다.
400년	왜의 침입을 받던 신라(내물 마립간)에 5만 대군을 파견하여 왜군과 금관가야 군대를 격퇴하였다. 이후 고구려는 신라에 고구려 군대를 주둔시키고, 신라를 속국으로 대하였다.
404년	임진강 등 한강 이북을 장악하였다.
407년	서쪽으로 후연을 격파하여 요동 지방을 점령하였다.
410년	두만강 하류 지역의 동부여를 정벌하여 복속시키고, 사실상 고구려의 지배를 받던 동예의 영토를 흡수하였다.

심화　**광개토 대왕릉비(일명 호태왕비)**

❶ 내용: 중국 길림성 집안(지린성 지안)에 위치해 있으며, 장수왕 2년(414)에 건립하였다. 총 4면에 글씨가 있으며, 판독 글자는 1,775자이다. 내용은 총 3부로 구성되어 있는데, 제1부(서론)에는 고구려 개국 설화 등 건국 과정과 비 건립 경위가 기술되어 있으며, 제2부에는 광개토 대왕의 정복 활동이 연대순으로 기술되어 있다. 여기에서 신라를 도와 왜구를 격퇴한 사실을 비롯하여 후연(선비족)·비려(거란)·숙신(말갈)

격파 및 백제 격파(임진강 – 한강 이북까지 진출) 등 64성 및 1,400여 개의 촌락을 공략한 내용이 기술되어 있다. 제3부에는 광개토 대왕릉을 지키는 수묘연호(守墓烟戶) 300여 호의 명단과 배치 상황, 묘지 관리 지침이 적혀 있다.

❷ **발견 및 논란**: 광개토 대왕릉비는 『용비어천가』 등에서 거론되었으나 고구려 유적으로 인식되지 않았고, 『지봉유설』에서는 금나라 시조비로 오인되기도 하였다. 이후 1875년경 청의 농부에 의해 발견되어 광개토 대왕릉비로 확인되었다. 한편 비에 기록된 '倭以辛卯年來渡海破百殘□□新羅以爲臣民(왜이신묘년래도해파백잔□□신라이위신민)' 기사는 일부 일본 학자들에 의해서 임나일본부설의 근거로 제시되고 있다. 또한 비의 내용 중 광개토 대왕의 즉위 연도(비는 391년, 『삼국사기』는 392년)와 군사적 공적이 『삼국사기』의 내용과 다른 부분이 많기 때문에 학계의 주목을 끌고 있다.

사료 광개토 대왕릉비

❶ 백제 공격과 아신왕의 항복

백잔(百殘)과 신라(新羅)는 예로부터 속민(屬民)으로 (고구려에) 조공(朝貢)하였다. …… 백잔이 의(義)에 복종하지 않고 감히 나와 여러 차례 전투하였다. 왕이 크게 노하여 아리수(阿利水)를 건너니, 창끝을 보내 성을 압박한 것과 같았다. …… 백잔의 군주가 곤경에 직면해 남녀 1천 인과 세포(細布) 1,000필을 바치며 왕에게 꿇어앉아 스스로 맹세하기를 지금 이후부터 영원히 노객(奴客)이 되겠다고 하였다. 태왕께서는 은혜로 어리석은 허물을 용서하고, (항복한) 이후의 정성을 받았다. 이에 58성 700촌을 획득하고 백제 군주의 아우 및 대신 10인을 데리고 군사를 돌려 도성으로 돌아왔다(396).

❷ 신라에 침입한 왜군 격퇴

(영락) 9년 기해에 백제가 서약을 어기고 왜와 화통하므로, 왕은 평양으로 순수해 내려갔다. 신라가 사신을 보내 왕에게 말하기를, "왜인이 그 국경에 가득 차 성을 부수었으니, 노객은 백성된 자로서 왕에게 귀의하여 분부를 청한다."고 하였다. …… 10년 경자에 보병과 기병 5만을 보내, 신라를 구원하게 하였다. …… 관군이 이르자 왜적이 물러가므로, 뒤를 급히 추격하여 임나 가라의 종발성에 이르렀다. 성이 곧 귀순하여 복종하므로, 순라병을 두어 지키게 하였다. 신라의 농성을 공략하니 왜구는 위축되어 궤멸되었다.

❸ 동부여 정벌

20년(410) 경술(庚戌) 동부여(東夫餘)는 예로부터 추모왕(鄒牟王)의 속민(屬民)이었는데, 중간에 배반하여 조공을 하지 않았다. 왕이 친히 군대를 이끌고 가서 토벌하였다.

바로 확인문제

● (나) 시기에 발생한 사건으로 옳은 것은? 19. 지방직 9급

(가) 백제 왕이 병력 3만 명을 거느리고 평양성을 공격해 왔다. 왕이 출병하여 막다가 날아오는 화살에 맞아 서거하였다.

↓

(나)

↓

(다) 왕이 보병과 기병 5만 명을 보내 신라를 구원하게 하였다. (고구려군이) 남거성을 통해 신라성에 이르렀는데 그곳에 왜가 가득하였다. 관군이 도착하자 왜적이 퇴각하였다.

① 태학을 설립하고 율령을 반포하였다.
② 평양으로 도읍을 옮기고 한성을 함락하였다.
③ 관구검이 이끄는 위나라 군대의 침략을 받았다.
④ 왕이 직접 말갈 병사를 거느리고 요서 지방을 공격하였다.

| 정답해설 | (가) 백제 근초고왕이 평양성을 공격하는 과정에서 고구려 고국원왕이 전사하였다(371). (다) 고구려 광개토 대왕은 신라에 침입한 왜군을 격퇴하였다(400). (나) 소수림왕 때 태학을 설립하고(372), 율령을 반포하였다(373).

| 오답해설 |
② 5세기 장수왕 때 평양으로 도읍을 옮기고(427), 백제의 수도였던 한성을 함락시켰다(475).
③ 3세기 동천왕 때 관구검이 이끄는 위나라 군대의 침략을 받았다(246).
④ 영양왕은 직접 말갈 병사를 거느리고 수의 요서 지방을 선제공격하였다(598).

| 정답 | ①

● 밑줄 친 ㉠의 결과에 해당하는 사실로 옳은 것은? 18. 국가직 9급

> (영락) 6년 병신(丙申)에 왕이 직접 수군을 이끌고 백제를 토벌하였다. (백제 왕이) 우리 왕에게 항복하면서 "지금 이후로는 영원히 노객(奴客)이 되겠습니다."라고 맹세하였다. …… ㉠ 10년 경자(庚子)에 왕이 보병과 기병 5만 명을 보내어 신라를 구원하게 하였다.

① 고구려가 신라 내정 간섭을 강화하였다.
② 백제가 고구려의 평양성을 공격하였다.
③ 신라가 관산성 전투에서 백제 성왕을 살해하였다.
④ 금관가야가 가야 지역의 중심 세력으로 대두하였다.

● 밑줄 친 '이 비'에 대한 설명으로 옳지 않은 것은? 15. 경찰 간부

> 2014년은 이 비가 건립된 지 1,600년이 되는 해이다. 비는 부왕의 훈적을 후세에 보이기 위해 세운 것이다. 특히 비의 내용 가운데 신묘년 기록은 왜와 관련된 것으로 한일 관계사에 있어서 오래 전부터 주목을 끌기도 하였다.

① 국내에 남아 있는 유일한 고구려 비석이다.
② 고구려의 건국 신화에 대한 내용을 담고 있다.
③ 주변 여러 나라를 정복한 내용을 서술하고 있다.
④ 왕릉을 지키고 관리하는 수묘인의 호구 수를 기록하고 있다.

■ 5세기

⑨ 장수왕(20대, 413~491)
  ㉠ 외교 정책: 북중국을 통일한 북위와 우호 관계를 강화하는 한편, 남중국의 한족(漢族) 국가인 동진(東晉)·송(宋)·제(齊) 등에도 계속하여 사신을 파견하였다(남북 세력의 대립을 이용한 외교 정책 추구).
  ㉡ 평양 천도: 왕권 강화와 남하 정책을 통한 서해안 진출의 교두보를 확보하기 위해 국내성에서 평양으로 천도하였다(427).
  ㉢ 남하 정책: 고구려의 남하 정책은 나제 동맹 체결(433)의 계기가 되었다.
  ㉣ 영토의 확장
    • 내몽골의 유목 국가인 지두우(地豆于)를 유연과 분할 점령하여 흥안령 일대의 초원 지대를 장악하였다.
    • 백제의 수도인 한성을 함락하고, 한강 전 지역을 포함하여 죽령 일대로부터 남양만을 연결하는 지역까지 그 세력을 넓혔다(충주 고구려비).

▲ 고구려의 전성기(5세기)

단권화 MEMO

|정답해설| 제시된 사료 중 '영락'은 광개토 대왕 때의 연호이며, ㉠은 광개토 대왕의 고구려 군대가 신라에 침입한 왜군을 격퇴한 내용(400)이다. 이 사건 이후 고구려의 신라에 대한 정치적 간섭이 강화되었다.

|오답해설|
② 백제 근초고왕이 평양성을 공격하여 고구려 고국원왕이 전사하였다(371).
③ 신라 진흥왕은 관산성 전투에서 백제 성왕을 살해하였다(554).
④ 고구려군이 신라에 침입한 왜군을 격퇴하는 과정에서 왜의 연합군인 가야도 공격을 받아, 금관가야 중심의 전기 가야 연맹이 해체되었다.

|정답| ①

|정답해설| 제시된 내용의 '이 비'는 장수왕 2년(414)에 제작된 광개토 대왕릉비이다. 광개토 대왕릉비는 현재 중국 길림성 집안현에 있으며, 고구려의 건국 신화 및 광개토 대왕의 정복 활동이 기술되어 있다. 또한 마지막 부분에는 왕릉을 지키고 관리하는 수묘인의 호구 수를 기록하고 있다. 국내에 남아 있는 유일한 고구려 비석은 충주 고구려비(충청북도 충주)이다.

|정답| ①

■ 충주(중원) 고구려비

1979년 단국대 정영호 교수팀에 의해 발견된 충주 고구려비는 장수왕의 남하 정책 결과 남양만에서 죽령에 이르는 지역을 점령한 이후 세운 척경비이다. 비에는 400여 자가 기록되어 있으며, 고구려의 왕을 대왕 혹은 조왕(祖王)으로 부르고 신라를 동이(東夷)로 지칭하며 점령지인 신라의 왕과 신하에게 의복을 하사하는 등 고구려 우월주의적 입장에서 내용이 기술되어 있다.

단권화 MEMO

> **사료 장수왕과 도림**
>
> 백제 개로왕은 장기와 바둑을 좋아하였는데, 도림이 고하기를 "제가 젊어서부터 바둑을 배워 꽤 묘한 수를 알게 되었으니 왕께 알려드리기를 원합니다."라고 하였다. …… 개로왕이 (도림의 말을 듣고) 나라 사람을 징발하여 흙을 쪄서 성(城)을 쌓고 그 안에는 궁실, 누각, 정자를 지으니 모두가 웅장하고 화려하였다. 이로 말미암아 창고가 비고 백성이 곤궁하니, 나라의 위태로움이 알을 쌓아 놓은 것보다 더 심하게 되었다. 그제야 도림이 도망을 쳐 와서 그 실정을 고하니 장수왕이 기뻐하여 백제를 치려고 장수에게 군사를 나누어 주었다.
>
> 『삼국사기』

> **사료 충주(중원) 고구려비**
>
> 신라 매금(寐錦)이 세세(世世)토록 형제같이 지내기를 원하여 서로 수천(守天)하려고 동으로 왔다. …… 여러 사람에게 의복을 주는 교(敎)를 내렸다. 동이(東夷) 매금이 늦게 돌아와 매금 토내(土內)의 제중인(諸衆人)에게 절교사(節敎賜 - 이두 표기로서 명령한다는 의미)를 내렸다. …… 12월 23일 갑인에 동이 매금의 상하가 우벌성(于伐城)에 와서 교(敎)를 내렸다. 전부 대사자 다우환노와 주부 귀도(貴道)가 국경 근처에서 300명을 모았다. 신라토내당주 하부(下部) 발위사자(拔位使者) 보노(補奴)와 개로(盖盧)가 공히 신라 영토 내의 주민을 모아서 움직였다.

> **심화 북연과 고구려**
>
> 고구려는 후연에서 내부 반란으로 새롭게 고운이 등장하여 북연(北燕)을 세우게 됨에 따라 북연과 우호 관계를 맺게 되었다. 고운은 고구려인 고화(高和)의 손자로서 모용보의 양자가 되었다가 이때 즉위하였다. 광개토 대왕은 사신을 보내 동족의 우의를 표하였고, 고운이 이에 답례하는 등 양국 간에 우호적 관계가 성립되었다(407). 그러나 고운이 2년 만에 피살되었고 이어 북연에서는 풍씨가 집권하게 되었다(409).
> 북연은 서쪽에서 서서히 압박해 오는 북위(北魏)에 의해 계속 위축되어 갔고 마침내 고구려 장수왕 24년(436)에 이르러서는 북연 왕 풍홍(馮弘)이 고구려로 망명하였다. 당시 고구려는 풍홍의 망명 의사를 확인하고 군대를 파견하였다. 북위와의 대치 끝에, 먼저 북연의 수도인 화룡성(和龍城)에 들어간 고구려군은 풍홍을 고구려로 호송해 왔다. 이때 북위군은 고구려군의 위세에 눌려 정면으로 대응·공격하지 못하였다.
> 한편 풍홍은 망명한 뒤에도 북연의 황궁에 있을 때처럼 교만하게 행동했으며, 고구려의 영토 안에서 독자적인 세력을 유지하려 했다. 그러자 장수왕은 태자인 풍왕인을 볼모로 압송하고, 시위들을 해산시켜 풍홍의 세력을 약화시키려 했다. 이에 불만을 품은 풍홍은 438년 송나라로 사신을 보내 투항하겠다는 뜻을 전했고, 송나라의 문제(文帝) 유의륭(劉義隆)은 7천의 군대를 보내 풍홍을 맞이했다. 장수왕은 풍홍에게 떠나지 말 것을 권고했으나, 풍홍이 듣지 않자 그를 죽였다.

⑩ **문자(명)왕(21대, 491~519): 부여를 복속하여(494) 고구려 최대 영토를 확보하였다.**

■ **7세기**

⑪ 영양왕(26대, 590~618)
  ㉠ 온달: 북주(北周)와의 전투에서 공을 세웠으며, 신라에 빼앗긴 한강 유역의 영토를 회복하기 위해 출정하였다가 아단성(阿旦城)에서 전사하였다(영양왕 1년, 590). 아단성은 현재 서울 광진구 아차산(峨嵯山)에 있는 아차산성(阿且山城)으로 추정된다.
  ㉡ 수와의 대립: 남북조 시대를 수나라가 통일하고(589), 신라 진평왕이 수나라와 외교 관계를 체결하자 고구려와 수나라는 대립하였다.
  ㉢ 수를 선제공격: 영양왕은 말갈병을 동원하여 수나라의 요서 지방을 선제공격하였다(598).
  ㉣ 수의 침입: 수나라는 4차례의 대규모 공격을 감행하였으나 결국 실패하였다(살수 대첩, 612).

⑫ 영류왕(27대, 618~642)
  ㉠ 당의 압박: 수나라가 멸망한 이후 이연의 당나라가 중국을 통일하였고(618), 당 태종(이세민)이 고구려를 압박하였다.
  ㉡ 천리장성 건립 시작(631~647): 당의 침입을 대비하여 부여성에서 비사성에 이르는 천리장성을 쌓기 시작하였다(보장왕 때 완성).

> **사료** 연개소문의 정변(642)
>
> 여러 대인(大人)과 왕은 몰래 (개소문을) 죽이고자 논의하였는데 일이 새어 나갔다. 개소문은 부병(部兵)을 모두 모아 놓고 마치 군대를 사열할 것처럼 꾸몄다. 그리고 성 남쪽에다 술과 안주를 성대히 차려 두고, 여러 대신(大臣)을 불러 함께 (사열식을) 보자고 하였다. 손님들이 이르자 모두 살해하니 모두 1000여 명이었다. (그리고) 말을 달려 궁궐로 들어가 왕을 시해하고, (왕의 시신을) 잘라 여러 토막으로 내고 도랑에 버렸다. (개소문은) 왕의 동생의 아들 장(臧)을 왕으로 세우고 스스로 막리지(莫離支)가 되었다.
> 『삼국사기』

⑬ 보장왕(28대, 642~668)
  ㉠ 당의 침입: 당 태종은 영류왕을 죽인 연개소문의 정변을 구실로 침범하였다(645). 당 태종은 30만 대군을 이끌고 요하를 건너 여러 성을 점령한 후 안시성을 60여 일이나 공격하였으나 실패하였다(양만춘, 안시성 전투).
  ㉡ 고구려의 멸망: 연개소문 사망(665) 이후 권력 투쟁이 시작되었고, 나당 연합군이 평양성을 공격하여 고구려가 멸망하였다(668).

바로 확인문제

● 〈보기〉의 사건이 있었던 시기의 사실로 가장 옳은 것은? 21. 서울시(자체 출제) 9급

| 보기 |

가을 9월에 고구려 왕 거련(巨璉)이 군사 3만 명을 이끌고 왕도(王都) 한성을 포위하였다. 왕은 성문을 닫고 나가 싸우지 않았다. …… 왕은 곤궁하여 어찌할 바를 모르다가, 기병 수십을 거느리고 성문을 나가 서쪽으로 도망쳤다. 고구려인이 쫓아가 그를 살해하였다.
『삼국사기』

① 성왕이 신라군에게 살해되었다.
② 신라가 건원이라는 연호를 사용하였다.
③ 을지문덕이 살수에서 수의 군대를 물리쳤다.
④ 고구려가 중국의 남북조와 동시에 교류하였다.

● 고구려와 중국의 관계를 사건이 발생한 순으로 바르게 나열한 것은? 18. 지방직 7급

ㄱ. 유주자사 관구검이 쳐들어와 환도성을 함락하자 왕은 옥저 쪽으로 도망하였다.
ㄴ. 고구려가 요동의 서안평을 공격해 차지하고, 낙랑군을 한반도에서 몰아내었다.
ㄷ. 모용황이 고구려를 침략하여 궁실을 불사르고 5만여 명을 포로로 붙잡아 갔다.
ㄹ. 고구려가 후연을 공격하여 요동으로 진출하고, 동북쪽으로는 숙신을 복속시켰다.

① ㄱ - ㄴ - ㄷ - ㄹ
② ㄱ - ㄷ - ㄴ - ㄹ
③ ㄴ - ㄷ - ㄹ - ㄱ
④ ㄴ - ㄹ - ㄷ - ㄱ

단권화 MEMO

|정답해설| 제시문은 고구려 장수왕(고구려 왕 거련)이 백제의 수도인 한성을 함락시키고 개로왕을 살해한 내용이다(475). 장수왕은 중국의 남북조와 동시에 교류하였다.
|오답해설|
① 백제 성왕이 신라군에게 살해되었다(관산성 전투, 554).
② 신라 법흥왕 때 '건원'이라는 연호를 사용하였다(536).
③ 고구려 영양왕 때 을지문덕이 살수에서 수의 군대를 물리쳤다(612).
|정답| ④

|정답해설| 제시된 사건의 순서는 ㄱ. 3세기 동천왕 → ㄴ. 4세기 초 미천왕 → ㄷ. 4세기 중반 고국원왕 → ㄹ. 4세기 말~5세기 초 광개토 대왕이다.
|정답| ①

2 백제의 성립과 발전

(1) 성립과 발전

① 성립 : 백제는 한강 유역의 토착 세력과 고구려 계통의 유이민 세력의 결합으로 성립(기원전 18)되었으며, 우수한 철기 문화를 보유한 유이민 집단이 지배층을 형성하였다.
② 발전 : 이후 한강 유역으로 세력을 확장하려던 한(漢) 군현을 막아 내면서 성장하였다.

> **사료** 　**백제의 건국 신화**
>
> 백제의 시조는 온조왕이다. 아버지는 주몽이다. 주몽은 북부여에서 난을 피하여 졸본 부여로 왔다. 졸본 부여의 왕이 주몽의 비범함을 알고 세 딸 가운데 둘째 딸을 주어서 아내로 삼았다. 얼마 뒤에 부여 왕이 세상을 떠나자 주몽이 왕위를 이었다. 주몽은 두 아들을 낳았는데, 첫 아들은 비류라 하고 둘째는 온조라 하였다. 주몽이 부여에 있을 때 낳은 유리가 찾아와서 태자로 책봉되었다. 비류와 온조는 태자가 자기들을 받아들이지 않을 것이라 두려워하였다. 마침내 자신을 따르는 신하들과 함께 남쪽으로 내려갔다. …… 온조는 하남 위례성에 도읍을 정하였다. 온조는 열 명의 신하와 함께 나라를 세우고 나라 이름을 십제라 하였다. 이때가 기원전 18년이었다. …… 비류의 신하가 모두 위례에 합류하고 즐거이 온조를 따르게 되자 나라 이름을 백제라 고쳤다. 국왕의 핏줄이 고구려와 같이 부여에서 나온 것이라 하여 부여를 성씨로 삼았다. 　『삼국사기』

> **심화** 　**백제가 고구려 · 부여 계통임을 확인할 수 있는 근거**
>
> - 온조왕의 백제 건국 설화
> - 고구려 초기의 돌무지무덤과 비슷한 서울 석촌동 고분 양식
> - 5부제 행정 제도가 유사하고, 백제에서도 시조를 동명왕으로 생각함
> - 백제 왕족의 성씨 : 부여씨
> - 5세기 개로왕이 북위에 보낸 국서 내용 중 "고구려와 더불어 근원이 부여에서 나왔으므로 ……"라고 언급
> - 백제 성왕 때 나라 이름을 남부여로 개칭

(2) 주요 왕들의 업적*

■ 3세기

① 고이왕(8대, 234~286) : 고대 국가의 기반 확립
　㉠ 형제 상속 : 형제 상속으로 왕위를 계승하였다.
　㉡ 영토 확장 : 중국의 한 군현(낙랑 · 대방군)을 공격하였고, 한강 유역을 완전히 장악하였다.
　㉢ 관제 정비(260) : 6좌평과 16관품을 설치하고 관리의 복색을 제정하였다.
　㉣ 법령 제정(262) : 도둑질한 자는 귀양을 보냄과 동시에 2배를 배상하고, 관리가 뇌물을 받거나 횡령 시에는 3배 배상하고 종신토록 금고형에 처하였다.
　㉤ 대외 관계 : 서진에 사신을 여러 차례 파견하였다.
　㉥ 백제 시조로 추대 : 『주서(周書)』나 『당서(唐書)』에서 백제의 시조로 표현된 '구이[仇台]'는 고이왕을 지칭한다.

> **사료** 　**고이왕의 관제 정비**
>
> 내신좌평을 두어 왕명 출납을, 내두좌평은 물자와 창고를, 내법좌평은 예법과 의식을, 위사좌평은 숙위 병사를, 조정좌평은 형벌과 송사를, 병관좌평은 지방의 군사에 관한 일을 각각 맡게 한다. …… 왕이 영(令)을 내려 6품 이상은 자줏빛 옷을 입고 은꽃으로 장식하고, 11품 이상은 붉은 옷을, 16품 이상은 푸른 옷을 입게 하였다. 　『삼국사기』

단권화 MEMO

*백제 주요 왕들의 업적
고이왕, 근초고왕, 무령왕, 성왕의 업적은 구체적으로 기억해 두어야 한다.

■ 4세기

② 근초고왕(13대, 346~375): 고대 국가 완성

　㉠ 왕권 강화: 부자 상속에 의한 왕위 계승을 확정하고, 진(眞)씨를 왕비족으로 고정하였다.

　㉡ 역사서 편찬: 고흥이 『서기』를 편찬하였다(375).

　㉢ 영토 확장

　　• 낙동강 유역에 진출하여 가야의 여러 나라에 대해서 지배권을 확립하였다.

　　• 마한의 남은 영역을 정복하여 영토가 전라도 남해안에 이르렀다.

　　• 고구려의 평양성을 공격하여 고국원왕을 전사케 하였다(371).

　　• 오늘날의 경기도·충청도·전라도와 낙동강 중류 지역·강원도·황해도의 일부를 포함하는 넓은 영토를 차지하여 백제 최대의 영토를 확보하였다.

▲ 백제의 전성기(4세기)

　㉣ 대외 활동의 전개: 정복 활동을 통해 축적된 군사력과 경제력을 바탕으로 수군을 증강시켜 중국 요서 지방으로 진출하였고, 이어 산둥반도와 일본의 규슈 지방까지 진출하여 고대 상업 세력권을 형성하였다.

　㉤ 외교 관계

　　• 중국: 남중국의 동진(東晉)과 외교 관계를 수립하였다.

　　• 왜: 아직기는 일본에 건너가 왜의 태자(토도치랑자)에게 한자를 가르쳤다. 또한 왜왕에게 칠지도(七支刀)를 하사하였다.

> **사료** 　백제의 해외 진출
>
> ❶ 백제국은 본래 고려(고구려)와 함께 요동의 동쪽 1,000여 리에 있었다. 그 후 고려가 요동을 차지하니 백제는 요서를 차지하였다. 백제가 통치한 곳을 진평군(진평현)이라 한다.　　　　　　　　　　　　　　　『송서』
>
> ❷ 그 나라(백제)는 본래 고구려와 함께 요동의 동쪽에 있었다. 진(晉) 대에 고구려가 이미 요동을 차지하니 백제 역시 요서·진평 두 군의 땅을 차지하여 스스로 백제군을 두었다.　　　　　　　　　　　　　　『양서』

③ 침류왕(15대, 384~385): 동진의 마라난타에 의해 불교가 전래(384)되어 고대 국가의 사상적 기반을 마련하였다.

단권화 MEMO

■ 칠지도(七支刀)

현재 일본의 이소노카미 신궁[石上神宮]에 보관되어 있는 칼이다. 근초고왕 때 왜왕에게 보낸 것으로 당시 양국의 친교 관계를 확인할 수 있는 유물이다. 한편 일본에서는 『일본서기』에 '372년 백제의 사신이 신공 황후에게 칠지도를 바쳤다는 기록'의 실물로 주장하며, 임나일본부설의 근거로 이용하였다. 칠지도의 명문 내용은 다음과 같다.

(전면) 태화 4년 5월 16일 병오일의 한낮에 백번이나 단련한 철로 된 칠지도를 만들었다. 이 칼은 모든 병해를 물리칠 수 있고 후왕(侯王)에게 주기에 알맞다. □□□□가 만든 것이다.

(후면) 선세(先世) 이래 아직까지 이런 칼이 없었는데, 백제 왕세자가 뜻하지 않게 성음(聖音)이 생긴 까닭에 왜왕을 위하여 정교하게 만들었으니 후세에 전하여 보이도록 할 것이다.

단권화 MEMO

■ 5세기

④ 비유왕(20대, 427~455)
  ㉠ 나제 동맹 체결: 고구려의 남하 정책에 대항하여 신라 눌지 마립간과 나제 동맹을 체결(433)하였다.
  ㉡ 송과 교류: 남조의 송(宋)과도 교류하였다.
⑤ 개로왕(21대, 455~475): 고구려 장수왕의 압박을 받자 북조의 북위에 국서를 보내 도움을 요청했으나 실패하였다. 이후 한성이 함락당하고, 개로왕은 처형되었다.

사료 개로왕이 북위에 보낸 국서

연흥(延興) 2년(472, 개로왕 18년)에 [백제(百濟)] 왕 여경(餘慶)이 처음으로 사신을 보내 표를 올려 다음과 같이 말하였다. …… 또한 다음과 같이 말하였다. "신은 **고구려(高句麗)와 함께 부여(夫餘)에서 나왔으므로 선대(先代)에는 우의를 매우 돈독히 하였습니다[臣與高句麗源出夫餘]**. 그런데 그들의 선조인 쇠(釗, 고국원왕)가 이웃 간의 우호를 가볍게 깨뜨리고 몸소 군사를 거느리고 신의 국경을 짓밟았습니다. 그리하여 신의 선조인 수(須, 근구수왕)가 군사를 정돈하고 번개처럼 달려가서 기회를 타 돌풍처럼 공격하여, 화살과 돌이 오고 간 지 잠깐 만에 쇠(釗)의 머리를 베어 높이 매달으니, 그 이후부터는 감히 남쪽을 엿보지 못하였습니다. …… 만일 천자의 인자와 간절한 긍휼이 멀리라도 미치지 않는 곳이 없다면 급히 장수 한 사람을 보내어 신의 나라를 구원하여 주십시오. 마땅히 저의 딸을 보내어 후궁에서 청소를 하게 하고, 아울러 자제들을 보내어 마구간에서 말을 먹이게 하겠으며, 한 치의 땅이나 한 사람의 필부라도 감히 저의 것이라 생각하지 않겠습니다."

『삼국사기』

⑥ 문주왕(22대, 475~477): 한성(위례성)이 함락된 이후 웅진(공주)으로 천도하였다.
⑦ 동성왕(24대, 479~501)
  ㉠ 신라와의 동맹 강화: 신라 왕족인 이벌찬 비지(比智)의 딸과 혼인하는 결혼 동맹(신라 소지 마립간과 493년 체결)을 통해 나제 동맹을 공고히 하고, 신라와 연합하여 고구려에 대항하였다.
  ㉡ 왕권 강화 도모: 종래의 외척을 배제하였으며, 웅진 지역의 토착 세력(연씨·백씨·사씨)을 등용하여 왕권 강화를 추진하였다.
  ㉢ 수도의 방어망 정비: 궁성을 중수하고 나성을 축조하여 수도의 면모를 갖추고, 주변에 산성을 축조하였다.
  ㉣ 외교 관계: 탐라를 정벌하려 하였으나, 탐라가 사신을 보내 사죄하였다. 한편 남조 국가인 제(齊)와 통교하였다.

■ 6세기

⑧ 무령왕(25대, 501~523)
  ㉠ 중앙 집권력 강화: 고구려와 말갈 연합군의 침입을 격퇴하고, 지방 세력 통제를 위해 22담로에 왕자와 왕족을 파견하여 지방 장관으로 봉(封)하였다.
  ㉡ 남조의 양과 교류: 남조 국가인 양(梁)과 국교를 강화하고, 양으로부터 영동대장군의 관작을 받았다.
  ㉢ 가야 지역으로 진출: 섬진강 유역을 확보하여, 현재의 경남 서쪽 해안 지역까지 진출하였다(512).

| 사료 | 남조의 양(梁)과 무령왕 |

무령왕 21년(521) 겨울 11월, 사신을 양(梁)나라에 보내 조공하였다. 이보다 앞서 고구려에 격파당하여 쇠약해진 지가 여러 해였다. 이때 이르러 표를 올려, "여러 차례 고구려를 깨뜨려 비로소 우호를 통하였으며 다시 강한 나라가 되었다."라고 일컬었다. 12월에 양나라 고조(高祖)가 조서(詔書)를 보내 왕을 책봉하여 다음과 같이 말하였다. "행(行) 도독(都督) 백제제군사(百濟諸軍事) 진동대장군(鎭東大將軍) 백제 왕 여융(餘隆)은 해외에서 번병(藩屛)을 지키며 멀리 와서 조공을 바치니 그의 정성이 지극하여 짐은 이를 가상히 여긴다. 마땅히 옛 법에 따라 이 영광스러운 책명을 보내는 바, 사지절(使持節) 도독(都督) 백제제군사(百濟諸軍事) 영동대장군(寧東大將軍)으로 봉함이 가하다."

『삼국사기』

⑨ 성왕(26대, 523~554)
  ㉠ 백제의 중흥: 사비(부여)로 천도하고 '남부여'로 국호를 바꾸었으며(538), 내부적으로 경제 발전을 도모하고, 겸익을 등용하여 불교를 진흥하였다.
  ㉡ 대외 관계: 중국 남조(양)와 교류하였고, 노리사치계를 통해 왜에 불교를 전해 주었다(552).
  ㉢ 중앙 관제 정비: 22부의 중앙 관서를 확대 정비하였다.
  ㉣ 행정 제도 개편: 수도의 5부, 지방의 5방제가 갖추어졌다.
  ㉤ 한강 하류의 일시적 차지: 신라와 합동하여 한강 하류 지역을 탈환하였으나(551), 신라 진흥왕의 배신으로 다시 상실하였다(나제 동맹의 결렬). 이후 신라를 공격하다가 관산성(지금의 옥천) 전투에서 성왕이 전사하면서 백제 중흥은 좌절되었다(554).

| 심화 | 백제와 신라의 관계 변천 |

433년	백제 비유왕과 신라 눌지 마립간 사이에 나제 동맹이 체결되었다.
455년	장수왕이 백제를 침범하자 신라 눌지 마립간이 구원병을 파견하였다.
493년	백제 동성왕이 신라 소지 마립간 때 이(벌)찬 비지의 딸과 혼인하였다(결혼 동맹).
553년	신라 진흥왕이 백제가 차지했던 한강 하류를 점령하여 나제 동맹이 결렬되었다.
554년	백제 성왕이 신라를 공격하다 관산성 전투에서 전사하였다.

■ 7세기
⑩ 무왕(30대, 600~641): 대(大) 백제의 건설을 추진하기 위하여 왕흥사(부여)와 미륵사(익산)를 건립하였으며, 익산으로의 천도를 추진하였으나 실패하였다.
⑪ 의자왕(31대, 641~660)
  ㉠ 어려서부터 효성과 우애로 '해동증자'라는 칭송을 들었다.
  ㉡ 외교 정책의 수정: 의자왕은 기존의 당과 고구려 사이의 양면 외교 정책을 버리고, 반당 친고구려 정책을 분명히 하였으며, 신라에 대해 적대 노선을 추진하였다.
  ㉢ 신라의 대야성 함락(642): 의자왕은 신라를 공격하여 대야성(현재의 합천)을 함락시키는 등 40여 성을 빼앗았다.
  ㉣ 백제 멸망(660): 만년에 사치와 향락에 빠져 성충·흥수 등 충신의 간언을 멀리하고 국정을 돌보지 않다가, 나당 연합군의 침략으로 멸망하였다.

■ 관산성 전투(554)
백제 성왕은 신라 진흥왕과 함께 551년에 고구려에 빼앗겼던 한강 하류의 6개 군을 탈환하는 데 성공하였다. 그러나 신라 진흥왕이 배신하여 이 지역을 점령하자, 양국 간의 동맹 관계는 깨졌고, 성왕은 신라를 공격하였으나 관산성 전투에서 김무력(金武力)에게 패사하였다.

| 단권화 MEMO |

| 바로 확인문제 |

● 백제 근초고왕의 업적에 대한 다음의 설명 중 옳지 <u>않은</u> 것은?　　14. 서울시 9급

① 남쪽으로는 마한을 멸하여 전라남도 해안까지 확보하였다.
② 북쪽으로는 고구려의 평양성까지 쳐들어가 고국천왕을 전사시켰다.
③ 중국의 동진, 일본과 무역 활동을 전개하였다.
④ 왕위의 부자 상속을 확립하였다.
⑤ 박사 고흥으로 하여금 백제의 역사서인 『書記(서기)』를 편찬하게 하였다.

|정답해설| 4세기 백제 전성기를 이끌었던 근초고왕(346~375)은 황해도 지역으로 진출하면서 고구려와 대립하였고, 평양성에서 고국원왕을 전사시켰다(371).
|정답| ②

● (가) 왕 재위 시기 업적으로 가장 옳은 것은?　　20. 법원직 9급

> (가) 왕이 관산성을 공격하였다. 각간 우덕과 이찬 탐지 등이 맞서 싸웠으나 전세가 불리하였다. 신주의 김무력이 주의 군사를 이끌고 나가서 교전하였는데, 비장인 삼년산군(충북 보은)의 고간 도도가 급히 쳐서 (가) 왕을 죽였다.
> 『삼국사기』, 신라본기

① 나제 동맹을 체결하였다.
② 22담로에 왕족을 파견하였다.
③ 화랑도를 국가적 조직으로 개편하였다.
④ 국호를 남부여로 바꾸었다.

|정답해설| 제시된 사료는 (가) 성왕이 관산성 전투(554)에서 전사했음을 보여 주고 있다. 백제 성왕은 사비(부여)로 천도하고, 국호를 남부여로 바꾸었다(538).
|오답해설|
① 나제 동맹(433)은 백제의 비유왕과 신라의 눌지 마립간 사이에서 체결되었다.
② 백제 무령왕은 지방의 22담로에 왕자와 왕족을 파견하였다.
③ 신라 진흥왕은 화랑도를 국가적 조직으로 개편하였다.
|정답| ④

3 신라의 성립과 발전

(1) 성립

① 신라는 지리적 폐쇄성 등으로 삼국 중 가장 늦게 체제를 정비하였다.
② 사로국은 1세기 후반 이후, 사로 6촌을 기반으로 6부족 연맹체로 발전하였다.
③ **파사 이사금**(5대, 80~112) 때는 실직국(강원도 삼척에 위치)과 압독국(경북 경산에 위치)을 **정복**(102)하면서 영토를 확장하였다.
④ 내해 이사금(10대, 196~230) 때는 포상 8국(浦上八國)의 공격을 받은 가야를 구원하였다(209).

> **사료**　신라의 건국 신화
>
> 시조는 성이 박씨이고 이름은 혁거세이다. 전한 효선제 오봉 원년(기원전 57년) 갑자년 4월 병진 날에 즉위하고 거서간이라 불리었다. 그때 나이 13세였으며, 나라 이름을 서라벌이라고 했다. 일찍이 조선 유민이 이곳에 와서 산골짜기에 나누어 살며 6촌을 이루고 있었다. 첫째는 알천 양산촌 ……. 이것이 진한 6부였다. 어느 날 고허촌장 소벌공이 양산(남산) 아래를 바라보았다. 나정(蘿井) 곁 숲에 말이 무릎을 꿇고서 울고 있었다. 달려가 보니 말은 간데없고 큰 알만 있었다. 알을 깨어 보니 어린아이가 나와 거두어 길렀다. 10여 세가 되자 모습이 당당하고 퍽 성숙하였다. 여섯 마을 사람들은 이상하게 태어난 아이라고 하여 임금으로 모시었다. 진한 사람들은 바가지를 박이라 하였다. 큰 알이 박과 같았기 때문에 박을 성씨로 삼았다. 거서간은 진한 말로 왕이란 뜻이다.
> 『삼국사기』

> **심화** 포상 8국의 난

포상 8국(浦上八國)은 가야 시대 낙동강 하류 및 지금의 경상남도 남해안 일대에 있던 8개의 소국이다. 8국의 이름은 모두 기록되어 있지는 않지만, 『삼국사기』에는 골포국(骨浦國), 칠포국(柒浦國), 고사포국(古史浦國), 『삼국유사』에는 사물국(史勿國), 보라국(保羅國) 등이 확인된다.
209년(내해 이사금 14년)에 포상 8국이 가라(加羅, 가야)를 침략하려고 하자, 가라의 왕자가 신라에 구원을 청하였다. 이에 신라의 태자 우로(于老)와 이벌찬(伊伐飡) 이음(利音)이 6부(六部)의 군대를 이끌고 포상 8국의 난을 진압하였다.

(2) 주요 왕들의 업적*

■ 4세기

① 내물 마립간(17대, 356~402)
  ㉠ 김씨 왕위 세습 : 김씨의 독점적 왕위 세습을 확립하였다.
  ㉡ 마립간 왕호 사용 : 왕호를 이사금에서 마립간으로 바꾸었다.
  ㉢ 전진에 사신 파견 : 내물 마립간 27년(382)에 고구려의 주선으로 전진(前秦)에 사신 위두(衛頭)를 파견하였다.
  ㉣ 왜군 축출 : 광개토 대왕의 도움으로 왜군을 축출하였고, 이후 신라는 고구려의 정치적 간섭을 받게 되었다. 이와 같은 양국 간의 관계를 확인할 수 있는 유물이 호우명 그릇이다.

> **심화** 신라의 왕호 변천 과정

신라에서는 왕의 칭호가 거서간·차차웅·이사금·마립간·왕 등으로 여러 차례 바뀌었는데, 이런 변화는 신라의 발전 과정을 나타낸 것으로 보인다.

왕호	시기	내용	
거서간	1. 박혁거세	군장, 불구내	정치적 군장과 제사장의 기능이 분리되면서 거서간과 차차웅이 분리되었다.
차차웅	2. 남해	제사장	
이사금	3. 유리~16. 흘해	연장자의 의미로 박·석·김 3부족이 연맹하여 교대로 선출하였다.	
마립간	17. 내물~21. 소지	대군장의 정치적 의미를 가진 호칭으로 김씨가 왕위 세습을 독점하면서 왕권의 강화를 표시한 것이다.	
왕	22. 지증	왕(王)의 칭호를 처음 사용하였다.	
	23. 법흥~28. 진덕	불교식 왕명을 사용한 시기이다(법·진·선).	
	29. 무열~56. 경순	중국식 시호를 사용한 시기이다.	

■ 5세기

② 실성 마립간(18대, 402~417) : 왜와의 화친을 위해 내물 마립간의 아들인 미사흔(未斯欣)을 볼모로 보내고(402), 내물 마립간의 둘째 아들인 복호(卜好)를 고구려에 볼모로 보냈다(412).

③ 눌지 마립간(19대, 417~458)
  ㉠ 나제 동맹 체결 : 장수왕의 남하 정책을 저지하기 위해 백제의 비유왕과 나제 동맹을 체결하였다(433).
  ㉡ 왕위 부자 상속 확립 : 왕위 계승이 형제 상속에서 부자 상속으로 바뀌었다.
  ㉢ 불교의 전래 : 고구려의 승려 묵호자가 불교를 전해 주었다.

단권화 MEMO

*신라 주요 왕들의 업적
내물 마립간, 지증왕, 법흥왕, 진흥왕의 업적은 빈출 주제이다.

■ 호우명 그릇

신라의 고분인 호우총에서 '乙卯年國岡上廣開土地好太王(을묘년국강상광개토지호태왕)'이라는 명문이 새겨져 있는 호우가 출토되었다. 이를 통해 고구려와 신라 간의 교섭이 활발하였다는 것과 내물 마립간 이후에 고구려 군이 신라의 영토에 주둔하였다는 사실을 입증함과 동시에 고구려가 신라에 대해 군사적·정치적 영향력을 행사하였음을 알 수 있다.

■ 내물 마립간 시기의 외교 정책

4세기 후반 내물 마립간 때 신라는 주변 국가들의 간섭에서 벗어나지 못하고 있었다. 이에 신라는 외교 관계를 통해 이를 해결하고자 하였다.
먼저 382년에는 고구려를 통해 북중국 전진에 위두를 파견하여 우의를 맺었고, 이어 즉위한 광개토 대왕과 친선 관계를 유지하기 위해 노력하였다. 392년에는 이찬 대서지의 아들 실성을 고구려에 볼모로 보냈으며, 왜를 격퇴하기 위해 고구려에 군사를 요청하였다. 이에 고구려는 군대를 보내 신라에 침입한 왜를 연이어 격퇴하였다. 실성은 401년 귀국하여 이듬해 내물 마립간이 죽자 즉위하였다.

④ 소지 마립간(21대, 479~500)
  ㉠ 우역제 실시: 경주 중심으로 사방에 역로를 개설하여 지방 통제를 강화하였다(487).
  ㉡ 시장 개설: 도읍에 시장을 개설하여 물화를 유통하게 하였다.
  ㉢ 신궁 설치: 신라의 시조(박혁거세)가 처음 태어난 장소인 나을(奈乙)에 신궁을 설치하였다(487).
  ㉣ 백제와 결혼 동맹 체결: 백제의 동성왕과 결혼 동맹을 체결하여 고구려의 침략에 대비하였다(493).

■ 6세기
⑤ 지증왕(22대, 500~514)
  ㉠ 농업 생산력 증가: 우경이 시작(사료상 502)되었고, 순장을 금지하여 노동력을 확보하였다.
  ㉡ 한화 정책(漢化政策)
    • 북위에 사신을 파견하여 중국의 제도를 채택하면서 국호를 '신라'로 정하고 '왕(王)'의 호칭을 사용하였다(503).
    • 지방 제도를 군현제로 개편하여 최초로 실직주(삼척)를 설치하였고, 이사부를 군주로 임명하였다.
  ㉢ 상복법(喪服法) 제정(504): 상복(喪服)에 관한 제도인 상복법을 제정하였다.
  ㉣ 동시전(東市典) 설치(509): 동시(東市)의 불법적 상행위를 감독하기 위해 동시전을 설치하였다.
  ㉤ 영토 확장: 이사부를 통해 우산국을 복속시켰다(512).
  ㉥ 소경 설치: 신라 최초의 소경인 아시촌소경을 설치하였다(514).
  ㉦ 왕비족을 박씨로 결정하여 왕권을 강화하고자 하였다.

> **단권화 MEMO**
>
> ■ '신라(新羅)'의 의미
> 왕의 덕업이 날로 새로워져서 사방을 망라한다는 뜻으로서, 신라가 지방 지배 세력을 확실하게 장악하였음을 알 수 있다.

사료 지증왕 – 신라의 국호 및 존호 제정

여러 신하들이 아뢰기를 "시조께서 나라를 세우신 이래 국호(國號)를 정하지 않아 사라(斯羅)라고도 하고 혹은 사로(斯盧) 또는 신라(新羅)라고도 칭하였습니다. 신들의 생각으로는 신(新)은 '덕업이 날로 새로워진다.'는 뜻이고 나(羅)는 '사방을 망라한다.'는 뜻이므로, 이를 국호로 삼는 것이 마땅하다고 여겨집니다. …… 이제 뭇 신하들이 한마음으로 삼가 신라국왕이라는 칭호를 올립니다."라고 하니, 왕이 이에 따랐다. 『삼국사기』

사료 포항(영일) 냉수리 신라비

사라(斯羅) 훼(喙)(부)의 사부지왕(斯夫智王, 실성 마립간으로 추정) · 내지왕(乃智王, 눌지 마립간으로 추정), 이 두 왕이 (판결하여) 교(敎)를 내리셨다. 진이마촌(珍而麻村)에 사는 절거리(節居利)의 그것을 증명한 것이었는데, 그로 하여금 재물을 얻게 한다는 교(敎)이셨다.

사료 지증왕 – 우산국 복속

우산국은 명주의 동쪽 바다에 있는 섬으로, 울릉도라고도 한다. 땅은 사방 백 리인데, 지세가 험한 것을 믿고 복종하지 않았다. 이찬 이사부가 하슬라주 군주가 되어, '우산국 사람은 어리석고도 사나워서 힘으로 다루기는 어렵고 계책으로 복종시킬 수 있다.'고 생각하였다. 이에 나무 사자[木偶師子]를 많이 만들어 전선에 나누어 싣고 그 나라 해안에 다다랐다. …… 그 나라 사람들이 두려워 즉시 항복하였다. 『삼국사기』

바로 확인문제

● 다음 사건이 발생한 왕의 재위 기간에 있었던 사실로 옳은 것은?　　　　18. 지방직 7급

> 우산국은 명주의 동쪽 바다에 있는 섬으로, 울릉도라고도 한다. 땅은 사방 백 리인데, 지세가 험한 것을 믿고 복종하지 않았다. 이찬 이사부가 하슬라주 군주가 되어, '우산국 사람은 어리석고도 사나워서 힘으로 다루기는 어렵고 계책으로 복종시킬 수 있다.'고 생각하였다. 이에 나무 사자[木偶師子]를 많이 만들어 전선에 나누어 싣고 그 나라 해안에 다다랐다. …… 그 나라 사람들이 두려워 즉시 항복하였다.

① 상대등 제도를 시행하였다.
② 아시촌에 소경을 설치하였다.
③ 고구려 승려 혜량을 승통으로 삼았다.
④ 사방에 우역(郵驛)을 처음으로 두었다.

⑥ 법흥왕(23대, 514~540)
　㉠ 왕권 강화와 율령 반포
　　• 중앙 부서로서 병부를 설치하고 군사권을 장악하였으며, 남부 지방을 순행하고 사벌주에 군주를 설치하는 등 대내외적으로 체제를 정비하였다.
　　• 율령을 반포하고 백관의 공복을 제정(520)하였으며, 17관등과 골품 제도를 정비하였다.
　㉡ 불교 공인(527): 이차돈의 순교와 원표의 활약으로 귀족들의 반대에도 **불교를 국교로 공인**하였고, 이후 불교식 왕명을 사용하기 시작했다(법흥왕~진덕 여왕). 이로써 왕권을 중심으로 하는 중앙 집권적 고대 국가 형성의 이념적 기초를 만들었다.
　㉢ 상대등 설치(531): 귀족 회의의 주재자인 **상대등**을 설치하여 귀족들의 이익을 대변하였는데, 이는 신라가 왕권 중심의 귀족 국가 체제를 갖추었음을 의미한다.
　㉣ 영토 확장과 중국과의 교류: 김해의 **금관가야를 병합**(532)하여 **낙동강 유역까지 영토**를 확장하였으며, 백제를 통해 남조의 양과 교류하였다.
　㉤ 연호 사용: '**건원**'이라는 연호를 사용(536)하여 신라가 중국과 대등한 국가임을 과시하였다.

사료　법흥왕의 업적

❶ 4년(517) 여름 4월 처음으로 병부(兵部)를 설치하였다.
❷ 7년(520) 봄 정월 율령(律令)을 반포하고 처음으로 모든 관리의 공복(公服)을 만들어 붉은색과 자주색으로 위계를 정하였다.
❸ 9년(522) 봄 3월 가야국(加耶國) 왕이 사신을 보내 혼인을 청하였으므로, 왕이 이찬(伊湌) 비조부(比助夫)의 누이를 그에게 보냈다.
❹ 11년(524) 가을 9월 왕이 나아가 남쪽 변경의 개척지를 순행하였는데 가야국 왕이 찾아와 만났다.
❺ 18년(531) 봄 3월 담당 관청(有司)에 명하여 제방을 수리하게 하였다. 여름 4월에 이찬 철부(哲夫)를 상대등(上大等)으로 삼아 나라의 일을 총괄하게 하였다. 상대등의 관직은 이때 처음 생겼으니, 지금(고려)의 재상(宰相)과 같다.
❻ 19년(532) 금관국(金官國)의 왕 김구해(金仇亥)가 왕비와 세 아들, 즉 큰아들은 노종(奴宗)이라 하고, 둘째 아들은 무덕(武德)이라 하고, 막내아들은 무력(武力)이라 하였는데, (이들과) 함께 나라의 재산(國帑)과 보물을 가지고 와 항복하였다. 왕이 예로써 그들을 대우하고 높은 관등을 주었으며 본국을 식읍(食邑)으로 삼도록 하였다. 아들 무력은 벼슬이 각간(角干)에 이르렀다.
❼ 23년(536) 처음으로 연호를 칭하여 건원(建元) 원년이라 하였다.

『삼국사기』

단권화 MEMO

|정답해설| 제시된 사료는 지증왕 때 이사부가 우산국을 정복한 내용이다. 아시촌소경은 지증왕 15년(514)에 설치된 신라 최초의 소경이며, 지금의 경상남도 함안 일대로 추정된다.

|오답해설|
① 상대등은 법흥왕 18년(531)에 처음 설치되었다.
③ 진흥왕은 고구려 승려 혜량을 승통으로 삼아 불교 교단을 정비하였다.
④ 소지 마립간 9년(487)에 우역을 처음으로 설치하였다.

|정답| ②

■ 울진 봉평 신라비
신라는 동해안의 북쪽 방면으로 세력을 확장하는 과정에서 현재의 경상북도 울진 지역을 차지하였다. 이후 법흥왕 11년(524) 울진 지역의 토착 세력들이 반란을 일으키자 경주와 삼척 지역의 군대로 이를 진압하였다. 이때 관련자들에게 장 60대, 100대를 치고 얼룩소를 잡아 하늘에 제사를 지냈다는 내용이 비문에 적혀 있다.

단권화 MEMO

|정답해설| 금관가야의 멸망(532), 건원이라는 연호 사용은 법흥왕 때의 역사적 사실이다.
ㄷ. 법흥왕 22년(535) '성법흥대왕'이라는 왕호를 칭하면서 '국왕의 초월자적 위상'을 과시하였다.
ㄹ. 울진 봉평리 신라비는 법흥왕 11년(524)에 세워진 비석이며, 신라 6부의 명칭과 당시 율령이 반포되었음을 확인할 수 있다.

|오답해설|
ㄱ. 지증왕. ㄴ. 진흥왕. ㅁ. 선덕 여왕에 대한 서술이다.

|정답| ③

■ 단양 적성비
진흥왕의 정복 활동을 잘 알 수 있는 금석문 중의 하나로서, 신라가 한강 상류 지역에 진출한 것과 복속민에 대한 회유책, 그리고 관직명과 율령의 정비 등이 기록되어 있다.

■ 북한산 순수비

진흥왕이 한강 유역을 차지한 후 세웠다.

바로 확인문제

● 〈보기〉의 밑줄 친 '왕' 대에 이루어진 내용을 옳게 고른 것은? 19. 2월 서울시(사복직 포함) 9급

┌ 보기 ┐
재위 19년에는 금관국주인 김구해가 비와 세 아들을 데리고 와 항복하자 왕은 예로써 대접하고 상등(上等)의 벼슬을 주었으며, 23년에는 처음으로 연호를 칭하여 건원(建元) 원년이라 하였다.

ㄱ. 국호를 사로국에서 '신라'로, 왕호를 마립간에서 '왕'으로 고쳤다.
ㄴ. 왕은 연호를 고쳐 '개국(開國)'이라 하였으며 『국사』를 편찬토록 하였다.
ㄷ. 왕호를 '성법흥대왕'이라 쓰기도 하였다.
ㄹ. '신라육부'가 새겨진 울진 봉평 신라비가 세워졌다.
ㅁ. 연호를 '인평(仁平)'으로 고쳤으며 분황사와 영묘사를 창건하였다.

① ㄱ, ㄴ   ② ㄴ, ㄷ   ③ ㄷ, ㄹ   ④ ㄹ, ㅁ

⑦ 진흥왕(24대, 540~576)
  ㉠ 정복 사업: 한강 유역으로 진출하였다(진흥왕 12년, 551).
    • 백제 성왕과 공동으로 고구려가 차지하고 있던 적성 지방을 점령하고, 한강 상류 지역의 인적·물적 자원을 확보하였다(단양 적성비, 551).
    • 백제를 기습하여 한강 하류를 점령하고 신주(新州)를 설치하여 김무력을 군주로 삼았다(553). 관산성 전투(554)에서 백제에 승리한 후, 북한산 순수비를 세웠다(555 혹은 568).
    • 신라는 당항성을 중심으로 중국과 직접 교류를 하게 되어 경제 기반을 강화하고, 전략적 거점을 확보하여 삼국 통일의 기반을 마련하였다. 이로써 신라는 삼국 간 항쟁에서 주도권을 장악하게 되었다.
    • 대가야를 정벌하는 과정에서 창녕비를 세우고(561), 이사부는 대가야를 멸망케 하였다(562). 이로써 가야 연맹은 소멸하였다.
    • 북쪽으로는 고구려를 공격하여 함흥평야까지 진출하였다(황초령비·마운령비, 568).

▲ 신라의 전성기(6세기)

사료 진흥왕의 영토 확장

❶ 12년(551) 왕이 거칠부와 대각찬(大角) 구진(仇珍), 각찬 비태(比台), 잡찬 탐지(耽知), 잡찬 비서(非西), 파진찬 노부(奴夫), 파진찬 서력부(西力夫), 대아찬 비차부(比次夫), 아찬 미진부(未珍夫) 등 여덟 장군에게 명하여 백제와 더불어 고구려를 침공하게 하였다. 백제 사람들이 먼저 평양(平壤)을 격파하고 거칠부 등은 승리의 기세를 타서 죽령 바깥, 고현(高峴) 이내의 10군을 취하였다.

❷ 14년(553) ······가을 7월 백제의 동북쪽 변방을 빼앗아 신주(新州)를 설치하고 아찬(阿湌) 무력(武力)을 군주(軍主)로 삼았다.

❸ 15년(554) ······ 백제 왕인 명농(明禯)이 가량(加良)과 함께 관산성(管山城)을 공격하였다. 군주(軍主)인

각간(角干) 우덕(于德)과 이찬 탐지(耽知) 등이 역습하여 싸웠으나 전세가 불리하였다. 신주군주(新州軍主)인 김무력(金武力)이 주(州)의 군사를 이끌고 나아가 교전을 벌였고, 비장(裨將)인 삼년산군(三年山郡)의 고간(高干) 도도(都刀)가 재빠르게 공격하여 백제 왕을 죽였다. 이에 여러 군사가 승기를 타면서 크게 이겼는데, 좌평(佐平) 4명과 군사 2만 9,600명을 죽였고 말은 되돌아 간 것이 없었다.

『삼국사기』

사료 단양 적성비와 북한산 순수비

❶ 단양 적성비

이때에 적성 출신의 야이차에게 교(敎)하시기를 …… 옳은 일을 하는 데 힘을 쓰다가 죽게 되었으므로 이 까닭으로 이후 그의 처인 삼(三) …… 에게는 이(利)를 허하였다. …… 별도로 교하기를 이후로부터 나라 가운데에 야이차와 같이 옳은 일을 하여 힘을 쓰고 다른 사람으로 하여금 일하게 한다면 만약 그가 아들을 낳건 딸을 낳건 나이가 적건 포상하리라.

❷ 북한산 순수비

태왕이 크게 인민을 얻어 …… 이리하여 관경을 순수하면서 민심을 수습하고 노고를 위로하고자 한다. 만일 충성과 신의와 정성이 있고 …… 상(賞)을 더하고 …… 한성(漢城)을 지나는 길에 올라 …… 도인(道人)이 석굴에 살고 있는 것을 보고 …… 돌을 새겨 사(辭)를 기록한다.

ⓒ 확장된 영토 관리 : 소백산맥 외곽에 국원소경을 설치하였다. 또한 신주(경기 광주)·비사벌주(창녕)·비열홀주(안변) 등을 설치하였다.

심화 소경

• 최초의 소경은 514년(지증왕 15년)에 설치된 아시촌소경(阿尸村小京)이다(진흥왕 때 폐지된 것으로 보임). 이후 순차적으로 소경을 설치했는데, 통일 이후에는 5소경제로 편제하였다.
• 557년(진흥왕 18년) 충청북도 충주시에 국원소경을 두었다. 국원소경은 경덕왕(742~765) 대에 **중원경**으로 이름이 바뀌었다.
• 639년(선덕 여왕 8년)에 하슬라주를 북소경으로 삼았으나, 658년(태종 무열왕 5년)에 폐지하였다. 이후 678년(문무왕 18년) 강원도 원주시에 북원소경을 설치하였는데, 경덕왕 대에 **북원경**으로 바꾸어 불렀다.
• 685년(신문왕 5년) 전라북도 남원시에 고구려 유민들을 이주시키고 **남원소경**을 설치하였다.
• 충청북도 청주시에 있었던 **서원소경**이나 경상남도 김해시에 있었던 **금관소경**은 정확한 설치 연대가 밝혀지지 않았지만, 삼국 통일을 달성한 직후 설치했을 가능성이 높다.

ⓒ 관제 정비 : 국가 최고 정무 기관으로서 재정과 기밀을 담당하는 **품주**를 설치하였다.
ⓔ 역사서 편찬 : 거칠부가 역사서인 『국사』를 편찬하였다(545).

사료 진흥왕 -『국사』 편찬

이찬 이사부가 왕에게 "국사라는 것은 임금과 신하들의 선악을 기록하여, 좋고 나쁜 것을 만대 후손들에게 보여 주는 것입니다. 이를 책으로 편찬해 놓지 않는다면 후손들이 무엇을 보고 알겠습니까?"라고 아뢰었다. 왕이 깊이 동감하고 대아찬 거칠부 등에게 명하여 선비들을 널리 모아, 그들로 하여금 역사를 편찬하게 하였다.

『삼국사기』

ⓜ 연호 사용 : '개국', '대창(태창)', '홍제'라는 연호를 사용하였다.
ⓗ 화랑도의 제도화: 씨족 사회의 청소년 집단(원화)을 국가적 조직인 화랑도로 개편하였다.
ⓢ 숭불 정책
  • 불교의 진종 사상(眞種思想)을 도입하여 왕권 강화에 이용하였다.
  • 황룡사·흥륜사 등의 사찰을 건립하고, 불교의 교단을 국통(승통)·주통·군통으로 정비하여 사상적 통합을 도모하였으며, 고구려 승려인 혜량을 국통으로 임명하였다.

■ 품주

진흥왕 때 설치된 품주는 진덕 여왕 때 정무를 담당하는 집사부와 재정을 담당하는 창부로 분리되었다.

■ 불교의 진종 사상

불교를 통한 왕권 강화를 위하여 국왕을 부처와 동일시하고, 진흥왕을 전륜성왕(轉輪聖王)으로 숭배하는 사상이다. 이는 진평왕 때 성골 성립의 근거가 되었다.

진흥왕은 동륜과 금륜 두 아들이 있었는데, 장남 동륜이 죽자 그의 아들 백정이 있었음에도 거칠부의 지지로 차남 금륜이 진지왕으로 즉위하였다. 그러나 즉위 4년 만에 폐위되고 백정이 진평왕으로 즉위하였다. 진평왕은 즉위의 정당성과 정통성을 재규정하기 위하여 자신의 가계를 성골이라 명명하고 다른 귀족과의 차별화를 시도하였다.

단권화 MEMO

| **정답해설** | 제시된 사료는 역사서 『국사』를 편찬(545)한 내용으로 밑줄 친 '왕'은 진흥왕이다. 진흥왕 때 한강 유역을 장악한 후 북한산 순수비를 건립하였다(555 혹은 568).

| **오답해설** |
① 성덕왕 21년에 정전이 지급되었다(722).
② 신문왕 2년에 국학이 설치되었다(682).
③ 선덕 여왕 때 천문 관측 시설인 첨성대가 건립되었다.

| **정답** | ④

| **정답해설** | 제시된 사료는 진흥왕 12년(551)에 신라가 백제와 연합하여 고구려를 공격한 내용이다. 선덕 여왕 때 자장의 건의로 황룡사 9층 목탑이 건립되었다.

| **오답해설** |
① 진흥왕은 대가야를 정벌하여 가야 연맹을 소멸시켰다(562).
② 진흥왕 때 화랑도가 국가적 조직으로 개편되었다.
④ 진흥왕 때 거칠부가 『국사』를 편찬하였다(545).

| **정답** | ③

■ **원광의 걸사표**
진평왕은 고구려의 잦은 침략을 물리치기 위해 수나라에 도움을 요청하고자 원광 법사에게 걸사표를 짓도록 하였다. 그 결과 612년 수 양제가 고구려를 공격하였다.

■ **남산 신성비**

경주 남산에 새로 성을 쌓고 이를 기념하여 비석을 세웠다. 이를 통해 지방 통치 체제가 조직적이었고 촌주를 통한 노동력 동원 체제가 정연했음을 확인할 수 있다.

바로 확인문제

● 밑줄 친 '왕'의 재위 기간에 있었던 사실로 옳은 것은? 　　20. 지방직 9급

> 이찬 이사부가 왕에게 "국사라는 것은 임금과 신하들의 선악을 기록하여, 좋고 나쁜 것을 만대 후손들에게 보여 주는 것입니다. 이를 책으로 편찬해 놓지 않는다면 후손들이 무엇을 보고 알겠습니까?"라고 아뢰었다. 왕이 깊이 동감하고 대아찬 거칠부 등에게 명하여 선비들을 널리 모아, 그들로 하여금 역사를 편찬하게 하였다.
> 『삼국사기』

① 정전 지급　　② 국학 설치　　③ 첨성대 건립　　④ 북한산 순수비 건립

● 〈보기〉의 밑줄 친 '왕'의 재위 기간에 일어난 일이 아닌 것은?　　22. 서울시(자체 출제) 9급

> ─ 보기 ─
> 재위 12년 신미년에 왕이 거칠부 및 대각찬 구진, 각찬 비태, 잡찬 탐지, 잡찬 비서, 진찬 노부, 파진찬 서력부, 대아찬 비차부, 아찬 미진부 등 여덟 장군에게 명하여 백제와 더불어 고구려를 공격하도록 하였다. 백제인들이 먼저 평양을 공격하여 깨뜨리자, 거칠부 등은 승기를 타서 죽령 바깥, 고현 이내의 10군을 빼앗았다.
> 『삼국사기』

① 대가야를 정벌하여 가야 연맹을 소멸시켰다.
② 인재를 양성하기 위하여 화랑도를 국가적 조직으로 개편하였다.
③ 자장의 건의를 받아들여 황룡사 9층 목탑을 건립하였다.
④ 신라의 역사를 정리하여 국사를 편찬하였다.

⑧ 진평왕(26대, 579~632)
　㉠ 연호 사용: '건복'이라는 연호를 사용하였다.
　㉡ 관제 정비: 중앙 관서로 위화부·예부·조부·승부·영객부를 설치하였다.
　㉢ 숭불 정책: 불교를 장려하여 법명을 백정이라 하고, 왕비도 마야 부인이라 칭하였다.
　㉣ 수·당과 외교: 고구려의 압박을 타개하기 위해 수와 친교하였고(**원광의 걸사표**), 수가 멸망한 이후에는 당과도 외교 관계를 맺었다.
　㉤ 세속 5계: 원광은 세속 5계를 통해 국가 사회의 지도 윤리를 제시하였다.
　㉥ 주요 금석문: 남산 신성비

> **사료**　**왕즉불 사상**
>
> 진평왕이 왕위에 올랐다. 이름은 백정(白淨, 석가모니의 아버지)이고 진흥왕의 태자 동륜의 아들이다. 왕비는 김씨 마야 부인(摩耶夫人, 석가모니의 어머니)이다. 왕은 태어날 때부터 기이한 용모였고, 신체가 장대하고 뜻이 깊고 굳세었으며, 지혜가 밝아서 사리에 통달하였다.
> 『삼국사기』

> **사료**　**진평왕의 업적**
>
> ❶ 3년(581) 봄 정월에 처음으로 위화부(位和府)를 설치하였다. 이는 지금(고려)의 이부(吏部)와 같다.
> ❷ 6년(584) 3월에 조부(調府)에 영(令) 1명을 두어 공부(貢賦)를 관장하도록 하였고, 승부(乘府)에 영(令) 1명을 두어 수레[車乘]에 대한 일을 관장하도록 하였다.
> ❸ 8년(586) 봄 정월에 예부(禮部)에 영(令) 2명을 두었다.
> ❹ 13년(591) 봄 2월에 영객부(領客府)에 영(令) 2명을 두었다.
> 『삼국사기』

| 사료 | 원광 법사의 걸사표 |

(진평왕) 30년(608) 왕이 고구려가 영토를 자주 침범함을 불쾌히 여겨, 수나라에 군사를 청하여 고구려를 치려고 원광에게 걸사표(乞師表)를 지으라 하였다. 원광이 가로되, "자기가 살려고 남을 멸하는 것은 승려의 도리가 아니나, 제가 대왕의 땅에 살며 대왕의 곡식을 먹고 있으니 어찌 감히 명령에 따르지 않겠습니까?"라고 하였다. …… 33년(611)에 왕이 수나라에 사신을 보내어 표문을 바치고 출병을 청하니, 수나라 양제가 이를 받아들이고 군사를 일으켰다.

『삼국사기』

■ **7세기**

⑨ **선덕 여왕**(27대, 632∼647): '**인평(仁平)**'이라는 연호를 사용하고 스스로 불경의 성녀 이름을 따 '**덕만(德曼)**'이라 하였다.

　㉠ **친당 외교**: 고구려와 백제에 대항하기 위해 적극적인 친당 외교를 추진하였으나, 642년 백제로부터 대규모 침략을 받아 대야성이 함락되었고, 고구려의 공격으로 당항성이 위기에 처하였다.

　㉡ **숭불 정책**: 자장의 건의로 **황룡사 9층탑**을 건축하고, 백좌 강회에서 호국경인 인왕경을 설파하였다.

　㉢ **주요 건축물**: 벽돌탑을 모방한 분황사 석탑(모전 석탑)을 건립하고, **첨성대**를 축조하였다. 또한 635년에는 성신(星神)을 제사하기 위하여 영묘사를 세웠다.

　㉣ **귀족 세력의 억압**: 비담·염종 등의 반란이 발생하였다(김유신, 김춘추에 의해 진덕 여왕 즉위 직후 진압됨).

⑩ **진덕 여왕**(28대, 647∼654, 성골계 마지막 왕)

　㉠ **통치 체제 정비**: 품주를 개편하여 기밀 사무를 관장하는 **집사부**, 재정을 관장하는 **창부**로 분리하고, **집사부의 장관을 중시**라 하여 국정을 총괄케 하였다. (좌)이방부를 설치하여 형률에 관한 사무를 관장하게 하였다.

　㉡ **친당 외교**: 김춘추를 당에 파견하여 나당 연합을 결성하였다(648). 이후 독자적인 연호를 폐지하고 당 고종의 연호를 사용하였다.

　㉢ 당 고종을 칭송하는 「**오언태평송(五言太平頌)**」을 지어 당에 보냈다.

| 사료 | 나당 연합 |

(진덕 여왕 2년) 당 태종이 김춘추에게 (나에게) 할 말이 있는가 하기에 김춘추가 말하였다. "신의 나라는 바다 모퉁이에 치우쳐 있으면서도 천자의 조정을 섬긴 지 여러 해가 되었습니다. 그런데 백제는 강하고 교활하여 여러 번 침략을 해왔는데, 더구나 왕년에는 대대적으로 군사를 거느리고 깊이 쳐들어와 수십 성을 함락했습니다. …… 만약 폐하께서 당나라 군사를 빌려주어 흉악한 것을 잘라 없애지 않는다면 우리나라 인민은 모두 포로가 될 것이며, 산 넘고 바다 건너 행하는 조회도 다시는 바랄 수 없을 것입니다."라고 하였다. 태종이 매우 옳다고 여겨서 군사 출동을 허락하였다.

『삼국사기』

| 사료 | 김춘추와 김유신 |

김춘추가 당나라에 들어가 군사 20만을 요청해 얻고 돌아와서 김유신을 보며 말하기를, "죽고 사는 것이 하늘의 뜻에 달렸는데, 살아 돌아와 다시 공과 만나게 되니 얼마나 다행한 일입니까?"라고 하였다. 이에 김유신이 대답하기를, "저는 나라의 위엄과 신령함에 의지하여 두 차례 백제와 크게 싸워 20성을 빼앗고 3만여 명을 죽이거나 사로잡았습니다. 그리고 품석 부부의 유골이 고향으로 되돌아왔으니 천행입니다."라고 하였다.

『삼국사기』

■ **집사부**

집사부는 진덕 여왕 5년(651) 진흥왕 때의 품주(稟主)를 개편하여 설치한 기구로, 왕명에 따라 행정을 분장하는 여러 관부를 거느리며 기밀 사무를 맡아보았다. 따라서 그 장관인 중시(경덕왕 6년에 시중으로 개칭)는 국왕의 집사장 역할을 담당하게 되어 왕권의 전제화에 기여하였다. 흥덕왕 4년(829) 집사성(執事省)으로 개칭되었으며, 관원 조직은 집사부 때와 같이 신라 말까지 계속되었다.

심화 신라의 금석문

명칭		위치	건립 시기	내용
포항 중성리 신라비		경북 포항	지증왕(501)	• 2009년 발견되어 2015년 국보로 지정됨 • 현존하는 최고(最古)의 신라비
포항(영일) 냉수리 신라비		경북 포항	지증왕(503)	신라를 사라(斯羅)로 표기, 갈문왕 명칭 확인, '절거리'라는 인물의 재산 소유와 사후 재산권 분쟁 기록
울진 봉평리 신라비		경북 울진	법흥왕(524)	영토 확장, 율령 반포 입증, 신라 관등과 관련된 기록
영천 청제비		경북 영천	법흥왕(536)	제방 축조 시 부역 동원 내용의 기록(공역비)
단양 적성비		충북 단양	진흥왕(551)	한강 상류 진출
순수비	북한산비	서울(북한산)	진흥왕(555 혹은 568)	한강 하류 확보(김정희 고증)
	창녕비	경남 창녕	진흥왕(561)	대가야 정복 과정에서 창녕을 장악한 기록
	황초령비	함남 장진	진흥왕(568)	함경도 지역 진출
	마운령비	함남 이원	진흥왕(568)	
남산 신성비		경북 경주	진평왕(591)	신성 축조 시 부역 동원 사실과 촌주의 명칭 기록

바로 확인문제

● 밑줄 친 '왕'의 활동으로 가장 옳은 것은? 20. 법원직 9급

> 대야성의 패전에서 도독 품석의 아내도 죽었는데, 그녀는 춘추의 딸이었다. …… 왕에게 나아가 아뢰기를, "신이 고구려에 가서 군사를 청해 원수를 갚고 싶습니다."라고 하니 왕이 허락했다.
> 「삼국사기」

① 단양 적성비를 세웠다.
② 황룡사 9층 목탑을 건립하였다.
③ 고구려 부흥 운동을 지원하였다.
④ 이차돈의 순교를 계기로 불교를 공인하였다.

4 가야의 성립과 발전*

(1) 성립과 발전

① 성립: 낙동강 하류의 변한 지역에서는 우수한 철기 문화와 벼농사의 발달로 여러 정치 집단들이 성장하였다.
② 전기 가야 연맹
  ㉠ 금관가야(김해)·대가야(고령)·아라가야(함안)·성산가야(성주)·고령가야(진주)·소가야(고성)가 성장하였으나, 2~3세기경에는 금관가야가 주축이 되었다.
  ㉡ 금관가야는 김수로에 의해 건국되었는데(42), 그 세력 범위는 낙동강 유역 일대에 걸쳤다.

▲ 가야의 발전

③ **고구려의 공격**: 4세기 말에서 5세기 초에는 신라를 후원하는 고구려군의 공격을 받고 거의 몰락하여 가야의 중심 세력이 해체되고, 가야 지역은 낙동강 서쪽 연안으로 축소되었다.
④ **후기 가야 연맹**: 5세기 이후에는 현재의 고령 지방을 거점으로 성장하였던 대가야가 중심이 되어 연맹체를 형성하였다. 이후 현재의 전라북도 지역인 남원, 장수 등까지 세력을 확대하였다.

> **사료** 금관가야의 건국 시조, (김)수로왕 신화
>
> 천지가 개벽한 뒤로 이곳에는 아직 나라가 없고 또한 왕과 신하도 없었다. 단지 아홉 추장이 각기 백성을 거느리고 농사를 지으며 살았다. …… 아홉 추장과 사람들이 노래하고 춤추면서 하늘을 보니 얼마 뒤 자주색 줄이 하늘로부터 내려와서 땅에 닿았다. 줄 끝을 찾아보니 붉은 보자기에 금빛 상자가 싸여 있었다. 상자를 열어 보니 황금색 알 여섯 개가 있었다. …… 열 사흘째 날 아침에 다시 모여 상자를 열어 보니 여섯 알이 어린아이가 되어 있었다. 용모가 뛰어나고 바로 앉았다. 아이들이 나날이 자라 10여 일이 지나니 키가 9척이나 되었다. 얼굴은 한 고조, 눈썹은 당의 요임금, 눈동자는 우의 순임금과 같았다. 그달 보름에 맏이를 왕위에 추대하였는데, 그가 곧 가락국 또는 가야국의 왕이다.　　　『삼국유사』

> **사료** 대가야의 건국 신화
>
> 시조는 이진아시왕이다. 그로부터 도설지왕까지 대략 16대 520년이다. 최치원이 지은 『석이정전』을 살펴보면, 가야산신 정견모주가 천신 이비가지에게 감응되어 대가야 왕 뇌질주일과 금관국왕 뇌질청예 두 사람을 낳았는데, 뇌질주일은 곧 이진아시왕의 별칭이고 뇌질청예는 수로왕의 별칭이라고 한다. 『신증동국여지승람』

(2) 국제 관계
① **5세기 초**: 고구려의 침략으로 금관가야 중심의 전기 가야 연맹이 해체되었다.
② **5세기 후반**: 가야는 중국 남조에 사신을 보내 국제 무대에 등장하려고 하였다.
③ **6세기**
　㉠ 대가야의 이뇌왕(異腦王)이 신라 법흥왕에게 결혼 동맹을 요청하여, 비지배의 딸(또는 비조부의 누이)을 왕비로 맞아들였다(522).
　㉡ 금관가야가 신라 법흥왕 시기에 항복(532)하였고, 진흥왕 시기 대가야도 병합(562)되면서 가야 연맹은 완전히 해체되었다.

> **사료** 대가야의 멸망
>
> 대가야가 모반하였다. 진흥왕은 이사부로 하여금 그들을 토벌케 하고, 사다함으로 하여금 이사부를 돕게 하였다. …… 이사부가 군사를 인솔하고 그곳에 도착하니, 그들이 일시에 모두 항복하였다. 공로를 평가하는데 사다함이 으뜸이었기에 왕이 좋은 밭과 포로 2백 명을 상으로 주었다.　　　『삼국사기』

(3) 정치와 경제
① **정치**: 가야는 지역적으로 백제와 신라의 중간에 위치하여 양국의 압력을 받으면서 불안한 정치 상황이 지속되었기 때문에 삼국과 같은 중앙 집권 국가로 발전하지 못하였다.
② **경제**
　㉠ **농경 발달**: 기후가 따뜻하여 농경이 발달하였다.
　㉡ **질 좋은 철 생산**: 철의 생산이 활발하였으며, 한 군현(낙랑)이나 일본과도 교역하였다.

■ **가야의 철 생산**
덩이쇠를 화폐처럼 사용하였다.

(4) 문화적 특징과 주변국으로의 영향

① 주요 문화 유적
  ㉠ 고분 형태: 덧널무덤이나 구덩식 돌곽무덤 등을 축조하였다.
  ㉡ 주요 유적지: 김해 대성동 유적(금관가야 시대 유적), 고령 지산동 고분(대가야 시대 유적) 등에서는 당시 사용하였던 갑옷 등이 출토되었다.
  ㉢ 함안(아라가야)의 도항리 고분: 금동관·환두대도·금동제 마구류·갑옷·말 갑옷·철촉 등의 유물이 다수 출토되었고, 특히 순장의 풍속이 나타났다.

② 주변국으로의 영향
  ㉠ 일본: 가야 토기는 일본에 전해져 스에키 토기에 직접적인 영향을 주었다.
  ㉡ 신라: 금관가야의 왕족인 김유신의 조상은 신라 진골에 편입되었고, 대가야의 우륵은 가야금을 전하였다.

심화 가야의 발전과 멸망

전기 가야 연맹	성립	2세기 후반 변한 지역에서 등장한 정치 집단이 3세기경 통합한 뒤 금관가야(김해)를 중심으로 성립
	특징	농경 문화 발달, 철 생산 풍부, 해상 교통으로 낙랑과 왜의 규슈 지방을 연결하는 중계 무역 발달
	쇠퇴	신라를 구원하는 고구려군의 공격으로 금관가야 약화(400)
후기 가야 연맹	성립	5세기 후반 대가야(고령)를 중심으로 성립
	발전	6세기 초 백제·신라와 대등한 세력 다툼, 신라와 결혼 동맹 체결
	멸망	금관가야 멸망(신라 법흥왕), 대가야 멸망(신라 진흥왕)

바로 확인문제

● (가) 나라에 대한 설명으로 옳은 것은? 21. 지방직 9급

> 북쪽 구지에서 이상한 소리로 부르는 것이 있었다. …… 구간(九干)들은 이 말을 따라 모두 기뻐하면서 노래하고 춤을 추었다. 자줏빛 줄이 하늘에서 드리워져서 땅에 닿았다. 그 줄이 내려온 곳을 따라가 붉은 보자기에 싸인 금으로 만든 상자를 발견하고 열어보니, 해처럼 둥근 황금알 여섯 개가 있었다. 알 여섯이 모두 변하여 어린아이가 되었다. …… 가장 큰 알에서 태어난 수로(首露)가 왕위에 올라 (가) 를/을 세웠다.
> 『삼국유사』

① 해상 교역을 통해 우수한 철을 수출하였다.
② 박, 석, 김씨가 교대로 왕위를 계승하였다.
③ 경당을 설치하여 학문과 무예를 가르쳤다.
④ 정사암 회의를 통해 재상을 선발하였다.

● 밑줄 친 '가라(가야)국'에 대한 설명으로 옳은 것은? 17. 지방직 7급

> 진흥왕이 이찬 이사부에게 명하여 <u>가라(가야라고도 한다)</u>국을 공격하도록 하였다. 이때 사다함은 나이 15, 6세였음에도 종군하기를 청하였다. 왕이 나이가 아직 어리다 하여 허락하지 않았으나, 여러 번 진심으로 청하고 뜻이 확고하였으므로 드디어 귀당 비장으로 삼았다. …… 그 나라 사람들이 뜻밖에 군사가 쳐들어오는 것을 보고 놀라 막지 못하였으므로 대군이 승세를 타고 마침내 그 나라를 멸망시켰다.
> 『삼국사기』

|정답해설| 수로(首露, 김수로왕)는 (가) 금관가야의 시조이다. 금관가야는 현재의 김해 지방을 중심으로 해상 교역을 통해 우수한 철을 수출하면서 발전하였다.
|오답해설|
② 신라 이사금 시대에는 박, 석, 김씨가 교대로 왕위를 계승하였다.
③ 고구려에서는 지방에 경당을 설치하여 학문과 무예를 가르쳤다.
④ 백제에서는 정사암 회의를 통해 재상을 선발하였다.
|정답| ①

|정답해설| 진흥왕 때 멸망한 가야는 대가야이다. 대가야의 우륵은 신라에 가야금을 전해 주었다.
|오답해설|
①③④ 금관가야에 대한 설명이다.
|정답| ②

① 시조는 수로왕이며 구지봉 전설이 있다.
② 나라가 망할 즈음 우륵이 가야금을 가지고 신라로 들어갔다.
③ 낙동강 하류에 도읍하고 해상 교역을 중계하였다.
④ 국주(國主) 김구해가 항복하자 신라 왕이 본국을 식읍으로 주었다.

03 삼국의 통치 제도

(1) 중앙 관제

① 고구려
  ㉠ 정비 과정: 4세기경 각 부의 관료 조직을 흡수하고, 대대로 이하 10여 관등을 두었다. 이후 중앙 집권화의 진전에 따라 14개 관등으로 정비하였다.
  ㉡ 관등 조직의 특징: '형', '사자'의 명칭을 중심으로 관등이 분화되어 있는 것이 특징이다.
  ㉢ 고구려의 관등 조직

관등	『삼국지』	『주서(周書)』	당(唐) - 『한원(翰苑)』
1	상가	대대로	대대로
2	대로	태대형	태대형
3	패자	대형	울절(주부)
4	고추가	소형	태대사자
5	주부	의후사	조의두대형
6	우태	오졸	대사자
7	승	태대사자	대형
8	사자	대사자	발위사자
9	조의	소사자	상위사자
10	선인	욕사	소형
11		예속	제형
12		선인	과절
13		욕살	부절
14			선인

  ㉣ 귀족 회의체 운영
    • 귀족 회의체(제가 회의)의 수장인 대대로는 3년마다 한 번씩 선출하였다. 제5위 '조의두대형' 이상이 제가 회의에 참여할 수 있었고, 장군이 될 수 있었다.
    • 후기에는 막리지(대막리지 - 연개소문)가 최고의 관직으로 정치·군사권을 장악하였다.
  ㉤ 군사 동원과 전문 군관: 각 족장이나 성주들이 자기의 병력을 거느리고 있었으나, 국가에서 동원할 때는 대모달·말객 등의 군관으로 하여금 지휘하게 하였다.

② 백제
　㉠ 정비 과정
　　• 삼국 중 가장 먼저 정비된 정치 조직을 갖추었다. 고이왕 때 이미 6좌평 제도와 16관등 조직을 정비하였다.
　　• 사비 천도 이후에는 내관 12부·외관 10부의 총 22부를 중앙 관서로 설치하였다.
　㉡ 관등 조직의 특징 : 16관등은 '솔', '덕', '무명' 계열로 구분하여 자색·비색·청색의 공복으로 구별하였다.
　㉢ 백제의 6좌평 16관등

내신좌평(수상)	내두좌평	내법좌평	위사좌평	조정좌평	병관좌평
왕명 출납	재정	의례	숙위(왕실과 수도 방어)	법률·형옥	지방군 총괄

1	2	3	4	5	6	7	8	9	10	11	12	13	14	15	16
좌평	달솔	은솔	덕솔	한솔	나솔	장덕	시덕	고덕	계덕	대덕	문독	무독	좌군	진무	극우
자색						비색					청색				
솔 계열						덕 계열					무명(武名) 계열				

　㉣ 귀족 회의체 운영 : 6좌평 중 내신좌평은 정사암 회의 수장 역할을 겸하였으며, 상좌평으로 불렸다.

③ 신라
　㉠ 정비 과정 : 법흥왕 시기 17관등제를 정비하였고, 상대등을 설치하였다.
　㉡ 관등 제도의 특징
　　• 관등제는 골품 제도와 밀접한 관계가 있었으며, 각 골품이 올라갈 수 있는 상한선이 있었다.
　　• 진골은 1관등인 이벌찬까지 승진할 수 있었지만, 6두품은 6관등 아찬, 5두품은 10관등 대나마, 4두품은 12관등 대사까지밖에 올라가지 못하였다.
　㉢ 신라의 17관등

관등	관등명	관등	관등명	관등	관등명
1	이벌찬	7	일길찬	13	사지
2	이찬	8	사찬	14	길사
3	잡찬	9	급벌찬	15	대오
4	파진찬	10	대나마	16	소오
5	대아찬	11	나마	17	조위
6	아찬	12	대사		

　㉣ 귀족 회의체 : 귀족 회의체인 화백 회의의 수장은 상대등이었다.

사료　고대 국가의 귀족 회의체

❶ 고구려(제가 회의)
　감옥이 없고, 범죄자가 있으면 제가들이 모여서 논의하여 사형에 처하고 처자는 몰수하여 노비로 삼는다.
『삼국지』

❷ **백제(정사암 회의)**

호암사에 정사암이란 바위가 있다. 국가에서 재상을 뽑을 때 후보자 3~4명의 이름을 써서 상자에 넣어 바위 위에 두었다. 얼마 뒤에 열어 보아 이름 위에 도장이 찍혀 있는 자를 재상으로 삼았다. 이 때문에 정사암이란 이름이 생기게 되었다.
『삼국유사』

❸ **신라(화백 회의)**

큰일이 있을 때에는 반드시 중의를 따른다. 이를 화백이라 부른다. 한 사람이라도 반대하면 통과하지 못하였다.
『신당서』

> **심화** 귀족·최고 합의 기구의 변천

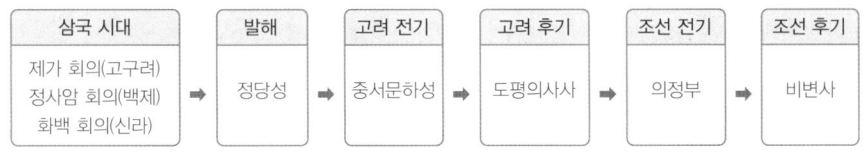

(2) 삼국의 행정 제도와 한계점

① 삼국의 지방 행정 조직

㉠ 고구려: 수도는 5부로 구성되었으며, 지방은 5부(長: 욕살) 아래 성(長:처려근지, 도사)과 말단의 촌으로 구성하였다. 특수 행정 구역으로는 3경[평양성, 국내성, 한성(황해도 재령)]이 있었으며, 대모달·말객이라는 전문 군관들이 존재하였다.

> **사료** 대대로, 욕살, 도사

고려(고구려)는 부여의 별종에서 나왔다. …… 그 관직에 높은 것은 대대로(大對盧)라 하여 1품에 비유되며 국사를 모두 맡는다. 3년을 임기로 하되 직무를 잘하면 연한에 구애되지 않는다. 대대로를 교체하는 날에 혹 서로 승복하지 않으면 모두 군사를 거느리고 싸워 이긴 자가 대대로가 된다. 그때 왕은 다만 궁문을 닫아걸고 스스로를 지킬 뿐 제어하지 못한다. 다음은 태대형(太大兄)이라 하며 정2품에 비유된다. 대로 이하의 관직은 모두 12급이 있다. 외방에는 주현(州縣)의 60여 성이 있어 큰 성에는 욕살(褥薩) 1명을 두는데 도독(都督)에 비유된다. 여러 성에는 도사(道使)를 두는데 자사(刺史)에 비유된다.
『구당서』

㉡ 백제: 수도는 5부로 편제하였으며, 지방은 5방(長: 방령)이 있고, 그 아래 군(長: 군장)이 있었다. 특수 행정 구역으로 22담로를 설치하였다.

㉢ 신라: 수도는 6부로 구성하였으며, 지방은 5주(長: 군주), 그 아래 군(長: 당주)을 설치하였다. 말단에는 촌이 있었고, 그 지역은 촌주가 관할하였다. 특수 행정 구역으로는 소경을 설치하고, 책임자로 '사신'을 파견하였다.

② 지방 통치 제도의 한계점

㉠ 삼국의 지방 통치는 중국의 군현 제도와 유사했으나, 실제적으로 지방관 수가 많지 않아서 주요 거점만을 지배하는 데 그쳤다.

㉡ 나머지 지역은 지방 세력의 자치를 허용하여 간접적으로 주민을 지배하였다.

③ 삼국의 지방 군사 조직

㉠ 삼국의 지방 행정 조직은 그대로 군사 조직이기도 하여 각 지방관은 곧 군대의 지휘관이었다. 따라서 국가의 주민 통치는 본질적으로 군사적 지배의 성격을 띠고 있었다.

■ **백제의 5부**
상·중·하·전·후로 총 5부이다. 각 부에는 각각 500명의 군사를 배치하였다.

■ **신라의 6부**
급량부·사량부·본피부·모량부·한기부·습비부로 총 6부이다.

■ **촌(村)**
지방의 말단 행정 단위로 지방관이 파견되지 않고 토착 세력을 촌주로 삼았다. 촌주는 지방관을 보좌하면서 촌락 내의 행정과 군사 실무의 처리에 중요한 역할을 담당하였다.

ⓒ 백제의 방령(달솔을 임명)은 각각 700~1,200명의 군사를 거느렸고, 신라의 군주는 주 단위로 설치한 부대인 정(당주가 통솔)을 거느렸다. 신라는 정 외에도 서당·사자대[수도 금성(金城)을 지키던 군대]·위병(수도 방위) 등의 부대가 있었다.

> **심화** 각 국가의 중앙 관제(6전 조직 중심)

백제	통일 신라	발해	고려	조선	주요 업무
내신좌평	위화부	충부	이부	이조	문관 인사·왕실 사무·훈봉·고과
내두좌평	조부·창부	인부	호부	호조	호구·조세·어염·광산·조운
내법좌평	예부	의부	예부	예조	제사·의식·학교·과거·외교
위사·병관좌평	병부	지부	병부	병조	무관 인사·국방·우역·봉수 등
조정좌평	좌·우이방부	예부	형부	형조	법률·소송·노비 등
	예작부·공장부	신부	공부	공조	토목·산림·영선·도량형·파발

> **심화** 삼국의 도성

❶ 고구려

오녀산성은 초기 도읍지였던 졸본성으로 추정되며, 유리왕 시기 국내성(현재 길림성 집안현의 '통구성'으로 추정)으로 천도한 이후(서기 3년) 국내성 방어를 위해 '환도성(산성자산성)'을 축조하였다. 한편 장수왕의 평양 천도(427) 이후 『삼국사기』에는 "양원왕 8년(552)에 장안성을 축조하였고, 평원왕 28년(586)에 장안성으로 천도하였는데, 장안성은 평양성이라고도 한다."고 기록되어 있다. 즉, 장수왕의 평양 천도 이후 축조된 '안학궁과 대성산성'은 전기 평양성, '장안성'은 후기 평양성으로 구분한다. 한편 평양성은 **북성, 중성, 내성, 외성으로 구성**되어 있다.

❷ 백제

부여·고구려 계통의 온조가 남쪽으로 이동한 후 위례성(일반적으로 한성으로 통칭)을 근거지로 건국하였다. 한편 장수왕의 침입으로 한성이 함락된 후(475), 웅진으로 천도하였고, 웅진을 방어하기 위해 공산성을 쌓았다. 이후 성왕이 웅진에서 사비로 도읍을 옮긴 후(538) 부소산성을 축조하였는데, 당시에는 사비성이라 불렀다. 또한 사비성 외곽에 나성을 축조하여 외침을 방비하였다.

❸ 신라

금성(현재의 경주)을 방어하기 위해 북쪽에는 북형산성, 남쪽에는 남산성, 동쪽에는 명활산성, 서쪽에는 선도산성을 축조하였다.

> **바로 확인문제**

● 삼국 시대의 정치 제도에 대한 설명으로 옳은 것만을 모두 고르면?   18. 지방직(사복직 포함) 9급

> ㄱ. 삼국의 관등제와 관직 제도 운영은 신분제에 의하여 제약을 받았다.
> ㄴ. 고구려는 대성(大城)에는 처려근지, 그다음 규모의 성에는 욕살을 파견하였다.
> ㄷ. 백제는 도성에 5부, 지방에 방(方)-군(郡) 행정 제도를 시행하였다.
> ㄹ. 신라는 10정 군단을 바탕으로 영역을 확장하고 삼국 통일을 이룩하였다.

① ㄱ, ㄴ   ② ㄱ, ㄷ   ③ ㄴ, ㄹ   ④ ㄷ, ㄹ

단권화 MEMO

|정답해설|
ㄱ. 삼국의 관등제와 관직 제도의 운영은 신분제에 의해 제약받았다. 대표적 사례로 골품제가 있다.
ㄷ. 백제는 수도를 5부로 편제하였고, 지방은 5방(長: 방령)이 있고, 그 아래 군(長: 군장)이 있었다. 또한, 특수 행정 구역으로 22담로를 설치하였다.

|오답해설|
ㄴ. 고구려의 수도는 5부로 구성되었으며, 지방은 5부(長: 욕살) 아래 성(처려근지, 도사)과 말단의 촌으로 구성되었다.
ㄹ. 10정은 신라의 삼국 통일 이후 정비된 지방 군대이다.

|정답| ②

04 신라의 삼국 통일

(1) 고구려와 수·당과의 전쟁

① 6세기 후반 동아시아 정세 변화
  ㉠ 수의 중국 통일(589) : 양견에 의하여 수(隋)나라가 건국되고, 남북조로 분열되었던 중국이 수에 의하여 통일되었다.
  ㉡ 십(十)자형 외교 : 압력을 받은 고구려는 돌궐·백제·왜와 연합하여 남북 세력을 구축하였으며, 수는 이에 대항하여 신라와 동서 세력을 이루었다.

② 여수 전쟁
  ㉠ 발발 : 고구려의 요서 지방 선제공격으로 발발하였다.
  ㉡ 수 문제(文帝)의 침략(1차, 598) : 30만 대군을 동원하였으나 실패하였다.
  ㉢ 수 양제(煬帝)의 113만 대군 침략(2차) : 수의 군대는 고구려의 을지문덕에게 살수에서 대패하였다(살수 대첩, 612).

> **사료** 을지문덕의 「여수장우중문시」
>
> 신묘한 계책은 천문을 꿰뚫어 볼 만하고
> 오묘한 전술은 땅의 이치를 모조리 알도다.
> 전쟁에 이겨서 공이 이미 높아졌으니
> 만족을 알거든 그만 돌아가시구려.
> 『삼국사기』

  ㉣ 수의 멸망(618) : 수나라는 침략 전쟁으로 인한 국력 소모, 강남에서 화북까지의 무리한 대운하 건설로 인해 곧 멸망하고 이연에 의해 당이 건국되었다.

③ 여당 전쟁
  ㉠ 배경 : 당 태종 이후 당이 팽창 정책을 계속하자 고구려는 **천리장성(부여성~비사성)**을 축조하였다. 또한 연개소문은 대막리지가 되어 정치·군사권을 장악하고 신라와 당에 강경하게 대응하였다.
  ㉡ 제1차 여당 전쟁 : 보장왕 4년(645) 이세적을 선봉으로 당의 육군은 개모성을, 정명진이 이끄는 수군은 비사성을 각각 침략하였다. 그 후 안시성을 포위하여 공격하였으나 양만춘의 항전으로 퇴각하였다.
  ㉢ 제2·3차 여당 전쟁 : 당은 보장왕 6년(647), 7년(648)에 다시 침입하였으나, 고구려군의 저항으로 모두 실패하였다. 직접 침공에 실패한 당은 나당 연합을 통해 재기를 모색하였다.

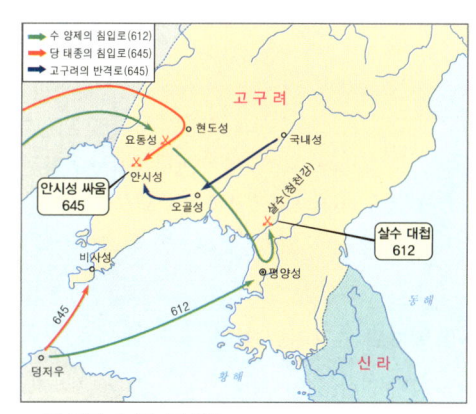
▲ 고구려와 수·당과의 전쟁

■ 천리장성

고구려가 당의 침략을 대비하기 위해 북쪽의 부여성(현재의 농안)부터 남쪽의 비사성(현재의 대련)까지 축조한 장성이다(631~647, 영류왕~보장왕). 한편 연개소문은 천리장성 공사를 감독하면서 요동의 군사력을 장악한 후, 정변을 일으켜 영류왕을 제거하고 보장왕을 옹립하였다.

심화 중국과의 역사 갈등 – 동북 공정 문제

❶ 동북 공정

중국의 동북 공정이란 '동북변강역사여현상계열연구공정'의 줄인 말로 동북 변경의 역사와 현황에 대한 체계적인 연구 프로젝트를 말한다. 중국 사회 과학원에서 조직하고, 동북 3성(라오닝성, 지린성, 헤이룽장성)의 성 위원회가 참여하여 지원하고 있다. 이 작업을 통해 중국은 고구려의 역사를 중국의 역사로 편입하려 하고 있다.

❷ 중국과의 역사 갈등

2002년부터 중국에서 추진하고 있는 '동북 공정'으로 우리나라와 중국 사이에 심각한 역사 갈등이 나타나고 있다. 중국이 동북 공정을 추진하는 실질적인 목적은 중국의 전략 지역인 동북 지역, 특히 고구려·발해 등 한반도와 관련된 역사를 중국의 역사로 만들어 한반도가 통일되었을 때 일어날 가능성이 있는 영토 분쟁을 미연에 방지하려는 것이다. 연구의 접근 방향은 중국은 한족(漢族)을 중심으로 55개의 소수 민족이 만든 국가이며, 현재의 중국 국경 안에 이루어진 모든 역사는 중국의 역사이므로, 고구려와 발해의 역사는 한국의 역사가 아니라 중국의 역사라는 논리이다. 즉, 고조선·고구려·발해 등은 고대 중국의 동북 지방에 속한 지방 정권이며, 특히 고구려와 수·당과의 전쟁은 내전이라고 주장한다. 우리나라에서는 동북 공정에 대하여 고구려 연구 재단(현재 동북아 역사 재단)을 설립하여 이론적 대응을 고심하고 있다.

바로 확인문제

● **고구려의 대중국 투쟁에 대한 설명으로 가장 옳은 것은?** 19. 2월 서울시(사복직 포함) 9급

① 고구려는 요서 지역을 선제공격함으로써 수나라를 견제하였다.
② 수 양제의 침략에 대비하기 위해 천리장성을 축조하였다.
③ 을지문덕은 당 태종의 2차 침입을 살수 대첩으로 막아 냈다.
④ 양만춘은 수나라의 별동대를 안시성에서 격퇴하였다.

단권화 MEMO
정답해설 고구려의 영양왕은 598년 요서 지역을 선제공격하여 수나라를 견제하였다. **오답해설** ② 고구려는 당의 침략을 막기 위해 천리장성을 축조하였다(631~647). ③ 을지문덕은 수나라 군대를 살수에서 격퇴하였다(살수 대첩, 612). ④ 양만춘은 당 태종의 군대를 안시성에서 격퇴하였다(645). **정답** ①

● **〈보기〉의 ㉠에 들어갈 인물에 대한 설명으로 가장 옳은 것은?** 19. 10월 서울시 7급

― 보기 ―
이때 (㉠)이/가 군사를 출동시켜 사면에서 들이치니 수 병사들은 살수를 건너지도 못하고 허물어졌다. 처음 수의 군대가 쳐들어올 때는 무릇 30만 5천 명이었는데, 요동성으로 돌아갈 때는 겨우 2천 7백 명뿐이었다.

① 그는 스스로 최고 관직인 대막리지에 올라 권력을 장악하였다.
② 그는 요하 하류에 있는 안시성에서 공방전 끝에 승리하였다.
③ 그가 적장 우중문에게 보낸 5언시가 전해진다.
④ 그는 5천의 결사대를 조직해 황산벌에서 싸웠으나 패하였다.

| **정답해설** 제시된 '수 병사', '살수' 등을 통해 살수 대첩과 관련된 사료임을 알 수 있다. 따라서 ㉠은 을지문덕이다. 을지문덕이 적장(수의 장군) 우중문에게 보낸 5언시가 현재 전해진다.
오답해설
① 연개소문, ② 양만춘, ④ 백제의 계백에 대한 설명이다.
정답 ③ |

(2) 백제와 고구려의 멸망

① 나당 연합(648)
    ㉠ 신라의 입장: 신라는 백제 의자왕의 공격으로 대야성을 비롯한 40여 성이 함락되는 등 고립이 계속되어 돌파구가 필요하였다.
    ㉡ 당의 입장: 고구려 침략에 실패한 당은 신라를 이용하여 한반도를 장악하려 하였다.
    ㉢ 동맹 체결: 진덕 여왕 때 김춘추가 당에 건너가 당과 동맹을 체결하였다(648).
② 백제 멸망(660): 신라는 황산벌 전투(현재의 충남 논산)에서 계백의 결사대를 무찌르고, 소정방의 당군과 함께 백제를 멸망시켰다.

③ 고구려 멸망(668) : 연개소문 사후에 지배층의 내분이 계속된 고구려는 나당 연합군에 의해 멸망하였다.

> **사료** 신라의 고구려와의 연합 실패
>
> 춘추(春秋)가 나아가 말하되, "백제가 탐욕이 심하여 우리의 지경(地境)을 침범하므로 우리 임금이 대국(大國)의 병마(兵馬)를 얻어 그 치욕을 씻으려 하여 신으로 하여금 폐하를 찾아뵙도록 하였나이다."라고 하였다. 고구려 왕이 이르되, "죽령(竹嶺)은 본시 우리의 땅이니 만일 죽령 서북의 땅을 돌려주면 원병(援兵)을 보내겠다."라고 하니, 춘추가 대답하기를 "신은 임금의 명을 받들어 군사를 청함이어늘 …… 죽을지언정 다른 것은 알지 못합니다."라고 하였다. 왕이 이 말에 노하여 춘추를 별관(別館)에 가두었다.
>
> 『삼국사기』

> **사료** 나당 연합군의 갈등
>
> 이날 소정방이 부총관 김인문 등과 함께 기벌포에 도착하여 백제 군사와 마주쳤다. …… 소정방이 신라군이 늦게 왔다는 이유로 군문에서 신라 독군 김문영의 목을 베고자 하니, 김유신이 군사들 앞에 나아가 "황산 전투를 보지도 않고 늦게 온 것을 이유로 우리를 죄주려 하는구나. 죄도 없이 치욕을 당할 수는 없으니, 결단코 먼저 당나라 군사와 결전을 한 후에 백제를 쳐야겠다."라고 말하였다.
>
> 『삼국사기』

(3) 백제와 고구려의 부흥 운동

① 백제 부흥 운동(660~663)
  ㉠ 왕족인 복신과 승려 도침이 일본에 있던 왕족 풍을 맞이하여 주류성(한산)에서 부흥 운동을 일으켰다. 흑치상지(黑齒常之)가 웅거한 임존성 등 200여 성이 호응하여 당군과 신라군에 대항하였다.
  ㉡ 백제 부흥 운동은 지도층의 내분으로 실패하였고, 왜의 수군이 백제 부흥군을 지원하기 위하여 백강 입구까지 왔으나 패퇴하였다(663).
  ㉢ 지수신의 항쟁 : 백제 부흥 운동을 주도하던 흑치상지 등은 당에 항복하였으나, 임존성에서 저항하던 지수신은 끝까지 항복하지 않았다. 그러나 당에 투항한 흑치상지 등이 임존성을 공격해 오자 더 이상 버티지 못하고 663년 고구려로 달아났으며, 임존성도 함락되고 말았다.

> **사료** 백강 전투
>
> (나당 연합군이) 백강으로 가서 육군과 모여서 동시에 주류성으로 가다가 백강 어귀에서 왜국 군사를 만나 네 번 싸워서 다 이기고 그들의 배 4백 척을 불태우니 연기와 불꽃이 하늘을 찌르고 바닷물이 붉어졌다.
>
> 『삼국사기』

단권화 MEMO

■ 김춘추와 '토끼의 간' 이야기

김춘추는 백제 의자왕의 공격으로 대야성이 함락되어 그의 딸과 사위가 죽게 되자(642) 고구려와 동맹하여 백제를 공격하고자 고구려에 갔다. 그러나 죽령 이북의 옛 고구려 땅을 내놓으라는 고구려의 압력을 받았고, 연개소문에 의해 감금당하였다. 김춘추는 고구려의 대신 선도해를 매수하였고, 선도해는 용궁에 붙잡혀 가 용왕에게 간을 내놓아야 할 위기에 꾀를 내어 목숨을 건진 토끼 이야기를 해주었다. 이에 김춘추는 고구려 왕에게 다음과 같은 글을 올렸다. "조령과 죽령은 본래 고구려의 땅입니다. 신이 귀국하면 우리 왕에게 청하여 돌려 드리겠습니다." 결국 김춘추는 '토끼의 간' 이야기로 기지를 발휘하여 살아올 수 있었다.

■ 김인문

김춘추의 둘째 아들(문무왕의 동생)인 김인문(金仁問)은 당에서 숙위 활동을 하였고, 당의 부(副)대총관으로 백제 원정에 종군하였다.

② 고구려 부흥 운동(670~674)
　㉠ 검모잠이 왕족인 안승을 추대하여 한성(현재 황해도 재령군 인근)에서 고구려 부흥 운동을 전개하였다(670). 한편 오골성을 중심으로 고연무가 부흥 운동에 참여하였다.
　㉡ 신라는 안승을 회유하여 금마저(익산)에 머물게 하고 보덕(국) 왕으로 삼아 고구려 유민을 통하여 당의 세력을 축출하고자 하였다.

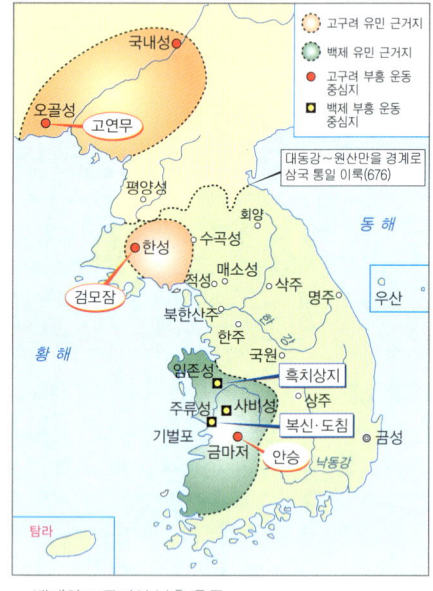
▲ 백제와 고구려의 부흥 운동

(4) 나당 전쟁과 신라의 삼국 통일

① 당의 한반도 직접 지배 야욕
　㉠ 백제와 고구려를 멸망시킨 후, 당은 백제의 옛 땅에 웅진 도독부(660)를 두어 유인원을 도독에 임명하고, 신라의 본토에는 계림 도독부(663)를 두어 신라 왕을 계림주 대도독으로 임명하였다.
　㉡ 평양에는 안동 도호부(668)를 설치하여 설인귀를 도호에 임명하는 등 한반도 전체에 대한 지배권을 확보하려 하였다.
② 나당 전쟁
　㉠ 신라는 백제·고구려 유민들과 연합하여 당과 전면전으로 대결하였다.
　㉡ **매소성 전투**(당 장수 – 이근행)와 **기벌포 전투**(당 장수 – 설인귀)에서 신라가 승리한 이후 신라의 지배권이 인정되어 대동강과 원산만을 잇는 선의 **남쪽**을 점유하였다(676).

▲ 나당 전쟁의 전개

사료　나당 전쟁

이때 당의 유병(遊兵)으로 여러 장수와 병졸 중에서 진(鎭)을 치고 주둔하며 장차 우리나라(신라)를 습격하려고 도모하려는 자가 있었다. 문무왕이 이를 알고 군사를 일으켰다. 다음 해(669)에 당(唐) 고종(高宗)이 김인문 등을 불러 꾸짖으며 "너희가 우리 군대를 청하여 고구려를 멸망시켰는데, 그 군대를 해치는 것은 어째서인가?"라고 하였다. 그리고 곧 (김인문 등을) 옥사(獄舍)에 가두고 군사 50만을 훈련시켜 설방(薛邦)을 장수로 삼아 신라를 정벌하고자 하였다. 이때 의상 법사가 서쪽으로 유학하고자 당나라에 들어가 있었는데, 찾아와 김인문을 만나 보니, 김인문이 (옥사에 갇힌) 사정을 그에게 알려 주었다. 의상은 이에 동쪽(신라)으로 돌아와 문무왕에게 보고하였다. 문무왕이 이를 매우 걱정하며 여러 신료를 모아 방어의 계책을 물어 보았다.

『삼국유사』

(5) 삼국 통일의 의의와 한계

① 의의
  ㉠ 당나라 세력을 무력으로 축출하여 자주적 성격을 확인할 수 있다.
  ㉡ 민족 문화 발전의 토대를 마련하였다.
② 한계
  ㉠ 민족 간 내부 전쟁에서 외세를 이용하였다.
  ㉡ 신라는 통일 이후 대동강에서 원산만 이남까지를 경계로 한 남쪽 땅을 차지하는 데 그쳐 고구려의 북쪽 영토를 잃었다.

○ 삼국 통일 과정

심화 신라의 삼국 통일

❶ 6세기 중엽 신라는 고구려로부터 빼앗은 한강 하류 지역을 독차지함으로써 1200여 년간 지속되어 온 나제 동맹을 결렬시켰다. 이로 인하여 고구려와 백제로부터 협공을 받아 어려움을 겪었지만 황해의 항로를 이용하여 중국의 수·당과 동맹을 맺었다.

❷ 신라의 통일 전쟁 과정
  • 첫째 단계는 나당 연합군과 백제·고구려의 전쟁이었다. 660년 신라와 당의 연합군이 백제를 공격하여 멸망시키고, 이듬해부터 고구려를 공격하기 시작하였다. 고구려는 초기에 이를 방어하였으나 내분으로 인하여 결국 668년에 멸망하고 말았다.
  • 둘째 단계는 신라와 당의 전쟁이었다. 일찍이 신라는 당과 군사 동맹을 맺으면서 적어도 평양 이남의 땅을 자신이 차지한다는 밀약을 맺었으나, 당이 삼국 전체를 수중에 넣으려는 의도를 보이자 양국 사이에 전쟁이 벌어지게 되었다. 이 과정에서 신라는 백제·고구려의 유민을 포섭하여 함께 당의 군대를 물리침으로써 마침내 대동강과 원산만을 잇는 선의 남쪽을 차지하여 불완전하게나마 삼국 통일을 이룩하였다.

바로 확인문제

● 밑줄 친 '그'에 대한 설명으로 옳은 것은?   22. 지방직 9급

> 이날 소정방이 부총관 김인문 등과 함께 기벌포에 도착하여 백제 군사와 마주쳤다. …… 소정방이 신라군이 늦게 왔다는 이유로 군문에서 신라 독군 김문영의 목을 베고자 하니, 그가 군사들 앞에 나아가 "황산 전투를 보지도 않고 늦게 온 것을 이유로 우리를 죄주려 하는구나. 죄도 없이 치욕을 당할 수는 없으니, 결단코 먼저 당나라 군사와 결전을 한 후에 백제를 쳐야겠다."라고 말하였다.

① 살수에서 수의 군대를 물리쳤다.
② 김춘추의 신라 왕위 계승을 지원하였다.
③ 청해진을 설치하고 해상 무역을 전개하였다.
④ 대가야를 정벌하여 낙동강 유역을 확보하였다.

|정답해설| 당과 신라는 백제 정벌 때 기벌포에서 합류하기로 하였으나, 황산벌 전투에서 계백이 이끄는 결사대의 강력한 저항으로 신라군이 고전하여 약속 날짜를 지키지 못하였다. 제시된 자료는 당시 신라의 김유신과 당의 소정방 사이의 갈등을 보여 주고 있으며, 밑줄 친 '그'는 김유신이다. 김유신은 김춘추(후에 태종 무열왕)의 왕위 계승을 지원하였다.

|오답해설|
① 을지문덕은 살수에서 수의 군대를 물리쳤다(살수 대첩, 612).
③ 장보고는 청해진을 설치하고(828) 해상 무역을 전개하였다.
④ 진흥왕 때 이사부, 사다함 등이 대가야를 정벌하였다(562).

|정답| ②

단권화 MEMO

|정답해설| 백제와 고구려의 멸망 이후 당은 백제의 옛 땅에 웅진 도독부를, 고구려의 옛 땅에 안동 도호부를, 경주에 계림 도독부를 두어 한반도를 직접 지배하려 하였다. 이에 신라는 고구려 부흥 운동군을 후원(안승을 보덕국 왕으로 봉함)하는 한편, 백제 땅에 대한 지배권을 장악하였다. 이어 **매소성과 기벌포에서 당군을 섬멸하면서 문무왕 16년(676)에 삼국을 통일하였다.**

|오답해설|
① 고구려 부흥 운동과 관련 있다.
② 신라 진흥왕과 백제 성왕과의 전투이다.
③ 고구려가 안시성에서 당 태종의 공격을 저지한 싸움이다.

|정답| ④

|정답해설| 제시된 사료는 나당 전쟁 중 대표적 전투인 매소성 전투(675)이다. 매소성 전투·기벌포 전투 이후 신라는 당을 물리치고 통일을 이루었다.
ㄴ. 신문왕 때 김흠돌이 반란을 일으켰다(681).
ㄷ. 신문왕 때 유학 교육 기관인 국학을 설치하였다(682).

|오답해설|
ㄱ. 백제 멸망 이후 웅진 도독부가 설치되었다(660).
ㄹ. 백제 멸망 이후 복신·도침 등은 부여풍과 함께 백제 부흥 운동을 일으켰다(660~663).

|정답| ③

*통일 신라의 성립과 발전
통일 이후 신라를 중대와 하대로 구분하여 시기별 특징을 이해하여야 한다.

● 신라의 통일 과정을 다음과 같이 두 단계로 구분할 때, 두 번째 단계에 해당하는 (가)와 관련된 역사적 사실로 옳은 것은?

> 신라의 통일 전쟁은 두 단계로 진행되었다. 첫 번째 단계는 나당 연합군과 백제, 고구려와의 전쟁이었다. 660년 신라와 당의 연합군이 백제를 공격하여 멸망시키고, 이듬해부터 고구려를 공격하기 시작하였다. 고구려는 초기에는 이를 방어하였으나 내분으로 인하여 결국 668년에 멸망하고 말았다. 두 번째 단계는 __(가)__ 이다. 이 과정에서 신라는 백제, 고구려의 유민을 포섭하여 싸워 승리함으로써 마침내 대동강과 원산만을 잇는 선의 남쪽을 차지하여 불완전하나마 삼국의 통일을 이룩하였다.

① 검모잠과 고연무의 활약
② 관산성 전투
③ 안시성 싸움
④ 매소성·기벌포 싸움

● 다음 전투 이후에 일어난 사건으로 옳은 것만을 모두 고르면? 23. 국가직 9급

> 이근행이 군사 20만 명의 대군을 이끌고 매소성(買肖城)에 머물렀다. 우리 군사가 공격하여 달아나게 하고 전마 30,380필을 얻었는데, 남겨놓은 병장기도 그 정도 되었다. 「삼국사기」

> ㄱ. 웅진 도독부가 설치되었다.
> ㄴ. 김흠돌이 반란을 일으켰다.
> ㄷ. 교육 기관인 국학이 설립되었다.
> ㄹ. 복신과 도침이 부여풍과 함께 백제 부흥 운동을 일으켰다.

① ㄱ, ㄴ   ② ㄱ, ㄹ   ③ ㄴ, ㄷ   ④ ㄷ, ㄹ

05 통일 신라(신라 후기, 후기 신라)의 성립과 발전*

(1) 신라의 시대 구분

① 『삼국사기』의 구분: 왕의 혈통에 따라 상대·중대·하대로 구분하였다.

상대	중대	하대
성골	진골 – 무열계 직계	내물계
박혁거세~진덕 여왕	무열왕~혜공왕	선덕왕~경순왕

② 『삼국유사』의 구분: 왕호의 성격에 따라 상고·중고·하고로 구분하였다.

상고	중고	하고
신라 고유 왕호 사용	불교식 왕호	중국식 시호
박혁거세~지증왕	법흥왕~진덕 여왕	무열왕~경순왕

(2) 통일 신라의 발전

통일 이후 신라는 강화된 경제력과 군사력을 토대로 왕권을 전제화하였다. 태종 무열왕(김춘추)은 최초의 진골 출신으로 통일 전쟁을 치르는 과정에서 왕권을 강화하였다. 아울러

이때부터 태종 무열왕의 직계 자손이 왕위를 세습하였고, 왕명을 받들고 기밀 사무를 관장하는 집사부의 장관인 시중의 권한을 강화하고 상대등 세력을 억제하였다.

① 태종 무열왕(654~661)
  ㉠ 신귀족 집단 형성: 금관가야계(김유신)와의 결합으로 진골 출신으로는 최초로 왕위를 계승하였다.
  ㉡ 왕권 전제화: 감찰 기관인 사정부를 설치하는 한편 갈문왕 제도가 사실상 폐지되었다.
  ㉢ 백제 멸망(660): 신라는 당과 연합하여 백제를 멸망시켰다.
② 문무왕(661~681)
  ㉠ 백제 부흥 운동을 진압하였다(663).
  ㉡ 신라는 당과 연합하여 고구려를 멸망시켰다(668).
  ㉢ 삼국 통일(676): 나당 전쟁으로 당나라를 격파하여 안동 도호부를 요동으로 축출하였다.
  ㉣ 우이방부(형부)를 설치하고 일본과 수교하였다.
  ㉤ 상수리 제도 시행: 지방 세력 통제를 목적으로 시행한 일종의 인질 제도이다.

> **사료** 상수리 제도
>
> 왕(문무왕)의 서제(庶弟)인 차득공(車得公)이 민정을 시찰하기 위해 거사(居士)의 모습을 하고 여러 지방을 거쳐 무진주(武珍州, 지금의 광주광역시)에 이르니, 주리(州吏) 안길(安吉)이 낯선 사람이라 생각하고 극진히 대접하였다. …… 다음 날 아침 거사가 떠나면서, 자신의 이름은 단오(端午)이며 집은 황룡(皇龍)과 황성(皇聖) 두 절 사이에 있으니 서울에 올라오면 찾아 달라고 하였다. …… 나라의 제도에 매년 각 주의 관리 한 사람을 불러서 서울의 여러 부서를 지키도록 하였는데, 안길이 상수(上守)할 차례가 되어 서울에 올라와 단오 거사를 찾아가 후한 대접을 받았다.
> 『삼국유사』

③ 신문왕(681~692)
  ㉠ 전제 왕권 확립: 김흠돌의 난과 연루된 진골 귀족들을 숙청하면서 왕권을 전제화하였다. 또한 금마저(현재의 익산)의 보덕국을 폐지하였고, 달구벌(현재의 대구)로 천도하여 중앙 집권을 강화하고자 하였다(천도는 실행되지 못함).
  ㉡ 중앙 관제 완비: 예작부와 공장부를 설치하여 중앙 14부를 완성하였다.
  ㉢ 지방 행정·군사 제도 정비: 전국을 9주 5소경으로 조직하고, 중앙군은 9서당, 지방군은 10정으로 정비하였다.
  ㉣ 귀족 세력 약화: 관료전을 지급하고 녹읍을 폐지하였다.
  ㉤ 국학 설치: 유교적 정치 이념에 입각하여 관료들의 자질을 높이기 위해 국학을 설치하였다.
  ㉥ 6두품 대두: 6두품은 왕권과 결탁하여 왕의 학문적·종교적·정치적 조언자의 역할을 하였다.

> **사료** 신문왕의 즉위 교서
>
> 공이 있는 자를 상 주는 것은 옛 성인의 좋은 규정이요, 죄 있는 자를 벌주는 것은 선왕의 아름다운 법이다. …… 적의 괴수인 흠돌·흥원·진공 등은 그 벼슬이 재능으로 높아진 것이 아니라 실상 왕의 은덕으로 올라간 것이지만, …… 악당들이 서로 도와 날짜와 기한을 정해 반역을 행하려 하였다.
> 『삼국사기』

단권화 MEMO

■ 시중
이전에는 중시라고 하였으나, 경덕왕 때부터 시중으로 바꾸었다.

단권화 MEMO
■ 감은사 대왕암(大王巖, 문무왕의 해중릉) 근처에 세워졌던 사찰이며 신문왕 때 완성되었다(신문왕 2년, 682). 감은사 터에는 3층 석탑 2기가 있다.

사료 감은사와 대왕암

문무왕이 왜병을 진압하고자 감은사를 처음 창건하려 했으나, 끝내지 못하고 죽어 바다의 용이 되었다. 뒤이어 즉위한 신문왕이 공사를 마무리하였다. 금당 돌계단 아래에 동쪽을 향하여 구멍을 하나 뚫어 두었으니, 용이 절에 들어와서 돌아다니게 하려고 마련한 것이다. 유언에 따라 유골을 간직해 둔 곳은 대왕암(大王岩)이라고 불렀다.

『삼국유사』

심화 만파식적 고사 – 신문왕 시기 왕실의 번영과 평화를 상징

『삼국유사』에 의하면 신라 31대 신문왕이 아버지 문무왕을 위하여 동해변에 감은사를 지어 추모하였는데, 죽어서 해룡이 된 문무왕과 천신이 된 김유신이 합심하여 용을 시켜 동해의 한 섬에 대나무를 보냈다. 이 대나무는 낮이면 갈라져 둘이 되고, 밤이면 합하여 하나가 되는지라, 왕은 이 기이한 소식을 듣고 현장에 거동하였다.
이때 나타난 용에게 왕이 대나무의 이치를 물으니, 용은 "비유하건대 한 손으로는 어느 소리도 낼 수 없지만 두 손이 마주치면 능히 소리가 나는지라. 이때도 역시 합한 후에야 소리가 나는 것이요. …… 또한 대왕은 이 성음(聲音)의 이치로 천하의 보배가 될 것이다. ……"라고 예언하고 사라졌다.
왕은 곧 이 대나무를 베어서 피리를 만들어 부니, 나라의 모든 걱정·근심이 해결되었다고 한다. 그리하여 이 피리를 국보로 삼았는데, 효소왕 때 분실하였다가 우연한 기적으로 다시 찾게 된 후 이름을 만만파파식적(萬萬波波息笛)이라 고쳤다고 한다.

④ 성덕왕(702~737)
  ㉠ 정전 지급: 백성들에게 정전을 지급하여 토지 및 농민 지배력을 강화하였다.
  ㉡ 장성 축조 및 당과 수교: 발해를 견제하기 위해 장성(현재 강릉 지방 북쪽)을 축조하였고, 당과의 공식 수교가 이루어졌다.
  ㉢ 「백관잠(百官箴)」 제정: 성덕왕 10년(711) 백관(모든 관리)을 훈계하기 위하여 지었으나, 현재 전하지는 않는다.

사료 성덕왕의 업적

❶ 성덕왕 10년(711) 11월에 왕이 「백관잠(百官箴)」을 지어 여러 신하에게 보여 주었다.
❷ 성덕왕 12년(713) 봄 2월에 전사서(典祀署, 국가의 제사를 담당하던 관청)를 설치하였다.
❸ 성덕왕 13년(714) 2월에 상문사(詳文司)를 통문박사(通文博士)로 고치고 표문(表文) 쓰는 일을 담당하게 하였다.
❹ 성덕왕 16년(717) 봄 2월에 의박사(醫博士)와 산박사(算博士)를 각각 1인씩 두었다. …… 가을 9월에 당(唐)나라에 갔던 대감(大監) 수충(守忠)이 돌아와 문선왕(文宣王)과 10철(哲) 및 72제자(弟子)의 초상화를 바치자, 곧 태학(太學)에 안치하였다.
❺ 성덕왕 17년(718) 여름 6월에 …… 처음으로 누각(漏刻, 물시계의 일종)을 만들었다.

『삼국사기』

⑤ 경덕왕(742~765)
  ㉠ 집사부의 장관인 중시를 시중으로 고쳐 불렀다.
  ㉡ 지방 명칭과 관부의 명칭 변경: 757년에 지방 9개 주의 명칭을 비롯한 군현의 명칭을, 759년에는 중앙 관부의 관직명을 모두 중국식으로 바꾸었다.
  ㉢ 국학 정비: 국학을 태학감으로 개칭하여 박사·조교를 두었다(혜공왕 때 다시 국학으로 개칭).
  ㉣ 불국사·석굴암 축조: 김대성의 발원으로 불국사와 석굴암이 축조되기 시작하였다.
  ㉤ 녹읍 부활: 경덕왕 16년(757)에 녹읍이 다시 부활하였다.

| 사료 | 집사부와 시중

집사성의 원래 이름은 품주이다. 진덕 여왕 5년(651)에 집사부로 고쳤고, 중시는 1명으로 집사부를 통솔하였다. 경덕왕 6년(747)에 중시의 이름을 시중으로 고쳐 삼았다.

『삼국사기』

| 사료 | 경덕왕 시기의 향가

「안민가」

충담사

임금은 아버지요 신하는 사랑하실 어머니시라.
백성을 어리석은 아이라 여기시니, 백성이 그 사랑을 알리라.
꾸물거리며 사는 물생들에게, 이를 먹여 다스리네.
이 땅을 버리고 어디로 가랴, 나라 안이 유지됨을 알리다.
아아! 임금답게 신하답게 백성답게 할지면, 나라 안이 태평하리라.

『삼국유사』

⑥ 혜공왕(765~780)
  ㉠ 768년 각간 대공(大恭)의 난이 도화선이 되어 96각간의 난이 일어났다.
  ㉡ 혜공왕의 피살: 이찬 김지정의 난 때 혜공왕이 살해되고, 내물 마립간의 후손인 상대등 김양상이 선덕왕으로 즉위하였다(780).

| 바로 확인문제 |

● 같은 왕 대에 발생한 일이 <u>아닌</u> 것은? 19. 10월 서울시 7급

① 왕의 장인인 김흠돌이 반란을 일으켜 그 일당을 처벌하였다.
② 유교 경전에 대한 이해 수준에 따라 세 등급으로 나누어 관리를 채용하였다.
③ 유학 교육을 위하여 국학을 설립하였다.
④ 지방 제도를 개편하여 전국을 9개의 주(州)로 나누고 5개의 소경(小京)을 두는 체제로 정비하였다.

● 〈보기〉의 밑줄 친 '왕'에 대한 설명으로 가장 옳은 것은? 20. 서울시(자체 출제) 9급

┤ 보기 ├
<u>왕</u>이 행차에서 돌아와 그 대나무로 피리를 만들어 월성의 천존고(天尊庫)에 간직하였다. 이 피리를 불면 적병이 물러가고 병이 나으며, 가뭄에는 비가 오고 장마에는 날씨가 개며, 바람이 잦아지고 물결이 평온해졌다. 이를 만파식적으로 부르고 나라의 보물이라 칭하였다.

『삼국유사』

① 녹읍을 부활시켰다.
② 9주 5소경을 설치하였다.
③ 정전을 지급하였다.
④ 고구려 부흥 운동을 지원하였다.

단권화 MEMO

|정답해설| 독서삼품과(유교 경전에 대한 이해 수준에 따라 세 등급으로 나누어 관리를 채용)는 원성왕 때 설치되었다(원성왕 4년, 788).

|오답해설|
① 김흠돌의 난, ③ 국학의 설립, ④ 9주 5소경 체제 정비는 모두 신문왕 시기의 사실이다.

|정답| ②

|정답해설| 제시된 사료는 만파식적(萬波息笛)의 고사로, 신문왕 때 신라의 안정된 모습을 반영하고 있다. 신문왕은 지방 제도로 9주 5소경을 설치하였다.

|오답해설|
① 경덕왕 16년에 녹읍이 부활하였다(757).
③ 성덕왕 21년에 정전이 지급되었다(722).
④ 문무왕 때 안승을 보덕국 왕에 임명(674)하는 등 고구려 부흥 운동을 지원하였다.

|정답| ②

| 단권화 MEMO |

정답해설 | 신문왕은 문무 관리에게 관료전을 지급하고(687) 녹읍을 폐지(689)하였으며, 유학 교육을 위해 국학을 설치하였다(682).

오답해설 |
① 독서삼품과는 원성왕 시기인 788년에 실시되었다.
③ 경덕왕 때에 국학을 태학감으로 고치고 박사와 조교를 두어 유학 경전을 교육하였다.
④ 성덕왕 시기에 당에서 공자, 10철(十哲), 72제자의 화상(畫像, 초상화)을 들여와 국학에 안치하였다.

정답 | ②

■ **신라 하대**
신라 하대는 37대 선덕왕(780~785)으로부터 56대 경순왕(927~935) 때까지를 말하는데, 155년 동안 20명의 왕이 교체될 정도로 정치적 혼란기였다.

● 〈보기〉의 정책이 실시된 왕 대에 대한 설명으로 가장 옳은 것은? 22. 2월 서울시(자체 출제) 9급

┤ 보기 ├
재위 9년 봄 정월에 교를 내려 내외 관료의 녹읍을 폐지하고, 1년 단위로 조(租)를 차등 있게 하사하는 것을 항식(恒式)으로 삼았다.

① 독서삼품과를 실시하였다.
② 유교 교육을 강화하기 위해 국학을 설치하였다.
③ 국학을 태학감으로 고치고 박사와 조교 등을 두었다.
④ 국학에 공자와 10철 등의 화상을 안치하여 유교 교육을 강화하였다.

(3) 신라 하대 사회의 동요

① 진골 귀족 세력의 강화
  ㉠ 집사부 시중의 세력은 약화되고 귀족을 대표하는 상대등 세력이 강화되었다.
  ㉡ 원성왕 시기에 능력 중심의 관리 임용 제도인 '독서삼품과'가 실시되었으나(788), 진골 귀족의 반대로 제도로서 정착되지는 못했다.

사료 독서삼품과

봄에 처음으로 독서삼품(讀書三品)을 정하여 벼슬을 하게 하였다. 『춘추좌씨전』, 『예기』, 『문선』을 읽어서 그 뜻을 능통하게 알고, 겸하여 『논어』와 『효경』에 밝은 자를 상품(上品)으로 하고, 『곡례』, 『논어』, 『효경』을 읽은 자를 중품(中品)으로 하고, 『곡례』와 『효경』을 읽은 자를 하품(下品)으로 하였다. 만일 오경, 삼사, 제자백가서에 다 능통한 자는 등급을 밟지 않고 이를 등용하였으며, 전에는 단지 활 쏘는 것으로 인물을 선발하던 것을 이때에 와서 고쳤다.
『삼국사기』

② 대표적 왕위 쟁탈전: 헌덕왕(809~826) 시기의 김헌창의 난(822)이 대표적이다.

사료 김헌창의 난

헌덕왕 14년(822) 3월 웅천주 도독(熊川州都督) 헌창(憲昌)이 그의 아버지 주원(周元)이 왕이 되지 못한 것을 이유로 반란을 일으켜 나라 이름을 장안(長安)이라 하고 연호(年號)를 세워 경운(慶雲) 원년이라고 하였다. 무진(武珍)·완산(完山)·청주(菁州)·사벌(沙伐)의 네 주 도독과 국원경(國原京)·서원경(西原京)·금관경(金官京)의 사신(仕臣)과 여러 군현 수령을 위협하여 자기 소속으로 삼으려 하였다. 청주 도독 향영(向榮)은 몸을 빠져나와 추화군(推火郡)으로 달아났고, 한산주(漢山州)·우두주(牛頭州)·삽량주(歃良州)와 패강진(浿江鎭)·북원경(北原京) 등은 헌창의 반역 음모를 미리 알고 군사를 일으켜 스스로 지켰다.
『삼국사기』

③ 호족의 성장
  ㉠ 토착 촌주·몰락한 진골·지방의 군진 세력·해상 세력 등이 자립하였다.
  ㉡ 스스로를 성주나 장군으로 불렀다.
④ 6두품: 도당 유학생 출신의 6두품은 유교 정치 이념을 제시하였으나, 수용되지 않자 반신라적 경향으로 돌아섰고, 지방 호족과 연결되었다.
⑤ 농민 봉기: 사벌주(상주) 지방의 원종과 애노의 난이 대표적이다.

사료 통일 신라 말의 정세

❶ 골품제의 모순
  • 최치원이 서쪽으로 당에 가서 벼슬을 하다가 고국에 돌아왔는데, 전후에 난세를 만나서 처지가 곤란하였으며 걸핏하면 모함을 받아 죄에 걸리겠으므로 스스로 때를 만나지 못한 것을 한탄하고 다시 벼슬할

뜻을 두지 않았다. 그는 세속과 관계를 끊고 자유로운 몸이 되어 숲속과 강이나 바닷가에 정자를 짓고 소나무와 대나무를 심으며 책을 벗하여 자연을 노래하였다.

『삼국사기』

- 설계두는 신라의 귀족 자손이다. 일찍이 친구 네 사람과 술을 마시며 각기 그 뜻을 말할 때 "신라는 사람을 쓰는 데 골품을 따져서 그 족속이 아니면 비록 뛰어난 재주와 큰 공이 있어도 한도를 넘지 못한다. 나는 멀리 중국에 가서 출중한 지략을 발휘하고 비상한 공을 세워 영화를 누리며, 높은 관직에 어울리는 칼을 차고 천자 곁에 출입하기를 원한다."라고 하였다. 그는 621년 몰래 배를 타고 당으로 갔다.

『삼국사기』

❷ 통일 신라 말의 혼란

- 진성 여왕 3년(889) 나라 안의 여러 주·군에서 공부(貢賦)를 바치지 않으니, 창고가 비고 나라의 쓰임이 궁핍해졌다. 왕이 사신을 보내어 독촉하였지만, 이로 말미암아 곳곳에서 도적이 벌떼같이 일어났다. 이에 원종·애노 등이 사벌주(상주)에 의거하여 반란을 일으키니, 왕이 나마 벼슬의 영기에게 명하여 잡게 하였다. 영기가 적진을 쳐다보고는 두려워하여 나아가지 못하였다.

『삼국사기』

- 진성 여왕 10년(896)에 도적이 경주의 서남쪽에 나타났는데 이들은 붉은 바지를 입고 있었다. 이때 사람들이 이들을 '적고적'이라고 불렀다. 그들은 주현을 약탈했으며, 경주 서부의 모량리에서 민가를 약탈하였다.

『삼국사기』

- 당나라 19대 황제(소종, 888~904)가 중흥을 이룰 때, 전쟁과 흉년 두 가지 재앙이 서쪽(당)에서 멈추어 동쪽(신라)으로 왔다. 어디고 이보다 더 나쁜 것이 없었고 굶어 죽고 싸우다 죽은 시체가 들판에 즐비하였다.

해인사 묘길상탑기

바로 확인문제

● 밑줄 친 '반란'에 대한 설명으로 옳은 것만을 모두 고르면?   24. 국가직 9급

> 웅천주 도독 헌창이 반란을 일으켜, 무진주·완산주·청주·사벌주 네 주의 도독과 국원경·서원경·금관경의 사신 및 여러 군현의 수령들을 위협하여 자신의 아래에 예속시키려 하였다.

> ㄱ. 천민이 중심이 된 신분 해방 운동 성격을 가졌다.
> ㄴ. 반란 세력은 국호를 '장안', 연호를 '경운'이라 하였다.
> ㄷ. 주동자의 아버지가 왕이 되지 못한 것에 대한 불만으로 일어났다.
> ㄹ. 무열왕 직계가 단절되고 내물왕계가 다시 왕위를 차지하는 결과를 가져왔다.

① ㄱ, ㄴ   ② ㄱ, ㄹ   ③ ㄴ, ㄷ   ④ ㄷ, ㄹ

● 밑줄 친 '왕'이 다스리던 시기에 있었던 사실로 가장 옳은 것을 〈보기〉에서 모두 고른 것은?   24. 법원직 9급

> 왕 3년(889) 나라 안의 여러 주(州)·군(郡)에서 공물과 조세를 보내지 않아 나라의 창고가 텅 비어 나라의 씀씀이가 궁핍하게 되었으므로 왕이 사자를 보내 독촉하였다. 이로 말미암아 도적들이 곳곳에서 벌떼처럼 일어났다.

> ┤보기├
> ㄱ. 적고적의 난이 발생하였다.
> ㄴ. 김헌창의 반란이 진압되었다.
> ㄷ. 만적이 신분 해방을 주창하였다.
> ㄹ. 원종과 애노가 사벌주에서 봉기하였다.

① ㄱ, ㄷ   ② ㄱ, ㄹ   ③ ㄴ, ㄷ   ④ ㄴ, ㄹ

|정답해설| 웅천주 도독 김헌창은 ㄷ. 무열왕계 후손인 아버지 김주원이 원성왕에게 밀려 왕위에 오르지 못한 것에 불만을 품고, 822년(헌덕왕 14년) 반란을 일으켰다. ㄴ. 그는 국호를 장안(長安), 연호를 경운(慶雲)이라 하고, 무진주(현재의 광주)·완산주(현재의 전주)·청주(현재의 진주)·사벌주(현재의 상주)의 4개 지역 도독과 국원경(현재의 충주)·서원경(현재의 청주)·금관경(현재의 김해) 등의 관리들과 군·현의 수령들이 항복하여, 한때 충청·전라·경상 등지의 여러 지역이 이에 호응하였다.

|오답해설|
ㄱ. 천민이 중심이 된 신분 해방적 성격을 가진 대표적 반란은 고려 시대 만적의 난(1198)이다.
ㄹ. 김지정의 난으로 혜공왕이 피살되면서 무열왕의 직계가 단절되고, 내물왕계가 다시 왕위를 차지하는 결과(선덕왕의 즉위, 780)를 가져왔다.

|정답| ③

|정답해설| 제시된 내용은 진성 여왕 3년(889)에 일어난 ㄹ. 원종과 애노의 난 사료이다. 진성 여왕 때는 ㄱ. 896년 적고적(赤袴賊)의 난도 발생하였다.

|오답해설|
ㄴ. 김헌창의 난은 822년 신라 헌덕왕 때 일어났다.
ㄷ. 만적은 1198년(신종 1년, 최충헌 집권 시기) 신분 해방을 주창하였다.

|정답| ②

단권화 MEMO

* 발해의 성립과 발전
발해 주요 왕들의 업적을 당과의 관계 속에서 파악해야 한다.

06 발해의 성립과 발전*

(1) 발해의 건국과 발전

① 고왕(대조영, 1대, 698~719)
  ㉠ 건국: 대조영은 천문령에서 당의 군대를 물리친 후, 동모산(현재의 중국 지린성 둔화)에서 진국(振國)을 건국하고(698) 연호를 천통(天統)이라고 하였다.
  ㉡ 진국은 고구려 유민들을 끌어들이고 주변 지역으로 세력을 확대하였다.
  ㉢ 외교: 고왕은 당의 위협으로부터 벗어나기 위해 돌궐과 외교 관계를 맺었다.
  ㉣ 구성: 지배 계급은 소수의 고구려인이었으며, 피지배 계급은 다수의 말갈족으로 구성되었다. 다만 일부 말갈족은 발해 건국 과정에 참여하여 지배 계급으로 편입되었다.

▲ 발해의 영역

  ㉤ 발해 군왕: 당으로부터 발해 군왕으로 봉해졌다(713). 이후 국호를 '발해'라 하였다.

> **사료** 발해의 건국과 남북국 시대
>
> ❶ 발해의 건국
> 발해 말갈의 대조영은 본래 고구려의 별종이다. 고구려가 망하자 대조영은 그 무리를 이끌고 영주로 이사하였다. …… 대조영은 용맹하고 병사 다루기를 잘하였으므로 말갈의 무리와 고구려의 남은 무리가 점차 그에게 들어갔다.
> 『구당서』
>
> ❷ 남북국 시대
> 부여씨가 멸망하고 고씨가 망하게 되니 김씨가 그 남쪽 땅을 가지고 대씨가 그 북쪽 땅을 소유하여 발해라고 하였다. 이것을 남북국이라 한다. 그러니 마땅히 남북국사가 있어야 할 것이다. 그런데 고려가 이것을 편수하지 않은 것은 잘못이다. 대개 대씨라는 이는 어떤 사람인가. 바로 고구려 사람이다. 그가 소유하였던 땅은 어떤 땅인가. 바로 고구려 땅이다. …… 마침내 발해사를 편수하지 않아서 토문 이북과 압록 이서의 땅으로 하여금 누구의 땅인지 알지 못하게 하였으니, 여진인을 꾸짖고자 하나 할 말이 없고, 거란을 꾸짖고자 하나 그 말이 없었다. 고려가 드디어 약국이 된 것은 발해를 차지하지 못하였기 때문이다. 한탄스러움을 이길 수 있겠는가.
> 유득공, 『발해고』

> **심화** 발해와 고구려의 관계
>
> 대조영과 그 후손들의 고구려 지향성은 일본과의 외교 과정에서 매우 뚜렷하게 드러난다. 『속일본기』의 기록에 따르면 759년 발해의 문왕이 일본에 사신을 보내면서 스스로를 '고려 국왕 대흠무'라고 불렀으며, 일본에서도 발해의 왕을 '고려 국왕'으로 불렀다. 뿐만 아니라 발해를 가리켜 자주 '고려'라고 불렀으며, '발해의 사신'을 '고려의 사신'으로 표현한 사례가 일본 측 기록에 많이 있다.

■ 발해
고려 말 이승휴의 『제왕운기』에서 발해 역사를 민족사에 포함시키려는 태도를 보이고 있으며, 그 후 18세기의 실학자들과 20세기의 민족 사학자들에 의해 본격적으로 우리 역사로 연구되기 시작하였다. 특히 유득공은 『발해고』에서 처음으로 발해를 한국사의 체계에 넣어 통일 신라와 발해를 '남북국 시대'로 인식해야 한다는 논리를 제시하였다. 18세기 실학자들의 연구로는 유득공의 『발해고』를 비롯하여 이종휘의 『동사』, 정약용의 『아방강역고』, 한치윤의 『해동역사』, 서상우의 『발해강역고』, 홍석주의 『동사세가』 등이 있다. 한말·일제 강점기 때의 연구에는 신채호의 『조선상고사』, 장지연의 『백두산정계비고』 등이 있다.

■ 남북국 시대
통일 신라와 발해가 병존한 시기를 말한다. '남북국'이란 용어가 최초로 쓰인 것은 조선 후기 유득공의 『발해고』이다.

② 무왕(대무예, 2대, 719~737)
　㉠ 연호의 사용과 영토 확장: '인안'이라는 연호를 사용하였고, 북만주 일대를 장악하였다.
　㉡ 외교: 돌궐, 일본(무왕 때 국교 체결, 727)과 우호 관계를 형성하여 당과 신라를 견제하였다.
　㉢ 당과 대립: 흑수부 말갈 문제로 당과 대립하다가 산동반도 등주를 선제공격(장문휴, 732)하였다. 이듬해에는 당과 신라의 연합 공격을 격퇴하였다.

> **사료**　발해 무왕의 국서 – 일본과의 국교 체결
>
> 발해 왕이 아룁니다. 산하(山河)가 다른 곳이고, 국토가 같지 않지만 어렴풋이 풍교 도덕(風敎道德)을 듣고 우러르는 마음이 더할 뿐입니다. 공손히 생각하건대 대왕은 천제(天帝)의 명을 받아 일본의 기틀을 연 이후 대대로 명군(明君)의 자리를 이어 자손이 번성하였습니다. 발해 왕은 황송스럽게도 대국(大國)을 맡아 외람되게 여러 번(蕃)을 함부로 총괄하며, 고려의 옛 땅을 회복하고 부여의 습속(習俗)을 가지고 있습니다. 그러나 다만 너무 멀어 길이 막히고 끊어졌습니다. 어진 이와 가까이 하며 우호를 맺고 옛날의 예에 맞추어 사신을 보내어 이웃을 찾는 것이 오늘에야 비롯하게 되었습니다. 『속일본기』

③ 문왕(대흠무, 3대, 737~793)
　㉠ 외교: 당과 친선 관계를 유지하며, 당의 제도를 수용하였다. 또한 당에 사신과 유학생을 파견하였고, '신라도'를 개설하였다.
　㉡ 상경 천도: 당에서 안녹산과 사사명의 난(안사의 난, 755~763)이 일어나자, 중경에서 **상경으로 천도**하였다(756). 상경의 도시 구조 및 주작대로는 당의 영향을 받았다.
　㉢ 왕권 강화: 당으로부터 발해 국왕으로 격상(762)되었으며, '대흥', '보력'이라는 독자적 연호를 사용하였다. 또한 문왕을 '황상'이라 하였으며, 일본에 보낸 국서에서는 '천손'이라고 칭하였다.
　㉣ 체제 정비: 3성 6부(중앙 조직)를 조직하였고, 국립 대학인 주자감을 설치하였다.

> **사료**　정효 공주(문왕의 넷째 딸) 묘지석에서 보이는 황상(皇上) 칭호
>
> 공주는 대흥(大興) 56년(792) 여름 6월 9일에 사망하였는데, 당시 나이는 36세였다. 이에 시호를 정효 공주라고 하였다. …… 황상(皇上)은 조회마저 금하고, 비통해 하시며 침식을 잊고 노래와 춤추는 것도 금지시켰다.

> **사료**　문왕의 국서에 대한 일본의 반응
>
> 지금 보내온 국서(國書)를 살펴보니 부왕(父王)의 도를 갑자기 바꾸어 날짜 아래에 관품(官品)을 쓰지 않고, 글 끝에 천손(天孫)이라는 참람된 칭호를 쓰니 법도에 어긋납니다. 왕의 본래의 뜻이 어찌 이러하겠습니까. …… 지금 대씨는 일없이 고의로 망령되이 사위와 장인을 칭하였으니 법례를 잃은 것입니다. 『속일본기』

④ 선왕(대인수, 10대, 818~830)
　㉠ 해동성국: 대부분의 말갈족을 복속시키고, 요동 지역으로 진출하였다. 그 결과 북으로는 흑룡(헤이룽)강, 동으로는 연해주, 서로는 개원, 남으로는 영흥에 이르는 광대한 영토를 확보하였다. 이에 중국에서는 발해를 해동성국으로 칭하였다.
　㉡ 체제 정비: 5경 15부 62주 지방 조직을 완성하고, '건흥'이라는 연호를 사용하였다.

> **사료**　발해의 영역
>
> 땅은 영주(營州)의 동쪽 2천 리에 있으며, 남으로는 신라와 서로 접한다. 월희말갈에서 동북으로 흑수말갈에 이르는데, 사방 2천 리, 호는 십여 만, 병사는 수만 명이다.

■ 해동성국
바다 동쪽의 융성한 나라라는 뜻으로서, 9세기 선왕 때 전성기를 맞이한 발해를 중국에서 높여 부른 말이다.

(2) 발해의 멸망과 부흥 운동

① 멸망(926): 대인선(15대, 906~926) 때 거란(요)의 야율아보기의 공격으로 상경(홀한성)이 함락되면서 멸망하였다.
② 발해 부흥 운동
  ㉠ 거란의 야율아보기는 발해 멸망 이후 동단국을 세우고 자신의 맏아들이 그곳을 다스리게 하였다.
  ㉡ 정안국(열만화, 938~986), 흥요국(대연림, 1029~1030) 등을 건국하였으나, 요(거란)에 의해 멸망하였다.

(3) 발해의 대외 관계

① 당과의 관계
  ㉠ 적대 관계(무왕, 8세기 초반)
    • 원인: 발해의 세력이 강해지자 흑수부 말갈이 발해와의 화친 관계를 깨고 당나라에 보호 관계를 요청하였다. 이에 당이 흑수부 말갈에 도독부를 설치하여 발해를 견제하였으며, 신라도 북방의 경계를 강화하였다.
    • 내용: 이에 반발한 무왕은 장문휴로 하여금 수군을 이끌고 당의 산둥 지방을 공격(732)하는 한편, 요서 지방에서는 당군과 격돌하였다.
    • 결과: 발해는 당과 신라의 공격(733)을 양면으로 받았지만, 이를 격퇴하면서 국가적 발전을 이룩하였다.
  ㉡ 친선 관계(문왕, 8세기 후반): 발해는 문왕 때 당과 화친을 맺고 사신을 자주 파견하였으며, 발해의 많은 유학생들이 당의 빈공과에 합격하기도 하였다. 그 결과 당의 발달된 문물을 수입하였고, 무역도 빈번히 이루어졌다.
② 일본·돌궐과의 관계: 발해는 당과 신라의 협공을 견제함과 동시에 국가적 고립을 탈피하기 위해서 일본과 빈번히 교류하였고, 당을 견제하기 위해서 돌궐과 우호적인 관계를 유지하였다.
③ 신라와의 관계
  ㉠ 동족 의식 존재(교류 관계)
    • 발해는 건국 초에 신라에 사신을 파견하였고, 신라는 대조영에게 5관등 대아찬의 품계를 주었다.
    • 발해가 국내외적으로 어려움에 처하였을 때(거란 침입) 신라에 도움을 청하기도 하였다.
    • 발해와 신라의 사신이 왕래하던 교통로로 '신라도'가 있었다. 이를 통해 신라는 8세기 말 원성왕 6년(790)에 백어를, 9세기 초 헌덕왕 4년(812)에는 숭정을 발해에 사신으로 파견하여 교류하였다.
  ㉡ 대립 의식(불편한 관계)
    • 발해와 신라 간의 대립 의식은 당을 사이에 두고 문화적인 우월 경쟁과 대당 의존 외교로 나타난 것이지만, 당의 견제 정책에 의하여 이와 같은 상황은 더욱 조장되었다.
    • 당에 간 발해와 신라의 사신이 서로 상석에 앉기를 다투거나(쟁장 사건), 빈공과의 합격자 서열을 문제 삼기도 하였다(등제 서열 사건).

> **단권화 MEMO**
>
> ■ **쟁장 사건(효공왕, 897)**
> 당에 간 발해의 사신이 신라의 사신보다 상석에 앉을 것을 요청하였다가 거절당한 사건이다.
>
> ■ **등제 서열 사건(효공왕, 906)**
> 신라의 최언위가 발해의 오광찬보다 빈공과 등제 석차가 앞서자 당에 사신으로 온 오소도(오광찬의 아버지)가 아들의 석차를 올려 달라고 요청하였다가 거절당한 사건이다.

사료 발해와 신라의 대립 - 쟁장 사건

신이 본국 숙위원(宿衛院) 장보(狀報)를 보니, 지난 건녕(乾寧) 4년(효공왕 1년, 897) 7월 중에 발해 하정사(賀正使)인 왕자 대봉예(大封裔)가 장(狀)을 올려, 발해가 신라 위에 있도록 허락해 주기를 청하였습니다.

삼가 이에 대한 칙지(勅旨)를 받들건대, "국명(國名)의 선후는 본래 강약에 의해서 따져 칭하는 것이 아니다. 조제(朝制)의 등위(等威)를 어찌 성쇠(盛衰)로 고칠 수가 있겠는가. 마땅히 구례(舊例)대로 할 것이니 이에 선시(宣示)를 따르도록 하라."는 것이었습니다.

최치원, 「사불허북국거상표」

사료 | 발해와 신라의 외교 관계

❶ 대립 관계

무왕 14년(732). 왕은 장군 장문휴를 보내 당의 등주를 공격하게 하였다. 이에 당 현종은 태복 원외랑 김사란을 신라에 보내 군사를 출동하여 발해의 남경을 공격하게 하였다. 신라는 군사를 내어 발해의 남쪽 국경선 부근으로 진격하였다. 이에 발해가 군사를 등주에서 철수하였다.

『신당서』

❷ 친선 관계
- 원성왕 6년(790) 3월에 일길찬 백어를 북국에 사신으로 보냈다.
- 헌덕왕 4년(812) 9월에 급찬 숭정을 북국에 사신으로 보냈다.

『삼국사기』

(4) 발해의 교역로

『신당서(新唐書)』 발해전은 상경을 중심으로, 각 방면에 이르는 교통로를 설명하고 있다.

① 영주도·조공도: 영주도는 당나라의 장안으로 직통하는 육상 교통망이었는데, 거란·돌궐 및 안사의 난으로 여러 차례 차단됨으로써 점차 서경 압록부의 조공도(압록도라고 불림)를 이용하게 되었다.
② 거란도: 부여부를 거쳐 거란과 교역했던 교역로였다.
③ 일본도: 동경 용원부를 거쳐 일본과 교역했던 교역로였다.
④ 신라도: 남경 남해부를 거쳐 신라의 경주까지 연결된 교역로였다.

바로 확인문제

● **(가) 왕에 대한 설명으로 옳은 것은?**　　　　22. 국가직 9급

> 당 현종 개원 7년에 대조영이 죽으니, 그 나라에서 사사로이 시호를 올려 고왕(高王)이라 하였다. 아들 [(가)] 이/가 뒤이어 왕위에 올라 영토를 크게 개척하니, 동북의 모든 오랑캐가 겁을 먹고 그를 섬겼으며, 또 연호를 인안(仁安)으로 고쳤다.
> 『신당서』

① 수도를 상경성으로 옮겼다.
② '해동성국'이라고 불릴 만큼 전성기를 이루었다.
③ 장문휴를 시켜 당의 등주(산동성)를 공격하였다.
④ 고구려 유민과 말갈족을 이끌고 동모산에 도읍을 정하였다.

● **〈보기〉의 왕에 대한 설명으로 가장 옳은 것은?**　　　　18. 서울시 기술직 9급

> 보기
> 왕은 당이 내분으로 어지러워진 틈을 타서 영토를 넓히고, 수도를 중경에서 상경으로, 다시 동경으로 옮겼다. 또한 대흥, 보력 등 독자적인 연호를 사용하였다.

① 산동 지방에 수군을 보내 당을 공격하였다.
② 당으로부터 해동성국이라 불렸다.
③ 전륜성왕을 자처하고 황상이라는 칭호를 사용하였다.
④ 동모산에 나라를 세웠다.

단권화 MEMO

|정답해설| '대조영(고왕)의 아들', '연호를 인안(仁安)으로 고쳤다.'는 내용을 통해 (가)가 발해 무왕임을 알 수 있다. 무왕은 장문휴를 시켜 당의 등주를 선제공격하였다.
|오답해설|
① 문왕은 중경에서 상경으로 천도하였다. 성왕(793~794)은 동경에서 상경으로 천도하였다.
② 선왕 때 발해는 '해동성국'이라고 불릴 만큼 전성기를 이루었다.
④ 고왕(대조영)은 고구려 유민과 말갈족을 이끌고 동모산에서 진국을 건국하였다(698).
|정답| ③

|정답해설| 수도를 중경에서 상경으로, 다시 동경으로 옮기고 대흥, 보력 등 독자적 연호를 사용한 왕은 발해 문왕이다. 문왕은 전륜성왕(불교적 성왕)을 자처하고, 황상(皇上)의 칭호를 사용하였다.
|오답해설|
① 무왕은 산동 지방에 장문휴의 수군을 보내 당을 공격하였다.
② 선왕 이후 발해는 당으로부터 '해동성국'으로 불렸다.
④ 고왕은 동모산에 진(振, 이후 발해로 개칭)을 건국하였다.
|정답| ③

단권화 MEMO

|정답해설| (가) 발해 무왕, (나) 발해 선왕에 해당한다.
ㄴ. 무왕은 장문휴의 수군으로 하여금 당나라 산둥 지방을 공격하게 하였다.
ㄷ. 선왕 때 '건흥'이라는 연호를 사용하였으며, 5경 15부 62주의 지방 행정 제도를 정비하였다.

|오답해설|
ㄱ, ㄹ. 문왕과 관련된다.

|정답| ③

● (가), (나) 국왕의 재위 시기에 있었던 사실로 옳은 것만을 〈보기〉에서 모두 고르면? 14. 지방직 9급

(가) 대조영의 뒤를 이어 즉위하였다. 영토 확장에 힘을 기울여 동북방의 여러 세력을 복속하고 북만주 일대를 장악하였다.
(나) 대부분의 말갈족을 복속시키고, 요동 지역으로 진출하였다. 이후 전성기를 맞은 발해를 중국에서는 해동성국(海東盛國)이라고 불렀다.

┤보기├
ㄱ. (가) – 수도를 중경에서 상경으로 옮겼다.
ㄴ. (가) – 장문휴가 수군을 이끌고 당(唐)의 산둥[山東] 지방을 공격하였다.
ㄷ. (나) – '건흥' 연호를 사용하고, 지방 행정 조직을 정비하였다.
ㄹ. (나) – 당시 국왕을 '대왕'이라 표현한 정혜 공주의 묘비가 만들어졌다.

① ㄱ, ㄴ   ② ㄱ, ㄹ   ③ ㄴ, ㄷ   ④ ㄷ, ㄹ

07 남북국의 정치 구조

(1) 통일 신라의 통치 체제

① 중앙 관제

명칭	장관	설치 연대	6부와의 비교	임무
병부	령(令)	법흥왕 3년(516)	병부	군사
사정부	령	무열왕 6년(659)		감찰·규찰
위화부	령	진평왕 3년(581)	이부	관리의 인사
조부	령	진평왕 6년(584)	호부	공납과 부역 사무
승부	령	진평왕 6년(584)		육상 교통
예부	령	진평왕 8년(586)	예부	의례
영객부	령	진평왕 13년(591)	예부	외국 사신의 접대
집사부(성)	중시(시중)	진덕 여왕 5년(651)		국가 기밀 사무
창부	령	진덕 여왕 5년(651)	호부	재정·회계
좌이방부	령	진덕 여왕 5년(651)	형부	형벌·법률
우이방부	령	문무왕 7년(667)		
선부	령	문무왕 18년(678)		해상 교통
공장부	감(監)	신문왕 2년(682)	공부	수공업자 관리, 사묘(祠廟)의 공사
예작부	령	신문왕 6년(686)		토목·건축

② 지방 관제: 9주 5소경
  ㉠ 9주: 9주에는 총관(이후 도독)을 파견하였고 군은 태수, 현은 현령, 촌은 촌주가 담당하였다.
  ㉡ 5소경: 수도인 경주의 편재성을 극복하고, 지방 세력 통제를 목적으로 하였다. 책임자는 사신이었다.
  ㉢ 외사정(지방관 감찰, 문무왕, 673), 상수리 제도(인질 제도)가 있었다.
  ㉣ 특수 행정 구역: 향·부곡이 있었다.
③ 군제의 정비: 9서당 10정
  ㉠ 중앙군: 9서당을 두었다.
  ㉡ 지방군: 10정을 두었다. 9주에 1개의 정을 설치하고, 국경 지역인 한주에는 1개의 정을 더 두었다.

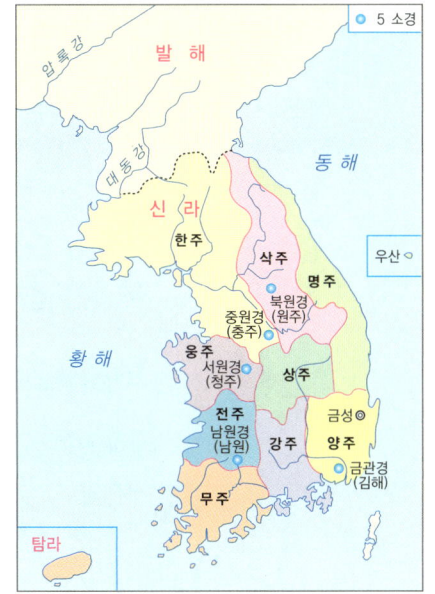
▲ 신라의 9주 5소경

단권화 MEMO

■ **신라의 5소경**
금관경(김해)·서원경(청주)·남원경(남원)·북원경(원주)·중원경(충주)이다.

■ **상수리 제도**
문무왕 때 정비된 상수리 제도는 지방 세력의 통제를 목적으로 시행된 일종의 인질 제도이다.

9서당(誓幢)		10정(停)		
명칭(옷깃 색)	구성인	명칭	소속 주현	현 지명
녹금(綠衿)서당	신라인	음리화(音里火)정	상주 청효현	경북 상주
자금(紫衿)서당		삼량화(參良火)정	양주 현효현	경북 달성
비금(緋衿)서당		고량부리(古良夫里)정	웅주 청정현	충남 청양
황금(黃衿)서당	고구려인	거사물(居斯勿)정	전주 청웅현	전북 임실
백금(白衿)서당	백제인	소삼(召參)정	강주 현무현	경남 함안
청금(靑衿)서당		미다부리(未多夫里)정	무주 현웅현	전남 나주
적금(赤衿)서당	보덕국인	남천(南川)정	한주 황무현	경기 이천
벽금(碧衿)서당		골내근(骨乃斤)정	한주 황효현	경기 여주
흑금(黑衿)서당	말갈인	벌력천(伐力川)정	삭주 녹효현	강원 홍천
		이화혜(伊火兮)정	명주 연무현	경북 청송

> **심화** 통일 신라의 민족 융합책

❶ 백제와 고구려 유민 회유
백제와 고구려 유민들을 적극적으로 회유하고 백제와 고구려인들을 그 지위에 따라 신라 관등을 배정하여 신라의 지배층 집단으로 편입하였다.

❷ 9주 5소경
옛 삼국의 위치를 고려하여 9주 5소경 체제를 정비하였다.

❸ 9서당
9서당에 백제인·고구려인·보덕국인·말갈인까지 포함하였다.

(2) 발해의 통치 체제

① 중앙 관제의 특징
   ㉠ 3성 6부제: 형식은 당의 3성 6부제를 골격으로 하였으나, 삼국 시대 귀족 회의의 전통을 계승하여 정당성을 중심으로 운영하였다. 정당성의 수장은 '대내상', 발해 왕은 '가독부'라고 불렀다.

▲ 발해의 중앙 관제

   ㉡ 정치적 독자성: 6부 명칭과 집행 체계가 이원적으로 이루어진다는 점에서 정치적 독자성을 확인할 수 있다.
   ㉢ 중앙 기구는 3성(省)·6부(部)·1대(臺)·7시(寺)·1원(院)·1감(監)·1국(局)으로 구성하였다.

② 중앙 기구
   ㉠ 정당성: 최고 귀족들이 합좌하여 국가의 중대사를 합의·의결하는 기구였으며 집행 기구인 6부를 통괄하였다.
   ㉡ 6부: 장관은 경(卿)이었으며, 좌사정(좌윤)이 충부(인사 담당), 인부(재정 담당), 의부(의례·제사·교육 담당)를 담당하였으며, 우사정(우윤)은 지부(국방 담당), 예부(사법·형옥·치안 담당), 신부(토목·건축 담당)를 담당하였다.
   ㉢ 선조성: 신하들의 여론을 국왕에게 알리고, 왕의 조칙(詔勅: 왕이 신하에게 내리는 명령)을 논박하는 일을 담당했으며, 장관은 좌상(左相)이었다.
   ㉣ 중대성: 국왕의 명령을 하달하는 일을 담당했으며, 장관은 우상(右相)이었다.
   ㉤ 중정대: 관리 감찰을 담당하였다.
   ㉥ 문적원: 도서 출판 및 서적 관리를 담당하였다.
   ㉦ 주자감: 최고 교육 기관이었다.
   ㉧ 7시: 전중시(殿中寺, 국왕의 의복, 음식 등 궁정 생활 담당)·종속시(宗屬寺, 왕족에 대한 사무 담당)·태상시(太常寺, 예악 및 궁중 제사 담당)·사빈시(司賓寺, 외국 사절 접대 담당)·대농시(大農寺, 전국의 창고, 국가 소유 토지 담당)·사장시(司藏寺, 재화 보관 및 무역 업무 담당)·사선시[司膳寺, 궁중의 주례(酒禮) 담당]가 있었다.
   ㉨ 항백국: 왕실 후궁에 대한 호위, 일상생활의 시중 등을 담당하였다.

③ 지방 지배 조직
   ㉠ 말갈인 촌락: 촌장이 지배권을 인정받고 수령으로 불렸다.

ⓛ 5경 15부 62주: 5경은 15부 중에서 중앙과 사방의 요충지에 두었으며, 15부에는 도독, 62주에는 자사를 임명하였다.
④ 중앙군: 10위 조직
  ㉠ 편제: 군제를 10위로 조직하고, 각 위마다 대장군과 장군을 두어 통솔하게 하였으며 왕궁과 수도의 경비를 맡겼다.
  ㉡ 구성: 『신당서』 발해전에 의하면 좌·우 맹분위, 좌·우 웅위, 좌·우 비위, 남좌위, 남우위, 북좌위·북우위의 10위가 있었다 하는데, 그 전체의 모습을 살피기에는 한계가 있다.

바로 확인문제

● ㉠, ㉡의 국가에서 실시한 제도로 옳게 짝지은 것은? 21. 경찰직 1차

> 신이 숙위원(宿衛院)의 보고를 보았더니, 왕자 대봉예가 글을 올려 (㉠)를 (㉡)보다 윗자리에 앉게 해 달라고 주청하였던 사실을 알게 되었습니다.

	㉠	㉡
①	3성 6부	사심관 제도
②	5경 15부 62주	상수리 제도
③	9주 5소경	빈공과
④	9서당 10정	주자감

● 밑줄 친 '이 나라'에 대한 설명으로 옳은 것은? 22. 지방직 9급

> • 이 나라에서 귀하게 여기는 것에는 태백산의 토끼, 남해부의 다시마, 책성부의 된장, 부여부의 사슴, 막힐부의 돼지, 솔빈부의 말, 현주의 베, 옥주의 면, 용주의 명주, 위성의 철, 노성의 쌀 등이 있다. 『신당서』
> • 이 나라의 땅은 영주(營州)의 동쪽 2천 리에 있으며, 남으로는 신라와 서로 접한다. 월희말갈에서 동북으로 흑수말갈에 이르는데, 사방 2천 리, 호는 십여 만, 병사는 수만 명이다. 『구당서』

① 중앙에 6좌평의 관제를 마련하였다.
② 9서당 10정의 군사 조직을 갖추었다.
③ 지방을 5경 15부 62주로 편성하였다.
④ 제가 회의에서 국가의 중대사를 결정하였다.

|정답해설| 897년 하정사로 당나라에 간 ㉠ 발해 사신 대봉예가 ㉡ 신라의 사신보다 상석에 앉을 것을 요청했다가 거절당했는데, 이것을 쟁장 사건이라고 한다. 발해는 5경 15부 62주의 지방 행정 조직을 갖추고 있었다. 한편 신라에는 지방 세력을 통제하기 위한 인질 제도인 상수리 제도가 있었다.
|정답| ②

|정답해설| 첫 번째 사료의 "솔빈부의 말", 두 번째 사료의 "남으로는 신라와 서로 접한다."를 통해 밑줄 친 '이 나라'가 발해임을 알 수 있다. 발해 선왕 때 지방을 5경 15부 62주로 편성하였다.
|오답해설|
① 백제 고이왕 때 중앙에 6좌평 제도가 마련되었다.
② 통일 신라 신문왕 대에 중앙군인 9서당과 지방군인 10정이 편성되었다.
④ 고구려에서는 제가 회의를 통해 국가의 중대사를 결정하였다.
|정답| ③

CHAPTER 02 고대의 경제

- 1 회독 　월　일
- 2 회독 　월　일
- 3 회독 　월　일
- 4 회독 　월　일
- 5 회독 　월　일

01 삼국의 경제 생활
02 남북국 시대의 경제적 변화

단권화 MEMO

01 삼국의 경제 생활

1 삼국의 경제 정책

(1) 정복 전쟁과 경제

① 피정복지의 수취: 삼국은 고대 국가로 성장하는 과정에서 주변의 소국과 전쟁을 벌여, 정복한 지역에는 그 지역의 지배자를 내세워 토산물을 공물로 수취하였다.

② 식읍(食邑)의 하사: 삼국은 전쟁 포로를 귀족이나 병사에게 노비로 나누어 주기도 하고, 군공을 세운 사람에게 일정 지역의 토지와 농민을 식읍으로 주었다.

③ 피정복민의 지배 방식 개선: 삼국 사이의 경쟁이 치열하게 전개되면서 각국은 피정복민을 노비처럼 지배하던 방식을 개선하려 하였다.
　㉠ 배경: 피정복민을 무리하게 전쟁에 동원하거나 가혹하게 물자를 수취하면 이들이 다른 나라로 도망하는 일이 자주 발생하였기 때문이다.
　㉡ 피정복민의 부담: 지배 정책의 변화로 삼국은 정복 지역에 대한 차별을 점차 줄여 갔지만, 피정복민들은 일반 백성에 비하여 여전히 신분적 차별을 받고 더 많은 경제적 부담을 졌다.

(2) 농민에 대한 수취 제도

① 과도한 수취(收取)
　㉠ 농민에 대한 과도한 수취는 농민 경제의 발전을 억누르고 농민을 토지로부터 이탈시켜 사회 체제가 동요하는 계기가 되었다.
　㉡ 삼국은 전쟁에 필요한 물자를 농민에게 거두고 그들을 군사로 동원하였다.

② 합리적인 과세
　㉠ 과세의 단위: 재산의 정도에 따라 호(戶)를 나누어 곡물과 포를 거두었으며, 그 지역의 특산물도 거두었다.
　㉡ 노동력의 동원: 왕궁·성·저수지 등을 만들기 위하여 국가에서 노동력이 필요하면 15세 이상의 남자를 동원하였다.

> **사료** 삼국의 수취 제도
>
> ❶ **백제**: 한수(漢水) 동북의 모든 부락의 15세 이상이 되는 장정을 선발하여 위례성을 수리하였다.
> 　　『삼국사기』 백제본기
>
> ❷ **고구려**: 인두세는 베 5필에 곡식 5섬이다. 조(租)는 상호는 1섬, 그 다음은 7말, 하호는 5두이다.
> 　　『수서』 고구려전

(3) 농민 경제의 안정 정책

농민 경제의 안정을 위하여 농업 생산력 향상 시책과 구휼 정책을 시행하였다.

① 농업 생산력 향상 시책
  ㉠ 철제 농기구를 일반 농민에게 보급하였다.
  ㉡ 소를 이용한 우경(牛耕)을 장려하였다.
  ㉢ 황무지를 개간하도록 권장하여 경작지를 확대하였다.
  ㉣ 저수지를 만들거나 수리하여 가뭄에 대비하였다.

② 구휼 정책의 시행
  ㉠ 내용: 홍수와 가뭄 등으로 흉년이 들면 백성에게 곡식을 나누어 주거나 빌려주었다.
  ㉡ 시행: 고구려 고국천왕 때 진대법을 시행하였다.

> **사료** 삼국의 구휼 정책
>
> ❶ 7월, 서리가 내려 곡물이 상하니 백성이 굶주리므로 창고를 열어 백성에게 곡식을 나누어 주었다. 겨울 10월에 왕이 질양에서 사냥하실 때 길가에서 어떤 사람이 앉아 우는 것을 보고 어째서 우느냐고 물었다. 대답하되, "신은 가난하여 품팔이로 어머니를 봉양하였는데, 올해는 흉년이 들어 품팔이를 할 수 없어 한 되, 한 말의 양식도 얻어 쓸 수 없어 웁니다."고 하였다. 왕이 말하기를, "아, 내가 백성의 부모가 되어 백성을 이러한 극한 지경에 이르게 하니 나의 죄다." 하고 의복과 먹을 것을 주어 살아가게 했다. …… 또 소속 관리에게 명하여 매년 봄 3월부터 가을 7월까지 관청의 곡식을 내어 백성의 식구가 많고 적음에 따라 등급을 정하여 꾸어주고 겨울 10월에 갚게 하는 상설 규정을 만드니 내외가 크게 기뻐하였다.
>
> 『삼국사기』, 고구려본기
>
> ❷ 사자를 보내 백성의 병과 고통을 묻고 홀아비·과부·고아 등 스스로 살아갈 수 없는 자에게 한 사람당 3섬의 곡식을 내려 주었다.
>
> 『삼국사기』, 백제본기
>
> ❸ 황산을 순행하여 늙은이와 가난하여 살아갈 수 없는 자를 구제하였다.
>
> 『삼국사기』, 신라본기

> **바로 확인문제**
>
> ● 다음 글에서 ( ) 안에 들어갈 내용을 〈보기〉에서 고른 것은? 　　　15. 기상직 7급
>
> > 삼국은 서로 치열한 경쟁을 하면서 군사력과 재정을 확보하기 위하여 농업 생산력을 발전시키는 데 많은 관심을 기울였다. 수취 제도의 정비, (　　), (　　) 등 여러 정책을 실시하자, 농업 생산이 증대되어 농민 생활도 점차 향상되어 갔다.
>
> ─ 보기 ─
> ㄱ. 우경(牛耕) 장려
> ㄴ. 수공업 우대
> ㄷ. 철제 농기구의 보급
> ㄹ. 정전(丁田)의 지급
>
> ① ㄱ, ㄷ　　② ㄱ, ㄹ　　③ ㄴ, ㄷ　　④ ㄴ, ㄹ

(4) 수공업

① 노비들 중 기술이 뛰어난 자에게 국가가 필요로 하는 무기, 장신구 등을 생산하게 하였다.
② 관청 설치: 점차 국가 체제가 정비되면서 무기·비단 등 수공업 제품을 생산하는 관청을 두고 여기에 수공업자를 배정하여 필요한 물품을 생산하였다.

단권화 MEMO

■ **우경(牛耕)**
『삼국사기』에 지증왕 때 우경을 실시하였다는 기록이 있다. 이를 통해 신라 정부가 우경을 본격적으로 보급하는 정책을 실시하였음을 알 수 있다.

■ **영천 청제비**
법흥왕 때 농민 약 7,000명을 동원하여 저수지를 축조하였다는 내용이 기록되어 있다.

|정답해설| 삼국은 군사력 확충과 국가 재정 확대를 위해, 농업 생산력을 발전시키는 데 큰 관심을 가졌다.
ㄱ, ㄷ. 이를 위해 우경을 장려하고, 철제 농기구를 보급하는 등 여러 정책을 시행하였다.
|오답해설|
ㄴ. 전근대 사회에서는 중농 정책을 추진하였고, 상업과 수공업은 국가에 의해 통제되었다.
ㄹ. 신라의 삼국 통일 이후인 8세기 초 성덕왕 때 정전을 지급하였다.
|정답| ①

(5) 상업

① 시장 설치: 국가와 지배 계급의 필요에 따라 시장을 설치하였으나, 농업 생산력의 수준이 낮아 수도에만 시장이 형성되었다.
② 신라의 상업: 5세기 말 경주에 시장을 열어 물품을 매매하게 하였고, 6세기 초(지증왕 시기) 시장을 감독하는 관청인 동시전(東市典)을 설치하였다.

> **사료** 시장의 감독
>
> 동시전(東市典)은 509년(지증왕 10년)에 설치하였다. 감(監)은 2명이었는데, 관등(官等)이 나마(奈麻)에서 대나마(大奈麻)까지인 자로 임용하였다. 대사(大舍)는 2명이었는데, 경덕왕이 주사(主事)로 고쳤으나 후에 다시 대사로 일컬었으며, 관등은 사지(舍知)에서 나마까지인 자로 임용하였다. 서생(書生)은 2명이었는데, 경덕왕이 사직(司直)으로 고쳤으나 후에 다시 서생으로 칭하였다. 관등은 조부(調府)의 사(史)와 같았다. 사는 4명이었다.
> 「삼국사기」

(6) 대외 무역

① 공무역(公貿易)의 형태: 삼국의 무역은 대개 왕실과 귀족의 필요에 의하여 공무역의 형태로 이루어졌으며, 이를 통해 문물을 교류하였다.
② 교역의 발달: 삼국의 국제 무역은 4세기 이후 크게 발달하였다.

▲ 삼국의 경제 활동

  ㉠ 고구려: 남북조 및 유목민인 북방 민족과 무역을 하였다.
  ㉡ 백제: 남중국 및 왜와 무역을 활발하게 전개하였다.
  ㉢ 신라: 한강 유역을 획득하기 이전에는 고구려와 백제를 통하여 중국과 무역을 하였으나, 한강 유역으로 진출한 이후에는 당항성(黨項城)을 통하여 직접 교역하였다.
③ 교역품
  ㉠ 수출품: 마직물, 금·은 세공품, 주옥, 인삼, 모피류 등
  ㉡ 수입품: 비단·장식품·서적·약재·도자기 등 주로 귀족 생활과 관련이 있었다.

| 바로 확인문제 |

● 다음은 삼국의 주요 대외 교역 물품을 표시한 지도이다. ㉠~㉣에 들어갈 내용으로 옳은 것은?

17. 지방직 7급

① ㉠: 도자기, 비단, 서적
② ㉡: 인삼, 직물류
③ ㉢: 금, 은, 모피류
④ ㉣: 곡물, 비단

| 단권화 MEMO |

|정답해설| 곡물과 비단은 신라에서 왜로 수출된 품목이다.

|오답해설|
① 도자기, 비단, 서적은 삼국이 중국으로부터 수입한 물품이다.
② 인삼, 직물류는 백제의 수출품이다.
③ 금, 은, 모피류는 고구려의 수출품이다.

|정답| ④

2 귀족의 경제 생활

(1) 귀족의 경제 기반

① 토지 및 노비
  ㉠ 국가에서 하사: 국가에서 준 녹읍·식읍·노비를 가지고 있었다. 또한 귀족은 전쟁에 참여하면서 토지와 노비 등을 더 많이 가질 수 있었다.
   • 녹읍(祿邑): 국가에서 관료 귀족에게 지급한 일정 지역의 토지로서, 조세를 수취할 뿐만 아니라 그 토지에 딸린 노동력을 징발할 수 있었다.
   • 식읍(食邑): 국가에서 왕족·공신 등에게 준 토지와 가호로서, 조세를 수취하고 노동력을 징발할 권리를 부여하였다.
  ㉡ 귀족은 국가에서 하사한 토지와 노비 외에도 본래 스스로 소유한 토지와 노비를 가지고 있었다.
  ㉢ 귀족들은 이 토지와 노비를 통하여 곡물이나 베 등 생활에 필요한 물품을 얻었다.
② 생산 조건
  ㉠ 귀족은 토지·농기구·소 등 생산 조건에 있어서 농민보다 유리하였다.
  ㉡ 귀족은 비옥한 토지를 가지고 있었고 일반 농민들은 가지기 어려운 철제 농기구와 소[牛]도 많이 소유하고 있었다.

▲ 고구려 귀족 생활
(중국 길림성 집안 각저총)

▲ 고구려 귀족 저택의 주방
(황해 안악 3호분)

| 정답해설 | 식읍은 공신 등에게 지급된 토지로서, 수조권, 농민 노동력 징발, 공물 수취권 등 광범위한 권리를 인정하였다.

| 오답해설 |
② 고려 시대 구분전에 대한 설명이다.
③ 식읍에 대한 설명이다.
④ 성덕왕 시기에 정전이 지급되면서 국가의 토지 및 농민 지배력이 강화되었다.

| 정답 | ①

(2) 수취 및 고리대

① 귀족은 노비와 그들의 지배하에 있는 농민을 동원하여 자기 소유의 토지를 경작시키고, 그 수확물의 대부분을 가져갔다.
② 고리대를 이용하여 농민의 토지를 빼앗거나 농민을 노비로 만들어 재산을 늘려 갔다.

(3) 귀족의 생활

① 고구려 고분 벽화에서 볼 수 있듯이 귀족들은 기와집·창고·마구간·우물·주방 등을 갖추고 높은 담을 쌓은 집에서 살면서 풍족하고 화려한 생활을 하였다.
② 이들은 중국에서 수입된 비단으로 옷을 만들어 입고 보석과 금·은으로 치장하였다.

(4) 농민 수탈의 약화

왕권이 강화되고 국가 체제가 안정되면서 귀족들의 과도한 수취는 점차 억제되었다.

> **바로 확인문제**
>
> ● 밑줄 친 ㉠~㉣에 대한 설명으로 옳은 것은? 12. 지방직 9급
>
> - 문무왕 8년(668) 김유신에게 태대각간의 관등을 내리고 ㉠ 식읍 500호를 주었다.
> - 신문왕 7년(687) 문무 관리들에게 ㉡ 관료전을 차등 있게 주었다.
> - 신문왕 9년(689) 내외 관료의 ㉢ 녹읍을 혁파하고 매년 조를 주었다.
> - 성덕왕 21년(722) 처음으로 백성에게 ㉣ 정전을 지급하였다.
>
> ① ㉠ - 조세를 수취하고 노동력을 징발할 권리를 부여하였다.
> ② ㉡ - 하급 관료와 군인의 유가족에게 지급하였다.
> ③ ㉢ - 전쟁에서 큰 공을 세운 사람에게 공로의 대가로 지급하였다.
> ④ ㉣ - 왕권이 약화되는 배경이 되었다.

3 농민의 경제 생활

(1) 농민들의 처지

① 경작 형태: 농민들은 자기 소유의 토지를 경작하거나 부유한 자의 토지를 빌려 경작하였다.
② 척박한 토지 소유: 대체로 척박한 토지가 많았고, 퇴비를 만드는 기술이 발전하지 못하여 대부분의 토지는 연속하여 농사짓지 못하고 1년 또는 수년 동안 묵혀 두어야 했다.
③ 농기구
  ㉠ 초기: 농기구는 돌이나 나무로 만든 것과 일부분이 철로 보완된 것을 사용하였다.
  ㉡ 후기: 4세기에서 5세기를 지나면서 철제 농기구가 점차 보급되었다. 6세기에 이르러서는 철제 농기구를 널리 사용하였고, 우경(牛耕)도 확대하였다.

(2) 국가의 과도한 수취

① 원칙: 국가는 농업을 장려하여 농민 생활의 안정을 꾀하였다.
② 경과: 지나친 수취는 농민의 생활을 어렵게 하였다.

③ 공납과 요역: 농민들은 생활이 어려울 정도로 과도하게 국가와 귀족에게 곡물·삼베·과실 등을 내야 했고, 성이나 저수지를 쌓는 일, 삼밭을 경작하고 뽕나무를 기르는 일 등에 동원되었다.
④ 군역의 동원
    ㉠ 삼국 간의 전쟁이 치열해지기 전에는 귀족을 비롯한 중앙의 지배층이 군사력의 중심이 었기 때문에, 지방 농민들은 전쟁 물자의 조달을 담당하거나 잡역부로 동원되었다.
    ㉡ 삼국 사이의 대립이 치열해지면서 지방 농민까지 전쟁에 군사로 동원되었고 전쟁 물자의 조달 부담도 더욱 증가하였다.

> **사료** 신라의 역(役)
>
> 자비 마립간 11년(468) 가을 9월에 하슬라(何瑟羅) 사람 (가운데) 15세 이상인 자를 징발하여 니하(泥河)에 성을 쌓았다[니하(泥河)는 니천(泥川)이라고도 한다]. 『삼국사기』

(3) 농민의 생활 개선 노력

① 농민들은 이러한 수취 체제하에서도 생활을 향상시키고자 스스로 농사 기술을 개발하고 계곡 옆이나 산비탈 등을 경작지로 바꾸어 갔다.
② 이러한 노력으로 점차 농업 생산력은 향상되었지만, 자연재해를 당하거나 고리대를 갚지 못하는 등의 경제적 부담을 견딜 수 없게 되면서 노비나 유랑민·도적이 되기도 하였다.

> **사료** 고구려의 귀족과 평민
>
> ❶ 그 나라는 3만 호인데 …… 그중에 대가들은 경작하지 않고 먹는 자가 1만 명이나 되며, 하호는 먼 곳에서 쌀·낟알·물고기·소금 등을 져서 날라다 대가(大家)에 공급하였다. 『삼국지』 위서 동이전
>
> ❷ 대가(大家)들은 경작을 하지 않고 하호(下戶)들은 부세를 바치며 노비와 같다. 『위략』
>
> ❸ 온달은 고구려 평원왕 때의 사람이다. 얼굴 모습은 우스꽝스러웠으나 속마음은 아주 맑았다. 집이 매우 가난하여 구걸(求乞)한 음식으로 어머니를 봉양(奉養)했다. 당시 사람들은 그를 '어리석은 온달'이라고 불렀다. …… 공주가 장성하자 왕은 상부의 고 씨에게 시집보내려 하였다. 공주는 "대왕께서는 항상 '너는 필시 온달의 아내가 되리라.'고 말씀하시더니 지금은 어찌 예전의 말씀을 고치십니까? ……" …… 공주가 궁궐에서 가지고 나온 팔찌를 팔아 집과 논밭·노비·우마(牛馬)·기물(器物)을 사니 쓸 물건이 다 갖추어졌다. 『삼국사기』, 온달전

> **바로 확인문제**
>
> ● 다음 자료에 대한 해석으로 가장 적절한 것은? 15. 국가직 9급
>
> - 신라 지증왕 3년의 순장 금지 사료(史料)
> - 신라 무덤에서 출토한 순장 대용(代用) 흙 인형
>
> ① 전쟁 노비의 소멸로 순장할 대상이 없어졌다.
> ② 농업 생산력의 상승에 따라 노동력을 중시하였다.
> ③ 죽음에 대한 의식(儀式)에 도교 사상이 반영되었다.
> ④ 왕실은 귀족층의 사치와 허례허식을 막기 위해 노력하였다.

|정답해설| 철제 농기구가 점차 보급되고 우경이 확대되자, 농업 생산력이 비약적으로 발전하였다. 이에 6세기 초 신라의 지증왕은 순장을 금지하여 노동력을 확보하고자 하였다.

|정답| ②

02 남북국 시대의 경제적 변화*

1 통일 신라의 경제 정책

(1) 경제 정책의 변화

삼국을 통일하면서 이전보다 넓은 토지와 많은 농민을 지배할 수 있게 된 신라는 피정복민과의 갈등을 해소하고 사회를 안정시키기 위하여 삼국의 경쟁 시기와는 다른 경제적 조치를 취하였다.

① 조세(租稅): 생산량의 10분의 1 정도를 수취하여 통일 이전보다 완화하였다.
② 공물(貢物): 촌락 단위로 그 지역의 특산물을 거두었다.
③ 역(役): 군역과 요역으로 이루어졌으며 16~60세의 남자를 대상으로 하였다.

(2) 민정 문서(신라 장적, 신라 촌락 문서)

① 발견: 일본 동대사(東大寺, 도다이사) 정창원(正倉院, 쇼소인 – 일본 왕실의 유물 창고)에서 1933년 『화엄경론질(華嚴經論帙)』의 파손 부분을 수리하던 중에 발견하였다.
② 내용: 서원경 주변의 4개 촌락(사해점촌·살하지촌 등)을 대상으로 작성되었다. 기록된 4개 촌락은 호구 43개에 총인구는 노비를 포함하여 442명(남 194명, 여 248명)이며, 소 53마리, 말 61마리, 뽕나무, 잣나무, 호두나무 등의 수가 기록되어 있다.
③ 작성 목적: 국가의 부역과 조세 기준을 마련하기 위해 작성하였다.
④ 작성자: 촌주가 매년 변동 사항을 조사한 후 3년마다 작성하였으며, 인구·가호·노비의 수와 3년 동안의 사망·출생·이동 등의 변동 내용을 기록하였다.
⑤ 인구·호의 구분: 인구는 남녀 모두를 대상으로 **연령별 6등급으로 구분**하여 기록하였다. 호(가구)는 사람의 많고 적음에 따라 상상호(上上戶)에서 하하호(下下戶)까지 **9등급**으로 파악하였다.
⑥ 토지의 종류
  ㉠ 연수유전(답): 농민들이 호별로 경작하는 토지(성덕왕 때 주어진 정전으로 추정)
  ㉡ 관모답: 관청 경비 조달을 위해 설치한 토지
  ㉢ 내시령답: 내시령이라는 관료에게 할당된 관료전
  ㉣ 촌주위답: 촌주에게 할당된 토지
  ㉤ 마전(麻田): 의생활을 위한 공동 경작지

> **사료** 민정 문서
>
> 이 고을의 사해점촌은 마을의 둘레가 5,725보이다. 호수는 모두 11호이다. 마을 사람들은 모두 147명이다. 정 29명(남자 종 1명 포함), 조자 7명, 추자 12명, 소자 10명이다. 지난 3년간에 태어난 소자 5명, 제공 1명이다. 여자는 정녀 42명(여자 종 5명 포함), 조여자 9명, 소여자 8명, 3년간 태어난 소여자 8명(노비 1명 포함), 제모 2명, 노모 1명 등이다. 3년간 다른 마을에서 이사 온 사람은 둘인데 추자 1명, 소자 1명이다.
> 말은 모두 25마리인데, 전부터 있던 것이 22마리, 3년간 늘어난 말이 3마리이다. 소는 22마리로, 전부터 있던 17마리, 3년간에 늘어난 것이 5마리이다.
> 논은 102결 정도인데, 관모답 4결, 내시령답 4결, 촌민이 받은 것이 94결이며, 그 가운데 19결은 촌주가 받았다. 밭은 62결로 모두 농민의 토지이다. 마전(삼베를 재배하는 밭)은 1결 정도이다. 뽕나무는 914그루가 있었고, 90그루를 새로 심었다. 잣나무는 86그루가 있었고, 34그루를 심었다. 호두나무는 74그루가 있었고 38그루를 심었다.

단권화 MEMO

***남북국 시대의 경제 정책**
민정 문서의 내용을 분석하고 녹읍·관료전·정전의 특징을 이해하여야 한다.

■ **민정 문서 작성 시기**
695년(효소왕 4년) 설, 755년(경덕왕 14년) 설, 815년(헌덕왕 7년) 설, 875년(헌강왕 1년) 설 등이 있으며, 이 중 695년 설과 815년 설이 유력하다.

| 심화 | 민정 문서에서의 인구 |

인구는 남녀 각기 6등급으로 나누었다. 남자는 정(丁)·조자(助子)·추자(追子)·소자(小子)·제공(除公)·노공(老公), 여자는 정녀(丁女)·조녀자(助女子)·추녀자(追女子)·소녀자(小女子)·제모(除母)·노모(老母)의 연령층으로 구분하였다.

이들 가운데 가장 중요한 연령층은 국가에 부역의 의무를 지고 있는 정이었다. 정의 연령 하한은 16세였고, 상한은 57세였을 것으로 추정된다. 조자(조녀자)는 13세에서 15세, 추자(추녀자)는 10세에서 12세, 소자(소녀자)는 9세 이하, 제공(제모)은 58세에서 59세, 노공(노모)은 60세 이상으로 짐작되고 있다.

(3) 토지 제도의 변화

① 관료전 지급(신문왕 7년, 687): 문무 관리들에게 관등의 높낮이에 따라 차등을 두어 관료전을 지급하였다.
② 녹읍을 폐지(신문왕 9년, 689): 식읍을 제한하고 녹읍을 폐지하였다.
③ 정전 지급(성덕왕 21년, 722): 왕토 사상에 의거하여 백성에게 정전을 지급하였다.
④ 구휼 강화: 아울러 이전부터 시행해 오던 구휼 정책을 더욱 강화하였다.
⑤ 목적: 귀족에 대한 국왕의 권한을 강화하고 농민 경제를 안정시키려는 것이었다.

| 사료 | 통일 신라의 토지 제도 변천 |

❶ 신문왕 7년(687) 5월에 문무 관료전을 지급하되 차등을 두었다.
❷ 신문왕 9년(689) 1월에 내외관의 녹읍을 혁파하고 매년 조(租)를 내리되 차등이 있게 하여 이로써 영원한 법식을 삼았다.
❸ 성덕왕 21년(722) 8월에 처음으로 백성에게 정전을 지급하였다.
❹ 경덕왕 16년(757) 3월에 여러 내외관의 월봉을 없애고 다시 녹읍을 나누어 주었다.
❺ 소성왕 원년(799) 3월에 청주 거노현으로 국학생의 녹읍을 삼았다.

『삼국사기』

| 바로 확인문제 |

● 다음과 같은 문서가 작성되었던 시대에 대한 설명으로 옳지 <u>않은</u> 것은?   16. 지방직 9급

> 토지는 논, 밭, 촌주위답, 내시령답 등 토지의 종류와 면적을 기록하고, 사람들은 인구, 가호, 노비의 수와 3년 동안의 사망, 이동 등 변동 내용을 기록하였다. 그 밖에 소와 말의 수, 뽕나무, 잣나무, 호두나무의 수까지 기록하였다.

① 관료에게는 관료전을, 백성에게는 정전을 지급하였다.
② 인구는 남녀 모두 연령에 따라 6등급으로 나누어 파악하였다.
③ 전국을 9주로 나누고, 주 아래에는 군이나 현을 두어 지방관을 파견하였다.
④ 국가에 봉사하는 대가로 관료에게 토지를 나누어 주는 전시과 제도를 운영하였다.

| 단권화 MEMO |

|정답해설| 제시된 자료는 통일 신라 시대에 세금 수취를 위해 작성된 민정 문서이다. 전시과 제도는 고려 시대의 토지 제도이다.

|오답해설|
① 신문왕은 관료전을 지급하고, 녹읍을 폐지하였다. 또한 성덕왕은 백성들에게 정전을 지급하였다.
② 민정 문서에서 인구는 남녀 모두를 대상으로 연령에 따라 6등급으로 구분하였다.
③ 통일 신라 시대에는 지방 행정 구역을 9주 5소경으로 정비하였고, 주 아래에 군이나 현을 두어 지방관(군 – 태수, 현 – 현령)을 파견하였다.

|정답| ④

단권화 MEMO
|정답해설| 신문왕 시기에 '이것'이 폐지되고, 경덕왕 시기에 '이것'이 부활되었다고 언급된 점에서 '이것'이 녹읍임을 알 수 있다. 녹읍은 그 지역의 수조권뿐만 아니라, 노역(勞役) 동원 및 공물 수취권까지 포함하는 광범위한 권한을 행사할 수 있었다. |정답| ②

● 통일 신라 시대 귀족 경제의 변화를 말해 주고 있는 밑줄 친 '이것'에 대한 설명으로 옳은 것은?

14. 국가직 9급

> 전제 왕권이 강화되면서 신문왕 9년(689)에 이것을 폐지하였다. 이를 대신하여 조(租)의 수취만을 허락하는 관료전이 주어졌고, 한편 일정한 양의 곡식이 세조(歲租)로서 또한 주어졌다. 그러나 경덕왕 16년(757)에 이르러 다시 이것이 부활되는 변화 과정을 겪었다.

① 이것이 폐지되자 전국의 모든 국토는 '왕토(王土)'라는 사상이 새롭게 나오게 되었다.
② 수급자가 토지로부터 조(租)를 받을 뿐 아니라, 그 지역의 주민을 노역(勞役)에 동원할 수 있었다.
③ 삼국 통일 이후 국가에 큰 공을 세운 6두품 신분의 사람들에게 특별히 지급하였다.
④ 촌락에 거주하는 양인 농민인 백정이 공동으로 경작하였다.

2 통일 신라의 경제 활동

(1) 상업

통일 후 신라의 경제력은 비약적으로 성장하여, 농업 생산력의 성장을 토대로 경주의 인구가 증가하고 상품 생산이 증가하였다.

① 중앙: 이전에 설치된 동시(東市)만으로는 상품 수요를 감당할 수 없어, 효소왕 때(695) 서시(西市)와 남시(南市)를 설치하였다.
② 지방: 주(州)나 소경(小京)과 같은 지방의 중심지 혹은 교통의 요지에도 시장이 생겨 물물 교환(物物交換)의 형태로 각자 필요한 물건을 좀 더 편리하게 구입할 수 있었다.

> **사료** 서시전과 남시전
>
> 서시전(西市典)은 효소왕 4년(695)에 설치하였다. 감(監)은 2명이었다. 대사(大舍)는 2명이었는데, 경덕왕이 주사(主事)로 고쳤으나 후에 다시 대사로 칭하였다. 서생(書生)은 2명이었는데, 경덕왕이 사직(司直)으로 고쳤으나 후에 다시 서생으로 칭하였다. 사(史)는 4명이었다.
> 남시전(南市典)은 역시 효소왕 4년에 설치하였다. 감은 2명이었다. 대사는 2명이었는데, 경덕왕이 주사로 고쳤으나 후에 다시 대사로 칭하였다. 서생은 2명이었는데, 경덕왕이 사직으로 고쳤으나 후에 다시 서생으로 칭하였다. 사는 4명이었다.
> 『삼국사기』

(2) 대외 무역

① 당(唐)과의 무역: 통일 후 당과의 관계가 긴밀해지면서 무역이 번성하였고, 공무역뿐만 아니라 사무역도 발달하였다.

㉠ 대당 무역품

수출품	베, 해표피, 인삼, 금·은 세공품 등	수입품	비단, 서적, 귀족들의 사치품 등

㉡ 대당 무역로

남로	전남 영암 → 상하이 방면	북로	경기도 남양만 → 산둥반도

ⓒ 신라인의 대당 활동: 신라인이 자주 당에 드나들면서 무역 확대로 **산둥반도와 창장강 하류** 일대에 신라인들의 거주지인 신라방이 생기게 되었고, 신라소·신라관·신라원이 세워졌다.

신라방·신라촌	신라인의 집단 거류지	신라소	신라인의 자치 행정 기관
신라관	신라인의 유숙소	신라원	해상 안전을 기원하는 사원 (대표적-장보고가 설치한 법화원)

단권화 MEMO

■ 법화원
838년 일본에서 당으로 건너간 승려 엔닌[圓仁]의 『입당구법순례행기』에도 장보고와 법화원(적산원, 적산법화원)이 소개되어 있다.

심화 통일 신라의 대당 수출

682년(신문왕 2년)에 수공업을 관장하는 공장부를 설치하고 비단을 관장하는 채전(彩典)을 두기도 하였다. 양잠으로 얻은 비단으로 어아주(魚牙紬), 조하주(朝霞紬), 능라(綾羅) 등의 고급 비단을 생산하여 왕실과 귀족의 옷감으로 사용했을 뿐만 아니라, 당나라에도 수출하였다.

② 일본과의 무역
  ㉠ 초기: 신라의 삼국 통일로 인해 일본은 신라를 경계하게 되었고, 신라도 일본에 있는 고구려·백제계 사람들의 동향을 우려하여 경계를 엄하게 함으로써, 일본과의 경제적 교류는 이전처럼 자유롭지 못하게 되었다.
  ㉡ 후기: 8세기에 이르러 정치가 안정되면서 두 나라의 교류는 다시 활발해졌다.
③ 이슬람과의 무역
  ㉠ 국제 무역이 발달하면서 이슬람 상인이 울산까지 와서 무역하였다.
  ㉡ 이때 당(唐)의 산물뿐만 아니라 서역(西域)의 상품들도 수입하였다.
④ 해상 세력의 등장
  ㉠ 8세기 이후 동아시아의 무역 활동이 활발해지자 **장보고**는 지금의 완도에 **청해진**을 설치하고 해적을 소탕하여 남해와 황해의 해상 무역권을 장악하였고, 당·일본과의 교통을 지배하였다.
  ㉡ 그 밖의 지역(강주·송악 등)에서도 해상 세력이 큰 정치 세력으로까지 성장하였다.

사료 장보고와 청해진

❶ 장보고는 신라로 돌아와 흥덕왕을 찾아와 만나서 말하기를 "중국에서는 널리 우리나라 사람들을 노비로 삼으니 청해진을 만들어 적으로 하여금 사람들을 약탈하지 못하도록 하기를 원하나이다."라고 하였다. 청해는 신라의 요충으로 지금의 완도를 말하는데, 대왕은 그 말을 따라 장보고에게 군사 만 명을 거느리고 해상을 방비하게 하니 그 후로는 해상으로 나간 사람들이 잡혀가는 일이 없었다. 『삼국사기』

❷ 이 엔닌은 대사의 어진 덕을 입었기에 삼가 우러러 뵙지 않을 수 없습니다. 저는 이미 뜻한 바를 이루기 위해 당나라에 머물러 왔습니다. 부족한 이 사람은 다행히도 대사께서 발원하신 적산원(赤山院)에 머물 수 있었던 것에 대해 감경(感慶)한 마음을 달리 비교해 말씀드리기가 어렵습니다. 『입당구법순례행기』

사료 장보고의 난

문성왕(文聖王) 8년(846) 봄에 청해진(淸海鎭)의 궁복(弓福)이, 왕이 자기의 딸을 맞아들이지 않는 것을 원망하여 청해진을 근거지로 하여 반란을 일으켰다. 조정에서는 장차 그를 토벌하자니 뜻하지 않을 우환이 있을까 두렵고, 그냥 방치해 두자니 그 죄를 용서할 수 없었으므로 근심하고 염려하여 어떻게 해야 할 바를 알지 못하였다.
(그때) 무주(武州) 사람 염장(閻長)은 용감하고 굳세기로 동시에 소문이 나 있었는데, (그가) 와서 아뢰기를 "조정에서 다행히 저의 말을 들어준다면 저는 한 명의 병졸도 수고롭게 하지 않고 맨주먹을 가지고 궁복의 목을 베어 바치겠습니다."라고 하였다. 왕이 그의 말을 따랐다.

염장은 거짓으로 나라를 배반한 것처럼 꾸며 청해진에 투항했는데, 궁복은 장사(壯士)를 아꼈으므로 의심하지 않고 불러들여 귀한 손님으로 삼고 그와 함께 술을 마시면서 매우 즐거워하였다. (궁복이) 술에 취하자 (염장이) 궁복의 칼을 빼앗아 목을 벤 후 그 무리를 불러 달래니 엎드려 감히 움직이지 못하였다. 문성왕 13년(851) 2월에 청해진을 파하고 그곳 백성들을 벽골군으로 옮겼다.

『삼국사기』

> **심화** 장보고
>
> - **해상 활동**: 당에서 귀국, 흥덕왕 3년(828)에 완도에 청해진(淸海鎭)을 설치하고 해적 소탕뿐만 아니라, 일본의 대당 무역의 중개까지 맡아 활발한 경제적·외교적 활동을 하였다.
> - **무역 활동**: 장보고는 당에 견당매물사(遣唐買物使)를 파견하고, 일본에 회역사(廻易使)를 파견하였으며, 그가 파견한 무역선을 교관선(交關船)이라 불렀다. 일본 승려 엔닌[圓仁]의 일기(日記)에 의하면 장보고의 무역이 어느 정도였던가를 짐작할 수 있다.
> - **정계 진출**: 김우징을 지원하여 신무왕으로 옹립하였다. 이후 문성왕(신무왕의 아들) 때 딸을 왕비로 보내려다가 실패하자 반란을 일으켰으나(846), 염장에게 살해당했다.

3 귀족의 경제 생활

(1) 왕실 경제

① **풍족한 경제 기반**: 통일이 되면서 왕실과 귀족은 이전보다 풍족한 경제 기반을 확보하였다. 왕실은 삼국의 경쟁 과정에서 새로 획득한 땅을 자신의 소유로 만들고 국가의 수입 중 일부를 왕실의 수입으로 삼았다.

② **관수품의 공급**: 국가는 왕실과 귀족들이 사용할 금·은 세공품·비단류·그릇·가구·철물 등을 만들기 위한 관청을 정비하여 이에 속한 장인과 노비에게 물품을 만들어 공급하게 하였다.

바로 확인문제

● 통일 신라의 경제 상황에 대한 설명으로 옳지 <u>않은</u> 것은?   19. 지방직 9급

① 시비법과 이앙법 등의 발달로 농민층에서 광작이 성행하였다.
② 촌락의 토지 결수, 인구 수, 소와 말의 수 등을 파악하였다.
③ 어아주, 조하주 등 고급 비단을 생산하여 당나라에 보냈다.
④ 왕경에 서시전과 남시전이 설치되었다.

(2) 귀족 경제

① 귀족들의 경제 기반
  ㉠ **통일 전**: 귀족들은 식읍과 녹읍을 가지고 그 지역의 농민들을 지배하여 조세와 공물을 거두었고 노동력을 동원하였다.
  ㉡ **통일 후**: 통일 후에는 문무 관료에게 토지를 나누어 주었고, 귀족의 반발을 누르면서 녹읍을 폐지하는 대신에 해마다 곡식을 나누어 주었다. 이렇듯 귀족은 경제적 특권을 제약받았지만, 국가에서 준 토지와 곡물 이외에도 물려받은 토지·노비·목장·섬 등을 가지고 있었다.

| 정답해설 | 조선 후기에는 시비법과 이앙법의 발달로 농민층에서 광작(1인당 경작 면적을 증가시키는 현상)이 성행하였다.

| 오답해설 |
② 통일 신라 시대에 작성되었던 민정 문서를 통해 촌락의 토지 결수, 인구 수, 소와 말의 수 등이 파악되었음을 알 수 있다.
③ 성덕왕 22년(723) 어아주, 조하주 등 고급 비단을 생산하여 당에 보낸 사실이 『삼국사기』에 수록되어 있다.
④ 효소왕 4년(695) 시장의 업무를 관장하기 위하여 서시전과 남시전이 설치되었다.

| 정답 | ①

사료 귀족의 경제

재상가에는 녹(祿)이 끊이지 않았다. 노동(奴僮)이 3,000명이고 비슷한 수의 갑옷과 무기·소·말·돼지가 있었다. 바다 가운데 섬에서 길러 필요할 때 활로 쏘아서 잡아먹었다. 곡식을 꾸어서 갚지 못하면 노비로 삼았다.

『신당서』

② 귀족들의 사치
 ㉠ 당시의 귀족들은 당이나 아라비아에서 수입한 비단·양탄자·유리 그릇·귀금속 등 사치품을 사용하였으며, 당의 유행을 따라 옷을 입을 정도였다.
 ㉡ 귀족들은 경주 근처에 호화스러운 별장을 짓고 살았다(금입택, 사절유택).
 ㉢ 그들은 필요한 물품을 노비에게 만들게 하여 사용하였고, 그 나머지는 시장에 팔기도 하고 당이나 일본 등에 수출하기도 하였다.

4 농민의 경제 생활

통일 이후 사회 안정으로 농업 생산력이 늘어났으나 한계가 많았다.

(1) 생활의 어려움

① 농사의 한계: 당시는 시비법이 발달하지 못해 계속해서 경작할 수 없었고, 토지를 1년 또는 몇 년을 묵혀 두었다가 경작해야만 하였다.
② 농민의 실상: 비옥한 토지는 왕실·귀족·사원 등 세력가가 가졌고, 농민의 토지는 대부분이 척박하여 생산량이 귀족의 것보다 적었을 뿐만 아니라 그마저도 세금을 내고 나면 남는 것이 많지 않았다.
③ 소작농의 처지: 한 가족의 생계를 유지하려면 남의 토지를 빌려 경작하고 그 대신 수확량의 반 이상을 토지 소유자에게 바쳐야만 하였다.

(2) 과도한 수취 제도

① 전세: 전세는 생산량의 10분의 1 정도였다.
② 공납: 삼베·명주실·과실류 등 여러 가지 물품을 공물로 납부하였다.
③ 국역(國役)
 ㉠ 부역: 부역이 많아 농사에 지장을 초래할 정도였다.
 ㉡ 군역: 군역에 나가면 농사를 지을 노동력이 없어 생활이 어려워지는 농민이 많았다.

사료 통일 신라 평민의 삶

진정 법사는 신라 사람으로 출가하기 전 군역에 나가 있었다. 집이 가난하여 장가도 가지 못하고 동원되었는데, 남는 시간에 날품팔이를 하여 홀어머니를 봉양하였다. 집에 있는 재산이라고는 한쪽 다리가 부러진 솥뿐이었다. 하루는 어떤 스님이 문 앞에 와서 절을 짓는 데 필요한 철을 구하자 그 어머니는 이 솥을 시주하였다.

『삼국유사』

(3) 세력가의 수탈

① 조세 부담은 통일 이전보다 줄었으나 귀족·촌주 등의 세력가에 의한 수탈은 줄지 않았다.
② 8세기 후반에 이르러 귀족이나 지방 유력자(호족)들이 토지 소유를 늘려 나가면서 토지를 빼앗긴 농민들이 점차 많아졌다.

단권화 MEMO

단권화 MEMO

■ 향·부곡민
향·부곡민은 국가 성립 과정 중 정복 전쟁에서 패배하였거나 투항·귀순한 주민들로서, 대체로 농업 생산에 치중하였으나, 일반 농민보다 더 무거운 공물 부담을 지고 있었다.

③ 토지를 상실한 농민은 남의 토지를 빌려 경작하거나 노비로 자신을 팔았고, 때로는 유랑민이나 도적이 되었다.
④ 고리대가 성행하면서 이런 현상은 더욱 심해졌다.

(4) 향(鄕)·부곡민(部曲民)의 생활
① 향이나 부곡에 사는 사람들은 일반 농민보다 어려운 형편이었다.
② 농민과 대체로 비슷한 생활을 하였으나, 농민보다 더 많은 공물 부담을 져야만 하였다.

(5) 노비들의 생활
① 노비들은 왕실·관청·귀족·절 등에 속해 있었다.
② 주인을 위하여 음식·옷 등 각종 필수품을 만들고 일용 잡무를 하였다.
③ 주인을 대신하여 농장을 관리하거나 주인의 땅을 경작하였다.

5 발해의 경제 생활

(1) 수취 제도

발해의 수취 제도는 신라와 마찬가지였다.

① 조세: 조·콩·보리 등 곡물을 거두었다.
② 공물: 베·명주·가죽 등의 특산물을 거두었다.
③ 부역: 궁궐·관청 등의 건축에 농민들을 동원하였다.

(2) 귀족의 생활

발해의 귀족들은 대토지를 소유하고 있었으며, 무역을 통하여 당의 비단과 서적 등을 수입하여 화려한 생활을 영위하였다.

(3) 경제의 발달

발해는 9세기에 이르러 사회가 안정되면서 농업, 수공업, 상업이 발달하였다.

① 농업
  ㉠ 기후 조건의 한계로 콩·조·보리·기장 등을 재배하는 밭농사가 중심이었다.
  ㉡ 철제 농기구를 널리 사용하고 수리 시설을 확충하면서 일부 지역에서는 벼농사를 지었다.
  ㉢ 목축이나 수렵도 발달하여 돼지·말·소·양 등을 길렀는데, 그중 솔빈부의 말[馬]은 주요한 수출품이었다.
  ㉣ 모피·녹용·사향 등도 많이 생산하여 수출하였다.
② 어업: 고기잡이 도구를 개량하였고, 숭어·문어·대게·고래 등 다양한 어종을 잡았다.
③ 수공업
  ㉠ 금속 가공업: 철·구리·금·은 등 금속 가공업이 발달하고, 철의 생산량이 상당히 많았을 뿐만 아니라 구리의 제련술(製鍊術)도 뛰어나 좋은 품질의 구리를 생산하였다.
  ㉡ 직물업: 삼베·명주·비단 등의 직물업이 발달하였다.
  ㉢ 기타: 도자기업 등 다양한 분야에서 발달하였다.
④ 상업
  ㉠ 수도인 상경 용천부 등 도시와 교통 요충지에서는 상업이 발달하였다.
  ㉡ 상품 매매에는 현물 화폐를 주로 썼으나, 외국의 화폐도 함께 사용하였다.

■ 솔빈부
지방 행정 제도(15부)의 명칭으로 연해주 우수리스크(쌍성자)로 비정되고 있다. 거란(요)이 멸망할 때까지 솔빈부로 불렸다.

(4) 대외 무역

발해는 당·신라·거란·일본 등과 교류하였고 사신과 상인들이 동행하여 무역하였다.

① 당과의 무역
  ㉠ 무역로: 서안평에서 해로를 이용하여 당의 등주에 연결되어 이곳에 발해관을 설치하였다. 육로로는 요동성에서 요하를 거쳐 진저우에 이르렀다.
  ㉡ 수출품: 말·모피·인삼 등 토산물과 불상·자기·금·은 세공 등 수공업품을 수출하였다.
  ㉢ 수입품: 귀족들의 수요품인 비단·책 등을 수입하였다.
② 일본과의 무역: 발해는 일본과의 외교 관계를 중시하여 무역을 활발히 전개하였는데, 무역 규모가 커서 한 번에 수백 명이 오가기도 하였다.

사료 발해의 경제

❶ 발해의 특산물

귀하게 여기는 것에는 태백산의 토끼, 남해부의 곤포(다시마), 책성부의 된장, 부여부의 사슴, 막힐부의 돼지, 솔빈부의 말, 현주의 포(베), 옥주의 면(누에 솜), 용주의 명주, 위성의 철, 미타호의 붕어가 있고, 과일에는 환도의 오얏, 낙유의 배가 있다.

『신당서』

❷ 발해와 일본의 경제 교류

갑인(甲寅)에 천황이 중궁(中宮)에 나아갔는데, 고제덕(高齊德) 등이 왕의 서신과 토산품을 바쳤다. 그 교서에 "[대]무예가 아룁니다. …… 삼가 영원장군(寧遠將軍) 낭장(郎將) 고인의(高仁義), 유장군(游將軍) 과의도위(果毅都尉) 덕주(德周), 별장(別將) 사항(舍航) 등 24명에게 서신을 가지고 가도록 하였고 아울러 담비 가죽 300장을 정중히 보냅니다. ……"라고 하였다.

『속일본기』

CHAPTER 03 고대의 사회

- 01 신분제 사회의 성립
- 02 삼국의 사회 모습
- 03 남북국 시대의 사회 모습

01 신분제 사회의 성립

1 사회 계층과 신분 제도

(1) 신분 제도의 형성
청동기의 사용과 함께 시작된 정복 전쟁은 철제 무기를 사용하게 되면서 더욱 활발해졌다. 이와 같은 정복과 복속으로 여러 부족들이 통합되는 과정에서 고대 사회에서는 지배층 사이에 위계 서열이 마련되었고, 그 서열은 신분 제도로 발전하였다.

(2) 고대의 사회 계층
부여 · 초기 고구려 · 삼한의 읍락에는 경제적으로 부유한 호민과 그 아래에 하호가 있었다.

① 가(加) · 대가(大加)
  ㉠ 유래: 독립된 소국의 지배자였으나, 연맹 왕국 성립 단계에서 부족장으로 편성되었다.
  ㉡ 존재: 부여 및 초기 고구려 권력자들이었다.
  ㉢ 참여: 호민을 통하여 읍락을 지배하는 한편, 자신의 관리와 군사력을 지니고 정치에 참여하였다.
  ㉣ 편제: 중앙 집권 국가가 성립되는 과정에서 차츰 귀족(貴族)으로 편제되었다.
② 호민(豪民): 경제적으로 부유한 읍락(邑落)의 지배층으로, 읍락 내에서 실질적으로 지배력을 행사하였다.
③ 하호(下戸): 농업에 종사하는 평민으로, 각종 생산 활동에 종사하였고 역과 수취의 대상이었다.
④ 노비: 읍락의 최하층으로, 이들은 주인에게 예속되어 생활하는 천민층이었다.

(3) 삼국의 신분 제도
① 구조: 귀족 · 평민 · 천민의 신분 구조를 갖추었다.
② 엄격한 신분제
  ㉠ 계층: 삼국은 이러한 계층 구조를 바탕으로 그 지배층 내부에서 엄격한 신분 제도를 운영하였다.
  ㉡ 친족의 등급 중시: 삼국 시대 귀족들은 출신 가문의 등급에 따라 관등 승진에서 특권을 누리거나 제한을 받았고, 국가에서 받는 경제적 혜택에도 차등이 있었다.
  ㉢ 대표: 대표적인 신분 제도는 신라의 골품제였다.

2 신분 구조 (귀족, 평민, 천민)

(1) 신분 구조의 특징

① 질서 유지 : 고조선 시대 이래로 존재하였던 신분적 차별은 삼국 시대에 와서 법적으로 더욱 강한 구속력을 지니게 되어, 왕을 정점으로 최하위인 노비에 이르기까지 신분제적 질서가 유지되었다.

② 신분 구성 : 왕족을 비롯한 귀족·평민·천민으로 크게 구분되지만, 기능상으로는 더욱 세분화된 계층으로 나뉜다.

③ 율령 제정 : 지배층은 특권을 유지하기 위하여 율령(律令)을 만들었다.

④ 출신 가문 중시 : 개인의 신분은 능력보다는 그가 속한 친족의 사회적 위치로 결정되었다.

(2) 귀족, 평민, 천민

① 귀족
  ㉠ 삼국에서는 왕족을 비롯한 옛 부족장 세력이 중앙의 귀족으로 재편성되어 정치권력과 사회·경제적 특권을 독점하였다.
  ㉡ 삼국 시대에는 신라의 골품제와 같이 지배층만을 대상으로 한 별도의 신분제를 운영한 점이 특징이다.

② 평민
  ㉠ 평민층은 대부분 농민으로서 신분적으로는 자유민이었으나, 귀족층에 비하여 정치적으로나 사회적으로 많은 제약을 받았다.
  ㉡ 평민은 나라에서 부과하는 조세를 납부하고 노동력을 징발당하였기 때문에 생활이 어려웠다.

③ 천민
  ㉠ 구성 : 천민의 대부분은 노비였다.
  ㉡ 예속 신분 : 노비들은 왕실과 귀족 및 관청에 예속되어 신분이 자유롭지 못하였다.
  ㉢ 생활 형태 : 노비들은 평민과 같이 정상적인 가족 구성을 유지하기 어려웠기 때문에 주인의 집에서 시중을 들며 생활하거나, 주인과 떨어져 살며 주인의 땅을 경작하면서 생활하였다.
  ㉣ 종류
    • 대개 전쟁 포로로 노비가 되거나 죄를 짓고 귀족에게 진 빚을 갚지 못하여 노비가 되는 경우가 많았다.
    • 전쟁이 빈번하였던 삼국 시대에는 전쟁 노비가 많았으나, 통일 신라 이후로 정복 전쟁이 사라짐에 따라 전쟁 노비는 소멸되어 갔다.

> **사료** 고대 사회의 노비
>
> ❶ 정복민을 노비로 만든 사례
> 고구려 왕 사유(고국원왕)가 보병과 기병 2만을 거느리고 와서 치양(황해도 배천)에 주둔하고 군사를 나누어 민가를 약탈하였다. 왕(근초고왕)이 태자에게 군사를 주니 곧장 치양으로 가서 고구려군을 급히 깨뜨리고 5,000명을 사로잡았다. 그 포로를 장사에게 나누어 주었다. 『삼국사기』

■ **무용총 접객도(중국 길림성 집안)**

인물의 신분에 따라 크기를 다르게 하여 무덤의 주인은 크게, 시동은 작게 표현하였다.

| 단권화 MEMO |

❷ **정복민을 노비에서 해방한 사례**
가야가 배반하니 왕(진흥왕)이 이사부에게 토벌하도록 명령하고, 사다함에게 이를 돕게 하였다. 사다함이 기병 5,000명을 거느리고 들이닥치니 …… 일시에 모두 항복하였다. 공을 논하였는데 사다함이 으뜸이었다. 왕이 좋은 농토와 포로 200명을 상으로 주었다. 사다함은 세 번 사양했으나 왕이 굳이 주자, 받은 사람은 놓아주어 양민을 만들고, 농토는 병사에게 나누어 주었다. 이를 보고 나라 사람들이 아름답다고 하였다.
『삼국사기』

02 삼국의 사회 모습

1 고구려의 사회 모습

(1) 특징

① 고구려는 압록강 중류 지역에서 국가의 기틀을 마련하였다.
② 이곳은 산악 지대로 식량 생산이 충분하지 않아, 일찍부터 주변 지역에 대한 정복 활동을 활발하게 전개하였다.

■ **사마르칸트 지역 아프라시압 궁전 벽화의 고구려 사신 복원도**
머리에 깃털을 꽂고 있는 오른쪽 두 사람이 고구려 사신이다.

■ **고구려인들의 생활 방식**
고구려 사람들은 절할 때에도 한쪽 다리를 꿇고 다른 쪽은 펴서 몸을 일으키기 쉬운 자세를 취하였고, 걸음을 걸을 때도 뛰는 듯이 행동을 빨리하였다.

▲ 수렵도(무용총)
사냥 장면을 통해 고구려인의 힘찬 기질을 알 수 있다.

(2) 엄격한 형법의 시행

고구려에서는 통치 질서와 사회 기강을 유지하기 위해 엄격한 형법을 적용하였다.

① 반역죄: 반역을 도모한 자는 화형에 처한 후 다시 목을 베었고, 그 가족들은 노비로 삼았다.
② 투항죄 등: 적에게 항복한 자나 전쟁에서 패한 자 역시 사형에 처하였다.
③ 절도죄: 도둑질한 자는 12배를 물게 하였다.

(3) 사회 계층

① 지배층
  ㉠ 5부 출신: 정치를 주도하며 사회적으로도 높은 지위를 누린 계층은 왕족인 고씨를 비롯하여 5부 출신의 귀족들이다.
  ㉡ 지위 세습: 지위를 세습하면서 높은 관직을 맡아 국정 운영에 참여하였다.
  ㉢ 국방의 솔선: 지배층은 전쟁이 나면 스스로 무장하여 앞장서서 적과 싸웠다.

▲ 안악 3호분 대행렬도(황해 안악, 그래픽 복원도)
신분의 귀천에 따라 인물의 크기에 차등을 두어 묘사하였다.

| 사료 | 고구려 지배층 |

❶ 고구려 5부족

고구려는 …… 본래 5부족이 있는데, 소노부(消奴部)·절노부(絕奴部)·순노부(順奴部)·관노부(灌奴部)·계루부(桂婁部)가 있다. 처음에는 소노부가 왕이 되었으나 점차 미약해져 지금은 계루부가 대신한다. …… 소노부는 본래 나라의 주인으로서 지금은 비록 왕이 되지 않으나, 적통대인(適統大人)은 고추가(古雛加)를 칭할 수 있고, 종묘(宗廟)를 세울 수 있으며 영성 사직(靈星社稷)에 제사 지낸다. 절노부는 대대로 왕과 혼인하여 고추가의 칭호를 가한다.

『삼국지』 위서 동이전. 고구려

❷ 대대로의 선출

고려(고구려)는 부여의 별종에서 나왔다. …… 그 관직에 높은 것은 대대로(大對盧)라 하여 1품에 비유되며 국사를 모두 맡는다. 3년을 임기로 하되 직무를 잘하면 연한에 구애되지 않는다. 대대로를 교체하는 날에 혹 서로 승복하지 않으면 모두 군사를 거느리고 싸워 이긴 자가 대대로가 된다. 그때 왕은 다만 궁문을 닫아걸고 스스로를 지킬 뿐 제어하지 못한다. 다음은 태대형(太大兄)이라 하며 정2품에 비유된다. 대로 이하의 관직은 모두 12등급이 있다. 외방에는 주현(州縣)의 60여 성이 있어 큰 성에는 욕살(褥薩) 1명을 두는데, 도독(都督)에 비유된다. 여러 성에는 도사(道使)를 두는데, 자사(刺史)에 비유된다.

『구당서』 동이전. 고려

② 백성(百姓)
  ㉠ 국역의 부담: 백성들은 **대부분 자영 농민**으로서, 국가에 조세를 바치고 병역의 의무를 지며 토목 공사에도 동원되었다.
  ㉡ 생활의 불안정: 이들의 생활은 불안정하여 흉년이 들거나 빚을 갚지 못하면 노비로 전락하기도 하였다.
  ㉢ 진대법(賑貸法): 고국천왕(194)
    • 목적: 가난한 농민을 구제하기 위한 시책이었다.
    • 내용: 먹을거리가 부족한 봄에 곡식을 빌려 주었다가 가을에 추수한 것으로 갚도록 한 제도였다.

| 사료 | 진대법 |

겨울 10월에 왕(고국천왕)이 질산 남쪽에서 사냥하였다. 길가에 앉아 우는 자를 보고 우는 이유를 물으니 그가 대답하였다. "가난하여 항상 품팔이로 어머님을 봉양하였습니다. 금년에는 흉년이 들어 품팔이할 곳이 없어 곡식 한 되나 한 말도 얻을 수 없기에 우는 것입니다." 왕이 "아아, 내가 백성의 부모가 되어 백성들을 이러한 지경에 이르게 하였구나. 내 죄이다."라고 하며 옷과 음식을 주어 위로하였다. 이어서 서울과 지방의 해당 관청에 명령하여 홀아비, 과부, 고아, 자식 없는 늙은이, 늙고 병들고 가난하여 혼자 힘으로 살 수 없는 자들을 널리 찾아내어 구제하게 하였다. 봄 3월부터 가을 7월까지 관의 곡식을 풀었다. 백성들의 식구가 많고 적음에 따라 차등 있게 구제 곡식을 빌려 주었다가 겨울 10월에 상환하게 하는 것을 법규로 정하였다. 모든 백성들이 크게 기뻐하였다.

『삼국사기』

③ 천민과 노비
  ㉠ 고구려의 천민과 노비는 피정복민이나 몰락한 평민이었다.
  ㉡ 남의 소[牛]나 말[馬]을 죽인 자를 노비로 삼거나, 빚을 갚지 못한 자가 그 자식들을 노비로 만들어 변상하는 경우도 있었다.

(4) 혼인 풍습

① 지배층: 고구려 지배층의 혼인 풍습으로는 형사취수제(兄死娶嫂制)와 함께 서옥제(壻屋制)가 있었다.
② 피지배층: 평민들은 남녀 간의 자유로운 교제를 통하여 결혼했는데, 남자 집에서 돼지고기와 술을 보낼 뿐 다른 예물은 주지 않았다. 만약 신부 집에서 재물을 받은 경우 딸을 팔았다고 여겨 부끄럽게 생각하였다.

> **사료** 형사취수제
>
> 고국천왕이 죽자 왕후 우씨는 죽음을 비밀로 했다. 그녀는 밤에 죽은 왕의 첫째 아우 발기의 집에 찾아갔다. 발기가 사실을 모르고 말했다. "부인이 밤에 다니는 것을 어떻게 예라고 할 수 있겠습니까?" 왕비는 부끄러워하고 곧 왕의 둘째 동생 연우의 집에 갔다. 연우는 왕비를 위해 잔치를 베풀었다. 연우가 고기를 베다가 손가락을 다쳤다. 왕후가 치마끈을 풀어 다친 손가락을 싸 주고 돌아가려 할 때 "밤이 깊어 두려우니 그대가 왕궁까지 전송해 주시오." 하였다. 연우가 그 말을 따르니 왕후는 손을 잡고 궁으로 들어갔다. 다음 날 왕후가 선왕의 명령이라 사칭하고 연우를 왕으로 세웠다. 왕은 우씨 때문에 왕위에 올랐으므로 다시 장가들지 않고 우씨를 왕후로 삼았다.
>
> 「삼국사기」

2 백제의 사회 모습

(1) 특징

① 백제의 언어·풍속·의복은 고구려와 큰 차이가 없었다. 백제는 일찍부터 중국과 교류하면서 선진 문화를 수용하였다.
② '백제 사람은 키가 크고 의복이 깔끔하다.'는 중국의 기록은 백제인의 세련된 모습을 알려 준다.
③ 백제 사람들은 상무적인 기풍을 간직하고 말타기와 활쏘기를 좋아하였다.

(2) 엄격한 형법의 적용

형법의 적용이 엄격한 점은 고구려와 비슷하였다.

① 반역한 자나 전쟁터에서 퇴각한 군사[퇴군자(退軍者)] 및 살인자는 목을 베어 사형에 처했다.
② 도둑질한 자는 귀양 보냄[流刑]과 동시에 도둑질한 것의 2배를 물게 하였다.
③ 관리가 뇌물을 받거나 횡령을 했을 때는 3배를 배상하고 종신토록 금고형(禁錮刑)에 처하였다.

■ **부녀의 간음**
백제에서는 간음한 여인은 남편 집의 노예로 삼도록 하였다.

(3) 지배층의 생활

① 백제의 지배층은 왕족인 부여씨(夫餘氏)와 8성의 귀족으로 이루어졌다.
② 중국의 고전(古典)과 역사책을 즐겨 읽고 한문(漢文)을 능숙하게 구사하였으며, 관청의 실무에도 밝았다.
③ 투호(投壺)와 바둑 및 장기는 고구려와 마찬가지로 백제 지배층이 즐기던 오락이었다.

■ **백제의 8성**
사(沙)·연(燕)·백(苩)·협(劦)·국(國)·목(木)·진(眞)·해(解) 등

3 신라의 사회 모습

신라는 고구려와 백제에 비하여 중앙 집권 국가로 발전한 시기가 늦은 편이었다. 그런 만큼 신라는 여러 부족의 대표들이 함께 모여 정치를 운영하고 사회를 이끌어 가던 신라 초기의 전통을 오랫동안 유지하였다.

(1) 화백 회의(和白會議)

① 의의: 초기의 전통을 유지한 대표적인 제도가 화백 회의였다. 귀족들은 이를 통하여 국왕을 폐위시키기도 하고(예 진지왕 폐위), 새 국왕을 추대하는 데 영향력을 발휘하면서 왕권을 견제하기도 하였다.
② 참여: 진골 출신의 고관들로 구성되었고, 국가의 중대사를 결정하는 귀족 회의제였다.
③ 주재자: 상대등(上大等)이 주재자이며, 이는 곧 귀족 연합적인 정치가 이루어지고 있었음을 의미한다.
④ 형태: 만장일치제로 운영하였다.
⑤ 성격: 씨족적 성격을 가진 귀족 및 중신 회의로 귀족들의 단결을 굳게 하고 국왕과 귀족 간의 권력을 조절하는 기능을 담당하였다.
⑥ 회의 장소: 도교적 신성 지역인 4영지(四靈地)에서 개최하였다.

바로 확인문제

● 다음 자료를 읽고 신라 회의 기구에 대한 평가로 옳은 것을 〈보기〉에서 고르면?

- 나라에 큰일이 있으면 귀족 대표들이 모여 자세히 의논해서 결정한다.
- 큰일이 있으면 여러 사람의 의견을 따르는데, 한 명이라도 반대하면 통과하지 못한다. 이를 화백이라 한다.

┤보기├
ㄱ. 국왕은 귀족 회의를 통하여 왕권을 강화하였다.
ㄴ. 귀족 세력과 왕권 사이에 권력을 조정하는 기능을 가졌다.
ㄷ. 왕권이 전제화되면서 귀족 회의의 권한은 더욱 강화되었다.
ㄹ. 씨족 사회의 전통을 계승한 것으로 집단의 단결을 강화하는 구실을 하였다.
ㅁ. 청소년 집단에서 비롯된 것으로 계급 간의 대립을 조절·완화하는 기능을 지녔다.

① ㄱ, ㄴ   ② ㄱ, ㄷ   ③ ㄴ, ㄹ   ④ ㄷ, ㅁ

(2) 골품 제도(骨品制度)*

① 성립: 신라는 중앙 집권 국가로 발전하는 과정에서 김씨 왕족이 왕위를 세습하였다. 김씨 왕족은 왕권을 강화하면서 혈연에 따라 사회적 제약이 가해지는 폐쇄적 신분 제도인 골품 제도를 마련하여 통치 기반을 구축하였다.
② 목적: 각 족장 세력을 통합·편제하기 위한 것이었다.
③ 내용
  ㉠ 성골: 부모가 모두 왕족인 김씨 왕족으로, 진덕 여왕을 마지막으로 소멸되었다.
  ㉡ 진골: 진덕 여왕을 끝으로 성골 출신의 왕이 없어지자, 무열왕부터 진골 출신이 왕위를 계승하였다.

단권화 MEMO

■ 진지왕(576~579)의 폐위
정치가 어지럽고 음란하다[정란음사(政亂淫事)]는 이유로 폐위되었다.

■ 4영지
동(청송산)·서(피전)·남(우지산)·북(금강산)

|오답해설|
ㄱ. 왕권과 귀족권은 반비례한다.
ㄷ. 왕권이 전제화되면서 귀족 회의체인 화백 회의는 그 권한이 약화되었다.
ㅁ. 화랑도에 대한 설명이다.
|정답| ③

*골품 제도
골품 제도는 6두품과 연결해서 자주 출제된다.

■ 골품 제도
골품제는 처음에는 왕족을 대상으로 한 골계(骨系)와 왕경 내의 일반 귀족들을 대상으로 한 두품제(頭品制)가 별개의 체계로 성립하였다. 신평왕 때에 이르러 왕족 내부에서 다시 성골이 분리되어 성골과 진골이라는 2개의 골과 6두품에서 1두품에 이르는 6개의 두품 등 모두 8등급의 신분으로 구성되었다. 7세기 중반에 성골이 사라졌고, 통일 이후에는 1두품에서 3두품에 이르는 신분의 구별도 차츰 사라져 일반 백성과 비슷하게 되었다.

단권화 MEMO

■ 골품과 관직
관직(官職)은 관등(官等)에 의해 부여되는 것이므로 골품은 관등을 매개로 하여 관직과 관련되어 있다.

사료 골품 제도의 성립 배경

신라는 …… 그 관료를 세울 때 친속(親屬)을 상으로 하며, 그 족의 이름은 제1골·제2골이라 하여 나뉜다. 형제의 딸이나 고종 자매·이종 자매를 모두 처로 맞아들인다. 왕족을 제1골로 하여 처도 같은 족인데 자식을 낳으면 모두 제1골로 한다. 제2골의 여자와 혼인하지 않으며 비록 혼인하더라도 언제나 첩(妾)으로 삼는다.

『신당서』

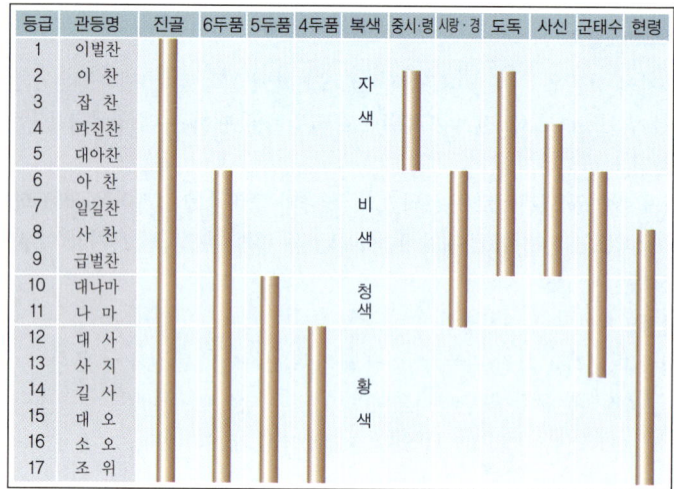

▲ 신라의 골품과 관등·관직표

- ⓒ 6두품 : 대족장 출신으로 '득난(得難)'이라 불릴 정도의 높은 신분이었다.
  - 활동 : 종교·학문 분야에서 두각을 나타냈으며, 통일 초기 왕권 전제화에 공헌하였다.
  - 제한 : 6관등 아찬까지 진출, 복색은 비색, 가옥은 21자로 제한하였다.
- ⓔ 5두품 : 10관등 대나마까지 진출, 복색은 청색, 가옥은 18자로 제한하였다.
- ⓕ 4두품 : 12관등 대사까지 진출, 복색은 황색, 가옥은 15자로 제한하였다.

④ 중위제(重位制)
- ㉠ 의미 : 삼국 통일을 전후한 시기에 나타난 제도로서, 골품제의 폐쇄성을 보완하기 위해 6두품 이하의 신분에게 적용된 일종의 특진 제도이다.
- ㉡ 내용
  - 아찬(阿湌) : 4중 아찬까지 승진이 가능하였다.
  - 대나마(大奈麻) : 9중 대나마까지 승진이 가능하였다.
  - 나마(奈麻) : 7중 나마까지 승진이 가능하였다.
- ㉢ 대상 : 공훈 및 능력자
- ㉣ 한계 : 6두품이나 5두품 출신 인물의 관등을 올려 주어야 할 때에도 더 높은 신분의 귀족에게만 허용된 관등의 영역을 침범하지 못하게 한 제도이다.

⑤ 성격
- ㉠ 골품은 신라 사회에서 개인의 사회 활동과 정치 활동의 범위까지 엄격히 제한하였다.
- ㉡ 관등 승진의 상한선이 골품에 따라 정해져 있었으므로 일찍부터 불만을 가진 사람들도 있었다.
- ㉢ 골품 제도는 가옥의 규모와 장식물은 물론, 복색이나 수레 등 신라인의 일상생활까지 규제하는 기준으로서 오랫동안 유지되었다.

| 사료 | 골품제의 생활 규제 |

4두품에서 백성에 이르기까지는 방의 길이와 너비가 15척을 넘지 못한다. 느릅나무를 쓰지 못하고, 우물 천장을 만들지 못하며, 당기와를 덮지 못하고, 짐승 머리 모양의 지붕 장식이나 높은 처마 …… 등을 두지 못하며, 금·은이나 구리 …… 등으로 장식하지 못한다. 섬돌로는 산의 돌을 쓰지 못한다. 담장은 6척을 넘지 못하고, 또 들보를 가설하지 않으며 석회를 칠하지 못한다. 대문과 사방문을 만들지 못하고 마구간에는 말 2마리를 둘 수 있다.

『삼국사기』

| 심화 | 6두품 |

❶ 일반 귀족으로 지연적 요소가 강하였으며, 대족장의 후예로 득난(得難)이라고도 하였고, 진골에서 강등된 경우도 있었다. 이들은 6관등인 아찬까지 승진할 수 있었으며 자색의 공복(복색)은 착용할 수 없었다.

❷ 당 문화를 신라에 이식시켜 유학과 한문학의 수준을 높여 왕도 정치와 도덕 정치의 필요성을 제시하는 등 학문과 종교 분야에서 두드러진 활동을 하였고(원효·무염·강수·설총·최치원 등), 학문적 식견에 의한 정치적 진출(박인범·최언위)도 하였다.

❸ 중대에는 왕권과 결합하여 진골 귀족을 억압하는 등 왕권의 전제화에 기여하였으며, 유교적 정치 이념을 강조함으로써 국학의 발달에 기여하였다.

❹ 하대에는 능력 중심의 인재 등용 등 개혁을 추진하였으나, 진골 귀족의 반대로 실패하였으며(예: 최치원의 시무 10여 조) 지방 호족과 결합하여 반신라적 입장으로 선회하였다.

❺ 최언위와 최승우
  • 최언위는 885년 당나라에 유학하여 문과에 급제한 뒤 909년 귀국하였다. 신라가 망하자 고려에서 태자사부 등을 역임하였다. 글씨에 '낭원대사오진탑비명(朗圓大師悟眞塔碑銘)' 등이 남아 있으며, 영월 흥녕사 징효대사 탑비 비문을 지었다.
  • 최승우는 진성 여왕 4년(890) 중국 당나라에 건너가 국학에서 3년간 공부하고 893년 빈공과에 급제한 뒤 관직에 있다가 귀국하였다. 후백제의 견훤을 섬겨 고려 태조에게 보내는 「대견훤기고려왕서(代甄萱寄高麗王書)」를 짓기도 하였다. 『호본집(餬本集)』을 저술하였으나 현재 전하지 않는다.

❻ 특징
  ㉠ 포함: 왕경인(王京人)과 소경인(小京人)만 해당하고, 지방민과 노비는 제외하였다.
  ㉡ 예외: 지방민은 외위(外位)라 하여 별도의 11관등제로 운영하였다.
❼ 변화: 삼국 통일 이후 하급 신분층에서 골품의 구분이 희미해져 3두품과 1두품 사이의 구별이 사라지고 평민과 동등해졌다.

| 바로 확인문제 |

● ㉠과 ㉡ 두 인물의 공통된 신분상의 특징으로 옳은 것은? 17. 국가직(사복직 포함) 9급

  • ㉠ 은/는 신문왕에게 「화왕계」를 통하여 조언하였다.
  • ㉡ 은/는 진성 여왕에게 시무책 10여 조를 올렸다.

① 왕이 될 수 있는 신분이었다.
② 자색(紫色)의 공복을 착용하였다.
③ 중앙 관부의 최고 책임자를 독점하였다.
④ 관등 승진에서 중위제(重位制)를 적용받았다.

■ 왕경인과 지방민

왕족의 다른 귀족에 대한 우월성이 진골의 고위 관직 독점으로 나타났음에 비해, 왕경 귀족의 지방 귀족에 대한 우월성은 경위(京位)를 지닌 왕경인의 관직 독점으로 나타났다. 중앙 관부의 관직이 왕경인에 의해 독점된 것은 물론 주의 군주나 군의 당주, 촌·성의 도사 등도 모두 왕경인으로 임명하였다. 그리고 지방의 촌주(村主) 등 재지 세력(在地勢力)에게는 따로 외위(外位)를 설정하여 그 세력의 크기에 따라 편제하였다. 경위와 외위의 이원적인 관등 체계는 통일 전쟁을 전후한 시기부터 지방민에게도 경위를 수여하기 시작하여 차츰 일원화되어 갔다. 그러나 골품제에 의해 왕경인과의 차별성은 여전히 유지하였다.

|정답해설| ㉠ 설총, ㉡ 최치원이다. 설총과 최치원은 모두 신라 6두품 출신의 지식인이었다. 삼국 통일을 전후한 시기에 6두품 이하 신분에게는 일종의 특진 제도인 중위제가 적용되었다.

|오답해설|
① 성골·진골에 대한 설명이다.
②③ 진골 귀족에 대한 설명이다.

|정답| ④

| 단권화 MEMO |

| 정답해설 | '득난'은 6두품의 별칭으로 신라의 지배 계급이었다. 신라에는 갈문왕(왕의 근친에게 주던 봉작)이라는 귀족이 있었다.

| 오답해설 |
②③ 백제, ④ 고구려에 대한 서술이다.

| 정답 | ①

● 〈보기〉의 밑줄 친 ⊙과 같은 신분이 있었던 국가에 대한 설명으로 가장 옳은 것은?

19. 2월 서울시 7급

| 보기 |
대사의 법호는 무염으로 달마대사의 10대 법손이 된다. …… 고조부와 증조부는 모두 조정에서는 재상, 나가서는 장수를 지내 집집에 널리 알려졌다. 아버지는 범청으로 ⊙ 득난(得難)이 되었다.

① 갈문왕이라고 불리는 귀족이 있었다.
② 대귀족으로 진씨, 해씨 등 8개 성씨가 있었다.
③ 귀족들이 정사암에 모여 회의를 열고 수상을 선출했다.
④ 최고 귀족인 왕족과 왕비족은 고추가로 불렸다.

(3) 화랑도(국선도·풍류도·풍월도)*

① 유래: 옛 씨족 사회 청소년 집단인 '원화' 조직에서 기원하였다.
② 국가적 조직으로 확대: 정복 전쟁이 한창이던 진흥왕 때 국가적 차원에서 조직을 확대하였고, 국가가 필요로 하는 인재 양성을 목적으로 운영하였다.
③ 구성: 화랑(진골 귀족 자제)과 낭도(평민 자제까지 참여)로 구성하였으며, 이러한 조직 구성은 계층 간 대립과 갈등을 조절·완화하는 역할을 하였다.
④ 교육 내용: 제천 의식, 사냥과 전쟁에 대한 교육 등 전통적 사회 규범을 익혔다.
⑤ 세속 5계(원광)

*화랑도
화랑도의 내용과 세속 5계의 의미는 자세히 알아둘 필요가 있다.

사군이충(事君以忠)	충성으로써 임금을 섬긴다.	임전무퇴(臨戰無退)	전쟁에 임하면 물러서지 않는다.
사친이효(事親以孝)	효도로써 어버이를 섬긴다.	살생유택(殺生有擇)	산 것을 죽일 때는 가림이 있다.
교우이신(交友以信)	믿음으로써 벗을 사귄다.		

사료 원광과 세속 5계

귀산은 젊을 때 같은 부(部) 사람 추항과 친구가 되었다. 두 사람이 서로 "우리들이 군자와 놀기를 기약하여 먼저 마음을 바르게 하고 몸을 닦지 않으면 욕된 일을 당하지 않을까 두렵다. 어진 이의 곁에 가서 도를 듣지 않으려나." 하고 말하였다. 이때 원광 법사가 수나라에 가서 유학하고 돌아와 가실사에 머물며 사람들의 존경을 받고 있었다. 귀산 등이 그 문하에 가서 단정한 태도로 "저희 세속의 선비들이 어리석어 아는 바가 없으니 원컨대 한 말씀을 내려 주셔서 종신토록 계명을 삼았으면 합니다."라고 말하였다. 법사는 "**불교의 계율에는 보살계가 있는데 그 종목이 10가지라서 너희처럼 남의 신하된 자로서는 아마 감당하기 어려울 것이다. 여기 세속 5계가 있으니, 하나는 충으로써 임금을 섬기고, 둘은 효로써 부모를 섬기며, 셋은 믿음으로써 친구를 사귀고, 넷은 전장에 나아가 물러서지 않으며, 다섯은 생명 있는 것을 가려서 죽인다는 것이다. 너희는 실행에 옮기되 소홀히 하지 말라.**"라고 하였다.

「삼국사기」

03 남북국 시대의 사회 모습

1 통일 후 신라 사회의 변화

(1) 삼국의 동질성
삼국 통일은 삼국이 지니고 있던 혈연적 동질성과 문화적 공통성을 바탕으로 하여 우리 민족 문화가 하나의 국가 아래 발전하는 계기를 마련하였다.
① 삼국은 상호 간에 오랜 전쟁을 치르면서도 동질성을 많이 간직하고 있었다.
② 언어와 풍습은 비슷하였고, 복장 및 절하는 모습에서 약간 차이가 나는 정도였다.

■ 삼국의 언어
법흥왕 때 백제 사신을 따라 중국 양(梁)나라에 간 신라 사신이 백제인 통역을 이용할 정도로 두 나라의 언어가 비슷하였다.

(2) 민족의 통합과 왕권의 강화
① 민족 통합 정책
  ㉠ 포용: 신라는 통일 전쟁 과정에서 백제와 고구려의 옛 지배층에게 신라 관등을 주어 포용하였다.
  ㉡ 편성: 통일 직후에는 백제와 고구려의 유민들을 9서당에 편성함으로써 민족 통합에 노력하였다.
  ㉢ 삼한일통 의식의 형성: 이렇게 하여 신라 지배층은 삼한(삼국)이 하나가 되었다는 자부심을 갖게 되었다.
② 왕권의 전제화(專制化)
  ㉠ 안정된 사회 유지: 통일 신라는 늘어난 영토와 인구를 다스리게 됨으로써 경제력도 그만큼 증가하였고, 이를 바탕으로 100여 년 동안 안정된 사회가 유지되면서 삼국 통일 이후 왕권이 매우 강화되었다.
  ㉡ 국왕의 군사적 역할 강화: 오랜 전쟁을 거치면서 군사적 긴장 상태를 유지하는 가운데, 최고 군사령관으로서 국왕의 역할이 강화되었다.
  ㉢ 귀족의 숙청: 통일 직후인 신문왕 때는 왕권 강화에 장애가 되는 진골 귀족의 일부를 숙청하였다.

■ 민족 통합 정책의 적용
9서당(誓幢)·9주(州)·고구려와 백제의 지배층에게 신라의 골품 부여

(3) 통일 신라의 사회
① 진골 귀족
  ㉠ 최고 신분층인 진골 귀족이 정치적으로나 사회적으로 차지하는 비중은 여전히 컸다.
  ㉡ 특권 유지: 중앙 관청의 장관직을 독점하였고, 합의를 통하여 국가의 중대사를 결정하는 전통도 여전히 유지하였다.
② 6두품
  ㉠ 6두품 출신은 학문적 식견과 실무 능력을 바탕으로 국왕을 보좌하면서 정치적 진출을 활발히 하였다.
  ㉡ 신분의 제약으로 인하여 중앙 관청의 우두머리나 지방의 장관 자리에는 오를 수 없었다.
③ 골품 제도의 변화
  ㉠ 골품 제도는 삼국 통일 이후에 약간의 변화가 나타났다.
  ㉡ 골품의 구분이 하급 신분층에서부터 점차 희미해지면서, 3두품에서 1두품 사이의 구분은 실질적인 의미를 잃고 평민과 동등하게 간주되었다.

■ 진골만이 가능한 직책
화백 회의 참여, 각 6부의 장관, 지방 장관, 화랑, 군 지휘관

■ 신라 중·하대의 6두품
• 중대(中代): 6두품은 진골 귀족에 대항하여 왕권과 결탁하기도 하였다. 그리하여 6두품 귀족은 신분적인 제약에도 불구하고 학문적 또는 종교적 식견에 의하여 국왕의 정치적 조언자가 되었고, 실제로 집사부 시랑(執事部侍郎) 등의 관직을 맡으면서 정치적 진출을 활발히 하였다.
• 하대(下代): 하대에 이르러 6두품 귀족은 중앙 권력에서 점차 배제되어 호족과 연결되었다. 그들은 합리적인 유교 이념을 내세우면서 국가 체제 내에서 개혁을 시도하였지만, 그것이 거부되자 점차 반신라적인 태도를 취하게 되었다.

2 발해의 사회 구조

(1) 사회 구성
① 지배층
  ㉠ 발해의 지배층은 왕족인 대씨와 귀족인 고씨 등의 고구려계 사람들이 대부분이었다.
  ㉡ 이들은 중앙과 지방의 중요한 관직을 차지하고 수도를 비롯한 큰 고을에 살면서 노비와 예속민을 거느리고 있었다.
② 피지배층
  ㉠ 발해의 주민 구성에서 다수를 차지한 것은 말갈인이며, 이들은 고구려 전성기 때부터 고구려에 편입된 민족이었다.
  ㉡ 발해 건국 후 이들 중 일부는 지배층이 되거나 자신이 거주하는 촌락의 우두머리가 되어 국가 행정을 보조하였다.

(2) 사회 · 문화
① 상층 사회
  ㉠ 발해의 지식인은 당에 유학하여 빈공과에 응시하고, 때로는 신라인과 수석을 다투기도 하였다.
  ㉡ 발해는 상층 사회를 중심으로 당(唐)의 제도와 문화를 받아들였다.
② 하층 촌락민: 하층 촌락민들은 고구려나 말갈 사회의 전통적인 생활 모습과 문화를 오랫동안 유지하고 있었다.

> **사료** 발해의 사회
>
> 그 나라는 사방 2,000리며 주현과 관역이 없고 곳곳에 촌리가 있는데, 모두 말갈 부락이다. 백성에는 말갈인이 많고 고구려인이 적다. …… 땅은 매우 추워 물이 있는 논에 맞지 않는다. 자못 글을 알고 고구려 대부터 조공이 끊이지 않았다.
> 「유취국사」

> **사료** 발해인의 모습
>
> 부인들은 사납고 투기가 심하다. 대씨는 다른 성씨들과 서로 10자매라는 관계를 맺어 번갈아 남편들을 감시하며 첩을 두지 못하게 한다. 남편이 밖에 나갔다는 이야기를 들으면 반드시 독살을 모의하여 남편이 사랑하는 여자를 죽인다. 한 남편이 바람을 피웠는데, 그 아내가 깨닫지 못하면 아홉 자매가 모여 가서 비난한다. 이처럼 다투어 투기하는 것을 서로 자랑스러워한다. 그러므로 거란·여진 등 여러 나라에는 모두 창기(娼妓)가 있으며 양인 남자들은 첩과 시비를 두지만, 발해에만 없었다. 남자들은 지모(智謀)가 많으며 날래고 용감함이 다른 나라보다 뛰어나다. 그래서 심지어 "발해인 셋이면 호랑이 한 마리를 당해 낸다."라는 말이 있을 정도이다.
> 「송막기문」

> **바로 확인문제**
>
> ● 발해의 사회 모습에 대한 설명으로 가장 옳지 않은 것은? 　　　19. 6월 서울시(사복직 포함) 9급
> ① 주민은 고구려 유민과 말갈인으로 구성되었다.
> ② 중앙 문화는 고구려 문화를 바탕으로 당의 문화가 가미된 형태를 보였다.
> ③ 당, 신라, 거란, 일본 등과 무역하였는데, 대 신라 무역의 비중이 가장 컸다.
> ④ 유학 교육 기관인 주자감을 설치하여 귀족 자제에게 유교 경전을 가르쳤다.

단권화 MEMO

■ **빈공과(賓貢科)**
당(唐)에서 외국인을 대상으로 실시한 과거 시험으로서, 발해는 10여 인이 유학하여 6명 정도가 합격하였다.

■ **발해 하층민의 생활 모습**
발해 사회의 최하층에는 천민 신분인 부곡민·노비들이 있었다. 촌락에 거주하는 말갈인은 주로 농업에 종사하였고, 목축이나 수렵 등도 하면서 살아갔다. 민(民)은 조세나 공납을 바치고, 군역이나 역역의 의무를 졌다.

|정답해설| 발해는 당·신라·거란·일본 등과 무역하였는데, 이 중 당과의 무역 비중이 가장 컸다.

|오답해설|
① 발해는 소수의 고구려 유민들이 지배 계급을 형성하였고, 다수의 말갈인들은 피지배 계급을 구성하였다.
② 발해의 중앙 문화는 고구려 문화를 바탕으로 당의 문화가 결합된 형태로 발전하였다. 한편 발해의 저변에는 소박한 말갈 문화도 남아있었다.
④ 발해는 최고 교육 기관으로 주자감을 두어 유교 경전을 교육하였고, 당에 유학생을 보내기도 하였다.

|정답| ③

3 통일 신라인의 생활

(1) 금성과 5소경

① 금성(金城)
  ㉠ 통일 신라의 서울인 금성(경주)은 정치와 문화의 중심지로 귀족들이 모여 사는 대도시로 번성하였다.
  ㉡ 전성기의 금성은 바둑판처럼 반듯하게 구획된 시가지에 궁궐과 관청·사원을 비롯하여 귀족들의 저택과 민가가 즐비하게 들어서 있었다.
  ㉢ 수도 경주의 건물은 대부분 기와로 지붕을 이었고, 밥 짓는 데도 숯을 사용할 정도로 부유하였다.
  ㉣ 전국에서 거두어들인 조세와 특산물, 국제 무역품들이 모여드는 거대한 소비 도시였다.
② 5소경(小京) : 과거 백제·고구려·가야의 일부 지배층은 물론 신라의 수도에서 이주한 귀족들이 거주하는 지방의 문화 중심지였다.

(2) 귀족들의 생활

① 호화로운 생활
  ㉠ 귀족들은 금입택(金入宅)이라 불린 저택에서 많은 노비와 사병을 거느리고 살았다.
  ㉡ 여기에 드는 비용은 지방에 소유한 대토지와 목장 등에서 나온 수입으로 충당하였으며, 서민을 상대로 한 고리대업도 주요 수입원의 하나였다.

> **사료** 통일 신라 귀족의 생활 모습
>
> ❶ 절과 절이 별처럼 벌여 있고 탑들은 기러기 떼인 양 줄지어 있으며 서울에서 지방[해내(海內)·경기(京畿) 지역]에 이르기까지 집과 담장은 연이어졌고, 초가는 하나도 없었으며 거리에는 음악 소리가 그치질 않았다.
> 『삼국유사』
>
> ❷ 재상의 집에는 녹(祿)이 끊이지 않고, 노동(奴僮)이 3천 명이요, 갑옷과 무기와 소·말·돼지의 수가 이와 비슷하였다.
> 『신당서』

② 불교 후원 : 귀족 출신의 한 여성이 자신의 재산으로 불사에 드는 막대한 비용을 지원하는 등 귀족들은 불교를 적극 후원하였다.
③ 사치품 선호
  ㉠ 귀족들은 국제 무역을 통하여 수입된 진기한 사치품을 선호하였다. 아라비아산 고급 향료, 동남아시아산 거북딱지로 만든 장식품과 고급 목재, 에메랄드 등이 그러한 물품들이었다.
  ㉡ 사치 풍조가 신분 구분을 문란하게 할 상황에 이르자 흥덕왕 때 사치를 금하는 왕명이 내려지기도 하였으나 실효를 거두지는 못하였다. 이러한 분위기 속에서 신라 사람들이 본래 지녔던 소박함과 강인함은 서서히 사라져 갔다.

> **사료** 흥덕왕의 사치 금지령
>
> 흥덕왕 9년(834)에 다음과 같은 교서를 내렸다. "사람에게는 위와 아래가 있고, 벼슬에도 높음과 낮음이 있어 명칭과 법식이 같지 않고 의복 또한 다른 것이다. 그런데 세상의 습속은 점점 각박해지고 백성들은 다투어 사치와 호화를 일삼고 오로지 외래품의 진귀한 것만을 숭상하고 토산품의 야비한 것을 싫어한다. 그리하여 예절이 분수에 넘치는 데 빠지고 풍속이 파괴되는 데에까지 이르렀다. 이에 옛날 법에 따라 엄한 명령을 베푸는 것이니 그래도 만약 일부러 범하는 자가 있으면 진실로 응당한 형벌이 있을 것이다."
> 『삼국사기』

단권화 MEMO

▲ 안압지 출토 주사위(주령구)

▲ 집 모양 뼈 용기(경북 경주)
통일 신라 시대의 기와집을 표현하였다.

■ 소경(小京)의 기능
지방의 정치·문화적 중심지, 지방 세력의 견제, 피정복민의 회유, 경주의 편재성 보완 등의 기능을 하였다.

■ 페르시아 문양석(경주 박물관 소장)

사자와 공작무늬가 있는 도안은 사산 왕조 페르시아에서 유행한 것이다.

(3) 평민의 생활

① 지배층의 호화로운 생활과는 대조적으로 평민의 대부분은 자신의 토지를 경작하며 근근이 생활하였다.
② 가난한 농민들은 귀족의 토지를 빌려서 경작하며 생계를 잇거나 귀족에게 빌린 빚을 갚지 못하여 결국 노비가 되는 경우도 적지 않았다.

4 통일 신라 말의 사회 모순

(1) 신라 말기의 정치·사회상

① 백성의 곤궁: 신라 말기가 되면서 귀족들의 정권 다툼과 대토지 소유 확대로 백성의 생활은 더욱 곤궁해져 갔다.
② 지방 신흥 세력의 성장: 지방의 토착 세력과 사원들은 대토지를 소유하면서 유력한 신흥 세력으로 성장해 갔다.
③ 농민의 몰락: 지방의 자영농들은 귀족들의 농장이 확대되면서 몰락해 갔다. 더욱이 중앙 정부의 통치력 약화로 대토지 소유자들은 세금을 부담하지 않는 대신 농민들이 더 많은 조세를 감당하게 되었다.
④ 자연재해 발생: 9세기 이후 자주 발생한 자연재해는 농민의 처지를 더욱 어렵게 하였다.
⑤ 호족의 등장: 이러한 가운데 지방의 유력자들을 중심으로 곳곳에서 무장 조직이 결성되었고, 이들을 아우른 큰 세력가들이 호족으로 등장하였다.

(2) 중앙 정부의 대책

① 조세 감면: 중앙 정부는 지배 체제를 다시 확고히 하기 위하여 수리 시설을 정비하고 자연재해가 심한 지역에는 조세를 면제해 주었다.
② 민생의 안정 도모: 굶주리는 농민들을 구휼하고, 연해에 출몰하는 해적으로부터 농민을 보호함으로써 백성의 생활을 안정시키고자 노력하였다.
③ 정부 대책 실패: 이러한 대책들은 큰 효과를 거두지 못했고, 토지를 상실한 농민들은 소작농이 되거나 고향을 버리고 떠돌게 되었으며, 걸식(乞食)을 하거나 산간에서 화전(火田)을 일구기도 하였다. 그들 중의 일부는 자신의 몸을 팔아 노비로 전락하기도 하였다.

(3) 모순의 심화

9세기 말 진성 여왕 때는 사회 전반에 걸쳐 모순이 증폭되었다.

① 재정의 악화: 중앙 정부의 기강이 극도로 문란해졌으며, 지방의 조세 납부 거부로 국가 재정도 바닥이 드러났다.
② 농민층의 봉기: 한층 더 강압적으로 조세를 징수하게 되자 마침내 각지에서 농민들이 봉기하였다. 상주에서 일어난 원종과 애노의 난을 시작으로 농민 항쟁이 전국적으로 확산되자 중앙 정부의 지방에 대한 통제력은 거의 사라졌다.

바로 확인문제

● 다음 자료에 나타난 시기에 대한 설명으로 옳은 것은?　　　16. 지방직 9급

> 곳곳에서 도적이 벌떼같이 일어났다. 이에 원종, 애노 등이 사벌주(상주)에 의거하여 반란을 일으키니, 왕이 나마 벼슬의 영기에게 명하여 잡게 하였다.

① 지방에서는 호족 세력이 성장하였다.
② 신진 사대부가 대두하여 권문세족을 비판하였다.
③ 농민들은 전정, 군정, 환곡 등 삼정의 문란으로 고통을 받았다.
④ 봄에 곡식을 빌려 주었다가 가을에 추수한 것으로 갚게 하는 진대법을 실시하였다.

● 다음 기록이 지적하는 당시의 사회상에 대해 옳게 서술한 것은?　　　19. 경찰직 1차

> 사람은 상하가 있고 지위는 존비가 있어서, 그에 따라 호칭이 같지 않고 의복도 다른 것이다. 그런데 풍속이 점차 경박해지고 백성들이 사치와 호화를 다투게 되어, 오직 외래 물건의 진기함을 숭상하고 도리어 토산품의 비야함을 혐오하니, 신분에 따른 예의가 거의 무시되는 지경에 빠지고 풍속이 쇠퇴하여 없어지는 데까지 이르렀다. 이에 감히 옛 법에 따라 밝은 명령을 펴는 바이니, 혹시 고의로 범하는 자가 있으면 진실로 일정한 형벌이 있을 것이다.

① 중앙 귀족이 위축되고 자영농의 성장으로 인하여 지방 호족이 득세하였다.
② 평민의 생활이 크게 향상되어서 기와로 지붕을 이었고 밥 짓는 데도 숯을 사용하였다.
③ 춘궁기인 봄에 곡식을 빌려 주고 추수기인 가을에 돌려받는 진대법이 시행되었다.
④ 국제 무역을 독점하던 일부 해상 세력이 반란을 일으키기도 하였다.

단권화 MEMO

|정답해설| '원종과 애노의 난'은 신라 하대 진성 여왕 때 일어난 대표적 민란이다. 신라 하대에는 지방에서 호족 세력이 성장하였다.

|오답해설|
② 고려 말 신진 사대부가 대두하여 권문세족들을 비판하였다.
③ 조선 후기 세도 정치 시기에 농민들은 삼정의 문란으로 고통을 받았다.
④ 진대법은 고구려 고국천왕 때 실시한 빈민 구제법이다.

|정답| ①

|정답해설| 제시된 자료는 신라 하대 흥덕왕 때 공포한 '사치 금지령(834)'이다. 신라 하대에는 당 – 신라 – 일본 사이의 국제 무역을 독점하던 장보고가 반란을 일으키기도 하였다(846).

|오답해설|
① 신라 하대에는 중앙 귀족의 경제 기반이 확대되어 자영농이 몰락하였고, 지방에는 호족이 득세하였으며 민란이 자주 발생하였다.
② 기와로 지붕을 잇거나 밥 짓는 데 숯을 사용한 것은 귀족들의 생활 모습이다.
③ 진대법은 고구려 고국천왕 때 실시되었다(194).

|정답| ④

CHAPTER 04 고대의 문화

01 고대 문화의 성격
02 불교 문화의 발달
03 도교, 풍수지리설의 발달
04 학문과 기술의 발달
05 고대 국가의 예술
06 고대 문화의 일본 전파

01 고대 문화의 성격

(1) 삼국의 문화적 특징

① 고구려
  ㉠ 패기와 정열의 문화이다.
  ㉡ 한 군현 세력을 비롯한 중국 세력을 물리친 경험과 북방 민족의 영향으로 강건한 문화를 발전시킨 중국 북조로부터 많은 영향을 받았다.

② 백제
  ㉠ 우아하고 세련된 귀족적 문화이다.
  ㉡ 백제의 경제가 상대적으로 풍족하였고 귀족 세력이 강한데다가, 세련되고 개인주의적 경향이 컸던 중국 남조 문화의 영향을 받았다.

③ 신라
  ㉠ 소박한 옛 전통과 조화미가 갖춰진 문화이다.
  ㉡ 한반도 동쪽에 치우친 지리적 위치와 뒤쳐진 정치 발전으로 초기에는 소박한 문화를 간직하였다. 이후 고구려와 백제의 영향으로 점차 조화로운 문화를 추구하였다.

(2) 통일 신라와 발해의 문화적 특징

① 통일 신라
  ㉠ 민족 문화의 기틀 마련: 백제 및 고구려 문화와 신라 문화가 융합되어 민족 문화의 기틀을 마련하였다.
  ㉡ 세련된 문화: 당·서역과의 국제적 교류로 세련된 문화가 발전하였다.
  ㉢ 교종 문화와 선종 문화: 중대에는 귀족 중심의 교종 문화가 발전하였고, 하대에는 지방의 호족을 중심으로 선종 문화가 발전하였다.
  ㉣ 조형 예술: 중대에는 조형 예술이 최고조로 발전하였는데, 석굴암과 불국사 등에서 조화미와 정제미를 확인할 수 있다. 그러나 하대로 가면서 조형 예술은 점차 쇠퇴하였다.
  ㉤ 불교의 대중화: 원효에 의해 불교의 대중화가 이루어졌다.
  ㉥ 지방으로 확산: 수도 중심의 문화에서 지방 문화 발달로 확산되었다.
② 발해: 웅장하고 건실한 귀족적 문화가 나타났다.
  ㉠ 상경 용천부: 상경 용천부는 만주 지역 문화의 중심지였다.
  ㉡ 문화 융합: 고구려 문화와 당의 귀족 문화, 말갈의 소박한 문화를 융합하였다.

고구려 요소	불상, 석등, 기와, 온돌, 굴식 돌방무덤(정혜 공주 무덤)
당 요소	벽돌무덤(정효 공주 무덤), 3성 6부, 주작대로

02 불교 문화의 발달

(1) 삼국의 불교 수용과 발전

① 전래 : 중앙 집권 국가의 체제 정비 무렵에 불교를 수입하였고, 토착 신앙과 융합되었다.

구분	왕	전래
고구려	소수림왕	전진(前秦)의 순도(順道)가 전래하였다(372).
백제	침류왕	동진(東晉)의 마라난타가 전래하였다(384).
신라	눌지 마립간	고구려의 묵호자가 전래하였다(457).
	법흥왕	이차돈의 순교로 공인되었다(527).

사료 이차돈 순교를 추모하는 내용의 백률사 석당기(헌덕왕 10년, 818)

"아! 어찌하리오. 천하(天下)에 나 혼자이니, 누구에게 의지하여 짝을 삼아 불교를 일으켜 세우고 법을 남기리오."라고 하였다. 이때 한 사람이 있었는데, 그의 이름은 염촉(猒觸)이었다. (그는) 임금의 얼굴을 우러러 쳐다보고 울분이 나서 먹는 것도 잊은 채 엎드려 임금께 천천히 아뢰었다. "보잘것없는 제가 생각건대 임금께서 큰 뜻을 가지고 계신 듯합니다. 옛사람의 말에 나무꾼에게도 계책을 물어본다고 하였으니, 제게도 물어보시기를 원하옵니다." 왕이 곧 화를 내면서 말하기를, "얘야, 네가 할 수 있는 일이 아니다."라고 하였다. 염촉이 정중하게 답하여 말하기를, "임금께서 긍휼히 여기시는 것은 불법(佛法)이 되어야 옳은 것이 아니옵니까?"라고 하였다.

■ 이차돈 순교비(경주 박물관 소장)

이차돈의 순교 사실을 새긴 돌기둥(백률사 석당)

② 역할과 성격
　㉠ 왕실 주도 : 왕실이 불교 수용을 주도하였고, 불교는 왕권 강화 및 중앙 집권화에 기여하였다.
　㉡ 호국 불교적 성격 : 『인왕경』(나라를 보호하는 방법이 수록된 호국 경전), 백좌 강회(호국 법회), 신라의 황룡사 9층 목탑이 대표적이다.
　㉢ 현세 구복적 성격을 가지고 있다.

③ 고구려의 불교 발전 : 삼론종이 번창하였다(승랑).

보덕	연개소문의 불교 탄압을 피해 백제로 내려가 열반종을 개창하였다.
도현	연개소문의 도교 장려, 불교 탄압에 반발하였다.
혜량	신라에 가서 최초의 국통이 되었으며, 불교 교단을 조직하였다.
혜관	일본에 삼론종을 전파하였다(일본 삼론종의 시조).
담징	영양왕 21년(610) 백제를 거쳐 일본에 건너가 종이, 먹, 맷돌 제조 방법을 전해주었으며, 호류사에 머물면서 금당 벽화를 그렸다.
혜자	**일본 쇼토쿠 태자의 스승이 되었다.**

■ 삼론종
공(空)에 대해 깊이 이해하려는 불교의 종파이다.

④ 백제의 불교 발전 : 개인의 소승적 해탈을 강조하는 **계율종**을 중심으로 발전하였다.

겸익	**인도에서 불법을 연구**하였고, 백제로 율종 관계의 서적을 들여와 번역하였다.
혜현	삼론종을 연구하였다.
혜총	일본에 계율종을 전파하였다.
관륵	일본에 천문·역법을 전하였다.
노리사치계	성왕 때(552) **일본에 불상·불경을 전하였다(일본에 불교 전파).**
보덕	고구려에서 망명하였으며, 열반종을 개창하였다.

⑤ 신라의 불교 발전: 업설과 미륵불 신앙 발달, 계율종 중심, 왕즉불 사상, 진흥왕 때 국통·주통·군통을 두었다.

원광	진·수에 유학하였고, 성실종을 도입하였으며 화랑도의 **세속 5계를 제시**하였다.
자장	당에 유학하였고, 통도사에서 계율종을 개창하였다. 선덕 여왕에게 **황룡사 9층 목탑**을 세우도록 건의하였고, 대국통이 되어 신라 불교를 총관하였다.
혜량	고구려에서 망명한 후 교단(**국통·주통·군통**)을 조직하고, 초대 국통에 임명되었다.

⑥ 불교의 영향
  ㉠ 문화의 전래: 우수한 중국 문화를 수입하여 삼국 문화의 기틀을 마련하였다.
  ㉡ 철학적 사고: 원시적 사고에서 벗어나 철학적 이해를 가지게 되었다.
  ㉢ 계몽적 역할: 승려가 민중의 교화와 사회적 갈등 및 모순을 해소하는 존재로 성장하였다.
  ㉣ 고대 국가의 이념: 왕권·신분제 등을 합리화하고 초부족적 사상의 통일에 기여하였다.
  ㉤ 미술의 발달: 불교 미술이 발달하였다.

바로 확인문제

● (가) 인물에 대한 설명으로 옳은 것은? 　　　　　　　21. 지방직 9급

> (가) 가/이 귀산 등에게 말하기를 "세속에도 5계가 있으니, 첫째는 충성으로써 임금을 섬기는 것, 둘째는 효도로써 어버이를 섬기는 것, 셋째는 신의로써 벗을 사귀는 것, 넷째는 싸움에 임하여 물러서지 않는 것, 다섯째는 생명 있는 것을 죽이되, 가려서 한다는 것이다. 그대들은 이를 실행함에 소홀히 말라."라고 하였다.
> 　　　　　　　　　　　　　　　　　　　　　　　　　　　「삼국사기」

① 모든 것이 한마음에서 나온다는 일심 사상을 제시하였다.
② 화엄 사상을 연구하여 『화엄일승법계도』를 작성하였다.
③ 왕에게 수나라에 군사를 청하는 글을 지어 바쳤다.
④ 인도를 여행하여 『왕오천축국전』을 썼다.

|정답해설| 제시된 사료는 (가) 원광의 세속 5계이다. 원광은 진평왕에게 수나라에 군사를 청하는 글인 '걸사표'를 지어 바쳤다.

|정답| ③

(2) 통일 신라 시기 불교의 발전

① 교종의 발달(중대): 교종은 경전 이해를 통한 깨달음을 추구한 종파이다. 지배층은 기성 권위를 긍정하는 교종을 환영했는데, 특히 화엄종이 발전하였고 불교 의식을 중시하여 조형 미술이 발달하였다.

② 통일 신라 시기 주요 고승*
  ㉠ 원효
    • 법성종을 개창하였고, 중관 사상과 유식 사상의 대립을 해소하고자 일심 사상을 바탕으로 화쟁 사상을 주장하였다.
    • 정토종(아미타 신앙)을 보급하여, 불교 대중화에 기여하였다.
    • 대표 저서: 『대승기신론소』, 『십문화쟁론(十門和諍論)』, 『금강삼매경론』, 『화엄경소』, 『판비량론』 등을 통해 불교의 사상적 이해 기준을 마련하였다.
    • 원효가 입적한 후 100여 년이 지난 애장왕 대(800~809)에 후손 설중업과 각간 김언승 등이 중심이 되어 그를 추모하는 비(고선사 서당화상비)를 세웠으며, 1101년 고려 숙종이 화쟁국사(和諍國師)라는 시호(諡號)를 추증(追贈)하였다.

*통일 신라 시기 주요 고승
원효와 의상의 사상 및 업적은 자주 비교하여 출제되므로, 확실히 구분해 두어야 한다.

| 사료 | 원효의 사상 |

❶ 일심 사상
- 크다 하나 바늘구멍 하나 없더라도 쑥 들어가고, 작다 하나 어떤 큰 것이라도 감싸지 못함이 없다. 있다 하나 한결같이 텅 비어 있고, 없다 하나 만물이 다 이것으로부터 나온다. 이것을 무어라 이름을 붙일 수 없으므로 억지로 '대승'이라 하였다. …… 도를 닦는 자에게 온갖 경계를 모두 없애 '하나의 마음[一心]'으로 되돌아가게 하고자 한다.

- 펼쳐 열어도 번잡하지 아니하고 종합하여도 좁지 아니하다. 주장하여도 얻음이 없고, 논파하여도 잃음이 없다. 이것이야말로 마명(馬鳴) 보살의 오묘한 기술이니, 기신론(起信論)의 종체(宗體)가 그러하다. 종래에 이를 해석한 사람들 중에는 그 종체를 갖추어 밝힌 이가 적었다. 이는 각기 익혀 온 것을 지켜 그 문구(文句)에 구애되고, 마음을 비워서 뜻을 찾지 못했기 때문이다.

- 기신론(起信論)에서 "여래(如來)의 넓고 크며, 끝없는 도리를 총섭(總攝)하고자 이 논(論)을 설(說)하였다."라고 말하였다. 이 논의 뜻은 이와 같다. 펼치면 무량무변(無量無邊)의 도리를 본질[宗]로 삼고, 합하면 이문일심(二門一心)의 법을 핵심으로 한다. 이문의 안은 만 가지 뜻을 포용하나 어지럽지 않다. 무변이라는 뜻은 일심과 같고 또한 혼융(混融)된다.
『대승기신론소』

❷ 화쟁 사상
마치 바람 때문에 고요한 바다에 파도가 일어나지만 그 파도와 바닷물이 따로 물이 아닌 것처럼 우리 일심(一心)에도 깨달음의 경지인 진여(眞如)와 그렇지 못한 무명(無明)의 분열이 있는데 그 둘도 따로 있는 것이 아니다.
『대승기신론소』

ⓛ 의상
- **화엄종을 개창하여 왕권 전제화에 기여하였다.**
- 아미타 신앙과 함께 현세 구복적인 관음 신앙을 이끌었다.
- 화엄 사상을 바탕으로 교단을 형성하여 많은 제자를 양성하였고, 부석사·낙산사 등의 화엄 10찰을 건립하였다.
- 대표 저서: 『화엄일승법계도』('일즉다 다즉일'의 원융 사상), 『백화도량발원문』, 『십문간법관』 등

| 사료 | 의상의 사상 – 원융 사상(일즉다 다즉일) |

하나 안에 일체(一切)이며 다(多) 안에 하나요[一中一切多中一]. 하나가 곧 일체(一切)이며 다(多)가 곧 하나이다[一卽一切多卽一]. 하나의 미진(微塵) 가운데 시방(十方)을 포함하고, 일체(一切)의 진(塵) 가운데서도 역시 이와 같다[一切塵中亦如是].
『화엄일승법계도』

| 사료 | 문무왕과 의상 |

왕(문무왕)이 수도(금성)에 성곽을 쌓으려고 문의하니 그(의상)가 말하기를, "비록 초야에 살더라도 정도(正道)만 행하면 복업(福業)이 오래 갈 것이요, 만일 그렇지 못하면 여러 사람을 수고롭게 하여 성을 쌓을지라도 아무 이익이 없을 것입니다."라고 하였다. 왕은 이에 성 쌓는 일을 그만두었다.
『삼국사기』

| 심화 | 최치원의 『법장화상전』에 기록된 화엄 10찰 |

① 중악 공산 미리사, ② 남악 지리산 화엄사, ③ 북악 태백산 부석사, ④ 강주 가야산 해인사 및 보광사, ⑤ 웅주 가야협 보원사, ⑥ 계룡산 갑사, ⑦ 양주 금정산 범어사, ⑧ 강주 비슬산 옥천사, ⑨ 전주 무산 국신사, ⑩ 한주 부아산 청담사

■ 화엄 사상
"모든 우주 만물은 대립적인 존재가 아니라 서로 조화하고 포용하는 관계를 가지고 있다."는 것을 전제로 '하나가 곧 전체이며(일즉다), 전체가 곧 하나이다(다즉일).'라는 사상이다.

단권화 MEMO		

심화 원효와 의상

6두품인 원효와 진골인 의상은 비록 신분도 나이도 달랐지만, 젊은 시절부터 우정을 나누며 함께 당 유학길에 올랐다. 원효는 모든 것이 마음먹기에 달렸다는 깨달음[一切唯心造]을 얻고 당 유학을 포기했다. 그는 모든 중생이 평등하게 불성을 지녔다고 생각하여 노래하고 춤추며 백성에게 불교 신앙을 퍼뜨렸다. 한편 의상은 당 유학 후 10년 만에 귀국하였다. 화엄 사상을 공부하면서 "이 세계를 구성하는 모든 요소는 평등하다."고 깨달은 그는 노비였던 지통과 빈민 출신인 진정을 제자로 받아들였다.

■ 원측(613~696)

문무왕 때 당에 유학하여 섭론종(구유식학)을 배운데 이어, 인도에 구법하고 돌아온 현장에게서 신유식학을 배워 독자적 신유식학 체계를 세웠다. 그는 현장의 학설을 계승한 중국 제자인 규기의 자은학파에 대항하여 장안 서명사에서 자기 학설을 강의하여 큰 호응을 얻었으며, 서명학파를 형성하였다.

   ⓒ 원측: 당에 유학하여 유식 불교를 배웠으며, 서명학파를 형성하였다. 저서로는 『해심밀경소』가 있다.
   ⓓ 혜초: 중국을 거쳐 인도까지 다녀와 인도 및 중앙아시아 지역의 기행문인 『왕오천축국전』을 저술하였다. 『왕오천축국전』은 현재 프랑스 국립 도서관에 소장되어 있다.
   ⓔ 김교각: 당에서 활동하였으며, 지장보살의 화신으로 평가받았다.
③ 밀교
   ⓐ 밀교는 비밀 불교 또는 밀의(密儀, 비밀스러운 의식)의 약칭이다. 현교(顯敎)라 불리는 일반 불교와 대비되는 개념으로서, 주술적 성격이 강한 특징이 있다.
   ⓑ 당시 불교계가 교학(敎學)에 너무 치중하는 것에 반대하며 실천을 위주로 한 대중 불교 운동의 성격을 가졌다.

사료 신라의 밀교

선덕왕(善德王) 덕만(德曼)이 병에 걸려 오래 낫지 않았는데 흥륜사(興輪寺) 승려 법척(法惕)이 임금의 명을 받고 병을 돌본 지 오래되었으나 효험이 없었다. 이때 밀본(密本) 법사가 있었으니 덕행(德行)으로 나라에 명성이 높아서 좌우에서 (밀본 법사로) 대신할 것을 청하였으므로, 왕이 조서를 내려 궁궐로 맞아들였다. 밀본은 왕의 거처[신장(宸仗)] 밖에서 『약사경(藥師經)』을 읽었다. 경을 다 읽고 나자 가지고 있던 고리가 6개 달린 지팡이[육환(六環)]가 침전 안으로 날아 들어가 늙은 여우 1마리와 법척을 찔러 뜰 아래로 거꾸로 내던졌다. 그러자 왕의 병이 곧 나았는데, 이때 밀본의 정수리 위에 오색의 신비로운 빛이 나자 보는 사람이 모두 놀랐다.

『삼국유사』

■ 5교

화엄종을 대표로 하는 교종은 경전 이해를 주로 하는 교학 불교적 성격을 가지고 있었다. 왕즉불 사상이나 인과 응보설에 근거를 둔 윤회 사상 등으로 중앙 집권적 체제를 강조하였다.

④ 5교 9산 성립
   ⓐ 5교
   • 5개의 교종을 의미한다.
   • 왕실 불교·귀족 불교이며, 조형 미술 발달을 자극하였다.

구분	개창자	중심 사찰
열반종	보덕	경복사(전주)
계율종	자장	통도사(양산)
법성종	원효	분황사(경주)
화엄종	의상	부석사(영주)
법상종	진표	금산사(김제)

■ 선종

불립문자·직지인심(문자를 떠나서 곧장 마음을 터득할 수 있다)·**견성오도**(인간의 타고난 본성이 불성임을 알면 그것은 불교의 도리를 깨닫는 것이다)를 강조하였다. 견성오도의 방법은 선, 즉 정사에 있다. 선을 통해 심성을 닦음으로써 각자의 마음속에 잔존하고 있는 불성을 깨달을 수 있다는 것이다(즉시 성불).

   ⓑ 9산
   • 9개의 선종 종파를 의미한다.
   • 호족과 6두품의 반신라적 움직임과 결부되어 고려 개창의 사상적 기반이 되었다.
   • 9산의 성립을 통해 경주 중심의 문화를 극복하고, 지방 문화 발전에 기여하였다.
   • 조형 미술이 쇠퇴하고 승탑·탑비가 등장하였다.

구분	개창자	중심 사찰	위치
가지산문	도의	보림사	장흥
실상산문	홍척	실상사	남원
동리산문	혜철	태안사	곡성
사굴산문	범일	굴산사	강릉
봉림산문	현욱	봉림사	창원
사자산문	도윤	흥녕사	영월
성주산문	무염	성주사	보령
희양산문	도헌	봉암사	문경
수미산문	이엄	광조사	해주

▲ 9산의 성립

> **사료** 선종
>
> 820년대 초에 승려 도의가 서쪽으로 바다를 건너가 당나라 서당 대사의 깊은 뜻을 보고 지혜의 빛이 스승과 비슷해져서 돌아왔으니, 그가 그윽한 이치를 처음 전한 사람이다. …… 그러나 메추라기의 작은 날개를 자랑하는 무리들이 큰 붕새가 남쪽으로 가려는 높은 뜻을 헐뜯고, 기왕에 공부하였던 경전 외우는 데만 마음이 쏠려 선종을 마귀 같다고 다투어 비웃었다. 그래서 도의는 빛을 숨기고 자취를 감추어 서울에 갈 생각을 버리고 마침내 북산에 은둔하였다.
>
> 봉암사 지증대사 적조탑비 비문

> **심화** 신라 말, 선종 불교의 영향
>
> ❶ 교종은 경전의 이해를 통하여 깨달음을 추구하는 이론 불교이다. 이에 비하여 선종은 방편에 지나지 않는 문자를 넘어서 구체적인 실천 수행을 통하여 깨달음을 얻는 실천 불교이다. 선종은 통일 전후에 신라에 수용되었으나 널리 퍼지지는 못하였다. 784년에 도의가 본격적으로 남종선을 배우고자 당나라에 간 이래 혜소·혜철·무염 등이 뒤를 이었고, 이들 선사들은 820년대 초에 처음 귀국한 도의를 뒤따라 차례로 귀국하였다. 신라 사회의 변화로 선종이 관심의 대상으로 떠오르기 시작하였으나, 도의 자신은 교종의 반발로 서울인 경주에서 교화의 기반을 마련하지 못하고 설악산에 은거하고 말았다. 대신 도의보다 조금 늦게 귀국한 홍척은 흥덕왕과 같은 왕실의 관심의 대상이 되었다. 그러나 9산 선문의 대부분은 왕실이나 중앙 귀족이 아니라 이 시기에 새롭게 부상한 지방 세력, 곧 호족의 적극적인 지원을 받았다.
>
> ❷ 9산 선문의 개창조를 비롯한 선승들은 호족 출신이나 중앙 귀족 출신으로 지방에 낙향한 사람들이 많았다. 그리고 이들 선승을 후원하여 산문을 개창하게 한 지원 세력도 지방 호족이었다. 그래서 선종 사원은 산문을 후원하는 호족의 근거지와 가까운 지방에 자리 잡았다. 성주산문은 보령 지방에 대규모 장원을 가지고 있던 김흔의 후원을 받아서 개창하였고, 사굴산문은 강릉 지방의 호족으로서 진골이었던 김주원의 후손인 명주 도독의 후원을 받았다.

(3) 발해의 불교

① 발해의 불교는 고구려적 요소를 주로 반영하였으며, 왕실과 귀족을 중심으로 확산되었다.
② 특히 문왕 스스로 자신을 '불교적 성왕(전륜성왕)'으로 일컬을 만큼 불교를 중시하였다.

■ 도의
헌덕왕 13년(821)에 당으로부터 남종선을 도입하였다.

단권화 MEMO

| 정답해설 | 제시된 내용 중 '화쟁국사(和諍國師)'로 추앙받은 인물은 원효이다. 『대승기신론소』는 원효의 저술이다.

| 오답해설 |
① 『해동고승전』은 각훈의 저술이다.
③ 혜초는 인도에 다녀와서 『왕오천축국전』을 저술하였다.
④ 의상은 화엄 사상의 핵심을 정리한 『화엄일승법계도』를 저술하였다.

| 정답 | ②

| 정답해설 | 밑줄 친 '그'는 의상이다. 의상은 문무왕의 정치 자문을 담당하였으며, 화엄종을 창시하였다. 현세 구복적인 관음 신앙을 중시하였고, 부석사와 낙산사 등 여러 사찰을 창건하였다.

| 오답해설 |
① 도의, ② 원측, ④ 원효에 대한 설명이다.

| 정답 | ③

| 정답해설 | 개인적 정신세계를 추구하는 경향이 강하고, 성주나 장군으로 자처하던 자들(호족)의 호응을 얻은 것은 선종 불교이다. 쌍봉사 철감선사탑은 쌍봉사를 창건한 선종 승려 도윤(道允, 798~868)의 유골을 안치한 승탑(부도)이다. 신라 하대 승탑의 전형적 양식인 8각원당형으로 만들어졌다.

| 오답해설 |
① 성덕 대왕 신종은 경덕왕 때 제작되기 시작하여 혜공왕 때 완성되었다.
③ 경천사지 10층 석탑은 고려 후기에 대리석으로 제작되었으며, 몽골 라마교의 영향을 받은 것으로 알려져 있다.
④ 금동 미륵보살 반가 사유상은 삼국 시대에 많이 만들어졌다.

| 정답 | ②

■ 도교
노장 사상과 신선 사상이 결합된 도교는 5세기경 북위의 구겸지에 의해 성립되었다고 한다. 언제 우리나라에 전래되었는지 확실치 않으나, 6세기경 고구려와 백제의 귀족 사회에 전래된 것으로 추정하고 있다.

바로 확인문제

● 〈보기〉의 밑줄 친 '그'의 저술로 가장 옳은 것은? 20. 서울시(자체 출제) 9급

| 보기 |
그는 당나라로 가던 도중 진리는 마음속에 있음을 깨닫고 유학을 포기하였다. 여러 종파의 갈등을 보다 높은 수준에서 융화·통일시키려 하였으므로, 훗날 화쟁국사(和諍國師)로 추앙받았다.

① 『해동고승전』 ② 『대승기신론소』
③ 『왕오천축국전』 ④ 『화엄일승법계도』

● 밑줄 친 '그'의 행적으로 옳은 것은? 18. 국가직 7급

왕이 수도(금성)에 성곽을 쌓으려고 문의하니 그가 말하기를, "비록 초야에 살더라도 정도(正道)만 행하면 복업(福業)이 오래 갈 것이요, 만일 그렇지 못하면 여러 사람을 수고롭게 하여 성을 쌓을지라도 아무 이익이 없을 것입니다."라고 하였다. 왕은 이에 성 쌓는 일을 그만두었다. 「삼국사기」

① 가지산파를 개창하면서 선종을 보급하기 시작하였다.
② 당에 들어가 유식론을 독자적으로 발전시켰다.
③ 당에서 유학하고 돌아와 부석사를 창건하였다.
④ 일심 사상을 바탕으로 화쟁 사상을 주장하였다.

● 다음과 같은 불교 사상의 영향을 받아 만들어진 문화재는? 18. 지방직(사복직 포함) 9급

이 불교 사상은 개인적 정신세계를 추구하는 경향이 강하였기 때문에 지방에서 독자적인 세력을 이루어 성주나 장군을 자처하던 자들로부터 큰 호응을 받았다.

① 성덕 대왕 신종 ② 쌍봉사 철감선사탑
③ 경천사지 십층 석탑 ④ 금동 미륵보살 반가 사유상

03 도교, 풍수지리설의 발달

(1) 도교

삼국 중 고구려에 가장 먼저 전파되었고, 가장 성행하였다. 백제·신라의 도교 전래 기록은 없으나 여러 도교 유물로 보아 그 존재를 확인할 수 있다. 도교는 전래 후 기성 신앙과 별다른 갈등 없이 결합되어 귀족 사회를 중심으로 활성화되었다.

① 고구려
㉠ 당 고조가 고구려(영류왕)와 화친 관계를 유지하기 위해 도사를 보내오는 등 도교를 전래하였다(624).
㉡ 영양왕 때 수의 침략 당시 을지문덕은 적장 우중문에게 『도덕경』 구절을 인용하여 철군을 종용하였다.

ⓒ 고구려 고분에는 신선도·사신도 벽화가 많이 보인다.
ⓔ 연개소문은 당에서 숙달 등 도사 8명을 맞아들여 도교를 장려하였다(643, 보장왕 2년)

사료 연개소문과 도교

보장왕 2년(643) 3월 연개소문(淵蓋蘇文)이 왕에게 아뢰기를, "삼교(三敎)는 비유하자면 솥의 발과 같아서 하나라도 없어서는 안 됩니다. 지금 유교와 불교는 모두 흥하는데 도교는 아직 성하지 않으니, 이른바 천하의 도술(道術)을 갖추었다고 할 수 없습니다. 엎드려 청하오니 당(唐)나라에 사신을 보내 도교를 구하여 와서 나라 사람들을 가르치게 하소서."라고 하였다. 대왕이 매우 그러하다고 여기고 표(表)를 올려서 (도교를) 요청하였다. 태종(太宗)이 도사(道士) 숙달(叔達) 등 8명을 보내고, 이와 함께 노자(老子)의 『도덕경(道德經)』을 보내주었다. 왕이 기뻐하여 불교 사찰을 빼앗아 이들을 머물도록 하였다.

「삼국사기」

② 백제
  ㉠ 근초고왕 때 막고해 장군이 고구려 수곡성을 확보한 후 과도하게 진격하려는 태자(근구수왕)에게 『도덕경』 구절을 인용(무릇 만족할 줄 알면 욕되지 않고, 멈출 줄 알면 위태롭지 않다, 知足不辱 知止不殆)하여 만류하였다.
  ㉡ 유물: 산수무늬 벽돌(산경문전, 산수문전), 사택지적비, 무령왕릉의 매지권, 백제 금동 대향로 등이 있다.

심화 백제 금동 대향로

백제 금동 대향로는 1993년 충남 '부여 왕릉원(부여 능산리 고분군)'과 '부여 나성' 사이에서 출토된 유물이다. 향로(香爐)란 '향을 피울 때 사용하는 도구'로서, 금동 대향로는 왕실 제사에 사용되었던 것으로 추정된다. 금속으로 만든 제품이라고 믿어지지 않을 만큼 독창적인 모습과 불교와 도교를 아우르는 백제인의 정신세계도 확인할 수 있다.
백제 금동 대향로는 높이 64cm, 무게 11.8kg이나 되는 대형 향로로서, 크게 몸체와 뚜껑으로 구분하며, 상단부에 부착된 봉황과 받침대를 포함하면 4부분으로 구성된다. 먼저 뚜껑에는 23개의 산들이 첩첩산중을 이루는 풍경을 배경으로 많은 동물과 사람들이 생생하게 조각되어 있다. 조금 더 상세하게 표현하면 피리와 소비파·현금·북을 연주하는 5인의 악사와 각종 무인상(武人像), 기마 수렵상 등 16인의 인물상과 봉황·용을 비롯한 상상의 날짐승·호랑이·사슴 등 39마리의 현실 세계 동물들이 표현되어 있다. 이 밖에도 6개의 나무와 12개의 바위, 산 중턱에 있는 산길, 산 사이로 흐르는 시냇물, 폭포, 호수 등이 변화무쌍하게 표현되어 있다.

③ 신라
  ㉠ 화랑도의 별칭인 국선도·풍월도·풍류도에서 도교 사상을 확인할 수 있다.
  ㉡ 진평왕 때 일부 지식인들이 도교를 배우기 위해 도당 유학하였다.
  ㉢ 노자의 『도덕경』 등 도가의 지식도 유·불교와 함께 지식인의 필수 교양이었다.
④ 통일 신라
  ㉠ 국모신으로서 선도성모(仙桃聖母, 박혁거세의 어머니)를 숭배하고, 오악의 신군(신라의 다섯 산신)을 숭배하였다.
  ㉡ 8세기 김암은 중국에서 잡술을 배워 왔다.
  ㉢ 도당 유학생 김가기는 도교에 심취하였고, 하대에는 최치원 등 반신라 유학자들 사이에서 크게 유행하였다.
⑤ 발해: 문왕의 딸인 정혜 공주와 정효 공주의 묘비석에 도교의 불로장생 사상을 반영하였다.

단권화 MEMO

■ **사신도**
도교의 방위신은 청룡(동쪽), 백호(서쪽), 주작(남쪽), 현무(북쪽)이다.

■ **산수무늬 벽돌**

부여에서 출토된 벽돌로 첩첩산중에 산봉우리마다 소나무가 그려지고 구름이 있는 등 불로초와 신선이 있다는 삼신산 조각이다.

■ **사택지적비**
의자왕 때 사택지적이 늙음에 대한 인생무상을 읊은 허무주의적인 내용이 새겨져 있다.

■ **무령왕릉의 매지권**
돈을 주고 지신(地神)으로부터 묘지를 사들인 매매 계약서이다.

| 단권화 MEMO

|정답해설| 제시된 사료는 연개소문이 왕(보장왕)에게 도교 수용을 요청하는 내용이다. 연개소문은 불교와 결탁한 귀족 세력의 영향력을 약화시키기 위해 당에서 숙달 등 도사 8명을 맞아들여 도교를 장려하였다(643, 보장왕 2년). 연개소문은 천리장성의 축조를 담당하면서 세력을 키워 영류왕을 죽이고 보장왕을 옹립하였다(연개소문의 정변, 642).

|오답해설|
① 김춘추는 당나라와 동맹을 체결하였다(나당 연합, 648).
③ 을지문덕은 수나라의 군대를 살수에서 격퇴하였다(살수 대첩, 612).
④ 장수왕은 남진 정책을 추진하여 백제의 수도인 한성을 점령하였다(475).

|정답| ②

■ 도선(道詵)
도선은 전 국토의 자연환경을 유기적으로 파악하는 인문 지리적인 지식에 경주 중앙 귀족들의 부패와 무능, 지방 호족 세력의 대두, 안정된 사회를 바라는 일반 백성들의 염원 등 당시 사회상에 대한 인식을 종합하여 풍수지리설로 체계화하였다.

■ 5경
유교의 다섯 가지 기본 경전으로 『시경』, 『서경』, 『예기』, 『역경』, 『춘추』를 가리킨다.

| 바로 확인문제

● 밑줄 친 '그'에 대한 설명으로 옳은 것은?

21. 지방직 9급

> 그가 왕에게 아뢰었다. "삼교는 솥의 발과 같아서 하나라도 없어서는 안 됩니다. 지금 유교와 불교는 모두 흥하는데 도교는 아직 번성하지 않으니, 소위 천하의 도술(道術)을 갖추었다고 할 수 없습니다. 엎드려 청하오니 당에 사신을 보내 도교를 구해 와서 나라 사람들을 가르치게 하소서."
>
> 『삼국사기』

① 당나라와 동맹을 체결하였다.
② 천리장성의 축조를 맡아 수행하였다.
③ 수나라의 군대를 살수에서 격퇴하였다.
④ 남진 정책을 추진하여 한성을 점령하였다.

(2) 풍수지리설

① 도입: 도선(道詵)이 도입하였고, 지형이나 지세는 국가나 개인의 길흉과 밀접한 관련이 있다고 강조하였다.
② 영향: 경주 중심의 신라 정부의 권위를 약화시켰고, 송악의 왕건에게 후삼국 통일의 유리한 사상적 기반을 제공하였다.

04 학문과 기술의 발달

(1) 고대 국가의 학문

① 고구려
  ㉠ 태학: 소수림왕 때 세워진 국립 유학 교육 기관이다.
  ㉡ 경당: 평양 천도 후에 지방에 세워진 사립 교육 기관으로 문무를 교육하였다.
  ㉢ 당시 고구려 사람들은 『사기』, 『한서』 등의 역사책과 사전인 『옥편』, 문학서인 『문선』을 이해하고 있었다.

| 사료 | 경당

(고구려의) 사람들은 학문을 좋아하여 마을 궁벽한 곳의 보잘것없는 집에 이르기까지 또한 (학문에) 부지런히 힘써서 거리 모서리마다 큰 집을 짓고 경당(扃堂)이라고 부르는데, 자제로 미혼(未婚)인 자를 무리 지어 살도록 하고, 경전을 읽으며 활쏘기를 연습한다.
『신당서』

② 백제
  ㉠ 5경 박사·의박사·역박사 등의 존재로 유학·의학·천문학을 교육했다고 추정한다.
  ㉡ 개로왕의 국서·무령왕릉 지석·사택지적비 등을 통해 한문학이 발달했음을 알 수 있다.
③ 신라: 화랑도에서 유교 경전을 교육하였다(임신서기석).

사료	임신서기석

임신년 6월 16일에 두 사람은 같이 적어서 하늘에 맹세하나이다. 지금으로부터 3년 이후 나라에 충도(忠道)를 잡아 지니면서 과실이 없기를 비옵니다. 만약 이 약속을 어기면 큰 벌이라도 감수하겠나이다. 만약 나라가 불안하고 세상이 크게 어지러워지더라도 반드시 행할 것을 다짐하나이다. 따로 작년 신미년 7월 22일에 맹세했듯이 『시경』, 『상서(서경)』, 『예기』, 『춘추좌씨전』을 차례로 배워 익히길 3년 안에 다할 것을 거듭 다짐하나이다.

④ 통일 신라
  ㉠ 국학
  - 신라의 예부(禮部)에 속한 교육 기관으로서, 신문왕 2년(682)에 설치하였다. 경덕왕 때 국학의 명칭을 태학감(太學監)으로 고쳤다가, 혜공왕 때 다시 국학으로 개칭(776)하였다.
  - 소속 관직으로는 경(卿), 박사(博士), 조교(助敎), 대사(大舍), 사(史) 등이 있었다.
  - 학생은 관등이 없는 사람부터 12관등 대사 이하였으며, 나이는 15세부터 30세까지 모두 입학시켰다. 9년을 기한으로 공부하였는데, 우둔해서 배우지 못하는 자는 퇴학시켰고, 재주가 있으나 미숙한 자는 9년이 넘어도 재학을 허락했으며, 관등이 대나마·나마에 이른 뒤에 국학을 나갔다.
  - 『논어』와 『효경』을 필수 과목으로 교육하였으며 『주역(周易)』, 『상서(尙書)』, 『모시(毛詩)』, 『예기(禮記)』, 『춘추좌씨전(春秋左氏傳)』, 『문선(文選)』을 공부하게 하였다.

  ㉡ 독서삼품과
  - 원성왕 시기에 마련하였다.
  - 골품 위주의 관리 등용을 지양하고 유학 교육에 따른 능력 위주의 관리를 선발하고자 하였다.
  - 진골 귀족의 반발로 실패하였으나, 학문 보급에 기여하였다.

  ㉢ 강수
  - 금관가야 출신으로 6두품에 편입되었으며, 「답설인귀서」, 「청방인문표」 등 외교 문서 작성에 능했다.
  - 불교를 세외교(世外敎, 세상과 동떨어진 종교)로 규정하고 비판하였다.

사료	강수

태종 대왕(太宗大王)이 즉위하자 당의 사신이 와서 조서를 전했는데, 그 가운데 해독하기 어려운 부분이 있었다. 왕이 그를 불러 물으니, 그가 왕 앞에서 한 번 보고는 설명하고 해석하는데, 의심스럽거나 막히는 데가 없었다. 왕이 놀랍고도 기뻐 서로 만남이 늦은 것을 한탄하고 그의 성명을 물었다. 그가 대답하여 아뢰었다. "신은 본래 임나가량(任那加良) 사람이며 이름은 우두(牛頭)입니다." 왕이 말했다. "경의 두골을 보니 강수 선생이라고 부를 만하다." 왕은 그에게 당 황제의 조서에 감사하는 회신의 표를 짓게 하였다. 문장이 세련되고 뜻이 깊었으므로, 왕이 더욱 그를 기특히 여겨 이름을 부르지 않고 임생(任生)이라고만 하였다. 『삼국사기』

  ㉣ 설총: 유교 경전에 조예가 깊고, 한자의 음과 훈을 차용한 이두를 체계적으로 정리하였다. 한편 신문왕에게 「화왕계」를 바쳐 국왕의 도덕 정치를 역설하였으며, 성덕왕 때는 감산사 석조아미타여래 입상 조상기를 지었다.

단권화 MEMO

■ 임신서기석

신라 청년 두 사람이 『시경』·『서경』·『예기』·『춘추』를 3년에 습득하기를 맹세하는 비석이며, 신라 유학 발달을 확인할 수 있다.

■ 성덕왕 대 국학 정비

성덕왕 16년(717)에 당나라에서 공자와 그 제자들인 10철, 72제자의 화상(畫像)을 들여와 국학에 안치하였다.

| 사료 | 설총의 「화왕계」 |

"어떤 이가 화왕(모란)에게 말하였다. '두 명(장미와 할미꽃)이 왔는데, 어느 쪽을 취하고 어느 쪽을 버리시겠습니까?' 화왕이 말하였다. '장부(할미꽃)의 말도 일리가 있지만 어여쁜 여자(장미)는 얻기가 어려운 것이니 이 일을 어떻게 할까?' 장부가 다가서서 말하였다. '저는 대왕이 총명하여 사리를 잘 알 줄 알고 왔더니 지금 보니 그렇지 않군요. 무릇 임금된 사람치고 간사한 자를 가까이하지 않고 정직한 자를 멀리하지 않는 이가 적습니다. 이 때문에 맹가(맹자)는 불우하게 일생을 마쳤으며, 풍당(중국 한나라 사람)은 머리가 희도록 하급 관직을 면치 못하였습니다. 옛날부터 도리가 이러하였거늘 저인들 어찌하겠습니까?' 화왕이 대답하였다. '내가 잘못했노라. 내가 잘못했노라.'" 이에 왕(신문왕)이 얼굴빛을 바로 하며 말하였다. "그대(설총)의 우화는 진실로 깊은 뜻이 담겨 있도다. 기록해 두어 임금이 된 자의 경계로 삼게 하기 바란다."라고 하고는 설총을 높은 관직에 발탁하였다.

『삼국사기』

ⓜ 김대문(진골 출신): 『계림잡전』, 『고승전』, 『화랑세기』, 『한산기』, 『악본』을 저술하여 신라 문화를 주체적으로 인식하였다. 김대문의 저서는 현재 전하지 않으나 『삼국사기』에 인용 자료로 수록되어 있다.

ⓗ 최치원(6두품, 도당 유학생 출신)
- 당에서 빈공과에 합격하고 문명을 떨치다 신라로 귀국하였다. 이후 진성 여왕에게 시무책 10여 조를 올려(894) 유교적 정치 이념을 실현하고자 하였으나 뜻을 이루지는 못하였다.
- 『계원필경』(현존, 「토황소격문」 수록), 『제왕연대력』(소실), 4산비명 등을 저술하였다.
- 고려 현종 때 내사령에 증직되고 문창후로 봉해지며, 문묘에 배향되었다.

■ 최치원의 사산비명
신라 하대 선종과 관련된 많은 탑비 중 대표적인 것이다. 여기에는 불교 사상뿐만 아니라 유교·노장 사상과 풍수 사상까지도 포함하고 있어, 당시 사상계의 면모를 파악하는 데 빼놓을 수 없는 귀중한 자료가 된다. 사산비명(사산비문)은 쌍계사 진감선사대공탑비, 성주사 낭혜화상백월보광탑비, 대숭복사비, 봉암사 지증대사적조탑비에 적혀 있는 금석문이다. 이 중 대숭복사비는 현재 비문만 전한다.

| 심화 | 최치원(857~?) |

최치원의 자는 고운이며, 6두품 출신으로 당나라에 유학하였다. 유학 후 빈공과(당나라에서 시행한 외국인 대상 과거 시험)에 합격하였고, 「토황소격문」 등을 지었다. 이후 신라로 귀국하여 진성 여왕에게 시무책(개혁안) 10여 조를 제시하고, 아찬에 올랐으나 개혁안은 결국 실행되지 못했다. 관직에서 물러난 최치원은 각 지역을 유랑하며 은둔 생활을 하였다. 대표적인 저서로는 『계원필경』과 『제왕연대력』, 사산비명(사산비문), 난랑비 서문, 『사륙집』, 『법장화상전』 등이 있다. 한편 최치원은 발해를 고구려의 후예들이 건국한 것으로 이해하고 있었으나, 그의 저술인 「사불허북국거상표(謝不許北國居上表)」 등에서 발해인에 대한 강한 적개심을 확인할 수 있다.

| 사료 | 최치원의 난랑비 서문 – 풍류도 |

이 나라에 현묘한 도가 있어 이를 풍류라 하였다. 이 교의 기원은 선사(仙史)에 자세히 실려 있거니와 실로 이는 3교를 포함한 것으로 모든 민중을 교화하였다. 즉, 집안에서는 효도하고 밖에서는 나라에 충성을 다하니 이것은 노나라 사구(공자)의 취지이다. 모든 일을 거리낌 없이 처리하고 말하지 않고 실행하는 것은 주나라 주사(노자)의 종지였으며, 모든 악한 일을 하지 않고 선만 행하는 것은 축건태자(석가모니)의 교화 그대로 이다.

난랑비 서문

■ 대표적 6두품 출신 도당 유학생
최치원, 최승우, 최언위는 6두품 출신으로 당나라에 유학하여 빈공과에 급제하였으며, 뛰어난 문학적·행정적 능력을 보여 '일대 삼최(一代三崔)'라고 불렸다. 최치원은 낭혜화상백월보광탑비문(朗慧和尙白月葆光塔碑文) 등 사산비명으로, 최승우는 927년 후백제 왕 견훤을 대신하여 고려 왕건에게 보낸 서신인 「대견훤기고려왕서(代甄萱寄高麗王書)」로 유명하다. 최언위는 낭원대사오진탑비문(朗圓大師悟眞塔碑銘)과 법경대사자등지탑비명(法鏡大師慈燈之塔碑銘), 영월 흥녕사 징효대사 탑비 비문 등을 지었다.

| 사료 | 6두품 출신 도당 유학생의 활동 |

❶ 김운경이 빈공과에 처음으로 합격한 뒤에 소위 빈공자는 매월 특별 시험을 보아 그 이름을 발표하는데, 김운경 이후 당나라 말기까지 과거에 합격한 사람은 58명이었고 5대에는 32명이나 되었다. 그중 대표적인 사람은 …… 최치원, 최신지, 박인범, 최승우 등이다.

『동사강목』

❷ 최치원은 당의 학문을 많이 깨달아 얻은 바 많았으며, 귀국하여 이를 널리 펴 보려는 뜻을 가졌으나 그를 의심하고 꺼리는 사람이 많아 그의 뜻을 용납할 수 없어, 대산군(전북 태인) 태수로 나가게 되었다. 그가 귀국했을 때는 난세가 되어 모든 일이 뜻대로 되지 않으므로 스스로 불우한 처지를 한탄하며 다시 벼슬에 뜻을 두지 않고 …… 풍월을 읊으며 세월을 보냈다.

『삼국사기』

❸ 최승우는 …… 당나라에 가서 …… 급제하였으며, 그가 지은 글은 4·6문 5권이 있는데 스스로 서문을 지어 『호본집』이라 하였다. 후에 견훤을 위하여 격문을 지어 우리 태조에게 보냈다. 최언위는 나이 18세 때 당나라에 유학하여 …… 급제하였다. …… 우리 태조가 개국하자 조정에 참여하여 벼슬이 한림원 태학사 평장사에 이르렀으며, 죽자 문영이라는 시호를 내렸다.
『삼국사기』

❹ 원성왕 5년 9월, 자옥으로 양근현(양평)의 수령으로 삼으니 집사사 모초가 반박하여 말하기를 "자옥은 문적(독서삼품과)으로 관직에 나오지 않았으니 수령직을 맡길 수 없다." 하였다. 이에 시중이 말하기를 "그가 문적 출신은 아니지만 일찍이 당에 가서 학생이 된 일이 있으니 어찌 등용하지 못하겠는가." 하였다. 이에 왕이 좇았다.
『삼국사기』

⑤ 발해
   ㉠ 주자감을 설치하여 귀족 자제에게 유교 경전을 교육하였다.
   ㉡ 발해 문자를 사용하였으나, 공문서 등은 한자를 사용하였다.
   ㉢ 유학 발달
      • 도당 유학생과 빈공과 합격 사례를 통하여 알 수 있다.
      • 발해 6부 명칭이 충·인·의·지·예·신부인 것을 통해 유학 발달을 확인할 수 있다.
      • 정혜 공주 묘, 정효 공주 묘의 지석에 세련된 4·6 변려체 문장을 사용하였다.

바로 확인문제

● 〈보기〉에서 (가)의 인명과 그의 저술을 옳게 짝지은 것은?   22. 2월 서울시(자체 출제) 9급

┌ 보기 ┐
진성왕 8년(894) 봄 2월에 ☐(가)☐이 시무 10여 조를 올리자, 왕이 이를 좋게 여겨 받아들이고 아찬으로 삼았다.

① 김대문 – 『화랑세기』
② 김대문 – 『계원필경』
③ 최치원 – 『제왕연대력』
④ 최치원 – 『한산기』

● 다음과 관련된 인물에 대한 설명 중 가장 옳지 않은 것은?   16. 경찰 간부

이 나라에 현묘한 도가 있어 이를 풍류라 하였다. 이 교의 기원은 선사(仙史)에 자세히 실려 있거니와 실로 이는 3교를 포함한 것으로 모든 민중을 교화하였다. 즉, 집안에서는 효도하고 밖에서는 나라에 충성을 다하니 이것은 노나라 사구의 취지이다. 모든 일을 거리낌 없이 처리하고 말하지 않고 실행하는 것은 주나라 주사의 종지였으며, 모든 악한 일을 하지 않고 선만 행하는 것은 축건태자의 교화 그대로이다.

① 당에서 과거에 급제하여 여러 요직에서 벼슬하다가 당 희종 때 황소의 난이 일어나자 이를 토벌하는 격문을 지어 명성을 떨쳤다.
② 894년 시무책(時務策) 10여 조를 진성 여왕에게 올려 개혁을 요구하고 아찬의 벼슬에 올랐다.
③ 『계원필경』, 『제왕연대력』을 저술하였다.
④ 발해에 대하여 고구려 후예들이 건국한 것으로 이해하고 매우 우호적인 입장을 가졌다.

단권화 MEMO

■ 4·6 변려체
형식을 중요하게 여겨 주로 4자 혹은 6자의 대구(對句)를 사용하여, 문장을 구성하는 한문체이다. 귀족 사회가 성립되었던 남북조 시대와 수·당 시대에 유행하였다.

|정답해설| (가)는 최치원이다. 최치원은 당에서 귀국한 후 894년(진성 여왕 8년)에 시무 10여 조를 건의하였다. 『제왕연대력』은 최치원의 저술이다.
|오답해설|
①④ 『화랑세기』, 『한산기』는 김대문의 저서이다.
② 『계원필경』은 최치원의 저서이다.
|정답| ③

|정답해설| 제시문은 최치원의 난랑비 서문에 나타난 풍류도에 관한 설명이다. 최치원은 발해를 고구려의 후예들이 건국한 것으로 이해하고 있었으나, 그의 저술인 「사불허북국거상표(謝不許北國居上表)」 등에서 발해인에 대한 강한 적개심을 확인할 수 있다.
|정답| ④

CHAPTER 04 고대의 문화 • 141

| 단권화 MEMO |

|정답해설| 국학은 신문왕 때 유학 교육을 위해 설립되었다. 국학은 경덕왕 때 태학감으로 개칭되었다가, 혜공왕 때 다시 국학으로 환원되었다.

|정답| ③

|정답해설| 제시문은 국학에 대한 설명이다. 국학에는 박사와 조교를 두어 『논어』와 『효경』 등의 유교 경전을 필수 과목으로 가르쳐 충효 일치의 윤리를 강조하였다.

|오답해설|
① 고려 중기에는 최충의 문헌공도를 비롯한 사학 12도가 융성하였다. 이 중 문종 때 최충이 세운 9재 학당은 12도 중에서 가장 번성하여 명성이 높았다.
② 조선 시대의 중등 교육 기관인 향교는 성현에 대한 제사와 유생의 교육, 지방민의 교화를 위해 부·목·군·현에 각각 하나씩 설립되었다. 향교에는 규모와 지역에 따라 중앙에서 교관인 교수 또는 훈도를 파견하였다.
③ 고려 시대에는 중앙에 국립 대학으로 국자감(국학)을 설치하였다(성종 11년, 992). 국자감에는 국자학, 태학, 사문학과 같은 유학부와 율학, 서학, 산학 등의 기술학부가 있었다.

|정답| ④

● **통일 신라의 유교 교육과 관련된 내용으로 옳지 <u>않은</u> 것은?**   13. 경찰 간부

① 신문왕 때 유교 교육 기관으로 국학을 세웠다.
② 12등급에 해당하는 대사 이하의 하급 귀족 자제에게 국학의 입학 자격을 주었다.
③ 성덕왕 때 국학을 태학감으로 고치고 『논어』와 『효경』을 필수 과목으로 가르쳤다.
④ 원성왕 때 유교 경전의 이해 수준에 따라 관리를 등용하는 독서삼품과를 실시하였다.

● **다음 교육 기관에 대한 설명으로 옳은 것은?**

> 학생은 제12관등인 대사(大舍)로부터 관등이 없는 사람까지인데, 그 연령은 15세부터 30세까지였다. 수업 연한은 9년이었지만 능력이 없어서 학문을 성취할 수 없는 자는 연한이 차지 않아도 퇴학을 명하였다. 그러나 잠재적 능력이 있으면서도 아직 미숙한 자는 비록 9년을 넘을지라도 재학할 수 있게 하였다. 관등이 제10관등인 대나마, 제11관등인 나마에 이르면 학교에서 나갔다.

① 문헌공도로 불리기도 하였다.
② 중앙에서 교수나 훈도가 파견되었다.
③ 국자학, 태학, 사문학의 유학부가 있었다.
④ 박사와 조교를 두고 유교 경전을 가르쳤다.

(2) 역사서: 모두 현존하지 않음

구분	역사책	시기	저자	내용(추정)
고구려	『유기』 100권	국초	미상	• 시조의 가계 신화, 전설 • 국력에 대한 자부심
	『신집』 5권	영양왕(600)	이문진	
백제	『서기』	근초고왕(375)	고흥	왕실 가계 미화
신라	『국사』	진흥왕(545)	거칠부	왕실의 전통, 왕위 계승 설화

(3) 기술학

① 천문학
  ㉠ 고구려: 별자리를 그린 천문도 및 고분 벽화의 별자리 그림을 통하여 확인할 수 있다.
  ㉡ 백제: 역박사가 있었으며, 관륵은 무왕 때 일본에 천문 역법을 전수하였다.
  ㉢ 신라: 선덕 여왕 시기 천체 관측 기구인 첨성대를 축조하였다. 통일 신라의 김암은 중국에까지 그 명성이 알려질 정도로 천문학에 조예가 깊었다.
  ㉣ 기록: 『삼국사기』에 일식·월식·혜성 출현·기상 이변 등을 상세히 기록하였다.
  ㉤ 발달 이유: 기본적으로 농업 중심 사회였으며, 천문학을 통해 왕의 권위를 하늘과 연결시키려 하였다.

▲ 첨성대

② 수학: 정밀한 수학 지식을 이용하여 조형물을 축조하였다.
③ 금속 기술 발달: 백제의 칠지도, 백제 금동 대향로, 신라 금관, 성덕 대왕 신종 등이 대표적이다.
④ 인쇄술: 불국사 3층 석탑(경덕왕, 751)에서 『무구정광대다라니경』[현존 최고(最古)의 목판 인쇄물]을 발견하였다.

05 고대 국가의 예술

(1) 고분과 벽화

① **고구려**: 초기에는 장군총과 같은 돌무지무덤(벽화 없음)이 만들어졌으며, 점차 굴식 돌방무덤으로 발전하였다. 굴식 돌방무덤에는 벽화가 발견되는데, 초기에는 무덤 주인의 생활 모습 그림이었으며, 후기로 가면서 점차 사신도와 같은 추상적 형태로 변화하였다.

▲ 장군총

㉠ 돌무지무덤: 장군총(길림성 집안, 벽화 없음)
㉡ 굴식 돌방무덤: 고구려 고분의 천장은 모줄임 천장 구조를 가지고 있는 것이 많다.
㉢ 주요 고분
- 황해도 안악 3호분(357): 고구려 지배층의 대행렬과 부엌·고깃간 및 우물가 등을 그린 벽화가 있다.
- 덕흥리 고분(평남 대안, 408): 13태수 하례도, 견우·직녀도 등이 있다.
- 장천 1호분(집안현 통구): 예불도가 처음 나타나고, 천장에는 비천상과 연꽃무늬로 가득하다.
- 쌍영총(평남 용강): 서역 건축 양식의 영향을 받은 팔각 쌍주와 두팔천장이 유명하다. 기마 인물도·행렬도·사신도·불교 공양도 등이 있다. 벽화 속의 맞배집·기와집 등은 고구려 건축 양식을 확인할 수 있는 중요한 자료이다.
- 각저총: 씨름도 등이 있다.
- 무용총: 무용도와 수렵도 등이 있다.

▲ 안악 3호분 묘주도

▲ 각저총 씨름도

▲ 무용총 수렵도

- 강서대묘: 벽면에 큰 사신도가 그려져 있다.
- 수산리 고분: 교예도가 유명하며, 신분에 따라 사람 크기를 달리 그린 것이 특징이다. 특히 수산리 고분의 여성 복장이 일본 다카마쓰 고분의 여성 복장과 흡사한 것을 통해 고구려 문화의 일본 전래를 확인할 수 있다.
- 기타: 집안(지안)의 오회분 4호묘와 5호묘에서는 사신도·일월신(남성 모습의 해의 신과 여성 모습의 달의 신)·농사의 신 등이 묘사되어 있다.

심화 | 유네스코 세계 유산에 등재된 고구려 문화유산(2004년 등재)

❶ **북한 평양 유적 지구(고구려 고분군)**
5~6세기 사이에 축조된 것으로 추정되는 63개의 고분이 포함되어 있다. 이 중 강서삼묘(江西三墓)와 동명왕릉, 그리고 16개의 다른 고분에는 벽화가 그려져 있다.

❷ **중국 집안(지안) 유적 지구[고대 고구려 왕국의 수도와 무덤군(Capital cities and Tombs of the Ancient Koguryo Kingdom)]**
오녀산성, 국내성, 환도산성, 태왕릉과 광개토 대왕릉비, 장군총, 오회분, 산성 아래의 고분들(왕자총), 기타(모두루 무덤, 환문총, 각저총, 무용총, 마조총, 장천 1호분, 장천 2호분, 임강총, 서대총, 천추총) 등

단권화 MEMO

▲ 석촌동 고분

▲ 무령왕릉 지석

▲ 무령왕릉 내부

| 정답해설 | 제시된 자료의 '송산리 고분군', '영동대장군 사마왕'을 통해 이 왕릉이 무령왕릉임을 알 수 있다. 무령왕릉은 충남 공주 송산리에 위치해 있다.

| 오답해설 |
② 무령왕릉에서는 무령왕과 왕비의 금제 관장식이 출토되었다.
③ 무령왕릉에서는 돌짐승[石獸, 진묘수]이 나왔다.
④ 무령왕릉은 중국 남조의 영향을 받은 벽돌무덤으로 축조되었다.

| 정답 | ①

---

② 백제
　㉠ 한성 시대: 서울 석촌동 고분은 고구려 계통의 계단식 돌무지무덤이다.
　㉡ 웅진(공주) 시대: 공주 무령왕릉과 왕릉원(공주 송산리 고분군)
　　• 송산리 6호분: 벽돌무덤 양식이며, 사신도와 산수도 벽화가 발견되었다.
　　• 무령왕릉: 지석(묘비석) 내용 중 양나라로부터 책봉받은 영동대장군과 생전 휘인 사마왕의 명문에서 무령왕릉임을 확인할 수 있다. 중국 남조의 영향을 받은 벽돌무덤(벽화 없음)이다.
　㉢ 사비(부여) 시대: 부여 왕릉원(부여 능산리 고분군)
　　• 굴식 돌방무덤으로서, 규모는 작지만 축조 기술이 세련되었다.
　　• 사신도·연꽃무늬·구름무늬 등의 벽화를 발견하였다.

> **사료** 「양직공도」
>
> 백제는 예로부터 왔던 오랑캐로 마한의 족속이다. …… 보통(普通) 2년(521) 그 왕 여융(餘隆)이 사신을 보내 표문을 올려 말하기를, "여러 차례 고구려를 물리쳤습니다."라고 하였다.
> 도성(都城)을 고마(固麻)라 하였고, 읍(邑)을 이르러 담로(擔魯)라 하였는데, 중국의 군현에 해당한다. 22개의 담로가 있어 자제 종족(子弟宗族)을 나누어 그곳에 두었다.

> **심화** 무령왕릉
>
> 무령왕릉은 백제의 제25대 왕인 무령왕과 그 왕비의 무덤으로 충남 공주시에 위치한다. 1971년 송산리 고분군 5호 석실분과 6호 전축분의 침수를 방지하기 위해 배수로 작업을 하던 중 발견되어 조사되었다.
> 능의 내부 구조는 연화문 등이 새겨진 벽돌로 통로 및 돌방을 만들고, 벽면에는 불을 밝힐 수 있게 5개의 보주형등감(寶珠形燈龕)이 만들어져 있다. 무덤 입구에 지석(誌石)이 있어 이 무덤의 주인이 무령왕임을 확인할 수 있었다.
> 이 능에서 출토된 유물은 모두 108종 3천여 점에 이른다. 왕과 왕비의 지석 2매, 오수전 한 꾸러미가 입구에 놓여 있었고, 그 뒤에 돌짐승(진묘수)이 서 있었다. 목관에서는 왕과 왕비를 장식했던 장신구들과 몇 점의 부장품들이 발견되었다. 특히 왕비의 지석 뒷면에는 묘지의 매매에 관한 계약 내용을 담고 있는 **매지권**이 있는데, 지신(地神)으로부터 묘의 자리를 1만 문에 구입했다는 내용을 담고 있다. 한편 무령왕과 왕비의 관의 재료는 **일본으로부터 가져온 금송**이다.

> **바로 확인문제**
>
> ● 다음 왕릉에 대한 설명으로 가장 적절하지 않은 것은?　　　18. 경찰직 2차
>
> > 1971년 7월, 송산리 고분군 배수로 공사 도중 무덤 하나가 우연히 발굴되었다. 그 입구를 열자, 무덤 주인을 알리는 지석이 놓여 있었다. 그 내용의 일부는 이러하다. "영동대장군인 사마왕은 62세가 되는 계묘년 5월 임진일인 7일에 돌아가셨다. 을사년 8월 갑신일인 12일에 안장하여 대묘에 모시었다."
>
> ① 충남 부여에 있다.
> ② 금제 관장식이 나왔다.
> ③ 돌짐승[石獸]이 나왔다.
> ④ 중국 남조 양식의 벽돌로 축조되었다.

③ 신라
  ㉠ 통일 이전: 무덤 규모가 큰 돌무지덧널무덤(벽화 없음)이 일반적이며, 도굴이 어려워 부장품을 다수 발견하였다.
    • 호우총: 고구려 광개토 대왕의 호우(제사 지내는 제기)를 발견하였다.
    • 155호 고분(천마총): 고구려 계통의 영향을 받은 **천마도**[말다래(장니)에 그려진 그림]· 기마 인물도·금관·달걀 등이 출토되었다.
    • 98호 고분(**황남대총**): 고분 중 가장 큰 규모이며, 두 개의 봉분으로 구성되어 있고, 금관을 포함한 가장 많은 금제 장신구가 출토되었다.

▲ 천마총

▲ 천마도(장니에 그려진 그림)

▲ 황남대총

  ㉡ 통일 이후: 굴식 돌방무덤이 유행하였다.
    • 김유신 묘: 봉토 둘레돌에 12지신상을 새겨 놓았다.
    • 대왕암: 수중릉이다.
    • 불교의 영향으로 화장이 유행하였다.
    • 성덕 대왕릉·괘릉: 12지신상뿐만 아니라 문·무인상과 돌사자상까지 갖추었다.

④ 발해
  ㉠ 정혜 공주 무덤(중국 길림성 돈화시 육정산 고분군에 위치)
    • 굴식 돌방무덤과 모줄임 천장 구조는 고구려 전통을 계승한 것으로 보여진다.
    • 매우 힘차고 생동감이 있는 돌사자상을 발견하였다.
  ㉡ 정효 공주 무덤(중국 길림성 화룡현 용두산 고분군에 위치)
    • 당의 문화적 영향을 받아, **벽돌무덤**(전축분)으로 축조되었다.
    • 무사(武士)·시위(侍衛)·내시(內侍)·악사(樂師) 등 평소 공주의 시중을 들던 사람 12명의 인물도(人物圖) 벽화가 남아있다.

> **심화** 고구려적 요소가 반영된 발해 문화
>
> 발해의 대표적 고분은 문왕의 딸들인 정혜 공주 무덤과 정효 공주 무덤이다. 굴식 돌방무덤인 정혜 공주 묘에 보이는 모줄임 천장 구조는 고구려의 굴식 돌방무덤에서도 볼 수 있다. 이곳에서 나온 돌사자상은 매우 힘차고 생동감이 있다. 정효 공주 묘의 무덤 양식(벽돌무덤)과 벽화는 당의 영향을 받았지만, 천장은 고구려에서 많이 나타나는 평행고임 구조를 지니고 있다. 한편 발해 궁궐 유적에서는 고구려적 문화의 특징인 온돌 장치가 확인되며, 발해의 석등에서도 고구려적 기풍을 느낄 수 있다. 또한 궁궐 유적에서 발견된 벽돌, 기와 무늬, 이불 병좌상도 고구려적 색채가 반영된 발해의 유물이다.

> **사료** 정효 공주 묘지석
>
> 공주는 대흥(大興) 56년(792) 여름 6월 9일에 사망하였는데, 당시 나이는 36세였다. 이에 시호를 정효 공주라고 하였다. …… 황상(皇上)은 조회마저 금하고, 비통해 하시며 침식을 잊고 노래와 춤추는 것도 금지시켰다.

단권화 MEMO

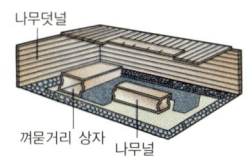
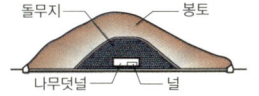
▲ 돌무지덧널무덤 구조

▲ 김유신 묘

▲ 정효 공주 묘의 벽화

단권화 MEMO
정답해설┃제시된 무덤 양식은 돌무지덧널무덤으로, 무덤 구조상 도굴이 어려워 많은 양의 부장품이 출토되었다.
오답해설┃
① 중국 남조의 영향을 받은 대표적 무덤은 무령왕릉과 같은 백제의 벽돌무덤이다.
② 돌무지무덤이 고구려의 초기 무덤 형태이다.
③ 천마도는 벽화가 아니라 장니에 그려진 그림이다.
정답┃④

바로 확인문제

● 다음 그림의 무덤 양식과 관련된 설명으로 가장 옳은 것은? 　　　　19. 법원직 9급

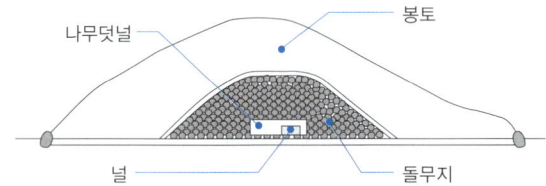

① 중국 남조의 영향을 받았다.　　　　② 고구려의 초기 무덤 형태이다.
③ 천마도가 벽화로 그려져 있다.　　　④ 도굴이 어려워 많은 양의 부장품이 출토되었다.

(2) 건축과 탑

① 삼국 시대
　㉠ 궁궐: 안학궁(고구려 장수왕, 남진 정책의 기상이 보임)
　㉡ 사원: 황룡사(신라 진흥왕), 왕흥사(백제)·미륵사(백제 무왕의 백제 중흥 의지 반영)
　㉢ 탑
　　• 익산 미륵사지 석탑(백제): 현존하는 가장 오래된 석탑으로서, 목탑 양식을 반영하였으며, 해체 및 복원 과정에서 금제 사리함 봉안기를 발견하였다.
　　• 부여 정림사지 5층 석탑(백제): 소정방이 백제 정벌 이후 자신의 감회를 석탑 기단부에 새겨 놓아 '평제탑'이라고도 불렸다.
　　• 황룡사 9층 목탑(신라): 자장의 건의로 선덕 여왕 때 만들어졌으며, 백제에서 온 아비지가 건축하였다.
　　• 분황사 모전 석탑(신라): 선덕 여왕 때 만들어졌으며, 석재를 벽돌 모양으로 축조하였다.

▲ 익산 미륵사지 석탑

▲ 부여 정림사지 5층 석탑

▲ 경주 분황사 모전 석탑

사료　황룡사 9층 목탑의 건립

자장은 정관(貞觀) 17년(643) 계묘(癸卯) 16일에 당나라 황제가 하사한 불경·불상·가사·폐백을 가지고 귀국하여 탑을 세우는 일을 임금께 아뢰었다. 선덕왕(善德王)이 여러 신하와 논의하였는데, 신하들이 말하기를 "백제에서 장인을 청한 연후에야 장차 가능할 것입니다."라고 하였다. 이에 보물과 비단을 가지고서 백제에게 장인을 보내 줄 것을 청하니, 장인 아비지(阿非知)가 명을 받고 와서 목재·석재와 관련된 일을 맡았고 이간(伊干) 용춘(龍春)이 그 일을 주관하였으며, 거느린 소장(小匠)이 200명이나 되었다.　　「삼국유사」

사료　부여 왕흥사지 출토 사리감 명문

정유년(丁酉年, 577) 2월 15일 백제 왕 창(昌)이 죽은 왕자를 위해 사찰을 세웠다. 본래 사리 두 매였으나 장례 때 신묘한 조화로 셋이 되었다.

■ **부여 왕흥사지 출토 사리감 명문**
충남 부여의 왕흥사지에서 출토된 청동제 사리함의 표면에 새겨진 글로, 백제 왕 창(위덕왕)이 아들의 명복을 빌기 위해 사찰을 창건하고 사리구를 제작하였다는 내용이 담겨 있다.

> **사료** 미륵사지 출토 금제 사리봉안기
>
> 우리 백제 왕후께서는 좌평(佐平) 사택적덕[沙乇(宅)積德]의 따님으로 지극히 오랜 세월에 선인(善因)을 심어 이번 생에 뛰어난 과보(果報)를 받아 만민(萬民)을 어루만져 기르시고 삼보(三寶)의 동량(棟梁)이 되셨기에 능히 정재(淨財)를 희사하여 가람(伽藍)을 세우시고, 기해년(己亥年, 639) 정월 29일에 사리를 받들어 맞이하셨다.
> 원하옵나니, 영원토록 공양하고 다함이 없이 이 선(善)의 근원을 배양하여, 대왕 폐하의 수명은 산악(山岳)과 같이 견고하고 치세는 천지(天地)와 함께 영구하며, 위로는 정법(正法)을 넓히고 아래로는 창생(蒼生)을 교화하게 하소서.
> 또 원하옵나니, 왕후의 신심(身心)은 수경(水鏡)과 같아서 법계(法界)를 비추어 항상 밝히시며, 금강(金剛) 같은 몸은 허공과 나란히 불멸(不滅)하시어 7세(七世)의 구원(久遠)까지도 함께 복리(福利)를 입게 하시고, 모든 중생과 함께 불도(佛道)를 이루게 하소서.

② 통일 신라
  ㉠ 불국사: 불국토의 이상을 표현하였고, 조화미와 균형미가 뛰어나다. 청운교, 백운교, 석가탑, 다보탑이 있다.
  ㉡ 석굴암: 비례와 균형의 조화미를 갖추었다.
  ㉢ 동궁과 월지(안압지): 조경술이 뛰어나며, 귀족의 화려한 생활을 엿볼 수 있다.
  ㉣ 석탑: 이중 기단의 3층 석탑이 유행하였다.
  ㉤ 전탑: 안동 법흥사지 7층 전탑이 대표적이며, 우리나라에 현존하는 가장 오래된 벽돌탑이다.
  ㉥ 승탑(부도)·탑비: 신라 말기에 선종이 유행하면서 많은 승탑(부도)과 탑비를 제작하였다. 흥법사지 염거화상탑(문성왕, 844), 화순 쌍봉사 철감선사 승탑(경문왕, 868) 등이 대표적이다.

▲ 불국사

통일 신라의 3층 석탑

감은사지 3층 석탑, 불국사 3층 석탑(석가탑), 화엄사 4사자 3층 석탑, 양양 진전사지 3층 석탑 등이 있다.

▲ 석굴암

▲ 동궁과 월지(안압지)

▲ 불국사 3층 석탑(석가탑)

▲ 화순 쌍봉사 철감선사 승탑

> **사료** 김대성
>
> 모량리(牟梁里)(혹은 부운촌(浮雲村)이라고도 한다)의 가난한 여인 경조(慶祖)에게 아이가 있었는데, 머리는 크고 이마가 평평하여 성(城)과 같으므로 대성(大城)이라고 불렀다. 집이 가난하여 생활할 수 없어 부자 복안(福安)의 집에 고용살이를 하여 그 집에서 약간의 밭을 받아 의식(衣食) 비용으로 삼았다. …… 대성이 이를 듣고 뛰어 들어가서 그의 어머니에게 말하기를, "제가 문간에 온 스님이 외우는 소리를 들으니 하나를 보시하면 만 배를 받는다고 합니다. 생각건대 우리는 분명히 전생에 선업이 없어 지금 이렇게 곤궁한 것입니다. …… 얼마 후 대성이 죽었는데, 이날 밤 재상(宰相) 김문량(金文亮)의 집에 하늘에서 외치기를, "모량리의 대성이란 아이가 지금 네 집에 태어난다."라고 하였다. 집안사람들이 놀라서 사람을 시켜 모량리에 알아보니 과연 대성이 죽었는데, 죽은 날이 (하늘에서) 외쳤던 때와 같은 시각이었다. …… 그는 전생의 부모를 위하여 석불사(石佛寺)를 세우고 신림(神琳)과 표훈(表訓), 두 성사(聖師)를 청하여 각각 거주하게 하였다.
> 『삼국유사』

③ 발해
  ⊙ 상경성(중국 흑룡강성 영안시 위치, 홀한성으로 불림)은 당의 장안성을 모방해서 만들었다.
  ⓒ 상경성 궁성 정문인 오봉루(五鳳樓) 성문터와 주작대로 등을 통해, 당 문화의 영향을 확인할 수 있다.

▲ 발해 상경 용천부의 평면도

▲ 발해의 영광탑
당나라 건축 양식의 영향을 받은 전탑(벽돌탑)이다.

바로 확인문제

● 다음은 발해 수도에 대한 답사 계획이다. 각 수도에 소재하는 유적에 대한 탐구 내용으로 옳은 것만을 모두 고르면?
21. 국가직 9급

발해 유적
답사 계획서

일시 — 출발 0000년 0월 00일 / 귀국 0000년 0월 00일

인원 — 00명

장소

탐구 내용
  ⊙ 정효 공주 무덤을 찾아 벽화에 그려진 인물들의 복식을 탐구한다.
  ⓒ 용두산 고분군을 찾아 벽돌무덤의 특징을 탐구한다.
  ⓒ 오봉루 성문터를 찾아 성의 구조를 당의 장안성과 비교해 본다.
  ⓔ 정혜 공주 무덤을 찾아 고구려 무덤과의 계승성을 탐구한다.

① ⊙, ⓒ   ② ⊙, ⓔ   ③ ⓒ, ⓒ   ④ ⓒ, ⓔ

|정답해설| ⓒ 용두산 고분군의 정효 공주 무덤은 벽돌무덤 양식으로, 당의 문화적 영향을 확인할 수 있다.
ⓒ 상경성 궁성 정문인 오봉루(五鳳樓) 성문터를 통해 당 문화의 영향을 확인할 수 있다.

|오답해설|
⊙ 정효 공주 무덤은 중국 길림성 화룡현 용두산 고분군에 위치한다.
ⓔ 정혜 공주 무덤은 중국 길림성 돈화시 육정산 고분군에 있으며, 굴식 돌방무덤 양식과 모줄임 천장 구조를 통해 고구려의 문화적 영향을 확인할 수 있다.

|정답| ③

(3) 불상과 공예

① 불상
  ㉠ 금동 연가 7년명 여래 입상(고구려): 북조 불상의 영향을 받은 고구려 불상
  ㉡ 서산 용현리 마애여래 삼존상(서산 마애 삼존불, 온화미, 백제의 미소라고 불림)
  ㉢ 경주 배동 석조여래 삼존입상(경주 배리 석불 입상, 신라)
  ㉣ 금동 미륵보살 반가 사유상(삼국 공통으로 제작, 자애미): 일본 고류사 목조 미륵보살 반가 사유상에 영향을 주었다고 평가된다.
  ㉤ 석굴암 본존불과 보살상(통일 신라, 균형미 · 사실미)
  ㉥ 발해: 상경과 동경 절터의 불상(고구려 양식 계승), 이불 병좌상

▲ 금동 연가 7년명 여래 입상

▲ 서산 용현리 마애여래 삼존상

▲ 경주 배동 석조여래 삼존입상

▲ 금동 미륵보살 반가 사유상

▲ 석굴암 본존불

▲ 이불 병좌상

② 발해 자기: 당에 수출하였다.
③ 조각
  ㉠ 통일 신라: 무열왕릉비 거북 모양 받침돌 · 불국사 석등 · 법주사 쌍사자 석등
  ㉡ 발해: 발해의 벽돌과 기와 무늬(고구려 영향) · 석등(발해 특유의 웅장한 느낌)
④ 범종(통일 신라): 상원사종[현존 최고(最古)], 성덕 대왕 신종(에밀레종, 맑고 장중한 소리와 비천상)

(4) 글씨 · 그림 · 음악

① 글씨: 광개토 대왕릉비문(웅건한 서체), 김생의 글씨
② 그림: 천마총의 천마도, 화엄경 변상도(신라), 신라의 솔거(화가, 소나무 그림)
③ 음악: 백결 선생(신라, 방아 타령), 왕산악(고구려, 거문고), 우륵(대가야, 가야금), 옥보고(경덕왕 시기 거문고의 대가), 발해금(고구려의 거문고 계승)

(5) 한문학과 향가

① 한시: 「황조가」, 을지문덕의 「여수장우중문시」, 「구지가」, 「회소곡」, 백제의 「정읍사」 등이 전해진다.

단권화 MEMO

■ 금동 연가 7년명 여래 입상

두꺼운 의상과 긴 얼굴 모습에서 북조 양식을 따르고 있으나, 강인한 인상과 은은한 미소에는 독창성이 보이며, 고구려 연호인 '연가(延嘉)'가 보인다. 1963년 7월 경상남도 의령군 대의면 하촌리에서 발견하였다. 고구려와 관련된 명기(銘記)가 있는 불상이 남한에서 출토되었다는 점에서 주목을 받았다.
광배(光背) 뒷면에 있는 명기에 따르면, 평양 동사(東寺)의 승려들이 불법을 세상에 널리 퍼뜨리고자 천 개의 불상을 만들기 시작했는데, 이것은 그 가운데 29번째 것이다.

■ 성덕 대왕 신종

신라 경덕왕이 아버지인 성덕왕의 공덕을 널리 알리기 위해 종을 만들려 했으나, 뜻을 이루지 못하고, 그 뒤를 이어 혜공왕이 771년에 완성하여 성덕 대왕 신종이라고 불렀다. 처음에 봉덕사에 달았다고 해서 봉덕사종이라고도 하며, 아기를 시주하여 넣었다는 전설로 아기의 울음소리를 본떠 '에밀레종'이라고도 한다.

■ 김생

왕희지체의 대가로, 그의 글씨를 모은 원화첩이 있다고 하나 전하지 않고, 고려 시대 그의 글씨를 모아서 새긴 집자비문인 봉화 태자사 낭공대사 백월서운탑비 등이 전해 온다. 김생은 고려 때 최우, 유신, 탄연과 함께 '신품 4현'으로 불린다.

② 향가
　㉠ 주로 승려와 화랑이 지었으며, 「제망매가」(경덕왕 때 월명사), 「안민가」(경덕왕 때 충담사) 등이 현재까지 전해진다.
　㉡ 9세기 후반(진성 여왕) 각간 위홍과 대구화상이 향가집 『삼대목』을 편찬하였으나(888), 지금은 전해지지 않는다.
③ 발해: 4·6 변려체(정혜 공주와 정효 공주의 묘지), 양태사(「밤에 다듬이 소리를 들으며」)

사료 고대의 문학

❶ 「제망매가」
　　　　　　　　　　　　　　　　　월명사
살고 죽는 길이 여기 있기도 두렵고 / 여기 있고 싶어도 안 되어
간다는 말도 못하고 가십니까 / 가을바람에 여기저기 떨어지는 잎처럼
한 가지에 나고도 가는 곳 모르는구나 / 아아, 미타찰에서 만나리
나 도 닦으며 기다리리라
　　　　　　　　　　　　　　　　　　　　　　　　　　　　　「삼국유사」

❷ 「안민가」
　　　　　　　　　　　　　　　　　충담사
임금은 아버지요 신하는 사랑하실 어머니시라
백성을 어리석은 아이라 여기시니, 백성이 그 사랑을 알리라
꾸물거리며 사는 물생들에게, 이를 먹여 다스리네
이 땅을 버리고 어디로 가랴, 나라 안이 유지됨을 아리이다
아아! 임금답게 신하답게 백성답게 할지면, 나라 안이 태평하리라
　　　　　　　　　　　　　　　　　　　　　　　　　　　　　「삼국유사」

❸ 「밤에 다듬이 소리를 들으며」
　　　　　　　　　　　　　　　　　양태사
서리 기운 가득한 하늘에 달빛 비치니 은하수도 밝은데 / 나그네 돌아갈 일 생각하니 감회가 새롭네
홀로 앉아 지새는 긴긴 밤 근심에 젖어 마음 아픈데 / 홀연히 이웃집 아낙네 다듬이질 소리 들리누나
바람결에 그 소리 끊기는 듯 이어지는 듯 / 밤 깊어 별빛 낮은데 잠시도 쉬지 않네
나라 떠나와서 아무 소식 듣지 못하더니 / 이제 타향에서 고향 소식 듣는 듯하구나 ……
　　　　　　　　　　　　　　　　　　　　　　　　　　　　　「경국집」

심화 고대 국가의 주요 문화 정리

구분	고구려	백제	신라	통일 신라	발해
건축과 탑	안학궁(평양)	• 익산 미륵사지 석탑 • 부여 정림사지 5층 석탑	• 분황사 모전 석탑 • 황룡사 9층 목탑	• 3층 석탑(중대): 석가탑, 감은사지 3층 석탑 등 • 승탑(하대)	• 상경 궁궐터 (당의 장안성 모방) • 영광탑
불상	금동 연가 7년명 여래 입상	서산 용현리 마애 여래 삼존상	경주 배동 석조여래 삼존입상	석굴암 본존불	이불 병좌상
학문	태학, 경당	5경 박사, 의·역박사	• 화랑도 • 임신서기석	• 국학 • 독서삼품과	주자감
역사서	『유기』 → 『신집』 5권	『서기』(고흥)	『국사』(거칠부)		
과학, 기술학	천문도, 별자리 그림	칠지도	첨성대	• 목판 인쇄술 (『무구정광대다라니경』) • 성덕 대왕 신종	

바로 확인문제

● (가) 종교가 반영된 문화유산의 사례로 가장 적절한 것은?   22. 법원직 9급

> 불로장생과 신선이 되기를 추구하는 ___(가)___ 은/는 삼국에 전래되어 귀족 사회를 중심으로 유행했으며 예술에도 많은 영향을 주었다. 7세기 고구려의 연개소문은 귀족과 연결된 불교 세력을 억누르기 위해 ___(가)___ 을/를 장려하는 정책을 펼쳤다.

①  ②  ③  ④

단권화 MEMO

| 정답해설 | (가) 도교는 불로장생과 신선이 되기를 추구하는 종교이다. 7세기 고구려의 연개소문은 왕실 및 귀족과 연결된 불교를 탄압하기 위해 도교를 장려하였다. 백제 금동 대향로는 백제인의 도교적 이상세계를 형상화한 작품이다.

| 오답해설 |
① 쌍봉사 철감선사 승탑으로, 승탑은 선종의 영향으로 제작되었다.
② 백제 근초고왕 때 왜(倭)에 전해진 칠지도이다.
③ 삼국 공통으로 제작되었던 금동 미륵보살 반가 사유상이다.

| 정답 | ④

심화 신라의 유네스코 세계 문화유산

❶ 석굴암

석굴암은 751년 **신라 경덕왕** 때 당시 재상이었던 **김대성이 창건**하기 시작하여, 774년인 신라 혜공왕 때 완공하였다. 건립 당시의 명칭은 석불사였다.

석굴암의 석굴은 백색의 화강암재를 사용하여 토함산 중턱에 인공으로 석굴을 축조하고 그 내부 공간에는 본존불인 석가여래 불상을 중심으로 그 주변에 보살상 및 제자상과 금강역사상, 천왕상 등 총 39체의 불상을 조각하였다. 석굴암은 석가모니가 정각, 즉 깨달음을 얻은 순간을 가시적인 건축과 조각으로 재현한 것이며, 조각에 있어서도 인위적인 기교 없이 생명력이 넘치며 원숙한 조각법과 탁월한 예술성이 돋보인다. 절대적인 경지인 정각을 통해 인간 석가모니는 형이상학적 존재인 석가여래가 되고, 속세는 법계라는 이상향이 된다. 석굴암 석굴은 **국보로 지정·관리**되고 있으며 석굴암은 1995년 12월 불국사와 함께 유네스코 세계 문화유산으로 공동 등록되었다.

❷ 불국사

불국사는 석굴암과 같은 751년 신라 경덕왕 때 **김대성이 창건**하여 774년 신라 혜공왕 때 완공하였다. 불국사는 신라인이 그린 불국, 이상적인 피안의 세계를 지상에 옮겨 놓은 것으로 『법화경』에 근거한 석가모니불의 사바 세계와 『무량수경』에 근거한 아미타불의 극락 세계 및 『화엄경』에 근거한 비로자나불의 연화장 세계를 형상화한 것이다.

불국사의 건축 구조를 살펴보면 크게 두 개의 구역으로 나누어져 있다. 하나는 대웅전을 중심으로 청운교·백운교·자하문·범영루·자경루·다보탑·석가탑·무설전 등이 있는 구역이고, 다른 하나는 극락전을 중심으로 칠보교·연화교·안양문 등이 있는 구역이다.

불국사 전면에서 바라볼 때 장대하고 독특한 **석조 구조는 창건 당시 8세기 유물**이고 그 위의 **목조 건물은 병화로 소실되어 18세기에 중창**한 것이며, 회랑은 1960년대에 복원한 것이다. 경주 불국사는 사적으로 지정·관리되고 있으며 불국사 내 주요 문화재로는 다보탑, 석가탑, 청운교와 백운교, 연화교와 칠보교, 금동 아미타여래 좌상, 불국사 금동 비로자나불 좌상 등이 있다. **불국사는 1995년 12월 석굴암과 함께 세계 문화유산으로 공동 등록**되었다.

❸ 경주 역사 유적 지구

2000년 12월 세계 문화유산으로 등록된 경주 역사 유적 지구는 신라의 역사와 문화를 한눈에 파악할 수 있을 만큼 다양한 유산이 산재해 있는 종합 역사 지구이다. 유적의 성격에 따라 모두 5개 지구로 나누어져 있는데, 불교 미술의 보고인 남산 지구, 천년 왕조의 궁궐터인 월성 지구, 신라 왕을 비롯한 고분군 분포 지역인 대릉원 지구, 신라 불교의 정수인 황룡사 지구, 왕경 방어 시설의 핵심인 산성 지구로 구분되어 있으며 52개의 지정 문화재가 세계 유산 지역에 포함되어 있다.

경주 남산은 야외 박물관이라고 할 만큼 신라의 숨결이 살아 숨쉬는 곳으로 신라 건국 설화에 나타나는 나정(蘿井), 신라 왕조의 종말을 맞게 했던 포석정(鮑石亭)과 미륵곡 석불 좌상·배동 석조여래 삼존입상·칠불암 마애 석불 등 수많은 불교 유적이 산재해 있다.

월성 지구에는 신라 왕궁이 자리하고 있던 월성, 신라 김씨 왕조의 시조인 김알지가 태어난 계림(鷄林), 신라 통일기에 조영한 임해전지, 그리고 동양 최고(最古)의 천문 시설인 첨성대(瞻星臺) 등이 있다.
대릉원 지구에는 신라 왕·왕비·귀족 등 높은 신분 계층의 무덤들이 있고 구획에 따라 황남리 고분군, 노동리 고분군, 노서리 고분군 등으로 부르고 있다. 무덤의 발굴 조사에서 신라 문화의 정수를 보여 주는 금관·천마도·유리잔·각종 토기 등 당시의 생활상을 파악할 수 있는 귀중한 유물이 출토되었다.
황룡사 지구에는 황룡사지와 분황사가 있으며, 황룡사는 몽골의 침입으로 소실되었으나, 발굴을 통해 당시의 웅장했던 대사찰의 규모를 짐작할 수 있으며 40,000여 점의 출토 유물은 신라 시대 연구의 귀중한 자료이다.
산성 지구에는 400년 이전에 쌓은 것으로 추정되는 명활산성이 있는데, 신라의 축성술은 일본에까지 전해져 영향을 미쳤다.

06 고대 문화의 일본 전파

(1) 삼국 문화의 일본 전파

야마토 정권의 성립과 아스카 문화 형성에 영향을 미쳤다.

■ 아스카 문화
한반도의 불교 문화를 수용하여 일본 불교 문화의 토착화를 시작하고, 율령 국가의 터전을 닦아 왕권 강화를 꾀한 쇼토쿠 태자 시대의 문화를 당시 일본의 수도였던 아스카의 이름을 따서 아스카 문화라고 한다.

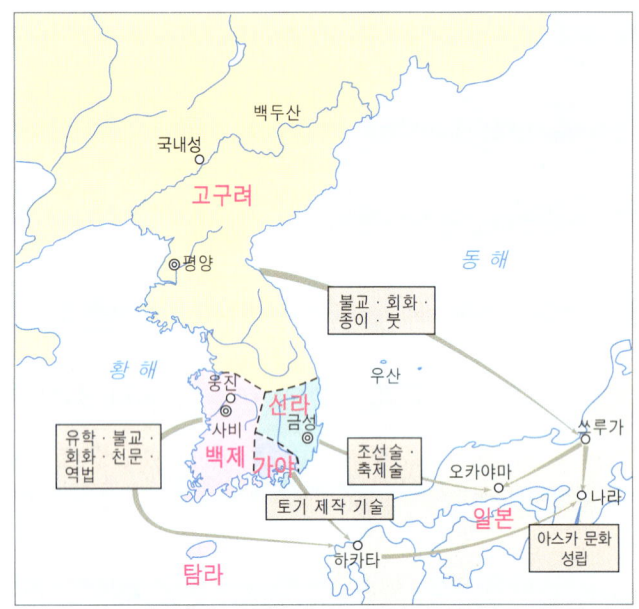

▲ 삼국 문화의 일본 전파

① 백제
  ㉠ 아직기는 근초고왕 때 일본과 수교 후 사신으로 가 태자(토도치랑자)의 스승이 되었고, 한자를 전해 주었다.
  ㉡ 박사 왕인은 『천자문』과 『논어』를 전하고 경사를 가르쳤다[일본 한학(漢學)의 시조로 추앙].
  ㉢ 무령왕 때 5경 박사 단양이와 고안무는 한학을 전래하였다.
  ㉣ 성왕 때 노리사치계는 불경 및 불상 등 불교를 처음 전하였다(552).
  ㉤ 혜총은 계율종을 전하고, 쇼토쿠 태자와 교류하였다.

ⓑ 아좌 태자는 쇼토쿠 태자의 초상화를 그렸으며, 관륵은 무왕 때 천문·지리·둔갑술 등을 전래하고 일본 불교의 승정이 되었다.
② 고구려
　㉠ 담징은 종이·먹·맷돌 제조 방법을 전하였고, 호류사의 벽화를 그렸다.
　㉡ 혜자는 일본 쇼토쿠 태자의 스승이 되었다.
　㉢ 혜관은 일본 삼론종의 시조가 되었다.
　㉣ 승려 도현은 연개소문의 불교 탄압으로 일본에 건너가 다이안사(寺) 주지로 있으면서 반한(反韓)의 입장에서 『일본세기』를 저술하였다.
　㉤ 수산리 고분 벽화는 일본의 다카마쓰 고분 벽화에 영향을 주었다.
③ 신라: 조선술과 축제술을 전래하였다(한인의 못).

▲ 수산리 고분 벽화(평남 강서)

▲ 다카마쓰 고분 벽화(일본 나라현)

사료 담징

[추고 천황] 18년(610) 봄 3월, 고구려 왕이 승려 담징(曇徵)과 법정(法定)을 바쳤다. 담징은 5경(五經)을 알고 또한 채색 및 종이와 먹을 만들 수 있었으며, 아울러 연자방아를 만들었다. 대개 연자방아를 만드는 일은 이때에 시작된 듯하다.
『일본서기』

(2) 일본으로 건너간 통일 신라 문화
불교와 유교 문화를 전래(원효·강수·설총)하여 하쿠호 문화 성립에 기여하였다.

심화 우리 문화의 일본 전파

신석기 시대	조몬 토기
청동기 시대	야요이 문화
삼국	아스카 문화, 야마토 정권 성립
가야	스에키 토기
통일 신라	하쿠호 문화
고려 후기 (13~14세기)	불화 수백 점의 일본 전파(혜허의 「양류관음도」)
조선 초기	무로마치 막부 시대의 화풍(이수문·문청)
임진왜란	에도 막부 시대(이황의 성리학·도자기·인쇄술 등)

■ 하쿠호 문화
삼국 문화의 영향으로 일어난 덴표[天平] 문화의 과도기에 형성된 문화로, 불상·가람 배치·탑·율령·정치 제도에서 신라의 불교와 유교의 영향을 많이 받았다.

바로 확인문제

● 〈보기〉는 한국 고대 사회 문화의 일본 전파와 관련된 설명이다. 옳은 것끼리 짝지어진 것은?

18. 서울시 7급

보기
ㄱ. 백제의 아직기는 일본에 불교를 전파하였다.
ㄴ. 다카마쓰 무덤에서 발견된 벽화를 통해 가야 문화가 일본에 영향을 미쳤음을 알 수 있다.
ㄷ. 신라인들은 배를 만드는 조선술과 제방을 만드는 축제술을 일본에 전해주었다.
ㄹ. 고구려의 승려 혜자는 쇼토쿠 태자의 스승이 되었다.

① ㄱ, ㄴ　　② ㄴ, ㄷ　　③ ㄴ, ㄹ　　④ ㄷ, ㄹ

|오답해설|
ㄱ. 백제의 아직기는 일본에 한자를 전해주었고, 불교를 전파한 인물은 노리사치계이다.
ㄴ. 일본 다카마쓰 고분 벽화는 고구려 수산리 고분 벽화의 영향을 받았다.

|정답| ④

PART III 중세의 우리 역사

5개년 챕터별 출제비중 & 출제개념

CHAPTER 01 중세의 정치	52%	후삼국 통일 과정, 태조, 광종, 성종, 최승로, 도병마사(도평의사사), 대간, 음서, 묘청(서경 천도 운동), 무신정변, 최충헌, 최우, 삼별초, 서희, 강조, 대외 항쟁(거란, 여진, 몽골, 홍건적, 왜구), 충선왕, 공민왕의 개혁 정책, 위화도 회군
CHAPTER 02 중세의 경제	6%	전시과 제도, 공음전, 한인전, 구분전, 외역전, 『농상집요』, 주전도감, 은병(활구), 관영 상점, 벽란도
CHAPTER 03 중세의 사회	3%	광학보, 중류, 향리, 호족, 문벌 귀족, 권문세족, 신진 사대부, 여성의 지위, 향·소·부곡민의 사회적 지위
CHAPTER 04 중세의 문화	39%	관학 진흥 정책, 9재 학당, 사학 12도, 의천, 지눌, 혜심, 천태종, 조계종, 수선사 결사, 요세, 『삼국사기』, 「동명왕편」, 『삼국유사』, 『제왕운기』, 『직지심체요절』, 대장경, 속장경, 주심포 양식, 연등회, 팔관회, 고려의 불상과 탑

한눈에 보는 흐름 연표

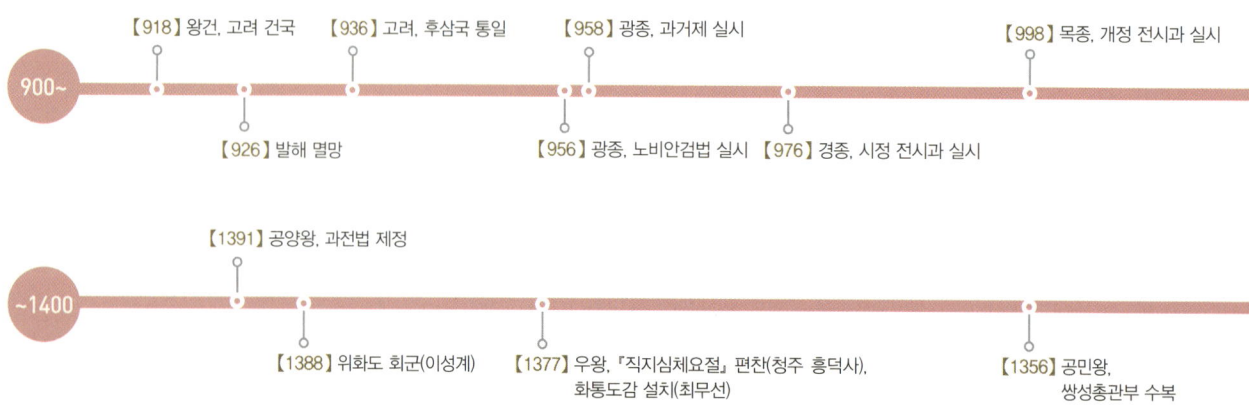

※최근 5개년(국, 지/서) 출제비중

17%

학습목표

CHAPTER 01 중세의 정치	❶ 태조, 광종, 성종, 숙종, 예종, 인종, 충선왕, 공민왕의 업적을 파악한다. ❷ 고려의 통치 제도 변화를 파악하고, 이민족의 침략과 대응 과정을 이해한다. ❸ 무신정권 시기 하층민의 봉기(망이·망소이의 난 등)를 순서대로 파악한다.
CHAPTER 02 중세의 경제	❶ 전시과의 특징 및 변천 과정과 고려의 수취 제도를 파악한다. ❷ 주전도감, 해동통보, 삼한통보, 은병(활구), 벽란도 등은 고려 경제의 키워드이므로 특히 잘 알아 둔다.
CHAPTER 03 중세의 사회	❶ 고려의 신분 제도 구조와 특징을 이해한다. ❷ 고려의 가족 및 혼인 제도, 여성의 지위 등을 파악한다.
CHAPTER 04 중세의 문화	❶ 『삼국사기』, 『삼국유사』 등 고려 주요 역사서의 특징을 이해한다. ❷ 불교 통합 종파인 천태종과 조계종을 비교하고, 의천, 지눌, 혜심, 요세 등의 활동을 이해한다.

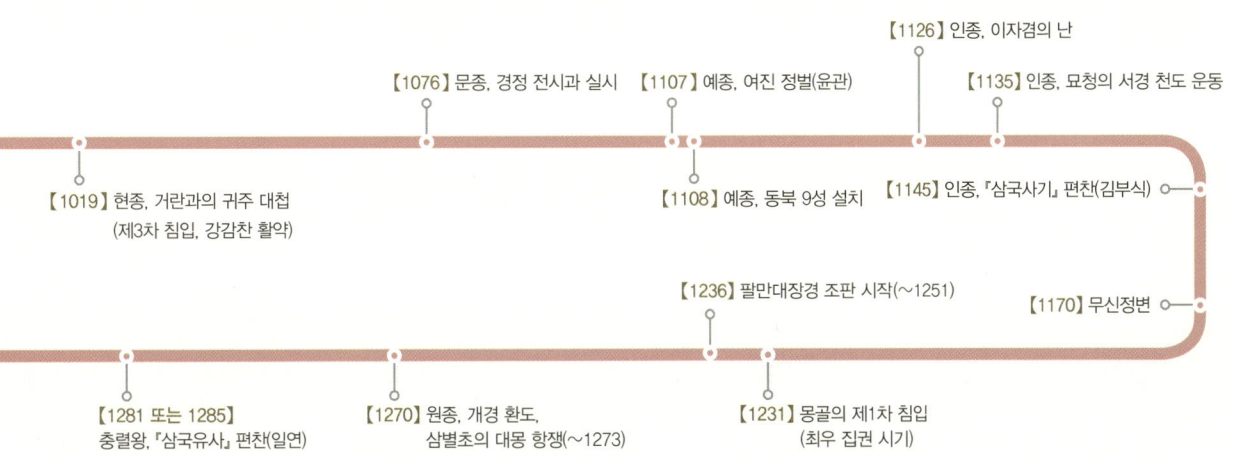

【1019】현종, 거란과의 귀주 대첩 (제3차 침입, 강감찬 활약)
【1076】문종, 경정 전시과 실시
【1107】예종, 여진 정벌(윤관)
【1108】예종, 동북 9성 설치
【1126】인종, 이자겸의 난
【1135】인종, 묘청의 서경 천도 운동
【1145】인종, 『삼국사기』 편찬(김부식)
【1170】무신정변
【1231】몽골의 제1차 침입 (최우 집권 시기)
【1236】팔만대장경 조판 시작(~1251)
【1270】원종, 개경 환도, 삼별초의 대몽 항쟁(~1273)
【1281 또는 1285】충렬왕, 『삼국유사』 편찬(일연)

CHAPTER 01 중세의 정치

01 중세의 세계
02 고려에 의한 후삼국 통일
03 고려 전기 왕들의 업적
04 통치 체제의 정비
05 문벌 귀족 사회의 성립과 동요
06 대외 관계의 전개
07 고려 후기의 정치 변동

01 중세의 세계

1 동양의 중세

(1) 중국

① 5대 10국 시대(907~960): 10세기 초 중국에서는 당이 멸망하고 5대 10국이 흥망하는 가운데 사대부라는 새로운 지배층이 성장하였다.

○ 중국의 5대 10국 시대

5대	후량(後梁, 907~923, 주전충)·후당(後唐, 923~936, 이존욱)·후진(後晉, 936~946, 석경당)·후한(後漢, 947~951, 유지원)·후주(後周, 951~960, 곽위)
10국	오(吳)·남당(南唐)·전촉(前蜀)·후촉(後蜀)·남한(南漢)·초(楚)·오월(吳越)·민(閩)·남평(南平)·북한(北漢)

② 송(宋)의 정치
  ㉠ 문치주의 확립: 5대의 혼란을 수습한 송은 중앙 집권적인 황제 독재 체제를 구축하고 과거 제도를 강화하여 문반 관료 중심의 문치주의 체제를 확립하였다.
  ㉡ 전연의 맹약(1004): 송이 거란과의 전쟁에 패하여 체결한 조약이다. 그 내용은 첫째, 송을 형으로 하고 요를 아우로 하는 대등 조약을 맺고, 둘째, 송나라에서 해마다 은 10만 냥, 명주 20만 필을 요에 보내며, 셋째, 양국의 국경은 현상을 유지한다는 것이다.
  ㉢ 북송 멸망(1127): 송은 국방력의 약화로 북방 민족의 침입을 받았고, 국가 재정도 궁핍해졌다. 이를 극복하고자 왕안석이 신법을 실시했으나 실패로 돌아갔으며, 12세기 초 여진족(금)의 침입을 받아 북중국을 빼앗기고(정강의 변) 남쪽으로 이동하게 되었다(이후 남송 시대).
  ㉣ 주자 성리학의 체계화: 이를 계기로 창장강 이남 지역의 개발이 촉진되어 강남이 경제와 문화의 새로운 중심지로 발달하였다. 이 시기에 주희가 체계화한 성리학이 중국은 물론 우리나라를 비롯한 주변의 여러 나라에 큰 영향을 미쳤다.

(2) 몽골 제국(1206)

13세기에는 몽골족이 크게 일어나 중국 대륙을 차지하고, 아시아 대부분과 러시아 남부 지역까지 장악하는 세계 제국을 이룩하였다. 이로써 동서 문화 교류가 크게 촉진되었다.

(3) 일본
① 일본은 9세기 중엽 국왕권이 약화되고 지방 호족이 장원을 소유하고 무사를 고용함으로써 특유의 봉건 제도를 갖추기 시작하였다.
② 가마쿠라 막부의 수립: 일본 최초의 무사 정권으로 1185년경 미나모토노 요리토모가 수립하였다.

(4) 인도
인도에서는 굽타 왕조가 무너진 후 정치적 분열이 거듭되는 가운데 이슬람 세력이 침투하였다.

2 서양의 중세

서양은 게르만족의 이동으로 고대 사회에서 중세 사회로 전환하였다. 서양의 중세 사회는 로마 가톨릭 중심의 서유럽 문화권, 그리스 정교 중심의 비잔티움 문화권, 이베리아반도와 북아프리카에 걸친 이슬람 문화권을 형성하였다.

(1) 서유럽 문화권
① 프랑크 왕국
   ㉠ 로마 가톨릭 교회의 후원: 게르만족의 이동 이후 서유럽 세계 형성의 중심이 된 프랑크 왕국은 로마 가톨릭 교회와 제휴하여 성장하면서 로마 가톨릭 교회를 후원하는 세력이 되었다.
   ㉡ 신 서유럽 문화 성장: 프랑크 왕국은 9세기에 분열하여 독일·프랑스·이탈리아 3국의 토대가 되었다. 그 결과 유럽 세계에는 고전 문화와 크리스트교에 게르만 요소가 결합된 새로운 사회와 문화가 성장하였다.
② 봉건 제도의 성립
   ㉠ 지방 분권화: 서유럽에서는 봉건 제도가 성립되어, 왕권이 약화되고 지방 분권 체제가 이루어졌다.
   ㉡ 경제적 단위: 봉건 제도의 경제적 단위는 귀족과 기사들이 소유한 장원이었다. 장원의 토지를 경작하는 농민은 대체로 부자유 신분인 농노로서, 이들은 장원의 주인인 영주와 토지에 예속되어 있었다.
③ 로마 가톨릭의 성장
   ㉠ 교단 조직: 로마 가톨릭 교회가 크게 성장하면서 그 주교는 교황이라 불리고, 교단 조직을 형성하였다.
   ㉡ 정신적 지주: 크리스트교 중심의 서유럽 문화권이 성립되어 로마 가톨릭이 서유럽 사람들의 정신을 지배하였다.

(2) 비잔티움 문화권
① 그리스 정교 발달: 서로마 제국이 멸망한 뒤에도 비잔티움 제국은 약 1,000년 동안 계속되었다. 비잔티움 제국에서는 그리스 문화와 헬레니즘 문화의 전통이 강하였으며, 황제 교황주의의 그리스 정교가 발달하였다.
② 동유럽 문화의 기초: 비잔티움 문화는 초기 서유럽 문화의 성장에 큰 영향을 미쳤을 뿐만 아니라 동북부의 슬라브 사회에 널리 전파되어 동유럽 문화의 바탕이 되었다.

■ **서양과 중국의 중세**
- 서양의 중세는 봉건 제도를 특징으로 하는 시대이다. 중세 봉건 사회의 특징은 정치적으로 군주는 명목상의 존재일 뿐 제후들이 실권을 행사한 지방 분권 시대이고, 경제 면에서는 영주 중심의 자급자족적인 장원 경제 시대이다. 사회 면에서는 계급 사회인 봉건 시대에 해당되며, 문화 면에서는 로마 멸망과 더불어 상호 이질적인 서유럽 문화권, 비잔티움 문화권, 이슬람 문화권의 3대 문화권으로 발전하고 있었으나, 크리스트교를 중심으로 한 정신문화가 그 기초가 되었다.
- 중국의 중세는 당 멸망 후의 5대 10국 시대부터 송·원을 거쳐 명의 건국 초기에 이르는 시기인데, 대체로 북방 민족의 활동이 왕성한 때였다. 당 말 5대의 혼란으로 귀족 사회가 무너지고 신흥 지주층이 대두하여 이들이 사회를 이끌어 가는 사대부가 되었다. 송대 사회는 대내적으로는 황제 독재 체제가 확립되었으나, 대외적으로는 북방 유목 민족의 강성으로 시련을 겪었던 시기였다.

(3) 이슬람 문화권

① 이슬람 제국: 이슬람 제국은 아프리카 북부를 지배한 뒤 8세기에 이르러서는 이베리아반도의 대부분을 차지하고 이슬람 문화를 보급하였다.
② 쇠퇴: 그러나 북부의 크리스트교 세력이 점차 강성해지자 이슬람 세력은 유럽 지역에서 밀려나게 되었다.

02 고려에 의한 후삼국 통일

1 후삼국 성립

(1) 후백제 건국(900)

① 건국: 신라 서남해 방면 장군이었던 견훤은 군사력을 바탕으로 무진주(현재의 광주)를 점령하고(892), 완산주(현재의 전주)를 도읍으로 하여 후백제를 건국하였다(900).
② 체제 정비: 건국 이후 관직을 설치하고, 남중국의 후당 및 오월·거란·일본과 통교하는 등 국가 체제를 갖추었다.
③ 신라 공격: 신라의 대야성을 함락(920)시키고, 경주에 침입(927)하여 경애왕을 죽이는 등 신라에 적대적 노선을 취하였다.

(2) 후고구려 건국(901)

① 건국: 양길의 수하였던 궁예는 왕건 등 유력 호족을 흡수하면서 송악(현재의 개성)을 도읍으로 하여 후고구려를 건국하였다(901).

▲ 후삼국의 성립

② 국호 변경과 천도: 904년 국호를 '마진'으로 고치고 연호를 '무태(武泰)'로 정했다. 905년 도읍을 철원으로 옮기고 연호를 '성책(聖冊)'으로 고쳤으며, 911년 국호를 '태봉'으로 바꾸고 연호를 '수덕만세(水德萬歲)'로 고쳤다. 914년에는 연호를 다시 '정개(政開)'로 개칭하였다.
③ 관제 정비: 광평성을 국정 최고 기관으로 하는 중앙 관제를 마련하였다.
④ 후백제 견제: 왕건의 활약으로 전라도 금성(현재의 나주)을 점령(903)하여 후백제를 견제하였다.

> **심화** 후삼국 성립 당시의 시대적 배경
>
> ❶ 후삼국 시기에 중국은 당이 멸망(907)하고, 송이 건국(960)되기 전 5대 10국의 혼란기였다(일명 당·송 교체기). 따라서 중국 세력은 한반도에 관여할 수가 없었다.
> ❷ 견훤과 궁예가 국가를 수립할 수 있었던 것은 통일 신라 정권으로부터 소외되었던 옛 백제·고구려 지역 주민들에게 백제·고구려 부흥이라는 반신라 감정을 내세웠기 때문이었다.

단권화 MEMO

■ 마진
'마하진단(摩訶震旦)'의 약자이며 '대동방국(동방의 큰 나라)'이라는 뜻이다.

■ 내봉성
광평성 아래 18개 관청 중 하나로, 궁예의 측근에서 그의 인사 명령을 받드는 관부이다.

| 사료 | 견훤과 궁예 |

❶ 견훤의 후백제 건국

견훤은 상주 가은현(경북 문경 가은) 사람으로 본래의 성은 이씨였는데, 후에 견으로 성씨를 삼았다. 아버지는 아자개이니, 농사로 자활하다가 후에 가업을 일으켜 장군이 되었다. …… 신라 진성왕 6년(892) 아첨하는 소인들이 왕의 곁에 있어 정권을 농간하매 기강은 문란하여 해이해지고, 기근이 곁들어 백성들이 떠돌아다니고 도적들이 벌떼처럼 일어났다. 이에 견훤이 은근히 반심을 품고 무리를 모아 서울 서남쪽 주현들로 진격하니, 가는 곳마다 호응하여 무리가 한 달 사이에 5,000여 인에 이르렀다. …… "지금 내가 도읍을 완산(전주)에 정하고, 어찌 감히 의자왕의 쌓인 원통함을 씻지 아니하랴." 하고, 드디어 후백제 왕이라 스스로 칭하고 관부를 설치하여 직책을 나누었다.

『삼국사기』

❷ 궁예의 후고구려 건국

궁예는 신라 사람으로 성은 김씨이고, 아버지는 제47대 헌안왕 의정이며, 어머니는 헌안왕의 후궁이었다. …… 머리를 깎고 승려가 되어 스스로 선종(善宗)이라 이름하였다. …… 신라 말기에 정치가 거칠어지고 백성들이 흩어져서 왕성(王城)을 중심으로 한 지역 주현(州縣) 중에서 조정을 반대하거나 지지하는 수가 반반이었으며 이곳저곳에서 도적들이 벌떼처럼 일어나서 개미같이 모여드는 것을 보고, 선종은 어지러운 때를 틈타 무리를 끌어모으면 자기 뜻을 이룰 수 있을 것이라고 생각하였다. …… 북원(원주)의 도적 집단 괴수 양길(梁吉)에게 투탁(投託)하니, (양)길이 그를 잘 대우하고, 일을 맡겼으며, 군사를 나누어 주어 동쪽으로 신라 영토를 공략하게 하였다. …… 군사들과 함께 고생과 즐거움을 함께하며, 주고 빼앗는 일에 있어서는 공평하게 사사로움이 없었다. …… 패서(浿西)에 있는 도적 집단들이 선종에게 와서 항복하는 자가 많았다. 선종이 스스로 '무리들이 많아서 나라를 건국하고 임금이라고 일컬을 만하다.'고 생각하여 중앙과 지방의 관직을 설치하기 시작하였다. …… 선종이 왕이라 자칭하고 사람들에게 이르기를 "이전에 신라가 당나라에 군사를 청하여 고구려를 격파하였기 때문에 옛 서울 평양은 오래되어서 풀만 무성하게 되었으니 내가 반드시 그 원수를 갚겠다."라고 하였다.

『삼국사기』

2 고려의 건국과 후삼국 통일

(1) 고려의 건국(918)

① 왕건의 등장
  ㉠ 왕건은 송악의 호족으로서 예성강, 패강진(황해도 평산), 혈구진(현재의 강화도) 등의 해상 세력을 통합하며 성장하였다.
  ㉡ 이후 궁예에게 편입된 후, 903년 후백제의 금성(현재의 나주)을 함락시키는 등 두각을 나타내며 광평성(궁예 정권의 최고 관청) 시중까지 올랐다.

② 고려의 건국(918) : 왕건은 궁예의 폭정이 계속되자, 홍유·신숭겸·배현경·복지겸 등의 추대를 받아 궁예를 몰아내고 철원에서 고려를 건국하였다.

③ 송악 천도(919) : 철원에서 송악으로 도읍을 옮겼다.

(2) 후삼국의 통일(936)

① 공산 전투(927) : 친신라 정책을 취했던 왕건은 후백제가 신라에 침입하여 경애왕을 살해하였을 때 지원군을 보냈으나, 공산 전투에서 패배하였다.

▲ 고려의 후삼국 통일

■ 궁예의 폭정

궁예는 스스로를 미륵불의 화신이라 주장하며 백성들을 현혹하였고, 전쟁을 지속하기 위하여 지나치게 세를 거두어들였다. 또한 죄 없는 관료와 장군들을 살해하였다.

② 후삼국 주도권 장악: 고려는 930년 고창(안동) 전투, 934년 운주성 전투에서 후백제에 승리하여, 후삼국의 주도권을 장악하였다.
③ 발해 유민 흡수: 926년 발해 멸망 후, 발해 왕자 대광현 등이 고려로 망명하였다(934).
④ 견훤 귀순(935. 6.): 견훤이 넷째 아들 금강을 후계자로 삼으려 하자, 장남 신검이 이에 반발하여 견훤을 금산사에 유폐시켰다. 이후 견훤은 고려로 탈출하여 왕건에게 귀순하였다.
⑤ 신라 병합(935. 11.): 신라 경순왕이 고려에 항복해 왔다.
⑥ 후백제 정벌(936): 고려는 후백제가 혼란한 틈을 타서 후백제의 신검 군사를 일리천 전투, 황산(벌) 전투에서 물리치면서 후삼국을 통일하였다.

사료 | 발해 유민의 흡수

(발해는) 우리 국경과 인접하여 있었는데, 거란과는 대대로 원수지간이었다. 거란주(契丹主)가 군사를 크게 일으켜 발해를 공격하여 홀한성(忽汗城)을 포위하고 발해를 멸망시켜 동단국(東丹國)이라 고쳐 부르니, 발해국의 세자 대광현(大光顯)과 장군 신덕(申德), 예부경(禮部卿) 대화균(大和鈞), 균로사정(均老司政) 대원균(大元鈞), 공부경(工部卿) 대복예(大福譽), 좌우위장군(左右衛將軍) 대심리(大審理), 소장(小將) 모두간(冒豆干), 검교개국남(檢校開國男) 박어(朴漁), 공부경(工部卿) 오흥(吳興) 등이 나머지 무리들을 이끌고 오니, 전후로 도망쳐 온 자가 수만 호였다. 왕은 이들을 매우 후하게 대접했는데, 대광현에게는 왕계(王繼)라는 성명을 내려 주고 종실의 적(籍)에 붙여서 그 선대의 제사를 받들게 하고, 그를 보좌하던 사람들에게도 모두 작위(爵)를 내려 주었다.

『고려사절요』

심화 | 후백제의 멸망

견훤이 여러 아들 중 넷째인 금강을 사랑하여 그에게 왕위를 물려주려고 하자, 장자인 신검과 둘째·셋째 아들인 양검·용검이 불만을 품게 되었다. 이때 양검과 용검은 각각 강주와 무주에 도독으로 나가 있었는데, 이찬 능환이 이들과 정변을 일으켜, 금강을 죽이고 견훤을 유폐시킨 후 신검을 왕위에 추대하였다.
그러나 금산사에 유폐되어 있던 견훤은 3개월 만에 탈출(935. 6.)하여 고려 왕건에게 투항하였고, 이어 후백제 내에 있던 견훤의 사위 박영규도 왕건에게 귀순하였다. 견훤과 박영규의 도움을 얻게 된 고려는, 936년 일리천 전투, 황산(벌) 전투에서 신검 군대를 물리치면서 후삼국을 통일하였다.

바로 확인문제

● (가) 시기에 발생한 사건으로 가장 옳지 않은 것은?
21. 법원직 9급

| 태조가 포정전에서 즉위하여 국호를 고려라 하고 연호를 고쳐 천수라 하였다. | 『고려사』 |

↓

| (가) |

↓

| 고려군의 군세가 크게 성한 것을 보자 갑옷을 벗고 창을 던져 견훤이 탄 말 앞으로 와서 항복하니 이에 적병이 기세를 잃어 감히 움직이지 못하였다. …… 신검이 두 동생 및 문무 관료와 함께 항복하였다. | 『고려사』 |

① 고려군이 고창에서 견훤의 후백제군을 패퇴시켰다.
② 신라의 경순왕은 스스로 나라를 고려에 넘겨주었다.
③ 왕건이 이끄는 군대가 후백제의 금성을 함락하였다.
④ 발해국 세자 대광현과 수만 명이 고려에 귀화하였다.

|정답해설| 고려의 건국(918) → (가) → 후백제의 멸망과 후삼국 통일(936)과 관련된 사료이다. 왕건은 903년에 후백제의 금성(현재의 나주)을 함락시켰다.

|오답해설|
① 고려군은 930년 고창(안동) 전투에서 후백제군을 격퇴하였다.
② 경순왕은 935년 고려에 항복하였다.
④ 발해의 세자 대광현은 934년(태조 17년)에 발해 유민 수만 명을 이끌고 고려로 귀화하였다.

|정답| ③

03 고려 전기 왕들의 업적*

(1) 태조[1대, 918~943, 연호 : 천수(天授)]

① 민생 안정 정책 : 태조는 민생을 안정시키기 위해 지나친 세금 징수를 금지하고(취민유도, 10분의 1 세금), 흑창(성종 때 의창으로 개편)을 설치하여 빈민을 구제하고자 하였다.

② 호족 통제 정책
  ㉠ 사심관 제도
   • 태조 18년에 신라 왕 김부(경순왕)가 항복을 해 오자 그를 신라의 옛 도읍인 경주의 사심관으로 삼아 부호장 이하의 관직 등에 관한 사무를 관장하게 하였다. 뒤에 다른 공신들도 그 지역 출신의 사심관으로 삼았다.
   • 건국 초 지방관을 파견하기 힘들었던 당시의 상황에서, 개경에 거주하는 지배 계급(사심관)을 매개로 간접적인 지방 통제를 꾀한 것이다.
  ㉡ 기인 제도
   • 기인 제도는 일종의 인질 제도로서, 초기에는 왕권과 호족 쌍방 간 호혜적 바탕 위에서 운용되었다.
   • 그러나 지방 관제가 점차 정비되면서 중앙 집권력이 강화되자, 인질로서의 통제는 점차 약화되었다.

사료 사심관과 기인

❶ 사심관
태조 18년 신라 왕 김부(경순왕)가 항복해 오니 신라국을 없애고 경주라 하였다. (김)부로 하여금 경주의 사심이 되어 부호장 이하의 (임명을) 맡게 하였다. 이에 여러 공신이 이를 본받아 각기 자기 출신 지역의 사심이 되었다. 사심관은 여기에서 비롯되었다.
『고려사』

❷ 기인
건국 초에 향리의 자제를 뽑아 서울에 볼모로 삼고, 또한 출신지의 일에 대하여 자문에 대비하게 하였는데, 이를 기인이라 한다.
『고려사』

③ 호족 회유 정책
  ㉠ 호족 회유 : 태조는 호족들에게 대우를 두텁게 하고, **중폐비사**의 저자세로 대하면서, 호족들을 회유하였다.
  ㉡ 방법 : **결혼 정책 및 사성 정책**(왕씨 성 하사)을 추진하였으며, 공신들에게 역분전을 지급하였다.

④ 북진 정책
  ㉠ 고구려 계승 의식 : 발해 유민을 수용하고 고구려 계승 의식을 분명히 하였다.
  ㉡ 서경 중시 : 고구려의 고토를 수복하기 위해서 서경(西京, 평양)을 북진 정책의 전진 기지로 삼았고, 이를 위해 서경 분사 제도를 마련하였다.
  ㉢ 반거란·반여진 정책 : **반거란 정책**(대표적-만부교 사건)을 표방하면서 북방을 개척하였고, 태조 말에는 여진족을 정벌하여 청천강부터 영흥까지 영토를 확대하였다.

단권화 MEMO

＊고려 전기 왕들의 업적
태조, 광종, 성종의 주요 업적은 꼭 알아두어야 한다.

■ **태조의 청동 인물상**

1992년 개성의 현릉(顯陵, 태조 왕건과 신혜 왕후 유씨의 합장릉) 부근에서 태조 왕건의 청동제 인물상이 발견되었다.

■ **중폐비사(重幣卑辭)**
호족들에 대한 대우를 강화하고, 자신을 낮추는 것을 의미한다.

단권화 MEMO

사료 만부교 사건

태조 25년(942) 10월에 거란 사신이 낙타 50필을 가지고 왔다. 태조가 "일찍이 발해와 동맹을 맺고 있다가 갑자기 의심을 품어 약속을 배신하고, 그 나라를 멸망시켰다. 이처럼 도리가 없는 나라와는 친선 관계를 맺을 수 없다."고 말하였다. 드디어 국교를 단절하고 그 사신 30명은 섬으로 귀양을 보냈으며, 낙타는 만부교(萬夫橋) 아래에 매어 두었더니 모두가 굶어 죽었다.

『고려사』

⑤ 통치 규범 정립: 『정계』와 『계백료서』를 저술하고 훈요 10조를 남겼다.

사료 훈요 10조

태조가 943년 혜종의 후견인인 박술희에게 전한 것으로, 후대 대통을 이을 왕들에게 명심해야 할 사항을 제시한 것이다.

1조: 국가의 대업은 여러 부처의 호위(護衛)를 받아야 하므로 선(禪)·교(敎) 사원을 개창한 것이니, 후세의 간신(姦臣)이 정권을 잡고 승려들의 간청에 따라 각기 사원을 경영·쟁탈하지 못하게 하라.

2조: 신설한 사원은 (신라 말의) 도선(道詵)이 산수의 순(順)과 역(逆)을 점쳐놓은 데 따라 세운 것이다. 그의 말에, "정해놓은 이외의 땅에 함부로 절을 세우면 지덕(地力)을 손상하고 왕업이 깊지 못하리라." 하였다. 후세의 국왕·공후(公侯)·후비(后妃)·조신들이 각기 원당(願堂)을 세운다면 큰 걱정이다. 신라 말에 사탑을 다투어 세워 지덕을 손상하여 나라가 망한 것이니, 어찌 경계하지 아니하랴.

3조: 왕위 계승은 적자 적손(嫡子嫡孫)을 원칙으로 하되, 장자가 불초(不肖)할 때에는 인망 있는 자가 대통을 잇게 하라.

4조: 우리나라는 방토(方土)와 인성(人性)이 중국과 다르므로 중국 문화를 모두 따를 필요가 없으며, 거란은 언어와 풍속이 다른 짐승과 같은 나라이므로 거란의 제도를 따르지 말라.

5조: 서경(西京, 평양)의 수덕(水德)은 순조로워 우리나라 지맥의 근본을 이루고 있어 길이 대업을 누릴 만한 곳이니, 사중월(四仲月, 사계절의 중간 달, 즉 음력 2·5·8·11월)마다 순수(巡狩)하여 100일을 머물러 안녕(태평)을 이루게 하라.

6조: 나의 소원은 연등(燃燈)과 팔관(八關)에 있는 바, 연등은 부처를 제사하고, 팔관은 하늘과 5악(岳)·명산·대천·용신(龍神) 등을 봉사하는 것이니, 후세의 간신이 신위(神位)와 의식 절차의 가감(加減)을 건의하지 못하게 하라.

7조: 왕이 된 자는 공평하게 일을 처리하여 민심을 얻으라.

8조: 차현(車峴) 이남, 공주강외(公州江外)는 산형지세(山形地勢)가 배역(背逆)하니 그 지방의 사람을 등용하지 말라.

9조: 관리의 녹은 그 직무에 따라 제정하되 함부로 증감하지 말라.

10조: 경사(經史)를 널리 읽어 옛 일을 거울로 삼으라.

> **바로 확인문제**

● 밑줄 친 '인물상'에 해당하는 왕의 업적으로 옳은 것은? 19. 지방직 7급

> 개성의 현릉 부근에서 발견된 청동제 인물상은 온화한 얼굴에다가 두 손을 맞잡고 있으며, 자비로운 미소를 띠고 있다. 이 상은 황제가 착용한다는 통천관을 쓰고 있어 고려가 황제 국가로 자부하였음을 알 수 있다.

① 유학 교육 기관으로 국자감을 설치하였다.
② 거란에 대비하여 30만 광군을 조직하였다.
③ 개경을 황도로, 서경을 서도로 격상하였다.
④ 역분전이라는 토지 제도를 처음으로 시행하였다.

● 밑줄 친 '왕'의 재위 기간에 있었던 사실로 옳은 것은? 21. 경찰직 1차

> 세자 대광현이 수만 명을 이끌고 투항하였다. 왕이 대광현에게 성과 이름을 하사하고 그들을 후하게 대우하였다.

① 왕규의 난이 일어났다.
② 광군을 조직하여 거란의 침략에 대비하였다.
③ 고구려의 수도였던 평양을 서경이라 하였다.
④ 귀법사를 창건하여 화엄종을 통합하게 하였다.

(2) 광종(4대, 949~975) : 개혁 정치, 왕권 강화 정책

① 개혁 방향: 혜종(2대, 943~945)·정종(定宗, 3대, 945~949) 시기의 왕권 불안을 해소하기 위해 왕권 강화 정책을 추진하였다. 이를 위해 당시 중국 후주의 개혁을 추진하였던 쌍기를 영입하여 개혁 작업을 단행하였으며, 당 태종이 지은 『정관정요(貞觀政要)』를 정치에 참고하여 위정의 모범으로 삼았다. 또한 시위군으로서 태조 때의 내군을 장위부로 개편하고, 공신 세력을 대표했던 대상(大相) 준홍과 좌승(佐丞) 왕동을 역모죄로 숙청하였다(960).

② 노비안검법 시행(광종 7년, 956)
  ㉠ 실시: 후삼국 시대의 혼란기에 불법적으로 노비가 된 사람들을 조사하여 본래 양인이었던 자는 해방시켰다.
  ㉡ 목적: 왕권에 위협이 되는 호족들의 경제·군사적 세력 기반 약화를 위한 정책이었다.

> **사료** 노비안검법
>
> 광종 7년(956)에 노비를 조사하여 옳고 그름을 분명히 밝히도록 명령하였다. 이 때문에 주인을 배반하는 노비들을 도저히 억누를 수 없었으므로, 주인을 업신여기는 풍속이 크게 유행하였다. 사람들이 다 수치스럽게 여기고 원망하였다. 왕비도 간절히 말렸지만, 받아들여지지 않았다.
> 「고려사」

③ 과거제 실시(광종 9년, 958)
  ㉠ 실시: 후주에서 귀화한 쌍기의 건의로 실시하였다.
  ㉡ 목적: 무훈공신(武勳功臣)들의 세력을 약화시키고, 군주에 대한 충성을 기준으로 한 신진 인사를 기용하여 왕권을 강화시키려는 목적을 가지고 있었다. 이는 신구 세력의 교체를 의미한다.

단권화 MEMO

|정답해설| 1992년 개성의 현릉(顯陵, 태조 왕건과 신혜 왕후 유씨의 합장릉) 부근에서 '태조 왕건'의 청동제 인물상이 발견되었다. 태조는 후삼국 통일에 기여한 공신들을 대상으로 역분전을 지급하였다.
|오답해설|
① 성종, ② 정종(3대), ③ 광종의 업적이다.
|정답| ④

|정답해설| 발해 세자 대광현을 받아들였다는 것(934)을 통해 밑줄 친 '왕'이 태조 왕건임을 알 수 있다. 고려 태조는 평양을 서경으로 승격시켜 북진 정책의 전초 기지로 삼았다.
|오답해설|
① 혜종 때(945) 왕규가 자신의 외손자인 광주원군을 왕으로 옹립하려고 반란을 일으켰다.
② 광군은 947년(정종 2년)에 거란의 침입에 대비하기 위해 조직된 특수군이다.
④ 광종은 귀법사를 창건하고(963) 균여를 주지로 임명하였다.
|정답| ③

■ **혜종(2대) 시기의 왕권 불안**
혜종 시기에 태조의 16비 소생의 광주원군을 옹립하려 한 '왕규의 난'이 있었다(945).

■ **정종(3대) 시기의 정책**
거란을 방어하기 위해 광군을 조직하였고, 서경 천도를 시도하였으나 실패하였다.

단권화 MEMO

■ 칭제 건원
중국처럼 왕을 황제로 칭하고, 중국의 연호가 아닌 독자적인 연호를 사용하는 것을 말한다.

④ 백관의 공복 제정(광종 11년, 960): 왕과 신하의 관계를 분명히 하고 관리들의 상하를 쉽게 판별하기 위하여, 자색·단색·비색·녹색의 4색 공복을 제정하였다.
⑤ 칭제 건원: 국왕의 권위를 높이기 위해 황제라 칭하고, '광덕', '준풍' 등의 연호를 사용하여 자주성을 표현하였다. 또한 개경을 황도(皇都), 서경을 서도(西都)라 부르도록 하였다.
⑥ 주현 공부법(州縣貢賦法): 주·현 단위로 조세와 공물, 부역 등을 부과하여 국가 재정의 안정성을 도모하였다.
⑦ 대외 정책: 송과의 통교(962)를 통해 거란을 견제하고자 하였으며, 경제·문화적 선진화를 도모하였다(송 연호 사용).
⑧ 제위보 설치: 빈민 구제 기금인 제위보를 설치하여 농민들의 생활 안정을 이루고자 하였다.
⑨ 왕사·국사의 제정(968): 혜거를 국사로, 탄문을 왕사로 삼았다.
⑩ 귀법사 창건: 귀법사를 창건하고 균여를 초대 주지로 삼았다.

(3) 경종(5대, 975~981)

광종 사후 개혁을 주도했던 귀화 세력(대표적 - 쌍기)과 과거로 등용된 신진 세력들을 제거하고 훈신 계열의 반동 정치가 행해졌으나, 훈신들의 영향력은 많이 약화되었다.

(4) 성종(6대, 981~997): 체제 정비와 귀족 사회 성립

① 개혁 방향: 성종은 최승로의 상소문을 전면적으로 채택하면서 유교를 정치 이념으로 삼고, 당제를 채용하여 각종 제도를 정비하였다.

■ 최승로의 상소문
5조 정적평과 시무 28조로 구분한다. 5조 정적평은 태조 이래 경종까지 왕의 정치적 업적을 평가하고, 좋은 점만을 본받을 것을 권고하였다. 한 가지 주목되는 점은 광종의 훈신 숙청을 혹독히 비판했다는 점이다.

② 최승로의 시무 28조: 최승로의 개혁안(현재 22조가 전함)에서는 불교의 폐단을 지적하면서, 유교를 정치 이념으로 정착시키고자 하였다. 그러나 불교 자체를 비판한 것은 아니었다. 또한 지방관을 파견하여 중앙 집권을 강화하고자 하였으나, 이는 전제 왕권 강화를 표방한 것이 아니라 정치적 안정을 통한 왕도 정치를 주장한 것이었다.
  ㉠ 국방 강화: 거란의 침입에 대비하기 위한 북계 확정과 국방 강화를 건의하였다.
  ㉡ 유교 정치 이념의 구현

사료	유교 정치 이념 구현

불교는 수신(修身)의 본(本)이요, 유교는 치국(治國)의 근원입니다. 수신은 먼 내생의 밑천이며, 치국은 가까운 오늘의 일로, 가까운 것을 버리고 먼 것을 구함은 잘못입니다. 「고려사절요」

  ㉢ 외관 파견: 중앙 집권적인 정치 형태를 구상하였다.

사료	외관 파견

국왕이 백성을 다스림은 집집마다 가서 날마다 일을 보는 것이 아닙니다. 그런 까닭으로 수령을 나누어 보내어 가서 백성의 이익되는 일과 손해되는 일을 살피게 하는 것입니다. 우리 태조께서 나라를 통일한 후에 군현에 수령을 두고자 하였으나 대개 초창기임으로 인하여 일이 번거로워 시행할 겨를이 없었습니다. …… 청컨대 외관을 두소서. 비록 한꺼번에 다 보낼 수는 없더라도 먼저 10여 곳의 주현에 1명의 외관을 두고, 그 아래에 각각 2~3명의 관원을 두어서 백성 다스리는 일을 맡기소서. 「고려사절요」

  ㉣ 중국 문물의 선별적 수용: 중국 문물을 우리 실정에 맞게 선별 수용할 것을 주장하였다.

사료	중국 문물의 선별적 수용

중국의 제도를 따르지 않을 수는 없지만 사방의 풍습이 각기 그 토성에 따르게 되니 다 고치기는 어려울 것 같습니다. 그 예악·시서의 가르침과 군신·부자의 도리는 마땅히 중국을 본받아 비루함을 고쳐야 되겠지만

그 밖의 거마·의복의 제도는 우리의 풍속대로 하여 사치함과 검소함을 알맞게 할 것이며 구태여 중국과 같이 할 필요가 없습니다.

『고려사절요』

◎ 연등회와 팔관회 축소·폐지

사료 연등회와 팔관회의 문제점 지적

우리나라에는 봄에는 연등을 설치하고 겨울에는 팔관을 베풀어 사람을 많이 동원하고 노역이 심하오니 원컨대 이를 감하여 백성이 힘을 펴게 하십시오.

『고려사절요』

ⓗ 기타: 광종 때 비대해진 왕실 시위군 축소(3조), 승려의 궁정 출입 금지(8조), 관료의 복식 제도 정비(9조), 왕실 내속 노비 축소(15조), 사찰 남설 금지(16조), 가옥 규모의 제한과 신분 질서 확립(17조), 광종의 노비안검법 비판 및 노비 신분 규제(22조) 등을 제시하였다.

사료 최승로의 5조 정적평(5조 치적평) 중 광종에 대한 비판

광종(光宗)께서 왕위에 오르던 해로부터 8년 동안에 정치 교화가 맑고 상벌이 남발됨이 없더니, 쌍기(雙冀)가 등장한 이래로 문사를 높여 은례(恩禮)가 지나쳐서 재주 없는 자가 많이 등용되어 규례를 밟지 않고도 승진하였고, 시일이 경과하지 않아도 경(卿)과 상(相)이 되었으며, 때로는 밤을 연장하여 만나기도 하려니와, 혹은 날마다 맞이하되 이것을 기쁨으로 삼았으므로, 정사를 게을리하여 군국(軍國)의 중요한 사무가 막혀서 통하지 않았고, 주식(酒食) 잔치 놀이가 잇달아 끊어지지 않았던 것입니다. …… 경신년으로부터 을해년에 이르기까지 16년 동안에 간흉이 다투어 등용되고 참소가 크게 일어나서, 군자는 용납되지 못하고 소인은 뜻을 얻어 드디어 아들이 부모에게 반역하고, 노비가 주인의 비행을 논하여 상하가 마음이 유리되고, 군신의 은의는 갈려 옛 신하와 장수는 하나하나 죽음을 당하였고, 골육 친척은 모두 멸망을 당했던 것입니다.

『고려사절요』

심화 최승로의 5조 정적평에서 각 왕들에 대한 평가

❶ 태조는 후한 덕과 넓은 도량으로 후삼국을 통일하였고, 절약과 검소함을 숭상하여 궁궐이나 의복에 도를 넘지 않았다. 또한 **통일을 이룬 이래로 정사에 부지런했다**고 기록하였다.

❷ **혜종은 예를 갖추어 사부를 높였으며**, 빈객과 관료들을 잘 대우하여 처음 즉위할 때는 여러 사람들이 기뻐하였다고 기술하였다.

❸ 정종은 왕규의 난을 진압하여 왕실을 보존한 점, 즉위 초에 조신·현사들을 자주 접견하고 훌륭한 정치를 하기 위해 애쓴 것을 좋게 평가하였다. 그러나 만년에 신하들의 반대 여론을 무릅쓰고 서경(西京)으로 천도할 계획을 추진한 사실은 못마땅하게 생각하였다.

❹ 광종은 왕위에 오른 후 8년간은 정치를 잘 하였으나, 쌍기가 귀화한 후 인사가 문란해졌다고 평가하였다. 또한, **밤마다 사람을 접견하고 날마다 손님을 초대하는 것을 즐거움으로 삼아, 정사를 게을리하였다**고 서술하였다.

❺ 경종은 자질은 뛰어났지만 경험이 적어, 권신(權臣)에게 정권을 맡겨 정치가 어지러워졌으며, **거짓과 참의 구분이 없어서 상과 벌이 균등하지 않았다**고 평가하였다.

③ 주요 정책
  ㉠ 중앙 통치 기구의 정비: 당의 제도를 수용한 2성 6부제를 기반으로 태봉과 신라의 제도를 참작하였고, 송의 관제인 중추원을 설치하였다.
  ㉡ 지방 제도의 정비: 12목을 설치하여 지방관을 파견하고(983), 향직 제도를 개편하였다. 또한 995년에는 전국을 10도로 나누고, 도 아래 주·군·현·진을 설치하였다.

ⓒ 분사 제도의 강화: 분사 제도는 태조 때부터 시작되어 예종 때 완성되었다. 성종은 서경을 부도(副都)로 중시하였고, 서경에 일종의 도서관인 수서원을 설치하였다.
ⓔ 유교 교육의 진흥: 국자감을 설치(992)하고 12목에 경학 박사와 의학 박사를 파견하였으며, 과거제를 정비하여 유교 교육의 진흥에 노력하였다.
ⓜ 기타: 지방 관청 경비 충당을 위한 공해전을 지급하였고, 신분 질서 확립을 위해 노비환천법을 실시하였다. 또한 문신 월과법을 시행하여 중앙 문신들에게 매달 시 3편·부 1편을 지어 바치게 하였다. 한편 물가 조절 기관인 상평창을 양경(개경, 서경)과 12목에 처음 설치하였고(993), 개경에 경적(經籍)을 관리하는 내서성을 비서성으로 개칭하였다(995).

바로 확인문제

● 다음과 같은 글을 남긴 국왕의 업적에 해당하는 것은? 19. 지방직 9급

> 우리 동방은 옛날부터 중국의 풍속을 흠모하여 문물과 예악이 모두 그 제도를 따랐으나, 지역이 다르고 인성도 각기 다르므로 꼭 같게 할 필요는 없다. 거란은 짐승과 같은 나라로 풍속이 같지 않고 말도 다르니 의관 제도를 삼가 본받지 말라.
> 「고려사」

① 광군 30만을 조직하여 거란의 침략에 대비하였다.
② 혼인 정책과 사성 정책을 통해 호족을 포섭하였다.
③ 기인·사심관제와 함께 과거제를 실시하였다.
④ 물가 조절을 위해 상평창을 설치하였다.

(5) 현종(8대, 1009~1031)의 정책

① 중앙 관제의 정비: 도병마사를 설치하였다(성종 때 설치되었다는 학설도 있음).
② 지방 제도의 정비: 광역 조직으로 경기와 5도·양계를 확립하였으며, 향리의 공복 제도를 마련하였다. 기초 조직으로는 5도 아래 4도호부·8목·129군·335현 및 양계 아래 29진을 두었다.
③ 군사 제도의 정비: 국왕의 친위 부대인 2군(응양군·용호군)을 설치하면서 성종 때의 6위와 함께 중앙 군제를 완성하였다.
④ 주현 공거법 시행: 주현 공거법을 시행하여 향리의 자제에게도 과거 응시 자격을 부여하였다.
⑤ 면군 급고법의 제정: 면군 급고법을 제정하여 80세 이상의 노부모가 있는 정남에게는 군역을 면제해 주었다. 또한 70세 이상 노부모가 있는 외아들에게는 외직을 피하게 해 주었다.
⑥ 문묘 배향: 설총을 홍유후, 최치원을 문창후로 추봉하고 문묘에 배향하였다.
⑦ 연등회·팔관회 부활: 성종 때 폐지한 연등회와 팔관회를 부활시켰다.

(6) 덕종(9대, 1031~1034)

① 천리장성 축조 시작: '유소'에게 압록강 입구에서 동해안 도련포(함경남도 정평 해안)에 이르는 천리장성 축조를 명령하였다(덕종 2년, 1033). 이는 서북쪽 거란의 재침에 대비하고 동북쪽 여진족의 침략을 방어하기 위한 조치였다.
② 보수 정권 수립: 덕종 3년(1034) 적극적인 북진 정책을 추진하던 왕가도가 죽고 경원(인주) 이씨 등 보수 세력이 집권하면서 북진 정책이 타격을 입게 되었다.

단권화 MEMO

| 정답해설 | 제시된 사료는 태조 왕건의 훈요 10조 중 일부이다. 태조는 혼인 정책(결혼 정책)과 사성 정책을 통해 호족을 포섭하였다.

| 오답해설 |
① 3대 정종 때 광군 30만을 조직하여 거란의 침략에 대비하였다.
③ 기인 제도와 사심관 제도는 태조 때 시행한 것이 맞지만, 과거제는 광종 때 시행되었다.
④ 성종 때 물가 조절을 위해 상평창을 설치하였다.

| 정답 | ②

■ 도병마사
도병마사는 성종 8년(989)에 설치된 동서북면병마사(東西北面兵馬使)의 판사제(判事制)에서 비롯되었다. 이때 서북면과 동북면에 파견된 병마사를 중앙에서 지휘하기 위해 문하시중·중서령·상서령을 판사로 삼았는데, 이 병마 판사제가 뒤의 도병마사의 모체가 된 것으로 본다. 그 뒤 현종 6년(1015) '도병마사주(都兵馬使奏)'라는 기사가 나오는 것을 보면 현종 초에는 도병마사제의 기구가 성립되었음을 알 수 있다.

(7) 정종(靖宗, 10대, 1034~1046)

① 거란(요)의 연호 사용 : 거란의 연호를 사용하고(1038), 책봉을 받았다(1039).
② 천리장성 완성 : 덕종 때부터 축조했던 천리장성이 완성되었다(1044).
③ 천자(賤子)수모법(1039) : 고려 시대의 노비는 '일천즉천'의 원칙이 적용되어 양천교혼(良賤交婚)의 경우에도 그 자식들은 모두 노비가 되었고, 천자수모법에 의거하여 어머니 쪽 소유주에 귀속되었다.

(8) 문종(11대, 1046~1083)

① 특징 : 문벌 귀족 사회의 황금기였으며, 경원(인주) 이씨가 정치적 실권을 장악하였다.
② 삼심제의 제도화 : 사형수에 대한 삼심제를 제도화하였다.
③ 남경 설치 : 한양을 남경으로 지정하여 3경에 포함시켰다.
④ 유교 교육 : 12사학을 형성하였으며, 국자감 제생 고교법을 제정하였다.
⑤ 불교 장려 : 고려 최대 사찰인 흥왕사를 창건하였고, 아들이 세 명 이상이면 1명은 승려가 되는 것을 허용하였다. 문종의 아들 의천도 출가하여 승려가 되었다.
⑥ 서경기(西京畿) 설치 : 서경 주변에 서경기 4도의 행정 구역을 설정하였다(1062).
⑦ 기인선상법(其人選上法, 선상기인법, 1077) : 기인(其人)이 반드시 향리의 자제여야 한다는 문구가 사라졌으며, 특히 향리 중 호장층은 기인의 대상에서 제외되었다. 이것은 중앙 집권력이 강화되면서 향리의 영향력이 약화되어, 인질로서의 '기인'은 사라졌음을 의미한다.

(9) 선종(13대, 1083~1094)

① 대외 관계 : 선종(문종의 둘째 아들)은 문종의 대외 정책을 이어받아 거란(요) 및 송과 균형적인 외교 관계를 추진하였는데, 특히 송과 일본과의 경제적·문화적 교류가 활발해졌다.
② 의천의 속장경 조판 : 대각국사 의천(문종의 넷째 아들)은 송에 유학하고 돌아와, 개경 흥왕사에서 교장도감을 설치하고(선종 3년, 1086) 속장경을 조판하였다(숙종 때 완성).

(10) 숙종(15대, 1095~1105)

① 천태종 후원 : 의천은 숙종(문종의 셋째 아들)의 지원을 받아 국청사 주지가 되어, 해동 천태종을 개창하고 불교 통합에 노력하였다.
② 서적포 설치 : 관학 진흥을 위해 국자감에 출판을 위한 서적포를 설치하였다(1101).
③ 화폐 주조 : 의천의 건의로 주전도감을 설치하여 은병(활구), 해동통보, 삼한통보, 삼한중보 등 동전을 주조하였다.
④ 여진과의 관계
  ㉠ 여진에 패배 : 여진이 북만주를 점령한 후 함흥까지 진출하자(1104), 윤관 등을 파견하였으나 패배하였다.
  ㉡ 별무반 창설 : 패배 후 윤관의 건의로 여진 정벌을 위한 별무반을 창설하였다. 별무반은 신기군, 신보군, 항마군(승병으로 조직)으로 구성하였다.

(11) 예종(16대, 1105~1122)

① 여진 정벌과 동북 9성 축조 : 윤관, 오연총 등은 별무반을 이끌고 여진이 점령하고 있던 동북 지방을 공략하여 9성을 축조하였다(1108). 이후 1년 만에 여진족에게 반환하였다.
② 금의 건국과 고려의 중립 외교 정책 : 아구타가 여진을 통일하여 금을 건국하자(1115), 요(거란)에서는 금에 대한 공동 공격을 제안하였으나 응하지 않았다.

단권화 MEMO

■ 고려 중기의 구분
일반적으로 문종 시기부터 의종 때 무신정변이 일어나기 전까지를 고려 중기로 구분한다.

■ 국자감 제생 고교법
국자감 학생들의 교육 연한을 정하고 성적이 부족한 자는 중도 퇴학시켰다.

단권화 MEMO

③ 문화 정책
　㉠ 관학 진흥을 위해 국자감 내에 7재를 설치하였다(1109).
　㉡ 국자감 내 양현고라는 장학 기금을 마련하여 국자감 학생들을 경제적으로 지원하였다(1119).
　㉢ 청연각과 보문각을 설치하여 경사(經史) 연구를 활발히 하였다(1116).
　㉣ 송으로부터 대성악을 수입하였다(1116). 이후 궁중 음악인 아악의 모체가 되었다.
　㉤ 개국 공신인 김락, 신숭겸 장군을 추모하며「도이장가」를 지었다(1120).
　㉥ 예의상정소를 설치하여(1113) 예의, 격식 등 유교 제도를 정비하였다.
　㉦ 민심 안정을 위해 구제도감(1109)과 혜민국(1112)을 설치하였다.
　㉧ 유민(流民)들이 많이 생겨 이들을 위무(慰撫)하기 위해 감무(監務)를 속현에 파견하였다(1106).
　㉨ 풍수도참 사상을 신봉하여『해동비록』을 편찬하게 하였다.

(12) 인종(17대, 1122~1146)
① 금이 요를 정벌하면서 고려에 대하여 사대 관계를 요구하자, 당시 실권자인 이자겸은 자신의 정권을 유지하기 위하여 금의 요구를 수락하였다.
② 이후 이자겸의 난(1126)과 묘청의 서경 천도 운동(1135)이 일어났다.

바로 확인문제

● 밑줄 친 '왕' 대 사실로 옳지 **않은** 것은?　　　　　　　　　　　　　　20. 국가직 7급

> 왕이 노비를 조사하여 그 시비를 가려내게 하자, (노비들이) 그 주인을 등지는 자가 많아지고, 윗사람을 능멸하는 풍조가 성행하였다. 사람들이 모두 탄식하고 원망하자, 대목 왕후가 간곡히 간(諫)하였으나 받아들이지 않았다.
> 　　　　　　　　　　　　　　　　　　　　　　　　　　　　　　　　「고려사」

① 제위보를 설치하였다.
② 귀법사를 창건하였다.
③ 준풍 등 연호를 사용하였다.
④ 12목에 지방관을 파견하였다.

|정답해설| 제시된 사료는 광종 때 실시한 노비안검법에 관한 내용이다. 광종 때는 빈민 구제 기금인 제위보가 설치되었고, 귀법사(주지: 균여)가 창건되었다. 또한 광덕, 준풍 등 독자적 연호를 사용하여 황제국을 표방하였다. 성종 때 12목에 지방관을 파견하였다.
|정답| ④

● 다음에 밑줄 친 (가) 왕의 업적으로 가장 적절한 것은?　　　　　　　15. 경찰직 2차

> 최승로는 시무 28조를 올려 유교의 진흥과 과도한 재정 낭비를 가져오는 불교 행사의 억제를 요구하고, 태조로부터 경종에 이른 5대 왕의 치적에 대한 잘잘못을 평가하여 교훈을 삼도록 하였다. 　(가)　 은/는 최승로의 건의를 수용하여 통치 체제를 정비하였다.

① 노비안검법을 시행하여 호족의 세력을 약화시켰다.
② 전국의 주요 지역에 12목을 설치하고 목사를 파견하였다.
③ 북쪽 국경 일대에 천리장성을 쌓아 외적의 침략에 대비하였다.
④『정계』와『계백료서』를 지어 관리가 지켜야 할 규범을 제시하였다.

|정답해설| 자료는 (가) 고려 성종 때 최승로가 올린 시무 28조와 5조 정적평에 대해서 설명하고 있다. 최승로의 건의를 받아들인 성종은 전국 주요 지역에 12목을 설치하고 지방관인 목사를 파견하였다.
|오답해설|
① 광종은 노비안검법을 시행하여 호족의 세력을 약화시켰다.
③ 덕종~정종 시기에 천리장성이 축조되었다.
④ 고려 태조는『정계』와『계백료서』를 지어 관리가 지켜야 할 규범을 제시하였다.
|정답| ②

04 통치 체제의 정비*

1 중앙 정치 조직

고려의 통치 체제는 성종 때에 마련한 2성 6부제를 토대로 하였다(문종 때 완성). 고려는 당의 제도를 받아들이면서도 고려의 실정에 맞게 이를 조정하였다.

(1) 중서문하성과 상서성 : 당 영향

① 중서문하성 : 최고 관서로서 중서문하성을 두었고, 그 장관인 문하시중이 국정을 총괄하였다. 중서문하성은 재신(2품 이상)과 낭사(3품 이하)로 구성하여 재신은 국가의 정책을 심의하고, 낭사는 정치의 잘못을 비판하였다.

② 상서성 : 실제 정무를 나누어 담당하는 6부를 두고 정책의 집행을 담당하였다.

(2) 중추원(中樞院)과 삼사(三司) : 송 영향

① 중추원[추부(樞府)] : 군사 기밀과 왕명의 출납을 담당하였다(2품 이상: 추밀, 3품: 승선).

② 삼사 : 화폐와 곡식의 출납을 담당하는 관청이었다.

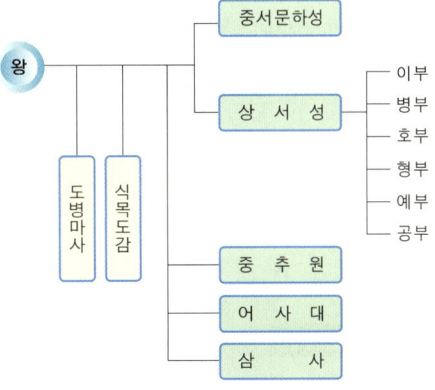

▲ 고려의 중앙 관제

(3) 도병마사와 식목도감

고려의 독자성을 보여 주는 관청인 도병마사와 식목도감은 재신과 추밀*이 함께 모인 회의체로, 국가의 중요한 일을 결정하는 곳이다. 이러한 회의 기구의 존재는 고려 귀족 정치의 특징을 잘 보여 준다.

① 도병마사(都兵馬使) : 국방 문제를 담당하는 임시 회의 기구로서, 고려 후기에 도평의사사(도당)로 개편되면서 구성원을 확대하고 국정 전반에 걸친 중요 사항을 담당하는 최고 정무 기구로 발전하였다.

② 식목도감(式目都監) : 국내 정치에 관한 법의 제정이나 각종 시행 규정을 다루던 임시 회의 기구였다.

> **사료** 도병마사
>
> ❶ 처음에는 도병마사로 불렸다. 문종이 관제를 정할 때에 문하시중, 평장사, 참지정사, 정당문학, 지문하성사 등을 판사로 삼았다. …… 충렬왕 5년에 도병마사를 고쳐 도평의사사로 하였다.
> 『고려사』
>
> ❷ 국가가 도병마사를 설치하여 시중(侍中)·평장사(平章事)·참지정사(參知政事)·정당문학(政堂文學)·지문하성사(知門下省事)로 판사(判事)를 삼고, 판추밀(判樞密) 이하로 사(使)를 삼아, 큰일이 있을 때 회의(會議)하였기 때문에 합좌(合坐)라는 이름이 붙게 되었다. 그런데 이는 한 해에 한 번 모이기도 하고 여러 해 동안 모이지 않기도 하였다.
> 『역옹패설』

단권화 MEMO

*고려의 통치 체제
고려의 중앙·지방·군사 제도의 특징은 빈출 주제이다.

■문산계, 무산계
고려의 문·무산계제는 중국과는 달리 중앙의 문·무관 모두에게 문산계를 부여하였다. 이는 고려 초기의 관계(官階)가 문·무신 모두에게 주어졌던 전례였다고 본다. 한편 무산계는 지방의 향리, 탐라의 왕족, 여진 추장, 노병, 공장(工匠), 악인(樂人) 등에게 부여하였다.
국사 편찬 위원회, 『한국사』

■6부의 구성
6부 중에서 문무의 인사를 맡은 이부·병부를 정조(政曹)라 하고, 각 부의 장관을 상서(尙書), 차관을 시랑(侍郎)이라 한다.

■조선 시대의 삼사
사헌부·사간원·홍문관 등으로 언론과 감찰·간쟁을 담당하였다.

*재신(宰臣)과 추밀(樞密)
6부를 비롯한 주요 관부의 최고직을 겸하여 중앙의 정치 운영에서 가장 핵심적인 위치를 차지하고 있었다.

(4) 어사대(御史臺)와 대간(臺諫)

① 어사대: 정치의 잘잘못을 논하고 관리들의 비리를 감찰하는 임무를 맡았다.
② 대간: 어사대의 관원은 중서문하성의 낭사(郎舍)와 함께 대간으로 불리면서, 간쟁·봉박·서경권을 갖고 있었다.
  ㉠ 간쟁(諫爭): 왕의 잘못을 논하는 일
  ㉡ 봉박(封駁): 잘못된 왕명을 시행하지 않고 되돌려 보내는 일
  ㉢ 서경(署經): 모든 관리 임명 및 법령의 개폐, 국왕의 대관식 등에 동의하는 일

(5) 기타 기관

① 보문각(寶文閣): 경연(經筵)과 장서(藏書)를 관장하였다.
② 한림원(翰林院): 사령(辭令)을 제찬하는 곳으로, 국왕의 교서와 외교 문서를 관장하였다.
③ 사관(史館): 후에 춘추관으로 이름을 고쳤으며, 역사 편찬을 관장하였다. 장관을 감수국사(監修國史)라 한다.
④ 통문관(通文館): 거란·여진·왜·몽골어 등의 통역관을 양성하는 곳이다.
⑤ 국자감: 최고 국립 교육 기관으로, 유학학부(국자학·태학·사문학)와 기술학부[율(律)·서(書)·산학(算學)]로 구성되었다.
⑥ 사천대(후기 – 서운관): 천문 관측을 담당하는 기구로 장관은 판사이다.

바로 확인문제

● **고려 전기의 문산계와 무산계에 대한 설명으로 옳지 않은 것은?** 18. 지방직(사복직 포함) 9급

① 중앙 문반에게 문산계를 부여하였다.
② 성종 때에 문산계를 정식으로 채택하였다.
③ 중앙 무반에게 무산계를 제수하였다.
④ 탐라의 지배층과 여진 추장에게 무산계를 주었다.

● **㉠의 정치 기구에 대한 설명으로 옳은 것은?** 13. 지방직 9급

> 도병마사는 성종 때 처음 설치되어 국방 문제를 담당하였다. …… 원 간섭기에 (㉠)(으)로 개칭되면서 국정 전반에 걸친 중요 사항을 관장하는 최고 기구로 발전하였다.

① 도당으로 불렸으며 조선 건국 초에 폐지되었다.
② 법제의 세칙을 만드는 고려의 독자적인 기구이다.
③ 정책을 집행하는 기능을 담당했으며, 그 밑에 6부를 두었다.
④ 관리의 임명이나 법령의 개폐를 동의하는 서경권을 행사하였다.

● **(가)에 들어갈 기구로 옳은 것은?** 21. 지방직 9급

> 고려 시대 중서문하성과 중추원의 고위 관료들은 도병마사와 (가) 에서 국가의 중요한 일을 논의하였다. 도병마사에서는 국방과 군사 문제를 다루었고, (가) 에서는 제도와 격식을 만들었다.

① 삼사 ② 상서성
③ 어사대 ④ 식목도감

단권화 MEMO

|정답해설| 고려 성종 때 당나라의 문산계 및 무산계 관제를 도입하여 중앙의 관계와 향직을 정비하였다. 고려의 문·무산계 제도는 중국과는 달리 중앙의 문·무관 모두에게 문산계를 부여하였다. 한편 무산계는 지방의 향리, 탐라의 왕족, 여진 추장, 노병, 공장(工匠), 악인(樂人) 등에게 부여하였다.
|정답| ③

|정답해설| ㉠은 도평의사사이다. 도병마사는 원 간섭기(충렬왕 시기)에 도평의사사(도당)로 개편되면서 구성원이 확대되고 최고 정무 기구로 발전하였다. 이후 도평의사사는 조선 건국 직후에 폐지되었다.
|오답해설|
② 식목도감, ③ 상서성, ④ 중서문하성의 낭사와 어사대의 관원들로 구성된 대간에 대한 설명이다.
|정답| ①

|정답해설| 중서문하성의 고위 관료 '재신'과 중추원의 고위 관료 '추밀'은 도병마사와 (가) 식목도감에서 국가의 중요한 일을 논의하였는데 이를 재추 합좌라고 한다. 식목도감은 각종 제도와 격식을 만드는 임시 기구였다.
|정답| ④

2 지방 행정 조직

(1) 지방 행정 조직의 정비

① 지방의 행정 조직은 성종 초부터 정비되기 시작하였다.
② 5도
  ㉠ 안찰사가 파견되어, 도 내의 여러 지역을 순회하면서 지방관을 감독하였다.
  ㉡ 도에는 주와 군·현을 설치하고 지방관을 파견하였다.
③ 양계(兩界)
  ㉠ 병마사: 북방의 국경 지대에는 동계·북계의 양계를 설치하고 **병마사**를 파견하였다.
  ㉡ 진(鎭): 국방상의 요충지에는 진을 설치하였는데, 이것은 군사적인 특수 지역이었다.
④ 3경(三京)
  ㉠ 설치: 처음에는 개경, 서경(평양), 동경(경주)을 설치하였다. 이후 문종 때 남경(서울)이 설치되었으나, 얼마 후 폐지되었다.
  ㉡ 개편: 풍수지리설(한양 길지설)이 유행하면서, 숙종 때 김위제가 남경으로 천도할 것을 주장하였다. 이후 3경은 개경, 서경, 남경으로 개편되었다.
⑤ 지방 제도 완성: 현종 9년(1018)에 전국을 4도호부 8목을 중심으로, 그 아래는 중앙에서 지방관을 상주시키는 56개의 '주(州)'·'군(郡)', 28개의 '진(鎭)', 20개의 '현(縣)'으로 편성하였다. 도호부는 군사적 방비의 중심지였으며, 목은 지방의 일반 행정 중심지였다. 이로써 5도 양계를 중심으로 한 지방 제도를 완성하였다.

▲ 고려의 5도 양계

> **심화** 계수관, 감무, 방어사
>
> ❶ 계수관
> 경(京)·목(牧)·도호부(都護府)의 지방관(경-유수, 목-목사, 도호부-도호부사)을 계수관으로 삼아 인근 군현을 관리하게 한 제도이다. 고려 현종 시기에 지방 제도를 정비하면서 경·목·도호부 등 대읍을 계수관으로 삼아 지방 지배의 중심으로 활용하였으며, 이후 5도를 설치하고 도에 정기적으로 안찰사를 파견하여 수령을 감찰하였다.
>
> ❷ 감무
> 성종 때 12목에 지방관을 파견하면서 정비되기 시작한 고려의 지방 제도는 현종 때 일단락되었으나, 실제로는 수령을 파견하지 못한 속군현(屬郡縣)이 많이 존재하였다. 이에 예종 1년(1106)에 중앙에서 정식으로 관리를 설치하지 못했던 속군현과 향(鄕)·소(所)·부곡(部曲)·장(莊)·처(處) 등에 감무를 파견하였다. 처음에는 유주(儒州)·안악(安岳)·장연(長淵) 등에 설치하여 효과를 거두자 우봉(牛峯)·토산(兎山) 등 24현에 확대 설치하였고, 1108년에는 토산(土山) 등 41현, 명종 2년(1172)에는 53현에 설치하는 등 고려 시대에 총 2백여 개의 감무가 설치되었다. 처음에는 서해도·양광도·경기 등에 설치되다가 고려 말에 이르러 경상도에 집중되는 경향을 보였다. 설치 목적은 주현(主縣)에 의해 피해를 입은 속군현의 유망민을 안정시켜 조세와 역을 효과적으로 수취하기 위해서였다.
>
> ❸ 방어사
> 군사적 요충지에 파견되었던 군사 책임자로, 성종 14년(995) 지방 세력에 대한 통제와 국방력 강화를 위해 설치되었다.

단권화 MEMO

■ **병마사와 안찰사**
병마사는 양계의 군사 책임자로서, 3품 관리가 임명되었다. 한편 안찰사는 5~6품의 중앙 관료가 임명되었으며, 지방에 상주한 것이 아니라 지방을 순시하고 지방관을 감찰한 임시직이었다.

■ **양계**
동계는 동북계로 강원 및 함남 지방을, 북계는 서북계로 평안도 지방을 지칭한다.

■ **남경 길지론(南京吉地論)**
문종 때부터 서경을 대신하여 남경을 3경에 편입하자는 이론이 등장하였다. 이후 숙종 때 김위제의 건의로 동경 대신 남경으로 개편하였다. 이는 귀족들의 보수성과 북진 정책의 쇠퇴 등을 의미한다.

단권화 MEMO	

> **심화** 도호부 제도의 변화
>
> ❶ 성종 대에는 지방 제도 정비와 함께 5도호부 체제를 완성하였는데, 영주(안주)에 안북 도호부를 비롯하여, 화주(영흥)에 안변 도호부, 풍주(풍산)에 안서 도호부, 금주(김해)에 안동 도호부, 낭주(영암)에 안남 도호부를 설치하였다.
> ❷ 현종 5년(1014)에 안동 도호부가 경주로 옮겨지고, 현종 9년(1018)에는 안변 도호부가 등주(안변), 안남 도호부가 전주, 안서 도호부가 해주로 옮겨졌다.
> ❸ 그 뒤 전주가 목이 되는 대신 수주(부평)에 안남 도호부를 설치하고, 경주가 유수경이 됨으로써 안동 도호부가 없어지는 등 여러 차례 변동을 거쳤다.

(2) 주현과 속현
① 주현(主縣): 중앙에서 지방관이 직접 파견된 지역을 의미한다.
② 속현(屬縣)
　㉠ 지방관이 파견되는 주현보다 파견되지 않는 속현이 더 많았다.
　㉡ 속현과 향·부곡·소 등 특수 행정 구역은 지방관이 파견되는 주현을 통하여 간접적으로 중앙 정부의 통제를 받고 있었다.

(3) 향리(鄕吏)
① 임무: 조세나 공물의 징수와 노역 징발 등 실제적인 행정 사무는 향리들이 담당하였다.
② 신분: 향리는 원래 신라 말·고려 초 지방의 중소 호족이었으나, 성종 때 향리 제도(983)가 마련되면서 지방의 행정 실무자로 사회적 위상이 하락하였다.
③ 영향력: 향리는 토착 세력으로서 향촌 사회의 지배층이었기 때문에 중앙에서 일시적으로 파견되는 지방관보다 영향력이 컸다.

> **사료** 고려 시대 향리
>
> 신라 말에 여러 읍의 토착민 중에서 그 읍을 다스리고 호령하는 자가 있었는데, 고려가 후삼국을 통일한 뒤에 직호(職號)를 내리고 그 고을 일을 맡아보게 하였다. 이들을 호장(戶長)이라 불렀다. 성종 때 지방관을 보내 호장을 통제하면서 이들을 강등하여 향리로 삼았다. 『고려사』

> **심화** 고려 시대 향리(鄕吏) 제도
>
> ❶ 향직 제도의 마련
> 　성종 2년(983) 향리 직제를 개정하여 향리의 수장으로 호장(戶長)·부호장(副戶長)을 두고, 그 밑에 일반 서무를 관장하는 호정(戶正)·부호정(副戶正)·사(史) 계열, 지방 주현군(州縣軍)과 관련된 사병(司兵) 계열, 그리고 조세·공부의 보관 및 운반과 관련된 창정(倉正)의 사창(司倉) 계열로 조직하였다.
>
> ❷ 향리의 공복(公服)과 승진
> 　호장의 경우 수령의 추천을 받아 중앙의 상서성에서 임명하는 절차를 거쳤다. 현종 9년(1018)에는 지방 제도를 정비하면서 향리의 정원을 정하고 직급에 따라 공복을 지정하였으며, 문종 5년(1051) 10월에는 향리의 승진 규정을 마련하였다.

(4) 향·부곡·소

① 특수 행정 구역으로서, 향과 부곡에는 농민들이 주로 거주하고, 소(所)에는 국가가 필요로 하는 원료와 공납품을 만들어 바치는 공장(工匠)들이 집단 거주하였다.
② 향·부곡·소들은 일반 군현민에 비해 차별받았다. 고려 후기 공주 명학소의 난을 계기로 점차 특수 행정 구역이 줄어들기 시작하여 조선 초기에는 완전히 사라졌다.
③ 그 밖에 기능에 따라 나눈 진(津)·역(驛)·장(莊)·처(處) 등의 특수 행정 구역이 있었다.

> **사료** **특수 행정 구역**
>
> 신라에서 주군을 설치할 때 그 전정(田丁), 호구(戶口)가 현의 규모가 되지 못하는 곳에는 향(鄕)을 두거나 혹 부곡(部曲)을 두어 소재의 읍에 속하게 하였다. 고려 때 또 소(所)라고 칭하는 것이 있었는데, 금소, 은소, 동소, 철소, 자기소 등의 구별이 있어 각각 그 물건을 공급하였다. 여러 소(所)에는 모두 토성(土姓)의 아전과 백성이 있었다. 한편 처(處)로 칭하는 것이 있었고, 또 장(莊)으로 칭하는 것도 있어 각 궁궐, 사원, 및 내장택에 분속되어 세금을 바쳤다.
>
> 「신증동국여지승람」

바로 확인문제

● 고려 시대 지방 제도에 대한 설명 중 가장 적절한 것은? 　　　　　19. 경찰직 2차

① 북방의 국경 지대에는 동계, 북계의 양계를 설치하고 도독을 파견하였다.
② 중앙에서 지방을 견제하기 위해 외사정을 파견하였다.
③ 지방 행정 말단 조직으로 면·리·통을 두었다.
④ 조세와 공물의 징수 등 지방 행정의 실무는 향리가 담당하였다.

3 군역 제도와 군사 조직

(1) 중앙군

① 2군 6위: 국왕의 친위 부대인 2군과 수도 경비와 국경 방어를 담당하는 6위로 구성하였다.
　㉠ 2군: 응양군·용호군 → 국왕의 친위대
　㉡ 6위

좌우위·신호위·흥위위	수도(개경) 및 변방의 방비	금오위	경찰(警察) 업무
천우위	의장(儀仗) 업무	감문위	궁궐 수비

② 편성
　㉠ 중앙군은 직업 군인으로 편성하였는데, 이들은 군적에 올라 군인전을 지급받고 그 역은 자손에게 세습되었다.
　㉡ 군공을 세워 무신으로 신분을 상승시킬 수도 있는 중류층이었다.
　㉢ 이들이 각종 토목 공사에 동원되거나 군인전을 제대로 지급받지 못하게 되자, 몰락하거나 도망하는 사람들이 많아져서 나중에는 일반 농민 군인으로 채워지기도 하였다.
③ 중방(重房): 상장군·대장군 등이 모여 군사 문제를 의논하는 무관들의 합좌 기관이었다.

단권화 MEMO

■ **소(所)**
소는 국가에서 필요로 하는 금·은·구리·철 등의 원료와 종이·먹·도자기 등의 공납품을 만들어 바쳤다.

|오답해설|
① 북방의 국경 지대에는 동계, 북계의 양계를 설치하고 병마사를 파견하였다.
② 외사정은 673년(문무왕 13년)에 설치된 지방관을 감찰하는 관직이다.
③ 조선 시대에는 8도 체제를 정비하고, 지방 행정의 말단 조직으로 면·리·통을 두었다.

|정답| ④

■ **고려의 군사 제도**
고려의 군사 제도는 중앙군과 지방군의 이원 조직으로 구성된다.

(2) 지방군

① **조직**: 군적에 오르지 못한 일반 농민으로 16세 이상의 장정들은 지방군으로 조직되었다.
② **종류**: 지방군은 국경 지방인 양계에 주둔하는 주진군과 5도의 일반 군현에 주둔하는 주현군으로 이루어졌다.
  ㉠ **주진군**: 좌군·우군·초군으로 구성된 상비군으로, 평상시에는 둔전병으로 국경의 수비를 전담하였다.
  ㉡ **주현군**: 지방관의 지휘를 받아 외적을 방비하고 치안을 유지하였으며, 각종 노역에 동원되었다.

정용군·보승군	치안 및 국방	일품군	노역 부대(향리가 지휘)

■ 둔전병
평상시에는 토지를 경작하여 식량을 자급하고 전쟁 시에는 전투원으로 동원되는 병사이다.

(3) 특수군

① **광군**: 정종 때 거란 침입을 대비할 목적으로 설치된 호족 연합 부대로서, 이를 관할하기 위해 개경에 광군사를 설치하였다.
② **별무반**: 숙종 때 윤관의 건의로 설치된 여진 정벌을 위한 특수군이다. 신보군(보병), 신기군(기병), 항마군(승병)으로 편성하였다.
③ **도방**: 무신 집권자 경대승 때부터 설치된 사병 집단이다.
④ **삼별초**: 최우 집권기에 치안 유지를 위해 설치한 야별초를 좌별초와 우별초로 나누고, 몽골군의 포로가 되었다가 도망해 온 자들로 구성된 신의군을 합하여 삼별초로 편제하였다. 삼별초는 대몽 항쟁의 주력을 이루었다.
⑤ **연호군**: 고려 말기에 왜구 토벌을 위해 농민과 노비(양천 혼성 부대) 등으로 구성하였다.

> **바로 확인문제**
>
> ● 고려 시대 군사 제도에 대한 설명으로 가장 옳지 <u>않은</u> 것은? 19. 6월 서울시(사복직 포함) 9급
> ① 북방의 양계 지역에는 주현군을 따로 설치하였다.
> ② 2군(二軍)인 응양군과 용호군은 왕의 친위 부대였다.
> ③ 6위(六衛) 중의 감문위는 궁성과 성문 수비를 맡았다.
> ④ 직업 군인인 경군에게 군인전을 지급하고 그 역을 자손에게 세습시켰다.

| 정답해설 | 북방의 양계(동계, 북계) 지역에는 주진군이 운영되었다.

| 정답 | ①

4 관리 등용 제도

고려의 관리는 과거와 음서를 통하여 등용하였다.

(1) 과거제(科擧制)

① **목적**: 광종 9년(958)에 후주에서 귀화한 쌍기(雙冀)의 건의로, 호족 세력을 억압하고 유교적 이념에 따라 문치·관료주의를 제도화하여 왕권을 강화하고자 실시하였다.
② **과거의 종류**
  ㉠ **문과**: 문학적 재능을 시험하는 제술업과 유교 경전 이해 능력을 시험하는 **명경업**이 있었다. 제술업 합격자를 명경업 합격자보다 우대하였다.
  ㉡ **잡업**: 법률·회계·지리 등 실용 기술학을 시험하여 기술관을 뽑았다.

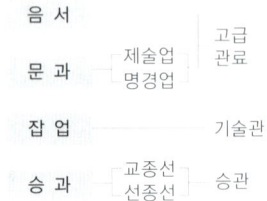
▲ 고려의 관리 등용

ⓒ 승과: 교종과 선종을 구분하여 승려들을 선발하였고, 합격한 자에게는 승계(僧階, 승려의 품계)를 주고 승려의 지위를 보장하였다.
ⓓ 무과: 공양왕 때에 정식으로 채택하였으나, 고려에서는 무과가 없었던 것이나 마찬가지였다.

③ 응시 자격
 ㉠ 법제적으로 양인 이상은 과거에 응시할 수 있었으나, 백정 농민들은 유학 교육을 받기 어려웠기 때문에 문과에 응시하기 힘들었다.
 ㉡ 실제로 제술업이나 명경업에는 주로 귀족과 향리(호장, 부호장)의 자제들이 응시하였고, 백정 농민은 주로 잡과에 응시하였다.

④ 시기와 절차
 ㉠ 시기: 과거는 예부에서 관장하며, 3년에 한 번씩 보는 식년시(式年試)가 원칙이지만, 주로 격년시(隔年試)를 시행하였다.
 ㉡ 3장법(三場法)
  • 정의: 고려 말에 이르러 확립된 향시(鄕試)·회시(會試, 監試)·전시(殿試) 제도를 이른다.
  • 절차

1차 시험	상공(上貢, 개경)·향공(鄕貢, 지방)을 치른다.
2차 시험	국자감시 → 1차 합격자인 공사(貢士)가 응시한다.
3차 시험	동당시(최후의 예부시) → 2차 합격자와 국자감의 3년 이상의 수료자가 응시한다.
염전중시(簾前重試)	친시(親試)라 하여 국왕이 시험하는 등급 결정을 말한다.

⑤ 좌주(座主)와 문생(門生): 과거에 합격한 사람(문생)은 시험을 주관한 지공거(좌주)와의 결속을 강화하여 그들의 도움으로 요직에 진출할 수 있었다.

사료 좌주와 문생의 관계

문생(門生)이 종백[宗伯, 과거를 맡아 합격자를 선발하는 시험관으로 좌주(座主)라고도 한다]을 대할 때는 아버지와 자식 사이의 예를 차린다. …… 평장사 임경숙은 4번 과거의 시험관이 되었는데 몇 해 지나지 않아 그의 문하에 벼슬을 한 사람이 10여 명이나 되었고, …… (유경이) 문생들을 거느리고 들어가 뜰 아래에서 절하니 임경숙은 마루 위에 앉아 있고, 악공들은 풍악을 울렸다. 보는 사람들이 하례하고 찬탄하지 않는 이가 없었다.

『보한집』

바로 확인문제

● **고려 시대의 과거 제도에 대하여 틀리게 서술하고 있는 것은?** 19. 경찰직 1차
 ① 무예 솜씨와 실무 능력을 존중하는 무관은 음서 제도보다는 과거 제도를 통해 선발하였다.
 ② 승과는 교종선(敎宗選)과 선종선(禪宗選)의 두 가지 방법으로 나누어 실시하였다.
 ③ 엄격한 신분 제도로 인하여 과거에 합격하고도 관직에 진출하지 못하는 경우가 많았다.
 ④ 원칙적으로 대역죄나 불효, 불충죄를 저지르지 않은 양인이면 누구든지 응시할 수 있었다.

단권화 MEMO

■ 백정 농민
국립 대학의 입학권은 있었으나 기술학(율·서·산학)에만 입학할 수 있었다.

|정답해설| 고려 시대에는 무관을 선발하는 무과를 거의 실시하지 않았다.
|정답| ①

(2) 음서 제도(蔭敍制度)

① 자격: 공신과 종실의 자손·5품 이상의 고위 관료의 자손 등은 음서의 특혜가 주어졌다.
② 내용: 과거를 거치지 않고도 관료가 될 수 있는 음서의 혜택을 받아 관료로서의 지위를 세습하기도 하였다.
③ 성격: 고려의 관료 체제가 귀족적 특성을 지니고 있음을 보여 준다.

> **심화** 음서 제도
>
> 고려 시대의 음서는 조상이 왕족, 공신, 5품 이상의 문·무관인 경우 등 크게 세 부류로 나뉜다. 왕족과 공신의 후예에게 음서를 지급한 경우는 특정 시기에 행해진 우대 정책으로, 문·무관을 대상으로 하는 음서의 원칙과 달리 광범위한 자손을 대상으로 행해진 경우가 많았다. 5품 이상의 관원에게 지급한 최초의 사례는 목종 즉위년(997)의 기록이다. 원칙적으로 18세 이상이 받을 수 있도록 규정되어 있었으나, 훨씬 이른 나이부터 음서를 받았으며 15세 무렵 실제 관직에 임용되기도 하였다. 또한 이미 관직을 지니고 있는 사람들에게 품계를 올려 주는 방식도 있었다.
> 음서를 지급하는 기준 관품이나 지급 대상은 시기에 따라 변동이 있었다. 음서를 시급하는 대상은 친아들이 가장 우선권이 있었으며, 아들이 없을 경우 조카, 사위, 친손자와 외손자, 양자 등의 순으로 지급받을 수 있었다.
> 조선 시대에도 음서 제도는 계승되었으나, 그 범위가 제한되어 음서를 통한 관직 진출이 크게 축소되었다.

> **바로 확인문제**
>
> ● 고려 시대 음서에 대한 설명으로 옳은 것만을 모두 고른 것은?   14. 사복직 9급
>
> > ㄱ. 공신의 후손을 위한 음서도 있었다.
> > ㄴ. 음서 출신자는 5품 이상의 고위 관직에 오를 수 없었다.
> > ㄷ. 10세 미만이 음직을 받은 사례도 있었다.
> > ㄹ. 왕의 즉위와 같은 특별한 시기에만 주어졌다.
>
> ① ㄱ, ㄷ   ② ㄱ, ㄴ   ③ ㄴ, ㄹ   ④ ㄷ, ㄹ

| 정답해설 | ㄱ. 고려 시대 음서는 왕실 후손과 공신의 자손, 5품 이상의 고위 관료의 자제 등에게 부여되었던 특권이다.
ㄷ. 고려 시대의 음서는 원칙적으로 18세 이상이 받을 수 있도록 규정되어 있으나 대부분 15세 전후에 음직을 받았으며, 적게는 10세 미만에 음직을 받는 경우도 있었다.

| 오답해설 |
ㄴ. 고려 시대 음서 출신자들은 승품(관품이 올라가는 것)의 한계가 없었기 때문에 5품 이상의 고위 관직에 오를 수 있었다.
ㄹ. 고려 시대 음서 중 5품 이상 문무 관리의 자손을 대상으로 시행된 음서는 연중 어느 때나 제수되었으며, 국가의 경사가 있었을 때도 부정기적으로 시행하였다.

| 정답 | ①

05 문벌 귀족 사회의 성립과 동요

1 문벌 귀족 사회의 성립

(1) 새로운 지배층의 형성

① 배경: 성종 이후 중앙 집권적인 국가 체제가 확립됨에 따라 새로운 지배층이 형성되어 갔다. 이들은 지방 호족 출신으로 중앙 관료가 된 계열과 신라 6두품 계통의 유학자들이었다.
② 문벌의 형성: 이들 중 여러 세대에 걸쳐 중앙에서 고위 관직자들을 배출한 가문을 문벌 귀족이라 부른다.

(2) 문벌 귀족의 특권

① 정국의 주도: 문벌 귀족은 과거와 음서를 통하여 관직을 독점하고, 중서문하성과 중추원의 재상이 되어 정국을 주도해 나갔다.

② 경제권의 독점: 관직에 따라 과전을 받고, 또 자손에게 세습이 허용되는 공음전의 혜택을 받았을 뿐만 아니라 권력을 이용하여 불법적으로 개인이나 국가의 토지를 차지하여 정치 권력과 함께 경제력까지 독점하였다.

③ 외척(外戚)의 형성: 비슷한 부류들끼리 혼인 관계를 맺어 권력을 더욱 단단하게 장악하였다. 특히 왕실과 혼인 관계를 맺어 외척으로서의 지위를 이용하여 정권을 장악하기도 하였다.

> **사료** 문벌 귀족(門閥貴族)들의 혼인
>
> 문공인은 아려(雅麗)하고 유순(柔順)하였으므로 시중(侍中) 최사추가 딸로서 처(妻)를 삼게 하였다. 과거에 급제하여 직사관(直司官)이 되었는데, 가세(家勢)가 단한(單寒)하였으나 귀족과 혼인하여 호사(豪奢)를 마음대로 하였다.
>
> 『고려사』

(3) 문벌 귀족 사회의 모순

① 문벌 귀족의 성장에 따라 사회적 모순과 갈등이 나타나기 시작하였다.

② 과거를 통하여 진출한 지방 출신의 관리들 중 일부는 왕에게 밀착하여 왕권을 강화하고 보좌하는 측근 세력이 되어 문벌 귀족과 대립하였다.

③ 이자겸의 난과 묘청의 서경 천도 운동은 이들 정치 세력 간의 대립과 갈등이 표면으로 드러난 사건이었다.

2 이자겸의 난과 묘청의 서경 천도 운동*

(1) 이자겸의 난(1126)

① 배경

  ㉠ 11세기 이래 대표적인 문벌 귀족인 경원 이씨 가문은 왕실의 외척이 되어 80여 년간 정권을 잡았다.

  ㉡ 경원 이씨는 이자연의 딸이 문종의 왕비가 되면서 정치권력을 장악하기 시작하였고, 이자연의 손자인 이자겸도 예종과 인종의 외척이 되어 집권하였다.

② 경과

  ㉠ 권력적 기반: 이자겸은 예종의 측근 세력을 몰아내고 인종이 왕위에 오를 수 있게 하면서 그 세력이 막강해졌다.

  ㉡ 정치적 성향: 이자겸 세력은 대내적으로 문벌 중심의 질서를 유지하고, 대외적으로 금과 타협하는 정치적 성향을 보였다.

  ㉢ 저항: 인종은 측근 관료인 김찬, 안보린 등과 함께 이자겸을 제거하려 하였으나, 이자겸 일당이었던 척준경의 군사 행동으로 실패하였다. 이에 이자겸은 궁궐을 불태우며 반격하였다.

  ㉣ 권력 장악: 이자겸은 반대파를 제거하고 척준경과 함께 난을 일으켜 권력을 장악하였다(1126).

  ㉤ 축출·몰락: 이자겸이 척준경에 의하여 제거되고 척준경도 탄핵을 받고 축출됨으로써 이자겸 세력은 몰락하였다.

*이자겸의 난과 서경 천도 운동
고려의 전환기적 중요 사건이므로 원인, 과정, 결과를 구체적으로 파악해 두어야 한다.

③ 결과: 이자겸의 난은 중앙 지배층 사이의 분열을 드러냄으로써 문벌 귀족 사회의 붕괴를 촉진하는 계기가 되었다.

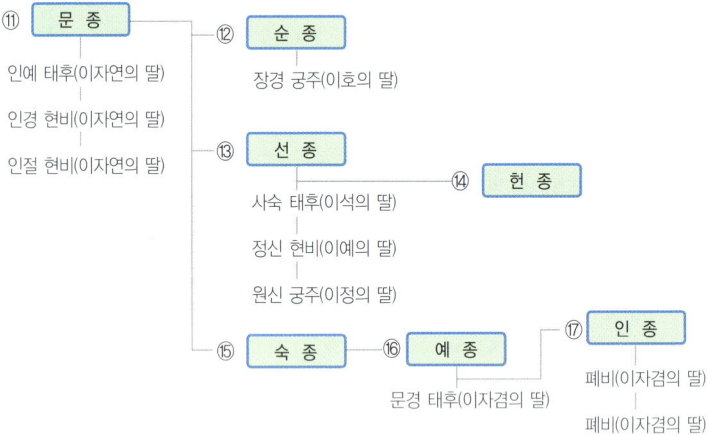

▲ 왕실과 경원 이씨의 혼인 관계도

사료 이자겸

이자겸은 스스로 국공이 되어 왕태자와 동등한 대우를 받았다. 자신의 생일을 인수절이라고 부르고, …… 사방에서 바치는 음식 선물이 넘치게 들어오니 썩어서 버리는 고기가 수만 근이었다.

『고려사』

사료 이자겸의 난

이자겸은 십팔자(十八子)가 왕이 된다는 비기(秘記)를 듣고는 왕위를 빼앗으려고 계획하여 독을 떡에 넣어 왕에게 먹게 하려 했다. 왕비가 몰래 왕에게 알리고 그 떡을 까마귀에게 던져 주었더니 까마귀가 그 자리에서 죽었다. 또 독약을 보내고 왕비를 시켜 왕에게 드리게 하였는데 왕비가 그릇을 들고 일부러 넘어져 엎질러 버렸다. 그 왕비는 바로 이자겸의 넷째 딸이다. 척준경이 이미 이자겸과 사이가 벌어졌는데 최사전이 또 이 틈을 타서 설득하니 척준경이 마침내 계책을 정하고 글을 올려 "충정을 다할 것입니다."라고 하였다. …… 척준경과 이공수가 협의하여 이자겸과 그 처자들을 팔관보(八關寶)에 가두고 장군 강호(康好), 고진수(高珍守) 등을 죽였는데 그들은 모두 이자겸이 지시하는 대로 행동한 자였다. …… 이자겸은 얼마 후 영광(靈光)에서 죽었다.

『고려사』

(2) 묘청의 서경 천도 운동(1135)

① 배경: 이자겸의 난 이후, 인종은 실추된 왕권을 회복하고 민생을 안정시키기 위해 유신지교(惟新之敎)를 발표하였다(인종 5년, 1127). 이 과정에서 김부식을 중심으로 한 개경의 문벌 귀족들과 묘청·정지상을 중심으로 한 지방 출신의 개혁적 관리들 사이에 대립이 벌어졌다.

심화 인종의 '유신지교(惟新之敎, 유신의 교서)'

1. 방택(方澤)에서 토지의 신에게 제사 지내어 사교(四郊)의 기운을 맞을 것
2. 사신을 지방에 보내어 자사·현령의 잘잘못을 조사하여 그를 포상하거나 좌천하게 할 것
3. 수레나 복장의 제도를 검약하게 하도록 힘쓸 것
4. 쓸데없는 관원과 급하지 않은 사무를 제거할 것
5. 농사일을 힘쓰게 하여 백성의 식량을 풍족하게 할 것
6. 시종관(侍從官)이 모두 한 사람씩 천거하도록 하고, 천거된 사람이 올바른 인물이 아니면 그를 벌할 것
7. 국고의 식량 저축에 힘써서 백성을 구제할 일에 대비할 것

8. 백성에게서 거두어들이는 것에 제도를 세워 일정한 조세와 공물 이외에는 함부로 걷지 못하게 할 것
9. 군사를 보살피어 일정한 시기에 훈련을 실시하는 것 이외에는 복무하지 않도록 할 것
10. 백성을 보살피어 지방에 정착하여 살게 하며 도망하여 흩어지지 않도록 할 것
11. 제위포(제위보)와 대비원에는 저축을 풍족히 하여 질병에 걸린 자를 구제할 것
12. 국고의 묵은 식량을 억지로 빈민에게 나누어 주고서 무리하게 그 이자를 받지 못하도록 하며, 또 묵고 썩은 곡식을 백성에게 찧으라고 강요하지 말 것
13. 선비를 선발하는 데 시(詩)·부(賦)·논(論)을 쓰게 할 것
14. 모든 고을에 학교를 세워 교육을 확충할 것
15. 산림이나 못에서 생산되는 이득을 백성들과 함께 나누어 가지며 침해하지 말 것

② 서경 세력과 개경 세력의 대립
  ㉠ 서경 세력
    • 묘청 세력은 풍수지리설을 내세워 서경(평양)으로 도읍을 옮겨, 개경의 문벌 귀족 세력을 누르고 왕권을 강화하면서 자주적인 혁신 정치를 시행하려 하였다.
    • 이들은 서경에 대화궁(大花宮)이라는 궁궐을 짓고, 왕을 황제라 칭하고 금(金)을 정벌하자고 주장하였다.
  ㉡ 개경의 문벌 귀족 세력: 김부식이 중심이 된 개경의 문벌 귀족 세력은 유교 이념에 충실함으로써 사회 질서를 확립하자고 주장하였다.

구분	개경(開京) 중심 세력	서경(西京) 중심 세력
중심	김부식, 김인존 등	묘청, 정지상 등
성격	• 유교적, 보수적, 합리주의적, 사대적 • 문벌 귀족 신분	자주적, 진취적, 북진적
주장	금(金)과의 사대(事大) 관계 주장	• 서경 천도론 및 길지론(吉地論) 주장 • 금국 정벌론(金國征伐論) 주장

③ 경과: 이러한 정치 개혁과 대외 관계에 대한 의견 대립은 지역 간의 갈등으로까지 확대되었다.
  ㉠ 발발: 묘청 세력은 서경 천도를 통한 정권 장악이 어렵게 되자 서경에서 **나라 이름을 대위국(大爲國)**이라 하고 **연호를 천개(天開)**라 하면서 난을 일으켰다(군대 – 천견충의군).
  ㉡ 진압: 김부식이 이끈 관군의 공격으로 약 1년 만에 진압되었다.
④ 결과: 자주적 국수주의(國粹主義)를 내세운 서경 일파가 사대적 유학자의 세력에게 도태당한 것으로, 서경파의 몰락으로 김부식을 위시한 개경의 문신들이 그 세력을 크게 확장하였다.
⑤ 의의: 묘청의 서경 천도 운동은 문벌 귀족 사회의 분열과 지역 세력 간의 대립, 풍수지리설이 결부된 자주적 전통 사상과 사대적 유교 정치 사상의 충돌, 고구려 계승 이념에 대한 이견과 갈등 등이 얽혀 일어난 것으로, 귀족 사회 내부의 모순을 드러낸 것이었다.

> **사료** 신채호의 '서경 천도 운동'에 대한 인식
>
> 묘청의 천도 운동에 대하여 역사가들은 단지 왕사(王師)가 반란한 적을 친 것으로 알았을 뿐인데, 이는 근시안적인 관찰이다. 그 실상은 낭가와 불교 양가 대 유가의 싸움이며, 국풍파 대 한학파의 싸움이며, 독립당 대 사대당의 싸움이며, 진취 사상 대 보수 사상의 싸움이니, 묘청은 전자의 대표요 김부식은 후자의 대표였던 것이다. 묘청의 천도 운동에서 묘청 등이 패하고 김부식이 이겼으므로 조선사가 사대적·보수적·속박적 사상인 유교 사상에 정복되고 말았다. 만약 김부식이 패하고 묘청이 이겼더라면 조선의 역사가 독립적·진취적으로 진전하였을 것이니 이것이 어찌 일천년래 제일 대사건이라 하지 아니하랴.
>
> 신채호, 『조선사연구초』, 조선 역사상 일천년래 제일 대사건

■ 반란 진압 과정
조광은 묘청·유참의 목을 베고, 윤첨을 보내 투항하고자 하였는데, 고려 정부가 이를 거절하자 다시 반란을 일으켰다. 하지만 1년 만에 진압되었다.

단권화 MEMO

|정답해설| 제시된 사료는 이자겸 등의 주장으로, 금과 사대 관계를 체결했던 (가) 인종 때의 사실이다. 인종 때 묘청 등은 서경 천도 운동을 추진하면서 서경에 대화궁 건설과 칭제 건원을 주장하였다.

|오답해설|
① 도병마사가 도평의사사로 개편된 것은 충렬왕 때이다.
② 성리학을 처음 소개한 인물은 충렬왕 때 안향이며, 신진 사대부들은 성리학을 적극적으로 수용하면서 『소학』과 『주자가례』를 보급하였다.
④ 몽골의 침략을 대응하기 위해 강화도로 천도한 것은 최우 집권 시기이다(고종 19년, 1232).

|정답| ③

|정답해설| 밑줄 친 '그'는 김부식이다. 김부식이 주도해서 편찬한 『삼국사기』는 현존하는 우리나라의 최고(最古) 역사서이다.

|오답해설|
① 성리학적 사관에 입각한 『사략』은 이제현의 저서이다.
③ 우리 역사를 단군부터 서술한 고려 시대의 역사서는 일연의 『삼국유사』가 대표적이다.
④ 이규보는 동명왕의 업적을 칭송한 영웅 서사시인 「동명왕편」을 저술하였다.

|정답| ②

★무신정권의 성립
고려의 전환기적 중요 사건이므로 원인, 과정, 결과를 구체적으로 파악해 두어야 한다.

바로 확인문제

● **(가) 왕의 시기에 일어난 사실로 옳은 것은?** 19. 국가직 9급

> 이자겸, 척준경이 말하기를 "금이 예전에는 작은 나라여서 요와 우리나라를 섬겼으나, 지금은 갑자기 흥성하여 요와 송을 멸망시켰다. …… 작은 나라로서 큰 나라를 섬기는 것은 선왕의 도이니, 마땅히 우선 사절을 보내야 합니다."라고 하니 ___(가)___ 이/가 그 의견을 따랐다.
> 『고려사』

① 도평의사사를 중심으로 정치를 주도하였다.
② 성리학을 수용하면서 『주자가례』를 보급하였다.
③ 서경에 대화궁을 짓게 하고 칭제 건원을 주장하였다.
④ 몽골의 침략에 대응하기 위해 강화도로 도읍을 옮겼다.

● **밑줄 친 '그'에 대한 설명으로 옳은 것은?** 16. 지방직 9급

> 묘청의 천도 운동에서 그가 패하고 묘청이 이겼더라면 조선사는 독립적·진취적으로 진전하였을 것이니 이것이 어찌 일천년래 제일 사건이라 하지 아니하랴.

① 성리학적 유교 사관에 입각한 『사략』을 저술하였다.
② 현존하는 우리나라의 최고(最古) 역사서를 편찬하였다.
③ 우리나라 역사를 단군에서부터 서술한 역사서를 저술하였다.
④ 동명왕의 업적을 칭송한 영웅 서사시인 「동명왕편」을 저술하였다.

---

3 무신정권의 성립★

(1) 배경
① 묘청의 서경 천도 운동 이후 문벌 귀족 지배 체제의 모순은 더욱 깊어져 갔고, 지배층은 이와 같은 상황에 효과적으로 대응하지 못한 채 정치적 분열을 거듭하였다.
② 의종 역시 측근 세력을 키우면서 이들에 의존하고 향락에 빠지는 등 실정을 거듭하였고, 문신 우대와 무신 차별에 따른 무신들의 불만이 커졌다.
③ 여기에 군인전(軍人田)을 제대로 지급받지 못한 하급 군인들의 불만도 고조되고 있었다.

(2) 무신정변(의종 24년, 1170)
지배 체제의 모순이 정치적으로 폭발한 것이 무신정변이었다.
① 중심인물: 정중부·이의방 등의 무신들은 정변을 일으켜 다수의 문신을 죽이고 의종을 폐하여 거제도로 귀양 보낸 후 명종을 세워 정권을 장악하였다.
② 관직의 독점: 무신들은 중방을 중심으로 권력을 행사하면서 주요 관직을 독차지하고 토지와 노비를 늘려 갔으며, 저마다 사병을 길러 권력 쟁탈전을 벌였다.

(3) 무신 간의 정권 쟁탈전
① 정중부(1170~1179): 이의방을 제거하고 **중방(重房)**을 중심으로 권력을 행사하였다.
② 경대승(1179~1183): 정중부를 제거하고 신변 보호를 위해 사병 집단인 **도방(都房)**을 설치하고 권력을 전횡하였다.

③ 이의민(1183~1196): 경주의 노비 출신으로, 경대승의 병사 후 정권을 잡았다. 그러나 1196년 최충헌·최충수 형제에게 피살되었다.

> **사료** 이의민
>
> 이의민(李義旼)은 경주(慶州) 사람이다. 그의 아버지 이선(李善)은 소금과 체(篩: 치거나 거르는 데에 쓰는 기구)를 팔아 생업으로 삼았으며, 어머니는 연일현(延日縣) 옥령사(玉靈寺)의 비(婢)였다. 이의민이 어렸을 때, 이선이 꿈에서 이의민이 푸른 옷을 입고 황룡사(黃龍寺) 9층 탑을 올라가는 것을 보고서 생각하기를, "이 아이는 반드시 귀하게 될 것이다."라고 하였다. 장성해서는 키가 8척이나 되었고 완력이 다른 사람보다 뛰어나서, 형 두 명과 함께 마을에서 횡포를 부려 사람들의 근심거리가 되었다. …… 이의민은 수박(手搏)을 잘했으므로, 의종(毅宗)이 그를 총애하여 대정(隊正)에서 별장(別將)으로 승진시켰다. 정중부(鄭仲夫)의 난에 이의민이 많은 사람을 죽였으므로 중랑장(中郎將)이 되었다가, 곧이어 장군(將軍)으로 승진하였다. 『고려사』

④ 최충헌(1196~1219): 이의민을 제거하여 최씨 무신정권의 기반을 확립하고, 무신 간의 권력 쟁탈전을 수습하여 강력한 독재 정권을 이룩하였다. 명종 26년(1196)부터 고종 45년(1258)까지 4대 60여 년간 최씨 무신정권을 지속하였다.

(4) 사회의 동요
① 무신정권기에 지배층에 의한 대토지 소유는 더욱 늘어났다.
② 정치 싸움으로 인하여 중앙 정부의 지방 통제력이 약화되면서 농민과 천민의 대규모 봉기가 일어났다.

(5) 무신정변의 영향
① 정치적: 왕권의 약화를 초래하고 중방(重房)의 기능을 더욱 강화하였다. 문신은 여전히 관계(官界)에 진출하고 있었다.
② 경제적: 전시과(田柴科)가 붕괴되어 사전(私田)과 농장(農場)이 확대되었다.
③ 사회적: 신분제의 동요를 가져오고(천민 집단의 해체), 귀족 사회가 붕괴되어 관료 사회로의 전환을 촉진하였다.
④ 사상적: 조계종(曹溪宗)이 발달하고, 천태종이 침체되었다.
⑤ 문화적: 패관 문학, 시조 문학이 발달하였다.
⑥ 군사적: 사병이 확대되어 권력 다툼이 격화되었는데, 이는 민란의 배경이 되었다.

(6) 최씨 무신정권 시대
① 최충헌의 집권(1196~1219)
  ㉠ 사회 개혁책 제시: 최충헌은 정권을 잡자 무신정권 초기의 혼란을 극복하기 위하여 봉사 10조와 같은 사회 개혁책을 제시하면서도, 농민 항쟁의 진압에 적극적으로 나섰다.

> **사료** 최충헌의 봉사(시무) 10조
>
> 1. 왕은 정전(正殿, 연경궁)에 들어가 영명(永命)을 받을 것
> 2. 무능하고 불필요한 관원을 감축하고 녹봉(祿俸)의 수량에 따라 관직을 제수할 것
> 3. 토지 제도를 정비하여 부당한 토지 겸병(土地兼併)을 시정하고, 빼앗은 땅을 원 주인에게 되돌려 줄 것
> 4. 어진 관리를 가려 지방 관직에 배치하여 세력가가 백성의 재산을 착취하지 못하도록 할 것
> 5. 제도(諸道)의 시(使)에게 공진(供進)을 금하고 오로지 사문(查問)으로써 직책을 삼도록 할 것
> 6. 승려들을 물리쳐 궁전 출입을 금하고 곡식의 이식(利息)을 취하지 못하게 할 것
> 7. 지방 수령에게 명하여 관리들의 능력 보고를 하게 하고, 능한 자는 올려주며 무능한 자는 징계할 것

■ 민란의 배경

토지 제도의 붕괴에 따른 농민의 유민화가 성행하였고, 문벌 귀족 체제의 동요에 따라 중앙에 의한 지방 통제가 약화되었다. 또한 무신정변 이후 하극상의 풍조가 만연하고 있었다.

8. 백관에게 훈계하여 사치를 금하고, 검약을 숭상케 할 것
9. 음양관(陰陽官)으로 사원(寺院) 자리의 지덕을 조사케 하고, 비보(裨補) 사찰 이외의 것은 모두 없앨 것
10. 측근 관리를 가려 써서 아첨하는 무리를 경계할 것

『고려사』

ⓒ 권력 유지에 치중: 사회 개혁책은 흐지부지되고 최충헌은 오히려 많은 토지와 노비를 차지하고 사병을 양성하여 권력 유지에 치중하였다.
ⓒ 교정도감 설치(희종 5년, 1209): 최충헌은 최고 집정부의 구실을 하는 교정도감을 설치하여 최고의 정치 기구로 권력을 행사하였다.
ⓔ 도방 설치: 사병 기관인 도방을 부활시켜 신변을 경호하였다.

> **심화** 최충헌의 권력 강화
>
> 최충헌은 이의민을 제거하고 권력을 잡은 후 명종을 폐위하고, 마음대로 신종·희종·강종을 옹립하고 폐위하는 등 전횡을 일삼았다. 한편 희종 2년(1206)에 진강후(晉康侯)로 봉해졌으며, 흥녕부(興寧府, 뒤에 진강부로 개칭)를 세움으로써 권력 기반을 공고히 하였다. 또한 진양(현재의 진주) 지방을 대규모 식읍지로 받아 경제적 기반으로 활용하였다.

② 최우의 집권(1219~1249): 최우도 교정도감을 통하여 정치권력을 행사하였다.
ⓐ 정방 설치: 자기 집에 정방을 설치하여 모든 관직에 대한 인사권을 장악하였다.
ⓑ 서방 설치: 정국이 안정되면서 최우는 문학적인 소양과 함께 행정 실무 능력을 갖춘 문신들을 등용하여 고문 역할을 담당하게 하였다.
ⓒ 삼별초 조직: 야별초(夜別抄)에서 비롯하여 좌별초·우별초·신의별초(신의군)로 확대 구성하였다. 이들은 녹봉을 받으면서 군과 경찰 등의 공적 임무를 띤 최씨의 사병이었으나, 대몽 강화 때까지 몽골군과 항쟁하여 고려 무신의 전통적 자주성을 뚜렷하게 보여 주었다.

> **사료** 최충헌과 최우의 인사권 행사
>
> ❶ 최충헌(崔忠獻)이 정권을 마음대로 하면서부터 관부와 관료를 두고 사사로이 정안을 취하여 주의(注擬, 관원을 임명할 때 먼저 문관은 이부, 무관은 병부에서 후보자 세 사람을 정하여 임금에게 올리던 것)하고 제수하였다. 당여(黨與)들에게 제수하여 승선(承宣)을 삼았는데, (이들을) 정색승선(政色承宣)이라 하였다.
>
> ❷ 고종 12년(1225)에 최우가 자신의 집에 정방을 두고 백관의 인사를 다루었는데 문사(文士)를 뽑아 이에 속하게 하고 필자적(必者赤)이라 불렀다. 옛 제도에는 이부(吏部)는 문신 인사를, 병부(兵部)는 무신 인사를 관장하는데, 근무 연한의 순서를 정하여 관리의 근면함과 태만함, 공과(功過), 재능이 있고 없음을 논한 후 모두 문서에 기재한 것을 정안이라 하였다. 중서성(中書省)에서 승출[升黜, 관리의 고과(考課) 등]을 살펴 벼슬을 올리거나 내리는 일]을 다루어 이를 아뢰면 문하성(門下省)에서 제칙(制勅)을 받들어 이를 행하였다.
>
> 『고려사』

■ 문신의 중용
서방(書房)을 통하여 이규보(최충헌 때 관직에 진출)·최자 등의 문신을 중용하였다. 이들 문사를 뽑아 필도적(必闍赤, 필도치)이라 하여 정치 자문과 협조를 구하였다.

■ 최씨 집권의 결과
최씨의 집권으로 무신정권이 정치적으로는 안정되었지만, 국가 통치 질서는 오히려 약화되었다. 최씨 정권은 권력 유지와 이를 위한 체제 정비에 집착하였을 뿐, 국가의 발전이나 백성들의 안정을 위한 노력에는 소홀하였다.

| 바로 확인문제 |

● 〈보기〉와 같이 기록된 고려 무신정권기 집권자는?　　　21. 서울시(자체 출제) 9급

| 보기 |
경주 사람이다. 아버지는 소금과 체(篩)를 파는 것을 업(業)으로 하였고, 어머니는 연일현(延日縣) 옥령사(玉靈寺)의 노비였다. …… 그는 수박(手搏)을 잘했기에 의종의 총애를 받아 대정에서 별장으로 승진하였고, …… 그가 무신정변 때 참여하여 죽인 사람이 많으므로 중랑장(中郎將)으로 임명되었다가 얼마 후 장군으로 승진하였다.
『고려사』 권128, 반역전

① 최충헌　　　　　　　　　② 김준
③ 임연　　　　　　　　　　④ 이의민

|정답해설| 경주의 노비 출신인 이의민은 무신정변에 참여한 후 중랑장, 장군 등으로 승진하였다.
|정답| ④

● (가)~(다) 사건을 일어난 순서대로 가장 바르게 나열한 것은?　　　23. 법원직 9급

(가) 이고 등이 임종식, 이복기, 한뢰를 비롯하여 왕을 모시던 문관 및 대소 신료들을 살해하였다. 정중부 등이 왕을 모시고 궁으로 돌아왔다.
(나) 김부식이 군대를 모아서 서경을 공격하였다. 서경이 함락되자 조광은 스스로 불에 뛰어들어 죽었다.
(다) 최사전의 회유에 따라 척준경은 마음을 돌려 계책을 정하고 이자겸을 제거하였다.

① (나) - (가) - (다)　　　② (나) - (다) - (가)
③ (다) - (가) - (나)　　　④ (다) - (나) - (가)

|정답해설| 제시된 사건의 순서는 다음과 같다. (다) 이자겸의 난(1126) - (나) 김부식, 묘청의 난 진압(1136) - (가) 무신정변(1170)
|정답| ④

4 무신정권에 대한 반발

(1) 김보당의 난(1173)

무신정변 이후 무신들이 정권을 독점하자 명종 때 병마사 김보당이 의종의 복위를 꾀하여 난을 일으켰다. 최초의 반(反)무신 난이었다.

(2) 교종 계통 승려의 난(1174)

문신 귀족과 연결된 귀법사 등 교종 계통의 승려들이 무신정권에 반발하여 난을 일으켰으나 실패하였다.

(3) 조위총의 난(1174~1176)

서경 유수 조위총 등은 지방군과 농민을 이끌고 중앙의 무신들에게 3년간 항거하였으나 실패하였다. 초기에는 권력 쟁탈전의 성격을 띠었으나, 많은 농민이 가세하여 농민 전쟁의 성격을 띠었다.

| 사료 | 무신정권에 대한 반발

❶ 김보당의 난
명종 3년 8월 동북면 병마사 김보당이 동계에서 군사를 일으켜 정중부, 이의방을 치고 전왕(의종)을 복위시키고자 하는데, …… 9월에 한언국은 잡혀 죽고 조금 뒤에 안북 도호부에서 김보당을 잡아 보내니 이의방이 김보당을 저자에서 죽이고 무릇 문신을 모두 살해하였다.
『고려사』

단권화 MEMO

❷ 조위총의 난
명종 4년에 조위총이 병사를 일으켜 정중부 등을 토벌하기를 모의하여 마침내 동북 양계 여러 성의 군대에 격문을 보내어 호소하기를, "…… 북계의 여러 성에는 대개 사납고 교만한 자가 많으므로 토벌하려고 대병력을 출동시켰다고 한다. 어찌 가만히 앉아서 스스로 죽음에 나아가리. 마땅히 각자의 병마를 규합하여 빨리 서경에 집결하라."고 하였다. 「고려사」

5 무신집권기 하층민의 봉기

(1) 발생 배경
① 신분 제도의 동요: 무신정변으로 고려 전기의 신분 제도가 동요되어 하층민에서 권력층이 된 자가 많았다.
② 농민 수탈의 강화: 무신들 간의 대립과 지배 체제의 붕괴로 백성들에 대한 통제력이 약화되었으며, 무신들의 농장 확대로 인하여 수탈이 횡행하였다.

(2) 백성들의 봉기
12세기에 가혹한 수탈을 견디지 못한 백성들은 종래의 소극적 저항에서 벗어나 대규모의 봉기를 일으키기 시작하였다. 조위총이 서경에서 반란을 일으켰을 때에도 많은 농민이 가세하였으며, 난이 진압된 뒤에도 농민 항쟁이 여러 해 동안 계속되었다.

① 무신정권 초기
  ㉠ 형태: 초기에 산발적으로 일어났던 봉기는 점차 조직화되었다.
  ㉡ 성격: 신라 부흥 운동과 같이 왕조 질서를 부정하는 성격에서부터 지방관의 탐학을 국가에 호소하는 타협적인 성격에 이르기까지 다양한 성격의 봉기가 일어났다.
  ㉢ 대표: 남부 지방에서도 농민 항쟁이 발생하였다. 특히 공주 명학소의 **망이·망소이의 난**, 운문·초전의 **김사미·효심의 난** 등이 명종 때에 집중적으로 일어났다.

망이·망소이의 난 (1176)	정중부 집권기에 공주 명학소(鳴鶴所)의 망이·망소이가 주동이 되어 일으킨 반란으로, 이 사건으로 명학소는 충순현(忠順縣)으로 승격되었다. 이들은 남적으로 불렸으며, 아주(충남 아산) 지역까지 세력을 확장하였다.
전주 관노의 난(1182)	경대승 집권기에 있었던 관노(官奴)들의 난으로 전주를 점령하였다.
김사미·효심의 난 (1193)	이의민 집권기에 운문(청도)·초전(울산)에서 신분 해방 및 신라 부흥을 기치로 내걸고 발생한 최대 규모의 민란이었다.

사료 망이·망소이의 난

이미 나의 고을을 명학소에서 충순현으로 승격시키고, 또 수령을 두어 위로하다가 다시 군대를 보내 우리 어머니와 아내를 잡아 가두니 그 뜻이 어디에 있는가? 차라리 창칼 아래 싸우다 죽을지언정 결코 항복하여 포로는 되지 않을 것이며, 반드시 서울에 쳐들어가고야 말 것이다. 「고려사」

사료 김사미·효심의 난

명종 23년 남적(南賊)이 봉기하였다. 큰 도적인 김사미는 운문에 웅거(雄據)하고, 효심은 초전에 웅거하여 망명(亡命)한 무리를 불러 모아 주현(州縣)을 노략질하였다. 국왕이 듣고 근심하여, 대장군 전존걸·장군 이지순 등을 보내어 남적(南賊)을 치게 하였다. 그러나 적을 공격하다 패퇴(敗退)하였다. …… 24년 2월에 남적(南賊)의 괴수(魁首) 김사미가 스스로 행영(行營)에 와서 투항(投降)하기를 청하니, 이를 받아들였고 그 후 참(斬)하였다. 「고려사」

② 최충헌 집권 시기
  ㉠ 재발생: 최충헌이 정권을 장악한 뒤에는 회유와 탄압으로 약간 수그러들었다가 천민들의 신분 해방 운동이 다시 발생하였다.
  ㉡ 대표: 만적(萬積)은 "사람이면 누구나 공경대부(公卿大夫)가 될 수 있다."고 주장하며 신분 차별에 항거하였으나, 사전에 발각되어 실패하였다(1198).

만적의 난(1198)	최충헌의 노비였던 만적은 "누구나 공경장상(公卿將相)을 할 수 있다."고 주장하면서 신분 차별에 항거하였으나 사전에 발각되어 실패하였다.
광명·계발의 난(1200)	합주(陝州, 지금의 경상남도 합천)에서 지방관의 수탈에 저항하여 일어났다.
이비·패좌의 난(1202)	경주에서 신라 부흥을 표방하며 일어난 민란이다.
최광수의 난(1217)	서경에서 고구려 부흥을 명분으로 일어난 민란이다.

■ 공경장상(公卿將相)
삼공과 구경 등 고위 관리와 장군 및 재상을 말한다.

사료 | 만적의 난

"국가에서는 경계(庚癸)의 난[무신정변(경인년)과 김보당의 난(계사년)] 이래로 귀족 고관들이 천한 노예들 가운데서 많이 나왔다. 장수와 재상들의 씨가 따로 있는 것이 아니다. 때가 오면 아무나 할 수 있는 것이다. 우리들은 어찌 힘드는 일에 시달리고 채찍질 아래에서 고생만 하고 지내겠는가." 이에 노비들이 모두 찬성하고 다음과 같이 약속하였다. "우리들은 성안에서 봉기하여 먼저 최충헌을 죽인 뒤 각각 상전들을 죽이고 천적(賤籍)을 불살라 버려 삼한(三韓)에 천인을 없애자. 그러면 공경장상(公卿將相)을 우리 모두 할 수 있다."

『고려사』

③ 최우 집권 시기

이연년 형제의 난(1237)	전라도 담양에서 백제 부흥을 명분으로 일어난 민란이다.

바로 확인문제

● **다음 사건 발생 이후에 있었던 사실로 옳은 것은?** 25. 국가직 9급

> 노비 만적 등 6인이 개경의 북산에서 나무하다가 공노비와 사노비들을 불러 모의하기를, "정중부의 반란과 김보당의 반란 이후로 고관이 천민과 노비에서 많이 나왔다. 장상(將相)의 씨가 따로 있으랴!"라고 하였다.

① 정방 설치
② 동북 9성 축조
③ 노비안검법 실시
④ 상수리 제도 시행

● **다음 사건을 일어난 순서대로 바르게 나열한 것은?** 16. 서울시 9급

> (가) 김보당의 난 발생
> (나) 이의민의 권력 장악
> (다) 김사미와 효심의 난 발생
> (라) 교정도감의 설치

① (가) - (나) - (다) - (라)
② (가) - (나) - (라) - (다)
③ (나) - (가) - (다) - (라)
④ (나) - (가) - (라) - (다)

|정답해설| 제시된 사건은 만적의 난이다. 만적의 난(1198)은 최충헌 집권 시기(집권 기간: 1196~1219)에 일어났다. 정방은 인사권을 행사하는 기구로서, 최우 집권 시기(집권 기간: 1219~1249)인 1225년 설치되었다.
|오답해설|
② 예종 때 여진족을 정벌하고, 동북 9성을 축조하였다(1108).
③ 광종은 왕권을 강화하고 호족 세력을 약화하기 위해 노비안검법을 시행하였다(956).
④ 상수리 제도는 통일 신라 때 시행된 인질 제도이다.
|정답| ①

|정답해설| (가) 김보당의 난(1173) → (나) 경대승의 사망 후 이의민의 권력 장악(1183) → (다) 신라 부흥을 기치로 내건 김사미와 효심의 난 발생(1193) → (라) 이의민을 제거하고 권력을 잡은 최충헌이 최고 권력 기구인 교정도감 설치(1209)
|정답| ①

단권화 MEMO

＊고려의 대외 관계
고려 시대 북방 민족과의 관계는 거란－여진－몽골 순이었음을 기억해 두어야 한다.

■ 정안국
발해가 멸망한 뒤 발해의 유민들이 부흥 운동의 일환으로 압록강 일대에 세운 나라이다.

■ 강동 6주
6주는 흥화진(의주)·용주(용천)·통주(선주)·철주(철산)·귀주(귀성)·곽주(곽산)이다.

06 대외 관계의 전개*

1 거란의 침입과 격퇴

10세기 초에 통일된 국가를 세운 거란(요)은 송을 공격하기에 앞서 송과 연결되어 있던 정안국(定安國)을 토벌하고 고려와의 관계를 개선하려 하였다. 고려에서 이를 받아들이지 않고 오히려 북진 정책을 강력하게 추진하자, 거란은 먼저 정안국을 정복한 다음 고려에 여러 차례 침입해 왔다.

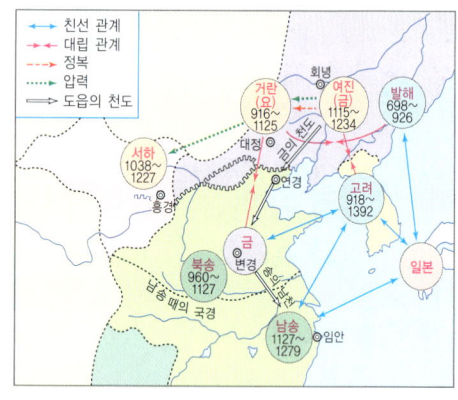

▲ 10~12세기 동아시아의 외교 관계

(1) 제1차 침입(성종 12년, 993)

① 원인: 고려의 거란에 대한 강경책과 광종 이후 송과의 수교(962) 및 정안국의 존재가 거란을 자극하였다.

② 경과
  ㉠ 거란의 소손녕은 고려가 차지하고 있는 고구려의 옛 땅을 내놓을 것과 송과 교류를 끊고 자신들과 교류할 것을 요구하며 80만 대군을 이끌고 고려를 침입해 왔다.
  ㉡ 고려는 청천강에서 거란의 침략을 저지하는 한편, 서희가 거란과 협상에 나섰다.

③ 결과
  ㉠ 거란으로부터 고구려의 후계자임을 인정받고 압록강 동쪽의 강동 6주를 확보하였다.
  ㉡ 송과 교류를 끊고 거란과 교류할 것을 약속하였다.

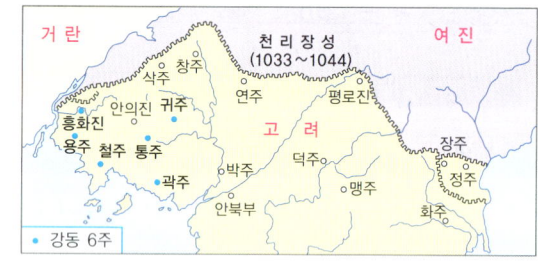

▲ 강동 6주와 천리장성

사료 서희의 외교 담판

거란 소손녕이 요구하기를 "고려는 신라 땅에서 일어났는데도 우리가 소유하고 있는 고구려 땅을 침식하고 있으니 고려가 차지한 고구려의 옛 땅을 내놓아라. 또한 고려는 우리나라와 땅을 인접하고 있으면서도 바다를 건너 송을 섬기고 있으니 송과 단교한 뒤 요(遼)와 통교하라."고 하였다.
이에 서희는 "우리나라는 고구려를 계승하여 고려라 하고 평양에 도읍하였으니, 만일 영토의 경계로 따진다면 그대 나라의 동경(요양)이 모두 우리 경내에 있거늘 어찌 침식했다고 할 수 있느냐. 또한 압록강의 내외도 우리의 경내인데, 지금 여진족이 할거하여 그대 나라와 조빙(朝聘)을 통하지 못하고 있으니, 만약에 여진을 내쫓고 우리의 땅을 되찾아 성보(城堡)를 쌓고 도로가 통하면 조빙을 닦겠다."고 답하였다. 『고려사』

(2) 제2차 침입(현종 1년, 1010)

① 원인: 거란군이 퇴각한 뒤 고려는 송과 친선 관계를 계속 유지하면서 거란과 교류하려 하지 않았다.

② 경과
　㉠ 거란은 강조의 정변을 계기로 강동 6주를 넘겨줄 것을 요구하면서 40만 대군으로 다시 침입해 왔다.

사료　강조의 정변

강조의 군사들이 궁문으로 마구 들어오자, 목종이 모면할 수 없음을 깨닫고 태후와 함께 목 놓아 울며 법왕사로 옮겼다. 잠시 후 황보유의 등이 대량원군(현종)을 받들어 왕위에 올렸다. 강조가 목종을 폐위하여 양국공으로 삼고, 군사를 보내 김치양 부자와 유행간 등 7인을 죽였다.
　　　　　　　　　　　　　　　　　　　　　　　　　　　　　　　　　　『고려사』

　㉡ 개경이 함락되어 왕은 나주로 피난하는 등 어려움을 겪기도 하였으나, 거란군의 배후에서 **양규**가 선전하였다.
③ 결과: 거란군은 퇴로가 차단될 것을 두려워하여 고려와 강화하고 물러갔다.

사료　거란의 제2차 침입과 강조의 패배

군대를 이끌고 통주성 남쪽으로 나가 진을 친 강조는 거란군에게 여러 번 승리를 거두었다. 하지만 자만하게 된 그는 결국 패해 거란군의 포로가 되었다. 거란의 임금이 그의 결박을 풀어 주며 "내 신하가 되겠느냐?"라고 물으니, 강조는 "나는 고려 사람인데 어찌 너의 신하가 되겠느냐?"라고 대답하였다. 재차 물었으나 같은 대답이었으며, 칼로 살을 도려내며 물어도 대답은 같았다. 거란은 마침내 그를 처형하였다.
　　　　　　　　　　　　　　　　　　　　　　　　　　　　　　　　　　『고려사』

(3) 제3차 침입(현종 9년, 1018)
① 원인: 거란이 현종의 입조를 재차 요구하고 강동 6주를 반환할 것을 강요하였으나, 모두 거절하였다.
② 경과
　㉠ 거란의 소배압이 다시 10만의 대군으로 침입해 왔다.
　㉡ 개경 부근까지 침입해 온 거란은 도처에서 고려군의 저항을 받고 퇴각하던 중 귀주에서 **강감찬**이 지휘하는 고려군에게 섬멸되었다. 이때 살아서 돌아간 거란의 군사가 수천에 불과할 정도였다. 이를 **귀주 대첩**(1019)이라 한다.
③ 결과: 양국은 강화를 맺고 고려는 거란의 연호를 썼으며, 강동 6주의 요구는 철폐되었다.

(4) 전란의 영향
① 세력 균형의 유지
　㉠ 고려가 거란의 계속되는 침략을 막아 내자 거란은 더 이상 고려를 공격할 수 없었고, 송을 침입할 수도 없었다.
　㉡ 고려가 거란과 싸워서 승리함으로써 고려 – 송 – 거란 사이에는 세력 균형이 유지될 수 있었다.
② 나성과 천리장성 축조: 전쟁이 끝난 뒤 고려는 국방을 강화하는 데 더욱 노력하였다.
　㉠ 나성: 강감찬의 건의로 개경에 나성을 쌓아 도성 수비를 강화하였다.
　㉡ 천리장성: 거란은 물론 여진의 침입까지 방어하기 위해 압록강 어귀에서 동해안의 도련포에 이르는 북쪽 국경 일대에 천리장성을 쌓았다(9대 덕종~10대 정종).

단권화 MEMO

■ **강조(康兆)의 정변(1009)**
성종이 죽고 목종이 즉위하니 그 생모 천추 태후가 섭정하고 외척인 김치양과 사통하여 사생아를 낳고 그를 목종의 후사로 삼고자 음모를 꾸몄다. 이에 목종은 대량원군 순(詢, 태조의 손자)을 후사로 삼고자 서북면 도순검사 강조에게 서울 호위를 명하였다. 그러나 강조는 입경하여 김치양·천추 태후 일당을 제거한 후 목종까지 폐하고 대량원군을 즉위시키니 그가 현종이며, 이 변란을 '강조의 정변'이라고 한다.

■ **흥화진 전투**
거란은 고려 침공을 위한 요충지인 흥화진을 선점하기 위해 고려 현종 대에 수차례에 걸쳐 침입하였으며, 제2차 침입 때는 양규가, 제3차 침입 때는 강감찬이 활약하였다.

| 단권화 MEMO |

|정답해설| (가) 지역은 거란의 1차 침략 당시 서희의 외교 담판으로 획득한 강동 6주이다.

|정답| ③

| 바로 확인문제 |

● (가) 지역에 대한 설명으로 가장 옳은 것은?

19. 법원직 9급

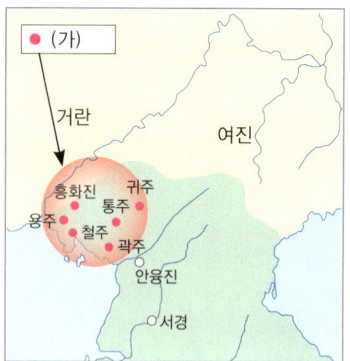

① 김종서가 6진을 설치하였다.
② 공민왕 때 무력으로 수복하였다.
③ 서희가 거란과의 담판으로 획득하였다.
④ 윤관이 별무반을 이끌고 여진족을 몰아내었다.

2 여진 정벌과 9성 개척

여진은 한때 말갈이라 불리면서 오랫동안 고구려에 복속되어 있었고, 발해가 멸망한 뒤에는 여진으로 불리면서 발해의 옛 땅에서 반독립적 상태로 세력을 유지하고 있었다.

(1) 여진과의 관계

① 회유·동화 정책 실시: 고려는 두만강 연안의 여진을 경제적으로 도와주는 동시에 회유·동화 정책을 펴서 포섭해 나갔다.
② 여진과의 갈등: 12세기 초 만주 하얼빈 지방에서 일어난 완옌부의 추장이 여진을 통합하면서 정주까지 남하하여 고려와 충돌하게 되었다.

| 사료 | 여진의 고려 귀화 |

동여진의 정보(正甫) 마파(馬波) 등이 남녀 48명을 이끌고 정주 관외에 들어와 편호(編戶)되기를 청하므로 전택(田宅)을 내려 주고 내지에 살게 하였다.

『고려사』, 문종 6년 정월

(2) 여진 정벌과 동북 9성 축조

① 별무반의 편성(숙종 9년, 1104): 여진과의 1차 접촉에서 패한 고려는 기병 중심의 여진을 보병만으로 상대하기 어렵다는 것을 깨닫고, 윤관의 건의에 따라 기병을 보강한 특수 부대인 별무반을 편성하여 여진 정벌을 준비하였다. 별무반은 기병인 **신기군**, 보병인 **신보군**, 승병인 **항마군**으로 편성되었다.

| 사료 | 별무반 |

"신이 오랑캐에게 패한 것은 그들은 기병인데 우리는 보병이라 대적할 수 없었기 때문이었습니다." 이에 왕에게 건의하여 새로운 군대를 편성하였다. 문·무 산관, 이서, 상인, 농민들 가운데 말을 가진 자를 **신기군**으로 삼았고, 과거에 합격하지 못한 20살 이상 남자 중 말이 없는 자를 모두 **신보군**에 속하게 하였다. 또 승려를 뽑아서 **항마군**으로 삼았다.

『고려사절요』

② 동북 9성
  ㉠ 동북 9성의 축조: 윤관은 별무반을 이끌고 천리장성을 넘어 여진을 토벌하였다(예종 2년, 1107). 이후 동북 지방 일대에 9성을 쌓아 방어하였다(1108).
  ㉡ 동북 9성의 환부
    • 생활 터전을 잃은 여진의 계속된 침입으로 9성 수비에 어려움을 겪던 고려는 다시는 침략하지 않고 해마다 조공을 바치겠다는 여진의 조건을 수락하고 1년 만에 9성을 돌려주었다.
    • 고려의 입장에서도 서북쪽의 거란과 대치하는 상황에서 여진 방어에만 힘쓸 수 없었기 때문에 여진의 조건을 받아들였다.

▲ 「척경입비도(拓境立碑圖)」
윤관이 9성을 개척하고 비석을 세우는 장면을 조선 후기에 그린 것이다(고려대학교 박물관 소장).

(3) 금(金)의 건국과 사대 외교
① 금의 건국: 여진은 더욱 강성해져 만주 일대를 장악하면서 국호를 금이라 하고(1115), 거란을 멸한 뒤 고려에 군신 관계를 맺자고 압력을 가해 왔다.
② 사대 외교
  ㉠ 고려는 금의 사대 요구를 둘러싸고 정치적 분쟁을 겪기도 하였지만, 현실적으로 금과 무력 충돌을 하기 어려운 점을 고려하여 결국 금의 요구를 받아들였다.
  ㉡ 당시 집권자인 이자겸은 정권 유지를 위하여 금과 평화 관계를 유지하는 것이 유리하다고 판단하였다.
③ 결과: 금과 군사적 충돌은 없었으나, 강렬한 문화 의식을 기반으로 한 북진 정책은 사실상 좌절되었고, 국내적으로 귀족 사회의 모순을 격화시켜 이자겸의 난과 묘청의 난을 야기시키는 배경이 되었다.

> **사료** 금에 대한 사대 외교
>
> 인종 4년(1126) 대부분의 신하들은 사대를 할 수 없다고 주장하였다. 그러나 이자겸과 척준경이 "옛날의 금(金)은 소국으로 거란과 우리를 섬겼습니다. 하지만 지금은 갑자기 강성해져, 거란과 송을 멸망시키고 정치적 기반을 굳건히 함과 동시에 군사력을 강화하였습니다. 또 우리와 영토를 맞닿아 있으므로 정세가 사대하지 않을 수 없게 되었습니다. 작은 나라가 큰 나라를 섬기는 것은 선왕의 법도입니다. 마땅히 먼저 사신을 보내 예를 닦는 것이 옳습니다."라고 하였다.
> 「고려사」

단권화 MEMO

■ **동북 9성**

예종 2년(1107) 10월에 윤관을 원수로, 오연총을 부원수로 하여 17만 대군을 이끌고 함흥평야 이북 지역으로 진격해 나갔다. 이 기습 작전에서 고려군은 연전연승하여 135개의 촌락을 무너뜨리고, 5,000명에 가까운 적군을 죽이고, 포로만도 5,000명이 넘는 대승을 거두었다. 윤관은 이때 점령한 여러 곳에 9개의 성지를 축성한 다음, 남방의 민호를 옮겨 살게 하였다. 동북 9성에 대해서는 여러 가지 다른 설이 제기되고 있다. 특히 공험진의 위치에 대해서는 많은 이견들이 있다. 여말 선초의 관찬 사료에서는 두만강 북쪽 700여 리 지점에서 두만강 유역 일대까지로 본 반면에, 조선 후기의 일부 실학자들과 근세 일본 학자들은 길주 이남에서 함흥평야 일대까지로 국한하여 보고 있다. 국사 편찬 위원회, 「한국사」

단권화 MEMO

|정답해설| 빈칸의 국가를 상국으로 대우하는 일(사대 관계를 맺는 일)에 이자겸, 척준경이 찬성했다는 내용을 통해 빈칸의 나라가 여진이 세운 '금(金)'임을 알 수 있다. 묘청 일파는 서경 천도 운동을 추진하면서 금(金)을 정벌하고, 칭제 건원(황제국을 표방하고, 독자적 연호를 사용)을 주장하였다.

|오답해설|
① 현종은 거란(요)의 2차 침략 당시 나주까지 피난하였다.
③ 고려는 몽골과 함께 강동성에 포위된 거란을 격파하였다(강동의 역, 1219).
④ 3대 정종은 거란의 침략을 방어하기 위해 광군을 설치하였다.

|정답| ②

바로 확인문제

● 〈보기〉의 빈칸에 공통적으로 해당하는 국가와 관련하여 고려 시대에 발생한 일로 가장 옳은 것은?

18. 서울시 9급

┌ 보기 ┐
- 모든 관리들을 소집해 _____을/를 상국으로 대우하는 일의 가부를 의논하게 하자 모두 불가하다고 했으나, 이자겸과 척준경만이 찬성하고 나섰다.
- _____은/는 전성기를 맞아 우리 조정이 그들의 신하임을 칭하도록 하고자 하였다. 여러 의견들이 뒤섞여 어지러운 가운데, 윤언이가 홀로 간쟁하여 말하기를 …… 여진은 본래 우리 조정 사람들의 자손이기 때문에 신하가 되어 차례로 우리 임금께 조공을 바쳐왔고, 국경 근처에 사는 사람들은 모두 우리 조정의 호적에 올라있는 지 오래되었습니다. 우리 조정이 어찌 거꾸로 그들의 신하가 될 수 있겠습니까?

① 이 국가의 침입으로 인해 국왕은 나주로 피난하였다.
② 묘청 일파는 이 국가의 정벌을 주장하였다.
③ 이 국가와 함께 강동성에 포위된 거란족을 격파하였다.
④ 이 국가의 침략에 대비하여 광군을 설치하였다.

3 몽골과의 전쟁

(1) 몽골과의 접촉

① 중국의 정세: 13세기 초 중국 대륙의 정세는 급박하게 변화하고 있었다. 오랫동안 부족 단위로 유목 생활을 하던 몽골이 통일된 국가를 형성하면서 금을 공격하여 북중국을 점령하였다.

② 여몽 접촉
  ㉠ 거란의 침입: 금의 예하에 있던 거란의 일부가 몽골에 쫓겨 고려로 침입해 왔다.
  ㉡ 강동의 역(役): 고려는 이들을 반격하여 강동성(평양 동쪽)에서 포위하였고, 거란을 추격해 온 몽골 및 두만강 유역에 있던 동진국(1215~1233)의 군대와 연합하여 거란을 토벌하였다(1219). 이것이 고려와 몽골의 첫 접촉이었다. 이후 몽골은 자신들이 거란을 몰아내 준 은인이라고 내세우며 지나친 공물을 요구하였다.

(2) 몽골의 침입

① 1차 침입(1231): 마침 고려에 왔던 몽골 사신(저고여) 일행이 귀국하던 길에 국경 지대에서 피살되자 이를 구실로 몽골군이 침입해 왔다. 힘겹게 의주를 점령한 몽골군은 귀주성에서 박서의 완강한 저항에 부딪히자 길을 돌려 개경을 포위하였다. 이에 고려는 몽골의 요구를 받아들이게 되었고 몽골군도 큰 소득 없이 물러났다.

■ 거란장(契丹場)
거란을 토벌한 후 고려는 포로들을 각 주·군에 분송하여 토지를 주어 살게 하였으니, 이를 거란장이라 한다.

■ 박서의 귀주성 전투
고종 18년(1231) 몽골이 침입하여 온 갖 무기로 귀주성을 공격해 오자, 서북면 병마사 박서는 1개월에 걸친 격전 끝에 몽골군을 물리쳤다.

사료	박서의 귀주성 전투

고종 18년(1231)에 서북면 병마사로 임명되었다. 몽골 원수(元帥) 살리타이가 철주(鐵州)를 짓밟은 후 귀주(龜州)에 다다르자 박서는 삭주 분도장군(朔州分道將軍) 김중온(金仲溫)과 정주 분도장군(靜州分道將軍) 김경손(金慶孫) 및 정주·삭주·위주·태주 등의 수령들과 함께 각기 군사를 인솔하고 귀주로 모였다. 박서는 김중온 부대에게 성의 동서쪽을, 김경손 부대에게 성의 남쪽을 지키게 하고, 도호별초(都護別抄)와 위주·태주 별초(別抄) 250여 명을 세 방면으로 나누어 지키게 하였다. 몽골군이 성을 여러 겹으로 포위하고 밤낮으로 서·남·북문을 공격하였지만, 성안의 군사들이 적을 기습 공격해 승리하였다. 몽골군이 위주부사(渭州副使)

박문창(朴文昌)을 생포해 성안으로 보내 항복을 권유하자 박서가 그의 목을 베어 죽였다. 또 몽골군이 정예 기병 300명을 선발하여 북문을 공격하였으나 박서가 싸워서 적을 물리쳤다.

『고려사』

② 2차 침입(1232) : 당시 집권자인 최우는 몽골의 무리한 조공 요구와 간섭에 반발하여 강화도로 도읍을 옮기고, 장기 항전을 위한 방비를 강화하였다. 이에 몽골이 다시 침입해 왔으나 처인성(경기 용인) 전투에서 장수 살리타[撒禮塔]가 김윤후가 이끄는 민병과 승병에 의해 사살되자 퇴각하였다. 이때 대구 부인사(符仁寺)에서 보관 중이던 초조대장경과 의천이 편찬한 속장경(교장)이 소실되었다.

▲ 강화산성 서문(인천 강화)
고려 시대의 산성으로 4개의 성문이 있다. 현존하는 성문과 성곽은 조선 시대에 건축하였다.

■ 김윤후의 활약
몽골의 2차 침략 때 활약한 김윤후는 충주성 전투(5차 침략 시기)도 승리로 이끌었다.

사료 유승단의 강화 천도 반대

유승단이 홀로 "작은 나라가 큰 나라를 섬기는 것은 도리에 맞는 일이니, 예로써 섬기고 믿음으로써 사귀면 그들도 무슨 명목으로 우리를 괴롭히겠는가? 성곽과 종사를 내버리고 섬에 구차히 엎드려 세월을 보내면서, 달마다 변방의 백성 가운데 장정들은 적의 칼날에 맞아 죽게 만들고 노약자들은 노예로 잡혀가게 하는 것이 국가를 위한 원대한 계책은 아니다."라고 반대하였으나, 최이(최우)는 듣지 않았다.

『고려사』

③ 계속적 침략: 고종 22년(1235) 당올태(唐兀台)가 침략해 왔으며(3차 침입, 1235~1239), 당시 황룡사 9층 목탑이 소실되었다(1238). 이후에도 몽골의 침략은 여러 차례 계속되었다. 한편 최우는 1236년 대장도감(大藏都監)을 설치하고, '수기' 스님을 총책임자로 임명하여 재조대장경(팔만대장경)을 조판하였다(1251년 완성 – 최항 집권 시기).
④ 고려의 저항
  ㉠ 강화도의 고려 정부는 주민들을 산성과 섬으로 피난시키고 항전과 외교를 병행하면서 저항하였다. 한편 지배층들은 부처의 힘으로 외적을 방어하겠다는 마음으로 팔만대장경을 조판하였다.
  ㉡ 고려가 몽골의 침입에 끈질기게 저항할 수 있었던 이유는 무엇보다도 일반 민중들이 용감하게 대항하였기 때문이다. 특히 사회적으로 천대받던 노비와 부곡 지역의 주민들까지도 몽골에 대항하여 싸웠다.
⑤ 몽골 침입의 결과
  ㉠ 강화도의 고려 정부는 수로를 통하여 조세를 거두어들여 명맥을 유지할 수 있었으나, 장기간의 전쟁으로 국토는 황폐해지고 백성들은 도탄에 빠지게 되었다.
  ㉡ 황룡사 9층 목탑을 비롯한 수많은 문화재가 소실되었다.

(3) 몽골과의 강화

① 최씨 정권이 무너진 후 김준, 임연, 임유무 등이 집권하였으나, 권력 기반은 취약할 수밖에 없었다.
② 이때 원종은 개경으로의 환도를 명령하였다(1270).

(4) 삼별초의 항쟁(1270~1273)

① 배경: 개경 환도는 몽골에 대한 굴복을 의미하는 것이었으므로, 삼별초의 배중손은 승화후(承化侯) 온(溫)을 왕으로 옹립하고 거병하였다.
② 경과: 이들은 진도로 근거지를 옮겨 용장성을 쌓아 저항하였다. 이후 여몽 연합군의 공격으로 진도가 함락되자(배중손, 승화후 온 전사), 김통정을 중심으로 제주도로 이동하여 항쟁하였다.
③ 결과: 김방경, 홍다구 등이 지휘하는 여몽 연합군은 제주도의 삼별초를 진압하였다(1273). 원은 제주도에 탐라총관부(耽羅總管府)를 설치하고 목마장을 운영하였다.
④ 의의: 삼별초의 장기적인 항쟁이 가능하였던 이유는 몽골군이 접근하기 어려운 지리적 이점과 몽골에 굴복하는 것에 반발하는 일반 민중들의 적극적인 지원이 있었기 때문이었다.

> **사료** 몽골과의 항쟁
>
> ❶ 처음 충주 부사 우종주가 매양 장부와 문서로 인하여 근자에 판관 유홍익과 틈이 있었는데, 몽골병이 장차 쳐들어온다는 말을 듣고 성 지킬 일을 의논하였다. 그런데 의견상 차이가 있어서 우종주는 양반 별초(兩班別抄)를 거느리고, 유홍익은 노군(奴軍)과 잡류 별초(雜類別抄)를 거느리고 서로 시기하였다. 몽골병이 오자 우종주와 유홍익은 양반 등과 함께 다 성을 버리고 도주하고, 오직 노군과 잡류만이 힘을 합하여 쳐서 이를 쫓았다.
>
> ❷ 김윤후는 고종 때의 사람으로 일찍이 중이 되어 백현원에 있었다. 몽골병이 이르자, 윤후가 처인성으로 난을 피하였는데, 몽골의 원수 살리타가 와서 성을 치매 윤후가 사살하였다. 왕은 그 공을 가상히 여겨 상장군의 벼슬을 주었으나 이를 사양하고 받지 않았다.
>
> ❸ 원종 11년(1270)에 개경으로 환도할 기일을 정하여 게시하였는데, 삼별초는 이에 따르지 않았다. 배중손 등이 봉기하여 군사들에게 병기를 나누어 주고, 왕족인 승화후(承化侯) 온(溫)을 왕으로 삼아 관부를 설치하고, 관원을 임명하였다. …… 적은 진도(珍島)로 들어가서 근거지로 삼았으므로 왕이 김방경에게 명령하여 토벌케 하였다. 이듬해 김방경이 몽골 원수 흔도(忻都) 등과 함께 3군을 통솔하고 적을 격파하자, 적장 김통정은 패잔병을 거느리고 탐라로 들어갔다.
>
> 『고려사』

바로 확인문제

● <보기>에 나타난 사건과 시기상 가장 먼 것은? 21. 서울시(자체 출제) 9급

| 보기 |

처음 충주 부사 우종주가 매양 장부와 문서로 인하여 판관 유홍익과 틈이 있었는데, 몽골군이 장차 쳐들어온다는 말을 듣고 성 지킬 일을 의논하였다. 그런데 의견상 차이가 있어서 우종주는 양반 별초를 거느리고, 유홍익은 노군과 잡류 별초를 거느리고 서로 시기하였다. 몽골군이 오자 우종주와 유홍익은 양반 등과 함께 다 성을 버리고 도주하고, 오직 노군과 잡류만이 힘을 합하여 쳐서 이를 쫓았다.

① 처인성에서 몽골 장수를 사살하였다.
② 진주의 공·사노비와 합주의 부곡민이 합세하였다.
③ 수도를 강화도로 옮기고 주민을 산성과 섬으로 피난시켰다.
④ 몽골군이 경주의 황룡사 9층 탑을 불태웠다.

| 정답해설 | 제시된 사료는 몽골의 1차 침략 당시(1231) 충주성에서 노군·잡류 등이 몽골군을 격퇴한 내용이다. 광명·계발의 난(1200) 때 진주의 공·사노비와 합주의 부곡민이 합세하였다.
| 오답해설 |
① 몽골 2차 침략 당시 김윤후는 처인성에서 몽골 장수 살리타를 사살하였다(1232).
③ 최우는 수도를 강화도로 옮기고(1232) 주민을 산성과 섬으로 피난시켰다.
④ 몽골의 3차 침략 당시 몽골군은 경주의 황룡사 9층 탑을 불태웠다(1238).
| 정답 | ②

● (가) 군사 조직에 대한 설명으로 옳은 것은? 23. 지방직 9급

> 고려 정부는 몽골과 강화를 맺고 개경으로 환도하였다. 대몽 항전에 적극적이었던 ○(가)○ 은/는 개경 환도를 반대하고 반란을 일으켰다. 이어 진도로 근거지를 옮기면서 항쟁을 전개하였다.

① 포수, 사수, 살수의 삼수병으로 편제되었다.
② 윤관의 건의로 편성된 기병 중심의 부대였다.
③ 도적을 잡기 위해 설치한 야별초에서 시작되었다.
④ 양계 지방에서 국경 지역 방어를 맡았던 상비적인 전투 부대였다.

단권화 MEMO

|정답해설| 고려 정부의 개경 환도(1270)를 반대하면서 항몽 투쟁을 전개한 군사 조직은 삼별초이다. 삼별초는 최우 정권 때 도적을 잡기 위해 설치한 야별초에서 시작되었다. 이후 야별초가 확대되면서 좌별초, 우별초로 분리되었다. 한편 몽골에 포로로 잡혔다가 돌아온 사람들을 중심으로 신의군이 조직되었다. 이들 좌별초, 우별초, 신의군을 합쳐 삼별초로 불렸다.

|오답해설|
① 훈련도감은 포수, 사수, 살수의 삼수병으로 편제되었고, 직업 군인으로 구성되었다.
② 별무반은 고려 숙종 때 윤관의 건의로 여진 정벌을 위해 편성된 부대이다. 별무반은 신기군(기병), 신보군(보병), 항마군(승려로 구성)으로 구성되었다.
④ 주진군은 양계 지방에서 국경 방어를 담당한 상비군이었다.

|정답| ③

07 고려 후기의 정치 변동

1 원의 내정 간섭

(1) 일본 원정에 동원

① 몽골과 강화한 이후 고려의 자주성은 많은 손상을 입었다. 고려는 먼저 몽골의 일본 원정에 동원되었다.
② 몽골은 국호를 원(元)으로 바꾼 후 두 차례에 걸친 일본 원정을 단행하면서 고려로부터 선박·식량·무기를 비롯한 전쟁 물자와 함께 군대와 선원 등 인적 자원도 징발하였다. 오랜 전란에 시달린 고려로서는 감당하기 어려운 부담이었다(둔전경략사, 정동행성의 설치).
③ 2차 일본 정벌을 위해 설치된 정동행성(정동행중서성, 충렬왕 6년, 1280)은 일본 정벌 실패 이후에도 그대로 남아서 내정을 간섭하는 기구가 되었다.

■ 둔전경략사
원의 압력으로 일본 원정을 위해 설치한 둔전을 관리하는 일을 맡은 관청이다.

■ 정동행성의 구성
정동행성의 최고 책임자인 승상은 고려 왕이 겸임했고, 승상 아래에는 평장정사·우승·좌승·참지정사(參知政事)·원외랑(員外郞)·낭중(郞中)·도사(都事) 등이 있었다.

사료 여몽 연합군의 1차 일본 정벌(1274, 충렬왕 즉위년)

❶ 김방경(金方慶)이 정동군(征東軍)의 선봉대로서 별초(別抄)를 거느리고 첫 출발을 하였다.
『고려사』, 충렬왕 즉위년 7월

❷ 10월 을사일에 도독사 김방경에게 중군을 통솔하게 하고 …… 원나라 도원수 홀돈(忽敦), 우부원수 홍다구(洪茶丘), 좌부원수 유복형(劉復亨)과 함께 몽·한군(蒙·漢軍) 2만 5,000명, 아군 8,000명, 전함 900여 척으로 일본을 정벌하러 출발하였다. 이키시마[一岐島]에 이르러 1,000여 명의 적을 죽이고 길을 나누어 진격하니 왜인이 퇴각하여 도주하였다. 그런데 밤중에 폭풍우가 일어났다. 전함들이 바위와 언덕에 부딪혀 많이 파손되거나 침몰하였고 좌군사 김신(金侁)은 물에 빠져 죽었다.
『고려사』, 충렬왕 즉위년 10월

(2) 원의 직접 지배 지역

① 쌍성총관부 설치: 원은 고종 말년에 화주(영흥)에 쌍성총관부를 설치하여 철령(鐵嶺) 이북의 땅을 직속령으로 편입하였다(1258). 이후 공민왕 5년(1356)에 유인우가 무력으로 탈환하였다.
② 동녕부 설치(원종 11년, 1270): 원종 때 자비령 이북의 땅을 차지하여 서경에 동녕부를 설치하였고, 충렬왕 16년(1290)에 반환하였다.
③ 탐라총관부 설치(원종 14년, 1273): 삼별초의 항쟁을 진압한 뒤 제주도에 탐라총관부를 설치하여 목마장을 경영하였고, 충렬왕 27년(1301)에 탐라만호부로 대치되었다.

■ 동녕부
원은 원종 때 자비령 이북을 차지하여 동녕부를 설치하였다. 이후 고려의 끊임없는 반환 요청에 따라 1290년(충렬왕 16년) 고려는 동녕부 관할 지역을 돌려받게 되었으며, 고려 영토에 있던 동녕부는 요동으로 옮겨졌다. 이후 공민왕 시기에는 원명 교체기를 활용하여 대규모의 동녕부 공격을 실행하기도 하였다.

CHAPTER 01 중세의 정치 • 193

단권화 MEMO

(3) 원의 부마국(駙馬國)으로 전락
① 고려는 오랜 항쟁의 결과, 원에 정복당했거나 속국이 되었던 다른 나라들과는 달리 원의 부마국이 되었다.
② 고려의 국왕은 원의 공주와 결혼하여 원 황제의 부마가 되었고, 왕실의 호칭과 격을 부마국에 걸맞은 것으로 바꾸었다. 아울러 관제도 개편되고 격도 낮아졌다.

(4) 내정 간섭
① 원은 정동행성을 계속 유지하여 내정 간섭 기구로 삼았다.
② 군사적으로는 만호부를 설치하여 고려의 군사 및 치안 행정에 영향력을 행사하고, 다루가치라는 감찰관을 파견하여 내정을 간섭하였다.

(5) 경제적 수탈
① 원은 공녀(貢女)라 하여 고려의 처녀들을 뽑아 갔으며, 금·은·베를 비롯하여 인삼·약재·매 등의 특산물을 징발하여 농민들의 고통을 가중시켰다.
② 매(해동청)를 징발하기 위해서 응방(鷹坊)이라는 특수 기관을 설치하였다. 한편, 충렬왕이 응방을 통해 민간에서 은과 모시를 징발하여 국제 교역에 활용하는 등 고려 왕실의 자금원(資金源)으로 활용하였다.

■ 경제적 착취
원은 고려에 금·은·자기·나전 칠기(螺鈿漆器)·포(布)·곡물·인삼 등을 요구하였고, 이는 모두 농민의 부담이 되었다. 나아가 처녀·과부·환관(宦官)까지도 징구하였다. 이를 위해서 결혼도감(結婚都監)과 과부처녀추고별감(寡婦處女推考別監)이 생겼다.

○ 원 간섭기 관제와 칭호의 변화

관제의 변화			칭호의 격하	
	원 간섭 이전	원 간섭 이후	원 간섭 이전	원 간섭 이후
2성	중서문하성	첨의부	폐하(陛下)	전하(殿下)
	상서성		짐(朕)	고(孤)
6부	이부	전리사	태자(太子)	세자(世子)
	예부		~조(祖), ~종(宗)	충○왕(忠○王)
	호부	판도사	선지(宣旨)	왕지(王旨)
	병부	군부사	상서(尙書)	판서(장관)
	형부	전법사	시랑(侍郞)	총랑(차관)
	공부	폐지	사(赦)	유(宥)
도병마사		도평의사사		
중추원		밀직사		
어사대		감찰사		
한림원		문한서		
국자감		성균관		

(6) 고려 사회에 끼친 영향
원의 내정 간섭과 경제적인 수탈은 고려 사회에 커다란 영향을 끼쳤다.
① 왕권이 원에 의지하여 유지됨으로써 자주성에 심각한 손상을 입었다.
　㉠ 심양왕 제도: 심양왕은 원이 만주 봉천(현재의 심양) 일대에 포로나 유민으로 온 고려인을 통치하기 위해 설치한 것으로, 최초의 심양왕은 충선왕이었다. 이 제도는 고려 왕권을 견제하는 수단으로 활용되었다. 대표적 사건으로는 충선왕이 왕위는 충숙왕에게, 심양왕은 양자인 고(暠)에게 물려주어 충숙왕과 고(暠) 사이에 갈등을 유발한 것이다.

■ 몽골풍과 고려양
· 몽골풍
　- 체두변발(剃頭辮髮)·호복(胡服), 몽골식 복장·은장도 등
　- 설렁탕: 원래 몽골족들이 냇가에서 고기를 고아 먹던 슬루에서 유래하였다.
　- 결혼식 때 신부가 연지·곤지를 찍고 족두리를 올리는 풍습이 유행하였다.
　- 만두가 유행하였으며, 증류수인 소주가 전래되었다.
　- 왕의 밥상을 '수라'로 불렀으며, '진지'라는 표현을 사용하였다.
· 고려양
　- 고려의 두루마기와 무생채가 몽골에 전해졌다.
　- 고려병(떡)이 몽골에서 유행하였다.

ⓛ 독로화 제도: 고려의 세자를 인질(뚤루게)로 삼아 원의 수도인 연경(현재의 북경)에 머물게 하였다가 부왕이 죽으면 왕위를 계승하도록 하였다.
② 원의 압력과 친원파의 책동으로 인해 고려의 정치는 비정상적으로 운영되었고, 통치 질서가 무너져 제 기능을 수행하지 못하였다.
③ 몽골풍: 원의 풍속이 고려에서 유행하였다.
④ 고려양(高麗樣): 고려의 풍속이 몽골에서 유행하였다.
⑤ 문물 교류: 주자 성리학, 목면(1363), 천문·수학·의학·역법·건축술 등 서양 문물, 화약 등이 전래되었다.

(7) 반원 자주 정책

① 충렬왕(1274~1298, 1298~1308)
 ㉠ 토지, 노비 정리를 위한 임시 관청인 전민변정도감을 설치하였다(1288).
 ㉡ 홍자번이 올린 '편민 18사'를 채택하였다. 편민 18사는 민생 문제와 국가 재정 확충을 위한 대책을 담고 있다(1296).
 ㉢ 관학 진흥 노력: 경사교수도감을 설치하고(1296), 안향의 건의로 섬학전이라는 장학 기금을 설치하였다(1304).

② 충선왕(1298, 1308~1313)
 ㉠ 정방을 일시적으로 폐지하였다(공민왕 때 정방 완전 폐지).
 ㉡ 관제 개혁을 단행하여 한림원의 명칭을 사림원으로 변경하고, 왕명 출납 기능도 추가함으로써 사림원은 개혁의 중심 기구가 되었다.
 ㉢ 왕권 강화를 위한 재정 확보 정책으로 의염창을 설치하고 소금 전매제(각염법)를 시행하였다.
 ㉣ 상왕으로 물러난 이후에는 원의 수도인 연경(현재의 북경)에서 학술 연구 기관인 만권당을 설치하였다.

③ 충숙왕(1313~1330, 1332~1339): 충숙왕은 찰리변위도감을 설치하여(1318, 1321), 권문세족들이 불법적으로 장악한 토지와 노비를 원래 주인에게 돌려주는 개혁을 추진하였으나 실패하였다. 또한 원에 들어갈 때 필요한 경비를 마련하기 위한 임시 기구로 반전도감을 설치하였다(충숙왕 15년, 1328).

> **사료** 이제현, 입성 반대 상서
>
> 지금 들으니 원나라 조정에서 우리나라에 행성(行省)을 설치하여 중국의 다른 지방과 같은 행정 구역으로 만든다고 합니다. 만일 그것이 사실이라면 우리나라의 공로는 막론하고라도 세조(世祖) 황제의 조서(詔書)는 어떻게 할 것입니까? …… 폐하의 조서는 실로 온 세상 사람의 복인데 유독 우리나라의 일에 대해서만 세조 황제의 조서를 따르지 않을 수 있겠습니까? …… 『고려사』

④ 충목왕(1344~1348): 충목왕은 정치도감(整治都監)을 설치하여(1347), 권문세족의 토지 점탈과 겸병을 조사하여 이를 응징하고, 강점한 토지를 원래 주인에게 돌려주는 등 선정을 베풀었다. 그러나 권문세족들의 반발과 원의 간섭으로 실패하였다.

■ 전민변정도감
원종 10년(1269) 최초로 설치되었고, 그 뒤 충렬왕 14년(1288), 충렬왕 27년(1301), 공민왕 1년(1352), 공민왕 15년(1366), 우왕 7년(1381), 우왕 14년(1388)에 각각 설치되었다. 소기의 목적을 달성했거나 유명무실화되었을 때 폐지되었다.

■ 만권당
1314년 충선왕은 원의 수도인 연경에 만권당을 설치하여 이제현 등 고려 유학자와 조맹부 등 한족 출신 유학자들을 불러 모아 서로 교류하게 하였다. 이로써 고려의 학문과 사상이 발전하는 기틀이 마련되었다.

■ 찰리변위도감
권세가가 점령한 전민(田民)을 색출하기 위해 설치하였으나, 실효를 거두지는 못하였다.

단권화 MEMO

*공민왕의 개혁 정치
공민왕의 반원 자주 정책과 왕권 강화 정책을 구체적으로 파악하여 기억해 두어야 한다.

■ **입성책동**
원 간섭기 친원 세력들이 원나라가 고려를 직접 지배할 수 있도록 행성(行省, 행중서성(行中書省)]을 세우도록 획책한 사건이다. 충선왕 복위 이후부터 약 30년 동안 4차례에 걸쳐 일어났는데, 모두 고려의 왕위 계승과 관련되어 일어났으며 원나라에 가 있던 고려인들에 의해 주도되었다는 데에 공통점이 있다.

2 공민왕의 개혁 정치*

(1) 원 간섭기 고려의 정세

① 권문세족(權門勢族)의 집권
  ㉠ 지배층의 개편: 원의 간섭을 받으면서 그에 의존한 고려의 왕권은 이전 시기에 비하여 상대적으로 안정되었다.
  ㉡ 권문세족의 유형: 이전 시기부터 존속하였던 문벌 귀족 가문, 무신정권기에 새로 등장한 가문, 원과의 관계를 통하여 성장한 가문 등이 권문세족으로서 새로이 자리 잡았다.
  ㉢ 사회 모순의 격화: 그들은 왕의 측근 세력과 함께 권력을 잡아 농장을 확대하고 양민을 억압하여 노비로 삼는 등 사회 모순을 격화시켰다.
  ㉣ 이에 대하여 신진 관리들을 중심으로 개혁을 추진하려는 움직임이 일어났다.
② 시정 개혁의 노력: 관료의 인사와 농장 문제 같은 여러 가지 폐단을 시정하기 위한 개혁의 노력은 충선왕 때부터 시도하였다. 그러나 원의 간섭을 받고 있던 고려의 왕은 개혁을 철저하게 추진하기 어려웠기 때문에 실패하고 말았다.

> **사료** 권문세족
>
> ❶ **권문세족**
> 조인규(趙仁規, 1237~1308)는 풍모가 아름답고 근엄했으며 전해오는 기록들을 두루 통달하였다. …… 왕이 매번 황제에게 요청할 일이 있으면 반드시 조인규를 보냈으므로 그가 사신으로 원나라에 간 것이 30회나 되었는데 근면하고 노력한 바가 상당히 많았다. 그러나 그는 미천한 신분에서 출세해 갑자기 국가의 중요한 관직을 차지한 사람으로, 겉모습이 장중하고 단아해 보여 왕의 총애를 받아 항상 왕의 침소에까지 출입하였으며 많은 전민(田民)들을 긁어모아 큰 부를 쌓았다. 더욱이 국구로서 당대에 최고 권력을 잡아 아들과 사위도 모두 장상(將相)의 반열에 올랐으니 누구도 감히 그에게 비길만한 자가 없었다.
> 「고려사」
>
> ❷ **고려 말 권문세족의 횡포**
> 요사이에 기강이 크게 무너져 탐학(貪虐)함이 풍습을 이루어서 종묘(宗廟)·학교(學校)·창고(倉庫)·사사(寺社)·녹전(祿田)·군수전(軍需錢) 및 나라 사람들의 세업전민(世業田民)을 호강가(豪强家)가 거의 모두 탈점(奪占)하고는, 혹 이미 돌려주도록 판결난 것도 그대로 가지고 있으며, 혹 민(民)을 노예(奴隸)로 삼으니, 주현(州縣)의 역리(驛吏)·관노(官奴)·백성(百姓) 가운데 역(役)을 피해 도망한 자들이 모두 빠져나가 숨어서 크게 농장(農莊)이 설치되었으므로, 백성들이 병(病)들고 나라가 여위게 되어 그에 대한 감응(感應)이 수재(水災)·한재(旱災)를 부르고 질병(疾病)도 그치지 않게 하고 있다.
> 「고려사」

> **심화** 원의 간섭과 고려의 개혁
>
> ❶ 원 간섭기에 고려는 사회 경제적 모순의 심화와 이에 따른 백성들의 저항에 대응하여 개혁을 추진하였다. 충선왕은 토지 제도와 수취 제도에서 발생한 폐단을 시정하려 하였다. 그러나 아직 개혁을 추진할 수 있는 세력이 성장하지 못하였으며, 원의 간섭을 인정한 상태에서 개혁을 통하여 자신의 정치적 입장을 강화하려 한 국왕의 태도 등으로 인하여 실효를 거두지 못하였다. 충목왕 때에도 권세가들의 경제 기반을 약화시키려는 개혁이 추진되었으나, 역시 권문세족의 반발과 원의 간섭으로 성공하지 못하였다.
>
> ❷ 14세기에 이르러 원의 지배력은 크게 약화되었다. 황위 계승을 둘러싼 원 황실의 내분과 경제 혼란, 라마교를 위한 과도한 재정 지출 등으로 중국 각지에서 반원 농민 반란이 자주 일어났다. 원에 쫓겨 고려에 침입하였던 홍건적의 활동은 그 대표적인 예였다.
>
> ❸ 공민왕 즉위 이후에도 원의 간섭은 여전하였고 친원파 역시 건재하였다. 공민왕은 친원파를 관직에 기용하지 않는 등 적대적인 태도를 보였으나, 이들을 완전히 제거할 수 있는 현실적인 힘을 가지고 있지는 못하였다. 때마침 원에서 기황후의 아들이 황태자에 봉해지자 이러한 추세는 더욱 심해졌다. 이를 계기로 기철의 권력이 공민왕을 압도할 정도로 커졌고, 그의 일족과 친원파의 정치적 지위가 크게 높아졌다.

(2) 공민왕(1351~1374)의 개혁 정치

① 개혁 추진 방향: 14세기 중반에 이르러 공민왕은 원명 교체기를 이용하여 개혁을 추진하였다. 공민왕 때의 개혁은 대외적으로 반원 자주를 실현하고, 대내적으로 왕권을 강화하려는 것이었다.

② 반원 자주 정책
  ㉠ 친원 귀족 숙청: 공민왕의 반원 자주 정책은 기철로 대표되던 **친원 세력의 숙청**으로부터 시작하였다.
  ㉡ 정동행성 이문소 폐지: 고려의 내정을 간섭하던 **정동행성 이문소를 폐지**하였다.
  ㉢ 쌍성총관부 수복과 원의 침략 격퇴: 무력으로 **쌍성총관부를 공격**하여 철령 이북의 땅을 수복하였다(1356). 또한 이성계가 원나라 장수 나하추의 침입을 격퇴하였다(1362).
  ㉣ 요동 공략: 더 나아가 고구려의 옛 땅을 되찾기 위하여 요동 지방을 공략하였다.
  ㉤ 관제 복구: 왕 5년(1356)에 원의 연호(年號)를 폐지하고, 원의 간섭으로 바뀌었던 관제를 복구하였다(2성 6부의 구관제 복구).
  ㉥ 몽골풍 폐지: 몽골풍을 없애는 등 반원 자주 정책을 강력하게 추진하였다.

③ 대내적 개혁
  ㉠ 배경: 공민왕의 반원 자주 정책은 친원파 권문세족의 반발로 중단될 위기에 놓였다. 이에 대외적인 개혁의 완수를 위해서는 대내적으로 왕권을 강화하고 권문세족들을 눌러야 했다.
  ㉡ 목적: 권문세족들의 경제 기반을 약화시키고 국가 재정 수입의 기반을 확대하기 위한 것이었다.
  ㉢ 정방 폐지: 왕권을 제약하고 신진 사대부의 등장을 억제하고 있던 정방을 폐지하였다.
  ㉣ 전민변정도감(田民辨整都監) 설치: **전민변정도감을 설치**하고 한미한 집안 출신의 승려 **신돈을 등용**하여 권문세족들이 부당하게 **빼앗은 토지와 노비를 본래의 소유주에게 돌려주거나 양민으로 해방**시켰다.

▲ 공민왕의 영토 수복

사료 공민왕의 반원 개혁 정치

공민왕이 원의 제도를 따라 변발(辮髮)을 하고 호복(胡服, 몽골의 옷차림)을 입고 전상(殿上)에 앉아 있었다. 이연종이 간하려고 문 밖에서 기다리고 있었더니, 왕이 사람을 시켜 물었다. (이연종이) 말하기를 "임금 앞에 나아가 직접 대면해서 말씀드리기를 바라나이다."라고 하였다. 이미 들어와서는 좌우(左右, 왕의 측근)를 물리치고 말하기를 "변발과 호복은 선왕(先王)의 제도가 아니오니 원컨대 전하께서는 본받지 마소서."라고 하니, 왕이 기뻐하면서 즉시 변발을 풀어 버리고 그에게 옷과 요를 하사하였다.
「고려사」

단권화 MEMO

■ 기철
기철은 누이동생이 원 순제의 황후가 되어 태자를 낳자, 기황후와 원 등에 업고 친원파 세력을 결집하여 남의 토지를 빼앗는 등의 권세를 부렸다.

■ 흥왕사의 변
공민왕 12년(1363)에 김용(金鏞)이 왕을 살해하려고 흥왕사 행궁(行宮)을 침범한 사건이다.

■ 요동 공략
공민왕 19년(1370)에는 이성계와 지용수를 시켜 원의 동녕부(만주 흥경에 위치)를 정벌하였다.

■ 노국 대장 공주
원나라 위왕의 딸이며 보탑실리 공주라고도 한다. 충정왕 1년(1349) 원나라에서 공민왕과 결혼하였다. 1351년 12월 공민왕과 함께 귀국하였고 공민왕은 그달에 즉위하였다. 하지만 공민왕 14년(1365)에 난산으로 죽었다. 공민왕은 그녀를 매우 사랑하여 그녀가 죽은 뒤부터 정사를 돌보지 않았으며, 친히 왕비의 초상화를 그려 벽에 걸고 밤낮으로 바라보면서 울었다고 한다. 또 그녀의 영혼을 위로해 주기 위해 혼제를 지냈으며, 화려한 영전을 지었다.

단권화 MEMO

■ 국자감의 명칭 변경
충렬왕 원년(1275)에는 '국학(國學)'으로 개칭되었고, 1298년 잠깐 왕위에 오른 충선왕이 관제를 개혁하면서 '성균감'이라 고쳤다가, 충렬왕 말년(1308)에 충선왕이 재즉위하여 다시 '성균관'이라 하였다. 한편 공민왕 5년(1356)에 반원 정책을 추진하면서 '성균관'도 '국자감'으로 복칭(復稱)되었으나, 공민왕 11년(1362)에 다시 '성균관'으로 개칭되어 조선 왕조에까지 이르게 되었다.

■ 공민왕의 실정
신돈의 처형(1371) 후 공민왕은 더욱 정사(政事)에 마음을 두지 않고, 더구나 후사(後嗣)가 없어 상심한 끝에 자제위(子弟衛)를 설치하여 변태적 향락에 빠지다 결국 최만생·홍륜 등에게 살해되었다.

| 정답해설 | 제시된 사료 중 '신돈', '도감의 설치'를 통해 (가)가 전민변정도감임을 알 수 있다. 전민변정도감은 고려 후기에 권세가들이 불법적으로 점유한 토지를 원래 주인에게 돌려주고, 불법적으로 노비가 된 사람들을 일반 양인으로 환원시키기 위해 설치한 임시 관서이다.
| 오답해설 | ① 경시서, ② 삼사, ④ 급전도감에 대한 설명이다.
| 정답 | ③

| 정답해설 | 홍건적의 2차 침략 때 공민왕은 복주(현재의 안동)로 피신하였다. 박위의 쓰시마(대마도) 정벌은 창왕 1년(1389)에 이루어졌다.
| 정답 | ④

■ 여말의 시대상
여말 선초 귀족 사회가 붕괴되면서 과거제의 중요성이 높아졌으며, 농장이 큰 사회적 문제로 확대되어 좀 더 서민 위주의 하층민을 위한 제도와 사회가 필요하다는 시대적 요구가 나타났다. 밖으로는 몽골·홍건적·왜구의 침입으로 막대한 피해를 입었으므로 국난 극복의 자세와 민족 국가로의 자주성 회복이라는 명제를 안고 있었다.
변태섭

사료 신돈의 전민변정도감

신돈이 전민변정도감을 두기를 청하였다. 스스로 판사(장관)가 되어 전국에 알렸다. "요즈음 기강이 크게 무너져서 탐욕스러움이 풍속으로 되었다. 종묘·학교·창고·사사·녹전·군수의 땅은 백성이 대대로 지어 온 땅이나 권세가들이 거의 다 뺏었다. 돌려주라고 판결한 것도 그대로 가지며 양민을 노예로 삼고 있다. …… 이제 그 잘못을 알고 스스로 고치는 자는 묻지 않을 것이다. 하지만 기한이 지났는데도 고치지 않고 있다가 발각되면 조사하여 엄히 다스릴 것이다." 이 명령이 나오자 권세가가 뺏은 땅을 주인에게 돌려주므로 안팎이 기뻐하였다. …… 무릇 천민이나 노비가 양민이 되기를 호소하는 자는 모두 양민으로 만들어 주었다.

『고려사』

ⓜ 기타 : 성균관을 통해 유학 교육을 강화하고 과거제를 정비하여 많은 인재를 배출하였다.
④ 개혁의 중단
  ㉠ 공민왕 때의 개혁은 권문세족들의 강력한 반발로 신돈이 제거되고 개혁 추진의 핵심인 공민왕까지 시해되면서 중단되었다.
  ㉡ 이 시기의 개혁은 아직 개혁 추진 세력이 결집되지 못한 상태에서 권문세족의 강력한 반발을 효과적으로 제어하지 못하여 실패하고 말았다.

바로 확인문제

● **(가)에 대한 설명으로 옳은 것은?** 23. 국가직 9급

> 신돈이 ⎡ (가) ⎦을/를 설치하자고 요청하자, …… 이제 도감이 설치되었다. …… 명령이 나가자 권세가 중에 전민을 빼앗은 자들이 그 주인에게 많이 돌려주었으며, 전국에서 기뻐하였다. 『고려사』

① 시전의 물가를 감독하는 임무를 담당하였다.
② 국가 재정의 출납과 회계 업무를 총괄하였다.
③ 불법적으로 점유된 토지와 노비를 조사하였다.
④ 부족한 녹봉을 보충하고자 관료에게 녹과전을 지급하였다.

● **〈보기〉의 밑줄 친 '왕'에 대한 내용으로 가장 옳지 않은 것은?** 19. 2월 서울시 7급

> 보기
> 적이 개경 근처에 이르자 왕이 난을 피해 개경을 떠났다. 왕이 복주에 이르러 정세운을 총병관으로 삼아 홍건적을 토벌하게 하였다.

① 자제위를 설치하였다.
② 전민변정도감을 설치하였다.
③ 정동행성 이문소를 폐지하였다.
④ 박위를 보내 왜구의 소굴인 쓰시마를 공격하였다.

3 신진 사대부의 성장

(1) 신진 사대부의 등장

① 무신집권기 이래 지방의 향리 자제들을 중심으로 과거를 통하여 중앙의 관리로 진출한 신진 사대부 세력들은 원의 간섭과 측근 정치로 인하여 정치적 지위가 불안정하였다.

② 이들 중 일부는 측근 세력으로 성장하여 권문세족이 되기도 하였지만, 대부분은 공민왕 때의 개혁 정치에 힘입어 지배 세력으로 성장하였다.

(2) 신진 사대부의 등장 배경
① 학문: 신진 사대부들은 성리학을 수용하여 학문적 기반으로 삼았다.
② 출신: 경제적으로는 지방의 중소 지주층, 신분적으로는 향리 출신이 많았으며, 학문적인 교양을 갖추었을 뿐만 아니라 정치적 실무에도 밝은 학자적 관료들이었다.
③ 등용: 음서가 아닌 학문적 실력을 바탕으로 주로 과거를 통하여 정계에 진출하였다.
④ 지지 기반: 연고지에 소규모의 농장을 가지고 있는 중소 지주이거나 자영 농민으로서 향촌에서 사회적 영향력을 행사하였으며, 농민들로부터 어느 정도 지지를 받고 있어 새로운 정치적 주역으로 등장할 수 있었다. 이들의 농장은 전호나 노비를 이용하여 경작하거나 직접 경작을 하는 경우도 있었다.

(3) 신진 사대부의 특징
① 권문세족 비판: 신진 사대부들은 권력을 배경으로 불법 수단에 의해 막대한 농장을 소유하게 된 권문세족을 비판하였고, 중앙의 정치 무대에 진출하였더라도 물러난 후에는 향촌에서 안정된 생활을 누리기도 하였다.
② 진취적 성향: 고려 말에 새로 중앙에 진출하기 시작한 신진 사대부들은 구질서와 권문세족의 횡포를 정면으로 비판하는 진취적 성향을 강하게 지녔다. 그들은 자신들의 기반을 침해하면서 농장을 확대하는 권문세족과 충돌하게 되자, 국가의 공적인 힘을 강화하여 그들의 비리와 불법을 견제하고 자신들의 기반을 유지하려 하였다.
③ 성리학의 수용: 성리학을 사상적 바탕으로 하였으며, 불교의 폐단을 시정하려 하였다.
④ 신흥 무인 세력과의 제휴: 고려 말에 이르러 왜구와 홍건적의 침입을 격퇴하는 과정에서 성장한 이성계 등 신흥 무인 세력과 정치적으로 협력하면서 사회의 불안과 국가적인 시련을 해결하고자 하였다.

(4) 한계
① 권문세족이 인사권을 쥐고 있어서 관직으로의 진출이 제한되었고, 과전과 녹봉도 제대로 받지 못하였다.
② 이러한 처지를 해결하기 위해 왕권과 연결하여 고려 후기의 각종 개혁 정치에 적극 참여하였으나, 역부족이었다.

> **사료** 정몽주
>
> 정몽주(鄭夢周)는 부모상(父母喪)에 홀로 묘에 여막(廬幕)을 짓고 애통함과 예를 갖추기를 모두 극진히 하였으므로 그 마을을 정표(旌表)하였다. (공민왕) 16년(1367) 예조정랑으로 성균박사(成均博士)를 겸하였다. 당시 경서(經書)로 우리나라에 온 것은 오직 『주자집주(朱子集註)』뿐이었는데, 정몽주가 강의하고 설명함은 다른 이들의 생각을 훨씬 뛰어넘는 것이었다. 그러므로 듣는 사람들이 자못 의심하였으나, 그 후에 원나라의 유학자인 호병문(胡炳文)이 지은 『사서통(四書通)』을 얻어 비교하니 정몽주의 강설이 이와 모두 일치하므로 여러 유학자들이 더욱 탄복하였다. 이색(李穡)은 정몽주가 자유자재로 논리를 펴면서도 이치에 합당하지 않음이 없다고 극찬하면서 동방(東方, 우리나라) 이학(理學)을 연 원조(元祖)라고 추천하였다. 『고려사』

단권화 MEMO

■ 권문세족과 신진 사대부의 특징

구분	권문세족	신진 사대부
유형	• 전기 이래의 문벌 귀족 • 무신집권기 성장한 가문 • 친원파	• 지방 향리 • 공로 포상자 (동정직·검교직) • 친명파
정치 성향	• 음서 출신 • 여말의 요직 장악 • 보수적·귀족적	• 과거 출신 • 행정적·관료 지향적 • 진취적·개혁적
경제 기반	• 부재지주 • 토지의 점탈·겸병·매입 등	• 재향 지주 • 개간·매입 등
사상	• 유학 사상 • 불교 신봉 • 민간 의식 → 상장·제례	• 성리학 수용: 『주문공가례』 채택 → 민간 의식 배격 • 실천주의, 『소학』의 보급 • 가묘(家廟) 설치 의무화

단권화 MEMO

4 고려의 멸망

(1) 사회 모순의 심화

공민왕 때의 개혁 노력이 실패하자 고려 사회의 모순은 더욱 심화되었다. 권문세족들이 정치 권력을 독점하고 대토지 소유를 확대해 나가면서, 정치 기강이 문란해지고 백성들의 생활이 극도로 어려워졌다.

(2) 외적(外敵)의 침입

① 홍건적의 침입 : 왜구 침입과 더불어 공민왕 시기에는 홍건적의 2차례 침략이 있었다.
  ㉠ 1차 침입(공민왕 8년, 1359) : 서경까지 침입하였으나, 이방실·이승경 등이 격퇴하였다.
  ㉡ 2차 침입(공민왕 10년, 1361) : 개경까지 침입하여 왕이 한때 복주(안동)까지 피난하였으나 이방실·정세운·안우·최영·이성계 등이 이를 격퇴하였다.

> **사료** 홍건적의 2차 침입
>
> 공민왕 10년(1361) 겨울에 홍건적 위평장(僞平章) 반성(潘誠)·사유(沙劉)·관선생(關先生)·주원수(朱元帥)·파두번(破頭潘) 등 20만 군사가 압록강을 건너 서북 변방에 함부로 들어와서 우리에게 글을 보내기를, "군사 110만을 거느리고 동쪽 땅으로 가니 속히 맞아 항복하라."고 하였다. 태조(이성계)가 100여 명의 목을 베고 한 명을 사로잡아서 왕에게 바쳤다. 11월에 공민왕이 남쪽으로 피난하자, 홍건적이 개경을 점령하였다.
> 『태조실록』

② 왜구의 침입과 격퇴
  ㉠ 홍산 전투 : 우왕 2년(1376) 7월 최영이 홍산(지금의 충남 부여)에서 왜구를 크게 무찔렀다.

> **사료** 최영의 「호기가(豪氣歌)」
>
> 좋은 말 살지게 먹여 시냇물에 씻겨 타고
> 서릿발 같은 칼 잘 갈아 어깨에 둘러메고
> 대장부의 위국충절을 세워 볼까 하노라

  ㉡ 진포 대첩 : 우왕 6년(1380) 8월 진포(현재의 군산)에서 나세, 최무선을 중심으로 최초로 화약 무기를 사용하여 왜구를 무찔렀다.
  ㉢ 황산 대첩 : 우왕 6년(1380) 9월 이성계 등이 전라도 지리산 부근 황산에서 왜구를 크게 무찔렀다.
  ㉣ 관음포 대첩 : 우왕 9년(1383) 5월 정지(鄭地)의 함대가 관음포 앞바다에서 왜구를 크게 무찌른 해전이다.
  ㉤ 쓰시마 정벌 : 창왕 1년(1389) 박위가 왜구의 근거지인 쓰시마를 토벌하였다.

> **사료** 왜구의 침입과 격퇴
>
> ❶ 진포 대첩
> 우왕 6년(1380) 8월 추수가 거의 끝나갈 무렵 왜구는 500여 척의 함선을 이끌고 진포로 쳐들어와 충청·전라·경상도의 3도 연해의 주군(州郡)을 돌며 약탈과 살육을 일삼았다. 고려 조정에서는 나세·최무선·심덕부 등이 나서서 최무선이 만든 화포로 왜선을 모두 불태워 버렸다. 배가 불타 갈 곳이 없게 된 왜구는 옥천·영동·상주·선산 등지로 다니면서 이르는 곳마다 폐허로 만들었다.
> 『고려사』

❷ 황산 대첩

이성계가 이끄는 토벌군이 남원에 도착하니 왜구는 인월역에 있다고 하였다. 운봉을 넘어온 이성계는 적장 가운데 나이가 어리고 용맹한 아지발도를 사살하는 등 선두에 나서서 전투를 독려하여 아군보다 10배나 많은 적군을 섬멸케 했다. 이 싸움에서 아군은 1,600여 필의 군마와 여러 병기를 노획하였다고 하며 살아 도망간 왜구는 70여 명밖에 없었다고 한다. 『고려사』

(3) 위화도 회군

① 이인임 제거: 우왕이 즉위한 이후, 이인임 등의 권문세족이 전횡을 일삼자 최영, 이성계 등이 이인임을 제거하였다.

사료 우왕의 즉위와 이인임의 횡포

왕(우왕)의 어릴 때 이름은 모니노이며, 신돈의 여종 반야의 소생이었다. 어떤 사람은 "반야가 낳은 아이가 죽어서 다른 아이를 훔쳐서 길렀는데, 공민왕이 자신의 아들이라고 칭하였다."라고 하였다. 왕은 공민왕이 죽은 뒤 이인임의 추대로 왕위에 올랐다. 이후 이인임, 염흥방, 임견미 등이 권력을 잡아 극심하게 횡포를 부렸다. 『고려사』

② 철령위 설치 통보: 우왕이 친원 정책을 표방하면서 명(明)의 감정을 자극하였다. 이에 명은 우왕 14년에 쌍성총관부가 있던 철령 이북의 땅을 차지하고자 이곳에 철령위(鐵嶺衛) 설치를 통보해 왔다.

③ 요동 정벌: 당시 최고 집권자였던 최영은 요동 정벌을 단행하였다. 당시 요동 정벌을 둘러싸고 의견이 둘로 갈라졌는데, 최영을 중심으로 하는 쪽은 즉각적인 출병을 주장하였고, 이성계를 중심으로 하는 쪽은 요동 정벌은 실제 불가능하다고 판단하여 4불가론을 내세우며 출병을 반대하였다.

④ 위화도 회군(1388): 이성계는 출병하였으나 **위화도에서 회군하여 최영을 제거**한 뒤, 군사적 실권을 장악하고 본격적인 개혁의 계기를 마련하였다.

사료 이성계, 요동 정벌 반대

우왕이 봉주(鳳州)에 머물면서 최영과 태조(= 이성계)를 불러 이르기를, "요양(遼陽)을 치려 하니 경 등은 힘을 다하라."고 하였다. 태조가 아뢰기를, "지금 군사를 내는 데 4가지 불가한 것이 있으니, 작은 나라로서 큰 나라를 거슬리는 것이 첫 번째 불가한 것이요, 여름에 군사를 출동시키는 것이 두 번째 불가한 것이요, 온 나라가 멀리 정벌을 하면 왜구가 빈틈을 타서 침입할 것이니 세 번째 불가한 것이요, 때가 무덥고 비가 오는 시기라서 활에 아교가 녹아 풀어지고 대군이 전염병에 걸리는 일이 네 번째 불가한 것입니다" 『고려사절요』

(4) 과전법(科田法)의 마련(1391)

이성계를 중심으로 모인 급진 개혁파(혁명파) 사대부 세력은 우왕과 창왕을 잇따라 폐하고 공양왕을 세운 후 전제 개혁을 단행하여 과전법을 마련하였다.

단권화 MEMO

■ 이성계의 4불가론(四不可論)
- 소국이 대국을 공격함은 불가하다.
- 여름에 군사를 일으킴은 불가하다.
- 거국적 원정은 왜구 침입의 우려가 있다.
- 지금은 장마철이라 활의 아교가 풀리고 대군이 질병에 걸릴 수 있다.

단권화 MEMO

(5) 조선의 건국(1392)

이성계와 급진 개혁파 사대부 세력은 고려를 멸망시키고 조선을 건국하였다.

○ 온건 개혁파와 급진 개혁파

구분	온건 개혁파	급진 개혁파(혁명파)
중심인물	이색·정몽주·이숭인·길재 등 (경제적·수적으로 우세)	정도전·조준·윤소종 등 (경제적·수적으로 열세)
개혁 방향	고려 왕조 안에서의 점진적 개혁 추진	고려 왕조를 부정하는 역성혁명 추진
군신 관계	절대적인 군주관 견지	대의명분에 입각한 군주관 견지
유학 사상	성리학만 정학으로 인정	성리학의 정학 인정, 주례(周禮) 수용
군사력	군사력 미비로 혁명파 제거에 실패	이성계(신흥 무인 세력), 농민·군사와 협력
계승	사림파(16세기 이후 집권)	훈구파(15세기 집권)

> **바로 확인문제**

● 밑줄 친 '왕'의 재위 기간에 있었던 일로 옳은 것은? 22. 지방직 9급

> 왕의 어릴 때 이름은 모니노이며, 신돈의 여종 반야의 소생이었다. 어떤 사람은 "반야가 낳은 아이가 죽어서 다른 아이를 훔쳐서 길렀는데, 공민왕이 자신의 아들이라고 칭하였다."라고 하였다. 왕은 공민왕이 죽은 뒤 이인임의 추대로 왕위에 올랐다. 이후 이인임, 염흥방, 임견미 등이 권심을 잡아 극심하게 횡포를 부렸다.

① 이종무가 왜구의 소굴인 대마도를 정벌하였다.
② 삼별초가 반란을 일으켜 대몽 항쟁을 계속하였다.
③ 쌍성총관부를 공격해 철령 이북 지역을 수복하였다.
④ 요동 정벌을 위해 출병한 이성계가 위화도에서 회군하였다.

|정답해설| 제시된 자료의 밑줄 친 '왕'은 고려 우왕이다. 우왕은 공민왕이 죽은 후 이인임의 추대로 왕위에 올랐다. 1388년(우왕 14년)에 이성계는 위화도에서 회군한 후 최영을 제거하고 권력을 장악하였다.
|오답해설|
① 세종 1년(1419)에 이종무는 왜구의 근거지인 쓰시마섬(대마도)을 정벌하였다.
② 삼별초는 원종의 개경 환도 명령을 거부하고 대몽 항쟁을 전개하였다(1270~1273).
③ 공민왕 때 쌍성총관부를 공격하여 철령 이북 지역을 수복하였다(1356).
|정답| ④

CHAPTER 02 중세의 경제

01 경제 정책
02 경제 활동

01 경제 정책

1 농업 중심의 산업 발전

(1) 중농 정책의 실시
고려는 재정의 토대가 되는 주요 산업인 농업을 중시하는 정책을 더욱 강화하였다.
① 개간한 땅에 대해서는 일정 기간 면세(免稅)하여 줌으로써 개간을 장려하였다.
② 농번기에는 잡역 동원(雜役動員)을 금지하여 농사에 지장을 주지 않게 하였다.

(2) 농민 안정책 강화
전 시대보다 농민 안정책을 더욱 강화하였다.
① 재해(災害)를 당하였을 때는 세금을 감면해 주었다.
② 고리대(高利貸)의 이자를 제한하였다.
③ 의창제(義倉制)를 실시하였다.

> **사료** 고려의 농업 장려 정책
>
> ❶ 임금(태조)이 명령을 내리기를 " …… (몰락한 사람들에게) 조세를 면제해 주고 농업을 권장하지 않으면 어찌 집집마다 넉넉하고 사람마다 풍족하게 될 수 있으랴. 백성에게 3년 동안의 조세와 부역을 면제해 주고, 사방으로 떠돌아다니는 자는 농토로 돌아가게 하며, 곧 대사면을 행하여 함께 휴식하라."라고 하였다.
> 『고려사절요』
>
> ❷ 진전(황폐해진 경작지)을 개간하여 경작하는 자는 사전(개인 소유지)의 경우 첫해에는 수확의 전부를 가지고, 2년째부터 경작지의 주인과 수확량을 반씩 나눈다. 공전(국가 소유지)의 경우는 3년까지 수확의 전부를 가지고, 4년째부터 법에 따라 조(租)를 바친다.
> 『고려사』

(3) 상업(商業)
① 시전(市廛): 개경과 서경에 시전을 설치하였다.
② 지불 수단: 화폐처럼 유통되는 곡물이나 삼베를 대신하여 쇠·구리·은 등을 금속 화폐로 만들어 유통하는 등 상업 발전에 관심을 기울였다.

(4) 수공업(手工業)
① 관청 수공업: 수공업은 관청에 기술자를 소속시켜 무기·비단 등 왕실과 국가에서 필요로 하는 물품을 생산하는 형태였으며, 민간 기술자나 일반 농민을 동원하여 생산을 보조하게 하였다.

단권화 MEMO

② 소(所) 수공업
  ㉠ 먹·종이·금·은 등 수공업 제품을 생산하여 공물(貢物)로 바치게 하였다.
  ㉡ 자급자족적인 농업 경제를 기본으로 하였기 때문에 상업과 수공업의 발달은 부진하였다.

2 국가 재정의 운영

(1) 수취 체제의 정비

고려는 신라 말의 문란한 수취 체제를 다시 정비하고 재정 운영에 필요한 관청도 설치하였다.

① 양안과 호적 작성
  ㉠ 용도: 이것을 근거로 조세·공물·부역 등을 부과하였다.
  ㉡ 목적: 고려는 재정을 안정적으로 운영하기 위하여 토지와 호구를 조사하여 토지 대장인 '양안'과 호구 장부인 '호적'을 작성하였다.
② 재정 운영의 원칙: 고려는 수취 제도를 기반으로 재정 운영의 원칙을 세우고 왕실, 중앙 및 지방 관리, 향리, 군인 등 국가와 관청에 종사하는 사람에게 토지로부터 조세를 수취할 수 있는 권리를 나누어 주었다.

(2) 재정 운영 관청

① 담당 관청: 재정을 운영하는 관청으로는 호부와 삼사를 두었다.
  ㉠ 호부(戶部): 호적과 양안을 만들어 인구와 토지를 파악·관리하였다.
  ㉡ 삼사(三司): 재정의 수입 사무만 맡고 실제 조세의 수취와 집행은 각 관청이 하였다.
② 재정의 지출: 재정은 관리의 녹봉, 일반 비용, 국방비, 왕실 경비 등에 지출하였다.
  ㉠ 관리의 녹봉: 중앙과 지방의 문무관과 종실 등에 지급하였다.
  ㉡ 재정의 쓰임새
    • 왕실의 공적 경비, 각종 제사 및 연등회나 팔관회의 비용, 건물의 건축이나 수리비, 왕의 하사품 등으로 지출하였다.
    • 특히 군선이나 무기의 제조비 등에 쓰이는 국방비(國防費)에 많은 비용이 들었다.
  ㉢ 개경에는 좌창과 우창이 있었다. 좌창의 곡식은 관리의 녹봉으로 지출되었고, 우창의 곡식은 국용(國用, 공공 재정 혹은 국가 재정)으로 사용되었다.
③ 관청의 경비
  ㉠ 토지 지급: 각 관청은 운영 경비로 사용할 수 있도록 중앙으로부터 토지를 지급받았다.
  ㉡ 자체 비용 조달: 경비가 부족한 경우가 많아서 각 관청에서 필요한 비용을 스스로 마련하기도 하였다.

3 수취 제도(收取制度)

고려의 세금은 토지에서 거두는 조세, 집집마다 부과하는 공물, 장정의 수에 따라 부과하는 역이 있었다. 세금을 걷기 위하여 토지와 호구를 정확히 파악하려고 양안과 호적을 만들었다.

(1) 조세(租稅)

① 부과의 단위: 조세는 토지를 논과 밭으로 나누고 비옥한 정도에 따라 3등급으로 나누어 부과하였다. 1결당 생산량 최고 18석(최하 5석)을 기준으로 비옥도에 따라 상·중·하의 3등급으로 나누고, 등급별로 액수를 정하여 전세를 부과하였다.

■ 양안과 호적

양안 (量案)	경작지의 소유자와 크기를 적은 토지 대장이다.
호적 (戶籍)	부부를 중심으로 이루어진 가족을 등재하되, 때에 따라서는 여러 세대의 가족이 한 호적에 기록되기도 하였다.

| 사료 | 조세의 부과 |

무릇 전품(田品)은 불역지지(不易之地)를 상(上)으로 하고, 일역지지(一易之地)를 중(中)으로 하며 재역지지(再易之地)를 하(下)로 한다. 그 불역산전(不易山田) 1결은 평전(平田) 1결에 준하고, 일역전(一易田) 2결은 평전 1결에 준하며, 재역전 3결은 평전 1결에 준한다.

『고려사』

② 세율과 지대
  ㉠ 민전(民田): 생산량의 10분의 1이 원칙이었다.
  ㉡ 지대(地代): 민전을 소유하지 못한 영세 농민은 국가와 왕실의 소유지[公田]나 귀족들의 사전(私田)을 빌려 경작해야만 하였다.
    • 공전: 생산량의 4분의 1을 지대로 바쳐야 하였다.
    • 사전: 생산량의 2분의 1을 지대로 바쳐야 하였다.
③ 조세의 운반과 보관: 거둔 조세는 각 군현의 농민을 동원하여 조창(漕倉)까지 옮긴 다음 조운(漕運)을 통해서 개경의 좌·우창으로 운반하여 보관하였다.

| 사료 | 고려의 조운 |

국초(國初)에는 남도(南道)의 수군(水郡)에 12창(倉)을 두었다. 창에는 판관(判官)을 두어 주(州)와 군(郡)의 조세를 각각 그 부근의 여러 창에 수송하였다가, 이듬해 2월에 배로 조세를 운반(漕運)하여 가까운 곳은 4월까지, 먼 곳은 5월까지 경창(京倉)으로 수송하도록 하였다.

『고려사』

■ 조창(漕倉)
조운할 곡식을 모아 보관하는 창고이다.

(2) 공물(貢物)

공물은 집집마다 토산물을 거두는 제도로서, 농민들에게는 조세보다도 더 큰 부담이 되었다.

① 공물의 부과: 중앙 관청에서 필요한 공물의 종류와 액수를 나누어 주현에 부과하면, 주현은 속현과 향·부곡·소에 이를 할당하고, 각 고을에서는 향리들이 집집마다 부과하여 공물을 거두었다.
② 종류: 공물에는 매년 내어야 하는 상공(常貢)과 필요에 따라 수시로 거두는 별공(別貢)이 있었다.
③ 시기: 공물은 거두는 시기가 정해져 있어 그 시기에 각 관청에 납부하여 개경으로 운반하였다.

(3) 역(役)

① 대상: 국가에서 백성의 노동력을 무상으로 동원하는 제도로, 16세에서 60세까지의 남자를 정남(丁男)이라 하여 의무를 지게 하였다.
② 종류: 역은 군역과 요역으로 이루어져 있었다.
  ㉠ 군역(軍役): 양인 개병제(良人皆兵制)에 의한 국방의 의무를 이행하였다.
  ㉡ 요역(徭役): 성곽·관아·제방의 축조, 도로 보수 등의 토목 공사, 광물 채취, 그 밖의 일에 노동력을 동원하였다.

■ 군역(軍役)
국방의 의무로 일정 기간에 걸쳐 정병(正兵)으로 근무하여야 했다.

(4) 기타

어민에게 어세(魚稅), 염세(鹽稅)를 걷거나 상인에게 상세(商稅)를 거두어 재정에 사용하였다.

| 단권화 MEMO |

(5) 농촌 사회 동요의 원인
① 귀족 사회가 변질되어 가면서 수취 체제는 정상적으로 운영되지 못하고 지배층의 착취 수단이 되었다.
② 그 결과 많은 농민들이 유민화되고 농촌 사회가 동요하는 원인이 되었다.

> **사료   고려의 수취 제도**
>
> ❶ 대사헌 조준 등이 상소를 올리기를 …… "(고려) 태조가 즉위한 지 34일 만에 여러 신하들을 맞이하면서 '최근 백성들에 대한 수탈이 가혹해지면서 1결의 조세가 6석에 이르러 백성의 삶이 너무 어려우니 나는 이를 매우 가련하게 여긴다. 지금부터 마땅히 10분의 1세로 하여 밭 1부의 조를 3되로 하여라.'라고 한탄하여 말하였는데 ……."라고 하였다.
>
> ❷ 편성된 호는 인구와 장정의 많고 적음에 따라 9등급으로 나누어 부역을 시킨다.
>
> ❸ 가장이 식구들을 보고에서 누락시키거나 나이를 늘리고 줄여서 장정에 해당하는 연령인데도 역의 부과를 면제받으면, 면제받은 사람이 1명일 경우에는 징역 1년, 2명일 경우에는 징역 1년 반에 처한다. 이정이 잘 모르고 주민을 빠뜨리거나 나이를 늘리거나 줄여 역을 부과할 때 오차가 생기면 태형에 처한다.
> 『고려사』

> **바로 확인문제**
>
> ● 고려 시대의 수취 제도에 대한 설명으로 옳지 않은 것은?
> ① 조세 액수는 1결당 최고 20두에서 최하 4두였다.
> ② 호적과 양안을 근거로 조세, 공물, 부역 등을 부과하였다.
> ③ 조창으로 옮겨진 세곡은 조운을 통해 개경으로 운반하였다.
> ④ 공물에는 필요에 따라 수시로 거두는 별공도 있었다.

| 정답해설 | 1결당 최고 20두에서 최하 4두는 조선 세종 때 시행된 연분 9등법에 따라 농민이 부담해야 하는 조세 액수이다.
| 정답 | ①

4 전시과 제도*와 토지 소유

(1) 전시과 제도의 확립
고려는 국가에 봉사(奉仕)하는 대가로 관료에게 토지를 나누어 주는 제도를 운영하였다.
① 녹읍: 건국 초 왕족과 공경장상에게 녹읍이 지급되었으나 후삼국의 통일 이후 점차 소멸되었다.

*전시과 제도
시정 전시과, 개정 전시과, 경정 전시과의 주요 특징을 파악해 두어야 한다.

> **사료   고려 태조가 예산진에서 내린 조서**
>
> 관리로서 나라의 녹봉을 먹는 너희들은 마땅히 백성들을 자식과 같이 사랑하는 나의 뜻을 충분히 헤아려 자기의 **녹읍(祿邑)** 백성들을 사랑해야 할 것이다. 만일 무지한 부하들을 녹읍에 파견한다면 오직 수탈만 일삼아 착취를 함부로 할 것이니 너희들이 어찌 다 알겠는가. 또 혹시나 하더라도 역시 막지 못할 것이다. 지금 백성들이 억울한 사정을 호소하는 자가 있어도 관리들이 개인적인 친분에 끌려 이들의 잘못을 숨기고 있으니 백성들의 원망이 일어나는 것은 바로 이 까닭이다.
> 『고려사』

② 역분전(役分田): 일찍이 태조 때 역분전을 나누어 주었는데, 이것은 후삼국 통일 과정에서 공을 세운 사람들에게 준 토지였다.

| 사료 | 역분전 |

태조 23년(940)에 처음으로 역분전(役分田) 제도를 설정하였는데, 삼한을 통합할 때 조정의 관료와 군사에게 그 관계(官階)의 높고 낮음을 논하지 않고 그 사람의 성품과 행동의 착하고 악함과 공로가 크고 작은가를 참작하여 차등 있게 주었다.
『고려사』

③ 전시과(田柴科)
  ㉠ 운영 원칙
    • 관리의 직역에 대한 대가로 지급되었다. 여기에서 토지 지급은 수조권의 개념이다.
    • 전국을 대상으로 운영하였으며, 전지(농토)와 시지(땔감 획득)를 지급하였다.
    • 반납하는 것이 원칙이나, 세습하는 토지도 존재하였다.
  ㉡ 시정 전시과(경종 원년, 976)
    • 광종 때 제정된 4색 공복(자·단·비·녹)을 기초로, 자삼 18품, 단삼 10품, 비삼 8품, 녹삼 10품으로 구분하였다.
    • 관품과 인품을 반영하여 토지를 지급하였다. 즉, 역분전의 성격을 벗어나지 못하였다.
    • 과거를 통해 새로 등장한 문신보다 무신(공신 세력)들이 더 많은 혜택을 받았다.
    • 산관도 현관과 동일한 혜택을 받았으며, 현직자가 퇴직을 하여도 토지를 반납하지 않고 보유하였다.
    • 처분이나 세습은 금지되었으며, 수급자가 죽으면 반납하였다.

| 사료 | 시정 전시과 |

경종 원년 11월에 비로소 직관·산관 각 품(品)의 전시과를 제정하였는데 관품의 높고 낮은 것은 논하지 않고 다만 인품(人品)만 가지고 토지의 등급을 결정하였다. 자삼(紫衫) 이상은 18품(品)으로 나눈다.
『고려사』

  ㉢ 개정 전시과(목종 원년, 998)
    • 인품이라는 막연한 기준을 제거하고, 관직의 고하(高下)를 기준으로 18품계로 나누어 지급하였다(최고 170결에서 최저 20결까지 차등 지급).
    • 한외과(등급에 들지 못한 자들에게 지급) 규정도 마련하여, 전지 17결을 지급하였다.
    • 군인전도 전시과에 포함하여 지급하였다.
    • 문관이 무관보다 우대받았다.
    • 산직(전직)은 실직(현직)보다 1과에서 4과까지 인하된 대우를 받았다.

단권화 MEMO

■ 역분전(태조 23년, 940)
태조는 후삼국 통일 후 통일 전쟁 및 고려 건국에 기여한 공신들에게 관품에 상관없이 선악, 공로, 인품 정도에 따라 수조지를 차등 있게 분배하였다. 역분전은 논공행상적 성격을 지닌 제도로서 체계적이지 못하였다.

■ 전시과 제도의 변천 과정

역분전	태조	공로와 충성도에 따라 호족 통합 방법으로 실시
↓		
시정 전시과	경종	전지·시지 지급, 관직의 고하(高下), 인품 반영
↓		
개정 전시과	목종	전·현직 관리에게 차등 지급(18품), 관품만 반영
↓		
경정 전시과	문종	현직 관리에게 지급(전직 관리 배제)
↓		
녹과전	원종	경기 8현에 한해 지급
↓		
과전법	공양왕	조선 건국 과정에서 실시(농민 우대, 사대부 주도)

ㄹ 경정 전시과(문종 30년, 1076): 전시과 제도의 완성
  - 산직자는 완전히 배제하였고, 실직(현직)자를 중심으로 지급하였다.
  - 한외과를 없애 18과 내로 흡수하여 전시과의 완결성을 강화하였다.
  - 무반에 대한 대우가 이전보다 좋아졌다.
  - 무산계 전시를 시행하여 향리, 노병, 공장, 악인(樂人), 탐라 왕족, 여진족 추장 등 무산계를 받은 자에게도 전시과 토지를 지급하였다.
  - 별사전을 신설하여 풍수지리업의 지사, 법계를 가진 승려에게 지급하였다.
  - 한인전은 18과(科)에 설정되어 전 17결(結)을 지급하였다.
  - 수전자(受田者)가 농민으로부터 직접 수조하지 못하게 하고, 국가가 대행하여 수전자에게 지급하였다.

○ 전시과의 토지 지급 액수 (단위: 결)

시기		등급	1	2	3	4	5	6	7	8	9	10	11	12	13	14	15	16	17	18
경종 (976)	시정 전시과	전지	110	105	100	95	90	85	80	75	70	65	60	55	50	45	42	39	36	33
		시지	110	105	100	95	90	85	80	75	70	65	60	55	50	45	40	35	30	25
목종 (998)	개정 전시과	전지	100	95	90	85	80	75	70	65	60	55	50	45	40	35	30	27	23	20
		시지	70	65	60	55	50	45	40	35	33	30	25	22	20	15	10			
문종 (1076)	경정 전시과	전지	100	90	85	80	75	70	65	60	55	50	45	40	35	30	25	22	20	17
		시지	50	45	40	35	30	27	24	21	18	15	12	10	8	5				

ㅁ 녹봉제
  - 문종 때 완비된 녹봉 제도에 따라 현직에 근무하는 관리들은 쌀, 보리 등의 곡식을 주로 받았으나, 때로는 비단이나 베를 받기도 하였다.
  - 녹봉은 1년에 두 번씩 녹패라는 문서를 창고에 제시하고 받았다.
ㅂ 전시과의 붕괴: 무신정변 후 권력자들의 불법적 농장 확대로 신진 관료에게 지급할 토지가 부족해지면서 전시과 체제는 붕괴되었다.
ㅅ 녹과전(원종): 전시과 붕괴 후 관리들에게는 녹봉만 지급하였는데, 몽골과의 전란으로 그마저도 어렵게 되었다. 이에 개경 환도 후 경기 8현에 한정하여 수조권을 지급하는 녹과전을 시행하였다.

(2) 전시과 제도의 특징

① 전지(田地)와 시지(柴地) 지급: 몇 번의 변천 과정을 거쳐 만들어진 전시과 제도에 따라 문무 관리로부터 군인·한인에 이르기까지 18등급으로 나누어 곡물을 수취할 수 있는 전지와 땔감을 얻을 수 있는 시지를 주었다.
② 수조권(收租權) 지급: 이때 지급된 토지는 수조권만 갖는 토지였다.
③ 국가에 반납: 관직 복무와 직역에 대한 대가로 지급되었기 때문에 토지를 받은 자가 죽거나 관직에서 물러날 때에는 토지를 국가에 반납하도록 하였다.

■ 녹과전(祿科田)
원종 11년(1270)부터 간헐적으로 시행되어 왔지만, 권세가들의 반발로 큰 실효를 거두지 못하다가 충목왕(1344~1348) 때 정치도감(整治都監)을 설치하고, 친원 세력을 척결하면서 권세가들이 빼앗은 토지와 노비를 본 주인에게 돌려주고, 경기도에 권세가들이 가진 소위 사급전(賜給田)을 혁파하여 6품 이하의 하급 관리 및 국역 부담자들에게 녹과전(祿科田)으로 지급하는 조처가 내려지기도 하였다. 한영우

| 사료 | 고려의 전제(田制) |

고려의 전제(田制)는 대개 당(唐)의 제도를 본받은 것이다. 갈고 있는 땅 모두를 기름지고 메마름을 분간하여 문·무 백관으로부터 부병(府兵)·한인(閑人)에 이르기까지 모두 과(科)에 따라 지급하고, 또한 과에 따라 땔감을 얻을 땅을 지급하니 이를 전시과(田柴科)라 한다.

죽은 후에는 모두 나라에 반납한다. 오직 부병은 나이 20세가 되면 비로소 받아 60세에 환수하되, 자손이나 친척이 없는 자는 감문위(監門衛)에 적을 두어 70세 후에 구분전(口分田)을 지급하고 나머지는 환수한다. 후손이 없이 죽은 자와 전쟁으로 죽은 자의 처(妻)에게도 모두 구분전을 지급한다. 또 공해전시(公廨田柴)가 있는데, 장택(庄宅)·궁원(宮院)·백사(百司)·주현(州縣)의 관(館)·역(驛)에 각각 차이가 있다. 후에 또 관리의 녹봉이 박하여 기현(畿縣)의 녹과전(祿科田)을 지급하였다.

『고려사』

| 바로 확인문제 |

● (가)~(다) 전시과에 대한 설명으로 옳은 것을 〈보기〉에서 모두 고른 것은? 15. 지방직 9급

과		1	2	3	4	5	6	7	8	9	10	11	12	13	14	15	16	17	18
(가)	전지	110	105	100	95	90	85	80	75	70	65	60	55	50	45	42	39	36	33
	시지	110	105	100	95	90	85	80	75	70	65	60	55	50	45	40	35	30	25
(나)	전지	100	95	90	85	80	75	70	65	60	55	50	45	40	35	30	27	23	20
	시지	70	65	60	50	45	40	35	33	30	25	22	20	15	10				
(다)	전지	100	90	85	80	75	70	65	60	55	50	45	40	35	30	25	22	20	17
	시지	50	45	40	35	30	27	24	21	18	15	12	10	8	5				

『고려사』 식화지

보기
ㄱ. (가) - 관품과 함께 인품도 고려되었다.
ㄴ. (나) - 한외과가 소멸되었다.
ㄷ. (다) - 승인과 지리업에게 별사전이 지급되었다.
ㄹ. (가) ~ (다) - 경기 8현에 한하여 지급되었다.

① ㄱ, ㄴ   ② ㄱ, ㄷ   ③ ㄴ, ㄷ   ④ ㄷ, ㄹ

(3) 토지의 종류

① 과전(科田): 문·무반 관료에게 지급한 토지이다.
② 공음전(功蔭田): 과전(科田) 외에 문벌 귀족의 세습적인 경제적 기반이 되었던 것은 공음전이었다. 공음전은 5품 이상의 관료가 되어야 받을 수 있는데, 자손에게 세습할 수 있었다. 이는 음서제(蔭敍制)와 함께 귀족의 지위를 유지해 나갈 수 있는 기반이었다.

| 사료 | 공음 전시과 |

문종 3년 5월 공음 전시법을 제정하였는데, 1품은 전지 25결과 시지 15결을 준다. …… 이것을 자손에게 전해 내려가게 하였다.

『고려사』

③ 한인전(閑人田): 6품 이하 하급 관료의 자제로서, 아직 관직에 오르지 못한 사람에게 지급한 토지이다.
④ 군인전: 군역의 대가로 주는 토지로, 군역이 세습됨에 따라 자손에게 세습되었다.

단권화 MEMO

|정답해설| (가) 시정 전시과(경종), (나) 개정 전시과(목종), (다) 경정 전시과(문종)에 해당한다.
ㄱ. 시정 전시과에서는 관품과 함께 인품이 고려되었다.
ㄷ. 경정 전시과에서는 별사전을 신설하여 풍수지리업의 지사, 법계를 가진 승려에게 지급하였다.

|오답해설|
ㄴ. 한외과가 소멸되면서 전시과의 완결성이 나타난 것은 경정 전시과에 해당한다.
ㄹ. 전시과는 전국을 대상으로 운영된 토지 제도이다. 경기 8현에 한하여 지급된 것은 녹과전이다.

|정답| ②

■ 한인
한인(閑人)은 6품 이하 관리의 자제로서, 관직을 얻지 못한 자를 가리킨다고 보는 것이 통설이었으나, 최근에는 관리가 되었으면서도 아직 보직(補職)을 얻지 못한 동정직(同正職)을 가리킨다는 새로운 학설이 제시되었다.

검교직 (檢校職)	문반 5품·무반 4품 이상의 산직(散職)
동정직 (同正職)	문반 6품·무반 5품 이하의 산직(散職)

단권화 MEMO

■ 통도사 국장생석표(경남 양산)

국장생은 국명에 의해 건립된 장생이라는 뜻으로, 장생표는 사찰의 토지를 구분하기 위해 사찰의 경계에 세운 표지물이다.

⑤ 구분전(口分田): 자손이 없는 하급 관료와 군인의 유가족에게는 구분전을 지급하여 생활 대책을 마련해 주었다.
⑥ 내장전(內莊田): 왕실의 경비를 충당하기 위하여 내장전을 두었다.
⑦ 공해전(公廨田): 중앙과 지방의 각 관청에는 공해전을 지급하여 경비를 충당하게 하였다.
⑧ 사원전(寺院田): 사원에는 사원전을 지급하였다.
⑨ 외역전(外役田): 향리에게 직역에 대한 대가로 지급하였다.
⑩ 민전(民田)
　㉠ 사유지: 매매·상속·기증·임대 등이 가능한 사유지로서, 귀족이나 일반 농민들이 상속·매매·개간을 통하여 형성하였다.
　㉡ 납세지: 소유권이 보장되어 함부로 빼앗을 수 없는 토지였으며, 민전의 소유자는 국가에 일정한 세금을 내어야 했다.
　㉢ 종류: 대부분의 경작지는 개인 소유지인 민전이었지만, 왕실이나 관청의 소유지도 있었다.

(4) 전시과 제도의 붕괴

① 귀족들의 독점·세습
　㉠ 점차 귀족들이 토지를 독점하여 세습하는 경향이 커지면서 전시과 제도가 원칙대로 운영되지 못하였다.
　㉡ 다시 분배하여야 할 토지를 세습하는 것이 용인되면서 조세를 거둘 수 있는 토지가 점차 줄어들었다.
② 폐단의 악화: 이런 폐단은 무신정변을 거치면서 극도로 악화되었다.

> **사료** 고려 말 농장(農莊)의 확대
>
> 말기에는 임금들이 덕을 잃고 토지와 호구 문건(戶口文件)이 명확하지 못하여 양민은 모두 세력 있는 자들에게 소속되고, 전시과 제도(田柴科制度)는 폐지되어 그 토지들은 개인들의 땅으로 되었다. 권세 있고 유력한 자들의 토지는 이랑(밭 가운데 있는 길)을 잇대어 있고, 그 경계는 산(山)과 강(江)을 가지고 표지(標識)하고 있었으며, 경작자(耕作者)들에 대한 조(租)의 징수는 1년에 두 번 혹은 세 번이나 중첩(重疊)되는 일까지 있게 되었다. 이리하여 조종(祖宗, 역대의 왕)이 제정한 법제(法制)는 모조리 파괴되고 나라도 이에 따라 망하게 되었다.
> 『고려사』

(5) 국가 재정의 파탄

① 미봉책으로는 권문세족이 토지를 독점하는 폐단을 막을 수 없었다.
② 권문세족이 권력을 이용하여 대규모의 토지와 몰락한 농민을 모아 농장을 형성하는 경향이 갈수록 심해져 고려 말의 국가 재정은 파탄 지경에 이르렀다.

> **바로 확인문제**
>
> ● 고려 시대 토지 종목 중 ㉠에 해당하는 것은?　　　　　　17. 지방직 9급 추가
>
> > 원종 12년 2월에 도병마사가 아뢰기를, "근래 병란이 일어남으로 인해 창고가 비어서 백관의 녹봉을 지급하지 못하여 사인(士人)을 권면할 수 없었습니다. 청컨대 경기 8현을 품등에 따라 (㉠)으로 지급하소서."라고 하였다.
> > 『고려사』
>
> ① 공음전　　② 구분전　　③ 녹과전　　④ 사패전

|정답해설| 개경 환도(1270) 이후인 원종 12년(1271)에 경기 8현을 대상으로 관료들에게 녹과전을 지급하였다.

|오답해설|
① 문종 3년(1049)에 제정된 공음 전시과(공음전)는 5품 이상 관료에게 지급되는 토지로서, 세습이 가능하였다.
② 구분전은 자손이 없는 하급 관리나 군인의 유가족에게 지급한 토지이다.
④ 고려 후기부터 조선 초기까지 운영되었던 사패전은 공신 사패전(일종의 공신전)과 토지 개간을 목적으로 지급한 개간 사패전이 있었다.

|정답| ③

● 〈보기〉는 고려의 토지 제도에 대한 설명이다. ㉠과 ㉡에 들어갈 것으로 가장 옳게 짝지은 것은?

19. 2월 서울시 7급

┌ 보기 ┐
5품 이상의 고위 관리에게는 (A)를 주어 자손에게 상속하게 하였다. 하급 관료의 자제 중 관직에 오르지 못한 사람에게는 (B)를 주고, 직업 군인에게는 군역의 대가로 (C)를 지급하였다. 직역을 계승할 자손이 없으면 국가에서는 토지를 회수하고 대신 유가족의 생활을 보호하기 위해 (㉠)을 지급하였다. 한편 왕실에는 왕실 경비를 충당하기 위해 (D)를 지급하였다. 중앙과 지방의 관청에는 (㉡)을 지급하였고, 사원에는 (E)를 지급하였다.

	㉠	㉡		㉠	㉡
①	구분전	공해전	②	민전	내장전
③	군인전	공해전	④	한인전	내장전

> |정답해설| A는 공음전, B는 한인전, C는 군인전, D는 내장전, E는 사원전이다. ㉠ 자손이 없는 하급 관리나 군인의 유가족에게는 구분전을 지급하였고, ㉡ 중앙과 지방 관청의 경비 마련을 위해 공해전이 지급되었다.
>
> |정답| ①

02 경제 활동

1 귀족의 경제 생활

(1) 귀족의 경제 기반

대대로 상속받은 토지와 노비뿐만 아니라 관료가 되어 받은 과전과 녹봉 등이 있었다.

① 과전(科田)
  ㉠ 원칙과 예외: 과전은 관료가 사망하거나 관직에서 물러나면 반납하는 것이 원칙이지만, 유족의 생계 유지라는 명목으로 그 토지를 일부분이라도 물려받을 수 있었다. 공음전이나 공신전도 세습할 수 있었다.
  ㉡ 결과: 후손들이 대를 이어 관직에 나갈 수 없다면 경제 기반을 유지하기 어려웠다.
  ㉢ 세율: 귀족들은 과전에서 생산량의 10분의 1을 조세로 받았다. 자기 소유의 토지로 받았던 공음전이나 공신전에서는 대체로 수확량의 반(半)을 거둘 수 있었다.
② 녹봉(祿俸)
  ㉠ 대상: 문종 때 완비된 녹봉 제도에 따라 현직에 근무하는 관리들은 쌀·보리 등의 곡식을 주로 받았으며, 때로는 베나 비단을 받기도 하였다.
  ㉡ 녹봉은 1년에 두 번씩, 녹패(祿牌)라는 문서를 창고에 제시하고 받았다.
    • 녹봉: 관료를 47등급으로 나누어 1등급은 400석, 최하 47등급은 10석을 받았다.
    • 녹패: 녹봉을 받는 사람에게 증거로 주는 종이로 만든 표이다.
③ 지대 수취 및 신공: 귀족들은 자신의 소유지에서도 상당한 수입을 얻을 수 있었다.
  ㉠ 지대(地代): 자신의 소유지를 노비에게 경작시키거나 소작을 시켜 생산량의 반(半)을 거두었다.
  ㉡ 신공(身貢): 외거 노비에게 신공으로 매년 베나 곡식을 받았다.
④ 농장(農莊)
  ㉠ 겸탈과 매입 등: 귀족들은 권력이나 고리대를 이용하여 농민에게 토지를 빼앗기도 하고 헐값에 사들이거나 개간을 하여 토지를 늘리기도 하였다.
  ㉡ 관리: 이렇게 늘어난 토지를 농장이라 하였고, 대리인을 보내 소작인을 관리하고 지대를 거두어 갔다.

■ 신공(身貢)
노비가 주인에게 제공하는 노동력이나 물품을 말한다.

(2) 귀족의 사치 생활

다양한 수입을 기반으로 귀족들은 화려한 생활을 할 수 있었다.

① **누각(樓閣)과 별장(別莊) 소유**: 문벌 귀족이나 권문세족들은 큰 누각을 짓고 사치스러운 생활을 하였을 뿐만 아니라 지방에 별장도 가지고 있었다.
② **외출과 여가(餘暇) 생활**: 외출할 때는 남녀 모두가 시종을 거느리고 말을 타고 다녔으며, 다방(茶房)에서 중국에서 수입한 차[茶]를 즐기기도 하였다.
③ **의(衣)생활**: 귀족들은 전문 기술자가 짜거나 중국에서 수입한 비단으로 만든 옷을 입었다. 당시 전문 기술자들이 만든 비단·고운 모시 등은 왕실이나 귀족들이 사용하였고 중국에 수출하기도 하였다.

> **사료** 귀족의 생활
>
> ❶ 예종이 돌아가고 어린 왕이 즉위하니 …… (이자겸의) 아들들이 앞을 다투어 제택(第宅)을 건축하여 길거리에 죽 뻗쳐 있고, 권세가 더욱 떨치며, 뇌물을 공공연히 주고받고, 자기 종들을 풀어놓아 다른 사람의 말과 수레를 빼앗아서 자기 물건을 실어 들이므로 힘 없는 백성은 수레를 부수고 말과 소를 팔아 도로가 시끄러웠다. 「고려사절요」
>
> ❷ 김돈중 등이 절의 북쪽 산은 민둥하여 초목이 없으므로 그 인근의 백성들을 모아 소나무·잣나무·삼나무·전나무와 기이한 꽃과 이채로운 풀을 심고 단을 쌓아 임금의 방을 꾸몄는데, 아름다운 색채로 장식하고 대의 섬돌은 괴석(怪石)을 사용하였다. 하루는 왕이 이곳에 행차하니 김돈중 등이 절의 서쪽 대에서 잔치를 베풀었다. 휘장·장막과 그릇이 사치스럽고 음식이 진기하여 왕이 재상·근신들과 더불어 매우 흡족하게 즐겼다. 「고려사」
>
> ❸ 김준은 농장을 여러 곳에 설치하고 가신 문성주로 하여금 전라도를 관리하도록 하였고, 지준에게는 충청도를 관리하도록 하였다. 두 사람이 다투어 재물을 탐내어 마구 거둬들이기를 일삼아 백성들에게 벼 종자 한 말을 주고 나중에 으레 쌀 한 섬을 거두었다. 김준의 여러 아들들이 이를 본받아 무뢰배를 다투어 모아 세도를 믿고 횡포를 자행하여 남의 땅을 침탈하니 원성이 매우 많았다. 「고려사」

2 농민의 경제 생활

(1) 농민의 생계 유지

① **토지 경작**: 농민은 조상이 물려준 토지인 민전(民田)을 경작하거나 국·공유지나 다른 사람의 소유지를 경작하였다.
② **품팔이 등**: 품팔이를 하거나 부녀자들이 삼베·모시·비단 등을 짜는 일을 하여 생계를 유지하였다.

(2) 농민의 생활 개선 노력

대개 농민은 소득을 늘리려고 황무지를 개간하고 새로운 농업 기술을 배웠다.

① **지대·조세의 감면**: 농민이 진전이나 황무지를 개간하면 국가에서 일정 기간 소작료나 조세를 감면해 주었다.
② **진전(陳田)의 개간**: 진전(방치되어서 황폐해진 토지)을 개간할 때 주인이 있으면 소작료를 감면해 주고, 주인이 없으면 개간한 사람의 토지로 인정해 주었다.
③ **경작지의 확대**: 12세기 이후에는 연해안의 저습지와 간척지도 개간하여 경작지를 확대하였다.

(3) 농업 기술의 발달

농업 기술의 발달에 따라 생산량이 증가하였다.

① 수리 시설이 발달되었고, 호미와 보습 등의 농기구를 개량하였다.
② 종자(種子)의 개량이 있었다.
③ 심경법(深耕法)의 일반화: 소를 이용한 깊이갈이가 일반화되었다.
④ 시비법(施肥法)의 발달: 시비법이 발달하면서 휴경지가 점차 줄어 계속해서 경작할 수 있는 토지가 늘었다.
⑤ 윤작법의 보급: 밭농사에는 2년 3작의 윤작법을 점차 보급하였다.
⑥ 이앙법의 보급: 논농사에서는 직파법(直播法)이 주로 행해졌으나, 고려 말에는 직파법 대신 이앙법(移秧法, 모내기)이 남부 지방 일부에 보급될 정도로 발전하였다.
⑦ 『농상집요』 소개(충정왕 1년, 1349): 고려 말 이암은 원나라로부터 『농상집요』를 소개하고 보급하였다. 이는 농업 기술에 대한 학문적 연구에 도움을 주었다.
⑧ 목화씨 전래(공민왕 12년, 1363): 공민왕 때 문익점이 목화씨를 들여와 고려 말 목화의 재배를 시작하였다. 이는 의생활에 커다란 변화를 가져왔다.

심화 고려 시대의 농업 기술

고려 시대의 농업 기술은 이미 우경(牛耕)에 의한 심경이 행하여지고, 2년 3작의 윤작법(輪作法)이 시행되었는데, 이는 후기에 들어오면서 더욱 발달하게 되었다. 이에 고려 말에는 농업 생산력이 증가하고 쌀 재배도 보급되었으니, 이암(李嵒)이 원의 농서인 『농상집요(農桑輯要)』를 소개한 것은 이를 뒷받침하는 것이었다. 특히 고려 말에는 목면이 재배되기 시작함으로써 우리나라 의복 원료에 커다란 변혁을 가져오게 하였다. 목면은 공민왕 때 문익점(文益漸)이 원에서 목화씨를 들여온 것을 그의 장인인 정천익(鄭天益)이 재배에 성공하여 보급하였는데, 이로써 일반 평민의 의복 재료가 종래의 마포에서 무명[綿布]으로 바뀌는 일대 변화를 이루게 되었다.

■ 시비법(施肥法)의 발달

밭을 묵혀서 그 밭에 자란 풀을 태우거나 갈아엎어 비료를 주던 방식에서 벗어나 들의 풀이나 갈대를 베어 와 태우거나 갈아엎은 녹비에 동물의 똥오줌을 함께 사용하는 퇴비가 만들어졌다.

바로 확인문제

● **고려 시대 농업에 대한 설명으로 가장 적절하지 않은 것은?**

① 고려 전기에는 농민의 생활 안정을 위한 권농 정책을 추진하였다.
② 소를 이용한 깊이갈이가 일반화되었다.
③ 시비법이 발달하여 휴경지가 줄어들었다.
④ 고려 말 원의 농법을 소개한 『농사직설』이 보급되었다.

|정답해설| 『농사직설』은 조선 세종 시기에 편찬된 농서이다. 고려 말 원의 농법을 소개하기 위해 이암이 들여온 책은 『농상집요』이다.
|정답| ④

● **밑줄 친 '이 나라'의 경제 상황에 대한 설명으로 옳지 않은 것은?** 22. 국가직 9급

> 이 나라에는 관리에게 정해진 면적의 토지에서 조세를 거둘 수 있는 권리를 나누어주는 전시과라는 제도가 있었다. 농민은 소를 이용해 깊이갈이를 하기도 했으며, 시비법의 발달로 휴경지가 점차 줄어들었다. 밭농사는 2년 3작의 윤작법이 점차 보급되었다. 이 나라의 말기에는 직파법 대신 이앙법이 남부 지방 일부에 보급될 정도로 논농사에 변화가 나타났다. 또한 이암에 의해 중국 농서인 『농상집요』도 소개되었다.

① 재정을 운영하는 관청으로 삼사를 두었다.
② 공물 부과 기준이 가호에서 토지로 바뀌었다.
③ 생산량의 10분의 1에 해당하는 조세를 거두었다.
④ '소'라는 행정 구역의 주민이 국가에서 필요로 하는 물품을 생산하였다.

|정답해설| 제시된 자료는 고려 시대의 농업 발전에 대한 내용이다. 조선 후기에 대동법이 시행되면서 공물 부과 기준이 가호에서 토지로 바뀌었다.
|정답| ②

(4) 농민의 몰락

고려 후기에 이르러 농업 생산력이 상당한 수준에 이르렀다.

① 배경: 권문세족들이 농민의 토지를 빼앗아 거대한 규모의 농장을 만들고 지나치게 세금을 거두면서 농민들은 몰락하였다.
② 결과: 몰락한 농민은 권문세족의 토지를 경작하거나 노비로 전락하였다.

> **사료** 고려의 농업
>
> ❶ **고려의 농업 기술 발달**
> - 큰 산과 깊은 계곡이 많아 험하고 평지가 적다. 그러므로 경작지가 산간에 많은데 오르내리면서 경작하는 데 힘이 많이 들고 멀리서 보면 계단과 같다. 「고려도경」
> - 명종 18년(1188) 3월 …… 때에 맞추어 농사를 권장하고 힘써 제언(堤堰)을 수축하여 저수(貯水)하고 물을 대게 하여 황모지(荒耗地)가 없도록 하여 백성들의 먹을거리를 풍족하게 하라. 「고려사」
>
> ❷ **수리 시설과 벼농사의 발달**
> - 무릇 토지의 등급은 묵히지 않는 토지를 상(上)으로 하고, 한 해 묵히는 토지를 중(中)으로 하고, 두 해 묵히는 토지를 하(下)로 한다. 「고려사」
> - 수리 시설이 이어져 있는 토지는 밭 혹은 논으로 서로 경작하며, 토지의 등급을 헤아려 비옥한 토지는 해마다 돌려가며 벼를 경작하되, 3월 안에 심을 수 없으면 4월 중순을 넘지 말아야 한다. 「농상집요」
> - 공민왕 11년(1362) …… 논을 다루는 우리나라 사람은 반드시 크고 작은 도랑에서 물을 끌어들일 뿐이요 수차(水車)로 하면 물을 쉽게 댈 수 있다는 것을 알지 못합니다. 이렇기 때문에 논 아래에 웅덩이가 있고 깊이가 한 길이 채 못 되어도 그 물을 내려다만 보지 감히 퍼 올리지 못합니다. 그러므로 낮은 땅은 물이 항상 고여 있고 높은 땅은 항상 풀이 무성해 있는 것이 십중팔구나 됩니다. 그러니 계수관(界首官, 지방 관리)에게 명령하여 수차(水車)를 만들게 하고 그 만드는 법을 배우게 한다면 민간에 전해 내려갈 수 있게 될 것입니다. 이것이 가뭄의 해(害)에 대비하고 황무지를 개간하는 데 있어 제일의 계책입니다. 「고려사」
> - 양산의 논밭은 모두 낮고 습하여 가물면 곡식이 익지만 비가 오면 물 때문에 해를 입는 곳이다. 이원윤이 수령으로 부임하여 도랑을 깊이 파는 등 특별한 노력을 기울여 버려진 땅을 거의 모두 개간하였다고 한다. 「송은앙주서」

3 수공업자의 활동

(1) 수공업의 종류

고려 전기에는 관청 수공업과 소(所) 수공업이 중심이었으나, 고려 후기에는 사원 수공업과 민간 수공업이 발달하였다.

① 관청 수공업
  ㉠ 생산 방법: 중앙과 지방에 있던 수공업 관청에서는 그곳에서 일할 기술자들을 **공장안(工匠案)** 에 올려 물품을 생산하게 하였으며, 농민을 부역으로 동원하여 보조하게 하였다.
  ㉡ 관수품의 제조: 기술자들은 주로 국가에서 필요로 하는 칼·창·활 등의 무기류, 가구류, 금·은 세공품, 견직물, 마구류 등을 제조하였다.
② 소(所) 수공업: 소에서는 금·은·철·구리·실·각종 옷감·종이·먹·차·생강 등을 생산하여 공물로 납부하였다.
③ 사원 수공업: 사원에서는 기술이 좋은 승려와 노비가 있어 베·모시·기와·술·소금 등 품질 좋은 제품을 생산하였다.

■ **공장안(工匠案)**
국가에서 필요한 물품 생산에 동원할 수 있는 기술자를 조사하여 기록한 장부를 말한다.

④ 민간 수공업: 민간 수공업은 농촌의 가내 수공업이 중심이었다. 국가에서는 삼베를 짜게 하거나 뽕나무를 심어 비단을 생산하도록 장려하였는데, 이런 이유로 농민들은 직접 사용하거나 공물로 바치거나 팔기 위하여 삼베·모시·명주 등을 생산하였다.

(2) 민간 수요의 증가
① 고려 후기에는 유통 경제가 발전하면서 민간에서도 수공업품의 수요가 증가하였다.
② 관청 수공업으로 주로 생산하던 놋그릇·도자기 등을 거의 민간 수공업으로 생산하였다. 또한 대나무 제품·명주·삼베·모시·종이 등 다양한 물품도 민간에서 만들었다.

4 상업 활동

(1) 도시 중심의 상업 활동
고려의 상업은 도시를 중심으로 발달하였다.

① 시전(市廛) 설치: 고려는 개경과 서경에 시전을 설치하여 관청과 귀족들이 주로 이용하였다.
② 관영 상점 설치: 개경·서경(평양)·동경(경주) 등의 대도시에는 관청의 수공업장에서 생산한 물품을 판매하는 서적점, 약점과 술·차 등을 파는 주점, 다점(茶店) 등 관영 상점을 두었다.
③ 비정기적 시장: 이외에도 비정기적인 시장이 있어 도시 거주민이 일용품을 매매할 수 있었다.
④ 경시서(京市署) 설치: 매점매석과 같은 상행위를 감독하는 경시서를 두었다.

▲ 고려의 교통로와 산업 중심지

(2) 지방의 상업 활동
① 시장의 개설: 지방에서는 농민·수공업자·관리 등이 관아 근처에 모여들어 쌀·베 등의 일용품을 서로 바꿀 수 있는 시장을 열었다.
② 행상(行商)의 활동: 행상은 지방 시장에서 물품을 팔거나 마을마다 돌아다니면서 베나 곡식을 받고 소금·일용품 등을 판매하였다.

(3) 사원의 상업 활동
사원에서도 소유하고 있는 토지에서 생산한 곡물과 승려나 사원 노비들이 만든 수공업품을 민간에 팔았다.

(4) 고려 후기의 상업 활동
고려 후기에 이르러 도시와 지방의 상업 활동이 전기보다 활발해졌다.

① 개경
  ㉠ 개경의 인구가 증가하여 민간의 상품 수요가 증가하였다.
  ㉡ 관청의 물품 구입량이 증가하여 시전 규모도 확대되고 업종별 전문화가 나타났다.
  ㉢ 개경의 상업 활동은 점차 도성 밖으로 확대되어, 예성강 하구의 벽란도를 비롯한 항구들이 교통로와 산업의 중심지로 발달하였다.
② 지방
  ㉠ 지방 상업에서는 행상의 활동이 두드러졌다.
  ㉡ 조운로(漕運路)를 따라 미곡·생선·소금·도자기 등을 교역하였다.
  ㉢ 새로운 육상로가 개척되면서 여관인 원(院)이 발달하여 이곳이 상업 활동의 중심지가 되었다.
③ 상업 활동의 변화
  ㉠ 전매제: 고려 후기에는 국가가 재정 수입을 늘리기 위하여 소금의 전매제를 시행하였다.
  ㉡ 농민에 대한 강제: 관청·관리·사원 등은 강제로 농민에게 물건을 판매하거나 구입하도록 하고 조세를 대납하는 등 농민들을 강제적으로 유통 경제에 참여시켰다.
  ㉢ 부(富)의 축적: 이 과정에서 상업 발달에 힘입어 부를 축적하여 관리가 되는 상인이나 수공업자들이 생겨났다.
  ㉣ 농민의 처지: 농민들은 지배층의 가혹한 수취와 농업 생산력의 한계로 경제적인 여유가 없어 적극적으로 상업 활동에 참여하기 어려웠다.

사료 소금의 전매제

충선왕(忠宣王) 원년(元年) 2월에 왕이 명하기를, "옛날에 소금을 전매하던 법은 국가 재정에 대비하려는 것이었다. 본국의 여러 궁원(宮院)·사사(寺社)와 권세가들이 사사로이 염분(鹽盆)을 설치하여 그 이익을 독점하고 있으니 국가 재정을 무엇으로써 넉넉하게 할 수 있을 것인가? …… 염분을 모두 관(官)에 납입(納入)시키도록 하라.

「고려사」

심화 고려 시대 교통과 통신 제도

❶ 역참 제도
  • 전국의 도로망 중 군사, 교통 요충지에 525개의 역(驛)을 설치하였다.
  • 역에는 역리와 역졸이 업무를 담당하였고, 역마(驛馬)가 준비되어 있었다. 또한 국가에서는 역전(驛田)을 지급하여 경비를 충당하게 하였다.
  • 고려 정부는 역을 통해 군사 연락, 공문 전달 등을 수행하였고, 관리는 병부에서 담당하였다.

❷ 진(津, 나루터)
  • 육로와 연결된 나루터에는 진(津)을 설치하여 육로 수송을 보완하였다.
  • 진의 경비 충당을 위해 진전(津田)을 지급하였다.

❸ 조운 제도
  • 조운은 세미(稅米, 세금으로 거둔 곡식)를 저장한 각 지방 조창에서 개경의 경창(좌·우창)으로 운송하기 위하여 마련된 해상 수송 제도로서 호부가 관장하였다.
  • 각 지역 조창은 조운하기 적합한 해변이나 하천 주변에 설치하였으며, 문종 때 13개의 조창을 설치하였다.
  • 조운 기간은 일반적으로 2월부터 5월까지였다. 구체적으로는 지방에서 징수된 조세를 11월 초부터 다음 해 1월까지 각 지방의 조창에 모았다. 이후 2월부터 시작해서 가까운 곳은 4월, 먼 곳은 5월까지 경창까지 조운을 마치도록 규정하였다.

> **사료** 고려 시대 상업 활동
>
> 신우(우왕) 7년(1381) 8월에 서울(개성)의 물가가 뛰어올랐는데, 장사하는 자들이 조그마한 이익을 가지고 서로 다투었다. 최영이 이를 미워하여 무릇 시장에 나오는 물건은 모두 경시서로 하여금 물가를 평정(評定)하고 세인(稅印, 세금을 바쳤다는 도장)을 찍게 하겠다고 한 뒤에 비로소 매매하게 하였고, 도장을 찍지 않은 물건을 매매하는 자는 …… 죽이겠다고 하였다. 이에 경시서에 큰 갈고리를 걸어 두고 사람들에게 보였더니 장사하는 자들이 벌벌 떨었다. 그러나 이 일은 마침내 시행되지 못하였다.
>
> 『고려사』

5 화폐 주조와 고리대의 유행

(1) 화폐의 주조

① 논의: 상업 활동이 활발해지면서 화폐 발행과 사용을 논의하였다. 화폐를 발행하면 이익금을 재정에 보탤 수 있고, 정부가 경제 활동을 장악할 수 있기 때문이다.

② 성종: 최초의 화폐인 **건원중보**(철전·동전)를 만들었으나(996), 유통에는 실패하였다.

③ 숙종: 의천의 건의로 주전도감을 설치하고 **은병(활구)**, 해동통보, 삼한통보, 삼한중보 등 동전을 주조하였다.

④ 원 간섭기: 원의 지폐인 보초가 들어와 유통되기도 하였다. 보초는 고려 왕실의 원나라 왕래 혹은 사신 파견 등의 소요 경비로 사용되었다.

⑤ 공양왕: 최초의 지폐인 저화를 발행하였다(이후 조선 태종 때에도 사섬서를 설치하고 저화를 발행함).

(2) 화폐 유통의 부진

① 자급자족의 경제 활동을 하였던 농민들은 화폐의 필요성을 거의 느끼지 않았다.

② 귀족들도 국가의 화폐 발행 독점과 화폐 사용 강요에 불만이 많았다.

③ 동전 등은 도시에서도 주로 다점이나 주점 등에서만 사용되었다.

④ 일반적인 거래에서는 여전히 곡식(穀食)이나 삼베[布]를 사용하였다.

> **■ 은병(활구)**
>
> 우리나라의 지형을 본떠 은 1근으로 만든 고가의 화폐로서, 은병 하나의 값은 포 100여 필이나 되었다.

▲ 해동통보

▲ 삼한통보

> **심화** 고려 시대의 화폐

성종	건원중보(최초의 화폐)				
숙종	주전도감 설치: 대각국사 의천의 건의				
	은병(활구): 고려의 지형을 본떠서 만듦, 고액 화폐				
	해동통보, 삼한중보, 삼한통보: 주전도감에서 제작				
	동국통보, 해동중보, 동국중보: 주조 시기는 명확하지 않으나, 숙종 연간에 사용된 것으로 보임				
충렬왕	쇄은	충혜왕	소은병	공양왕	저화(최초의 지폐)

> **사료** 고려 시대의 화폐 정책
>
> 내(목종) 선대의 조정에서는 이전의 법도와 양식을 따라서 조서를 반포하고 화폐를 주조하니 수년 만에 돈꿰미가 창고에 가득 차서 화폐를 통용할 수 있게 되었다. …… 이에 선대의 조정을 이어서 전폐(錢幣, 돈)는 사용하고 추포(麤布, 발이 굵고 바탕이 거친 베)를 쓰는 것을 금하게 함으로써 세상을 놀라게 하는 일은, 국가의 이익을 이루는 것이 아니라 한갓 백성들의 원성을 일으키는 것이라 하였다. …… 문득 근본을 힘쓰는 마음을 지니고서 돈을 사용하는 길을 다시 정하니, 차와 술과 음식 등을 파는 점포들에서는 교역에 전과 같이 전폐를 사용하도록 하고, 그 밖의 백성들이 사사로이 서로 교역하는 데에는 임의로 토산물을 쓰도록 하라.
>
> 『고려사』

| 단권화 MEMO | 바로 확인문제 |

|정답해설| 해동통보, 활구는 고려 숙종 시기에 발행된 화폐이다. 고려 시대의 상업은 도시를 중심으로 발달하였는데, 시전 설치를 비롯해 서적점, 약점, 주점, 다점 등의 관영 상점을 두었다.

|오답해설|
① 조선 후기 대동법 시행 이후 공인이 출현하였다.
② 조선 정조 때 실시한 신해통공에 대한 설명이다.
④ 신라 지증왕 시기에 해당한다.

|정답| ③

● **다음과 같은 정책이 시행되었던 시대의 경제 상황에 대한 설명으로 옳은 것은?** 13. 국가직 9급

> • 해동통보를 비롯한 돈 15,000관을 주조하여 관리들에게 나누어 주었다.
> • 은 한 근으로 우리나라 지형을 본뜬 은병을 만들어 통용시켰는데, 민간에서는 이를 활구(闊口)라 불렀다.

① 공인이 상업 활동을 주도하였다.
② 시전 상인의 금난전권을 제한하였다.
③ 대도시에 주점, 다점 등의 관영 상점을 두었다.
④ 시장을 감독하는 관청으로 동시전을 설치하였다.

|정답해설| 주전도감에서 은병(활구)을 제작한 시기는 고려 숙종 때이다. 숙종은 여진 정벌을 위해 윤관의 건의를 받아들여 별무반을 설치하였다.

|오답해설|
① 성종 때 주요 지역에 12목을 설치하고, 지방관(목사)을 파견하였다.
③ 태조는 지방 호족을 견제하기 위해 사심관과 기인 제도를 도입하였다.
④ 광종은 왕권 강화를 위해 과거제를 시행하고 독자적인 연호(광덕, 준풍)를 사용하였다.

|정답| ②

● **밑줄 친 '왕'의 재위 기간에 있었던 사실로 옳은 것은?** 16. 지방직 9급

> 주전도감에서 왕에게 아뢰기를 "백성들이 화폐를 사용하는 유익함을 이해하고 그것을 편리하게 생각하고 있으니 이 사실을 종묘에 알리십시오."라고 하였다. 이해에 또 은병을 만들어 화폐로 사용하였는데, 은 한 근으로 우리나라의 지형을 본떠서 만들었고 민간에서는 활구라고 불렀다.

① 주요 지역에 12목을 설치하고 목사를 파견하였다.
② 여진 정벌을 위해 윤관이 건의한 별무반을 설치하였다.
③ 지방 호족을 견제하기 위해 사심관과 기인 제도를 도입하였다.
④ 왕권을 강화하기 위해 과거 제도를 시행하고 독자적인 연호를 사용하였다.

(3) 고리대의 성행과 보(寶)의 출현

① 고리대의 횡포
  ㉠ 왕실, 귀족, 사원은 고리대로 재산을 늘렸다.
  ㉡ 생활이 빈곤했던 농민들은 부족한 식량을 구하거나 혼인, 상례 등에 쓰려고 높은 이자로 돈을 빌렸다가 갚지 못하면 토지를 빼앗기거나 노비가 되기도 하였다.

② 보(寶)의 출현
  ㉠ 성격: 고리대가 성행하자 일정한 기금을 만들어 그 이자를 공적인 사업의 경비로 충당하는 보가 출현하였다.
  ㉡ 종류

학보	교육 기금
광학보	승려들의 면학을 위한 기금(정종, 946)
제위보	빈민을 구제하기 위한 기금(광종, 963)
경보	불경 간행을 위한 기금
금종보	범종 주조용 기금
팔관보	팔관회 개최의 경비 충당을 위한 기금

  ㉢ 결과: 이러한 보는 오히려 이자 취득에만 급급하여 농민들의 생활에 막대한 폐해를 끼쳤다.

| 사료 | 승려의 상공업 활동 |

❶ 승려들이 심부름꾼을 시켜 절의 돈과 곡식을 각 주군에 장리(長利)를 놓아 백성을 괴롭히고 있다.

『고려사절요』

❷ 지금 부역을 피하려는 무리들이 부처의 이름을 걸고 돈놀이를 하거나 농사·축산을 업으로 삼고 장사를 하는 것이 보통이 되었다. …… 어깨를 걸치는 가사는 술 항아리 덮개가 되고, 범패를 부르는 장소는 파·마늘의 밭이 되었다. 장사꾼과 통하여 팔고 사기도 하며, 손님과 어울려 술 먹고 노래를 불러 절간이 떠들썩하다.

『고려사』

단권화 MEMO

■ 사원의 경제적 기반

고려는 『도선비기』에 의거하여 국가의 비보사찰(裨補寺刹)을 정하여 국가와 왕실의 안녕을 기원하도록 하고, 그 절에는 사원전과 노비를 지급하였다. 그리고 귀족들도 자기 가문의 절을 짓고 토지와 노비를 기증하는 것이 일반화되었다. 국가적으로 연등회와 팔관회를 개최하고, 국립 여관의 구실을 하던 원(院)을 절에서 관리하게 하였다.

6 무역 활동

(1) 대외 무역의 활발

① 국가의 통제: 통일 신라 시대부터 서해안의 호족들을 중심으로 발달하였던 사무역(私貿易)이 고려에 들어와서는 국가의 통제를 받았다.
② 공무역 중심: 점차 중앙 집권화되면서 그동안 성행하였던 사무역은 쇠퇴하고 공무역이 중심이 되었다.
③ 무역국(貿易國): 국내 상업이 안정적으로 발전하면서 송·요 등 외국과의 무역도 활발해졌다.
④ 무역항: 예성강 어귀의 **벽란도**는 대외 무역의 발전과 함께 국제 무역항으로 번성하였다.

▲ 고려 전기의 대외 무역

(2) 송과의 무역

고려의 대외 무역에서 가장 큰 비중을 차지한 것은 송과의 무역이었다.

① 교역품
  ㉠ 수출품: 금·은·인삼 등의 원료품과 종이·붓·먹·부채·나전 칠기·화문석 등의 수공업품과 토산물을 수출하였다. 특히 고려의 종이(등피지)와 먹은 질이 뛰어나 송의 문인들이 귀하게 여겼으므로 비싼 값으로 수출하였다.
  ㉡ 수입품: 비단·약재·서적·악기 등 왕실과 귀족의 수요품을 수입하였다.
② 무역로
  ㉠ 북송 때: 벽란도 → 옹진 → 산둥반도 → 등주(덩저우)
  ㉡ 남송 때: 벽란도 → 흑산도 → 명주(밍저우)

(3) 기타 국가와의 무역

① 거란: 거란은 은(銀)·모피·말 등을 가지고 와서, 식량·문방구·구리·철 등과 바꾸어 갔다.
② 여진: 여진은 은(銀)·모피·말 등을 가지고 와서, 농기구·식량(곡식)·포목 등과 바꾸어 갔다.
③ 일본
  ㉠ 무역을 하였으나 송·거란 등에 비하여 그리 활발하지는 않았다.
  ㉡ 일본은 11세기 후반부터 내왕하면서 수은·유황 등을 가지고 와 식량·인삼·서적 등과 바꾸어 갔다.
④ 아라비아
  ㉠ 대식국인(大食國人)이라 불리던 아라비아 상인들도 고려에 들어와서 수은·향료·산호 등을 팔았다.
  ㉡ 이들을 통하여 고려(Corea)의 이름이 서방 세계에 널리 알려지게 되었다.

> **사료** 고려의 대외 무역
>
> ❶ 11월 병인(丙寅)에 대식국(大食國) 상인 보나합(保那盍) 등이 와서 수은(水銀)·용치(龍齒)·점성향(占城香)·몰약(沒藥)·대소목(大蘇木) 등의 물품을 바쳤다. 담당자에게 명하여 객관(客館)에서 후하게 대우하고 돌아갈 때에 금과 비단을 후하게 내려 주도록 하였다.
>
> ❷ (덕종 3년) 11월에 팔관회(八關會)를 열었다. 신봉루(神鳳樓)에 들러 모든 관료에게 큰 잔치를 베풀었다. 그리고 다음 날 대회(大會)를 열면서 또 큰 연회를 베풀며 음악을 관람하였다. 동경(東京) 및 서경(西京)의 2경(京)과 동북 양로 병마사(東北兩路兵馬使), 4도호(都護), 8목(牧)이 각각 글을 올려 축하하였다. 송(宋)의 상인과 동서번(東西蕃), 그리고 탐라국(耽羅國)도 또한 특산물을 바쳤으므로 자리를 내주어 음악을 관람하게 하였는데, 이후에는 상례(常例)로 하였다.
>
> 『고려사』

(4) 원 간섭기의 무역

① 원의 간섭기에는 공무역이 행해지는 한편 사무역이 다시 활발해졌다.
② 상인들이 독자적으로 원과 교역하면서 금·은·소·말 등이 지나치게 유출되었고, 이는 사회적으로 물의가 일어날 정도였다.

> **바로 확인문제**
>
> ● 고려 시대의 경제 생활에 대한 설명으로 옳은 것을 〈보기〉에서 모두 고른 것은? 18. 서울시 9급
>
> ┤보기├
> ㄱ. 성종은 건원중보를 만들어 전국적으로 사용하게 하려 했으나 성공하지 못하였다.
> ㄴ. 고려 후기 관청 수공업이 쇠퇴하면서 민간 수공업이 발달하였다.
> ㄷ. 예성강 어귀의 벽란도는 고려의 국제 무역항이었다.
> ㄹ. 원 간섭 시기에는 원의 지폐인 보초가 들어와 유통되기도 하였다.
>
> ① ㄱ, ㄴ, ㄷ   ② ㄱ, ㄷ, ㄹ   ③ ㄴ, ㄷ, ㄹ   ④ ㄱ, ㄴ, ㄷ, ㄹ

| 정답해설 |
ㄱ. 성종은 건원중보를 만들어 전국적으로 유통시키려 하였으나 성공하지 못하였다.
ㄴ. 고려 후기에는 관청 수공업이 쇠퇴하면서, 사원 수공업과 민간(민영) 수공업이 점차 발달하였다.
ㄷ. 예성강 어귀의 벽란도는 고려 시대 최대의 국제 무역항이었다.
ㄹ. 원 간섭 시기에는 원의 지폐인 보초가 들어와 유통되기도 하였다. 보초는 고려 왕실의 원나라 왕래 혹은 사신 파견 등의 소요 경비로 사용되었다.

| 정답 | ④

CHAPTER 03 중세의 사회

01 고려의 신분 제도
02 백성들의 생활 모습
03 고려 후기의 사회 변화

01 고려의 신분 제도

고려의 신분 구성은 시대에 따라 약간의 차이는 있었지만, 대략 귀족과 중류, 그리고 양민과 천민으로 구성되었다.

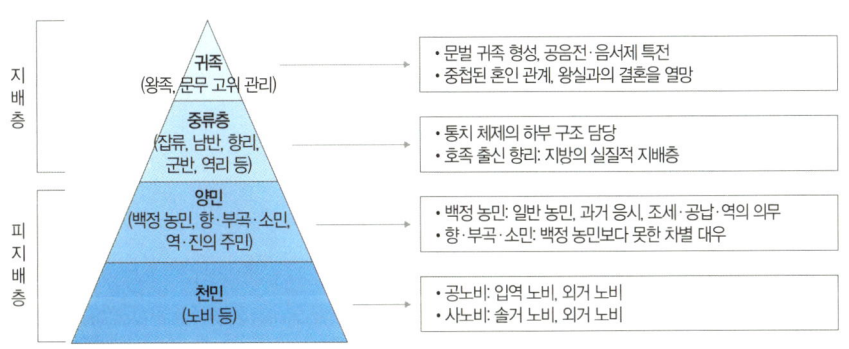

▲ 고려 시대의 신분제

1 귀족(貴族)

고려 지배층의 핵심은 귀족이었다.

(1) 특징

왕족을 비롯하여 5품 이상의 고위 관료들이 귀족의 주류를 형성하였고, 음서(蔭敍)나 공음전(功蔭田)의 혜택을 받는 특권층이었다.

① 문벌 귀족
  ㉠ 성격: 귀족들은 대대로 고위 관직을 차지하여 문벌 귀족을 형성하였으며 고려 사회를 이끌어 갔다.
  ㉡ 거주: 중앙 집권적 체제인 고려 사회에서 귀족들은 주로 개경에 거주하였는데, 그들 중에서 죄를 지은 자가 있으면 고향으로 보내기도 하였다(귀향형).
  ㉢ 토지의 집적: 중앙 관직에 진출한 집안은 귀족 가문으로 자리 잡기 위하여 관직을 바탕으로 토지 소유를 확대하는 등 재산을 모았다.
  ㉣ 폐쇄적인 혼인: 유력한 귀족 가문과 서로 **중첩(重疊)된** 혼인 관계를 맺었다. 귀족들이 사돈 맺기를 가장 원한 집안은 왕실이었는데, 왕실의 외척(外戚)이 된다는 것은 가문의 영광일 뿐만 아니라 권력을 장악할 수 있는 지름길로 여겼으므로 여러 딸을 동시에 왕비로 들이는 경우도 있었다.

단권화 MEMO

■ 고려를 귀족 사회로 보는 근거
• 공음전과 음서의 혜택 및 세습
• 과거에 응시하는 신분층 한정, 승진에 가문이 중요한 요소가 됨
• 귀족들끼리 폐쇄적인 혼인 관계를 통해 문벌 형성
• 도병마사, 식목도감 등 귀족들의 합의 기구 발달(후기에는 도평의사사 중심의 귀족 연합 정치 실시)

| 단권화 MEMO |

② 신분 변동
　㉠ 향리의 귀족 진출: 지방 향리의 자제들도 과거를 통하여 벼슬에 나아가 신진 관료가 됨으로써 어렵게 귀족의 대열에 들 수가 있었다.
　㉡ 귀족의 전락: 반대로 중앙 귀족에서 낙향하여 향리로 전락하는 경우도 있었다.

> **심화** 고려 사회의 개방성
>
> ❶ 삼국 이전에는 과거의 법이 없었고 고려 태조가 처음으로 학교를 세웠으나, 과거로 인재를 뽑기까지는 이르지 못하였다. 광종이 쌍기의 의견을 채용하여 과거로 인재를 뽑게 하였으니 이때부터 문풍이 일어나기 시작하였다. 그 법은 대체로 당의 제도를 많이 채용하였다.
>
> ❷ 고려의 신분 제도는 엄격하여 조상의 신분이 그대로 자손들에게 세습되었지만, 그렇지 않은 경우도 있었다. 향리로부터 문반직에 오르는 경우와 군인이 군공을 쌓아 무반으로 출세하는 경우를 들 수 있으며, 고려 후기에는 향·부곡·소가 일반 군현으로 승격되기도 하였으며, 외거 노비 가운데는 재산을 모아 양인의 신분을 얻는 자도 있었다.

(2) 귀족층의 변화

① 무신(武臣): 무신정변을 계기로 종래의 문벌 귀족들이 도태되고, 무신들이 권력을 잡는 가운데 귀족층의 변화가 일어났다.
② 권문세족(權門勢族)*
　㉠ 무신정권이 붕괴되면서 등장한 지배 귀족이었으며, 고려 후기에 정계(政界)의 요직(要職)을 장악하고 농장을 소유한 최고 권력층이었다.

*권문세족
권문세족은 충선왕의 즉위 교서가 제시되면서 출제되는 경우가 많다.

■ 권문세족의 권력 독점
권문세족들은 첨의부나 밀직사 등의 고위 관직을 독점하였고, 도평의사사의 구성원으로서 권력을 장악하였다.

> **사료** 권문세족(權門勢族)
>
> 이제부터 만약 종친으로서 같은 성에 장가드는 자는 황제의 명령을 위배한 자로서 처리할 것이니 마땅히 여러 대를 내려오면서 재상을 지낸 집안의 딸을 취하여 부인을 삼을 것이며 재상의 아들은 왕족의 딸과 혼인함을 허락할 것이다. 만약 집안의 세력이 미비하면 반드시 그렇게 할 필요는 없다. …… 철원 최씨·해주 최씨·공암 허씨·평강 채씨·청주 이씨·당성 홍씨·황려 민씨·횡천 조씨·파평 윤씨·평양 조씨는 다 여러 대의 공신 재상의 종족이니 가히 대대로 혼인할 것이다. 남자는 종친의 딸에게 장가가고 딸은 종비(宗妃)가 됨 직하다.
> 『고려사』

　㉡ 가문의 세습: 가문의 힘을 이용하여 음서(蔭敍)로써 신분을 세습시켜 갔다.
　㉢ 유형
　　• 전기부터 그 세력을 이어 온 계층
　　• 무신정권 시대에 대두한 가문
　　• 원의 세력을 배경으로 성장한 가문
　㉣ 대규모 농장의 소유: 이들은 강과 하천을 경계로 삼을 만큼 대규모의 농장을 소유하고도 국가에 세금을 내지 않았다.
　　• 농장의 형태: 개간·매입·기진(寄進)·투탁(投託)·강탈 등의 수단을 통하여 광대한 토지를 집적하였다.
　　• 면세: 합법적 또는 불법적으로 사패(賜牌)의 형식을 통하여 전조(田租)를 면제받고 있었다. 애초에 전시과에서 그어 놓은 면조(免租)의 상한선은 권문세족들의 토지에서는 유명무실한 것이 되어 모두 면조됨으로써 국가의 전조 수입(田租收入)은 갈수록 축소되어 재정은 파탄 지경에 이르렀다.

■ 권문세족의 유형
• 전기 이래의 문벌 귀족 가문: 경주 김씨, 장흥 임씨, 경원 이씨, 안산 김씨, 철원 최씨, 해주 최씨, 공암 허씨, 청주 이씨, 파평 윤씨
• 무신정권 시대에 득세한 무신 가문: 언양 김씨, 평강 채씨
• 무신정권 이후에 등장한 능문능리의 신관인층: 당성 홍씨, 황려 민씨, 횡천 조씨
• 원 간섭기에 성장한 가문: 평양 조씨

- 관리 및 경작: 농장은 주인이 보낸 가신(家臣)이나 노비에 의해 관리되며 이들을 장두(莊頭)라 하고, 그 거처를 장사(莊舍)라 하였다. 농장은 전호(佃戶)나 노비(奴婢)에 의해 경작되었다.
- ⓜ 부(富)의 축적: 몰락한 농민들을 농장으로 끌어들여 노비처럼 부리며 부를 축적하였다.

사료 권문세족의 대토지 소유 현상

❶ 무릇 주현에는 각기 경외 양반·군인의 가전·영업전이 있는데, 이에 간점(奸占)한 이민(吏民)이 권력에 의탁하고자 거짓으로 한지라 칭하고는 그 집 앞으로 기록을 올리고, 권세가도 또한 자기의 토지라 칭하며 공첩(公牒)을 요구 취득하고는 즉시 사환을 보내 서신을 통하여 촉탁하면, 그 주(州)의 원료(員僚)들도 간청을 피하지 못하고 사람을 파견하여 징취(徵取)하므로, 하나의 토지에서의 징수가 두세 번에 이르러 백성들이 고통을 견디기 어렵고 나아가 호소할 곳도 없기 때문에 원한과 분노가 하늘을 찌를 듯한 형편입니다.
『고려사』

❷ 근래에 이르러 겸병(兼倂)이 더욱 심하여, 간흉한 무리들이 주(州)를 넘고 군(郡)을 에워싸 산천으로 표지를 삼고 모두 조업전(祖業田)이라 칭하여 서로 빼앗으니 한 땅의 주인이 5, 6명이 넘고 1년에 조(租)를 8, 9차례나 거둬 간다. …… 부결(負結)의 고하를 제멋대로 정하여 1결의 토지를 3, 4결로 만들고, 대두(大豆)로 수조(收租)하니 한 섬을 거둘 것을 두 섬으로 수조하여 그 수를 채운다. 조종(祖宗)이 민(民)으로부터 거둠이 1/10뿐인데 지금 사가(私家)에서 거둠은 10분의 천(千)에 이른다. …… 옛 사람이 말하기를 나라에 3년의 비축이 없으면 나라라고 할 수 없다 하였는데, 근래에 서북으로 출행함(요동 정벌)에 있어 겨우 몇 달분의 비축밖에 없으니 공사(公私)가 모두 지탱하지 못하고, 상하가 모두 곤궁하여 2, 3년의 홍수와 가뭄만 들면 그 무엇으로 구제할 것이며, 천만 군병의 군량은 그 무엇으로 해결한단 말인가.
『고려사』

❸ 이제현이 도당(都堂)에 글을 올렸다. "경기 지방의 토지는 조상 때부터 내려오던 구분전을 제외하고 나머지는 모두 녹과전으로 만든 지 거의 50년이 지났는데, 최근에는 권세가에서 거의 모두 빼앗아 가졌습니다. 만약 이를 혁파한다면 기뻐하는 자는 많을 것이요, 기뻐하지 않을 자는 권세가 수십 명뿐일 것입니다."
『고려사절요』

바로 확인문제

● **고려 후기 권문세족에 대한 설명으로 옳지 않은 것은?**　　19. 국가직 7급

① 음서는 이들의 지위를 유지할 수 있는 중요한 제도적 장치였다.
② 재지 지주로서 녹과전과 녹봉을 유력한 경제적 기반으로 삼았다.
③ 첨의부 등의 고위 관직을 독점하면서 도당의 구성원으로서 권력을 장악하였다.
④ 왕실 또는 자기들 상호 간에 중첩되는 혼인을 맺어 긴밀한 유대 관계를 가지고 있었다.

③ 신진 사대부
㉠ 출신: 고려 후기에는 경제력을 토대로 과거 시험에 합격한 후 중앙 관직에 진출한 향리 출신들이 세력을 확장하였는데, 이들을 신진 사대부라 부른다.

사료 신진 사대부의 성장

오늘날에는 목은(牧隱) 이색(李穡) 선생이 일찍이 가정의 교훈을 이어받어 북으로 가서 중국 중원에서 유학하여 바른 사우(師友)의 연원(淵源)을 얻고서는 성명(性命)과 도덕의 설을 깊게 연구하였다. 그리고 동방, 즉 고려로 돌아와서는 여러 학생들을 교육하였다. 이 선생의 가르침을 접하고서 크게 실력을 꽃피운 사람으로는 오천(烏川)의 정공 달가(鄭公達可), 정몽주(鄭夢周)와 경산의 이공 자안(李子安), 이숭인(李崇仁), 진양(晉陽)의 하공 대림(河公大臨), 하륜(河崙), 반양(潘陽)의 박공 성부(朴公誠夫), 박상충(朴尙衷), 영가(永嘉)의 김공 경지(金公敬之), 김구용(金九容), 밀양(密陽)의 박공 자허(朴公子虛), 박의중(朴宜中)], 영가의 권공 가원(權公可遠), 권근(權近), 무송(茂松)의 윤공 소종(尹公紹宗), 윤소종(尹紹宗) 등이 있다. 또 나 정도전(鄭道傳)처럼 불초한 자도 몇 분 군자의 대열에 끼이는 영광을 얻었다.
『도은집』

단권화 MEMO

|정답해설| 권문세족은 부재지주(다른 지역에 거주하면서 관리인을 파견하여 농업을 경영하는 지주)로서, 대농장과 각종 면세전 등이 중요한 경제적 기반이었다.
|정답| ②

■ **신진 사대부**
유교적 소양을 갖추었고 행정 실무에도 밝은 학자 출신 관료들로, 권문세족과는 달리 그 가문이 한미한 하급 관리나 향리 집안에서 주로 배출되었다.

ⓛ **권문세족과의 대립**: 이들은 국가 재정이 어려워지고 전시과의 붕괴로 과전을 받지 못하게 되자 사전의 폐단을 지적하면서 권문세족과 대립하였다.
ⓒ **성리학의 수용**: 성리학을 수용함으로써 권문세족의 친원적(親元的)이고 친불교(親佛敎)적인 성향에 반대하는 입장을 취하였다.
② **개혁의 추구**: 고려 말에 신진 사대부들은 권문세족으로 대표되는 구질서(舊秩序)와 여러 가지 모순을 비판하고 전반적인 사회 개혁과 문화 혁신을 추구하였다.

○ 고려 후기의 정치 세력

구분	권문세족	신진 사대부
등장	무신정변 이후, 원 간섭기	무신집권기
신분	중앙 관료 출신	한미한 향리 출신
대외관	친원적 외교관	친명적 외교관(배원 친명 정책)
관직 진출	음서(蔭敍) 선호	과거 시험
학문	친불교적, 유학, 한문학	성리학, 소학(小學), 대의명분 강조
사상	민간 의식 중시	주자가례(朱子家禮) 중시, 가묘(家廟) 설치
경제	부재 지주, 농장 소유	중소 재향 지주층, 전제 개혁론
의식	보수적, 퇴영적, 안일적	애민 의식(경자유전, 병작반수제 금지)
지향성	귀족 정치, 도평의사사 장악	관료주의 정치, 왕도 정치
기타	왕실과의 외척 및 통혼	일부 급진파 사대부 세력이 혁명 주도

바로 확인문제

● 다음 두 인물의 공통점으로 옳은 것은?   한국사능력검정시험 고급 25회

① 왕실과 중첩된 혼인 관계를 맺었다.
② 성리학을 개혁 사상으로 수용하였다.
③ 중방을 중심으로 권력을 장악하였다.
④ 원 세력을 배경으로 대농장을 차지하였다.
⑤ 홍건적과 왜구의 토벌을 통해 성장하였다.

|정답해설| 왼쪽은 정몽주(온건파 신진 사대부), 오른쪽은 정도전(혁명파 신진 사대부)이다. 이 둘은 성리학을 개혁 사상으로 수용한 신진 사대부이다.

|오답해설|
① 고려 중기의 문벌 귀족들은 왕실과 중첩된 혼인 관계를 맺어 자신들의 세력을 유지하고자 하였다.
③ 고려 무신정변(1170) 이후 무신들은 중방을 중심으로 권력을 장악하였다.
④ 고려 말 권문세족들은 원 세력을 배경으로 권력을 장악하였고, 대농장을 경영하였다.
⑤ 고려 말 이성계 등 신흥 무인 세력은 홍건적과 왜구의 토벌을 통하여 성장하였다.

|정답| ②

2 중류층(中流層)

(1) 성립
중류층은 후삼국의 혼란을 거쳐 고려의 지배 체제가 정비되는 과정에서 통치 체제의 하부 구조를 맡아 고려의 지배층과 피지배층 사이의 중간 역할을 담당하는 집단으로 자리를 잡아 갔다.

(2) 유형
중앙 관청의 말단 서리인 잡류, 궁중 실무 관리인 남반, 지방 행정의 실무를 담당한 향리, 직업 군인으로 하급 장교인 군반, 지방의 역(驛)을 관리하는 역리 등이 있었다.
① 지배 기구의 말단 행정직으로 존재하였다.
② 직역을 세습적으로 물려받았으며, 직역에 대한 대가로 국가로부터 토지를 받았다.

(3) 호족 출신
① 각 지방의 호족 출신은 향리로 편제되어 갔다.
② 호족 출신들은 호장, 부호장을 대대로 배출하는 지방의 실질적 지배층으로, 통혼 관계나 과거 응시 자격에 있어서도 하위의 향리와는 구별되었다.

바로 확인문제

● 밑줄 친 '이들'에 대한 설명으로 가장 옳은 것은? 22. 법원직 9급

> 이들의 첫 벼슬은 후단사이며, 두 번째 오르면 병사(兵史)·창사(倉史)가 되고, 세 번째 오르면 주·부·군·현의 사(史)가 되며, 네 번째 오르면 부병정(副兵正)·부창정(副倉正)이 되며, 다섯 번째 오르면 부호정(副戶正)이 되고, 여섯 번째 오르면 호정이 되며, 일곱 번째 오르면 병정·창정이 되고, 여덟 번째 오르면 부호장이 되고, 아홉 번째 오르면 호장(戶長)이 된다.
> 「고려사」

① 자손이 음서의 혜택을 받았다.
② 속현의 조세와 공물의 징수, 노역 징발 등을 담당하였다.
③ 수군, 조례, 역졸, 조졸 등으로 칠반천역이라고도 불렸다.
④ 수령의 행정 실무를 보좌하는 세습적인 아전으로 활동하였다.

3 양민(良民)

(1) 백정 농민
① 거주: 양민은 일반 주·부·군·현에 거주하였다.
② 유형: 농업이나 상공업에 종사하는 사람들을 말한다.
③ 사회적 지위
  ㉠ 농사에 종사하는 농민층이 주류를 이루었다.
  ㉡ 양민의 대다수는 농민들로서 이들을 백정(白丁)이라고도 한다.
  ㉢ 이들은 자기 조상으로부터 물려받거나 개간 등을 통해 토지를 소유할 수 있었다.
  ㉣ 토지를 소유하지 못한 백정 농민층은 사유지나 국·공유지 등의 각종 토지를 빌려 경작하였고, 그러한 경우 일정량의 소작료를 주인에게 납부하였다.
  ㉤ 이들에게는 조세·공납·역이 부과되었고, 출세에 법적 제한은 없었다.

단권화 MEMO

■ 호장(戶長)
향리직의 우두머리로서, 부호장(副戶長)과 함께 호장층을 형성하였는데, 해당 고을의 모든 향리들이 수행하던 말단 실무 행정을 총괄하였다.

|정답해설| 제시된 사료의 "호장", "부호장"은 고려 시대 향리의 직책이다. 고려 시대 향리는 속현(지방관이 파견되지 않은 지역)의 조세와 공물의 징수, 노역 징발 등 행정 실무를 담당하였다.
|오답해설|
① 고려 시대 공신과 왕족의 자손, 5품 이상 관료의 자손 등에게 음서의 혜택이 부여되었다.
③ 수군, 조례, 역졸, 조졸, 나장 등 칠반천역은 조선 시대 신량역천(법적 신분은 양인이지만 하는 일은 천하게 여겨졌던 사람들)의 대표적 사례이다.
④ 조선 시대 향리는 수령의 행정 실무를 보좌하는 세습적 아전으로 활동하였다.
|정답| ②

■ 백정(白丁)
고려의 백정은 국가로부터 일정한 직역을 부여받지 못한 농민이기 때문에 토지의 지급도 있을 수 없었다.
한편 조선에서의 백정은 도살업에 종사하는 천민을 의미한다.

단권화 MEMO

＊특수 집단
향·부곡·소 거주민들의 사회적 위상을 백정과 비교하여 이해해 두어야 한다.

■ 화척, 양수척, 재인
이들의 조상은 대부분 북방 유목 민족들로, 신라 시대 이후 우리나라에 들어와 살기 시작했다. 이들은 한곳에 머무르지 않고 이동 생활을 하면서 도축을 하거나, 버들고리를 만들어 팔기도 하였다('화척', '양수척'으로 불림). 여자들은 춤과 노래를 잘하여 주로 일종의 광대('재인')로서 생계를 유지하였다. 국가에서는 이들에 대한 호적을 작성하지도 않았으며, 아무런 의무를 부과하지 않았다.

(2) 특수 집단＊

① 유형
　㉠ 향(鄕)·부곡(部曲)·소(所): 향이나 부곡에 거주하는 사람들은 농업을, 소에 거주하는 사람들은 수공업이나 광업품의 생산을 주된 생업으로 하였다.
　㉡ 역(驛)·진(津): 역과 진의 주민은 각각 육로 교통업과 수로 교통업에 종사하였다.
② 사회적 지위
　㉠ 법적으로 양인이었으나, 백정 농민보다 규제가 심하였다.
　㉡ 이들은 백정 농민보다 훨씬 많은 세금을 부담하였다.
③ 거주의 제한: 거주하는 곳도 소속 집단 내로 제한되어 다른 지역으로 이주하는 것을 원칙적으로 금지하였다.
④ 군현의 강등 조치: 일반 군현민들이 반란을 일으킨 경우에는 집단적으로 처벌하여 군현을 부곡 등으로 강등시키기도 하였다.
⑤ 그 외에도 광산에서 일하는 광부를 철간, 어부를 생선간, 소금 굽는 염부를 염간, 목축하는 사람을 목자간, 뱃사공을 진척이라 불렀다.

> **사료　특수 행정 구역**
>
> 이제 살펴보건대, 신라에서 주군(州郡)을 설치할 때 그 전정(田丁), 호구(戶口)가 현의 규모가 되지 못하는 곳에는 **향(鄕)이나 부곡(部曲)**을 두어 소재지의 읍에 속하게 하였다. 고려 때 또 소(所)라고 칭하는 것이 있었는데, 금소(金所)·은소(銀所)·동소(銅所)·철소(鐵所)·사소(絲所)·주소(紬所)·지소(紙所)·와소(瓦所)·탄소(炭所)·염소(鹽所)·묵소(墨所)·곽소(藿所)·자기소(瓷器所)·어량소(魚梁所)·강소(薑所)의 구별이 있어 각각 그 물건을 공급하였다.
> 또 처(處)나 장(莊)으로 칭하는 것도 있어, 각 궁전(宮殿)·사원(寺院) 및 내장댁(內莊宅)에 분속되어 그 세를 바쳤다. 위 여러 소(所)에는 모두 토성(土姓)의 아전과 백성이 있었다.
> 『신증동국여지승람』

> **사료　향·부곡·소민의 생활**
>
> 왕이 명하기를, "경기의 주현들에서는 상공(常貢) 외에도 요역이 많고 무거워 백성들이 고통을 견디지 못하고 나날이 점점 도망하여 떠돌아다니고 있다. 이에 주관하는 관청에서는 그들의 공물과 역의 많고 적음을 파악하여 결정하고 시행하라. 구리, 철, 자기, 종이, 먹 등 여러 소(所)에서 별공(別貢)으로 바치는 물건들을 함부로 징수하여 장인들이 살기가 어려워 도망하고 있다. 해당 기관에 연락하여 각 소에서 별공과 상공으로 내는 물건의 많고 적음을 파악하여 결정한 다음, 왕에게 아뢰어 재가를 받도록 하라."라고 하였다.
> 『고려사』

바로 확인문제

● 다음 ㉠의 주민에 대한 설명으로 옳은 것은?　16. 지방직 9급

> 고려 시기에 ㉠ 은/는 금, 은, 구리, 쇠 등 광산물을 채취하거나 도자기, 종이, 차 등 특정한 물품을 생산하여 국가에 공물로 바쳤다.

① 군현민과 같은 양인이지만 사회적 차별을 받았다.
② 죄를 지으면 형벌로 귀향을 시키는 처벌을 받았다.
③ 지방 호족 출신으로 지방 행정의 실무를 담당하였다.
④ 재산으로 간주되어 매매·상속·증여의 대상이 되었다.

| 정답해설 | ㉠은 소이다. 고려 시대 향·부곡·소와 같은 특수 행정 구역 주민들은 법적으로는 양인이지만, 일반 양인인 백정보다 못한 사회적 차별을 받았다.

| 오답해설 |
② 귀향형은 지배 계급을 대상으로 적용된 형벌이다.
③ 향리에 대한 설명이다.
④ 노비에 대한 설명이다.

| 정답 | ①

4 천민(賤民)

(1) 유형

천민의 대다수는 노비였다. 노비는 공공 기관에 속하는 '공노비'와 개인이나 사원에 예속된 '사노비'가 있었다.

① 공노비(公奴婢)
  ㉠ 입역 노비: 궁중과 중앙 관청이나 지방 관아에서 잡역에 종사하면서 급료를 받고 생활하였다.
  ㉡ 외거 노비: 지방에 거주하면서 농업에 종사하였다. 이들은 농경을 통하여 얻은 수입 중 규정된 액수를 관청에 납부하였다.
② 사노비(私奴婢)
  ㉠ 솔거 노비: 귀족이나 사원에서 직접 부리는 노비로, 주인의 집에 살면서 잡일을 보았다.
  ㉡ 외거 노비
    • 주인과 따로 사는 노비로, 주로 농업 등에 종사하고 주인에게 일정량의 신공(身貢)을 바쳤다.
    • 주인의 토지뿐만 아니라 다른 사람의 토지도 소작할 수 있어서 노력에 따라서는 경제적으로 여유를 얻을 수 있었으며, 자신의 토지도 소유할 수 있었다.
    • 신분적으로는 주인에게 예속되어 있었으나, 경제적으로는 양민 백정과 비슷하게 독립된 경제 생활을 영위할 수 있었다.
    • 외거 노비 가운데에는 신분의 제약을 딛고 지위를 높인 사람이나 농업에 종사하면서 재산을 늘린 사람도 있었다.

> **사료** 노비의 신분 상승
>
> ❶ 평량은 평장사 김영관의 집안 노비로 경기도 양주에 살면서 농사에 힘써 부유하게 되었다. 그는 권세가 있는 중요한 길목에 뇌물을 바쳐 천인에서 벗어나 산원동정의 벼슬을 얻었다. 그의 처는 소감 왕원지의 집안 노비인데, 왕원지는 집안이 가난하여 가족을 데리고 가서 의탁하고 있었다. 평량이 후하게 위로하여 서울로 돌아가기를 권하고는 길에서 몰래 처남과 함께 원지의 부처와 아들을 죽이고 스스로 그 주인이 없어졌으므로 계속해서 양민으로 행세할 수 있음을 다행으로 여겼다. 『고려사』
>
> ❷ 고종 45년(1258) 2월에 최의가 집안 노비인 이공주를 낭장으로 삼았다. 옛 법제에 노비는 비록 큰 공이 있다 하더라도 돈과 비단으로 상을 주었을 뿐 관직을 제수하지는 않게 되어 있다. 그런데 최항이 집정해서는 인심을 얻고자 처음으로 집안 노비인 이공주와 최양백·김인준을 별장으로 삼고, 섭장수는 교위로 삼았다. 『고려사절요』

(2) 노비의 관리

① 원래 노비는 재산으로 간주되어 국가로부터 엄격히 관리되었다. 매매·증여·상속의 방법을 통하여 주인에게 예속되어 인간적 대우를 받지 못하였다.
② 귀족들은 재산으로 간주된 노비를 늘리기 위하여 부모 중의 한쪽이 노비이면 그 자식도 노비가 되게 하였다[일천즉천(一賤卽賤)].

■ 노비 관련법
• **천자수모법(賤者隨母法)**: 노비 사이에 자식이 생겼을 경우 모친의 소유주에게 귀속되는 제도
• **종부법(從父法)**: 아버지의 신분에 따라 노비가 되는 제도
• **종모법(從母法)**: 어머니의 신분에 따라 노비가 되는 제도
• **양·천 교혼(交婚) 금지**: 원칙상 양·천 간의 혼인은 금지하였다.

■ 신분의 상승
무신집권기에 하극상의 풍조가 만연되어 그에 자극받아 각종 민란이 발생하였다. 그 결과 노비의 신분이 해방되거나 향·부곡·소민들이 일반 군현민으로 상승하기도 하였다.

| 단권화 MEMO |

| 정답해설 | 궁중 잡무를 맡은 서리층은 남반이며, 산관은 현재 실직이 없는 관료를 의미한다.
| 정답 | ③

| 정답해설 | 밑줄 친 '평량'과 '평량의 처'는 사노비 중 외거 노비에 해당한다.
ㄱ. 외거 노비는 주택 및 토지를 소유할 수 있어, 재산 축적의 기회가 솔거 노비에 비해 많았다.
ㄹ. 솔거 노비나 외거 노비는 모두 매매·증여·상속의 대상이 되었다.
| 오답해설 |
ㄴ. 솔거 노비는 주인집에 살면서 잡일을 보았다.
ㄷ. 외거 노비는 주인에게 일정량의 신공을 바쳤다.
| 정답 | ②

바로 확인문제

● **고려 시대 신분 제도에 대한 설명으로 가장 옳지 않은 것은?** 18. 서울시 7급

① 왕실과 혼인을 통해 외척이 되어 대대로 특권을 누리는 문벌 가문이 나타났다.
② 상층 향리인 호장층은 지방 세력 가운데 과거 합격률이 가장 높아 관료를 배출하는 모체가 되었다.
③ 서민이 손쉽게 출세하는 벼슬은 궁궐의 잡무를 맡은 서리층으로 이를 산관이라 했다.
④ 광산에서 일하는 광부를 철간, 어부를 생선간, 소금 굽는 염부를 염간, 목축하는 사람을 목자간, 뱃사공을 진척이라 불렀다.

● **밑줄 친 '평량'과 '평량의 처'에 대한 설명으로 옳은 것을 〈보기〉에서 골라 바르게 짝지은 것은?** 13. 국가직 9급

> 평량은 평장사 김영관의 사노비로 경기도 양주에 살면서 농사에 힘써 부유하게 되었다. 평량의 처는 소감 왕원지의 사노비인데, 왕원지는 집안이 가난하여 가족을 데리고 와서 의탁하고 있었다. 평량이 후하게 위로하여 서울로 돌아가기를 권하고는 길에서 몰래 처남과 함께 왕원지 부부와 아들을 죽이고, 스스로 그 주인이 없어졌음을 다행으로 여겼다. 「고려사」

| 보기 |
ㄱ. 평량은 자신의 토지를 소유할 수 있었다.
ㄴ. 평량은 주인집에 살면서 잡일을 돌보았다.
ㄷ. 평량의 처는 국가에 일정량의 신공을 바쳤다.
ㄹ. 평량의 처는 매매, 증여, 상속의 대상이 되었다.

① ㄱ, ㄴ ② ㄱ, ㄹ ③ ㄴ, ㄷ ④ ㄷ, ㄹ

02 백성들의 생활 모습

1 농민의 공동 조직

농민들은 일상 의례와 공동 노동 등을 통하여 공동체 의식을 다졌다.

(1) 향도(香徒)의 연원

① 대표적 공동체: 고려의 대표적 공동체 조직은 불교의 신앙 조직이었던 향도였다.
② 매향(埋香): 불교 신앙 행위이며, 미륵을 만나 구원받고자 하는 염원에서 향나무를 땅에 묻는 활동을 말한다.
③ 향도(香徒): 매향 활동을 하는 무리들을 향도라고 하였다.

(2) 향도의 역할과 발전

① 역할: 향도는 단순히 매향만 하는 것이 아니라 대규모 인력이 필요한 불상과 석탑을 만들 때, 절을 지을 때 등에도 주도적인 역할을 하였다.
② 발전: 후기에 이르러 점차 신앙적인 향도에서 자신들의 이익을 위하여 조직되는 향도로 변모되어 마을 노역과 혼례, 상장례, 민속 신앙과 관련된 마을 제사 등 공동체 생활을 주도하는 농민 조직으로 발전하였다(상두꾼의 연원).

■ **사천 매향비(경남 사천)**

1387년에 향나무를 묻고 세운 것으로, 내세의 행운과 국태민안(國泰民安)을 기원하는 내용을 담고 있다.

| 사료 | 향도의 성격 |

❶ (석탑 조성에) 승려와 속인(俗人) 1만 명이 투입되었는데, 미륵 향도(香徒)에서는 상평 신렴장, 장사 정순 …… 향덕 정암 등 (임원) 36명이 참여하였다. 치향도(香徒)에서는 상평 경성, 선량 아지, 대사 향식과 금애, 위봉 등 (임원) 40명과 …… 차의 등 (임원) 50명이 참여하였다. …… 네 가지 큰 소원을 몸과 마음에 새겨 위로는 부처님의 은혜에 보답하고 나라를 위해 공덕하기를 ……   경북 예천 개심사 석탑기

❷ 대체로 이웃 사람끼리 모여 회합하는데 적으면 7인에서 9인이요, 많으면 100여 인이 되며, 매월 돌아가면서 술을 마신다. 상을 당한 자가 있으면 향도끼리 상복을 마련하거나 관을 준비하고 음식을 마련하며, 혹은 상여 줄을 잡아 주거나 무덤을 만들어 주니 이는 참으로 좋은 풍속이다.   『용재총화』

2 사회 시책

(1) 실시 배경
① 농민의 부담 : 고려 시대의 농민들은 조세와 잡역 등과 같은 여러 가지 부담을 졌다.
② 민생의 안정 도모 : 농민 생활을 안정시키는 것이 국가 안정에 필수적이었으므로 이를 위하여 국가에서는 여러 가지의 사회 시책을 펼쳤다.

(2) 농민 보호책과 권농 정책
① 농민 보호책
  ㉠ 농번기의 배려 : 농번기에는 잡역을 면제하여 농업에 전념할 수 있도록 배려하였다.
  ㉡ 자연재해를 입으면 그 피해 정도에 따라 조세와 부역을 감면해 주었다.
  ㉢ 이자 제한법 : 고리대 때문에 농민이 몰락하는 것을 방지하기 위하여 법으로 이자율을 정하여 이자와 빌린 곡식이 같은 액수가 되면 그 이상의 이자를 받지 못하도록 하였다.
② 권농 정책 : 권농 정책을 적극적으로 시행하였다.
  ㉠ 목적 : 백성의 생활을 안정시켜 줌으로써 체제 유지를 도모하려는 것이었다.
  ㉡ 황무지 개간 장려 : 농토를 늘리고 곡물을 증산하기 위하여 황무지를 개간하거나 진전(陳田)을 새로 경작하는 경우에는 일정 기간 조세를 면제해 주었다.
  ㉢ 사직신 추모 : 성종 때는 사직(社稷)을 세워 토지 신(神)과 오곡(곡식)의 신에게 제사를 지냈다.
  ㉣ 적전(籍田) 경작 : 왕이 친히 적전을 갈아 농사의 모범을 보이기도 하였다.

3 사회 제도

(1) 사회 구제 기관
① 의창 : 고려의 사회 제도 중에는 평시에 곡물을 비치하였다가 흉년에 빈민을 구제하는 의창이 있었는데, 이는 고구려의 진대법과 유사한 것이었다.
② 상평창 : 개경과 서경 및 각 12목에는 상평창을 두어 물가의 안정을 꾀하여 백성들이 안심하고 생업에 종사할 수 있도록 하였다.

■ **진전(陳田)**
토지 대장에는 경지로 되어 있으나 오랫동안 경작하지 않고 버려둔 토지이다.

■ **상평창**
상평창은 본래 물가 조절 기구로, 흉년이 들어 곡식값이 오르면 정부가 시가보다 싼값으로 곡식을 내다 팔아 가격을 조절하였다. 후에 의창과 함께 춘대추납의 빈민 구휼을 하기도 하였다.

(2) 국립 의료 기관

① **동·서 대비원(大悲院)**: 가난한 백성이 의료 혜택을 받도록 개경에 동·서 대비원을 설치하여 환자 진료 및 빈민 구휼을 담당하였다.
② **혜민국(惠民局)**: 백성의 질병을 치료하고 약을 제조·판매하기 위하여 설치한 관(官) 약국(藥局)으로서, 예종 7년(1112)에 설치되었다. 혜민국은 공양왕 3년(1391)에 혜민전약국(惠民典藥局)으로 개칭되었다.

> **사료** 동·서 대비원과 혜민국
>
> ❶ **동·서 대비원(東西大悲院)**
> 문종이 정하여 사(使) 각 1인, 부사(副使) 각 1인, 녹사(錄事) 각 1인으로 하되 병과권무(丙科權務)로 하였다. 이속(吏屬)은 기사(記事) 2인인데, 의리(醫吏)로 충당하고 서자(書者) 2인으로 하였다. 충숙왕 12년에 왕께서 말씀하시기를 "혜민국(惠民局), 제위보(濟危寶), 동·서 대비원은 본래 사람을 구제하기 위함인데, 지금 모두 폐하였으니 마땅히 다시 고치고 세워서 질병을 고치게 하라."고 하였다.
> 『고려사』
>
> ❷ **혜민국(惠民局)**
> 예종 7년 판관(判官) 4인을 두고 본업(本業, 의업)과 산직(散職)을 서로 교체하여 임명하며 을과권무(乙科權務) 관직으로 할 것을 정하였다. 충선왕 때 혜민국을 사의서(司醫署)의 관할 아래 두었다가 공양왕 3년 혜민전약국(惠民典藥局)으로 고쳤다.
> 『고려사』

(3) 재해 대비 기관

각종 재해가 발생하였을 때 구제도감(예종)이나 구급도감(고종)을 임시 기관으로 설치하여 백성의 구제에 힘썼다.

> **사료** 구제도감
>
> 예종(睿宗) 4년(1109) 5월에 제서(制書)를 내리기를, "개경(開京) 내의 인민(人民)들이 역질(疫疾)에 걸렸으니 마땅히 구제도감(救濟都監)을 설치하여 이들을 치료하고, 또한 시신과 유골은 거두어 묻어서 비바람에 드러나지 않게 할 것이며, 근신(近臣)을 나누어 보내어 동북도(東北道)와 서남도(西南道)의 굶주린 민(民)을 진휼하라."라고 하였다.
> 『고려사』

(4) 제위보(濟危寶)

기금을 마련한 뒤 이자로 빈민을 구제하는 제위보를 설치하였다(광종 14년, 963).

> **바로 확인문제**
>
> ● (가)에 들어갈 기관으로 옳은 것은? 　　　　　　　　　　　　　　　　　　　　　　　　20. 국가직 9급
>
> > 5월에 조서를 내리기를 "개경 내의 사람들이 역질에 걸렸으니 마땅히 ┌─(가)─┐ 을/를 설치하여 이들을 치료하고, 또한 시신과 유골은 거두어 묻어서 비바람에 드러나지 않게 할 것이며, 신하를 보내어 동북도와 서남도의 굶주린 백성을 진휼하라."라고 하였다.
> > 『고려사』
>
> ① 의창　　　　　　　　　② 제위보
> ③ 혜민국　　　　　　　　④ 구제도감

| 정답해설 | 제시된 사료 중 '개경 내의 사람들이 역질(疫疾, 전염병)에 걸린'이라는 내용과 재해가 발생하여 이를 '치료'하고, 굶주린 백성을 '진휼'하라는 내용을 통해 (가)가 예종 때 임시로 설치된 구제도감임을 알 수 있다.

| 정답 | ④

4 법률과 풍속

(1) 법률
① **관습법**(慣習法): 고려에서는 백성을 다스리는 기본법으로 중국의 당률을 참작한 71개조의 법률을 시행하였으나, 대부분의 경우는 관습법을 따랐다.
② **지방관의 재량권**(裁量權): 고려 시대에는 지방관의 사법권이 강해서 중요 사건 이외에는 재량권을 행사할 수 있었다.
③ **형**(刑)**의 집행**
  ㉠ 중죄: 반역죄·불효죄 등 사람의 기본 도리를 어길 경우 중죄로 다스렸다.
  ㉡ 상중(喪中)의 휴가: 귀양형을 받은 사람이 부모상을 당하였을 때는 유형지에 도착하기 전에 7일간의 휴가를 주어 부모상을 치를 수 있도록 하였다.
  ㉢ 집행의 유예: 70세 이상의 노부모를 두고 봉양할 가족이 없는 경우는 형벌 집행을 보류하기도 하였다.
  ㉣ 형벌의 종류: 태·장·도·유·사의 5종을 시행하였다.
   • 태(笞): 볼기를 치는 매질
   • 장(杖): 곤장형
   • 도(徒): 징역형
   • 유(流): 멀리 유배를 보내는 형
   • 사(死): 사형(교수형과 참수형)
   • 귀향형: 일정한 신분층 이상이 죄를 지었을 때 자신의 본관지로 돌아가게 한 형벌이었다. 이것은 거주지 제한과 더불어 중앙의 특권적 신분층으로부터 분리시킨다는 의미가 있었다.

(2) 풍속(風俗)
① **장례와 제사**: 장(葬)·제(祭)에 관한 의례는 유교적 규범을 시행하려는 정부의 의도와는 달리 대개 토착 신앙과 융합된 불교의 전통 의식과 도교 신앙의 풍속을 따랐다.
② **명절**: 정월 초하루·삼짇날·단오·유두·추석 등이 있었으며, 단오 때에는 격구와 그네뛰기 및 씨름 등을 즐겼다.
③ **불교 행사**: 불교 행사인 연등회, 토착 신앙과 불교가 융합된 행사인 팔관회는 대표적인 국가 제전으로 중시되었으며, 그 밖에도 많은 불교 행사가 성행하였다.

> **사료** 고려 시대의 풍속
>
> ❶ 나의 소원은 연등과 팔관에 있는 바, 연등은 부처를 제사하고, 팔관은 하늘과 5악(五岳)·명산·대천·용신(龍神) 등을 봉사하는 것이니, 후세의 간사한 신하가 신위(神位)와 의식 절차를 늘리거나 줄이자고 건의하지 못하게 하라. 나도 마음속에 행여 행사일이 황실의 제일(祭日)과 서로 마주치지 않기를 바라고 있으니, 군신이 동락하면서 제사를 경건히 행하라. 「고려사」
>
> ❷ 나주 사람이 일컫기를 "금성산의 산신이 무당에게 내려서 '진도·탐라(제주)를 정벌할 때는 실로 내가 힘을 썼는데, 장수와 군사들에게는 상을 주고 나에게 녹을 주지 않는 것은 어째서이냐? 반드시 나를 정녕공으로 봉하라.'고 했다."라고 하였다. (정)가신이 그 말에 미혹(迷惑)되어 (충렬)왕에게 넌지시 아뢰어 정녕공으로 봉하게 하고, 또 (나주)읍의 녹미(祿米) 5석을 거두어 해마다 그 사당에 보내 주게 하였다. 「고려사」
>
> ❸ 고려의 옛 풍속은 사람이 아파도 약을 먹지 않는다. 오직 귀신을 섬길 줄만 알아 저주(咀呪)하여 이겨내기를 일삼는다. 본래 귀신을 섬겨 주문(呪文)과 방술(房術)을 알 따름이다. 「고려도경」

단권화 MEMO
*여성의 지위 변화 고려 시대와 조선 후기 여성의 지위 변화를 비교하여 정리해 두어야 한다.

5 혼인과 여성의 지위*

(1) 혼인(婚姻)

① 혼인의 적령: 고려 시대에는 대략 여자는 18세 전후, 남자는 20세 전후에 혼인을 하였다.
② 근친혼의 유행: 고려 초에 왕실에서는 친족 간의 혼인이 성행하였다. 중기 이후 여러 차례의 금령에도 불구하고 이러한 풍습이 사라지지 않아 사회 문제로 대두되었다.
③ 혼인의 형태: 일부일처제(一夫一妻制)가 일반적인 현상이었다.

(2) 여성의 지위

고려 시대에는 여성의 지위가 비교적 높았다. 여성의 사회 진출에는 제한이 있었지만, 가정생활이나 경제 운영에서는 여성의 지위가 남성과 거의 대등한 위치에 있었다.

① 여성의 높은 지위
  ㉠ 균분 상속: 부모의 유산은 자녀에게 골고루 분배하였다.
  ㉡ 호적의 기재: 태어난 차례대로 호적을 기재하여 남녀 차별을 하지 않았다.
  ㉢ 불양(不養) 원칙: 아들이 없을 경우 양자를 들이지 않고 딸이 제사를 받들었다.
  ㉣ 상복제(喪服制): 상복 제도에서도 친가와 외가의 차이가 크지 않았다.
  ㉤ 남귀여가혼(男歸女家婚): 사위가 처가의 호적에 입적하여 처가에서 생활하는 경우가 적지 않았다.
  ㉥ 음서(蔭敍)의 범위: 사위와 외손자에게까지 음서의 혜택이 있었다.
  ㉦ 포상(褒賞)의 범위: 공을 세운 사람의 부모는 물론 장인과 장모도 함께 상을 받았다.

> **사료** 균분 상속제(相續制)
>
> 충혜왕 복위 4년(1343)에 윤선좌(尹宣佐)는 미질(微疾)에 걸리자 자녀를 불러 앞에 나오게 하고 이르기를 "요즘 형제들이 서로 사이가 좋지 못한 경우가 많은 것은 다툴 거리가 있기 때문이다."라 하고 아들 찬(粲)에게 명하여 문계(文契, 상속의 구체적인 내용을 기록한 문서)를 써서 가업(家業)을 균분(均分)하였다. 또 훈계하여 이르기를 "화(和)하여 다투지 않는 것으로써 너희의 자손을 가르치라."고 하였다. 『고려사』

② 재가녀의 지위: 여성의 재가(再嫁)는 비교적 자유롭게 이루어졌으며, 재가녀(再嫁女)의 소생인 자식의 사회적 진출에도 차별을 두지 않았다.

> **사료** 고려 시대 여성의 지위
>
> 박유가 충렬왕에게 글을 올려 말하기를 "우리나라는 남자는 적고 여자가 많은데 지금 신분의 높고 낮음을 막론하고 처를 하나 두는 데 그치고 있으며 아들이 없는 자들까지도 감히 첩을 두려고 생각하지 않고 있습니다. …… 그러므로 청컨대 여러 신하와 관료들로 하여금 여러 처를 두게 하되 품위(品位)에 따라 그 수를 점차 줄이도록 하여 보통 사람에 이르러서는 1처 1첩을 둘 수 있도록 하며 여러 처에서 낳은 아들들도 역시 본처가 낳은 아들처럼 벼슬을 할 수 있게 하기를 원합니다. 이렇게 한다면 나라 안에 원한을 품고 있는 남자와 여자들이 없어지고 인구도 늘게 될 것입니다."라고 하였다. 부녀자들이 이 소식을 듣고 원망하고 두려워하지 않는 자가 없었다. 때마침 연등회 날 저녁 박유가 왕의 행차를 호위하여 따라갔는데, 어떤 노파가 그를 손가락질하면서 "첩을 두고자 요청한 자가 저놈의 늙은이다."라고 하니, 듣는 사람들이 서로 전하여 서로 가리키니 거리마다 여자들이 무더기로 손가락질하였다. 당시 재상들 가운데 그 부인을 무서워하는 자들이 있었기 때문에 그 건의를 정지하고 결국 실행되지 못하였다. 『고려사』

| 바로 확인문제 |

● 다음 자료에 나타난 시기의 가족 제도의 특징으로 옳은 것을 〈보기〉에서 모두 고른 것은?

14. 서울시 9급

> 지금은 남자가 장가들면 여자 집에 거주하여, 남자가 필요로 하는 것은 모두 처가에서 해결하고 있습니다. 그리하여 장인과 장모의 은혜가 부모의 은혜와 똑같습니다. 아아, 장인께서 저를 두루 보살펴 주셨는데 돌아가셨으니, 저는 장차 누구를 의지해야 합니까.
> 『동국이상국집』

─┤ 보기 ├─
ㄱ. 제사는 불교식으로 자녀들이 돌아가면서 지냈다.
ㄴ. 부계 위주의 족보를 편찬하면서 동성 마을을 이루어 나갔다.
ㄷ. 태어난 차례대로 호적에 기재하여 남녀 차별을 하지 않았다.
ㄹ. 아들이 없을 때에는 양자를 들이지 않고 딸이 제사를 지냈다.

① ㄱ, ㄴ ② ㄴ, ㄷ ③ ㄷ, ㄹ
④ ㄱ, ㄷ, ㄹ ⑤ ㄴ, ㄷ, ㄹ

● 고려 시대 혼인 풍속에 대한 설명으로 옳지 <u>않은</u> 것은?

16. 지방직 7급

① 결혼 후 신랑이 신부 집에 머무르는 '서류부가혼'의 혼속이 있었다.
② 국왕을 비롯한 종실의 경우 동성근친혼인 족내혼의 관행이 있었다.
③ 원의 영향으로 여러 명의 처와 첩을 두는 '다처병첩'이 법적으로 허용되었다.
④ 공녀 선발을 피하기 위해 어린 신랑을 처가에서 양육해 혼인시키는 '예서제'가 있었다.

| 단권화 MEMO |

|정답해설| 『동국이상국집』은 고려 후기(무신정권 시기) 이규보의 문집이다. 따라서 고려 시대 여성의 지위를 물어보는 문제이다.
ㄱ. 고려 시대에 제사는 윤행봉사(자녀들이 돌아가면서 제사)와 외손봉사(외손자가 제사)가 일반적이었다.
ㄷ. 고려 시대에는 태어난 차례대로 호적에 기재하여 딸을 차별하지 않았다.
ㄹ. 고려 시대에는 양자 제도가 보편화되지 않아 아들이 없더라도 딸이 제사를 지냈다.

|오답해설|
ㄴ. 임진왜란 이후 조선 후기에는 성리학적 가족 제도가 정착되면서 (남성 중심의 가부장적 종법 제도의 정착) 부계 중심의 문중 의식을 강화하였다. 그 결과 동성(同姓) 마을의 건립과 문중 중심의 서원·사우(祠宇)가 많이 만들어졌다.

|정답| ④

|정답해설| 고려 시대는 일부일처제가 원칙이었으며, 원의 영향으로 축첩하는 경우도 있었으나, '다처병첩(여러 처와 첩을 둘 수 있다)'이 법적으로 허용된 것은 아니었다.

|정답| ③

03 고려 후기의 사회 변화

1 몽골의 침입과 백성의 생활

(1) 강화 천도 시기

① 장기 항전의 도모: 몽골의 침입에 대항하고자 최씨 무신정권은 송악에서 강도(江都, 강화도)로 수도를 옮기고 장기 항전을 꾀하였다.
② 지구전에 대비: 지방의 주현민들에게는 산성이나 바다의 섬으로 들어가서 오랜 전쟁에 대비하게 하였다. 그러나 이러한 전술은 산성과 섬에서의 생활 대책이 마련되지 않은 상태에서 강행되었으므로 일반 백성들은 몽골의 침략에 자력으로 맞서야 하는 처지가 되었다.
③ 몽골군의 격퇴: 어려운 형편 속에서도 일반 백성들이 각지에서 몽골군을 격퇴한 사례가 적지 않았다. 충주 다인철소·처인 부곡의 승리는 그 대표적 사례이다.
④ 기아민(飢餓民)의 속출: 몽골군은 이르는 곳마다 살육을 자행하였으므로 백성들은 막대한 희생을 당하였고, 식량을 제대로 구하지 못하여 굶어 죽는 일이 많았다.

| 사료 | 몽골 침입 시 백성의 생활 |

고종 42년(1255) 3월, 여러 도의 고을들이 난리를 겪어 황폐해지고 지쳐 조세·공부·요역 이외의 잡세를 면제하고, 산성과 섬에 들어갔던 자를 모두 나오게 하였다. 그때 산성에 들어갔던 백성들로서 굶주려 죽은 자가

■ 다인철소민의 저항
몽골의 6차 침입(1254~1259) 때 각지를 노략질하며 남하해 온 몽골군을 대파하였다.

단권화 MEMO

매우 많았고, 늙은이와 어린이가 길가에서 죽었다. 심지어는 아이를 나무에 붙잡아 매고 가는 자가 있었다. 4월, 도로가 비로소 통하였다. 병란과 흉년이 든 이래로 해골이 들을 덮었고, 포로가 되었다가 도망하여 서울로 들어오는 백성이 줄을 이었다. 도병마사가 날마다 쌀 한 되씩을 주어 구제하였으나 죽는 자를 헤아릴 수가 없었다.
「고려사절요」

(2) 원 간섭 이후

① 친원 세력의 횡포: 일반 백성들은 전쟁이 끝난 뒤에도 원의 간섭과 원을 따르는 정치 세력에 의하여 큰 피해를 입게 되었다.
② 원의 일본 원정: 전쟁의 피해가 복구되지 않은 상태에서 두 차례의 일본 원정에 동원됨으로써 막대한 희생을 강요당하였다.

■ 일본 원정(遠征)
둔전경략사를 설치(1271)하고 1차 원정을 단행을 하였으며(1274), 정동행성을 설치(1280)하고 2차 원정을 단행(1281)하였으나, 태풍의 영향과 일본군의 강력한 저항 등으로 실패하였다.

2 원 간섭기의 사회 변화

(1) 원에 의한 사회 변화

① 신분 상승의 증가
  ㉠ 무신집권기 이후로는 하층민 중에서 신분 상승을 하는 사람이 많았다. 특히 원 간섭기 이후에 역관·향리·평민·부곡민·노비·환관 중에서 전공을 세우거나 몽골 귀족과의 혼인을 통해서 또는 몽골어에 능숙하여 출세하는 사람들이 많았다.
  ㉡ 이에 원 간섭기에는 친원 세력이 권문세족으로 성장하는 경우가 적지 않았다.
② 문물 교류의 활발: 원과 강화를 맺은 이후 두 나라 사이에는 자연히 사람과 물자의 왕래가 많아졌고, 문물 교류가 활발하였다.
  ㉠ 몽골풍의 유행: 체두변발(剃頭辮髮), 몽골식 복장, 몽골어가 궁중과 지배층을 중심으로 널리 퍼졌다.
  ㉡ 고려양(高麗樣)의 전래
    • 고려 사람이 몽골에 건너간 수도 적지 않았다. 이들은 전란 중에 포로 내지는 유이민으로 들어갔거나 몽골의 강요에 따라 어쩔 수 없이 끌려간 사람이 대부분이었다.
    • 이들 고려 사람들에 의하여 고려의 의복·그릇·음식 등의 풍습이 몽골에 전해졌는데, 이를 고려양(高麗樣)이라 한다.
③ 공녀(貢女)의 공출
  ㉠ 공녀 요구: 원의 공녀 요구는 고려에 심각한 사회 문제를 가져왔다.
  ㉡ 결혼도감(結婚都監) 설치: 결혼도감을 통하여 원으로 끌려간 여인 중에는 특별한 지위에 오른 사람도 있었지만, 대부분은 고통스럽게 살았다.
  ㉢ 공녀의 공출은 고려와 원 사이에 풀어야 할 가장 시급한 문제로 대두되었고, 고려에서는 끊임없이 이 문제를 해결하기 위하여 노력하였다.

> **사료** '공녀(貢女) 요구 중지' 상소문
>
> 이곡(李穀)이 상소(上疏)하기를 "사람들은 딸을 낳으면 곧 감추고, 오직 탄로날 것을 우려하여 이웃 사람들도 볼 수 없다고 한다. 사신(使臣)이 중국에서 올 때마다 서로 돌아보며 말하기를, '무엇 때문에 왔을까, 처녀(處女)를 잡으러 온 것은 아닌가, 아내와 첩(妾)을 데려가려고 온 것은 아닌가?' 한다. …… 그리하여 한 번 사신이 오면 나라 안이 소란(騷亂)하여 닭이나 개마저도 편안할 수 없다. …… 이런 일이 1년에 한두 번이나 2년에 한 번씩 있는데 그 수(數)가 많을 때에는 40~50명에 이른다."라 하였다.
> 「고려사절요」

바로 확인문제

● 다음과 같은 상황이 나타난 시기에 볼 수 있는 모습으로 가장 옳은 것은?   20. 법원직 9급

> 옹주는 지극히 예뻐하던 딸이 공녀로 가게 되자 근심하고 번민하다가 병이 생겼다. 결국 지난 9월에 세상을 떠나니 나이가 55세였다. 우리나라의 자녀들이 서쪽 원나라로 끌려가기를 거른 해가 없다. 비록 왕실의 친족과 같이 귀한 집안이라도 숨기지 못하였으며 어미와 자식이 한번 이별하면 만날 기약이 없다.
>
> 수령옹주 묘지명

① 몽골군을 물리치는 김윤후와 처인부곡민
② 농민의 토지를 빼앗아 농장을 확대하는 권문세족
③ 왕명을 받아 『삼국사기』를 편찬하는 김부식
④ 별무반과 함께 여진 정벌에 나서는 윤관

(2) 왜구에 의한 피해

① **왜구의 침략**: 몽골과 마찬가지로 왜구도 고려 백성들에게 많은 고통을 주었다.
  ㉠ 시기: 왜구는 14세기 중반부터 침략해 왔다. 원의 간섭하에서 국방력을 제대로 갖추기 어려웠던 고려는 초기에 효과적으로 왜구의 침입을 격퇴하지 못하였다.
  ㉡ 수탈: 주로 쓰시마섬 및 규슈 서북부 지역에 근거를 둔 왜구는 부족한 식량을 고려에서 약탈하고자 자주 고려 해안에 침입하였고, 식량뿐만 아니라 사람들까지도 약탈하였다.

② **왜구의 침략 범위 확대**
  ㉠ 확대: 일본과 가까운 경상도 해안에 출몰하기 시작한 왜구는 점차 전라도 지역으로 활동 범위를 넓혔고, 심지어 개경 부근에도 나타났다.
  ㉡ 빈번한 침략: 많을 경우 한 해 동안에도 수십 번 침략해 왔기 때문에 해안에서 가까운 수십 리의 땅에는 사람이 살 수 없을 정도였다.
  ㉢ 사회 불안정: 잦은 왜구의 침입에 따른 사회의 불안정은 시급히 해결해야 할 국가적 과제였다.

③ **신흥 무인 세력의 성장**: 왜구를 격퇴하고 이 문제를 해결하는 과정에서 신흥 무인 세력이 성장하였다.

사료	왜구의 피해

> 조령(鳥嶺)을 넘어 동남쪽으로 바닷가까지 수백 리를 가면 흥해라는 고을이 있다. 땅이 가장 궁벽하고 험하나 어업·염업이 발달하고 비옥한 토지가 있었다. 옛날에는 주민이 많았는데, 왜란을 만난 이후 점점 줄다가 경신년(1380) 여름에 맹렬한 공격을 받아 고을은 함락되고 불탔으며 백성들이 살해되고 약탈당해 거의 없어졌다. 그중에 겨우 벗어난 사람들은 사방으로 흩어져 마을과 거리는 빈터가 되고 가시덤불이 길을 덮으니, 수령으로 온 사람들이 먼 고을에 가서 움츠리고 있고 감히 들어오지 못한 지 여러 해가 되었다.
>
> 『양촌집』

단권화 MEMO

|정답해설| 제시된 사료 중 '공녀', '원나라로 끌려감' 등의 내용을 통해 원 간섭 시대임을 알 수 있다. 원 간섭기에 권문세족들은 정치적 권력을 이용하여 농민의 토지를 빼앗아 농장을 확대하였다.

|오답해설|
① 몽골의 2차 침략(고종, 1232) 때의 모습이다.
③ 인종 때(1145) 김부식이 왕명에 따라 『삼국사기』를 편찬하였다.
④ 예종 때(1107) 윤관이 별무반을 이끌고 여진을 정벌하였다.

|정답| ②

■ **『삼강행실도』의 열부입강(烈婦入江) 부분**

고려 말에 왜구가 침입하였을 때, 정절을 지키려고 강으로 도망쳤다가 왜구의 화살에 맞아 죽은 열부의 행실을 칭송한 것이다.

CHAPTER 04 중세의 문화

01 유학의 발달과 역사서의 편찬
02 불교 사상과 신앙
03 과학 기술의 발달
04 귀족 문화의 발달

01 유학의 발달과 역사서의 편찬

1 유학의 발달

(1) 고려 문화의 특징

① 유교: 정치와 관련한 치국(治國)의 도(道)였다.
② 불교: 신앙 생활과 관련한 수신(修身)의 도(道)였다.
③ 융합 발전: 유교·불교가 서로 보완하는 기능을 수행하면서 고려 시대에는 유교 문화와 불교 문화가 함께 발전하였다.

(2) 유학의 진흥

① 초기: 유교주의적 정치와 교육의 기틀이 마련되었다.
　㉠ 태조(918~943)
　　• 신라 6두품 계통의 유학자들이 활약하였다.
　　• 학자: 박유, 최신지(최언위), 최응, 최지몽 등
　㉡ 광종(949~975)
　　• 과거제가 실시되어 유학에 능숙한 관료들을 등용하였다.
　　• 학자: 쌍기, 서희 등
　㉢ 성종(981~997)
　　• 유교 정치 사상을 확고하게 정립하고 유학 교육 기관을 정비하였다.
　　• 학자: 이양, 최항, 황주량, 최승로 등
　㉣ 대표적 유학자: 최승로(崔承老)
　　• 상정: 시무 28조의 개혁안을 올리고 유교 사상을 치국의 근본으로 삼아 사회 개혁과 새로운 문화의 창조를 추구하였다.
　　• 성격: 자주적이고 주체적인 특성을 지녔다.

> **사료** 최승로의 탄생 설화
>
> 오래도록 후사를 이을 아들이 없어 이 절의 관음보살 앞에서 기도를 하였더니 태기가 있어 아들을 낳았다. 태어난 지 석 달이 안 되어 백제의 견훤이 서울을 습격하니 성안이 크게 어지러웠다. 은함은 아이를 안고 이 절에 와서 고하기를, "이웃 나라 군사가 갑자기 쳐들어와서 사세가 급박한지라 어린 자식이 누가 되어 둘이 다 죽음을 면할 수 없사오니 진실로 대성(大聖)이 보내신 것이라면 큰 자비의 힘으로 보호하고 길러주시어 우리 부자로 하여금 다시 만나보게 해주소서."라고 하고 눈물을 흘려 슬프게 울면서 세 번 고하고 아이를 강보에 싸서 관음보살의 사자좌 아래에 감추어 두고 뒤돌아보며 돌아갔다.
>
> 『삼국유사』

■ 태조 때의 유학자들
고려 태조 때 최언위, 최응, 최지몽 등의 유학자들이 태조를 보필하면서 유교주의에 입각한 국가 경영을 건의하였다.

■ 과거제
958년 쌍기의 건의로 과거제가 실시되었다. 귀족들을 견제하기 위해 도입되었으나, 고위 관직의 자식들은 과거 없이 관리로 등용하는 음서를 병행하였다.

② 중기
  ㉠ 성격: 문벌 귀족 사회의 발달과 함께 유교 사상도 점차 보수적인 성격으로 바뀌었다. 이 시기의 대표적 유학자는 **최충과 김부식**이었다.
  ㉡ 최충(984~1068): 최충은 목종 때 과거에 장원으로 합격하고 문종 때 문하시중을 지낸 인물이었으며, '해동공자'로 칭송을 받았던 당대의 대표적 유학자였다. 그는 관직에서 물러난 후에 9재 학당을 세워 유학 교육에 힘썼고, 고려의 훈고학적 유학에 철학적 경향을 새로이 불어넣기도 하였다.
  ㉢ 김부식(1075~1151): 인종 때 활약한 김부식은 고려 중기의 보수적이면서 현실적인 성격의 유학을 대표하였다. 이 시기의 유학은 시문을 중시하는 귀족적인 경향이 강하였고, 유교 경전에 대한 전문적 이해가 깊어져서 그 문화가 한층 성숙하였다.

③ 무신정변 이후
  ㉠ 무신정변이 일어나 문벌 귀족 세력이 몰락함에 따라 고려의 유학은 한동안 크게 위축되었다.
  ㉡ 최씨 정권기에는 어느 정도 정국이 안정되면서 행정 실무를 담당할 능문능리(能文能吏)의 관료를 등용하기 위하여 과거제를 실시하였다.

바로 확인문제

● 다음은 어느 관리의 이력이다. 밑줄 친 (가)~(라)에 대한 설명으로 옳은 것은?   12. 법원직 9급

- 목종 8년 과거에 장원으로 급제
- 현종 4년 국사수찬관으로 (가) 『칠대실록』을 편찬
- 정종 1년 지공거(知貢擧)가 되어 과거를 주관
- 문종 1년 (나) 문하시중이 되어 율령서산(律令書算)을 정함
- 문종 4년 도병마사를 겸하게 되자 (다) 동여진에 대한 대비책을 건의함
- 문종 9년 퇴직 후 학당을 설립, (라) 9개의 전문 강좌를 개설

① (가) - 현존하는 가장 오래된 관찬 역사서이다.
② (나) - 재신과 낭사로 구성된 최고 기관의 장이었다.
③ (다) - 동북 9성을 건설한 계기가 되었다.
④ (라) - 양현고의 지원을 받아 번성하였다.

2 교육 기관

고려 시대에는 관리 양성과 유학 교육을 위하여 많은 학교를 세우고 교육을 장려하였다.

(1) 초기

① 태조(918~943)
  ㉠ 신라 6두품 계통의 학자를 중용하고, 개경·서경에 학교를 설립하였다.
  ㉡ 학보(學寶)를 설립·운영하였다.

단권화 MEMO

■ 『소화집(小華集)』
송에 건너간 박인량·김근의 시문이 송나라 학자들에 의하여 『소화집』으로 간행되었다.

|정답해설| 제시된 내용은 고려 중기 유학자 최충의 이력이다. 최충은 문하시중(재신과 낭사로 구성된 중서문하성의 장관)으로, 국정을 총괄하였으며 도병마사의 회의를 주재하였다.

|오답해설|
① 『칠대실록』은 현재 전하지 않으며, 현존 가장 오래된 관찬 사서는 『삼국사기』이다.
③ 동북 9성을 건설한 것은 12세기 초인 예종 시기이다.
④ 양현고는 관학을 진흥시키기 위한 일종의 장학 재단이다. 9재의 전문 강좌(9재 학당)는 사학(私學)이다.

|정답| ②

■ 학문 기관
국가 유학 진흥을 위해 궁내에 설치한 6개의 학문 기관이다.

비서성	축문과 경적 담당
춘추관	시정 기록 담당
한림원	왕의 교서 담당
보문각	경연과 장서 담당
어서원	왕실 도서관
동문원	학문과 문서 기록 담당

② 성종(981~997): 개경에 국립 대학인 국자감(국학)을 처음 설치(992)하였다.
  ㉠ 구성: 국자학·태학·사문학과 같은 유학부와 율학·서학·산학 등의 기술학부로 세분되었다.
  ㉡ 입학 기준: 유학부에는 문무관 7품 이상 관리의 자제가, 기술학부에는 8품 이하의 관리나 서민의 자제가 입학하였다.
  ㉢ 운영: 송(宋)의 삼사제(三舍制)를 채택하여 외사(外舍)·내사(內舍)·상사(上舍)로 구성·운영하였다.
  ㉣ 입학 정원: 유학부는 각 학과 300명으로 총 900명이며, 기술학부는 필요 인력에 따라 달랐다. 유학부의 900명은 실제로는 대략 60~70명 정도였고, 고려 말에는 100명 정도였던 것으로 파악된다.

▲ 고려의 교육 기관

○ 국자감에서의 교육

구분	입학 자격	수업 연한	교육 내용
국자학	3품 이상의 자제	9년(유학부)	경서·문예·시정에 관한 내용으로, 시·서·『역경』·『춘추』·『예기』·『효경』·『논어』·산수 등 교육
태학	5품 이상의 자제		
사문학	7품 이상의 자제		
율·서·산학	8품 이하 및 서민 자제	6년(기술학부)	기술 교육

③ 현종(1009~1031)
  ㉠ 계승: 신라 유교의 전통을 계승·발전시키고자 하였다.
  ㉡ 문묘 제사: 신라의 설총을 홍유후(弘儒侯), 최치원을 문창후(文昌侯)로 추봉하고 문묘(文廟)에서 제사를 지내도록 하였다.

(2) 중기

① 사학의 융성: 최충(崔沖)의 '문헌공도(9재 학당)'를 비롯한 사학 12도가 융성하였다. 사학에서 교육을 받은 학생들이 과거에서 좋은 성적을 거두게 되자 국자감의 관학 교육은 위축되었다.

○ 9재와 12도

9재(九齋)	낙성(樂聖)·대중(大中)·성명(誠明)·경업(敬業)·조도(造道)·솔성(率性)·진덕(進德)·대화(大和)·대빙(待聘) 등의 전문 강좌
12도(十二徒)	문헌공도(최충), 홍문공도(웅천도, 정배걸), 광헌공도(노단), 남산도(김상빈), 정경공도(황영), 서원도(김무체), 문충공도(은정), 양신공도(김의진), 충평공도(유감), 정헌공도(문정), 서시랑도(서석), 구산도(설립자 미상)

■ 문헌공도
문종 때 최충이 세운 9재 학당으로, 12도 중에서 가장 번성하여 명성이 높았다. 최충이 사망한 후 그의 시호(諡號)인 문헌(文憲)에서 따와 이름이 붙여졌다. 최충이 문하시중직에 있었던 것처럼 12도의 창설자도 대부분 전직 고관이었고, 당대의 대학자로 과거 시험관인 지공거(知貢舉)였던 경우가 많았다.

| 사료 | 최충의 문헌공도(9재 학당) |

사학은 문종 때 대사 중서령 최충이 후진을 모아 교육하기를 게을리하지 아니하니 선비와 평민의 자제가 최충의 집과 마을에 가득하였다. 마침내 9재로 나눴다. …… 간혹 선배가 찾아오면 촛불에 금을 긋고 시간을 정하여 시를 짓게 하고 그 순위를 방을 붙여 알리고, 이름을 불러 들어오게 한 후 술자리를 베풀었다. …… 해가 지도록 수창하였는데, 보는 자가 아름답게 여기고 감탄하지 않는 사람이 없었다. 이후에 무릇 과거에 나아가려는 자는 모두 9재의 적속에 이름을 두게 되었는데, 이를 문헌공도라고 한다.

『고려사』

| 바로 확인문제 |

● 밑줄 친 '그'에 대한 설명으로 옳은 것은?   15. 지방직 9급

> 그는 송악산 아래의 자하동에 학당을 마련하여 낙성(樂聖), 대중(大中), 성명(誠明), 경업(敬業), 조도(造道), 솔성(率性), 진덕(進德), 대화(大和), 대빙(待聘) 등의 9재(齋)로 나누고 각각 전문 강좌를 개설하도록 하였다. 그리하여 당시 과거보려는 자제들은 반드시 먼저 그의 학도로 입학하여 공부하는 것이 상례로 되었다.

① 9경과 3사를 중심으로 교육하였다.
② 유교적 합리주의 사관에 기초하여 『삼국사기』를 편찬하였다.
③ 유교 사상을 치국의 근본으로 삼아 시무 28조의 개혁안을 올렸다.
④ 『소학』과 『주자가례』를 중시하고 권문세족과 불교의 폐단을 비판하였다.

② 관학 진흥책
  ㉠ 숙종(1095~1105)
    • 서적포(書籍鋪): 국자감 내에 설치하여 서적 간행을 활성화하였다.
    • 기자 사당: 평양에 설치하여 기자를 '교화의 군주'로 숭상하였다.
  ㉡ 예종(1105~1122)
    • 7재(七齋): 국자감을 재정비하여 7재라는 전문 강좌를 설치하였다.
    • 양현고(養賢庫): 장학 재단을 두어 관학의 경제 기반을 강화하였다.
    • 청연각·보문각·천장각·임천각: 궁중에 도서관 겸 학문 연구소를 두어 유학을 진흥케 하였다.

○ 7재

구분	명칭	전공 과목
유학재(儒學齋): 70명	여택재	주역
	대빙재	상서
	경덕재	모시
	구인재	주례
	복응재	대례
	양정재	춘추
무학재(武學齋): 8명	강예재(講藝齋)	무학(무예 이론·실기)

| 단권화 MEMO |

|정답해설| 제시된 자료는 고려 중기 최충이 세운 9재 학당에 대한 설명이다. 9재 학당에서는 9경과 3사를 가르쳐 과거 시험을 대비하게 하였다.

|오답해설|
② 김부식에 대한 설명이다.
③ 최승로가 성종 때 유교적 정치 이념을 체계화하기 위하여 올렸다.
④ 고려 말 신진 사대부에 대한 설명이다.

|정답| ①

사료 예종의 관학 진흥 정책

❶ (예종) 4년(1109) 7월 국학에 7재를 두었는데 『주역(周易)』 전공을 여택(麗澤), 『상서(尙書)』를 대빙(待聘), 『모시(毛詩)』를 경덕(經德), 『주례(周禮)』를 구인(求仁), 『대례(戴禮)』를 복응(服膺), 『춘추(春秋)』를 양정(養正), 무학(武學)을 강예(講藝)라 하였다. 대학에서 최민용(崔敏庸) 등 70명과 무학(武學)에서 한자순(韓自純) 등 8명을 시험으로 뽑아, 여기에 나누어 공부하도록 하였다.

❷ 14년(1119) 7월에 국학에 처음으로 양현고(養賢庫)를 두고 인재를 양성하게 하였다. 국초부터 문선왕묘(文宣王廟)를 국자감에 세우고 관리를 두고 스승을 배치했으며, 선종(宣宗) 때에 이르러서는 교육을 실시하려 했으나 미처 실행하지 못하였다. 예종이 유학 교육에 열의를 가져 담당 관리에게 조서를 내려 학교를 크게 세우도록 하고, 유학에 60명과 무학에 17명을 두고 가까운 신하들에게 그 사무를 감독하게 했으며 유명한 유학자를 골라 학관(學官)과 박사(博士)로 임명하고 경서의 뜻을 강론하여 그들을 가르치고 지도하게 하였다.

『고려사』

ⓒ 인종(1122~1146)
- 경사 6학(京師六學)을 정비하고 유학 교육을 강화하였다.
- 향교(鄕校)를 통해 지방의 유학 교육을 강화하였다.

심화 향교의 설치

고려 시대에 처음 '향교(鄕校)'라는 명칭이 나온 것은 인종 7년(1129) 김수자(金守雌)가 쓴 『행학기(幸學記)』에서이며, 지금까지 고려의 향교가 처음 설치된 것은 인종 대라는 견해가 일반적이었으나, 이미 그 이전부터 설치되었다고 보는 것이 옳을 것 같다.

변태섭

바로 확인문제

● 고려 시대 관학 교육에 대한 설명으로 가장 적절한 것은? 15. 경찰직 2차

① 국자감에는 율학, 산학, 서학과 같은 유학부와 국자학, 태학, 사문학 등의 기술학부가 있었다.
② 예종 때 도서관 겸 학문 연구소인 청연각, 보문각을 설치하였다.
③ 인종 때 전문 강좌인 7재를 9재 학당으로 정비하였다.
④ 섬학전의 부실을 보충하기 위해 충렬왕 때 양현고를 설치하였다.

● 다음 자료와 관련된 역사적 사실로 가장 옳은 것은? 14. 경찰 간부

> 예종 4년 국자감에 7재를 두어, 주역(周易)을 공부하는 곳을 여택, 상서(尙書)를 공부하는 곳을 대빙, …… 춘추(春秋)를 공부하는 곳을 양정, 무학(武學)을 공부하는 곳을 강예라 하였다. 대학에서 최민용 등 70인과 무학에서 한자순 등 8인을 시험 쳐 뽑아, 나누어 여기서 공부하도록 하였다.

① 장학 재단으로 양현고를 두었다.
② 공자 사당인 문묘를 설립하였다.
③ 현량과를 통해 관리를 선발하였다.
④ 독서에 기준하여 3등급으로 나누었다.

단권화 MEMO

■ 『고려도경』(인종 원년, 1123)
인종 때 송나라 사신 서긍이 고려에 와서 보고 들은 것을 기록한 책으로, 거리마다 글 읽는 소리가 들리고, 궁중의 도서관 시설이 훌륭하다고 칭송하였다.

|오답해설|
① 국자감에는 국자학, 태학, 사문학과 같은 유학부와 율학, 서학, 산학으로 구성된 기술학부가 있었다.
③ 예종 때 9재 학당을 모방하여 7재라는 전문 강좌를 만들었다.
④ 예종 때 일종의 장학 재단으로 양현고를 설치하였고, 충렬왕 때는 안향의 건의로 양현고의 부실을 보충하기 위해 섬학전을 설치하였다.

|정답| ②

|정답해설| 제시된 사료는 고려 예종 시기 국자감에 7재를 세워 관학을 진흥시키고자 했다는 내용이다. 예종 때 설립된 양현고는 고려 시대 국자감의 장학 재단으로, 관학 진흥 정책에 해당한다.

|오답해설|
② 우리나라 문묘의 시작은 통일 신라 시기 성덕왕 때 당나라에서 공자와 10철, 72제자의 화상(畫像)을 가지고 돌아와 왕명에 의해 국학에 두면서 비롯되었다. 또한 고려 시대에는 충렬왕 때 국학에 대성전을 설치하면서 문묘가 설치되었다.
③ 현량과는 조선 중종 때 조광조의 건의로 시행된 일종의 천거 제도이다.
④ 신라 하대 원성왕의 독서삼품과에 대한 설명이다.

|정답| ①

(3) 후기

무신정권기에는 교육 활동이 크게 위축되었으나, 충렬왕 때에 다시 관학의 진흥에 힘썼다.

① 충렬왕(1274~1298, 1298~1308)
  ㉠ 섬학전(贍學錢): 양현고의 부실을 보충하기 위하여 안향의 건의로 교육 재단인 섬학전을 설치하였다.
  ㉡ 국학을 성균관으로 개칭하였다.
  ㉢ 공자 사당인 문묘를 새로 건립하여 유교 교육의 진흥에 나섰다.
  ㉣ 경사교수도감: 1296년(충렬왕 22년)에 설치되어, 유학 경전과 역사서를 전문적으로 교육하였다.

사료 | 섬학전

안향은 학교가 날로 쇠하자 이를 근심하여 양부(兩府)와 의론하기를, "재상의 직무는 인재를 교육하는 것보다 먼저 함이 없거늘 지금 양현고가 고갈되어 선비를 기를 것이 없습니다. 청컨대 6품 이상은 각각 은 1근을 내게 하고 7품 이하는 포를 차등 있게 내도록 하여 이를 양현고에 돌려 본전은 두고 이자만 취하여 섬학전으로 삼아야 합니다."라고 하였다. 양부가 이를 좇아 아뢰자, 왕이 내고(內庫)의 전곡을 내어 도왔다. …… 만년에는 항상 회암(주자의 호) 선생의 초상을 걸고 경모(景慕)하였다.

『고려사』

② 공민왕(1351~1374): 최고 학부인 **성균관을 부흥**케 하여 순수한 **유교 교육 기관**으로 개편하고 유교 교육을 강화하였다.

○ 관학 진흥책

숙종	국자감에 서적포 설치
예종	7재(유학재: 경덕재, 구인재, 대빙재, 복응재, 양정재, 여택재 / 무학재: 강예재)의 전문 강좌 설치, 양현고 설치, 청연각과 보문각 설치
인종	경사 6학 정비, 향교를 중심으로 지방 교육 강화
충렬왕	섬학전 설치, 국학에 대성전 신축, 경사교수도감 설치
공민왕	성균관을 순수 유학 교육 기관으로 개편

바로 확인문제

● ㉠에 들어갈 인물에 대한 설명으로 옳은 것은?   19. 국가직 7급

(㉠)은/는 원에서 크게 성행하고 있었던 성리학을 국내에 소개하였으며, 중국 강남에 사람을 보내 공자와 제자들의 초상화 및 문묘에서 사용할 제기와 서적 등을 구해 오게 하였다.

① 최초의 성리학 입문서인 『학자지남도』를 편찬하였다.
② 충선왕이 세운 만권당에서 원의 학자들과 교류하였다.
③ 원의 과거에 급제하고 돌아와 성균관을 중심으로 성리학을 확산시켰다.
④ 이 인물을 배향하기 위해 설립된 서원은 뒤에 조선 최초의 사액 서원이 되었다.

단권화 MEMO

■ 섬학전(贍學錢)
충렬왕 때 관학의 진흥을 위해 성균관 내에 설치한 관설 장학 재단으로서, 6품 이상의 관리를 대상으로 은병(銀瓶) 및 미곡(米穀)을 갹출(醵出)하여 그 식리(殖利)를 통하여 운영하였다.

■ 충렬왕의 유교 정치 지향
경사교수도감(經史敎授都監)을 설치하여 경학(經學)과 사학(史學)을 장려하고, 유교 교육 기관인 국학(國學)과 공자 사당인 문묘(文廟)를 새로 지은 것은 유교 정치로 나아가는 첫 조치였다.
한영우

■ 개성 성균관

고려 초기에 설치된 국자감은 국학으로 불리다가 성균관으로 개칭되어 조선 시대로 이어졌다.

|정답해설| ㉠은 우리나라에 처음 성리학을 소개한 인물인 안향이다. 안향을 배향하기 위해 설립된 백운동 서원은 이황의 건의로 조선 최초의 사액 서원(소수 서원)이 되었다.

|오답해설|
① 정도전은 성리학 입문서인 『학자지남도』를 편찬하였다.
② 이제현은 충선왕이 세운 만권당에서 원의 학자들과 교류하였다.
③ 이색은 원의 과거에 급제하고 돌아와, 공민왕 때 성균관 대사성이 되어 성리학을 확산시켰다.

|정답| ④

단권화 MEMO

*고려 시대 역사서 편찬
『삼국사기』와 『삼국유사』의 내용을 비교하여 학습해 두어야 한다.

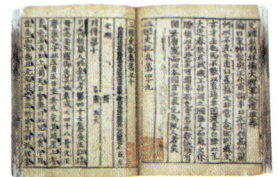
▲ 『삼국사기』

3 역사서 편찬*

(1) 역사 서술 방법

구분	서술 방법	대표적인 사서	기원(중국 사서)
기전체	본기, 세가, 열전, 지, 표	『삼국사기』, 『고려사』	사마천의 『사기』
편년체	연, 월, 일별로 사실을 서술	『조선왕조실록』, 『고려사절요』, 『삼국사절요』	사마광의 『자치통감』
기사 본말체	사건 중심으로 서술	이긍익의 『연려실기술』	원추의 『통감기사본말』
강목체	강, 목으로 나누어 서술	안정복의 『동사강목』	주희의 『자치통감강목』

(2) 주요 역사서

① 『삼국사기』(인종 23년, 1145)

　㉠ 개관 : 『삼국사기』는 우리나라에 현존하는 최고(最古)의 역사서이며, 대표적인 정사(正史)이다. 인종 때 문하시중 김부식(신라 후예인 경주 김씨)이 왕명으로 『구삼국사』(『구삼국사기』), 『고기』, 『화랑세기』 등 우리나라 역사서와 중국 역사서를 두루 참고하여 만든 삼국 시대 관찬 역사서이다. 당시는 묘청의 서경 천도 운동(1135)으로 서경파가 제거되고 개경파 문벌 귀족이 지배하던 시기로, 『삼국사기』는 당시 지배 계급의 역사 의식을 반영하고 있다. 즉, 유교적 합리주의 사관에 기초하고 있다.

　㉡ 구성 : 본기(1~28권), 연표(29~31권), 지(32~40권), 열전(41~50권)으로 구성하였다. 본기에는 삼국 왕실 역사가 균형 있게 기록되어 있으나(1~12권은 신라 본기, 13~22권은 고구려 본기, 23~28권은 백제 본기) 연표, 지, 열전은 신라사에 편향되어 있다. 다만 법흥왕 이후, 신라에서 독자적 연호를 사용한 것에 대해서는 비판적으로 평가하고 있다.

　㉢ 역사적 의의 : 신라에 비중을 두면서도 신라만을 정통으로 보지 않고, 삼국을 우리[我]라 표현하고, 삼국 왕실 모두를 본기에 기록하는 등 외형적으로는 중립적 입장에 서 있다. 특히 역사적 근거를 중시하고, 비합리적인 것을 제외하는 등 객관적·합리적 입장에 기록하였다. 서문에서 "우리 역사를 잘 모르는 것을 바로잡기 위해서"라고 편찬 동기를 밝히고 있다는 점에서 자주적 측면도 확인할 수 있다.

　㉣ 비판 : 표명한 목적과는 달리 내용상 보수적·유교적·사대적·신라 중심적·개경 중심적으로 편향되어 있는 면이 자주 보인다. 또한 고조선, 부여, 발해 등의 존재를 알면서도 생략하고 삼국 시대에 한정하여 서술하고 있으며 신화, 설화, 불교, 도교, 풍수지리 관련 사항을 소략하거나 생략하였다. 이는 안정복 등 실학자와 신채호 등 민족주의 사학자들도 비판한 부분이다.

> **사료** 『삼국사기』를 올리는 글
>
> "성상 전하께서 옛 사서를 널리 열람하시고, '지금의 학사 대부는 모두 오경과 제자의 책과 진한(秦漢) 역대의 사서에는 널리 통하여 상세히 말하는 이는 있으나, 도리어 우리나라의 사실에 대하여서는 망연하고 그 시말(始末)을 알지 못하니 심히 통탄할 일이다. 하물며 신라·고구려·백제가 나라를 세우고 정립하여 능히 예의로써 중국과 통한 까닭으로 범엽의 『한서』나 송기의 『당서』에는 모두 열전이 있으나 국내는 상세하고 국외는 소략하게 써서 자세히 실리지 않았다. …… 일관된 역사를 완성하고 만대에 물려주어 해와 별처럼 빛나게 해야 하겠다.'라고 하셨습니다."
>
> 『동문선』, 「진삼국사기표」

심화 『삼국사기』에 대한 평가

❶ 긍정적 평가
- 그의 사론에서 토풍(土風)을 그대로 인정하여 신라 고유 왕명과 관직명을 기록하였다.
- 삼국 시대에 사용한 즉위년 칭원법(전왕이 서거한 해, 즉 신왕 즉위의 해를 원년, 즉위년으로 칭년함)을 사용하였다.
- 정부 주도하의 관찬이라는 역사 편찬의 본을 정착시켜 조선 초 역사 서술, 특히 『고려사』 편찬에 기여하였다.

❷ 부정적 평가(한계)
- 신라를 정통 국가로 파악하여 열전과 지를 신라 중심으로 서술하였고, 고조선과 삼한 등이 존재한 것을 알면서도 이를 삭제하였다.
- 고구려, 백제는 중국 측 사료만 주로 이용하였으며, 신라 국가 성립의 기년을 고구려보다 앞세우는 등 사실과 거리가 있는 사료를 보여 주고 있다.
- 부족 설화, 불교 설화와 같은 전통적 생활 체험이 담긴 기층 공동체의 체험을 유교적 사관에 맞게 고치거나 탈락시켜서 고대 문화 전체의 내용을 빈약하게 만들었다.

② 『동명왕편』(명종 23년, 1193)
  ㉠ 내용 : 이규보가 편찬한 것으로서, 고려 초 역사서인 『구삼국사』의 동명왕본기에 나타난 신이(神異)한 고구려 건국 설화를 민족 자주적 입장에서 5언시로 표현하였다.
  ㉡ 역사적 의의: 『삼국사기』에서 동명왕의 신이한 사적이 생략되었음을 비판하였고, 고구려 계승 의식을 반영하였다.

③ 『해동고승전』(고종 2년, 1215)
  ㉠ 개관 : 각훈이 지은 삼국 시대 고승들(순도, 마라난타, 아도, 원광 등)의 행적기이며, 왕명에 의해 편찬된 관찬 사서이다. 현재에도 그 일부가 남아 있다.
  ㉡ 성격
    - 신라 김대문의 『고승전』을 모방하고, '해동'이란 제목에서 보듯 민족 문화에 대한 자주 의식을 반영하였다.
    - 귀족과 공존 관계에 있는 교종 입장에서 불교사를 정리한 것과 『삼국사기』의 신라 중심적 사관이 많이 반영된 점이 한계로 지적된다.

④ 『삼국유사』(충렬왕, 1281년 혹은 1285년, 경북 군위군의 인각사에서 저술)
  ㉠ 시대적 배경 : 일연은 경상도 지역에서 활동한 선종 승려이다. 『삼국유사』는 충렬왕 때 저술된 것으로 추정되는데, 당시는 원 간섭 초기로 자주적 사관이 고양되던 시기였다.
  ㉡ 개관 및 특징

▲ 『삼국유사』

- 『삼국유사』는 사찬 사서이며, 설화를 중심으로 편집한 기사 본말체적 야사집이다.
- 『삼국유사』는 문벌 귀족이 가졌던 유교적 합리주의 사관에서 탈피하여, 한국 고대사를 자주적 사관에서 서술하였다. 따라서 『삼국사기』에는 없는 각종 신화 및 설화, 토속 신앙과 불교 사상사 등 고기(古記)의 기록을 원형대로 수록하고 있으며, 기층민의 생활상도 일정 부분 반영하였다. 그리고 '이차돈의 순교 시 흰 피가 나온 것', '김대성이 재상가에 환생한 것' 등 비합리적이고 신이(神異)한 기록들이 가득하다. 한편 『삼국유사』는 『삼국사기』와 달리 내용마다 전거 자료를 제시하여, 인용 자료인지 자신의 견해인지를 명확하게 밝히고 있다.

■ 각훈의 『해동고승전』

이인로, 이규보 등과 교류하는 과정에서 싹튼 민족 의식이 반영된 것으로 보여진다.

■ 『삼국사기』와 『삼국유사』 비교

구분	『삼국사기』	『삼국유사』
저자	김부식	일연
시기	문벌 귀족 사회 전성기	원 간섭기
서술 방법	기전체	기사 본말체
내용	삼국 시대부터 다룬 왕조 중심	단군의 건국 이야기부터 다룬 설화 중심
성격	보수적 유교적 합리주의(충절, 효행, 정절), 신라 계승 의식	민족적 자주 의식(불교, 단군, 무속), 고조선 계승 의식
의의	현존 최고(最古)의 사서	단군 이야기 최초 수록

단권화 MEMO	

- 불교적 가치관이 중심을 이루고 있으나, 효와 같은 유교적 내용을 포함하고 있다.
- 서술 범위: 역사 서술 범위도 삼국에 한정하지 않고 단군에서 후삼국까지 우리 역사 전체를 대상으로 하고 있다. 특히 고조선을 국가 기원으로, 단군을 민족 시조로 상정하여 삼국의 분립 의식을 불식시키는 인식의 틀을 제공하였다. 또한 단군 신화와 향가 14수가 수록되어 있다는 점에서 역사적 의의가 크다.
- ⓒ 한계: 단군을 민족 시조로 설정하고 있으나, 중국 측 사료를 더 신뢰하여 단군·부여·고구려·백제는 단군 계열로 분류하였지만, 기자·위만·마한·진한 등은 중국 계열로 분류하였다. 특히 **발해를 우리 민족사로 인식하지 못한 것이 대표적 한계점으로 지적**된다.

심화 「삼국유사」

『삼국유사』는 전체 5권 2책으로 되어 있으며, 왕력(王歷)·기이(紀異)·흥법(興法)·탑상(塔像)·의해(義解)·신주(神呪)·감통(感通)·피은(避隱)·효선(孝善) 등 9편목으로 구성하였다.
왕력은 삼국·가락국·후고구려·후백제 등의 간략한 연표이다. 기이편은 고조선으로부터 후삼국까지의 단편적인 역사를 57항목으로 서술하였다. 흥법편에는 삼국의 불교 수용과 그 융성에 관한 내용, 탑상편에는 탑과 불상에 관한 내용, 의해편에는 신라의 고승들에 대한 전기를 중심으로 하는 서술, 신주편에는 신라의 밀교적 신이승(神異僧)들에 대한 항목, 감통편에는 불교 신앙의 신비로운 감응에 관한 항목, 피은편에는 특이한 삶을 살았던 인물의 행적, 효선편에는 부모에 대한 효도와 불교적인 선행에 대한 미담을 각각 수록하였다.

⑤ 『제왕운기』(충렬왕 13년, 1287)
  ㉠ 개관: 이승휴는 삼척 두타산에서 『제왕운기』를 저술하였다. 상권은 중국 신화 시대부터 원(元)의 성장까지의 중국 역사를 7언시로 기록하였다. 한편 하권은 **고조선부터 충렬왕까지의 역사를 7언시와 5언시로 수록하였다.** 현재 전해지는 중요한 역사서이다.
  ㉡ 의의: 유교적 인식에 기초하고 있지만, 단군을 민족 시조로 삼고 고구려, 부여, 삼한, 옥저, 예맥 등과 이들을 통합한 삼국이 모두 단군의 후예라고 보았다. 특히 **대조영의 발해를 우리 역사 내로 흡수하여 서술했다는 점에서 의의가 크다.** 또한 요동 동쪽을 중국과 다른 세계로 인식하고, 우리 민족 문화의 독자성을 강조하였다. 이는 단군기년을 사용한 점에서도 확인할 수 있다.
  ㉢ 한계: 단군 조선 – 기자 조선 – 위만 조선의 3조선설을 처음 사용하여 사대적 역사 인식의 틀을 제공하였다(기자 조선 인정).
⑥ 이제현의 성리학적 역사관
  ㉠ 이제현은 고려 말 성리학 사관의 선구자로, 성리학의 명분론, 정통론, 왕도주의, 도덕적 합리주의에 입각하여 설화적·전통적 역사 이해를 배격하였다.
  ㉡ 『사략』(공민왕 6년, 1357): 성리학적 사관의 입장에서 고려 태조부터 숙종 때까지의 역사를 정리한 것으로, 정통과 대의명분을 강조하며, 당시 권문세족의 부패상을 비판하였다. 현재에는 『사략』에 실렸던 사론만이 남아 있다.

■ 이제현
최초로 송설체(조맹부체)를 전래하고 여말의 삼절(三絕)이라 하여 시(詩)·서(書)·화(畵)에 능하였다. 그의 송설체는 문인 이암을 거쳐 조선의 안평 대군에게 전승되었다.

사료 고려 후기 자주적 역사 인식의 등장

❶ 세상에서 동명왕의 신이(神異)한 사적을 많이 이야기하고 있는데, …… 내가 일찍이 이 이야기를 듣고는 웃으며 "공자님은 괴력난신(怪力亂神)을 말씀하지 아니하였는데, 이 동명왕 설화는 실로 황당하고 기괴하니 우리들이 논의할 바가 아니다."라고 말한 일이 있었다. …… 계축년(1193) 4월에 이르러 『구삼국사』를 얻어서 동명왕본기(東明王本紀)를 보니, …… 이는 환(幻)이 아니요 성(聖)이며, 귀(鬼)가 아니고

신(神)이었다. …… 동명왕의 사적은 변화신이(變化神異)하여 여러 사람들의 눈을 현혹시킬 일이 아니요, 실로 나라를 창건한 신이한 자취인 것이다. 이러하니 이 일을 기술하지 않으면 앞으로 후세에 무엇을 볼 수 있으리오.
『동명왕편』

❷ 대저 옛 성인들은 예(禮)·악(樂)으로써 나라를 흥륭시키고 인의로 가르쳤으며, 괴상한 힘이나 난잡한 귀신을 말하지 아니하였다. 그러나 제왕들이 일어날 때는 …… 반드시 보통 사람보다 다른 것이 있은 뒤에 큰 변란이 있는 기회를 타서 대기(大機)를 잡고 대업(大業)을 이루는 것이다. …… 삼국의 시조들이 모두 신기한 일로 태어났음이 어찌 괴이하겠는가. 이것이 기이(紀異)로써 다른 편보다 먼저 놓는 까닭이다.
『삼국유사』

❸ 요동에 별천지가 있으니, 중국과는 확연히 구분되도다. 큰 파도가 출렁거리며 삼면을 둘러싸는데, 북녘에는 대륙이 있어 가늘게 이어졌도다. 가운데에 사방 천 리 땅, 여기가 조선이니, 강산의 형승은 천하에 이름있도다. 밭 갈고, 우물 파며 평화로이 사는 예의의 집, 중화인이 이름지어 소중화라네.
『제왕운기』

❹ 신(臣)이 이 책을 편수하여 바치는 것은 …… 중국은 반고부터 금국에 이르기까지, 동국은 단군으로부터 본조(本朝)에 이르기까지 처음 일어나게 된 근원을 여러 책에서 다 찾아보아 같고 다른 것을 비교하여 요점을 취하고 읊조림에 따라 장을 이루었습니다.
『제왕운기』

○ 고려 시대 사상의 흐름

구분	초기	중기	무신집권기	원 간섭기	말기
성격	자주적·주체적	보수적·현실적·사대적	학문 쇠퇴	성리학 전래	성리학의 실천적 기능 강조
학자	최승로, 김심언	최충, 김부식	이인로, 이규보	안향, 이제현	정몽주, 정도전
특징	사회 개혁과 새 문화 창조를 위한 치국 이념	사회적 모순을 해결할 수 있는 능력 상실		일상생활에 관계되는 실천적 기능 강조, 「주자가례」 중시	
역사서	•『7대실록』 •『고금록』(박인량): 편년체 • 현존하지 않음	『삼국사기』(김부식): 유교 사관, 기전체	•「동명왕편」(이규보): 동명왕 업적 칭송, 자주적 사관 •『해동고승전』(각훈): 승려들의 전기	•『삼국유사』(일연): 불교사 중심, 단군 신화 기록, 자주적 사관 •『제왕운기』(이승휴): 단군 신화 기록, 자주적 사관	『사략』(이제현): 정통과 대의명분 중시
역사관	고구려 계승	신라 계승	고구려 계승	고조선 계승	성리학적 사관
대장경	초조대장경 (거란 침입) → 몽골 침입으로 소실	속장경(교장) 간행 (의천) → 몽골 침입으로 소실	팔만대장경 (몽골 침입) → 합천 해인사 보관		

심화 주목할 만한 고려의 역사서

❶ 『고려실록』: 고려 초부터 역대 왕의 치적을 기록한 『실록』을 편찬하였는데, 조선 초기 『고려사』를 편찬할 때 참고 자료로 사용하였다. 특히 『7대실록』(태조~목종)이 대표적이다. – 현존하지 않는다.

❷ 『고금록』: 문종 때 박인량이 편찬한 편년체 사서이다. – 현존하지 않는다.

❸ 『가락국기』: 문종 때 금관주 지사가 쓴 가락국의 내력이다. 『가락국기』의 내용은 『삼국유사』에 수록되어 있다.

❹ 『속편년통재』: 예종 때 홍관이 『편년통재』를 모방하여 정리한 편년체 역사서이다. – 현존하지 않는다.

단권화 MEMO

❺ 『편년통록』: 의종 때 김관의가 『편년통재』와 『속편년통재』를 개찬하여 만든 편년체 역사서이다. – 현존하지 않지만 고려 시조 왕건에 관한 설화가 『고려사』 세가편에 인용되었다.

❻ 『고금록』: 충렬왕 때 허공, 원부 등이 편찬하였다(1284). – 현존하지 않는다.

❼ 『천추금경록』: 충렬왕 때 정가신이 편찬하였다. – 현존하지 않는다.

❽ 『본조편년강목』: 충숙왕 때 민지가 편찬한(1317) 최초의 강목체 역사서이다. 성리학적 역사 서술 방식이 반영되었다고 전해지지만, 현존하지 않는다.

❾ 『세대편년절요』(『천추금경록』 증수): 충렬왕 때 민지가 왕명을 받아 편찬하였고, 충선왕 복위 원년(1309)에 이 책을 원에 바쳤다.

바로 확인문제

● **다음과 같이 왕명을 받아 편찬한 책에 대한 설명으로 옳지 않은 것은?**　　　12. 국가직 9급

> 신 부식은 아뢰옵니다. 옛날에는 여러 나라들도 각각 사관을 두어 일을 기록하였습니다. …… 해동의 삼국도 지나온 세월이 장구하니, 마땅히 그 사실이 책으로 기록되어야 하므로 마침내 늙은 신에게 명하여 편집하게 하셨으나, 아는 바가 부족하여 어찌할 바를 모르겠습니다.

① 현존하는 우리나라의 역사서 가운데 가장 오래된 것이다.
② 기전체로 서술되어 본기, 지, 열전 등으로 나누어 구성되었다.
③ 고구려 계승 의식보다는 신라 계승 의식이 좀 더 많이 반영되었다고 평가된다.
④ 몽골 침략의 위기를 겪으며 우리의 전통 문화를 올바르게 이해하려는 움직임에서 편찬되었다.

● **다음 논쟁이 있었던 무렵의 저술 활동으로 가장 적절한 것은?**　　　13. 지방직 9급

> 재상 박유가 아뢰기를 "청컨대 여러 신하, 관료로 하여금 여러 처를 두게 하되, 품위에 따라 그 수를 점차 줄이도록 하여 보통 사람에 이르러서는 1처 1첩을 둘 수 있도록 하며, 여러 처에서 낳은 아들도 역시 본처가 낳은 아들처럼 벼슬을 할 수 있게 하기를 원합니다."라고 하였다. 연등회 날 저녁 박유가 왕의 행차를 호위하여 따라갔는데, 어떤 노파가 그를 손가락질하면서 "첩을 두고자 요청한 자가 저 늙은이다."라고 하였다. 듣는 사람들이 서로 전하여 서로 가리키니 무서워하는 자들이 있었기 때문에 그 건의를 정지하고, 결국 시행하지 못하였다.

① 김부식이 「진삼국사기표」를 지었다.
② 일연 선사가 『삼국유사』를 찬술하였다.
③ 정도전이 『조선경국전』을 저술하였다.
④ 정인지가 『훈민정음해례』 서문을 지었다.

● **이규보의 역사의식에 대한 설명으로 옳은 것은?**　　　19. 국가직 7급

① 불교사를 중심으로 새로운 고대사 체계를 세웠다.
② 유교적 합리주의 사관에 입각하여 기전체 사서를 편찬하였다.
③ 고구려 계승 의식을 통해 고려의 기원을 신성시하고자 하였다.
④ 우리 역사를 중국과 대등하게 파악하며 단군을 민족 시조로 인식하였다.

|정답해설| 제시된 사료는 『삼국사기』 편찬과 관련된다. 『삼국사기』는 고려 중기 인종 때(1145) 김부식이 왕명을 받아 편찬한 우리나라에 현존하는 최고(最古)의 역사서이다. 신라 계승 의식이 반영된 『삼국사기』는 기전체로 편찬되었으나, 세가가 빠져 있다. 몽골 침략 시기(이후 원 간섭기 포함)는 고려 후기에 해당되며, 이 시기 대표적 역사서로는 『삼국유사』와 『제왕운기』를 들 수 있다.
|정답| ④

|정답해설| 박유는 충렬왕 때 재상으로서, 원의 계속된 침략에 의한 성비 차이(전란의 영향으로 여초 현상이 나타남) 등을 해결하기 위해 첩 제도의 시행을 주장하였다. 일연의 『삼국유사』는 충렬왕 때에 저술된 것으로 알려져 있다.
|오답해설|
① 「진삼국사기표」는 김부식이 『삼국사기』(1145)를 진헌하면서 올린 표이다.
③ 정도전의 『조선경국전』은 조선 태조 3년(1394)에 저술하였다.
④ 정인지 등이 집필한 『훈민정음해례본』은 조선 세종 28년(1446)에 간행되었다.
|정답| ②

|정답해설| 이규보는 「동명왕편」을 저술하여 고려의 '고구려 계승 의식'을 강조하였다.
|오답해설|
① 일연의 『삼국유사』는 불교사를 중심으로 새로운 고대사 체계를 세웠다고 평가된다.
② 김부식 등이 편찬한 『삼국사기』는 유교적 합리주의 사관에 입각하여 기전체로 편찬된 역사서이다.
④ 이승휴의 『제왕운기』는 우리 역사를 중국과 대등하게 파악하였으며, 단군을 민족 시조로 인식하였다.
|정답| ③

4 성리학의 전래

(1) 성리학(性理學)

① 집대성: 남송의 주희(1130~1200)가 집대성한 성리학은 종래 자구의 해석에 힘쓰던 한·당의 훈고학이나 사장 중심의 유학과는 달리 인간의 심성과 우주의 원리 문제를 철학적으로 탐구하는 신유학이었다.

② 4서 중시: 불교의 철학적인 사변(思辨)을 유학에 접목시킨 것으로, 5경보다는 4서를 중시하였다.

(2) 전래 및 발전

① 성리학의 소개
  ㉠ 고려에 성리학을 처음 소개한 사람은 충렬왕 때의 안향(호 - 회헌)이었다.
  ㉡ 안향은 『주자대전』의 일부를 필사하고, 공자와 주자의 화상(畵像, 초상화)을 그려서 돌아왔다.

② 전수
  ㉠ 백이정이 직접 원(元)에 가서 성리학을 배워 와서 이제현과 박충좌 등에게 전수하였다.
  ㉡ 김문정은 충렬왕 29년(1303), 공자의 화상, 공자의 제자인 선성10철(宣聖十哲)의 화상과 문묘의 제기와 악기, 육경(六經)과 제자(諸子)의 서적 등을 가지고 돌아왔다.

③ 성리학의 발전
  ㉠ 이제현은 원의 수도에 설립한 만권당에서 원의 학자들과 교류하면서 성리학에 대한 이해를 심화하였고, 귀국한 후 이색 등에게 영향을 주어 성리학 발전에 이바지하였다.
  ㉡ 공민왕 때 이색은 정몽주, 권근, 정도전 등을 가르쳐 성리학을 더욱 확산하였다.

> **사료** 성리학의 수용과 발전
>
> ❶ 안향이 또 남은 돈을 박사(博士) 김문정(金文鼎) 등에게 주고 이들을 중국으로 보내어 선성(先聖) 및 제자 70명의 초상을 그려 오게 하고 아울러 제기(祭器), 악기, 6경(六經), 제자사서(諸子史書)를 구하여 오도록 하였다. …… 만년에는 항상 회암선생(晦庵先生)의 초상을 걸고 우러러 사모하여 마침내 호를 회헌(晦軒)이라 하였다.
>
> ❷ 성균관을 다시 짓고 이색을 판개성부사 겸 성균관 대사성으로 삼았다. …… 이색이 다시 학칙을 정하고 매일 명륜당에 앉아 경(經)을 나누어 수업하고 강의를 마치면 서로 더불어 논란하여 권태를 잊게 하였다. 이에 학자들이 많이 모여 함께 눈으로 보고 마음으로 느끼는 가운데 정주(程朱) 성리학이 비로소 흥기하게 되었다.
>
> 『고려사』

> **사료** 이색
>
> (공민왕 5년) 시정(時政)에 대한 8개 항목을 적어 국왕에게 바쳤는데, 그 하나는 정방(政房)을 폐지하고 이부와 병부가 관리를 선발하는 제도를 회복하는 것이었다. 왕이 그의 건의를 기쁘게 받아들여 드디어 이색을 이부시랑(吏部侍郞) 겸 병부낭중(兵部郞中)으로 임명해 문무 관리의 선발을 주관하도록 하였다.
> 『고려사』

단권화 MEMO

■ 성리학의 전래
고려 후기에는 성리학이 전래되어 사상계뿐만 아니라 정치·경제·사회·문화의 각 부분에 걸쳐 큰 영향을 미쳤다.

■ 4서 5경
• 4서: 『논어』·『맹자』·『중용』·『대학』
• 5경: 『시경』·『서경』·『주역』·『예기』·『춘추』

■ 성리학 입문서
안향(安珦)은 원나라 허형(許衡) 학파의 『성리대전(性理大全)』을 도입하였다. 『주자대전(朱子大全)』은 중종 38년(1543)에 국내에서 간행되었다.

■ 정몽주
『주자가례』를 처음 도입하여 집에 가묘를 세워 조상의 위패를 모시고 제사를 지냈으며, '동방 이학의 비조(시조)'로 불렸다.

(3) 고려 말 성리학의 특징

① 실천적(實踐的) 기능 강조: 성리학을 수용한 사람들은 대부분 신진 사대부였다. 이들은 현실 사회의 모순을 시정하기 위한 개혁 사상으로 성리학을 받아들였으며, 성리학의 형이상학적 측면보다 일상생활과 관계되는 실천적 기능을 강조하였다.
② 『소학(小學)』과 『주자가례(朱子家禮)』 중시
　㉠ 신진 사대부 세력은 유교적인 생활 관습을 시행하기 위하여 『소학』과 『주자가례』를 중시하였다.
　㉡ 권문세족과 불교의 폐단을 비판하였다.

(4) 영향

고려의 정신적 지주였던 불교는 쇠퇴하게 되었고, 성리학이 새로운 국가의 사회 지도 이념으로 등장하였다.

> **바로 확인문제**

● 〈보기〉에서 이름과 활동을 옳게 짝지은 것은?　　　22. 2월 서울시(자체 출제) 9급

| 보기 |
ㄱ. 이제현 – 만권당에서 원의 학자들과 교류하였다.
ㄴ. 안향 – 공민왕이 중영한 성균관의 대사성이 되었다.
ㄷ. 이색 – 충렬왕 때 고려에 성리학을 본격적으로 소개하였다.
ㄹ. 정몽주 – 역사서 『사략』을 저술하였다.

① ㄱ　　② ㄴ
③ ㄷ　　④ ㄹ

● 고려 시대 성리학의 수용 과정에 대한 설명으로 옳지 않은 것은?　　　18. 지방직 7급
① 백이정은 직접 원에 가서 성리학을 배워 왔다.
② 김문정은 원에서 공자의 화상과 각종 서적을 구해 왔다.
③ 안향은 정몽주, 권근, 정도전 등을 가르쳐 성리학을 더욱 확산시켰다.
④ 이제현은 만권당에서 원의 학자들과 교류하면서 성리학에 대한 이해를 심화하였다.

단권화 MEMO

■ 『주자가례(朱子家禮)』
『주문공가례(朱文公家禮)』라고도 하며 정몽주에 의하여 고려 말에 최초로 전래되었다. 성리학적 유교 윤리로 관·혼·상·제례를 4례라 하여 유교적으로 실천할 것을 권장하고 있다. 이로써 사대부 양반은 조상의 가묘[家廟, 사당(祠堂)]의 설치가 새로운 의무로 대두되었다. 4례 중 가장 중시하는 것은 제례(祭禮)의 덕목이었다.

■ 성리학의 불교 비판
정도전을 비롯한 일부 성리학자들은 불교 사상 자체가 현실과는 유리된 허황한 것이라 하여 불교 자체를 공박하였다.

|오답해설| ㄴ. 안향은 충렬왕 때 원으로부터 성리학을 처음 소개하였다.
ㄷ. 이색은 원의 과거에 급제하고 돌아와 공민왕 때 중영(순수한 유학 교육 기관으로 개편)한 성균관 대사성에 임명되었다. 이색은 정몽주, 권근, 정도전 등을 가르쳐 성리학을 확산시키는 데 기여하였다.
ㄹ. 이제현은 1357년(공민왕 6년)에 성리학적 사관을 바탕으로 『사략』을 편찬하였다.
|정답| ①

|정답해설| 안향은 처음 성리학을 소개한 인물이며, 정몽주·권근·정도전 등을 가르쳐 성리학을 확대시킨 인물은 이색이다.
|정답| ③

02 불교 사상과 신앙*

1 불교 정책

(1) 불교의 성격

① **왕실·귀족 불교**: 삼국 시대 이래로 불교는 왕실·귀족과 깊이 연결되어 호국적이고 현세 구복적인 성격을 띠게 되었다. 고려 초기부터 불교는 국가의 지원을 받으며 발전하였다.
② **유·불 융합**: 귀족들도 불교에 큰 관심을 보였는데, 이들은 정치 이념으로 삼았던 유교와 신앙인 불교를 서로 배치되는 것으로 생각하지 않았다.
③ **현세 기복적 신앙**: 일반인들도 현세 기복적 신앙으로서 불교를 널리 신봉하였다. 지방의 신앙 공동체였던 향도(香徒)에는 불교와 함께 토속 신앙의 면모가 나타나며, 불교와 풍수지리설이 융합된 모습도 나타난다.

(2) 불교의 보호와 발전

① 태조
  ㉠ 태조는 불교를 적극 지원하는 한편, 유교 이념과 전통 문화도 함께 존중하였다.
  ㉡ 개경에 여러 사원을 세웠다(개태사·법왕사·왕륜사 등).
  ㉢ 훈요 10조에서 불교를 숭상하고 연등회와 팔관회 등 불교 행사를 성대하게 개최할 것을 당부하여 불교에 대한 국가의 지침을 제시하였다.

> **심화** 연등회와 팔관회
>
> ❶ 연등회
> - 연등회는 삼국 시대 불교의 수용과 더불어 시작되었겠지만 그 시말을 알 수 있는 자료는 남아 있지 않고 문헌상으로 보이는 기록은 신라 경문왕 6년(866)과 진성왕 4년(890)의 "행**황룡사**간등"이라는 단절적 기사뿐이다. 신라 때의 간등(看燈: 연등을 보면서 마음을 밝히는 것)이 정월 15일에 있었던 것으로 보아 연등회가 국가적으로 '정례화'되어 있었음을 짐작할 수 있다.
> - 고려 시대에는 태조가 훈요 10조를 통해 팔관회와 함께 연등회를 매년 반드시 개최할 것을 당부하여, 고려의 국가적인 연중행사로 행해지는 계기가 되었다. 성종 6년(987)부터는 최승로의 건의에 따라 팔관회가 폐지될 때 **연등회도 함께 중단**되었다. 그러나 현종이 즉위한 후(1010) 다시 열리게 되어 고려가 멸망할 때까지 국가적인 행사로서 성대히 행해졌다.
> - 고려 초기의 연등회는 **매년 정월 15일**에 열렸으므로 이를 상원연등(上元燃燈)이라 하였는데, 성종 때에 폐지되었다가 23년만인 현종 원년(1010)에 다시 열렸다. 그러나 그해 11월 거란의 침입으로 개경을 떠난 현종은 이듬해 2월 나주까지 내려갔다가, 돌아오는 도중 2월 15일에 청주(淸州)의 별궁에서 연등회를 열었다. 이후 현종 때부터 인종 말년에 이르기까지 130년간 **2월 15일에 연등회가 열리게 되니 이를 2월 연등**이라고 하였다.
>
>   그러나 인종의 뒤를 이은 의종은 부왕 인종의 기일(忌日)이 바로 2월에 있으므로 2월을 피하여 정월 15일로 다시 바꾸었다. 그 후 명종 2년(1172)에는 동지추밀원사 최충렬의 건의에 따라 현종 때부터 인종 말년에 이르기까지 오랫동안 지켜 내려온 2월 15일로 되돌아갔으나, 이듬해부터는 다시 정월 15일에 열렸다. 또 희종 5년(1209)에는 부왕 신종의 기일이 끼어 있는 정월을 피하여 또 다시 2월 15일에 열리어 고려가 멸망할 때까지 2월 15일을 준수하였다.
>
> ❷ 팔관회
>   연중행사로서 매년 11월 15일에 개경에서 행해졌으니 이를 '중동(仲冬)팔관회'라 하였다. 한편 10월 15일에는 서경(西京)에서도 개최되었다.

단권화 MEMO

*고려의 불교 사상
의천과 지눌, 천태종과 조계종을 구분해서 기억해 두어야 한다.

단권화 MEMO	

② 광종
 ㉠ 승과 제도 실시 : '교종선'과 '선종선'에 합격한 자에게는 승계(僧階)를 주고 승려의 지위를 보장하였다.
 ㉡ 균여 : 균여는 귀법사의 주지를 맡았으며, 화엄 사상을 정비하여 보살의 실천행을 주장하였다. 또한 **성상융회**(性相融會)를 강조하여 화엄종과 법상종 등 교종 종파를 통합하고자 하였으며, **성속무애**(聖俗無碍) 사상을 통해 불교의 대중화에 기여하였다.

■ **북악과 남악**
북악과 남악은 신라 시대 이후 불교의 학파이다. 북악은 해인사의 '희랑'의 학통을 계승한 세력이며, 고려 시대 균여는 '북악의 법손'으로 남악 사상을 통합하고자 하였다. 한편 남악은 지리산 화엄사의 '관혜'의 학통을 계승한 세력이다.

> **사료**   북악과 남악
>
> 스님(균여)은 북악(北岳)의 법통을 이으신 분이다. 옛날 신라 말 가야산 해인사에 두 분의 화엄종 사종(司宗)이 있었다. 한 분은 관혜공으로 후백제 견훤의 복전(福田)이 되었고, 다른 한 분은 희랑공(希朗公)인데 우리 태조 대왕의 복전이 되었다. 두 분은 (견훤과 왕건의) 신심(信心)을 받아 불전에서 인연을 맺었는데, 그 인연이 이미 달라졌으니 마음이 어찌 같을 수 있겠는가? 그 문도에 이르러서는 물과 불 같은 사이가 되었고 법미(法味)도 각기 다른 것을 받았다. 이 폐단을 없애기 어려운 것은 그 유래가 이미 오래되었다. 당시 세상 사람들은 관혜공의 법문을 남악(南岳)이라 하고, 희랑공의 법문을 북악(北岳)이라 일컬었다. 「균여전」

 ㉢ 의통과 제관 : 오월(吳越)에 건너가 중국의 천태종을 부흥시키는 데 큰 공을 세웠다. 의통은 중국 천태종의 16대 교조가 되었고, 제관은 천태종의 기본 교리를 정리한 『천태사교의』라는 명저를 저술하였다.
 ㉣ 혜거 : 중국에서 도입한 법안종을 중심으로 선종을 통합하고자 하였다.
③ 성종 : 성종 때 유교 정치 사상이 강조되면서 연등회는 중지되고 팔관회는 폐지되었다.
④ 현종
 ㉠ 불교가 국가의 보호를 받아 계속 융성하였으며, 현화사 등 국력을 기울인 사찰을 건립하였다.
 ㉡ 연등회와 팔관회 등을 부활시켰으며, 초조대장경 조판에 착수하였다.
⑤ 문종
 ㉠ 불교를 숭상하여 넷째 아들 대각국사 의천과 여섯째 아들 도생승통 탱(竀)을 배출하였다.
 ㉡ 흥왕사를 완성하여 불교를 장려하였다.

(3) 불교에 대한 특혜

사원에는 토지인 사원전을 지급하였고, 승려들에게는 면역(免役)의 혜택을 주었다.

> **사료**   불교가 고려 사회에 끼친 영향
>
> ❶ 우리나라의 대업은 반드시 제불의 호위하는 힘을 입은 것이다. 그러므로 선종과 교종의 사원을 창건하고 주지를 파견하여 지키도록 하고 각각 종단을 다스리도록 하라. 후세에 간신이 정권을 잡아 승려의 청에 따르게 되면 각 종단의 절들이 서로 다투어 바꾸고 빼앗고 할 것이니 반드시 이를 금하라. 「고려사」
>
> ❷ 홍화사·유암사·삼귀사 등의 절을 창건하였다. 승 혜거로 국사를 삼고, 탄문으로 왕사를 삼았다. 왕이 참소를 믿고 사람을 많이 죽였으므로 마음속에 스스로 의심을 품고 죄악을 소멸하고자 널리 재회를 베푸니 무뢰배들이 승려라 사칭하여 배 부르기를 구하고 구걸하는 자가 모여들었으며 혹은 떡, 쌀, 연료를 서울과 지방의 도로에서 나누어 주는 것이 이루 다 헤아릴 수 없었다. 방생소를 줄지어 설치하고 부근 절에 나아가 불경을 연습하며 도살을 금하니 궁중의 고기도 또한 시장에서 사다가 올렸다. 「고려사」
>
> ❸ 지금 사방에서 병란이 일어나 백성이 도탄에 빠졌으나 오직 우리나라만은 편안하여 아무런 근심이 없다. 평화롭게 닭이 울고 개 짖는 소리가 사방의 변경에 이른다. 남자는 밭에서 농사짓고 여자는 집에서 베를 짜며 부귀와 장수를 잃지 않으니 이것이 어찌 사람의 힘으로 하는 것이겠는가. 이는 국사가 …… 목숨을 돌보지 않고 멀리 해외에 가서 법을 전해 와서 이 땅에 무궁하게 전해준 데서 기인한다. 선봉사 대각국사비 비문

2 불교 통합 운동과 천태종

(1) 사회적 배경
① 초기
   ㉠ 화엄 사상을 정비하고 보살의 실천행을 폈던 균여(均如)의 화엄종이 성행하였다.
   ㉡ 선종에 대한 관심이 높았다.
② 중기
   ㉠ 개경에 흥왕사나 현화사와 같은 왕실과 귀족들의 지원을 받는 큰 사원이 세워져 불교가 번창하였다.
   ㉡ 이들의 지원을 받아 화엄종과 법상종이 나란히 융성하였다.

(2) 의천의 교단 통합 운동
① 의천은 문종의 넷째 아들로 송에서 화엄·천태의 교리를 터득하였다.
② 성상겸학(性相兼學): 화엄종의 입장에서 법상종을 통합하려 하였다.
③ 국청사를 본찰로 하는 해동 천태종을 개창하였다.
④ 천태종은 교종(특히 화엄종)을 중심으로 선종을 통합한 종파이며, 원효의 화쟁 사상을 중시하였다.
⑤ 천태종의 통합 이론으로 교관겸수를 강조하였는데, 이것은 '교학과 선을 함께 수행하되, 교학의 수련을 중심으로 선을 포용하라.'는 논리였다. 또한 지관(止觀)을 중시하고 내외겸전(內外兼全)을 강조하였다.
⑥ 흥왕사에 교장도감을 두어 속장경을 간행하였다(목록: 『신편제종교장총록』).
⑦ 대표적 저서: 『원종문류』, 『석원사림』, 『천태사교의주』 등

> **사료** 의천의 사상
>
> ❶ 나(의천)는 매번 글을 읽을 때마다 책을 덮고 크게 한탄한다. 가만히 생각하면 성인의 가르침을 얘기함은 이를 실천하게 하는 데 있으므로 다만 입으로만 말할 것이 아니라 실은 몸으로 행동하려는 것이다. 어찌 한쪽에 매달려 있는 박처럼 뜻함에 쓰임이 없어 되겠는가.
>
> ❷ 교를 배우는 사람은 내(內)를 버리고 외(外)를 구하려는 경향이 강한 반면에 선을 익히는 사람들은 인연 이론을 잊어버리고 내조만 좋아하니, 이 모두가 편집된 것이다. 가만히 생각하면 성인이 가르침을 편 목적은 행을 일으키려는 데 있는 것이므로 입으로만이 아니라 몸으로 행동하게 하려는 것이다. 그러므로 양자를 고루 갖추어 안팎으로 모두 조화를 이루어야 한다.
>
> ❸ 정원 법사는 "관(觀)을 배우지 않고, 경(經)만 배우면 오주의 인과를 들었다고 하더라도 삼중의 성덕을 통하지 못하며, 경을 배우지 않고 관만 배우면 삼중의 성덕을 깨쳐도 오주의 인과는 분별하지 못한다. 그러므로 관도 배우지 않을 수 없고, 경도 배우지 않을 수 없다."고 하였다. 내가 교관에 마음을 쓰는 까닭은 이 말에 깊이 감복하였기 때문이다.
>
> 『대각국사문집』

> **사료** 속장경, 『신편제종교장총록』
>
> 지승 법사의 호법(護法)하는 뜻을 본받아 교장(敎藏)을 널리 찾아내는 것을 나의 책임으로 삼았다. …… 여러 종파의 의소(義疏)를 얻게 되면, 감히 사사로이 비장(秘藏)하지 않고 간행했으며, 책을 낸 후에 새로 발견된 것이 있으면 그 뒤에 계속해서 수록하고자 하였다. 이렇게 편집된 권질이 삼장(三藏)의 정문(正文)과 더불어 무궁하게 전해져 내려감이 나의 소원이다.

■ 화엄종과 법상종
화엄종은 화엄 사상을 바탕으로 하는 종파이고, 법상종은 유식 사상을 중심으로 하는 종파이다. 교종인 이 두 종파가 선종과 함께 고려 불교의 주축을 이루었다.

■ 영통사 대각국사비(경기 개풍)

대각국사 의천의 사적을 기록한 것으로, 비문은 김부식이 지었다.

| 단권화 MEMO | 심화　의천의 교선 통합 |

천태학은 고려 초기에도 교선 통합에 이용된 바 있는데, 그것은 온갖 잡념을 정지하고 지혜로써 사물을 관조하는 지관(止觀)을 중시하여 그 실천 수행법이 선종과 비슷하였지만, 기본적으로는 『법화경(法華經)』을 정종(正宗)으로 삼는 통일적이고 지적인 종파로서 왕권 우위의 중앙 집권적 귀족 사회에 적합한 이념 체계를 제공하였다. 따라서 의천의 교선 통합은 중국 화엄학에서의 '교선 일치'에 의한 것이 아니라 천태종의 '교관겸수'를 채용하였다는 점에 특징이 있었다.

그러나 의천의 교선 통합은 교리적인 측면에서의 완전한 통합이라기보다는 다만 교단의 통합에 그쳤고 법상종을 의식한 정치적 통합의 성격이 짙었다. 이 때문에 의천이 죽자 천태종은 곧 쇠퇴하고 선종은 다시 독립하였으며, 화엄종은 균여파와 의천파로 분열되었다.

변태섭

3 결사 운동(結社運動)과 조계종

(1) 무신집권기의 불교

무신집권 이후의 사회 변동기를 지나며 불교계에서도 본연의 자세 확립을 주창하는 새로운 종교 운동인 결사 운동이 일어났다.

① 보조 국사(普照國師) 지눌

　㉠ 수선사 결사 운동

■ 지눌의 『목우자수심결』
지눌이 선문(선종)에 처음 입문한 초학자에게 '선 수행의 요체'가 되는 핵심 내용을 저술한 지침서이다.

　　• 지눌은 명리(名利)에 집착하는 당시 불교계의 타락상을 비판하고, 승려 본연의 자세로 돌아가 독경과 선 수행, 노동에 고루 힘쓰자는 개혁 운동인 수선사(修禪社) 결사를 제창하였다.

　　• 송광사에 중심을 둔 수선사 결사 운동은 개혁적인 승려들과 지방민들의 적극적인 호응을 얻어 활발하게 전개되었다.

　㉡ 조계종, 선교 일치 사상의 완성

　　• 정혜쌍수(定慧雙修) : 정(定)은 선종의 좌선, 혜(慧)는 교종의 염불과 독경을 의미한다. 지눌은 선과 교학이 근본에 있어 둘이 아니라는 사상 체계인 정혜쌍수를 사상적 바탕으로 철저한 수행을 선도하였다. 지눌은 거조암, 길상사 등에서 정혜 결사를 주도하였다.

■ 정혜쌍수와 돈오점수
정혜쌍수는 선과 교학을 나란히 수행하되, 선을 중심으로 교학을 포용하는 이론이며, 돈오점수는 단번에 깨닫고 꾸준히 실천하자는 주장을 일컫는다. 선종은 돈오를 지향한다. 지눌은 돈오를 지향처로 삼으면서도 사람들이 오래 익혀 온 잘못된 습관을 고치기 위해서는 깨달음의 꾸준한 실천이 필요하다는 뜻에서 점수를 아울러 강조하였다.

　　• 돈오점수(頓悟漸修) : 지눌은 내가 곧 부처라는 깨달음을 위한 노력과 함께, 꾸준한 수행으로 깨달음의 확인을 아울러 강조한 돈오점수를 주장하였다.

　　• 완성 : 선종을 중심으로 교종을 포용하여 교와 선의 대립을 극복하고자 한 지눌의 논리는 고려 불교가 지향하던 선교 일치 사상을 완성하였다.

사료　지눌의 정혜결사문

지금의 불교계를 보면 아침저녁으로 행하는 일들이 비록 부처의 법에 의지하였다고 하나 자신을 내세우고 이익을 구하는 데 열중하며 세속의 일에 골몰한다. 도덕을 닦지 않고 옷과 밥만 허비하니 비록 출가하였다고 하나 무슨 덕이 있겠는가.

하루는 같이 공부하는 사람 10여 인과 약속하였다. 마땅히 명예와 이익을 버리고 산림에 은둔하여 같은 모임을 맺자. 항상 선을 익히고 지혜를 고르는 데 힘쓰고, 예불하고 경전을 읽으며 힘들여 일하는 것에 이르기까지 각자 맡은 바 임무에 따라 경영한다. 인연에 따라 성품을 수양하고 평생을 호방하게 고귀한 이들의 드높은 행동을 좇아 따른다면 어찌 통쾌하지 않겠는가.

『권수정혜결사문(勸修定慧結社文)』

> **사료** 지눌의 불교 통합 사상

❶ 정(定)은 본체이고 혜(慧)는 작용이다. 작용은 본체를 바탕으로 있게 되므로 혜가 정을 떠나지 않고, 본체는 작용을 가져오게 하므로 정은 혜를 떠나지 않는다. 정은 곧 혜인 까닭에 허공처럼 텅 비어 고요하면서도 항상 거울처럼 맑아 영묘하게 알고, 혜는 곧 정이므로 영묘하게 알면서도 허공처럼 고요하다.
「보조국사법어」

❷ 한마음[一心]을 깨닫지 못하고 한없는 번뇌를 일으키는 것이 중생인데, 부처는 이 한마음을 깨달았다. 깨닫고 아니 깨달음은 오직 한마음에 달린 것이니, 이 마음을 떠나서 따로 부처를 찾을 곳은 없다.
먼저 깨치고 나서 후에 수행한다는 뜻은 못의 얼음이 전부 물인 줄 알지만, 그것이 태양의 열을 받아 녹게 되는 것처럼, 범부(凡夫 – 보통 사람)가 곧 부처임을 깨달았으나 불법의 힘으로 부처의 길을 닦게 되는 것과 같다는 것이다.
「권수정혜결사문」

② 결사 운동의 발전: 지눌의 결사 운동은 지눌 이후에도 지속적으로 발전하였다.
　㉠ 혜심(진각 국사): **유불 일치설**(儒佛一致說)을 주장하며 심성의 도야를 강조하여 장차 성리학을 수용할 수 있는 사상적 토대를 마련하였다. 그의 저서로는 『선문염송집(禪門拈頌集)』, 『심요』, 『조계진각국사어록(曹溪眞覺國師語錄)』, 『구자무불성화간병론(狗子無佛性話揀病論)』, 『무의자시집(無衣子詩集)』, 『금강경찬(金剛經贊)』, 『선문강요(禪門綱要)』가 있다.
　㉡ 요세(원묘 국사): 요세는 강진 만덕사(백련사)에서 천태종 계열 결사 운동인 **백련 결사**(白蓮結社)를 제창하였다. 자신의 행동을 참회하는 **법화 신앙**에 중점을 두어 지방민의 적극적인 호응을 얻었고, 수선사와 양립하며 고려 후기 불교계를 이끌었다.

▲ 송광사(전남 순천)
지눌이 수선사를 개창한 곳이다.

▲ 백련사(전남 강진)
요세가 백련 결사를 열었던 곳이다.

■ 수선사와 백련사
수선사가 기층민보다는 지방의 지식인층을 주된 대상으로 하였음에 비하여, 백련사는 정토관(淨土觀)에 좀 더 충실함으로써 기층 사회의 교화에 전념하였음이 특징적이다.　　변태섭

> **사료** 혜심의 유불 일치설

"부처님이 말씀하시기를 나는 두 성인을 중국에 보내서 교화를 펴리라 하셨다. 한 사람은 노자로, 그는 가섭 보살이요, 또 한 사람은 공자로 그는 유동(儒童) 보살이다." 이 말에 의하면 유(儒)와 도(道)의 종(宗)은 부처님의 법에서 흘러나온 것이다. 방편은 다르나 진실은 같은 것이다.
「조계진각국사어록」

> **사료** 요세

임진년(1232) 여름 4월 8일 처음 보현도량(普賢道場)을 결성하고 법화삼매(法華三昧: 법화경을 꾸준히 읽어서 그 묘한 이치를 깨닫는 것)를 수행하여, 극락정토(極樂淨土)에 왕생하기를 구하였는데, 모두 천태삼매의(天台三昧儀)를 그대로 따랐다. 오랫동안 법화참(法華懺)을 수행하고 전후에 권하여 발심(發心)시켜 이 경을 외우도록 하여 외운 자가 1,000여 명이나 되었다. 사중(四衆)의 청을 받아 교화시켜 인연을 지어 준 지 30년에 묘수(妙手)로 제자를 만든 것이 38명이나 되었으며, 절을 지은 것이 다섯 곳이며, 왕공대인(王公大人) 목백현재(牧伯縣宰)들과 높고 낮은 사중들이 이름을 써서 사(社)에 들어온 자들이 300여 명이나 되었으며, 이 사람 저 사람에게 서로 가르침을 전하여 한 귀(句) 한 게(偈)를 듣고 멀리 좋은 인연을 맺은 자들이 헤아릴 수 없었다.
「동문선」, 만덕산 백련사 원묘국사비명

단권화 MEMO

■ 묘련사
1284년(충렬왕 10년) 왕실의 원찰(죽은 사람의 명복을 빌거나 자신의 소원을 빌기 위해 건립한 사찰)로 창건하였다. 이 절은 『법화경』을 강론하여 천태사상(天台思想)을 선양하는 중심 사찰이 되었으며, 천태종의 결사 도량인 백련사의 분원 역할을 하였다.

■ 보우(普愚)
교단을 통합·정리하는 것이 불교계의 폐단을 바로잡는 우선 과제라고 생각하였다. 그러나 교단과 정치적 상황이 얽혀 개혁을 지속적으로 추진할 수 없었다. 한편 원나라에서 임제종을 들여와 전파시켜 조선 선종의 주류로 발전시키는 토대를 마련하였다.

심화 삼보 사찰(三寶寺刹)

삼보 사찰은 경남 양산시의 통도사(通度寺), 경남 합천군 해인사(海印寺), 전남 순천시의 송광사(松廣寺)이다. 통도사는 자장(慈藏)이 646년에 창건하면서 당(唐)에서 가지고 온 불사리(佛舍利, 부처님의 진신 사리)를 금강 계단 불사리탑에 봉안하여 불보 사찰(佛寶寺刹)이 되었고, 해인사는 조선 건국 이후 강화도 선원사(禪源寺)의 고려대장경(팔만대장경, 재조대장경)을 옮겨와 보관하여 법보 사찰(法寶寺刹)이 되었다. 한편 송광사는 국사(國師)의 칭호를 받은 16명의 고승을 배출함으로써 승보 사찰(僧寶寺刹)로 불린다.

(2) 원 간섭기의 불교

① 충렬왕 때 왕실의 원찰(願刹)인 묘련사가 창건되었다(충렬왕 10년, 1284).
② 원 간섭 이후 불교의 개혁적 분위기가 쇠퇴하고, 권문세족과 불교 세력이 결탁하여 많은 폐단이 나타났다. 또한, 당시 사원은 막대한 토지를 소유하고 상업에도 관여하였고 사병(私兵)을 양성하기도 하였다.
③ 보우(태고 화상) : 타락한 불교 교단을 정비하고, 원에서 임제종을 도입하여 9산 선문의 통합을 시도하였으나 실패하였다.
④ 성리학을 사상적 배경으로 대두한 신진 사대부들은 불교계의 사회·경제적 폐단을 비판하였다.

바로 확인문제

● **고려 시대 불교 문화에 대한 설명으로 가장 옳은 것은?** 19. 2월 서울시(사복직 포함) 9급

① 태조는 훈요 십조에서 전국에 비보사찰을 제한 없이 늘려 불국토를 이루도록 당부하였다.
② 현종 대에는 거란의 대장경을 수입하여 고려의 독자적인 초조대장경을 만들기 시작했고, 완료한 후 흥왕사에 보관하였다.
③ 광종 대 균여는 국청사를 중심으로 해동 천태종을 창시하고, 교종과 선종의 대립을 완화하기 위해 노력하였다.
④ 삼국 시대부터 있어 왔던 향도를 계승하여 신앙의 결속을 다졌으며, 매향 행위를 함으로써 내세의 복을 빌기도 했다.

|정답해설| 향도는 불교가 수용된 삼국 시대부터 조직되었고, 매향(향나무를 바닷가에 묻는 행위)은 미륵 신앙이 반영된 활동이었다.
|오답해설|
① 태조는 훈요 10조에서 사원의 남설(濫設: 많이 설립하는 것)을 경계하였다.
② 초조대장경은 송과 거란의 대장경을 참고하여 제작되었다. 부인사에 보관되었다가 몽골 침략 시기에 소실되었다. 한편 흥왕사는 문종 때 건립되었기 때문에 현종 때는 존재하지 않았다.
③ 국청사를 중심으로 해동 천태종을 창시한 인물은 의천이다.
|정답| ④

● **밑줄 친 '그'에 대한 설명으로 옳지 않은 것은?** 13. 경찰 간부

> 그는 교종과 선종의 통합에 관심을 가져 광종 사후에 침체되어 있던 천태학을 부흥시켜 천태종을 창립하였다.

① 문종의 아들이었다.
② 교장도감을 설치하고 속장경을 간행하였다.
③ 수선사를 조직하여 결사 운동을 전개하였다.
④ 송나라에 가서 화엄학과 천태학을 공부했다.

|정답해설| 제시된 자료에서 '교종과 선종의 통합', '천태종을 창립' 등의 내용을 통해 밑줄 친 '그'가 의천임을 알 수 있다. 수선사 결사 운동을 전개한 인물은 지눌이다
|정답| ③

● 밑줄 친 '그의 사상'과 관련된 설명으로 옳은 것은? 14. 사복직 9급

> 그의 사상은 돈오점수와 정혜쌍수로 요약할 수 있다. 이는 인간의 마음이 곧 부처라는 사실을 깨닫고(선 돈오) 이를 바탕으로 수련을 계속해야 하며(후 점수) 그 수행에 있어서는 정과 혜를 함께 닦아야 한다는 것이다.

① 고려 무신정권의 비호 아래 천태종의 사상적 기반이 되었다.
② 왕권 우위의 중앙 집권적 귀족 사회에 적합한 이념 체계를 제공하였다.
③ 고려 말 신진 사대부들의 성장에 사상적 기반이 되었다.
④ 고려 후기의 불교계를 선종 중심으로 혁신하려는 운동을 전개하였다.

● 다음 자료의 밑줄 친 '나'에 대한 설명으로 옳은 것은? 한국사능력검정시험 고급 8회 변형

> 나는 옛날 공(公)의 문하에 있었고 공은 지금 우리 수선사에 들어왔으니, 공은 불교의 유생이요 나는 유교의 불자입니다. 서로 손과 주인이 되고 스승과 제자가 됨은 옛날부터 그러하였고 지금에야 비롯된 것은 아닙니다.

① 유교와 불교의 일치를 주장하였다.
② 권문세족과 긴밀한 관계를 맺고 있었다.
③ 처음으로 수선사 결사 운동을 전개하였다.
④ 교종의 입장에서 선종을 통합하려 하였다.

● 밑줄 친 '그'에 대한 설명으로 옳은 것은? 17. 서울시 9급

> 그는 『묘종초』를 설법하기 좋아하여 언변과 지혜가 막힘이 없었고, 대중에게 참회를 닦기를 권하였다. …… 대중의 청을 받아 교화시키고 인연을 맺은 지 30년이며, 결사에 들어온 자들이 3백여 명이 되었다.

① 강진의 토호 세력의 도움을 받아 백련사를 결성하였다.
② 불교계 폐단을 개혁하기 위해 9산 선문의 통합을 주장하였다.
③ 이론의 연마와 실천을 아울러 강조하는 교관겸수를 제창하였다.
④ 깨달은 후에도 꾸준한 실천이 필요하다는 돈오점수를 중시하였다.

단권화 MEMO

|정답해설| 제시된 지문의 '돈오점수'와 '정혜쌍수'를 통하여 '그'가 조계종과 관련된 지눌임을 알 수 있다. 지눌의 수선사 결사 운동은 선종 중심의 불교 개혁 운동이었으며, 승려 본연의 자세로 돌아가 예불 독경과 선 수행, 노동에 고루 힘쓰자고 주장하였다.

|오답해설|
① 무신정권의 후원을 받은 종파는 조계종이다.
② 왕권 우위의 중앙 집권적 귀족 사회에 적합한 이념 체계를 제공하였던 것은 의천의 사상(천태종)이다.
③ 고려 말 신진 사대부들의 성장에 사상적 기반이 되었던 것은 성리학이다.

|정답| ④

|정답해설| 밑줄 친 '나'는 혜심이며, 제시된 내용은 '유불 일치설'이다. 유불 일치설은 성리학 수용의 사상적 배경이 되었다.

|정답| ①

|정답해설| 제시된 자료의 '참회', '결사'를 통해 밑줄 친 '그'가 요세임을 알 수 있다. 요세는 참회에 바탕을 둔 법화 신앙을 강조하였고, 강진의 토호 세력(토착 세력)의 지원을 받아 백련사 결사를 결성하였다.

|오답해설|
② 고려 말 불교 개혁을 추진하였던 보우는 불교계 폐단을 개혁하기 위해 9산 선문의 통합을 주장하였다. 또한 선종 종파인 임제종을 도입하였다.
③ 의천은 이론의 연마와 실천을 아울러 강조하는 교관겸수와 내외겸전을 주장하였다.
④ 지눌은 깨달은 후에도 꾸준한 실천이 필요하다는 돈오점수를 중시하였고, 정혜쌍수를 주장하였다.

|정답| ①

4 대장경

(1) 대장경 간행의 배경과 의의
① 배경: 불교 사상에 대한 이해 체계가 정비되면서 불교에 관련된 서적을 모두 모아 체계화한 대장경을 편찬하였다.
② 의의: 경·율·론의 삼장으로 구성된 대장경은 불교 경전을 집대성한 것으로서, 교리 체계에 대한 정리가 선행되어야만 이루어질 수 있는 문화적 의의가 높은 유산이다.

(2) 대장경의 간행
① 초조대장경(初雕大藏經)
  ㉠ 목적: 현종 때 거란의 침입을 받았던 고려는 부처의 힘을 빌려 이를 물리치려고 대장경을 간행하였다.
  ㉡ 소실: 70여 년의 오랜 기간 목판에 새겨 간행한 이 초조대장경은 개경에 보관하였다가 대구 팔공산 부인사로 옮겼는데, 몽골 침입 때에 불타 버리고 인쇄본 일부가 남아 있다. 고려 인쇄술의 정수를 보여 주고 있다.

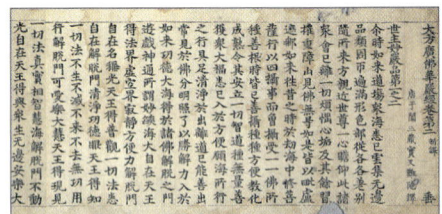
▲ 초조대장경 인쇄본(호림 박물관 소장)
고려 전기에 처음 간행하였으나 몽골 침입 때 불타 버린 초조대장경을 인쇄한 판본이다.

② 속장경(續藏經, 교장)
  ㉠ 대각국사 의천이 송·요·일본 등에서 주석서인 장소(章疏)를 모아 간행하였다.
  ㉡ 속장경(교장)의 목록인 『신편제종교장총록』을 만들었고, 개경 흥왕사에 교장도감을 설치(선종 3년, 1086)하여 제작되었다.
  ㉢ 속장경의 판목은 1232년(고종 19년) 몽골군의 침입으로 흥왕사가 불타 소실되었다. 현재 일본의 동대사(東大寺) 도서관 등에 인본(印本, 인쇄본)이 일부 보관되어 있으며, 우리나라에는 조선 초 중수·간행된 것이 순천 송광사(松廣寺)에 전해오고 있다.

③ 팔만대장경(八萬大藏經, 재조대장경)
  ㉠ 몽골 침략으로 소실된 초조대장경을 대신하여 고종 때 대장경을 다시 만들었다.
  ㉡ '대장도감(大藏都監)'을 설치하여 16년만에 이룩한 '재조대장경'은 현재까지 합천 해인사에 8만 매가 넘는 목판이 모두 보존되어 있어 '팔만대장경'이라고 부른다.

▲ 팔만대장경 목판

  ㉢ 팔만대장경은 방대한 내용을 담았으면서도 잘못된 글자나 빠진 글자가 거의 없는 제작의 정밀성과 글씨의 아름다움 등으로 인해, 2007년 유네스코 세계 기록 유산으로 등재되었다.

단권화 MEMO

■ 경(經)·율(律)·론(論)
경은 부처가 설한 것으로 근본 교리이고, 율은 교단에서 지켜야 할 윤리 조항과 생활 규범이며, 론은 경과 율에 대한 승려나 학자들의 의론과 해석을 일컫는다. 이 세 가지를 삼장(三藏)이라고 한다.

■ 속장경(교장) 편찬
의천은 흥왕사에 교장도감을 설치하고, 국내의 것은 물론 송·요·일본 등에서 모아 온 대장경의 주석서인 장(章)·소(疏)들을 간행하였는데, 이것이 이른바 속장경이다. 의천은 원효 사상을 중심으로 한 신라 불교의 전통을 재확인하였으며, 속장경 속에는 선종 관계 서적은 들어 있지 않다.

■ 재조대장경
강화도 선원사(禪源寺)와 진주에 도감(都監)을 설치하고 고려의 구본(舊本)을 토대로 하면서 송과 거란 등 여러 나라의 장경(藏經)을 대조하여 총 1,511부 6,805권의 대장경을 새로이 판각하였다. 총 매수가 81,258장에 이르러 속칭 '팔만대장경'이라고 불린다. 이때 이규보가 「대장각판 군신기고문」을 지었다.

| 사료 | 팔만대장경의 조판 |

심하도다. 달단(몽골)이 환란을 일으킴이여! 그 잔인하고 흉포한 성품은 이미 말로 다할 수 없고, 심지어 어리석음은 또한 짐승보다 심하니, 어찌 천하에서 공경하는 바를 알겠으며, 이른바 불법(佛法)이란 것이 있겠습니까? 이 때문에 그들이 경유하는 곳마다 불상과 범서를 마구 불태워 버렸습니다. …… 옛날 현종 2년에 거란주(契丹主)가 크게 군사를 일으켜 와서 정벌하자 현종은 남쪽으로 피난하고, 거란 군사는 송악성에 주둔하고 물러가지 않았습니다. 이에 현종은 여러 신하들과 함께 더할 수 없는 큰 서원을 발하여 대장경 판본을 판각했습니다. 그러자 거란 군사가 스스로 물러갔습니다. 그렇다면 대장경도 한 가지고, 전후 판각한 것도 한 가지고, 군신이 함께 서원한 것도 한 가지인데, 어찌 그때에만 거란 군사가 스스로 물러가고 지금의 달단은 그렇지 않겠습니까? 다만 제불다천(諸佛多天)이 어느 정도 보살펴 주느냐에 달려 있을 뿐입니다.

― 이규보, 『동국이상국집』

○ 고려 시대의 대장경

구분	제작 시기	특징	보관
초조대장경	현종~선종	거란 침입 격퇴 염원	몽골 침입 때 소실
속장경(교장)	선종~숙종	의천 주도, 교리 정리, 외국 경전 수집, 교장도감 설치	
팔만대장경 (재조대장경)	고종	몽골 침입 격퇴 염원, 대장도감 설치, 세계 기록 유산	합천 해인사 장경판전

| 바로 확인문제 |

● (가)~(라)의 시기에 있었던 사실로 옳은 것은?   16. 지방직 9급

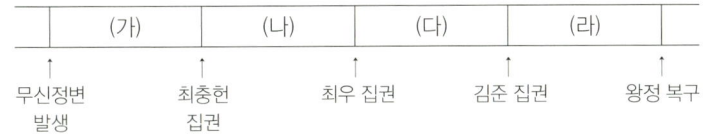

① (가) – 국정을 총괄하는 교정도감이 처음 설치되었다.
② (나) – 망이·망소이 등 명학소민이 봉기하였다.
③ (다) – 금속 활자로 『상정고금예문』을 인쇄하였다.
④ (라) – 고려 대장경을 다시 조판하여 완성하였다.

● 고려 시대의 대장경을 설명한 것으로 가장 옳지 않은 것은?   16. 서울시 9급

① 대장경이란 경(經)·율(律)·논(論) 삼장으로 구성된 불교 경전을 말한다.
② 초조대장경의 제작은 거란의 침입을 받으면서 시작되었다.
③ 의천은 송과 금의 대장경 주석서를 모아 속장경을 편찬하였다.
④ 초조대장경과 속장경은 몽골의 침입으로 소실되었다.

| 정답해설 | 『상정고금예문』은 1234년 금속 활자로 인쇄되었다는 기록이 남아 있으며 당시는 최우 정권(1219~1249) 시기이다.
| 오답해설 |
① 교정도감이 처음 설치된 것은 최충헌의 집권(1196) 이후이다.
② 망이·망소이의 난은 1176년에 일어났으며, 당시 최고 집권자는 정중부였다.
④ 재조대장경(팔만대장경)은 최우 때 조판을 시작하여 그의 아들 최항 시기에 완성하였다.
| 정답 | ③

| 정답해설 | 의천은 송과 요(거란족)의 대장경 주석서를 모아 속장경(교장)을 편찬하였다.
| 오답해설 |
① 대장경이란 경(經)·율(律)·논(論) 삼장으로 구성된 불교 경전을 집대성한 것이다.
② 초조대장경은 거란의 침입을 부처의 힘을 통해 막기 위해 현종 때 조판되기 시작하였다.
④ 초조대장경과 속장경(교장)은 몽골의 침략으로 대부분 소실되었다.
| 정답 | ③

단권화 MEMO

■ 도교

고대의 민간 신앙과 신선술을 바탕으로 하고 도가 사상과 음양오행의 이론 등이 첨가되어 성립된 종교로서, 불로장생과 현세 구복을 추구하는 특징을 지녔다. 고려 시대의 도교는 하늘의 별들과 서낭신·토지신 등 많은 잡다한 신을 모시면서, 재앙을 물리치고 복을 빌며, 국가의 안녕과 왕실의 번영을 기원하였다.

■ 풍수지리설 관련 문헌

『도선비기』 등의 서적들이 유행하였으며, 예종 때에는 풍수지리설을 집대성한 『해동비록』이 이재·박승중·최선 등에 의하여 편찬되었다.

■ 도선의 풍수지리 사상

도선은 신라 말기 풍수지리설의 대가이다. 그는 선종 계통의 승려로서 전 국토의 자연환경을 유기적으로 파악하는 인문 지리적 지식에다 경주 중앙 귀족들의 부패와 무능, 지방 호족들의 대두, 오랜 전란에 지쳐서 통일의 안정된 사회를 염원하는 일반 백성들의 인식을 종합하여 체계적인 풍수 도참설을 만들었다. 풍수 도참설은 민심을 경주에서 지방으로 바꿈으로써 각 지방에 대두하고 있던 호족 세력들의 분열을 합리화하였다. 나아가 우리나라 역사의 중심지가 한반도 동남부 지방인 경주에서 중부 지방인 개성으로 옮겨 가고, 역사의 주인공도 경주의 진골 귀족에서 지방의 호족으로 바뀌는 데 기여함으로써 개성 지방에서 성장한 호족 출신의 왕건이 후삼국을 통일할 수 있는 사상적 배경을 제공하였다.

5 도교와 풍수지리설

(1) 도교(道敎)의 발달

① 성행: 고려 시대에는 유교, 불교와 함께 도교도 성행하였다.
② 특징: 불로장생(不老長生)과 현세 구복(現世求福)을 추구하였으며, 은둔(隱遁)적인 성격을 보여 주었다.
③ 활동
  ㉠ 초제(醮祭): 도교는 여러 가지 신을 모시면서 재앙을 물리치고 복을 빌며 나라의 안녕과 왕실의 번영을 기원하였다. 이를 위하여 도교 행사가 자주 베풀어졌고, 궁중에서는 하늘에 제사를 지내는 초제(醮祭)가 성행하였다.
  ㉡ 복원궁의 건립: 예종 때 최초의 도교 사원인 복원궁(福源宮=福源觀)을 건립하였다.
④ 한계
  ㉠ 민간 신앙: 도교에는 불교적인 요소와 도참 사상(圖讖思想) 등 다양한 요소가 수용되어 일관된 체계를 보이지 못하였을 뿐만 아니라 교단(敎團)도 성립하지 못하여 민간 신앙으로 전개되었다.
  ㉡ 팔관회의 성격: 국가적으로 이름난 명산대천에 제사를 지내는 팔관회는 도교와 민간 신앙 및 불교가 어우러진 행사였다.

> **사료** 고려의 도교
>
> 대관(大觀) 경인년에 천자께서 저 먼 변방에서 신묘한 도(道)를 듣고자 함을 돌보시어 신사(信使)를 보내시고 우류(羽流: 도사) 2인을 딸려 보내어 교법에 통달한 자를 골라 훈도하게 하였다. 왕은 신앙이 돈독하여 정화(政和) 연간에 비로소 복원관(福源觀)을 세워 도가 높은 참된 도사 10여 인을 받들었다. 그러나 그 도사들은 낮에는 재궁(齋宮)에 있다가 밤에는 집으로 돌아가고는 하였다. 그래서 후에 간관이 지적, 비판하여 다소간 법으로 금하는 조치를 취하게 되었다. 간혹 듣기로는, 왕이 나라를 다스렸을 때는 늘 도가의 도록을 보급하는 데 뜻을 두어 기어코 '도교'로 호교(護敎)를 바꿔 버릴 생각을 하고 있었으나, 그 뜻을 이루지 못해 무엇인가를 기다리는 것이 있는 듯하였다.
>
> 『고려도경』

(2) 풍수지리설(風水地理說)

① 내용: 신라 말에 크게 관심의 대상이 되었던 풍수지리설은 미래의 길흉화복을 예언하는 도참 사상이 더해져 고려 시대에 크게 유행하였다.
② 영향
  ㉠ 서경 길지설(西京吉地說)
    • 북진 정책의 전진 기지: 고려 초기에는 '개경(開京)과 서경(西京)이 명당'이라는 설이 유포되어 서경 천도와 북진 정책 추진의 이론적 근거가 되었다.
    • 서경 천도론: 이러한 길지설(吉地說)은 개경 세력과 서경 세력의 정치적 투쟁에 이용되어 묘청의 서경 천도 운동의 이론적 근거가 되었다.
  ㉡ 남경 길지설(南京吉地說): 문종을 전후한 시기에는 북진 정책의 퇴조와 함께 새로이 한양 명당설이 대두하여 이곳을 남경(南京)으로 승격하고 궁궐을 지어 왕이 머물기도 하였다. 또한 공민왕과 우왕 때 한양 천도 주장의 근거가 되었다.

| 사료 | 풍수지리설 |

❶ 서경 길지설
묘청 등이 왕에게 건의하기를, "우리들이 보건대 서경 임원역(林原驛)의 땅은 음양가들이 말하는 대화세(大華勢)인데, 만약 이곳에 궁궐을 짓고 옮겨 앉으면 천하를 병탄(倂呑)할 수 있으며, 금나라가 방물을 바치고 스스로 항복할 것이며, 36개 나라들이 모두 조공하게 될 것입니다."라고 하였다.
『고려사』

❷ 남경 길지설
김위제(金謂磾)가 상소하여 남경으로 수도를 옮길 것을 청하여 다음과 같이 말하였다. "도선기에 이르기를 '고려의 땅에 삼경(三京)이 있으니 송악(松嶽)은 중경(中京)이 되고, 목멱양(木覓陽)은 남경(南京)이 되고, 평양은 서경(西京)이 되니, 11월부터 4개월은 중경에 머물고 3월부터 4개월은 남경에 머물며, 7월부터 4개월은 서경에 머물면 36개국이 조공을 바칠 것이다.'라고 하였습니다. 신은 지금이 새 서울로 옮겨야 할 때라고 생각합니다."
『고려사』

03 과학 기술의 발달

1 천문학과 의학

(1) 과학 기술의 발달 배경

① 과학 기술의 수용: 고려 시대에는 고대 사회의 전통적 과학 기술을 계승하고 중국과 이슬람의 과학 기술도 수용하여 이 분야에서 중요한 업적을 많이 남겼다.
② 국자감: 최고 교육 기관인 국자감에서는 율학·서학·산학 등의 기술학을 교육하였다.
③ 잡과 실시: 과거제에서도 기술관을 등용하기 위한 잡과가 실시되어 과학 기술이 발전할 수 있었다.
④ 대표적 기술학: 고려 과학 기술의 발전을 대표하는 것은 천문학·의학·인쇄술·상감 기술·화약 무기 제조술 등이었다.

(2) 천문학과 역법의 발달

천문학은 천문 관측과 역법 계산을 중심으로 발달하였다.

① 천문 관측(天文觀測)
  ㉠ 사천대 설치: 천문과 역법을 맡은 관청으로, 사천대(후기 – 서운관)를 설치하였고, 이곳의 관리들은 첨성대에서 관측 업무를 수행하였다.
  ㉡ 관측 기록: 일식·혜성·태양 흑점 등에 관한 관측 기록이 매우 풍부하게 남아 있고, 이런 기록들은 당시 과학 기술 분야에 앞서 있던 이슬람 문명의 기록과 비교할 수 있을 정도로 훌륭한 것으로 평가되고 있다.

▲ 고려의 첨성대(경기 개성)

■ **사천대**
농사를 짓기 위한 천체 운행과 기후 관측에 천문학과 역법이 필요하였기 때문에 천문 관측과 역법 계산을 맡아 행하던 관청으로서 사천대(서운관)를 설치하였다.

■ **관측 기록**
『고려사』 천문지에 실린 일식 기록은 130여 회나 되었으며, 혜성 관측 기록도 87회에 이른다.

② 역법(曆法) 연구: 역법 연구에서도 착실한 발전이 이루어졌다.
  ㉠ 고려 초기: 신라 때부터 쓰기 시작하였던 당의 **선명력**을 그대로 사용하였다.
  ㉡ 고려 후기
    • 수시력: 충선왕 때는 원의 수시력을 채용하고 그 이론과 계산법을 충분히 소화하였다. 이슬람 역법(회회력)까지 수용하여 원에서 만든 수시력은 당시 동아시아 문화권에서는 가장 훌륭한 역법이었다.
    • 대통력: 공민왕 때에는 명의 **대통력**을 받아들여 사용하였다.

(3) 의학의 발달

의학도 상당한 수준으로 발달하였다.

① 태의감: 의료 업무를 맡은 태의감에서 의학 교육을 실시하고, 의원을 뽑는 의과(醫科)를 시행하여 고려 의학이 발전할 수 있는 바탕을 마련하였다.
② 향약방: 고려 중기의 의학은 당·송 의학의 수준에서 한 걸음 나아가 우리나라의 실정에 맞는 자주적인 의학으로 발달하여 '향약방'이라는 고려의 독자적 처방이 이루어졌다. 그리하여 『향약구급방』을 비롯한 많은 의서가 편찬되었다.
③ 『향약구급방』: 13세기에 편찬된 『향약구급방』은 현존하는 우리나라 최고(最古)의 의학 서적으로, 각종 질병에 대한 처방과 국산 약재 180여 종이 소개되어 있다.

> **사료** 『향약구급방』
>
> 『향약구급방』은 효과가 좋고 신기한 효험이 있어 우리나라 백성에게 이롭다. 책에 수록된 약은 모두 우리나라 백성들이 알고 쉽게 얻을 수 있는 것이며, 약을 사용하는 방법도 잘 알려져 있는 것이다. 만약 도시라면 의사라도 있지만 시골에서는 의사를 부르기 힘드니 이때 이 책이 있으면 의사를 기다리지 않아도 치료할 수 있을 것이다.
>
> 『향약구급방』 발문

2 인쇄술의 발달

고려 시대의 기술학에서 가장 뛰어난 것은 인쇄술의 발달로서, 목판 인쇄에서 움직일 수 있는 활판 인쇄로 발달하였다. 건국 초기부터 개경과 서경에 도서관을 설치하고 많은 책들을 수집하였다. 그리하여 수만 권의 진기한 책들을 보관하였고, 송에서도 구하여 갈 정도로 그 수가 많았다. 또한 각종 책의 수요가 증가하여 '서적포'에서 새롭게 책을 인쇄하기도 하였다. 국가적인 대장경 조판 사업, 사찰의 불경 간행, 유교 정치와 과거제에 의한 유학 서적을 간행하였다.

(1) 목판 인쇄술

① 발달
  ㉠ 신라 때부터 발달한 목판 인쇄술은 고려 시대에 이르러 더욱 발달하였다.
  ㉡ 고려 대장경의 판목은 고려의 목판 인쇄술이 최고의 수준에 이르렀음을 입증해 준다.
② 한계
  ㉠ 목판 인쇄술은 한 종류의 책을 다량으로 인쇄하는 데는 적합하지만, 여러 가지의 책을 소량으로 인쇄하는 데는 활자 인쇄술보다 못하였다.
  ㉡ 이 때문에 고려에서는 일찍부터 활자 인쇄술의 개발에 힘을 기울였으며, 후기에는 금속 활자 인쇄술을 발명하였다.

단권화 MEMO

■ **수시력(授時曆)**
수시력에서는 1년을 365.2425일로 계산하였는데, 이것은 300년 후인 16세기 말 서양에서 개정한 그레고리우스력과 같은 것이다.

■ **향약**
우리나라에서 재배하거나 채집한 약재를 말한다.

(2) 금속 활자 인쇄술

① 계기: 고려 시대에 세계 최초의 금속 활자 인쇄술이 발명된 것은 목판 인쇄술의 발달, 청동 주조 기술의 발달, 인쇄에 적당한 잉크와 종이의 제조 등이 어우러진 결과였다.
② 시기: 12세기 말이나 13세기 초에는 이미 금속 활자 인쇄술이 발명되었으리라고 추측된다.
③ 『상정고금예문』: 몽골과 전쟁 중 강화도로 피난하였을 당시 금속 활자로 『상정고금예문』을 인쇄하였다(1234). 이는 서양에서 금속 활자 인쇄가 시작된 것보다 200여 년이나 앞서 이루어진 것이지만 오늘날 전해지지 않고 있다.

> **사료** 『상정고금예문』
>
> 인종 대에 와서 비로소 평장사(平章事) 최윤의(崔允儀) 등 17명의 신하에게 명하여 옛날과 지금의 서로 다른 예문을 모아 참작하고 절충하여 50권의 책으로 만들고, 이것을 『상정예문(詳定禮文)』이라고 명명하였다. 이것이 세상에 행해진 뒤에는 예가 제자리를 찾아서 사람이 현혹되지 않았다.
> 이 책이 여러 해를 지났으므로 책장이 떼어지고 글자가 없어져서 살펴보기가 어려웠다. 그런데 나의 선공(先公)이 이를 보충하여 두 본(本)을 만들어 한 본은 예관(禮官)에게 보내고 한 본은 집에 간수하였으니, 그 뜻이 원대하였다. 과연 천도(遷都)할 때 예관이 다급한 상황에서 미처 그것을 싸 가지고 오지 못했으니, 그 책이 거의 없어지게 되었는데, 가장본 한 책이 보존되어 있었다. 이때에 와서야 나는 선공의 뜻을 더욱 알게 되었고, 또 그 책이 없어지지 않은 것을 다행으로 여긴다.
> 결국 주자(鑄字)를 사용하여, 28본을 인출한 후 여러 관청에 나누어 보내 간수하게 하니, 모든 유사(有司)들은 잃어버리지 않게 삼가 전하여 나의 통절한 뜻을 저버리지 말지어다. 월일에 아무개가 발문을 쓴다.
>
> — 『동국이상국집』

④ 『직지심체요절』: 청주 흥덕사에서 간행한 『직지심체요절』(1377)이 현존하는 세계 최고(最古)의 금속 활자본으로 공인받고 있다. 2001년에 유네스코 세계 기록 유산으로 등록되었다.
⑤ 서적원 설치: 공양왕 때 설치하여 주자와 인쇄를 맡아보게 하였다.

> **심화** 『남명천화상송증도가』
>
> 『남명천화상송증도가』는 당나라의 현각(玄覺)이 지은 「증도가」의 각 구절 끝에 송(宋)의 남명선사(南明禪師) 법천(法泉)이 7자 3구씩 총 320편을 붙여 '증도'의 의미를 좀 더 구체적으로 밝힌 책이다. 1239년 최우(崔瑀)는 이 책을 금속 활자로 찍어내라는 명령과 함께 「증도가」에 대해 다음과 같이 이야기 하였다. "선문에서 매우 긴요한 책이며 참선하는 이들이 모두 그것에 의하여 깊은 이치를 깨닫고 있는데, 그 전래가 끊어져 통행되고 있지 않아, 공인(工人)을 모집하여 주자본(鑄字本)을 거듭 새겨냄으로써 오래 전할 수 있게 하라."

> **심화** 고려 시대의 인쇄술
>
> ❶ 고려 시대의 목판 인쇄술
>
> 불국사 3층 석탑(일명 석가탑)에서 발견된 『무구정광대다라니경』(현존하는 가장 오래된 목판 인쇄물)에서 확인할 수 있듯이 통일 신라 시대 이후 우리나라 목판 인쇄 기술 수준은 매우 높았다. 이러한 전통은 고려 시대에 이르러 국가적인 대장경 간행, 유교 정치와 과거제에 의한 유학 서적 간행 등으로 더욱 발달하게 되었다.
> 특히 현종 때에는 거란족(요)의 침입을 부처님의 힘을 통해 막기 위해서 초조대장경을 만들기 시작하여 선종 때 완성하였다(1011~1087). 그 후 대각국사 의천은 흥왕사에 교장도감(대장경 조판을 총괄하는 기구)을 설치하여 4,700여 권의 속장경을 숙종 때 완성하였다. 이 속장경의 목록을 『신편제종교장총록』이라 한다. 그러나 대구 부인사에 보관되었던 초조대장경과 속장경은 1232년 몽골 침입 때 소실되었고, 이에 몽골 침략기 수도였던 강화도에서 1236년 팔만대장경(재조대장경)의 조판 사업에 착수하여 16년 만인 1251년에 완성하였다. 팔만대장경은 목판 제작의 정교함, 글씨의 아름다움, 내용의 정확성 등에서 매우 높은 평가를 받고 있다. 이 때문에 2007년 유네스코 세계 기록 유산에 등재되었다.

단권화 MEMO

■ 『상정고금예문』
12세기 인종 때 최윤의 등이 지은 의례서인데, 강화도로 천도할 때 예관이 가지고 오지 못하여 최우가 보관하던 것을 강화도에서 금속 활자로 28부를 인쇄하였다.

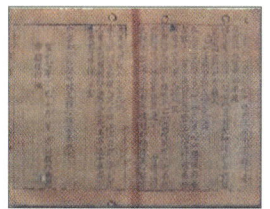

▲ 『직지심체요절』과 판틀의 복원품

❷ 고려 시대의 금속 활자 인쇄술

고려 시대에 금속 활자를 처음 만든 연대는 알려지지 않았지만, 1234년에 『상정고금예문』을 금속 활자로 인쇄하였다는 기록이 이규보의 『동국이상국집』에 수록되어 있다. 그러나 그 당시에 사용하였던 금속 활자나 그 활자로 인쇄한 문헌이 현재 확인되지 않기 때문에, 정확한 실상은 파악하기 어렵다.

한편 고려 말의 승려 백운 화상(경한 스님, 1298~1374)은 역대 고승들의 법어, 어록 등에서 선(禪)의 요체를 깨닫는 데 필요한 내용들을 엮어 『직지심체요절』(정식 명칭: 백운화상초록불조직지심체요절)을 청주 흥덕사에서 1377년 금속 활자로 인쇄·간행하였다.

1886년 조프 수호 통상 조약 체결 이후 프랑스 공사로 **콜랭 드 플랑시**(Collin de Plancy)가 조선에 부임하였다. 그는 조선 문화에 큰 관심을 가져 각종 문화재를 다량 수집하였는데, 그중 하나가 『직지심체요절』이었다. 이후 프랑스 골동품 수집가인 앙리 베베르의 손을 거쳐 프랑스 국립 도서관에 기증되었다.

시간이 한참 지난 후 1967년 어느 날 프랑스 국립 도서관 사서로 근무하던 박병선 박사는 『직지심체요절』을 발견하게 되고, 3년간의 연구 끝에 서양의 구텐베르크가 발명한 금속 활자보다 무려 73년이나 앞선다는 사실을 증명하였다. 그 결과 현재 남아 있는 금속 활자 인쇄물 중 가장 오래된 것으로 공인받은 상태이다. 현재는 프랑스 국립 도서관에 소장되어 있다.

(3) 제지술(製紙術)

인쇄술의 발달과 함께 제지술도 발달하였다.

① 특징: 고려의 제지 기술은 뛰어났는데, 질기고 희면서 앞뒤가 반질반질하여 글을 쓰거나 인쇄하기에 적당한 종이를 생산하였다.
② 수출: 당시 고려에서 만든 종이는 중국에 수출하여 호평을 받았다.

3 화약 무기 제조와 조선 기술의 발달

(1) 화약 무기의 제조

과학 기술의 발달은 국방력 강화에 기여하였다.

① 배경: 고려 말 최무선은 왜구의 침입을 격퇴하기 위해서는 화약 무기의 사용이 꼭 필요하다고 생각하고 화약 제조 기술의 습득에 힘을 기울였다.
② 화약 제조 방법의 터득: 당시 원나라는 화약 제조 기술을 비밀에 붙여 고려는 이를 알 수 없었다. 그러나 최무선은 끈질긴 노력으로 화약 제조법을 터득하게 되었다.
③ 화약 무기의 제조: 우왕 3년(1377) **화통도감**(火㷁都監)을 설치하고 최무선을 중심으로 화약과 화포를 제작하였다. 화약과 화포와 같은 무기의 제조는 급속도로 진전되어 얼마 후에는 20종에 가까운 화약 무기가 만들어졌다.
④ 실전 활용: 최무선은 실전에 이 화포를 활용하여 진포(금강 하구) 싸움에서 왜구를 크게 격퇴하였다.

(2) 조선 기술(배를 만드는 기술)의 발달

① 대형 범선의 제조: 송과 해상 무역이 활발해짐에 따라 길이가 96척이나 되는 대형 범선을 제조하였다.
② 조운선의 등장: 각 지방에서 징수한 조세미(租稅米)를 개경으로 운송하는 조운 체계가 확립되면서 1,000석의 곡물을 실을 수 있는 대형 조운선(漕運船)도 등장하였는데, 이는 주로 해안 지방의 조창(漕倉)에 배치하였다. 200석 정도의 곡물을 실을 수 있는 소형 조운선은 주로 한강 유역의 조창에 배치하였다.

■ **화약(火藥) 제조법**
최무선은 중국인 이원(李元)으로부터 화약의 중요한 원료인 염초(焰硝) 만드는 기술을 배워서 화약 제조법을 완전히 알아냈다고 한다. 염초는 질산칼륨을 말한다.

③ 전함(戰艦)의 건조: 13세기 후반에는 원의 강요에 따라 일본 원정에 필요한 전함 수백 척을 짧은 기간에 건조하였는데, 이는 고려 시대의 조선 기술이 상당히 발달하였음을 보여 준다.
④ 화포(火砲)의 설치: 고려 말에는 배에 화포를 설치하여 왜구 격퇴에 활용하였으며, 이 경우에는 배의 구조를 화포의 사용에 알맞도록 흔들림이 적게 개선하였을 것으로 짐작된다.

> **사료** 화통도감
>
> 최무선은 항상 중국 강남(江南)에서 오는 상인이 있으면 곧바로 만나보고 화약 만드는 법을 물었다. 어떤 상인 하나가 대강은 안다고 대답하자, 자기 집에 데려다가 의복과 음식을 주고 수십 일 동안 물어 대강의 요령을 터득했다. 도당(都堂)에 말하여 시험해 보자고 하였으나, 모두 믿지 않았으며 심지어 최무선이 남을 속이는 자라는 험담까지 하였다. 최무선이 여러 해를 두고 건의하니 결국 그 의의에 감동해 화약국(火藥局)을 설치하였다. 최무선을 제조(提調)로 삼아 마침내 화약을 만들어 내게 되었다. …… (화약이) 완성되자, 보는 사람이 모두 놀라고 감탄하였다. 또 전함(戰艦)의 제도를 연구하고 도당에 말해서, 만드는 것을 감독하였다.
>
> 「태조실록」

04 귀족 문화의 발달

1 문학의 발달

(1) 전기

① 한문학의 발달
  ㉠ 초기
    • 배경: 고려 전기에는 광종 때부터 실시한 과거제와 함께 한문학이 크게 발달하였다. 성종 이후 문치주의가 성행함에 따라 한문학은 관리들의 필수 교양이 되었고, 박인량과 정지상을 비롯한 우수한 시인들이 등장하였다.
    • 성격: 중국 모방의 단계를 벗어나 독자적인 모습을 보이기도 하였다.
  ㉡ 중기: 고려 사회가 귀족화되면서 당(唐)의 시와 송(宋)의 산문을 숭상하는 풍조가 널리 퍼졌다.

② 향가(鄕歌)
  ㉠ 「보현십원가」: 삼국 시대 이래의 향가도 맥을 이어 왔는데, 광종 때 균여가 지은 「보현십원가」 11수가 그의 전기인 『균여전』에 전해지고 있다.
  ㉡ 쇠퇴: 예종이 향가 형식의 가요인 「도이장가(悼二將歌)」(1120)를 짓기도 하였으나, 향가는 점차 한시에 밀려 사라져갔다.

■「보현십원가(普賢十願歌)」
균여가 중생을 교화하기 위하여 어려운 불경을 향가로 풀이한 것이다. 보현보살이 제시한 열 가지 이루고자 하는 바를 작가 스스로 실천할 것을 다짐하는 내용을 담고 있다.

> **사료** 「보현십원가」
>
> 마음의 붓으로 그리는 부처 앞에
> 예배하는 몸은 법계 다하도록 이어가리
> 곳곳마다 절이요, 절마다 모신
> 법계에 가득한 부처님
> 구세 다하도록 예배하고자
> 아아 몸과 마음, 뜻의 업에 싫지 않게
> 부처님을 부지런히 경배하리
>
> 『균여전』

단권화 MEMO

■ 이규보
고구려의 건국을 노래한 「동명왕편」에서 종래의 한문학 형식에 구애받지 않고 자유로운 문장체를 구사함으로써 새로운 문학 세계를 추구하였다. 특히 시와 문장에 모두 능하여 그의 저작인 「동국이상국집(東國李相國集)」은 하나의 문집 체제를 갖춘 것이었다.

(2) 무신집권기

12세기 후반 이후 약 100년 동안의 무신집권기에 문학은 크게 변화하였다.

① 낭만적·현실 도피적 경향: 무신의 집권으로 좌절감에 빠진 문신들은 낭만적이고 현실 도피적인 경향을 띤 수필 형식의 책들을 펴냈다.
  ㉠ 임춘: 「국순전(麴醇傳)」에서 술을 의인화하여 현실을 풍자하였다.
  ㉡ 이인로: 역대 문인들의 명시들에 얽힌 이야기를 담은 『파한집(破閑集)』에서 과거의 명문에 근거한 표현 방식을 강조하였다.
② 새로운 경향
  ㉠ 현실적 표현: 최씨 무신집권기에는 정계에 등용된 문신들에 의하여 새로운 문학 경향이 나타났다. 이들은 형식보다는 내용에 치중하여 현실을 제대로 표현하는 데 관심을 기울였다.
  ㉡ 대표적 문인: 이규보(『동국이상국집』), 최자(『보한집』)

> **사료** 「국순전(麴醇傳)」
>
> 순(醇)의 기국(器局)과 도량은 크고 깊었다. 출렁대고 넘실거림이 만경창파(萬頃蒼波)와 같아 맑게 해도 맑지 않고, 뒤흔들어도 흐리지 않으며, 자못 기운을 사람에게 더해 주었다. 일찍이 섭법사(설화에 나오는 인물)에게 나아가 온종일 담론할 때, 자리에 있는 모두가 놀랐다. 드디어 유명하게 되었으며, 호를 국처사(麴處士)라 하였다. 공경·대부·신선·방사로부터 머슴·목동·오랑캐·외국 사람에 이르기까지 그 향기로운 이름을 맛보는 자는 모두가 그를 흠모하여 성대한 모임이 있을 때마다 순(醇)이 오지 아니하면 모두 다 슬프게 여겨 말하기를, "국처사가 없으면 즐겁지가 않다." 하였다. 그가 당시 세상에 사랑받고 존중됨이 이와 같았다.
>
> 「서하집」

(3) 후기: 문학의 새 경향

고려 후기에는 전반적인 사회 변화를 모색하였는데, 이와 함께 문학에서도 신진 사대부와 민중이 주축이 되어 큰 변화를 만들어 나갔다.

① 경기체가(景幾體歌)
  ㉠ 주체: 신진 사대부들은 향가 형식을 계승하여 새로운 시가인 **경기체가**를 창작했다.
  ㉡ 작품: 「한림별곡」, 「관동별곡」, 「죽계별곡」 등
  ㉢ 성격: 주로 유교 정신과 자연의 아름다움을 담고 있다.
  ㉣ 특징: 신진 사대부들은 향가의 형식을 계승하면서 송나라 문학과 음악의 영향을 받은 이른바 '경기체가'라는 새로운 시가(詩歌)를 형성하였다.
② 설화 문학: 형식에 구애받지 않은 **설화** 형식으로 현실을 비판하는 문학도 유행하였다.
③ 패관 문학: 민간에 구전(口傳)되는 이야기를 일부 고쳐 한문으로 기록한 **패관 문학**이 유행하였는데, 이규보의 「백운소설」과 이제현의 『역옹패설』이 대표작이다.
④ 가전체 문학: 사물을 의인화하여 일대기로 구성한 이규보의 「국선생전(麴先生傳)」과 이곡의 「죽부인전(竹夫人傳)」 등도 현실을 합리적으로 파악하려는 경향을 띠었다.
⑤ 한시: 이제현·이곡·정몽주 등 유학자를 중심으로 발전하였는데, 이곡의 시는 당시 사회의 부패상을 읊은 것으로 유명하다.

⑥ 속요(俗謠)
  ㉠ 주체: 일반 서민층에서는 속요(장가, 잡가)로 불리는 새로운 민요풍 가요가 유행했다.
  ㉡ 작품: 「청산별곡」, 「가시리」, 「쌍화점」 등 많은 작품이 있다.
  ㉢ 성격: 대부분은 서민의 생활 감정을 대담하고 자유분방한 형식으로 드러내어 시가 분야의 새로운 경지를 개척하였다.

> **사료** 고려 가요와 한시
>
> ❶ 「청산별곡」
> 작가 미상
>
> 살으리 살으리랏다 / 청산에 살으리랏다
> 머루랑 다래랑 먹고 / 청산에 살으리랏다
> 울어라 울어라 새여 / 자고 일어나 울어라 새여
> 너보다 시름이 많은 나도 / 자고 일어나 울도다
> ……
> 이럭저럭하여 / 낮은 지내 왔지만
> 올 이도 갈 이도 없는 / 밤은 또 어찌할 것인가
> 어디에 던지던 돌인고 / 누구를 맞히려던 돌인고
> 미워할 사람도 사랑할 사람도 없이 / 맞아서 울고 있노라
> 「악장가사」
>
> ❷ 「도토리 노래」
> 윤여형
>
> ……
> 이른 새벽 장닭 울음소리에 단잠을 깨어
> 촌 늙은이는 도시락을 싼다
> 천길 만길 높은 저 위태로운 산에 올라
> 가시넝쿨을 휘어잡고 원숭이와 싸우면서
> 하루 아침이 다가도록 도토리를 줍건만
> 도토리는 광주리에도 차지 않고
> 양다리만 목나무대같이 굳고
> 주린 창자는 소리쳐 운다
> 「동문선」

> **심화** 고려 후기의 문학
>
> ❶ 고려 후기 대표적 문인과 작품
>   • 이규보: 이규보의 「동국이상국집」(1241)에는 「동명왕편」이 수록되어 있으며, 금속 활자로 「고금상정예문(상정고금예문)」을 1234년에 찍었다는 기록이 남아 있다. 한편 「백운소설」은 이규보 자신이 직접 저술한 것은 아니지만, 조선 중기에 「동국이상국집」에 실린 '삼국 시대 이후 고려 시대'까지의 여러 시를 뽑아 해설한 책이다.
>   • 이인로: 이인로의 「파한집」은 고려 시대 여러 문인의 이야기와 시문이 소개되어 있고, **경주의 신라 유적지나 서경(西京)과 개경(開京)의 풍물(風物), 궁궐과 사찰에 대한 이야기도 담겨 있다.** 또한 저자가 직접 보고 들은 일화, 친구와 교제하는 과정에서 주고받은 문답 등도 해학적으로 기록되어 있다.
>   • 최자: 최자의 「보한집」은 고종 41년(1254)에 출간된 것으로 보이며, 이인로의 「파한집」을 보충한다는 의미로 「보한집」으로 이름을 붙였다. 「파한집」에는 삼국 시대의 '시'들도 실린 반면, 「보한집」에는 고려 시대의 '시'만 수록되었다는 점에서 두 책의 차이를 엿볼 수 있다.
>   • 진화: 고려 무신정권 시기 문신이며, 이규보와 교류하였다고 알려져 있다. 그는 한림학사(翰林學士)들이 합작한 경기체가인 「한림별곡」의 주필이었다.

| 단권화 MEMO |

- 이제현: **이제현**의 **『역옹패설』**은 충혜왕 복위 3년(1342)에 저술되었다. 이 책에서 이제현은 고려가 몽골로부터 당한 치욕을 반성하는 방법으로 부당한 사대주의를 비판하였으며, 무신정권 시대의 횡포와 삼별초의 항쟁을 비판하였다. 또한, 한유(韓愈)·이백(李白) 등의 유명한 중국 문인들의 시를 언급하였고, 정지상(鄭知常) 등 우리나라 시인들의 작품에 대해서도 평가하였다.

❷ 가전체(의인체) 소설
- 임춘의 「국순전」: 술을 의인화한 가전체 작품이다. 부패한 벼슬아치들의 득세와 뛰어난 인물들이 오히려 소외되는 현실을 풍자하고, 비판하는 내용을 담고 있다.
- 이규보의 「국선생전」: 이규보는 술을 의인화하여, 술과 인간과의 관계에서 형성되는 덕(德)과 패가망신(敗家亡身)을, 군신 사이의 관계로 의미를 확대하였다.
- 이곡의 「죽부인전」: 대나무를 절개 있는 여인으로 의인화하여, 당시 타락한 사회를 비판하였다.

2 건축과 조각

(1) 건축(建築)

고려 시대의 건축은 궁궐과 사원이 중심이었으나, 남아 있는 것이 거의 없다.

① 전기의 건축
  ㉠ 궁궐 건축: 개성 만월대의 궁궐 터를 통해서 웅대한 모습을 살필 수 있다. 도성 안의 궁궐은 축대를 높이 쌓고, 경사진 면에 건물들을 계단식으로 배치하였기 때문에 건물들이 층층으로 나타나 웅장하게 보였다.
  ㉡ 사원 건물: 현화사와 흥왕사가 유명하다. 특히 흥왕사는 12년에 걸쳐 막대한 인원과 경비를 들여 지은 장엄한 사원이었다고 한다.
  ㉢ 주심포 양식: 지붕의 무게를 기둥에 전달하면서 건물을 치장하는 장치인 공포가 기둥 위에만 짜여져 있는 건축 양식이다.

▲ 만월대 터의 축대(개성)

② 후기의 건축
  ㉠ 현존하는 주심포식 건물: 13세기 이후에 지은 주심포식 건물들은 일부 남아 있다. 현존하는 목조 건물들은 균형 잡힌 외관과 잘 짜여진 각 부분의 치밀한 배치로 고려 시대 건축의 단아하면서도 세련된 특성을 잘 보여 준다.
  - 안동 봉정사 극락전은 맞배지붕의 형태이며, 현존하는 우리나라에서 가장 오래된 목조 건물이다.
  - 영주 부석사 무량수전은 팔작지붕의 형태를 가지고 있다.
  - 예산 수덕사 대웅전은 맞배지붕의 형태이며, 백제 양식이 반영된 건물이다.

▲ 봉정사 극락전(경북 안동)

▲ 부석사 무량수전(경북 영주)
배흘림기둥과 주심포 양식을 지닌 영주 부석사 무량수전은 장중한 외관과 함께 간결한 조화미를 지녀 고려 후기의 대표적인 목조 건축물로 꼽힌다.

▲ 수덕사 대웅전(충남 예산)

ⓒ 다포식 건물: 공포가 기둥 위뿐만 아니라 기둥 사이에도 짜여져 있는 건물 양식으로, 웅장한 지붕이나 건물을 화려하게 꾸밀 때 쓰였다.
- 고려 후기에는 다포식 건물이 등장하여 조선 시대 건축에 큰 영향을 미쳤다.
- 황해도 사리원의 성불사 응진전은 고려 시대의 대표적인 다포식 건물로 유명하다.

○ 목조 건물의 지붕 구조

▲ 맞배지붕
한옥의 가장 기본적인 지붕 형태이며, '박공(牔栱)지붕'이라고도 한다. 박공은 측면의 'ㅅ'자 부분을 일컫는 말이다.

▲ 팔작지붕

▲ 우진각 지붕
지붕의 네 모서리 부분에 추녀가 얹혀 나간 집으로 팔작지붕과의 차이는 측면에 삼각형의 합각부(合閣部)가 없다는 점이다.

▲ 정자(丁字) 지붕(통도사 대웅전)
'丁'자형의 지붕으로 주로 왕릉의 제사 공간 건물들이 이러한 형식이다.

(2) 석탑(石塔)

① 특징
   ㉠ 고려 시대의 석탑은 신라 양식을 일부 계승하면서 그 위에 독자적인 조형 감각을 가미하여 다양한 형태로 제작하였다.
   ㉡ 다각 다층탑이 많은 관계로 안정감은 부족하였지만, 자연스러운 모습을 보여 준다.
   ㉢ 석탑의 몸체를 받치는 받침이 보편화되었다.
   ㉣ 지역에 따라서 고대 삼국의 전통을 계승한 석탑들을 조성하기도 하였다.

② 대표적 석탑
   ㉠ 고려 전기
   - 불일사 5층 석탑(개성): 고구려 양식을 계승하였다.
   - 월정사 8각 9층 석탑(강원 평창): 송의 석탑 모형을 받아들인 것으로서, 고려의 다각 다층 석탑을 대표한다.
   - 무량사 5층 석탑(충남 부여): 백제 양식을 계승하였다.
   ㉡ 고려 후기: 경천사지 10층 석탑은 원의 석탑을 본뜬 것으로 조선 시대로 이어졌다.

▲ 불일사 5층 석탑
(경기 개성)

▲ 월정사 8각 9층 석탑
(강원 평창)

▲ 무량사 5층 석탑
(충남 부여)

▲ 경천사지 10층 석탑
(국립 중앙 박물관)

■ 고려 시대 석탑
고려 시대의 석탑은 대체로 안정감이 부족하여 조형 감각 면에서는 신라 시대의 석탑에 비해 다소 떨어지는 느낌이 있다. 그러나 형식에 구애받지 않는 자연스러운 면을 보여 주고 있다.

■ 경천사지 10층 석탑
경천사지 10층 석탑은 화강암으로 된 일반적인 석탑과는 달리 대리석으로 되어 있고, 화려한 조각(彫刻)이 새겨져 있어 몽골 라마교의 영향을 받은 것으로 알려져 있다. 조선 세조 때 만들어진 원각사 탑은 이를 모범으로 하였다.
한영우

(3) 승탑(僧塔)

① 내용 : 승려들의 사리를 안치한 묘탑인 승탑은 고려 시대에도 조형 예술의 중요한 부분을 차지하였다.
② 성격 : 선종의 유행과 관련하여 장엄하고 수려한 승탑들이 많이 만들어졌다.
③ 형태 : 전기에는 화려하고, 후기에는 소박한 석종형으로 변화하였다.
④ 대표적 승탑
　㉠ 8각 원당형의 기본 양식 : 여주 고달사지 승탑, 구례의 연곡사지 동부도와 북부도, 공주의 갑사 부도
　㉡ 특수한 형태
　　• 정토사 홍법 국사 실상탑 : 탑신이 구형
　　• 법천사 지광 국사 현묘탑 : 평면 방형
　　• 석종형(후기 양식) : 여주 신륵사 보제존자 석종(인도 불탑의 영향)

▲ 고달사지 승탑(경기 여주)

▲ 정토사 홍법 국사 실상탑(충북 충주)

▲ 법천사 지광 국사 현묘탑

▲ 신륵사 보제존자 석종(경기 여주)

(4) 불상(佛像)

① 특징
　㉠ 고려 시대의 불상은 시기와 지역에 따라 독특한 모습을 보여 준다.
　㉡ 신라 이래의 조형 전통을 계승하는 양식이 주류를 이루었는데, 균형을 이루지 못하여 조형미가 다소 부족한 것이 많았다.
② 신라 양식의 계승 : 전통 양식을 계승한 '부석사 소조 아미타여래 좌상'과 같이 고려 시대를 대표하는 가장 우수한 불상으로 손꼽히는 걸작이 있다.
③ 대형 철불의 조성 : 고려 초기에는 하남 하사창동 철조 석가여래 좌상(광주 춘궁리 철불)과 같은 대형 철불을 조성하였다.
④ 거대 석불의 건립 : 논산의 관촉사 석조 미륵보살 입상(은진 미륵)이나 안동의 이천동 마애여래 입상, 파주 용미리 마애이불 입상 등 거대한 불상들을 건립하였다.

▲ 부석사 소조 아미타여래 좌상
(경북 영주)

▲ 하남 하사창동 철조 석가여래 좌상
(국립 중앙 박물관)

▲ 관촉사 석조 미륵보살 입상
(충남 논산)

▲ 이천동 마애여래 입상
(경북 안동)

▲ 용미리 마애이불 입상
(경기 파주)

3 청자와 공예

(1) 공예(工藝)의 발달

① 배경: 고려 귀족들은 자신들의 사치 생활을 충족시키기 위하여 다양한 예술 작품을 만들어 즐겼으므로 예술 면에서는 큰 발전을 보였다. 그중에서도 가장 돋보이는 분야는 공예였다.

② 특징: 공예는 귀족들의 생활 도구(道具)와 불교 의식에 사용되는 불구(佛具) 등을 중심으로 발전하였는데, 특히 자기 공예가 뛰어났다.

(2) 도자기 공예

① 발전 과정: 고려 자기는 신라와 발해의 전통과 기술을 토대로 송의 자기 기술을 받아들여 귀족 사회의 전성기인 11세기에 독자적인 경지를 개척하였다.

㉠ 순수 청자
- 자기 중에서 가장 이름난 것은 비취색이 나는 청자인데, 중국인들도 천하의 명품으로 손꼽았다.
- 청자의 그윽한 색과 다양한 형태, 그리고 고상한 무늬는 자연에 뿌리를 두고 있는 우리 민족의 정취를 풍기고 있다.

▲ 청자 진사 연화문 표주박 모양 주자(리움 미술관)

㉡ 상감 청자
- 12세기 중엽에 고려의 독창적 기법인 **상감법(象嵌法)**을 개발하여 자기에 활용하였다.
- 상감 청자는 무늬를 훨씬 다양하고 화려하게 넣을 수 있었기 때문에 청자의 새로운 경지를 열었다.
- 상감 청자는 강화도에 도읍한 13세기 중엽까지 주류를 이루었으나, **원 간섭기 이후**에는 **퇴조**하였다.

㉢ 명산지: 고려 청자는 자기를 만들 수 있는 흙이 생산되고 연료가 풍부한 지역에서 구워졌는데, 전라도 강진과 부안이 유명하였다. 특히 강진에서는 최고급의 청자를 만들어 중앙에 공급하기도 하였다.

> **사료** 송나라 사람이 본 고려 청자
>
> 도자기의 빛깔이 푸른 것을 고려 사람들은 비색(翡色)이라 부른다. 근년에 와서 만드는 솜씨가 교묘하고 빛깔도 더욱 예뻐졌다. 술그릇의 모양은 오리 같은데, 위에 작은 뚜껑이 있어서 엎드린 오리 형태를 이루고 있다. 또한 주발·접시·술잔·사발·꽃병·옥으로 만든 술잔 등도 만들 수 있지만, 모두 일반적으로 도자기를 만드는 법을 따라한 것이므로 생략하고 그리지 않는다. 단, 술그릇만은 다른 그릇과 다르기 때문에 드러내 소개해 둔다. 사자 모양을 한 도제 향로 역시 비색이다. …… 여러 그릇들 가운데 이 물건이 가장 정밀하고 뛰어나다.
>
> 『고려도경』

> **심화** 상감 청자
>
> 처음에는 그릇 표면에 양각 또는 음각을 하여 무늬를 새기는 단순한 양식이 사용되었지만, 점차 무늬를 음각하여 초벌구이를 한 다음, 그 안에 백토 또는 흑토를 메우고 유약을 발라 구워 내는 상감 청자로 발전하였다. 이 상감 청자는 고려인이 창안한 특수한 수법으로 고려 자기의 정수를 이룬다. 인종 1년(1123) 고려에 왔던 송나라 사신 서긍(徐兢)이 쓴 『고려도경』에 고려 청자의 우수함은 서술하면서 진작 상감 청자에 관한 내용이 없었지만 이미 그 이전부터 제작되었음은 확실한 사실이다.
>
> 변태섭

단권화 MEMO

■ 청자 만드는 과정

청자는 물에는 묽어지고 불에는 굳어지는 자토로 모양을 만들고 무늬를 새긴 후 청색을 내는 유약을 발라 1,250℃에서 1,300℃ 사이의 온도로 구워서 만든다. 유약은 규석과 산화알루미늄이 주성분으로 이들이 높은 온도에서 녹아 유리질화되는데, 유약에 함유된 철분이 1~3%가 되면 녹청색을 띠어 청자가 된다.

■ 상감법(象嵌法)

나전 칠기나 은입사 공예에서 응용된 것으로, 그릇 표면을 파낸 자리에 백토·흑토를 메워 무늬를 내는 방법이다.

▲ 청자 상감 운학문 매병 (간송 미술관)

단권화 MEMO

■ 청자의 퇴조

청자(靑磁)는 종전의 송나라 남방 가마(南方窯, 월주)의 영향에서 벗어나 원나라의 북방 가마[北方窯]의 기술을 도입하였다. 그리하여 신비스러운 비취색에서 점차 소박한 분청사기(粉靑沙器)의 모습으로 변해 갔으며, 이것이 조선 초기까지 유행하였다.   한영우

▲ 청동제 은입사 포류 수금문 정병
(국립 중앙 박물관)

▲ 나전 대모 칠 국화 넝쿨무늬 합
(국립 중앙 박물관)

■ 신품 4현(神品四賢)

유신(문종 대)·탄연(인종 대)·최우(고종 대)와 신라의 김생을 신품 4현이라 한다.

■ 구양순체와 송설체

구양순체는 당나라 때 구양순의 굳세고 힘찬 글씨체이며, 송설체는 원나라 때 조맹부의 유려한 글씨체를 말한다.

---

② 청자의 퇴조: 고려 말 원으로부터 북방 가마의 기술을 도입하면서 청자의 빛깔도 퇴조하여 점차 소박한 분청사기로 바뀌었다.

(3) 금속 공예

① 불구(佛具) 중심 발전: 고려의 금속 공예 역시 불교 도구를 중심으로 크게 발전하였다.
② 은입사 기술의 발달: 청동기 표면을 파내고 실처럼 만든 은을 채워 넣어 무늬를 장식하는 은입사(銀入絲) 기술이 발달하였다.
③ 대표작: 은입사로 무늬를 새긴 '청동 향로'와 버드나무와 동물 무늬를 새긴 '청동 정병'이 대표작이다.

(4) 나전 칠기(螺鈿漆器)

① 옻칠한 바탕에 자개를 붙여 무늬를 나타내는 나전 칠기 공예도 크게 발달하였는데, 불경을 넣는 경함·화장품갑·문방구 등이 남아 있다.
② 한가하고 푸근한 경치를 섬세하게 새겨 넣은 작품들에서 우리의 정서를 읽을 수 있다. 이런 나전 칠기 공예는 조선 시대를 거쳐 현재까지 전하고 있다.

4 글씨·그림·음악

고려 문화의 귀족적 특징은 서예·회화·음악에서도 나타났다.

(1) 서예(書藝)

① 전기
  ㉠ 구양순체가 주류를 이루었다.
  ㉡ 탄연(인종 대의 승려)의 글씨가 특히 뛰어났다.
② 후기: 조맹부의 우아한 송설체(松雪體)가 유행하였는데, 충선왕 때의 이암(李嵒)이 뛰어났다.

(2) 회화(繪畫)

① 발달: 그림은 도화원(圖畫院)에 소속된 전문 화원의 그림과 문인이나 승려의 문인화로 나뉘었다.
② 전기: 뛰어난 화가로는 「예성강도」를 그린 이령과 그의 아들 이광필이 있었으나, 그들의 그림은 전하지 않는다.
③ 후기
  ㉠ 고려 후기에는 '사군자' 중심의 문인화가 유행하였으나 역시 전하는 것은 없다.
  ㉡ 공민왕이 그렸다는 「천산대렵도」가 있어 당시의 그림에 원 대 북화(元代北畫)가 영향을 미쳤음을 알려 준다.

▲ 탄연의 글씨
(문수원중수기)

▲ 「천산대렵도」(국립 중앙 박물관)

| 사료 | 고려의 화가 이령과 이광필 |

이령은 전주 사람이니 어릴 때 그림으로 이름이 알려져 있다. 인종 때에 추밀사 이자덕을 따라 송으로 가니 송 휘종이 한림대조 왕가훈·진덕지·전종인·조수종 등에게 명하여 이령을 좇아 그림을 배우게 하였다. 또 이령에게 칙령을 내려 본국의 「예성강도」를 그리게 하므로 얼마 후 바치니 휘종이 찬탄하기를 "근래에 고려의 화공으로 따라온 자가 많으나 오직 그대만이 뛰어난 솜씨를 지녔다."라 하고 술과 음식과 비단을 하사하였다. …… 아들 이광필도 그림으로 명종의 총애를 받았다. …… 이광필이 없더라면 삼한의 그림은 절멸되었을 것이다.

「고려사」

④ 불화(佛畵)
  ㉠ 배경: 고려 후기에는 왕실과 권문세족의 구복적 요구에 따라 불화가 많이 그려졌다.
  ㉡ 내용: 극락왕생을 기원하는 아미타불도와 지장보살도 및 관음보살도가 많았다.
  ㉢ 대표 작품: 일본에 전해 오고 있는 혜허가 그린 「관음보살도」가 대표적인 작품이다.
  ㉣ 사경화 유행: 불교 경전을 필사하거나 인쇄할 때, 맨 앞 장에 그 경전의 내용을 알기 쉽게 그림으로 설명한 사경화(寫經畵)가 유행하였다.
  ㉤ 사찰·고분 벽화: 사찰과 고분의 벽화가 일부 남아 있는데, 부석사 조사당 벽화의 사천왕상과 보살상이 유명하다.

▲ 부석사 조사당 벽화(경북 영주)

■ 관음보살도(觀音菩薩圖)
양류관음도(楊柳觀音圖)라고도 하며, 김우문·혜허·서구방 등으로 대표된다. 특히 궁정 화가인 김우문의 「양류관음도」(1310)는 세로의 길이가 4m가 넘는 대작으로 섬세하고 화려한 필체가 감탄을 자아낸다.

(3) **음악**(音樂)

고려 시대의 음악은 크게 아악과 향악으로 구분한다.

① 아악(雅樂): 고려 때 송에서 수입된 대성악(大晟樂)이 궁중 음악으로 발전된 것으로 주로 제사(祭祀)에 쓰였다. 고려와 조선 시대의 문묘 제례악(文廟祭禮樂)이 여기에 해당한다. 오늘날까지도 격조 높은 전통 음악을 이루고 있다.
② 향악(鄕樂): 속악이라고도 하는 향악은 우리의 고유 음악이 당악(唐樂)의 영향을 받아 발달한 것인데, 당시 유행한 민중의 속요와 어울려 수많은 곡을 낳았다. 「동동(動動)」·「한림별곡(翰林別曲)」·「대동강(大同江)」 등의 곡이 유명하였다.
③ 악기(樂器): 전래의 우리 악기에 송의 악기가 수입되어 약 40종이나 되었다고 한다. 거문고, 비파, 가야금, 대금, 장고 등이 있었다.

| 심화 | 고려 시대 예술품 |

건축물	석탑	불상	도자기
• 주심포 양식: 안동 봉정사 극락전, 부석사 무량수전, 수덕사 대웅전 • 다포 양식(원의 영향): 성불사 응진전	• 월정사 8각 9층탑 (송의 영향) • 경천사지 10층 석탑 (원의 영향)	• 관촉사 석조 미륵보살 입상(거대 불상) • 부석사 소조 아미타여래 좌상 • 신라 조형 예술 계승	• 12세기 중엽 상감 청자 유행 • 원 간섭기 이후 분청사기 유행

단권화 MEMO

| 정답해설 | 영주 부석사 무량수전, 예산 수덕사 대웅전, 안동 봉정사 극락전은 모두 주심포 양식의 건물이다.

| 정답 | ①

| 정답해설 | 상감 청자의 도요지(도자기를 제작하는 곳)로는 전라도 강진과 부안이 유명하다.

| 오답해설 |
① 강진 만덕사는 천태종 계열의 결사 운동인 요세의 백련사 결사가 전개되었던 곳이다.
③ 안동 봉정사는 주심포식 건물이다.
④ 『상정고금예문』은 강화 천도 시기인 1234년에 간행되었다. 청주 흥덕사에서 간행된 것은 『직지심체요절』이다.

| 정답 | ②

바로 확인문제

● 고려 시대의 예술 및 문화에 대하여 잘못 서술하고 있는 것은? 　　　　19. 경찰직 1차

① 주심포 양식과 다포 양식이 유행하였는데, 영주 부석사 무량수전과 예산 수덕사 대웅전은 주심포, 안동 봉정사 극락전은 다포 양식이다.
② 사치스러운 귀족 문화와 불교 의식의 수요가 결합하면서 다양한 공예 기법이 발달하였는데, 대표적으로 은입사, 나전 칠기 및 상감 청자 등을 들 수 있다.
③ 무신집권기에는 패관 문학과 가전체 문학이 유행하였는데, 이후 신진 사대부 사이에서는 경기체가, 일반 대중 사이에서는 속요가 각각 유행하기 시작하였다.
④ 통일 신라 불상의 양식이 계승되기도 하였지만 논산 관촉사 석조 미륵보살 입상, 안동 이천동 석불, 파주 용미리 석불 입상과 같은 거대 석불도 조성되었다.

● 다음 답사 계획 중 답사 장소와 답사의 주안점이 옳게 연결된 것은? 　　　　14. 법원직 9급

〈고려 문화의 향기를 찾아서〉

	주제	소주제	답사지	답사 주안점
(가)	불교	결사 운동	강진 만덕사	조계종 발달
(나)	공예	자기 기술	부안·강진 도요지	상감 청자 제작법
(다)	건축	목조 건축	안동 봉정사	다포 양식 건물
(라)	인쇄술	금속 활자	청주 흥덕사	『상정고금예문』 인쇄

① (가)　　② (나)　　③ (다)　　④ (라)

사막이 아름다운 것은
어딘가에 샘이 숨겨져 있기 때문이다.

– 생텍쥐페리(Antoine Marie Roger De Saint Exupery)

PART IV 근세의 우리 역사

5개년 챕터별 출제비중 & 출제개념

CHAPTER	비중	출제개념
CHAPTER 01 근세의 정치	53%	태조, 태종, 세종, 세조, 성종, 『경국대전』, 삼사, 과거제, 훈구, 사림, 조광조, 사화, 붕당의 형성과 전개, 동인, 서인, 임진왜란
CHAPTER 02 근세의 경제	0%	과전법, 직전법, 관수 관급제, 공법(전분 6등법, 연분 9등법), 방납의 폐단, 『농사직설』
CHAPTER 03 근세의 사회	12%	양천제, 족보(성화보), 서얼, 중인, 공노비와 사노비, 서원과 향약, 한성(서울)의 역사
CHAPTER 04 근세의 문화	35%	성리학, 이황과 이이, 『성학십도』, 『성학집요』, 『고려사』, 『동국통감』, 『조선왕조실록』, 성균관, 향교, 『조선왕조의궤』, 「혼일강리역대국도지도」, 경복궁, 창덕궁, 창경궁

한눈에 보는 흐름 연표

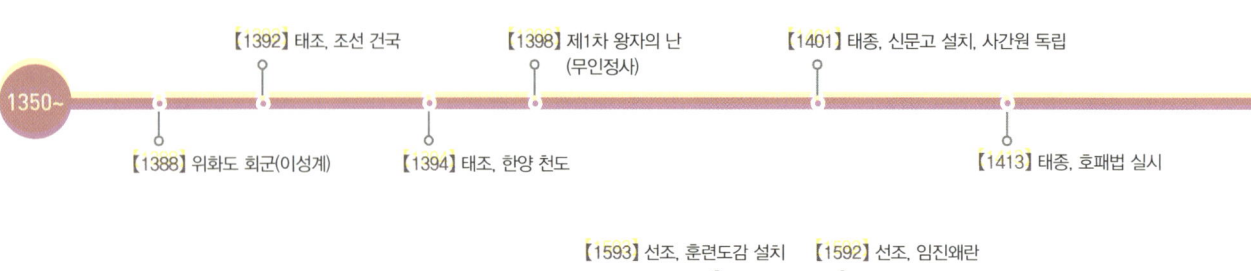

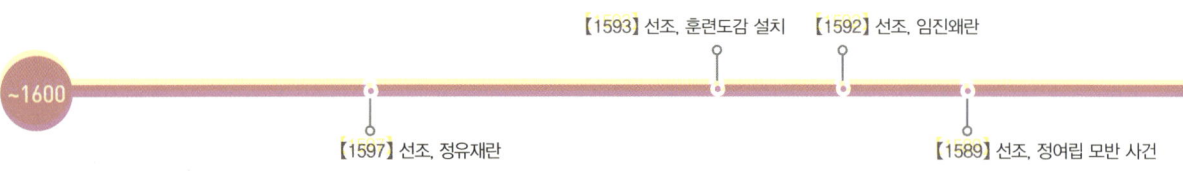

10%

※최근 5개년(국, 지/서) 출제비중

학습목표

CHAPTER 01 근세의 정치	❶ 태조, 태종, 세종, 세조, 성종의 업적을 구분한다. ❷ 조선 통치 제도(중앙, 지방, 군사, 관리 임용 제도)의 특징을 이해한다. ❸ 사화의 원인 및 내용, 붕당의 형성 과정을 이해한다.
CHAPTER 02 근세의 경제	❶ 과전법, 직전법, 관수 관급제 등 토지 제도의 변화 과정을 이해한다. ❷ 조선 전기 수취 제도의 특징을 파악한다.
CHAPTER 03 근세의 사회	❶ 신분 제도의 성격과 서얼의 특징을 파악한다. ❷ 서원과 향약의 특징을 기억한다.
CHAPTER 04 근세의 문화	❶ 『고려사』, 『동국통감』, 『조선왕조실록』 등 조선 전기 역사서의 특징을 파악한다. ❷ 이황과 이이의 사상과 업적은 반드시 비교하여 구분한다.

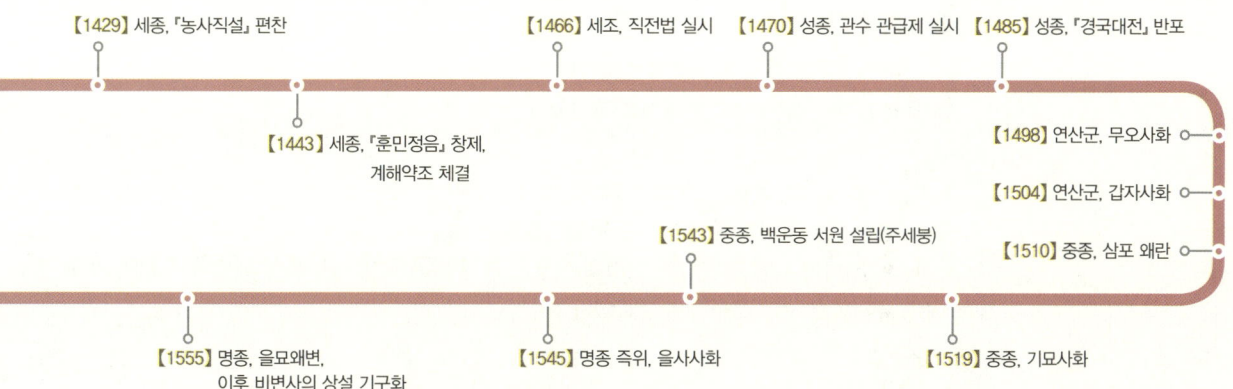

【1429】세종, 『농사직설』 편찬
【1466】세조, 직전법 실시
【1470】성종, 관수 관급제 실시
【1485】성종, 『경국대전』 반포
【1443】세종, 『훈민정음』 창제, 계해약조 체결
【1498】연산군, 무오사화
【1504】연산군, 갑자사화
【1543】중종, 백운동 서원 설립(주세붕)
【1510】중종, 삼포 왜란
【1555】명종, 을묘왜변, 이후 비변사의 상설 기구화
【1545】명종 즉위, 을사사화
【1519】중종, 기묘사화

CHAPTER 01 근세의 정치

01 근세의 세계
02 근세 사회의 성립
03 통치 체제의 정비
04 사림의 대두와 붕당 정치
05 조선 초기의 대외 관계
06 양난의 극복

단권화 MEMO

■ **정화(鄭和)의 해외 원정**
정화는 1405년에서 1433년에 이르는 시기에 총 7차에 걸친 대원정을 단행하였다. 그가 이끈 함대는 총 200여 척의 배에 군사는 2만 7천 명이나 되는 대함대였으며, 항해지는 동남아시아·인도를 거쳐 멀리 아프리카 동해안까지 이르렀다. 그 결과 중국은 30여 국으로부터 조공을 받았으며, 동남아시아에 화교 진출의 기반을 만들었다. 그러나 명은 헌종 성화제가 즉위한 이후 해외 원정을 꺼리게 되어 정화의 항해 기록과 문서를 모두 불태우고 해금 정책을 실시하였다.

01 근세의 세계

1 동양의 근세

(1) 중국의 변화

① 명(明)의 건국과 발전
  ㉠ 14세기 후반 명이 건국(1368)되어 전통적인 한 문화(漢文化)를 회복하였다.
  ㉡ 명 대에는 강력한 전제 황권이 확립되고 서민 문화가 발전하였다.
  ㉢ 명은 15세기 초 대외적으로 팽창하여 인도양과 아프리카 동해안까지 국위를 떨쳤다. 이때부터 중국인이 동남아시아 지역에 본격적으로 진출하기 시작하였다.
② 명의 쇠약
  ㉠ 명은 북쪽으로는 몽골족의 침입과 남쪽으로는 왜구의 약탈에 시달렸다.
  ㉡ 16세기 말 조선에서의 임진왜란에 대한 출병으로 명의 국력은 더욱 쇠약해졌다.
③ 후금의 건국(1616), 청으로 국호 개칭(1636): 17세기 중엽 청에 중국의 지배권을 넘겨주었다(1644).

(2) 이슬람 국가의 융성

서아시아와 남아시아에서는 이슬람 국가들이 여전히 번성하였다.

① 오스만 제국은 서아시아·아프리카·유럽의 3대륙에 걸친 제국으로 발전하였다.
② 중앙아시아의 티무르 제국과 이란 지방의 사파비 왕조도 한때 번성하였다.
③ 인도에서는 무굴 제국이 세워져 인도 문화와 이슬람 문화가 융합하며 발전하였다.
④ 이슬람 세력은 동남아시아에도 진출하여 오늘날의 인도네시아와 말레이시아 일대에 이슬람교가 성행하였다.

(3) 일본의 정세

① 14세기에 무로마치 막부를 수립하였다.
② 15세기 중엽에는 전국 시대가 시작되었다.
③ 16세기 후반
  ㉠ 전국 시대의 혼란을 수습하였으나 조선 침략에 실패하고, 에도[江戶]에 새 막부를 설립함으로써 집권적 봉건 제도를 마련하였다.
  ㉡ 이 시대에 일본은 평화와 안정을 이루고 크게 발전하였으며, 특히 네덜란드[和蘭]와 교류하면서 서양 문물을 수용하였다.

(4) 서양 세력의 진출
이 시기에는 서양 세력이 동양으로 진출하여 침략의 거점을 마련하기 시작하였다. 이에 인도와 동남아시아가 점차 서양 세력의 영향을 받았다.

2 서양의 근세

(1) 르네상스
① 14~15세기에 이탈리아를 중심으로 전개되어 16세기에는 유럽 각지에 널리 퍼졌다.
② 르네상스는 그리스·로마 고전 문화의 부흥을 통하여 지성과 감성이 조화된 인간성을 추구하려는 인문주의 운동(人文主義運動)으로부터 시작하였다.
③ 문학과 예술 분야가 두드러지게 발전하였고, 근대 과학이 태동하였다.
④ 르네상스는 인간 중심적이며 현세적인 근대 문화의 창조 운동이었다.

(2) 신항로(新航路)의 개척과 유럽 세계의 확대
① 유럽 세계의 확대
  ㉠ 포르투갈과 에스파냐를 중심으로 시작된 새로운 항로의 개척은 유럽 세계를 확대시켰다. 그 결과 유럽 무역의 중심이 지중해에서 대서양으로 이동하였다.
  ㉡ 유럽 각국은 무역과 함께 식민지 개척에 나섰다. 포르투갈은 주로 동양과의 무역을 독점하였고, 에스파냐는 주로 아메리카 대륙으로 진출하여 광대한 식민지를 개척하였다.
  ㉢ 뒤이어 네덜란드·영국·프랑스 등이 해외로 진출하면서 유럽 세력은 전 세계로 팽창하기에 이른다.
② 중상주의 정책(重商主義政策)
  ㉠ 무역과 식민 활동의 결과 유럽의 경제가 비약적으로 발전하여 상업 혁명(商業革命)이 일어나고 자본주의(資本主義)가 발전하기 시작하였다.
  ㉡ 이에 따라 각국의 절대왕정들은 중상주의 정책을 적극적으로 추진하였다.

(3) 종교 개혁
① 프로테스탄트 교회의 성립
  ㉠ 시작: 16세기 독일에서 시작된 종교 개혁은 루터파·칼뱅파·영국 국교회 등의 프로테스탄트 교회를 성립시켰다.
  ㉡ 영향: 이에 중세 크리스트교 세계의 통일이 무너졌다. 종교 개혁 운동은 사회 개혁 운동이나 민족 운동 등과 연결되어 전개되었으므로 그 영향이 매우 컸다.
② 예수회 창설
  ㉠ 신교(新敎)의 성립에 자극을 받은 가톨릭 교회의 개혁 운동으로 예수회가 창설되었다.
  ㉡ 예수회 선교사들은 동양과 신대륙에서 활동하며 로마 가톨릭을 널리 전파하였다.

단권화 MEMO

■ 서양 근대의 시작
14세기부터 16세기에 이르는 동안 서양에서는 중세 봉건 사회가 무너지고 새로운 근대 사회와 근대 문화가 싹트기 시작하였다. 이 시기에 일어난 르네상스, 새로운 항로의 개척과 유럽 세계의 확대, 종교 개혁 등은 바로 근대의 시작을 알리는 큰 움직임이었다.

■ 신항로의 개척
타고난 모험심으로 '항해왕'이란 별명을 얻은 포르투갈 왕자 엔리케(Henrique)는 아프리카 남부 지역에 관심을 두고 당시 세계 최고 수준의 조선술을 갖고 있던 이탈리아의 조선공·천문학자·항해 장비 기술자들을 불러 모아 대서양 항해를 계획하였다. 15세기 초부터 엔리케의 특명으로 구성된 탐험대는 아프리카 서해안을 따라 남하하였으나, 약간의 노예와 사금을 가져온 것을 제외하면 큰 성과는 없었다. 그러나 엔리케는 개인 비용까지 들여 가며 탐험대를 계속 보냈고, 이로 인하여 아프리카의 서쪽 끝인 베르데곶을 발견하고, 대서양 동부의 해도가 작성되었다. 엔리케의 뒤를 이어 주앙 2세는 대서양 탐험대에 관한 지원을 계속하여 바르톨로메우 디아스가 희망봉을 발견하였다. 포르투갈의 이러한 활동에 에스파냐도 자극을 받아 콜럼버스의 항해를 지원하였다.

02 근세 사회의 성립

1 조선의 건국

신진 사대부는 고려 말 정치권력과 경제력을 독점한 권문세족의 전횡을 비판하고 사회의 개혁을 추진하는 과정에서 조선 왕조를 세웠다.

> **심화** 조선 건국 - 근세 사회의 성립
>
> ❶ 정치
> - 중앙 집권적인 왕권을 중심으로 제도를 개편하고 관료 체제의 기틀을 확립하였다.
> - 관료주의 체제를 원만히 운영하고자 왕권과 신권(臣權)의 조화를 도모하여 모범적인 유교 정치를 추구하였다.
>
> ❷ 사회·경제
> - 양인의 수가 증가하고, 양인의 권익이 신장됨은 물론 자영농의 수도 증가하였다. 또한 농민의 경작권(耕作權)을 보장하였다.
> - 과거제가 정비되어 능력을 더욱 중시하였다.
>
> ❸ 문화
> - 이전 시대보다 교육의 기회를 확대하였다.
> - 민족적 자각을 일깨우는 정신 문화와 국민 생활에 기여하는 기술 문화를 크게 진작하여 민족 문화의 튼튼한 기반을 확립하였다.

(1) 건국 배경

① **위화도 회군(威化島回軍)**: 이성계는 위화도 회군(1388)으로 군사적 실권을 장악하고 본격적인 개혁의 계기를 마련하였다.

② **신진 사대부의 분열**: 신진 사대부들 사이에 사원 경제의 폐단과 토지 소유 등 사회 모순에 대한 개혁의 방향을 둘러싸고 다른 의견이 존재하였다.

　㉠ **온건 개혁파**: 이색·정몽주 등 대다수의 온건 개혁파들은 고려 왕조의 틀 안에서 점진적인 개혁을 추진하려 하였다. 비리의 핵심 세력을 제거하고 대토지 사유는 정리하되, 왕조 질서의 파괴나 전면적인 토지 개혁에는 반대하였다.

　㉡ **급진 개혁파**: 정도전 등 급진 개혁파는 고려 왕조를 부정하는 역성혁명을 찬성하고 권세가들에 의한 토지 사유를 축소하려 하였다.

> **심화** 신진 사대부의 분화
>
> 신진 사대부는 최씨 무신정권기부터 학문적 교양과 행정 실무 능력을 겸비하여 자신의 능력에 따라 관료로 진출하기 시작하였다. 공민왕 즉위 이후 과거를 통해 중앙 정계에 진출하여 하나의 정치 세력을 형성하였던 이들은 고려 왕조의 폐단을 맹렬하게 비판하며 사회 개혁을 주장하였으나, 이성계의 정권 장악과 새 왕조 개창을 둘러싸고 온건 개혁파와 급진 개혁파로 분열되었다. 온건 개혁파는 점진적인 사회 개혁을 주장하는 개혁파이고, 급진 개혁파는 왕조 자체를 교체하려는 역성혁명파이다.

구분	온건 개혁파	급진 개혁파
주체	정몽주, 길재	정도전, 윤소종, 조준
이념	고려 왕조 유지 → 점진적 개혁	고려 왕조 부정 → 급진적 개혁
영향	사학파 → 사림파	관학파 → 훈구파
참여	대다수의 사대부	소수의 사대부
소양	정통적 대의명분	왕조 개창의 정당성 강조

■ 조선 왕조 개창 과정

위화도 회군	폐가 입진	전제 개혁	역성 혁명
1388	1389	1391	1392
군사적 실권 장악	정치적 실권 장악	경제적 실권 장악	이성계 즉위

(2) 조선 왕조의 개창

① **정치적 실권의 장악**: 급진 개혁파는 이성계 세력과 연합하여 세력을 키웠다. 이후 창왕을 폐위하고 공양왕을 옹립(폐가입진)하면서 정치적 실권을 장악하였다.
② **전제 개혁**: 급진 개혁파는 당시 최대의 쟁점이었던 전제 개혁을 단행하여 **과전법을 마련함(1391)**으로써 권문세족의 경제 기반을 무너뜨리고 자신들의 지지 기반을 확대하였다.
③ **온건 개혁파 제거**: 급진 개혁파는 역성혁명(易姓革命)을 반대하던 정몽주를 비롯한 온건 개혁파를 제거하고 도평의사사를 장악하였다.
④ **조선 건국(1392)**: 뒤이어 이성계는 공양왕으로부터 왕위를 물려받아 조선을 건국하였다.

> **심화** 시호, 존호, 묘호
>
> 조선 시대 왕을 부르는 호칭에는 관례를 행하면서 받는 호칭인 자(字), 이름인 휘(諱), 자신이 스스로를 표시하기 위해 붙이거나 스승 또는 친구들이 붙여주는 일종의 별명인 호(號), 왕이 훌륭한 업적을 이룩한 경우 신료들이 왕의 업적을 찬양하기 위해 올리는 호칭인 존호(尊號), 왕이 죽었을 때 그의 일생을 평가하고 공덕을 기리기 위해 짓는 호칭인 시호(諡號), 왕의 삼년상이 끝나고 신주가 종묘에 들어가면 종묘에서 그 신주를 부르는 호칭인 묘호(廟號) 등이 있다. '묘호(廟號)'는 보통 '태조', '태종', '세종', '선조'와 같은 이름으로, 왕이 죽은 다음 그 공덕을 칭송하여 붙인 것이다.
> ㉮ 세종 대왕의 ① 휘는 도, ② 자는 원정(元正), ③ 존호는 영문예무인성명효대왕(英文睿武仁聖明孝大王), ④ 시호는 장헌(莊憲)이며, ⑤ 묘호는 세종(世宗)이다.
> ㉮ 조선 시대 태조 이성계의 정식 이름은 '태조 강헌 지인계운성문신무대왕(太祖 康獻 至仁啓運聖文神武大王)'인데, 여기서 태조(太祖)는 묘호, 강헌(康獻)은 시호, 지인계운성문신무대왕(至仁啓運聖文神武大王)은 존호이다.

2 국왕 중심의 통치 체제 정비*

(1) 태조(1대, 1392~1398)

① **국호 제정**: 조선을 건국한 태조는 고려의 그늘에서 벗어나고 왕실의 권위를 높이기 위하여 새 국가가 하늘의 명을 받고 백성들의 지지를 받아 세워졌음을 강조하고, 이에 국호를 '**조선(朝鮮)**'으로 선포하였다.
② **한양 천도**: 교통과 국방의 중심지인 **한양(漢陽)**으로 도읍을 옮겼다. 이어 한양에 도성을 쌓고 경복궁(景福宮)을 비롯한 궁궐·종묘·사직·관아·학교·시장·도로 등을 설치하여 도읍의 기틀을 다졌다.
③ **정도전(鄭道傳)**: 조선 건국 초에는 정치적·사회적 안정과 왕권의 안정이 급선무였는데, 초창기의 문물과 제도를 갖추는 데 크게 공헌한 사람은 정도전이었다. 정도전은 훌륭한 재상을 선택하여 재상에게 정치의 실권을 부여하여 위로는 임금을 받들어 올바르게 인도하고, 아래로는 백관을 통괄하고 만민을 다스리는 중책을 부여하자고 주장하였다.
  ㉠ 민본적 통치 규범을 마련하고 **재상 중심의 정치**를 주장하였다.
  ㉡ 『**불씨잡변(佛氏雜辨)**』(1398)을 통하여 불교를 비판하고 성리학을 통치 이념으로 확립하고자 하였다.
  ㉢ 태조 때의 정치는 태조와 그의 신임을 받은 정도전·조준 등 소수의 재상에 의하여 이루어졌다.
④ **군사 조직의 개편**: 고려 말의 삼군도총제부(三軍都摠制府)를 의흥삼군부(義興三軍府)로 개편하여 군사권을 집중하였다(태조 2년, 1393).

단권화 MEMO

■ **경제 기반 구축**
조준, 정도전 등은 과전법(科田法)을 실시하여 경제 기반을 구축하였다. 이들은 전국의 토지를 조사한 후, 지금까지의 토지 대장을 불태워 버리고 새로운 토지 대장을 작성하여 과전법을 실시하였다. 이 제도는 토지 수조권(收租權)의 분배를 재조정하여 신진 관료들의 생활 기반을 보장하려는 제도였다. 또한 국가의 재정 확보와 백성들의 처지도 고려하여 실시한 토지 제도로, 경작권을 보호하고 조세율을 조정하였다. 이것은 농업 생산성을 극대화하여 국가의 조세 수입과 농민의 생활을 보장하려는 것이었다.

*조선 전기 국왕 중심의 체제 정비
태조, 태종, 세종, 세조, 성종의 업적을 구분하여 기억해 두어야 한다.

▲ 태조 이성계 어진(전북 전주 경기전)

■ **'조선(朝鮮)'의 의미**
단군 조선에서 역사의 유구성과 천손 후예로서의 자부심을 찾고, 8조교의 윤리와 정전제(井田制)의 이상적 토지 제도를 실시한 기자 조선에서 도덕 문명의 뿌리를 찾아 이를 계승·발전한다는 역사 계승 의식이 깃들어 있다.

■ **숭의전(崇義殿)**
1397년(태조 6년) 세워진 사당으로서, 고려 시대 역대 왕들과 신숭겸, 정몽주 등을 제사 지냈다(경기도 연천군 미산면 소재).

단권화 MEMO

사료 정도전

❶ 정도전의 불교 배척

과연 불씨(佛氏)의 설과 같다면 사람의 화복과 질병이 음양오행과는 관계없이 모두 인과의 응보에서 나오는 것이 되는데, 어찌하여 우리 유가의 음양오행을 버리고 불씨의 인과응보설을 가지고서 사람의 화복을 정하고 사람의 질병을 진료하는 사람이 한 사람도 없느냐? 불씨의 설이 황당하고 오류에 가득 차 족히 믿을 수 없다.

『불씨잡변』

❷ 정도전의 재상론

임금의 자질에는 어리석은 자질도 있고 현명한 자질도 있으며, 강력한 자질도 있고 유약한 자질도 있어서 한결같이 않으니, 재상은 임금의 좋은 점은 따르고, 나쁜 점은 바로잡으며 옳은 일은 받들고 옳지 않은 일은 막아서 임금을 가장 올바른 경지에 들게 해야 한다.

『조선경국전』

심화 정도전(鄭道傳, 1342~1398)

자는 종지(宗之)·호는 삼봉(三峯)·시호는 문헌(文憲), 본관은 봉화이다. 정운경(鄭云敬)의 아들로 어머니와 부인이 모두 연안 차씨 공윤(公胤)의 외가 쪽 얼속(孼屬)이어서 출신이 문제가 되기도 하였다. 이색의 문하에서 수업하였으며 1362년 문과에 급제하여 예조 정랑 등의 벼슬을 지냈다.

친원 배명 정책을 반대하다가 전라도 나주의 거평 부곡에 유배당하였다. 1377년 유배형을 마친 후 학문 연구와 후진 교육에 종사하였는데, 특히 주자학적 입장에서 '불교 배척론'을 체계화하였다. 이성계를 도와서 전제 개혁을 하였고, 조선 왕조의 개국 공신이 되었다.

1392년 조선 건국 후 1394년 한양 천도 때는 궁궐과 종묘의 위치 및 도성의 기지를 결정하고 궁·문의 모든 칭호를 정했다. 『**조선경국전**』을 편찬하여 법제의 기본을 정하였고, 1398년 8월 '요동 수복 계획'을 수립하던 가운데 세자인 이방석의 편에 서서 종사(宗嗣)를 위태롭게 한다는 이유로 이방원의 습격을 받아 죽었다. 불교를 철저히 반대한 유학자로서, 저서로는 『삼봉집』, 『경제문감』, 『학자지남도』(성리학 입문서), 『심기리편』, 『불씨잡변』, 『진법(陣法)』, 『금남잡영(錦南雜詠)』 등이 있고, 악곡으로는 「납씨곡」, 「정동방곡」, 「문덕곡」 등이 있다.

심화 한양 도성

한양은 통치의 중심 공간인 경복궁(**정도전이 이름을 지음**)을 백악산(북악산) 아래 남향으로 짓고 **동쪽에 종묘, 서쪽에 사직을 건설**하였다. 남산은 안산에 해당한다. 안산이란 주산(主山)·청룡(靑龍)·백호(白虎)와 함께 풍수학상의 네 가지 요소 중 하나이며, 가택이나 묘택이 있는 혈(穴) 앞의 낮고 작은 산을 의미한다.

도성은 왕이 사는 공간이며, 조선의 가장 중심 지역이었기 때문에 **도성 밖 10리 안에는 개인의 무덤을 쓰거나 벌채를 하지 못하도록 규제**하였다.

한편 **도성의 4대문은 유교 사상인 인·의·예·지 덕목을 담아** 숭례문(남대문), 흥인지문(동대문), 돈의문(서대문), 숙정문(소지문, 북대문)으로 명명하였다. 참고로 4소문은 소의문(서소문), 창의문(북소문), 혜화문(동소문), 광희문(동남문)이다.

바로 확인문제

● **다음 정치관과 관련이 깊은 정책으로 옳은 것은?** 13. 국가직 9급

> 임금의 직책은 한 사람의 재상을 논정하는 데 있다 하였으니, 바로 총재(冢宰)를 두고 한 말이다. 총재는 위로는 임금을 받들고 밑으로는 백관을 통솔하여 만민을 다스리는 것이니 직책이 매우 크다. 또 임금의 자질에는 어리석음과 현명함이 있고 강함과 유약함의 차이가 있으니, 옳은 일은 아뢰고 옳지 않은 일은 막아서, 임금으로 하여금 대중(大中)의 경지에 들게 해야 한다. 그러므로 상(相)이라 하니, 곧 보상(輔相)한다는 뜻이다.

① 육조 직계제의 시행
② 사간원의 독립
③ 의정부 서사제의 시행
④ 집현전의 설치

|정답해설| 제시된 사료는 정도전의 '재상 중심의 정치'와 관련된 내용으로, 왕권과 신권의 조화를 추구하는 유교 정치의 이념이 반영된 것이다. 의정부 서사제는 왕권과 신권의 조화를 추구하는 정치 체제에 해당한다.

|정답| ③

● 밑줄 친 '그'에 대한 설명으로 옳은 것은? 17. 국가직(사복직 포함) 9급

> 그는 이성계를 추대하여 조선 왕조를 개창한 공으로 개국 1등 공신이 되었으며, 의정부를 중심으로 하는 재상 중심의 관료 정치를 주장하였다. 그리고 『불씨잡변』을 저술하여 불교의 사회적 폐단을 비판하였다.

① 왜구의 소굴인 쓰시마섬을 정벌하였다.
② 백성들의 윤리서인 『삼강행실도』를 편찬하였다.
③ 여진족을 두만강 밖으로 몰아내고 6진을 개척하였다.
④ 『조선경국전』을 편찬하여 왕조의 통치 규범을 마련하였다.

단권화 MEMO

|정답해설| 제시된 자료에서 "조선 왕조를 개창한 1등 공신", "재상 중심의 관료 정치 주장", "『불씨잡변』 저술" 등을 통해 밑줄 친 '그'가 정도전임을 알 수 있다. 정도전은 『조선경국전』(조선 최초의 사찬 법전)을 편찬하여 조선 왕조의 통치 규범을 마련하였다.

|오답해설|
① 세종 시기인 1419년 삼군도체찰사 이종무가 이끄는 조선군이 왜구의 근거지인 쓰시마섬(대마도)을 정벌하였다.
② 『삼강행실도』는 세종 때 설순 등이 편찬한 윤리서이다.
③ 세종 때 김종서 등은 여진족을 두만강 밖으로 몰아내고, 6진을 개척하였다. 6진은 종성·온성·회령·경원·경흥·부령이다.

|정답| ④

(2) 태종(3대, 1400∼1418)

① 통치 체제 정비: 두 차례에 걸친 왕자의 난을 통하여 개국 공신 세력을 몰아내고 왕위에 오른 태종은 지배 기구의 틀을 마련하였다. 태종은 왕권을 강화하고 국왕 중심의 통치 체제를 정비하고자 하였다.

사료 태종의 즉위 과정

참찬문하부사 하륜 등이 청하였다. "정몽주의 난에 만일 그가 없었다면, 큰일이 거의 이루어지지 못하였을 것이고, 정도전의 난에 만일 그가 없었다면, 또한 어찌 오늘이 있었겠습니까? …… 청하건대, 그를 세워 세자를 삼으소서." 임금이 말하기를, "경 등의 말이 옳다." 하고, 드디어 도승지에게 명하여 도당에 전지하였다. "…… 나의 동복(同腹)아우인 그는 개국하는 초에 큰 공로가 있었고, 또 우리 형제 4, 5인이 성명(性命)을 보전한 것이 모두 그의 공이었다. 이제 명하여 세자를 삼고, 또 내외의 여러 군사를 도독하게 한다." 『정종실록』

㉠ 도평의사사 폐지: 정종 2년(1400) 도평의사사를 의정부로 개칭하고, 이듬해 태종 1년 문하부를 통합하여 국정을 총괄하게 함으로써, 도평의사사는 완전히 폐지되었다.
㉡ 6조 직계제 채택: 정치 업무를 6조에서 의정부를 거치지 않고 곧바로 국왕에게 올려 국왕의 재가를 받아 시행하게 하는 6조 직계제를 채택하였다. 이러한 태종의 왕권 강화 정책으로 의정부의 권한은 약해졌다.

사료 6조 직계제

의정부를 나누어 6조에 귀속시켰다. …… 처음에 왕(태종)은 의정부의 권한이 막중함을 염려하여 이를 혁파할 생각이 있었는데, 이에 이르러 신중히 급작스럽지 않게 행하였다. 의정부가 관장한 것은 사대문서와 중죄수의 재심뿐이었다. 『태종실록』

㉢ 사간원 독립: 언론을 담당하던 문하부 낭사를 사간원(司諫院)으로 독립하여 대신들을 견제하도록 하였다.
㉣ 왕권 강화: 자신의 처남들을 비롯한 왕실 외척(外戚)과 종친(宗親)의 정치적 영향력을 약화하고 왕권을 강화하였다.
㉤ 지방 행정 제도의 개편: 8도제를 확립하고 모든 군현에 지방관을 파견하였다.

② 경제 기반의 안정
㉠ 양전(量田) 사업과 호구(戶口) 파악에 노력을 기울였으며, 호패법(號牌法)을 실시하였다.
㉡ 사원의 토지를 몰수하고 억울한 노비를 조사하여 해방하였으며, 지방 권세가를 통제하여 백성들에게 끼치는 폐단을 줄였다.

단권화 MEMO

■ 왕자의 난
제1차 왕자의 난(무인정사, 戊寅定社)은 이방원을 비롯한 신의 왕후 한씨 소생의 왕자들이 신덕 왕후 강씨 소생 왕자들과 정도전을 제거한 사건이다. 이후 정종(이방과)이 즉위하였다. 한편 제2차 왕자의 난은 동복(同腹)형제인 이방원과 이방간 사이에 일어난 사건이다. 이방원은 제2차 왕자의 난에서 승리한 후 정종에게 양위를 받아 태종이 되었다.

■ 호패법
유민의 방지 및 농민의 토지 이탈을 억제하고자 천민에서 양반까지 16세 이상의 남자 모두에게 발급하였다. 호패의 색깔과 재료로 상·하 신분을 구분하였다.

CHAPTER 01 근세의 정치 • 281

③ 군사력 강화: 사병을 없애 왕이 군사 지휘권을 장악하면서 친위 군사를 늘렸다.
④ 신문고 설치(1401, 태종 1년): 백성이 억울하고 원통한 일을 호소할 수 있도록 신문고를 설치하였다.

> **사료** 신문고
>
> 고(告)할 데가 없는 백성으로 원통하고 억울한 일을 품은 자는 나와서 등문고(登聞鼓)를 치라고 명령하였다. 의정부에서 상소하기를, "서울과 외방의 고할 데 없는 백성이 원통하고 억울한 일을 소재지의 관사(官司)에 고하였으나, 소재지의 관사에서 이를 처리해 주지 않는 자는 나와서 등문고를 치도록 허락하고, 등문(登聞)한 일은 헌사(憲司)로 하여금 추궁해 밝혀서 아뢰어 처결하여 원통하고 억울한 것을 펴게 하소서. 그리고 그 중에 사사로움을 끼고 원망을 품어서 감히 무고(誣告)를 행하는 자는 반좌율(反坐律)을 적용하여 참소하고 간사한 것을 막으소서." 하여 그대로 따르고, 등문고를 고쳐 신문고(申聞鼓)라 하였다. 『태종실록』

(3) 세종(4대, 1418~1450)

세종(해동의 요순)은 안정된 왕권과 경제력을 바탕으로 유교 정치를 실현하였다.

① 집현전 강화: 궁중 안에 정책 연구 기관으로 집현전을 두고 그들을 일반 관리보다 우대하였다. 집현전 학사들은 학문 연구와 아울러 경연에 참여하여 국왕의 통치를 자문하였다. 이 기능은 뒤에 홍문관으로 이어졌다.

② 의정부 서사제: 의정부에서 정책을 심의하는 의정부 서사제로 정치 체제를 바꿔 왕의 권한을 의정부에 많이 넘겨주었으며, 훌륭한 재상들을 등용하여 정치를 맡기고자 하였다.

> **사료** 의정부 서사제
>
> 6조 직계제를 시행한 이후 일의 크고 작음이나 가볍고 무거움 없이 모두 6조에 붙여져 의정부와 관련을 맺지 않고, 의정부의 관여 사항은 오직 사형수를 논결하는 일뿐이므로 옛날부터 재상을 임명한 뜻에 어긋난다. …… 6조는 각기 모든 일을 의정부에 품의하고 의정부는 가부를 헤아린 뒤에 왕에게 아뢰어 (왕의) 전지를 받아 6조에 내려보내어 시행한다. 다만 이조·병조의 제수, 병조의 군사 업무, 형조의 사형수를 제외한 판결 등은 종래와 같이 각 조에서 직접 아뢰어 시행하고 곧바로 의정부에 보고한다. 만약 타당하지 않으면 의정부가 맡아 심의 논박하고 다시 아뢰어 시행하도록 한다. 『세종실록』

③ 왕권(王權)과 신권(臣權)의 조화: 인사와 군사에 관한 일은 세종이 직접 처리함으로써 왕권과 신권이 조화를 이루었다.
④ 유교 윤리의 강조
  ㉠ 국가의 행사를 오례(五禮)에 따라 유교식으로 거행하였으며, 사대부들에게도 『주자가례(朱子家禮)』의 실천을 장려하여 유교 윤리가 사회 윤리로 자리 잡게 하였다.
  ㉡ 『삼강행실도』, 『효행록』 등 윤리 서적을 편찬·보급하였다.
  ㉢ 불교를 2종(교종, 선종)으로 통합하는 등 억불 정책을 시행하였으나, 말년에는 내불당을 짓고 승과 제도를 인정하는 등 불교에 관대한 입장을 보이기도 하였다.
⑤ 유교적 민본 사상의 실현: 세종은 왕도 정치를 내세우고 유교적 민본 사상을 실현하려 노력하였다.
  ㉠ 유능한 인재의 등용: 유능한 인재를 널리 발굴하였으며 훌륭한 재상(유관, 맹사성, 황희, 허조 등)을 등용하여 깨끗한 정치를 지향하였다. 또한 사가독서제(賜暇讀書制)를 실시하여 학문 활동을 장려하였다.
  ㉡ 여론의 존중: 중요한 사안의 결정에는 백성의 여론을 존중하여 조정의 신하는 물론 지방의 촌민에게서도 의견을 들으려 하였다.

단권화 MEMO

■ 경복궁 수정전(서울 종로)

세종 때 집현전이 있던 건물이다.

■ 의정부 서사제
6조에서 올라오는 모든 일을 의정부에서 3정승(영의정·좌의정·우의정)이 먼저 논의한 다음, 합의된 사항을 왕에게 올려 결재를 받는 형식의 제도이다.

■ 인재의 등용
노비·장인(匠人)·상인도 잡직(雜職)이라는 하급 전문직으로 등용하고, 장영실(蔣英實) 같은 천인 출신도 과학자로 우대하였다. 또한 신백정(新白丁)이라 하여 재인·화척을 양민으로 돌려주기도 하였다.

■ 여론의 수렴
공법(貢法)을 만들 때 조정의 신하와 지방의 촌민에 이르기까지 약 18만 명의 찬부(贊否)를 묻고 10년간의 시험 기간을 두고 나서 전국적 시행에 들어갔다.

⑥ 세종의 정책
  ㉠ 공법(貢法) 실시: 전세(田稅)의 인하와 공평 과세
  ㉡ 사창제(社倉制) 실시: 빈민 구제
  ㉢ 기타: 사형수에 대한 금부삼복법(禁府三覆法) 도입, 감옥 시설의 개선, 여자 종의 출산 휴가 연장 조치 등

> **사료** 여자 종의 출산 휴가 연장
>
> 옛적에 관가의 노비는 아이를 낳은 지 7일 후에 입역(立役)하였는데, 아이를 두고 입역하면 어린 아이에게 해로울 것이라 걱정하여 100일간의 휴가를 더 주게 하였다. 그러나 출산에 임박하여 일하다가 몸이 지치면 미처 집에 도착하기 전에 아이를 낳는 경우가 있다. 만일 산기에 임하여 1개월간의 일을 면제하여 주면 어떻겠는가. 가령 저들이 속인다 할지라도 1개월까지야 넘길 수 있겠는가. 상정소(詳定所)로 하여금 이에 대한 법을 제정하게 하라.
> 『세종실록』

(4) 문종(5대, 1450~1452), **단종**(6대, 1452~1455): 왕권의 약화
① 세종 이후 병약한 문종이 일찍 죽고 나이 어린 단종이 즉위하면서 왕권이 크게 약화되었다.
② 계유정난(癸酉靖難, 1453): 단종 때 정치의 실권은 김종서, 황보인 등의 재상에게 넘어갔다. 이에 수양 대군은 정변을 일으켜 김종서 등을 제거하고 권력을 장악하였다.

(5) 세조(7대, 1455~1468)
① 6조 직계제: 세조는 강력한 왕권을 행사하기 위하여 통치 체제를 다시 6조 직계제로 고쳤다.

> **사료** 세조의 6조 직계제
>
> 상왕(단종)이 어려서 무릇 조치하는 바는 모두 대신에게 맡겨 논의 시행하였다. 지금 내(세조)가 명을 받아 왕통을 계승하여 군국 서무를 아울러 모두 처리하며 조종의 옛 제도를 모두 복구한다. 지금부터 형조의 사형수를 제외한 모든 서무는 6조가 각각 그 직무를 담당하여 직계한다.
> 『세조실록』

② 집현전 폐지: 공신이나 언관들의 활동을 견제하기 위하여 집현전을 없애고, 경연(經筵)도 열지 않았으며, 그동안 정치 참여가 제한되었던 종친들을 등용하였다.
③ 『경국대전』 편찬 착수: 세조는 국가의 통치 체제를 확립하기 위하여 항구적으로 사용할 체계적인 법전을 편찬하려 하였다. 이에 육전상정소를 설치하고 역대의 법전과 각종 명령 등을 종합하여 『경국대전』을 편찬하기 시작하였다.
④ 진관 체제: 변방 중심 방어 체제를 전국적인 지역 중심 방어 체제로 바꾸고, 호적 사업을 강화하여 보법(保法)을 실시하고 군정 수를 늘렸다.
⑤ 직전법(1466): 과전지 부족으로 현직 관료에게만 토지를 지급하는 **직전법**을 시행하였다.
⑥ 왕실 재정 강화: 왕실의 토지, 노비, 미곡 등 재산을 관리하기 위하여 관청인 내수사를 설치하였지만, 장리(고리대)의 폐단이 나타났다.
⑦ 유향소 폐지: 이시애의 난(1467) 이후 지방 사림들의 거점인 유향소를 폐지하였다.
⑧ 원상 제도 실시: 원상 제도는 세조가 죽기 전 예종의 치세를 위해 마련한 것으로서, 한명회, 신숙주 등 원로대신들의 섭정 제도였다. 이 제도는 예종 사후 성종 7년(1476)까지 계속되었는데, 결과적으로 신권이 강화되는 계기가 되었다.

단권화 MEMO

■ 세조의 정치 이념
세조는 전제권 강화와 부국강병 정책의 필요에서 유교를 억압하고, 그 대신 민족 신앙과 도교, 그리고 법가(法家)의 이념을 존중하였다. 　　한영우

■ 세조 때의 법전
6분주의에 따라 세조 때는 호조전(戶曹典)·형조전(刑曹典)을 편찬하였다.

■ 직전법 실시 결과
국방과 재정이 충실해졌으나, 관료와 지주층의 생계를 압박하여 중외의 심한 반발을 받았다. 세조 13년에 일어난 이시애의 난도 그러한 상황을 반영하고 있다.

■ 사육신과 생육신
• 사육신: 성삼문, 박팽년, 하위지, 이개, 유성원, 유응부(유응부 대신 김문기를 포함하기도 한다)
• 생육신: 김시습, 원호, 이맹전, 조려, 성담수, 남효온

(6) 성종 (9대, 1469~1494)

성종은 건국 이후 문물 제도의 정비를 마무리 지어 통치 체제를 완성하였다.

① 홍문관[玉堂] 설치: 홍문관을 두어 관원 모두에게 경연관을 겸하게 함으로써 집현전을 계승하였으며, 정승을 비롯한 주요 관리들도 다수 경연에 참여하였다.
② 경연(經筵) 중시: 경연이 단순히 왕의 학문 연마를 위한 자리가 아니라 왕과 신하들이 함께 모여 정책을 토론하고 심의하는 중요한 자리가 되었다.
③ 『경국대전』 반포: 『경국대전』의 편찬을 마무리하여 반포함으로써 조선 사회의 기본 통치 방향과 이념을 제시하였다. 이로써 조선 왕조의 통치 체제가 확립되었다.
④ 사림의 등용: 김종직 등의 사림을 중용하여 훈구파 대신들을 견제하였다.
⑤ 유향소 복립: 사림들의 노력으로 유향소가 복립되었다.
⑥ 사창제 폐지: 폐단이 많았던 사창제를 폐지하였다.

> **단권화 MEMO**
>
> ■ 훈구와 사림의 조화
> 성종은 현실주의자인 훈신들과 유교적 이상주의자인 선비(士林)들, 두 정치 세력을 조화·협력시키면서 개국 후 추진되어 오던 문물 정비 사업을 마무리하였다.
> — 한영우

사료 『경국대전』 서문

세조께서 일찍이 말씀하였다. "우리 조종의 심후하신 인덕과 크고 아름다운 규범이 훌륭한 전장(典章)에 퍼졌으니 …… 또 여러 번 내린 교지가 있어 법이 아름답지 않은 것은 아니지만, 관리들이 재주가 없고 어리석어 제대로 받들어 행하지 못했다. 이렇게 된 것은 법이 너무 번잡하고 앞뒤가 서로 맞지 않고 하나로 정해지지 않았기 때문이다. 이제 손익을 헤아리고 회통할 것을 산정하여 만대성법을 만들고자 한다."

심화 왕의 하루

- 새벽 4~5시경: 기상
- 새벽 6시경: 왕실 웃어른에게 아침 문안
- 7시경: 아침 식사
- 8시경: 아침 공부(조강)
- 10시경: 아침 조회(조참 또는 상참)
- 11시경: 오전 업무(보고 받기, 신료 접견)
- 정오~오후 1시경: 점심 식사
- 오후 2시경: 낮 공부(주강)
- 오후 3시경: 신료 접견
- 오후 5시경: 궁궐 내의 야간 숙직자 확인
- 오후 6시경: 저녁 공부(석강)
- 오후 7시경: 저녁 식사
- 오후 8시경: 왕실 웃어른에게 저녁 문안
- 오후 10시경: 상소문 읽기
- 오후 11시경: 취침

바로 확인문제

● 다음 정책을 추진한 국왕 대에 있었던 사실로 옳은 것은? 19. 지방직 9급

> 옛적에 관가의 노비는 아이를 낳은 지 7일 후에 입역(立役)하였는데, 아이를 두고 입역하면 어린 아이에게 해로울 것이라 걱정하여 100일간의 휴가를 더 주게 하였다. 그러나 출산에 임박하여 일하다가 몸이 지치면 미처 집에 도착하기 전에 아이를 낳는 경우가 있다. 만일 산기에 임하여 1개월 간의 일을 면제하여 주면 어떻겠는가. 가령 저들이 속인다 할지라도 1개월까지야 넘길 수 있겠는가. 상정소(詳定所)로 하여금 이에 대한 법을 제정하게 하라.

① 사형의 판결에는 삼복법을 적용하였다.
② 주자소를 설치하여 계미자를 주조하였다.
③ 국방력 강화를 위해 진관 체제를 실시하였다.
④ 도평의사사를 개편하여 의정부를 설치하였다.

|정답해설| 제시된 사료는 세종이 여비(女婢, 여자 노비)의 출산 전후 휴가를 늘려주는 조치를 시행한 내용이다. 세종 때 사형 판결에는 삼복법(三覆法)을 엄격하게 적용하였다.

|오답해설|
② 태종 때 주자소를 설치하여 계미자를 주조하였다.
③ 세조 때 국방력 강화를 위해 진관 체제를 실시하였다.
④ 정종 때 도평의사사를 개편하여 의정부를 설치하였다.

|정답| ①

● (가) 인물에 대한 설명으로 가장 옳은 것은? 　　　　　　　　　　　　　　22. 법원직 9급

> • 황보인, 김종서 등이 역모를 품고 몰래 안평 대군과 연결하고, 환관들과 은밀히 내통하여 날짜를 정하여 반란을 꾀하고자 하였다. 이에 ｜ (가) ｜와 정인지, 한확, 박종우, 한명회 등이 그 기미를 밝혀 그들을 제거하였다.
> • ｜ (가) ｜이/가 명하기를, "집현전을 없애고, 경연을 정지하며, 거기에 소장하였던 서책은 모두 예문관에서 관장하게 하라."라고 하였다.

① 전민변정도감을 설치하였다.
② 『석보상절』을 한글로 번역하여 편찬하였다.
③ 불교 종파를 선·교 양종으로 병합하였다.
④ 정여립 모반 사건을 계기로 기축옥사를 일으켰다.

| 정답해설 | 황보인, 김종서 등을 제거하고 집현전과 경연 기능을 폐지한 인물은 (가) 세조이다. 『석보상절』은 소헌 왕후의 명복을 빌기 위해 세종의 명으로 수양 대군(훗날 세조)이 1447년(세종 29년)에 간행한 부처의 일대기이다.

| 오답해설 |
① 고려 공민왕은 신돈을 등용한 후 전민변정도감을 설치해 권문세족의 영향력을 약화하려 하였다.
③ 세종은 불교 종파를 선·교 양종으로 병합하였다.
④ 선조 때 정여립의 모반 사건을 계기로 기축옥사가 일어났다(선조 22년, 1589).

| 정답 | ②

03 통치 체제의 정비

1 중앙 정치 체제

(1) 제도상 특징

① 법제화: 조선의 중앙 정치 체제는 『경국대전』으로 법제화되었다.
② 왕권 중심 세분화: 정치 기구는 도평의사사가 의정부로 개편되면서 모든 권력이 왕권을 중심으로 세분되었다.

(2) 조선 시대 관직과 관제

① 조선 왕조의 품계

품계	문반계(동반계)	무반계(서반계)	관
정1품	대광보국숭록대부 보국숭록대부	대광보국숭록대부 보국숭록대부	당 상 관
종1품	숭록대부 숭정대부	숭록대부 숭정대부	
정2품	정헌대부 자헌대부	정헌대부 자헌대부	
종2품	가정대부(→ 가의대부) 가선대부	가정대부(→ 가의대부) 가선대부	
정3품	통정대부	절충장군	

품계	문관	무관		
정3품	통훈대부	어모장군	참상관	당하관
종3품	중직대부 중훈대부	건공장군 보공장군		
정4품	봉정대부 봉렬대부	진위장군 소위장군		
종4품	조산대부 조봉대부	정략장군 선략장군		
정5품	통덕랑 통선랑	과의교위 충의교위		
종5품	봉직랑 봉훈랑	현신교위 창신교위		
정6품	승의랑 승훈랑	돈용교위 진용교위		
종6품	선교랑 선무랑	여절교위 병절교위		
정7품	무공랑	적순부위	참하관	
종7품	계공랑	분순부위		
정8품	통사랑	승의부위		
종8품	승사랑	수의부위		
정9품	종사랑	효력부위		
종9품	장사랑	전력부위		

② 관직의 구분: 조선 시대의 관직은 경관직과 외관직으로 구분되었다. 직책은 **행수법**을 적용하였다.

③ 경관직의 편성: 경관직은 국정을 총괄하는 의정부와 그 아래 명령을 집행하던 행정 기관인 6조를 중심으로 편성되었다.

④ 행정의 전문성·효율성 강조: 6조 아래에는 각각 속아문의 여러 관청들이 소속되어 업무를 나누어 맡음으로써, 행정의 전문성과 효율성을 높일 수 있었다.

⑤ 의정부와 6조의 협의: 의정부와 6조의 고관들이 중요 정책 회의에 참여하거나, 경연에서 정책을 협의함으로써 각 부서 사이의 업무를 조정하고 통일적인 정책을 추진할 수 있었다.

단권화 MEMO

■ **행수법**
- 계고직비(階高職卑): 품계가 높은 관리가 낮은 관직을 갖는 것 → 관직 앞에 '행(行)'을 붙인다.
  예) 정2품 자헌대부가 종2품 관직인 대사헌에 임명된 경우: 자헌대부 행(行)사헌부 대사헌
- 계비직고(階卑職高): 품계가 낮은 관리가 높은 관직을 갖는 것 → 관직 앞에 '수(守)'를 붙인다.
  예) 종2품 가정대부가 정2품 관직인 호조 판서에 임명된 경우: 가정대부 수(守)호조 판서
- 7품 이하는 2계(階) 이상 높은 관직에 임용되지 못하며, 6품 이상은 3계(階) 이상 높은 관직에 임명되지 못하였다.

(3) 기관의 특징

▲ 조선 시대의 통치 체제

① **의정부**: 백관과 국정을 총괄하며, 합의제로 운영하였다. 의정부의 3정승은 모두 정1품으로 구성하였다.
② 6조의 관할 범위(각 조의 수장은 정2품 판서)

이조	문관의 인사, 공훈, 상벌	병조	무관의 인사, 국방, 우역, 봉수
호조	호구, 조세, 광산, 조운, 어염	형조	노비, 법률, 소송
예조	과거, 외교, 제사, 의식, 학교	공조	토목, 영선, 도량형, 파발

심화 6조의 속사와 속아문

❶ 6조의 속사

6조는 각기 업무를 구분·담당하는 3개의 속사를 두었다(형조만 4개). 이는 오늘날 각 정부 부처 소속 실과 국 정도에 해당한다.
- 이조: 문선사, 고훈사, 고공사
- 호조: 판적사, 회계사, 경비사
- 예조: 전객사, 전향사, 계제사
- 병조: 무선사, 승여사, 무비사
- 형조: 상복사, 고율사, 장금사, 장례사
- 공조: 영조사, 공야사, 산택사

❷ 6조의 속아문

6조 산하에는 많은 속아문이 있었다. 속아문 실무 수장은 정3품에서 종5품이었으며, 6조 당상관의 통제를 받았다.
- 이조: 내시부, **내수사**(왕실 수요품 및 재산 관리), 종부시(왕실 계보 관리), **상서원**(옥새·마패 관리), 사옹원(궁중 음식·궁중 자기 관리), 충익부(공신 담당), 액정서(왕실 붓·벼루 관리·열쇠 관리)
- 호조: 내자시(궁중 식품·연회 담당), 군자감(군수품), **평시서**(시전·도량형·물가 담당), 양현고, 사섬시(저화 발행과 외거 노비가 공납하는 면포에 관한 일 관장) 등
- 예조: 홍문관, 예문관, 성균관, 4학, 춘추관, 교서관, 승문원, 예빈시(빈객 향연), 장악원(궁중 음악), 관상감, 전의감, 사역원, 세자시강원, 종학(종실 교육), 소격서, 혜민서 등
- 병조: 5위, 훈련원, 사복시(궁중 가마·마필·목장 관리), 군기시(병기 제조), 전설사[장막(帳幕) 공급], 세자익위사

단권화 MEMO

■ 양사

양사는 사헌부와 사간원을 의미한다. 사헌부와 사간원의 관료들은 간쟁, 봉박, 서경의 권한(5품 이하 관리를 임명할 때 인물의 경력과 신분 등을 조사하여 그 가부를 승인하는 권한)을 가졌다.

■ 대간(臺諫)

사헌부의 대관(臺官)과 사간원의 간관(諫官)을 지칭하는 말이다. 대관은 관료들의 부정부패를 감시·탄핵하고, 간관은 임금의 과실을 간쟁하는 것이 주요 임무였다.

- 형조: 장례원(노비 관련 업무), 전옥서(감옥 업무)
- 공조: 상의원(왕실 옷), 선공감(토목·영선), 조지서(종이), 와서(기와), 수성금화사(소방), 전연사(궁중 청소), 장원서(궁중 정원·화초·과실 재배 담당)

③ 승정원: 왕명의 출납을 맡은 왕의 비서 기관으로서, 수장은 도승지였다.
④ 의금부: 왕명에 의한 특별 재판 기관으로서, 왕족의 범죄·반역죄·강상죄·사헌부가 논죄한 사건·조관(朝官)의 죄 등을 다루었다.
⑤ 삼사: 홍문관·사헌부·사간원을 삼사(三司)라 하며, 사헌부와 사간원을 양사라 하였다. 삼사의 언론은 고관들은 물론 왕이라도 함부로 막을 수 없었다.
  ㉠ 홍문관(옥당): 학술 연구, 경연, 왕의 정책 자문의 역할을 담당하였으며, 장(長)은 정2품의 대제학이었다.
  ㉡ 사헌부: 수장은 대사헌이며, 관리 감찰 기관이었다.
  ㉢ 사간원: 수장은 대사간이며, 왕에 대한 간쟁을 주로 담당하였다.

사료 승정원

임금의 대변인이 되는 곳으로서 그 임무가 매우 중요하고 임금과 가깝기 때문에 나라에서 이를 중시하여 당상관은 이조(吏曹)나 대사간을 거쳐야 겨우 맡을 수 있었다. …… 승정원은 왕명(王命)을 출납(出納)하므로 그 책임이 가장 막중하여 승지에 임명되는 자는 인망(人望)이 마치 신선(神仙)과 같으므로 세속 사람들이 '은대(銀臺) 학사'라고 부른다.

『임하필기』

사료 대간(대관, 간관)

대관은 마땅히 위엄과 명망이 우선되어야 하고 탄핵은 뒤에 하여야 한다. 왜냐하면 위엄과 명망이 있는 자는 비록 종일토록 말하지 않더라도 사람들이 스스로 두려워 복종할 것이요, 이것이 없는 자는 날마다 수많은 글을 올린다 하더라도 사람들은 더욱 두려워하지 않기 때문이다. 대개 강의한 뜻과 정직한 지조가 본래 사람들에게 알려지지 못한 채 한갓 탄핵만으로 여러 신하들을 두렵게 하고 안과 밖을 깨끗이 하려 한다면 기강은 떨쳐지지 못하고 원망과 비방이 먼저 일어날까 두렵다. …… 천하의 득실과 백성들을 이해하고 사직의 모든 일을 간섭하고 일정한 직책에 매이지 않는 것은 홀로 재상만이 행할 수 있으며 간관만이 말할 수 있을 뿐이니, 간관의 지위는 비록 낮지만 직무는 재상과 대등하다.

『삼봉집』

심화 임금과 신하의 독대(獨對)

신하가 승지나 사관을 대동하지 않고 임금을 알현하여 정사를 의논하는 것을 독대라고 한다. 조선 시대에는 독대가 공명정대하지 못한 일이라 하여 크게 금기시하였다. 독대가 있으면 임금과 신하가 모두 비난을 받았다. 조선 중기 이후에는 왕과 신하들 간의 모든 정치 행위는 사관들의 입회하에 공개적으로 진행하였고, 그것은 사초(史草)로 남겨졌다. 그 기록들 중에서 공적인 것은 『승정원일기』에 등록하고 조보(朝報)라는 관보에 실려 각 관아와 지방 고을에까지 배부하였으며, 그 결과는 『시정기(時政記)』로 남게 된다. 조선의 대표적 독대는 중종 때의 김안로(정승), 효종 때 송시열(이조 판서), 숙종 때 이이명(우의정)이 유명하다.

⑥ 사법 기관
  ㉠ 특징: 행정권과 사법권이 미분화되었다.
  ㉡ 삼법사: 사헌부, 형조, 한성부
  ㉢ 포도청: 상민 범죄 담당
⑦ 사관(四官)
  ㉠ 교서관: 궁중 인쇄소
  ㉡ 성균관: 최고 교육 기관
  ㉢ 예문관: 왕의 교서 작성

ⓒ 승문원: 외교 문서 작성
⑧ 한성부: 수도 행정 및 치안 담당
⑨ 춘추관: 역사서 편찬 담당

| 심화 | 왕권 강화 기관과 왕권 견제 기능 |

왕권 강화 기관	왕권 견제 및 여론 반영
• 승정원 • 의금부	• 의정부의 합의제 • 삼사(홍문관, 사헌부, 사간원), 서경 제도 • 상소 • 권당: 성균관 학생들의 수업 거부 • 구언제: 백관과 민중의 의견을 물음

바로 확인문제

● 조선 시대 중앙 통치 기구에 대한 설명으로 가장 옳지 않은 것은?　　19. 2월 서울시(사복직 포함) 9급

① 예문관 - 궁중 도서를 관리하고 국왕의 자문에 응하는 학문 기관
② 사간원 - 국왕에 대한 간쟁과 논박을 담당한 언론 기관
③ 승정원 - 국왕의 명령을 신하들에게 전달하는 비서 기관
④ 의금부 - 국왕의 명령을 받아 중대한 죄인을 다스리는 사법 기관

● 조선 시대의 관청에 대한 설명으로 옳은 것은?　　22. 국가직 9급

① 사간원 - 교지를 작성하였다.
② 한성부 - 『시정기』를 편찬하였다.
③ 춘추관 - 외교 문서를 작성하였다.
④ 승정원 - 국왕의 명령을 출납하였다.

2 지방 행정 조직

(1) 지방 지배의 성격

국가의 지방 지배가 강화되었다는 것은 백성에 대한 국가의 지배력이 커진 것을 뜻하며, 양인 백성이 지방 세력가의 임의적인 지배에서 탈피했음을 의미한다. 고려 시대에 광범위하게 존재하였던 속현과 특수 행정 구역인 향·부곡·소가 점차 소멸되고, 인구의 증가와 자연 촌락의 성장에 따라 면·리 제도가 정착되어 간 것도 획기적인 발전이었다.

단권화 MEMO

|정답해설| 예문관은 왕의 교서를 작성하는 관청이다. 한편 궁중 도서를 관리하고 국왕의 자문에 응하는 학문 기관은 홍문관이다.
|정답| ①

|정답해설| 승정원은 왕의 비서 기관으로 국왕의 명령을 출납하였다.
|오답해설|
① 사간원은 간쟁 기구이다. 왕의 교지(교서)를 작성했던 기구는 예문관이다.
② 한성부는 수도의 행정 및 치안을 담당했다. 『시정기』는 춘추관에서 편찬하였다.
③ 춘추관은 역사 편찬 기구이다. 외교 문서를 담당한 기구는 승문원이다.
|정답| ④

| 단권화 MEMO |

■ **암행어사**
지방관의 비행(非行)을 견제하고 백성들의 생활을 살피기 위하여 수시로 암행어사(暗行御史)를 지방에 보냈다.

■ **군현의 등급**
조선의 지방 통치에서 기본 행정 구역인 군현은 그 고을의 인구와 토지의 크기에 따라 부·목·군·현으로 구획되었다. 이에 따라 지방의 총책임자인 수령의 품계도 종2품에서 최하 종6품까지로, 부윤(종2품)·대도호부사(정3품)·목사(정3품)·도호부사(종3품)·군수(종4품)·현령(종5품)·현감(종6품)으로 구분되었다. 이들은 행정 체계상으로는 모두 병렬적이며, 관찰사의 관할 아래에 있었다.

(2) 일반 지방 행정 조직

① 8도
  ㉠ 전국을 8도로 나누고 고을의 크기에 따라 지방관의 등급을 조정하였다.
  ㉡ 관찰사: 수령의 비행을 견제하고 백성들의 생활을 살피기 위하여 전국 8도에 관찰사를 파견하였다. 이들은 감찰·행정·사법·군사권을 가지고 있었다.
② 군현(郡縣)
  ㉠ 단위: 작은 군현을 통합하여 전국에 약 330여 개의 군현을 두었다.
  ㉡ 승격: 고려 시대 특수 행정 구역이었던 향·부곡·소도 일반 군현으로 승격하였다.
  ㉢ 수령: 전국의 주민을 국가가 직접 지배하기 위하여 모든 군현에 수령을 파견하였다. 수령은 왕의 대리인으로 지방의 행정·사법·군사권을 행사하였다.

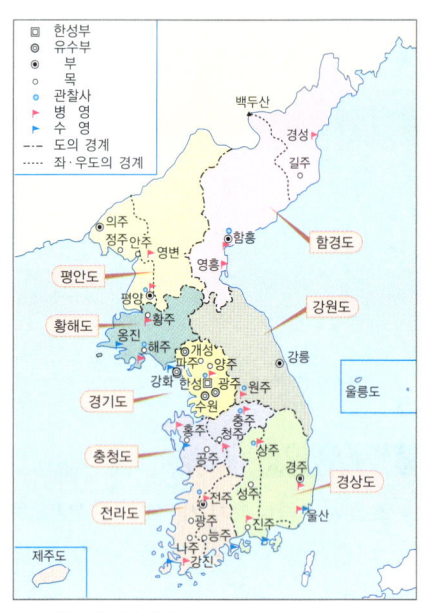
▲ 조선 시대 지방 행정 조직

③ 향리(鄕吏): 수령의 권한을 강화한 반면, 향리는 **수령의 행정 실무를 보좌하는 세습적인 아전(衙前)으로 격하**하였다.
④ 면(面)·리(里)·통(統): 군현 아래에는 면·리·통을 두었다. 다섯 집을 하나의 통으로 편성하였고, 향민 중에서 선임된 각각의 책임자는 수령의 명령을 받아 인구 파악과 부역 징발을 주로 담당하였다.

> **심화** 수령 7사
>
> 수령 7사는 수령이 해야 할 일곱 가지 일로서 그 내용은 다음과 같다. 농상성(農桑盛, 농상을 성하게 함), 호구증(戶口增, 호구를 늘림), 학교흥(學校興, 학교를 일으킴), 군정수(軍政修, 군사 행정을 잘 운영하는 일), 부역균(賦役均, 역의 부과를 균등하게 함), 사송간(詞訟簡, 소송을 간명하게 함), 간활식(奸猾息, 교활하고 간사한 것을 그치게 함)이다.

(3) 특수 지방 행정 조직

① 유향소(향청)
  ㉠ 성격: 지방 사족(士族)들의 자치 기관
  ㉡ 기능: 향촌의 덕망 있는 인사들로 구성되어 **좌수(유향소의 長)와 별감을 선출**하여 자율적으로 규약을 만들어 수시로 향회를 소집하고 여론을 수렴하면서 백성을 교화하였다.
② 경재소(京在所)
  ㉠ 성격: 지방 관청의 출장소라고 볼 수 있는 경재소는 고려의 기인(其人)과 같은 것으로서, 그 지방 출신의 중앙 고관을 책임자로 하여 자기 출신 지방을 위하여 제사(諸事)를 주선하고, 정부와 향촌 간의 연락을 꾀하도록 한 기관이다.
  ㉡ 운영: 서울에 경재소를 두고 유향소를 **중앙에서 통제**할 수 있게 하였다. 경주인(京主人) 또는 경저리(京邸吏)가 이곳에 머물면서 일을 하였다.

■ **경저리(京邸吏)·영저리(營邸吏)**
경저리는 경재소에 근무하며 중앙과 지방과의 제반 연락 업무를 담당하는 향리이고, 영저리는 각 감영에 머물면서 지방과의 연락을 담당하였다. 경저리에 의하여 공부(貢賦)와 연료의 조달, 방납의 폐단이 발생하였다.

사료　유향소

국가가 향소(鄕所)를 설치하고 향임(鄕任)을 둔 것은 수령을 중히 생각해서였다. 수령이란 임금의 나랏일에 대한 걱정을 나누어 어떤 지역의 사람을 다스리는 자이다. 그러나 수령은 임기가 정해져 있어 늘 바뀌고 있다. 늘 새 사람이라는 것은, 일을 함에 잘못을 저지르기 쉽다. 비록 백성의 일에 뜻을 두어도 먼 곳까지 상세히 살필 겨를이 없다. 따라서 각 고을에 명령을 내려, 충성스럽고 부지런하며 일을 잘 처리할 수 있는 사람을 골라 한 고을의 기강을 바르게 하고 일정한 임무를 주어 일을 하도록 한다. 그런 뒤에야 왕은 수령을 눈과 귀로 삼고 백성들의 기둥으로 삼아 의지하게 만든다.

장현광, 『여헌선생문집』

심화　유향소 복립

❶ 세종 대 유향소 복립
태종 6년(1406) 중앙 집권을 강화할 목적으로 유향소를 폐지한 후 세종 10년(1428)에 부활하였다.

❷ 성종 대 유향소 복립
세조 13년(1467) 유향소와 수령이 결합하여 백성을 괴롭힌다는 이유로 다시 폐지되었다. 이후 15세기 말 김종직 일파가 향사례(鄕射禮), 향음주례(鄕飮酒禮) 보급 운동과 유향소 복립 운동을 전개하여 성종 19년(1488)에 다시 부활하였다.

❸ 명칭 변경
선조 36년(1603) 경재소가 혁파되면서 유향소는 향소 또는 향청으로 명칭을 변경하였다.

사료　유향소의 복립

- 앞서 유향소의 사람들이 향중(鄕中)에서 권위를 남용하여 불의한 짓을 행하니, 그 폐단이 많았습니다. 그래서 선왕께서 폐지하였던 것입니다. 간사한 아전을 견제하고 풍속을 바로잡는 것은 수령이 해야 할 일인데, 만약 모두 이 기구에 위임한다면 수령은 할 일이 없지 않겠습니까?
- 전하께서 다시 유향소를 세우고 좌수와 별감을 두도록 하였는데, 나이가 많고 덕망이 높은 자를 추대하여 좌수로 일컫고, 그 사람 다음은 별감이라 하여 한 고을을 규찰하고 관리하게 하였다.

『성종실록』

바로 확인문제

● 조선 지방 제도에 대한 설명으로 옳은 것을 〈보기〉에서 모두 고른 것은?　　18. 서울시 7급

| 보기 |
ㄱ. 군현 밑에는 면, 리, 통을 두고 다섯 집을 1통으로 편제하였다.
ㄴ. 수령은 자기 출신 지역에 부임하지 못하며, 각 도에는 관찰사를 파견하여 수령의 업무 성적을 평가하였다.
ㄷ. 향리는 수령의 행정 실무를 보좌하였으며, 아전으로 신분이 격하되었다.
ㄹ. 각 군현에 지방민의 자치를 허용하기 위해 경재소를 설치하였다.

① ㄱ
② ㄴ, ㄷ
③ ㄱ, ㄴ, ㄷ
④ ㄱ, ㄴ, ㄹ

|오답해설|
ㄹ. 지방민(재지 사족)의 자치 기구는 유향소이다. 경재소는 중앙에 설치되어 유향소를 통제하는 역할을 하였다.

|정답| ③

| 단권화 MEMO |

| 정답해설 | 제시된 사료의 "좌수", "별감" 등을 통해 밑줄 친 '이 기구'가 유향소임을 알 수 있다. 전통적 공동 조직을 중심으로 삼강오륜 등의 유교 윤리를 가미한 조직은 향약이다.

| 오답해설 |
①②③ 유향소는 향촌 사회의 풍속을 교화하고 수령을 보좌하며 향리를 규찰하는 역할을 담당하였다. 중앙 정부는 경재소를 통해 유향소를 통제하였다.

| 정답 | ④

● 밑줄 친 '이 기구'에 대한 설명으로 가장 옳지 않은 것은?

22. 법원직 9급

> • 앞서 이 기구의 사람들이 향중(鄕中)에서 권위를 남용하여 불의한 짓을 행하니, 그 폐단이 많았습니다. 그래서 선왕께서 폐지하였던 것입니다. 간사한 아전을 견제하고 풍속을 바로잡는 것은 수령이 해야 할 일인데, 만약 모두 이 기구에 위임한다면 수령은 할 일이 없지 않겠습니까?
> • 전하께서 다시 이 기구를 세우고 좌수와 별감을 두도록 하였는데, 나이가 많고 덕망이 높은 자를 추대하여 좌수로 일컫고, 그 다음으로 별감이라 하여 한 고을을 규찰하고 관리하게 하였다.
>
> 「성종실록」

① 경재소를 통해 중앙의 통제를 받았다.
② 향촌 사회의 풍속을 교화하는 데 기여하였다.
③ 수령을 보좌하고 향리를 감찰하는 역할을 하였다.
④ 전통적 공동 조직에 유교 윤리를 가미하여 만들었다.

---

3 군역 제도와 군사 조직

조선은 건국 초부터 군역 제도를 정비하고 군사 조직을 강화하였다.

(1) 군역 제도

① 양인 개병제(良人皆兵制) 실시 : 태종 이후 사병을 모두 폐지하고, 16세 이상 60세 미만의 모든 양인 남자는 군역을 지게 하는 양인 개병제를 실시하였다.
② 정군(正軍)과 보인(保人)
  ㉠ 모든 양인은 현역 군인인 정군과 정군의 비용을 부담하는 보인(봉족)으로 편성하였다.

| 심화 | 보인(保人) 또는 봉족(奉足)

군인(정군)이 군역을 지는 동안 필요한 식량·의복 등 경비를 대 주는 보조원으로서, 의복이나 식량을 직접 제공하는 것이 아니라 그 비용으로 매년 포(布) 2필을 내게 하였다. 고려의 양호(養戶)와 같은 제도라 볼 수 있다.

  ㉡ 현직 관료와 학생·향리 등은 군역을 면제받았으나, 종친과 외척·공신이나 고급 관료의 자제들은 고급 특수군에 편입되어 군역을 대신하였다.
  ㉢ 정군은 서울에서 근무하거나 국경 요충지에 배속되었으며, 이들은 일정 기간 교대로 복무하면서 복무 기간에 따라 품계(品階)를 받기도 하였다.

(2) 군사 조직

군사 조직은 중앙군과 지방군으로 나뉘었다.

① 중앙군
  ㉠ 궁궐과 서울을 수비하는 5위로 구성되었다. 5위는 의흥위(義興衛 : 中衛), 용양위(龍驤衛 : 左衛), 호분위(虎賁衛 : 右衛), 충좌위(忠佐衛 : 前衛), 충무위(忠武衛 : 後衛)로 구성되었다. 세조 때 오위도총부를 설치하여 5위를 총괄하였으며, 5위의 지휘 책임은 문관 관료가 맡았다.
  ㉡ 중앙군은 정군을 중심으로 갑사나 특수병으로 구성되었다.

■ 병력의 규모

조선 초기에는 개병제의 원칙이 비교적 잘 지켜져서 양반도 병역의 의무를 갖고 있었고, 군역의 국가적 통제를 위해 호적을 3년 단위로 개정하였다. 군사력을 증강하기 위하여 군역 대상자를 조사·등록하는 호적 제도와 호패 제도를 강화한 결과 15세기(세종·세조)에는 정규군이 15만~30만 명, 봉족(보인)과 잡색군을 포함한 병력이 80만~100만여 명을 헤아렸다. 쓰시마섬을 정벌하고 4군과 6진을 개척할 수 있었던 것은 이러한 국방력의 증강에 힘입은 것이었다.

■ 갑사(甲士)

간단한 시험을 거쳐 선발된 일종의 직업 군인으로, 근무 기간에 따라 품계와 녹봉을 받았다.

② 지방군
- ㉠ 육군과 수군으로 나뉘는데, 건국 초기에는 국방상의 요지인 영(營)이나 진(鎭)에 소속되어 복무하였다(영진군).
- ㉡ 조선 초기 평안도와 함경도는 몇 개의 군이 좌익·우익·중익을 이루는 익군 체제로 운영되었다.
- ㉢ 세조 이후에는 진관 체제(鎭管體制)를 실시하여 요충지의 고을에 성을 쌓아 방어 체제를 강화하였다.
- ㉣ 진관 체제 및 제승방략 체제
    - 진관 체제는 지역 단위의 방어 체제이다. 각 도에 1~2개의 병영을 두고(병마절도사 혹은 수군절도사가 관할 지역 군대를 지휘), 병영 밑에 몇 개의 거진(巨鎭)을 설치하여 거진의 수령이 그 지역 군대를 통솔하는 체제이다.
    - 16세기 이후 군역 제도가 해이해지면서 지방군 체제를 제승방략 체제로 개편하였다. 제승방략 체제란 각 지역의 군사를 한곳에 모아놓고, 중앙에서 장수를 파견하여 지휘하는 제도이다. 이 제도는 임진왜란 초기에 관군이 패배하는 원인이 되었다.
- ㉤ 연해 각 도에는 수군을 설치하였다. 수군은 육군에 비하여 힘들고 위험하였기 때문에 사람들은 수군에 들어가는 것을 매우 꺼렸다.

③ 잡색군(雜色軍): 조선 초기에는 정규군 외에 일종의 예비군인 잡색군이 있었다.

(3) 교통과 통신 체계 정비

① 교통과 통신 체계: 중앙 집권 체제를 강화하기 위해서 군사 조직과 교통, 통신 체계도 정비하였다. 그러나 농업 위주의 정책으로 상업이 부진하여 도시와 도로가 발달하지는 못하였다. 따라서 지방 관아를 중심으로 하는 지방 행정 도시의 경우에도 도로가 협소하였다.

② 교통 수단: 교통 수단은 주로 마필과 가마였다.
- ㉠ 육로(陸路): 화물 운송 수단으로 우마가 끄는 수레를 이용하였다.
- ㉡ 수로(水路): 판선(목선)을 이용하였다. 현물로 징수한 세미(稅米)의 수송은 수로를 이용하였는데, 하천과 해안 요지의 조창(漕倉)에서 이를 모아 중앙의 경창(京倉)으로 운송하였다.
- ㉢ 역참(驛站): 물자 수송과 통신을 위한 역참이 설치되어 국방과 중앙 집권적 행정 운영이 한층 쉬워졌다. 이에 육로는 역원제, 수로는 강과 바다에서 선박을 이용하는 조운제를 운영하였다.

③ 통신 수단: 군사적인 위급 사태를 알리기 위해 봉수제(烽燧制)를 정비하였다.

> **심화** 조선의 교통과 통신 제도
>
> **❶ 역원(驛院) 제도**
> - 전국 주요 도로망을 따라 **30리마다 역을 설치**했다. 『경국대전』에는 총 516개의 역을 설치하였다는 기록이 있다.
> - 역장, 역리, 역졸 등이 업무를 담당하였고 역마가 준비되어 있었다. 또한 역의 운영 경비를 위해 역전(驛田)을 지급하였다.
> - 역은 병조의 속사(소속 관청)인 '승여사'에서 관할하였다.
> - 임진왜란 이후 파발제가 시행되면서, 참(站: 정류소)을 설치하였고 역은 점차 쇠퇴하였다.
> - 원(院)은 출장 관원들이 묵던 국영(국립) 여관이며 현재의 이태원, 장호원, 조치원 등은 원이 있던 지역이다.

단권화 MEMO

■ **제승방략 체제의 문제점**
유성룡은 『징비록』에서 제승방략 체제의 문제점을 다음과 같이 지적하였다. "장수 없는 군사들이 먼저 들판 가운데 모여 천 리 밖에서 장수 오기를 기다리다가, 장수가 제때 오지 않고 적군의 선봉이 먼저 닥치면 놀라고 두려워하여 반드시 패할 위험이 있었다."

■ **잡색군**
전직 관료·서리·향리·교생·신량역천인·노비 등 농민을 제외한 각계각층의 장정들로 조직되어, 평상시에는 본업에 종사하면서 일정 기간 군사 훈련을 받아 유사시에 향토 방위를 맡았다.

■ **교통·통신 기관**
역(驛)과 원(院)이 있었다. 전국의 주요 도로에는 500여 개의 역이 있었다. 역에는 역마를 두어 관청의 공문 전달과 공납물 수송을 담당하게 하였다. 또 공무 여행자에게는 역마를 이용할 수 있도록 마패(馬牌)가 발급되었다. 고급 관리는 지방 관아에 부설된 객사(客舍)를 이용하였고, 일반인은 주막을 이용하였다.

■ **봉수제 – 연기와 불을 사용**

횟수	내용
1거(炬)	평상시
2거	적(敵)의 출현
3거	적의 이동 시
4거	적의 월경 시
5거	적과의 전투 시

단권화 MEMO

❷ 봉수 제도
- 봉수는 산꼭대기에 봉화대를 설치하여 밤에는 횃불로, 낮에는 연기로써 변경의 정세를 중앙에 전달하는 군사 통신 수단이다.
- 봉수 업무의 최종 책임 부서는 병조의 '무비사'이며 지방은 관찰사, 병마사, 수군절도사, 수령 등이 봉수를 감독하였다.
- 봉수망은 5로(路)로 나누어져 서울 목멱산(현재의 남산)에 있는 5개의 봉수대에 집결하였다.
- 봉수를 담당하는 사람들(봉수군, 간망군, 해망인으로 불렸다)은 신량역천인(신분은 양인이었으나 역할이 천하게 취급되었던 사람들)이었다.

❸ 파발 제도
- 파발 제도는 임진왜란 중인 1597년부터 시행되어 기존의 봉수 제도를 보완하였다.
- 파발은 변경(邊境) 군사 정세를 중앙에 신속히 전달하고, 중앙의 시달 사항을 변경에 전달하기 위한 특수 통신망이었다. 관할 부서는 공조였다.
- 말을 이용하는 기발(騎撥)과 도보로 전달하는 보발(步撥)로 구분하였다.
- 기발은 25리마다, 보발은 30리마다 설치된 참(站)에서 교대하였다.

❹ 조운 제도
- 조운은 지방에서 거둔 세미(稅米)를 조창에 보관하였다가 경창으로 운송하는 제도로서, 호조에서 관할하였다.
- 평안도, 함경도 및 제주도(조선 시대 제주도는 전라도에 속하였다)는 세곡을 조운하지 않고 그 지역 경비에 충당하였다. 이를 잉류 지역이라고 한다.
- 15세기에는 주로 관선(官船)으로 운영하였고, 16세기 이후 사선(私船)의 이용 비중이 높아졌다. 특히 조선 후기에는 경강 상인(한강을 거점으로 운송업에 종사하였던 상인)의 배를 주로 이용하였다.
- 개항 이후에는 일본의 증기선을 이용하였으며, 정부에서 '전운서'(조운을 담당하는 관청)를 설치한 이후에는 직접 운송하였다.
- 갑오개혁 이후 조세의 금납화가 법제화되면서 조운 제도는 점차 소멸되었다.

바로 확인문제

● 다음 제도들의 공통 목적으로 옳은 것은?

| • 역원제 | • 봉수제 | • 조운제 | • 면리제 |

① 재정 확보 ② 중앙 집권 체제 강화
③ 왕권과 신권의 조화 ④ 향촌 자치제 강화

| 정답해설 | 조선 시대에는 중앙 집권 체제를 강화하기 위해 지방 행정 조직과 교통·통신 제도를 정비하였다.
- 역원제: 역(驛)은 역참으로 교통, 원(院)은 국립 여관으로 공무 여행자의 편의를 제공하는 곳이다.
- 봉수제(烽燧制): 낮에는 연기, 밤에는 불로 신호하는 군사적 긴급 통신 연락망으로서, 최종 종착지는 목멱산(木覓山: 남산)이었다.
- 조운제(漕運制): 조세 운반 제도로 호조에서 관장하였다.
- 면리제(面里制): 향·부곡·소 등의 특수 행정 구역이 점차 소멸되고, 인구의 증가와 자연 촌락의 성장에 따라 면리제로 정착되었다.

| 정답 | ②

4 관리 등용 제도

(1) 과거제(科擧制)*

① 조선 시대의 관리는 과거와 취재·음서·천거를 통하여 선발되었다. 과거에는 문관을 뽑는 문과와 무관을 뽑는 무과, 기술관을 뽑는 잡과가 있었다. 그중에서도 고위 관원이 되기 위해서는 문과에 합격하는 것이 유리하였다.

② 문과
  ㉠ 소과(생진과, 사마시)
  - 4서 5경을 시험하는 생원과(조선 시대에는 진사과보다 중시함)와 문예 능력을 시험하는 진사과로 나뉘었다. 시험은 초시와 복시로 구분되었다.

*과거제
과거제는 조선 시대 관리 임용 제도 중 가장 중요했다. 문과, 무과, 잡과로 구분하여 구체적 내용을 기억해 두어야 한다.

- 초시 : 한성시(서울에서 실시)는 한성부 판윤, 향시(도별 실시)는 관찰사가 주관하여 초시에서 생원과, 진사과 각각 700명을 선발하였다. 합격자는 도별 인구 비례로 할당하였다(한성시 : 200명, 향시 : 경기도 60명씩, 경상도 100명씩 등 총 500명).
- 복시 : 이후 예조에서 주관하는 복시를 통해 생원과, 진사과 각각 100명을 선발하였다.
- 이들은 **백패**를 받아 초급 문관에 임명될 자격이 있었으며, 대과 응시 자격 및 성균관 입학 자격이 부여되었다.

ⓒ 대과(통상적으로 문과라 칭함)
- 생원, 진사나 이미 관리가 된 자들이 응시하였다.
- 4서 5경과 부(賦), 표(表), 전(箋), 책(策) 등의 시험을 치렀다.
- 초시 : 관시(성균관 유생 대상, 50명 선발), 한성시(40명 선발), 향시(도별 인구 비례로 150명 선발)를 시행하였다.
- 예조에서 복시를 통해 33명을 선발한 후 전시(殿試)에서 등차를 매겼다[갑 3명(이 중 수석이 장원), 을 7명, 병 23명]. 최종 합격자에게는 홍패를 주었다.

ⓒ 종류
- '식년시'라는 3년마다 열리는 정기 시험이 있었다.
- 증광시(增廣試, 왕의 즉위 등 특별한 경사가 있었을 때 치러지는 시험), 알성시(謁聖試, 왕이 성균관 문묘에 행차하여 배향한 후 성균관 유생을 대상으로 치러지는 시험) 등 부정기 시험도 있었다.

ⓔ 문과 응시 자격의 제한 : 죄를 범하여 영구히 임용할 수 없게 된 자, 탐관오리의 아들, 재가하거나 부정한 행위를 한 부녀의 아들과 손자, 서얼 자손 등은 문과에 응시하지 못하였다.

③ 무과
ⓐ 시험 과목 : 무예와 병서가 시험 과목이었다.
ⓑ 과정
- 초시 : 원시(院試), 향시(鄕試, 도별 선발)가 있었다. 원시는 훈련원(訓鍊院)이 주관하여 70명을 선발하였고, 향시는 각 도의 병마절도사가 주관하여 120명을 선발하였다. 즉, 총 190명을 선발하였다.
- 복시, 전시 : 복시는 병조에서 주관하여 28명을 선발하였고, 전시에서 등급(갑과 3명, 을과 5명, 병과 20명)을 정하여 홍패를 수여하였다.

ⓒ 자격 : 문과와 달리 천민이 아니면 누구든 응시할 수 있었다.
ⓓ 의미 : 무과의 실시는 고려와 달리 문·무 양반 제도의 확립을 뜻한다.
ⓔ 조선 후기에는 국방상·재정상의 이유 등으로 무과 합격자가 양산되어 '만과(萬科)'로 지칭되기도 하였다.

④ 잡과(雜科)
ⓐ 실시 : 기술관을 뽑는 잡과도 3년마다 치러졌는데, 분야별로 정원이 있었다.
ⓑ 종류 : 역과(譯科, 사역원), 율과(律科, 형조), 의과(醫科, 전의감), 음양과(陰陽科, 관상감)로 나누어 선발하였다.
ⓒ 교육 : 해당 관청에서 관장하였다.
ⓓ 응시 : 잡과에 응시하는 사람은 대체로 기술관이나 잡학 생도들이었다. 특히 잡학 생도가 되기 위해서는 전·현직 고위 기술관의 추천을 받아야 했다.

단권화 MEMO

■ **과거 합격 이후 신분에 따른 임용**
조선 후기에는 문과에 합격하더라도 가문 및 신분, 출신 지역에 따라 임용 관청을 구분하였다. 먼저 청요직인 3사에는 한양 양반(경화사족)이 임용되고, 서북 사람은 그보다 못한 성균관, 중인은 승진이 어려운 교서관에 임용되는 것이 관례였다. 무과의 경우에도 한양 양반은 왕을 호종하는 선전관(宣傳官)에, 중인은 궁궐이나 성문을 지키는 수문청에 임용되었다.

■ **부정기 시험**
- 별시(別試) : 국가적인 보통의 경사가 있을 때 시행하였다.
- 백일장(白日場) : 지방 교생들의 권학(勸學)을 위하여 시행하는 시험을 말한다.
- 절일제(節日製) : 3월 3일, 7월 7일, 9월 9일 등 절일을 따라 시행하는 시험이다.

■ **잡과의 내용**
잡과는 3년마다 역과 19명, 의과 9명, 음양과(천문·지리) 9명, 율과 9명 등 총 46명을 선발하였다. 이 중 음양과의 천문학만은 천문학을 전공하는 생도만이 응시할 수 있었다.

■ **외국어 학습서**
『박통사언해』와 『노걸대(老乞大)』는 중국어 학습서이며, 『첩해신어』는 일본에 포로로 잡혀갔던 강우성이 쓴 일본어 해설서이다.

⑤ 과거 응시 자격
  ㉠ 원칙: 천민을 제외하고는 특별한 제한이 없었다.
  ㉡ 한계: 양인 이상의 신분이면 누구나 응시의 자격을 가지고 있었다고는 하나, 실제로는 과거에 응시하기 위한 교육의 기회가 양반에게 거의 독점되어 일반 양인층이 합격하는 경우는 많지 않았다.

(2) 특별 채용 시험

① **취재(取才)**: 재주가 부족하거나 나이가 많아 과거 응시가 어려운 사람들은 취재라는 특별 채용 시험을 거쳐 하급 실무직에 임명되었다.
② **천거(薦擧)**: 과거를 거치지 않더라도 고관의 추천을 받아 간단한 시험을 치른 후 관직에 등용될 수 있었다. 그러나 천거는 대개 기존의 관리들을 대상으로 하였고, 벼슬하지 않은 사람이 천거되는 경우는 드물었다.
③ **음서(蔭敍)**: 음서를 통하여 벼슬을 할 수 있었으나 음서의 혜택을 받는 대상도 고려 시대에 비하여 크게 줄어들었으며, 음서 출신은 문과에 합격하지 않으면 고관으로 승진하기 어려웠다.

(3) 인사 관리 제도

관리의 등용과 근무 평가·승진·좌천 등에 관한 인사 관리 제도도 관직 제도의 정비와 지배층의 증가에 따라 새롭게 정비하였다. 관리의 등용은 품계(品階)에 맞게 이루어졌으며, 가까운 친인척과 같은 관서에 근무하지 않도록 하거나 출신 지역의 지방관으로 임명하지 않았다.

① **상피제(相避制)**: 관료 체계의 원활한 운영과 권력의 집중 및 전횡을 막기 위하여 일정 범위 내의 친족 간에는 같은 관청 또는 통속 관계에 있는 관청에서 근무할 수 없게 하거나, 연고가 있는 관직에 제수할 수 없게 한 제도이다.
② **서경제(署經制)**: 인사의 공정성을 확보하기 위하여 5품 이하 관리의 등용에는 서경을 거치도록 하였다. 관리를 처음 임명할 때 사헌부와 사간원에서 심사하여 동의해 주는 절차이다.
③ **근무 성적 평가**: 고관들이 하급 관리들의 근무 성적을 평가하여 승진 또는 좌천의 자료로 삼았다.
④ **관료적 성격 강화**: 이러한 합리적인 인사 행정을 위한 제도가 갖추어져 관료적 성격이 이전 시대보다 더욱 강해졌다.

> **심화** 관리 임용의 기본 원칙
>
> - 순자법(循資法): 일정 기간 근무한 것을 평가하여 품계를 올려주는 인사 방식
> - 행수법(行守法): 관계(官階)의 차이가 나면 행직(行職)·수직(守職)으로 조정함
> - 상피제(相避制): 권력의 집중과 부정을 막기 위하여 친인척(親姻戚)이나 연고지를 피하도록 함
> - 분경 금지(奔競禁止): 청탁(請託)을 원천적으로 막기 위해 이조·병조의 당상관 등을 사적으로 만나는 것을 금지함
> - 고과(考課): 6개월 단위로 당하관(堂下官)의 근무 성적을 평가함
> - 포폄제(褒貶制): 고과에 따라 자급(資級)을 더해 주거나 승진 또는 좌천시킴
> - 서경제(署經制): 인사의 공정성 확보를 위해 5품 이하 관리들의 임용 시 대간의 동의를 받아야 함

단권화 MEMO

■ **음서의 제한**
음서의 혜택을 받는 대상이 2품 이상으로 제한되어 고려 시대에 비해 대폭 줄어들었다. 또한 음서를 통하여 관직에 나가는 것을 부끄럽게 생각하고 사회적으로도 비난을 받았다.

■ **대가제(代加制)**
정3품 당하관 이상의 산직을 가진 관원이 자신이 받을 품계를 자·서·제·질에게 얹어 주는 제도이다. 상설화된 것이 아니고, 국가에 특별 경사가 있을 때만 시행하였다.

■ **승진 시험**
- 도시(都試): 무사 선발을 위한 특별 시험
- 중시(重試): 당하관 이하의 문무관에게 10년마다 한 번씩 보게 하던 시험

> **바로 확인문제**

● 조선 시기의 과거 제도에 대한 설명으로 가장 옳지 않은 것은?   22. 6월 서울시(자체 출제) 9급

① 생원과 진사를 선발하는 사마시의 1차 시험(초시)에서는 합격자의 수를 각 도의 인구 비율로 배분하였다.
② 문과의 정기 시험에는 현직 관원도 응시할 수 있었고, 합격하면 관품을 1~4계 올려주었다.
③ 조선 시기에는 고려 시기와 달리 과거를 보지 않고 관직으로 진출할 수 있는 음서 제도가 폐지되었다.
④ 무과 식년시는 3년에 한 번씩 시행했고, 서얼도 응시할 수 있었다.

● (가), (나)에 들어갈 말을 바르게 연결한 것은?   23. 지방직 9급

> 조선 시대 과거 제도에는 문과·무과·잡과가 있었는데, 이 가운데 문과를 가장 중시하였다. 『경국대전』에 따르면 문과 시험 업무는 (가) 에서 주관하고, 정기 시험인 식년시는 (나) 마다 실시하는 것이 원칙이었다.

   (가)   (나)
① 이조   2년
② 이조   3년
③ 예조   2년
④ 예조   3년

> **단권화 MEMO**
>
> |정답해설| 조선 시대에도 음서(문음)가 있었으나 대상자가 축소되었고, 음서로 관직에 오른 사람은 고위 관직에 진출하기 어려웠다.
>
> |오답해설|
> ① 소과(생진과, 사마시)의 1차 시험(초시)은 각 도별 인구 비율로 합격자를 할당하였다.
> ② 문과(대과)의 정기 시험에서는 현직 관원들도 응시할 수 있었고 합격자는 1~4등급의 품계를 올려주었다.
> ④ 무과 식년시는 3년에 한 번씩 시행되었고 서얼도 응시할 수 있었다.
>
> |정답| ③
>
> |정답해설| 『경국대전』에 따르면 문과 시험 업무는 예조에서 주관하고, 정기 시험인 식년시는 3년마다 실시하는 것이 원칙이었다.
>
> |정답| ④

04 사림의 대두와 붕당 정치

1 훈구와 사림

(1) 훈구와 사림 세력의 대립*

조선의 문물 제도가 정비되는 16세기를 전후하여 사림(士林)이라는 새로운 정치 세력이 성장하였다. 사림들은 중앙 정치 무대에 진출하면서 기존의 훈구 세력과 대립하였다.

(2) 훈구 세력

① 성장: 훈구 세력은 세조의 집권 이후 공신으로서 정치적 실권을 세습적으로 장악하고, 왕실과 혼인하면서 성장한 세력이었다.
② 공헌: 조선 초기 관학파의 학풍을 계승하여 문물 제도 정비에 크게 기여하였다.

(3) 사림 세력

① 연원
  ㉠ 고려 말 온건 개혁파인 정몽주·길재의 학통을 계승한 사학파로, 길재는 고향인 선산에 은거하면서 많은 제자를 길러냈다.
  ㉡ 김숙자와 김종직에 이르러 그 수가 상당히 늘어나 영남 일대에서 큰 세력을 형성하였고, 점차 기호 지방으로 세력을 확대하였다.

> *훈구와 사림의 대립
> 훈구 세력과 사림 세력의 특징을 파악하고, 두 세력의 갈등으로 일어난 4차례의 사화를 기억해 두어야 한다.
>
> ■ 훈구 세력
> 훈구 세력은 막대한 토지를 소유한 대지주층이었다. 훈구 세력은 15세기 이래의 늘어난 농업 생산력과 이를 배경으로 발달한 상공업의 이익을 독점하고자 하였다. 이들은 서해안의 간척 사업과 토지 매입 등을 통하여 농장을 확대해 나갔고, 대외 무역에도 관여하였으며, 공물의 방납을 통해서도 경제적 이득을 취하였다.

② **성장**: 15세기 중반 이후 중소 지주적인 배경을 가지고 성리학에 투철한 지방 사족들이 영남과 기호 지방을 중심으로 성장하였는데, 이들을 사림이라 부른다.

③ **특징**
  ㉠ 학풍: 훈구 세력의 사장적 학풍(詞章的學風)과는 달리 **경학(經學)**을 중시하고, 인간의 심성을 연구하는 성리학을 학문의 주류로 삼았다.
  ㉡ 향촌 자치제: 사림 세력은 훈구 세력이 중앙 집권 체제를 강조하였던 데 비하여, **향촌 자치**를 강조하였다.
  ㉢ 재상 정치: 도덕과 의리를 바탕으로 하는 왕도 정치를 강조하였다.
  ㉣ 타 사상 배격: 성리학 이외의 학문과 사상을 이단으로 배격하였다.
  ㉤ 훈구 세력에 대응: 사림 세력은 중앙의 권력을 바탕으로 향촌 사회를 장악하려는 훈구 세력에 대응하여 자신들의 자치적인 세력 기반을 쌓으면서 성리학적 향촌 질서를 세우려 하였다.

○ **훈구파와 사림파의 비교**

구분	훈구파(勳舊派)	사림파(士林派)
학통	정도전	정몽주·길재
양성	성균관·집현전	지방의 사학 기구(서원)
정치사상	• 중앙 집권 • 부국강병, 민생 안정 • 패도 정치(覇道政治) 인정	• 향촌 자치 • 학술·의리·도덕·명분 강조 • 왕도 정치(王道政治)
학문	• 사장(詞章) 중시 • 타 사상 수용, 『주례』 강조	• 경학(經學) 중시 • 타 사상 배격, 『주자가례』 강조, 『소학』 보급
철학 사조	격물치지(格物致知) 중시	향사례(鄕射禮)·향음주례(鄕飮酒禮) 중시
의식	단군 강조(자주 의식), 군사학·기술학 중시	기자 중시(중화사상), 화이관 강조
저서	『동국통감』	『동국사략』, 『동사찬요』
활동	• 15세기 제도·문물 정비에 공헌 • 대토지 소유	• 16세기 이후 사화 및 붕당의 주역 • 훈구 세력의 대토지 소유 비판

바로 확인문제

● **다음 정치 세력에 대한 설명으로 옳지 않은 것은?** 13. 해양 경찰

| • 정도전 | • 권근 | • 성삼문 | • 하위지 | • 박팽년 |

① 사대적 중화 사상으로 기자를 존중하였다.
② 의리·도덕보다는 군사학과 기술학을 중시하였다.
③ 『주례』를 국가의 통치 이념으로 삼았다.
④ 성리학 이외의 사상을 포용하였다.

● **조선 전기(15~16세기) 사림의 향촌을 주도하기 위한 동향으로 옳지 않은 것은?** 15. 국가직 9급

① 도덕과 의례의 기본 서적인 『소학』을 보급하였다.
② 향사례(鄕射禮), 향음주례(鄕飮酒禮)의 실시를 주장하였다.
③ 향회를 통해서 자신들의 결속을 다지고, 향촌을 교화하였다.
④ 촌락 단위의 동약을 실시하고, 문중 중심으로 서원과 사우를 많이 세웠다.

| 정답해설 | 제시된 인물들은 모두 조선 초기 관학파(훈구파)에 해당한다. 관학파는 기자보다 단군을 강조하였다.
| 정답 | ①

| 정답해설 | 조선 후기의 양반들은 군현을 단위로 농민을 지배하기 어렵게 되자 거주지를 중심으로 촌락 단위의 동약을 실시하거나, 족적 결합(族的結合)을 강화함으로써 자신들의 지위를 지켜 나가고자 하였다. 이에 따라 전국에 많은 동족 마을이 만들어지고, 문중을 중심으로 서원이나 사우가 많이 세워졌다.
| 정답 | ④

2 사림의 정치적 성장

(1) 사림의 등용

① 훈구 세력 견제: 향촌 사회에서 사회적·경제적 지위를 굳히던 사림은 중앙 정계에 진출하여 권력에 참여함으로써 훈구 세력을 견제하였다.

② 사림의 성장: 김종직(세조 때 과거 급제)과 그 문인들이 성종 때 중용되면서 사림은 정치적으로 성장하기 시작하였다.

③ 훈구와 사림 간의 균형: 과거를 통하여 중앙에 진출한 사림 세력은 주로 전랑(銓郎)과 3사의 언관직(言官職)을 차지하여 훈구를 견제하였다.

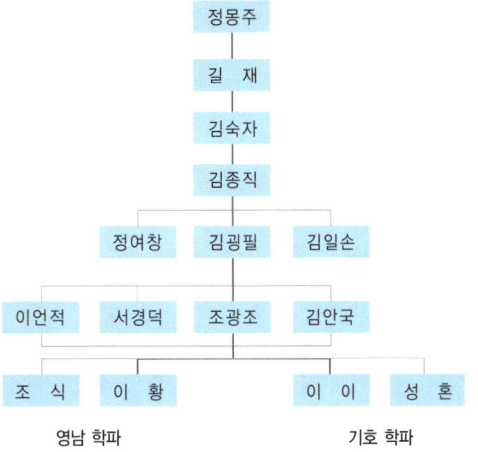

▲ 사림의 계보

> **사료** 사림의 정치적 성장
>
> 김종직은 경상도 사람이다. 학문이 뛰어나고 문장을 잘 지으며 가르치기를 즐겼다. 그에게 배워 과거에 급제한 사람이 많았다. 경상도 선비로 조정에 벼슬하는 사람들이 우두머리로 모셨다. 스승은 제자를 칭찬하고 제자는 제 스승을 칭찬한 것이 사실보다 지나쳤다. 조정에 새로이 진출한 무리는 그것을 알지 못하고 어울리는 자가 많았다. 그때 사람들이 이를 비평하여 '경상도 선배 무리'라고 하였다. 『성종실록』

(2) 사화(士禍)의 발생

훈구 세력과 사림 세력의 정치적·학문적 대립에서 시작하였다.

① 무오사화(戊午士禍), 갑자사화(甲子士禍): 성종을 이어 즉위한 연산군은 훈구 대신과 사림을 모두 누르고 왕권을 강화하였다. 특히 사림 세력의 분방한 언론 활동을 억제하여 두 차례에 걸친 사화(무오·갑자사화)가 발생하였고, 이로 인해 영남 사림의 대부분이 몰락하였다.

  ㉠ 무오사화(연산군 4년, 1498): 김종직(金宗直)이 지은 「조의제문(弔義帝文)」을 김일손이 사초(史草)에 올린 일을 문제 삼아 훈구 세력이 김일손 등 사림파를 제거한 사건이다.

> **사료** 김종직의 「조의제문」
>
> 정축 10월 어느 날 나는 밀성으로부터 경산으로 향하여 답계역에서 자는데, 꿈에 신이 칠장의 의복을 입고 훤칠한 모양으로 와서 스스로 하는 말이, "나는 초나라 회왕(懷王) 손자 심(의제)인데, 서초 패왕 항우에게 죽임을 당하여 빈강에 잠겼다." 하고 문득 보이지 아니하였다. …… 역사를 상고해 보아도 강물에 던졌다는 말은 없는데, 아마 항우가 사람을 시켜 몰래 쳐 죽여 시체를 물에 던졌던 것인지 알 수 없는 일이다. 드디어 문을 지어 조(弔)한다. 『연산군일기』

  ㉡ 갑자사화(연산군 10년, 1504): 연산군의 생모 폐비 윤씨의 복위 문제를 둘러싸고 훈구파 및 사림파 세력이 화를 입은 사건이다. 생모 윤비가 폐위되어 죽임을 당했다는 것을 임사홍(任士洪)의 밀고로 알게 된 연산군은 윤씨를 왕비로 추숭(追崇: 사후 존호를 올림)하고 성종묘(成宗廟)에 배사(配祀: 같이 제사를 모심)하려 했다. 그 후 사건이 확대되어 윤씨 폐위와 사사(賜死)에 관련된 사람들을 축출하였다.

■「조의제문(弔義帝文)」
초(楚)의 의제(義帝)를 단종에, 그를 죽인 항우(項羽)를 세조(수양 대군)에 빗대어 쓴 글로, 세조의 왕위 계승을 '찬탈(篡奪)'이라 하며 비난하였다.

■윤비 폐출 사건(尹妃廢黜事件)
연산군이 어릴 때 그 모친인 윤비가 부덕(不德)하다는 이유로 궁궐에서 쫓겨나 사사(賜死)된 사건이다.

단권화 MEMO

■ 중종반정

연산군 12년(1506)에 성희안, 유순정, 박원종, 유자광 등이 연산군을 폐하고 이복동생인 진성 대군을 중종으로 추대한 사건이다.

■ 정암 조광조 선생 적려 유허비 (전남 화순)

적려란 귀양 또는 유배라는 뜻으로, 조광조의 유배 내력을 기록한 비이다.

■ 명종 시기의 정치

명종 시기에는 명종의 어머니인 문정 왕후가 권력을 행사하였다. 문정 왕후는 불교를 숭상하여 선교 양종을 부활하였고, 보우를 중용하였다. 이 시기 윤원형 등 권세가들은 백성들을 동원하여 해택지(바다와 연못)를 개간하여 사유화하였다. 한편 조선 정부는 삼포 왜란(三浦倭亂, 1510), 사량진 왜변(蛇梁鎭倭變, 1544) 등 왜구들의 행패가 있을 때마다 제재 조치로 그들의 세견선(歲遣船)을 엄격히 제한하였다. 조선으로부터 물자의 보급을 받아야 하였던 왜인들은 이의 완화 조치를 요구하여 왔으나, 조선 정부는 응하지 않았다. 이와 같은 조선 정부의 통제에 불만을 품은 왜구는 명종 10년(1555) 전라남도 강진과 진도 일대에 침입해 약탈과 살육을 일삼았다 (을묘왜변).

② **중종반정(中宗反正)**: 연산군은 이후 언론을 극도로 탄압하고 재정을 낭비하는 등 폭압적인 정치를 단행하다가 결국 중종반정으로 쫓겨났다(1506).

③ **조광조(趙光祖)의 개혁 정치**: 중종은 사림(士林)을 다시 등용하여 유교 정치를 일으키려 하였다. 당시 명망이 높았던 조광조가 중용되었다.

㉠ 현량과 실시: 천거제의 일종인 현량과(賢良科)를 통해 사림을 대거 등용하였다. 이들은 3사의 언관직을 차지하고 자신들의 의견을 공론(公論)이라 표방하면서 급진적 개혁을 추진하였다.

㉡ 위훈 삭제(僞勳削除) 사건: 중종반정 때의 거짓 공신을 색출하고자 훈구 세력의 관직을 박탈하는 등 적극적으로 훈구 세력을 공격하였다.

㉢ 향약 실시: 조광조는 『여씨향약』을 도입하여 향약을 전국적으로 보급하려 하였다. 한편 김안국은 『여씨향약』을 언해한 『여씨향약언해』을 간행하였다(중종 13년, 1518). 그러나 전국적 보급은 실패하였다.

㉣ 소격서 폐지: 도교 관청인 소격서를 폐지하고, 유교식 의례를 장려하였다.

㉤ 기타: 공납제의 폐단을 시정하려 하였다.

> **사료 조광조의 현량과**
>
> 조광조가 아뢰기를, "이자가 아뢴 말은 신 등이 늘 하고 싶었던 일입니다. 지방의 경우에는 관찰사와 수령, 서울의 경우에는 홍문관(弘文館)과 육경(六卿), 그리고 대간(臺諫)들이 모두 능력 있는 사람을 천거하게 하십시오. 그 후 대궐에 모아 놓고 친히 여러 정책과 관련된 대책(對策) 시험을 치르게 한다면 인물을 많이 얻을 수 있을 것입니다. 이는 역대 선왕께서 하지 않으셨던 일이요, 한(漢)나라의 현량과(賢良科)와 방정과(方正科)의 뜻을 이은 것입니다. 덕행은 여러 사람이 천거하는 바이므로 반드시 헛되거나 그릇되는 일이 없을 것입니다. 또 대책 시험을 통해서는 그가 하려는 방법을 알게 될 것이니 두 가지 모두 손실이 없을 것입니다." 라고 하였다.
>
> 『중종실록』

> **사료 위훈(僞勳) 삭제**
>
> 정국공신을 개정하는 일로 전지하기를 "충신이 힘을 합쳐 나를 후사로 추대하여 선왕의 위업을 잇게 하니, 그 공이 적다 할 수 없으므로 훈적(勳籍)에 기록하여 영원히 남기도록 명하였다. 그러나 초기에 일이 황급하여 바르게 결단하지 못하고 녹공(錄功)을 분수에 넘치게 하여 뚜렷한 공신까지 흐리게 하였으니, …… 내 어찌 공훈 없이 헛되이 기록된 것을 국시(國是)로 결단하지 않을 수 있겠는가? …… 추가로 바로잡아서 공권(功券: 공신에게 지급된 포상 문서)을 맑게 하라."
>
> 『중종실록』

④ **기묘사화(중종 14년, 1519)**: 조광조의 급격한 개혁 추진은 공신(훈구 세력)들의 반발을 사 조광조를 비롯한 사림 세력은 대부분 제거되었다.

> **사료 조광조**
>
> 아, 이곳(전남 화순)은 정암 조광조 선생이 귀양살이를 하던 곳이고, 또 생을 마친 곳이다. 아, 지난 기묘년은 지금으로부터 149년이나 지났는데, 학사(學士), 대부(大夫)는 그 학문을 사모하고 백성은 그 혜택을 생각하되, 세월이 오랠수록 더욱 잊지 못하고 …… 이곳을 지나는 사람마다 숙연히 공경하지 않은 이가 없으니, 아, 이는 누가 시켜서 그런 것이겠는가. 그 타고난 떳떳한 마음에서 저절로 그렇게 된 것이다.
>
> 『송자대전』

⑤ **을사사화(명종 즉위년, 1545)**

㉠ 대윤(인종의 외척) 윤임 일파를 소윤(명종의 외척) 윤원로, 윤원형 형제가 숙청한 사건이다. 이 과정에서 다수의 사림들이 희생되었다.

ⓒ 중종이 훈구 대신들을 견제하기 위하여 다시 사림을 등용하기도 하였으나, 명종이 즉위하면서 외척끼리의 권력 다툼에 휩쓸려 사림 세력은 다시 정계에서 밀려났다.
⑥ 양재역 벽서 사건(1547): 문정 왕후의 수렴청정을 비방한 벽서가 발견되어 중종의 아들인 봉성군, 송인수 등이 사형당하고, 이언적 등 20여 명이 유배되었다(정미사화).
⑦ 명종 시기의 정치
  ㉠ 명종 즉위 후 문정 왕후가 수렴청정하면서 윤원형 등의 외척 세력이 정국을 주도하였다.
  ㉡ 승려 보우를 중용하여 불교를 숭상하였으며, 승과가 부활하였다.
  ㉢ 집권 세력의 수탈로 백성들의 생활이 어려워져 임꺽정의 난이 일어났다.

> **사료** 임꺽정의 난
>
> 임꺽정은 양주 백정으로, 성품이 교활하고 날래고 용맹스러웠다. 그 무리 수십 명이 함께 다 날래고 빨랐는데, 도적이 되어 민가를 불사르고 소와 말을 빼앗고, 만약 항거하면 몹시 잔혹하게 사람을 죽였다. 경기도와 황해도의 아전과 백성들이 임꺽정 무리와 은밀히 결탁하여 관에서 잡으려 하면 번번이 먼저 알려 주었다.
>
> 『연려실기술』

(3) 사림의 세력 확대

사화를 계기로 사림 세력은 서원(書院)과 향약(鄕約)을 통하여 향촌 사회에서 꾸준히 세력을 확대해 나갔다.

바로 확인문제

● ㉠ 인물에 대한 설명으로 옳지 않은 것은?   17. 국가직 7급 추가

> (㉠)은/는 초야의 미천한 선비로 세조 대에 과거에 급제하였다. 성종 대에 발탁되어 경연에 두어 오랫동안 시종의 자리에 있었다. 병으로 물러나게 되자 성종은 소재지 관리를 통해 특별히 미곡을 내려 주었다. 지금 그의 제자 김일손이 사초에 부도덕한 말로써 선왕의 일을 거짓으로 기록하고 스승인 (㉠)의 「조의제문」을 실었다.

① 고려 말 정몽주, 길재의 학풍을 이었다.
② 외가인 밀양에 서원이 세워져 봉사되었다.
③ 김굉필, 조광조가 그의 도학을 계승하였다.
④ 『여씨향약』을 도입하여 언문으로 간행하였다.

| 정답해설 | 제시된 자료에서 "그의 제자 김일손", "「조의제문」"을 통해 ㉠이 김종직임을 알 수 있다. 김종직은 고려 말 정몽주, 길재의 학풍을 계승한 사림이었으며, 김굉필, 조광조 등이 그의 학문을 계승하였다. 한편 그의 외가가 있던 밀양에 예림 서원이 세워져 봉사되었다. 『여씨향약』을 도입하여 언문(한글)으로 간행한 인물은 김안국이다 (중종 13년, 1518).

| 정답 | ④

● 〈보기〉의 ㉠에 들어갈 인물과 관련된 서술로 가장 옳지 않은 것은?   19. 10월 서울시 7급

> ┤ 보기 ├
>
> 반정에 의해 왕위에 오른 중종은 한동안 공신들의 그늘에서 벗어나지 못하였다. 중종은 재위 8년 무렵 반정 3인방이 모두 사망하면서 기존의 훈구 세력을 대체할 수 있는 새로운 정치 파트너를 구했다. 그때 중종의 눈에 들어온 (㉠)은(는) 사림파의 선두 주자였다. 그는 1510년 과거에 장원으로 합격하고, 1515년 별시에 급제하여 국왕인 중종의 마음을 사로잡았다. 이후 왕을 측근에서 보필하는 핵심 요직을 두루 거쳤고, 1518년 대사헌에 오르는 파격적인 승진을 거듭하였다.

① 『소학』과 향약(鄕約)의 보급을 위해 노력하였다.
② 사초 문제가 발단이 된 무오사화로 인해 목숨을 잃었다.
③ 방납의 폐단을 시정할 것을 주장하였다.
④ 위훈 삭제로 구세력을 제거하고 신진 세력 중심으로 정치판을 재편하려 하였다.

| 정답해설 | ㉠은 중종 때 중용된 대표적 사림인 '조광조'이다. 조광조는 『소학』과 향약(鄕約)의 보급을 위해 노력하였고, 방납의 폐단을 시정할 것을 주장하였다. 또한 위훈 삭제(삭훈)를 통해 훈구 세력을 제거하여 사림 중심의 정치를 시도하였다. 무오사화로 인해 김일손 등의 사림이 목숨을 잃었고, 이미 사망한 김종직은 부관참시(剖棺斬屍)되었다.

| 정답 | ②

| 단권화 MEMO |

정답해설 임꺽정의 난은 16세기 명종 때 일어났다. 회령에서 여진족 추장 '니탕개'가 반란을 일으킨 것은 1583년 선조 시기의 일이다.

정답 ①

● 다음 사건이 있었던 국왕 대의 역사적 사실로 옳지 않은 것은?

15. 국가직 7급

> 임꺽정은 양주의 백성으로 성품이 교활하고 또 날래고 용맹했으며 그 무리 10여 명이 모두 날래고 빨랐다. 도적이 되어 민가를 불사르고 소와 말을 빼앗고 만약 이에 항거하면 살을 베고 사지를 찢어 몹시 잔인하게 죽였다.

① 회령에서 니탕개(尼湯介)가 반란을 일으켰다.
② 문정 왕후의 불교 숭신으로 선교 양종이 다시 설치되었다.
③ 세견선의 감소로 곤란을 겪던 왜인들이 전라도를 침범해 왔다.
④ 척신과 권신들은 많은 노동력을 투입하여 해택지(海澤地)를 개간하였다.

*붕당의 출현
분(分)당은 사림 내부의 분열로 형성되었고, 학파적 성격과 정파적 성격을 가졌음을 이해한다.

3 붕당(朋黨)의 출현*

(1) 붕당의 원인

① 직접적으로는 양반 수의 증가, 근본적으로는 양반의 특권 유지 때문이라 할 수 있다. 중앙 집권 국가로서 중앙에 집중된 양반·관료들은 정계 진출을 위하여 대립·충돌이 불가피하였다.
② 양반 수의 증가에 따른 부족한 관직을 둘러싸고, 양반으로서의 특권을 유지하기 위한 관직 다툼은 더욱 확대되어 갔다. 특히 이조 전랑(吏曹銓郞)을 둘러싼 관료층의 대립은 더욱 극심하였다.

■ 이조 전랑
이조의 정랑과 좌랑을 통칭하는 것으로, 정랑은 정5품, 좌랑은 정6품 관직이다. 관리를 전형하였기 때문에 전랑이라고 하였으며, 통청권·낭청권 등 3사 관리에 대한 인사권을 바탕으로 언관들의 대표로 활동하였다. 또한 이조 전랑은 자신의 후임자를 추천할 수 있는 권리(자대권)를 가지고 있었다.

사료 이조 전랑의 역할

무릇 내외의 관원을 선발하는 것은 3공에게 있지 않고 오로지 이조에 속하였다. 또한 이조의 권한이 무거워질 것을 염려하여 3사 관원의 선발은 판서에게 돌리지 않고 낭관(郞官)에게 오로지 맡겼다. 따라서 이조의 정랑과 좌랑이 또한 3사의 언론권을 주관하게 되었다.
3공과 6경의 벼슬이 비록 높고 크나, 조금이라도 마음에 차지 않는 일이 있으면 전랑(銓郞)이 3사의 신하들로 하여금 논박하게 하였다. …… 이 때문에 전랑의 권한이 3공과 견줄 만하였다. 이것이 바로 크고 작은 벼슬이 서로 엮이고 위와 아래가 서로 견제하여 300년 동안 큰 권세를 농간하는 신하가 없었고, 신하의 세력이 커져서 임금이 제어하기 어려웠던 근심이 없었던 까닭이다.

이중환, 『택리지』

(2) 사림 세력의 갈등

① 사림의 정국 주도: 선조가 즉위하면서 그동안 향촌에서 세력 기반을 다져 오던 사림 세력이 대거 중앙 정계로 진출하여 정국을 주도하였다.
② 사림의 갈등: 사림 세력은 척신 정치의 잔재를 어떻게 청산할 것인가를 둘러싸고 갈등을 겪었다.
  ㉠ 기성 사림: 명종 이후 정권에 참여해 온 기성 사림들은 척신 정치의 과감한 개혁에 소극적이었다.
  ㉡ 신진 사림: 명종 때 정권에 참여하지 않았다가 새롭게 정계에 등장한 신진 사림들은 원칙에 더욱 철저하여 사림 정치의 실현을 강력하게 내세웠다.

(3) 동인과 서인의 분당(선조 8년, 1575)

① 배경
  ㉠ 이조 전랑직의 문제로 기성 사림의 신망을 받던 심의겸과 당시 명망이 높고 신진 사림의 지지를 받던 김효원 사이의 대립으로 분당이 이루어졌다.
  ㉡ 김효원을 지지하는 세력은 동인, 심의겸을 지지하는 세력은 서인이라 불렸다.
② 동인(東人): 이황과 조식·서경덕의 학문을 계승한 사림들을 중심으로 다수의 신진 세력이 참여하여 먼저 붕당의 형세를 이루었다.
③ 서인(西人): 이이와 성혼의 문인들이 가담함으로써 비로소 붕당의 모습을 갖추었다.

> **사료** 동인·서인의 분당
>
> ❶ 선조 때에 김효원이 전랑(銓郞)에 추천되었다. 이때 왕실의 외척(外戚)이었던 이조 참의(吏曹參議) 심의겸이 거부하여 효원이 전랑(銓郞)되는 것을 허가하지 않았다. 효원은 젊은 선비들의 환심을 크게 얻고 있었는데, 이에 선비들이 일어나 의겸을 공박(攻駁)하였다. 의겸도 일찍이 권력을 잡은 간사한 자를 물리치고 선비들을 보호한 공(功)이 있었다. 이리하여 나이 늙고 벼슬이 높은 사람은 의겸을 옹호하였다. 이에 선배와 후배 사이에 논의가 갈라졌는데, 처음은 하찮은 일에서 점차 커지게 되었다. 그리하여 동·서라는 명호(名號)가 비로소 나뉘어졌는데, 효원의 집이 동쪽에 있었으므로 동인이라 하고, 의겸의 집은 서쪽에 있었으므로 서인이라 하였다. 동인은 김효원·유성룡·김우옹·이산해·정지연·정유길·허봉·이발 등을 추대하였고, 서인은 심의겸·박순·정철·윤두수·윤근수·구사맹 등을 추대하였는데, 이것이 붕당(朋黨)의 시초였다.
> 『이중환, 택리지』
>
> ❷ 김효원이 알성(謁聖) 과거에 장원으로 합격하여 (이조) 전랑의 물망에 올랐으나, 그가 윤원형의 문객이었다 하여 심의겸이 반대하였다. 그 후에 (심의겸의 동생) 심충겸이 장원 급제하여 전랑으로 천거되었으나, 외척이라 하여 효원이 반대하였다. 이때, 양편 친지들이 각기 다른 주장을 내세우면서 서로 배척하여 동인·서인의 말이 여기서 비롯되었다. 효원의 집이 동쪽 건천동에 있고 의겸의 집이 서쪽 정릉동에 있기 때문이었다. …… 동인의 생각은 결코 외척을 등용할 수 없다는 것이었고, 서인의 생각은 의겸이 공로가 많을 뿐더러 선비인데 어찌 앞길을 막느냐는 것이었다.
> 『연려실기술』

(4) 붕당의 성격과 형성

① 붕당은 정치적 이념과 학문적 경향에 따라 결집되었으므로 정파적 성격과 학파적 성격을 동시에 가지고 있다.
② 원래 붕당은 신하들끼리 모여 정파를 이룬 것이기 때문에 왕권이 강성하였던 조선 초기에는 용납될 수 없었다. 그러나 16세기에 왕권이 약화되고 사림 정치가 전개되면서 그 부산물로 붕당이 생기고, 붕당 간의 다툼이 벌어졌다.

○ 사화와 붕당의 비교

구분		사화(士禍)	붕당(朋黨)
차이점		정책적(政策的) 대립	공론(公論)의 대립
		훈구 ↔ 사림	사림 ↔ 사림
		중앙(궁중)을 무대로 함	지방(서원)을 무대로 함
공통점		양반 지배층 간의 분열·대립	

단권화 MEMO

| 정답해설 | 신진 사림과 기성 사림은 이조 전랑 자리를 놓고 서로 경쟁하였다. **김효원 등 신진 사림**은 ㉠ **동인**, **심의겸 등 기성 사림**은 ㉡ **서인**으로 분화되었다. 이후 ㉠ **동인**은 정여립의 모반 사건과 건저의 사건 이후 정철의 처벌 문제를 둘러싸고 온건파인 **남인**과 강경파인 **북인**으로 분열되었다.

| 오답해설 |
① ㉡ 서인은 대체로 이이와 성혼의 학맥을 이었다.
② ㉠ 동인이었던 정여립이 모반을 일으켜 기축옥사가 발생하였다.
③ 임진왜란 시기 의병 활동은 ㉠ 동인에서 분화된 북인 출신이 주도하였다. 대표적 인물로는 곽재우, 정인홍 등이 있다.

| 정답 | ④

바로 확인문제

● 다음 중 ㉠과 ㉡에 대한 설명으로 옳은 것은? 19. 경찰직 1차

> 이조 전랑 임명을 둘러싼 대립으로 두 파의 갈등이 표면화되어 김효원 등 신진 관료는 ㉠, 심의겸을 중심으로 한 기성 관료는 ㉡이라 하여 분당(分黨)되었다.

① ㉠은 대체로 이이와 성혼의 학맥을 이었다.
② ㉡이었던 정여립이 모반을 일으켜 기축옥사가 발생하였다.
③ 임진왜란 시기 의병 활동을 ㉡ 출신이 주도하였다.
④ ㉠은 정철의 처벌 문제를 둘러싸고 강경파와 온건파로 분열하였다.

4 붕당 정치의 성격

(1) 사림의 정치적 성격 변천

① 붕당 간의 다툼: 사림들은 강력한 훈구 세력과 대결할 때는 단결하였으나, 훈구 세력이 무너진 뒤에는 자체 분열하여 학연과 지연을 바탕으로 붕당이 생기고 붕당 간에 치열한 정권 다툼이 벌어졌다.

② 경과
  ㉠ 초기: 상대 붕당을 소인당(小人黨), 자기 붕당을 군자당(君子黨)이라고 주장하였다.
  ㉡ 후기: 선배 사림이 물러간 뒤에는 붕당을 모두 '군자당'으로 보고, 붕당 간의 견제와 협력을 바탕으로 하는 붕당 정치를 전개하였다.

(2) 긍정적 성격과 한계

① 긍정적 성격
  ㉠ 공론(公論)의 수렴: 공론이 중시되는 정국이 되어 합좌 기구인 비변사(備邊司)를 통하여 의견을 수렴하는 방식을 택하였다. 또한 서원이나 향교가 지방 사족의 의견을 모으는 수단으로 기능하였다.
  ㉡ 언로(言路)의 중시: 상대 세력을 견제하고 자기 세력을 옹호하면서 세력을 확대하기 위하여 3사 언관(言官)과 이조 전랑(吏曹銓郎)의 정치적 비중이 높아졌다.
  ㉢ 산림(山林)의 출현: 17세기부터는 재야에서 공론을 주도하는 지도자로서 산림이 출현하였다.

② 한계: 붕당이 적극적으로 내세운 공론도 백성들의 의견을 반영하는 것이 아니라 지배층의 의견을 수렴하는 데 그치는 한계를 지니고 있었다.

> **심화** 붕당 정치에 대한 식민 사학의 부정적 평가
>
> 타율적 권위에 의존하여 자기를 주장하는 정신은 독립성이 없고, 그곳에서 사람들이 서로 의존하는 당파적 성격이 길러지는 것은 자연스런 일이다. 유력한 권위 아래 모이고, 혹은 특수한 사회 결합에 의존하여 당파를 맺는 것은 조선의 두드러진 국민성으로서 정치, 사회의 대립에서부터 다 같이 두드러지게 나타나고 있다. 붕당의 다툼은 스스로의 생활 의식의 대립에서부터 일어나는 것이 아니다. 주자학의 원리, 특히 예론에 따른 일종의 의존적 대립인 까닭에 종합되어 앞으로 나아가는 때는 없고, 언제까지나 의미 없는 대립으로서 성과 없는 항쟁을 계속한다. 그 항쟁의 길이에서는 세계적 기록이라고 하여도 과언이 아니다. 「조선사 개실」

■ **산림(山林)**
최초의 산림은 광해군 때 북인 정권의 산림이었던 정인홍이다.

05 조선 초기의 대외 관계

▲ 조선 초기의 대외 관계
명과는 사대 관계, 여진·일본과는 교린 관계를 유지하였다.

1 명(明)과의 관계

(1) 사대교린(事大交隣) 정책

① 의미: 조공 관계로 맺어진 중국 중심의 동아시아 국제 질서 속에서 나타난 외교 정책이다. 그러나 이것은 서로의 독립성을 인정하는 바탕 위에서 이루어진 것으로 예속 관계에 의한 것이 아니었다. 조선은 건국 직후부터 명과 친선 관계를 유지하여 정권과 국가의 안전을 보장받고, 중국 이외의 주변 민족과는 교린 정책을 취하였다.

② 일관된 외교 정책: 사대교린 정책은 상대 국가가 달라지더라도 조선 전 시기에 걸쳐 일관되게 추진한 외교 정책이다.

> **심화** 조선 건국 직후 명과의 대립
>
> 조선에 의탁한 여진인에 대한 명의 송환 요구(태조 2년, 1393) 때문에 조선과 명이 갈등을 빚었다. 또한 명은 조선의 외교 문서에 무례한 표현이 있다는 것을 빌미로 정도전의 입조를 요구하였다(표전문제 – 정도전 대신, 권근이 명에 가서 문제를 해결함). 한편 조선에서는 종계변무(宗系辨誣: 『대명회전』에 조선 태조가 이인임의 아들로 잘못 기록된 것을 수정해 달라는 요청)의 문제를 제기하였다. 위와 같은 상황 때문에 태조 시기 정도전, 남은 등의 주장으로 요동 정벌론이 제기되었으나, 태종이 즉위한 이후에는 양국 관계가 회복되었다.

단권화 MEMO

■ **사절의 종류**

명에 파견한 사신은 조천사, 조선 후기 청에 파견한 사신은 연행사라 하였다. 정기적으로 보내는 하정사(정월 초하루)·성절사(황제·황후의 탄신일)·천추사(황태자의 탄생일)·동지사(동짓날) 외에 필요할 때 부정기적으로 보내는 사절이 있었다.

■ **명과의 공무역**

사절의 왕래를 통하여 수출된 물품은 종이·마필·인삼·화문석 등이었고, 수입된 물품은 견직물·서적·약재·도자기 등이 있다.

(2) 조선 초 명과의 관계

① 자주적 관계: 명과는 태조 때 정도전이 중심이 되어 추진한 요동(遼東) 정벌의 준비와 여진과의 관계를 둘러싸고 불편한 관계가 유지된 적이 있었다.
② 외교적 긴밀 관계: 태종 이후 양국 관계가 좋아지면서 문화 교류가 활발해졌다.

(3) 명과의 교역

① 사절의 교환: 매년 정기적·부정기적으로 사절을 교환하였고, 그때 문화적·경제적 교류가 활발하게 이루어졌다.
② 사절 교환의 원칙: 조선은 명에 대해서 기본적으로 사대 정책을 유지하였으나, 명의 구체적인 내정 간섭은 없었다.
③ 사절 교환의 목적: 사절 교환의 목적은 기본적으로 정치적인 것이었지만, 이를 통하여 중국의 앞선 문화 수입과 물품의 교역이 이루어졌다.
④ 자주적·문화적 외교: 명에 대한 사대 외교는 왕권의 안정과 국제적 지위 확보를 위한 자주적인 실리 외교였고, 선진 문물을 흡수하기 위한 문화 외교인 동시에 일종의 공무역(公貿易)이었다.

2 여진과의 관계

(1) 적극적 외교 정책

① 배경: 조선은 영토의 확보와 국경 지방의 안정을 위하여 여진에 대한 적극적인 외교 정책을 펴 나갔다.
② 기본 정책: 여진족은 고려 시대에는 금(金)을 세워 만주와 북중국을 지배하였으나, 몽골에게 멸망한 뒤에는 부족 단위로 생활하고 있었다. 이들은 반농반목의 상태였기 때문에 조선에서 식량·의류·농기구 등을 조달받고 있었다. 조선은 여진족의 귀순을 장려하기 위하여 관직·토지·주택 등을 주어 우리 주민으로 동화하거나 **무역소와 북평관** 등을 두어 국경 무역과 조공 무역을 허락하였다. 그러나 교린 정책에도 불구하고 여진족의 침탈 행위가 빈번해지자, 조선 정부는 근본적인 대비책을 모색하기에 이르렀다.
㉠ 태조: 건국 초 태조에 의하여 일찍부터 두만강 지역을 개척하였다.
㉡ 세종: 최윤덕, 이천, 김종서 등의 활약으로 4군과 6진을 설치하고, 압록강과 두만강을 경계로 하는 오늘날과 같은 **국경선**을 확정하였다.
㉢ 성종: 신숙주, 윤필상 등이 압록강과 두만강 이북의 여진족을 토벌하였다.

■ 「야연사준도(夜宴射樽圖)」

김종서가 6진을 개척하고 함경도에 있을 때의 고사(故事)를 조선 후기에 그린 것이다.

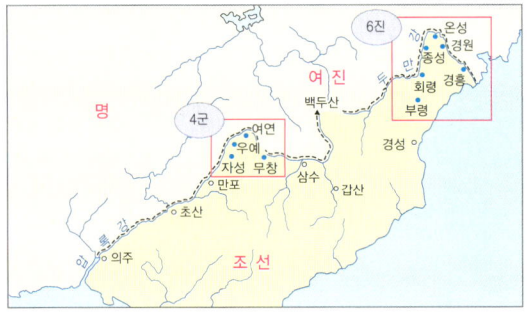

▲ 4군과 6진

(2) 사민 정책과 토관 제도

① 여진족의 침략에 효과적으로 대응하고 주민의 자치적 지역 방어 체제를 확립함과 동시에 국토의 균형 있는 발전을 꾀하는 사민 정책과 토관 제도를 마련하였다.
② 사민 정책(徙民政策): 삼남 지방의 일부 주민들을 대거 북방으로 이주시켜 압록강과 두만강 이남 지역을 개발하였다.
③ 토관 제도(土官制度): 평안도, 함경도, 제주도 등 벽지에서는 토착민을 토관으로 임명하여 민심을 수습하였다.

3 일본 및 동남아시아와의 관계

조선은 일본·동남아시아의 여러 나라와의 교류에는 교린 정책(交隣政策)을 원칙으로 했다.

(1) 일본과의 관계

① 왜구의 침략과 격퇴
　㉠ 왜구의 침략: 고려 말부터 조선 초기까지 계속된 왜구의 침략으로 해안 지방의 백성들이 산속으로 숨어들어가 살았기 때문에 농사를 제대로 지을 수가 없었다.
　㉡ 조선의 대비책
　　• 수군(水軍)을 강화하였고, 성능이 뛰어난 전함(戰艦)을 대량으로 건조하였다.
　　• 화약 무기를 개발하여 선박에 장착하는 등 왜구의 격퇴를 위해 노력하였다.
② 강경책: 왜구의 소굴인 쓰시마섬에 대한 토벌은 고려 말과 조선 초에 이루어졌다. 세종 1년(1419) 이종무는 병선 227척, 병사 1만 7천여 명을 이끌고 쓰시마섬을 정벌하여 왜구의 근절을 약속받고 돌아왔다.
③ 온건책
　㉠ 제한적 무역: 침략과 약탈이 어려워진 왜구들이 평화적인 무역 관계를 요구해 오자, 조선은 일부 항구를 개방하여 제한된 무역을 허용하였다.
　㉡ 3포 개항: 왜구의 요구를 받아들여 남해안의 부산포·제포(내이포, 진해)·염포(울산) 등 3포를 개항하여 무역을 허용하였다.
　㉢ 조약의 체결: 쓰시마 도주와 계해약조(1443)를 체결하여 제한된 범위 내에서 교역을 허락하였다.

> **사료** 　계해약조
>
> 세사미두(歲賜米豆)와 세견선(歲遣船)에 대한 약조를 정하였다. (대마도) 도주(島主)에게는 해마다 쌀과 콩을 합하여 200섬을 주기로 하였다. 세견선은 50척으로 하고 만일 부득이하게 보고할 일이 있으면 이 숫자 이외에 특송선을 보내도록 하였다.
> 『증정교린지』

○ 일본과의 관계

세종 1년(1419)	이종무의 쓰시마섬 정벌	
세종 8년(1426)	3포 개항	부산포, 제포(내이포, 진해), 염포(울산)
세종 25년(1443)	계해약조	세견선 50척, 세사미두 200석
중종 5년(1510)	삼포 왜란	비변사 설치(임시 관청)

■ 국경 지방 방비
국경 지방에 많은 진(鎭)·보(堡)를 설치하여 각 고을을 전략촌으로 바꾸어 방비를 강화하였다.

■ 쓰시마섬 정벌
박위(창왕 1년, 1389) → 김사형(태조 5년, 1396) → 이종무(세종 1년, 1419, 기해동정)

■ 일본과의 교역품
일본은 주로 쌀·무명·삼베·서적·공예품 등을 가져갔고, 구리·황·향료·약재 등을 가져왔다.

■ 통교의 조건
조선이 발부한 도서(圖書)와 대마도주의 문인(文引)을 지참해야 통교할 수 있었다.

단권화 MEMO		
	중종 7년(1512)	임신약조	제포만 개항, 세견선 25척, 세사미두 100석
	중종 39년(1544)	사량진 왜변	국교 단절
	명종 2년(1547)	정미약조	• 교역 재개 • 규정 위반 시 벌칙 규정
	명종 10년(1555)	을묘왜변	• 국교 단절 • 비변사 상설 기구로 승격
	선조 25년(1592)	임진왜란	
	선조 30년(1597)	화의(和議) 결렬 (심유경·도요토미 히데요시)	정유재란 발발
	광해군 1년(1609)	기유약조	• 국교 정상화(부산포에 왜관 설치) • 세견선 20척, 세사미두 100석

■ 조일 통교 체제

적례 관계 (敵禮關係) 외교	• 협의의 외교 • 내용: 외교적으로 조선 국왕과 대등한 자격으로 사절을 교환하는 외교 채널 • 대상: 무로마치[室町] 막부와 류큐[琉球] 국왕에 한정 • 성격: 사실은 대등 관계로 볼 수 없고 조공 형식을 띰
기미 관계 (羈縻關係) 외교	• 광의의 외교 • 형식: 조공 무역(朝貢貿易) • 대상: 왜의 호족(豪族)이나 대마도주 소가씨(對馬島主-宗氏)

(2) 동남아시아 각국과의 관계

① 조선 초에는 류큐·시암·자바(자와) 등 동남아시아의 여러 나라에서도 사신과 토산물을 보내오고, 조선의 문물을 수입해 갔다.
② 이들 나라는 조공 혹은 진상의 형식으로 기호품을 중심으로 한 각종 토산품(침향, 물소뿔 등)을 가져와서 옷·옷감·문방구 등을 회사품으로 가져갔다.
③ 특히 류큐와의 교역이 활발하였는데, 불경·유교 경전·범종·부채 등을 전해 주어 류큐의 문화 발전에 기여하였다.

바로 확인문제

● 조선 전기 일본과 관계된 주요 사건이다. (가)~(라) 각 시기에 있었던 사건으로 옳지 않은 것은?

16. 서울시 9급

```
1392      1419      1510      1592
    (가)       (나)       (다)       (라)
조선 건국   쓰시마 토벌   3포 왜란   임진왜란
```

① (가): 부산포, 제포, 염포 등 3포를 개항하였다.
② (나): 계해약조를 체결하여 쓰시마주의 제한적 무역을 허락하였다.
③ (다): 왜선이 침입하여 을묘왜변을 일으켰다.
④ (라): 조선은 포로의 송환 교섭을 위해 일본에 사신을 파견하였다.

● 조선 초기의 대외 관계에 대한 설명 중 가장 옳은 것은?

19. 2월 서울시(사복직 포함) 9급

① 화이관(華夷觀)이라는 세계관에 바탕을 두고 사대교린(事大交隣)을 기본 정책으로 삼았다.
② 북진 정책하에 고구려 고토의 회복을 도모하였다.
③ 일본과 여진에 대해서는 무력 진압을 위주로 하였다.
④ 동남아시아 국가와는 교류가 없었다.

| 정답해설 | 1426년에 부산포, 제포, 염포 등 3포를 개항하였다. 따라서 (나) 시기에 해당한다.

| 오답해설 |
② 1443년에 계해약조를 체결하여 쓰시마주의 제한적 무역을 허락하였다.
③ 을묘왜변은 1555년에 발생하였다. 이후 일본과의 국교는 단절되었고, 비변사는 상설 기구가 되었다.
④ 임진왜란 이후 조선은 포로의 송환 교섭을 위해 사명당(유정)을 일본에 파견하였다.

| 정답 | ①

| 오답해설 |
② 고구려 고토를 회복하기 위한 북진 정책은 고려 시대에 추진되었다.
③ 여진, 일본 등과는 교린 정책을 바탕으로 강경책과 온건 정책을 병행하였다.
④ 조선 초에는 류큐, 시암, 자바 등 동남아시아의 여러 나라와도 교류하였다.

| 정답 | ①

06 양난의 극복

1 왜군의 침략

(1) 조선의 정세

① 일본과의 대립
  ㉠ 15세기에 비교적 안정되었던 일본과의 관계는 16세기에 이르러 대립이 격화되었다.
  ㉡ 일본인의 무역 요구가 더욱 늘어난 데 대하여 조선 정부가 통제를 강화하자 중종 때의 삼포 왜란(1510)이나 명종 때의 을묘왜변(1555)과 같은 소란이 자주 일어났다.
  ㉢ 조선은 비변사를 설치하여 군사 문제를 전담하게 하는 등 대책을 강구하였고, 일본에 사신을 보내 정세를 살펴보기도 하였다.

② 정부의 소극적 대처: 16세기 말에 이르러 국방력은 더욱 약화되고, 일본 정세에 대한 인식에서도 붕당 간의 차이를 보이는 등 국론이 일치되지 않아서 적극적인 대책이 강구되지 못하였다.

(2) 임진왜란(1592)*

① 부산 일대의 함락: 일본이 전국 시대의 혼란을 수습한 뒤 철저한 준비 끝에 20만 대군으로 조선을 침략해 오자 부산진에서는 정발, 동래성에서는 송상현이 분전하였으나 끝내 함락되고 말았다.

② 왜군의 북상
  ㉠ 왜군은 세 길로 나뉘어 한양을 향하여 북상하였다.
  ㉡ 충주에서 신립(申砬)이 배수진을 치고 싸웠으나 무기와 전력의 열세로 패하였다.

▲ 마반차에 올려진 중완구
조선 중기에 사용된 유통식 화포이다.

③ 조정의 피난
  ㉠ 전쟁에 미처 대비하지 못한 조선은 전쟁 초기에 왜군을 효과적으로 막아낼 수 없게 되자 선조는 의주로 피난하고 명에 원군을 요청하였다.
  ㉡ 왜군은 한양을 점령하고 북상을 거듭하여 평양과 함경도 지방까지 침입하였다.

2 수군과 의병의 승리

(1) 수군의 승리

① 왜군의 전략: 왜군의 침략 작전은 육군이 북상함에 따라 수군이 남해와 황해를 돌아 물자를 조달하면서 육군과 합세하려는 것이었다(수륙 병진 작전, 水陸竝進作戰).

② 이순신의 활약
  ㉠ 군사력의 정비: 왜군의 침입이 있기 1년 전에 전라 좌수사로 부임한 이순신은 왜군의 침입에 대비하여 판옥선과 거북선을 만들고, 전함과 무기를 정비하여 수군을 훈련하고 군량미를 저장하였다.

단권화 MEMO

■ 삼포 왜란
중종 5년(1510) 3포에 거류한 왜인들이 무역 제한에 불만을 품고 일으킨 난이다.

■ 을묘왜변
3포를 개항한 이후 왜인들은 약조를 지키지 않고 자주 소란을 피웠다. 특히 명종 10년(1555)에는 왜인들이 70여 척의 배를 몰고 전라남도 연안 지방을 습격해 왔다. 이후 일본과의 교류는 일시 단절되었다.

＊임진왜란
임진왜란의 주요 전투를 순서대로 파악해 두어야 한다.

■ 왜군의 진로
제1군의 고니시 유키나가는 중로(양산·대구·상주·새재를 넘어 북진)로, 제2군의 가토 기요마사는 동로(경주·영천을 거쳐 북상)로, 제3군의 구로다 나가마사는 서로(김해·성주를 거쳐 북진)로 나뉘어 진격하였다. 특히 고니시는 상주에서 이일(李鎰)을, 충주에서 신립(申砬)을 각각 격파하고, 가토와 합세하여 서울을 함락(5월 2일)하였으며, 6월 14일에는 평양을 함락하였다.

단권화 MEMO

■ 조선 수군의 왜군 격퇴
옥포(거제도)·적진포(고성)·사천(삼천포)·당포(통영)·당항포(고성)·율포(거제도)·한산도·안골포(웅천)·부산포 등지에서 적을 전멸해 제해권을 장악하였다.

■ 이순신과 강감찬의 추모
숙종은 이순신 사당에 '현충'이라는 호를 내리고(숙종 33년, 1707), 의주에 강감찬 사당을 건립하여(1709) 국민의 애국심을 고취하였다.

■ 임진왜란 3대 대첩
• 한산도 대첩(1592. 7.)
• 진주 대첩(1592. 10.)
• 행주 대첩(1593. 2.)

▲ 임진왜란 해전도

ⓒ 왜군의 격퇴: 왜군이 부산에 상륙하자 80여 척의 배를 거느리고 옥포(거제도: 5월)에서 첫 승리를 거두었다. 이어 사천(삼천포, 거북선을 이용한 최초의 승리)·당포(통영)·당항포(고성) 등지에서도 대승을 거두었다. 이에 따라 왜군의 수륙 병진 작전이 좌절되었다.

ⓒ 한산도 대첩: 1592년 7월 총공격에 나선 일본의 적함들을 한산도 앞바다로 유인하여 대파하였다. 또한 조선의 수군은 왜군의 교두보인 부산을 공격하여 또다시 큰 승리를 거두었다.

③ 결과: 남해안 여러 곳에서 연승을 거두어 **남해의 제해권(制海權)을 장악**하였다. 이로써 곡창 지대인 전라도 지방을 지키고 왜군의 침략 작전을 좌절시켰다.

(2) **의병의 항쟁**

① 의병의 구성
  ㉠ 자발적 조직: 전국에서 자발적으로 조직된 의병이 왜군과 싸워 향촌 사회를 지켜 냈다.
  ㉡ 의병의 신분: 농민이 주축을 이룬 의병은 전직 관리와 사림 양반, 승려들이 조직하고 지도하였다.
② 의병의 전술
  ㉠ 지리적 전술: 향토 지리에 밝은 이점을 활용하고, 그에 알맞은 전술을 구사하여 적은 병력으로도 왜군에게 큰 타격을 주었다.
  ㉡ 유격 전술: 적은 병력으로 정규군을 상대해야 했기 때문에 정면 공격은 피하고 매복, 기습 작전을 구사하여 적에게 큰 타격을 주었다.
③ 의병장

곽재우(郭再祐)	경상도 의령	진주 대첩(1차)에 김시민과 참전, 홍의장군(紅衣將軍)
조헌(趙憲)	충청도 옥천	청주 수복, 금산에서 고경명·영규(靈圭) 등과 전사(칠백의총)
고경명(高敬命)	전라도 담양	금산 전투에서 아들 고인후와 함께 전사함
김천일(金千鎰)	전라도 나주	진주 혈전(1593, 2차 진주 전투)에서 순국함
김덕령(金德齡)	전라도 담양	남원에서 활약, 수원 전투에 참전, 적의 책략으로 이몽학의 난 관련자로 옥사
정문부(鄭文孚)	함경도 경성	길주 전투에 참전
서산 대사 (西山大師, 휴정)	묘향산	전국 승병 운동의 선구자
사명 대사 (송운 대사, 유정)	금강산	전후 대일 강화(對日講和)를 위해 사신으로 일본에 다녀옴

④ 관군으로 편입 : 전란이 장기화되면서 산발적으로 일어난 의병 부대는 관군에 편입·조직화되었고, 이로써 관군의 전투 능력도 한층 강화되었다.

▲ 관군과 의병의 활동

사료 유성룡의 『징비록』 서문

『징비록(懲毖錄)』이란 무엇인가? 임진왜란이 발생한 후의 일을 기록한 것이다. 그중에 임진왜란 전의 일도 가끔 기록한 것은 전란의 발단을 구명하기 위한 것이다. 아아! 임진년의 화는 참혹하였도다. 수십 일 동안에 삼도(三都)를 지키지 못하였고 팔방이 산산이 무너져 임금께서 수도를 떠나 피란하였는데, 그럼에도 우리나라가 오늘날이 있게 된 것은 하늘이 도운 까닭이다. 그리고 선대 여러 임금의 어질고 두터운 은덕이 백성들을 굳게 결합시켜 백성들의 나라를 생각하는 마음이 그치지 않았기 때문이며, 임금께서 중국을 섬기는 정성이 명나라 황제를 감동시켜 우리나라를 구원하기 위해 명나라 군대가 여러 차례 출동하였기 때문이다. 이러한 일들이 없었다면 우리나라는 위태하였을 것이다.

『시경(詩經)』에 "내가 지난 일의 잘못을 징계하여 뒤에 환난이 없도록 조심한다."라고 하였으니, 이것이 내가 『징비록』을 저술한 까닭이다.

사료 임진왜란 당시 도성의 모습

경성에는 종묘, 사직, 궁궐과 나머지 관청들이 또한 하나도 남아 있는 것이 없으며, 사대부의 집과 민가들도 종루 이북은 모두 불탔고 이남만 다소 남은 것이 있으며, 백골이 수북이 쌓여서 비록 치우고자 해도 다 치울 수 없다. 경성의 수많은 백성들이 도륙을 당했고 남은 이들도 겨우 목숨만 붙어 있다. 굶어 죽은 시체가 길에 가득하고 진제장(賑濟場)에 나아가 얻어먹는 자가 수천 명이며 매일 죽는 자가 60~70명 이상이다.

성혼, 『우계집』

3 전란의 극복과 영향

(1) 전세의 전환

① 수군과 의병의 항전: 수군과 의병의 승전으로 조선은 전쟁 초기의 수세에서 벗어나 반격을 시작하였다.

② 진주 대첩(1592. 10.): 진주 목사 김시민이 전라도로 진출하려는 왜군을 격퇴하였다.

③ 명의 참전
  ㉠ 명의 원군이 전쟁에 참여하면서 전쟁은 새로운 국면으로 접어들었다.
  ㉡ 조명 연합군은 평양성을 탈환하였으며(1593. 1.), 관군과 백성들이 합심하여 행주산성 등에서 적의 대규모 공격을 물리쳤다.
  ㉢ 왜군은 서울에서 후퇴하여 경상도 해안 일대에서 장기전에 대비하였다.

> **심화** 여진족의 참전 요청
>
> 건주(建州)의 여진족이 왜적을 무찌르는 데 2만 명의 병력을 지원하겠다고 하자, 명군 장수 형군문이 허락하려 하였다. 그러나 명 사신 양포정은 만약 이를 허락한다면 명과 조선의 병력, 조선의 산천 형세를 여진족이 알게 될 수 있다고 하여 거절하였다.

④ 조선의 전열 정비
  ㉠ 훈련도감 설치(1593): 직업 군인인 삼수병(포수, 사수, 살수)으로 구성된 훈련도감을 설치하였다.
  ㉡ 속오군 설치(1594): 양반부터 노비까지로 구성된 속오군을 편성하여 지방군 제도를 개편하였다.
  ㉢ 무기 강화: 화포를 개량하고 조총도 제작하여 무기의 약점을 보완하였다.

> **사료** 벽제관 전투(1593. 1. 27.)
>
> 이여송이 휘하의 병사들을 거느리고 말을 몰아 급히 진격하였다. 왜적은 벽제관 부근에서 거짓으로 패하는 척하면서 명군을 진흙 수렁으로 유인하였다. 명군이 함부로 전진하다가 여기에 빠지자 왜적들이 갑자기 달려들어 명군을 마구 척살하였다. 겨우 죽음을 면한 이여송은 나머지 부하들을 이끌고 파주, 개성을 거쳐 평양으로 후퇴하였다.
> 『연려실기술』

(2) 정유재란(1597)

① 왜군의 재침
  ㉠ 휴전의 결렬: 3년여에 걸친 명과 일본 사이의 휴전 회담이 결렬되자 왜군이 다시 침입하였다.
  ㉡ 칠천량 해전(1597. 7.): 원균이 지휘한 조선의 수군이 일본군에게 패배하였다.
  ㉢ 직산 전투: 조명 연합군이 왜군을 직산(稷山, 천안)에서 격퇴하였다(1597. 9.).

② 해전의 승리
  ㉠ 명량 대첩: 이순신이 적선을 명량에서 대파하자 왜군은 남해안 일대로 다시 후퇴하였다.
  ㉡ 노량 해전: 왜군은 도요토미 히데요시가 죽자 본국으로 철수하였다. 퇴각하는 왜군을 도처에서 격퇴하던 이순신은 명의 진린과 연합하여 고니시 유키나가의 퇴로를 차단하려고 적을 공격하던 중 장렬하게 전사하였다(1598. 11. 18.~1598. 11. 19.).

■ 명군의 참전

1차 원군 조승훈(祖承訓)은 평양 전투에서 사유(史儒)·대조변(戴朝弁) 등의 전사로 패배하였고, 2차 원군 이여송(李如松)은 평양을 탈환하고 남하하다가 벽제관(碧蹄館)에서 패하였다.

■ 이순신(李舜臣)의 복귀

정유재란 직전 요시라(要時羅)의 간계와 원균(元均)의 모함으로 파면되었던 이순신은 1597년 삼도수군통제사(三道水軍統制使)로 임명되어 남해의 제해권을 다시 장악하였다.

| 심화 | 임진왜란의 전개 과정

왜군의 침략(1592. 4.)
부산진 전투(정발)
동래성 전투(송상현)
상주 전투(이일)
충주 탄금대 전투(신립)
한양 함락(1592. 5. 2.)
옥포 해전(수군의 첫 승리, 1592. 5. 7.)
사천 해전(1592. 5. 29. 거북선을 이용하여 승리한 최초의 전투)
평양성 함락(1592. 6. 14.)
선조, 의주 도착(1592. 6. 22.)
한산도 대첩(1592. 7.)
이치 전투(권율, 1592. 7.)

금산 전투(1592. 7.~8. 고경명, 조헌, 영규 전사)
진주 대첩(1592. 10. 김시민 전사)
평양성 탈환(조명 연합군, 1593. 1.)
벽제관 전투(여석령 전투, 1593. 1. 27.): 명군과 일본군의 교전 → 일본군의 승리
행주 대첩(권율, 1593. 2.)
진주성 2차 혈전(1593. 6.)
훈련도감 설치(1593. 8.)
선조의 환도(1593. 10.)
이몽학의 난(1596. 7.)
정유재란 후 칠천량 해전(원균의 패전, 1597. 7. 15.)
직산 전투(1597. 9. 7.)
명량 대첩(1597. 9. 16.)
노량 해전(1598. 11. 이순신 전사)

(3) 왜란의 영향

임진왜란은 국내외에 많은 변화를 가져왔다.

① 대내적 영향
  ㉠ 인구의 격감: 왜군에 의하여 수많은 인명이 살상되었을 뿐만 아니라 기근과 질병으로 인구가 크게 줄어들었다. 또한 수만 명이 일본에 포로로 잡혀갔다.
  ㉡ 재정의 궁핍: 토지 대장과 호적이 대부분 없어져 국가 재정이 궁핍해졌고, 식량이 부족해졌다.
  ㉢ 신분제의 동요: 신분을 매매하는 납속책이나 공명첩이 대량으로 발급되어 신분제의 동요를 가져왔다.
  ㉣ 민란의 발발: 이몽학의 난(1596)은 왕실 서얼 출신인 이몽학이 민심의 불만을 선동하여 충청도에서 일으킨 난으로 홍가신이 토벌하였다. 이후 민란이 도처에서 일어났다.
  ㉤ 문화재의 손실: 일본군의 약탈과 방화로 불국사, 서적, 실록 등 수많은 문화재가 손실되었다.

② 대외적 영향
  ㉠ 일본: 일본의 문화가 크게 발전할 수 있는 계기를 만들어 주었다. 일본은 조선에서 활자·그림·서적 등을 약탈해 갔고, 성리학자와 우수한 활자 인쇄공 및 도자기 기술자 등을 포로로 잡아가 일본의 성리학과 도자기 문화가 발달할 수 있는 토대를 마련하였다.
  ㉡ 중국: 조선과 명이 일본과 싸우는 동안 북방의 여진족이 급속히 성장하여 동아시아의 정세가 크게 변화하였다.

단권화 MEMO

■ **납속책(納粟策)**
군량 및 재정의 부족을 보충하기 위해서 곡식의 다소에 따라 '납속 면천(納粟免賤)'과 '납속 수직(納粟受職)'을 실시하고 각처에 납속관(納粟官)을 파견하였다.

■ **공명첩(空名帖)**
나라의 재정을 보충하기 위하여 부유층으로부터 돈이나 곡식을 받고 팔았던 명예직 임명장으로, 일반적인 임명장과는 달리 이름을 적는 난이 비어 있었다.

■ **포로가 된 유학자**
강항, 정희득, 홍호연, 조완벽 등이다. 강항은 귀국 후 임진왜란의 수기 『간양록(看羊錄)』을 저술하였다.

■ **납치된 도공**
이삼평을 비롯한 도자기 기술자들은 일본에 끌려가 일본 도자기의 발달에 결정적 역할을 하였다. 이에 임진왜란을 도자기 전쟁이라고도 한다.
납치된 도공(陶工) 이삼평은 규슈 사가현 아리타 지역에서, 심당길은 규슈 남부 사쓰마 지역(현재 가고시마)에서 일본 도예 공업 발달에 이바지하였다. 오늘날 이들은 일본의 도조(陶祖)로 불린다.

단권화 MEMO

정답해설 임진왜란 이후 조선과 일본의 국교가 정상화되고, 기유약조(광해군 원년, 1609)가 체결되었다. 기유약조에서는 부산포에 왜관을 설치한 후 교역을 재개하되, 세견선 20척, 세사미두 100석으로 무역량을 제한하였다.

정답 ①

정답해설 제시된 사건의 순서는 다음과 같다. ㄹ. 한산도 대첩(1592. 7.) → ㄷ. 진주 대첩(김시민, 1592. 10.) → ㄴ. 평양성 탈환(조명 연합군, 1593. 1.) → ㄱ. 행주 대첩(권율, 1593. 2.)

정답 ④

정답해설 제시된 내용은 명과 왜군의 '벽제관 전투(1593. 1. 27.)'로, 김시민의 진주 대첩(1592. 10.)과 권율의 행주 대첩(1593. 2.) 사이에 해당한다.

정답 ③

바로 확인문제

● **다음 내용이 포함된 조약으로 옳은 것은?** 16. 서울시 7급

> 1. 대마도주(對馬島主)의 세사미두(歲賜米豆)는 100석으로 한다.
> 1. 대마도주의 세견선(歲遣船)은 20척으로 한다.
> 1. 왜관의 체류 시일은 대마도주가 특별히 보낸 사람은 110일, 기타 세견선은 85일이고, 표류인 등을 송환할 때는 55일로 한다.

① 기유약조
② 임신약조
③ 정미약조
④ 계해약조

● **임진왜란 때의 주요 전투를 벌어진 순서대로 바르게 나열한 것은?** 16. 국가직 9급

> ㄱ. 권율 장군이 행주산성에서 왜군을 크게 무찔렀다.
> ㄴ. 조선과 명나라 군대가 합세하여 평양성을 탈환하였다.
> ㄷ. 진주 목사 김시민이 왜의 대군을 맞아 격전 끝에 진주성을 지켜냈다.
> ㄹ. 이순신 장군이 한산도 앞바다에서 왜의 수군을 격퇴하고 제해권을 장악하였다.

① ㄱ-ㄴ-ㄷ-ㄹ
② ㄱ-ㄷ-ㄴ-ㄹ
③ ㄹ-ㄴ-ㄷ-ㄱ
④ ㄹ-ㄷ-ㄴ-ㄱ

● **다음 전투가 일어난 시기를 〈보기〉의 (가)~(라)에서 바르게 고른 것은?** 21. 계리직 9급

> 이여송이 휘하의 병사들을 거느리고 말을 몰아 급히 진격하였다. 왜적은 벽제관 부근에서 거짓으로 패하는 척하면서 명군을 진흙 수렁으로 유인하였다. 명군이 함부로 전진하다가 여기에 빠지자 왜적들이 갑자기 달려들어 명군을 마구 척살하였다. 겨우 죽음을 면한 이여송은 나머지 부하들을 이끌고 파주, 개성을 거쳐 평양으로 후퇴하였다.
> 「연려실기술」, 선조조 고사본말

보기

| 신립이 탄금대 전투에서 패하고 자결하다. |
⇩ (가)
| 이순신이 이끄는 조선군이 한산도 해상에서 일본군을 크게 이기다. |
⇩ (나)
| 김시민 휘하의 조선 군인과 백성들이 진주성에서 일본군의 침입을 막아내다. |
⇩ (다)
| 권율이 지휘하는 조선군이 행주산성에서 일본군을 물리치다. |
⇩ (라)
| 원균이 칠천량 부근에서 전사하다. |

① (가) ② (나) ③ (다) ④ (라)

CHAPTER 02 근세의 경제

01 경제 정책
02 양반과 평민의 경제 활동

01 경제 정책

1 농본주의 경제 정책

(1) 왕도 정치와 민생 안정
① 농본주의 경제 정책: 조선은 고려 말의 파탄된 국가 재정과 민생 문제를 해결하고 재정 확충과 민생 안정을 위한 방안으로 농본주의 경제 정책을 내세웠다.
② 민생 안정: 위민(爲民)과 애민(愛民)을 중요하게 여기는 왕도 정치 사상에서 민생 안정은 가장 먼저 해결해야 할 과제였다.

(2) 중농 정책의 실시
① 민생 안정 도모: 조선 건국을 주도하였던 신진 사대부들은 중농 정책을 표방하면서 농경지를 확대하고 농업 생산력을 증가하며, 농민의 조세 부담을 줄여 농민 생활을 안정하려 하였다.
② 토지 개간, 양전 사업: 건국 초부터 토지 개간을 장려하고 양전 사업을 실시한 결과 고려 말 50여만 결이었던 경지 면적이 15세기 중엽에는 160여만 결로 증가하였다.
③ 농업 기술, 농기구 개발: 농업 생산력을 향상하기 위하여 새로운 농업 기술과 농기구를 개발하여 민간에 보급하였다.

> **사료** 농업 장려 정책
>
> 성세창이 아뢰기를 "임금이 나라를 다스리는 데 백성을 교화시키는 것이 중요합니다. 그러나 먼저 살게 한 뒤 교화시키는 것이 옳습니다. 세종 임금이 농상(農桑: 농업과 뽕나무 심기)에 적극 힘쓴 까닭에 수령들이 사방을 돌면서 살피고 농상을 권하였으므로 들에 경작하지 않은 땅이 없었습니다. 요즘에는 백성 중에 힘써 농사짓는 사람이 없고, 수령도 들에 나가 농상을 권하지 않습니다. 감사 또한 권하지 않습니다. 특별히 지방에 타일러 농상에 힘쓰도록 함이 어떻습니까?"라고 하였다. 왕이 8도 관찰사에게 농상을 권하는 글을 내렸다.
>
> 『중종실록』

(3) 상공업 정책
상공업자가 허가 없이 마음대로 영업하는 것을 규제하였다.
① 상공업 통제: 당시 사대부들은 물화의 수량과 종류를 국가가 통제하지 않고 자유 활동에 맡겨 두면 사치와 낭비가 조장되며 농업이 피폐해져서 빈부의 격차가 커지게 된다고 생각하였다.

단권화 MEMO

② 직업적 차별: 더욱이 당시 사회에서는 사·농·공·상 간의 직업적인 차별이 있어 상공업자들이 제대로 대우받지 못하였다.
③ 유교적 경제관: 검약한 생활을 강조하는 유교적인 경제관으로 소비가 억제되었다.
④ 자급자족 농업 경제
　㉠ 자급자족적 농업 중심의 경제로 화폐 유통, 상공업 활동, 무역 등이 부진할 수밖에 없었다.
　㉡ 정부가 화폐를 만들어 보급·유통하려 하였으나, 약간의 저화와 동전만이 삼베·무명·미곡과 함께 사용되었다.
　㉢ 도로와 교통 수단도 미비하였다.

> **사료** 성리학적 경제관
>
> ❶ 검소한 것은 덕(德)이 함께 하는 것이며, 사치는 악(惡)의 큰 것이니 사치스럽게 사는 것보다는 차라리 검소해야 할 것이다.
> ❷ 농사와 양잠은 의식(衣食)의 근본이니, 왕도 정치에서 우선이 되는 것이다.
> ❸ 우리나라에는 이전에 공상(工商)에 관한 제도가 없어 게으르고 놀기 좋아하는 자들이 상공업에 종사하였기 때문에 농사를 짓는 백성이 줄어들었으며, 말작(末作: 상업)이 발달하고 본실(本實: 농업)이 피폐하였다. 이것을 염려하지 않을 수 없다.
>
> 「조선경국전」

⑤ 국가의 통제 약화
　㉠ 16세기에 이르러 국가의 농민에 대한 **통제력이 약화**되고 상공업이 발전하면서 상공업에 대한 통제 정책은 해이해졌다.
　㉡ 이후 상공업에 대한 통제 체제가 무너져 가면서 국내 상공업과 무역을 활발하게 전개하였다.

2 토지 제도의 변화*

(1) 과전법의 의미

관리들에게 준 토지로서, 소유권(所有權)이 아니라 수조권(收租權)을 지급하였다.

> **사료** 과전법의 실시 배경
>
> ❶ 전제 개혁(田制改革)의 타당성
> 　대사헌 조준(趙浚) 등이 상소하여 아뢰기를 근년에 와서 겸병이 더욱 심하게 자행되어 간흉한 무리들이 주(州)와 군(郡)에 걸쳐서 산천을 표로 삼으며, 조상 대대로 전해 내려온 토지를 서로 빼앗으니, 한 토지의 주인이 5, 6인이 넘고, 1년에 거두어 가는 세금이 8, 9회에 이르고 있습니다.　「고려사」
>
> ❷ 조준(趙浚)의 토지 개혁론
> 　창왕 원년 8월(1389), 대사헌 조준 등이 상소하였다. …… 저희들 생각으로는 경기(京畿) 땅은 마땅히 왕실을 보위(保衛)하는 사대부(士大夫)들의 토지로 삼아 생활을 할 수 있도록 해야 합니다. 나머지는 모두 개혁(改革)하여 공상(供上)과 제사 비용(祭祀費用)으로 충당하고 녹봉(祿俸)과 군수(軍需)의 비용을 넉넉히 해야 합니다. 토지를 많이 차지하지 못하게 하고 토지로 말미암아 송사하는 길을 없애 버림으로써 영원하도록 계속될 법전(法典)을 제정하여야 합니다.　「고려사」

---

*토지 제도의 변화
과전법, 직전법, 관수 관급제의 특징과 변화 과정을 파악해 두어야 한다.

(2) 과전법(科田法)의 시행

① **토지 제도 운영의 방향**: 조선은 고려와 마찬가지로 관리들의 경제 기반을 보장하고 국가의 재정을 유지하는 방향으로 토지 제도를 운영하였다.

② **목적**: 고려 후기 이래로 누적된 토지 제도의 모순을 해결하기 위하여 고려 말에 만들어진 과전법은 국가의 재정 기반과 조선의 건국에 참여한 신진 사대부 세력의 경제적 기반을 확보하기 위한 것이기도 하였다.

> **사료** 과전법의 시행
>
> (전하께서) 국내의 토지를 몰수하여 국가에 귀속시키고 식구를 헤아려 토지를 나누어 주어서 옛날의 올바른 전제(田制)를 회복하려 한 것인데, 당시 구가(舊家)·세족(世族)들이 자기들에게 불리하기 때문에 입을 모아 비방하고 원망하면서 온갖 방해를 하여 백성들로 하여금 지극한 정치의 혜택을 입지 못하게 하였으니 어찌 한스러운 일이 아니겠는가. 그러나 뜻을 같이하는 2~3명의 대신과 함께 전 시대의 법을 강구하고 현실에 알맞은 것을 참작하여 국내의 토지를 측량하여 파악한 다음 토지를 결수로 계산하여 그중의 얼마를 상공전(上供田)·국용전(國用田)·군자전(軍資田)·문무역과전(文武役科田)으로 분배하고 한량으로 서울에 거주하면서 왕실을 호위하는 자이거나 과부로서 수절하는 자, 향역(鄕驛)이나 도진(渡津)의 관리, 또는 서민과 공장(工匠)으로서 공역을 맡은 자에 이르기까지 모두 토지를 분배해 주었다.
> 「조선경국전」

(3) 과전법의 시행과 변화

① **배경**
  ㉠ **전제 개혁 상소**: 우왕 14년(1388) 이성계가 위화도 회군으로 실권을 장악하자 즉시 조준이 전제 개혁 상소를 올렸으나, 이색과 조민수의 반대로 실현되지 못하였다.
  ㉡ **개혁의 단행**: 창왕 원년(1389) 전국 토지를 재측량하여 고려 말 이래 농장 확대 과정에서 은닉되어 국가 지배권으로부터 누락된 토지를 적발하고 토지 소유 현황을 정확히 파악하여 1390년 불법으로 점유한 모든 사전을 국가에 귀속하고 경작권은 그대로 인정하였다. 도평의사사의 건의로 공양왕 3년(1391) 급전도감을 통해 **과전법을 공포**하였다.

② **목적**: 신진 사대부의 경제 기반을 확보하고, 새로운 왕조의 재정 확보와 농민 생활 안정을 도모할 목적으로 과전법을 시행하였다.

③ **내용**
  ㉠ 상속을 제외한 토지 이동을 엄금하고, **현직 및 산직 품관(전·현직 관리)**에게 18과로 구분하여 최고 150결에서 10결까지 차등 지급하였다.

등급	1과	2과	3과	4과	5과	6과	7과	8과	9과	10과	11과	12과	13과	14과	15과	16과	17과	18과
지급 결수(결)	150	130	125	115	105	97	89	81	73	65	57	50	43	35	25	20	15	10

  ㉡ 경기 지방에 한해 수조권을 지급하며, 관료 사후에는 회수하였다.
  ㉢ 과도한 수조권 행사를 금지하고(병작반수 금지), 징수액은 10분의 1로 정하였다.
  ㉣ 농민의 경작권을 법적으로 보장하였다.

단권화 MEMO

■ 수신전
관리인 남편이 죽은 후 재혼하지 않은 부인에게 지급한 토지이다.

■ 휼양전
관리인 아버지와 그 부인이 죽은 후 어린 자손들에게 지급한 토지이다.

④ 토지의 종류
  ㉠ 과전
    - 전·현직 관리를 대상으로 18등급(최고 150결~최하 10결, 경기도 내에 한정)으로 구분하여 지급하였고, 세습은 불허하였다.
    - 수신전과 휼양전은 실질적으로 세습되었다.
  ㉡ 공신전: 공신에게 지급하며, 세습을 허용하였다.
  ㉢ 별사전: 준공신(반역자 고발, 토벌 협력자)에게 지급하였고, 3대까지 세습을 허용하였다.
  ㉣ 공해전
    - 중앙 관청의 비용 충당을 위해 지급된 토지이다.
    - 지방 관청의 재정을 충당하기 위해 늠전(廩田)이 설치되었다.
  ㉤ 기타: 학전(각급 교육 기관에 둔 토지), 둔전(군대 비용을 충당하기 위하여 지급된 토지), 내수사전(왕실 경비 충당), 적전(왕의 친경지로 사용), 사원전(사원 지급, 면세·면역 특권) 등

> **사료** 수신전(守信田)과 휼양전(恤養田)
>
> 무릇 수전자(受田者)는 그가 죽은 후 처(妻)가 자식이 있어 수신(守信)하는 경우 전과(全科)를 전수(傳受)하며 자식이 없이 수신하는 경우에는 반감(半減)하여 전수하고, 원래 수신하지 않는 경우는 이에 해당되지 않는다. 부모가 모두 죽고 자손이 유약한 경우는 휼양(恤養)함이 마땅하니 그 부(父)의 과전을 전부 전수(傳受)하되, 나이 20세가 되면 각기 자기의 과(科)에 따라 절수하고, 딸은 남편이 정해진 뒤 그 과에 따라 절수하며, 나머지 토지는 타인이 체수(遞受)하는 것을 허용한다.　『고려사』

(4) 직전법과 관수 관급제

① 직전법(職田法, 세조 12년, 1466)
  ㉠ 실시: 15세기 후반에는 직전법으로 바꾸어 현직 관리에게만 수조권을 지급하였다.
  ㉡ 폐단: 이 과정에서 수조권을 가진 양반 관료가 이를 남용하여 과다하게 수취하는 일이 잦았다.
② 관수 관급제(官收官給制, 성종 1년, 1470)
  ㉠ 내용: 성종 때 지방 관청에서 그해의 생산량을 조사하여 거두고, 관리에게 나누어 주는 방식으로 바꾸었다.
  ㉡ 국가의 토지 지배 강화: 양반 관료들이 수조권을 빌미로 토지와 농민을 지배하는 방식은 사라지고 국가의 토지 지배권이 강화되었다.

■ 관수 관급제
국가에 의한 토지와 농민 지배력 강화는 물론 조(租)와 세(稅)의 구분이 사라지게 되었다.

> **심화** 과전법에서 직전법으로의 변화
>
> 과전법은 고려 말 전제 개혁을 마무리한 토지 제도의 근간이다. 이 법에는 토지를 나누어 주는 규정, 조세의 규정, 땅 주인과 소작인에 대한 규정, 토지 관리 규정 등이 포함되어 있다. 과전법은 고려 말 세금을 내지 않던 농장에 대하여 과세함으로써 국가의 수입을 증대시켰다. 이 법에서 토지를 나누어 주는 주요 대상은 왕실을 비롯하여 국가 기관·지방 관부·공공 기관·관료·벼슬이 없는 관인·이(吏) 등이었으나, 사전 재분배의 중심이 된 것은 관료에게 나누어 준 과전이었다. 과전법은 농민의 생활 안정을 위하여 농민의 토지 소유권을 보장하고, 10분의 1조를 공정하게 하며 병작반수를 금하였다.
> 과전법에서는 과전의 지급을 경기도에 있는 토지로 한정하였다. 그러나 태종 17년(1417)에 과전의 3분의 1을 하삼도(충청·전라·경상도)에 옮겨 나누어 주었고, 세종 13년(1431)에 이것을 경기도로 환급함과 아울러 새로운 토지 분급법을 제정하였다. 그 결과 과전의 결수가 감소하였다. 이후 과전법은 유지가 어려워 폐지하고 직전법으로 바뀌었다. 과전법이 현직 관료와 퇴직 관료에게 토지를 지급하던 것과는 달리 직전법은 현직 관료에게만 토지를 나누어 주었다. 또한 관료의 유가족에게 나누어 주던 수신전·휼양전을 폐지하였다.

| 사료 | 관수 관급제 |

(대왕대비가) 전지하기를, "사람들이 직전(職田)이 폐단이 있다고 많이 말하기에 대신에게 의논하니, 모두 말하기를, '우리나라 사대부의 봉록(俸祿)이 박하여 직전을 갑자기 혁파할 수 없다.' 하므로, 나도 또한 그렇게 여겼는데, 지금 들으니 조정 관원이 그 세(稅)를 지나치게 거두어 백성들이 심히 괴롭게 여긴다 한다. ……" 하였다. 한명회 등이 아뢰기를, "직전의 세(稅)는 관에서 거두어 관에서 주면[官收官給] 이런 폐단이 없을 것입니다. ……" 하였다. 전지하기를, "직전의 세는 소재지의 관리로 하여금 감독하여 거두어 주게 하고, 나쁜 쌀을 금하지 말며, 제향 아문(祭享衙門)의 관리는 금후로는 가려서 정하라." 하였다.

『성종실록』

③ 직전법 폐지(명종 11년, 1556)
  ㉠ 16세기 중엽에 직전법이 폐지되어 수조권 지급 제도가 없어졌다(녹봉제로 일원화).
  ㉡ 양반의 농장 확대와 이를 기반으로 한 양반과 농민의 지주 전호제를 강화하였다.

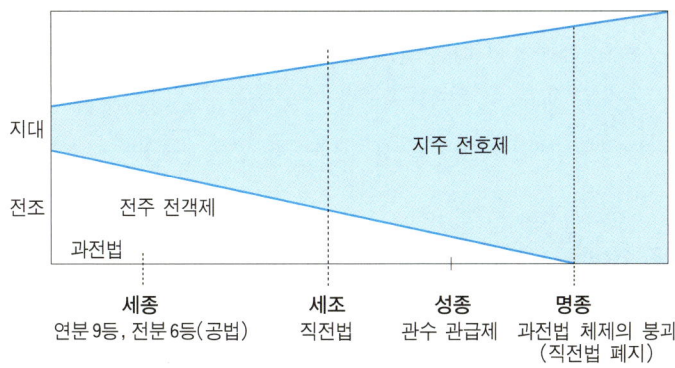

▲ 지주 전호제의 발달

○ 조선 시대 토지 제도 변화

구분	과전법	직전법	관수 관급제	녹봉제
시기	공양왕(1391)	세조(1466)	성종(1470)	명종(16세기)
배경	권문세족의 대농장 – 재정 궁핍	경기도의 과전 부족	과전 경작 농민에 대한 과도한 수취	국가 재정 악화
목적	신진 사대부의 경제적 기반 마련	토지 부족의 보완 → 국가 재정의 안정	국가의 토지 및 농민 지배권 강화	• 국가 재정 안정 • 관리들의 생계 보장
원칙	• 전·현직 모두에게 지급 • 수신전과 휼양전 지급 • 경기 지방 토지만 지급	• 현직에게만 지급 • 수신전·휼양전 폐지	국가에서 수조권 행사	수조권 지급 폐지 → 현물 녹봉만 지급
영향	농민의 경작권 인정	훈구파의 농장 확대	농장 확대 가속화	농장의 보편화

| 단권화 MEMO

|오답해설|
① 태종 17년(1417) 과전의 3분의 1을 하삼도(충청·전라·경상도)로 옮겨 지급한 적이 있으며, 세종 13년(1431)에 다시 경기 지역으로 한정하였다.
② 과전법은 전·현직 관리에게 수조권을 지급한 제도이다.
④ 과전은 반납하는 것이 원칙이었다.

|정답| ③

|정답해설| 밑줄 친 '법'은 과전법이다. 과전법은 경기 지역의 토지'만' 수조권을 지급하였다.

|오답해설|
① 과전법은 전지'만' 지급되었다. 한편 전시과에서는 전지와 시지를 지급하였다.
③ 과전법에서는 전·현직 관리 모두에게 토지가 지급되었다.
④ 조선 후기 영정법이 시행되면서(인조 13년, 1635) 토지에 부과되는 세금을 4~6두로 고정하였다.

|정답| ②

|정답해설| (다) 관료의 수조권 남용이 심해지자, 성종 때 관수 관급제를 실시하였다. 관수 관급제는 관료의 직접적인 수조권 행사를 금지하고 관청에서 수조권 행사를 대행한 것이다.

|오답해설|
① (가) 고려 말 권문세족이 불법적으로 겸병한 토지를 몰수하고, 과전법을 시행하였다. 과전법은 경기 지역을 대상으로 전·현직 관리에게 토지를 지급한 제도이다.
② (나) 수신전, 휼양전, 공신전 세습과 증가로 신진 관료에게 지급할 수조지가 부족해지자, 세조 때 직전법이 실시되었다. 직전법을 통해 수신전과 휼양전은 몰수하였으나 공신전은 대상이 아니었으며, 현직 관료를 대상으로 수조권이 지급되었다.
④ (라) 명종 때 거듭되는 흉년과 왜구의 침입 등으로 국가 재정이 악화되어 직전이 유명무실화되자, 수조권 지급을 폐지하고(직전법 폐지) **녹봉제로 일원화**하였다.

|정답| ③

| 바로 확인문제

● **조선 초기의 과전(科田)에 대한 설명 중 가장 옳은 것은?** 19. 2월 서울시(사복직 포함) 9급

① 과전은 성종 대까지 경기도에 한정되었다.
② 현직 관리에게 소유권과 수조권(收租權)을 부여하였다.
③ 전직 관리와 현직 관리에게 모두 수조권을 지급하였다.
④ 과전에 대해서 상속권을 인정해 주었다.

● **〈보기〉의 밑줄 친 '법'에 대한 설명으로 가장 옳은 것은?** 23. 서울시(자체 출제) 9급

| 보기 |

12월에 새 왕이 즉위하자, 대사헌(大司憲) 조준(趙浚) 등이 또 상소하여 토지 제도에 대해 논하여 말하기를, "하늘이 재앙을 내린 것을 후회하시어 흉악한 무리들을 이미 멸망시켰으며 신돈(辛旽)이 이미 제거되었으니, 마땅히 사전(私田)을 모두 없애 이 민(民)이 부유하고 장수하는 영역을 여는 것, 이것이 그 기회입니다. …… 이를 규정된 법으로 정하셔서 백성과 더불어 다시 시작하십시오. ……"라고 하였다.
3년 5월 도평의사사(都評議使司)에서 토지를 지급하는 법을 정할 것을 청하니, 그 의견대로 하였다.

① 전지와 시지를 지급하였다.
② 경기 지역의 토지만 지급하였다.
③ 현직 관리에게만 토지를 지급하였다.
④ 토지에 부과하는 세금을 4~6두로 고정하였다.

● **다음은 고려, 조선 시대 토지 제도의 폐단을 기술한 것이다. 이를 시정하기 위해 실시한 내용으로 옳은 것은?** 18. 지방직 7급

(가) 권문세족의 대토지 소유와 토지 겸병으로 국가 재정이 부족해졌다.
(나) 수신전, 휼양전, 공신전 세습과 증가로 신진 관료에게 지급할 수조지가 부족해졌다.
(다) 수조권을 받은 관료가 권한을 남용하여 과다하게 수취하는 일이 빈번하게 발생하였다.
(라) 거듭되는 흉년과 왜구의 침입 등으로 국가 재정이 악화되어 직전이 유명무실해졌다.

① (가) – 권문세족이 겸병한 토지를 몰수하고, 전국 토지의 수조권을 관료에게 지급하였다.
② (나) – 공신전을 몰수하고 신진 관료에게 수조권 지급을 중지하였다.
③ (다) – 관료의 직접적인 수조권 행사를 금지하고 관청에서 수조권 행사를 대행하였다.
④ (라) – 관료에게 수조권과 함께 녹봉도 지급하였다.

3 수취 체제의 확립

조선의 수취 제도는 토지에 부과되는 조세, 집집마다 부과되는 공납, 호적에 등재된 정남에게 부과되는 군역과 요역 등이 있었으며, 이것이 국가 재정의 토대를 이루었다.

(1) 조세(租稅, 전세)

① 납세 의무자 : 조선 시대의 토지 소유자는 원칙적으로 국가에 조세를 납부할 의무가 있었다. 그러나 토지 소유자인 지주들은 소작 농민에게 그 세금을 대신 내도록 강요하는 경우가 많았다.

② 세액(稅額)

  ㉠ 과전법의 경우 수확량의 10분의 1을 내는데, 1결의 최대 생산량을 300두로 정하고, 매년 풍흉을 조사하여 그 수확량에 따라 납부액을 조정하였다.

  ㉡ 답험 손실법(踏驗損實法) : 관리나 토지 주인이 직접 농작의 상황을 조사하여 보고하면 작황에 따라 일정한 세금을 감면하는 세율 규정법이다.

  ㉢ 공법(貢法) : 세종 때 조세 제도를 좀 더 체계적으로 운영하기 위하여 토지 비옥도와 풍흉의 정도에 따라 전분 6등법과 연분 9등법으로 바꾸고, 조세 액수는 1결당 최고 20두에서 최하 4두를 내도록 하였다.

> **사료** **전분 6등법**
>
> 20년마다 토지를 다시 측량하여 양안(토지 대장)을 만들어 호조와 해당 도(道), 고을에 갖추어 둔다. 1등전의 척(尺, 자)은 주척으로 4척 7촌 7분이며, 6등전의 척은 9척 5촌 5분이다. …… 정전(항상 경작하는 토지)으로 기록되었더라도 토질이 좋지 못하여 곡식이 잘되지 않는 토지라든지, 속전(주기적으로 휴경해야 하는 토지)으로 기록되어도 토질이 비옥하여 소출이 많은 경우에는 수령이 이를 관찰사에게 보고하여 다음에 개정한다.
>
> 『경국대전』

> **사료** **조선의 수취 제도(공법 – 세종)**
>
> 각 도의 수전(水田), 한전(旱田)의 소출 다소를 자세히 알 수가 없으니 공법(貢法)에서의 수세액을 규정하기가 어렵습니다. 지금부터는 전척(田尺)으로 측량한 매 1결에 대하여, 상상(上上)의 수전에는 몇 석을 파종하고 한전에서는 무슨 곡종 몇 두를 파종하여, 상상년에는 수전은 몇 석, 한전은 몇 두를 수확하며, 하하년에는 수전은 몇 석, 한전은 몇 석을 수확하는지, 하하(下下)의 수전에서는 역시 몇 두를 파종하고 한전에서는 무슨 곡종을 몇 두를 파종하여 상상년에는 수·한전 각기의 수확이 얼마며, 하하년에는 수·한전 각기의 수확이 얼마인지를. …… 각 관의 관둔전(官屯田)에 대해서도 과거 5년간의 파종 및 수확의 다소를 위와 같이 조사하여 보고토록 합니다.
>
> 『세종실록』

> **심화** **전분 6등법과 연분 9등법**
>
> **❶ 전분(田分) 6등법**
> - 1결을 기준으로 토지의 비옥도에 따라 6등급으로 구분하였다.
> - 비옥도가 가장 높은 토지가 1등전, 가장 낮은 토지가 6등전이었다.
>
> **❷ 연분(年分) 9등법**
>
> [단위 : 1결]
>
> | 上 年 | 中 年 | 下 年 |
> |---|---|---|
> | 上 → 20두 | 上 → 14두 | 上 → 8두 |
> | 中 → 18두 | 中 → 12두 | 中 → 6두 |
> | 下 → 16두 | 下 → 10두 | 下 → 4두 |

단권화 MEMO

■ **조세·공납·역**

전세는 5결 단위로 부과하였고, 공물은 각 군현의 토지와 호구를 기준으로 부과하여 현물로 거두었다. 요역은 토지를 기준으로 징발하였고, 군역은 호적을 토대로 작성한 군적에 의해 징발하였다.

■ **당시 1두(말)의 용량**

대략 현재 1말(18리터)의 3분의 1 정도이다.

③ 현물 납세: 조세는 쌀[白米]·콩[大豆] 등으로 납부하였다.
④ 조세의 징수와 운반
　㉠ 조세 운반: 군현에서 거둔 조세는 강가나 바닷가의 조창으로 운반하였다가 전라도·충청도·황해도는 바닷길로, 강원도는 한강, 경상도는 낙동강과 남한강을 통하여 경창(京倉)으로 운송하였다.
　㉡ 잉류(仍留) 지역: 평안도와 함경도는 국경에 가까운데, 특히 평안도는 사신의 내왕이 잦은 곳이라서 그 지역의 조세는 군사비와 사신 접대비로 썼다. 전라도에 속한 제주도 역시 잉류 지역으로 분류되었다.

▲ 조선 시대의 조운로

(2) 공납(貢納)

① 군현 단위 징수: 공납은 고려처럼 각 지역의 토산물을 조사하여 중앙 관청에서 군현에 물품과 액수를 할당하면, 각 군현(郡縣)은 각 가호(家戶)에 다시 할당하여 거두었다.
② 품목: 공물에는 각종 수공업 제품과 광물, 수산물, 모피, 과실, 약재 등이 있었다.
③ 방납(防納)의 폐단
　㉠ 공물은 전세보다 납부하는 데 어려움이 많았을 뿐만 아니라 그 부담도 훨씬 컸다.
　㉡ 공물의 생산량이 점차 감소하거나 생산지의 변화로 납부 기준에 맞는 품질과 수량을 맞추기 어려우면 그 물품을 다른 곳에서 구입하여 납부하였다.

(3) 역(役): 군역과 요역

① 대상: 16세 이상의 정남에게는 군역과 요역의 의무가 있었다.
② 군역(軍役)
　㉠ 보법(保法): 일정 기간 군사 복무를 위하여 교대로 근무하여야 하는 정군(正軍)과 정군이 복무하는 데 드는 비용(매년 포 2필)을 보조하는 보인(保人)이 있었다.
　㉡ 면역(免役): 양반, 서리, 향리 등은 실질적으로 군역에서 면제되었다.
③ 요역(徭役)
　㉠ 내용: 가호를 기준으로 정남의 수를 고려하여 뽑아서 성과 왕릉, 저수지 등의 공사에 동원하였다.
　㉡ 기준: 성종 때 경작하는 토지 8결을 기준으로 한 사람씩 동원하고, 1년 중 동원할 수 있는 날도 6일 이내로 제한하도록 규정을 바꾸었으나 임의로 징발하는 경우도 많았다.

> **심화** 조선 시대의 호적
>
> 조선 시대의 호적 제도는 세종 10년(1428), 호구성급규정(戶口成給規定)과 호구식(戶口式)을 제정하면서 완성되었다. 호적은 3년에 한 번 호주가 호구단자(戶口單子)를 관청에 제출하면 각 고을의 향리(鄕吏) 등 실무자들이 호적을 작성하였다. 호적은 같은 내용을 여러 부 작성하여 지방 관청, 해당 도(道), 호조 등에서 관리하였다(한양 사람들의 호적은 한성부, 호조에서 보관). 호적에 기재되는 사항은 주소, 본인의 직역, 성명, 연

■ 군적(육군 박물관 소장)

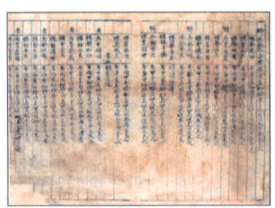

호적을 근거로 만든 군역 동원 장부이다.

령, 사조(四祖: 부, 조부, 증조부, 외조부)·처의 성씨와 연령 및 사조(四祖)·솔거 자녀의 성명과 연령, 노비 및 고공(雇工, 머슴)의 성명과 연령 등이었다. 한편 관료였던 양반은 직역에 관직과 품계를 기록하고, 관직에 몸담지 않은 양반은 유학(幼學)이라고 기록하였다. 또한 평민은 보병이나 기병 등 군역을 기록하였다.

(4) 국가의 재정
① 세입: 국가 재정은 조세, 공물, 역 이외에 염전, 광산, 산림, 어장, 상인, 수공업자 등이 내는 세금으로 마련하였다.
② 지출: 국가는 재정을 군량미나 구휼미로 비축하고 나머지는 왕실 경비, 공공 행사비, 관리의 녹봉, 군량미, 빈민 구제비, 의료비 등으로 지출하였다.

02 양반과 평민의 경제 활동

1 양반 지주의 생활

(1) 양반의 경제 기반
① 경제 기반: 양반의 경제 기반은 과전, 녹봉 그리고 자기 소유의 토지와 노비 등이었다.
② 주 수입원: 양반의 대부분은 지주였으며, 주 수입원은 토지와 노비였다.
  ㉠ 녹봉 지급량: 대략 정1품은 곡식 97석·삼베 21필·저화 10장, 종9품은 곡식 12석·삼베 2필·저화 1장을 받았다.
  ㉡ 조선 전기 양반의 토지 소유 규모: 대략 200~300마지기 정도이며, 2,000마지기 이상의 소유자도 있었다. 대체로 논 한 마지기의 넓이는 200평이다.

(2) 양반 소유의 토지
① 농장 소유: 양반 소유의 토지는 비옥한 토지가 많았던 경상도, 전라도, 충청도 지역에 집중되어 있었고, 규모가 커서 농장의 형태를 이루고 있다.
② 경작 형태
  ㉠ 노비 경작: 양반은 자기 소유의 토지를 노비에게 직접 경작시켰다.
  ㉡ 병작반수제 경작: 토지의 규모가 커서 노비의 노동력만으로 경작할 수 없으면 그 주변 농민들에게 생산량을 절반씩 나누어 가지는 병작반수(竝作半收)의 형태로 소작을 시켰다.
③ 관리 방식
  ㉠ 양반은 자기 토지가 있는 지역에 집과 창고를 지어 놓고 직접 노비를 감독하고 농장을 살피기도 하였지만, 대개 친족을 그곳에 거주시키면서 대신 관리하게 하였다.
  ㉡ 때로는 노비만 파견하여 농장을 관리하는 경우도 있었다.
④ 농장의 증가
  ㉠ 농장은 15세기 후반에 이르러 더욱 증가하였다.
  ㉡ 농장주들은 유망민(流亡民)들을 모아 노비처럼 만들어 토지를 경작하게 하였다.

■ 양진당(경북 안동)

풍산 류씨의 대종가로, 하회 마을에 있는 양반 가옥이다.

| 단권화 MEMO |

(3) 양반의 노비(奴婢) 소유

① 재산의 형태: 양반들은 재산의 한 형태로 노비를 가지고 있었다. 조선 전기에 양반들은 10여 명에서 많게는 300여 명이 넘는 노비를 보유하고 있었다. 이런 경제 기반을 바탕으로 양반은 풍요로운 생활을 영위하였다.
② 노비의 증식: 양반은 노비를 구매하기도 하였지만 주로 자신이 소유한 노비의 자녀를 귀속시켜 노비 수를 늘리거나, 자신이 소유한 노비를 양인 남녀와 혼인시켜 늘리기도 하였다.
③ 노비의 일: 양반은 노비에게 집안일을 돌보게 하거나 농경에 종사시키고 옷감을 짜게 하였다.
④ 외거 노비: 다수의 노비는 주인과 따로 살며 주인의 땅을 경작하거나 관리하는 일을 하였고, 양반들은 이러한 외거 노비에게 매년 신공(身貢)으로 포와 돈을 거두었다.

■ 노비 신공
남자 노비[奴]는 면포 1필·저화 20장, 여자 노비[婢]는 면포 1필·저화 10장이다.

2 농민 생활의 변화

(1) 농민 생활의 안정
① 조선 정부는 세력가들이 농민의 토지를 빼앗는 행위를 엄격히 규제하고 농업을 권장하였다.
② 농민들도 농업 생산력을 향상하려고 노력한 결과 이전보다 생활이 나아졌다.

(2) 정부의 지원 및 장려
① 정부는 개간을 장려하고, 각종 수리 시설을 보수·확충하는 등 안정적으로 농사지을 수 있는 기반을 마련하였다.
② 농업 생산력을 높이기 위하여 『농사직설』, 『금양잡록』 등 농서를 간행하고 보급하였다.
③ 양반들도 간이 수리 시설을 만들고, 중국의 농업 기술을 도입하는 등 농업에 관심이 높았다.

(3) 농업 기술의 발달
고려 시대의 농업 기술을 개량하면서 농업 생산력이 발달하였다.

① 밭농사: 조·보리·콩의 2년 3작이 널리 행해졌다.
② 논농사: 남부 지방에서 모내기가 보급되어 벼와 보리의 이모작(二毛作)이 가능해지고 생산량을 증가시킬 수 있었다. 모내기는 봄 가뭄에 따른 수리(水利) 문제 때문에 남부 일부 지역으로 제한하였다.
③ 시비법(施肥法): 밑거름과 덧거름을 주게 되면서 경작지를 묵히지 않고 계속해서 농사를 지을 수 있었다(연작상경).
④ 농기구 개량: 쟁기, 낫, 호미 등과 같은 농기구를 개량하였다.
⑤ 각종 작물의 재배: 목화 재배가 확대되어 의생활(衣生活)을 개선하였으며, 약초와 과수 재배 등을 확대하였다.

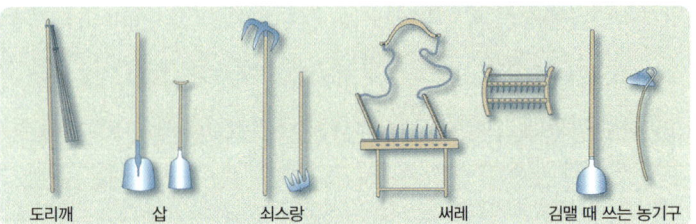

▲ 조선 전기 여러 가지 농기구류

바로 확인문제

● 밑줄 친 '농서'가 편찬된 왕 대의 경제 생활로 옳은 것은? 16. 국가직 7급

> 각 지역의 풍토가 달라 곡식을 심고 가꾸는 법이 옛글과 다 같을 수 없습니다. 이에 여러 도의 감사들이 주현의 늙은 농부를 방문하여 실제 농사 경험을 들었습니다. 저희 정초 등은 이를 참고하여 농서를 편찬하였습니다.

① 칠패 시장에서 어물을 판매하였다.
② 녹비법을 활용하여 지력을 회복하였다.
③ 고구마, 감자를 구황 작물로 활용하였다.
④ 시전에서 남초를 거래하였다.

● 밑줄 친 '이 역서'가 편찬된 시기의 농업에 대한 설명으로 옳은 것은? 14. 사복직 9급

> 왕께서 학자들에게 명하여 선명력과 수시력 등 여러 역법의 차이를 비교하여 교정하도록 하였다. 또한 정인지, 정흠지, 정초 등에게 명하여 『태음통궤』와 『태양통궤』 등 중국 역서를 연구하여 우리 실정에 맞는 이 역서를 편찬하도록 하였다.

① 밭농사에 2년 3작의 윤작법이 시작되었다.
② 벼와 보리의 이모작이 전국적으로 확대되었다.
③ 철제 농기구가 점차 보급되고 우경이 시작되었다.
④ 농업 기술을 발달시키기 위해 『농사직설』이 간행되었다.

(4) 농민 생활의 악화

농업 기술의 발달에도 불구하고 농민 생활은 쉽게 나아지지 않았다.

① 소작농의 증가
  ㉠ 지주제가 점차 확대되면서 농민들이 자연재해·고리대·세금 부담 등으로 자기 소유의 토지를 팔고 소작농이 되는 경우가 증가하였다.
  ㉡ 이들은 지주에게 소작료로 수확의 반(半) 이상을 내야 하는 어려운 처지에 놓여 있었다.
② 정부의 대책: 토지를 상실한 농민이 고향을 떠나 떠돌아다니게 되자 정부에서도 대책을 마련하였다.
  ㉠ 『구황촬요』의 편찬(명종): 정부는 잡곡·도토리·나무껍질 등을 가공하여 먹을 수 있는 구황 방법을 제시하였다.
  ㉡ 농민의 통제 강화: 호패법·오가작통법 등을 강화하여 농민의 유망(流亡)을 막고 통제를 더욱 강화하였다.
  ㉢ 향약의 시행: 지주인 지방 양반들도 향약을 시행하여 농촌 사회를 안정하려 하였다.

단권화 MEMO

|정답해설| 밑줄 친 '농서'는 세종 때 정초 등이 편찬한 『농사직설』이다. 조선 초기(15세기)에는 농업 기술 발달의 일환으로 녹비법(시비법의 일종)을 활용하여 지력을 회복하였다.

|오답해설|
① 이현, 칠패 등에서 물품을 거래한 시기는 조선 후기이다.
③ 고구마는 18세기 영조 때 일본으로부터, 감자는 19세기 청으로부터 도입된 구황 작물이다. 따라서 조선 후기의 일이다.
④ 남초(南草)는 담배이며, 임진왜란 이후에 전래되었다.

|정답| ②

|정답해설| 밑줄 친 '이 역서'는 15세기 세종 때 서울을 기준으로 만든 최초의 역법서인 『칠정산』 내외편이다. 『농사직설』은 세종 11년(1429) 정초 등이 우리나라 농법을 수록한 최초의 농서로, 삼남 지방 농민들의 실제 경험을 토대로 우리의 실정에 맞는 독자적인 농법을 정리하였다.

|오답해설|
① 밭농사에서 2년 3작의 윤작법이 시작된 시기는 고려 시대이다.
② 벼와 보리의 이모작이 전국적으로 확대된 시기는 조선 후기이다.
③ 사료 기록상 우경이 처음 시작된 시기는 신라 지증왕 때이다.

|정답| ④

| 단권화 MEMO |

3 수공업 생산 활동

(1) 관영 수공업

① 정비: 조선은 고려보다 관영 수공업 체제를 잘 정비하였다.
② 공장안(工匠案): 전문적인 기술자를 공장안에 등록시켜 서울과 지방의 각급 관청에 소속하게 하고, 이들에게 관청에서 필요한 물품을 제작하고 공급하게 하였다.
③ 품목: 관청에 등록된 장인(匠人, 官匠)들은 의류, 활자 인쇄, 화약, 무기, 문방구, 그릇 등을 제조하여 납품하였다.
  ㉠ 수공업자들은 근무하는 동안에 식비 정도만 지급받았기 때문에 자신의 책임량을 초과한 생산품에 대해서는 세금을 내고 판매하여 가계를 꾸렸다.
  ㉡ 수공업자들은 부역으로 동원되는 기간 이외에는 사적으로 물건을 만들어 팔 수 있었다.
④ 쇠퇴: 관영 수공업은 16세기에 들어와 부역제(賦役制)가 해이해지고 상업이 발전하면서 점차 쇠퇴하기 시작하였다.

(2) 민영 수공업과 가내 수공업

① 민영 수공업: 이들은 주로 농민들을 상대로 농기구 등의 물품을 만들어 공급하였고, 양반의 사치품도 생산하였다.
② 가내 수공업: 농가에서 자급자족의 형태로 생활필수품을 만드는 가내 수공업이 있었다. 의류로서 무명, 명주, 모시, 삼베 등이 생산되었는데 특히 목화 재배가 확대 보급되면서 무명 생산이 점차 증가하였다.

| 바로 확인문제 |

● 조선 전기의 수공업에 대한 설명으로 옳지 않은 것은?

① 관장(官匠)들은 공장안에 등록되고 중앙과 지방의 관청에 소속되었다.
② 관장들은 매년 일정 기간 책임량을 제조하여 납품하였다.
③ 대부분의 관장은 관청에서 근무하는 대가로 국가로부터 녹봉을 받았다.
④ 관장의 주요 생산품은 의류, 활자, 무기, 문방구, 그릇 등이었다.

4 상업 활동

(1) 정부의 상업 통제

조선은 고려에 비해 상업 활동에 대한 통제를 강화하였다.

① 시전의 설치: 한양으로 천도하면서 종로 거리에 상점가를 만들었다. 여기에 개경에 있던 시전 상인을 한양으로 이주시켜 장사하게 하는 대신에 점포세와 상세를 거두었다.
② 시전 상인(市廛商人)의 특권: 시전 상인은 왕실이나 관청에 물품을 공급하는 대신에 특정 상품에 대한 독점 판매권을 부여받았다.
③ 육의전(六矣廛)의 번성: 시전 중에서 명주, 종이, 어물, 모시, 삼베, 무명 등을 파는 점포가 가장 번성하였다. 조선 후기에는 이들을 묶어 '육의전'으로 지칭하였다.
④ 경시서의 설치: 불법적인 상행위(商行爲)를 통제하기 위하여 경시서(京市署)를 두었다.

■ 조선 초 공장(수공업자)의 수
  • 경공장(서울): 2,800여 명
  • 외공장(지방): 3,500여 명

|정답해설| 관장은 국역으로 근무하는 동안 식비 정도만 받았으며, 녹봉을 받는 것은 예외적 현상이었다.

|오답해설|
① 공장안(工匠案)은 장인 명부로서, 모든 장인은 의무적으로 관청에 등록해야 했다.
② 관장은 관청에 소속된 장인으로서, 관청에 책임량을 납품하고, 초과한 생산품에 대해서는 세를 내고 판매하였다.
④ 관장의 주요 생산품은 의류, 활자, 무기, 문방구, 그릇 등이었다.

|정답| ③

| 사료 | 조선 전기의 상업

❶ 장사꾼이 의복 등속을 판매하며, 심지어는 신, 갓끈, 빗, 바늘, 분(粉) 같은 물품을 가지고 무지한 백성에게 교묘하게 말하여 미리 그 값을 정하고 주었다가 가을이 되면 그 값을 독촉해서 받는다. 『세종실록』

❷ 경인년(1470) 흉년 때 전라도 백성들이 서로 모여들어 점포를 만들어 장문(場門: 시장)이라 칭하고, 사람들이 이에 의지하여 목숨을 유지하였다. 『성종실록』

❸ 임진왜란 이후 백성들은 정해진 곳 없이 교역으로 생활하는 것이 마침내 풍속이 되었다. …… 각 읍에서 장시가 서는 것이 적어도 3~4곳이 되어 …… 한 달 30일 이내에 시장이 열리지 않는 날이 없다. 『선조실록』

(2) 장시(場市)

① **장시의 발달**: 장시는 15세기 후반부터 등장하기 시작하여 서울 근교와 지방에서 농업 생산력의 발달에 힘입어 증가하였다. 16세기 중엽에 이르러서 **전국적으로 확대**되었다.
② **정부의 억제**: 농민들이 농업을 버리고 상업에 몰릴 것을 염려한 정부에서는 장시의 발전을 억제하였으나 일부 장시는 정기 시장으로 정착하였다.
③ **활동**: 장시에서는 보부상(褓負商)들이 농산물, 수공업 제품, 수산물, 약재 등을 판매하여 유통하였다.

| 심화 | 장시의 발달

❶ **등장**
농촌 시장인 장시가 처음 등장한 것은 15세기 말이었다. 15세기 말에는 왜구의 침입으로 황폐해진 해안 지역의 농토가 대부분 개간되고 농업 생산력이 현저히 발달하였다. 특히 넓은 나주평야를 끼고 있으며 서해안에 인접한 나주와 무안 지역은 다양한 물품이 생산되고 생산자들이 이를 자유롭게 처분할 수 있는 여건이 마련되어 있었다.

❷ **발달**
장시는 점차 삼남 전 지역과 경기도 등지로 확산되었고, 출현할 당시 15일이나 10일 간격이던 개시일도 점차 5일 간격으로 조정되었다. 이러한 장시 확산 추세는 18세기에 더욱 두드러져 18세기 중반에는 이미 전국의 장시 수효가 1,000여 곳에 달하게 되었다.

❸ **확산**
장시에서 물건을 매매하는 사람들은 대부분 농민과 수공업자 등 직접 생산자였다. 이들은 먼 거리를 돌아다니는 행상을 통하는 것보다 장시에서 싼값에 사고 비싸게 팔 수 있었다. 그러므로 장시는 몇 개 촌락의 주민이 하루에 왕복하여 교역할 수 있는 교통의 요지에 30~40리의 거리를 두고 확산되었다.

❹ **행상**
장시의 번성으로 행상들의 활동도 더욱 활발해졌다. 이들 행상들은 꽁무니에 짚신 켤레를 매고 이 장 저 장 돌아다니고, 장이 파한 후에는 다음날 다른 장에서 다시 만날 것을 기약하는 생활을 하였다.
다음 민요는 이렇게 장시를 돌아다니는 행상들의 생활을 잘 보여 주고 있다.

짚신에 감발 치고 패랭이 쓰고 목소리 높여 고래고래 지르며
꽁무니에 짚신 차고 이고 지고 비가 오나 눈이 오나 외쳐 가며
이 장 저 장 뛰어가서 돌도부 장사하고 해질 무렵
장돌뱅이 동무들 만나 반기며 손잡고 인사하고 돌아서네
이 소식 저 소식 묻고 듣고 다음날 저 장에서 다시 보세

■ **고려 시대의 장시**
고려 시대에도 부정기적으로 주현시(州縣市)가 열렸다는 기록이 있어 장시는 이로부터 발달한 것으로 볼 수 있다. 15세기에 전라도 무안·나주 등지의 사람들은 큰 흉년을 맞아 스스로 한 달에 두 번 읍내 거리에 시장을 열고 필요한 물건들을 교역하였는데, 이를 장문(場門)이라고 불렀다. 이곳에서 사람들은 가지고 있는 것을 필요한 것으로 교환하여 생계를 도모하였다.

(3) 화폐(貨幣)

① 정부의 노력: 조선 초기 정부는 저화, 조선통보 등을 만들어 유통하려 하였으나 부진하였다.
② 지불 수단: 농민들은 화폐 대신 쌀과 무명을 사용하였다.

(4) 국제 무역

조선은 기본적으로 주변 국가와의 무역을 통제하였다.

① 주변국과의 무역
  ㉠ 명: 사신들이 왕래할 때 하는 공무역과 사무역을 허용하였다.
  ㉡ 여진: 국경 지역에 설치한 무역소를 통하여 교역하였다.
  ㉢ 일본: 동래에 설치한 왜관을 중심으로 무역하였다.
② 사무역: 국경 부근에서 이루어지는 사무역은 엄격하게 감시를 받았는데, 이때 주로 거래된 물화는 무명과 식량이었다.

> **단권화 MEMO**
>
> ■ 조선 전기의 화폐
>   • 태종: 저화
>   • 세종: 조선통보
>   • 세조: 팔방통보(전폐)

바로 확인문제

● **조선 시대 시전에 대한 설명으로 옳은 것은?** 12. 지방직 9급

① 신해통공으로 육의전의 금난전권이 폐지되었다.
② 경시서를 두어 시전과 지방의 장시를 통제하였다.
③ 시전은 보부상을 관장하여 독점 판매의 혜택을 오래 누렸다.
④ 국역의 형태로 궁중과 관청에 필요한 물품을 조달할 의무가 있었다.

> |정답해설| 시전은 국가나 왕실에서 필요한 물품을 조달하는 대신 특정 물품에 대한 독점 판매권을 가졌다.
>
> |오답해설|
> ① 신해통공(1791)으로 육의전을 제외한 시전 상인들의 금난전권이 폐지되었다.
> ② 경시서는 시전 상인들의 불법적 상행위를 관리·감독하였다. 지방 장시는 경시서가 관리하지 않았다.
> ③ 시전 상인들이 보부상을 관장하지는 않았다.
>
> |정답| ④

● **다음 민요에서 보이는 경제 활동에 대한 조선 전기의 모습을 설명한 것으로 옳지 않은 것은?** 13. 국가직 9급

> 짚신에 감발 치고 패랭이 쓰고
> 꽁무니에 짚신 차고 이고 지고
> 이 장 저 장 뛰어가서
> 장돌뱅이들 동무들 만나 반기며
> 이 소식 저 소식 묻고 듣고
> 목소리 높여 고래고래 지르며
> ……
> 손잡고 인사하고 돌아서네
> 다음날 저 장에서 다시 보세

① 15세기 후반 이후 장시는 점차 확대되었다.
② 보부상은 장시에서 농산물, 수공업 제품 등을 판매하였다.
③ 정부가 조선통보를 유통시킴으로써 동전 화폐 유통이 활발해졌다.
④ 농업 생산력의 발달에 힘입어 지방에서 장시가 증가하였다.

> |정답해설| 제시된 사료에서 "이 장 저 장 뛰어가서 장돌뱅이들 동무들 만나 반기며"의 내용을 통해 보부상과 관련된 내용임을 확인할 수 있다. 조선 전기에 조선통보가 발행되었으나 널리 유통되지는 못하였다.
>
> |정답| ③

5 수취 제도의 문란

16세기에 이르러 수취 제도의 운영 과정에서 폐단이 심해지면서 몰락하는 농민이 증가하였다.

(1) 전세의 변화

① 공법의 문제점 발생
  ㉠ 전분 6등법과 연분 9등법은 그 판정과 운영이 복잡하여 현실적으로 시행되기 어려웠다.
  ㉡ 이에 토지 등급이나 풍흉에 관계없이 최저 세율에 의하여 고정적으로 4~6두를 징수하는 방법이 관례화되었다.
② 지주 전호제와 농민의 부담
  ㉠ 16세기 지주 전호제가 확산되면서 농민들 대부분이 소작농으로 전락하였다.
  ㉡ 소작농은 지주에게 지대로 생산량의 2분의 1을 바쳐야 했으므로 농민의 부담이 증가하여 생활이 어려워졌다.

(2) 공납(貢納)의 폐단

① 방납(防納)의 폐단
  ㉠ 공납에서는 중앙 관청의 서리들이 공물을 대신 내고 그 대가를 많이 챙기는 방납이라는 폐단이 나타났다.
  ㉡ 방납이 증가할수록 농민의 부담도 증가하였다.
  ㉢ 공물의 부담을 감당하지 못한 농민이 도망을 하면 그 지역의 이웃이나 친척에게 대신 내게 하였다. 이 때문에 유망 농민이 급증하였다.
② 개선의 시도
  ㉠ 목적: 농촌 사회를 안정하기 위하여 공납의 폐단을 개선하려는 시도가 있었다.
  ㉡ 수미법(收米法) 주장: 어떤 지역에서는 공물을 현물 대신 쌀로 걷는 수령도 나타났고, 이이와 유성룡 등은 공물을 쌀로 걷는 수미법을 주장하기도 하였다.

(3) 군역의 폐단

① 요역(徭役)의 기피
  ㉠ 농민 생활이 점차 어려워지고 요역 동원으로 농사에 지장을 초래하게 되자 농민들이 요역 동원을 기피하였다.
  ㉡ 이에 농민 대신 군인들이 왕릉 축조·성곽 보수 등 각종 토목 공사에 동원되었지만, 군인들도 이런 힘든 요역을 기피하였다.
② 대립과 방군 수포
  ㉠ 대립(代立): 다른 사람을 사서 군역을 대신하게 하는 대립이 불법적으로 행해졌다.
  ㉡ 방군 수포(放軍收布): 장기간 평화가 지속되면서 관청이나 군대에서 군역에 복무해야 할 사람에게 포(布)를 받고 군역을 면제하였다.
  ㉢ 확산: 이에 군포 징수제가 점차 확산하였다.
③ 군적 수포제(중종 36년, 1541)
  ㉠ 군역 제도 폐해의 심각: 방군 수포와 대립의 유행으로 군역 제도의 폐해가 심각해졌다.
  ㉡ 군적 수포제 시행: 정부는 이를 제도화하여 군역 대신 군포를 징수하도록 하였다.

■ **군역 제도의 변천**
보법(保法: 세조) → 대립(15세기 중엽) → 방군 수포(16세기 초) → 군적 수포제(16세기 중엽) → 군역 폐단의 만연 → 균역법의 실시(영조 26년, 1750) → 군정(軍政)의 문란 → 호포제 실시(흥선 대원군)

■ **군적 수포제**
수령이 관할 지역의 장정으로부터 군포 2필을 징수하여 중앙의 병조에 올리면 이를 군사력이 필요한 지역에 보내 군인을 고용하도록 하는 제도이다.

④ 군적의 부실
  ㉠ 군포 부담의 과중과 군역 기피 현상으로 도망하는 자가 늘어나면서 군적(軍籍)도 부실해졌다.
  ㉡ 각 군현에서는 정해진 액수를 맞추기 위해서 남아 있는 사람에게 부족한 군포를 부담시키자 남아 있는 농민의 생활이 더욱 어려워졌다.

(4) 환곡의 폐단
① 환곡제(還穀制)는 농민 생활을 안정하기 위하여 곤궁한 농민에게 곡물을 빌려주고 10분의 1 정도의 이자를 거두는 제도이다.
② 지방 수령과 향리들이 정한 이자보다 많이 거두어 사적으로 사용하는 폐단(고리대)이 나타났다.

(5) 농민 생활의 악화
이러한 변화 과정에서 농민 생활이 악화되어 각 지방에서 유민이 증가하였다.
① 유민들 중 일부는 도적이 되어 양반들과 중앙 정부로 바치던 물품을 빼앗기도 하였으며, 이들이 도성에까지 출현하는 사건이 일어나기도 하였다.
② 명종 때 황해도와 경기도 일대에서 활동한 임꺽정이 대표적인 인물이었다.

> **사료** 농민 생활의 악화
>
> ❶ 백성으로 농지를 가진 자가 없고 농지를 가진 자는 오직 부유한 상인들과 사족(士族)들의 집뿐입니다.
> 『중종실록』
>
> ❷ 근래 도적이 벌떼처럼 일어나 공공연하게 노략질을 하며 양민을 죽이고 방자한 행동을 거리낌 없이 하여도 주현에서 막지 못하고 병사(兵使)도 잡지 못하니 그 형세가 점점 커져서 여러 곳으로 퍼지고 있습니다. 심지어 서울에서도 때로 일어나 빈집에 진을 치고 밤이면 모였다가 새벽이면 흩어지고 칼로 사람을 다치게 합니다.
> 『명종실록』
>
> ❸ 지방에서 산물을 공물로 바칠 때 (중앙 관청의 서리들이) 공납을 일체 막고 본래 값의 백 배가 되지 않으면 받지도 않습니다. 백성들이 견디지 못하여 세금을 못 내고 도망하는 자가 줄을 이었습니다. 『선조실록』

바로 확인문제

● 다음에서 서술하고 있는 인물에 대한 설명으로 옳은 것은? 14. 지방직 9급

> 이 인물을 중심으로 한 도적 무리는 조선 전기 도적 가운데 그 세력이 가장 컸으며, 명종 14년부터 명종 17년까지 주로 활동하였다. 이들이 거점으로 삼았던 지역은 백성들이 많이 사는 지역과 공물이 운송되며 사신들의 왕래가 빈번하여 농민들의 부담이 무거웠던 역촌(驛村) 지대 및 주변에 갈대밭이 많은 곳 등이었다. 이들은 이러한 곳을 거점으로 약탈·살인·방화를 서슴지 않았다.

① 광대 출신으로 승려 세력과 함께 봉기하여 서울로 들어가려고 하였다.
② 허균이 이 인물을 주인공으로 하여 정치의 부패상을 비판한 소설을 썼다.
③ 황해도를 중심으로 경기·강원·평안·함경도 주변 지역에서 활동하였다.
④ 대동계라는 비밀 결사를 조직하여 새 왕조를 세우려는 역성혁명을 꿈꾸었다.

단권화 MEMO

■ 임꺽정
임꺽정은 양주 지방의 백정이었다. 명종 시기 정치적 혼란과 관리의 부패로 민심이 악화되자, 불평분자들을 규합하여 황해도와 경기도, 강원도 등에서 의적 활동을 했다. 이후 1562년 남치근의 토벌로 체포되어 처형되었다. 조선 후기 실학자 이익은 조선의 3대 도둑으로 홍길동, 임꺽정, 장길산을 들었다.

|정답해설| '임꺽정'은 양주 지방의 백정이었다. 명종 시기 정치적 혼란과 관리의 부패로 민심이 악화되자, 불평분자들을 규합하여 황해도와 경기도, 강원도 등에서 의적 활동을 했다. 이후 1562년 남치근의 토벌로 체포되어 처형되었다.

|오답해설|
① 숙종 때 광대 출신의 장길산은 승려 세력과 함께 봉기하여 서울로 진격하려고 했다.
② 홍길동에 대한 설명이다.
④ 정여립은 대동계라는 비밀 결사를 조직하여 새 왕조를 세우려는 역성혁명을 꿈꾸었다.

|정답| ③

CHAPTER 03 근세의 사회

01 양반 관료 중심의 사회
02 사회 정책과 사회 시설
03 향촌 사회의 조직과 운영
04 성리학적 사회 질서의 강화

01 양반 관료 중심의 사회

1 양천(良賤) 제도와 반상(班常) 제도

(1) 양천(良賤) 제도

조선은 사회 신분을 양인과 천민으로 구분하는 양천 제도를 법제화하였다.

① 양인(良人): 양인은 과거에 응시하고 벼슬길에 오를 수 있는 자유민으로서, 조세·국역 등의 의무를 지녔다. 양인은 다시 직업·가문·거주지 등에 따라 양반·중인·상민으로 구분되고 이에 따른 사회적 역할 분담이 이루어지고 있었다.
② 천민(賤民): 천민은 비자유민으로서, 개인이나 국가에 소속되어 천역을 담당하였다.

(2) 반상(班常) 제도

① 운영: 실제로 조선의 사회 신분은 양천제의 원칙에만 입각하여 운영되지는 않았다.
  ㉠ 관직을 가진 사람을 의미하던 양반은 세월이 흐를수록 하나의 신분으로 굳어졌다.
  ㉡ 양반 관료들을 보좌하던 중인도 신분층으로 정착되었다.
② 4신분제: 지배층인 양반과 피지배층인 상민 간의 차별을 두는 반상 제도가 일반화되었고, 양반·중인·상민·천민의 신분 제도가 점차 정착되었다.

(3) 신분 이동

① 조선 시대는 엄격한 신분제 사회였으나 부분적으로 신분 이동이 가능하였다.
② 법적으로 양인이면 누구나 과거에 응시하여 관직에 진출할 수 있었고, 양반도 죄를 지으면 노비가 되거나 경제적으로 몰락하여 중인이나 상민이 되기도 하였다.
③ 조선 사회는 고려 사회에 비하여 개방적이었지만 지배층인 양반과 중인, 피지배층인 상민과 천민이 존재하는 점에서 아직 신분 사회의 틀을 벗어난 것은 아니었다.

> **바로 확인문제**
>
> ● 조선 전기의 신분 제도에 대한 설명으로 옳지 않은 것은? 13. 국가직 7급
>
> ① 공노비는 유외(流外)잡직으로 불리는 하급 기술관직을 가질 수 있었다.
> ② 서얼은 『경국대전』에 의해 문과 응시가 가능했지만, 실제로는 제약을 받았다.
> ③ 지위가 높은 문무 관원의 사손에게는 음서와 대가(代加) 등의 혜택이 주어졌다.
> ④ 국역 노동이 끝난 공장(工匠)들은 시장을 상대로 필요한 물품을 만들어 판매하여 이득을 취하였다.

단권화 MEMO

■ 양천 제도
양천 제도는 갑오개혁(1894) 이전까지 조선 사회를 지탱해 온 기본적인 신분 제도였다.

|정답해설| 『경국대전』 규정에 의하면 서얼은 문과 응시가 법적으로 불가능하였다.
|정답| ②

2 양반(兩班)

(1) 의미

양반은 본래 문반과 무반을 아울러 부르는 명칭이었다. 그러나 양반 관료 체제를 점차 정비하면서 문·무반직을 가진 사람뿐만 아니라 그 가족이나 가문까지도 양반으로 부르게 되었다.

(2) 양반의 수적 증가 억제(특권 유지책)

① 목적: 일단 지배층이 된 양반 사대부들은 자신들의 기득권을 지키기 위하여 지배층이 더 이상 늘어나는 것을 막기 위한 조치들을 취하였다.
② 양반의 제한: 문무 양반의 관직을 받은 자들만 사족(士族)으로 인정하였다.
③ 한품서용제
  ㉠ 조선 초기에 신분 제도와 관직 제도가 정비됨에 따라 신분과 직종에 따른 한품서용제가 정착되었다.
  ㉡ 기술관 및 양반의 서얼은 정3품 당하관, 토관(土官) 및 향리는 정5품, 서리는 정7품을 한품으로 규정하였다.
④ 서얼차대
  ㉠ 태종 15년(1415)에 서얼들의 청요직 진출을 제한하였다(한품서용).
  ㉡ 성종 때 반포된 『경국대전』에는 서얼의 문과 응시 금지(서얼금고법) 및 한품서용 규정이 명시되었다.

> **사료 서얼금고법에 대한 비판**
>
> 서얼 자손에게 과거와 벼슬을 못하게 한 것은 우리나라의 옛 법이 아니다. 『경제육전(經濟六典)』을 살피건대, 1415년(명나라 영락 13)에 중국 명나라의 우대언 서선 등이 서얼 자손에게는 높은 벼슬을 주지 말아서 그것으로 적서(嫡庶)를 구별하자고 하였다. 이것으로 보건대 1415년 이전에는 현직도 주었는데, 그 이후로는 과거를 문무 양반에게만 허가하였다. 이후 『경국대전』을 편찬한 뒤부터 비로소 벼슬길을 막았으니, 지금까지 100년이 채 못 된다. 세상천지에 땅에 자리 잡고 나라라고 이름한 것이 어찌 일백 개 정도만 되겠는가마는 벼슬길을 막는 법이 있다는 것을 아직 듣지 못하였다.
> 　　　　　　　『패관잡기』

(3) 생활

① 관직의 독점: 양반은 토지와 노비를 많이 소유하고 과거(科擧)·음서(蔭敍)·천거(薦擧) 등을 통하여 국가의 고위 관직을 독점하였다.
② 경제·정치의 주체: 양반은 경제적으로는 지주층이며 정치적으로는 관료층이었다.
③ 근로의 천시: 생산에는 종사하지 않고 오직 현직 또는 예비 관료로 활동하거나 유학자로서의 소양과 자질을 닦는 데 힘썼다.

(4) 특권

① 특권의 제도화: 조선은 각종 법률과 제도로써 양반의 신분적 특권을 제도화하였다.
② 국역의 면제: 양반은 각종 국역(國役)을 면제받을 수 있었다.

(5) 양인의 분화 현상

양반(兩班)이 하나의 사회 신분으로 고정되어 가면서 양인(良人)은 점차 양반·중인·상민으로 분화되었다.

■ 사족
사대부지족의 준말로서, 조선 시대 지배 계층과 향촌 사회의 지배층을 말한다.

■ 한품서용
관계의 승진에 출신 신분에 따른 한계를 두는 제도이다.

■ 「조선고평생풍속도(朝鮮古平生風俗圖)」

관리가 말을 탄 채 하인들과 함께 집으로 돌아오는 모습이 나타나 있다.

> **심화** 선비의 하루
>
> - 새벽 2~4시: 기상(여름철), 앎과 느낌을 계발하는 공부
> - 4~6시: 기상(겨울철), 새벽 문안, 뜻을 세우고 몸을 공경히 하는 공부
> - 6~8시: 자제들에게 글을 가르침, 독서와 사색
> - 8~10시: 식사, 마음을 가다듬고 고요히 살핌
> - 10~12시: 손님 접대, 독서
> - 정오~오후 2시: 일꾼들을 살핌, 친지에게 편지, 경전과 역사서 독서
> - 2~4시: 독서 또는 사색, 여가를 즐기거나 실용 기술을 익힘
> - 4~6시: 식사, 여유 있는 마음으로 독서, 성현의 기상을 본받는 묵상
> - 6~8시: 가족과 일꾼의 일을 점검함, 자제들 교육
> - 8~10시: 일기, 장부 정리, 자제 교육, 우주와 인생 및 자기 행동에 대한 묵상
> - 10~12시: 수면, 심신을 안정시키고 원기를 배양함
> - 자정~새벽 2시: 깊은 잠, 밤기운으로 심신을 북돋움
>
> 『일용지결』

3 중인(中人)

(1) 의미

① 넓은 의미
  ㉠ 양반과 상민의 중간 신분 계층을 뜻한다.
  ㉡ 독립된 신분층의 성립: 넓은 의미의 중인은 15세기부터 형성되어 조선 후기에 이르러 하나의 독립된 신분층을 이루었다.
② 좁은 의미: 기술관만을 의미한다.

(2) 구분

① 서리·향리·기술관: 중앙과 지방에 있는 관청의 서리와 향리 및 기술관은 직역을 세습하고 같은 신분 안에서 혼인하였으며 관청 가까이 거주하였다.
② 서얼(庶孼): 중인과 같은 신분적 처우를 받았으므로 '중서(中庶)'라고도 불리었다. 이들은 문과에 응시하는 것이 금지되었고 간혹 무관직에 등용되었다.

(3) 사회적 지위

중인은 양반들로부터 멸시(蔑視)와 하대(下待)를 받았으나 대개 전문 기술이나 행정 실무를 담당하였으므로 나름대로 행세할 수 있었다.

① 역관(譯官): 사신을 수행하면서 무역에 관여하여 이득을 보았다.
② 향리(鄕吏): 토착 세력으로서 수령을 보좌하면서 위세를 부리기도 하였다.

> **사료** 중인에 대한 차별
>
> 성종 13년(1482) 4월 신해 사헌부 대사헌 채수가 아뢰었다. "어제 전지를 보니 통역관·의관을 권장하고 장려하고자 능통하고 재주가 있는 자는 동서 양반에 발탁하여 쓰라고 특별히 명령하셨다니 듣고 놀랐습니다. 무릇 벼슬에는 높고 낮은 것이 있고 직책에는 가볍고 무거운 것이 있습니다. 무당·의관·약사·통역관은 사대부의 반열에 낄 수 없습니다. 의관·역관 무리는 모두 미천한 계급 출신으로서 사족이 아닙니다.
>
> 『성종실록』

사료 원악향리(元惡鄕吏)의 처벌에 대한 법률

형조에서 아뢰기를, "이제부터 향리(鄕吏)로서 백성을 침해하여 노역형에 해당하는 죄(罪)를 범한 자는 청컨대 곤장으로 볼기를 치는 형벌을 집행한 뒤에 영구히 그 도(道)의 후미지고 피폐한 역(驛)에 역리(驛吏)로 귀속시키고, 유배형에 해당하는 죄를 범한 자는 볼기를 치는 형벌을 집행한 뒤에 영구히 다른 도의 후미지고 피폐한 역에 역리로 귀속시키소서. 백성을 침해한 향리를 사람들이 고발할 수 있게 허락하고, 고발당한 향리를 즉시 심리하지 않는 관리도 아울러 법조문에 따라 죄를 부과하도록 하소서." 하니, 그대로 따랐다.

「세종실록」

4 상민(常民)

(1) 의미

① 평민·양인으로도 불리는 상민은 백성의 대부분인 농민·수공업자·상인을 말한다.
② 조선은 농본 억상(農本抑商) 정책을 취하였기 때문에 수공업자나 상인은 농민보다 아래에 위치하였다.

(2) 과거 응시 및 신분 상승

① 법적 허용: 상민이 과거에 응시하는 것을 법적으로 금지하지 않았지만 과거 준비에는 많은 시간과 비용이 들었으므로 이들이 과거에 응시하는 것은 매우 어려웠다.
② 군공의 포상: 전쟁이나 비상시에 군공을 세우는 등의 경우가 아니면 상민의 신분 상승 기회는 그리 많지 않았다.

(3) 구분

① 농민: 대부분의 농민은 조세·공납·부역 등의 의무를 지고 있었다. 이러한 조세는 때에 따라 농민들의 생계를 위협할 정도로 과중하였다.
② 수공업자: '공장(工匠)'으로 불리며 관영이나 민영 수공업에 종사하였다. 이들에게는 공장세를 부과하였다.
③ 상인: 시전 상인과 보부상 등이 있었는데, 국가의 통제 아래에서 상거래에 종사하였으며, 상인세를 부과하였다.
④ 신량역천(身良役賤)
 ㉠ 양인 중에서 천역을 담당하는 계층을 말한다.
 ㉡ 칠반천역(七班賤役)이라 하여 힘든 일에 종사한 일곱 가지 부류이다.

5 천민(賤民)

(1) 구성

① 천민 중에서 대부분을 차지하는 것은 노비이다.
② 백정·무당·창기·광대 등도 천민으로 천대받았다.

(2) 노비의 지위

① 비자유민: 노비는 비자유민으로서 교육받거나 벼슬길에 나아갈 길이 막혀 있었다.
② 재산 취급: 노비는 재산으로 취급되었으므로 매매·상속·증여의 대상이었다.

■ **신량역천**
본래의 신분은 양인이지만 사회적으로 천시되는 역을 부담하였던 일종의 조건부 양인이었다. 이들의 수효는 그리 많지 않으며 15세기 말에 대부분 양인이 되었다. 보통 신량 7천(칠반천역)이 대표적으로 언급되는데, 조례(관청의 잡역 담당), 나장(형사 업무 담당), 조군(조운선의 사공), 수군, 봉수군, 역보(역졸), 일수(지방 관아에 소속되어 심부름 등 잡무에 종사하던 사람) 등이 있다.

③ 노비의 신분 세습
- ㉠ 일천즉천(一賤則賤)의 원칙: 부모 중 한쪽이 노비일 경우 그 소생 자녀도 자연히 노비가 되는 제도가 일반적으로 시행되었다.
- ㉡ 천자수모법(賤子隨母法)의 원칙: 부모 소유주가 각각 다를 때 그 자녀는 모(母)의 소유주 재산으로 간주하였다.
- ㉢ 원칙적으로 양천교혼(良賤交婚)은 금지되었다.

(3) 공·사노비

조선 시대도 고려와 마찬가지로 국가에 속한 공노비와 개인에게 속한 사노비가 있었다.

① 공노비(公奴婢)
- ㉠ 국가에 신공을 바치거나 관청에 노동력을 제공하였고, 나이 60세가 되면 신공을 면해 주었다. 또한 유외잡직(流外雜職)이라는 하급 기술직에 임명될 수 있었다.
- ㉡ 각 관청에서 노동력을 제공하는 입역 노비와 관청 바깥에 거주하면서 신공을 바치는 외거 노비가 있었다.

② 사노비(私奴婢)
- ㉠ 주인집에서 함께 사는 솔거 노비와 주인과 떨어져 독립된 가옥에서 사는 외거 노비가 있었다.
- ㉡ 사노비는 솔거 노비보다 외거 노비가 다수였다.
- ㉢ 외거 노비는 주인에게 정기적으로 신공을 바치거나 주인으로부터 사경지(私耕地)를 받아 그 수확을 자신이 차지하여 재산을 축적하기도 하였다.

> **■ 신공(身貢)**
> 조선 시대 공·사노비는 소속 관서 또는 상전에 매년 물품을 바쳐야 했다.

바로 확인문제

● 밑줄 친 '이들'에 해당하는 것은?   22. 지방직 9급

> 이들의 과거 응시와 벼슬을 제한한 것은 우리나라의 옛법이 아니다. 그런데 『경국대전』을 편찬한 뒤부터 이들을 금고(禁錮)하였으니, 아직 백 년이 채 되지 않았다. 또한 다른 나라에 이러한 법이 있다는 말은 듣지 못했다. 경대부(卿大夫)의 자식인데 오직 어머니가 첩이라는 이유만으로 대대로 이들의 벼슬길을 막아, 비록 훌륭한 재주와 쓸 만한 자질이 있어도 이를 발휘할 수 없게 하였으니, 참으로 안타깝다.

① 향리   ② 노비   ③ 서얼   ④ 백정

> |정답해설| 제시된 사료의 "금고(禁錮), 사회적 차별", "어머니가 첩이라는 이유만으로 이들의 벼슬길을 막아"라는 표현을 통해 밑줄 친 '이들'이 서얼임을 알 수 있다.
> |정답| ③

● 〈보기〉의 (갑)은 조선 시대 신분층에 대한 설명이다. (갑)에 대한 내용으로 옳지 <u>않은</u> 것은?   18. 3월 서울시 7급

> ┤ 보기 ├
> 무릇 (갑)의 매매는 관청에 신고해야 하며 사사로이 몰래 사고팔았을 때는 관청에서 (갑)과 그 대가로 받은 물건을 모두 몰수한다. 나이 16세 이상 50세 이하는 값이 저화 4천 장이고, 15세 이하 50세 이상은 3천 장이다.
> 『경국대전』

① 재산으로 취급되어 매매나 상속의 대상이 되었다.
② 부모 모두가 (갑)일 경우에만 그 자녀도 (갑) 신분이 되었다.
③ 주인과 떨어져 독립된 생활을 할 때는 신공(身貢)을 바치기도 하였다.
④ 국가에 소속된 경우 관청의 잡무 처리와 물품 제작에 참여하였다.

> |정답해설| (갑)은 노비이다. 『경국대전』에 수록된 노비의 신분 세습은 일천즉천의 원칙이 적용되어 부모 중 한 명만 노비여도 그 자식들은 모두 노비가 되었다.
> |정답| ②

02 사회 정책과 사회 시설

1 사회 정책

(1) 목적
조선은 기본적으로 농본 정책을 실시하여 농민의 안정을 꾀하였다. 성리학적 명분론에 입각한 사회 신분 질서의 유지와 농민의 생활 안정이 가장 중요한 과제였기 때문이었다.

(2) 실시 배경
① 피역(避役) 저항: 당시 농민들은 무거운 조세와 요역의 부담으로 고통을 받고 있었으며, 관리 또는 양반 지주들에게 수탈을 당하기 일쑤였다. 그로 인해 이들은 전호(佃戶)가 되거나, 노비나 유민이 되어 자신에게 부과된 역(役)을 피하였다.
② 재정의 불안정: 이러한 농민의 몰락은 곧바로 국가의 안정과 재정의 근간을 위협하는 요소였으므로 농민의 생활을 안정하기 위한 여러 가지 방안을 강구하였다.

2 사회 제도

(1) 소극적 정책
농민이 토지로부터 이탈하는 것을 막기 위하여 실시하였다.
① 국가는 양반 지주들의 토지 겸병을 억제하였다.
② 농번기에 안정적으로 농사에 전념할 수 있도록 농민을 잡역에 동원하지 못하게 하였다.
③ 각종 재해·흉년을 당한 농민에게는 조세를 덜어 주기도 하였다.

(2) 적극적 정책
① 의창과 상평창: 농민 생활이 어려움에 처할 때 국가에서는 의창과 상평창을 통해 환곡을 실시하였다.
② 환곡제(還穀制): 국가 기관에서 운영하였다.
　㉠ 춘궁기에 양식과 종자를 빌려준 뒤에 추수기에 회수하는 제도이다.
　㉡ 본래 의창에서 담당하였지만 의창은 빌려준 원곡만을 받았기 때문에 곧 원곡이 부족하게 되었다.
　㉢ 그리하여 물가 조절 기관인 상평창에서 맡아 모곡(耗穀)이라 하여 원곡(元穀)의 소모분을 감안한 10%의 이자를 거두었다.

(3) 사창제(社倉制)
사창제는 환곡제와 달리 주민 자치적으로 운영하였다. 세종 때 향촌 사회에서 자치적으로 실시하였으며, 양반 지주들이 향촌의 농민 생활을 안정하여 양반 중심의 향촌 질서를 유지하기 위한 제도였다.

(4) 의료 시설
① 혜민국: 수도권 안에 거주하는 서민 환자의 구제와 약재 판매를 담당하였다.
② 제생원: 지방민의 구호 및 진료를 담당하였다.
③ 동·서 활인서: 도성 내 유랑자의 수용과 구휼을 담당하였다(고려 시대의 동·서 대비원 계승).

■ 사창의 기능
사창은 원래 향약과 더불어 향촌 사회를 안정하기 위하여 지방의 양반 지주층이 운영하던 것이었다. 양반 지주층은 각종 재난에 대비하여 향약·사창·동약 등의 향촌 규약을 제정하였다. 이를 통해 한편으로는 향촌 사회를 통제하면서 다른 한편으로는 농민 생활을 안정하고자 하였다.

■ 혜민국
태조 원년(1392)에 고려의 제도를 계승하여 혜민고국을 설치하였다. 이후 태종 14년(1414)에 혜민국이라 하였다가, 세조 12년(1466)에 혜민서로 개칭되었다.

| 사료 | 굶주린 사람을 구휼하는 법 |

- 굶주린 사람 중 나이가 많거나 병이 들어 관아에 나와 환곡을 직접 받아 갈 수 없는 사람은 가져다줄 것
- 모자라는 구휼의 곡식을 보충하기 위해서 산나물 등을 많이 캐어 먹도록 할 것
- 여러 날 굶주린 사람에게 간장 물을 마시게 하면 즉사하므로, 먼저 죽물을 식혀서 천천히 먹여 허기를 면하게 한 다음 밥을 줄 것
- 깊은 산골과 외떨어진 곳의 굶주린 사람을 먼저 살필 것

『세종실록』

(5) 사회 시설의 한계성

이러한 사회 시설은 당시의 농민 문제에 대한 근본적인 대책일 수는 없었다.

① **최소한의 생활 보장**: 농민에게 최소한의 생활을 보장해 줌으로써 농토에서의 농민 유망(流亡)을 방지하기 위한 미봉책에 불과하였다.

② **농민 통제책**: 정부는 농민들을 효과적으로 통제하기 위하여 **오가작통법(五家作統法)**과 **호패법(號牌法)**을 적극적으로 실시하여 농토로부터 농민의 이탈을 막고자 하였다.

3 법률 제도

(1) 법률 체제

관습법으로 사회 질서를 유지한 고려 시대와 달리 조선 시대에는 『경국대전』과 『대명률』로 대표되는 법전에 의해 형벌(刑罰)과 민사(民事)에 관한 사항을 규율하였다.

① 형법(刑法)
  ㉠ 『대명률(大明律)』: 『경국대전』의 법 조항이 매우 소략한 것이어서 형벌에 관한 사항은 주로 『대명률』의 적용을 받았다.
  ㉡ 반역죄와 강상죄의 처벌: 범죄 가운데 가장 무겁게 취급된 것은 반역죄(反逆罪)와 강상죄(綱常罪)였다.
    - 반역죄와 강상죄의 경우 범인은 물론 부모·형제·처자까지도 함께 처벌하는 연좌제(緣坐制)를 시행하였다.
    - 심한 경우에는 범죄가 발생한 고을의 호칭이 강등(降等)되었다.
    - 고을의 수령은 낮은 근무 성적을 받거나 파면되기도 하였다.

② 형벌: 태·장·도·유·사 5종을 기본으로 시행하였다.

③ 민법(民法)
  ㉠ 관습법에 의한 처리: 민사에 관한 사항은 제반 소송의 재판권을 가지고 있는 관찰사와 수령 등 지방관이 관습법에 따라 처리하였다.
  ㉡ 소송의 주류: 초기에는 노비와 관련된 소송이 많았으나 나중에는 남의 묘지에 자기 조상의 묘를 쓰는 데에서 발생하는 **산송(山訟)**이 주류를 이루었다.
  ㉢ 종법(宗法)의 적용: 상속은 종법에 따라 이루어졌으며, 조상의 제사와 노비 상속을 중요시하였다.
  ㉣ 물권(物權) 개념의 발달: 물건에 대한 소유권과 토지의 소유권 관념이 고려 시대에 비하여 발달하였다.

단권화 MEMO

■ **오가작통법**
다섯 집을 하나로 묶어 '통'이라 부르는 제도이다. 어려운 일이 생기면 서로 보살피게 할 목적이라고 하였으나, 실질적으로는 농민의 도망을 막기 위한 통제책이었다.

■ 『**대명률(大明律)**』
명의 기본 법전으로 태·장·도·유·사의 5형 형벌 체제인 당률(唐律)을 계승하면서 자자(刺字: 글자로 문신을 새기는 일)와 능지처사(凌遲處死) 같은 극형을 추가하였다.

■ 『**주자가례(朱子家禮)**』 중시
상장제례(喪葬祭禮)에 관한 소송 및 다툼은 유교적 기본 원리에 의해 판결하였다.

■ **종법(宗法)**
종법은 조선 가족 제도의 토대였으며, 가족 윤리를 중시하는 조선 사회를 지탱한 중요 원리 중 하나이다.

| 단권화 MEMO |

(2) 사법 기관 및 재판 과정

① 사법 기관: 조선의 사법 기관은 행정 기관과 명확히 구분되지 않았다.
  ㉠ 중앙(中央)
    • 사헌부, 의금부, 형조: 관리의 잘못이나 중대한 사건의 재판을 담당하였다.
    • 금부삼복법(禁府三覆法): 의금부에서 사죄(死罪)의 삼심을 관장하고, 재심을 할 경우는 의정부에서 관장하였다.
    • 한성부: 수도의 치안 및 토지·가옥 소송을 담당하였다.
    • 장례원: 노비 문서 및 노비 범죄를 관장하였다.
  ㉡ 지방(地方): 관찰사와 수령이 각각 관할 구역 내의 사법권을 행사하였다.
② 재판 과정
  ㉠ 재판에 불만이 있을 경우에는 사건의 내용에 따라 다른 관청이나 상부 관청에 소송을 제기할 수도 있었다.
  ㉡ 신문고나 징을 쳐서 임금에게 직접 호소하는 방법도 있었으나 일반적으로 시행되지는 않았다(격쟁·상언).
  ㉢ 이러한 제도들은 백성의 억울함을 해결해 줌으로써 이들이 안심하고 생업에 종사할 수 있도록 하는 데 그 목적이 있었다.

■ **3법사(三法司)**
사헌부, 형조, 한성부를 3법사라 한다.

| 바로 확인문제 |

● 다음 글을 토대로 조선 시대의 법률 운영에 대하여 바르게 설명한 것을 〈보기〉에서 고른 것은?

> 원통하고 억울한 일을 고소하고자 하는 자는, 소장을 중앙이면 주관하는 관원에 제출하고, 지방이면 관찰사에게 제출한다. 그러고도 억울한 일이 있으면 사헌부에 고소하고 또 원통하고 억울한 일이 있으면 신문고(申聞鼓)를 친다.
> 『경국대전』, 형전

| 보기 |
ㄱ. 재판에는 항소 과정이 있었다.
ㄴ. 지방에서는 수령이 사법권도 행사하였다.
ㄷ. 사헌부는 수도의 일반 행정과 소송을 담당하였다.
ㄹ. 최후의 항고·직접 고발 시설로 신문고를 운영하였다.

① ㄱ, ㄴ, ㄷ   ② ㄱ, ㄴ, ㄹ   ③ ㄴ, ㄷ, ㄹ   ④ ㄱ, ㄴ, ㄷ, ㄹ

| 오답해설 |
ㄷ. 사헌부는 관리 감찰 기능을 담당하였다. 수도의 일반 행정과 소송을 담당한 기구는 한성부이다.
| 정답 | ②

03 향촌 사회의 조직과 운영

1 향촌 사회의 모습

(1) 향촌의 구성

① 향촌은 중앙과 대칭되는 개념으로 지방 행정 구역을 의미한다.
  ㉠ 향(鄕): 행정 구역상 군현의 단위를 말한다.
  ㉡ 촌(村): 촌락이나 마을을 의미한다.
② 군현제의 정비
  ㉠ 지방관 파견: 조선 초기에 군현제가 정비되면서 전국을 8도로 나누고 그 아래 부·목·군·현을 두어 각각 중앙에서 지방관을 파견하였다.
  ㉡ 지방 자치: 군·현 밑에는 면·리(里) 등을 설치하였으나 중앙에서 관리가 파견되지는 않았다.

(2) 사족(士族)의 향촌 지배

향촌 사회에서 지주로서 농민을 지배하고 있던 계층은 사족(士族)들이었다.
① 유향소(留鄕所): 지방 자치를 위하여 설치한 기구가 유향소이다. 수령을 보좌하고 향리를 감찰하며 향촌 사회의 풍속을 바로잡기 위한 기구이다.
② 경재소(京在所): 중앙 정부가 현직 관료로 하여금 연고지의 유향소를 통제하게 하는 제도로서, 중앙과 지방의 연락 업무를 맡았다. 유향소와 경재소는 고려 시대 사심관 제도가 분화·발전한 것이다.
③ 유향소의 변경: 경재소가 혁파되면서(1603), 유향소는 향소(鄕所) 또는 향청(鄕廳)으로 그 명칭이 변경되고 향촌 질서 역시 변화하였다. 향소의 구성원인 사족들은 향안(鄕案)을 작성하고 향규(鄕規)를 제정하였다.
  ㉠ 향안: 향촌 사회의 지배층인 지방 사족의 명단으로서 임진왜란 전후의 시기에 각 군현마다 보편적으로 작성하였다.
  ㉡ 향규: 향안에 이름이 오른 사족들은 그들의 총회인 향회를 통하여 자신들의 결속을 다지고 지방민을 통제하였다. 이들 향회의 운영 규칙은 향규라고 하였다.

2 촌락의 구성과 운영

(1) 촌락의 구성

① 자연촌(自然村): 촌락은 농민 생활의 기본 단위일 뿐만 아니라 향촌을 구성하는 기본 단위로 자연촌으로 존재하면서 동·리(里)로 편제된 조직이다.
  ㉠ 면리제: 정부는 조선 초기에 자연촌 단위의 몇 개 리(里)를 면으로 묶은 면리제와 17세기 중엽 이후에는 오가작통제를 통하여 촌락 주민에 대한 지배를 원활히 하고자 하였다.
  ㉡ 오가작통제: 서로 이웃하고 있는 다섯 집을 하나의 통으로 묶고 여기에 통수를 두어 통 내를 관장하게 한 제도이다.

■ 향촌의 구성
대개의 향촌에서는 두서너 개의 씨족이 서로 인척 관계를 맺고 있었으며, 양반·평민·천민이 섞여 살았다.

② 반촌과 민촌: 조선 시대에 신흥 사족이 향촌 지역으로 이주하면서 향촌 사회에는 주로 양반들이 거주하는 반촌(班村)과 평민들이 거주하는 민촌(民村)이 나타났다.
- ㉠ 반촌: 동성의 특정 성씨만이 아니라 친족·처족·외족의 동족으로 구성되어 다양한 성씨가 거주하다가 18세기 이후에 동성 촌락(同姓村落)으로 발전하였다.
- ㉡ 민촌: 대부분 평민과 천민으로 구성되었으며 다른 촌락에 거주하는 지주의 소작농으로 생활하였다. 민촌도 18세기 이후에 그 신분 구성이 변하여 구성원 가운데 다수가 신분 상승을 이루었다.

(2) 촌락의 운영

① 동계(洞契)·동약(洞約)
- ㉠ 목적: 사족들은 동계·동약을 조직하여 촌락민들에 대한 지배력을 신분적으로 강화하고자 하였으며, 지주제를 통하여 사회적·경제적 지배를 관철시켰다.
- ㉡ 전환: 동계·동약에는 대체로 사족들만이 참여하다가 임진왜란 이후 양반과 평민층이 함께 참여하는 상하 합계의 형태로 전환하였다.

② 두레·향도: 촌락의 농민 조직으로 두레와 향도가 있었다.
- ㉠ 두레: 공동 노동의 작업 공동체였다.
- ㉡ 향도: 불교와 민간 신앙 등의 신앙적 기반과 동계 조직과 같은 공동체 조직의 성격을 모두 띠는 것으로서, 주로 상을 당하였을 때나 어려운 일이 생겼을 때 서로 돕는 활동을 하였다(상두꾼).

③ 향도계·동린계
- ㉠ 성격: 일반 백성들은 농촌에서 자생적인 생활 문화 조직을 만들었다.
- ㉡ 배경: 이러한 현상은 양난을 거치면서 향촌의 사회적·경제적 변화와 함께 사족 지배 체제가 동요를 일으키게 됨으로써 가능하였다.

3 촌락의 풍습

(1) 석전(石戰)의 거행

① 조선 초기에는 상무 정신을 기르기 위하여 전부터 이어 오던 석전이라고 부르는 돌팔매 놀이를 자주 거행하였으며 국왕도 이를 관전할 정도였다.
② 뒤에는 이 행사로 말미암은 사상자가 속출하여 국법으로 이를 금하였으나, 민간 풍습으로 계속 이어졌다.

(2) 농민들의 생활 풍습 유지 노력

① 이단, 음사
- ㉠ 양반 사족들은 향도계·동린계 등의 자생적인 생활 문화 조직들을 음사(淫祀)라 하여 금지하였다.
- ㉡ 사족들은 향사례(鄕射禮)와 향음주례(鄕飮酒禮)에 따라 마을의 전통적 풍습을 유교권으로 흡수하고자 하였다.

② 대다수의 농민들은 자신들의 생활 풍습을 지키려고 노력하였다.

> **바로 확인문제**
>
> ● 조선 전기 향촌에 관한 설명 중 옳지 않은 것은?
>
> ① 양반 사족들은 향도계·동린계 등에 적극적으로 참여하였다.
> ② 향촌 사회는 반촌과 민촌으로 분화되었다.
> ③ 촌락의 농민 조직으로 두레와 향도가 있었다.
> ④ 사족들은 향사례와 향음주례를 중시하였다.

|정답해설| 양반 사족들은 향촌의 자생적 공동체 조직인 향도계와 동린계를 이단 혹은 음사로 배척하였다.
|정답| ①

04 성리학적 사회 질서의 강화

1 예학과 족보의 보급

(1) **예학**(禮學)

① 명분론 강조: 성리학은 신분제 사회 질서를 유지하기 위하여 상하 관계를 중시하는 명분론을 강조하였다.
② 성립: 예학은 양반들이 성리학적 도덕 윤리를 강조하면서 신분 질서의 안정을 추구하고자 성립한 학문이다.
③ 덕목: 삼강오륜을 기본 덕목으로 강조하였다. 삼강오륜은 현실적으로 가부장적 종법 질서로 구현되어 성리학 중심의 사회 질서 유지에 많은 기여를 하였다.
④ 보급: 사림은 향약을 시행하고 도덕과 예학의 기본 서적인 『소학』을 보급하여 향촌 사회에 대한 지배력을 강화하였다. 아울러 가묘(家廟)와 사당(祠堂)을 건립하여 성리학적 사회 질서를 유지하고자 하였다.
⑤ 발전: 사림들이 신분 질서의 안정에 필요한 의례 형식을 중요시함으로써, 상장 제례에 관한 예학이 발달하였다.
⑥ 예학자: 김장생이 『가례집람』을, 정구가 『오선생예설분류』를 편찬하였다.
⑦ 영향
   ㉠ 폐단: 지나치게 형식에 사로잡힌 감이 있고, 사림 간의 정쟁의 구실로 이용되기도 하였으며, 양반 사대부의 신분적 우월성을 강조하는 데 이용되었다.
   ㉡ 공헌: 가족과 종족 상호 간의 상장 제례의 의식을 바로잡고, 유교주의적 가족 제도를 확립하는 데 기여하였다.

(2) **보학**(譜學)

① 필요성: 양반 사림들은 가족과 친족 공동체의 유대를 통해서 문벌을 형성하고 양반으로서의 신분적 우위를 확보하고자 하였다.
② 발전: 이 때문에 가족의 내력을 기록하고 그것을 암기하는 보학이 발전하였다.

■ **예학**
도덕 윤리를 기준으로 하는 형식 논리를 중시하였고, 명분 중심의 가치를 강조하였다.

■ **종법적 가족 제도**
가부장제를 바탕으로 친족 체제를 대종(大宗)과 소종(小宗)으로 나누어 적(嫡)·서(庶)로 구분함과 동시에 동성불혼(同姓不婚), 이성불양(異姓不養), 장자 상속과 자녀 차등 상속 및 대가족 제도 등을 내용으로 하는 유교주의 가족 제도를 말한다.

③ 기능
- ㉠ 예학이 종족 내부의 의례를 규정하는 것이라면, 보학은 종족의 종적인 내력과 횡적인 종족 관계를 확인해 주는 기능을 하였다.
- ㉡ 족보를 통해서 안으로는 종족 내부의 결속을 다졌고, 밖으로는 다른 종족이나 하급 신분에 대하여 우월 의식을 가질 수 있었다.
- ㉢ 족보는 결혼 상대자를 구하거나 붕당을 구별하는 데 중요한 자료로 활용되었다.
- ㉣ 족보의 편찬과 보학의 발달은 조선 후기에 더욱 활발해짐으로써 양반 문벌 제도를 강화하는 데 도움을 주었다.

단권화 MEMO

■ 『안동 권씨 성화보』
성종 7년(1476)에 편찬한 안동 권씨 족보로, 현재 남아 있는 가장 오래된 족보이다.

> **사료** 족보의 의미(『안동 권씨 성화보』 서문)
>
> 내 생각컨대 옛날에는 종법이 있어 대수(代數)의 차례가 잡히고 적자와 서자의 자손이 구별 지어져 영원히 알 수 있었다. 종법이 없어지고서는 족보가 생겨났는데, 무릇 족보를 만듦에 있어 반드시 그 근본을 거슬러 어디서부터 나왔는가를 따지고 그 이유를 자세히 적어 그 계통을 밝히고 친함과 친하지 아니함을 구별하게 된다. 이로써 종족 간의 의리를 두터이 하고 윤리를 바르게 할 수 있었다. …… 우리 동방은 예부터 종법도 없고 보첩도 없었다. 그리하여 아무리 문벌이 좋고 번성한 집안이라 해도 가승(家乘)이라는 것이 전혀 없다 보니 겨우 몇 대만 내려가도 고조와 증조와 조부와 선고(先考)의 이름자조차 기억하지 못하는 사람이 있게 되고, 자손들은 점차 서로 관계가 멀어져 혹 시마복(緦麻服)이나 소공복(小功服)을 입어야 하는 친척을 알아보지 못하여 길에서 만난 사람처럼 보니, 어찌 상복을 입는 촌수가 다 끝난 친척과 봉사(奉祀)하는 대수가 다 끝난 조상이 된 뒤에야 소원해진다고 할 수 있겠는가. 이와 같고서야 효제(孝悌)를 일으키고 예양(禮讓)을 이루고자 한들 어찌 어렵지 않겠는가?
>
> 서거정, 『안동 권씨 성화보』 서문

> **심화** 사림 세력의 성장과 성리학적 종법 질서의 확립
>
> ❶ 우리나라의 풍속은 (남자가) 처가에서 자라나니 처부모를 볼 때 오히려 자기 부모처럼 하고 처의 부모도 또한 그 사위를 자기 아들처럼 대한다.
> 『성종실록』
>
> ❷ 조선 중기의 상속 실태 비교
>
> | 상속 형태 \ 시기 | 1500~1649년 | 1650~1749년 |
> |---|---|---|
> | 균분 상속 | 20 | 19 |
> | 장남 우대 | 1 | 5 |
> | 남녀 차별(남자 우대) | - | 5 |
> | 남자 균분·여자 차별 | - | 4 |
> | 남자 우대·여자 차별 | - | 2 |
> | 장남 아닌 자 우대(여자 차별) | - | 1 |
> | 장남 아닌 자 우대 | 3 | 7 |
> | 계 | 24 | 43 |
>
> ❸ 족보는 대개 다음과 같은 순서로 기록하였다. 우선 족보 일반의 의의와 그 일족의 근원과 내력 등을 일족 가운데 학식이 뛰어난 사람이 기록한 서문(序文)이 권두(卷頭)에 있다. 다음에는 시조나 중시조의 사전(史傳)을 기록한 문장이 들어가고, 다음에는 시조의 분묘도(墳墓圖)와 시조 발상지에 해당하는 향리 지도 등을 나타낸 도표가 들어가며, 그 밑에 범례가 있다. 끝으로 족보의 중심이 되는 계보표가 기재된다. 이것은 우선 시조에서 시작하여 세대 순으로 종계(宗系)를 이루며, 같은 항렬은 횡으로 배열하여 동일 세대임을 표시한다.

> **사료** 재가 금지(再嫁禁止)
>
> 경전에 이르기를 '믿음은 부인의 덕이다. 한번 남편과 결혼하면 종신토록 고치지 않는다.' 하였다. 이 때문에 삼종의 의가 있고 한번이라도 어기는 예가 없는 것이다. 세상의 도덕이 날로 나빠진 뒤로부터 여자의 덕이 정숙하지 못하여 사족의 딸이 예의를 생각지 아니해서 혹은 부모 때문에 절개를 잃고 혹은 자진해서 재가하니 한갓 자기의 가풍을 파괴할 뿐만 아니라 실로 성현의 가르침에 누를 끼친다. 만일 엄하게 금령을 세우지 않으면 음란한 행동을 막기 어렵다. 이제부터는 재가한 여자의 자손들은 관료가 되지 못하게 풍속을 바르게 한다.
>
> 『성종실록』

2 서원과 향약*

(1) 서원(書院)

① 설립: 풍기 군수 주세붕은 안향(호 - 회헌)의 고향인 경상도 순흥면 백운동에 안향의 사당인 회헌사(晦軒祠)를 세우고(1542), 교육 시설을 더하여 **백운동 서원**을 건립하였다(중종 38년, 1543).

② 기능: 선현을 받들고 교육과 연구를 하던 서원은 향교와는 달리 각기 다른 사람을 제사 지냈으며, 그 운영에서도 독자성을 가지고 있었다.

③ 보급
  ㉠ 배경: 서원은 교육 기관이었으므로 정치적 반대 세력으로부터 견제를 적게 받는다는 이점과 자기 문중을 과시하는 효과가 있었기 때문에 시간이 지날수록 번창하였다.
  ㉡ 시기: 서원은 사화(士禍)로 인하여 향촌에 은거하여 생활하던 사림들의 활동 기반이었으며, 임진왜란 이후 급속히 발전하였다.
  ㉢ 16세기 말에는 100개였으나, 17~18세기에는 600여 개로 늘어났다.

④ 사액(賜額) 서원
  ㉠ 서원의 현판[額]을 임금으로부터 하사받을 때 이를 '사액'이라고 한다.
  ㉡ 백운동 서원은 명종 때 풍기 군수로 부임한 이황의 건의로 사액되었고, 이후 소수 서원으로 개칭하였다.
  ㉢ 사액 서원은 국가로부터 면세·면역의 혜택과 서적·토지·노비 등을 받았다.

⑤ 의의
  ㉠ 선현의 추모 및 학문을 심화·발전하였다.
  ㉡ 사림의 농촌 지배를 더욱 강화하였다.
  ㉢ 지방 문화 발전에 이바지하였다.
  ㉣ 사림은 서원에 들어가 양반의 지위를 보장받고, 각종 국역 부담에서 벗어났다.
  ㉤ 향촌 사림을 결집하는 역할을 하였다.

⑥ 영향
  ㉠ 긍정: 학문의 발달과 지방 문화의 발전에 긍정적 영향을 미쳤다.
  ㉡ 부정: 사림들의 농민 수탈 기구로 전락하였을 뿐만 아니라 붕당의 온상지 역할을 하였다.

> **사료** 서원의 설립
>
> 주세붕이 비로소 서원을 창건할 적에 세상에서 자못 의심했으나, 그의 뜻은 더욱 독실해져 무리들의 비웃음을 무릅쓰고 비방을 극복하여 전례 없던 장한 일을 이루었습니다. …… 최충, 우탁, 정몽주, 길재, 김종직, 김굉필 같은 이가 살던 곳에 서원을 건립하게 될 것입니다.
>
> 『퇴계집』

단권화 MEMO

＊ **서원과 향약**
서원과 향약은 사림의 지역적 기반이었음을 이해해야 한다.

■ **서원**
서원은 성리학을 연구하고 선현(先賢)을 제사 지낸다는 설립 목적 이외에도 지방 사족들의 지위를 강화해 주는 기능을 가지고 있었다. 선현의 제사[祀]와 교육[齋]을 주된 목적으로 하는 서원은 유교를 보급하고 향촌 사림을 결집하는 역할을 수행하였다.

■ **소수 서원 현판**

1550년 4월에 명종이 직접 써서 내린 것이다.

| 단권화 MEMO |

> **사료 사액 서원**
>
> 풍기 군수 이황은 삼가 목욕재개하고 백번 절하며 관찰사 상공합하(相公閤下)께 글을 올립니다. …… 문성공 안유(안향)가 살던 이 고을에는 백운동 서원이 있는데, 전 군수 주세붕이 창건하였습니다. …… 서적과 편액을 내려 주시고 겸하여 토지와 노비를 지급하여 재력을 넉넉하게 해 주실 것을 청하고자 합니다.
>
> 『퇴계집』

(2) 향약(鄕約)

① 의의: 서원과 함께 사림의 세력 기반을 이루고 상민층에까지 유교의 예속을 침투시켜 백성들을 교화시키는 데 기여한 것이 바로 향약이다.

② 성격
   ㉠ 본래 향촌에서는 마을 단위로 공동체 생활을 하였기 때문에 어려운 일을 당하였을 때 단결하여 서로 도와주는 풍습이 있었다.
   ㉡ 향약은 이러한 전통적 공동 조직과 미풍양속을 계승하면서 여기에 삼강오륜을 중심으로 한 유교 윤리를 가미하여 교화 및 질서 유지에 더욱 알맞도록 구성하였다.

③ 보급
   ㉠ 중종 때 조광조 등이 보급에 힘썼으나 성공하지 못하였다. 각지에서 개별적으로 시행되다가 사림 세력이 중앙 정계에 자리 잡은 16세기 후반부터 널리 보급되었다.
   ㉡ 이황과 이이의 노력에 의해 우리 실정에 맞게 토착화하였다. 이황의 예안 향약, 이이의 해주 향약과 서원 향약이 대표적이다.

▲ 해주 향약(이이)

> **사료 『여씨향약』의 보급**
>
> 함양 사람 김인범(金仁範)이 상소하기를, "여씨향약(呂氏鄕約)을 준행하여 풍속을 바꾸도록 하소서." 하니, 정원에 전교하기를, "내가 함양 유생 김인범의 소(疏)를 보건대, 초야의 한미한 사람으로 인심과 풍속이 날로 경박하게 되는 것을 탄식한 나머지, 천박한 풍속을 바꾸어 당우지치(唐虞之治, 요순시대의 정치)를 회복하려는 것이니 그 뜻이 또한 가상하다. 근래 인심과 풍속이 달라진 것은 나 역시 걱정스러워 필경 어찌해야 할 것을 모르겠거니와 그 까닭을 따져보건대 어찌 연유가 없겠는가? 내가 박덕한 몸으로 조종(祖宗)의 통서(統緖)를 이어받은 지 12년이나 되건만, 선정(善政)이 아래에 미친 바 없고 허물만이 내 몸에 가득 쌓여서 민원(民冤)이 사무쳐 재변(災變)이 거듭되니, 박한 풍속을 고쳐 후한 풍속으로 돌리기가 참으로 어렵구나. 이는 비록 나의 교화(敎化)가 밝지 못한 탓이기도 하지만, 대신은 보필하는 지위에 있으니 그 책임이 어찌 중요하고 크지 않겠는가?
>
> 『중종실록』

> **사료 퇴계 향약(예안 향약) 약문**
>
> 효제충신(孝悌忠信)의 도리가 막히어 행하여지지 않으면, 예의를 버리고 염치가 없어짐이 날로 심해져 마침내 오랑캐나 짐승으로 돌아갈 것이다. 이는 실로 국가의 큰 근심이다. 이것을 살펴 바로잡는 책임은 유향소에 있다. …… 이제부터 우리 고을 선비들이 하늘이 부여한 본성을 근본으로 하고 국가의 법을 준수하여 집에서나 고을에서 각기 질서를 바로잡으면 나라에 좋은 선비가 될 것이요, 출세하든지 가난하게 살든지 서로 의지가 될 것이다. 굳이 약속을 만들어 서로 권할 필요도 없으며 벌을 줄 필요도 없을 것이다. 진실로 이를 알지 못하고 올바른 것을 어기고 예의를 해침으로써 우리 고을 풍속을 무너뜨리는 자는 바로 하늘의 뜻을 거역하는 백성이다. 벌을 주지 않으려 해도 주지 않을 수 있겠는가. 이것이 바로 오늘날 부득이 향약을 세우는 까닭이다.
>
> 『퇴계집』

> **사료** 해주 향약 입약 범례문
>
> 무릇 뒤에 향약에 가입하기를 원하는 자에게는 반드시 먼저 규약문을 보여 몇 달 동안 실행할 수 있는가를 스스로 헤아려 본 뒤에 가입하기를 청하게 한다. 가입을 청하는 자는 반드시 단자에 참가하기를 원하는 뜻을 자세히 적어서 모임이 있을 때에 진술하고, 사람을 시켜 약정(約正)에게 바치면 약정은 여러 사람에게 물어서 좋다고 한 다음에야 글로 답하고 다음 모임에 참여하게 한다.
>
> 「율곡전서」

④ 덕목
  ㉠ 덕업상권(德業相勸): 좋은 일은 서로 권한다.
  ㉡ 과실상규(過失相規): 잘못한 일은 서로 꾸짖는다.
  ㉢ 예속상교(禮俗相交): 올바른 예속은 서로 나눈다.
  ㉣ 환난상휼(患難相恤): 재난과 어려움은 서로 돕는다.
⑤ 기능
  ㉠ 향약은 조선 사회의 풍속 교화에 많은 역할을 하였다.
  ㉡ 향촌 사회의 질서 유지와 함께 치안까지 담당하는 등 향촌의 자치적 기능을 충분히 발휘하였다.
  ㉢ 사림들이 향약을 통하여 지방 자치를 구현하고자 한 데에는 농민에 대한 통제를 더욱 강화하여 자신들의 지위를 견고하게 구축하고자 하는 의도도 내포되어 있었다.
⑥ 구성: 지방의 유력한 사림이 **향약의 간부인 약정(約正)·직월** 등에 임명되었고, 일반 농민들은 향약에 자동적으로 포함되었다. 사림들은 농민에 대하여 중앙에서 임명된 지방관보다도 더 강한 지배력을 행사하면서 그들의 사회적 기반을 굳혀 갔다.
⑦ 영향: 향촌 사회에 향약을 보급하고 유교 윤리가 뿌리를 내리게 되자 지방 사림의 지위는 강화되었으나 이에 따른 부작용도 적지 않았다.
  ㉠ 토호와 향반 등 지방 유력자들이 주민들을 위협·수탈하는 배경을 제공하였다.
  ㉡ 향약의 간부들이 서로 화목하지 못하여 다투고 모함함으로써 오히려 풍속과 질서를 해치는 경우가 발생하였다.

바로 확인문제

● **다음 조직에 대한 설명으로 옳지 않은 것은?** 13. 국가직 9급

> 가입하기를 원하는 자에게는 반드시 먼저 규약문을 보여 주고, 몇 달 동안 실행할 수 있는가를 스스로 헤아려 본 뒤에 가입하기를 청하게 한다. 가입을 청하는 자는 반드시 단자에 참가하기를 원하는 뜻을 자세히 적어 모임이 있을 때에 진술하고, 사람을 시켜 약정(約正)에게 바치면 약정은 여러 사람에게 물어서 좋다고 한 다음에야 글로 답하고, 다음 모임에 참여하게 한다.
> 「율곡전서」 중에서

① 향촌 사회의 질서를 유지하고 치안을 담당하는 향촌의 자치 기능을 맡았다.
② 전통적 미풍양속을 계승하면서 삼강오륜을 중심으로 한 유교 윤리를 가미하였다.
③ 어려운 일이 생겼을 때에 서로 돕는 역할을 하였고, 상두꾼도 이 조직에서 유래하였다.
④ 지방 유력자가 주민을 위협·수탈하는 배경을 제공하는 부작용도 있었다.

|정답해설| 내용 중 '약정'은 향약의 간부이므로 제시된 자료는 '향약'에 대한 설명이다. 상두꾼은 향도에서 유래되었다.

|정답| ③

CHAPTER 04 근세의 문화

01 민족 문화의 융성
02 성리학의 발달
03 불교와 민간 신앙
04 과학 기술의 발달
05 문학과 예술

01 민족 문화의 융성

1 발달 배경

(1) 15세기 문화의 특징

조선 초기에는 민족적이면서 실용적인 성격의 학문이 발달하여 다른 시기보다 민족 문화가 크게 발달하였다.

(2) 집권층의 노력

① 당시의 집권층은 민생 안정과 부국강병을 위하여 과학 기술과 실용적 학문을 중시하고 민족 문화의 발달에 노력하였다.
② 우리의 문자인 한글을 창제하여 민족 문화의 기반을 넓힘과 동시에 더욱 발전할 수 있는 터전을 닦았다.

(3) 민족적·자주적인 민족 문화의 발달

① 15세기 문화를 주도한 관학파 계열의 관료와 학자들은 성리학을 지도 이념으로 내세웠다. 그러나 성리학 이외의 학문과 사상이라도 중앙 집권 체제의 강화, 민생 안정, 부국강병에 도움이 되는 것은 어느 정도 받아들였다.
② 세종 때부터 성종 때까지는 유교 이념에 토대를 두고 과학 기술과 실용적 학문을 발달시켰다. 이로써 민족적이면서 자주적인 성격의 민족 문화가 크게 발전하였다.

2 교육 기관

(1) 배경

① 유교의 정치 이념화: 조선은 건국과 더불어 사회의 기강을 바로잡기 위하여 강력한 사상인 유교를 정치 이념으로 채택하였다.
② 유학의 생활 규범화: 조선 시대의 유학은 그 자체가 생활 규범화되어 모든 국민에게 도덕적 윤리관을 심어 주었을 뿐만 아니라 교육·사상 및 정신문화에도 큰 영향을 미쳤다.

(2) 교육 제도

① 국립 교육 기관

　㉠ 성균관
　　• 고려의 교육 제도를 계승한 최고 교육 기관으로서, 입학 자격은 생원·진사를 원칙으로 하였다.
　　• 성적이 우수한 자는 문과(대과)의 초시를 면제해주었으며, 성균관 유생의 특권으로 권당(단식 투쟁), 공재(동맹 휴학)와 알성시 응시 등이 있었다.

> **사료** 성균관
>
> 우리 태조께서 즉위하신 아무 해에 국학(國學)을 동북의 구석에 설립하였는데, 그 경영·설계와 규모·제도가 모두 마땅하게 되어 하나도 완전하지 않은 것이 없었다. 대략을 들면 남으로 묘(廟)를 만들고 묘의 좌우에 무(廡)를 두어 묘에는 선성(先聖)을 제사하고, 무에는 선사(先師)를 제사하는 것이 나라의 옛 전통이다. 동에 정록소(正錄所)를 만들고, 그 남으로 주방을 만들고, 또 그 남으로 식당을 만들고, 묘(廟)의 북쪽 양옆으로 장랑(長廊)을 만들고, 낭(廊)의 북쪽에 그 터를 돋우어 좌우로 협실을 두고, 중간은 청을 만들어 선생과 제자가 강학하는 장소를 만들었으니, 이를 명륜당(明倫堂)이라 이른다.
> 　『동문선』

> **심화** 성균관
>
> **❶ 고려**
> 한국 최고의 학부 기관으로서 '성균'이라는 명칭을 처음 사용한 것은 고려 충선왕 때인 1298년으로, 그때까지의 최고 교육 기관인 국자감(國子監)의 명칭을 '성균감'으로 바꾸면서부터이다. 충선왕 복위 후(1308)에 성균관으로 개칭하였고, 공민왕 때 잠시 국자감으로 명칭이 바뀌었다가 1362년에 다시 성균관이라는 이름을 찾았다.
>
> **❷ 조선**
> 조선 건국 이후 성균관이라는 명칭은 그대로 존속되어 1395년부터 새로운 도읍인 한양의 숭교방(崇敎坊) 지역에 대성전(大成殿: 공자 등 유학 성현들에 대해 제사 지내던 공간)과 동무(東廡)·서무(西廡), 명륜당(明倫堂, 강의실), 기숙사인 동재(東齋)·서재(西齋), 양현고(養賢庫), 도서관인 존경각(尊經閣) 등의 건물을 완성하면서 그 모습을 갖추기 시작하였다. 성균관은 태학(太學)으로도 불리었으며, '반궁(泮宮)'으로 지칭되기도 하였다.
>
> **❸ 특징**
> 성균관에는 최고의 책임자로 정3품직인 대사성(大司成)을 두었으며, 그 아래에 좨주(祭酒)·악정(樂正)·직강(直講)·박사(博士)·학정(學正)·학록(學錄)·학유(學諭) 등의 관직을 두었다. 조선 시대의 교육 제도는 과거제와 긴밀히 연결되어서 생원시와 진사시에 합격한 유생(儒生)에게 우선적으로 성균관에 입학할 기회를 주었다(상재생). 다만 4부 학당 생도 가운데 승보시에 합격한 자나 공신의 자제로서 입학이 허가된 자가 성균관에 입학하는 경우도 있었다(하재생). 성균관 유생의 정원은 개국 초에는 150명이었으나, 세종 11년(1429)부터 200명으로 정착되었다.

　㉡ 4부 학당(4학): 수도에 설치된 중등 교육 기관으로, 중학, 동학, 서학, 남학을 운영하였으며 정원은 각각 100명씩이었다. 또한 4학의 학생들이 성균관이 주최하는 승보시에 합격하면 소과 초시를 면제해 주었고, 성균관의 하재생(기재생)이 될 수 있었다.

■ 동무와 서무
중국과 우리나라 현인(賢人, 존경받는 유학자들의 위패가 봉안되어 있는 제사 공간이다.

■ 성균관 승보시
승보시는 소과의 초시에 해당하는 것으로, 4부 학당의 유생 중 15세가 되어 성적이 우수한 자를 시험하여 성균관 기재에 입학시키는 제도이다. 여기에 합격하면 소과 복시에 응시할 자격을 주었다.

| 단권화 MEMO

|정답해설| 제시된 사료에서 (향교에 파견되는) "훈도·교수"를 통해 (가)가 향교임을 알 수 있다. 향교의 입학 정원은 고을의 위상과 인구에 따라 차이가 나는데, 『경국대전』에서는 부(府)·대도호부(大都護府)·목(牧)의 경우는 90명, 도호부(都護府)는 70명, 군(郡)은 50명, 현(縣)은 30명의 학생을 수용하도록 하였다.

|오답해설|
② 천민은 입학이 불허되었다.
③ 사립 교육 기관인 서원은 국가의 사액을 받으면 면세의 특권이 주어졌다.
④ 성균관에서 성적이 우수한 자는 문과 복시에 바로 응시할 수 있었다.

|정답| ①

■ 향음주례(鄕飮酒禮)

향촌의 선비나 유생이 학덕과 연륜이 높은 이를 주된 손님으로 모시고 술을 마시며 잔치를 하는 의례(儀禮)의 하나이다. 어진 이를 존중하고 노인을 봉양하는 의미를 지닌다.

ⓒ 향교
- 부, 목, 군, 현에 각각 하나씩 설치되었으며, 지역의 인구에 따라 정원이 배정되었다.
- 원칙적으로 모든 양인 남자에게 입학이 허용되었고, 학비는 없었다.
- 향교의 교육을 위해 중앙에서 교수나 훈도가 파견되었다.
- 향교에서는 매년 자체적으로 정기 시험을 시행하였으며, 성적 우수자에게는 소과(생진과) 초시를 면제해 주어 회시(복시)에 응시할 수 있도록 하였다.

바로 확인문제

● 〈보기〉의 (가)에 대한 설명으로 가장 옳은 것은?   18. 서울시 7급

┤ 보기 ├

"(가)를 역을 피하는 곳으로 삼거니와, 어쩌다 글을 아는 자가 있어도 도리어 (가)에 이름을 두는 것을 부끄럽게 여겨 온갖 방법으로 교묘히 피하므로, 훈도·교수가 되는 자가 초동(樵童)·목수(牧竪)의 나머지를 몰아다가 그 부족한 수를 채워 살아갈 길을 도모하고 있습니다."

『중종실록』

① 군현의 인구 비례로 정원을 배정하였다.
② 천민도 입학이 허가되었다.
③ 국가의 사액을 받으면 면세의 특권이 주어졌다.
④ 성적이 우수한 자는 문과 복시에 바로 응시할 수 있었다.

② 사립 교육 기관
  ㉠ 서원: 풍기 군수 주세붕이 세운 '백운동 서원(중종 38년, 1543)'이 그 시초이다.
  - 가을에 '향음주례(鄕飮酒禮)', 봄·가을에 '향사례'를 지냈으며, 인재를 모아 학문도 가르쳤다.
  - 서원은 이름난 선비나 공신을 숭배하고 그 덕행을 추모하며, 유생들이 한자리에 모여 학문을 닦고 연구함으로써 향촌 사회의 교화에 공헌하였다.
  - 국가에서는 서원의 설립을 장려하여 전국 각처에 많은 서원이 세워졌다.
  ㉡ 서당: 초등 교육을 담당한 사립 교육 기관으로서, 사학이나 향교에 입학하지 못한 선비와 평민의 자제들이 교육을 받았다. 교육을 받는 자들의 연령은 대개 8, 9세부터 15, 16세 정도에 이르렀다.
  ㉢ 한계: 이들은 계통적으로 연결되지 않고 각각 독립된 교육 기관이었다.

○ 교육 과정 단계(인문 교육)

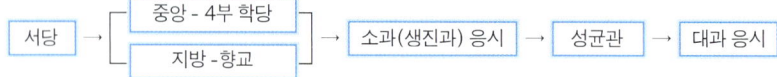

3 훈민정음 창제

(1) 배경
① 우리나라는 일찍부터 한자를 써 오면서 '이두'나 '향찰'을 사용하였다.
② 고유 문자가 없어서 우리말을 자유롭게 표현할 수 없었기 때문에 일상적으로 쓰는 말에 맞으면서도 누구나 배우기 쉽고 쓰기 좋은 우리의 문자가 필요했다.
③ 한자음의 혼란을 줄이고 피지배층을 도덕적으로 교화해 양반 중심 사회를 원활하게 유지하기 위해서도 우리 문자의 창제가 요청되었다.

(2) 경과
① 창제 및 반포: 세종은 훈민정음을 창제(1443)한 후 1446년에 반포하였다.
② 특징: 한글은 누구나 쉽게 배우고 쓸 수 있으며, 자기의 의사를 마음대로 표현할 수 있을 뿐만 아니라 글자를 만드는 원리가 매우 과학적인 뛰어난 문자이다.

(3) 보급
① 간행
  ㉠ 세종 때는 훈민정음을 보급하기 위해 정음청을 설치하였으며, 왕실 조상의 덕을 찬양하는 『용비어천가』(1447), 석가모니의 일생을 정리한 『석보상절』(1447), 부처님의 덕을 기리는 『월인천강지곡』(1449) 등을 편찬하였다.
  ㉡ 세조 때에는 『월인석보』를 한글로 간행하기도 하였고(1459), 간경도감을 설치하였다(1461).
② 번역과 편찬: 불경·농서·윤리서·병서 등을 한글로 번역하거나 편찬하였다.

(4) 훈민정음 창제의 의의
① 민족의 고유 문자: 민족 문화를 보존하고 발전하는 가장 좋은 도구 가운데 하나는 민족의 고유 문자이다.
② 문화 민족으로서의 긍지: 우리 민족은 고유 문자인 한글을 가지게 됨으로써 일반 백성들도 문자 생활을 누릴 수 있게 되었고, 문화 민족으로서의 긍지와 자부심을 가지게 되었다.
③ 민족 문화의 발전 전기 마련: 민족 문화의 기반을 확고하게 다졌을 뿐만 아니라 더욱 발전할 수 있는 전기를 마련하였다.

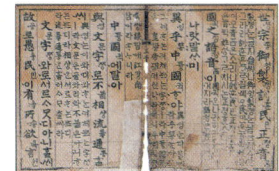
▲ 『훈민정음』

■ 『훈몽자회』
『훈몽자회』는 1527년(중종 22년) 최세진이 지은 한자 학습서이다. 책 앞머리에 한글에 대한 간략한 설명이 실려 있다.

> **사료** 훈민정음 창제의 배경과 반대 의견
>
> ❶ 우리나라의 말은 중국 말과는 근본적으로 달라 한자는 중국 말을 적기 위하여 만든 글자인데, 우리말을 한자를 빌려 적자니 여간 불편한 것이 아니다. 일반 백성들이 말을 글로 쓰려고 아무리 애를 써도 하고 싶은 말을 제대로 나타낼 수가 없으니 이 얼마나 안타까운 일인가! 내가 이 점을 몹시 가슴 아프게 생각하여 새로 스물여덟 자를 만들어서 누구든지 글을 쉽게 배워서 살기 편하게 하려 한다. 『훈민정음』 서문
>
> ❷ 집현전(集賢殿) 부제학 최만리 등이 상소하기를, "신(臣) 등이 엎드려 보옵건대 …… 우리 왕조는 조종(祖宗) 이래로부터 지성으로 대국(大國)을 섬겨 한결같이 중화(中華)의 제도를 지켜 왔는데, 지금 문자(文字)와 거제(車制)가 통일된 때를 당하여 언문(諺文)을 창작하는 것은 남의 이목(耳目)에 해괴(駭怪)합니다. …… 만일 이 소문이 중국에 들어가 혹 비난하는 자가 있게 되면 어찌 대국을 섬기고 중화를 사모(思慕)하는 데에 부끄럽지 않겠습니까?" 『세종실록』

| 단권화 MEMO |

| 정답해설 | 유네스코 지정 세계 기록문화유산인 『훈민정음해례본』에서 발췌한 정인지의 후서이다. 지문의 요지는 우리의 것이라는 점에서 자주성을 강조하고 있다.

| 오답해설 |
ㄷ. 『농상집요』는 고려 말 이암이 소개·보급한 원(몽골)의 농서이다.

| 정답 | ③

바로 확인문제

● 다음 자료에 나타난 사상과 동일한 맥락에서 이해할 수 있는 것을 〈보기〉에서 모두 고르면?

> 사방 각국의 풍토가 다르고 성음 역시 이에 따라 다르게 마련이다. 중국 이외의 외국말은 성음만 있고 문자가 없으므로 중국의 문자를 빌려서 사용하고 있는데, 이것은 마치 둥근 구멍에 모난 자루를 끼워 맞추는 것과 같아 서로 맞지 않으니 어찌 잘 통하여 막힘이 없겠는가. 요는 모두 각각 그곳에 따라 편리하게 할 뿐 억지로 똑같게 할 수는 없는 것이다.

| 보기 |
ㄱ. 『향약집성방』　　ㄴ. 『칠정산』　　ㄷ. 『농상집요』　　ㄹ. 『동의보감』

① ㄱ, ㄴ, ㄷ　　② ㄴ, ㄷ, ㄹ　　③ ㄱ, ㄴ, ㄹ　　④ ㄱ, ㄷ, ㄹ

---

*역사서의 편찬
『고려사』, 『동국통감』, 『조선왕조실록』은 빈출되는 역사서이므로 잘 알아두어야 한다.

■ 『동국사략』
고조선부터 삼국 시대까지를 유교적·사대적 사관에 입각하여 서술한 편년체 역사서이다.

4 역사서의 편찬*

(1) 시기별 특징

① 건국 초기: 왕조 개창의 정당화를 목적으로 『고려국사』(정도전), 『동국사략』(권근, 일명 『삼국사략』) 등을 편찬하였다.

② 15세기 중엽: 고려 시대의 역사를 자주적으로 정리하려는 노력이 대두되어 『고려사』(기전체), 『고려사절요』(편년체) 등을 편찬하였다.

　㉠ 『동국세년가』(세종 18년, 1436): 세종 때 권제 등이 단군 조선에서 고려 말까지의 역사를 노래 형식(영사체)으로 정리하였다.

　㉡ 『치평요람』(세종 27년, 1445): 정인지 등이 정치에 귀감이 될 만한 사실을 모아 엮은 책이다. 중국 주(周)나라부터 원(元)나라까지의 역사와 우리나라의 기자 조선부터 고려에 이르기까지의 역사를 정리하여 150권으로 완성하였다.

　㉢ 『고려사』(문종 1년, 1451): 고려 시대의 역사적 사실을 기전체(본기 제외)로 정리한 관찬 사서로서, 고려 시대 역사 연구의 기본 자료이다. 『고려사』는 조선 건국 합리화라는 정치적 목적과 아울러 이전 왕조인 고려의 무신정권~우왕·창왕까지의 폐정을 경계하는 목적(고려 말 사실의 의도적 왜곡)으로 편찬되었지만 사료 선택의 엄정성과 객관적인 서술 태도를 유지하고 있다.

　㉣ 『고려사절요』(문종 2년, 1452): 김종서 등이 왕명을 받고 춘추관(春秋館)의 이름으로 간행된 편년체 사서이다. 비록 『고려사』만큼 내용이 풍부하지는 못하지만 거기에 없는 사실들이 많이 수록되어 있고, 또 『고려사』에 누락된 연대가 밝혀져 있는 것도 있어 고려 시대의 역사서로 상호 보완적인 사료적 가치가 있다.

| 사료 | 『고려사』를 바치는 글(정인지)

이 역사를 편찬하면서 범례는 다 사마천(司馬遷)의 『사기(史記)』에 준하고, 기본 방향들은 다 직접 왕에게 물어서 결정했습니다. 본기(本紀)라는 이름을 피하고 세가(世家)라고 한 것은 대의명분의 중요성을 나타내기 위함이며, 신우와 신창을 세가에 넣지 않고 열전으로 내린 것은 그들이 참람하게 왕위를 도둑질한 사실을 엄히 논죄하려는 것입니다. 충신과 간신, 부정한 자와 공정한 사람들은 다 열전을 달리하여 서술했으며, 제도 문물은 각각 그 종류에 따라 분류해 놓았습니다. 왕들의 계통은 문란하지 않게 하였으며 사건들의 연대를 참고할 수 있게 하였습니다. 사적들은 될 수 있는 대로 상세하고 명확하게 하고, 누락된 것과 잘못된 것은 반드시 보충하고 바로잡도록 하였습니다.

『고려사』, 「진고려사전」

③ 15세기 말: 『동국통감』, 『삼국사절요』(성종, 노사신) 등을 발간하였다. 특히, 서거정의 『동국통감』(성종 16년, 1485)은 단군 조선부터 고려 말까지의 역사를 편년체로 기술한 최초의 통사로, 단군을 우리 민족의 시조로 정립하였다는 점과 단군 조선부터 삼한까지의 역사는 자료가 부족하여 '외기'에 수록했다는 점이 특징이다.

> **사료** 『동국통감』 서문
>
> 일찍이 세조께서 "우리 동방에는 비록 여러 역사서가 있으나 장편으로 되어 귀감으로 삼을 만한 것이 없다."라고 말씀하시고 관리들에게 명하여 편찬하게 하였지만 제대로 이루어지지 못하였습니다. 주상께서 그 뜻을 이어받아 서거정 등에게 편찬을 명하였습니다. …… 삼가 삼국 이하 여러 역사서에서 뽑아내고 편년체를 취하여 사실을 기록하였습니다. 삼국이 함께 대치하였을 때는 '삼국기'라 칭하였고, 신라가 통합하였을 때는 '신라기'라 칭하였으며 고려 시대는 '고려기'라 칭하였고, 삼한 이상은 '외기(外記)'로 구분하였습니다. 이 책을 지음에 명분과 인륜을 중시하고 절의를 숭상하여 난신을 성토하고 간사한 자를 비난하는 것을 더욱 엄격히 하였습니다.

> **심화** 15세기 단군에 대한 인식
>
> 새로운 왕조를 개창한 신진 사대부들은 민족 시조로서, 단군에 대한 숭배를 제도화하기 시작하였다. 이성계가 즉위한 다음 달 새 왕조의 제례 문제를 논의하면서 조박은 단군과 기자를 각각 '동방시수명지주(東方始受命之主)'와 '시흥교화지군(始興敎化之君)'으로서 평양부에서 제사할 것을 건의하였다. 그리고 태종 12년(1412)에는 단군을 기자묘에 합사하도록 하였다. 정척은 세종 7년(1425)에 단군 사당을 따로 설치할 것을 건의하였다. 그 후 세종 11년(1429) 단군 사당을 따로 짓고 동명왕을 합사하여 함께 제사 지냈다. 그리고 세종 12년(1430) 단군의 신위는 '조선후 단군(朝鮮侯檀君)'이던 것을 '조선 단군(朝鮮檀君)'으로 고쳐 '侯' 자를 삭제하였다. 이로써 단군은 국가적인 공인 속에 개국 시조로 확정되기에 이르렀다. 한편 세조 2년(1456) '조선 단군 신주(朝鮮檀君神主)'를 '조선 시조 단군지위(朝鮮始祖檀君之位)'로, '후조선 시조 기자(後朝鮮始祖箕子)'를 '후조선 시조 기자지위(後朝鮮始祖箕子之位)'로, '고구려 시조(高句麗始祖)'를 '고구려 시조 동명왕지위(高句麗始祖東明王之位)'로 고쳐 정하였다.

④ 16세기: 사림의 역사관이 반영된 박상의 『동국사략』 등이 편찬되었고, 기자(箕子)를 강조한 역사서인 이이의 『기자실기』, 윤두수의 『기자지』 등이 편찬되었다.

> **사료** 15세기와 16세기의 역사 인식
>
> ❶ 15세기의 자주적 역사 인식
>
> 신이 또 들으니, 기자 사당에는 제전(祭田: 제사를 지내기 위한 토지)이 있고 단군을 위한 제전은 없기 때문에 기자에게는 매달 초하루와 보름마다 제물을 올리되, 단군에게는 봄·가을만 제사한다 하옵니다. 현재 단군 신위를 기자 사당에 배향하게 되어서 한 방에 함께 계시는데, 홀로 단군에게 초하루·보름 제물을 올리지 아니한다는 것 또한 미안하지 않을까 합니다. 신의 생각에는 단군의 사당을 별도로 세우고, 신위를 남향하도록 하여 제사를 받들면 거의 제사 의식에 합당할까 하옵니다. 『세종실록』
>
> ❷ 16세기의 존화주의적 역사 인식
>
> 우리 동방에도 백성이 있어 살아온 지 중국에 뒤지지 않은 것 같은데, 아직 예지(叡智)를 지닌 성신이 나오시어 군사(君師)의 구실을 다하였다는 말을 듣지 못하였다. 물론 단군께서 제일 먼저 나시기는 하였으나 문헌으로 상고할 수 없다. 삼가 생각하건대 기자(箕子)께서 우리 조선에 들어오시어 그 백성을 후하게 양육하고 힘써 가르쳐 주시어 머리를 틀어 얹는 오랑캐의 풍속을 변화시켜 문화가 융성하였던 제나라와 노나라 같은 나라로 만들어 주셨다. 이이, 『기자실기』

단권화 MEMO

(2)『조선왕조실록』

① 태조~철종 시기(25대)까지의 역사적 사실을 연대순으로 서술한 편년체 역사서이다.
② 태종 13년에 하륜 등에게 명하여『태조실록』을 처음으로 편찬한 이래 역대 왕의 실록을 차례로 편찬하였다.
③ 왕의 사후 춘추관에 실록청을 만들어 편찬하였다.
④ 사초를 기준으로『승정원일기』,『의정부등록』,『비변사등록』,『일성록』,『춘추관 시정기』, 상소문 등을 보조 자료로 하여 서술하였다.
⑤ 실록은 초초(初草)·중초(中草)·정초(正草) 3차례의 편찬을 통해 완성하였다. 완성 후 사관은 초초와 중초를 없애(세초) 기밀 누설을 막았다.
⑥ 원칙적으로 개수가 불가능하였으나 여러 번에 걸쳐 수정본을 발간하였으며, 실록이 완성되면 사고(史庫)에 넣어 보관하였다.
⑦ 처음 실록은 4대 사고(서울 춘추관, 충주, 성주, 전주)에 보관하였다. 그러나 임진왜란 때 모두 소실되고 전주 사고만 존속하여 이후 광해군 때 5대 사고로 재편하였다.
⑧ 1997년 유네스코 세계 기록 유산으로 등록되었다.

심화 사고의 정비

4대 사고(임란 이전)	5대 사고(임란 이후)	변동과 현재
춘추관 사고(1405) → 임진왜란 중 소실	춘추관 사고(1606)	이괄의 난(1624)으로 소실
충주 사고 (1404년 이전 설치) → 임진왜란 중 소실	오대산 사고(1606)	일본으로 이전되어 관동 대지진 때 소실(1923)된 후 남은 74책이 현존(성종·중종·선조실록 47책은 2006년 반환)
성주 사고(1439) → 임진왜란 중 소실	태백산 사고(1606)	부산 정부 기록 보존소에 보존
전주 사고(1439) → 묘향산으로 이전	마니산 사고(1606)	마니산 사고의 소실 → 정족산 사고 설치. 정족산 사고의 실록은 현재 서울대학교 규장각에 보관
	적상산 사고(1633. 묘향산 사고에서 이전 완료)	6·25 전쟁 중 북한으로 이전되어 김일성 대학에 보존

(3)『국조보감』

① 방대한『조선왕조실록』내용에서 선왕의 치적 중 모범이 될 만한 사실을 발췌하여 요약한 편년체 역사서이다.
② 세조 때 처음 편찬한 이래 순종 시기까지 편찬하였다.

바로 확인문제

● 다음은 한 역사서 서문의 일부분이다. 이 역사서와 가장 유사한 서술 방식으로 기술된 역사서는?

15. 경찰직 3차

> 그에 관한 옛 기록은 표현이 거칠고 졸렬하며, 사건의 기록이 빠진 것이 있으므로, 이로써 군후(君后)의 착하고 악함, 신하의 충성됨과 사특함, 나랏일의 안전함과 위태로움, 백성의 다스려짐과 어지러움을 모두 펴서 드러내어 권하거나 징계할 수 없다. 그러므로 마땅히 재능과 학문과 식견을 겸비한 인재를 찾아 권위 있는 역사서를 완성하여 만대에 전하여 빛내기를 해와 별처럼 하고자 한다.

① 『동국통감』
② 『고려사』
③ 『고려사절요』
④ 『조선왕조실록』

● 조선 시대의 통치 기록에 대한 설명으로 옳지 <u>않은</u> 것은?

16. 지방직 7급

① 역대 국왕의 언행을 본보기로 삼기 위해 태종 때부터 『국조보감』을 편찬하였다.
② 춘추관은 관청별 업무 일지인 여러 관청의 등록(謄錄)을 모아 『시정기』를 정기적으로 편찬하였다.
③ 조선 초기부터 왕실 관련 행사나 국가적인 행사에 관한 기록이나 장면을 모은 의궤를 만들었다.
④ 승정원의 주서(注書)는 왕과 신하 간에 오고 간 문서와 국왕의 일과를 매일 기록하여 『승정원일기』를 작성하였다.

단권화 MEMO

|정답해설| 제시된 사료는 김부식이 대표적 기전체 역사서인 『삼국사기』를 고려 인종에게 바치면서 올린 「진삼국사기표」 중 일부이다. 『고려사』는 조선 문종 때 완성된 기전체 역사서이다.

|오답해설|
① 『동국통감』은 조선 성종 때 서거정이 편찬한 편년체 역사서이다.
③ 『고려사절요』는 조선 문종 때 편찬한 편년체 역사서이다.
④ 『조선왕조실록』은 왕의 사후 실록청에서 편찬한 편년체 역사서이다.

|정답| ②

|정답해설| 『국조보감』은 세조 때부터 편찬하였다.

|오답해설|
② 춘추관에서는 여러 관청의 업무 일지(등록)를 모아 『시정기』를 간행하였다.
③ (조선 왕조) 의궤는 조선 초기부터 제작되었고, 왕실과 국가 행사의 내용을 글과 그림으로 기록하였다.
④ 승정원의 주서(注書)들은 왕과 관련된 내용을 매일 기록하여 『승정원일기』를 작성하였다.

|정답| ①

단권화 MEMO

5 지도·지리서의 편찬

(1) 편찬 목적
조선 초기에는 중앙 집권과 국방의 강화를 위하여 지리지와 지도의 편찬에 힘썼다.

(2) 지도
① 15세기 초
  ㉠ 「혼일강리역대국도지도」: 태종 때(1402) 이회 등이 제작한 세계 지도로, 현존하는 동양 최고(最古)의 세계 지도이다. 권근의 글에 의하면 중국에서 수입한 「성교광피도」와 「혼일강리도」를 기초로 하고, 우리나라와 일본의 지도를 합해서 제작하였다고 한다. 중국이 세계의 중심이라는 중화 사상을 반영하였으며, 지도의 작성은 이슬람 지도학의 영향을 받았다. 한편 유럽과 아프리카 대륙까지 묘사하였다는 점이 주목된다.
  ㉡ 「팔도도」: 처음 만들어진 것은 태종 시기이지만 현재 전해지지 않는다. 한편 같은 이름의 「팔도도」는 세종 때 '정척'이 제작하였다.
  ㉢ 「동국지도」
    • 세조 때 양성지 등이 왕명에 따라 실지 답사를 통하여 완성하였다(1463).
    • 특히 두만강과 압록강 부분이 자세하게 기록되어 이 지역에 대한 영토 의식을 확인할 수 있으며, 하천 및 산맥뿐만 아니라 인문 사항도 자세히 기록하고 있다.
② 16세기: 「조선방역지도」(명종)
  ㉠ 만주와 쓰시마섬을 표기하였고, 해안선이 현재와 일치할 정도로 정확한 지도이다.
  ㉡ 「동국지도」 계통의 지도로 지도 상단에 제목이 있고, 하단에는 지도 제작에 관련된 사람들의 관등과 성명을 기록한 좌목(座目)이 있다.

▲ 「혼일강리역대국도지도」의 우리나라와 중국 부분(일본 류코쿠 대학 소장)

▲ 「조선방역지도」 (국사 편찬 위원회 소장)

> **심화** 조선 초기의 지도
>
> 고려 시대에도 지도가 제작되었는데, 그중 고려 말 제작된 나흥유의 5도 양계도는 조선 태조 5년(1396)에 이첨이 그린 「삼국도(三國圖)」나 태종 2년(1402) 이회가 그린 「팔도도」의 바탕도가 되었을 것으로 보인다. 또한, 조선 건국 후 5도 양계에서 8도로 개편된 행정 구역을 반영하기 위하여 태종 때 본국지도가 두 차례 제작되었다(태종 2년, 태종 13년).

(3) 지리지와 견문록
① 『신찬팔도지리지』(세종, 1432): 세종 때 맹사성 등이 편찬한 인문 지리서로, 현존하지는 않는다.
② 『세종실록지리지』(단종): 정인지와 노사신 등이 편찬한 지리지로, 단군 신화를 수록했다.
③ 『동국여지승람』(성종, 1481)
  ㉠ 성종 때 노사신과 양성지가 『팔도지리지』, 『세종실록지리지』를 참고하여 각 도의 연혁·풍속·인물·성씨 등을 기록한 인문 지리서이다.
  ㉡ 민족 주체적 시각에서 우리 국토의 역사와 문화를 재정리하였으며, 단군 신화를 수록하였다.
  ㉢ 중종 때 증보하여 『신증동국여지승람』으로 최종 완성하였으며, 현존하는 지리서이다.

④ 『해동제국기』(성종, 1471): 세종 때 서장관으로 일본으로 간 신숙주가 성종의 명을 받아 편찬한 책으로 일본의 역사, 지리 등을 상세하게 서술하였다.
⑤ 『표해록(漂海錄)』(성종, 1488): 최부(崔溥, 1454~1504)가 명에 표류되었을 때의 경험을 일기 형식으로 기록한 여행기이다.

사료 『해동제국기』 서문

우리 주상 전하께서 신 신숙주에게 명하여 해동 여러 나라에 대한 조빙(朝聘)으로 왕래한 연고와 관곡(館穀)을 주어 예접(禮接)한 규례를 찬술하라 하시기에 신은 명을 받고 두려움을 이기지 못하여 삼가 옛 문헌을 상고하고 보고 들은 것을 참고하여 그 지세를 그려서 대략 세계(世系)의 본말과 풍토의 숭상하는 바를 서술하고, 우리나라에서 응접하던 절차까지 덧붙여서 편집하여 책을 만들어 올렸다. ……
삼가 보건대 동해의 가운데 자리 잡은 나라가 하나만이 아니나, 그중 일본이 가장 오래되고 또 크다. 그 지역이 흑룡강(黑龍江) 북쪽에서 비롯하여 우리 제주 남쪽에까지 이르고, 유구(琉球)와 더불어 서로 맞대어 그 지형이 매우 길다.

『동문선』

■ 『해동제국기』

세종 때 일본에 다녀온 신숙주가 성종의 명을 받아 쓴 일본 관련 서적이다.

심화 『해동제국기』

1443년(세종 25년) 서장관(書狀官)으로서 일본에 다녀온 신숙주가 왕명에 따라 편찬한 책이다. '해동제국'이란 일본의 본토·규슈 및 대마도·이키도[壹岐島]와 유구국(琉球國)을 총칭하는 말이다. 내용은 해동제국총도(海東諸國總圖)·일본의 본국도(本國圖)·서해도구주도(西海道九州圖)·이키도도[壹岐島圖]·대마도도(對馬島圖)·유구국도(琉球國圖) 등 6매의 지도와 일본국기(日本國紀)·유구국기(琉球國紀)·조빙응접기(朝聘應接紀) 등이 실려 있다.

심화 조선 전기의 지리지

❶ 『신찬팔도지리지』

지리지 편찬은 세종 때부터 본격화되어 세종 14년(1432)에 『신찬팔도지리지』를 완성하였다. 이를 축소하여 『세종실록지리지』에 8권으로 삽입·수록하였다(단종 2년, 1454). 이 책은 군 단위로 60여 항목의 사항을 기록하고 있는데, 각 군의 연혁·인물·고적·토지·호구·성씨·군정 수(軍丁數)·물산 등이 상세히 소개되어 있어 지방 행정과 재정, 그리고 국방의 필요에서 편찬되었음을 보여 준다.

❷ 『동국여지승람』

- 성종 12년(1481) 노사신·서거정·양성지·강희맹 등에 의하여 50권으로 간행하였다. 이 책은 반포되지 않고 성종 17년(1486)에 김종직·최부 등 사림 관료들에 의하여 『신찬동국여지승람』 55권으로 개정·편찬되었다. 이후 중종 25년(1530) 이행 등에 의하여 『신증동국여지승람』 55권으로 재간행되어 오늘날 전하고 있다.
- 성격상의 차이점: 훈신들이 편찬한 『동국여지승람』은 우리나라를 '만리대국'으로 보는 입장에서 경제·국방에 관한 사항을 많이 수록하였으나, 사림(士林)이 개정·편찬한 것은 국토를 압록강 이남으로 한정한 기초 위에서 행정적 편람에 적합하도록 하였다. 즉, 전자가 부국강병을 목표로 한 지리지였다면, 후자는 국토의 현상 유지와 대내적인 정치 안정에 초점을 맞춘 지리지라 할 수 있다.

6 윤리·의례서와 법전의 편찬

(1) 윤리·의례서의 편찬

① 배경: 성리학이 조선 사회의 지배 사상으로 등장하게 되면서 유교적 질서를 확립하기 위하여 윤리와 의례에 관한 서적의 편찬 사업이 이루어졌다.

② 『삼강행실도』
  ㉠ 세종 때 설순 등이 편찬한 윤리서이다(1434).
  ㉡ 우리나라와 중국에서 모범이 될 만한 충신·효자·열녀를 선별하여 그들의 행적을 그림으로 그리고, 설명을 붙여 편찬하였다.

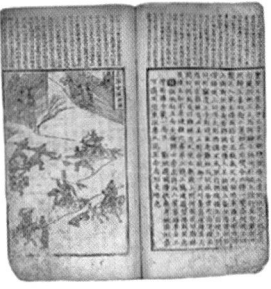
▲ 『삼강행실도』 언해본

> **사료** 『삼강행실도』 서문
>
> 인륜의 도는 진실로 삼강 밖에서 나오는 것이 없고, 천성의 참됨은 진실로 만대에 같은 것입니다. 마땅히 앞선 사람들의 행실에 대한 기록을 모아 오늘의 모범을 삼아야 할 것입니다. 그윽이 살펴보건대, 임금에게 충성하고 아버지에게 효도하고 남편에게 절개를 바치는 것은 하늘의 법칙에 근본을 둔 것입니다. 신하로서 이것을 하고 아들로서 이것을 하며 아내로서 이것을 하는 것은 순종하는 땅의 도리에 근원을 둔 것입니다. …… 중국에서 우리나라에 이르기까지 동방 고금의 서적에 기록되어 있는 것을 모두 보았습니다. 그 가운데 효자·충신·열녀로 우뚝 높아서 기록으로 남길 만한 사람을 각각 110명씩 찾아내었습니다. 앞에는 그림으로 그리고 뒤에는 사실을 기록하였으며 모두 시를 붙였습니다.
>
> 『삼강행실도』

■ 『국조오례의』
제사 의식인 길례, 관례와 혼례 등의 가례, 사신 접대 의례인 빈례, 군사 의식에 해당하는 군례, 상례 의식인 흉례의 오례를 정리한 책이다.

③ 『국조오례의』: 성종 때에는 국가의 여러 행사에 필요한 의례를 정비하여 의례서인 『국조오례의』를 편찬하였다.

> **사료** 『국조오례의』의 서문
>
> 갑오년(성종 5년, 1474) 여름이 지나 비로소 능히 책이 완성되어 본뜨고 인쇄하여 장차 발행하고자 하였다. 이에 신이 가만히 살펴보건대, 예를 기술한 것이 3,300가지의 글이 있기는 하나 그 요점은 길·흉·군·빈·가(吉凶軍賓嘉)라고 말하는 5가지에 불과할 뿐이다. 제사로 말미암아 길례가 있고, 사상(死喪)으로 말미암아 흉례가 있으며, 대비와 방어로 말미암아 군례가 있고, 교제와 관혼의 중요함으로 말미암아 빈례와 가례가 있다. 예는 이 5가지만 갖추면 사람 도리의 처음과 끝이 구비되는 것이니, 천하 국가를 다스리고자 하는 자는 이를 버리면 할 수가 없다.
>
> 『국조오례의』

④ 16세기: 사림이 『소학』과 『주자가례』의 보급과 실천에 힘쓰면서 『이륜행실도』와 『동몽수지』 등을 간행하여 보급하였다.
  ㉠ 『이륜행실도』(중종 13년, 1518): 연장자와 연소자, 친구 사이에서 지켜야 할 윤리를 강조한 책이다.
  ㉡ 『동몽수지』(중종 12년, 1517년 목판본으로 간행): 송의 주자가 저술한 어린이가 지켜야 할 예절을 기록한 윤리서이다. 이 책은 목판본으로 간행되었다.
  ㉢ 『동몽선습』(중종 38년, 1543년 발간, 박세무): 삼강오륜의 윤리뿐만 아니라 중국과 우리나라의 역사를 간략히 서술한 책으로, 서당 교육에서 초보적인 교과서로 많이 읽혔다.

| 사료 | 『이륜행실도』 간행 및 반포를 청함 |

지금 국왕(중종)께서 풍속을 바꾸려는 데에 뜻이 있으므로 신은 지극하신 뜻을 받들어 완악한 풍속을 고치고자 합니다. …… 『이륜행실(二倫行實)』로 말하면 신(김안국)이 전에 승지가 되었을 때에 간행할 것을 청했습니다. 삼강이 중한 것은 아무리 어리석은 부부라도 모두 알고 있으나, 붕우·형제의 이륜에 이르러서는 평범한 사람들이 제대로 모르는 경우가 있습니다.

「중종실록」

| 심화 | 『소학』 |

주희의 제자(유자징)가 지은 책으로, 삼강오륜의 행동 규범을 설명하고, 뒷부분에는 『여씨향약』을 소개하였다. 이 책에는 일상생활의 사소한 범절을 비롯하여 수양을 위한 격언·충신·효자의 행적 등을 모았다. 우리나라에서는 대개 8세가 되면 유학 교육의 초보로서 이 책을 읽었다. 고종 때에는 박재형이 우리나라의 사례를 넣어 개정한 『해동소학』을 편찬(1884)하였다.

(2) 법전의 편찬

① 배경: 조선은 유교적 통치 규범을 성문화하기 위한 법전의 편찬에 힘썼다.
② 건국 초기: 정도전은 『조선경국전』과 『경제문감』을 편찬하였고, 조준은 『경제육전』을 편찬하였다.
③ 『경국대전(經國大典)』
  ㉠ 세조 때부터 편찬하기 시작한 『경국대전』은 성종 때 완성·반포하였다.
  ㉡ 명의 『대명률』에 따라 이전·호전·예전·병전·형전·공전의 6전으로 구성된 조선의 기본 법전으로, 조선 후기까지 법률 체계의 골격을 이루었다.
  ㉢ 이 법전의 편찬은 조선 초기에 정비된 유교적 통치 질서와 문물 제도를 완성하였음을 의미한다.
  ㉣ 실제 내용은 소략하여 주로 『대명률』과 고려 이래의 관습법에 의거하여 법을 집행하였다.

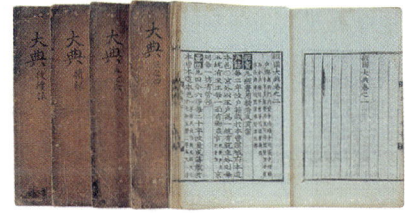
▲ 『경국대전』

○ 조선의 법전

책명	시기	인물	내용
『조선경국전』	태조 3년(1394)	정도전	조선 최초의 사찬 법전, 조례집
『경제문감』	태조 4년(1395)	정도전	정치 문물 초안서
『경제육전』	태조 6년(1397)	조준	조선 최초의 관찬 법전, 조례집
『속육전』	태종 13년(1413)	하륜	『경제육전』의 증보
『경국대전』	성종 16년(1485)	최항, 노사신	조선의 기본 법전
『속대전』	영조 22년(1746)	김재로	『경국대전』 시행 이후 공포된 교령과 조례 편찬
『대전통편』	정조 9년(1785)	김치인	대폭적인 수정·보완, 원·속·증으로 구분
『대전회통』	고종 2년(1865)	조두순, 이유원	조선 시대 마지막 종합 법전
『육전조례』	고종 4년(1867)	조두순	행정법규 사례집

| 단권화 MEMO |

사료 「경국대전」 서문

세조가 신하들에게 말씀하시기를, "법의 과목(科目)이 너무 번잡하고 앞뒤가 맞지 않았기 때문에 상세히 살펴 다듬어 자손만대의 성법(成法)을 만들고자 한다."라고 하셨다. …… 형전(刑典)과 호전(戶典)은 이미 반포되어 시행하고 있으나 나머지 네 법전은 미처 교정을 마치지 못했다. 이에 성상께서 세조의 뜻을 받들어 여섯 권의 법전을 완성하게 하여 중외에 반포하셨다.

바로 확인문제

● 〈보기〉의 ㉠에 해당하는 것은? 19. 10월 서울시 7급

| 보기 |

왕께서 집현전 부제학 신(臣) 설순에게 명하여 편찬하는 일을 맡게 하였습니다. 이에 동방 고금의 서적에 기록되어 있는 것을 모두 열람하여 효자·충신·열녀로서 우뚝이 높아서 기술할 만한 자를 각각 1백 인을 찾아내었습니다. 그리하여 앞에는 형용을 그림으로 그리고, 뒤에는 사실을 기록하였으며, 모두 시를 붙였습니다. …… 편찬을 마치니, (㉠)(이)라고 이름을 하사하시고, 주자소로 하여금 인쇄하여 길이 전하게 하였습니다.

① 『입학도설』 ② 『국조오례의』
③ 『소학』 ④ 『삼강행실도』

|정답해설| 『삼강행실도』(세종 16년, 1434)는 설순 등이 모범이 될 만한 충신, 효자, 열녀를 골라 그 행적을 그림으로 그리고 설명을 덧붙인 책이다. 이후 성종 때 한글로 번역하여 언해본을 만들었다(1481).
|정답| ④

● 밑줄 친 '이것'에 대한 설명으로 옳지 <u>않은</u> 것은? 19. 2월 서울시(사복직 포함) 9급

이것은 조선 시대 법령의 기본이 된 법전이다. 조선 건국 초의 법전인 『경제육전』의 원전과 속전, 그리고 그 뒤의 법령을 종합하여 만든 통치의 기본이 되는 통일 법전이다. …… 편제와 내용은 『경제육전』과 같이 6분 방식에 따랐고, 각 전마다 필요한 항목으로 분류하여 균정하였다.

① 성종 때 완성되었다.
② 조준이 편찬을 주도하였다.
③ 이, 호, 예, 병, 형, 공전으로 나뉘어 정리되었다.
④ 세조 때 만세불변의 법전을 만들기 위해 편찬을 시작하였다.

|정답해설| 밑줄 친 '이것'은 『경국대전』이다. 6전 체제로 정리된 『경국대전』은 세조 때 편찬하기 시작하여 성종 때 완성·반포(성종 16년, 1485)되었다. 조준은 고려 말~조선 초의 문신으로, 『경제육전』의 편찬을 주도하였다.
|정답| ②

02 성리학의 발달

1 성리학의 정착

(1) 사대부의 입장 차이

성리학은 고려 말의 개혁과 조선을 건국하는 데 사상적 기반을 제공하였으나, 이를 수용하고 이해하는 과정에서 신진 사대부들 간의 입장 차이가 나타났다.

(2) 관학파(훈구파)

① **15세기 정치 주도**: 15세기 조선 사회가 당면한 문제는 고려 시대부터 누적되어 온 대내외적인 모순을 극복하고, 왕조 교체에 따른 새로운 문물 제도를 정비하여 부국강병을 추진하는 것이었다.

② **정치적 성향**: 정도전·권근 등 관학파로 불리는 이들은 성리학에만 국한하지 않고 한·당 유학, 불교, 도교, 풍수지리 사상, 민간 신앙 등을 포용하여 시대적 과제를 해결하려고 하였으며, 특히 『주례』를 국가의 통치 이념으로 중요하게 여겼다.

(3) 사학파(사림파)

① **계승**: 고려 말 온건 개혁파로 조선의 건국에 참여하지 않고 재야로 물러난 길재(吉再) 등의 학문적 전통은 성종 때에 본격적으로 중앙 정계에 진출한 사림(士林)이 계승하였다.

② **정치적 성향**
　㉠ 형벌보다는 교화에 의한 통치를 강조하였다.
　㉡ 공신과 외척의 비리와 횡포를 성리학적 명분론에 입각하여 비판하였다.
　㉢ 당시의 사회 모순을 성리학적 이념과 제도의 실천으로 극복해 보려고 하였다.

○ 관학파와 사학파의 비교

구분	관학파(官學派)	사학파(私學派)
인물	정도전 학통 계승	정몽주·길재 학통 계승
특징	· 집현전·성균관 출신 · 중앙 집권과 부국강병 추구 · 『주례(周禮)』에 따른 이념 중시 · 한·당 유학 존중 · 불교·도교·풍수지리 사상 등의 민간 의식 포용	· 성종 때 중앙 정계에 본격 진출 · 성리학적 명분론 중시 · 교화(敎化)에 의한 통치 강조 · 『예기(禮記)』에 따른 이념 중시 · 향촌 자치 추구(향약·서원)

2 성리학의 융성*

(1) 철학의 조류

① **발달 배경**: 16세기 사림은 도덕성과 수신(修身)을 중시하였으며, 그것을 사회적으로 실천하는 가운데 인간 심성에 대하여 깊은 관심을 가졌다.

② **이기론의 선구자**
　㉠ 서경덕: 우주를 무한하고 영원한 기로 보는 태허(太虛)설을 제기하였다(중종 39년, 1544). 또한 이와 기 중 '기'만 중요하며 기는 영원불멸하면서 생명을 낳는다고 보았다(기일원론).
　㉡ 조식: 노장사상에 포용적이었으며, 학문의 실천성을 강조하였다. 또한 서리망국론을 제기하여 당시 서리의 폐단을 강력하게 비판하였고, 칼과 방울을 의(義)와 경(敬)의 상징으로 차고 다녔다.
　㉢ 이언적: 이(理)를 중심으로 자신의 이론을 전개하여 이후 주리론 정립에 영향을 주었다.

■ 『주례(周禮)』
주의 제도를 기록한 유교 경전으로서, 중국 역대의 관제는 『주례』를 규범으로 삼은 것이 많고, 우리나라는 고려 예종 때 구인재(求仁齋)에서 주요 유교 경전으로 가르쳤다. 조선 세종 때에는 단행본으로 간행하여 일반에 보급하였다.

*성리학의 융성
이황의 주리론과 이이의 주기론을 구분하여 이해하고, 두 사람의 주요 저서를 암기해야 한다.

(2) 성리학의 정착

성리학이 조선 사회에 확고하게 뿌리내리는 데 결정적인 기여를 한 인물은 이황과 이이였다.

① 이황(李滉, 1501~1570)
  ㉠ 성향
  - 주자의 이론에 조선의 현실을 반영시켜 나름대로의 체계를 세우려고 하였다.
  - 그의 사상은 도덕적 행위의 근거로서 인간의 심성을 중시하고 근본적이며 이상주의적인 성격이 강하였다.
  - 이기이원론: 이와 기는 서로 의존적이지만 서로 섞이지 않음을 주장하였다.
  - 이기호발설: 이가 작용하여 기가 이에 따르기도 하고 기가 작용하여 이가 그 위에 타기도 한다고 주장하였다.
  - 정지운의 『천명도설』 해석을 둘러싸고 기대승과 사단 칠정 논쟁을 시작하였다(명종 14년, 1559).
  ㉡ 저서: 이황은 『주자서절요』, 『성학십도』, 『자성록』, 『송원이학통록(宋元理學通錄)』, 「심경후론(心經後論)」, 「무진육조소」(「무진봉사」, 선조 1년, 1568) 등을 저술하였다.
  ㉢ 학파 형성: 김성일과 유성룡 등의 제자들이 영남학파(嶺南學派)를 형성하였다.
  ㉣ 영향
  - 임진왜란 이후 일본에 전해져 일본 성리학 발전에 영향을 미쳤다(일본에서는 이황을 '동방의 주자'로 부름).
  - 16세기 정통 사림(正統士林)의 사상적 연원이 되었다.
  - 19세기 개화기에 위정척사론(衛正斥邪論)에 영향을 주었다.

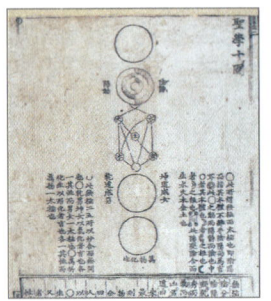
▲ 『성학십도』(이황)

심화 4단 7정 논쟁

명종 14년(1559)부터 21년까지 7년 동안 지속된 논쟁의 발단은 다음과 같다.
정지운은 권근의 「입학도설」과 권채의 「작성도」의 영향을 받아 『천명도설』을 작성하였다. 정지운은 『천명도설』에서 '4단은 이(理)에서 발한 것이고 7정은 기(氣)에서 발한 것이다[四端發於理 七情發於氣].'라고 기술하였다. 이 글을 읽은 이황은 '4단은 이가 발한 것이고 7정은 기가 발한 것이다[四端理之發 七情氣之發].'라고 수정할 것을 요청하였다. 정지운도 이황의 견해를 받아들여 새로 『천명신도』를 작성하였다. 이때 기대승이 '이황의 논리'에 반박하면서 논쟁이 시작되었다.
먼저 이황은, 4단은 이가 발하여 기가 그것에 따르는 것이고, 7정은 기가 발하여 이가 그것에 타는 것이다[四端理發而氣隨之 七情氣發而理乘之]라고 하여 '이기호발설'을 주장하였다. 이는 4단과 7정을 각각 이와 기에 분속(分屬)시키고 4단은 순선무악(純善無惡)한 것으로, 7정은 유선유악(有善有惡)한 것으로 본 것이다. 나아가 그는 이(理)가 발한다고 하여 이의 능동성·자발성을 강조하였다.
한편 기대승은, 4단은 7정에 포함되는 것이므로 양자를 구분해서 보는 것은 잘못이며 마찬가지로 이와 기도 서로 떨어져 존재하는 것이 아니므로 4단과 7정을 이와 기에 분속하는 것은 잘못이라고 주장하였다. 아울러 '천리(天理)의 발현이 제대로 되느냐'의 문제는 전적으로 기의 작용에 달려 있다고 하여 이의 자발성을 부정하였다.

② 이이(李珥, 1536~1584)
  ㉠ 성향
    • 개혁적 성격: 이이는 이황에 비하여 상대적으로 '기(氣)'의 역할을 강조하여 현실적이며 개혁적인 성격을 가지고 있었다.
    • 철학 체계 수립: 주기론의 입장에서 관념적 도덕 세계를 중요시하는 동시에 경험적 현실 세계를 존중하는 새로운 철학 체계를 수립하였다.
    • 일원론적 이기이원론(이기일원론): 주자와 이황의 이기이원론에 만족하지 않고, 한 걸음 더 나아가 '일원론적 이기이원론'을 주장하였다.
    • 기발이승일도설: 이는 스스로 활동하는 것이 아니라 기가 작용하는 원인이 될 뿐이므로, 기가 발하는 데 이가 올라탄다고 보았다.
    • 이통기국설: '이'의 보편성과 '기'의 국한성을 강조하였다.
  ㉡ 변법경장론(變法更張論): 이이는 경세가로서 현실 문제의 개혁에 과감한 주장을 하였다.
  ㉢ 저서
    • 『동호문답』, 『성학집요』, 『경연일기』, 『만언봉사』 등에서 16세기 조선 사회의 모순을 극복하는 방안으로 통치 체제의 정비와 수취 제도의 개혁 등 다양한 개혁 방안을 제시하였다.
    • 도학(道學, 성리학)의 입문서인 『격몽요결』을 저술하였다.
  ㉣ 학파 형성: 이이의 학통은 조헌, 김장생 등으로 이어져서 기호학파(畿湖學派)를 형성하였다.
  ㉤ 영향: 북학파 실학 사상과 개화 사상에 영향을 주었고 동학 사상에도 영향을 주었다.

> **단권화 MEMO**
>
> ■ 이이 - 구도장원공(九度壯元公)
> 명종 13년(1558) 별시(別試)에서 천문·기상의 순행과 이변 등에 대해 논한 천도책(天道策)을 지어 장원으로 급제하였으며, 명종 19년(1564)에 실시된 대과(大科)에서 문과(文科)의 초시(初試)·복시(覆試)·전시(殿試)에 모두 장원으로 합격하여 삼장장원(三場壯元)으로 불렸다. 생원시(生員試)·진사시(進士試)를 포함하여 응시한 아홉 차례의 과거에 장원으로 합격하여 사람들에게 '구도장원공(九度壯元公)'이라고 불리기도 하였다.

사료 이이의 『성학집요』

올해 초가을에 비로소 저는 책을 완성하여 그 이름을 『성학집요』라고 하였습니다. 이 책에는 임금이 공부해야 할 내용과 방법, 정치하는 방법, 덕을 쌓아 실천하는 방법과 백성을 새롭게 하는 방법이 실려 있습니다. 또한 작은 것을 미루어 큰 것을 알게 하고 이것을 미루어 저것을 밝혔으니, 천하의 이치가 여기에서 벗어나지 않을 것입니다. 따라서 이것은 저의 글이 아니라 성현의 글이옵니다.

『성학집요』

심화 『성학집요』

『성학집요』는 왕과 사대부를 위해 왕도 정치의 규범을 체계화한 성리학의 정치 이론서로, 『대학』을 기본적 지침으로 삼아 통설, 수기편(修己篇), 정가편(正家篇), 위정편(爲政篇), 성현도통장(聖賢道統章)으로 구성되어 있다. 이이는 『대학연의』(『대학』을 성리학적 입장에서 풀이한 책)를 모범으로 하되 너무 내용이 많은 것을 비판하였으며, 현명한 신하가 성학(성리학)을 군주에게 가르쳐 기질을 변화시켜야 한다는 주장을 핵심으로 하여 『성학집요』를 저술하였다. 『성학집요』는 조선의 사상계에 널리 영향을 미쳤다.

○ 이황과 이이의 비교

이황 (李滉)	• 도덕적 행위의 근거로서 인간의 심성 중시 • 근본적·이상주의적 성격 • 일본 성리학 발전에 큰 영향, 19세기 위정척사 사상에 영향 • 주요 저서: 『주자서절요(朱子書節要)』, 『성학십도(聖學十圖)』, 『전습록변(傳習錄辨)』 등 ※ 『성학십도』: 선조 1년(1568)에 왕에게 올린 상소문으로서, 군왕(君王)의 도(道)에 관한 학문의 요체(要諦)를 도식으로 설명하였다.

이이 (李珥)	• 기(氣)의 역할 강조 • 현실적·개혁적 성격 → 변법경장론(變法更張論) • 통치 체제의 정비와 수취 제도의 개혁 등 다양한 개혁 방안 제시 • 주요 저서: 『동호문답(東湖問答)』, 『성학집요(聖學輯要)』, 『경연일기(經筵日記)』 등 ※ 『성학집요』: 사서(四書)와 6경(六經)에 있는 도(道)의 개략을 뽑아 간략하게 정리하여 선조에게 바친 책이다.

심화 이황과 이이의 사상

❶ 이황(李滉)의 주장
- "우주 만물의 근원이 되는 이(理)는 절대적으로 선한 것이고, 만물을 구성하는 기(氣)는 선과 악이 함께 섞여 있는 것이다. 이(理)는 존귀하고, 선악이 함께 내재한 기(氣)는 비천한 것이다."
- 이(理)와 기(氣)가 모두 운동성을 갖는다는 '이기호발설(理氣互發說)'을 주장하여 이기이원론(理氣二元論)을 정립하였다.
- 수양론(修養論)에서 경(敬)에 의한 궁리(窮理)의 방법을 통하여 참된 지(知)에 이를 수 있다고 하였다.

❷ 이이(李珥)의 주장
- "이(理)는 형체가 없고, 기(氣)는 형체가 있는 까닭에 이(理)는 두루 통하고, 기(氣)는 한정되고 국한된다."
- 이(理)와 기(氣)는 이미 두 가지 물건이 아니요, 또한 한 가지 물건도 아니다. 한 가지 물건이 아니기 때문에 하나이면서 둘이요, 두 가지 물건이 아니기 때문에 둘이면서 하나라고 하는 '일원론적 이기이원론'을 주장하였다.

❸ 이황의 『성학십도』와 이이의 『성학집요』의 차이점
이황의 『성학십도』에서는 군주 스스로가 성학을 따를 것을 제시한 반면, 이이의 『성학집요』에서는 현명한 신하가 성학을 군주에게 가르쳐 그 기질을 변화시켜야 한다고 주장하였다.

심화 사림 문화의 영향

❶ 15세기 말부터 새로운 사회 세력으로 대두한 사림은 성리학의 이념에 충실한 사회를 건설하고자 노력하였다. 그들은 정몽주와 길재 계통의 학통을 계승하면서 의리와 도덕을 숭상하고 성리학의 이기론과 심성론의 탐구에 힘썼으며, 또한 예학을 발전시켰다.

❷ 법도가 정해지는 것과 기강이 대강 서게 되는 것은 일찍이 대신을 공경하고 그 정치를 맡기는 데 있지 않은 것이 없사옵니다. 임금도 혼자서 다스리지 못하고 반드시 대신에게 맡긴 뒤에 다스리는 도가 서게 됩니다. …… 전하께서 정말로 도를 밝히고 홀로 있는 때를 조심하는 것으로 마음을 다스리는 요점을 삼으시고, 그 도를 조정의 위에 세우시면 기강은 어렵게 세우지 않더라도 정해질 것입니다. 『정암집』

❸ 조선 초기에는 평양에 단군 사당을 건립하고 국가에서 제사하였으며, 중국 사신이 조선에 올 때 이곳에서 참배하게 하였다. 그러나 16세기의 사림들은 왕도주의를 내세우면서 단군보다 기자를 더욱 중시하고 기자에 대한 연구를 심화하였다. 이는 기자가 왕도의 창시자로서 도덕 정치를 폈다고 믿었기 때문이었다. 또한 사림들은 중국 중심의 세계관에 치우치는 경향을 지니고 있었다.

심화 양반 지배층의 시대 상황 인식이 문화에 끼친 영향

❶ 주화(主和) 두 글자가 신의 일평생에 허물이 될 줄 압니다. 그러나 신은 아직도 오늘날 화친하려는 일이 그르다고 생각하지 않습니다. …… 자기의 힘을 헤아리지 아니하고 경망하게 큰소리를 쳐서 오랑캐의 노여움을 사고 끝내 백성을 도탄에 빠뜨리며 종묘와 사직에 제사 지내지 못하게 된다면 그 허물이 이보다 클 수 있겠습니까. 『지천집』

❷ 화의가 나라를 망친 것은 어제오늘의 일이 아닙니다. 옛날부터 그러하였으나 오늘날처럼 심한 적은 없었습니다. 명은 우리나라에게는 부모의 나라입니다. (신하된 자로서) 부모의 원수와 형제의 의를 맺고 부모의 은혜를 저버릴 수 있겠습니까.

『인조실록』

> **단권화 MEMO**

바로 확인문제

● (가)와 (나)의 인물에 대한 설명으로 옳은 것은? 13. 지방직 9급

> (가) 주자의 이론에 조선의 현실을 반영하여 나름대로의 체계를 세우고자 하였다. 그의 사상은 도덕적 행위의 근거로서 인간 심성을 중시하고, 근본적이며 이상주의적인 성격이 강하였다. 대표적인 저서로『성학십도』가 있다.
> (나) 현실적이며 개혁적인 성격을 가지고 있었다. 그는『성학집요』등을 저술하여 16세기 조선 사회의 모순을 극복하는 방안으로 통치 체제의 정비와 수취 제도의 개혁 등 다양한 개혁 방안을 제시하였다.

① (가)의 사상은 일본 성리학 발전에 영향을 끼쳤다.
② (가)는 도학의 입문서인『격몽요결』을 저술하였다.
③ (나)는 왕에게 주청하여 소수 서원이라는 편액을 하사받았다.
④ (나)는 향촌 사회의 도덕적 질서를 안정시키기 위해 예안 향약을 만들었다.

| 정답해설 | (가) 이황, (나) 이이에 대한 설명이다. 이황의 주리론은 강항에 의해 일본으로 전해졌으며, 일본 성리학 발전에 영향을 미쳤다. 일본에서는 이황을 '동방의 주자'라고 하였다.
| 오답해설 |
② 『격몽요결』은 이이의 저서이다.
③ 이황의 건의에 의해 백운동 서원이 사액되어(편액을 하사받아) 소수 서원으로 개칭되었다.
④ 이황에 대한 설명이다.
| 정답 | ①

● 〈보기〉의 인물 ㉠에 대한 설명으로 가장 옳은 것은? 19. 2월 서울시 7급

> ┤ 보기 ├
> 명나라 사신 왕경민이 "항상 기자가 동쪽으로 온 사적에 대해 알 수 없는 것이 한스럽다. 조선에 기록된 것이 있으면 보고 싶다."라고 하니, (㉠)이(가) 전에 본인이 저술한『기자실기』를 주었다.

① 백운동 서원에 소수 서원이라는 편액을 하사받도록 하였다.
②『성학집요』와『격몽요결』등을 집필하였다.
③ 유성룡, 김성일, 장현광 등 주로 영남학자들에게 그의 학설이 계승되었다.
④ 일평생 처사로 지내며 독창적인 유기 철학을 수립하였다.

| 정답해설 |『기자실기』는 이이의 저서이다. 이이는『성학집요』와『격몽요결』등을 저술하였다.
| 오답해설 |
① 이황은 중종 때 주세붕이 설립한 백운동 서원의 사액(賜額)을 건의하였다(사액 후 소수 서원으로 개칭).
③ 이황의 사상은 유성룡, 김성일 등 주로 영남학자들에게 영향을 주었다.
④ 서경덕은 일평생 처사로 지내며 독창적인 유기 철학(기일원론)을 수립하였다.
| 정답 | ②

03 불교와 민간 신앙

1 불교의 정비

성리학이 주도 이념이었던 조선 시대에는 불교가 크게 위축되었다.

(1) 초기

① 불교 정비책
- ㉠ 초기: 사원이 소유한 막대한 토지와 노비를 회수하여 집권 세력의 경제적 기반을 약화하는 정책을 지속적으로 추진하였다.
- ㉡ 태조: **도첩제(度牒制)**를 강화하여 승려로의 출가를 제한하고, 사원의 건립을 억제하였다.
- ㉢ 태종: 전국에 242개의 사원만을 남기고, 나머지는 토지와 노비를 몰수하고 폐지하였다.
- ㉣ 세종: 교단을 정리하면서 선종과 교종 각각 18사씩 모두 36개의 절만 인정하였다.
- ㉤ 세조: 원각사에 10층 석탑을 세우고, '간경도감'을 설치하여 불교 경전을 한글로 번역·간행하고 보급하는 등 적극적인 불교 진흥책을 펴서 일시적으로 불교가 중흥되었다.
- ㉥ 성종: **도첩제를 폐지**하였다. 성종 이후 사림들의 적극적인 비판으로 불교는 점차 왕실에서 멀어져 산간 불교로 바뀌었다.

> **사료** 연등회의 금지
>
> 사헌부에 하교하기를, "4월 초8일을 부처의 탄생일이라고 하여 연등(燃燈)을 행한 지 이미 오래되었는데, 요즈음 간원(諫院)에서 폐단을 말하면서 혁파하기를 청하였다. 내 생각에 오래된 습속을 갑자기 쉽게 고칠 수 없으나 오직 이 습관만은 고치지 않을 수 없다. 지금부터 절[僧舍] 이외에 중앙과 지방에서 행해지는 연등은 일체 금하라." 하였다.
> 그리고 말하기를, "날짜가 이미 임박하였는데 어리석은 백성들이 혹 알지 못하여 금령(禁令)을 범하는 자가 있을 것이니, 오는 초8일에는 우선 서울 안에서만 금하고, 알지 못하여 범하는 자는 죄주지 말며, 외방(外方)은 내년부터 금하도록 하라." 하였다.
> 『세종실록』

② 불교의 명맥 유지: 사원에 대한 국가적 통제는 강하였으나 사람들의 신앙에 대한 욕구는 완전히 억제하지 못하여 왕실의 안녕을 기원하고 왕족의 명복을 비는 행사가 자주 시행되어 불교는 명맥을 유지하였다.

(2) 중기

① 명종: 문정 왕후의 지원 아래 일시적인 불교 회복 정책이 펼쳐진 결과 보우(普雨)를 중용하고 승과를 부활하였다.
② 16세기 후반: 서산 대사와 같은 고승이 배출되어 교리를 가다듬었다.
③ 임진왜란 당시: 승병들이 크게 활약함으로써 불교계의 위상을 새롭게 정립하였다.

(3) 결과

전반적으로 사원의 경제적 기반 축소와 우수한 인재들의 출가 기피는 불교의 사회적 위상을 크게 약화하는 결과를 가져왔다.

■『석보상절』

소헌 왕후의 명복을 빌기 위해 세종의 명으로 수양 대군이 1447년(세종 29년)에 간행한 부처의 일대기이다.

> 바로 확인문제

● 조선 시대 불교계의 동향을 바르게 서술한 것은?

① 조선 초기 성리학에 입각한 억불 정책으로 교세가 크게 위축되었으나, 사회적 위신은 약화되지 않았다.
② 민간에서는 여전히 불교를 신봉하였으나, 왕실과 궁중에서는 불교 신앙 행위 자체를 근절하였다.
③ 세종은 도첩제를 실시하여 출가를 신고제로 바꿈으로써 위축되었던 불교 교세를 어느 정도 만회시켜 주었다.
④ 세조는 간경도감을 설치하여 불경의 번역에 힘쓰는 등 적극적인 불교 진흥책을 시행하였으나 일시적인 효과에 그치고 말았다.

|오답해설|
① 불교의 사회적 위신도 약화되었다.
② 태조 때 내원당, 세종 때 내불당을 설치하는 등 왕실에서도 여전히 불교를 신앙하는 행위가 존재하였다.
③ 도첩제는 태조 때 배극렴의 건의로 시행된 승려 출가 허가 제도이다.

|정답| ④

2 도교와 민간 신앙

(1) 도교(道敎)

① 도교 역시 크게 위축되어 사원이 정리되고 행사도 줄어들었다.
② 제천 행사가 국가의 권위를 높이는 점이 인정되어 소격서(昭格署)를 설치하고 참성단에서 **일월성신에 대하여 제사를 지내는 초제(醮祭)를 시행하였다.**
③ 16세기 사림의 진출 이후 도교 행사가 사라져 갔으나 성리학의 공리적 면모를 반성하는 심성 중시 경향과 함께 도교나 불교 등 정신 수양에 도움을 주는 종교가 관심의 대상이 되었다.

(2) 풍수지리설, 도참 사상

① 풍수지리설과 도참 사상이 조선 초기 이래로 중요시되어 한양 천도에 반영되었다(계룡산 길지설, 무악 길지설, 한양 길지설 등).
② 양반 사대부의 묘지 선정에도 작용하여 산송(山訟) 문제가 사회적인 문제로 대두되었다.

■ 산송 문제
조선 중기 이후 나타나기 시작하였다. 유교적 관념이 강해지면서 부모에 대한 효로서 묘지를 중시하였는데, 이것이 풍수지리와 연관되어 관심이 커지면서 산송 문제가 발생하였다. 18~19세기에는 산송이 소송의 주류를 이루었다.

> 심화   도교 사상

❶ 소격서(昭格署)
  • 위치: 한성부 북부 진장방(鎭長坊, 현 삼청동)
  • 도교신의 추모: 삼청전(三淸殿)에는 칠성(七星)·옥황(玉皇)·노군(老君)·천존(天尊)·제군(帝君)·염라(閻羅) 등
  • 변화: 소격전(고려) → 소격서(1466) → 폐지[중종(1518), 조광조의 건의] → 임진왜란 이후 완전 폐지
  • 마니산 참성단(塹星壇): 단군이 하늘에 제사를 올리기 위해 쌓은 제단, 인조 17년(1639)과 숙종 26년(1700)에 수리하였다는 기록이 있음.

❷ 초제(醮祭)
  "목멱 신사(木覓神祠=國祀堂)가 남산 꼭대기에 있어 해마다 봄과 가을에 초제(醮祭)를 지낸다. 당(堂) 안에 화상(和尙)이 있는데, 속칭 신승(神僧) 무학 대사(無學大師)의 초상이라고 한다."   『한경지략』 사묘조

❸ 조선 후기에는 도교적 신앙이 변화된 형태로 '삼제군 신앙(三帝君信仰)'이 유행하였다.
  • 삼제(三帝)의 의미: 관성제군[關聖帝君, 촉한(蜀漢)의 관우(關羽)·문창제군[文昌帝君, 당(唐)의 장아(張亞)]·부우제군[孚佑帝君, 당(唐)의 여순양(呂純陽)]의 삼성(三聖)을 의미한다.

단권화 MEMO

• 내용: 관우는 지상지존(至上至尊)으로서 '삼계복마대성관성제군(三界伏魔大聖關聖帝君)'이라 하고, 장아는 과거(科擧)의 사부신(司部神)으로서 '사록직공거진군(司祿職貢擧眞君)'이라 하였으며, 여순양은 모든 소원을 성취시키는 '사생육도(四生六道)'라 하였다.

❹ "정월 열 나흗날 밤에 짚을 묶어 허수아비를 만드는데, 이를 처용(處容)이라 한다. 수직성(水直星)을 만난 사람은 밥을 종이에 싸서 밤중에 우물 속에 넣고 비는 풍속이 있다. 민속에서 가장 꺼리는 것이 처용직성(處容直星)이다."

유득공, 『경도잡지』

(3) 기타의 민간 신앙

① 민간 신앙: 무격 신앙, 산신 신앙, 삼신 숭배, 촌락제 등은 백성들 사이에 깊이 자리 잡았다.
② 세시 풍속: 계절에 따른 세시 풍속은 유교 이념과 융합되면서 조상 숭배 의식과 촌락의 안정을 기원하는 의식이 되었다.
③ 매장 방식의 변화: 불교식으로 화장하던 풍습이 묘지(墓地)를 쓰는 것으로 바뀌면서 명당 선호 경향이 두드러졌다.

바로 확인문제

● 교사의 질문에 대한 학생의 답변으로 옳지 <u>않은</u> 것은?

한국사능력검정시험 고급 25회

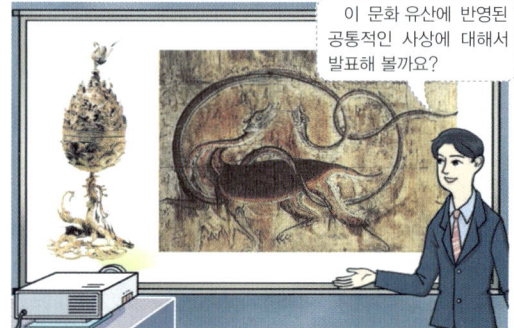

① 불로장생과 현세의 구복을 추구하였습니다.
② 『시경』, 『서경』, 『역경』을 경전으로 삼고 있습니다.
③ 소격서가 주관하는 행사에 반영되어 있습니다.
④ 하늘에 제사를 지내는 초제와 관련이 있습니다.
⑤ 연개소문이 반대 세력을 견제하고자 장려하였습니다.

|정답해설| 왼쪽 사진은 백제 사람들의 도교적 이상 세계가 형상화된 백제 금동 대향로이며, 오른쪽 사진은 고구려 강서 대묘의 사신도 중 현무도이다. 사신(四神)은 청룡, 백호, 주작, 현무로서 각각 동·서·남·북쪽을 상징하는 방위신이다. 『시경』, 『서경』, 『역경』은 유교의 경전이다.

|오답해설|
① 도교는 불로장생과 현세의 구복을 추구한 종교였다.
③ 조선 시대의 도교 기관인 소격서에서 초제를 주관하였다.
④ 하늘에 제사를 지내는 도교 행사를 초제라고 하였다.
⑤ 고구려의 연개소문은 불교와 결탁한 왕실 및 귀족 세력을 억압하기 위해 도교를 장려하였다.

|정답| ②

04 과학 기술의 발달

1 천문·역법과 의학

(1) 조선 초기의 과학 기술

① 세종: 조선 초기에는 과학 기술이 크게 발전하였는데, 특히 세종 때를 전후한 과학 기술은 우리나라 역사상 특이할 정도로 뛰어났다.

② 발달 배경: 당시의 집권층은 부국강병과 민생 안정을 위하여 과학 기술이 중요하다고 인식하였다. 따라서 과학 기술은 국가적 지원을 받아 크게 발전하였다.
③ 수용: 우리나라의 전통적 문화를 계승하면서 서역과 중국의 과학 기술을 수용하여 훌륭한 업적을 남겼다.

(2) 각종 기구의 제작과 천문학의 발전
① 천체 관측 기구: 혼의와 간의를 제작하였다.
② 강우량과 시간 측정 기구: 장영실·이천 등
  ㉠ 강우량 측정: 세계 최초로 측우기를 만들어(1441) 전국 각지의 강우량을 측정하였다.
  ㉡ 시간 측정 기구: 물시계인 '자격루'와 해시계인 '앙부일구' 등을 제작하였다. 특히 자격루는 노비 출신의 과학 기술자인 장영실이 제작한 것으로서, 정밀 기계 장치와 자동 시보 장치를 갖춘 뛰어난 물시계였다.
③ 인지의·규형(1466): 세조 때에 토지 측량 기구인 인지의(印地儀)와 규형(窺衡)을 제작하여 토지 측량과 지도 제작에 활용하였다.
④ 천문도(天文圖): 조선은 건국 초기부터 천문도를 만들었다.
  ㉠ 태조: 고구려의 천문도를 바탕으로 「천상열차분야지도」를 돌에 새겼다.
  ㉡ 세종: 새로운 천문도를 만들었는데, 이것은 현재 남아 있지 않다.

> **사료** 「천상열차분야지도」
>
> 예전에 평양성에 천문도 석각본(石刻本)이 있었다. 그것이 전란으로 강물 속에 가라앉아 버리고, 세월이 흘러 그 인본마저 매우 희귀해져 찾아볼 수 없었다. 그런데 태조가 즉위한 지 얼마 안 되어 그 천문도의 인본을 바친 사람이 있었다. 태조는 그것을 매우 귀중히 여겨 돌에 다시 새겨 두도록 서운관에 명하였다. 서운관에서는 그 연대가 오래되어 이미 성도에 오차가 생겼으므로 새로운 관측에 따라 오차를 고쳐서 새 천문도를 작성하도록 청했다.
>
> 권근, 「양촌집」

(3) 역법(曆法): 『칠정산』은 세종 때 이순지 등이 만든 역법서로서, 우리나라 역사상 최초로 서울을 기준으로 제작하였다.

> **사료** 『칠정산』
>
> 세종이 예문제학 정인지 등에게 명하여 『칠정산』 내·외편을 지었다. 처음에 고려 최성지가 충선왕을 따라 원나라에 들어가 수시력을 얻어 돌아와서 추보하여 사용하였다. 그러나 일월교식(일식과 월식이 같이 생기는 것)과 오행성이 움직이는 도수에 관해 곽수경의 산술을 알지 못하였다. 조선이 개국해서도 역법은 수시력을 그대로 썼다. 수시력에 일월교식 등이 빠졌으므로 임금이 정인지, 정초, 정흠지 등에게 명하여 추보하도록 하니 ······
>
> 「연려실기술」

> **심화** 『칠정산』
>
> 우리 실정에 맞는 역법을 갖추려는 세종의 자주적인 의지와 노력에 힘입어 『칠정산』 내·외편이라는 역법이 탄생하였다. 『칠정산』은 세종 때 이순지와 김담이 우리나라 역대의 역법을 정리한 것을 기초로 원나라와 명나라의 역법을 참고하여 만든 것으로서, 내편(內篇)과 외편(外篇)으로 이루어졌다. 외편(세종 26년, 1444)은 서역(西域)의 회회력법(回回曆法)을 연구하여 해설한 책인 데 비해, 내편(세종 24년, 1442)은 원나라의 수시력(授時曆)을 이해하기 쉽게 해설한 책으로서, 서울을 기준으로 한 해와 달 그리고 행성들의 운행이 나타나 있다.

단권화 MEMO

■ **흠경각루(欽敬閣漏)**
흠경각루는 조선 시대 흠경각 내부에 설치하여 운영한 자동 물시계이다. 1438년 장영실이 제작하였으며, 정해진 시간에 시보 인형이 등장하여 시간을 알려 주었다.

■ **인지의와 규형**
기록에는 세조 12년에 땅의 원근을 측정하는 인지의와 규형을 제작하였다고 하여 양자가 별개인 것으로 나와 있다. 그러나 지금 그 실물이 전하지 않아 학자에 따라서는 인지의는 원근, 규형은 고저를 측정하는 것으로 보고 있다.
변태섭

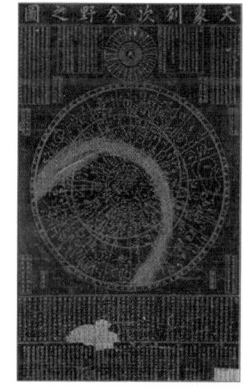

▲ 「천상열차분야지도」 각석
(국립 고궁 박물관)

■ **『칠정산(七政算)』**
해·달·화성·수성·목성·금성·토성 등 7개가 운동하는 천체의 위치를 계산하는 방법을 서술한 역법서이다.

(4) 의학(醫學)

15세기에는 조선 의·약학의 자주적 체계가 마련되어 민족 의학이 더욱 발전할 수 있게 되었다.

① 『향약제생집성방』: 조준, 김사형, 권중화, 김희선 등이 『삼화자향약방』, 『향약간이방』 등 여러 의서를 참고하고 국내의 경험방(처방전)을 가려 뽑아 완성하였다. 태조 7년(1398) 8월에 편찬하기 시작하여 이듬해(정종 원년) 5월에 완성하였다.

② 『향약채취월령』: 세종 10년(1428) 유효통, 노중례, 박윤덕 등이 왕명으로 편찬하기 시작하여 세종 13년(1431)에 완성하고 간행하였다. 우리나라 약초의 적절한 채취 시기를 월령으로 만든 책이다.

③ 『향약집성방』: 세종의 명으로 기존의 『향약제생집성방』을 확장하고 증보하여 편찬하였다(세종 15년, 1433). 우리 풍토에 맞는 약재와 치료 방법을 개발하고 정리한 내용을 담고 있다.

④ 『신주무원록』: 세종 20년(1438) 최치운 등이 원나라 왕여(王與)가 편찬한 『무원록(無冤錄)』에 주해를 더하고 음과 훈을 붙여 편찬한 의서(醫書)이다.

⑤ 『의방유취』: 당·송·원·명의 중국 의서와 국내 의서 153종을 망라하여 편찬한 동양 최대의 의학 백과사전이다(세종 27년, 1445).

> **사료** 『향약집성방』 서문
>
> 우리나라 사람들이 경험하였던 처방을 취하여 분류해서 편찬한 다음 인쇄하여 발행하였다. 이로부터 약재를 구하기 쉽고 질병을 치료하기 쉽게 되어 사람들이 모두 편하게 여겼다. …… 우리 주상 전하(세종)께서 이에 특별히 유의하시어 의관을 골라 매양 사신을 따라 북경에 가서 『방서』를 널리 구하게 하였다. …… 세종 13년(1431) 가을 집현전 직제학 유효통, 전의 노중례, 부정 박윤덕에게 명하여 다시 향약방에 대해 여러 책에서 빠짐없이 찾아낸 다음 분류하고 증보하여 한 해가 지나 완성하였다. …… 합하여 85권으로 바치니 이름을 『향약집성방』이라 하였다.
>
> 『세종실록』

바로 확인문제

● 다음 서적을 편찬된 시기순으로 바르게 나열한 것은? 19. 지방직 9급

| ㄱ. 『의방유취』 | ㄴ. 『동의보감』 | ㄷ. 『향약구급방』 | ㄹ. 『향약집성방』 |

① ㄱ - ㄴ - ㄷ - ㄹ
② ㄱ - ㄷ - ㄴ - ㄹ
③ ㄷ - ㄱ - ㄹ - ㄴ
④ ㄷ - ㄹ - ㄱ - ㄴ

● 〈보기〉의 ㉠에 들어갈 책으로 가장 옳은 것은? 23. 서울시(자체 출제) 9급

| 보기 |
세종이 예문제학 정인지 등에 명하여 ____㉠____ 을/를 지었다. 처음에 고려 최성지가 충선왕을 따라 원나라에 들어가서 수시력을 얻어 돌아와서 추보하여 사용하였다. 그러나 일월교식(일식과 월식이 같이 생기는 것)과 오행성이 움직이는 도수에 관해 곽수경의 산술을 알지 못하였다. 조선이 개국해서도 역법은 수시력을 그대로 썼다. 수시력에 일월교식 등이 빠졌으므로 임금이 정인지·정초·정흠지 등에게 명하여 추보하도록 하니 ……

『연려실기술』

① 『향약채취월령』
② 『의방유취』
③ 『농사직설』
④ 『칠정산』 내·외편

단권화 MEMO

| 정답해설 | 제시된 의서(醫書)의 순서는 다음과 같다.
ㄷ. 『향약구급방(鄕藥救急方)』: 고려 고종, 1236년
ㄹ. 『향약집성방(鄕藥集成方)』: 조선 세종, 1433년
ㄱ. 『의방유취(醫方類聚)』: 조선 세종, 1445년
ㄴ. 『동의보감(東醫寶鑑)』: 조선 광해군, 허준, 1610년 완성

| 정답 | ④

| 정답해설 | ㉠에 들어갈 책은 『칠정산』 내·외편으로, 우리 실정에 맞는 역법을 갖추려는 세종의 자주적인 의지와 노력에 힘입어 탄생하였다.

| 오답해설 |
① 『향약채취월령』은 세종 10년(1428) 유효통 등이 왕명으로 편찬하기 시작하여 세종 13년(1431)에 완성하였다. 우리나라 약초의 적절한 채취 시기를 월령으로 만든 책이다.
② 『의방유취』는 당·송·원·명의 중국 의서와 국내 의서 153종을 망라하여 편찬한 동양 최대의 의학 백과사전이다(세종 27년, 1445).
③ 세종 때 정초, 변효문 등이 편찬한 『농사직설』은 우리나라에서 편찬된 최초의 농서로서, 중국의 농업 기술을 수용하면서 우리 실정에 맞는 독자적인 농법을 정리하였다.

| 정답 | ④

2 활자 인쇄술과 제지술

(1) 활자와 인쇄 기술의 발달

① 배경: 조선 초기에는 각종 서적의 편찬 사업이 활발하게 추진되면서 활자 인쇄술과 제지술이 발달하였다.

② 금속 활자의 개량: 고려 시대에 발명되어 사용된 금속 활자는 조선 초기에 이르러 더욱 개량되었다.

　㉠ 태종: 주자소를 설치하고 구리로 계미자를 주조하였다(1403).

　㉡ 세종: 구리로 경자자(庚子字, 1420)·갑인자(甲寅字, 1434), 납으로 병진자(1436)를 주조하였다.

　㉢ 인쇄 기술의 발달: 세종 때에는 인쇄 기술이 더욱 발전하였는데, 종전에는 밀랍으로 활자를 고정하는 방법을 사용하였으나, 밀랍 대신 식자판을 조립하는 방법을 창안하여 종전보다 두 배 정도의 인쇄 능률을 올리게 되었다.

> **심화** 조선 시대의 금속 활자
>
> ❶ 조선 전기
> 　태종 3년(1403) 계미자가 주조된 이후 경자자(세종 2년, 1420), 갑인자(세종 16년, 1434), 병진자(세종 18년, 1436), 경오자(문종 즉위년, 1450), 을해자(세조 원년, 1455), 갑진자(성종 15년, 1484), 계축자(성종 24년, 1493), 계유자(선조 6년, 1573) 등이 제작되었다.
>
> ❷ 조선 후기
> 　광해군 10년(1618)에는 무오자, 영조 48년(1772)에는 임진자가 주조되었다. 한편 정조 시기에는 정유자, 임인자(再鑄 한구자), 생생자, 정리자, 춘추강자 등을 주조하였다.

▲ 갑인자로 찍은 책
(『자치통감강목』)

(2) 제지술의 발달

① 활자 인쇄술과 더불어 제지술이 발달하여 종이의 생산량이 크게 늘어났다.

② 태종 15년(1415)에는 종이를 전문적으로 생산하는 '조지소(造紙所)'를 설치하였고, 세조 12년(1466)에 '조지서'로 명칭이 바뀌었다.

3 농서의 편찬과 농업 기술의 발달

조선 초기는 우리나라 농업 기술에서도 획기적 발전을 이룩한 시기였다. 우리나라 최초의 농서가 간행되고 농업 기술이 여러 방면에서 크게 발전하였다.

> **사료** 세종의 농사를 권장하는 글
>
> 나라는 백성을 근본으로 삼고 백성은 먹는 것으로 하늘을 삼는 것인데, 농사라는 것은 옷과 먹는 것의 근원으로 왕도(王道) 정치에서 먼저 힘써야 할 것이다. 오직 그것은 백성을 살리는 천명에 관계되는 까닭에 천하의 지극한 노고를 복무하게 되는 것이다. 위에 있는 사람이 성심으로 지도하여 거느리지 않는다면 어떻게 백성들로 하여금 부지런히 힘써서 농사에 종사하여 그 삶의 즐거움을 완수하게 할 수 있겠는가. …… 농서를 참조하여 시기에 앞서서 미리 조치하되 너무 이르게도 너무 늦게도 하지 말고, 다른 부역을 일으켜서 그들의 농사 시기를 빼앗을 수도 없는 것이니 각각 자신의 마음을 다하여 백성들이 근본(농사)에 힘쓰도록 인도하라. 밭에서 일하고 농사에 힘써서 위로는 어버이를 섬기고 아래로는 자녀를 길러서 나의 백성이 장수하게 되고 그리하여 우리나라의 근본이 견고하게 된다면 …… 시대는 평화롭고 해마다 풍년이 들어 함께 태평 시대의 즐거움을 누릴 것이다.
>
> 『세종실록』

(1) 농서의 편찬

① 『농사직설』
   ㉠ 세종 때 정초 등이 편찬한 『농사직설』은 우리나라에서 편찬된 최초의 농서로서, 중국의 농업 기술을 수용하면서 우리의 실정에 맞는 독자적인 농법을 정리하였다.
   ㉡ 씨앗의 저장법, 토질의 개량법, 모내기법(이앙법) 등 농민들이 실제 경험한 농사법을 종합하였다.

> **사료** 『농사직설』 서문
>
> 지금 우리 왕께서도 밝은 가르침을 계승하시고 다스리는 도리를 도모하시어 더욱 백성들의 일에 뜻을 두셨다. 여러 지방의 풍토가 같지 않아 심고 가꾸는 방법이 지방에 따라서 차이가 있기 때문에 옛글의 내용과 모두 같을 수가 없었다. 이에 각 도의 감사들에게 명령하시어, 주·현의 노농(老農)을 방문하여 그 땅에서 몸소 시험한 결과를 자세히 듣게 하시었다. 또 신 정초(鄭招)에게 명하시어 말의 순서를 보충케 하시고, 신 종부소윤 변효문(卞孝文) 등이 검토해 살피고 참고하게 하여, 그 중복된 것은 버리고 절실하고 중요한 것은 취해서 한 편의 책을 만들었다.

② 『금양잡록』: 성종 때 강희맹이 편찬한 농서로서, 금양(시흥) 지방을 중심으로 한 경기 지방의 농사법을 정리하였다.

> **심화** 『농사직설』과 『금양잡록』의 간행
>
> 농사 기술의 정비에서 특기할 만한 사실은 세종 11년(1429)에 『농사직설(農事直說)』의 간행이었다. 이는 우리나라의 풍토와 농법이 중국과 달라서 중국의 농서를 그대로 이용하기가 어려웠으므로 촌로들의 의견을 들어 우리 현실에 알맞은 농법을 개량하고 그것을 보급할 목적으로 편찬한 농서였다.
> 한편 성종 때에는 강희맹(姜希孟)이 금양(衿陽) 지방에서 직접 경험한 농법을 기록하여 『금양잡록(衿陽雜錄)』을 내놓았는데, 그 내용이 풍부하였으므로 『농사직설』과 합본하여 보급시켰다. ─ 변태섭

③ 『양화소록』: 세조 때 강희안이 편찬한 저서로서, 꽃과 나무의 재배법과 이용법을 정리하였다.
④ 『농산축목서』: 세조 때 신숙주가 편찬한 농서로서, 농업과 목축에 관하여 서술하였다.

(2) 농업 기술의 발달

조선 초기에는 농업 기술이 발달하여 농업 생산력이 크게 증가하였다.

① 2년 3작과 이모작: 밭농사에서는 조·보리·콩의 2년 3작을 널리 시행하였고, 논농사에서는 남부 지방 일부에서 벼와 보리의 이모작을 실시하였다.
② 건사리와 물사리: 벼농사에서는 봄철에 비가 적은 기후 조건 때문에 마른 땅에 종자를 뿌려 일정한 정도 자란 다음에 물을 대주는 건사리[乾耕法]를 이용하였고, 무논에 종자를 직접 뿌리는 물사리[水耕法]도 행하여졌다.
③ 모내기법: 남부 지방에서는 고려 말에 이어 모내기법을 계속 실시하였다.
④ 시비법: 밑거름과 덧거름을 주는 각종 시비법(施肥法)이 발달하여 해를 걸러서 휴경하지 않고 매년 농경지를 경작하였다. 이로써 고려 후기부터 진전되어 온 농경지의 상경화(常耕化) 현상을 확립하고 휴경(休耕) 제도가 거의 사라지게 되었다.
⑤ 가을갈이: 가을에 농작물을 수확한 후 빈 농지를 갈아엎어 다음 해의 농사를 준비하는 가을갈이의 농사법이 점차 보급되어 갔다.

■ 시비법
조선 초기에 가장 보편적으로 사용된 거름은 재·인분이었다.

(3) 의생활의 변화

① **목화의 재배**: 조선 전기에는 목화 재배가 거의 전국적으로 확대되어 무명이 많이 생산되면서 백성들은 주로 무명옷을 입게 되었고, 무명은 화폐처럼 사용되었다.
② **기타**: 삼과 모시의 재배도 성행하였으며 누에치기도 전국적으로 확산되고 양잠(養蠶)에 관한 농서도 편찬하였다.

> **바로 확인문제**
>
> ● 밑줄 친 '왕'의 업적으로 옳은 것은? 　　　　　　　　　　　　　　22. 지방직 9급
>
> > 풍토에 따라 곡식을 심고 가꾸는 법이 다르니, 고을의 경험 많은 농부를 각 도의 감사가 방문하여 농사짓는 방법을 알아본 후 아뢰라고 왕께서 명령하셨다. 이어 왕께서 정초와 변효문 등을 시켜 감사가 아뢴 바 중에서 꼭 필요하고 중요한 것만을 뽑아 『농사직설』을 편찬하게 하셨다.
>
> ① 공법을 제정하였다.
> ② 한양으로 도읍을 옮겼다.
> ③ 『경국대전』을 완성하였다.
> ④ 조광조를 등용하여 개혁 정치를 실시하였다.

|정답해설| 『농사직설』은 세종 때 편찬된 농서이다. 세종 때 공법(전분 6등법, 연분 9등법)을 제정하여, 1결당 최고 20두~최하 4두씩의 전세를 징수하였다.

|오답해설|
② 조선 개창 이후 태조 때 한양으로 천도하였으며, 정종 때 개경으로 천도하였다. 이후 태종 때 다시 한양으로 도읍을 옮겼다.
③ 성종 때 『경국대전』을 완성·반포하였다.
④ 중종은 조광조를 등용하여 개혁 정치를 실시하였다.

|정답| ①

4 병서 편찬과 무기 제조

(1) 배경
조선 초기에는 국방력을 강화하려는 노력으로 많은 병서를 편찬하고 각종 무기의 제조 기술이 발달하였다.

(2) 병서의 편찬

① 진도(陣圖)와 『진법(陣法)』
　㉠ 태조 때 정도전은 요동 정벌을 추진하면서 진도(陣圖)를 통하여 독특한 전술과 부대 편성 방법을 제시하였다.
　㉡ 정도전의 『진법(陣法)』은 군대의 훈련과 국방에 대비하도록 역대의 병서를 참작·보충하여 시의에 맞도록 순서와 목차를 정하여 만든 책이다.
② 『총통등록』: 세종 때 화약 무기의 제작과 그 사용법을 정리하였다.
③ 『동국병감』: 문종 때 김종서의 주도하에 고조선에서 고려 말까지의 전쟁사를 체계적으로 정리·간행하였다.
④ 『진법(陣法)』과 『병장도설』: 문종 때 수양 대군이 군대 편제 및 지휘, 전투 대형, 군령 등에 관한 『진법』을 편찬하였고, 이후 수정 작업을 거쳐 성종 때 완성되었다(1492). 한편 영조의 지시로 복간하여 『병장도설』로 책명을 바꾸었다(영조 18년, 1742).
⑤ 『역대병요』: 단종 1년(1453) 정인지, 유효통, 이석형 등이 역대의 전쟁과 그것에 대한 선유(先儒)들의 평을 집대성한 병서이다.

단권화 MEMO

▲ 화차 복원 모형
(전쟁 기념관 소장)

| 정답해설 | 세종 때 편찬된 대표적 농서는 『농사직설』이다. 『농가집성』은 효종 때 신속이 간행한 농서로 이앙법 보급에 기여하였다.

| 정답 | ①

(3) 무기의 제조

① 최해산의 활약: 화약 무기의 제조에는 최해산이 큰 활약을 하였다. 그는 최무선의 아들로서 태종 때 특채되어 화약 무기의 제조를 담당하였다. 그가 만든 화포는 사정거리가 최대 1,000보에 이르렀다.
② 화차: 태종 때 최해산이 처음 화차를 만들었다. 이후 문종이 고안한 화차는 신기전 100개를 꽂아 동시에 발사할 수 있었다.
③ 병선 제조 기술 발달: 태종 때에는 거북선(1413)을 만들었고, 작고 날쌘 싸움배인 비거도선을 제조하여 수군의 전투력을 크게 향상시켰다.

(4) 16세기 과학 기술의 침체

조선 초기(15세기)에는 과학 기술이 발달하여 국방력 강화 및 민생 안정에 이바지하였다. 그러나 16세기에 이르러 과학 기술을 경시하는 풍조가 생기면서 점차 침체되었다.

> **바로 확인문제**
>
> ● 조선 시대 과학 기술의 발전에 대한 다음의 설명 중 옳지 않은 것은?   14. 서울시 9급 변형
>
> ① 조선 초기 농업 기술의 발전 성과를 반영한 영농의 기본 지침서는 세종 대 편찬된 『농가집성』이었다.
> ② 세종 대 해와 달 그리고 별을 관측하기 위해 간의대(簡儀臺)라는 천문대를 운영하였다.
> ③ 세종 대 동양 의학에 관한 서적과 이론을 집대성한 의학 백과사전인 『의방유취』가 편찬되었다.
> ④ 문종 대 개발된 화차(火車)는 신기전이라는 화살 100개를 설치하고 심지에 불을 붙이는 일종의 로켓포였다.

05 문학과 예술

1 다양한 문학

(1) 조선 전기의 문학

① 특징
  ㉠ 조선 전기의 문학은 작자에 따라 내용과 형식에 큰 차이를 보였다. 즉, 작자가 조선 왕조의 건설에 참여한 관료 문인인지 고려에 충절을 지키려는 사대부였는지에 따라 달랐다.
  ㉡ 초기에는 격식을 존중하고 질서와 조화를 내세우는 경향의 문학이 중심이었으나, 점차 개인적 감정과 심성을 나타내려는 경향의 가사와 시조 등이 우세해져 갔다.

② 악장과 한문학
  ㉠ 조선을 세우는 데 앞장섰던 세력은 주로 악장과 한문학을 통하여 새 왕조의 탄생과 자신들의 업적을 찬양하는 한편, 우리 민족의 자주 의식을 드러냈다. 정인지 등이 지은 『용비어천가』와 작자가 분명치 않은 『월인천강지곡』이 대표적인 작품이다.
  ㉡ 서거정은 삼국 시대부터 조선 초기까지의 시와 산문 중에서 **빼어난 것을 골라 『동문선』을 편찬하고 우리나라의 글에 대한 자주 의식을 나타냈다.**

> **사료** 서거정의 자주 의식
>
> 우리나라의 글은 송·원의 글도 아니고, 또한 한·당의 글도 아니며, 바로 우리나라의 글인 것입니다. 마땅히 중국 역대의 글과 나란히 천지 사이에 행하게 하여야 할 것입니다. 어찌 사라져 전함이 없게 하겠습니까? …… 저희는 높으신 위촉을 받자와 삼국 시대로부터 지금에 이르기까지의 사·부·시·문 등 여러 가지 문체를 수집하여 이 가운데 문장과 이치가 아주 바르고, 교화에 도움이 될 만한 것들을 취하여 분류하고 정리하였습니다.
>
> 「동문선」

③ 시조(時調)
  ㉠ 경향: 고려 말부터 나타났던 시조는 조선 초기에 이르러 두 가지 경향을 보여 주는데, 한글의 창제로 더욱 발전하게 되어 우리나라 특유의 시가로 정형화되었다.
  ㉡ 중앙 고급 관료들의 시조
    • 주로 새 왕조의 건설을 찬양하거나 새 사회 건설의 희망과 정열을 토로한 것, 외적을 물리치면서 강토를 개척하는 진취적인 기상을 나타낸 것, 농경 생활의 즐거움이나 괴로움을 묘사한 것들이 많았다.
    • 건국 초의 패기가 넘치는 시조로서 '김종서'와 '남이'의 작품이 유명하다.
  ㉢ 재야 선비의 시조: 유교적 충절을 읊은 시조로서는 '길재'와 '원천석' 등의 작품이 손꼽힌다.

> **심화** 조선 시대의 시조
>
> 조선의 대표적인 시가는 시조(時調)였다. 시조는 고려 후기에 생겨난 단가(短歌)가 더욱 발전하여 시조로서 정형화된 것이었는데 이는 가사와 함께 조선 시가 문학의 가장 대표적인 장르가 되었다. 시조는 하나의 정형을 지닌 평시조와 여러 수의 시조를 모은 연시조가 있었는데, 이 시조는 주로 상층인 사대부에 의해 향유되었던 시가였다. 시조(時調)란 말은 시절가조(時節歌調)의 준말로 고조(古調)에 상대되는 뜻이 있다. 변태섭

④ 가사 문학: 시조의 한계를 극복하고 감정을 구체적으로 표현하려는 필요에서 나타났다.
⑤ 설화 문학
  ㉠ 의의: 조선 초기 문학에서 빼놓을 수 없는 것이 일정한 격식 없이 보고 들은 이야기를 적은 설화 문학이다.
  ㉡ 내용
    • 관리들의 기이한 행적과 서민들의 풍속, 감정, 역사 의식을 담고 있다.
    • 설화 문학에는 불의를 폭로하고 풍자하는 내용이 많아서 당시 서민 사회를 이해하려는 관리들의 자세와 노력을 엿볼 수 있다.
  ㉢ 대표적인 작품: 서거정의 『필원잡기』, 성현의 『용재총화』, 강희맹의 『촌담해이』 등이 있다.
  ㉣ 소설로의 발전
    • 설화 문학은 김시습이 지은 「금오신화(金鰲新話)」와 같이 구전 설화에 허구적 요소를 가미하여 소설로 발전되기도 하였다.
    • 「금오신화」는 평양, 개성, 경주 등 옛 도읍지를 배경으로 남녀 간의 사랑과 불의에 대한 비판 등 민중의 생활 감정과 역사 의식을 담고 있다.

■ 『용재총화』와 『필원잡기』(15세기 설화집)

성현의 『용재총화』는 고려부터 조선 성종까지의 민간 풍속이나 문물 제도·문화·역사·지리·학문·종교·문학·음악·서화 등 문화 전반을 소개하고 있다. 특히 일반 민중들의 다양한 설화를 담고 있기 때문에 민속학이나 구비 문학의 연구 자료로 큰 비중을 차지한다. 한편 서거정의 『필원잡기』는 역사서에 누락된 사실과 시중에 떠도는 한담(閑談)들을 기록하였다.

(2) 16세기의 문학

① 특징 : 16세기 사림이 정계의 주도권을 장악하자 사림 문학이 주류가 되었다. 사림 문학은 표현 형식보다는 흥취와 정신을 중요하게 여겼다. 이에 따라 한시와 시조, 가사 분야가 활기를 띠었다.
② 한시(漢詩) : 현실에 대한 비판 의식은 줄어들었으나 높은 격조를 지니고 있었다.
③ 시조(時調)
  ㉠ 성격 : 조선 초기의 경향에서 벗어나 순수한 인간 본연의 감정을 나타냈다.
  ㉡ 황진이 : 남녀 간의 애정과 이별의 정한을 읊었다.
  ㉢ 윤선도 : 「오우가(五友歌)」와 「어부사시사(漁父四時詞)」에서 자연을 벗하여 살아가는 여유롭고 자족적인 삶을 표현하였다.
④ 가사 문학(歌辭文學)
  ㉠ 새롭게 발전한 가사 문학에서는 송순·정철·박인로의 작품이 뛰어났다.
  ㉡ 정철은 「관동별곡」, 「사미인곡」, 「속미인곡」 같은 작품에서 풍부한 우리말의 어휘를 마음껏 구사하여 관동 지방의 아름다운 경치와 왕에 대한 충성심을 읊은 것으로 유명하다.

> **사료** 가사와 시조
>
> ❶ 「관동별곡(關東別曲)」
> 강호에 병이 깊어 죽림에 누웠더니, 관동 팔백 리에 방면(관찰사)을 맡기시니, 어와 성은이야 갈수록 망극하다. 연추문 들이달아 경회 남문 바라보며, 하직하고 물러나니 옥절(옥으로 만든 신표)이 앞에 섰다. 평구역 말을 갈아 흑수로 돌아 드니, 섬강은 어디메오, 치악이 여기로다. 소양강 느린 물이 어디로 든단 말고
> ……
> 　　　　　　　　　　　　　　　　　　　　　　　　　　　　　정철, 「송강가사」
>
> ❷ 시조(時調)
> 동짓달 기나긴 밤을 한 허리를 베어 내어
> 춘풍 이불 아래 서리서리 넣었다가
> 어론님 오신 날 밤이어든 구비구비 펴리라
> 　　　　　　　　　　　　　　　　　　　　　　　　　　황진이, 「청구영언」

⑤ 방외인 문학(房外人文學) : 사림 문학의 테두리를 벗어난 문인으로는 어숙권과 임제가 있다.
  ㉠ 어숙권 : 서얼 출신으로 『패관잡기』를 지어 문벌 제도와 적서 차별의 폐단을 폭로하였다.
  ㉡ 임제 : 「화사」, 「원생몽유록」, 「서옥설」 등 풍자적이고 우의적인 시와 산문을 써서 당시 사회의 모순과 유학자들의 존화 의식을 비판하였다. 특히 「원생몽유록」은 생육신의 한 사람인 원호(元昊)를 주인공으로 쓴 소설이며, 사육신과 단종의 사후 생활을 그려 은연 중에 세조를 비판하였다.
⑥ 여류 문인의 등장
  ㉠ 문학의 저변이 확대됨에 따라 여류 문인들도 많이 나왔다.
  ㉡ 신사임당은 시·글씨·그림에 두루 능하였고, 허난설헌은 한시로 유명하였다.
⑦ 민담(民譚)의 전승 : 민간에서는 재미있는 민담이 전승되었다.
⑧ 한문학의 침체 : 사림들이 경학(經學)에 치중하고 사장(詞章)을 경시하였기 때문에 한문학은 자연히 저조할 수밖에 없었다.

2 왕실과 양반의 건축

(1) 15세기의 건축

조선 초기에는 사원 위주의 고려 건축과는 달리 궁궐·관아·성문·학교 등이 건축의 중심이 되었다.

① 건축물의 특징
　㉠ 제한: 건물은 건물주의 신분에 따라 크기와 장식에 일정한 제한을 두었다.
　㉡ 목적: 국왕의 권위를 높이고 신분 질서를 유지하기 위해서였다.

② 대표적 건축물
　㉠ 궁궐과 성문
　　• 건국 초기에 도성을 건설하고 경복궁과 창덕궁, 그리고 창경궁을 세웠다.
　　• 지금까지 남아 있는 창경궁의 명정전과 창덕궁의 돈화문, 도성의 숭례문이 당시의 위엄스러운 모습을 간직하고 있다. 특히 창덕궁 돈화문은 우진각 지붕의 다포 양식 건물로 현존 최고(最古)의 궁궐 정문이다.
　　• 개성의 남대문과 평양의 보통문은 고려 시대 건축의 단정하고 우아한 모습을 지니면서 조선 시대 건축으로 발전해 나가는 모습을 보이고 있다.

> **심화** 　조선 시대의 궁궐
>
> **❶ 경복궁**
> 경복궁은 조선 왕조의 법궁(정궁: 가장 중심이 되는 궁궐)이다. 한양을 도읍으로 정한 후 1394년 공사를 시작하여 이듬해인 1395년에 완성하였다. '큰 복을 누리라.'는 뜻을 가진 '경복(景福)'이라는 이름은 정도전이 지은 것이다. 왕자의 난 등이 일어나면서 다시 개경으로 천도하는 등 조선 초기 혼란한 정치 상황 속에서 경복궁은 궁궐로서 그 역할을 제대로 못하다가 세종 때에 이르러 비로소 조선 왕조의 중심지 역할을 하게 되었다. 그러나 임진왜란 때 소실되었으며, 고종 때 흥선 대원군이 중건하여 현재에 이르고 있다.
>
> **❷ 창덕궁**
> **창덕궁은 조선 제3대 태종 5년(1405) 경복궁의 이궁(離宮)으로 지어진 궁궐**이다. 임진왜란 때 경복궁과 함께 소실된 것을 선조 40년(1607)에 중건하기 시작하여 광해군 5년(1613)에 공사가 끝났으나, 1623년의 인조반정 때 인정전을 제외한 대부분의 전각이 소실되었다가 인조 25년(1647)에 복구되었다. 이후에도 여러 번 화재가 발생하였다.
> 창덕궁은 1610년 광해군 때 정궁으로 사용한 후부터 1868년 고종이 경복궁을 중건할 때까지 258년 동안 역대 왕들이 정사를 보살펴 온 '법궁'이었다. 창덕궁 안에는 가장 오래된 궁궐 정문인 **돈화문**(우진각 지붕의 다포 양식), 신하들의 하례식이나 외국 사신의 접견 장소로 쓰이던 **인정전**, 국가의 정사를 논하던 **선정전**, 왕과 왕후 및 왕가 일족이 거처하는 **희정당·대조전** 등의 공간이 있다. 창덕궁의 역사에 대한 기록은 『조선왕조실록』, 『궁궐지』, 『창덕궁조영의궤』, 「동궐도」 등에 기록되어 있다. 특히 1830년경에 그린 「동궐도」(국보 제249호)는 창덕궁의 건물 배치와 건물 형태를 그림으로 전하고 있는데 궁궐사와 궁궐 건축을 연구하는 데 귀중한 자료이다.
>
> **❸ 창경궁**
> 처음 이름은 수강궁(壽康宮)이며, 1418년 왕위에 오른 세종이 상왕인 태종을 모시기 위해 지은 궁궐이었다. 이후 성종 때 세조의 비 정희 왕후, 덕종의 비 소혜 왕후, 예종의 계비 안순 왕후를 모시기 위해 수강궁을 수리하여 창경궁으로 이름을 바꾸었다(1484년 완공).
>
> **❹ 경희궁**
> 경희궁은 광해군 9년(1617)에 완성되었는데, 원래 경덕궁(慶德宮)으로 불렸다. 처음 창건 때는 유사시 왕이 본궁을 떠나 피난하는 이궁(離宮)으로 지어졌으나, 궁의 규모가 크고 여러 임금이 이 궁에서 정사를 보았기 때문에 **서궐**이라 하며 중요시하였다.

단권화 MEMO

■ **건축물의 제한**
양반은 최고 40칸, 양인은 최고 10칸으로 제한하였다.

▲ 보통문(평남 평양)

> **단권화 MEMO**
>
> ❺ 덕수궁
> 선조 때 월산 대군의 사저를 행궁으로 삼은 이후 정릉동 행궁으로 불리다가 광해군 때 경운궁이 되었다. 1907년 고종이 순종에게 양위한 뒤 이곳에 살면서 명칭이 덕수궁(德壽宮)으로 바뀌었다.

   ㉡ 불교 관련 건축
   - 왕실의 비호를 받은 불교와 관련된 건축 중에서도 뛰어난 것이 적지 않다.
   - 무위사 극락전은 검박(儉朴)하고 단정한 특징을 지니고 있으며, 팔만대장경을 보관하고 있는 해인사의 장경판전은 당시의 과학과 기술을 집약한 것이다. 세조 때 고려의 경천사지 10층 석탑의 영향을 받아 대리석으로 만든 원각사지 10층 석탑은 이 시기 석탑의 대표작이다.
③ 정원(庭園): 조선 시대 정원의 특색은 건물에 부속된 정원도 될 수 있는 대로 인공미를 가하지 않고 자연미를 그대로 살린 것이다. 특히 창덕궁과 창경궁의 후원이 대표적이다.

(2) 16세기의 건축
16세기에 들어와 사림의 진출과 함께 서원(書院)의 건축이 활발해졌다.

① 위치: 서원은 산과 하천이 가까이 있어 자연의 이치를 탐구할 수 있는, 마을 부근의 한적한 곳에 위치하였다.
② 배치: 교육 공간인 강당을 중심으로 사당과 기숙 시설인 동재와 서재를 갖추었다.
③ 특징: 서원 건축은 가람 배치 양식과 주택 양식이 실용적으로 결합된 독특한 아름다움을 지녔다.
④ 대표적 서원: 주위의 자연과 빼어난 조화를 이루고 있는 대표적인 서원으로는 경주의 옥산 서원과 안동의 도산 서원이 있다.

▲ 원각사지 10층 석탑(서울 종로)

▲ 도산 서원(경북 안동)

3 분청사기·백자와 공예

(1) 공예의 발달
① 특색: 조선의 공예는 실용과 검소를 중요하게 여긴 기품을 반영하였고, 고려 시대와는 달리 사치품보다는 생활필수품이나 문방구 등에서 그 특색을 나타냈다.
② 재료: 금·은·구슬과 같은 보석류를 별로 쓰지 않고, 나무·대·흙·왕골 등과 같은 흔한 재료를 많이 이용하였다.

(2) 자기(磁器)
대표적인 공예 분야는 자기였다. 궁중이나 관청에서는 금이나 은으로 만든 그릇 대신에 백자나 분청사기를 널리 사용하였다.

① 자기의 보급
   ㉠ 분청사기와 옹기 그릇은 전국의 '자기소'와 '도기소'에서 만들어져 관수용이나 민수용으로 보급되었다.
   ㉡ 경기도 광주의 '사옹원 분원(司饔院分院)'에서 생산하는 자기의 품질이 우수하였다.

② 분청사기(粉靑沙器)
　㉠ 제작: 청자에 백토의 분을 칠한 것으로서, 백색의 분과 안료로 무늬를 만들어 장식하였다.
　㉡ 특징: 분청사기는 안정된 그릇 모양과 소박하고 천진스러운 무늬가 어우러져 정형화되지 않으면서 구김살 없는 우리의 멋을 잘 나타내고 있다.
　㉢ 침체: 16세기부터 세련된 백자(白磁)가 본격적으로 생산되면서 점차 그 생산이 줄어들었다.

▲ 분청사기 철화 어문 병

③ 순백자(純白磁)
　㉠ 조선의 백자는 고려 백자의 전통을 잇고 명나라 백자의 영향을 받아 이전보다 질적인 발전을 이루었다.
　㉡ 순백자는 청자보다 깨끗하고 담백하며 순백의 고상함을 풍겨서 선비들의 취향과 어울렸기 때문에 널리 이용하였다.

▲ 백자 달항아리

(3) 기타
① 목공예, 돗자리 공예: 장롱과 문갑 같은 목공예 분야와 돗자리 공예 분야에서도 재료의 자연미를 그대로 살린 기품 있는 작품들을 생산하였다.
② 화각 공예, 자개 공예: 쇠뿔을 쪼개어 무늬를 새긴 화각 공예, 그리고 자개 공예도 유명하였다.
③ 자수(刺繡)와 매듭: 부녀자들의 섬세하고 부드러운 정취를 살린 뛰어난 작품들이 있다.

4 그림과 글씨

(1) 그림

① 15세기
　㉠ 특징
　　• 15세기의 그림은 도화서(圖畵署)에 소속된 화원들의 그림과 관료이자 문인이었던 선비들의 그림으로 나뉠 수 있고, 이들은 중국 역대 화풍을 선택적으로 수용하고 소화하여 우리의 독자적인 화풍을 개발하였다.
　　• 조선의 이런 그림은 일본 무로마치 시대의 미술에 많은 영향을 주었다.
　㉡ 대표적 화가: 이 시기의 가장 유명한 화가로서 안견과 강희안을 꼽을 수 있다.
　　• 안견: 화원 출신으로 역대 화가들의 기법을 체득하여 독자적인 경지를 개척하였다. 대표작인 「몽유도원도」는 자연스러운 현실 세계와 환상적인 이상 세계를 능숙하게 처리하고 대각선적인 운동감을 활용하여 구현한 걸작이다.

■ 「몽유도원도」
세종 29년(1447) 4월 20일, 안평 대군이 박팽년과 함께 도원(桃源)을 거닐었다는 간밤의 꿈을 안견에게 전하자, 사흘 뒤 가로 106.5cm, 세로 38.7cm 크기의 비단 위에 먹과 채색으로 꿈을 담아 안평 대군에게 바쳤다. 현재 일본의 덴리[天理] 대학에 소장되어 있다.

▲ 「몽유도원도」(안견)

- 강희안: 문인 화가로 시적 정서가 흐르는 낭만적인 그림을 많이 그렸다. 그의 대표작인 「고사관수도」는 선비가 수면을 바라보며 무념무상에 빠진 모습을 담고 있는데, 세부 묘사는 대담하게 생략하고 간결하고 과감한 필치로 인물의 내면세계를 느낄 수 있게 표현하였다.
- 최경: 도화서 화원으로 인물화의 대가였다. 대표작으로 「채희귀한도」를 남겼다.

▲ 「고사관수도」(강희안)

② 16세기
  ㉠ 특징
   - 15세기의 전통을 토대로 다양한 화풍이 발달하였다. 강한 필치의 산수화를 이어가기도 하고 선비들의 정신세계를 사군자(四君子)로 표현하기도 하였다.
   - 이 시기의 그림들은 자연 속에서 서정적인 아름다움을 찾고 개성 있는 화풍을 가지려는 경향도 있었다.
  ㉡ 대표적 화가
   - 이상좌: 노비 출신으로 화원에 발탁되어 색다른 분위기의 그림으로 명성을 떨쳤다. 그의 대표작인 「송하보월도」는 바위틈에 뿌리를 박고 모진 비바람을 이겨 내고 있는 늙은 소나무를 통하여 강인한 정신과 굳센 기개를 표현한 것이었다.
   - 이암: 동물들의 모습을 사랑스럽게 그렸다.
   - 신사임당: 풀과 벌레를 소박하고 섬세하게 그려 여성의 심정을 잘 나타냈다.
   - 김시: 문인화가인 김시는 「한림제설도」, 「동자견려도」 등의 작품이 유명하다.
   - 삼절(三絶): '황집중'은 포도, '이정'은 대나무, '어몽룡'은 매화를 잘 그렸는데, 이들은 고매한 정신세계를 생동감 있게 표현한 것으로 유명하였다.

▲ 「송하보월도」(이상좌)   ▲ 「초충도(수박과 들쥐)」(신사임당)   ▲ 「풍죽도」(이정)

(2) 서예(書藝)

① **양반의 필수 교양**: 서예는 양반이라면 누구나 터득해야 할 필수 교양이었기 때문에 뛰어난 서예가들이 많이 나타났고, 독자적인 서체를 개발한 사람도 많았다.
② **안평 대군**: 당대 예술계를 이끌었던 안평 대군은 송설체를 따르면서 수려하고 활달한 기풍을 살린 독자적인 글씨를 썼다.
③ **양사언**: 초서(草書)에 능하였다.
④ **한호**: 왕희지체에 우리 고유의 예술성을 가미하여 단정하면서 건실한 석봉체를 이루었다. 또한 명에 보내는 외교 문서를 써서 중국에도 이름이 알려졌고, 그가 쓴 천자문(千字文)은 널리 보급되어 일반인들도 석봉체를 많이 따라 쓰게 되었다.

▲ 안평 대군의 글씨 (「몽유도원도」 서문)

▲ 한호의 글씨(석봉 천자문)

5 음악과 무용

(1) 음악(音樂)

① 궁중 음악
  ㉠ **의의**: 조선 시대에는 음악을 백성의 교화 수단으로 여겼고, 국가의 각종 의례와 밀접히 관련되었기 때문에 중요시하였다.
  ㉡ **세종**
  • 박연(朴堧)에게 악기를 개량하거나 만들게 하였다.
  • 스스로 '여민락' 등 악곡을 짓고, 소리의 장단과 높낮이를 표현할 수 있는 정간보를 창안하였다.
  • 악곡과 악보를 정리하게 하고 '아악'을 체계화함으로써 '아악'이 궁중 음악으로 발전하게 하였다.
② **『악학궤범(樂學軌範)』**: 성종 때 성현은 『악학궤범』을 편찬하였다. 이 책은 음악의 원리와 역사, 악기, 무용, 의상 및 소도구까지 망라하여 정리하고 있어 전통 음악을 유지하고 발전시키는 데 큰 도움을 주었다.
③ **민간 음악**: 16세기 중엽 이후에는 민간에서도 당악과 향악을 속악으로 발달시켜 가사, 시조, 가곡 등 우리말로 된 노래들을 연주하는 음악이나 민요에 활용하였다.

> **사료** 음악의 기능
>
> 악(樂)은 하늘이 내서 사람에게 보낸 것이니 허(虛)에서 나와 자연히 이루어진 것이다. 이 때문에 사람 마음을 움직이고 맥박을 뛰게 하여 정신을 막힘없이 흐르게 한다. …… 다른 소리를 합하여 하나로 하는 것은 임금이 위에서 어떻게 이끄느냐에 달려 있다. 바르게 이끄는 것과 거짓되게 이끄는 것에 따라 커다란 차이가 나며, 풍속이 번영하고 쇠퇴하는 것도 모두 여기에 달려 있다. 따라서 악이야말로 백성을 다스리고 교화하는 큰 문이라고 할 수 있다.
>
> 『악학궤범』

■ **음악의 발달**
시문의 발달은 양반 사대부의 취향과 결부되어 음악의 발달을 가져오게 하였다. 음악은 원래 예와 악으로써 정치를 행한다는 유교 정치의 이념에서 대단히 중시되었으므로, 조선 왕조는 음악을 관장하는 기관으로 장악서(掌樂署)를 설치하고 악기의 개량, 악공의 훈련, 악률·악곡의 정리 등에 깊은 관심을 기울였다.
변태섭

(2) 무용과 연극

① 궁중과 관청의 의례에서는 음악과 함께 춤이 따랐다. 이들 춤은 행사에 따라 매우 다양하였는데, 처용무처럼 전통 춤을 우아하게 변용시킨 것도 있었다.
② 민간에서는 농악무, 무당춤, 승무 등 전통 춤을 계승하고 발전시켰으며 산대놀이라는 탈춤과 인형극인 꼭두각시놀이도 유행하였다.

바로 확인문제

● (가)~(라) 시기에 있었던 사실로 옳은 것만을 〈보기〉에서 고른 것은? 21. 경찰직 1차

```
세종 즉위    문종 즉위    성종 즉위    중종 즉위    명종 즉위
   ↓           ↓           ↓           ↓           ↓
├─── (가) ───┼─── (나) ───┼─── (다) ───┼─── (라) ───┤
```

┤ 보기 ├

ㄱ. (가) – 계미자 주조
ㄴ. (나) – 『고려사절요』 편찬
ㄷ. (다) – 도첩제 폐지
ㄹ. (라) – 소수 서원 사액

① ㄱ, ㄴ   ② ㄱ, ㄹ   ③ ㄴ, ㄷ   ④ ㄷ, ㄹ

[단권화 MEMO]

|정답해설| ㄴ. 문종 때 『고려사절요』가 편찬되었다(1452).
ㄷ. 성종 때 도첩제를 폐지하였다 (1492, 승려의 출가 금지).
|오답해설|
ㄱ. 태종 때 주자소를 설치하고 계미자를 주조하였다.
ㄹ. 중종 때 주세붕이 세운 백운동 서원은 명종 때 이황의 건의로 사액되어 소수 서원이 되었다.
|정답| ③

● 조선 전기 음악에 대한 설명으로 옳은 것은? 13. 경찰 간부

① 조선 전기에는 통례원에서 음악을 관장하였다.
② 세조는 정간보(井間譜)라는 새로운 악보를 창안하였다.
③ 세종 때에 박연 등이 『악학궤범(樂學軌範)』을 편찬하였다.
④ 성현(成俔)은 연주법과 악곡을 합친 합자보(合字譜)를 만들었다.

|정답해설| 성현은 중국의 『사림광기(事林廣記)』와 『대성악보(大晟樂譜)』 등을 참고하여 합자보를 만들었다.
|오답해설|
① 통례원(通禮院)은 의식 및 의례를 진행하는 관청이었다. 음악은 장악서(장악원)에서 관장하였다.
② 정간보의 창안은 세종 시기에 해당한다.
③ 성종 때 성현 등이 당시의 음악을 정리하여 『악학궤범』을 편찬하였다.
|정답| ④

○ 15세기, 16세기의 문화 비교

구분	15세기	16세기
문학	• 전반 : 격식 존중, 질서와 조화 강조 • 후반 : 개인적 감정과 심성 표출 우세 • 자주적 성격 : 『용비어천가』, 『동문선』 • 시조 : 패기(김종서, 남이), 충절(길재, 원천석) • 설화 문학 : 『필원잡기』, 『용재총화』	• 사림 문학 : 흥취와 정신 중시, 시조(時調)와 가사 문학 발달(「관동별곡」) • 사림 문학 탈피 : 『패관잡기』(어숙권), 풍자적·우의적인 시와 산문(임제) • 여류 문인의 등장 : 신사임당, 허난설헌, 황진이
건축	• 궁궐·관아·성문·학교 건축 중심 • 건물의 크기와 장식의 제한(신분 질서 유지)	서원 건축 : 가람 배치 및 주택 양식, 자연과 조화
공예	• 분청사기, 옹기(甕器) 그릇 • 실용과 검소를 중시하는 기풍, 생활필수품이나 문방구 중심	백자(白磁) : 담백하고 고상한 멋
회화	• 중국 화풍(畵風)의 선택적 수용 • 「몽유도원도」, 「고사관수도」	• 사군자·산수화의 유행 • 「초충도(草蟲圖)」, 「묵죽도(墨竹圖)」

부록

01 한국의 유네스코 지정 유산
02 역대 왕계표

01 한국의 유네스코 지정 유산

1 한국의 유네스코 지정 유산

(1) 유네스코 지정 유산이란?

유네스코(UNESCO)에서는 인류가 함께 보존해야 할 가치가 있는 귀중한 유산을 세계 유산, 무형 유산, 기록 유산의 세 가지로 나누어 '세계 유산 일람표'에 등록하여 보호하고 있다.

(2) 세계 유산

세계 유산은 자연재해나 전쟁 등으로 위험에 처한 유산의 보호 및 복구 활동 등을 통하여 인류의 문화유산 및 자연 유산을 지키기 위해 지정하고 있다. 세계 유산은 '문화유산'과 '자연 유산' 그리고 문화와 자연의 특성을 모두 가진 '복합 유산'으로 분류하며, 유적이나 자연물을 그 대상으로 한다.

(3) 세계 기록 유산

세계 기록 유산은 세계적 가치가 있는 귀중한 기록물을 가장 적절한 기술을 통해 보존할 수 있도록 지원하기 위하여 2년마다 지정하고 있다. 이는 기록 유산의 중요성에 대한 인식과 보존의 필요성을 증진하고, 가능한 많은 사람이 기록 유산에 접근할 수 있도록 하기 위한 것이다.

(4) 인류 무형 문화유산

인류 무형 문화유산의 정식 명칭은 '인류 구전 및 무형 유산 걸작'이다. 무형 문화유산은 소멸 위기에 처해 있는 가치 있고 독창적인 구전 및 무형 유산을 선정하여 보호하기 위한 것이다.

2 세계 유산

- 고창·화순·강화의 고인돌 유적
- 해인사 장경판전
- 제주 화산섬과 용암 동굴
- 하회·양동 마을
- 산사, 한국의 산지승원
- 가야 고분군
- 경주 역사 유적 지구
- 종묘
- 수원 화성
- 남한산성
- 한국의 서원
- 불국사·석굴암
- 창덕궁
- 조선 왕릉
- 백제 역사 유적 지구
- 한국의 갯벌

(1) 고창·화순·강화의 고인돌 유적(2000년 등재)

우리나라에는 전국적으로 약 3만여 기에 가까운 고인돌이 분포하고 있는 것으로 알려져 있다. 2000년 12월에 세계 유산으로 등록된 고창·화순·강화 고인돌 유적에는 많은 고인돌이 밀집되어 있을 뿐만 아니라, 다양한 형식의 고인돌이 발견되고 있다.

고창 고인돌 유적	• 전라북도 고창군은 우리나라에서 가장 큰 고인돌 군집을 이루고 있는 지역이다. • 무게 10톤 미만에서 300톤에 이르는 다양한 크기의 고인돌이 분포하고 있으며, 탁자식·바둑판식 등 다양한 방식의 고인돌이 분포하고 있다.
화순 고인돌 유적	전라남도 화순군에는 효산리와 대신리 일대에 500여 기의 고인돌이 집중 분포하고 있으며, 고인돌의 축조 과정을 보여 주는 채석장도 발견되었다.
강화 고인돌 유적	인천광역시 강화군 부근리, 삼거리, 오상리 등의 지역에 고려산 기슭을 따라 150여 기의 고인돌이 분포하고 있다. 이곳에는 길이 6.4m, 높이 2.5m의 우리나라 최대의 탁자식 고인돌이 있다.

▲ 강화 고인돌

(2) 경주 역사 유적 지구(2000년 등재)

2000년 12월에 유네스코 세계 유산으로 지정된 경주 역사 유적 지구에는 신라 천 년의 역사와 문화를 한눈에 파악할 수 있는 다양한 유산이 산재해 있다.

남산 지구	경주 남산은 야외 박물관이라고 할 만큼 온 산이 불교 문화재로 뒤덮여 있으며 이곳에는 미륵곡 석불 좌상, 경주 배동 석조여래 삼존입상(배리 석불입상) 등 많은 불교 유적과 나정(蘿井), 포석정(鮑石亭) 등이 있다.
월성 지구	월성 지역에는 신라 왕궁이 자리하고 있던 월성(月城), 신라 김씨 왕조의 시조인 김알지가 태어난 계림(鷄林), 천문 시설인 첨성대(瞻星臺) 등이 있다.
대릉원 지구	대릉원 지역에는 황남리 고분군, 노동리 고분군, 노서리 고분군 등 신라 왕, 왕비, 귀족 등의 무덤이 모여 있다. 이곳에서는 신라 문화를 대표하는 금관을 비롯하여 천마도, 유리잔, 각종 토기 등 귀중한 유물들이 출토되었다.
황룡사 지구	황룡사 지역에는 황룡사지와 분황사가 있다. 황룡사는 고려 시기 몽골의 침입으로 소실되었으나, 발굴을 통해 4만여 점의 유물이 출토되었다.
산성 지구	산성 지역에는 서기 400년 이전에 쌓은 것으로 추정되는 명활산성이 있다.

▲ 포석정

(3) 불국사·석굴암(1995년 등재)

불국사	• 토함산 서쪽 중턱의 경사진 곳에 자리한 불국사는 신라인이 그린 이상적인 피안(彼岸)의 세계를 지상에 옮겨 놓은 것이다. • 불국사는 크게 두 개의 구역으로 나뉘어져 있는데 그 하나는 대웅전을 중심으로 청운교, 백운교, 자하문, 다보탑과 불국사 3층 석탑(석가탑) 등이 있는 구역이고, 다른 하나는 극락전을 중심으로 칠보교, 연화교, 안양문 등이 있는 구역이다. • 불국사 3층 석탑은 각 부분과 전체가 비례와 균형을 이루어 간결하고 조화로운 멋이 있으며, 다보탑은 정사각형 기단 위에 여러 가지 정교하게 다듬은 석재를 목재 건축처럼 짜 맞추었는데, 화려하고 독창적인 표현법은 예술성이 매우 뛰어난 것으로 평가되고 있다.
석굴암	• 석굴암은 토함산 언덕의 암벽에 터를 닦고, 그 터 위에 화강암으로 조립하여 만든 인공 석굴의 종교 건축물이며 직사각형으로 된 전실이 있고, 좁은 통로를 지나면 천장이 돔(dome) 양식으로 된 원형의 주실이 있다. • 석굴암에는 총 40구에 달하는 조각상이 좌우 대칭의 법칙에 따라 조화롭게 배치되어 있고, 석굴암의 구조와 석굴 내부의 모든 부분은 정확하고 체계적인 수학적 수치와 기하학적 비례에 따라 설계되었다.

▲ 불국사

▲ 석굴암 본존불

(4) 해인사 장경판전(1995년 등재)

① 세계 유일의 대장경판 보관 건물로, 이 판전에는 팔만대장경이라고 부르는 81,258장의 대장경판이 보관되어 있다. 장경판전은 이와 같은 대장경판을 보존하기 위해 간결한 방식으로 건축하여 판전으로서 필요한 기능만을 충족시켰다. 조선 초기 전통적인 목조 건축 양식으로 건물 자체의 아름다움은 물론 건물 내 적당한 환기와 온도, 습도 조절 등의 기능을 자연적으로 해결할 수 있도록 설계되어 있다. 장경판전은 대장경의 부식을 방지하고 온전하게 보관하기 위해 자연환경을 최대한 이용한 보존 과학의 소산물로 높이 평가되고 있다.
② 해인사 장경판전은 국보 제52호로 지정·관리되고 있으며, 1995년 12월에 유네스코 세계 유산으로 등록되었다.

▲ 해인사 장경판전

(5) 종묘(1995년 등재)

① 종묘(宗廟)는 조선 왕조 역대 왕과 왕비의 신주를 모신 조선 왕조의 사당으로서, 조선 시대의 가장 장엄한 건축물 중의 하나이다.
② 종묘는 정면이 매우 길고 수평선이 강조된 독특한 형식의 건물로서, 종묘 제도의 발생지인 중국에서도 유례를 찾아볼 수 없는 건축물이다. 종묘는 의례 공간의 위계 질서를 반영하여 정전(正殿)과 영녕전(永寧殿)의 기단과 처마, 지붕의 높이, 기둥의 굵기를 그 위계에 따라 달리하였다.
③ 조선 시대에는 정전에서 매년 각 계절과 섣달에 대제를 지냈고, 영녕전에서는 매년 봄, 가을에 제향일을 따로 정하여 제례를 지냈다. 제사를 지낼 때 연주하는 기악과 노래, 무용을 포함하는 종묘 제례악이 거행되고 있다.
④ 종묘는 사적 제125호로 지정·보존되고 있으며, 1995년 12월에 유네스코 세계 유산으로 등록되었다.

▲ 종묘

(6) 창덕궁(1997년 등재)

① 창덕궁(昌德宮)은 조선 태종 5년(1405) 경복궁의 이궁(離宮)으로 지어진 궁궐이다. 하지만 창덕궁은 임진왜란 때 경복궁이 소실된 후 1868년 고종이 경복궁을 중건할 때까지 258년 동안 역대 국왕이 정사를 보살피는 본궁(本宮)이었다.
② 창덕궁 안에는 가장 오래된 궁궐 정문인 돈화문(敦化門), 신하들이 하례식이나 외국 사신의 접견 장소로 쓰이던 인정전(仁政殿), 국가의 정사를 논하던 선정전(宣政殿) 등의 공적인 공간이 있으며, 왕과 왕후가 거하는 희정당(熙政堂), 대조전(大造殿) 등과 산책할 수 있는 넓은 공간의 후원(後苑) 등 사적 공간이 있다. 정전(正殿) 공간의 건축은 왕의 권위를 상징하여 높게 하였고, 침전 건축은 정전보다 낮고 간결하며, 위락 공간인 후원에는 자연 지형을 위압하지 않도록 작은 정자각을 많이 세웠다.

▲ 창덕궁 인정전

③ 창덕궁은 자연스런 산세에 따라 자연 지형을 크게 변형시키지 않고 산세에 의지하여 건물이 자연의 수림 속에 포근히 자리를 잡도록 배치하였다. 또 왕들의 휴식처로 사용되던 창덕궁 후원은 300년이 넘은 거목과 연못, 정자 등 조원(造苑) 시설이 자연과 조화를 이루도록 하였다. 창덕궁은 조선 시대의 전통 건축으로 자연 경관을 배경으로 한 건축과 조경이 잘 조화를 이루고 있다.
④ 창덕궁은 사적 제122호로 지정·관리되고 있으며, 1997년 12월에 유네스코 세계 유산으로 등록되었다.

(7) 제주 화산섬과 용암 동굴(2007년 등재)

제주 화산섬과 용암 동굴은 2007년 6월 유네스코 세계 유산 위원회 제31차 총회에서 세계 자연 유산으로 선정되었다. 제주 화산섬과 용암 동굴은 한라산 천연 보호 구역, 성산 일출봉, 거문 오름 용암 동굴계 등 제주도에서 가장 보존 가치가 뛰어난 곳들이다.

한라산 천연 보호 구역	한라산 일대의 해발 800m 이상 되는 고산 지대로 생태계가 잘 보존된 지역을 지칭한다. 이 지역은 지형과 지질이 특이하고, 동식물의 생태계 또한 다양하여 보호 가치가 높은 곳으로 평가되고 있다.
성산 일출봉	• 서귀포시 성산읍에 위치한 봉우리로서, 10만 년 전 수심이 낮은 바다에서 수중 화산 폭발로 형성된 전형적인 응회환(凝灰環: Tuffring)이다. • 일출봉은 용암이 물에 섞여 폭발하며 고운 화산재로 부서져 분화구 둘레에 원뿔형으로 쌓여 경관이 매우 독특한 모습이다. 그 모습이 마치 거대한 성과 같아 성산(城山)이란 이름이 붙었다. 해돋이가 유명하여 일출봉으로 불리기도 한다.
거문 오름 용암 동굴계	• 제주도 용암동굴은 세계적으로 특이하게 석회 동굴의 성질도 함께 가지고 있다. 마그마가 지나간 뒤 형성된 용암굴 안으로 석회 성분이 들어와 종유석 등이 만들어졌다. • 세계 유산에 포함된 5개 동굴(벵뒤굴, 만장굴, 김녕굴, 용천 동굴, 당처물 동굴) 중 용천 동굴과 당처물 동굴이 이런 특성이 도드라진다.

(8) 수원 화성(1997년 등재)

① 수원 화성(華城)은 조선 제22대 임금인 정조가 아버지 사도(장헌) 세자의 무덤을 화성으로 옮기면서 팔달산 아래 축성한 것이다. 수원 화성은 평지 산성으로 군사적 기능과 상업적 기능을 함께 가지고 있으며, 과학적·실용적인 구조로 축성되었다. 성벽은 바깥쪽만 쌓아올리고 안쪽은 자연 지세를 이용하여 흙을 돋우어 메우는 방법으로 만들었다. 또 수원 화성은 실학 사상의 영향을 받아 다양한 축성 방법을 활용하여 만들었다.
② 축성 후 1801년에 발간된 『화성성역의궤』에는 축성 계획, 제도, 법식뿐만 아니라 동원된 인력 등이 자세히 기록되어 있어 역사적 가치가 큰 것으로 평가되고 있다.
③ 수원 화성은 사적 제3호로 지정·관리되고 있으며, 1997년 12월에 유네스코 세계 유산으로 등록되었다.

(9) 조선 왕릉(2009년 등재)

조선 시대의 능과 원으로서 총 53기가 존재하며, 대다수는 서울 근교에 위치한다. 유교의 예법을 충실히 구현하여 공간 및 구조물을 배치하였다. 북한 지역에는 태조 왕비인 신의 왕후의 제릉과 정종의 후릉 2기가 남아 있으나 등재되지 않았고, 남한의 왕릉 중에 연산군 묘와 광해군 묘도 제외되었다(총 40기 등재).

(10) 하회·양동 마을(2010년 등재)

① 하회 마을은 풍산 류씨의 집성촌으로 양반 주거 문화의 원형을 그대로 보존하고 있다. 또한 풍수지리적 경관을 잘 보여 주고 있으며, 하회 별신굿이 민간 전승 놀이로서 유명하다.
② 양동 마을은 월성 손씨와 여강 이씨에 의해 형성된 집성촌이며, 씨족 마을의 대표적인 구성 요소인 종택, 살림집, 정사와 정자, 서원과 사당 등이 남아 있다.

(11) 남한산성(2014년 등재)

① 남한산성은 경기도 광주시·성남시·하남시에 걸쳐 있는 산성이다. 삼국 시대부터 백제와 신라의 군사적 요충지였으며, 조선 시대의 행궁과 사찰 등 산성 마을의 형태가 역사적 기록과 함께 남아 있다. 특히 병자호란 때 인조가 청나라에 저항한 곳으로 알려져 있다.
② 2014년 6월에 세계 유산으로 등록되었다.

(12) 백제 역사 유적 지구(2015년 등재)

공주 공산성(웅진 시대 백제의 도성), 무령왕릉과 왕릉원, 부여 관북리 유적과 부소산성(사비 시대 수도의 방어성), 부여 정림사지, 부여 왕릉원, 부여 나성, 익산 왕궁리 유적, 익산 미륵사지 등이 포함되었다.

공산성	공산성은 백제가 웅진에 수도를 두었던 475년부터 부여로 천도하는 538년까지 63년 동안 왕성이 자리하였던 곳으로, 공주시 금성동, 산성동에 걸쳐 있는 20만m² 규모의 산성이다. 총 길이 2,660m의 성체 대부분은 석성 구간인데, 처음에는 토성을 쌓았지만 나중에 여러 차례 고쳐 쌓으면서 석성으로 변화되었으며, 내·외성으로 구분되는 토성의 외성은 백제 시대에 쌓았던 것으로 원형을 잘 유지하고 있다.
무령왕릉과 왕릉원	무령왕릉과 왕릉원은 웅진 시대 백제 왕실의 무덤들이다. 무령왕릉은 백제 왕릉 중 유일하게 주인공이 밝혀진 왕릉이다.
부여 관북리 유적과 부소산성	부여 관북리 유적은 650m² 규모의 대형 건물 터와 상수도 시설, 목곽고와 석실고 등 저장 시설, 연못, 건물 터와 공방 시설 등이 발견되며 왕성의 터로 추정되는 곳이다. 부소산성은 평상시 왕궁의 후원으로서, 위급할 때에는 방어 시설로 이용한 사비 백제 왕궁의 배후 산성이다.
정림사지	사비 백제기 수도의 가장 중심에 위치한 사찰의 터로, 발굴을 통해 중문과 금당 터, 강당 터, 승방 터, 화랑지 등이 확인되었다. 정림사지 중앙부의 정림사지 오층 석탑(국보 제9호)은 옛 백제의 화려한 문화와 예술, 뛰어난 석조 건축 기법을 확인할 수 있는 문화재이다.
부여 왕릉원	부여 왕릉원은 모두 7기로 이루어져 있다.
부여 나성	부여 나성은 사비의 동·북쪽을 방어하기 위해 구축한 외곽 성으로, 현재도 부여읍을 감싸며 원래의 모습을 잘 간직하고 있다.
익산 왕궁리 유적	백제 왕실이 수도 사비의 취약점을 보완하기 위해 만든 별궁 유적이다.
익산 미륵사지	익산시 금마면 미륵산 아래 넓은 평지에 펼쳐진 사찰 터로 동아시아 최대 규모를 자랑하고 있다.

(13) 산사, 한국의 산지승원(2018년 등재)

① 산사(山寺)는 한국 불교의 개방성을 대표하면서 승가 공동체의 신앙·수행·일상생활의 중심지였다.
② 2018년 6월 유네스코 자문 기구인 세계 유산 위원회는 '산사(山寺), 한국의 산지승원' 7곳을 등재 확정하였다. 해당 사찰은 영주 부석사, 양산 통도사, 안동 봉정사, 보은 법주사, 공주 마곡사, 순천 선암사, 해남 대흥사이다.

(14) 한국의 서원(2019년 등재)

소수 서원(경북 영주), 도산 서원(경북 안동), 병산 서원(경북 안동), 옥산 서원(경북 경주), 도동 서원(대구 달성), 남계 서원(경남 함양), 필암 서원(전남 장성), 무성 서원(전북 정읍), 돈암 서원(충남 논산) 등 9개 서원이 등재되었다.

(15) 한국의 갯벌(2021년 등재)

서천갯벌(충남 서천), 고창갯벌(전북 고창), 신안갯벌(전남 신안), 보성-순천갯벌(전남 보성, 순천) 4곳의 갯벌이 유네스코 자연 유산으로 등재되었다.

(16) 가야 고분군(2023년 등재)

① 한반도에 존재했던 고대 문명 '가야'를 대표하는 7개 고분군으로 이루어진 연속 유산으로, 전북 남원 유곡리와 두락리 고분군, 경북 고령 지산동 고분군, 경남 김해 대성동 고분군, 경남 함안 말이산 고분군, 경남 창녕 교동과 송현동 고분군, 경남 고성 송학동 고분군, 경남 합천 옥전 고분군이 포함되었다.
② 가야 고분군은 "주변국과 자율적이고, 수평적인 독특한 체계를 유지하며 동아시아 고대 문명의 다양성을 보여 주는 중요한 증거가 된다는 점에서 '탁월한 보편적 가치'(Outstanding Universal Value)가 인정된다."라는 평가를 받았다.

3 세계 기록 유산

- 『훈민정음』
- 『승정원일기』
- 『동의보감』
- 『난중일기』
- KBS 특별 생방송 '이산가족을 찾습니다' 기록물
- 조선 통신사 기록물
- 산림녹화 기록물
- 『조선왕조실록』
- 팔만대장경
- 『일성록』
- 새마을 운동 기록물
- 국채 보상 운동 기록물
- 4·19 혁명 기록물
- 제주 4·3 사건 기록물
- 『직지심체요절』
- 『조선왕조의궤』
- 5·18 민주화 운동 기록물
- 한국의 유교책판
- 조선 왕실 어보와 어책
- 동학 농민 혁명 기록물

(1) 『훈민정음』 (1997년 등재)

① '훈민정음(訓民正音)'이란 '백성을 가르치는 올바른 소리'라는 뜻이다. 조선 제4대 임금인 세종은 당시 사용되던 한자가 우리말과 구조가 다르기 때문에 많은 백성이 사용할 수 없는 현실을 안타까워하여 세종 25년(1443)에 우리말의 표기에 적합한 문자 체계를 완성하고 '훈민정음'이라 하였다.

② 집현전 학사들이 세종의 명을 받아 새로운 문자에 대해 설명한 한문 해설서를 발간하였는데, 이 책의 이름이 『훈민정음』 또는 『훈민정음 해례본』이다. 여기에는 훈민정음 창제의 목적을 밝힌 서문과 글자의 음가 및 운용법이 기술되어 있다.

③ 『훈민정음』은 국보 제70호로 지정되어 있으며, 1997년 10월에 유네스코 기록 유산으로 등록되었다.

(2) 『조선왕조실록』 (1997년 등재)

① 『조선왕조실록(朝鮮王朝實錄)』은 조선 왕조의 시조인 태조부터 철종까지 25대 472년간 (1392~1863)의 역사를 편년체(編年體)로 기록한 책으로, 총 1,893권 888책으로 되어 있다. 『조선왕조실록』은 조선 시대의 정치, 외교, 군사, 제도, 법률 등 각 방면의 역사적 사실을 망라하고 있어 세계적으로 유례가 없는 귀중한 역사 기록물이다. 『조선왕조실록』은 그 역사 기술에서 진실성과 신빙성이 매우 높다는 점에서 의의가 크다.

② 『조선왕조실록』은 사초(史草)를 기본으로 하여 만들어지는데, 사초는 사관이 국가의 모든 회의에 참가하여 왕과 신하들이 국사를 논의·처리하는 것을 사실대로 기록한 것이다. 이러한 사초는 기록의 진실성을 확보하기 위해 사관 외에는 왕이라도 함부로 열람할 수 없도록 하였다.

▲ 『조선왕조실록』

③ 『조선왕조실록』은 정족산본 1,181책, 태백산본은 848책, 오대산본 27책, 기타 21책 등 총 2,077책이 국보 제151호로 지정되어 있으며, 1997년 10월에 유네스코 기록 유산으로 등록되었다.

(3) 『직지심체요절』 (2001년 등재)

① 『직지심체요절(直指心體要節)』은 고려 공민왕 21년(1372)에 백운 화상이 저술한 '백운화상초록불조직지심체요절(白雲和尙抄錄佛祖直指心體要節)'을 청주 흥덕사에서 1377년 7월에 금속 활자로 인쇄한 것이다.

② 이는 독일의 구텐베르크보다 70여 년이나 앞선 것으로, 1972년 '세계 도서의 해'에 출품되어 세계 최고(最古)의 금속 활자본으로 공인되었다.

③ 금속 활자를 이용한 인쇄술은 목판에 글자를 새기는 방식에 비해 훨씬 편리하고 신속하게 책을 생산할 수 있다. 이 책은 이러한 가치를 인정받아, 2001년 9월에 유네스코 기록 유산으로 등록되었다.

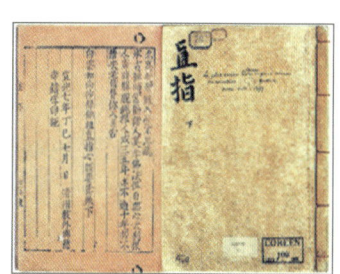
▲ 『직지심체요절』

(4) 『승정원일기』(2001년 등재)

① 『승정원일기(承政院日記)』는 조선 시대 승정원(承政院: 조선 정종 때에 창설된 왕명 출납 기관)에서 있었던 일들을 기록한 책이다. 『승정원일기』는 『조선왕조실록』을 편찬할 때 기본 자료로 이용하였으며, 원본이 1부밖에 없는 귀중한 자료이다.
② 『승정원일기』는 세계 최대의 연대 기록물(총 3,243책, 글자 수 2억 4,250자)이며, 당시의 정치, 경제, 국방, 사회, 문화 등 생생한 역사를 기록하였다는 점에서 가치가 크다.
③ 국보 제303호로 지정되어 있으며, 세계 최대의 1차 사료로서 가치를 인정받아 2001년 9월에 유네스코 기록 유산으로 등록되었다. 현재 국사 편찬 위원회에서 데이터 베이스를 구축하고 있다.

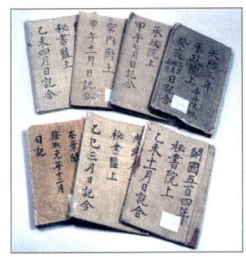
▲ 『승정원일기』

(5) 팔만대장경(2007년 등재)

① 2007년 6월 유네스코 제8차 세계 기록 유산 국제 자문 위원회는 팔만대장경(八萬大藏經)을 세계 기록 유산으로 공식 등재하였다. 공식 등재 명칭은 합천 해인사 소장의 '고려대장경판 및 제경판(諸經板)'이다. 팔만대장경(고려대장경)과 함께 해인사가 보관하고 있는 모든 경판의 가치를 인정한 것이다.
② 국보 제32호로 고려 고종 23년(1236)에 강화도에서 시작하여 1251년 9월에 81,258장으로 완성되었다. 이 사업은 대장도감(大藏都監)에서 주관하여, 제주도·완도·거제도 등에서 나는 자작나무를 재료로 사용하였는데, 부패와 틀어짐을 방지하기 위해 먼저 나무를 바닷물에 절인 다음 그늘에서 충분히 말려 사용하였다.
③ 팔만대장경은 조선 초기까지 강화도 선원사(禪源寺)에 보관되었으나, 태조 7년(1398)에 해인사로 옮겼다고 하는 학설이 현재 가장 유력하다. 『조선왕조실록(朝鮮王朝實錄)』에 의하면 "이때 2,000명의 군인들이 호송하고, 5교 양종의 승려들이 독경(讀經)하였다."라고 하였다.

(6) 『조선왕조의궤』(2007년 등재)

① 『조선왕조의궤(朝鮮王朝儀軌)』란 조선 왕조의 국가 의식인 길례(吉禮: 제사), 가례(嘉禮: 혼례), 빈례(賓禮: 사신 영접), 군례(軍禮: 군사 훈련 및 사열), 흉례(凶禮: 장례) 등을 기록한 것으로서, 2007년 6월 유네스코 제8차 세계 기록 유산 국제 자문 위원회에서 세계 기록 유산으로 공식 등재(규장각 소장 546종 2,940책, 한국학 중앙 연구원 장서각 소장 287종 490책)하였다.
② 의궤(儀軌)는 세계적으로 조선 왕조에서만 나타나는 기록 문화의 정수로, 행사의 진행 과정을 날짜 순으로 자세하게 적고, 행사에 참여한 사람들의 명단을 장인(匠人)에 이르기까지 일일이 기록하였으며, 행사에 들인 비용과 재료 등을 세밀하게 기록하고, 의식에 쓰인 주요 도구와 주요 행사 장면을 아름다운 채색으로 그려 놓아 시각적 효과와 현장성이 뛰어나다. 18세기 김홍도는 정부 기록화를 많이 그렸는데, 그중 정조의 「시흥환어행렬도」는 매우 아름답다.

(7) 『동의보감』(2009년 등재)

광해군 때 허준에 의해 저술되었으며, 동아시아 의학을 종합하여 간행한 서적이다. 『동의보감』의 세계 기록 유산 등재는 의학 서적으로서는 최초였다.

(8) 『일성록』(2011년 등재)

정조가 세손 시절부터 쓰기 시작한 기록으로, 후대 왕들도 1910년까지 일기 형식으로 쓴 책이다. 국왕 스스로 수양을 위해 편찬하였으며, 그 내용과 형식의 독창성을 인정받아 등재되었다.

(9) 5·18 민주화 운동 기록물(2011년 등재)

5·18 민주화 운동과 관련된 일련의 문건 및 사진, 영상 자료들이다. 5·18 민주화 운동의 세계사적 중요성을 인정받아 등재되었다.

(10) 『난중일기』(2013년 등재)

① 임진왜란 때 충무공 이순신이 진중(陣中)에서 쓴 일기로, 임진왜란이 일어난 1592년부터 전쟁이 끝난 1598년까지의 일을 간결하고 명료하게 기록하였다.
② 국보 제76호로 현재 현충사에 보관되어 있으며 2013년 6월 유네스코 세계 기록 유산으로 등재되었다.

(11) 새마을 운동 기록물(2013년 등재)

① 1970년대 박정희 대통령의 제창으로 시작된 범국민적 운동으로 생활 환경 개선과 소득 증대를 도모한 지역 사회 개발 운동이다. 새마을 운동 기록물은 이 과정에서 생산된 대통령의 연설물, 결재 문서, 교재, 관련 사진과 영상 등의 자료를 총칭한다.
② 2013년 유네스코 세계 기록 유산으로 등재되었다.

(12) 한국의 유교책판(2015년 등재)

① 조선 시대(1392~1910)에 718종의 서책을 간행하기 위해 판각한 책판으로, 305개 문중과 서원에서 기탁한 총 64,226장으로 되어 있으며 현재는 한국 국학 진흥원에서 보존·관리하고 있다. 유교책판은 시공을 초월하여 책을 통하여 후학(後學)이 선학(先學)의 사상을 탐구하고 전승하며 소통하는 '텍스트 커뮤니케이션(text communication)'의 원형이다.
② 수록 내용은 문학을 비롯하여 정치, 경제, 철학, 대인 관계 등 실로 다양한 분야를 다루고 있다. 그러나 이렇게 다양한 분야를 다루고 있음에도 궁극적으로는 유교의 인륜 공동체(人倫共同體) 실현이라는 주제를 담고 있는 것이 공통적인 특징이다.
③ 각각의 책판들은 단 한 질만 제작되어 오늘날까지 전해지고 있는 '유일한 원본'이다. 활자본과 달리 판목에 직접 새긴 목판본으로서 후대에 새로 제작된 번각복(翻刻本)도 거의 없는 것으로서 대체 불가능한 유산이다.

(13) KBS 특별 생방송 '이산가족을 찾습니다' 기록물(2015년 등재)

KBS가 1983년 6월 30일 밤 10시 15분부터 11월 14일 새벽 4시까지 방송 기간 138일, 방송 시간 453시간 45분 동안 생방송한 비디오 녹화 원본 테이프 463개, 담당 프로듀서 업무 수첩, 이산가족이 직접 작성한 신청서, 일일 방송 진행표, 큐시트, 기념 음반, 사진 등 20,522건의 기록물을 총칭한다. 이 기록물은 대한민국의 비극적인 냉전 상황과 전쟁의 참상을 고스란히 담고 있다. 혈육들이 재회하여 얼싸안고 울부짖는 장면은 이산가족의 아픔을 치유해 주었고, 남북 이산가족 최초 상봉(1985. 9.)의 촉매제 역할을 하며 한반도 긴장 완화에 기여하였다.

(14) 국채 보상 운동 기록물(2017년 등재)

① 국채 보상 운동 기록물은 국가가 진 빚을 국민이 갚기 위해 1907년부터 1910년까지 일어난 국채 보상 운동의 전 과정을 보여주는 기록물이다.
② 19세기 말부터 제국주의 열강들은 아시아, 아프리카, 아메리카 등 모든 대륙에서 식민지적 팽창을 하면서 대부분의 피식민지 국가에 엄청난 규모의 빚을 지우고 그것을 빌미로 지배력을 강화하는 방식을 동원하였다. 한국도 마찬가지로 일본의 외채로 망국의 위기에 처해 있었다. 남성은 술과 담배를 끊고, 여성은 반지와 비녀를 내어놓았고, 기생과 걸인, 심지어 도적까지도 의연금을 내는 등 전 국민의 약 25%가 이 운동에 자발적으로 참여하였다. 한국 사람들은 전 국민적 기부 운동을 통해 국가가 진 외채를 갚음으로써 국민으로서의 책임을 다하려 하였다.
③ 한국의 국채 보상 운동은 1907년 네덜란드 헤이그에서 열린 '제2차 만국 평화 회의'에서 한국의 국채 보상 운동을 알림으로써 전 세계에 알려지게 되어, 외채로 시달리는 다른 피식민지국에 큰 자극이 되었다. 그 후 중국(1909), 멕시코(1938), 베트남(1945) 등 제국주의 침략을 받은 여러 국가에서도 한국과 거의 유사한 방식으로 국채 보상 운동이 연이어 일어났다. 다만 한국의 국채 보상 운동은 이후에 일어난 운동과 비교하여 시기적으로 가장 앞섰으며 가장 긴 기간 동안 전 국민이 참여하는 국민적 기부 운동이었다는 점과 당시의 역사적 기록물이 온전히 보존되어 있다는 점에서도 역사적 가치가 크다.

⒂ 조선 왕실 어보와 어책(2017년 등재)

① 조선 왕실 어보와 어책은 금·은·옥에 '아름다운' 명칭을 새긴 어보, 오색 비단에 책임을 다할 것을 훈계하고 깨우쳐주는 글을 쓴 교명, 옥이나 대나무에 책봉하거나 아름다운 명칭을 수여하는 글을 새긴 옥책과 죽책, 금동 판에 책봉하는 내용을 새긴 금책 등이다.
② 이런 책보(冊寶)는 조선조 건국 초부터 근대까지 570여 년 동안 지속적으로 제작되고 봉헌되었으며 이러한 사례는 한국이 유일무이하다. 조선 왕조의 왕위는 세습이었다. 국왕의 자리를 이을 아들이나 손자(또는 왕실의 승계자) 등은 국본(國本)으로서 왕위에 오르기 전에 왕세자나 왕세손에 책봉되는 전례(典禮)를 거쳐야 하였다. 어보와 어책은 일차적으로 이와 같은 봉작(封爵) 전례의 예물로 제작하였고 여기에는 통치자로서 알아야 할 덕목을 함축적으로 표현한 문구가 들어 있다.

⒃ 조선 통신사 기록물(2017년 등재)

① 조선 통신사에 관한 기록은 1607년부터 1811년까지, 일본 에도 막부의 초청으로 12회에 걸쳐 조선국에서 일본국으로 파견되었던 외교 사절단에 관한 자료를 총칭하는 것이다.
② 조선 통신사는 16세기 말 일본의 도요토미 히데요시가 조선을 침략한 이후, 단절된 국교를 회복하고, 양국의 평화적인 관계 구축 및 유지에 크게 공헌하였다. 조선 통신사에 관한 기록은 외교 기록, 여정 기록, 문화 교류의 기록으로 구성된 종합 자산이다.
③ 비참한 전쟁을 경험한 양국이 평화로운 시대를 구축하고 유지해 가는 방법과 지혜가 응축되어 있으며, '성신교린(誠信交隣)'을 공통의 교류 이념으로 대등한 입장에서 상대를 존중하는 상호 간의 교류가 구현되어 있다. 그 결과, 양국은 물론 동아시아 지역에도 정치적 안정이 이루어졌고, 안정적인 교역 루트도 확보할 수 있었다.

⒄ 4.19 혁명 기록물(2023년 등재)

4·19 혁명 기록물은 1960년 대한민국에서 발발한 학생 주도의 민주화 운동에 대한 광범위한 자료이다. 1960년 2월 28일 대구에서 열린 학생 집회에서 시작해 대다수 국민에게로 확산하여 3·15 부정 선거에 반대하기 위해 1960년 4월 19일에 열린 대규모 시위까지의 기록물로서, 이승만 대통령(1948~1960)의 퇴진을 이끈 혁명의 배경과 진행 과정을 다루고 있다. 제3세계에서 최초로 성공한 비폭력 시민 혁명인 동시에 유럽의 1968년 혁명, 미국의 반전 운동, 일본의 안보 투쟁 등 1960년대 세계 학생 운동에 영향을 미친 기록 유산으로서 세계사적 중요성을 인정받았다.

⒅ 동학 농민 혁명 기록물(2023년 등재)

동학 농민 혁명 기록물은 1894~1895년 일어난 동학 농민 혁명과 관련된 기록물이다. 동학 농민 혁명은 부패한 지도층과 외세의 침략에 저항하며 평등하고 공정한 사회를 건설하기 위해 민중이 봉기한 사건이다. 한국이 번영된 민주주의로 나아가는 발판이 되었으며, 국외의 반제국주의, 민족주의, 근대주의 운동에 영향을 주었다.
동학 농민 운동 과정에서 농민군은 전라도 각 고을 관아에 치안과 행정을 담당하는 '집강소'를 설치하는 성과를 거두었는데, 이는 19세기 당시 전 세계에서 유사한 사례를 찾기 힘든 신선한 민주주의 실험으로 평가된다. 동학 농민 혁명 기록물은 조선 백성들이 주체가 되어 자유, 평등, 인권의 보편적 가치를 지향했던 기억의 저장소로서 세계사적 중요성을 인정받았다.

⒆ 산림녹화 기록물(2025년 등재)

① 산림녹화 기록물은 6.25 전쟁 후 황폐해진 국토에 민·관이 협력하여 성공적인 국가 재건을 이뤄낸 산림녹화 경험이 담긴 자료이다.
② 세계의 다른 개발도상국이 참고할 수 있는 모범 사례이자 기후변화, 사막화 방지 등 국제적 논점에 본보기가 될 기록물이라는 평가를 받았다.

⒇ 제주 4·3 사건 기록물(2025년 등재)

① 제주 4·3 사건은 1948년 4월 3일부터 대한민국 제주도에서 발생한 사건이며, 수많은 민간인 학살에 대한 피해자 진술, 진상 규명 과정과 화해의 과정에 대한 기록이다.
② 세계사적으로 인권의 중요성을 알려주고, 제주도민들의 화해와 상생 정신을 통해 아픈 과거사를 해결하는 새로운 길을 제시한다는 점에서 의미가 있다.

4 인류 무형 문화유산

- 종묘 제례 및 종묘 제례악
- 남사당 놀이
- 가곡
- 줄타기
- 농악
- 연등회
- 판소리
- 영산재
- 대목장
- 한산 모시 짜기
- 줄다리기
- 한국의 탈춤
- 강릉 단오제
- 제주 칠머리당 영등굿
- 매사냥
- 아리랑
- 제주 해녀 문화
- 한국의 장 담그기 문화
- 강강술래
- 처용무
- 택견
- 김장 문화
- 씨름

(1) 종묘 제례 및 종묘 제례악(2001년 등재)

① 종묘 제례(宗廟祭禮)는 종묘에서 행하는 제향(祭享) 의식이다. 종묘 제례는 유교 절차에 따라 거행되는 왕실 의례로서, 종묘라는 건축 공간에서 진행된다. 종묘 제례악(宗廟祭禮樂)은 종묘에서 제사를 지낼 때 의식을 장엄하게 치르기 위하여 연주하는 기악(器樂), 노래[歌], 춤[舞]을 말한다. 종묘 제례악은 위대한 국가를 세우고 발전시킨 왕의 덕을 찬양하는 내용의 보태평과 정대업이 연주되며 춤이 곁들여진다.

② 종묘 제례와 종묘 제례악은 중요 무형 문화재 제56호와 제1호로 지정되어 보존·전승되고 있으며, 2001년 5월 유네스코 무형 유산으로 선정되었다.

(2) 판소리(2003년 등재)

① 판소리는 한 명의 소리꾼이 고수(북치는 사람)의 장단에 맞추어 소리(창), 아니리(말), 발림(몸짓)을 섞어 가며 구연(口演)하는 일종의 솔로 오페라이다.

② 판소리는 초기에 열두 마당이 있었지만, 「춘향가」, 「심청가」, 「수궁가」, 「흥보가」, 「적벽가」가 다듬어져 판소리 다섯 마당으로 정착되었다. 판소리는 서민의 삶의 현실을 생생하게 드러내고, 새로운 사회와 시대에 대한 희망을 표현하기도 하였다.

③ 판소리는 우리 문화의 정수로 그 독창성과 우수성을 세계적으로 인정받아 2003년 11월 유네스코 무형 유산으로 선정되었다.

(3) 강릉 단오제(2005년 등재)

① 단오는 음력 5월 5일로 '높은 날' 또는 '신날'이라는 뜻의 '수릿날'이라고 부르는 날이다. 강릉 단오제는 수릿날의 전통을 계승한 축제이다. 모심기가 끝난 뒤에 한바탕 놀면서 쉬는 명절로서, 농경 사회 풍농 기원제의 성격을 지닌다. 1,000여 년의 역사를 가지고 있는 강릉 단오제는 한국의 대표적 전통 신앙인 유교, 무속, 불교, 도교를 배경으로 한 다양한 의례와 공연이 전해지고 있다. 또 강릉 단오제에는 단오굿, 가면극, 농악, 농요 등 예술성이 뛰어난 다양한 무형 문화유산과 함께 그네뛰기, 창포머리 감기, 수리취떡 먹기 등 독창적인 풍속이 함께 전승되고 있다.

② 중요 무형 문화재 제13호로 지정·보존되고 있는 강릉 단오제는 2005년 11월 유네스코 무형 유산으로 선정되었다.

(4) 강강술래(2009년 등재)

임진왜란 당시 이순신의 전술에서 유래되었다는 설이 있다. 주로 한가윗날 밤에 여성들에 의해 이루어졌던 집단 놀이이다.

(5) 남사당 놀이(2009년 등재)

남사당 놀이는 조선 후기 사회적으로 천대받던 서민들로 이루어진 유랑 예능 집단이다. 이들은 양반 및 사회에 대한 비판을 예술을 통해 담아냈다.

(6) 영산재(2009년 등재)

불교에서 행해지는 의식으로서, 죽은 사람의 영혼이 극락왕생하기를 기원하는 의식이다.

(7) 제주 칠머리당 영등굿(2009년 등재)

제주도에서 행해져 오는 특유의 굿으로, '영등신(영등할망)'을 맞이하여 해녀와 어부의 안전, 마을의 평안, 풍어 등을 기원하였다.

⑧ 처용무(2009년 등재)

통일 신라 시대에 기원하는 처용 설화를 바탕으로 한 춤이다. 처용의 가면을 쓰고 춤을 추며, 악귀를 쫓는다는 의미를 지녔다.

⑨ 가곡(2010년 등재)

관현악의 반주에 맞추어 시조를 부르는 음악으로, 판소리 등과는 구별되는 상류 사회의 문화이다.

⑩ 대목장(2010년 등재)

문짝이나 난간 등의 사소한 목공을 맡는 소목장과는 달리 대목장은 궁궐이나 사찰 등의 목조 건축 일을 하는 장인을 가리킨다. 대목장은 건축과 관련된 전 과정을 책임졌다.

⑪ 매사냥(2010년 등재)

매를 사용한 사냥 방식으로 아시아 지역으로부터 확산되었다. 매사냥의 유네스코 무형 유산 등록은 11개국이 공동으로 참여하여 등재되었다.

⑫ 택견(2011년 등재)

택견은 흡사 춤과 같은 동작으로 상대방을 차거나 넘어뜨리는 기술을 특징으로 하는 한국의 전통 무예이다. 택견의 등재는 무술로서의 가치뿐만 아니라 모든 사람이 즐길 수 있는 운동으로, 일반 대중의 건강을 향상시키는 등 공동체 내 무형 문화유산으로서의 가치가 함께 인정되었음을 의미한다.

⑬ 줄타기(2011년 등재)

줄타기는 한국의 전통 공연 예술로, 줄타기 기술에 중점을 두고 있는 세계 다른 나라의 줄타기와는 달리 음악이 함께 연주되며 줄을 타는 광대와 땅에 있는 어릿광대 사이에 대화가 오가는 것이 특징이다.

⑭ 한산 모시 짜기(2011년 등재)

한산 모시 짜기는 충남 한산 지역의 여성들을 중심으로 전승되고 있는 옷감을 짜는 전통 기술로, 500여 명의 지역 주민이 모시 짜기 활동에 참여하고 있는 등 공동체 결속을 강화하는 중요한 사회·문화적 기능을 수행하는 점에서 그 가치를 인정받았다.

⑮ 아리랑(2012년 등재)

우리나라의 대표적인 민요로, '아리랑' 또는 '아라리' 등과 유사한 구절이 후렴에 들어있는 민요를 총칭한다. 지방에 따라 가사와 곡조가 조금씩 다르고, 여러 세대에 걸쳐 구전으로 전승되어 민중들의 희노애락을 담았다.

⑯ 김장 문화(2013년 등재)

2013년 12월 유네스코는 김장 문화가 한국인들에게 나눔과 결속을 촉진하고, 정체성과 소속감을 제공하는 유산인 점에 주목하였다. 자연 재료를 창의적으로 이용하는 식습관을 가진 국내외 다양한 공동체들 간의 대화를 촉진하여 무형 유산의 가시성을 높이는 데 기여하였다고 평가하며 유네스코 무형 유산으로 등재하였다.

⑰ 농악(2014년 등재)

농악은 한국 사회에서 마을 공동체의 화합과 마을 주민의 안녕을 기원하기 위해 행해지는 대표적인 민속 예술이다. 또한 꽹과리, 징, 장구, 북, 소고 등 타악기를 합주하면서 행진하거나 춤을 추며 연극을 펼치기도 하는 기예가 함께하는 종합 예술이다. 농악은 2014년 11월 27일 유네스코 인류 무형 유산으로 등재되었다.

⑱ 줄다리기(2015년 등재)

줄다리기는 한 해의 풍년과 공동체 구성원 간의 단합을 위하여 벼농사 문화권에서 널리 행해지는 놀이이다. 우리나라에서는 예로부터 주로 대보름날 행하여졌으며 지역별로 단옷날, 한가위, 2월 초하룻날 행해지기도 하였다.

⑲ 제주 해녀 문화(2016년 등재)

2016년 11월 유네스코 무형 문화유산에 등재된 제주 해녀 문화는 '제주도 해녀가 지닌 기술 및 문화'를 총칭한다. 그 내용은 '바닷속에 들어가서 해산물을 채취하는 것', '공동체 의식을 강화하며 안전과 풍어를 기원하는 주술 의식인 잠수굿', '물질(해산물 채취 작업)을 나가는 배 위에서 부르는 노동요인 해녀 노래' 등으로 구성된다. 등재 당시 무형 문화유산 위원회는 제주 해녀 문화가 제주도의 독특한 문화적 정체성을 상징하고 자연과 공존하는 지속 가능한 어업이라는 점, 공동체를 통해 문화가 전승된다는 점 등을 높게 평가하였다. 제주 해녀는 어촌계 및 해녀회 등의 공동체를 구성하여 그 문화를 전승해 오고 있다. 특히 유교 문화가 강한 우리나라에서 제주 해녀는, 드물게 주도적인 경제 주체로 활약한 여성이기도 하다.

⑳ 씨름, 한국의 전통 레슬링(2018년 11월, 남북의 공동 신청으로 등재)

씨름은 한국 전역에서 널리 향유되는 대중적인 놀이이다. 씨름은 두 명의 선수가 허리에 천으로 된 띠를 찬 상태에서 서로의 허리띠를 잡고 상대를 바닥에 넘어뜨리기 위해 다양한 기술을 사용하는 레슬링의 일종이다. 씨름은 마을에 있는 모래밭 어디에서나 이루어지며 어린 아이부터 노인까지 모든 연령대의 공동체 구성원이 참여할 수 있고 전통 명절, 장이 서는 날, 축제 등 다양한 시기에 진행되었다. 지역마다 지역 특성에 맞는 씨름의 방식을 가지고 있으나, 공동체의 연대와 협력을 강화하는 씨름의 사회적 기능은 공통적이다.

㉑ 연등회, 한국의 등(燈) 축제(2020년 등재)

매년 음력 4월 8일(부처님 오신 날) 전후 연등회가 개최된다. 원래 연등회는 석가모니의 탄생을 기념하기 위한 종교 의식이었으나, 현재는 남녀노소 누구나 참여할 수 있는 대표적인 봄 축제가 되었다. 사찰이나 거리를 장식하는 연등은 대나무 또는 철사 틀에 전통 종이를 덮어 만든다. 민중들은 자신과 가족들뿐만 아니라 이웃과 온 나라의 행운을 빌며 자신이 만든 연등을 들고 이 축제에 참여할 수 있다. 연등은 부처님의 지혜를 통해 개인과 공동체, 사회 전체의 마음을 깨우치는 상징이기도 하다. 연등회의 주요한 행사는 석가모니의 탄생을 기념하는 의식으로 아기 부처의 모습을 목욕시키는 것으로 시작된다. 이 의식에는 연등을 든 참가자들의 행렬이 뒤따른다. 행렬을 마친 참가자들은 전통 놀이 등을 함께 하면서 축제를 즐긴다.

㉒ 한국의 탈춤(2022년 등재)

탈춤은 춤·노래·연극을 아우르는 종합 예술이다. 권력과 사회에 대해 신랄한 풍자를 가하는 것은 물론, 관객과 환호와 야유를 주고받는 소통의 예술이다. 탈춤은 지역에 따라 '산대놀이', '들놀음(야류)', '오광대' 등으로 불렸다.

- 국가 지정 13개: 양주별산대놀이, 통영오광대, 고성오광대, 강릉관노가면극, 북청사자놀음, 봉산탈춤, 동래야류, 강령탈춤, 수영야류, 송파산대놀이, 은율탈춤, 하회별신굿탈놀이, 가산오광대
- 시·도 지정 5개: 속초사자놀이, 퇴계원산대놀이, 진주오광대, 김해오광대, 예천청단놀음

㉓ 한국의 장 담그기 문화(2024년 등재)

한국 음식의 기본양념인 장을 만들고, 관리, 이용하는 과정의 지식과 신념, 기술을 모두 포함한다. '장'은 한국인의 일상 음식에 큰 비중을 차지해 왔으며, 가족 구성원이 함께 만들고 나누어 먹는 문화가 세대 간에 전승되며 가족 간의 유대감을 강화해 왔다.

5 유네스코 지정 생물권 보전 지역(10곳)

- 설악산(1982)
- 제주도(2002)
- 신안 다도해(2009)
- 광릉숲(2010)
- 전북 고창(2013)
- 전남 순천(2018)
- 연천 임진강(2019)
- 강원 생태평화(2019)
- 완도(2021)
- 창녕(2024)

* 괄호 안의 연도는 유네스코 생물권 보전 지역 지정 연도 / * 2025년 6월 기준

02 역대 왕계표

1 고구려

2 백제

3 신라

〈박씨〉 7왕

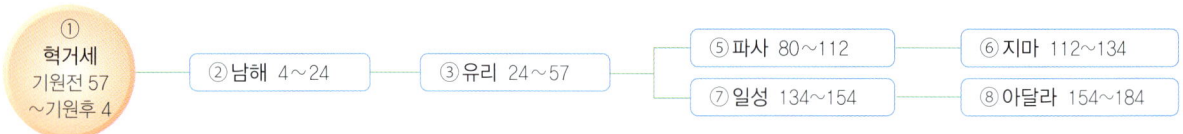

〈석씨〉 8왕

〈김씨〉 37왕

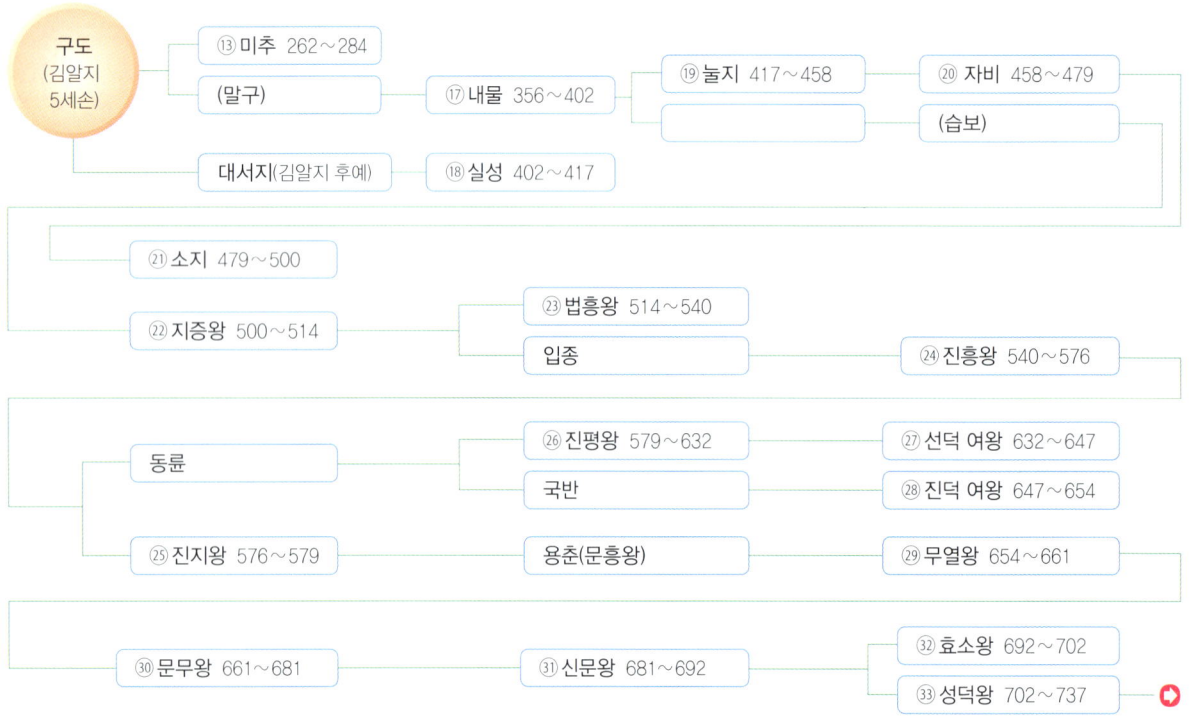

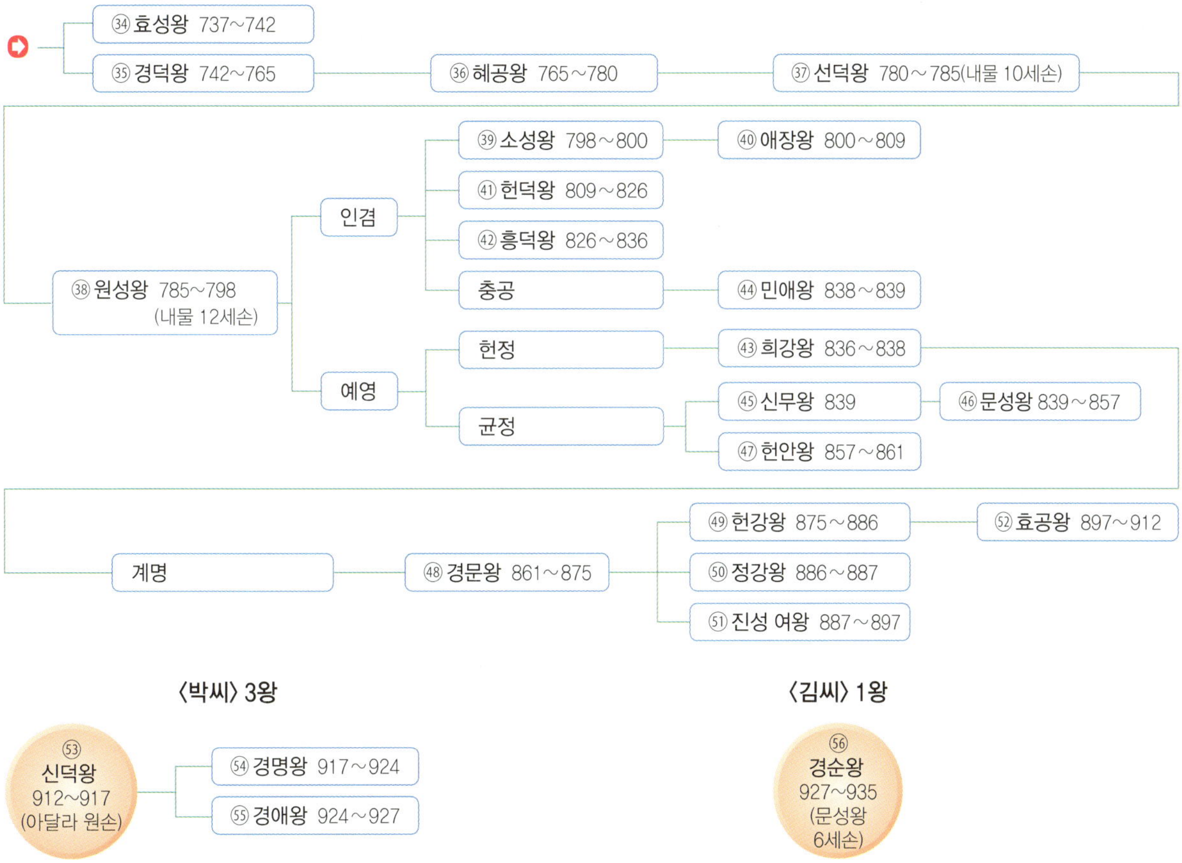

- ㉞ 효성왕 737~742
- ㉟ 경덕왕 742~765 ― ㊱ 혜공왕 765~780 ― ㊲ 선덕왕 780~785(내물 10세손)

㊳ 원성왕 785~798 (내물 12세손)
- 인겸
  - ㊴ 소성왕 798~800 ― ㊵ 애장왕 800~809
  - ㊶ 헌덕왕 809~826
  - ㊷ 흥덕왕 826~836
  - 충공 ― ㊹ 민애왕 838~839
- 예영
  - 헌정 ― ㊸ 희강왕 836~838
  - 균정 ― ㊺ 신무왕 839 ― ㊻ 문성왕 839~857
  - ㊼ 헌안왕 857~861

계명 ― ㊽ 경문왕 861~875
- ㊾ 헌강왕 875~886 ― 52 효공왕 897~912
- 50 정강왕 886~887
- 51 진성 여왕 887~897

〈박씨〉 3왕

53 신덕왕 912~917 (아달라 원손)
- 54 경명왕 917~924
- 55 경애왕 924~927

〈김씨〉 1왕

56 경순왕 927~935 (문성왕 6세손)

4 발해

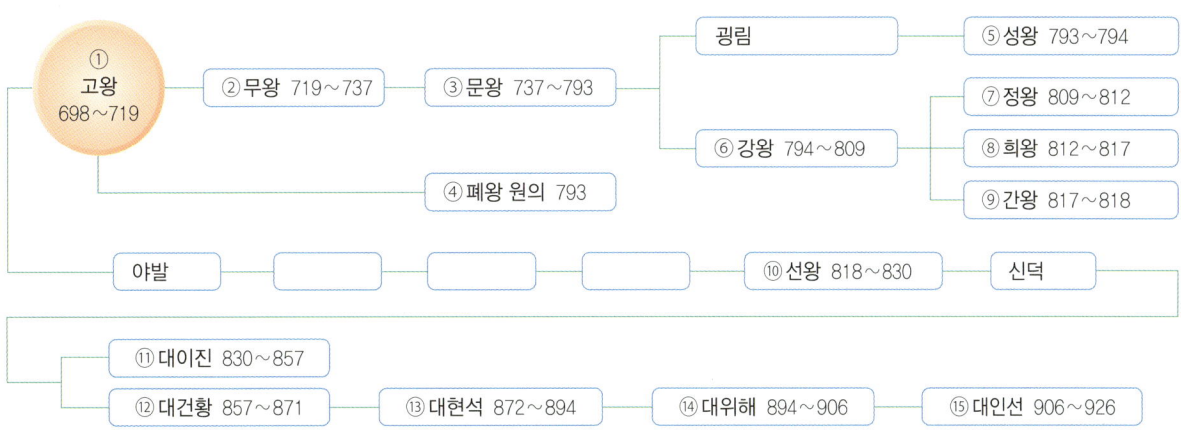

① 고왕 698~719
- ② 무왕 719~737 ― ③ 문왕 737~793
  - 굉림 ― ⑤ 성왕 793~794
  - ⑥ 강왕 794~809
    - ⑦ 정왕 809~812
    - ⑧ 희왕 812~817
    - ⑨ 간왕 817~818
- ④ 폐왕 원의 793
- 야발 ― ⑩ 선왕 818~830 ― 신덕
  - ⑪ 대이진 830~857
  - ⑫ 대건황 857~871 ― ⑬ 대현석 872~894 ― ⑭ 대위해 894~906 ― ⑮ 대인선 906~926

5 고려

6 조선

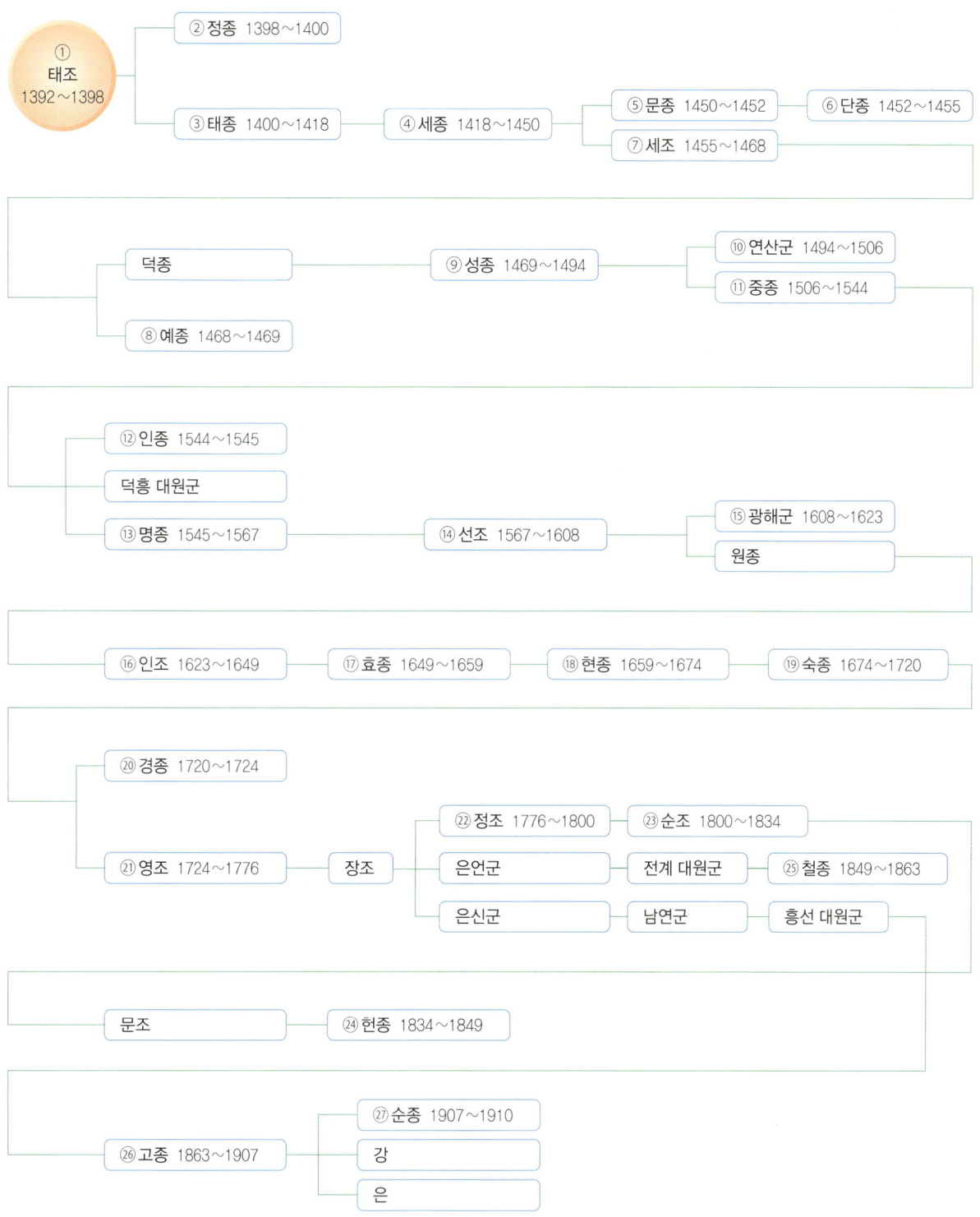

에듀윌이
너를
지지할게

ENERGY

삶의 순간순간이
아름다운 마무리이며
새로운 시작이어야 한다.

– 법정 스님

에듀윌에서 꿈을 이룬
합격생들의 진짜 **합격스토리**

에듀윌 강의·교재·학습시스템의 우수성을
합격으로 입증하였습니다!

김O범 지방직 9급 일반행정직 최종 합격

에듀윌의 체계적인 학습 관리 시스템 덕분에 합격!

에듀윌은 시스템도 체계적이고 학원도 좋았습니다. 저에게는 학원에서 진행하는 아케르 시스템이 큰 도움이 되었습니다. 아케르 시스템은 학원에 계시는 매니저님이 직접 1:1로 상담도 해주시고 학습 관리를 해주시는 시스템입니다. 제 담당 매니저님은 늘 진심으로 저와 함께 고민해주시고 제 건강이나 학습 상태도 상담해주시고, 전에 합격하신 선배님들이 어떤 식으로 학습을 진행했는지 조언해주셔서 많은 도움이 되었습니다. 수험생활에서 가장 힘든 것은 외로움과의 싸움이라고 생각하는데, 에듀윌 덕분에 주변에 제 편이 참 많다는 것을 느꼈고 공부하는 기간이 덜 힘들었던 것 같습니다.

이O린 지방교육청 교육행정직 9급 최종 합격

에듀윌만의 합리적인 가격과 시스템, 꼼꼼한 관리에 만족

에듀윌을 선택한 가장 큰 이유는 금액적인 부분입니다. 타사 패스보다 훨씬 저렴한 금액이라 금전적인 부분이 큰 부담인 수험생 입장에서는 가장 크게 다가오는 장점 중 하나라고 생각합니다. 또한 공통 교재를 사용한다는 점이 저에게는 큰 장점이었습니다. 각 커리큘럼별로 여러 교수님 수업을 들으며 공부할 수 있어서 저에게는 큰 장점이었습니다. 그리고 에듀윌 학원은 매니저님들께서 진심으로 수험생 한 명 한 명에게 관심을 가지고 꼼꼼히 관리해주신다는 점이 마음에 들어 등록하게 되었습니다. 실제로 제가 힘들거나 방향을 잃을 때마다 학원 학습 매니저님들과의 상담을 통해 잘 극복할 수 있었습니다.

전O준 국가직 9급 관세직 최종 합격

에듀윌은 공무원 합격으로 향하는 최고의 내비게이션

학교 특강 중에 현직 관세사 분께서 말씀해주신 관세직에 대한 간략한 정보만 가지고 에듀윌 학원을 방문하였습니다. 거기서 상담실장님과의 상담을 통해 관세직 공무원에 대해 자세히 알게 되었고 여기서 하면 합격할 것 같다는 확신이 들어 에듀윌과 함께 관세직만을 바라보고 관세직을 준비하였습니다. 흔들릴 때마다 에듀윌에 올라온 선배 합격자들의 합격수기를 읽으며 제가 합격수기를 쓰는 날을 상상을 했고, 학원의 매니저님과의 상담도 큰 도움이 되었습니다.

다음 합격의 주인공은 당신입니다!

더 많은
합격스토리

합격자 수 2,100% 수직 상승!
매년 놀라운 성장

에듀윌 공무원은 '합격자 수'라는 확실한 결과로 증명하며 지금도 기록을 만들어 가고 있습니다.

합격자 수를 폭발적으로 증가시킨 합격패스

| 합격 시 수강료 100% 환급 | + | 합격할 때까지 평생 수강 |

※ 환급내용은 상품페이지 참고. 상품은 변경될 수 있음.

* 2017/2022 에듀윌 공무원 과정 최종 환급자 수 기준

상품 페이지

꿈을 현실로 만드는
에듀윌

DREAM

공무원 교육
- 선호도 1위, 신뢰도 1위! 브랜드만족도 1위!
- 합격자 수 2,100% 폭등시킨 독한 커리큘럼

자격증 교육
- 9년간 아무도 깨지 못한 기록 합격자 수 1위
- 가장 많은 합격자를 배출한 최고의 합격 시스템

직영학원
- 검증된 합격 프로그램과 강의
- 1:1 밀착 관리 및 컨설팅
- 호텔 수준의 학습 환경

종합출판
- 온라인서점 베스트셀러 1위!
- 출제위원급 전문 교수진이 직접 집필한 합격 교재

어학 교육
- 토익 베스트셀러 1위
- 토익 동영상 강의 무료 제공

콘텐츠 제휴 · B2B 교육
- 고객 맞춤형 위탁 교육 서비스 제공
- 기업, 기관, 대학 등 각 단체에 최적화된 고객 맞춤형 교육 및 제휴 서비스

부동산 아카데미
- 부동산 실무 교육 1위!
- 상위 1% 고소득 창업/취업 비법
- 부동산 실전 재테크 성공 비법

학점은행제
- 99%의 과목이수율
- 17년 연속 교육부 평가 인정 기관 선정

대학 편입
- 편입 교육 1위!
- 최대 200% 환급 상품 서비스

국비무료 교육
- '5년우수훈련기관' 선정
- K-디지털, 산대특 등 특화 훈련과정
- 원격국비교육원 오픈

에듀윌 교육서비스 **공무원 교육** 9급공무원/소방공무원/계리직공무원 **자격증 교육** 공인중개사/주택관리사/손해평가사/감정평가사/노무사/전기기사/경비지도사/검정고시/소방설비기사/소방시설관리사/사회복지사1급/대기환경기사/수질환경기사/건축기사/토목기사/직업상담사/전기기능사/산업안전기사/건설안전기사/위험물산업기사/위험물기능사/유통관리사/물류관리사/행정사/한국사능력검정/한경TESAT/매경TEST/KBS한국어능력시험·실용글쓰기/IT자격증/국제무역사/무역영어 **어학 교육** 토익 교재/토익 동영상 강의 **세무/회계** 전산세무회계/ERP정보관리사/재경관리사 **대학 편입** 편입 영어·수학/연고대/의약대/경찰대/논술/면접 **직영학원** 공무원학원/소방학원/공인중개사 학원/주택관리사 학원/전기기사 학원/편입학원 **종합출판** 공무원·자격증 수험교재 및 단행본 **학점은행제** 교육부 평가인정기관 원격평생교육원(사회복지사2급/경영학/CPA) **콘텐츠 제휴·B2B 교육** 콘텐츠 제휴/기업 맞춤 자격증 교육/대학취업역량 강화 교육 **부동산 아카데미** 부동산 창업CEO/부동산 경매 마스터/부동산 컨설팅 **주택취업센터** 실무 특강/실무 아카데미 **국비무료 교육(국비교육원)** 전기기능사/전기(산업)기사/소방설비(산업)기사/IT(빅데이터/자바프로그램/파이썬)/게임그래픽/3D프린터/실내건축디자인/웹퍼블리셔/그래픽디자인/영상편집(유튜브) 디자인/온라인 쇼핑몰광고 및 제작(쿠팡, 스마트스토어)/전산세무회계/컴퓨터활용능력/ITQ/GTQ/직업상담사

교육문의 1600-6700 www.eduwill.net

업계 최초 대통령상 3관왕, 정부기관상 19관왕 달성!

2010 대통령상   2019 대통령상   2019 대통령상

대한민국 브랜드대상 국무총리상   국무총리상   문화체육관광부 장관상   농림축산식품부 장관상   과학기술정보통신부 장관상   여성가족부장관상

서울특별시장상   과학기술부장관상   정보통신부장관상   산업자원부장관상   고용노동부장관상   미래창조과학부장관상   법무부장관상

2004
서울특별시장상 우수벤처기업 대상

2006
부총리 겸 과학기술부장관 표창 국가 과학 기술 발전 유공

2007
정보통신부장관상 디지털콘텐츠 대상
산업자원부장관 표창 대한민국 e비즈니스대상

2010
대통령 표창 대한민국 IT 이노베이션 대상

2013
고용노동부장관 표창 일자리 창출 공로

2014
미래창조과학부장관 표창 ICT Innovation 대상

2015
법무부장관 표창 사회공헌 유공

2017
여성가족부장관상 사회공헌 유공
2016 합격자 수 최고 기록 KRI 한국기록원 공식 인증

2018
2017 합격자 수 최고 기록 KRI 한국기록원 공식 인증

2019
대통령 표창 범죄예방대상
대통령 표창 일자리 창출 유공
과학기술정보통신부장관상 대한민국 ICT 대상

2020
국무총리상 대한민국 브랜드대상
2019 합격자 수 최고 기록 KRI 한국기록원 공식 인증

2021
고용노동부장관상 일·생활 균형 우수 기업 공모전 대상
문화체육관광부장관 표창 근로자휴가지원사업 우수 참여 기업
농림축산식품부장관상 대한민국 사회공헌 대상
문화체육관광부장관 표창 여가친화기업 인증 우수 기업

2022
국무총리 표창 일자리 창출 유공
농림축산식품부장관상 대한민국 ESG 대상

2026

에듀윌
9급공무원
기본서

합격자 수가
선택의 기준!

암기보다는
스토리 파악이 중요해

한국사 근대 태동기~현대
신형철 편저

YES24 20년 4월
월별 베스트 기준
베스트셀러
1위

YES24 수험서 자격증 공무원
한국사 7급 교재 베스트셀러 1위

eduwill × ZANMANG LOOPY

최연소 합격 전략 연구소장
잔망 루피의 공무원 합격 비법

교재 무료 혜택

2025년 최신기출 무료특강 (국가직9급/ 지방직9급)

`경로안내`
① 에듀윌 도서몰(book.eduwill.net) 접속
② '동영상강의실 → 공무원' 클릭
③ [최신기출 해설특강] 9급공무원 한국사 (국가직/지방직)

풍부한 부가학습자료 PDF

`경로안내`
① 에듀윌 도서몰(book.eduwill.net) 접속
② '도서자료실 → 부가학습자료' 클릭
③ '공무원 한국사' 검색하여 다운로드

따라만 하면 자동회독! 5회독 플래너
(교재 내 수록)

eduwill × ZANMANG LOOPY

에듀윌이
너를
지지할게

ENERGY

시작하는 방법은
말을 멈추고
즉시 행동하는 것이다.

– 월트 디즈니(Walt Disney)

설문조사에 참여하고 스타벅스 아메리카노를 받아가세요!

에듀윌 9급공무원 기본서 한국사를 선택한 이유는 무엇인가요?
소중한 의견을 주신 여러분들에게 더욱더 완성도 있는 교재로 보답하겠습니다.

참여 방법	QR코드 스캔 ▶ 설문조사 참여(1분만 투자하세요!)
이벤트 기간	2025년 6월 16일~2026년 5월 31일
추첨 방법	매월 1명 추첨 후 당첨자 개별 연락
경품	스타벅스 아메리카노(tall size)

2026
에듀윌 9급공무원 기본서

한국사 근대 태동기~현대

ANALYSIS

기출분석의 모든 것

최근 5개년 출제 문항 수

2025~2021 9급 국가직, 지방직/서울시 기준

구분	PART	CHAPTER	2025 국9	2024 국9	2024 지/서9	2023 국9	2023 지/서9	2022 국9	2022 지/서9	2021 국9	2021 지/서9	합계
선사~근세	우리 역사의 기원과 형성	한국사의 바른 이해										0
		선사 시대의 우리 역사	1		1	1	1			1		5
		국가의 형성			1			1			1	3
	고대의 우리 역사	고대의 정치	3	2	1	3	1	2	4	2	2	20
		고대의 경제										0
		고대의 사회										0
		고대의 문화	1	1	1		1	2		1	2	9
	중세의 우리 역사	중세의 정치	2	1	1	2	1	1	3	1	4	16
		중세의 경제		1				1				2
		중세의 사회							1			1
		중세의 문화	1	2	2	1	2	2	1		1	12
	근세의 우리 역사	근세의 정치	1	1		1	2	2		1	1	9
		근세의 경제										0
		근세의 사회							1	1		2
		근세의 문화		1		1	1		2	1		6
근대 태동기~현대	근대 태동기의 우리 역사	근대 태동기의 정치	2	1	1	1	2	1	1	1	1	11
		근대 태동기의 경제	1		1	1				1		4
		근대 태동기의 사회				1						1
		근대 태동기의 문화	1		2			1	1		1	6
	근대사(개항기)	흥선 대원군의 개혁 정치와 문호의 개방			1	2		1		1	2	7
		근대 국가 수립 운동	3	2	3	1	2	1	1			13
		일제의 침략과 국권 수호 운동	1	1				2	1		1	6
		개항 이후의 경제·사회·문화		1		1	2	1		2		7
	일제 강점기	일제의 식민 통치와 항일 민족 운동	2	2	2	2	1	1	1	1	2	14
		일제 강점기 경제의 변화						1	1			2
		일제 강점기 사회 운동		1	1		1					3
		민족 문화 수호 운동			2		1	1				4
	현대 사회의 발전	대한민국 정부 수립과 6·25 전쟁	1	1		1	2	1	1	2	1	10
		민주주의의 시련과 발전				1			2	1	1	5
		북한의 역사와 통일을 위한 노력										0
		현대의 경제·사회·문화 발전					1			1		2
		합계	20	20	20	20	20	20	20	20	20	180

최근 5개년 출제 개념

2025~2021 9급 국가직, 지방직/서울시 기준

구분	PART	CHAPTER	출제 개념
선사~근세	우리 역사의 기원과 형성	한국사의 바른 이해	사실로서의 역사, 기록으로서의 역사, 사료 비판
		선사 시대의 우리 역사	구석기·신석기·청동기·초기 철기 시대의 유물과 유적지
		국가의 형성	단군 조선(부왕, 준왕), 위만 조선(위만, 우거왕), 부여, 고구려, 옥저, 동예, 삼한, 제천 행사, 서옥제, 가족 공동 무덤, 민며느리제, 책화, 천군, 소도
	고대의 우리 역사	고대의 정치	태조왕, 고국천왕(진대법), 고국원왕의 전사, 소수림왕, 광개토 대왕, 장수왕, 광개토 대왕릉비, 충주(중원) 고구려비, 고이왕, 근초고왕, 무령왕, 성왕, 지증왕, 법흥왕, 진흥왕, 김유신, 문무왕, 신문왕, 경덕왕, 신라 하대, 무왕, 문왕, 5경 15부 62주
		고대의 경제	민정 문서(신라 촌락 문서), 녹읍, 식읍, 관료전, 정전, 장보고
		고대의 사회	화랑도, 진골 귀족의 생활 모습, 골품 제도, 화백 회의, 제가 회의, 정사암 회의, 호족과 6두품, 원종과 애노의 난
		고대의 문화	원효, 의상, 교종, 선종, 풍수지리 사상, 고분, 벽화, 승탑과 탑비, 고대 국가의 탑(정림사지 5층 석탑, 미륵사지 석탑, 황룡사 9층 목탑, 분황사 탑), 삼국의 불상
	중세의 우리 역사	중세의 정치	후삼국의 통일 과정, 태조, 광종, 성종, 최승로, 도병마사(도평의사사), 대간, 음서, 묘청(서경 천도 운동), 무신정변, 최충헌, 최우, 삼별초, 서희, 강조, 대외 항쟁(거란, 여진, 몽골, 홍건적, 왜구), 충선왕, 공민왕의 개혁 정책, 위화도 회군
		중세의 경제	전시과 제도, 공음전, 한인전, 구분전, 외역전, 『농상집요』, 주전도감, 은병(활구), 관영 상점, 벽란도
		중세의 사회	광학보, 중류, 향리, 호족, 문벌 귀족, 권문세족, 신진 사대부, 여성의 지위, 향·소·부곡민의 사회적 지위
		중세의 문화	관학 진흥 정책, 9재 학당, 사학 12도, 의천, 지눌, 혜심, 천태종, 조계종, 수선사 결사, 요세, 『삼국사기』, 『동명왕편』, 『삼국유사』, 『제왕운기』, 『직지심체요절』, 대장경, 속장경, 주심포 양식, 연등회, 팔관회, 고려의 불상과 탑
	근세의 우리 역사	근세의 정치	태조, 태종, 세종, 세조, 성종, 『경국대전』, 삼사, 과거제, 훈구, 사림, 조광조, 사화, 붕당의 형성과 전개, 동인, 서인, 임진왜란
		근세의 경제	과전법, 직전법, 관수 관급제, 공법(전분 6등법과 연분 9등법), 방납의 폐단, 『농사직설』
		근세의 사회	양천제, 족보(성화보), 서얼, 중인, 공노비와 사노비, 서원과 향약, 한성(서울)의 역사
		근세의 문화	성리학, 이황과 이이, 『성학십도』, 『성학집요』, 『고려사』, 『동국통감』, 『조선왕조실록』, 성균관, 향교, 『조선왕조의궤』, 『혼일강리역대국도지도』, 경복궁, 창덕궁, 창경궁
근대 태동기~현대	근대 태동기의 우리 역사	근대 태동기의 정치	광해군, 정묘호란, 병자호란, 훈련도감, 속오군, 환국, 완론 탕평, 준론 탕평, 영조, 정조, 초계문신제, 세도 정치, 간도와 독도
		근대 태동기의 경제	영정법, 대동법, 균역법, 결작, 이앙법, 광작, 화폐의 전국적 유통, 신해통공, 선대제 수공업, 만상, 송상, 경강상인, 내상, 전황
		근대 태동기의 사회	양자제의 보편화, 친영 제도, 신분제의 동요, 향전, 신유박해, 황사영의 백서 사건, 동학
		근대 태동기의 문화	호락 논쟁, 『동사강목』(안정복), 『발해고』(유득공), 『동사』(이종휘), 정약용, 이익, 유형원, 중농주의 실학, 유수원, 박지원, 박제가, 홍대용, 중상주의 실학, 서민 문화, 풍속화, 법주사 팔상전, 화엄사 각황전, 금산사 미륵전, 수원 화성
	근대사(개항기)	흥선 대원군의 개혁 정치와 문호의 개방	흥선 대원군의 개혁 정치, 병인양요, 신미양요, 강화도 조약, 조미 수호 통상 조약
		근대 국가 수립 운동	임오군란, 제물포 조약, 조청 상민 수륙 무역 장정, 갑신정변, 톈진 조약, 거문도 사건, 동학 농민 운동, 갑오개혁, 「홍범 14조」, 을미사변, 을미개혁, 독립 협회, 대한 제국, 광무개혁, 지계
		일제의 침략과 국권 수호 운동	러일 전쟁, 한일 의정서, 제1차 한일 협약, 을사늑약, 한일 신협약, 을미의병, 을사의병, 정미의병, 서울 진공 작전, 안중근, 보안회, 대한 자강회, 신민회
		개항 이후의 경제·사회·문화	방곡령, 상권 수호 운동, 농광 회사, 국채 보상 운동, 대한 천일 은행, 화폐 정리 사업, 근대 시설, 원산 학사, 육영 공원, 「교육 입국 조서」, 『독사신론』, 주시경과 지석영, 《한성순보》, 《제국신문》, 《황성신문》, 《대한매일신보》, 《만세보》, 「유교구신론」
	일제 강점기	일제의 식민 통치와 항일 민족 운동	일제의 식민 정책(조선 태형령, 치안 유지법, 국가 총동원법), 독립 의군부, 대한 광복회, 1910년대 국외 항일 운동, 3·1 운동, 대한민국 임시 정부, 의열단과 한인 애국단, 봉오동 전투, 청산리 대첩, 간도 참변, 자유시 참변, 3부 통합, 한국 독립군, 조선 혁명군, 조선 의용대, 한국광복군, 민족 혁명당
		일제 강점기 경제의 변화	토지 조사 사업, 회사령, 산미 증식 계획, 농촌 진흥 운동, 징용·징병·공출·배급, 물산 장려 운동
		일제 강점기 사회 운동	정우회, 신간회, 근우회, 암태도 소작 쟁의, 원산 총파업, 형평 운동
		민족 문화 수호 운동	제1차 조선 교육령, 조선어 연구회, 조선어 학회, 박은식, 신채호, 정인보, 문일평, 안재홍, 사회 경제 사학, 백남운, 실증주의 사학, 진단 학회, 민립대학 설립 운동, 신경향파 문학, 나운규의 「아리랑」, 일제 강점기 의·식·주의 변화
	현대 사회의 발전	대한민국 정부 수립과 6·25 전쟁	카이로 회담, 조선 건국 준비 위원회, 모스크바 3국 외상 회의, 신탁 통치, 미소 공동 위원회, 정읍 발언(이승만), 좌우 합작 위원회, 좌우 합작 7원칙, 남북 협상, 5·10 총선거, 대한민국 정부 수립, 반민법, 반민 특위, 6·25 전쟁
		민주주의의 시련과 발전	발췌 개헌, 사사오입 개헌, 제3대 대통령·제4대 부통령 선거(1956), 진보당 사건, 4·19 혁명, 장면 내각, 5·16 군사 정변, 6·3 시위(1964), 「브라운 각서」, 유신 헌법, 통일 주체 국민 회의, 긴급 조치, 10·26 사태, 5·18 민주화 운동, 4·13 호헌 조치, 6월 민주 항쟁(1987), 6·29 선언과 대통령 직선제, 노태우 정부, 김영삼 정부, 김대중 정부, 노무현 정부, 이명박 정부, 박근혜 정부, 문재인 정부
		북한의 역사와 통일을 위한 노력	북한 정권 수립 과정, 7·4 남북 공동 성명, 남북한 이산가족 고향 방문, 남북한 동시 유엔 가입(1991), 남북 기본 합의서, 한반도 비핵화 선언, 6·15 남북 공동 선언, 10·4 남북 공동 선언, 4·27 판문점 선언
		현대의 경제·사회·문화 발전	농지 개혁법, 원조 경제와 삼백 산업, 경제 개발 계획, 박정희 정부의 공업화 정책, 3저 호황, 금융 실명제, OECD 가입, IMF 구제 금융 사태, 금 모으기 운동

STRUCTURE

이 책의 구성

영역별 구성

선사~근세 / 근대 태동기~현대

이론 학습

1. [선사~근세]편은 역사 이론, 선사 시대, 초기 국가(고조선, 부여, 고구려, 옥저, 동예, 삼한), 고대 국가(삼국~남북국), 중세 국가(고려 시대), 근세(조선 전기)의 정치·경제·사회·문화를 다루고 있다.
2. [근대 태동기~현대]편은 근대 태동기(조선 후기), 근대사(개항기), 일제 강점기, 현대사 내용을 충실한 기출 문제 분석을 바탕으로 하여 수록하였다.
3. 특히 근대사(개항기)~현대사에서는 '사건의 선후 관계를 나열'하는 문제가 자주 출제되기 때문에 각 파트를 본격적으로 학습하기 전에 중요 사건을 정리한 연표(연표로 보는 핵심정리)를 수록하여 시대적 흐름을 직관적으로 빠르게 파악할 수 있도록 하였다.

바로 확인문제 및 풍부한 자료 수록

중요한 이론 밑에는 '바로 확인문제'를 수록하여 문제 적응력을 높일 수 있게 하였고, 풍부한 '사료', '심화' 자료와 사진 및 지도를 수록하여 공부하는 데 도움이 되도록 배치하였다.

부록

1. [선사~근세]편 부록에는 한국의 유네스코 지정 유산, 역대 왕계표를 수록하여 역사 지식의 외연을 넓힐 수 있도록 하였다.
2. [근대 태동기~현대]편 부록에는 꼭 알아야 할, 근현대 인물 20인을 수록하여 근현대사에서 자주 언급되는 인물을 정리하였다. 이를 통해 학습과 관련된 내용뿐 아니라 해당 인물의 생애, 업적 등을 스토리 형식으로 쉽게 파악할 수 있을 것이다.

스탠드형 우리 역사 흐름표

[스탠드형 우리 역사 흐름표]는 공무원 시험을 처음 준비하는 초시생들이 한국사의 흐름을 정확하고 빠르게 파악하는 데 유용한 자료이다. 파트별로 꼭 알아두어야 하는 중요 사건만을 흐름대로 제시하였기 때문에, 각 시대별 키워드를 파악하는 데도 효과적이다.
책상에 세워 두고 습관적으로 사건의 흐름을 파악할 수 있도록 하자.

탄탄한 기출분석 & 기출분석 기반의 개념

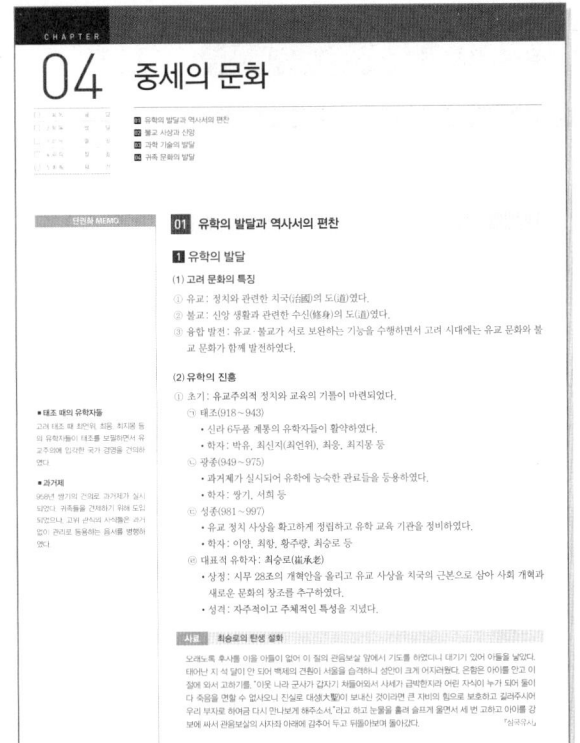

탄탄한 기출분석

최근 5개년 9급 기출을 분석하여 영역별 출제 문항 수와 출제개념을 분석하였다. 본격적인 개념학습 전에 영역별 출제비중과 개념을 먼저 파악하면 학습의 나침반으로 활용할 수 있을 것이다.

▶ 최근 5개년 출제 문항 수: 최근 5개년 동안 국가직, 지방직/서울시 9급 시험에서 영역별로 몇 문항이 출제되었는지 분석하였다.

▶ 최근 5개년 출제 개념: 최근 5개년 동안 국가직, 지방직/서울시 9급 시험에서 영역별로 어떤 개념이 출제되었는지 분석하였다.

기출분석 기반의 개념

학습효과를 높일 수 있도록 개념을 체계적으로 배열하였고, 베이직한 내용은 본문에, 더 알아두어야 할 내용은 【단권화 MEMO】에 수록하였다. 또한 기출문제를 기반으로 하여 뽑아낸 관련 [사료]와 [심화]를 함께 수록하였으니 이론과 함께 확인하면 더 깊은 이해가 가능할 것이다.

▶ Daily 회독체크표: 챕터마다 회독체크와 공부한 날을 기입할 수 있다.
▶ [사료], [심화]: 기출을 기반으로 한 이론 관련 사료나 심화 내용을 담았다.

STRUCTURE

이 책의 구성

바로 확인문제

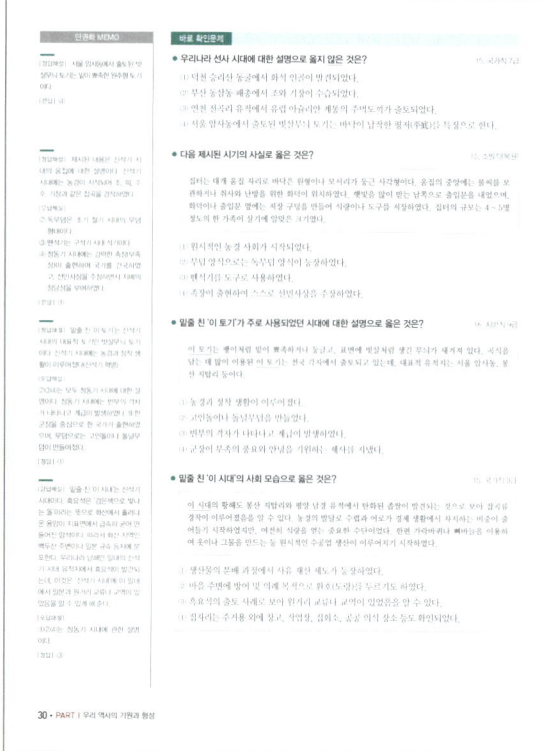

바로 확인문제

개념학습 후 2회독 효과!

이론과 관련된 문제를 바로 풀어볼 수 있도록 배치하여, 앞서 학습한 개념을 확실히 익힐 수 있도록 하였다.

부가학습자료

회독플래너 &
풍부한 학습자료
PDF &
2025년 최신기출
무료특강

회독플래너

회독 실패율 ZERO!

실패율 없이 회독을 할 수 있도록 5회독플래너를 제공한다. 앞면에는 회독의 방향성을 잡을 수 있도록 가이드라인을 제시하였고, 뒷면에는 직접 공부한 날짜를 매일 기록하여 누적된 회독 횟수를 확인할 수 있도록 하였다.

▶ [앞] 회독플래너
▶ [뒤] 직접 체크하는 회독플래너

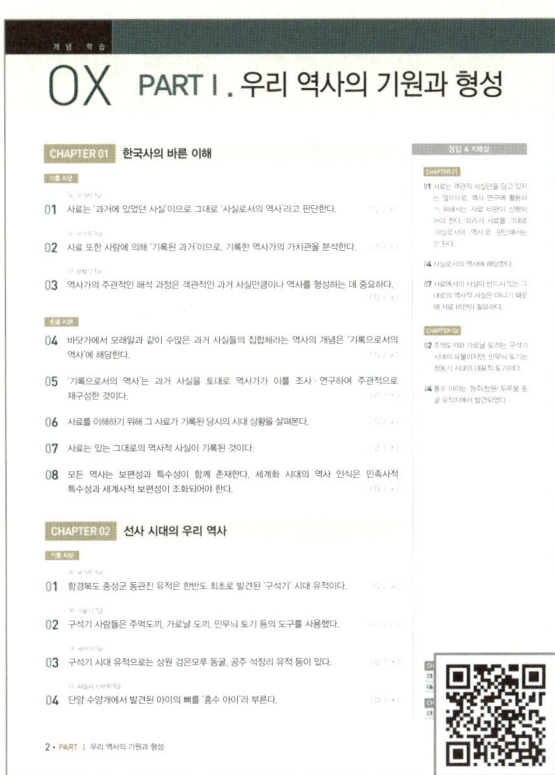

풍부한 학습자료 PDF
빈틈없는 완벽 마무리!

개념 학습 OX 문제, 주제별 학습자료, 핵심 테마 50선 핸드북을 PDF로 제공하여 실전 감각을 높이고 역사 지식의 외연을 넓힐 수 있도록 구성하였다.

※ 다운로드 방법: 에듀윌 도서몰(book.eduwill.net) 접속 → 도서자료실 → 부가 학습자료에서 다운로드 또는 좌측 QR코드를 통해 바로 접속

2025년 최신기출 무료특강
최신기출 전격 해부!

2025년 최신기출 해설특강으로 출제경향을 꼼꼼히 살피고 약점을 파악할 수 있도록 구성하였다.

※ 지방직/서울시 9급 시험 해설특강은 해당 시험일로부터 30일 이내에 업로드될 예정입니다.

※ 접속 방법: 에듀윌 도서몰(book.eduwill.net) 접속 → 동영상강의실에서 수강 또는 좌측 QR코드를 통해 바로 접속

CONTENTS

이 책의 차례

> **부가학습자료** 회독플래너, 풍부한 학습자료 PDF, 2025년 최신기출 무료특강
> - 기출분석의 모든 것
> - 이 책의 구성

PART V 근대 태동기의 우리 역사

CHAPTER 01	근대 태동기의 정치	14
CHAPTER 02	근대 태동기의 경제	47
CHAPTER 03	근대 태동기의 사회	68
CHAPTER 04	근대 태동기의 문화	90

PART VI 근대사(개항기)

	연표로 보는 핵심정리	128
CHAPTER 01	흥선 대원군의 개혁 정치와 문호의 개방	130
CHAPTER 02	근대 국가 수립 운동	140
CHAPTER 03	일제의 침략과 국권 수호 운동	173
CHAPTER 04	개항 이후의 경제·사회·문화	187

PART VII 일제 강점기	연표로 보는 핵심정리	218
	CHAPTER 01　일제의 식민 통치와 항일 민족 운동	222
	CHAPTER 02　일제 강점기 경제의 변화	257
	CHAPTER 03　일제 강점기 사회 운동	267
	CHAPTER 04　민족 문화 수호 운동	282

PART VIII 현대 사회의 발전	연표로 보는 핵심정리	304
	CHAPTER 01　대한민국 정부 수립과 6·25 전쟁	308
	CHAPTER 02　민주주의의 시련과 발전	326
	CHAPTER 03　북한의 역사와 통일을 위한 노력	344
	CHAPTER 04　현대의 경제·사회·문화 발전	356

부록	꼭 알아야 할, 근현대 인물 20인	382

PART V

근대 태동기의 우리 역사

5개년 챕터별 출제비중 & 출제개념

CHAPTER 01 근대 태동기의 정치	50%	광해군, 정묘호란, 병자호란, 훈련도감, 속오군, 환국, 완론 탕평, 준론 탕평, 영조, 정조, 초계문신제, 세도 정치, 간도와 독도
CHAPTER 02 근대 태동기의 경제	18%	영정법, 대동법, 균역법, 결작, 이앙법, 광작, 화폐의 전국적 유통, 신해통공, 선대제 수공업, 만상, 송상, 경강상인, 내상, 전황
CHAPTER 03 근대 태동기의 사회	5%	양자제의 보편화, 친영 제도, 신분제의 동요, 향전, 신유박해, 황사영의 백서 사건, 동학
CHAPTER 04 근대 태동기의 문화	27%	호락 논쟁, 『동사강목』(안정복), 『발해고』(유득공), 『동사』(이종휘), 정약용, 이익, 유형원, 중농주의 실학, 유수원, 박지원, 박제가, 홍대용, 중상주의 실학, 서민 문화, 풍속화, 법주사 팔상전, 화엄사 각황전, 금산사 미륵전, 수원 화성

한눈에 보는 흐름 연표

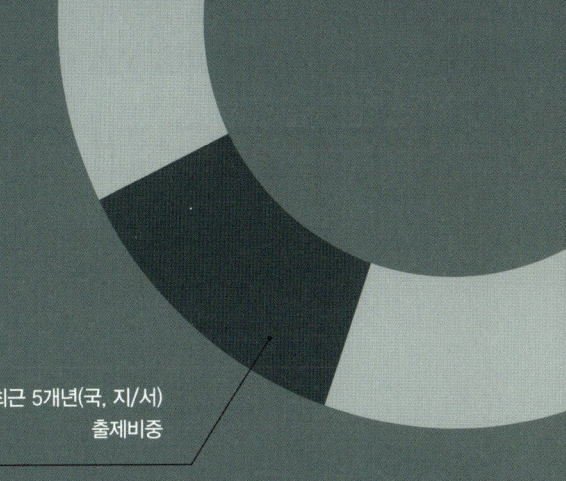

※ 최근 5개년(국, 지/서) 출제비중

12%

학습목표

CHAPTER 01 근대 태동기의 정치	❶ 정묘호란, 병자호란의 전개 과정을 파악한다. ❷ 광해군, 인조, 효종, 현종, 숙종 때의 역사적 사실을 구분한다. ❸ 영조와 정조의 왕권 강화 정책과 탕평 정책을 비교하여 구분한다.
CHAPTER 02 근대 태동기의 경제	❶ 조선 후기 수취 제도의 변화(영정법, 대동법, 균역법)는 조선 전기와 비교해서 기억한다. ❷ 농업, 수공업, 상업, 광업 등에서의 근대 지향적 요소를 파악한다.
CHAPTER 03 근대 태동기의 사회	❶ 조선 후기에 양반 중심의 신분제가 변화했음을 이해한다. ❷ 동학, 천주교 등이 민중에게 수용되었고, 세도 정치 시기에는 민란이 자주 발생했음을 이해한다.
CHAPTER 04 근대 태동기의 문화	❶ 호락 논쟁, 탈성리학적 경향, 양명학 등 조선 후기 사상계의 변화를 파악한다. ❷ 중농주의 실학자와 중상주의 실학자들의 주요 개혁론을 기억한다. ❸ 조선 후기 역사서(『동사강목』, 『발해고』, 『해동역사』 등)의 특징을 파악한다.

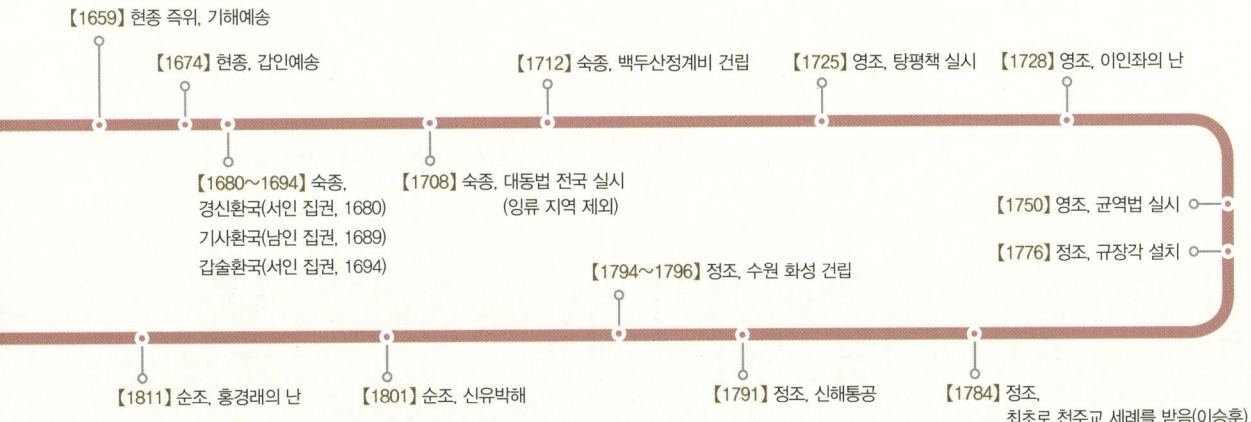

# CHAPTER 01 근대 태동기의 정치

- 01 근대의 세계
- 02 통치 체제(정치, 군사)의 변화
- 03 붕당 정치의 전개
- 04 정쟁의 격화와 탕평 정치
- 05 정치 질서의 변화
- 06 대외 관계의 변화

단권화 MEMO

■ **서양의 근대 사회**
- 17세기 전반 폴란드의 신학자 보에티우스(1588~1676)는 교회사를 연구하면서 3시대 구분법을 사용하였다. 그는 기원후 500~600년경까지를 '고대', 1517년까지를 '중간기', 그 이후를 새로운 세대, 즉 '근대'로 구분하였다.
- 17세기 말 독일의 역사학자 켈라리우스(1638~1707)는 유럽의 역사를 고대·중세·근대로 3분하는 법을 일반화하였다. 그는 4세기 초 콘스탄티누스 대제까지를 고대사, 1453년까지를 중세사, 그 이후를 근대사로 설정하였다. 이러한 시기 구분법은 보에티우스의 교회사 구분법을 세속의 역사까지 확대하여 적용한 것이라고 할 수 있다.
- 3시대 구분법을 정착시키고 서양사만이 아니라 세계사의 시대 구분으로 일반화시키는 데 기여하였던 것은 마르크스의 사회 발전 단계설이었다. 마르크스가 고대를 노예제 사회, 중세를 봉건제 사회, 근대를 자본제 사회로 규정함으로써 3시대 구분법이 유럽사의 시대 구분에서 보편적인 역사 발전의 법칙으로 보강되었던 것이다.

01 근대의 세계

1 서양의 근대

16세기 이후 유럽에서는 근대적인 발전이 이루어졌다. 즉, 절대왕정과 시민혁명, 산업혁명을 거치면서 근대 유럽 세계가 확립되었다.

(1) 절대왕정(絕對王政)

① 중앙 집권 체제: 지방 분권적인 봉건 체제가 무너지면서 국왕 중심의 중앙 집권 체제를 추구하는 절대왕정 국가가 성립하였다.
② 중상주의 정책: 절대왕정은 관료제와 상비군을 정비하였고, 이를 위하여 중상주의 정책을 추진하고 식민지 획득에 힘썼다.

(2) 시민사회(市民社會)

절대왕정에 뒤이은 시민혁명과 산업혁명은 근대 사회의 형성에 크게 기여하였다.

① 시민혁명
  ㉠ 17세기 영국의 청교도 혁명과 명예혁명에서 시작하여 미국의 독립혁명, 프랑스혁명으로 이어졌다.
  ㉡ 이 운동은 경제적으로 성장한 근대 시민 계급이 중심이 되어 절대왕정을 무너뜨리고 국가 권력을 봉건 세력으로부터 시민에게 넘긴 일련의 정치 변혁으로서, 자유주의 및 민주주의를 발전시키려는 것이었다.
② 산업혁명: 산업혁명은 18세기에 자본, 노동력, 자원, 해외 시장을 갖춘 영국에서 시작하여 19세기에는 유럽 전역으로 확대되어 자본주의 사회를 확립하였다.

(3) 근대 문화의 형성

① 계속적인 발명과 기술의 혁신으로 생산력이 비약적으로 증대되었고, 지속적인 경제 성장이 가능해졌다.
② 개인주의와 합리주의를 바탕으로 세속적인 인간 중심의 문화가 다양하게 발전하였다.

2 동양의 근대

(1) 서세동점(西勢東漸)

① 열강의 아시아 침략
- ㉠ 배경: 서양의 근대화는 상대적으로 동양 사회에 위협을 주었다. 산업혁명이 확산되면서 자본주의가 발달하게 되자 국력을 증강한 서양의 열강들은 후진 지역으로의 진출을 꾀하였다.
- ㉡ 경과: 이에 비하여 그동안 번영을 자랑하였던 청을 비롯한 아시아의 전통 왕조들은 내부적인 취약성으로 점차 쇠약해져서 새로운 상황에 능동적으로 대처하지 못하였다.
- ㉢ 목적: 서양 열강의 아시아 침략은 전에 볼 수 없었던 위협으로서, 아시아 대부분의 지역을 식민지 또는 반식민지로 만들어 원료의 공급지와 상품 시장을 확보하려는 것이었다.

② 동양 제국의 대응
- ㉠ 자강 개화 운동: 열강의 도전에 직면하여 아시아 여러 나라는 각기 나라를 지키기 위한 민족 운동과 함께 개혁을 통하여 자강을 달성하려는 개화 운동을 추진하였다.
- ㉡ 식민지로의 전락: 아시아 여러 나라는 각기 나라를 지키기 위한 민족 운동을 줄기차게 전개하였음에도 불구하고, 강력한 무력을 앞세운 서양 열강에 복속되어 대부분 식민지로 전락하였다.

(2) 동양 근대화의 제문제

아시아 여러 나라는 식민지로 전락하면서도 근대적 제도의 도입과 산업화를 추진하였다. 그러나 그것은 진정한 근대화의 과정이라기보다는 식민지 체제로의 편입 과정이었기 때문에 동양의 근대화는 여러 면에서 문제점을 지니고 있었다.

■ 동양의 근대 사회
동양보다 먼저 근대화에 성공한 서양 사회는 아직 전근대 사회 단계에 머물러 있던 동양으로 세력을 확대하였다. 흔히 '서세동점(西勢東漸)'이라고 불리는 이 시기에 동양 사회는 서양 세력의 노골적인 침략에 시달리게 되었으며 이 과정에서 급격한 정치적·경제적·사상적인 변화를 겪었다. 근대의 초입에서 동양 사회의 가장 시급한 과제는 어떻게 서양 열강의 침략으로부터 벗어나 근대 민족 국가를 형성할 것인가 하는 것이었다.

■ 일본의 성공
일본은 서양 열강과 적응하여 적극적인 근대화 정책을 추진한 결과 제국주의 열강 대열에 끼게 되었다.

---

02 통치 체제(정치, 군사)의 변화

1 정치 구조의 변화

붕당 정치가 전개되면서 정치 구조 면에서도 비변사의 기능이 강화되고, 언론 삼사의 기능이 바뀌는 등 여러 변화가 나타났다.

(1) 비변사의 기능 강화

① 설치: 중종 5년(1510) 삼포 왜란(三浦倭亂) 이후, 지변사재상(국방 업무에 정통한 재상 및 국경 지방의 요직을 지낸 사람들)이 국방 문제를 논의하던 임시 기구로 설치되었다. 이후 명종 10년(1555) 을묘왜변이 일어난 후에는 상설 기구로 발전하였다. 비변사는 비국(備局)·묘당(廟堂)·주사(籌司)라고도 하였다.

② 기능 강화: 임진왜란을 맞아 국가적인 위기를 타개하기 위한 대책을 수립하기 위하여 고위 관원들이 합의하는 기구의 필요성이 증대되자 비변사의 구성원이 확대되고 기능이 강화되었다.
- ㉠ 구성원의 확대: 임진왜란 이후 전·현직 정승을 비롯하여 이·호·예·병·형조의 판서와 참판(공조를 제외한 5조의 판서와 참판, 공조판서·공조참판은 구성원에서 제외), 각 군영 대장, 대제학, 강화 유수 등 국가의 중요 관원들로 구성원이 확대되었다.

■ 『비변사등록』

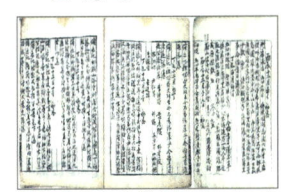

비변사에서 논의·결정한 사항을 기록한 책이다. 광해군 9년(1617)부터 고종 29년(1892)까지의 등록이 남아 있다.

■ 비변사의 변화
- 임시 관청으로 설치: 삼포 왜란(중종 5년, 1510)을 계기로 설치
- 상설 관청으로 승격: 을묘왜변(명종 10년, 1555) 이후 승격
- 기능의 확대·강화: 임진왜란 때
- 폐지: 흥선 대원군의 개혁 정책

ⓒ 기능의 강화: 군사 문제뿐만 아니라 외교·재정·사회·인사 문제 등 거의 모든 정무를 총괄하였다. 전란이 끝난 뒤에도 폐허의 복구와 사회·경제적 변동에 효율적으로 대처하고, 붕당 간의 이해관계를 조정하기 위하여 비변사의 구성과 기능은 그대로 유지되었다.

③ 영향: 비변사의 기능이 강화되자 왕권이 약화되고 의정부와 6조 중심의 행정 체계도 유명무실해졌다. 특히 19세기에 이르러서는 비변사가 세도 정치의 중심 기구로서의 역할을 담당하였다.

④ 폐지: 흥선 대원군의 개혁 정책으로 비변사가 폐지되어(1865), 일반 정무는 다시 의정부가 담당하고 국방 문제는 삼군부가 담당하게 되었다.

> **사료** 비변사의 기능 강화
>
> 여진과의 전쟁 때문에 임시로 비변사를 설치하였는데 재신(宰臣)으로서 이 일을 맡은 사람을 지변재상(知邊宰相)이라고 불렀습니다. 그러나 이것은 일시적인 전쟁 때문에 설치한 것으로서 국가의 중요한 모든 일을 맡긴 것은 아니었습니다. 그런데 오늘에 와서는 큰일이건 작은 일이건 중요한 것으로 취급되지 않는 것이 없는데, 의정부는 한갓 헛이름만 지니고 6조는 모두 그 직임을 상실하였습니다. 명칭은 '변방의 방비를 담당하는 것'이라고 하면서 과거에 대한 판하(判下)나 비빈(妃嬪)을 간택하는 일까지도 모두 여기를 경유하여 나옵니다.
>
> 『효종실록』

(2) 삼사의 언론 기능 변질

① 삼사의 변질: 삼사의 언론 기능도 변질되어 삼사가 각 붕당의 이해관계를 대변하기도 하였다. 삼사는 공론을 반영하기보다는 상대 세력에 대한 비판을 통하여 자기 세력의 유지와 상대 세력의 견제에 앞장서고 있었다.

② 자천권(自薦權): 이조 및 병조의 전랑(銓郎)들도 중하급 관원들에 대한 인사권과 자기 후임자를 스스로 추천할 수 있는 권한을 행사하면서 자기 세력을 확대하고 상대 세력을 몰아내는 데 앞장섰다.

③ 혁파: 삼사의 언론 기능과 전랑의 권한은 붕당 간의 대립을 격화시키는 장치로 인식되어 영조와 정조의 탕평 정치를 거치면서 혁파되었다. 한편 삼사가 제도적으로 폐지된 것은 제1차 갑오개혁 시기이다.

> **바로 확인문제**
>
> ● 다음 밑줄 친 '이 기구'에 대한 설명으로 가장 적절하지 않은 것은? 14. 경찰직 1차
>
> 김익희가 상소하여 말하기를, "요즘 이 기구가 큰일이건 작은 일이건 모두 취급합니다. 의정부는 한갓 겉 이름만 지니고 육조는 할 일을 모두 빼앗기고 말았습니다. 이름은 '변방을 담당하는 것'이라고 하면서 과거에 대한 판정이나 비빈 간택까지도 모두 여기서 합니다."라고 하였다.
>
> ① 명종 때에 을묘왜변을 계기로 처음 만들어진 임시 회의 기구이다.
> ② 세도 정치 시기에도 핵심적인 정치 기구로 자리 잡았다.
> ③ 의정부의 의정과 공조 판서를 제외한 판서 등 주요 관직자가 참여하는 합좌 기관이다.
> ④ 고종 때에 흥선 대원군에 의해 사실상 폐지되었다.

|정답해설| 밑줄 친 '이 기구'는 '비변사'로, 중종 때 삼포 왜란을 계기로 처음 만들어졌으며, 1555년 명종 때 을묘왜변을 계기로 상설 기구화되었다.

|정답| ①

2 군사 제도의 변화

(1) 중앙 군사 제도의 개편

① 개편 방향
  ㉠ 5위를 중심으로 운영되던 조선 초기의 중앙군은 16세기 이후 군역의 대립이 일반화되면서 제 기능을 수행하지 못하였다.
  ㉡ 임진왜란 초기에 어이없는 패전을 경험한 조정에서는 새로운 군대의 필요성을 절감하고, 왜군을 물리치는 데 효과적인 편제와 군사 훈련 방식을 모색하였다.

② 5군영의 설치
  ㉠ 훈련도감(1593)
    • 설치 : 임진왜란 중 유성룡의 건의로 용병제를 토대로 한 훈련도감을 설치하였다.
    • 편제 : 훈련도감의 군병은 삼수병(포수·사수·살수)으로 편성되었는데, 이들은 장기간 근무를 하고 일정한 급료를 받는 상비군으로서, 의무병이 아닌 **직업 군인의 성격**을 갖는 군인이었다.
    • 훈련도감의 군인들은 부족한 급료를 보충하기 위해 면포와 수공업 제품의 판매를 통하여 난전에 가담하기도 하였다.
  ㉡ 어영청(1623) : 인조반정 이후 국내의 혼란한 정국을 대비하고, 후금을 방비하기 위해 창설되었다. 이후 효종 때 북벌 운동의 중심 기구로 성장하였다.
  ㉢ 총융청(1624) : 이괄의 난을 진압한 직후에 설치되었고, 북한산성 및 경기 일대(수원, 광주, 양주, 장단, 남양)의 수비를 담당하였다.
  ㉣ 수어청(1626) : 남한산성의 수비를 위해 설치한 군영으로서, 광주 유수(廣州留守)가 지휘를 담당하였다.
  ㉤ 금위영(1682) : 병조 판서 김석주의 건의에 따라 병조 소속의 정초군(精抄軍)과 훈련도감 소속의 훈련별대를 합쳐 조직하였다.

○ 5군영

군명	설치 시기	주요 임무	편제
훈련도감	선조(1593)	수도 방어	삼수병(포수·사수·살수)
어영청	인조(1623)	수도 방어	번상병
총융청	인조(1624)	북한산성 및 경기 일대	경기도 속오군
수어청	인조(1626)	남한산성	경기도 속오군
금위영	숙종(1682)	수도 방어	번상병(기병·보병)

③ 5군영의 성격
  ㉠ 임기응변적 설치
    • 5군영은 대외 관계 및 국내 정세의 변화에 따라 임기응변적으로 설치되었다.
    • 후금과의 항쟁 과정에서 국방력 강화를 명분으로 어영청·총융청·수어청 등이 설치되었고, 숙종 때 금위영이 추가로 설치되어 17세기 말에는 5군영 체제가 갖추어졌다.
  ㉡ 서인 정권의 군사적 기반
    • 붕당 정치기에 군영은 서인 정권의 군사적 기반이 되기도 하였다.
    • 인조반정과 뒤이은 이괄의 난을 경험한 뒤 정국의 주도권을 장악한 서인은 또 다른 군사적 도전을 막고 정권을 유지하기 위하여 자신들이 장악하는 군대의 필요성을 절감하였고, 이에 새로운 군영을 설치하고 그 운영을 장악하였다.

단권화 MEMO

■ **척계광의 『기효신서』**
『기효신서(紀效新書)』는 명의 장군 척계광(戚繼光)이 저술한 병서(1560)로, 훈련도감과 속오군의 창설 및 운영에 지침서가 되었다.

■ **장번급료병제**
장기간 근무를 하고 일정한 급료를 받는 직업 군인 제도이다.

■ **남인들의 군사적 기반**
남인들은 **훈련별대**(현종 10년, 1669)를 통해 군사적 기반을 강화하여 서인들과 경쟁하였다.

| 단권화 MEMO |

사료 훈련도감의 설치

국왕의 행차가 서울로 돌아왔으나, 도성 안은 타다 남은 건물 잔해와 시체로 가득하였다. 굶주림에 시달린 사람들은 인육을 먹기도 하고, 외방에는 곳곳에서 도적들이 일어났다. 이때 상(上)께서 도감(都監)을 설치하여 군사를 훈련하라고 명하시며 나를 도제조로 삼으셨다. 나는 청하기를 "당속미(唐粟米) 1천 석을 군량으로 하되, 한 사람당 하루에 2되씩 준다고 하여 군인을 모집하면 응하는 이가 사방에서 모여들 것입니다." 하였다. …… 얼마 안 되어 수천 명을 얻어 조총 쏘는 법과 창칼 쓰는 기술을 가르치고 초관(哨官)과 파총(把摠)을 세워 그들을 거느리게 하였다. 또 당번을 정하여 궁중을 숙직하게 하고, 국왕 행차가 있을 때 이들로써 호위하게 하니 민심이 점차 안정되었다.

유성룡, 「서애집」

바로 확인문제

● 조선 후기 설치된 5군영에 대한 설명으로 가장 적절한 것은? 18. 경찰직 3차

① 1652년 남한산성에 금위영을 두고 광주 및 그 부근의 제진을 경비케 하였다.
② 1682년 서울에 총포병과 기병을 위주로 한 정예부대인 수어청을 두었다.
③ 1624년 서울과 경기의 경비를 강화하기 위해서 총융청을 설치하고 경기 내의 군인을 여기에 소속시켜 경기 지역의 제진을 통솔케 하였다.
④ 1626년 도성 수비를 목적으로 기병과 훈련도감군의 일부를 주축으로 어영청을 설치함으로써 임란 중에 만들어진 훈련도감을 포함해서 5군영의 체제가 완성되었다.

| 정답해설 | 1624년 경기 내의 군인을 배속시켜 총융청을 설치하고 서울 및 경기의 경비를 강화하였다.

| 오답해설 |
① 금위영은 숙종 때(숙종 8년, 1682) 설치된 군영이다. 남한산성 방어는 수어청이 담당하였다.
② 1682년 병조 판서 김석주의 건의로 총포병과 기병 위주로 금위영을 설치하였다.
④ 기병과 훈련도감군의 일부를 주축으로 금위영을 설치하여 5군영 체제가 완성되었다.

| 정답 | ③

(2) 지방 군사 제도의 개편

① 제승방략(制勝方略) 체제
   ㉠ 조선 초기에 실시되던 진관 체제는 많은 외적의 침입을 방어하는 데에는 효과가 없어 16세기 후반에 제승방략 체제를 수립하였다.
   ㉡ 제승방략 체제란 유사시에 필요한 방어처에 각 지역의 병력을 동원하여 중앙에서 파견되는 장수가 지휘하는 방어 체제를 말한다.
   ㉢ 제승방략 체제가 임진왜란 중에도 큰 효과를 거두지 못하자 다시 진관(鎭管)을 복구하고 속오법에 따라 군대를 편제하는 속오군 체제로 정비하였다.

② 속오군(束伍軍)
   ㉠ 편제: 위로는 양반에서부터 아래로는 노비에 이르기까지 모두 속오군으로 편제되었다.
   ㉡ 동원: 속오군은 농한기에만 훈련을 받았는데, 평상시에는 생업에 종사하면서 향촌 사회를 지키다가 적이 침입해 오면 전투에 동원되었다.

■ 양반들의 회피
양반들이 노비와 함께 속오군에 편제되는 것을 회피함에 따라 속오군에는 상민과 노비들만 남게 되었다.

③ (전임)영장 제도: 1627년(인조 5년) 「영장절목(營將節目)」의 반포와 함께 무신 당상관을 전임(專任)영장으로 파견하여 속오군(束伍軍)의 조련(操鍊)을 담당하게 하였다. 그러나 1637년(인조 15년) 전임영장제가 혁파된 뒤 후, 수령이 영장을 겸임하는 겸영장(兼營將) 제도가 운영되었다. 1654년(효종 5년) 전임영장제가 다시 시행되었으나 효종 사후에 삼남 지방은 전임영장제로, 그 외의 지역은 겸영장제로 운영되었다.

바로 확인문제

● 지방 군사 제도의 변천 과정을 시대순으로 바르게 나열한 것은? 18. 지방직 7급

> ㄱ. 국방 요지인 영·진에 소속되어 복무하는 영진군이 있었다.
> ㄴ. 양반부터 천인에 이르는 신분으로 구성된 속오군이 편성되었다.
> ㄷ. 10정은 각 주마다 1정씩 배치되었는데, 한주(漢州)에는 2정이 설치되었다.
> ㄹ. 5도의 일반 군현에 주둔하는 주현군과 양계 지역의 주진군으로 구성되었다.

① ㄱ - ㄴ - ㄷ - ㄹ
② ㄱ - ㄷ - ㄹ - ㄴ
③ ㄷ - ㄱ - ㄹ - ㄴ
④ ㄷ - ㄹ - ㄱ - ㄴ

단권화 MEMO

|정답해설| ㄱ. 조선 초기, ㄴ. 조선 후기, ㄷ. 통일 신라 시대, ㄹ. 고려 시대의 지방군에 대한 설명으로, 시대순으로 바르게 나열한 것은 ㄷ - ㄹ - ㄱ - ㄴ이다.

|정답| ④

03 붕당 정치의 전개*

1 동인의 분열

(1) 동인의 우세

동인과 서인이 나뉜 후 처음에는 동인이 우세한 가운데 정국이 운영되었다.

(2) 남·북인의 분당

① 원인: 동인은 정여립 모반 사건(기축옥사, 1589), 건저의 사건(1591) 등을 계기로 온건파인 남인과 급진파인 북인으로 나뉘었다.
② 정국의 주도: 처음에는 남인이 정국을 주도하였으나, 임진왜란이 끝난 뒤 북인이 집권하여 광해군 때까지 정국을 주도하였다.

사료	정여립 모반 사건(1589)

기축년(1589) 10월 2일 황해 감사 한준의 비밀 장계가 들어왔다. 이날 밤 삼정승, 육승지, 의금부 당상관들을 급히 들어오게 하고, …… 임금이 비밀 장계를 내려서 보이니, 그것은 안악 군수 이축, 재령 군수 박충간, 신천 군수 한응인 등이 역적 사건을 고변(告變)한 것이었다. 그 내용은 수찬을 지낸 전주에 사는 정여립이 모반하여 괴수가 되었는데, 그 일당인 안악에 사는 조구가 밀고한 것이었다.
『연려실기술』

심화	대북과 소북

북인은 왕위 계승권 문제로 선조 32년(1599) 대북(大北)과 소북(小北)으로 분열되었다.
선조는 세자였던 광해군을 폐위하고 적자인 영창 대군을 세자로 책봉하려고 하였다. 이 당시 이산해(李山海)·이이첨(李爾瞻)·정인홍(鄭仁弘)·홍여순(洪汝諄)·기자헌(奇自獻)·허균(許筠) 등 대북은 광해군을 지지하였고, 김신국·남이공 등 소북은 영창 대군을 지지하였다. 그러나 선조의 갑작스러운 죽음과 광해군의 즉위로 소북은 실각하였다.

*붕당 정치의 전개

붕당 정치의 전개 과정은 빈출 주제이며, 특히 예송 논쟁은 1차와 2차로 구분하여 기억해야 한다.

■ 정여립 모반 사건(1589)

동인인 정여립이 역모를 준비하다 발각되어 아들과 함께 자살한 사건으로, 서인인 정철에 의하여 많은 동인들이 처벌받았다. 당시 정여립은 대동계라는 비밀 결사를 조직하여 새 왕조를 세우려는 역성혁명을 꿈꾸었다.

■ 건저의 사건(1591)

서인인 정철이 건저(왕세자 책봉 논쟁) 문제로 선조의 미움을 사 관직을 삭탈당하였다. 정철은 정여립 모반 사건 당시 동인을 대거 탄압하였는데, 정철에 대한 처벌을 둘러싸고 동인은 온건한 입장의 남인과 강경한 입장의 북인으로 나뉘었다.

> 단권화 MEMO

2 광해군의 정책과 인조반정

(1) 광해군의 대내 정책

선조의 뒤를 이어 즉위한 광해군은 대내적으로 전후의 복구를 위한 정책을 실시하였다.

① 양전 사업과 호적 정리를 통하여 피폐된 산업을 일으키고 국가 수입을 늘렸다.
② 성곽과 무기를 수리하는 등 국방 대책에 힘을 기울였다.
③ 『동의보감』을 편찬하였고, 소실된 실록을 재인쇄하였으며, 지방의 사고(史庫)를 정비하였다.
④ 임진왜란 때 소실된 창덕궁을 재건하는 등 과도한 토목 공사로 백성의 부담이 가중되었다.
⑤ 대동법 최초 실시(1608): 1608년 선혜청을 설치하고, 경기도에서 대동법을 실시하였다.

(2) 대륙의 정세 변화

① 후금의 건국(1616): 임진왜란을 겪는 동안에 조선과 명의 힘이 약화된 틈을 타서 압록강 북쪽에 살던 건주위 여진의 추장 누르하치가 부족을 통일하고 후금을 건국하였다.
② 후금의 세력 확장: 계속하여 서쪽으로 세력을 확장하던 후금은 명에 대하여 전쟁을 포고하였다. 이에 명은 후금을 공격하는 한편 조선에 원군을 요청하였다.

(3) 광해군의 대외 정책: 중립 외교

명과 후금 사이에서 신중한 중립 외교 정책으로 대처하였다.

① 성격: 임진왜란 때 명의 도움을 받은 조선은 명의 후금 공격 요구를 거절할 수 없었고, 새롭게 성장하는 후금과 적대 관계를 맺을 수도 없었다.
② 파견: 광해군은 강홍립을 도원수로 삼아 1만 3,000여 명의 군대를 이끌고 명을 지원하게 하되 적극적으로 나서지 말고 상황에 따라 대처하도록 명령하였다.
③ 결과: 조명 연합군은 후금군에게 패하였고 강홍립 등은 후금에 항복하였다.
④ 향후: 명의 원군 요청은 계속되었지만 광해군은 이를 적절히 거절하면서 후금과 친선을 꾀하는 중립적인 정책을 취하였다. 이러한 중립 외교 정책은 서인들의 반발을 사 인조반정(1623)이 일어나는 빌미를 제공하였다.

(4) 인조반정

① 광해군의 중립 외교 정책과 폐모살제(廢母殺弟 - 인목대비를 폐위하고, 영창대군을 살해함)는 인조반정의 명분이 되었다.
② 이귀, 김자점 등 서인은 능양군을 왕으로 옹립하여 반정을 일으켰다(1623, 인조반정).

> **사료** 광해군의 중립 외교 정책
>
> 지금 우리가 계책으로 삼는 것은 군신 상하가 모든 일에 힘써 정벌할 준비에 온 생각을 쏟아서 군사를 기르고, 장수를 뽑으며, 인재를 거두어 쓰고, 백성의 걱정을 펴 주어 인심을 기쁘게 하며, 크게 둔전을 개간하고, 병기를 조련하며, 성지를 잘 수리하여 모든 것을 정리한 뒤에야 정세에 대처할 수 있을 것이로다. 그렇게 하지 않고 혹 태만히 하면 큰 화가 곧바로 이를 것이니, 어찌 두렵지도 않은가?
> 『광해군일기』

■ 지원군의 동태
광해군은 강홍립·김경서를 보내 유정 휘하에서 후금군과 싸우도록 하였다. 그러나 부차 전투에서 패한 후, 후금에 항복하여 조선의 입장을 설명하였다.

> **사료** 인조반정의 명분
>
> 왕대비가 교서를 내려 중외에 선유하였는데 내용은 다음과 같다. "…… 우리나라가 중국 조정을 섬겨 온 것이 200여 년이라. 의리로는 곧 군신이며 은혜로는 부자와 같다. 그리고 임진년에 재조(再造)해 준 그 은혜는 만세토록 잊을 수 없는 것이다. 선왕께서 40년 동안 재위하시면서 지성으로 섬기어 평생에 서쪽을 등지고 앉지도 않았다. 광해는 배은망덕하여 천명을 두려워하지 않고 속으로 다른 뜻을 품고 오랑캐에게 성의를 베풀었으며, 기미년(1619, 광해군 11년) 오랑캐를 정벌할 때는 은밀히 장수를 시켜 동태를 보아 행동하게 하여 끝내 전군이 오랑캐에게 투항함으로써 추한 소문이 사해에 펼쳐지게 하였다.
> 『인조실록』

3 호란의 발발과 전개

▲ 정묘호란과 병자호란

(1) 정묘호란(인조 5년, 1627)

① 원인

㉠ 인조의 친명 배금(親明排金) 정책: 서인은 광해군의 중립 외교 정책을 비판하고, 친명 배금 정책을 추진하여 후금을 자극하였다.

㉡ 모문룡 사건: 명의 장군 모문룡이 후금에 빼앗긴 요동(遼東)을 탈환하고자 군대를 거느리고 평안도 철산군 가도(椵島)에 주둔하여 후금을 긴장시켰다.

㉢ 이괄의 난(1624)
- 인조반정 때 공을 세운 이괄이 논공행상에 불만을 품고 인조 2년(1624)에 일으킨 반란이다.
- 반란이 실패하여 주모자 한명련이 처형되자 그의 아들인 한윤 등이 후금으로 도망하여 인조 즉위의 부당성과 조선 정벌을 요청하였다.

■ 이괄의 난(1624)

이괄은 인조반정 때 공이 컸음에도 불구하고 2등 공신으로 책봉되었을 뿐만 아니라 평안 병사 겸 부원수로 임명되어 외지에 부임하게 되었다. 이에 앙심을 품고 사전에 치밀히 계획해 반란을 일으켰다. 이때 인조는 서울을 떠나 공주로 피난하였고, 이괄은 도성을 점령한 후, 선조의 아들 흥안군 이제(李瑅)를 왕으로 추대하였다. 그러나 도원수 장만에게 대패하였고, 이괄과 한명련 등은 부하 장수들에게 죽임을 당하였다. 한편 반란이 실패하자 한명련의 아들인 한윤(韓潤) 등이 후금으로 도망하여 국내의 불안한 정세를 알리며 후금의 남침을 종용하였다. 이러한 움직임은 1627년 정묘호란의 원인이 되었다.

| 사료 | 이괄의 난 |

인조가 밤에 국청(鞫廳)의 신하들을 불러 만났다. 좌찬성 이귀(1557~1633)가 "이괄이 몰래 다른 뜻을 품고 강한 군사를 장악하고 있으니, 일찍 꾀하지 않으면 훗날 반드시 제압하기 어려울 것입니다. 하물며 모든 역적들의 공초로 흉악한 모의가 드러났으니, 의금부에 잡아다 정상을 국문하지 않을 수 없습니다."라고 아뢰었다. 인조가 "이괄은 충성스럽고 의로운 사람인데 어찌 반역의 마음을 가졌겠는가. 이는 필시 흉악한 무리가 그의 위세를 빌리고자 한 말이다. 경은 어찌하여 그가 반드시 반역할 것이라는 상황을 자세히 알고 있는가?"라고 물었다. 이귀가 아뢰기를, "이괄의 반역 모의는 신이 잘 모르지만 그 아들 이전(李栴)이 반역을 꾀한 정상은 신이 잘 알고 있습니다. 어찌 아들이 아는데 아버지가 모를 리가 있겠습니까."라고 하였다. 인조가 이르기를, "사람들이 경이 반역한다고 고한다면 내가 믿겠는가. 이괄의 일이 어찌 이와 다르겠는가." 하니, 이귀가 아뢰기를, "고변한 사람이 있다면 어찌 신이라 해서 온전히 놓아두고 묻지 않을 수 있겠습니까? 잡아 가두고 국문하여 그 진위를 살핀 뒤에 처치해야 할 것입니다." 하였으나, 인조는 답하지 않았다. 『인조실록』

② 경과
　㉠ 후금의 침략: 후금은 광해군 폐위를 문제 삼아 조선을 침략하였다. 이들은 평안도 의주, 안주를 연이어 점령하고, 평양을 거쳐 황해도 평산까지 점령하였다. 이에 소현 세자는 전주로 남하하고, 인조는 강화도로 피란하였다.
　㉡ 의병의 항쟁: 철산 용골산성의 정봉수와 의주의 이립 등은 의병을 일으키고 관군과 합세하여 적에 대항하였다.

③ 결과
　㉠ 후금의 군대는 보급로가 끊어지자 강화를 제의하였다.
　㉡ 본래 후금의 일차적인 목표는 중국 대륙의 장악에 있었고, 조선도 적극적으로 항전할 힘이 없었기 때문에 쉽게 화의가 이루어질 수 있었다.
　㉢ 정묘약조 체결: 형제의 맹약, 군대 철수, 명과의 외교 계속 허용, 조공의 약속, 국경 호시(國境互市)의 약속 등을 내용으로 강화 조약을 체결하였다.

| 사료 | 정묘약조 |

대금국(大金國) 한(汗)은 조선 국왕(朝鮮國王) 제(弟)에게 글을 전한다. 『인조실록』

(2) 병자호란(인조 14년, 1636)

① 원인
　㉠ 후금은 세력을 더욱 확장하여 국호를 '청'이라 고치고, 심양을 수도로 하였다.
　㉡ 군신 관계를 맺자는 청의 요구에 조선에서는 '외교적 교섭을 통하여 문제를 해결하자'는 주화론과 '청의 요구에 굴복하지 말고 전쟁까지도 불사하자'는 주전론이 대립하였다.

② 경과
　㉠ 대세가 주전론으로 기울자 청은 다시 대군을 이끌고 침입해 왔다.
　㉡ 청군은 당시 임경업이 지키고 있던 백마산성(평안북도 의주 지역)을 우회하여 한양으로 빠르게 남하하였다.
　㉢ 인조는 남한산성으로 피난하여 청군에 대항하였으나, 결국 청에 항복하였다. 이후 인조는 삼전도에서 삼배구고두례(三拜九叩頭禮)라는 치욕적인 항복 의례를 실시하였다(삼전도의 굴욕).

▲ 남한산성 북문(경기도 광주)
남한산성은 병자호란 중 인조가 피신하였던 곳이고, 이후 도성 방위의 임무를 맡았다.

■ 주화론과 주전론

구분	주화론(主和論)	주전론(主戰論)
대표자	최명길	김상헌, 윤집, 오달제, 홍익한
주장	양명학자, 현실론, 내치의 강화	성리학의 명분론 강조

■ 쌍령 전투
남한산성에 고립되어 있던 인조를 구원하기 위해 경상 좌병사 허완(許完)과 우병사 민영(閔栐)은 약 4만여 명의 군사들을 모집하여 출발하였다. 그러나 쌍령(경기도 광주)에서 청의 기병에게 대패하면서 인조는 청에 항복할 수밖에 없었다.

③ 결과
  ㉠ 조선은 청과 군신 관계를 맺고, 명과의 외교를 단절하였다.
  ㉡ 두 왕자(소현 세자, 봉림 대군)와 강경한 척화론자들(삼학사: 윤집, 홍익한, 오달제)이 청에 인질로 잡혀갔으며, 삼학사는 청에서 순절하였다.

> **단권화 MEMO**
>
> ■ 김상용의 순절
> 1636년 병자호란 때 묘사(廟社)의 신주를 받들고 빈궁(소현 세자의 비 강씨)·원손(소현 세자의 장자 경선군)을 수행해 강화도에 피난했다가, 이듬해 성이 함락되자 성의 남문루(南門樓)에 있던 화약에 불을 지르고 순절하였다.

사료 청에 대한 주화론과 주전론

❶ 최명길의 주화론

화친을 맺어 국가를 보존하는 것보다 차라리 의를 지켜 망하는 것이 옳다고 하였으나 이것은 신하가 절개를 지키는 데 쓰이는 말입니다. …… 자기의 힘을 헤아리지 아니하고 경망하게 큰소리를 쳐서 오랑캐들의 노여움을 도발, 마침내는 백성이 도탄에 빠지고 종묘와 사직에 제사 지내지 못하게 된다면 그 허물이 이보다 클 수 있겠습니까. …… 늘 생각해 보아도 우리의 국력은 현재 바닥나 있고 오랑캐의 병력은 강성합니다. 정묘년(1627)의 맹약을 아직 지켜서 몇 년이라도 화를 늦추시고, 그동안을 이용하여 인정을 베풀어서 민심을 수습하고 성을 쌓으며, 군량을 저축하여 방어를 더욱 튼튼하게 하되 군사를 집합시켜 일사불란하게 하여 적의 허점을 노리는 것이 우리로서는 최상의 계책일 것입니다. 『지천집』

❷ 윤집의 주전론(척화론)

화로 백성과 나라를 망치기가 …… 오늘날과 같이 심한 적이 없습니다. 중국(명)은 우리나라에 있어서 곧 부모요, 오랑캐(청)는 우리나라에 있어서 곧 부모의 원수입니다. 신하된 자로서 부모의 원수와 형제가 되어서 부모를 저버리겠습니까. 하물며 임진왜란의 일은 터럭만 한 것도 황제의 힘이어서 우리나라가 살아 숨 쉬는 한 은혜를 잊기 어렵습니다. …… 차라리 나라가 없어질지라도 의리는 저버릴 수 없습니다. …… 또한 어찌 이런 시기에 다시 화의를 주장할 수 있겠습니까. 『인조실록』

사료 병자호란의 발발

홍서봉 등이 한(汗)의 글을 받아 되돌아왔는데, 그 글에, "대청국의 황제는 조선의 관리와 백성들에게 알린다. 짐이 이번에 정벌하러 온 것은 원래 죽이기를 좋아하고, 얻기를 탐해서가 아니다. 본래는 늘 서로 화친하려고 했는데, 그대 나라의 군신이 먼저 불화의 단서를 야기시켰다."라고 하였다. 『인조실록』

(3) 호란의 영향

청군의 침입은 왜군의 침입에 비하여 기간이 짧았고 지역적으로도 일부에 한정되었기 때문에 피해가 적은 편이었다.

① 서북 지방의 황폐화: 청군이 거쳐 간 서북 지방은 약탈과 살육에 의하여 황폐해졌고, 무엇보다 정신적인 충격이 매우 컸다.
② 굴욕적인 항복의 충격: 그동안 조선에 조공을 바쳐 왔고, 조선에서도 오랑캐로 여겨 왔던 여진족이 세운 나라와 거꾸로 군신 관계를 맺게 되고, 임금이 굴욕적인 항복을 하였다는 사실은 조선인들에게 커다란 충격이었다.

사료 삼전도의 굴욕

임금이 걸어서 진(陣) 앞에 이르고, 용골대 등이 임금을 진문(陣門) 동쪽에 머물게 하였다. 용골대가 들어가 보고하고 나와 한의 말을 전하기를, "지난날의 일을 말하려 하면 길다. 이제 용단을 내려 왔으니 매우 다행스럽고 기쁘다." 하자 임금이 대답하기를, "천은(天恩)이 망극합니다." 하였다. 용골대 등이 인도하여 들어가 단(壇) 아래에 북쪽을 향해 자리를 마련하고 임금에게 자리로 나가기를 청하였는데, 청나라 사람을 시켜 여창(臚唱)하게 하였다. 임금이 세 번 절하고 아홉 번 머리를 조아리는 예를 행하였다. 『인조실록』

③ 소현 세자와 심양관
  ㉠ 소현 세자는 병자호란 이후 당시 청의 수도인 심양에서 9년 동안 인질 생활을 하였다.
  ㉡ 심양관: 소현 세자와 봉림 대군이 머물던 관소로서, 조선과 청의 외교를 조율하던 외교 공관이었다. 당시 소현 세자는 심양관의 운영비 마련을 위해 조선과 청의 무역을 주관하거나 담배나 소금을 팔기도 하였다.
  ㉢ 소현 세자는 현실적으로 청의 존재를 인정하면서 청의 왕족 및 장군들과 친교를 맺고 양국 관계를 정상화하는 데 노력하였다.
  ㉣ 한편 1644년 9월에 북경(北京)에 들어가 70여 일을 머물면서 독일인 신부 아담 샬(Schall, J. A.)과 친교를 쌓았고, 천문·수학·천주교 서적과 여지구(輿地球)·천주상(天主像)을 전래하는 등 서양 문물을 적극적으로 수용하려 하였다.

4 북벌 운동과 예송 논쟁

(1) 북벌론(北伐論)

① 의미: 문화의 수준이 높은 조선이 문화의 수준이 낮은 오랑캐에게 당한 수치를 씻고, 임진왜란 때 조선을 도와준 명에 대한 의리를 지켜 명을 대신하여 복수하자는 주장이었다.
② 형식적 외교
  ㉠ 병자호란이 끝나고 청과 군신 관계를 맺은 조선은 겉으로는 청에 사대하는 형식의 외교를 추진하였다.
  ㉡ 내심으로는 은밀하게 국방에 힘을 기울이면서 청에 대한 북벌을 준비하였다.
③ 전개
  ㉠ 초기: 효종은 청에 반대하는 입장을 강하게 내세웠던 송시열, 송준길, 이완 등을 중용하여 군대를 양성하고 성곽을 수리하는 등 북벌을 준비하였다.
  ㉡ 후기: 숙종 때에도 청의 정세 변화를 이용하여 윤휴를 중심으로 북벌의 움직임이 제기되기도 하였으나(1674, 1675), 현실적으로 북벌을 실천에 옮기지는 못하였다.
④ 서인 정권 유지의 명분: 북벌론은 패전의 책임을 져야 할 처지였던 서인들이 정권을 계속 유지하기 위한 수단으로 이용하기도 하였다.
⑤ 북학 운동으로의 전환: 18세기 후반에 이르러서는 청의 문물을 적극 수용해야 한다는 북학 운동이 대두되었다.

단권화 MEMO

■ 인조의 견제
인조는 서인 중 일부 소장파들의 강경한 척화 주전론이 청의 침략을 불러일으켰다고 생각하여 일부 남인을 등용하였다. 이에 서인들은 북벌론을 주장하면서 반대 세력들의 진출을 견제하려 하였다.

■ 효종의 북벌 계획
어영청을 본영으로 삼고 이완을 등용하여 군사를 조련하였다. 하멜에게는 신식 무기를 제작하게 하여 포병 부대인 별파진을 구성하였다.

■ 송시열의 기축봉사
「기축봉사」는 효종 즉위 초 시무(時務) 및 유학의 정치적 이상을 13개 조항에 걸쳐 개진한 것으로서, 특히 마지막 조항인 "정치를 잘하여 오랑캐를 물리치라[修政事以攘夷狄]."에 강조점을 두고 있다.

■ 폐사군의 일부 복설
숙종 때는 삼남 지방에 대한 양전 사업이 완료되었고, 남구만의 주장으로 (세종 때 설치하였다가 폐지한) 폐사군의 일부를 복설하였다.

> **사료** 송시열의 기축봉사
>
> 우리나라는 신종 황제의 은혜를 힘입어 임진년의 변란에 종사가 이미 폐허가 되었다가 다시 존재하게 되었고, 백성이 거의 다 없어질 뻔하다가 다시 소생되지 않았습니까? 우리나라의 풀 한 포기, 나무 한 그루, 백성의 머리털 하나까지도 황제의 은혜를 입은 것입니다. 그렇다면 오늘날 크게 원통해 하는 것이 온 천하에 그 누가 우리와 같겠습니까? 더구나 광해군(光海君)이 인륜의 도리가 없어서 강홍립, 김경서로 하여금 전 군사를 오랑캐에 투항하여 천하 사람들이 우리더러 다 같이 오랑캐가 된다고 말하게 하였는데, 우리 대행 대왕(大行大王)께서 정의를 걸고 반정(反正)을 하여 더러운 오점을 통쾌하게 씻어서 해와 별처럼 밝은 세상을 만들어 놓았습니다. 그러니 한 나라의 백성은 길이 천하 후세에 할 말이 있을 것입니다. 게다가 대행 대왕께서 지성으로 명나라를 섬겨 늘 은혜를 입어 언제나 틈이 없었습니다. 그런데 정묘년(1627, 인조 5년) 이후로 갑자기 북로(北虜)에게 위협을 당하여 울분을 참고 충절을 나타내지 못하였습니다. 정축년(1637, 인조 15년) 이후의 일은 절대 신하로서는 차마 말할 바가 아닙니다. 무엇보다도 오랑캐에게 원병을 보내는 일을 앞에서 보아야만 했고 정역(鄭逆)이 항례(抗禮)할 때도 끝내 처단하지 못하였으니, 신하가 한 번 죽는 것이 이처럼 어렵단 말입니까?
>
> 「송자대전」

(2) 나선 정벌(羅禪征伐)

① 1차(효종 5년, 1654): 헤이룽강 유역에 침입한 러시아를 청의 요청으로 파견된 변급(邊岌)이 격퇴하였다.
② 2차(효종 9년, 1658): 신류(申瀏)가 조총군을 이끌고 러시아군을 격퇴하였다.
③ 의의: 효종의 요절로 북벌은 실패하였으나 그 가능성을 시사한 사건이 나선 정벌이다.

사료 │ 나선 정벌

❶ 청차(淸差) 이일선(李一善)이 칙서를 가지고 왔는데, 영의정 정태화(鄭太和) 등이 상에게 성문 밖에서 맞이할 것을 권하니, 승지 서원리(徐元履)도 그 말에 적극 찬동하였다. 상이 서교(西郊)에 나아가 맞이하고 희정당(熙政堂)에서 접견하였다. 이일선이 말하기를, "대국이 군병을 동원하여 나선(羅禪)을 토벌하려는데 군량이 매우 부족합니다. 본국에서도 군병을 도와주어야 하니 본국에서 다섯 달 치 군량을 보내 주시오." 하니 상이 이르기를, "적의 형세는 어떠하오?" 하자 이일선이 말하기를, "적병은 1,000여 명에 지나지 않는다고 하나, 저희들이 이처럼 달려오게 된 것은 북로(北路)에 비축한 것이 없음을 염려한 나머지, 내지(內地)의 곡물을 수송하여 군량을 대 주려고 하기 때문입니다." 하니 상이 이르기를, "먼 지역에 군량을 운송하자면 형상상 매우 어렵기는 하겠으나, 어찌 요구에 응하지 않을 수 있겠소."라고 하였다.
『효종실록』

❷ 만리 출정에서 성공하는 것은 세상에 드문 일이거늘
나그네 마음은 어찌하여 다시 긴 한숨인가.
이번 원정은 심하(深河)의 전쟁과 달라
김공(金公 = 김응하)이 죽어 돌아오지 못함이 오히려 부럽도다.
신류 장군이 전쟁 후에 지은 시

바로 확인문제

● 밑줄 친 '왕'의 재위 기간 중에 있었던 사실로 옳은 것은?   17. 국가직 7급 추가

> 최명길이 마침내 국서를 가지고 비변사에서 다시 수정하였다. 예조 판서 김상헌이 밖에서 들어와 그 글을 보고는 통곡하면서 찢어 버리고, 왕께 아뢰기를 "명분이 일단 정해진 뒤에는 적이 반드시 우리에게 군신의 의리를 요구할 것이니 성을 나가는 일을 면하지 못할 것입니다. …… 깊이 생각하소서."라고 하였다.

① 수도 외곽의 방어를 위하여 총융청을 설치하였다.
② 훈련도감을 신설하고 포수, 사수, 살수 등 삼수병을 두었다.
③ 북벌 계획에 따라 어영청을 정비하여 화포병과 기병을 늘렸다.
④ 도성을 수비하기 위해 기병과 훈련도감군의 일부를 주축으로 금위영을 설치하였다.

|정답해설| 제시된 자료는 병자호란 당시 주화론자 최명길과 척화론자 김상헌의 의견 대립을 보여 주고 있다. 따라서 당시의 왕은 '인조'이다. 인조 때 수도 외곽 방어를 위해 총융청을 설치하였다.
|오답해설|
② 임진왜란 중인 선조 때 훈련도감을 신설하고 포수, 사수, 살수 등 삼수병을 두었다.
③ 효종 때 북벌 계획에 따라 어영청을 정비하여 화포병과 기병 수를 늘렸다.
④ 숙종 때 금위영이 설치되어 5군영 제도가 완성되었다.

|정답| ①

| 단권화 MEMO |

|정답해설| (가) 서인 송시열의 북벌론, (나) 실학자 박제가의 북학론과 관련한 사료이다. 전통적인 화이론에 입각한 주장은 북벌론에 해당한다.

|오답해설|
①② 북벌론은 전통적 화이관(중화와 오랑캐를 구분하는 이론)을 바탕으로 북벌 운동을 추진하였다. 송시열의 유지에 따라 만동묘를 세워 명 황제를 제사 지내기도 하였다.
④ 북학파는 청이 중국을 지배하고 있다는 현실을 인정하고 그들의 선진 문화를 받아들여 조선을 개혁하고자 하였다.

|정답| ③

|정답해설| 제시된 사료는 청의 조선 공격을 암시하고 있다. 청은 1636년 병자호란을 일으켜 인조의 항복을 받아냈다. 태종은 인조의 항복을 받고, 자기의 공덕을 자랑하기 위해 삼전도비(三田渡碑)를 세웠다.

|오답해설|
② 이괄의 난은 인조반정 직후인 1624년에 발생하였다.
③ 정묘호란(1627) 때 인조는 강화도로 피신하였다. 한편 병자호란 때 인조는 남한산성으로 피난하였다.
④ 정묘호란 때 정봉수는 용골산성에서 항전하였다.

|정답| ①

● (가), (나)의 현실 인식을 가진 세력에 대한 설명으로 옳지 않은 것은?   21. 경찰직 1차

(가) 오늘날에 시세를 헤아리지 않고 경솔히 오랑캐와 관계를 끊다가 원수는 갚지 못하고 패배에 먼저 이르게 된다면, 또한 선왕께서 수치를 참고 몸을 굽혀 종사를 연장한 본의가 아닙니다. 삼가 원하건대 전하께서는 마음을 굳게 정하시기를 '이 오랑캐는 임금과 아버지의 큰 원수이니, 맹세코 차마 한 하늘 밑에 살 수 없다.'고 하시어 원한을 축적하십시오.

(나) 우리를 저들과 비교해 본다면 진실로 한 치의 나은 점도 없다. 그럼에도 단지 머리를 깎지 않고 상투를 튼 것만 가지고 스스로 천하에 제일이라고 하면서 지금은 옛날의 중국이 아니라고 말한다. 그 산천은 비린내 노린내 천지라고 나무라고, 그 인민은 개나 양이라고 욕을 하고, 그 언어는 오랑캐말이라고 모함하면서 중국 고유의 훌륭한 법과 아름다운 제도마저 배척해 버리고 만다.

① (가) – 명 황제의 제사를 지내기도 하였다.
② (가) – 북벌에 필요한 군사력을 강화하고자 하였다.
③ (나) – 화이론에 따라 국제 문제를 해결하고자 하였다.
④ (나) – 청의 중국 지배 현실을 인정해야 한다고 주장하였다.

● 다음 사건 이후에 있었던 사실로 옳은 것은?   24. 국가직 9급

홍서봉 등이 한(汗)의 글을 받아 되돌아왔는데, 그 글에, "대청국의 황제는 조선의 관리와 백성들에게 알린다. 짐이 이번에 정벌하러 온 것은 원래 죽이기를 좋아하고 얻기를 탐해서가 아니다. 본래는 늘 서로 화친하려고 했는데, 그대 나라의 군신이 먼저 불화의 단서를 야기시켰다."라고 하였다.

① 삼전도비가 세워졌다.
② 이괄이 난을 일으켰다.
③ 인조가 강화도로 피난하였다.
④ 정봉수가 용골산성에서 항전하였다.

(3) 붕당 정치의 진전

① 연합 정치
 ㉠ 인조반정 이후 붕당 정치는 더욱 진전되어 반정을 주도한 서인은 남인 일부와 연합하여 정국을 운영해 나갔다.
 ㉡ 서인과 남인은 모두 학파적 결속을 확고히 한 정파들이었기 때문에 이들은 기본적으로 서로의 학문적 입장을 인정하는 토대 위에서 상호 비판적인 공존 체제를 이루어 나갔다.

② 여론의 주재
 ㉠ 정치적 여론은 주로 서원을 중심으로 모아져서 자기 학파의 관리들을 통하여 중앙 정치에 반영되었다.
 ㉡ 각 학파에서 학식과 덕망을 겸비한 인물이 산림(山林)이란 이름으로 재야에서 그 여론을 주재하였다.
 ㉢ 산림은 시골에 은거해 있던 학덕이 높은 학자 가운데 국가의 부름을 받아 특별 대우를 받던 사람으로 붕당 정치기의 사상적 지주였다. 최초의 산림은 광해군 때 정인홍이었다.

③ 서인의 우세: 이후 현종 때까지는 서인이 우세한 가운데 남인과 연합하여 공존하는 구도가 유지된 채 붕당 정치가 전개되었다.

(4) 예송 논쟁과 붕당 간의 공존

① 예송 논쟁(禮訟論爭): 예송(禮訟)은 차남으로 왕위에 오른 효종의 정통성과 관련하여 1659년 효종의 사망 시(기해예송)와 1674년 효종 비의 사망 시(갑인예송) 두 차례 일어나 서인과 남인 사이의 대립이 격화되었다. 이때 인조의 계비인 자의 대비(조 대비)의 복제(服制)가 쟁점이 되었다. 서인은 효종이 적장자(嫡長子)가 아니므로 왕에게 사대부와 동일한 예가 적용되어야 한다는 입장에서 각각 1년설과 9개월설을 주장하였고, 남인은 왕에게는 사대부와 다른 예가 적용되어야 한다는 입장에서 각각 3년설과 1년설을 주장하여 대립하였다.

　㉠ 1차(기해예송, 1659): 당시 정치적 실권을 장악하고 있던 서인의 주장이 받아들여졌다 (서인의 1년설).

　㉡ 2차(갑인예송, 1674): 꾸준히 세력을 키워 온 남인의 주장이 받아들여져 서인은 약화되고 남인 중심의 정국이 운영되었다(남인의 1년설).

② 남인의 우세: 갑인예송의 결과 남인의 우세 속에서 서인과 공존하는 정국은 정계에서 밀려났던 서인이 경신환국(1680)으로 남인을 역모로 몰아 숙청하고 집권할 때까지 유지되었다.

> **사료** 예송 논쟁
>
> 장령 허목이 상소하였다. "신이 좌참찬 송준길이 올린 차자를 보았는데, 상복(喪服) 절차에 대하여 논한 것이 신이 논한 것과는 크게 거리가 있었습니다. 모두 예경에 의거하여 쟁론을 하면서 이렇게 해야 예라고들 하고 있지만, 이 예는 대례(大禮)입니다. 이 예에서 의견 일치를 보지 못하면 앞으로 예의 기준을 어떻게 정하겠습니까?
> 신이 말한 것은 '적통은 장자로 세운다[立嫡以長]' 하는 그 뜻입니다. 그리고 장자를 위하여 3년을 입는 까닭은 위로 정체(正體)이기 때문이고, 또 전중(傳重: 조상의 제사나 가문의 법통을 전함)이 되기 때문입니다. …… 무엇보다 중요한 것은 할아버지와 아버지의 뒤를 이은 '정체' 그것이지, 꼭 첫째이기 때문에 참최를 입는 것은 아닙니다.
> 『현종실록』

바로 확인문제

● 조선 후기 예송에 대한 설명으로 옳지 <u>않은</u> 것은?　　　　　　　　14. 지방직 9급

① 갑인예송에서 남인은 조 대비가 9개월 복의 상복을 입어야 한다고 주장하였다.
② 기해예송은 서인의 주장대로 조 대비가 효종을 위해 1년 복을 입는 것으로 결정되었다.
③ 기해예송은 효종이 사망하자 조 대비가 상복을 3년 복으로 입을 것인가, 1년 복으로 입을 것인가를 둘러싸고 일어났다.
④ 갑인예송은 효종 비가 사망하자 조 대비가 상복을 1년 복으로 입을 것인가, 9개월 복으로 입을 것인가를 둘러싸고 일어났다.

단권화 MEMO

■ 남인 윤선도의 「오우가」
내 버디 몇치나 호니 水石(수석)과 松竹(송죽)이라. / 東山(동산)의 돌 오르니 긔 더옥 반갑고야. / 두어라 이 다숫 밧긔 또 더호야 머엇호리.

| 정답해설 | 갑인예송(2차 예송)에서 서인은 9개월설을 주장하였고, 남인은 1년설을 주장하였다.

| 정답 | ①

04 정쟁의 격화와 탕평 정치

1 붕당 정치의 변질

(1) 일당 전제화의 추세

숙종 때에 이르러 붕당 사이의 견제와 균형을 유지하던 붕당 정치 형태가 무너지고, 정국을 주도하는 붕당과 견제하는 붕당이 서로 교체됨으로써 정국이 급격하게 전환하는 환국(換局)이 나타났다. 이로써 특정 붕당이 정권을 독점하는 일당 전제화(一黨專制化)의 추세가 대두되었다.

(2) 노론과 소론의 대립

① 분열: 서인은 정책의 수립과 상대 붕당의 탄압 과정에서 노장 세력과 신진 세력 간에 갈등이 깊어지면서 노론(老論)과 소론(少論)으로 나뉘었다.
② 성격: '노론'은 송시열을 중심으로 결집하여 대의명분을 존중하고, 민생 안정을 강조하는 경향을 보였다. 반면에 '소론'은 윤증을 중심으로 결집하여 실리를 중시하고, 적극적인 북방 개척을 주장하는 경향을 보였다.
③ 대립: 노론과 소론은 남인과 정국의 주도권을 놓고 대립하였고, 남인이 정계에서 완전히 밀려난 뒤에는 노론과 소론 사이의 대립으로 정국의 반전이 거듭되었다.

(3) 환국(換局)의 전개*

① 경신환국
  ㉠ 내용: 숙종 6년(1680) 남인의 영수였던 허적이 '유악 사건(허적이 왕실의 천막을 허가 없이 사용한 사건)'으로 국왕의 불신을 받고 있었고, 허견(허적의 서자)이 역모 사건에 연루되어 발생한 사건이다. 이 과정에서 남인이 축출되고 서인이 집권하였다.
  ㉡ 결과
    • 서인이 노·소론으로 분열되었다. 남인의 처벌에 대한 온건론자가 소론(윤증), 강경론자가 노론(송시열)이다.
    • 붕당 정치의 원리가 무너지고, 상대 세력의 존재를 인정하지 않는 일당 전제화의 추세가 나타나기 시작하였다.
② 기사환국: 숙종 15년(1689) 후궁 장씨의 아들을 원자(元子)로 정하는 문제를 계기로 서인이 축출되고 남인이 권력을 장악하였다. 이때 송시열은 정읍에서 사사(賜死)되었으며, 인현 왕후는 폐위되었다.
③ 갑술환국: 숙종 20년(1694) 폐비 민씨(廢妃閔氏, 인현 왕후) 복위 운동을 반대하던 남인들이 숙종의 미움을 받아 권력을 상실하고, 노론과 소론이 재집권하게 된 사건이다.
④ 무고의 옥: 숙종 27년(1701) 희빈 장씨가 인현 왕후를 무고(巫蠱, 무술로써 남을 저주하는 일)한 사실이 발각되어 일어난 사건이다. 그 결과 희빈 장씨가 죽임을 당하고, 세자(후에 경종)를 지지하던 소론 세력이 약화되었다.

단권화 MEMO

■ 일당 전제화의 사회·경제적 배경
• 상품 화폐 경제의 발달: 17세기 후반 이후 상품 화폐 경제가 발달함에 따라 정치 집단 사이에서 상업적 이익에 대한 관심이 높아져 이를 독점하려는 경향이 커졌다.
• 정치적 쟁점도 예전과 같은 사상적인 문제에서 군사력과 경제력 확보에 필수적인 군영을 장악하는 것으로 옮겨 갔다.
• 붕당 기반의 붕괴: 향촌 사회에서는 지주제와 신분제의 동요에 따라 사족 중심의 향촌 지배가 어렵게 되어 붕당 정치의 기반도 무너지게 되었다.

*환국의 전개
경신환국, 기사환국, 갑술환국의 내용과 결과를 기억해야 한다.

■ 허견의 역모 사건
허견이 인조의 손자인 복창군(福昌君)·복선군(福善君)·복평군(福平君)과 결탁하고 대흥산성(大興山城)의 둔군(屯軍)을 동원해 역모를 꾀하였다는 고변이 들어왔다. 허견은 국문을 받은 후 군기시(軍器寺) 앞길에서 처형되었으며 그 밖에 복선군·복창군 및 허적 등 남인의 중심 인물들이 사사(賜死)·유배되었다. 이 사건으로 남인이 실각하고 서인 정권이 들어섰다.

⑤ 노론과 소론의 분쟁: 갑술환국 이후에는 노론과 소론이 대립하였는데, 대표적 사건이 병신처분과 정유독대이다.
   ㉠ 병신처분(숙종 42년, 1716): 송시열과 윤증 사이에 벌어진 '회니시비'에 대해 숙종이 윤증의 잘못으로 판정한 정치적 처분이다.
   ㉡ 정유독대(숙종 43년, 1717): 세자의 허약함을 이유로 숙종이 노론의 영수 이이명에게 숙빈 최씨의 아들인 연잉군(훗날 영조)을 후사로 정할 것을 부탁한 사건으로, 이는 소론의 반발과 숙종의 와병으로 실패하였다.
⑥ 소론의 집권: 경종이 즉위한 후, 노론과 소론의 대립이 격화되었다. 노론이 연잉군을 세제(世弟)에 책봉하도록 한 후 (연잉군의) 대리청정을 추진하자 소론은 이를 역모로 규정하면서 노론을 탄압하였다. 당시 노론의 4대신(김창집, 이이명, 조태채, 이건명)을 탄핵하여 유배시키고(신축옥사, 1721), 이듬해 경종 시해 음모론을 주장하면서(목호룡의 고변) 유배된 노론 4대신을 포함한 60여 명을 처형시켰다(임인옥사, 1722). 이 사건은 신축년과 임인년 사이에 발생하였기 때문에 신임사화라 한다.

바로 확인문제

● (가)와 (나) 사이의 시기에 있었던 일로 옳은 것은?   20. 지방직 9급

> (가) 남인들이 대거 관직에서 쫓겨나고 허적과 윤휴 등이 처형되었다.
> (나) 인현 왕후가 복위되고 노론과 소론이 정계에 복귀하였다.

① 송시열과 김수항 등이 처형당하였다.
② 서인과 남인이 두 차례에 걸쳐 예송을 전개하였다.
③ 서인 정치에 한계를 느낀 정여립이 모반을 일으켰다.
④ 청의 요구에 따라 조총 부대를 영고탑으로 파견하였다.

(4) 붕당 정치의 변질 결과

① 외척의 비중 강화: 왕이 직접 나서서 환국을 주도함에 따라 왕실 외척이나 종실 등 왕과 직결된 집단의 정치적 비중이 커졌다.
② 전랑의 비중 약화: 삼사와 이조 전랑은 환국이 거듭되는 동안 공론을 무시한 채 자기 당의 이익을 직접 대변하였기 때문에 정치적 비중이 줄어들었다.
③ 비변사의 강화: 정치 권력이 고위 관원에게 집중되면서 그들의 합좌 기구인 비변사의 기능이 강화되었다.
④ 벌열 가문의 정권 독점: 붕당 정치가 변질되는 속에서 정권은 일부 벌열(나라에 공이 많고 벼슬 경력이 많은) 가문에 의해 독점되었고, 지배층 사이에서는 공론에 의해 문제를 처리하기보다는 개인이나 가문의 이익을 우선하는 경향이 나타났다.
⑤ 양반층의 자기 도태: 양반층의 분화로 권력을 장악한 부류가 있는가 하면 다수는 정치적으로 몰락하였고, 정치적 갈등이 심해지면서 양반층은 자기 도태를 거듭하였다.
⑥ 서원의 남설: 중앙의 정치에서 도태된 사림들은 낙향하여 서원을 설립하고 그들의 세력 근거지로 삼았다. 그러나 서원 본래의 기능을 벗어나 특정 가문의 선조(先祖)를 받드는 사우(祠宇)와 함께 도처에 세워졌다. 이러한 현상은 경상도에서 특히 심하게 나타났다.

단권화 MEMO

■ **병신처분**
『가례원류(家禮源流)』는 소론의 영수였던 윤증의 아버지 윤선거와 유계(俞棨)가 함께 저술한 책인데, 숙종 37년(1711) 유계의 집안에서 이 책을 단독으로 간행하였다. 또한 노론의 영수 송시열의 제자 정호(鄭澔)가 서문을 쓰면서 윤증을 비난한 것 때문에 노론과 소론이 대립하였다. 결국 숙종 42년(1716) 7월에 숙종은, 송시열은 잘못한 것이 없고 윤증이 잘못한 것으로 판정한 후 윤증을 유현(儒賢)으로 대접하지 말 것을 지시하였다.

■ **회니시비(懷尼是非)**
현종 10년(1669) 윤선거(尹宣擧)가 사망하자 그의 아들인 윤증(尹拯)이 스승 송시열(宋時烈)을 찾아 묘비에 쓸 글을 부탁하였는데, 이때 송시열이 무성의하게 글을 썼고 윤선거에 대한 비판적인 내용(병자호란 시기 강화도가 함락되자 처 이씨는 자결하였으나 윤선거는 평민의 복장으로 탈출하였음을 비판)을 적어 보냈다. 이에 사제 간이었던 두 사람의 관계가 적대적인 관계로 바뀌면서 급기야 당시 집권 세력이었던 서인(西人)이 경신환국 때 노론(老論)과 소론(少論)으로 갈라서게 되는 원인으로 확대되었다.

|정답해설| (가) 경신환국(숙종 6년, 1680)의 결과이며, (나) 갑술환국(숙종 20년, 1694)과 관련된다. 기사환국은 숙종 15년인 1689년에 발생하였고, 이로 인해 송시열과 김수항 등이 처형되었다.

|오답해설|
② 현종 때 서인과 남인은 두 차례의 예송 논쟁을 전개하였다[1차(1659, 기해예송), 2차(1674, 갑인예송)].
③ 선조 때 서인 정치에 한계를 느낀 정여립이 모반을 일으켰다(선조 22년, 1589).
④ 효종 때 청의 요구에 따라 두 차례에 걸쳐[1차(1654), 2차(1658)] 조총 부대를 모란강 상류 지역인 영고탑(寧古塔, 영안현)으로 파견하였다(나선 정벌).

|정답| ①

| 단권화 MEMO | **사료** 붕당 정치의 폐해 |

신축·임인년(1721·1722) 이래로 조정에서 노론·소론·남인의 삼색(三色)이 날이 갈수록 더욱 사이가 나빠져 서로 역적이란 이름으로 모함하니 이 영향이 시골에까지 미치게 되어 하나의 싸움터를 만들었다. 그리하여 서로 혼인을 하지 않을 뿐만 아니라 다른 당색(黨色)끼리는 서로 용납하지 않는 지경에까지 이르렀다. …… 대체로 당색이 처음 일어날 때에는 미미하였으나, 자손들이 그 조상의 당론을 지켜 200년을 내려오면서 마침내 굳어져 깨뜨릴 수 없는 당이 되고 말았다. …… 근래에 와서는 사색(四色)이 모두 진출하여 오직 벼슬만 할 뿐, 예로부터 저마다 지켜 온 의리는 쓸모없는 물건처럼 되었고, 사문(斯文 : 유학을 위한 시비와 국가에 대한 충역은 모두 과거의 일로 돌려 버리니 ……

『택리지』

2 탕평론(蕩平論)의 대두*

(1) 배경

① 붕당 정치의 변질: 붕당 정치가 변질되면서 정치 집단 간의 세력 균형이 무너지고 왕권 자체도 불안하게 되었다.
② 탕평론의 제기: 이에 강력한 왕권을 토대로 국왕이 정치의 중심에 서서 세력의 균형을 유지하기 위해 탕평론이 제기되었다.

(2) 탕평론의 제기

① 의미: 탕평(蕩平)이란 『서경(書經)』에서 나온 말로, 임금의 정치가 한쪽의 편을 들지 않고 사심이 없으며, 당을 이루지도 않는 상태에 이르는 것을 의미한다.
② 목적
  ㉠ 숙종은 정치적 균형 관계를 재정립할 목적으로 인사 관리를 통하여 세력 균형을 유지하려는 **탕평론**을 제시하였다.
  ㉡ 아울러 군왕과 신하가 한마음으로 절의와 덕행을 숭상하면서 인사 관리를 공정하게 한다면 붕당 사이의 갈등은 자연히 해소될 것이라고 하였다.
③ 한계: 숙종의 탕평책은 명목상의 탕평론에 지나지 않아 균형의 원리가 지켜지지 않았다. 오히려 상황에 따라 한 당파를 일거에 내몰고 상대 당파에 정권을 모두 위임하는 편당적인 인사 관리로 일관하여 환국(換局)이 일어나는 빌미를 제공하기도 하였다.
④ 환국 이후의 정국
  ㉠ 이때의 잦은 환국으로 숙종 말에서 경종에 이르는 동안 왕위 계승 문제를 둘러싸고 노론과 소론이 대립하였다.
  ㉡ 경종 때에는 왕세제(영조)의 대리청정(代理聽政) 문제로 노론과 소론의 대립이 격화되었다.

＊탕평론의 대두
영조와 정조의 탕평 정책과 업적을 비교하여 기억해야 한다.

■ **숙종의 정책**
노산 대군의 시호를 올리고 묘호를 단종이라 하였고, 대보단을 세워 왕이 직접 명나라 신종 황제를 제사하였다. 한편 충무공 이순신의 사우(祠宇)에 '현충'이라는 시호를 내리고, 의주에 강감찬 사당을 건립하였다.

■ **대리청정(代理聽政)**
왕을 대신하여 그 후계자로 지정된 사람이 중요한 정무를 처리하는 정치 형태이다.

3 영조의 탕평 정치

(1) 「탕평교서(蕩平教書)」 발표(1725)

① 목적: 영조는 즉위 직후 「탕평교서」를 발표하여 어지러운 정국을 바로잡으려 하였으나 자신이 노론과 소론을 번갈아 등용하여 오히려 정국을 더욱 어지럽게 하였다.

② 이인좌의 난: 영조 4년(1728) 소론과 남인 일부 강경파가 '경종의 죽음에 영조와 노론이 관계되었다.'라고 하면서 영조의 정통성을 부정하고, 노론 정권과 영조의 탕평책에 반대하여 일으킨 반란이다.

▲ 영조 어진
(궁중 유물 전시관 소장)

> **사료** 영조의 「탕평교서」
>
> 우리나라는 원래 땅이 협소하여 인재 등용의 문도 넓지 못하였다. 그런데 근래에 와서 인재 임용이 당에 들어 있는 사람만으로 이루어지고, 조정의 대신들이 서로 공격하여 공론이 막히고 서로를 반역자라 지목하니 선악을 분별할 수 없게 되었다. 지금 새로 일으켜야 할 시기를 맞아 과거의 허물을 고치고 새로운 정치를 펴려 하니, 유배된 사람은 경중을 헤아려 다시 등용하되 탕평의 정신으로 하라. 지금 나의 이 말은 위로는 종사를 위하고 아래로 조정을 진정하려는 것이니, 이를 어기면 종신토록 가두어 내가 그들과는 나라를 함께 할 뜻이 없음을 보이겠다.
> 『영조실록』

> **사료** 이인좌의 난
>
> 적이 청주성을 함락시키니, 절도사 이봉상과 토포사 남연년이 죽었다. 처음에 적 권서봉 등이 양성에서 군사를 모아 청주의 적괴(賊魁) 이인좌와 더불어 군사 합치기를 약속하고는 청주 경내로 몰래 들어와 거짓으로 행상하여 장례를 지낸다고 하면서 상여에다 병기를 실어다 고을 성 앞 숲속에다 몰래 숨겨 놓았다.
> 『영조실록』

(2) 탕평파 중심의 정국 운영

① 탕평파 육성: 영조는 이인좌의 난을 계기로 붕당 간의 관계를 다시 조정하여 왕과 신하 사이의 의리를 확립할 필요가 있음을 절감하였다. 이에 왕이 내세우는 논리에 동의하는 탕평파를 중심으로 정국을 운영하였다.

② 산림(山林)의 존재 부정: 붕당의 뿌리를 제거하기 위하여 공론의 주재자로서 인식되던 산림의 존재를 인정하지 않고, 그들의 본거지인 서원을 대폭 정리하였다.

③ 이조 전랑의 권한 약화(1741): 이조 전랑의 정원을 3명에서 2명으로 축소하였고, 통청권을 폐지하였다.

(3) 국왕의 지도력 회복

① 영조가 탕평 정치를 실시하면서 왕은 정국의 운영이나 이념적 지도력을 비롯하여 거의 모든 부문에서 가장 큰 영향력을 행사하였고, 붕당의 정치적 의미는 차츰 엷어졌다(완론 탕평).

② 이에 정치 권력은 왕과 탕평파 대신 쪽으로 집중되었다.

> **사료** 탕평비
>
> 周而弗比(주이불비) 乃君子之公心(내군자지공심) / 比而弗周(비이불주) 寔小人之私意(식소인지사의)
> 원만하여 편벽되지 않음은 곧 군자의 마음이요, / 편벽되고 원만하지 않음은 소인의 사사로운 마음이다.

■ 이조 전랑의 권한 약화

이조(吏曹) 전랑은 정5품 정랑과 정6품 좌랑을 합하여 통칭한 것이다. 『경국대전』에는 정랑과 좌랑이 각각 3명씩으로 법제화되었으나, 전랑권을 약화시키기 위해 영조 17년(1741) 정원을 각각 2명으로 축소하였다. 또한 전랑이 삼사의 청요직을 선발할 수 있는 권한인 통청권(通淸權)을 공식적으로 폐지하였다. 한편 전랑의 후임자를 추천하는 자천권은 숙종 11년(1685) 전랑천대법(銓郎薦代法)이 폐지되면서 법적으로는 폐지되었다. 그러나 이후에도 관행적으로 유지되다가 정조 때 완전히 없어졌다.

■ 탕평비(蕩平碑)

영조 18년(1742) 성균관 입구에 탕평비를 세웠다.

단권화 MEMO

■ 노비공감법
1755년(영조 31년)에는 노(奴=남자 노예)는 1필, 비(婢=여자 노예)는 반 필씩 바치도록 하였다. 또한 1774년(영조 50년)에는 비(여자 노예)의 신공을 폐지하였다.

■ 균역법 실시를 위한 여론 반영
영조는 균역법을 시행하기 전 창경궁 홍화문에 나아가 호포제(신분을 가리지 않고 호를 기준으로 군포를 부과함), 결포제(토지 결수를 기준으로 군포를 부과함) 등 군정 개혁 위해 백성들에게 의견을 물었다.

■ 기로과(耆老科) 설치
영조 32년(1756) 대비(인원 왕후)의 70세 탄신을 위해 실시한 과거제이다. 60세 이상의 선비와 무인을 대상으로 시험을 치러 관리로 등용하는 것으로 영조 때 여러 번 실시하였다.

(4) 민생 안정 정책 및 제도 정비

① 신문고 제도의 부활, 노비공감법, 상전의 노비 사형(私刑, 사적인 형벌) 금지 등을 실시하였다.
② 군역 문제 해결을 위해 균역법을 시행하였다(1750).
③ 압슬형 등 가혹한 형벌을 폐지하고, 사형수에 대한 삼심제를 엄격하게 시행하였다.
④ 도성의 수비 체계를 강화하고자 수성윤음(守城綸音)을 공포하였다(1751).
⑤ 청계천을 준설하여 홍수의 피해를 막고자 하였다.
⑥ 『동국문헌비고』, 『속대전』, 『속오례의』, 『증수무원록』(중국의 법의학서로 영조 때 구택규에 의해 편찬되었고, 정조 때 보완되어 발행되었다), 「동국여지도」를 편찬하였다.

(5) 한계

① 근본적 해결 실패 : 영조의 탕평책이 붕당 정치의 폐단을 근본적으로 해결한 것은 아니었다. 강력한 왕권으로 붕당 사이의 치열한 다툼을 일시적으로 억누른 것에 불과하였다.
② 노론의 정국 주도 : 탕평의 원리에 의하여 노론과 소론이 공존하였으나, 소론 강경파가 자주 변란을 일으키면서 소론의 정치적 입장은 약화되고 노론이 정국을 주도하였다.

사료　신문고의 부활

(영조가) 국초(國初)에 있었던 전례에 따라 창덕궁의 진선문과 시어소(時御所)의 건명문 남쪽에 신문고를 다시 설치하도록 명하였다. 그리고 하교하기를, "이와 같이 옛 법을 회복한 후에는 차비문(差備門)은 물론이고 길에서 징을 치는 자는 비록 사건사(四件事)에 관계된다 하더라도 장(杖)을 때리고, 사건사에 관계되지 않은 자는 호남 해안가의 군역에 충원하라. 비록 신문고를 쳤다 할지라도 만약 사건사가 아니면 형추(刑推)하여 유배 보내고 이 일을 기록하여 정식(定式)으로 삼도록 하라. 그리고 신문고의 전면과 후면에 '신문고'라고 세 글자를 써서 모든 백성이 알게 하라."고 하였다.

「영조실록」

사료　영조의 업적

팔순 동안 내가 한 일을 만약 나 자신에게 묻는다면
첫째는 탕평책인데, 스스로 '탕평'이란 두 글자가 부끄럽다.
둘째는 균역법인데, 그 효과가 승려에게까지 미쳤다.
셋째는 청계천 준설인데, 만세에 이어질 업적이다. ……

「어제문업(御製問業)」

심화　『무원록』, 『증수무원록』

중국 송대(宋代)의 『세원록(洗冤錄)』과 『평원록(平冤錄)』, 『결안정식(結案程式)』을 원나라 왕여(王與)가 종합하여 『무원록』으로 편찬하였다.
이를 세종 22년(1440)에 주석을 붙여 『신주무원록(新註無冤錄)』으로 간행하였다. 그러나 애매하고 잘못된 점이 있으므로 영조 24년(1748) 왕의 특명으로 구택규(具宅奎)가 내용을 증보하고, 애매한 용어를 바로잡은 뒤 해석을 붙여 새로 편찬한 것이 『증수무원록』의 구본이다.
그 뒤 중국의 문자나 방언이 많고 용어가 너무 간결해 이해하기 어려우므로 구윤명(具允明)이 보완해 주석하였으나 완결짓지 못하였다. 이후 율학 교수(律學敎授) 김취하(金就夏)의 도움을 받아 전반적으로 증수하였는데, 이것이 『증수무원록』의 신본이다.
정조 14년(1790)에 전 형조 판서인 서유린(徐有隣)의 주관하에 김취하를 비롯해 전 형조 정랑 유한돈(俞漢敦), 율학 별제(律學別提) 한종호(韓宗祜), 박재신(朴在新)이 함께 고증하고 바로잡아 한글로 토를 달고 필요한 주석을 달아 증보하여 1792년에 간행하였다. 이것을 『증수무원록』 또는 『증수무원록언해(增修無冤錄諺解)』 혹은 『증수무원록대전(增修無冤錄大全)』이라고 부른다.

바로 확인문제

● 다음 정책을 시행한 왕에 대한 설명으로 옳은 것은? 16. 지방직 9급

- 『속대전』을 편찬하여 법령을 정비하였다.
- 사형수에 대한 삼복법(三覆法)을 엄격하게 시행하였다.
- 신문고 제도를 부활시켜 백성들의 억울함을 풀어주고자 하였다.

① 신해통공을 단행해 상업 활동의 자유를 확대하였다.
② 삼정이정청을 설치해 농민의 불만을 해결하려 하였다.
③ 붕당의 폐단을 제거하기 위해 서원을 대폭 정리하였다.
④ 환곡제를 면민이 공동 출자하여 운영하는 사창제로 전환하였다.

● 밑줄 친 '나'가 국왕으로 재위하던 기간에 있었던 일은? 22. 지방직 9급

팔순 동안 내가 한 일을 만약 나 자신에게 묻는다면
첫째는 탕평책인데, 스스로 '탕평'이란 두 글자가 부끄럽다.
둘째는 균역법인데, 그 효과가 승려에게까지 미쳤다.
셋째는 청계천 준설인데, 만세에 이어질 업적이다.
……
「어제문업(御製問業)」

① 장용영이 창설되었다.
② 나선 정벌이 단행되었다.
③ 홍경래의 난이 발생하였다.
④ 『동국문헌비고』가 편찬되었다.

단권화 MEMO

|정답해설| 제시된 정책들은 영조 때 시행되었다. 영조는 공론의 주재자로 인식되던 산림의 존재를 부정하였고 서원을 대폭 정리하였다.
|오답해설|
① 정조는 신해통공을 단행하여 육의전을 제외한 시전 상인들의 금난전권을 폐지하였다. 그 결과 상업 활동의 자유가 확대되었다(1791).
② 철종 때 임술 농민 봉기(1862) 이후 삼정이정청을 설치하여 농민들의 불만을 해결하려 하였으나, 실효를 거두지는 못하였다.
④ 흥선 대원군은 환곡제를 폐지하고, 면민이 공동 출자하여 운영하는 사창제로 전환하였다.
|정답| ③

|정답해설| 제시된 사료의 '균역법', '청계천 준설'을 통해 밑줄 친 '나'가 영조임을 알 수 있다. 영조 때 홍봉한 등이 한국학 백과사전인 『동국문헌비고』를 편찬하였다.
|오답해설|
① 정조 때 왕의 친위 부대인 장용영이 창설되었다.
② 효종 때 2차례에 걸쳐 나선 정벌이 단행되었다.
③ 순조 때 홍경래의 난이 발생하였다(1811).
|정답| ④

단권화 MEMO

■ 시파(時派)와 벽파(僻派)
'시파'는 사도 세자의 잘못은 인정하면서도 죽음 자체는 지나치다는 입장이었고, '벽파'는 사도 세자의 죽음은 당연하고 영조의 처분은 정당하다는 입장이었다.

■ 탕평 정치의 성격
탕평 정치는 왕이 중심이 되어서 붕당 정치에서 나타난 문제점을 극복하려는 것이었다. 그것은 붕당 사이의 대립을 조정하고, 사회·경제적 변화 위에서 지배층에게 부분적인 양보를 요구하는 정책을 추진하는 등 개혁적인 측면이 있었다. 그러나 탕평 정치는 근본적으로 왕권을 중심으로 권력의 집중과 정치 세력의 균형을 꾀하면서 기존 사회 체제를 재정비하여 안정시키려는 것이었다. 따라서 여러 정책이 보수적인 성격을 띠고 있었고, 정치 운영에서 왕의 개인적인 역량에 크게 의존하는 것이어서 탕평 정치가 구조적인 틀을 갖추어 안정적으로 유지되기는 어려웠다.

▲ 「규장각도」, 김홍도

4 정조의 탕평 정치

(1) 추진
① **성격**: 사도 세자의 죽음과 이를 둘러싼 시파와 벽파 간의 갈등을 경험한 정조는 영조 때보다 더욱 강력한 탕평책을 추진하였다.
② **준론 탕평**: 정조는 각 붕당의 주장이 옳은지 그른지를 명백히 가리는 적극적인 탕평을 추진하여 영조 때에 세력을 키워 온 척신·환관 등을 제거하였다.
③ **남인 중용**: 영조 때의 탕평파 대신들을 엄격하게 비판하였던 일부 노론과 소론, 그동안 정치 집단에서 배제되었던 남인 계열을 중용하였다.

(2) 왕권의 강화
① **인사 관리**: 궁극적으로 붕당을 없애고자 하였던 정조는 각 붕당의 입장을 떠나 의리와 명분에 합치되고 능력 있는 사람을 중용하여 왕권을 강화하려 하였다[스스로 '만천명월주인옹(萬川明月主人翁)'이라 자처].

> **사료** 만천명월주인옹자서(萬川明月主人翁自序)
>
> 내가 바라는 것은 성인을 배우는 일이다. …… 물이 세상 사람들이라면 달이 비춰 그 상태를 나타내는 것은 사람들 각자의 얼굴이고, 달은 태극인데 그 태극은 바로 나라는 것을 알고 있다. 이것이 바로 옛사람이 만천(萬川)의 밝은 달에 태극의 신비한 작용을 비유하여 말한 그 뜻이 아니겠는가. 그리고 또 나는, 저 달이 틈만 있으면 반드시 비춰 준다고 해서 그것으로 태극의 테두리를 어림잡아 보려는 자가 혹시 있다면, 그는 물속에 들어가서 달을 잡아 보려는 것과 다를 바 없는 아무 소용없는 짓임도 알고 있다. 그리하여 나의 연거(燕居) 처소에 '만천명월주인옹(萬川明月主人翁)'이라고 써서 자호(自號)로 삼기로 한 것이다. 때는 무오년(1798, 정조 22년) 12월 3일이다.
> 『홍재전서』

② **규장각의 설치**
  ㉠ **설치**: 처음에는 역대 왕들의 친필·서화 등을 관리하던 곳이었으나, 점차 학술 및 정책 연구 기관으로 변모해 갔다.
  ㉡ **국왕의 비서 기관**: 정조는 여기에 비서실의 기능과 문한 기능을 통합적으로 부여하고, 과거 시험의 주관과 문신 교육의 임무까지 부여하여 붕당의 비대화를 막고 자신의 권력과 정책을 뒷받침할 수 있는 강력한 정치 기구로 육성하였다.
  ㉢ **초계문신제(抄啓文臣制)**: 신진 인물이나 중·하급 관리 가운데 능력 있는 자들을 재교육시키는 초계문신제를 시행하였다.
  ㉣ **도서 수집**: 역대 국왕의 시문·친필 등과 도서의 수집 및 보관을 담당하였다.

> **심화** 초계문신 제도와 규장각 검서관
>
> ❶ 초계문신 제도
> 정조 5년(1781) 확립된 초계문신 제도는 과거를 거친 후 가장 우수하다고 인정되어 승문원에 추천되었던 **당하관 이하 문신으로서 37세 이하의 사람 중에서 선발하였고, 40세가 되면 해제**되었다. 초계문신으로 뽑히면 규장각(창덕궁 후원에 설치)에서 재교육을 받음으로써 국왕 측근에서 인재로 양성되었다. 초계문신에게는 신분 보장과 잡무가 면제되는 특전이 주어졌으며, 국왕이 매달 직접 지도하였다. 실제 초계문신은 10회에 138명이 선발되었으며, 이들 중에서 반 이상이 고위 관직에 진출하였고, 각신으로도 18명이나 진출하였다. 또한 노론·소론·남인 계열의 우수한 인재들을 함께 선발해서 그들 사이의 학문적 교류와 동류의식을 강화하였다.

❷ 규장각 검서관

검서관은 5품으로서, 문지(門地, 문벌과 출신 지역)와 재주·문예에 따라 전임 검서가 2명씩을 추천하면 각신들이 시험을 보아 3인을 추천하고, 최종적으로 국왕의 낙점을 받아 임명되었다. 또한 서얼을 위한 대책으로 검서관을 선발하게 되면서 **이덕무, 박제가, 서이수, 유득공** 등을 배출하였다.

(3) 장용영(壯勇營)의 설치

국왕 친위 부대인 **장용영**을 설치하여 각 군영의 독립적 성격을 약화하고 병권을 장악함으로써 왕권을 뒷받침하는 군사적 기반을 갖추었다.

> **사료** 장용영
>
> 임인년(1782, 정조 6년)에 (정조께서) 명하여 무예 출신과 무예별감으로 장교를 지낸 사람 30명을 가려서 번을 나누어 명정전(明政殿) 남쪽 회랑에 당직을 서게 하였다. 그리고 을사년(1785, 정조 9년)에 장용위(壯勇衛)라 호칭하고 20명을 늘리니, 이것이 장용영(壯勇營)이 설치된 시초이다. 이때부터 해마다 인원을 늘려 왔는데, 척씨의 남군 제도를 본받아 5사에 각기 5초를 두는 것으로 규례를 삼고 …… 도제조는 계축년에 처음 두었는데, 대신 중에서 당시 호위대장을 겸임한 사람이 겸직하도록 하고, 호위청을 장용영에 통합하였다.
>
> 『정조실록』

(4) 유수부 체제의 완성

수원 유수부가 설치되면서 서울 주변의 4유수부가 서울을 엄호하는 체제가 완성되었다.

(5) 화성(華城)의 건설

① 수원으로 사도 세자의 묘를 옮기고, 화성을 세워 정치적·군사적 기능을 부여함과 동시에, 상공인을 유치하여 자신의 정치적 이상을 실현하는 상징적 도시로 육성하고자 하였다.
② 화성 행차 시 상언·격쟁 등 일반 백성들과 접촉하는 기회를 확대하여 이들의 의견을 정치에 반영하였다.

▲ 「시흥환어행렬도(始興還御行列圖)」의 어가(御駕) 부분(호암 미술관 소장)
정조가 화성에 다녀오는 중 시흥 행궁에 도착한 모습을 그렸다. 이런 행차를 통하여 정조는 백성들을 직접 만나 여론을 듣고 정책에 반영하려 하였다.

(6) 수령의 권한 강화

① 정조는 수령이 군현 단위의 향약을 직접 주관하게 하여 지방 사림의 영향력을 줄이고 **수령의 권한을 강화**하였다.
② 지방 사족의 향촌 지배력을 억제하고 백성에 대한 국가의 통치력을 강화하였다.

(7) 문물 제도 정비

① 민생 안정과 문화 부흥: 정조는 서얼과 노비에 대한 차별을 완화하였으며, 재정 수입을 늘리고 상공업을 진흥하기 위하여 자유로운 상업 행위를 허락하는 **통공(通共) 정책**을 시행하는 등 사회 전반에 걸쳐 제도와 운영을 개선하려는 노력을 기울였다.
② 전통문화 계승 및 중국과 서양의 과학 기술 수용: 중국의 『고금도서집성』을 수입하여 학문 정치의 기초를 다졌고, 왕조의 통치 규범을 전반적으로 재정리하기 위하여 『**대전통편**』을 편찬하였다.

단권화 MEMO

■ **유수부 체제의 완성**
유수부란 국가의 행정·군사 기능을 강화하기 위해 중요한 지역에 설치한 행정 구역으로, 1438년(세종 20년) 개성 유수부, 1627년(인조 5년) 강화 유수부, 1793년(정조 17년) 수원 유수부가 설치되었다. 한편 광주 유수부는 숙종 때 처음 설치되었다가 영조 때 폐지되었다. 이후 1795년(정조 19년) 광주부가 유수부로 승격되면서 4유수부 체제가 완성되었다.

■ 『**속대전**』과 『**대전통편**』
• 『**속대전**』: 영조 22년(1746)에 『경국대전』 시행 이후에 공포된 법령 중에서 시행할 법령만을 추려서 편찬한 법전이다. 영조가 직접 서문을 지어 간행되었다는 점이 특징이다.
• 『**대전통편**』: 정조 9년(1785) 『경국대전』과 『속대전』 및 그 뒤의 법령을 통합하여 편찬한 법전이다. 『경국대전』의 원 내용은 '원(原)', 『속대전』의 내용은 '속(續)', 그리고 그 뒤의 법령은 '증(增)' 자로 표시하였다.

③ 그 밖에 외교 문서를 정리한 『동문휘고』, 국가 각 기관의 기능을 정리한 『탁지지』(재정), 『추관지』(형조의 사례집) 등과 무예 훈련 교범서인 『병학통』, 『무예도보통지』 등이 간행되었고, 정조의 문집인 『홍재전서』와 농서인 『해동농서』(서호수)를 편찬하였다. 또한 한구자(韓構字)와 정리자(整理字) 등 금속 활자를 주조하였다.

(8) 민생 안정 정책

정조는 『자휼전칙』을 반포하여(1783) 흉년을 당해 걸식하거나 버려진 아이들을 구휼하고자 하였다.

바로 확인문제

● 다음 시나리오에 등장하는 밑줄 친 ⊙과 빈칸 ⓒ에 대한 설명으로 옳은 것은? 19. 국가직 7급

> S#3
> 즉위한 지 얼마 안 되어 아직 상복 차림인 ⊙ 국왕, 대신과 여러 관원을 부르다.
> 국왕: 우리나라의 역대 임금님들이 지은 글은 제대로 봉안할 곳이 없었다. 그리하여 창덕궁 후원에 ⓒ 을(를) 세우고 임금님들의 글을 봉안하게 하였다. 따라서 이를 담당하는 관원이 있어야 할 것 같은데, 경들은 어떻게 생각하는가?
> 신하들: 이 일은 문치의 교화를 진작시킬 것입니다. 마땅히 관원을 두셔야 할 줄로 아뢰옵니다.

① ⊙ - 신경준에게 명하여 「동국여지도」를 편찬하도록 하였다.
② ⊙ - 내수사와 궁방 및 각급 관청에 속한 관노비의 장적을 소각하도록 하였다.
③ ⓒ - 백성의 억울함을 왕에게 알릴 수 있는 창구 역할을 하였다.
④ ⓒ - 조정 관료 중에서 재능 있는 문신들을 선발하여 이곳에서 재교육하였다.

● 밑줄 친 '국왕'에 대한 설명으로 가장 옳지 않은 것은? 24. 법원직 9급

> 국왕은 현륭원(顯隆園)을 수원에 봉안하고 1년에 한 번씩 참배할 준비를 하였다. 옛 규례에는 한강을 건널 때 용 배[龍舟]를 사용하였으나, 그 방법이 불편한 점이 많다 하여 배다리의 제도로 개정하고 묘당으로 하여금 그 세목을 만들어 올리게 하였다. 그러나 뜻에 맞지 않았기에 국왕은 『주교지남(舟橋指南)』을 편찬하였다.

① 탕평비를 세웠다.
② 장용영을 설치하였다.
③ 『무예도보통지』를 간행하였다.
④ 초계문신 제도를 시행하였다.

단권화 MEMO

| 정답해설 | ⊙ 정조는 1776년(정조 즉위년) 3월, 선왕들의 책과 어필·어제 등을 보관하기 위한 전각인 ⓒ 규장각을 창덕궁 안에 세울 것을 명하였다. 정조는 조정 관료들 중 젊고 재능 있는 문신들을 선발하여 규장각에서 재교육하였다. 이것을 초계문신제라고 한다.

| 오답해설 |
① 신경준이 편찬한 「동국여지도」는 영조의 명으로 제작되었다(영조 46년, 1770).
② 순조 때 내수사와 궁방, 각급 관청에 속한 관노비의 장적을 소각하도록 하였다(1801).
③ 영조 때 신문고의 부활은 백성의 억울함을 왕에게 알릴 수 있는 창구 역할을 하였다(영조 47년, 1771).

| 정답 | ④

| 정답해설 | 제시된 자료 중 '현륭원(사도 세자의 무덤)을 수원에 봉안', '배다리의 제도로 개정' 등을 통해 밑줄 친 국왕이 정조임을 알 수 있다. '영조'는 성균관 입구에 (자신이 직접 쓴 글을 새긴) 탕평비를 세웠다.

| 오답해설 |
② 정조 때 왕의 친위 부대인 장용영이 설치되었다.
③ 정조 때 무예 훈련 교범서인 『무예도보통지』를 간행하였다.
④ 정조 때 신진 인물이나 중·하급 관리 가운데 능력 있는 자들을 규장각에서 재교육시키는 초계문신 제도를 시행하였다.

| 정답 | ①

05 정치 질서의 변화

1 세도 정치의 전개

(1) 세도 정치의 배경
① 정조의 탕평 정치로 말미암아 왕에게 권력이 집중된 것이 결국 19세기 세도 정치로 이어지게 되었다.
② 정조가 죽은 후 권력의 핵심인 왕이 탕평 정치기에 행하던 역할을 제대로 못하게 되자, 정치 세력 간의 균형이 다시 깨지고 몇몇 유력 가문 출신의 인물들에게 권력이 집중되었다.

(2) 세도 정치의 성격
① 종래의 일당 전제(一黨專制)마저 거부하고 특정 가문이 권력을 독점하는 정치 형태이다.
② 이 시기에는 정권의 사회적 기반이 결여되었을 뿐만 아니라 한 가문의 사익(私益)을 위해 정국이 운영되었으므로 이는 정치 질서의 파탄을 의미한다.

(3) 세도 정치의 전개
① 순조 집권기(1800~1834)
  ㉠ 정순 왕후의 수렴청정
   • 순조가 11세의 나이로 즉위하자 영조의 계비인 정순 왕후가 수렴청정을 하면서 정조 때 정권에서 소외되었던 노론 벽파 세력이 정국을 주도하기 시작하였다.
   • 신유박해를 이용하여 정조가 규장각을 통해 양성한 인물들을 대거 몰아냈다.
   • 장용영을 혁파하고 훈련도감을 정상화시켜 정권을 장악하였다.
  ㉡ 안동 김씨 일파의 정국 주도
   • 정순 왕후가 죽자 벽파 세력이 퇴조하고, 순조의 장인 김조순을 중심으로 하는 안동 김씨 일파의 세도 정치가 전개되었다. 김조순은 반남 박씨와 풍양 조씨 등 일부 유력 가문의 협력을 얻어 정국을 주도하였다.
   • 안동 김씨에 의한 세도 정치기에도 순조는 나름대로 국정을 주도하려고 노력하였지만, 자신을 뒷받침해 줄 세력을 형성하지 못하여 국정 주도에 실패하고 말았다.
  ㉢ 대리청정(代理聽政)
   • 순조 말년에는 효명 세자가 대리청정을 통하여 세도가들을 견제하고 권력 집단을 결집하려 하였으나 갑자기 죽게 되어 이마저도 실패하였다.
   • 효명 세자가 죽은 뒤 김조순 가문은 자신들을 중심으로 권력 집단을 재정립하였다.
② 헌종 집권기(1834~1849) : 외척인 조만영, 조인영 등의 풍양 조씨 가문이 득세하였다.
③ 철종 집권기(1849~1863) : 안동 김씨 세력이 다시 권력을 장악하여 흥선 대원군이 정국을 주도하기 전까지 안동 김씨 중심의 세도 정치가 지속되었다.

단권화 MEMO

■ 수렴청정(垂簾聽政)
어린 왕이 즉위하였을 때 왕의 어머니나 할머니가 왕을 대신하여 정사를 살피면서, 신하들 앞에 얼굴을 보이지 않으려고 앞에 발을 늘이고 발 뒤쪽에서 정사에 임하는 정치 형태이다.

■ 왕도 정치의 허구
순조·헌종·철종의 3대 60여 년간에 걸친 세도 정치하에서 왕정(王政)과 왕권(王權)은 명목에 지나지 않았고, 왕도 정치(王道政治)라는 것은 허구에 불과하였다. 세도 가문은 이 시기에 이르러 정치적 기능이 강화되고 있던 비변사를 거의 독점적으로 장악하여 권력을 행사하였고, 훈련도감 등의 군권(軍權)도 장기적으로 독점하여 정권 유지의 토대를 확고히 하였다.

2 세도 정치기의 권력 구조

(1) 가문(家門) 정치

① **정치 기반 축소**: 세도 정치기에는 붕당은 물론 탕평파나 반탕평파 같은 정치 집단 사이의 대립적인 구도도 없어지고, 중앙 정치를 주도하는 정치 집단은 소수의 가문 출신으로 좁아지면서 그 기반이 축소되었다.

② **유력 가문의 권력 독점**: 유력한 가문들은 왕실 외척이거나 산림 또는 관료 가문의 성격을 함께 띠고 있었다. 이들은 서로 연합하거나 대립하면서 인척 관계로 얽혀 하나의 정치 집단을 이루어 권력과 이권을 독점하였다.

(2) 권력 구조

① **고위직으로 제한**: 정2품 이상의 고위직만이 정치적 기능을 발휘하고, 그 아래의 관리들은 언론 활동과 같은 정치적 기능은 거의 잃은 채 행정 실무만 맡았다.

② **비변사로의 권력 집중**
  ㉠ 정치 기구의 골격을 이루어 온 의정부와 6조를 중심으로 하는 체제는 이름만 남게 되었고, 실질적인 힘은 **비변사**로 집중되었다.
  ㉡ 비변사에서도 실질적 역할을 담당하는 자리는 대개 유력한 가문 출신 인물들이 차지하였고, 이들은 자신들의 권한을 사적인 이익을 추구하는 데 이용하였다.

바로 확인문제

● 다음 글을 남긴 국왕의 재위 기간에 일어난 사실로 옳은 것은? 14. 국가직 9급

> 보잘 것 없는 나, 소자가 어린 나이로 어렵고 큰 유업을 계승하여 지금 12년이나 되었다. 그러나 나는 덕이 부족하여 위로는 천명(天命)을 두려워하지 못하고 아래로는 민심에 답하지 못하였으므로, 밤낮으로 잊지 못하고 근심하며 두렵게 여기면서 혹시라도 선대왕께서 물려주신 소중한 유업이 잘못되지 않을까 걱정하였다. 그런데 지난번 가산(嘉山)의 토적(土賊)이 변란을 일으켜 청천강 이북의 수많은 생령이 도탄에 빠지고 어육(魚肉)이 되었으니 나의 죄이다.
> 『비변사등록』

① 최제우가 동학을 창시하였다.
② 공노비 6만 6천여 명을 양인으로 해방시켰다.
③ 미국 상선 제너럴셔먼호가 격침되었다.
④ 삼정 문제를 해결하기 위해 삼정이정청을 설치하였다.

| 정답해설 | 제시된 사료에서 "어린 나이로 유업을 계승", "지난번 가산(嘉山)의 토적(土賊)이 변란", "청천강 이북" 등의 내용을 통해 1811년 순조 때 발생한 홍경래의 난임을 알 수 있다. 순조 원년(1801) 공노비 6만 6천여 명을 양인으로 해방시켰다.

| 오답해설 | ① 동학의 창시(철종 11년, 1860), ③ 제너럴셔먼호 사건(고종 3년, 1866), ④ 임술 농민 봉기 직후(철종 13년, 1862)이다.

| 정답 | ②

3 세도 정치의 폐단과 한계

(1) 세도 정치의 폐단
① 왕권의 약화 : 세도가가 권력을 독점하고 인사 관리를 장악하였다.
② 상품 화폐 경제의 발전 저해 : 지방 사회에서 성장하던 상인과 부농들을 통치 집단 속으로 포섭하지 못하고 그들을 수탈의 대상으로 삼았다.
③ 매관매직(賣官買職)의 성행 : 지방 수령의 자리를 상품화하여 팔기도 하였다.
④ 사회 통합의 실패 : 세도 정권은 19세기의 상업 발달과 서울의 도시적 번영에 만족하고, 정조가 등용하였던 재야 세력, 즉 남인·소론·지방 선비들을 권력에서 배제하여 사회 통합에 실패하였다.
⑤ 삼정의 문란 : 정치 기강이 문란해지고 매관매직이 성행하면서 관리들이 백성들을 수탈하였고, 전정·군정·환곡의 문란이 더욱 심해졌다.

> **사료** 세도 정치의 폐단
>
> 가을에 한 늙은 아전이 대궐에서 돌아와서 처와 자식에게 "요즘 이름 있는 관리들이 모여서 하루 종일 이야기를 하여도 나랏일에 대한 계획이나 백성을 위한 걱정은 전혀 하지 않는다. 오로지 각 고을에서 보내오는 뇌물의 많고 적음과 좋고 나쁨만에 관심을 가지고, 어느 고을의 수령이 보낸 물건은 극히 정묘하고 또 어느 수령이 보낸 물건은 매우 넉넉하다고 말한다. 이름 있는 관리들이 말하는 것이 이러하다면 지방에서 거둬들이는 것이 반드시 늘어날 것이다. 나라가 어찌 망하지 않겠는가." 하고 한탄하면서 눈물을 흘려 마지않았다.
>
> 『목민심서』

(2) 농촌 사회의 불만
① 수령과 향리의 지위 강화 : 지방 사족을 배제한 채 수령이 절대권을 갖고 향리와 향임(鄕任)을 이용하여 조세를 걷도록 하였기 때문에 이들의 부정을 견제할 만한 세력이 없었다.
② 농민의 불만 심화 : 자연재해가 잇따라 기근과 질병이 널리 퍼지고 인구가 급속히 감소하였으나, 농민의 조세 부담은 더욱 무거워져 농촌 사회의 불만은 극에 달하였다.
③ 농민의 저항 증가 : 부당한 수탈에 대한 농민들의 저항도 급격하게 늘어났다.

(3) 세도 정권의 한계
① 사회 개혁 의지 결여 : 19세기의 세도 정권은 사회 전반의 변화에 대하여 부분적으로 위기의식을 가지기는 하였으나, 이를 근본적으로 개혁할 만한 능력과 의지를 가지지 못하였다.
② 새로운 개혁 세력의 정치 참여 배제 : 사회 모순을 정면으로 다루는 것을 피하면서 새로운 사회 세력이 정치에 참여하거나 비판하는 것을 철저히 막았다.
③ 지방 사회에 대한 몰이해
  ㉠ 세도가들은 오랫동안 서울의 도시적 분위기에서 살면서 세련된 도시 귀족의 체질을 지니게 되었고, 규장각(奎章閣)에서 학문을 닦은 인물도 많았다.
  ㉡ 세도가들의 학문은 권력을 잡은 후 차츰 고증학(考證學)에 치우쳐 개혁 의지를 상실하였고, 상대적으로 뒤떨어진 지방 사회의 어려운 사정을 이해하지 못하였다.

단권화 MEMO

■ **과거제의 문란**
조선 시대에 관료가 될 수 있는 중요한 통로는 과거제였다. 그런데 세도 정치하에서 정치 기강이 극도로 해이해지면서 시험장에서의 부정, 합격자의 남발 등 온갖 비리가 성행하였다. 과거제의 문란과 함께 관직의 매매도 성행하였다.

■ **경제 성장의 둔화**
탐관오리들은 법에도 없는 각종 세금을 마음대로 거두어들였으며, 무고한 백성을 잡아다가 죄명을 씌워 재물을 약탈한 다음에야 풀어주기도 하였다. 농민뿐만 아니라 이 시기에 새로이 성장한 상공업자들도 수탈의 대상이 되었다. 잉여 생산물의 거의 모두를 빼앗기는 실정에서 지금까지 비교적 순조로운 성장을 보였던 상품 화폐 경제도 이 시기에는 그 성장이 둔화되었다.

■ **역사 발전의 저해**
사회적 압제, 경제적 수탈, 사상적 경색 등의 상황이 정치적 문란과 어우러지는 속에서 세도 정권은 역사 발전을 저해하는 요인이 되었다.

단권화 MEMO

|정답해설| (가) 세도 정치는 순조, 헌종, 철종 시기 특정 가문이 권력을 독점했던 정치 형태를 말한다. 노비종모법은 노비의 수를 줄이기 위해 영조 때 제정되었다.

|오답해설|
① 1860년(철종 11년) 최제우가 창시한 동학은 인간주의, 평등주의를 제시하였고 농촌 사회를 중심으로 교세가 확장되었다.
② 세도 정치 시기에는 부유한 농민이 군역을 면제받기 위해 양반 신분을 위조하거나 사들이는 일이 많아졌다. 그 결과 군정의 문란이 더욱 심화되었다.
③ 세도 정치 시기에는 1811년 평안도에서의 홍경래의 난, 1862년 삼남 지방을 중심으로 확산한 임술 농민 봉기 등 다수의 민중 봉기가 발생하였다.

|정답| ④

|오답해설|
ㄴ, ㄹ 세도 정치 이전에 해당한다.

|정답| ③

바로 확인문제

● <보기>의 (가) 시기에 대한 설명으로 가장 옳지 <u>않은</u> 것은?   24. 서울시(자체 출제) 9급

┤ 보기 ├

__(가)__ (이)란 종래의 붕당 정치가 변질된 형태인 일당 전제화마저 거부하고 특정 가문이 권력을 독점하는 정치 형태를 말한다. 순조, 헌종, 철종의 3대 60여 년 동안 왕정과 왕권은 이름뿐이었다. 정권은 안동 김씨 또는 풍양 조씨 등 외척의 사유물이 되었다.

① 인간주의, 평등주의를 부르짖은 동학이 농촌 사회를 중심으로 교세를 확장했다.
② 부유한 농민들은 군포를 피하기 위해 양반 신분을 위조하거나 사들였다.
③ 지방민의 불만이 평안도와 삼남 지방에서 민중 봉기로 표출되었다.
④ 노비 인구를 제도적으로 줄이기 위한 노비종모법이 확정되었다.

● 다음 자료를 바탕으로 19세기 정치 상황을 설명한 것 중 옳은 것을 <보기>에서 고르면?

가을에 한 늙은 아전(衙前)이 대궐(大闕)에서 돌아와서 처와 자식에게 "요즘 이름 있는 관리들이 모여서 하루 종일 이야기를 하여도 나랏일에 대한 계획이나 백성을 위한 걱정은 전혀 하지 않는다. 오로지 각 고을에서 보내오는 뇌물의 많고 적음과 좋고 나쁨만에 관심을 가지고, 어느 고을의 수령이 보낸 물건은 극히 정묘하고 또 어느 수령이 보낸 물건은 매우 넉넉하다고 말한다. 이름 있는 관리들이 말하는 것이 이러하다면 지방에서 거둬들이는 것이 반드시 늘어날 것이다. 나라가 어찌 망하지 않겠는가." 하고 한탄하면서 눈물을 흘려 마지않았다.

「목민심서」

┤ 보기 ├

ㄱ. 중앙의 실질적인 권력이 비변사로 집중되었다.
ㄴ. 탕평파(蕩平派)와 반탕평파(反蕩平派)의 대립 구도로 중앙 정치가 문란해졌다.
ㄷ. 지방에서 수령의 부정과 횡포를 견제할 만한 세력이 없었다.
ㄹ. 서인 세력에 의한 일당 전제화(一黨專制化)의 추세가 대두하였다.

① ㄱ, ㄴ, ㄷ, ㄹ   ② ㄴ, ㄷ
③ ㄱ, ㄷ   ④ ㄴ, ㄹ

06 대외 관계의 변화*

1 청과의 관계

(1) 북벌론과 북학론

병자호란 이후 조선은 청에 대하여 표면상 사대 관계를 맺고 사신들이 왕래하면서 교역을 활발하게 하였다.

① 북벌 정책의 추진
  ㉠ 청에 대한 적개심이 오랫동안 남아 있어서 북벌 정책을 추진하기도 하였다.
  ㉡ 당시의 북벌론은 실현 가능성이 적었고 정권 유지의 수단으로 이용된 측면이 있었지만, 전란 후의 민심을 수습하고 국방력을 강화하는 데 기여하였다.

② 북학론의 대두
  ㉠ 청은 중국 대륙을 장악한 뒤 국력이 크게 신장되었다. 또한 중국의 전통문화를 보호·장려하면서 서양의 문물을 선별적으로 받아들여 문화 국가로서의 면모를 갖추어 나갔다.
  ㉡ 우리나라의 사신들은 귀국 후 기행문이나 보고서를 통하여 변화하는 청의 사정을 전하였고, 천리경, 자명종, 화포, 『천주실의』 등 여러 가지 새로운 문물을 소개하였다.
  ㉢ 우리나라의 학자들 중에도 청을 무조건 배척하지만 말고 우리에게 이로운 것은 적극적으로 배우자는 북학론을 제기하는 사람들이 나왔다.

(2) 백두산정계비와 간도 귀속 문제

① 국경 분쟁
  ㉠ 청은 중국 대륙을 차지한 후에도 그들의 본거지였던 만주 지방에 관심을 기울여 이 지역을 성역화하였다.
  ㉡ 우리나라 사람들의 일부가 두만강을 건너 인삼을 캐거나 사냥을 하는 경우가 있었기 때문에 청과 국경 분쟁이 일어났다.

② 백두산정계비 건립(1712) : 조선과 청 두 나라 대표가 백두산 일대를 답사하고 국경을 확정하여 정계비를 세웠다.
  ㉠ 백두산정계비에는 양국의 국경을 서쪽으로는 압록강, 동쪽으로는 토문강을 경계로 한다고 기록되어 있다.
  ㉡ 19세기에 이르러 토문강의 위치에 대한 해석상의 차이 때문에 두 나라 사이에 간도 귀속 문제가 발생하였다.

③ 간도 귀속 문제 : 우리가 불법적으로 외교권을 상실한 상태에서 청과 일본 사이에 체결된 간도 협약(間島協約, 1909)에 따라 간도는 청의 영토로 귀속되고 말았다.

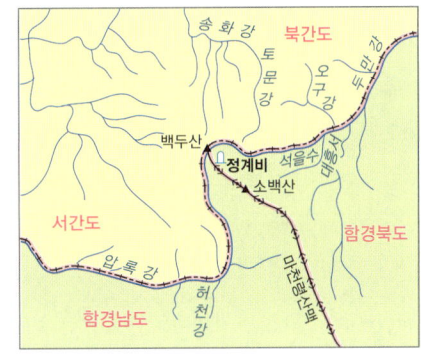

▲ 백두산정계비 부근 지도
정계비에 '서쪽은 압록강, 동쪽은 토문강을 국경으로 삼는다.'라고 되어 있다. 그러나 토문강의 해석을 달리하여 훗날 간도 귀속 문제의 쟁점이 되었다.

> 단권화 MEMO
>
> *대외 관계의 변화
> 간도와 독도는 시사적인 문제로 출제될 수 있으니 관련된 내용을 알아두어야 한다.

■ 백두산정계비(白頭山定界碑)

숙종 38년(1712)에 백두산 정상에서 동남쪽 약 4km, 해발 2,200m 지점에 세워졌다. '서위압록 동위토문 고어분수령상 늑석위기(西爲鴨綠 東爲土門 故於分水嶺上 勒石爲記)'라 하여 서쪽으로는 압록강, 동쪽으로는 토문강으로 두 나라 사이의 경계를 정하였다.

| 단권화 MEMO |

사료   백두산정계비

박권이 보고하였다. "총관이 백두산 산마루에 올라 살펴보았는데, 압록강의 근원이 산허리의 남쪽에서 나오기 때문에 이미 경계로 삼았으며, 토문강의 근원은 백두산 동쪽의 가장 낮은 곳에 한 갈래 물줄기가 동쪽으로 흘렀습니다. 총관이 이것을 가리켜 두만강의 근원이라 하고 말하기를, '이 물이 하나는 동쪽으로 하나는 서쪽으로 흘러서 나뉘어 두 강이 되었으니 분수령 고개 위에 비를 세우는 것이 좋겠다.'라고 하였습니다."

『숙종실록』

심화   간도 귀속 문제

❶ 1880년대
- 중국은 간도의 한민족 철수를 요구함
- 어윤중을 서북 경략사로 파견(1882)
- 이중하를 토문 감계사로 파견(1885)
- 해석의 논란 : 토문강을 중국은 '두만강'으로, 조선은 '쑹화강의 지류'라고 주장

❷ 1902년
이범윤을 간도 시찰원으로 파견하였고, 1903년에는 간도 관리사로 승격하였다.

❸ 1907년
일본의 간도 파출소 설치(용정촌) → 1909년 간도 영사관으로 개편 운영

❹ 1909년(간도 협약 체결)
- 주체 : 청국과 일본
- 이권의 획득 : 일본은 안봉선 철도 부설권, 길회 철도 부설권, 만주 철도 부설권, 푸순 탄광 채굴권 등을 보장받고 간도를 청의 영토로 인정하였다.
- 내용
  제1조 일·청 두 나라 정부는 토문강을 청국과 한국의 국경으로 하고, 강 원천지에 있는 정계비를 기점으로 하여 석을수(石乙水)를 두 나라의 경계로 한다.
  제3조 청 정부는 이전과 같이 토문강 이북의 개간지에 한국 국민이 거주하는 것을 승인한다. 그 지역의 경계는 별도로 표시한다.
  제5조 토문강 이북의 한국인과 청국인이 함께 살고 있는 구역 안에 있는 한국 국민 소유의 토지와 가옥은 청 정부가 청 국민의 재산과 똑같이 보호해야 한다.
  제6조 청 정부는 앞으로 길장 철도(吉長鐵道)를 연길 이남으로 연장하여 한국의 회령에서 한국의 철도와 연결할 수 있다.

❺ 최근의 동향
간도 협약에 따라 일본은 간도를 청의 영토로 인정해 주었으나, 최근 토문강과 두만강이 별개의 강이라는 각종 자료가 발굴되고 있다. 이에 따라 간도의 귀속 문제가 다시 주목받고 있다.

바로 확인문제

● 다음 건의로 시행된 사실로 옳은 것은?

> 이곳은 우리나라와 청나라의 경계(境界) 지대인데, 수백 년 동안 비어 있었습니다. 수십 년 전부터 북쪽 변경 고을 사람들이 이곳에 가서 살고 있는데, 그 수가 십여만 명이나 됩니다. …… 전에 분수령 정계비 아래 토문강 이남의 구역은 우리나라 경계(境界)로 확정되었으니 …… 관리를 특별히 두고 그들의 생명과 재산을 보호하게 하여 조정에서 백성을 보살펴 주는 뜻을 보여 주는 것이 어떻겠습니까?

① 효종이 북벌 정책을 추진하였다.
② 광해군이 중립 외교 정책을 실시하였다.
③ 세종이 백성을 국경 지역으로 이주시켰다.
④ 고종이 이범윤을 간도 관리사로 임명하였다.

|정답해설| 사료의 내용 중 '분수령 정계비(1712년 세워진 백두산정계비를 지칭) 아래 토문강 이남의 구역'은 19세기 후반 이후 조선과 청나라 사이의 영토 문제가 발생하였던 간도에 해당한다. 간도 지역을 우리 영토로 생각하였던 조선 정부는 1882년 어윤중을 서북 경략사로 파견하였고, 1885년에는 이중하를 토문 감계사로 임명하여 대처하였다.
또한 1900년 러시아가 간도를 점령하자, 이범윤을 간도 관리사로 임명(1903)하여 간도를 함경도에 편입시키고 조세를 징수하였다.

|정답| ④

2 일본과의 관계

(1) 기유약조(己酉約條, 1609)

임진왜란으로 침략을 받은 조선은 일본과의 외교 관계를 단절하였다.

① 일본의 국교 재개 요청: 일본의 도쿠가와 막부는 경제적인 어려움을 해결하고, 선진 문물을 받아들이기 위하여 대마도주를 통하여 조선에 국교를 재개하자고 요청해 왔다.
② 포로의 송환: 조선은 막부의 사정을 알아보고 전쟁 때 잡혀간 사람들을 데려오기 위하여 유정(사명당)을 파견하여 일본과 강화하고 조선인 포로 7,000명을 데려왔다(1607).
③ 교섭의 재개: 일본과 기유약조를 맺어 부산포에 다시 왜관을 설치하고, 제한된 범위 내에서의 교섭을 허용하였다(1609).

> **사료** 기유약조
>
> 대마도주에게 해마다 내리는 쌀과 콩은 모두 100석으로 한다. ……
> 대마도주의 세견선(歲遣船)은 감해서 17척으로 하고 특송선 3척과 합해서 모두 20척으로 한다. 이 밖에 만일 따로 보낼 일이 있으면 세견선에 부친다.
> 『증정교린지』

■ 기유약조의 내용
부산포를 개항하고 통교 시 세견선 20척, 세사미두 100석으로 그 범위를 제한하였으며, 도서증(문인)을 지참하도록 하였다.

(2) 통신사(通信使)의 파견

① 파견 요청 이유: 일본은 조선의 선진 문화를 받아들이고, 도쿠가와 막부의 쇼군이 바뀔 때마다 그 권위를 국제적으로 인정받기 위하여 조선에 사절의 파견을 요청해 왔다.
② 파견 기간과 규모: 이에 조선에서는 1607년부터 1811년까지 12회에 걸쳐 통신사라는 이름으로 일본에 사절을 파견하였다. 통신사 일행은 적을 때에는 300여 명, 많을 때에는 400~500여 명이나 되었고 일본에서는 국빈으로 예우하였다.

▲ 통신사의 행로
일본에 간 조선의 통신사가 지나갔던 길이다. 일본에는 이 길을 중심으로 통신사와 관련된 유물과 유적이 많이 남아 있다.

③ 통신사의 역할: 일본은 이들을 통하여 조선의 선진 학문과 기술을 배우고자 하였으므로, 통신사는 외교 사절로서뿐만 아니라 조선의 선진 문화를 일본에 전파하는 역할도 하였다.

▲ 「통신사 행렬도」(국사 편찬 위원회 소장)
숙종 37년(1711)에 파견된 통신사의 행렬도 가운데 정사(正使)의 행렬 부분이다.

사료 | 통신사 파견

일본 사람이 우리나라의 시문을 구하여 얻은 자는 귀천현우(貴賤賢愚)를 막론하고 우러러보기를 신선처럼 하고 보배로 여기기를 주옥처럼 하지 않음이 없어, 비록 가마를 메고 말을 모는 천한 사람이라도 조선 사람의 해서(楷書)나 초서(草書) 글자만 얻으면 모두 손으로 이마를 받치고 감사의 성의를 표시한다. 「해유록」

(3) 울릉도와 독도 문제

① 충돌의 원인: 울릉도와 독도는 삼국 시대 이래 우리의 영토였으나 일본 어민들이 자주 이곳을 침범하여 충돌이 빚어지기도 하였다.
② 안용복의 활동: 숙종 때 동래의 어민인 안용복은 울릉도에 출몰하는 일본 어민들을 쫓아내고, 일본에 건너가 울릉도와 독도가 조선의 영토임을 확인받고 돌아왔다.
③ 그 후에도 일본 어민들의 침범이 계속되자 19세기 말에 조선 정부에서는 적극적으로 울릉도 경영에 나서 주민의 이주를 장려하였고, 울릉도에 군을 설치하여 관리를 파견하고 독도까지 관할하게 하였다.

▲ 울릉도와 독도
「조선지도」의 울릉도와 독도(18세기, 서울대학교 규장각 소장)로, 큰 섬이 울릉도이고 오른쪽 우산(牛山)이라 쓰인 섬이 독도이다.

사료 | 「대한 제국 칙령 제41호」

울릉도를 울도(鬱島)로 개칭하고 도감(島監)을 군수로 개정하는 건

제1조 울릉도를 울도라고 개칭하여 강원도에 부속하고 도감을 군수로 개정하여 관제 중에 편입하고 군의 등급은 5등으로 할 것
제2조 군청의 위치는 태하동(台霞洞)으로 정하고 구역은 울릉전도(鬱陵全島)와 죽도(竹島)·석도(石島)를 관할할 것
「관보」 제1716호, 1900년(광무 4년) 10월 27일

■ 안용복

숙종 19년(1693) 울릉도에서 고기잡이 하던 중 이곳을 침입한 일본 어민을 힐책하다가 일본으로 잡혀갔다. 일본에서 울릉도가 조선의 땅임을 강력히 주장하여 막부로부터 울릉도가 조선의 영토임을 확인하는 서계(書契)를 받아냈다.

이후 안용복은 **숙종 22년(1696)** 박어둔(朴於屯)과 다시 울릉도에 고기잡이 나갔다가 일본 어선을 발견하고 송도(松島: 독도)까지 추격하여 정박시킨 후, 조선의 바다에 침범해 들어와 고기를 잡은 사실을 문책한 다음 울릉우산양도 감세관(鬱陵于山兩道監稅官)이라고 자칭하고, 일본 호키주[伯耆州: 島根縣]에 가서 번주(藩主)에게 범경(犯境)의 사실을 항의하여 사과를 받고 돌아왔다. 이듬해 일본 막부(幕府)는 쓰시마도주를 통하여 공식으로 자신들의 잘못을 사과하고 일본의 출어 금지를 통보해 왔다.

> 심화　독도 관련 기록

❶ 독도는 울릉도에 딸린 섬으로서, 신라 지증왕 때 이사부가 울릉도(우산국)를 흡수한 이래(512) 우리나라 고유 영토였다. 『삼국사기』에 울릉도가 기록되어 있으며, 『고려사』에는 우산국 사람들이 고려에 토산품을 바쳤다는 기록이 있다.

❷ 조선 태종 때 왜구의 피해에 대비하여 공도 정책을 실시하면서 사람의 내왕이 적어졌지만 특히 독도는 우산도(『세종실록지리지』, 『신증동국여지승람』), 삼봉도(『성종실록』), 자산도(『숙종실록』)라고 불리면서 울릉도와 함께 강원도 울진현에 포함되어 우리 영토로 인식되어 왔다. 한편 『신증동국여지승람』에 나오는 「팔도총도」에는 우산도와 울릉도가 나란히 그려져 있는데, 우산도를 울릉도의 안쪽에 그려 놓아 일본은 우산도가 독도가 아니라고 주장하고 있다. 그러나 조선 후기에 제작된 정상기의 「동국지도」, 「해좌전도」(19세기 중엽), 「조선전도」(1845)에서는 우산도를 울릉도의 동쪽에 명확하게 표시하고 있다. 이후 대한 제국 학부에서 발간한 「대한여지도」(1898)와 「대한전도」(1899)도 독도가 한국 영토임을 명백하게 표시하였다.

❸ 17세기 이후 일본 어민들이 자주 이곳을 침범하여 불법 어로 활동을 하였다. 이 때문에 양국 어민들 사이에 충돌이 일어나(1693) 안용복이 일본에 건너가 에도 막부로부터 울릉도와 독도가 조선의 영토임을 확인받고 돌아왔다.

❹ 19세기 이후 조선 정부는 공도 정책을 중단하고, 개척령을 발표하여 관리를 파견하고 주민을 이주시켰다. 1900년 10월 대한 제국 정부는 「칙령 제41호」를 발표하여 울릉도를 '울도군(현재의 울릉군)'으로 승격시켜 강원도에 부속시키고 '(독도의) 두 섬인 죽도, 석도'를 관할하게 하였다.

❺ 한편 독도가 유럽에 알려진 것은 1849년 프랑스 포경선 리앙쿠르호에 의해서였으며, 이 때문에 유럽에서는 독도를 리앙쿠르 바위섬이라고 부른다.

❻ 일본은 러일 전쟁 중에 독도를 무주의 무인도로 규정하고, 시마네현에 편입하였다(1905. 2.).

❼ 제2차 세계 대전이 종결된 이후, 연합국은 도쿄에 연합국 총사령부를 설치하고, 일본이 이웃 나라를 침략하여 빼앗은 모든 영토를 원주인에게 돌려주는 작업을 시작하였다. 연합국 총사령부는 1946년 1월 29일 「훈령 제677호」를 발표하여 한반도 주변의 울릉도, 독도, 제주도를 일본 주권에서 제외하여 한국에 반환시켰다. 이후 1946년 6월 22일 「훈령 제1033호」를 발표하여 일본 어부들이 독도와 그 12해리 수역에 접근하는 것을 엄격히 금하여 독도가 한국 영토임을 명백히 하였다. 또한 1950년 체결된 「구일본 영토 처리에 관한 합의서」 및 6·25 전쟁 기간 중 설정된 「한국 방공 식별 구역」에도 그 내용은 다시 확인되었다.

❽ 독도는 현재 우리나라가 역사적·국제법적으로 배타적 영유권을 가지며 실효적으로 지배하고 있으나, 일본은 1951년 조인된 샌프란시스코 강화 조약에서 독도가 명시되어 있지 않다는 등의 근거를 들어 자국 영토라고 억지 주장을 계속하고 있다.

❾ 1952년 이승만 대통령은 「대한민국 인접 해양에 대한 대통령 선언」(한반도 평화 선언)을 발표하여 독도 영토 주권을 명확히 하였다. 그러나 「신 한일 어업 협정」(1999)에서는 독도 주변 해역을 한·일 양국의 공동 수역으로 설정하여 영토 분쟁의 원인을 제공하기도 하였다.

> 심화　독도 관련 외국 기록

❶ 프랑스 당빌의 「조선왕국전도」(1737)에는 독도(우산도)가 조선의 영토로 그려져 있다.

❷ 1667년 일본에서 편찬된 『은주시청합기』도 울릉도와 독도는 조선의 영토이며, 일본의 서북쪽 경계는 '은기도'를 한계로 한다고 명시하고 있다.

❸ 그 외 「해산조륙도」(1691, 이시가와 유센), 「삼국접양지도」(1785, 하야시 시헤이), 1696년 도쿠가와 막부 집정관의 언급, 『통항일람』(1853), 「조선국교제시말내탐서」(1870)에서도 독도가 조선의 영토임을 밝히고 있다.

단권화 MEMO

■ 공도 정책(쇄환 정책)
조선 왕조가 왜구의 침입에 대비하여 울릉도 등 섬 주민을 본토로 이주시킨 정책이다.

■ 독도를 한국 영토로 인정한 일본의 공문서(태정관 문서)
1876년 일본 내무성은 전국의 지도를 제작하였다. 이 과정에서 시마네현에서 '울릉도와 독도를 시마네현에 포함시킬 것인가'에 대해 질의하였다. 5개월의 조사 끝에 내무성은 '이 문제는 17세기에 끝난 문제이고, 울릉도와 독도는 일본과 관계가 없다.'라고 결론을 내렸다. 그러나 영토 문제는 중요한 사항이라고 생각하여 최고 국가 기관인 태정관에 질의하였다. 1877년 3월 20일, 태정관은 '품의한 취지의 죽도(울릉도) 외 일도(一島)의 건은 일본과 관계없다.'라는 최종 결론을 내렸다.

단권화 MEMO

| 정답해설 | 통신사는 일본 막부의 요청(막부의 쇼군이 새로 취임할 때 쇼군의 권위를 국제적으로 인정받기 위해 조선에 통신사 파견을 요청하였다)으로 파견된 사절단이었다. 따라서 매년 파견된 것은 아니다.

| 정답 | ②

| 정답해설 | 이사부의 우산국 정벌은 삼국 통일 이전 6세기 지증왕 시기에 이루어졌다.

| 정답 | ②

| 정답해설 | 「대한 제국 칙령 제41호」는 울릉도를 '군'으로 승격시키고, 독도를 관할하게 한 조치이며, 「삼국접양지도」는 일본의 하야시 시헤이(林子平)가 1785년에 편찬한 『삼국통람도설』에 실린 지도로서, 울릉도와 독도는 '조선의 것'이라고 명기되어 있다.

| 오답해설 |
① 이범윤은 1902년 간도 시찰원으로 파견되었고, 1903년에는 간도 관리사가 되어 간도 지방의 한인(韓人) 보호에 힘썼다. 『은주시청합기』는 1667년 사이토 호센이 간행한 것으로 독도를 조선의 영토로 확인한 일본 최초의 문헌이다(책의 해석을 두고 한·일 학자 간의 논쟁이 있음).
③ 미쓰야 협정은 만주의 독립운동을 탄압하기 위해서 만주 군벌인 장쭤린과 조선 총독부 경무국장 미쓰야 미야마쓰가 체결한 조약이다. 한편 일본은 러일 전쟁 중인 1905년 「시마네현 고시 제40호」를 발표하여 독도를 시마네현에 강제 편입하였다.
④ 일본의 「조선국교제시말내탐서」(1870)에서는 독도가 한국의 영토임을 인정하고 있다. 한편 조선 정부에서는 어윤중을 서북 경략사로 파견하여(1882) 청과 국경 문제를 협의하도록 하였다.

| 정답 | ②

바로 확인문제

● **조선 시대의 사행(使行)에 대한 설명으로 옳지 않은 것은?** 16. 지방직 7급

① 조선 전기 명에 파견된 사신은 조천사, 조선 후기 청에 파견된 사신은 연행사로 불렸다.
② 임진왜란 이후 일본으로 통신사를 매년 파견하여 교류하였다.
③ 북경에 사신으로 다녀온 인물들을 중심으로 북학이 전개되었다.
④ 조선 후기 사행에서 역관들은 팔포 무역 등을 통해 국제 무역의 활성화에 기여하였다.

● **다음 중 독도에 관한 설명 중 가장 적절하지 않은 것은?** 11. 정보통신 경찰

① 일본 막부는 1699년에 다케시마(竹島: 당시 일본에서 울릉도를 일컫던 말)와 부속 도서를 조선 영토로 인정하는 문서를 조선 조정에 넘겼다.
② 울릉도가 통일 신라 시대에 이사부의 우산국 정벌로 인해 신라 영토로 편입된 이후, 독도도 고려·조선 말까지 우리나라 영토로 이어져 내려왔다.
③ 『세종실록지리지』강원도 울진현 조(條)에서 "우산, 무릉 두 섬이 (울진)현 정동(正東) 바다 한가운데 있다." 하여 독도를 강원도 울진현 소속으로 구분하고 있다.
④ 『통항일람』은 19세기 중반에 일본에서 기록한 사서로, 안용복에게 독도가 조선의 땅임을 인정하는 사료가 기록되어 있다.

● **독도가 우리나라 영토임을 입증하는 근거로만 옳게 짝지어진 것은?** 17. 국가직(사복직 포함) 9급

① 이범윤의 보고문 – 『은주시청합기』
② 「대한 제국 칙령 제41호」 – 「삼국접양지도」
③ 미쓰야 협정 – 「시마네현 고시 제40호」
④ 「조선국교제시말내탐서」 – 어윤중의 서북 경략사 임명장

CHAPTER 02 근대 태동기의 경제

01 수취 체제의 개편
02 서민 경제의 발전
03 상품 화폐 경제의 발달

01 수취 체제의 개편

1 농촌 사회의 동요

(1) 농촌 사회의 파괴

① 양난(兩亂)의 피해: 임진왜란과 병자호란을 거치면서 농촌 사회는 심각하게 파괴되었다. 수많은 농민이 전란 중에 사망하거나 피난을 가고 경작지는 황폐화되었다.
② 농촌 생활의 파탄: 굶주림과 질병까지 널리 퍼져서 농촌 생활의 어려움은 극에 달하였지만, 농민의 조세 부담은 줄어들지 않았다.

(2) 수취 체제의 개편

국가는 수취 체제를 개편하여 농촌 사회를 안정시키고 재정 기반을 확대하려 하였다. 그것은 전세 제도, 공납 제도, 군역 제도의 개편으로 나타났다.

2 전세(田稅)의 정액화(定額化)

(1) 양난 이후의 경제

양난 이후 조선 정부의 가장 큰 어려움은 농경지의 황폐와 토지 제도의 문란이었다. 세종 때 토지 결수는 160만 결, 임진왜란 직전 전국의 토지 결수는 150만 결이었는데, 임진왜란 직후에는 30여만 결로 크게 줄었다. 그 후 54만 결(광해군) → 120만 결(인조) → 140만 결(숙종) → 145만 결(영·정조)로 증가하였다. 이는 전후로 계속하여 진전(陳田)을 개간하고 양전 사업을 실시하여 은결(隱結)을 색출하였기 때문이다. 그러나 토지 결수의 증가에도 불구하고 국가의 수세지는 전 결수의 약 60%에 지나지 않았다.

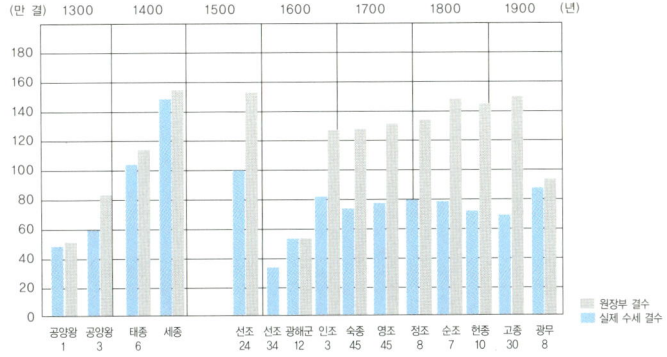

▲ 조선 시대 전국의 토지 면적

> **단권화 MEMO**
>
> ■ 당시 지배층의 태도
> 양반 지배층은 정치적 다툼에 몰두하여 민생 문제에 적극적으로 대처하지 못하였다. 이러한 지배층에 실망한 농민들은 불만을 드러내고 도적이 되기도 하였다.

단권화 MEMO

■ 양전 사업의 결과
원장부 토지 결수는 증가하였으나 국가의 수입은 크게 늘어나지 않았다. 이는 곧 궁방전·관둔전·역둔토·은결 등 면세지가 크게 확대되었기 때문이다.

■ 비총법
영조 36년(1760) 법제적으로 추인되어 1894년 갑오개혁 때까지 실시되었다. 국가에서 거두어들일 세금의 총액을 미리 정해놓고 지방에 할당하는 방식의 세법으로, 전세(田稅)·대동(大同)·삼수미(三手米) 등 토지에 부과되는 세금을 비롯하여 노비의 신공(身貢)·해세(海稅) 등의 징수에도 적용되었다. 이에 농민들은 공동납으로 대응하였다.

|정답해설| 영정법(1결당 4∼6두로 고정 과세)은 공법(1결당 최고 20두에서 최하 4두씩 차등 과세)에 비해 세율은 낮았으나, 각종 부과세와 삼수미세(훈련도감의 삼수병의 급료를 마련하기 위해 1결당 2.2두씩 부과) 등이 추가되어 농민들의 부담이 줄어든 것은 아니었다.
|정답| ③

---

(2) 정부의 개선책

① **개간 장려**: 정부는 개간을 권장하면서 경작지를 확충하고자 하였다. 신분에 관계없이 누구에게나 개간을 허용하였고, 개간자에게는 개간지의 소유권과 함께 3년간의 면세 혜택을 부여하였다.

② **양전 사업의 추진**: 정부는 전세를 확보하기 위하여 토지 조사 사업을 추진하였다. 이는 토지 대장인 양안(量案)에서 빠진 토지인 은결을 찾아내어 전세의 수입원을 증대시키려는 의도에서 시행되었다.

(3) 영정법(인조 13년, 1635)

① **배경**: 농민들은 자신들의 고통을 줄여 주는 정책을 기대하였다.
② **내용**: 정부는 연분 9등법을 따르지 않고 풍년이건 흉년이건 관계없이 전세를 토지 1결당 미곡 4두(혹은 미곡 4두 ∼ 6두)로 고정시켰다.
③ **결과**
　㉠ 전세의 비율이 이전보다 다소 낮아졌다.
　㉡ 대다수의 농민에게 크게 도움이 되지 못하였고, 오히려 부담이 더 늘어났다.
　㉢ 전세를 납부할 때 여러 명목의 수수료, 운송비, 자연 소모에 대한 보충 비용 등이 함께 부과되었기 때문에 그 액수가 전세액보다 훨씬 많아 때로는 전세액의 몇 배가 되기도 하였다.

> **사료**　**영정법**
>
> 인조 갑술(1634, 인조 12년)에 양전(量田)을 한 뒤에 마침내 시년상하(視年上下)의 법(연분 9등법)을 혁파하였다. 삼남 지방은 처음에 각 등급으로 결수를 정하고 조안(租案)에 기록하였다. 영남은 상지하(上之下)까지만 있게 하고, 호남과 호서 지방은 중지중(中之中)까지만 있게 하며, 나머지 5도는 모두 하지하(下之下)로 정하여 전례에 의하여 징수한다. 경기·삼남·해서·관동은 모두 1결에 전세 4두를 징수한다.　　『만기요람』

> **바로 확인문제**
>
> ● 다음은 조선 시대 양난 이후 수취 체제의 변화에 대한 설명이다. 가장 적절하지 <u>않은</u> 것은?
> 　　　　　　　　　　　　　　　　　　　　　　　　　　　　　　　14. 경찰직 1차
>
> ① 영정법에서는 연분 9등법을 따르지 않고 풍흉에 관계없이 전세를 토지 1결당 미곡 4두로 고정시켰다.
> ② 대동법의 시행으로 공납이 전세화되어 농민은 대체로 토지 1결당 미곡 12두만 납부하면 되었다.
> ③ 영정법에 따라 전세의 비율이 이전보다 다소 낮아져 대다수 농민의 부담이 경감되었다.
> ④ 대동법은 부족한 국가 재정을 보완하고 농민의 부담을 경감하기 위한 개혁론으로 제기되었다.

3 공납의 전세화

(1) 공납의 폐해
당시 농민들에게 가장 큰 부담을 주던 것은 공납이었다.

① 방납의 폐해: 방납의 폐해가 나타나면서 농민의 부담은 더욱 커져 갔고, 견디지 못한 농민들은 농토를 떠나지 않을 수 없었다. 농민들의 토지 이탈은 농촌 경제의 파탄으로 인한 결과이지만, 일종의 조세 저항이기도 하였다.

② 국가 재정의 악화: 임진왜란을 겪으면서 정부의 재정 상태가 더욱 악화되자 부족한 국가 재정을 보완하고 농민의 부담을 경감시키기 위한 개혁론이 제기되었다.

(2) 대동법(大同法)의 시행(1608)*

① 내용: 대동법은 농민의 집집마다 부과하여 토산물을 징수하였던 공물 납부 방식을 토지의 결수에 따라 쌀, 삼베나 무명, 동전 등으로 납부하게 하는 제도였다. 정부는 수납한 쌀, 삼베나 무명, 동전을 공인(貢人)에게 지급하여 그들을 통해 필요한 물품을 구입하여 썼다.

② 경과
  ⊙ 실시: 1608년 광해군 때 이원익의 주장으로 선혜청(宣惠廳)을 설치하고 경기도에서 처음으로 실시되었다.
  ⊙ 인조: 이원익의 주장으로 강원도에서 실시되었다(1623).
  ⊙ 효종: 김육의 주장으로 충청도(1651), 전라도 연읍(1657)에서 시행되었다.
  ⊙ 현종: 전라도 산간 지역에서 실시되었다(1662).
  ⊙ 숙종: 평안도, 함경도를 제외한 전국에 실시되었다(1708).
  ⊙ 전국적 실시 지연 이유: 전국적으로 실시되는 데 100년이란 기간이 소요된 것은 양반 지주들의 반대가 심하였기 때문이다.

▲ 대동세의 징수와 운송

*대동법의 시행
대동법의 내용, 실시 및 경과, 결과를 구체적으로 알아두어야 한다.

심화 대동법의 시행

중종 때 조광조가 공안을 개정하자고 주장하였고, 선조 때 이이가 수미법을 시행하기를 청하였으며, 임진왜란 이후에는 우의정 유성룡이 역시 미곡을 거두는 것이 편리하다고 주장하였으나, 일이 모두 성취되지 못하였다. 선조 41년(1608)에 이르러 좌의정 이원익의 건의로 대동법을 비로소 시행하여, 민결(民結)에서 미곡을 거두어 서울로 옮기게 했는데, 먼저 경기에서 시작하고 드디어 선혜청을 설치하였다. 인조 2년(1624)에 이원익이 다시 건의하여 강원도에도 시행하게 되었으며, 효종 3년(1652)에 우의정 김육의 건의로 충청도에도 시행하게 되었으며, 효종 8년(1657)에는 김육이 또다시 요청하여 전라도 연읍에도 시행하였으며, 현종 3년(1662)에는 형조판서 김좌명이 요청하여 산군(山郡)까지도 아울러 시행하였으며, 숙종 3년(1677)에는 도승지 이원정이 청하여 경상도에도 시행하였으며, 숙종 34년(1708)에는 황해도 관찰사 이언경의 상소로 황해도에도 시행하게 되었다.

| 단권화 MEMO |

사료 대동법의 실시

선혜청(宣惠廳)을 설치하였다. 처음에 영의정 이원익이 제의하기를 "각 고을의 진상(進上)과 공물(貢物)이 각급 관청의 방납인(防納人)에 의해 저지되어 한 물건의 값이 3, 4배 혹은 수십·수백 배까지 되어 그 폐해가 극심하고, 특히 경기 지방은 더욱 그러합니다. 지금 마땅히 별도로 청(廳)을 설치하여 매년 봄·가을로 백성들에게 쌀을 거두되, 토지 1결마다 2번에 걸쳐 8두씩 거두어 본청에 수납하게 하고, 본청은 그때 물가의 시세를 보아 쌀로써 방납인(防納人)에게 지급하여 수시로 무역해서 납부하게 하소서."라고 하니, 임금이 이에 따랐다. 이때 왕의 교지 중에서 선혜(宣惠)라는 말이 있어 이로써 청(廳)의 이름을 삼았다. 『광해군일기』

③ 결과
  ㉠ 공납의 전세화: 공물 대신 토지 결수에 따라 차등적으로 과세하였다.
  ㉡ 조세의 금납화: 종래의 현물 징수를 쌀, 삼베, 무명 외에 동전으로 납부하게 됨으로써 조세의 금납화가 이루어졌다.
  ㉢ 농민의 부담 경감: 농민들은 대체로 토지 1결당 미곡 12두만을 납부하면 되었기 때문에 토지가 없거나 적은 농민에게 과중하게 부과되었던 공물 부담은 없어지거나 경감되었다.
  ㉣ 국가 재정의 회복: 대동법의 실시로 국가의 재정은 어느 정도 회복되었다.
  ㉤ 공인의 등장: 대동법이 실시되면서 공인(貢人)이란 어용 상인들이 나타났는데, 이들은 관청에서 공가(貢價)를 미리 받아 필요한 물품을 사서 납부하였다.
  ㉥ 상품 화폐 경제의 발달
    • 상품 수요 증가: 공인들이 시장에서 많은 물품을 구매하여 상품 수요가 증가하였다.
    • 시장의 활성화: 농민들도 대동세를 내기 위하여 토산물을 시장에 내다 팔아 쌀, 베, 돈을 마련하였다.
    • 상품 화폐 경제와 유통 경제의 발전: 물품의 수요와 공급이 증가하면서 상품 화폐 경제가 한층 발전되고, 생산 활동이 활발해지면서 경제 질서가 자급자족의 상태에서 유통 경제로 바뀌어 갔다.
    • 양반 사회의 붕괴 촉진: 농민들을 화폐 경제에 편입시켜 궁극적으로는 농민층의 분해를 촉진시키고, 나아가 양반 사회를 붕괴시키는 작용을 하였다.
④ 한계: 대동법의 운영 과정에서 폐단이 재발하면서 농민들은 다시 어려움을 겪게 되었다.
  ㉠ 현물 징수의 존속: 농민들은 왕실에 상납하는 별공·진상·헌납의 현물세를 그대로 부담하였고, 지방 관아에서도 수시로 특산물을 징수하였다.
  ㉡ 대동세의 전가: 지주에게 부과된 대동세가 소작농에게 전가되는 경우도 많았다.
  ㉢ 가혹한 수탈: 행정 기강이 문란해지면서 수령 및 아전들의 농민 수탈이 다시 가혹해졌다.

■ 대동미의 용도 및 폐단
• 상납미(上納米): 봄에 징수되는 대동미를 중앙 관부로 이송하여 중앙의 관수품 구입비로 사용하였다.
• 유치미(留置米): 가을에 징수되는 대동미는 토지 소재지의 지방 관아의 공물 구입비로 사용되니 이를 유치 또는 저치미(儲置米)라고도 한다. 유치미의 비율은 대동법 실시 초기에 경기도는 33.8%, 충청도는 41.6%, 전라도는 58.4%, 경상도는 60.7%에 이르렀다.
• 폐단: 대동법 실시 후기에 이를수록 상납미의 비율이 높아져 지방 관아의 재정을 악화시킴으로써 수령 및 아전(衙前)들의 농민 수탈로 이어졌다.

바로 확인문제

● 다음 대화에 나타난 수취 제도에 대한 설명으로 옳은 것은?   16. 지방직 9급

> • 갑: 호(戶)에 부과하던 공물을 토지에 부과하게 되면서 땅이 많은 대가(大家)와 거족(巨族)이 불만을 가져 원망을 하고 있으니 가뜩이나 어려운 시기에 심히 걱정스럽군.
> • 을: 부자는 토지 소유에 비례하여 많은 액수의 세금을 한꺼번에 내기 어렵다고 불평하지만, 수확과 노동력이 많은 부자가 가난한 사람도 여태껏 그럭저럭 납부해온 것을 왜 못 내겠소?

① 광해군 때 경기도에서 처음으로 실시되었다.
② 농민의 군포 부담을 1년에 1필로 줄여 주었다.
③ 지주에게 토지 1결당 2두의 결작미를 징수하였다.
④ 농민 부담을 낮추기 위해 전세를 토지 1결당 미곡 4두로 고정하였다.

| 정답해설 | '갑'의 대화 중 "호(戶)에 부과하던 공물을 토지에 부과한다."라는 내용을 통해 대동법임을 알 수 있다. 대동법은 광해군 때 이원익 등의 건의로 경기도에서 처음으로 실시되었으며(1608), 숙종 때 잉류 지역을 제외하고 전국적으로 실시되었다(1708).

| 오답해설 |
② 농민의 군포 부담을 1년에 1필로 줄여준 제도는 균역법이다.
③ 균역법 실시 이후 국가의 군포 수입을 보충하기 위해 지주에게 1결당 2두씩 결작미를 징수하였다.
④ 인조 때 시행된 영정법에 관한 내용이다.

| 정답 | ①

● 밑줄 친 '이 법'에 대한 설명으로 옳지 <u>않은</u> 것은?   16. 국가직 9급

> 현물로 바칠 벌꿀 한 말의 값은 본래 목면 3필이지만, 모리배들은 이를 먼저 대납하고 4필 이상을 거두어 갑니다. 이런 폐단을 없애기 위해 <u>이 법</u>을 시행하면 부유한 양반 지주가 원망하고 시행하지 않으면 가난한 농민이 원망한다는데, 농민의 원망이 훨씬 더 큽니다. 경기와 강원에서 이미 시행하고 있으니 충청과 호남 지역에도 하루빨리 시행해야 합니다.

① 토지 결수를 과세 기준으로 삼았다.
② 인조 때 처음으로 경기도에서 시행하였다.
③ 이 법이 시행된 후에도 왕실에 대한 진상은 계속되었다.
④ 이 법을 시행하면서 관할 관청으로 선혜청을 설치하였다.

> **단권화 MEMO**
>
> |정답해설| 밑줄 친 '이 법'은 '대동법'이다. 대동법은 광해군 때 이원익의 건의로 경기도에서 처음 시행되었다(1608).
> |정답| ②

4 균역법(均役法)의 시행

(1) 군역 제도의 개편 배경

① 5군영의 성립: 양난 이후 5군영의 성립으로 모병제가 제도화되자 군영의 경비를 마련하기 위하여 포를 내는 것으로서, 군역을 대신하는 수포군(收布軍)이 점차 증가하였다.
② 군포 징수의 문제점
  ㉠ 군포의 중복 징수: 5군영은 물론 지방의 감영이나 병영까지도 독자적으로 군포를 징수하면서 장정 한 명에게 이중, 삼중으로 군포를 부담시키는 경우가 많았다.
  ㉡ 군포 양의 불균등
    • 장정들이 바치는 군포의 양도 소속에 따라 2필 또는 3필 등으로 달랐다.
    • 임진왜란 이후 **납속**이나 **공명첩**으로 양반이 되어 면역하는 자가 늘어나면서 군역의 재원은 점차 줄어드는 상황이었다.
    • 전국의 장정 수를 정확하게 파악하지 못하여 재정 상태가 어려워지자 군포의 부과량을 점차 늘릴 수밖에 없었다.
    • 군사비 외에 일반 경상비로 변칙적으로 운영되거나 여러 관청의 중복 및 차등 징수의 문제점도 있었다.
    • 관리의 부정 등이 만연하였다.
③ 농민의 저항: 군역의 부담이 과중해지자 농민들은 도망가거나 노비나 양반으로 신분을 바꾸어 군역을 피하는 경향이 더욱 심해졌다.
④ 양역 변통론(良役變通論)의 대두: 양역의 폐단이 심해지자 농민들은 유망이나 피역으로 저항하였다. 이에 양역의 폐단을 시정하려는 개혁 방안이 논의되었고, 마침내 균역법이 시행되었다.

사료 군정(軍政)의 문란

> 나라의 100여 년에 걸친 고질 병폐로서 가장 심한 것은 양역(良役)이다. 호포(戶布)니 구전(口錢)이니 유포(遊布)니 결포(結布)니 하는 주장들이 분분하게 나왔으나 적당히 따를 만한 것이 없다. 백성은 날로 곤란해지고 폐해는 갈수록 심해지니, 혹은 3, 4명의 형제가 한꺼번에 군포(軍布)를 납부해야 하며, 또한 이웃의 이웃이 견책을 당하고 친척의 친척이 징수를 당하고, 황구(黃口)는 젖 밑에서 군정(軍丁)으로 편성되고, 백골(白骨)은 지하에서 징수를 당하며, 한 사람이 도망하면 열 집이 보존되지 못하니. 비록 좋은 재상과 현명한 수령이라도 어찌할 수 있을지 모른다.
>
> 『영조실록』

■ **납속(納粟)**
부족한 재정 보충 및 빈민 구제를 목적으로 돈이나 곡물을 납부한 사람에게 특혜를 준 정책으로, 면천과 면역은 물론 관직을 주는 경우도 있었다.

■ **공명첩(空名帖)**
나라의 재정을 보충하기 위하여 부유층으로부터 돈이나 곡식을 받고 팔았던 명예직 임명장을 의미한다.

■ **군포 징수의 폐단**
군포의 징수는 단일 관청에 의해 통일적으로 이루어지지 않았고, 군적이 제대로 정비되지 않아 농민들은 이중, 삼중으로 부담하는 경우가 허다하였다. 여기에 군포 수납 과정에서 실무를 맡은 수령, 아전들의 농간까지 겹쳐 인징(隣徵)·족징(族徵)·백골징포(白骨徵布)·황구첨정(黃口簽丁) 등 여러 폐단이 나타났다.

■ **양역 변통론(良役變通論)**
양인 농민이 부담하는 군역의 폐단을 시정하자는 논의로 17세기에 유형원은 토지 개혁을 전제로 농병 일치제로의 환원을 주장하였다. 변통(變通)의 방법으로 제시된 것은 첫째는 감포론(減布論)이요, 둘째는 호포론(戶布論)이었다. 영조는 호포론을 시행하고자 하였으나 대다수 양반 관료들의 저항으로 뜻을 이루지 못하고, 종래의 2필을 1필로 감하는 감포론을 시행하였다. 호포론은 19세기에 흥선 대원군이 시행하게 되어 이때부터 모든 양반도 군포 1필을 부담하게 되었다.

단권화 MEMO

*균역법
균역법 시행 이후 실시한 군포 보충 정책을 알아두어야 한다.

■ 선무군관
군포 1필을 납부하는 선무군관은 양반층이 아니지만 양반 행세를 하였는데, 이들은 대체로 지방의 토호나 부유한 집안의 자제들이었다.

(2) 균역법(영조 26년, 1750)*

① 내용: 농민들은 1년에 군포 1필만 부담하면 되었다.
② 부가세 징수
  ㉠ 결작: 균역법의 시행으로 감소된 재정은 지주에게 결작(結作)이라고 하여 토지 1결당 미곡 2두를 부담시켰다.
  ㉡ 선무군관포(選武軍官布): 일부 상류층에게 선무군관이란 칭호를 주고 군포 1필을 납부하게 하였다.
  ㉢ 잡세: 어장세, 선박세 등의 잡세 수입으로 부족한 부분을 보충하였다.
③ 결과: 농민 부담이 일시적으로 감소되었다. 군포 부담이 줄어들자 농민들의 군역 부과에 대한 저항도 다소 진정되는 듯하였다.
④ 한계: 토지에 부과되는 결작의 부담이 소작 농민에게 돌아가고, 군정 문란이 다시 심해지면서 농민의 부담 역시 가중되었다.

바로 확인문제

● 〈보기〉의 밑줄 친 '이 법'을 제정한 왕의 업적으로 옳은 것은?   21. 서울시(자체 출제) 9급

| 보기 |

임진왜란 이후 군역 대신 군포를 징수하여 1년에 2필을 납부하게 하였다. 그런데 군적이 제대로 정리되지 않았고, 지방관의 농간까지 겹쳐 실제 납부액이 훨씬 많았다. 이에 <u>이 법</u>을 제정하여 군포 부담을 절반으로 줄여 주었다.

① 『속대전』을 편찬하였다.
② 『대전통편』을 편찬하였다.
③ 『대전회통』을 편찬하였다.
④ 『경국대전』을 편찬하였다.

|정답해설| 밑줄 친 '이 법'(군포 2필을 1필로 줄이는 법)은 영조 때 제정된 '균역법'이다. 영조 때 『속대전』을 편찬하였다.

|오답해설|
② 정조 때 『대전통편』을 편찬하였다.
③ 고종(흥선 대원군 섭정 시기) 때 『대전회통』을 편찬하였다.
④ 세조 때 『경국대전』을 편찬하기 시작하였고 성종 때 반포하였다.

|정답| ①

02 서민 경제의 발전*

1 양반 지주의 경영 변화

(1) 지주 전호제의 일반화
① **양반들의 토지 확대**: 양반들은 양난 이후 토지 개간에 주력하고 농민의 토지를 사들여 소유 농토를 늘려 나갔다.
② **지주 전호제 경영**: 토지를 소작 농민에게 빌려주고 소작료를 받는 지주 전호제로 경영하였는데, 이러한 현상은 18세기 말에 이르러 일반화되었다.

(2) 지주 전호제의 변화
① **초기**: 양반들은 양반과 지주라는 신분적이며 경제적인 지위를 이용하여 소작료와 그 밖의 부담을 마음대로 강요할 수 있었다.
② **계기**: 상품 화폐 경제가 발달하면서 점차 소작인의 저항이 심해지자 소작인의 소작권을 인정하고 소작료를 낮추거나 일정액으로 정하는 추세가 나타났다.
③ **변화**: 지주 전호제가 지주와 전호 사이의 신분적 관계에서 경제적인 관계로 바뀌었다.

(3) 양반들의 경제 생활
① **소작료 소득**: 양반들은 소작료를 거두어 생활하거나 소작료로 받은 미곡을 시장에 팔아 이득을 남기기도 하였다.
② **토지 매입**: 토지에서 생기는 수입으로 토지 매입에 더욱 열을 올렸다. 그리하여 천석꾼, 만석꾼이라 불리는 지주들도 나타났다.
③ **물주(物主) 역할**: 양반 중에는 물주로서 상인에게 자금을 대거나 고리대를 하여 부(富)를 축적하는 이도 있었다.
④ **잔반(殘班)**: 경제적 변동 과정에 제대로 적응하지 못하여 몰락하는 양반도 나타났다.

○ 18세기 황씨 가문의 토지 집적과 추수기(충남 부여)

구분 위치	논/밭	원소유주	면적(두락)	면적(평)	수취 방식	계약량	수취량	작인
도장동	논	송득매	8	1,600	도지	4석	4석	주 서방
도장동	논	자근노음	7	1,400	도지	4석	4석	검금
불근보	논	이풍덕	5	1,000	도지	2석 5두	1석 3두 5승	막산
소삼	논	이풍덕	12	2,400	도지	7석 10두	6속	동이
율포	논	송치선	7	1,400	도지	4석	1석 10두	주적
부야	논	홍 서방	6	1,200	도지	3석 5두	2석 10두	주적
잠방평	논	쾌득	7	1,400	도지	4석	2석 1두	명이
석을고지	논	수양	10	2,000	도지	7석	4석 10두	수양
합계			62	12,400		36석 5두	26석 4두 5승	

단권화 MEMO

*서민 경제의 발전
조선 후기 농업, 수공업, 상업, 광업의 변화 모습을 파악해 두어야 한다.

■ 지주 전호제
병작반수제(竝作半收制)에 따라 일반적으로 소작료는 생산량의 2분의 1을 지주에게 바쳐야 하였다.

2 농민 경제의 변화

(1) 수취 체제 개편의 한계
① 정부가 수취 체제를 조정함에 따라 농촌 사회의 동요는 18세기에 이르러 다소 진정되는 듯하였다.
② 수취 체제의 개편은 궁극적으로 양반 중심의 지배 체제를 계속 유지하려는 데 목적이 있었기 때문에 농촌 사회의 안정을 달성하는 데 한계가 있었다.
③ 농민들은 자신들이 직면한 어려움을 스스로 해결해야 했다.

(2) 농업 생산력의 증대
① 황폐한 농토의 개간
  ㉠ 정부의 개간 사업 장려는 재력이 있는 양반 관료나 토호에게만 유리하여 그들의 토지 겸병과 지주제를 확대시켰다.
  ㉡ 농민은 오히려 소유지를 잃거나 감축당하였다.
② 수리 시설의 복구
  ㉠ 17세기 후반에 이르러 농민들은 수리 시설을 갖추지 않은 상태에서 이앙법을 실시하면 가뭄에 따른 피해가 크다는 것을 알면서도 이앙법을 확대시켜 갔다.
  ㉡ 농민들은 주로 작은 보(洑)를 스스로의 힘으로 쌓아서 물을 확보하였다. 그리하여 18세기 말에는 크고 작은 저수지가 수천 개소에 이르렀다. 현종 때에는 제언사(堤堰司)가 설치되고, 정조 때에는 「제언절목(堤堰節目)」을 반포하여 국가에서 저수지를 관리하였다.

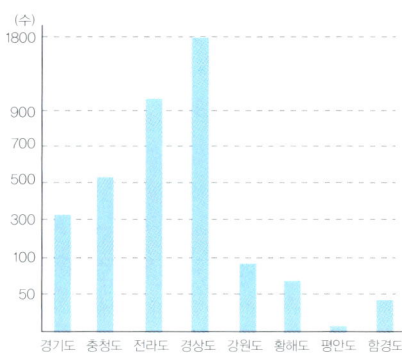
▲ 19세기 초의 도별 저수지 수

③ 시비법 개량: 조선 후기에는 퇴비, 분뇨, 석회 등 거름의 종류를 다양하게 개발하였고 거름의 양도 풍부해졌다. 또한 거름 주는 방법도 여러 가지로 개선되었다.
④ 새로운 영농 방법: 논농사·밭농사 모두에서 씨 뿌리는 방법을 개선하였다.
  ㉠ 밭농사: 농종법(壟種法)과 견종법(畎種法)을 겸하여 실시하였다.
  ㉡ 논농사
    • 15세기: 벼농사는 논이나 밭을 막론하고 볍씨를 뿌린 땅에서 그대로 키우는 직파법(直播法)이 일반적이었고, 못자리에 모를 길러 논으로 옮겨 심는 모내기법, 즉 이앙법(移秧法)은 남부 지방 일부에만 보급되었을 뿐이었다.
    • 17세기: 모내기법이 직파법에 비해 노동력이 적게 들고, 수확량은 증대될 수 있기 때문에 농민들은 모내기법을 확대시켜 나갔다.
  ㉢ 이모작의 확산: 모내기법을 확대하여 벼와 보리의 이모작으로 단위 면적당 생산량을 증가시켜 소득을 증대하였다. 이모작이 널리 행해지면서 보리 재배가 확대되었는데, 논에서의 보리 농사는 대체로 소작료의 수취 대상이 되지 않았기 때문에 소작농들은 보리 농사를 선호하였다.

단권화 MEMO

■ 농민의 삶의 여건 개선
경제 구조의 변동은 정부가 국가적 차원에서 지원함으로써 가능한 면도 있었지만, 그보다는 피지배층 스스로의 슬기와 역량에 그 원동력이 있었다. 그들은 전쟁의 피해를 복구하고 침체된 생산력을 높이면서 자신들이 당면한 어려운 삶의 여건을 개선해 나갔다.

■ 제언사
현종 때 설치한 저수지를 관리하던 관청이다.

■ 「제언절목」
정조 때 개인이 독점적으로 저수지를 소유하지 못하도록 비변사에서 제정한 저수지에 대한 규정이다.

■ 농종법
밭에 이랑(두둑)을 만들고 그 위에 씨를 뿌리는 파종법이다.

■ 견종법
밭고랑에 씨를 뿌리는 방법이다.

사료	이앙법

일반적으로 모내기법을 귀중하게 여기는 이유는 세 가지가 있다. 김매기의 수고를 줄이는 것이 첫째이다. 두 땅의 힘으로 하나의 모를 서로 기르는 것이 둘째이다. 옛 흙을 떠나 새 흙으로 가서 고갱이를 씻어 내어 더러운 것을 제거하는 것이 셋째이다.

어떤 사람은 모낸 모가 큰 가뭄을 만나면 모든 노력이 허사가 된다 하여 모내기법을 위험한 방도라고 말한다. 그러나 여기에는 그렇지 않은 점이 있다. 무릇 벼를 심는 논에는 물을 끌어들일 수 있는 하천이나 물을 댈 수 있는 저수지가 꼭 필요하다. 이러한 것이 없다면 벼논이 아니다. 벼논이 아닌 곳에서 가뭄을 우려한다면 어찌 유독 모내기법에 대해서만 그렇다고 하는가.

『임원경제지』

사료	견종법

다음 해 청명(淸明)과 곡우(穀雨) 사이에 작은 보습[鑱]으로 이 이랑에다 고랑을 내는데, 너비 1척, 깊이 1척이다. 이렇게 한 이랑, 즉 1묘(畝)마다 고랑[畎] 3개와 두둑[伐] 3개를 만들면, 두둑의 높이와 너비는 고랑의 깊이와 너비와 같아진다. 그 뒤 **고랑에 거름 재를 두껍게 펴고, 구멍 뚫린 박에 조를 담고서 파종한다.** 파종 간격은 일정해야 하며 덮어주는 흙의 두께는 손가락 하나의 두께만큼으로 한다.

『임원경제지』

⑤ 농기구의 개량
  ㉠ 18세기 이후 철제 수공업이 발달하면서 여러 가지 농기구가 제작되었다.
  ㉡ 쟁기, 써레, 쇠스랑, 호미 등을 널리 사용하였다.
  ㉢ 논농사에서는 소를 이용한 쟁기의 사용이 보편화되어 생산력이 더욱 증대되었다.

⑥ 상품 작물의 재배
  ㉠ 18세기: 농민들은 시장에 팔기 위한 작물을 재배하여 가계 수입을 증가시켰다. 장시가 점차 증가하여 상품의 유통이 활발해짐에 따라 농민들은 쌀, 목화, 채소, 담배, 약초 등을 재배하여 팔았다.
  ㉡ 쌀: 쌀의 상품화가 활발하였다. 쌀은 이 시기에 이르러 그 수요가 크게 늘어나 장시에서 가장 많이 거래되었다. 쌀의 수요가 늘면서 밭을 논으로 바꾸는 현상이 활발하였다.
  ㉢ 목화: 경상도를 비롯한 삼남 지방과 황해도에서 집중적으로 재배되었다. 목화는 당시 서민들이 가장 많이 사용한 옷감의 원료로서 그 수요가 많았다.
  ㉣ 채소: 서울 근교에서는 채소 재배가 성하였으며, 그 밖에 담배, 인삼, 생강 등도 인기 있는 상품 작물로 재배되었다.

사료	상품 작물의 재배

농민들이 밭에 심는 것은 9곡(穀)뿐이 아니다. 모시, 오이, 배추, 도라지 등의 농사를 잘 지으면 조그만 밭이라고 하더라도 얻는 이익이 헤아릴 수 없이 크다. 한양 내외의 읍과 도회지의 파 밭, 마늘 밭, 배추 밭, 오이 밭에서는 10무(畝)의 땅으로 수백 냥을 번다. 서쪽 지방의 담배 밭, 북쪽 지방의 삼 밭, 한산 지방의 모시 밭, 전주의 생강 밭, 강진의 고구마 밭, 황주의 지황 밭은 모두 다 논 상상등(上上等)보다 그 이익이 10배에 달한다.

『경세유표』

■ 상품 작물의 전래
담배, 고추, 호박 등은 일본에서 전래되었다. 고구마는 18세기 영조 때에 일본에서 전래되었고, 감자는 19세기 청으로부터 전래·재배되었다.

단권화 MEMO

■ 광작(廣作)

광작으로 농민 1인당 경작지 면적은 종래보다 약 5배로 늘어났고, 단위 면적당 경작 노동력은 약 80%가량 감소시켰다. 직파법으로 10두락도 못 짓던 농가에서 모내기법으로 20두락 내지는 40두락까지도 지을 수 있었다.

| 정답해설 | 조선 정부는 처음에 이앙법을 금지하였으나, 17세기 이후 이앙법이 전국적으로 확대되자 생산력을 높이기 위해 수리 시설을 관리하는 정책으로 변경하였다. 이에 현종 3년(1662)에는 제언사를 설치하고, 정조 2년(1778)에 「제언절목」을 반포하였다.

| 정답 | ④

| 정답해설 | 신해통공(1791)이 반포되어 육의전을 제외한 시전 상인들의 금난전권을 폐지하였다.

| 정답 | ①

(3) 농업 경영의 변화

① 광작(廣作)의 대두: 모내기법의 보급으로 제초 노동력이 감소하여 노동력을 덜게 된 농민들은 1인당 경작 면적을 더욱 넓혔고, 일부 농민들은 경작지의 규모를 확대하여 광작을 하였다.

② 광작의 영향: 지주와 자작농의 경우는 물론 일부 소작농도 더 많은 농토를 경작할 수 있어서 재산을 모을 수가 있었다.

바로 확인문제

● 다음은 정조 때 비변사에서 제정한 「제언절목」의 일부 내용이다. 이러한 법률 제정의 가장 직접적인 배경으로 가장 적절한 것은?

> 제1조 제방이나 저수지 바닥을 불법 경작한 곳은 즉시 복구시키되 이를 소홀히 할 때는 지방관을 문책한다.
> 제2조 저수지 바닥을 파내되, 파낸 흙은 바로 근처에 두지 말고 멀리 운반하여 다시 유입되지 않도록 한다.
> 제3조 제방에는 수문이 없어 불편하므로 제언 수축 시에는 반드시 소나무로 만든 수통을 설치하여 필요에 따라 열고 닫도록 한다.

① 지주 전호제의 확대   ② 구황 작물의 재배
③ 개간 사업의 장려   ④ 이앙법의 전국적 보급

● 밑줄 친 ㉠~㉣과 관련된 임란 이후 경제에 대한 설명으로 옳지 않은 것은?   19. 국가직 9급

> • ㉠ 서울 안팎과 번화한 큰 도시에 파, 마늘, 배추, 오이 밭 따위는 10묘의 땅에서 얻은 수확이 돈 수만을 헤아리게 된다. 서도 지방의 ㉡ 담배 밭, 북도 지방의 삼밭, 한산의 모시밭, 전주의 생강밭, 강진의 ㉢ 고구마 밭, 황주의 지황 밭에서의 수확은 모두 상상등전(上上等田)의 논에서 나는 수확보다 그 이익이 10배에 이른다.
> • 작은 보습으로 이랑에다 고랑을 내는데, 너비 1척, 깊이 1척이다. 이렇게 한 이랑, 즉 1묘마다 고랑 3개와 두둑 3개를 만들면, 두둑의 높이와 너비는 고랑의 깊이와 너비와 같아진다. 그 뒤 ㉣ 고랑에 거름 재를 두껍게 펴고, 구멍 뚫린 박에 조를 담고서 파종한다.

① ㉠ - 신해통공을 반포하여 육의전의 금난전권을 폐지하였다.
② ㉡ - 인삼과 더불어 대표적인 상업 작물로 재배되었다.
③ ㉢ - 『감저보』, 『감저신보』에서 재배법을 기술하였다.
④ ㉣ - 밭농사에서 농업 생산력의 발전을 가져온 농법이었다.

(4) 지대(地代)의 변화

① 배경
  ㉠ 상품 화폐 경제가 발달하고 농업 경영상의 변화가 일어나 지주권은 약화되고 전호권은 성장하였다.
  ㉡ 소작 농민들은 좀 더 유리한 경작 조건을 얻어 내기 위하여 지주에게 소작 쟁의를 벌였다.
  ㉢ 소작권을 인정받아 지주가 함부로 소작지를 빼앗지 못하고, 수확량의 반을 내던 소작료도 일정 액수를 곡물이나 화폐로 내도록 하는 변화가 일어났다.

② 타조법(打租法)
  ㉠ 내용: 소작인이 지주에게 수확의 반(半)을 바치는 정률지대의 방식을 말한다.
  ㉡ 특징
    • 전세, 종자, 농기구를 소작인이 부담하게 되어 농민에게 불리한 조건이었다.
    • 작황에 따라 지주의 이익이 좌우되므로, 지주의 간섭이 심하여 농민의 자유로운 영농이 제약받고 있었다.
    • 전호(佃戶)는 소작료 외에 지주가 요구하는 사적인 부담이나 노역을 감당하는 경우도 많았다. 특히 소작료가 임의로 책정되기도 하였다.
③ 도조법(賭租法)
  ㉠ 등장: 농민들의 항조 투쟁의 결과 18세기에 일부 지방에서 등장하였다.
  ㉡ 내용: 농사의 풍흉에 관계없이 해마다 일정한 소작료를 납부하는 정액지대를 말한다. 대개 수확량의 3분의 1을 지주에게 바치도록 되어 있었기 때문에 소작인에게 유리하였다.
  ㉢ 결과: 소작농이라도 상품 작물을 재배하거나 소작권을 인정받고 소작료도 일정 액수만 내게 되면서 근면하고 시장 경제를 잘 이용하는 농민은 점차 소득을 증가시켰다. 이들 농민 중 일부는 토지를 개간하거나 매입하여 지주가 되기도 하였다.

> **심화** 항조(抗租) 운동 – 영조 24년(1748) 타조제를 도조제로 전환시킨 예
>
> 재령 여물평(餘勿坪) 지역의 장민(庄民)들의 저항은 개간될 때부터 시작되었으며, 그러한 저항은 시간이 지날수록 일상화되고 다양해졌다. 땅이 비옥한 곳에는 올벼[早稻]를 심어 미리 베어 먹거나 궁답(宮畓)을 조금씩 깎아 먹는 방법, 또는 볏단을 크게 묶었다가 나중에 빼돌리기, 탈곡할 때 대충 태질하였다가 나중에 다시 타작하는 방법 등 계속된 거납(拒納)과 항조(抗租)로 궁방(宮房)의 수입은 계속 줄어들었다. 이로 말미암아 명분은 반타작(半打作)이지만, 실제로는 3분의 1에 지나지 않는다고 말해질 정도가 되었다.
>
> 국사 편찬 위원회

④ 도전법(賭錢法): 18세기 말 이후로는 상품 화폐 경제가 급속도로 진전되면서 소작료의 납부 형태도 금납제로 이행되었다. 이 같은 움직임들은 소작농의 농업 경영을 더욱 자유롭게 해 주는 기반이 되었다.

(5) 몰락 농민의 증가
일부 농민이 소득을 증대시켜 부자가 된 반면, 토지를 잃고 몰락하는 농민도 증가하였다.
① 토지의 상품화
  ㉠ 부세의 부담, 고리채의 이용, 관혼상제의 비용 부담 등으로 견딜 수 없게 된 가난한 농민들은 헐값에 자신의 토지를 내놓았다.
  ㉡ 양반 관료, 토호, 상인은 이 기회를 놓치지 않고 토지를 매입하여 늘려 갔다.
  ㉢ 이런 현상은 상품 화폐 경제가 발달하면서 더욱 가속화되어 토지를 잃은 농민은 농촌을 떠나야만 하였다.
② 농민의 이농(離農) 현상
  ㉠ 광작이 가능해지면서 대부분의 농토를 소작시키고 일부 농토만 직접 경영하던 지주들이 소작지를 회수하여 노비를 늘리거나 머슴을 고용하여 직접 경영하였다.
  ㉡ 이 때문에 소작 농민들은 소작지를 잃기는 쉬워진 반면, 얻기는 더욱 어려워졌다.
  ㉢ 농민은 농촌을 떠날 수밖에 없었고 농촌에 그대로 머물러 있더라도 품팔이로 생계를 유지해야만 하였다.

단권화 MEMO

■ 지대(地代, 소작료)의 형태
• 타조법: 일정 비율로 소작료를 내는 방식이다.
• 도조법: 일정 액수를 소작료로 내는 방식으로 점차 화폐로 내는 경향이 나타났다.

■ 도지권(賭地權)
도조법이 설정된 토지를 도지(賭地), 그 권리를 도지권이라 한다. 도지권은 자유로이 매매·전대·양도가 가능하고, 전주의 농업 간섭이 없다는 특징이 있다. 또한 도조법은 지주와 농민 간에 특별 관계가 있을 때만 성립된다. 이를테면 지주의 황무지를 개간하거나 제방 등을 쌓았다고 하는 등이 그것이다.

단권화 MEMO

■ **계층 분화의 촉진**

농업에서의 모내기법·광작, 수공업에서의 납포장·선대제의 보편화, 상업에서의 객주·상인 물주 등으로 계층의 분화가 촉진되었다.

| 정답해설 | 제시문은 조선 후기 이앙법에 대한 내용이다. 해동통보는 고려 숙종 때 발행된 동전이다.

| 정답 | ⑤

③ 농민 계층의 분화
　㉠ 농촌을 떠난 다수의 농민은 도시로 옮겨가 상공업에 종사하거나 임노동자가 되었고, 일부 농민은 광산이나 포구를 찾아 임노동자가 되었다.
　㉡ 광산·포구 등에는 새로운 도시가 형성되기도 하였다. 황해도의 수안, 충청도의 강경, 함경도의 원산 등이 대표적이다.

> **사료** 농민의 분화
>
> 부농층은 땅이 넓어서 빈민을 농업 노동에 고용함으로써 농사를 짓지 않고서도 향락을 누릴 수 있으며, 빈농층 가운데 어떤 농민은 지주의 농지를 빌려 경작함으로써 살아갈 수 있으며, 그들 가운데 어떤 자는 농지를 얻을 수가 없으므로 임노동자가 되어 타인에게 고용됨으로써 생계를 유지한다. 그리고 그것도 할 수 없는 농민들은 농촌을 떠나 유리걸식하게 된다.
> 　『농포문답』

> **바로 확인문제**
>
> ● 다음 자료가 등장하는 시기에 나타난 경제적 변화에 대한 설명 중 옳지 <u>않은</u> 것은?　13. 서울시 9급
>
> > "이앙(移秧)을 하는 것은 세 가지 이유다. 김매기 노력을 더는 것이 첫째요, 두 땅의 힘으로 모 하나를 서로 기르는 것이 둘째며, 좋지 않은 것은 솎아 내고 싱싱하고 튼튼한 것을 고를 수 있는 것이 셋째다."
>
> ① 모내기법이 확산되어 벼와 보리의 이모작이 가능해졌고, 노동력이 크게 절감될 수 있었다.
> ② 일부 농민은 인삼, 담배, 채소, 면화 등과 같은 상품 작물을 재배해 높은 수익을 올렸다.
> ③ 지주에 대한 지대 납부 방식이 타조법에서 도조법으로 바뀌어 갔다.
> ④ 수공업에서 자금과 원자재를 미리 받아 제품을 만드는 선대제가 활발해졌다.
> ⑤ 교환 경제의 발전은 해동통보를 비롯한 여러 화폐의 사용을 확산시켰다.

3 민영 수공업의 발달

(1) 민영 수공업자의 대두

① **상품 화폐 경제의 발달**: 조선 후기에는 상품 화폐 경제가 진전되면서 시장 판매를 위한 수공업 제품의 생산이 활발해졌다.
② **제품 수요의 증가**: 이 시기에는 도시의 인구가 급증하여 제품의 수요가 크게 늘어났고, 대동법의 실시로 관수품의 수요도 적지 않았다.
③ **관영 수공업의 쇠퇴**: 부역제(賦役制)의 변동과 상품 화폐 경제의 진전으로 관영 수공업이 쇠퇴하였고, 대신 민영 수공업이 증가하는 수요의 대부분을 충족시켰다.
④ **자유 생산 활동**: 민간 수공업자들은 장인세(匠人稅)만 부담하면 비교적 자유롭게 생산 활동에 종사할 수 있었으며, 그들의 제품은 품질과 가격 면에서 관영 수공업장에서 만든 제품과 비교할 때 경쟁력도 높았다.
⑤ **전문 생산 체제**: 민간 수공업자의 작업장은 흔히 '점(店)'으로 불려져 철기 수공업체는 철점, 사기 수공업체는 사기점이라 하였다.
⑥ **도시 중심 발달**: 판매를 위하여 제품을 생산하는 민영 수공업은 주로 도시를 중심으로 발달하였지만 농촌에서도 점차 나타났다.

■ **장인 등록제 폐지의 배경**

본래 관영 수공업은 부역제를 토대로 운영되었다. 관수품의 차질 없는 조달을 위해 수공업자들을 관청에 등록시켜 일정 기간 그들의 노동력을 강제로 징발하였다. 이들을 공장(工匠)이라 하였는데, 16세기 이후 공장들은 가급적 등록을 기피하였고, 17세기 각 관청의 작업장에는 공장이 없어 민간에서 기술자를 고용하여 물품을 제조하는 것이 일반적이었다. 이후 정조 때 장인(匠人) 등록제(登錄制)를 완전히 폐지하였다.

(2) 민영 수공업의 발달

① **장인 등록제 폐지**: 18세기 말 정조 때에 이르러 정부는 장인 등록제를 폐지하였다. 이에 수공업자들은 독립적인 민영 수공업자가 되어 장인세를 부담하는 **납포장(納布匠)**으로서 자유롭게 제품 생산 활동에 전념할 수 있었다.
② **상업 자본의 수공업 지배**: 민간 수공업자들은 대체로 작업장과 자본의 규모가 소규모여서 원료의 구입과 제품의 처분에서 상업 자본의 지배를 받았다.

(3) 농촌 수공업의 발달

① **상품 생산의 증가**: 농촌의 수공업은 지금까지 자급자족을 위한 부업의 형태로 전개되었으나, 점차 소득을 올리기 위하여 상품을 생산하는 경우가 늘어났고, 더 나아가 전문적으로 생산하는 농가도 나타났다.
② **주요 생산물**: 옷감과 그릇 종류가 생산되었다.

▲ 「대장간」, 김홍도

(4) 수공업 형태의 변화

① **선대제(先貸制) 수공업**
  ㉠ 상인 물주: 대부분 공인(貢人)이나 상인(商人)들에게 주문을 받는 데 그치지 않고 자금과 원료를 미리 받아서 제품을 생산하는 선대제가 성행하였다.
  ㉡ 결과: 수공업자들은 상업 자본에 예속되었다. 특히 종이 · 화폐 · 철물 등의 제조 분야가 두드러졌다.
② **독립 수공업(納布匠)의 등장**
  ㉠ 18세기 후반에 이르면서 수공업자 가운데서도 독자적으로 제품을 생산하고 이를 직접 판매하는 사람들이 나타났다.
  ㉡ 수공업자들의 독립 현상은 주로 놋그릇, 농기구, 모자, 장도 분야에서 두드러졌다.

바로 확인문제

● **다음과 같은 상황이 나타난 시기에 대한 설명으로 옳은 것은?**

> 여러 관청 중에서 내자시, 사도시, 예빈시, 제용감 등은 소속 장인이 없어졌다. 그 밖의 여러 관청은 장인의 종류도 서로 달라졌고, 정해진 인원도 상당히 들쭉날쭉하였다. 그리고 장인들을 공조에 등록하던 규정들은 점차 폐지되어 시행되지 않고 있다.
> 「대전통편」

① 국역 체계가 강화되었다.
② 상업적 농업이 발달하였다.
③ 민간인의 광산 개발을 금지하였다.
④ 농본주의 경제 정책이 강화되었다.

단권화 MEMO

■ **납포장**
안성 · 정주(납청)의 놋그릇, 해주의 먹, 통영의 칠기, 전주의 부채, 나주의 종이, 영암의 빗 등이 있다.

■ **유수원의 주장**
사(士) · 농(農) · 공(工) · 상(商)의 직업적 전문화와 평등화를 강조하고, 상인 간의 합자를 통한 경영 규모의 확대와 '상인이 생산자를 고용하여 생산과 판매를 주관할 것'을 주장하였다. 즉, 선대제 수공업을 가장 효율적인 생산 체제라 본 것이다.

■ **방짜 유기를 생산하는 제조장의 노동자 구성(분업화 의미)**

주물 공정	곁대장 1명 · 발풍구 1명
압연 공정	대장 1명 · 앞망치(제1망치꾼) 1명 · 곁망치(제2망치꾼) 1명 · 제망치(제3망치꾼) 1명 · 네핌 가질(압연 선반군) 1명 · 네핌 앞망치(연연망치꾼) 1명 · 안풍구(숙련 풍구 책임자) 1명
선반 공정	가질(선반공) 2명

|정답해설| 제시된 자료는 정조 때 공장안(工匠案)을 폐지한 내용이다. 조선 후기의 농민들은 쌀, 목화, 채소 등 시장에 팔기 위한 작물을 재배하여 가계 수입을 증가시켰다.

|오답해설|
①③④ 모두 조선 초기에 해당하는 내용이다.

|정답| ②

4 민영 광산의 증가

(1) 광산 경영의 변화

① 초기
  ㉠ 광산은 본래 정부가 독점하여 사적인 광산 경영은 통제되었다.
  ㉡ 정부가 수요 액수를 일률적으로 정하여 부과하면 해당 고을의 수령들이 농민들을 강제로 부역에 동원하여 채취하는 방식이었다.
  ㉢ 이때의 부역 노동은 농민들에게는 엄청난 부담이었고, 이로 인하여 때로는 농사철을 놓치는 경우도 많았다.

② 16세기: 농민들은 광산에 부역으로 동원되는 것을 거부하기 시작하였다.

③ 17세기
  ㉠ 민영 수공업의 발달에 따라 그 원료인 광물의 수요가 급증하게 되면서 금·은·동 등의 채굴을 촉진시켰다.
  ㉡ 사채(私採) 허용: 허가를 받은 민간인은 정부의 감독 아래 광물을 채굴할 수 있도록 하였다.
  ㉢ 경과: 이에 따라 광산 개발이 더욱 촉진되었는데, 특히 청과의 무역으로 은(銀)의 수요가 늘어나면서 은광(銀鑛) 개발이 활기를 띠어 17세기 말에는 약 70개 소의 은광이 개발되었다.
  ㉣ 결과: 민간인의 광물 채굴이 어느 정도 가능하였으나 활발하지는 않았다.

④ 18세기
  ㉠ 변화: 18세기 후반에 이르러 국가의 감독을 받지 않고 민간인이 광물을 자유롭게 채굴할 수 있도록 하여, 이후 민간인에 의한 광업이 활기를 띠게 되었다.
  ㉡ 활발: 18세기 중엽부터는 상업 자본이 광산 경영에 참여하면서 금광의 개발이 더욱 활발해졌다.
  ㉢ 금광의 개발: 18세기 말에는 상업 자본이 채굴과 제련이 쉬운 사금 채굴에 몰리면서 금광의 개발도 활발해졌다.
  ㉣ 잠채(潛採)의 성행: 광산의 개발은 이득이 많았기 때문에 합법적인 경우도 있었지만, 몰래 채굴하는 이른바 잠채도 성행하였다.

> **사료** 은점 설치의 권장
>
> 조정에서 은(銀)이 나는 곳에 은점 설치를 허가만 내주면 돈 많은 장사꾼은 각자 재물을 내어 일꾼을 모집할 것입니다. 땅이 없어 농사짓지 못하는 백성들은 점민(店民)이 되기를 원하게 될 것입니다. 그곳에 모여 살며 은을 캐어 호조와 각 영·고을에 세를 바치고, 남는 대로 물주에게 돌릴 것입니다. 땅 없는 백성들도 그것에 의지해서 살아나갈 수 있으니 공사(公私) 간에 유익한 일입니다. 어찌 백성들에게 폐단이 되겠습니까.
>
> 「경제야언」

단권화 MEMO

■ 설점수세제(設店收稅制, 1651)
효종 2년(1651) 제정된 호조별장제를 통한 '설점수세제'는 영세한 광산의 소생산자들이 광산 개발에 참여할 수 있도록 하기 위해 호조가 광산의 채굴 및 제련장과 부대시설까지 마련하는 제도였다. 또한 광산 개발자들이 부근의 목재와 연료를 채취할 수 있도록 하고, 광군(광산 노동자)들을 임의로 고용할 수 있도록 하였다.
한편 호조의 별장들은 대개 서울에 거주하는 부상대고(富商大賈)로서 설점수세 업무를 대행하고 그 대가로 생산량의 일정 부분을 가져갔던 일종의 수세 대행업자였다.

(2) 조선 후기의 광산 경영

① 경영 방식: 조선 후기의 광산 경영은 경영 전문가인 덕대(德大)가 대개 상인 물주에게 자본을 조달받아 채굴업자인 혈주(穴主)와 채굴 노동자, 제련 노동자 등을 고용하여 광물을 채굴하고 제련하는 것이 일반적이었다.

② 작업 과정: 분업(分業)에 토대를 둔 협업(協業)으로 진행하였다.

> **단권화 MEMO**
>
> ■ 덕대
> 광산의 주인과 계약을 맺고 광물을 채굴하여 광산을 경영하는 사람이다.

사료 조선 후기 광산촌의 모습

황해도 관찰사의 보고에 의하면 수안에는 본래 금광이 다섯 곳이 있었다. 두 곳은 금맥이 다하였고, 세 곳만 금맥이 풍성하였다. 그런데 지난해 장마가 심해 작업이 중지되어 광군들 대부분이 흩어졌다. 금년(1799) 여름 새로이 39개 소의 금혈을 팠는데, 550여 명의 광군이 모여들었다. 이들이 일부가 도내의 무뢰배들이지만 대부분은 사방에서 이득을 쫓아 몰려온 무리다. 그리하여 금점 앞에는 700여 채의 초막이 세워졌고, 광군과 그 가족·좌고·행상·객주 등 인구도 1,500여 명에 이른다. 갑자기 많은 사람이 모여들어 그곳에서는 생필품의 값이 폭등하는 사태가 종종 일어나고 있다고 한다.

『비변사등록』

바로 확인문제

● 다음 글을 토대로 당시의 시대 상황에 대하여 바르게 추론한 것을 〈보기〉에서 모두 고르면?

> 황해도 관찰사에 의하면 수안에는 본래 금광(金鑛)이 다섯 곳이 있었다. 두 곳은 금맥이 다하였고, 세 곳만 풍성하였다. 그런데 지난해 장마가 심해 작업이 중지되어 광군(鑛軍)들이 대부분 흩어졌다. 금년 정조 23년(1799) 여름 새로이 39개 소의 금혈(金穴)을 팠는데, 550여 명의 광군이 모여들었다. 이들이 일부가 도내의 무뢰배들이지만 대부분 사방에서 이득을 쫓아 몰려온 무리이다. 그리하여 금점(金店) 앞에는 700여 채의 초막(草幕)이 세워졌고, 광군과 그 가족·좌고·행상·객주 등 인구가 1,500여 명에 이른다. 갑자기 많은 사람이 모여들어 그곳에서는 생필품의 값이 폭등하는 사태가 종종 일어나고 있다.
>
> 『비변사등록』

| 보기 |

ㄱ. 정부가 광물 채굴을 독점하고 있었다.
ㄴ. 농촌을 떠나 임노동자가 되는 사람이 많았다.
ㄷ. 요역 동원이 가혹해지면서 광군들이 광산촌을 떠나고 있었다.
ㄹ. 민영 수공업이 발달하고 있었다.

① ㄱ, ㄴ   ② ㄷ, ㄹ   ③ ㄱ, ㄷ   ④ ㄴ, ㄹ

> |정답해설| 제시된 사료는 조선 후기 광업의 모습을 보여 주고 있다.
> ㄴ. 조선 후기에는 사채(민간에 광산 채굴을 허가함)가 허용되었고, 농촌에서 이주한 임노동자들이 광군(광산 노동자)이 되기도 하였다.
> ㄹ. 조선 후기 수공업에서는 공장안이 폐지되고 민영 수공업이 활성화되었다.
>
> |정답| ④

■ **부세의 금납화**
토지세와 각종 역을 돈으로 환산하여 납부하는 것이다.

03 상품 화폐 경제의 발달

1 사상(私商)의 대두

(1) 상업 활동의 변화

① 유통 경제의 활성화: 조선 후기에는 농업 생산력이 증대되고 수공업 생산이 활발해지면서 상품의 유통도 활성화되어 갔다.

② 부세 및 소작료의 금납화: 이 시기 이후 널리 확산된 부세 및 소작료의 금납화는 상품 화폐 경제의 진전을 더욱 촉진시켰다.

③ 농민의 계층 분화: 조선 후기에는 인구의 자연 증가뿐만 아니라 농민의 계층 분화가 심화되어 농촌에서 유리된 인구의 도시 유입으로 상업 활동이 더욱 활발해졌다.

(2) 상업 활동의 주역

조선 후기 상업 활동의 주역은 공인(貢人)과 사상(私商)이었다. 그중에서도 처음에는 공인들이 상업 활동을 주도하였다.

① 공인(貢人)
  ㉠ 출현: 대동법이 실시되면서 나타난 어용 상인(御用商人)들이었다.
  ㉡ 역할: 관청에서 공가(貢價)를 미리 받아 필요한 물품을 사서 납부하였다.
  ㉢ 공계(貢契): 관청별로 또는 물품의 종목별로 공동 출자를 해서 계(契)를 조직하고 상권을 독점하였다.
  ㉣ 결과: 납부할 물품을 수공업자에게 위탁하여 수공업의 성장을 뒷받침하였다.
  ㉤ 성장: 서울의 시전(市廛)뿐만 아니라 지방의 장시를 중심으로 활동하였고, 특정 물품을 대량으로 취급하는 까닭에 독점적 도매 상인인 도고(都賈)로 성장할 수 있었다.

② 사상(私商)
  ㉠ 등장: 17세기 초 서울을 비롯한 각 지방의 도시에 사상들이 나타났는데, 도시 근교의 농어민이나 소규모의 생산자, 군졸 등이 직접 생산한 채소·과일·수공업 제품 등을 행상으로 판매하면서부터였다. 이어서 농촌에서 도시로 유입된 인구의 일부가 상업으로 삶을 이어가고자 하여 시전(市廛)에서 물건을 떼어다가 파는 중도아(中都兒)가 되기도 하였다.

▲ 조선 후기의 상업과 무역 활동

> **사료** 조선 후기 사상의 성장
>
> 이현(梨峴)과 칠패(七牌)는 모두 난전(亂廛)이다. 도고 행위는 물론 집방(執房)하여 매매하는 것이 어물전의 10배에 이르렀다. 또 이들은 누원점의 도고 최경윤, 이성노, 엄차기 등과 체결하여 동서 어물이 서울로 들어오는 것을 모두 사들여 쌓아두었다가 이현과 칠패에 보내서 난매(亂賣)하였다. 『각전기사』

ⓒ 시전(市廛)과의 대립
- 17세기 후반 이후: 사상들은 좀 더 적극적으로 상행위를 벌여 종루·이현·칠패 등에 근거지를 마련하고 종래의 시전과 대립하기도 하였다.
- 시전의 특권: 일찍부터 상업을 독점해 왔던 시전 상인들은 정부로부터 금난전권(禁亂廛權)을 얻어 내어 사상들의 활동을 억압하려 하였다.

ⓓ 상권의 확대: 사상들은 정부와 결탁하여 새로이 점포를 창설하거나, 금난전권이 적용되는 도성을 벗어나 송파 등 지방에서 도성으로 들어오는 길목으로 상권을 확대하면서 상행위를 계속하였다.

ⓔ 금난전권의 철폐: 18세기 말에는 정부로서도 더 이상 사상의 성장을 막을 수 없었기 때문에 결국 육의전(六矣廛)을 제외한 나머지 시전 상인의 금난전권을 철폐하였다(1791, 신해통공). 이로써 사상들의 자유로운 상업 활동이 어느 정도 보장되었으며, 그들 중 일부는 도고(都賈)로 성장하였다.

사료 신해통공

좌의정 채제공이 왕께 아뢰기를 "평시서(平市署)로 하여금 30년 이내에 신설된 시전을 모두 혁파하게 하십시오. 그리고 형조와 한성부에 분부하여 **육의전 이외에는 '금난전권'을 행사하지 못하게 할 뿐 아니라 도리어 처벌하십시오.** 그러면 상인들은 자유롭게 매매하는 이익이 있을 것이고 백성들은 생활이 궁색하지 않을 것입니다." 하였다. 왕이 여러 신하에게 물으니, 모두가 옳다고 하여 그를 따랐다.
『정조실록』

사료 도고의 활동 및 폐단

❶ 그(허생)는 안성의 한 주막에 자리 잡고서 밤·대추·감·배·귤 등의 과일을 모두 사들였다. 허생이 과일을 도거리로 사 두자, 온 나라가 잔치나 제사를 치르지 못할 지경에 이르렀다. 따라서 과일 값은 크게 폭등하였다. 허생은 이에 10배의 값으로 과일을 되팔았다. 이어서 허생은 그 돈으로 곧 칼·호미·삼베·명주 등을 사 가지고 제주도로 들어가서 말총을 모두 사들였다. 말총은 망건의 재료였다. 얼마 되지 않아 망건 값이 10배나 올랐다. 이렇게 하여 허생은 50만 냥에 이르는 큰돈을 벌었다.
『연암집』, 「허생전」

❷ 영의정 김상철(金尙喆, 1712~1791)이 말하기를, "도성 백성이 의지하여 살아가는 것은 오로지 시사(市肆)를 벌여 놓고 있는 것을 팔고 사며 교역하는 데 달려 있습니다. 그런데 근래에는 기강이 엄하지 않아 간사한 무리들이 어물(魚物)과 약재(藥材) 등의 물종은 물론이고, 도고(都庫)라 이름하면서 중앙에서 이익을 독점하는 폐단이 그 단서가 한둘이 아닙니다. 그래서 전후하여 대조(大朝)께서 여러 차례 번거롭게 엄칙하였으나, 근래에는 이 법이 점차 더욱 해이해져 온갖 물건이 등귀한 것이 오로지 이에서 말미암은 것이라고 합니다. 평시서(平市署)와 법을 집행하는 관서에서 참으로 적발하여 통렬하게 다스렸다면 어찌 이런 일이 있겠습니까."라고 하였다. 명하여 말하기를 엄하게 타일러서 경계하라고 하였다.
『영조실록』

③ 사상의 활동: 18세기 이후 사상들이 서울을 비롯한 각지에서 활발한 활동을 하였다.
ⓐ 사상들의 도고(都賈) 활동은 주로 칠패·송파 등 도성 주변에서 이루어졌지만, 개성·평양·의주·동래 등 지방 도시에서도 활발하였다.
ⓑ 그들은 각 지방의 장시를 연결하면서 물품을 교역하고, 각지에 지점을 두어 상권을 확장하기도 하였다.
ⓒ 대표적 사상
- **송상(松商)**: 개성의 송상은 전국에 지점[송방(松房)]을 설치하여 활동 기반을 강화하였는데, 주로 인삼을 재배·판매하고 대외 무역에도 깊이 관여하여 부를 축적하였다.
- **경강상인(京江商人)**: 한강을 근거지로 삼아 운송업에 종사하면서 거상(巨商)으로 성장하여 선박의 건조 등 생산 분야까지 진출하는 등 활동 분야를 넓혔다.

단권화 MEMO

■ **사상의 활동 지역**
종루는 종로 일대, 이현(배오개)은 동대문 부근, 칠패는 남대문 바깥 지역이었다.

■ **금난전권**
난전(亂廛)을 금지할 수 있는 금난전권은 본래 상거래 행위를 감독하는 경시서(京市署)의 고유 권한이었으나, 조선 후기 상권 경쟁이 치열해지면서 시전은 정부에 대해 국역의 부담을 지는 대신 금난전권을 요구하여 취득하였다. 금난전권은 처음에는 육의전(六矣廛)에만 허용하였으나 후에는 많은 시전이 행사하였다.

■ **도고와 상업 도시의 성장**
상인 자본의 규모가 커져서 도고(都賈) 상업이 발달하기도 하고, 쌀의 집산지인 원산·강경·삼랑진 등이 상업 도시로 성장하였다.

단권화 MEMO

2 포구에서의 상업 활동

(1) 포구(浦口)의 성장

① 배경
- ㉠ 물화의 운송 : 도로와 수레가 발달하지 못한 시기였기 때문에 물화의 대부분이 육로보다는 수로를 통하여 운송되었다.
- ㉡ 상거래의 활발 : 종래의 포구는 세곡(稅穀)이나 소작료를 운송하는 기지로서의 역할을 하였으나, 18세기에 이르러 상거래가 활발해지면서 상업의 중심지로 성장해 갔다.

② 상업 중심지
- ㉠ 상거래의 확대 : 조선 후기에 상업 중심지로서 새로이 성장한 곳이 포구이다. 포구에서의 상거래는 장시보다 규모가 훨씬 컸다.
- ㉡ 상거래의 연계 : 연해안이나 큰 강 유역에는 포구가 형성되어 있었는데, 처음에는 가까이에 있는 포구 간에 또는 인근의 장시와 연계하면서 상거래가 이루어졌다.

> **사료** 포구 상업
>
> 우리나라는 동·서·남의 3면이 모두 바다이므로 배가 통하지 않는 곳이 거의 없다. 배에 물건을 싣고 오가면서 장사하는 장사꾼은 반드시 강과 바다가 이어지는 곳에서 이득을 얻는다. 전라도 나주의 영산포·영광의 법성포·흥덕의 사진포·전주의 사탄은 비록 작은 강이나 모두 바닷물이 통하므로 장삿배가 모인다. 충청도 은진의 강경포는 육지와 바다 사이에 위치하여 바닷가 사람들과 내륙 사람들이 모두 여기에서 서로의 물건을 교역한다. 매년 봄·여름 생선을 잡고 해초를 뜯을 때는 비린내가 마을에 넘치고, 큰 배와 작은 배가 밤낮으로 포구에 줄 서고 있다.
>
> 『택리지』

(2) 선상(船商), 객주(客主), 여각(旅閣), 거간(居間)

① 유통권의 형성
- ㉠ 상인 : 포구를 거점으로 상행위를 하는 상인으로는 선상, 객주, 여각 등이 있었다.
- ㉡ 포구 : 칠성포·강경포·원산포 등의 포구에서는 장시가 열리기도 하였다.

② 선상(船商)
- ㉠ 선상의 활동이 두드러지면서 전국 각지의 포구가 하나의 유통권을 형성하였다.
- ㉡ 선상은 선박을 이용해서 각 지방의 물품을 구입해 와 포구에서 처분하였다.
- ㉢ 운송업에 종사하다가 거상으로 성장한 경강상인이 대표적인 선상으로, 그들은 한강을 근거지로 주로 서남 연해안을 오가며, 미곡, 소금, 어물 등을 거래하였다.

③ 객주(客主)와 여각(旅閣)
- ㉠ 각 지방의 선상들이 물화를 싣고 포구에 들어오면 상품의 매매를 중개하였다.
- ㉡ 물자의 집산지, 유통 중심지에서 도매업, 창고업, 위탁 판매, 숙박업, 운송업, 어음 발행 등 금융업에 종사하였다.
- ㉢ 객주와 여각은 지방의 큰 장시에도 있었다.
- ㉣ 개항 후 무역을 하고 상회사로 발전하기도 하였다.

④ 거간(居間, 중개인) : 중개업, 소개업

바로 확인문제

● 다음에서 묘사하고 있는 시기의 역사적 사실로 옳지 <u>않은</u> 것은? 12. 국가직 9급

> 허생은 안성의 한 주막에 자리 잡고서 밤, 대추, 감, 귤 등의 과일을 모두 값을 배로 주고 사들였다. 그가 과일을 도고하자, 온 나라가 제사나 잔치를 치르지 못할 지경에 이르렀다. 따라서 과일 값은 크게 폭등하였다. 그는 이에 10배의 값으로 과일을 되팔았다. 이어서 그는 그 돈으로 곧 호미, 삼베, 명주 등을 사 가지고 제주도로 들어가 말총을 모두 사들였다. 말총은 망건의 재료였다. 얼마 되지 않아 망건 값이 10배나 올랐다. 이렇게 하여 그는 50만 냥에 이르는 큰돈을 벌었다.

① 보부상들을 보호할 목적으로 혜상공국이 설치되었다.
② 특정 상품들을 독점 판매하는 도고 상업이 성행하였다.
③ 상업이 활성화되면서 선박을 이용한 운수업도 발전하였다.
④ 전국적으로 발달한 장시를 토대로 한 사상들이 성장하였다.

● 다음의 자료에 보이는 시기의 경제 동향에 대한 설명으로 옳지 <u>않은</u> 것은? 15. 국가직 9급

> 배에 물건을 싣고 오가면서 장사하는 장사꾼은 반드시 강과 바다가 이어지는 곳에서 이득을 얻는다. 전라도 나주의 영산포, 영광의 법성포, 흥덕의 사진포, 전주의 사탄은 비록 작은 강이나 모두 바닷물이 통하므로 장삿배가 모인다. …… 그리하여 큰 배와 작은 배가 밤낮으로 포구에 줄을 서고 있다.
> 「택리지」

① 강경, 원산 등이 상업 중심지로 성장하였다.
② 선상은 선박을 이용해서 각 지방의 물품을 거래하였다.
③ 객주나 여각은 상품의 매매를 중개하고, 숙박, 금융 등의 영업도 하였다.
④ 상업 활동이 활발해지면서 삼한통보 등의 동전을 만들어 유통하였다.

단권화 MEMO

| 정답해설 | 제시된 자료는 박지원이 18세기 후반에 저술한 「허생전」이다. 혜상공국은 고종 20년(1883) 보부상을 총괄하기 위해 설치한 기구이다.

| 오답해설 |
② 조선 후기에는 독점적 도매상인인 '도고'의 매점매석이 가능하였다.
③ 경강상인은 한강을 거점으로 선박을 이용하여 운송업에 종사하였다.
④ 장시를 거점으로 많은 사상이 출현하였다.

| 정답 | ①

| 정답해설 | 제시된 사료는 조선 후기 포구를 중심으로 발전한 상업 활동의 모습을 보여 주고 있다. 삼한통보는 고려 숙종 때 주전도감에서 만들어진 화폐이며, 조선 후기에는 상평통보가 전국적으로 유통되었다.

| 오답해설 |
① 조선 후기에는 강경포, 원산 등이 상업 중심지로 성장하였다.
② 선상(대표적 – 경강상인)들은 선박을 이용하여 각 지방의 물품을 유통시켰다.
③ 포구에서는 객주나 여각이 성장하여 도매업, 창고업, 위탁 판매, 숙박업, 운송업 등에 종사하였다.

| 정답 | ④

단권화 MEMO

■ 개시

조선 후기 중국과 일본 등을 상대로 열었던 대외 교역 시장으로는 압록강 하류에서 열리는 '중강 개시'와 함경도의 '회령 개시' 및 '경원 개시', 동래의 '왜관 개시' 등이 있었다.

■ 후시

조선 후기 사상(私商)들이 전개한 밀무역으로 조선에서 중국으로 사신을 보낼 때 중국의 회동관에서 이루어진 '중강 후시', 의주 맞은편의 책문(柵門)에서 이루어진 '책문 후시'가 대표적이다. 또 함경도 경원 등에서 야인들과 거래한 '북관 후시', 부산 등의 왜관에서 왜인들과 거래한 '왜관 후시'가 있었다.

3 대외 무역의 발달

(1) 청과의 무역

① 국경 무역: 17세기 중엽부터 청과의 무역이 활발해지면서 국경 지대를 중심으로 공(公)적으로 허용된 무역인 개시와 사(私)적인 무역인 후시가 이루어졌다.
  ㉠ 개시(開市): 공인된 무역 장소로서, 중강 개시(中江開市)가 최초로 설치되었다.
  ㉡ 후시(後市): 밀무역으로 책문 후시(柵門後市)가 가장 활발하였다.
  ㉢ 만상(灣商)의 주도: 의주의 만상은 대중국 무역을 주도하면서 재화를 많이 축적하였다.
  ㉣ 중계 상인: 개성의 송상은 만상과 내상을 중계하며 큰 이득을 남기기도 하였다.
② 교역품
  ㉠ 수출품: 은, 종이, 무명, 인삼 등
  ㉡ 수입품: 비단, 약재, 문방구 등

> **사료**   책문 후시
>
> 숙종 경진(1700)에 예부에 자청(咨請)하여 중강 후시를 혁파하였으나 책문 후시는 지금까지 행해진다. …… 사행(使行)이 책문을 출입할 때에는 만상과 송상 등이 은·인삼을 몰래 가지고, 인부나 마필 속에 섞어 들어 물건을 팔아 이익을 꾀한다. 돌아올 때에는 걸음을 일부러 늦게 하여 사신을 먼저 책문을 나가게 한 후에 저희 마음대로 매매하고 돌아오는데, 이것을 책문 후시라 한다.
> 『만기요람』, 재용편

(2) 일본과의 무역

① 활발: 17세기 이후로 일본과의 관계가 점차 정상화되면서 왜관 개시를 통한 대일 무역이 활발하게 이루어졌다.
② 내상(萊商)의 주도: 동래의 내상은 왜와의 해상 무역을 주도하였다.
③ 중계 상인: 송상(松商)은 인삼의 교역을 목적으로 내상과의 중계 무역에 종사하였다.
④ 수출품: 조선은 인삼, 쌀, 무명 등을 팔고, 청에서 수입한 물품들을 넘겨주는 중계 무역을 하기도 하였다.
⑤ 수입품: 은, 구리, 황, 후추 등을 수입하고 이 중 은(銀)을 다시 청에 수출함으로써 중간 이득을 취하기도 하였다.

(3) 문제점

수입품 중에는 사치품이 많았고, 수출품 중에는 은(銀)과 인삼(人蔘)이 큰 비중을 차지하고 있어 국가 재정과 민생에 많은 문제점을 남기기도 하였다.

4 화폐 유통

(1) 동전의 유통

① 배경: 상공업이 발달함에 따라 교환의 매개로서 금속 화폐, 즉 동전이 자연스럽게 전국적으로 유통되었다.
② 경과: 인조 때 상평통보를 처음으로 제작하였고, 효종 때는 십전통보를 발행하였으나 널리 유통되지는 못하였으며, 숙종 시기에 상평통보가 전국으로 유통되었다.
③ 용도: 18세기 후반부터는 세금과 소작료도 동전으로 대납할 수 있게 하였다. 그리하여 누구나 동전인 **상평통보**만 가지면 물건을 살 수 있었다.

■ 상평통보

조선 후기 숙종 때 전국적으로 유통되었다.

사료	상평통보의 유통

대신과 비변사의 여러 신하를 만나서 비로소 돈을 사용하는 일을 논의하여 결정하였다. 돈은 천하에 통행하는 재화인데, 오직 우리나라에서만 조종조(祖宗朝)로부터 여러 차례 행하려고 하였으나 행할 수 없었다. 이는 대개 동전이 우리나라에서 나는 산물이 아닌 데다가, 백성들의 풍속이 중국과 달라 통하지 않고 막혀 있어 행하기 어려운 폐단이 있었다. 이에 이르러 대신 허적·권대운 등이 시행하기를 청하였다. 숙종이 여러 신하에게 묻자 그 자리에 있던 신하들이 모두 그 편리함을 말하였다. 숙종이 그대로 따르고, 호조·상평청·진휼청·어영청·사복시·훈련도감에 명하여 상평통보(常平通寶)를 주조하여 돈 400문(文)을 은 1냥(兩)의 값으로 정하여 시중에 유통시켰다.

『숙종실록』

(2) 화폐의 확대·보급
이 시기에 동전은 교환 수단일 뿐만 아니라 재산 축적의 수단이기도 하였다.
① 공급의 원활: 동전의 원료인 구리는 18세기 후반부터 동광의 개발이 활발히 추진되어 공급이 쉬워졌다.
② 정부의 권유: 정부도 각 기관으로 하여금 동전의 발행을 권장하였다.
③ 사적인 주조: 동전 발행에 대한 통제가 해이해지며 사적으로 주조하는 경우도 있었다.

(3) 문제점
① 원인: 지주나 대상인들이 화폐를 고리대나 재산 축적에 이용하였다.
② 전황(錢荒): 동전의 발행량이 상당히 늘어났는데도 제대로 유통되지 않아 시중에서 동전 부족 현상이 나타났다. 이에 실학자 이익은 폐전론을 제기하기도 하였다.

사료	전황(錢荒)

대신과 비변사 당상을 불러 보았다. 영의정 정존겸(鄭存謙, 1722~1794)이 아뢰기를, "저자의 백성들이 도성에 전황(錢荒)이 든 것을 근래의 큰 폐해로 여기고 있습니다. 폐해를 구제하는 방도는 오직 돈을 주조하는 것에 있는데, 다만 매우 큰 역사여서 경솔하게 의논할 수 없습니다."라고 하였다. 우의정 이복원(李福源, 1719~1792)이 말하기를, "염려되는 것은 적임자를 구할 수 없는 것인데, 진실로 적임자만 구한다면 돈을 주조하는 것은 편리합니다."라고 하였다. 비변사 당상 김화진(金華鎭, 1728~1803)·서유린(徐有隣, 1738~1802) 등이 말하기를, "전황의 폐해를 구제하는 것은 돈의 주조만 한 것이 없는데, 진실로 물력을 조치하여 마련하기가 어렵습니다."라고 하였다. 정존겸이 다시 더 확실하게 알아보고 처리하기를 청하였다. 그대로 따랐다.

『정조실록』

(4) 신용 화폐
① 동전 사용의 단점: 동전은 곡물이나 옷감에 비하여 간편하기는 하였지만, 그 중량 때문에 대규모의 상거래에서는 불편하였다.
② 신용 화폐의 이용: 이에 환(換)·어음 등의 신용 화폐가 이용되었다.
③ 의의: 상품 화폐 경제가 발달하면서 신용 화폐가 점차 보급되어 갔다. 이는 이 시기 상품 화폐 경제의 진전과 상업 자본의 성장을 보여 준다.

■ 화폐 보급의 영향
교환 경제가 점차 발전하는 가운데 동전의 수요량이 공급량을 초과하게 되었고, 그 과정에서 동전의 구매력은 더욱 상승하였다. 이에 따라 동전 자체가 투기의 대상이 되면서 교환 경제에서 퇴장하였고, 이는 동전의 부족 현상을 더욱 가속화하였다. 한편 조세(租稅)의 금납화의 추세 속에서 농민층은 화폐 구입을 위하여 마지못해 물건을 헐값에 판매하거나 고리대의 수탈을 당하기도 하였다.

CHAPTER 03 근대 태동기의 사회

01 사회 구조의 변동
02 향촌 질서의 변화
03 농민층의 변화
04 예언 사상, 천주교의 전파, 동학의 발생

01 사회 구조의 변동

1 신분제의 동요

정치 면	사화(士禍)에서 붕당으로, 다시 붕당 정치가 세도 정치로 이어지는 가운데 정치 면에서는 근대 지향성을 수용하지 못하고 있었다. 이에 따른 행정 기강과 수취 체제의 문란으로 민중의 생활은 도탄에 빠지고 자본주의의 성장을 멈추게 하였을 뿐만 아니라 그동안에 의식이 향상되어 온 민중들은 19세기 민란의 형태로 그들의 요구를 폭발시키기에 이르렀다.
경제 면	영농 기술의 개발과 경영의 합리화를 통하여 농업 생산력이 급증하여 사회 변동의 토대가 마련되었고, 상공업에 있어서도 영리성이 제고되어 도고(都賈)라고 불리는 독점적 도매상이 나타나 상업 자본가로 성장하였다. 또한 수공업에서는 납포장(納布匠)의 등장과 점촌(店村)의 발달로 장인(匠人) 사이에도 빈부의 격차가 나타나고 있었다.
사회 면	생산력 증가에 따른 부의 축적은 신분의 상승을 통한 봉건적 수탈로부터의 탈피를 도모하고, 양반 수의 증가에 따른 정쟁(政爭)의 격화와 농민의 분화로 인한 신분 변동이 심화되어 봉건적 신분 제도가 붕괴되는 가운데 서얼과 노비도 속박에서 점차 벗어나고 있었다. 그리하여 세습적이고 폐쇄적인 신분제는 점차 그 의미를 잃어 갔다.
사상 면	현실 사회의 모순을 자각하고 지배 체제의 제도적 개혁을 위한 진보적 사상으로서 실학이 연구되어 사회 개혁과 발전 방향을 제시하게 되었다. 이즈음 천주교가 전래되어 평등 사회와 개인의 존엄성을 내세우고 전통 사회의 질서와 가치 규범에 도전하였으며, 19세기 말 동학이 창시되어 하층민을 중심으로 현실 개혁의 사회 운동을 전개하였다.

(1) 신분제

① 신분의 분화: 조선 사회는 법제적으로 양천제를 표방하고 있었지만, 실제로는 양반·중인·상민·천민의 네 계층으로 분화되어 있었다.
② 성리학의 신분제 정당화: 조선 시대의 기본 이념이었던 성리학은 이러한 신분제를 정당화하는 이론을 제공하였다.

(2) 양반층의 분화

① 분화의 원인: 조선 후기 붕당 정치가 변질되면서 양반 상호 간에 일어난 정치적 갈등은 양반층의 분화를 가져왔다. 이러한 현상은 '일당 전제화'가 전개되면서 더욱 두드러졌고 권력을 장악한 일부 양반을 제외한 다수 양반이 몰락하는 계기가 되었다.
② 몰락 양반의 실상: 정권에서 밀려난 양반들은 관직에 등용될 기회를 얻지 못한 채 향촌 사회에서나 겨우 위세를 유지하는 향반(鄕班)이 되거나 더욱 몰락하여 잔반(殘班)이 되기도 하였다.

■ 양반의 분화

조선 시대에는 흔히 4조(아버지·할아버지·증조할아버지·외할아버지) 안에 벼슬한 사람이 없으면 양반이 아닌 것으로 여겼다. 그러므로 그들은 양반의 신분을 유지하기 위하여 그 지방 지주로서의 경제력을 바탕으로 유학을 공부하여 유림(儒林)의 대열에 끼거나 족보·서원·사우·묘비 등을 만들어 자신들의 조상을 드러내려고 애썼다. 그러나 가문의 경제력이 떨어져 몰락하게 되면서 이름만 양반이지 일반 백성과 다름없는 잔반(殘班)으로 떨어지고 말았다. 이들은 생계를 유지하기 위하여 농업이나 수공업·상업 등에 종사하기도 하여 양반으로서의 지위를 인정받지 못하는 경우가 많았다.

■ 몰락 양반

조선 후기 사회 개혁을 주장한 실학자나 농촌 지식인들은 대개 몰락한 양반들이어서 양반 지주와는 이해관계를 달리하였고, 기본적으로 농민층의 입장에 설 수밖에 없었다. 몰락한 양반들은 서당의 훈장이 되어 생계를 유지하거나, 심한 경우에는 농업이나 상공업 등 생업에 직접 종사해야 하였다. 그들은 이름만 양반이었을 뿐이지, 사회적·경제적 처지는 평민과 거의 다름이 없었다.

(3) 신분 변동

① **양반 수의 증가**: 양반 계층의 자기 도태 현상이 날로 심화되는 속에서도 양반의 수는 더욱 늘어나고 상민과 노비의 숫자는 줄어드는 경향을 보였다.

② **원인**: 부(富)를 축적한 농민들이 지위를 높이기 위하여 또는 역의 부담을 모면하기 위하여 양반 신분을 사거나 족보를 위조하여 양반으로 행세하는 경우가 많았기 때문이다.

③ **결과**: 조선 후기에는 향촌 사회에서도 사회·경제적 변화로 신분 변동이 활발해져 양반 중심의 신분 체제가 크게 흔들렸다.

> **사료** 조선 후기 신분제의 동요
>
> ❶ 옷차림은 신분의 귀천을 나타내는 것이다. 그런데 어찌된 까닭인지 근래 이것이 문란해져 상민·천민들이 갓을 쓰고 도포를 입는 것이 마치 조정의 관리나 선비와 같이 한다. 진실로 한심스럽기 짝이 없다. 심지어 시전 상인들이나 군역을 지는 상민들까지도 서로 양반이라 부른다.
> 『일성록』
>
> ❷ 근래 아전의 풍속이 나날이 변하여 하찮은 아전이 길에서 양반을 만나도 절을 하지 않으려 한다. 아전의 아들·손자로서 아전의 역을 맡지 않은 자가 고을 안의 양반을 대할 때 맞먹듯이 너 나 하며 자(字)를 부르고 예의를 차리지 않는다.
> 『목민심서』
>
> ❸ 우리나라는 본래부터 명분을 중히 여겼다. 양반들은 아무리 심한 곤란과 굶주림을 받더라도 팔짱 끼고 편하게 앉아 농사를 짓지 않는다. 간혹 실업에 힘써서 몸소 천한 일을 달갑게 여기는 자가 있다면 모두들 나무라고 비웃기를 노비처럼 무시하니, 자연 노는 백성은 많아지고 생산하는 자는 줄어든다. 재물이 어찌 궁하지 않을 수 있으며, 백성이 어찌 가난하지 않을 수 있겠는가. 과목별로 조항을 엄격히 세워야 마땅할 것이다. 그중 사·농·공·상에 관계없이 놀고먹는 자에 대해서는 관에서 벌칙을 마련하여 세상에 용납할 수 없도록 하여야 한다. 재능과 학식이 있다면 비록 농부나 장사치의 자식이 낭묘(廊廟)에 들어가 앉더라도 부끄러울 것이 없고, 재능과 학식이 없다면 비록 공경의 자식이 여대(輿儓, 하인)로 돌아간다 할지라도 한탄할 것이 없다. 위와 아래가 함께 그 직분을 닦는 데 부지런하고 게으름을 상고하여 상벌을 베풀어야 한다.
> 『담헌서』
>
> ❹ 울산 호적
> (단위 : %)
>
> | 시기 | 양반 호 | 상민 호 | 노비 호 |
> |---|---|---|---|
> | 1729년 | 26.29 | 59.78 | 13.93 |
> | 1765년 | 40.98 | 57.01 | 2.01 |
> | 1804년 | 53.47 | 45.61 | 0.92 |
> | 1867년 | 65.48 | 33.96 | 0.56 |
>
> ❺ 대구 지방
> (단위 : %)
>
> | 구분 | 양반 | 상민 | 노비 |
> |---|---|---|---|
> | 숙종 16년(1690) | 9.2 | 53.7 | 37.1 |
> | 영조 5년(1729) | 18.7 | 54.7 | 26.6 |
> | 정조 7년(1783) | 37.5 | 57.5 | 5.0 |
> | 철종 9년(1858) | 70.3 | 28.2 | 1.5 |

② 중간 계층의 신분 상승 운동*

(1) 중간 계층의 사회적 역할 제한

조선 후기 사회 변동이 심화되는 가운데 서얼과 중인 등 중간 계층의 역할이 커졌고, 이들의 활동은 농민의 움직임과 더불어 조선 후기 사회에 큰 변화를 가져왔다.

① 서얼(庶孼): 양반 사대부의 소생이면서도 성리학적 명분론에 의하여 여러 분야의 사회 활동에서 각종 제한을 받고 있었기 때문에 불만이 커져 갔다.
② 중인층: 기술직을 담당하거나 이서(吏胥)로서 행정 실무를 맡고 있던 중인층은 사회적으로 그 역할이 크면서도 고급 관료로 진출할 수 있는 길은 제한되어 있었다.

(2) 신분 상승 추구

중인층은 조선 후기의 사회·경제적 변화를 배경으로 하여 신분 상승을 추구하였다.

① 서얼
  ㉠ 관직 진출: 서얼에 대한 차별은 임진왜란 이후 완화되기 시작하였다. 전란으로 재정적 타격을 받은 정부가 납속책을 실시하고 공명첩을 발급하자, 서얼들도 이를 이용하여 관직에 나아갈 수 있게 되었다.
  ㉡ 통청(通淸) 운동: 영·정조 때 서얼을 어느 정도 등용하자, 이들은 더욱 적극적으로 신분 상승을 시도하였다.
    • 정조 때에는 유득공·이덕무·박제가 등 서얼 출신들이 규장각 검서관으로 등용되어 능력을 발휘할 수 있었다.
    • 수차례에 걸쳐 집단적으로 상소하여 동반이나 홍문관 같은 청요직으로의 진출을 허용해 줄 것을 요구하는 신분 상승 운동을 전개하였다.
    • 이후 1851년 신해허통의 결과 서얼들의 관직 진출에서 법적 제한이 소멸되었다.

> **사료**   서얼허통론
>
> 아아, 우리 왕조가 서얼의 벼슬길을 막은 지 300여 년이 되었으니, 폐단이 큰 정책으로 이보다 더한 것이 없습니다. 옛날을 상고해도 그러한 법이 없고, 예법과 형률을 살펴봐도 근거가 없습니다. 이는 건국 초기에 간사한 신하들이 기회를 틈타 감정을 푼 것이 바로 중대한 제한 규정으로 되어 버렸으며, 후대에 요직에 있던 인사들이 공론을 핑계 대어 주장함으로써 명성이 높아지자 오류를 답습하여 하나의 습속을 이루었고, 세대가 차츰차츰 멀어지면서 구습을 따르고 개혁을 하지 못했던 것에 지나지 않습니다. 『연암집』

> **바로 확인문제**
>
> ● 다음 상소가 작성되었던 시기에 볼 수 있었던 모습으로 가장 옳은 것은?   20. 법원직 9급
>
> > 작위의 높고 낮음은 조정에서만 써야 할 것이고 적자와 서자의 구별은 한 집안에서만 통용되어야 할 것입니다. …… 공사천 신분이었다가 면천된 이들은 벼슬을 받기도 하고 아전이었다가 관직을 받은 이들은 높은 자리에 오르기도 하는데 저희들은 한번 낮아진 신분이 대대로 후손에게 이어져 영구히 서족이 되어 훌륭한 임금이 다스리는 세상임에도 그저 버려진 사람들이 되어 있습니다.
>
> ① 외래문화 수용에 선구적 역할을 한 역관
> ② 포구에서 상품 매매를 중개하며 성장한 덕대
> ③ 왕의 명령으로 『혼일강리역대국도지도』를 제작하는 관리
> ④ 대규모 통청 운동으로 중앙 관직 진출이 허락된 기술직 중인

단권화 MEMO

*중간 계층의 신분 상승 운동
조선 후기 중인과 서얼의 신분 상승 운동을 파악해 두어야 한다.

■청요직(淸要職)
홍문관·사간원·사헌부 등의 관직을 말하며 조선 시대 관리들이 선망하는 자리였다. 이 청요직을 거쳐야만 판서나 정승으로 진출하는 데 유리하였다.

|정답해설| 제시된 상소는 서얼에 대한 사회적 차별을 비판하는 내용이다. 따라서 서얼 차별에 대한 상소를 올릴 수 있을 만큼 서얼의 사회적 위상이 상승했던 조선 후기에 해당한다. 조선 후기에는 청에 왕래했던 역관들이 외래문화 수용에 적극적이었으며, 이들 중 일부는 통상개화론자로 성장하였다(대표적 인물 - 오경석).

|오답해설|
② 포구에서 상품 매매를 중개하며 성장한 상인은 객주와 여각이다. 덕대는 민영 광산의 책임자였다.
③ 『혼일강리역대국도지도』는 태종 때 이회 등이 편찬한 세계 지도이다(태종 2년, 1402).
④ 철종 때 기술직 중인들은 대규모 통청 운동을 전개하였으나 통청에는 실패하였다.

|정답| ①

② 중인(中人)
　㉠ 소청(疏請) 운동: 서얼의 신분 상승 운동은 기술직 중인들에게도 자극을 주었다. 그들은 주로 기술직에 종사하며 축적한 재산과 탄탄한 실무 경력을 바탕으로 신분 상승을 추구하였다. 누적된 불만을 표출한 중인들은 철종 때 대규모 소청 운동을 일으켰다.
　㉡ 소청 운동의 의의: 비록 이들의 노력은 성공하지 못하였으나 이 운동을 통하여 전문직으로서의 중요한 역할을 부각시켰다.
　㉢ 역관(譯官)의 역할: 중인 중에서도 역관들은 청과의 외교 업무에 종사하면서 서학(西學)을 비롯한 외래문화 수용에서 선구적 역할을 수행하여 성리학적 가치 체계에 도전하는 새로운 사회의 수립을 추구하였다.

사료　기술직 중인

❶ 열일곱에 사역원(司譯院) 한학과에 합격하여 틈이 나면 성현의 책을 부지런히 연구해 쉬는 일이 없었다. 경전과 백가에 두루 통달하여 드디어 세상에 이름이 났다. …… 공은 평생 고문(古文)을 좋아하였다. 일에 종사하느라 거기에 힘을 오로지 쏟지 못하였지만, 공의 시와 문장은 당시 안목 있는 사람들에게 인정을 받았다.
『완암집』

❷ 이들은 본시 모두 사대부였는데 또는 의료직에 들어가고 또는 통역에 들어가 그 역할을 7~8대나 10여 대로 전하니 사람들이 가복면 중촌의 오래된 집안이라고 불렀다. 문장과 대대로 쌓아 내려오는 미덕은 비록 사대부에 비길 수 없으나 유명한 재상, 지체 높고 번창한 집안 외에 이들보다 나은 자는 없다. 비록 나라의 법전에 금지한 바 없으나 자연히 명예롭고 좋은 관직으로의 진출은 막히거나 걸려, 수백 년 원한이 쌓여 펴지 못한 한이 있고 이를 호소할 기약조차 없으니 이는 무슨 죄악이며 무슨 업보인가?
『상원과방』

사료　중간 계층의 신분 상승 운동

오래도록 막혀 있으면 반드시 터놓아야 하고, 원한은 쌓이면 반드시 풀어야 하는 것이 하늘의 이치이다. 중인, 서얼을 가로막는 것은 우리나라의 편벽된 일로 이제 몇백 년이 되었다. 서얼은 다행히 조정의 큰 성덕을 입어 문관은 승정원, 무관은 선전관에 임용되고 있다. 그런데도 우리 중인은 홀로 이 은혜를 함께 입지 못하니 어찌 탄식조차 없겠는가? 이제 바야흐로 의논을 모아 글을 써서 원통함을 호소하고자 먼저 통문을 띄우노니 이달 29일 마동에 있는 홍현보의 집에 모여 상의코자 한다.
『상원과방』

바로 확인문제

● 밑줄 친 '우리'에 해당하는 계층의 활동으로 옳은 것은?　15. 국가직 9급

> 아! 우리는 본시 모두 사대부였는데, 혹은 의(醫)에 들어가고 혹은 역(譯)에 들어가 7, 8대 또는 10여 대를 대대로 전하니 …… 문장과 덕(德)은 비록 사대부에 비길 수 없으나, 명공(名公) 거실(巨室) 외에 우리보다 나은 자는 없다.

① 집단으로 상소하여 청요직(清要職) 허통(許通)을 요구하였다.
② 형평사를 창립하고, 평등한 대우를 요구하는 형평 운동을 펼쳤다.
③ 관권과 결탁하고 향회를 장악하여 향촌 사회에서 영향력을 키우려 하였다.
④ 유향소를 복립하여 향리를 감찰하고 향촌 사회의 풍속을 바로잡으려 하였다.

|정답해설| 제시된 사료 중 '의(醫)에 들어가고 혹은 역(譯)에 들어가'라는 문장을 통하여 밑줄 친 '우리'가 의관과 역관, 즉 기술직 중인임을 알 수 있다. 기술직 중인들은 철종 때 대규모 소청 운동(기술직 중인들도 청요직으로의 진출을 허가해 달라는 집단 행동)을 전개하였으나 실패하였다.

|오답해설|
② 백정들은 1923년 진주에서 조선 형평사를 창립하고, 백정에 대한 사회적 차별 타파를 주장하였다(형평 운동).
③ 조선 후기에 새롭게 양반 신분을 획득한 신향에 대한 설명이다.
④ 사림들은 유향소를 복립하여 그들의 세력 기반을 확립하고자 하였다.

|정답| ①

3 노비의 해방

(1) 노비의 신분 상승과 도망

① 신분 상승 노력
  ㉠ 군공 및 납속: 조선 후기 노비는 군공과 납속 등을 통하여 자신의 신분을 상승시켰다.
  ㉡ 전환: 국가에서는 공노비 유지에 비용이 많이 들어 그 효율성이 떨어지자, 다수의 공노비를 종래의 입역 노비에서 신공을 바치는 납공 노비로 전환시켰다.

② 노비의 도망
  ㉠ 도망 노비의 확산: 신분이 상승되지 못한 노비들은 도망을 통하여 신분의 속박에서 벗어나려고 하였다. 이렇게 노비의 도망이 확산된 이유는 도망간 뒤에도 임노동자·머슴·행상 등으로 생계를 유지할 수 있었기 때문이다.
  ㉡ 잔존 노비의 신공 부담 증가: 도망간 노비의 신공은 남아 있는 노비에게 부과되었기 때문에 남아 있는 노비의 부담은 더욱 무거워질 수밖에 없었다.
  ㉢ 정부의 대책: 노비의 도망이 빈번해지자 나라에서는 신공을 줄여 달래기도 하고, 이들을 찾아내려고도 하였으나 그다지 큰 성과를 거두지는 못하였다.

(2) 공·사노비의 해방

① 노비종모법(奴婢從母法): 노비의 신분 상승 추세는 아버지가 노비라 하더라도 어머니가 양민이면 양민으로 삼는 법이 실시되면서 더욱 촉진되었다(영조 때 『속대전』에 등재).
② 공노비 해방(1801): 18세기 후반 도망과 합법적인 신분 상승으로 공노비의 노비안이 이름만 있을 뿐 신공을 받아낼 수 없게 되자, 순조 때에 중앙 관서의 노비 6만 6,000여 명을 해방하기도 하였다.
③ 사노비 해방: 사노비는 일반 농민이나 공노비에 비하여 더 가혹한 수탈과 사회적 냉대를 받았다. 이에 따라 조선 후기에는 사노비의 도망이 일상적으로 일어났다. 갑오개혁(1894) 때 신분제가 폐지되면서 노비제는 법제상으로는 종말을 고하게 되었다.

> **사료** 공노비 해방
>
> 우리나라의 내수사와 중앙 각 관청이 노비를 소유하고 물려주는 것이 기자에서 비롯되었다고 하나 나(순조)는 그렇게 보지 않는다. …… 임금이 백성을 볼 때는 귀천이 없고 남녀가 없이 하나같이 백성이다. '노(奴)'다 '비(婢)'다 하여 구분하는 것이 어찌 하나의 백성으로 보는 뜻이겠는가. 중앙 관서의 노비 6만여 명을 양민이 되도록 허락하고 승정원에 명령을 내려 노비 문서를 모아 돈화문 밖에서 불태우도록 하라. 「순조실록」

단권화 MEMO

■ 「노비추쇄도감사목(奴婢推刷都監事目)」
1655년(효종 6년) 도망간 공노비를 색출하기 위해 관련 기관을 설치하고 발한 사목이다. '조부 때부터 생진과에 급제하여 그 자손이 양인으로 행세하고 있는 자는 이를 용서하여 양인이 될 것을 허락한다.'라는 규정이 있었다.

■ 공노비
3년 단위로 실태를 조사하여 속안(續案)을 만들고, 20년마다 그것을 바탕으로 정안(正案)을 만들어 지방 관부와 중앙 정부에 각각 보관함으로써 노비를 확보·관리하도록 하였다. 실제로는 50년 단위로 한 번씩 조사하였다.

■ 공노비 해방
1801년 궁노비(宮奴婢)와 각사 노비(各司奴婢)를 해방하여 양인으로 만들었다. 궁노비는 36,974명이었고, 각사 노비는 29,093명이어서 합계 66,067명이었다. 관노비(공노비) 전부가 해방된 것은 아니었으며, 역노비·병조·공조 소속의 공노비 등은 그대로 남아 있었다. 이때의 해방 노비는 공노비 중에서도 외거 노비(外居奴婢)인 납공 노비(納貢奴婢)에 한정되었으므로 사역 노비(使役奴婢)는 그대로 남아 있던 것이다.   강만길

■ 노비 세습제의 폐지
1886년(고종 23년)에 공식 폐지되었다.

4 가족 제도의 변화와 혼인

(1) 가족 제도의 변화

조선의 가족 제도는 부계와 모계가 함께 영향을 미치는 형태에서 부계 위주의 형태로 변화하였다.

① 조선 중기
  ㉠ 남귀여가혼(男歸女家婚): 혼인 후에 남자가 여자 집에서 생활하는 경우가 있었다.
  ㉡ 균분 상속: 아들과 딸이 부모의 재산을 똑같이 상속받는 경우가 많았다. 집안의 대를 잇는 자식에게 5분의 1의 상속분을 더 준다는 것 외에는 모든 아들과 딸에게 재산을 똑같이 나누어 주는 것이 관행이었다.

▲ 「율곡 선생 남매 분재기(分財記)」
이이의 7남매와 서모인 권씨가 가옥·토지·노비 등의 유산을 나누어 상속한 내용을 작성한 문서이다.

  ㉢ 제사의 분담: 재산 상속을 같이 나누어 받는 만큼 그 의무인 제사도 형제가 돌아가면서 지내거나 책임을 분담하기도 하였다.

② 17세기 이후
  ㉠ 친영(親迎) 제도의 정착: 성리학적인 의식과 예절이 발달하고 부계 중심의 가족 제도가 확립되면서 혼인 후 곧바로 남자 집에서 생활하는 친영 제도가 정착하였다.
  ㉡ 제사의 장자 상속: 제사는 반드시 큰아들이 지내야 한다는 의식이 확산되었다.
  ㉢ 장자 우선 상속: 재산 상속에서도 큰아들이 우대를 받게 되면서 처음에는 딸들이, 그리고 점차 큰아들 외의 아들들도 제사나 재산 상속에서 그 권리를 잃어 갔다.

③ 조선 후기: 부계 중심의 가족 제도를 더욱 강화하였다.
  ㉠ 양자 제도의 일반화: 아들이 없는 집안에서는 양자를 들이는 것이 일반화되었다.
  ㉡ 족보의 편찬: 부계 위주의 족보를 적극적으로 편찬하였다.
  ㉢ 동성 마을의 형성: 같은 성을 가진 사람끼리 모여 사는 동성 마을을 이루어 갔다.
  ㉣ 종중(宗中)의 우선 인식: 개인이 개인으로 인정받기보다는 종중이라고 하는 친족 집단의 일원으로 인식되었다.
  ㉤ 효와 정절 강조: 조선에서는 가족 제도를 잘 유지하기 위한 윤리 덕목으로 효와 정절을 강조하였다. 또한 과부의 재가를 금지하고 효자나 열녀를 표창하였는데, 이는 그러한 정책의 일환이었다.

(2) 혼인 제도

① 원칙: 조선 시대의 혼인 형태는 일부일처를 기본으로 하였지만, 남자들이 첩을 들일 수 있었기 때문에 엄밀한 의미의 일부일처제라고는 할 수 없었다.
② 적(嫡)·서(庶)의 엄격한 구분: 부인과 첩 사이에는 엄격한 구별이 있어서 첩의 자식인 서얼은 문과에 응시할 수 없을 뿐만 아니라 제사나 재산 상속 등에서도 차별을 받았다.
③ 혼인 결정권: 혼인은 대개 집안의 가장(家長)이 결정하였는데, 법적으로 혼인할 수 있는 나이는 남자 15세, 여자 14세였다.

■ 친영(親迎)
남자가 여자를 자신의 집으로 데리고 와서 혼례를 올리고 남자 집에서 생활하는 혼인 형태를 가리킨다.

■ 「신행」(김홍도)

신부가 혼례식을 마치고 신랑 집으로 가는 의식을 그린 것이다.

| 단권화 MEMO |

| 오답해설 |
①③ 조선 전기까지의 풍습이다.
④ 조선 후기에 혼인은 남귀여가혼에서 친영제(여자가 남자 집에 들어와서 혼인 생활을 함)로 변화되었고, 재산은 적장자 우선 상속을 시행하였다.

| 정답 | ②

바로 확인문제

● 조선 후기의 가족 제도와 사회상에 대한 설명으로 가장 적절한 것은? 14. 경찰직 1차

① 남녀를 구분하지 않고 태어난 순서대로 족보에 기재하였다.
② 동성 마을이 많아지고 부계 중심의 족보가 편찬되었다.
③ 아들이 없으면 양자를 들이는 대신에 딸과 외손자가 제사를 지냈다.
④ 혼인은 친영제에서 남귀여가혼으로 변화되었고, 재산은 균등하게 상속되었다.

5 인구의 변동

(1) 호구 조사의 실시

① 목적: 조선은 국가 운영에 필요한 인적 자원을 파악하기 위하여 제도를 정비하고 수시로 호구 조사를 하였다.
② 호적 대장 작성: 조선 시대의 인구에 관한 기본 자료는 원칙적으로 3년마다 수정하여 작성하는 호적 대장이었다. 국가에서는 호적 대장에 기록된 각 군현의 인구수를 근거로 해당 지역에 공물과 군역 등을 부과하였다.
③ 한계: 공물과 군역의 담당자들이 기본적으로 성인 남성들이므로 국가의 인구 통계는 주로 남성들만을 기록하고 있어 실제 인구수와는 많은 차이가 있었다.

(2) 인구의 분포와 변화

① 인구의 거주: 조선 시대의 인구는 대체로 경상도·전라도·충청도의 하삼도에 전 인구의 50% 정도가 살았으며, 경기도·강원도에는 20%, 평안도·황해도·함경도에는 30% 정도가 거주하였다.
② 인구 수의 변화
  ㉠ 건국 초: 건국 무렵에는 550만~750만 명이었다.
  ㉡ 16세기: 임진왜란 이전에는 1,000만 명을 돌파하였다.
  ㉢ 임진왜란 이후: 전란의 영향으로 인구가 줄었다가 다시 증가하기 시작하였다.
  ㉣ 19세기 말: 1,700만 명 정도로 추산되고 있다.
③ 한성의 인구: 세종 때 이미 10만 명 이상이 거주하였다. 한성의 인구 수는 임진왜란과 병자호란을 겪으며 조금 줄어들었으나, 18세기에 들어와서는 20만 명이 넘게 되었다.

02 향촌 질서의 변화

1 양반의 향촌 지배 약화

(1) 향촌 사회의 변화

농촌 사회가 분화되고 신분제가 붕괴되면서 양반 계층의 구성이 복잡하게 바뀌었고, 사족 중심의 향촌 질서도 변화되었다.

① 족보 제작: 양반을 자처하는 이들은 족보를 만들어 가족 집단 전체가 양반 가문으로 행세하고 상민과는 통혼하지 않았다.

② 청금록(靑衿錄), 향안(鄕案): 양반의 명단인 청금록과 향안은 신분을 확인시켜 주는 증거 서류인 동시에 향약 등 향촌 자치 기구의 주도권 장악을 위하여 중요시되었다.

③ 신분의 상하 변동: 평민과 천민 가운데 재산을 모아 **부농층**으로 등장하는 사람이 있었던 반면, 양반 가운데는 토지를 잃고 몰락하여 전호가 되거나 심한 경우 임노동자로 전락하는 경우도 있었다. 이에 따라 향촌 사회 내부에서 양반들이 지녔던 권위도 점차 약화되었다.

④ 양반들의 족적 결합 강화: 양반들은 군현을 단위로 농민을 지배하기 어렵게 되자 거주지를 중심으로 촌락 단위의 동약을 실시하거나 **족적 결합**(族的結合)을 강화함으로써 자기들의 지위를 지켜 나가고자 하였다. 이에 따라 전국에 많은 동족 마을이 만들어지고 문중(門中)을 중심으로 서원(書院)이나 사우(祠宇)가 세워졌다.

(2) 부농층의 도전

조선 후기 향촌 사회에서는 전통적으로 향촌 사회를 지배하였던 사족들이 새로운 세력으로 성장한 부농층의 도전을 받게 되었다.

① 향회 장악 기도: 부농층은 수령을 대표로 하는 관권과 결탁하여 성장의 기반을 굳건히 하면서 향안에 이름을 올려 향회를 장악하고자 하였다.

② 관권의 강화: 조선 후기 향촌 사회에서는 지방관의 관권(官權)이 강화되고 아울러 관권을 맡아 보고 있던 향리(鄕吏)의 역할이 커졌다.

③ 향회의 자문 기구화: 종래 재지 사족인 양반의 이익을 대변하여 왔던 향회는 주로 수령이 세금을 부과할 때 의견을 물어보는 자문 기구로 위상이 낮아졌다. 곧 수령 중심의 국가 권력이 향촌 사회에 깊숙이 침투하여 재지 사족이 지배하고 있던 영역을 장악해 나갔다.

> **사료** 향촌 질서의 변화
>
> 암행어사 이곤수가 별단을 올렸다. "매향(賣鄕)에는 여러 가지 많은 방법이 있습니다. 돈을 받고 향임(鄕任, 죄수·별감 등 향청의 직책)에 임명하는가 하면, 사례비를 받고 향안(鄕案, 사족들의 모임인 향회의 명부)이나 교안(校案, 향교의 교생 명단)에 올려 줍니다. 여기에 응하는 자는 모두 양민입니다. 이때 한 사람이 내는 액수가 많게는 백여 냥을 넘고, 적어도 수십 냥 아래로 내려가지 않습니다. 그런데도 대개 스스로 원해서 즐거이 하므로 별로 원망이나 비방함이 없습니다. 한번 향임을 지낸 자들이나 향안, 교안에 오른 자들은 대개 군역과 요역에서 벗어납니다."
>
> 『정조실록』

■ 청금록

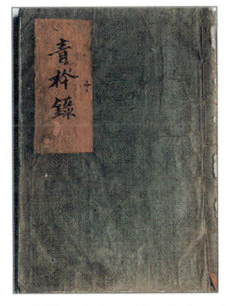

서원 및 향교에 출입하는 양반들이 사용한 출석부의 일종이다. 푸른색의 비단으로 치장을 한 데서 이름이 유래하였다.

■ 사우(충남 공주)

가문에 이름 있는 선조나 훌륭한 인물을 모셔 제사를 지내는 곳이다.

■ 부농층

조선 후기에 등장한 부농층은 당시에 요호 부민(饒戶富民)으로 불렸다. 이들은 자기의 전지(田地)를 소유하고 지방에서 일정한 영향력을 행사할 수 있는 농민들이었다.

단권화 MEMO

사료 향전

영덕의 오래된 가문은 모두 남인이며, 이른바 신향(新鄕)은 모두 서리의 자손이며, 스스로를 서인이라고 합니다. 근래 신향이 향교를 주관하면서 구향(舊鄕)들과 서로 마찰을 빚더니 주자의 영정이 비에 손상되자 신향들이 구향들의 책망이 두려워 그 영정을 숨기고, "남인(남인 계열 구향)들이 송시열(서인과 노론의 대표적 인물)의 영정을 봉안하는 것을 꺼려 야음을 틈타 영정을 훔쳐 갔습니다."라고 하였다.

『승정원일기』

심화 조선 후기 서원과 사우의 건립

(단위: 개)

도별 연대	경상	전라	충청	경기	황해	강원	평안	함경	계
광해군	15	9	6	2	1	2	1	2	38
인조	20	13	6	4	1	5	4	2	55
효종	12	8	3	5	3	4	1	1	37
현종	23	12	11	7	2	4	5	8	72
숙종	127	67	53	24	15	11	23	7	327
경종	7	5	5	–	1	5	4	2	29
영조	51	26	17	8	16	12	18	11	159
정조	2	2	–	3	–	–	–	–	7
계	257	142	101	53	39	43	56	33	724

『한국사 통론』

바로 확인문제

● 다음 자료를 토대로 조선 후기 향촌 사회에 대하여 바르게 설명한 것을 〈보기〉에서 모두 고르면?

• 영덕의 구향(舊鄕)은 사족이며, 소위 신향(新鄕)은 모두 향리와 서리의 자식입니다. 근래 신향(新鄕)들이 향교를 주관하면서 구향(舊鄕)들과 서로 마찰을 빚고 있습니다. 『승정원일기』, 영조 23년

• 요사이 수령들은 한 고을을 제멋대로 다스려 다른 사람이 그 잘못을 고칠 수가 없습니다. 수령이 옳다고 하면 좌수 이하 모두 그렇다고 합니다. 『비변사등록』, 영조 36년

| 보기 |
ㄱ. 향촌에서의 관권이 강화되었다.
ㄴ. 양반의 향촌 지배력이 약화되었다.
ㄷ. 향촌 지배 세력에 변화가 일어났다.
ㄹ. 향교를 통한 향촌 자치가 강화되었다.

① ㄱ, ㄴ, ㄷ, ㄹ   ② ㄴ, ㄷ, ㄹ   ③ ㄷ, ㄹ   ④ ㄱ, ㄴ, ㄷ

|정답해설| 제시된 자료는 향촌 질서의 변화와 관련된 내용이다. 신향(新鄕)인 부농층과 기존의 사족 세력인 구향(舊鄕) 간에 향임권(鄕任權) 다툼으로 수령 및 향리 등의 관권은 강화되었다. 신향(부농층)은 수령, 향리 등과 결탁하여 구향 세력의 부세 징수 등에 대한 관여를 배제하였다.

|오답해설|
ㄹ. 향교는 지방 교육 기관으로서 향촌 자치와는 관련이 없다.

|정답| ④

2 부농층의 대두

(1) 부농층의 등장
향촌 사회에서 기존의 양반이 아닌 새로운 부농층이 등장하여 영향력을 행사하였다.

(2) 신분 상승의 합법화
① 경제적 능력: 부농층은 경제적 능력은 갖추었지만, 아직 자신들의 권익을 보호할 수 있는 합법적인 방법이 없었다.
② 정부의 조치: 정부는 납속이나 향직의 매매를 통하여 이들 부농층에게 신분을 상승시킬 수 있는 합법적인 길을 열어 주기도 하였다.

(3) 부농층의 성장
① 이해관계 일치: 경제력을 바탕으로 한 새로운 부농층의 욕구는 재정 위기를 타개하고자 하는 정부의 이해와 일치하였기에 정부도 이들을 적극 활용하고자 하였다.
② 향임직 확보: 부농층은 종래 향촌 사족이 담당하던 정부의 부세 제도 운영에 적극 참여하였으며, 향임직에 진출하지 못한 곳에서도 수령이나 기존의 향촌 세력과 타협하여 상당한 지위를 확보하여 갔다.
③ 한계: 향촌 지배에 참여하지 못한 부농층도 여전히 많았다.

■ 향임직(鄕任職)
향촌에 있는 향청(유향소)에서 일을 보는 사람이나 그 직책을 말한다.

바로 확인문제

● 다음과 같은 현상이 일어나게 된 배경으로 옳지 않은 것은?   15. 지방직 9급

> 향회라는 것이 한 마을 사민(士民)의 공론에 따른 것이 아니고, 수령의 손아래 놀아나는 좌수·별감들이 통문을 돌려 불러 모은 것에 불과합니다. 그 향회에서는 관의 비용이 부족하다는 핑계로 제멋대로 돈을 거두고 법을 만드니, 일의 원통함이 이보다 심한 것이 없습니다.

① 사족의 향촌 지배력이 약화되었다.
② 수령과 향리의 영향력이 약해졌다.
③ 향회는 수령의 부세 자문 기구로 전락하였다.
④ 양반 사족과 부농층이 향촌의 주도권 다툼을 벌였다.

|정답해설| 제시된 자료는 향회가 수령에게 지배당하였던 조선 후기의 모습을 보여 준다. 조선 후기 수령 및 향리의 권한(관권)은 강화되었고, 지방 사족의 영향력은 약화되었다.

|오답해설|
① 조선 후기 향촌 사회에서는 기존 사족의 향촌 지배력이 약화되었다.
③ 조선 후기 향회는 수령의 부세 자문 기구로 그 위상이 하락하였다.
④ 조선 후기에는 기존 사족(구향)과 새롭게 양반 신분을 획득한 부농층(신향)이 향촌의 주도권 다툼을 벌였다. 이것을 향전이라고 한다.

|정답| ②

단권화 MEMO

■ 농민층의 분화 배경
양난 이후 조선 사회에서는 기존의 사회 체제가 흔들리면서 새로운 사회 질서가 모색되었다. 특히 그 당시 피지배층의 대부분을 차지하였던 농민들이 주목되었다.

03 농민층의 변화

1 농민층의 분화

(1) 농민층의 구성
① 중소 지주층 : 상층은 중소 지주층으로서 자기가 소유한 토지를 다른 사람에게 빌려 주어 소작제로 경영하여 몰락한 양반이나 중인층보다 윤택한 생활을 하는 계층이었다.
② 자영농·소작농 : 대다수의 농민은 작은 규모의 자영농이거나 다른 사람의 땅을 빌려 경작하고 소작료를 내던 소작농이었다.

(2) 농민의 곤궁
① 국역의 부담 : 국가는 농민에 대하여 여러 가지 의무를 부과하였다.
② 거주 이전의 제한 : 통치의 편의를 위하여 호패법, 오가작통법, 도첩제 등으로 농민의 이동을 억제하였다.
③ 자급자족의 생활 : 토지에 묶인 농민들은 대대로 한곳에 정착하여 자급자족의 생활을 하고 있었으나 넉넉한 형편은 아니었다.
④ 수취의 증가 : 양난 이후 국가 재정의 파탄과 관리들의 기강 해이로 인한 수취의 증가는 농민의 생활을 어렵게 하였다.
⑤ 농민의 불만 고조 : 사회 혼란을 타개하기 위한 대동법과 균역법을 시행하는 등의 노력이 실제로 효과를 거두지 못하게 되자 농민의 불만은 더욱 커져 갔다.

(3) 농민의 삶의 개척
조선 후기에 이르러 시련이 거듭되는 속에서도 일부 농민들은 스스로 자신들의 삶을 개척해 나갔다. 농민들은 농업 경영을 통하여 부농으로 부상하거나 상공업으로 생업을 영위하기도 하고, 아니면 도시나 광산의 임노동자가 되었다.

2 지주와 임노동자

(1) 지주(地主)
① 대지주의 등장 : 조선 후기에도 지주의 대부분은 양반이었고, 상품 화폐 경제의 발달과 함께 양반 지주의 이윤 추구가 경제적 욕구를 자극하여 광작을 하는 대지주가 많이 나타났다.
② 서민 지주의 출현 : 경제 관계가 발달하자 일반 서민들 중에는 적기는 하지만 지주가 되는 사람들도 있었다. 그들은 스스로 농업에 종사하면서 농지의 확대, 영농 방법의 개선 등 여러 가지 방법을 통하여 부를 축적하였다.
③ 새로운 지주들의 신분 상승
  ㉠ 부를 축적한 새로운 지주들 중에는 재력을 바탕으로 공명첩(空名帖)을 사거나 족보를 위조하여 신분을 상승시키는 사람들도 있었다.
  ㉡ 양반이 되면 자신은 물론 후손까지 군역을 면할 수 있는 이익이 있었으며, 더욱이 양반 지배층의 수탈을 피하고 부를 축적하기 위한 경제 활동에서 각종 편의를 제공받을 수 있는 이점을 가지고 있었다.
  ㉢ 경제력으로 양반 신분을 사들인 농민들은 한 걸음 더 나아가 향촌 사회에서 자신들의 영향력을 키워 나가고자 하였다.

(2) 임노동자(賃勞動者)

① 빈부의 격차: 일부 농민이 부농층으로 성장하고 있는 반면에 다수의 농민은 오히려 토지에서 밀려나 임노동자가 되기도 하였다.

② 부역제의 해이(解弛)
  ㉠ 국가에서 필요로 하는 노동력은 주로 농민들의 부역 동원으로 충당되었고, 양반 지주층이 필요로 하는 노동력은 노비나 소작농의 노동력으로 충당하였다.
  ㉡ 궁궐이나 관청에서 주관하는 성 쌓기나 도로 공사에 동원되는 인부들도 노임(勞賃)을 주고 부려야 하는 상황이 되었다.
  ㉢ 16세기 중엽 이래 부역제가 해이해져 17~18세기에 이르면 국가에서 필요로 하는 노동력마저 동원이 어려워지면서 점차 임노동자를 고용해야 하였다.

③ 임노동자 고용의 일반화: 이러한 현상은 부농들도 똑같이 겪는 일이었다.
  ㉠ 부농층도 가족의 노동력만으로는 농사를 지을 수가 없어서 임노동자를 고용하는 경우가 흔하였다.
  ㉡ 농촌에서는 대체로 1년 단위로 임금을 받는 품팔이 노동력이 많았다.

④ 농민 계층의 분화: 부농층의 대두와 임노동자의 출현은 이 시기 농민의 분화를 뜻한다.

> **사료** 농촌 사회의 계층 분화
>
> 부농층은 경작하는 토지가 넓어서 빈민을 고용하여 일을 시키거나, 만약 노비가 있으면 밭을 갈지 않고 벼를 베지 않는다. 이에 아무 일도 하지 않고 부호의 즐거움을 누릴 수 있다. 가난한 사람은 송곳 꽂을 땅도 없다. 다만 부유한 사람의 토지에 고용되어 부지런히 밭을 갈고 김을 맨다. 그러나 겨우 그 수확량의 반을 얻을 수 있다. 그러하지 아니하면 밭 갈 때 고용되고 김맬 때 고용되어 매일 골라 뽑을 뿐이다. 또 그러하지 아니하면 가히 고용될 밭이 없거나 가히 고용될 집이 없다. 이에 걸식을 하거나 떠나게 된다. 혹은 가난하여 도적이 된다.
>
> 정상기, 『농포문답』

04 예언 사상, 천주교의 전파, 동학의 발생

1 사회 불안의 심화

(1) 배경
① 신분제의 동요: 양반 중심의 지배 체제에 커다란 위기를 가져왔다.
② 지배층의 수탈: 지배층과 농민층의 갈등은 깊어지고 지배층의 수탈이 심해지면서 농민 경제는 파탄에 빠졌다.
③ 농민 의식의 향상: 이러한 분위기 속에서 농민의 의식은 점차 높아져서 곳곳에서 적극적인 항거 운동이 일어났다.

(2) 경과
① **정치 기강의 문란**: 19세기에 들어서는 탐관오리들의 탐학과 횡포가 날로 심해져 농민의 생활은 그만큼 더 어려워졌다.
② **재난과 질병**: 1820년의 전국적인 수해와 이듬해 콜레라의 만연으로 많은 백성이 목숨을 잃는 비참한 사태가 발생하였다. 피해는 이후 수년 동안 계속되었으며, 이에 따라 굶주려 떠도는 백성이 거리를 메울 지경이었다.

(3) 결과
① **민심의 불안**: 백성들 사이에 비기·도참설이 널리 퍼지고, 서양의 이양선(異樣船)까지 연해에 출몰하자 민심은 극도로 흉흉해져 갔다.
② **도적들의 성행**: 사회 불안이 점점 더해 감에 따라 각처에서는 도적이 크게 일어났다. 화적(火賊)들은 수십 명씩 무리를 지어 지방의 토호나 부상들을 공격하였고, 수적(水賊)들은 배를 타고 강이나 바다를 무대로 조운선이나 상선을 약탈하였다.

> **사료 | 장길산의 난**
>
> 숙종 때 교활한 도둑 장길산이 황해도에서 횡행했는데, 장길산은 원래 광대 출신으로 곤두박질을 잘하고 용맹이 뛰어났으므로 드디어 괴수가 되었다. 조정에서 이를 걱정하여 신엽(申熀)을 감사(監司)로 삼아 체포하게 하였으나 잡지 못했다. …… 다시 여러 고을의 군사를 징발하여 각기 요소를 지키다 밤을 타 쳐들어갔는데, 적들이 이미 염탐해 알고 나와서 욕설을 퍼붓다가 모두 도망쳐 아무 자취도 없어졌다.
>
> 그 후 병자년(丙子年, 1696, 숙종 22년)에 한 적도(賊盜)의 자백에 그의 이름이 또 나왔으나 끝내 잡지 못했다. 이 좁은 국토 안에서 몸을 숨기고 도둑질하는 것이 마치 새장 속에 든 새와 물동이 안에 든 물고기에 지나지 않는데, 온 나라가 온갖 힘을 기울였으나 끝내 잡지 못했으니, 우리나라 사람들의 꾀가 없음이 예부터 이러하다. 어찌 외군의 침략을 막고 이웃 나라에 위력을 과시하기를 논하겠는가? 슬프도다.   「성호사설」

2 예언 사상의 대두

(1) 예언 사상의 유행
① **배경**: 사회가 변화하면서 유교적 명분론이 설득력을 잃어가자 비기·도참 등을 이용한 예언 사상이 유행하였다.
② **결과**: 말세의 도래, 왕조의 교체, 변란의 예고 등 근거 없는 낭설이 횡행하여 민심을 혼란시켰다. 이씨 왕조가 멸망하고 정씨 왕조가 등장할 것이라는 『정감록(鄭鑑錄)』은 조선 후기에 널리 유행한 비기였다.

■ 선운사 도솔암 마애불

고려 시대에 만든 석가 여래상이다. 19세기에는 명치 부위에 있는 감실에 비결이 들어 있어서 그것이 나오는 날 한양이 망한다는 이야기가 퍼져 있었다.

> **사료 | 도참 신앙 - 『정감록(鄭鑑錄)』의 주요 내용**
>
> 첫째, 이씨 왕조가 세 번의 단절 운수를 맞는다는 '삼절운수설(三絶運數說)'이다. 그 첫 번째가 임진왜란이고, 두 번째가 병자호란이며, 세 번째가 앞으로 닥칠 위기라는 것이다.
>
> 둘째, 미래 국토의 이상을 나타내는 '계룡산천도설(鷄龍山遷都說)'이다. 계룡산은 산세나 수세가 태극을 이루어 세 번째 위기에 살아남을 수 있는 비기(秘記)인 '이재궁궁(利在弓弓)'이 저절로 이루어지는 '궁을촌(弓乙村)'의 신천지가 된다는 것이다.
>
> 셋째, '정성진인출현설(鄭姓眞人出現說)'로서, 말세에 '정도령'이라는 구세주가 나타나 세상을 구원한다는 것이다.   이심(李沁)과 정감(鄭鑑) 사이의 문답

(2) 기타 민간 사상

① 무격 신앙이나 미륵 신앙이 점차 확장되어 갔다.
② 현세에서 얻지 못하는 행복을 미륵 신앙에서 해결하려는 움직임이 있었으며, 심지어 살아 있는 미륵불을 자처하면서 서민을 현혹시켜 끌어모으는 무리도 나타났다.

3 천주교[西學]의 전파

(1) 전래

천주교는 17세기에 중국 베이징의 천주당을 방문한 우리나라 사신들에 의하여 **서학(西學)**으로 소개되었다.

① **신앙**: 천주교가 신앙으로 받아들여진 것은 18세기 후반이었다.
② **확산**: 당시 정치와 사회의 모순을 해결하고자 고심하던 남인 계열의 실학자들이 천주교 서적(『천주실의』)을 읽고 신앙 생활을 하였다. 정조 시기의 이승훈이 베이징에서 서양인 신부에게서 영세를 받고 돌아온 이후로 신앙 활동이 더욱 활발해졌으며, 청에서 주문모 신부가 조선에 입국하였다.

(2) 교세의 확장

① 정부는 천주교가 유포되는 것에 대하여 내버려 두면 저절로 사라질 것으로 생각하였다.
② 점차 교세가 확장되고 천주교가 조상에 대한 제사를 거부하자 정부는 양반 중심의 신분 질서 부정과 국왕의 권위에 대한 도전으로 받아들여 **사교(邪敎)**로 규정하였다.

> **사료** 　**안정복의 천주교 비판**
>
> 천지의 대세(大勢)를 가지고 말한다면, 서역은 곤륜산(崑崙山) 아래에 터를 잡고 있어서 천하의 중앙이 된다. 그래서 풍기(風氣)가 돈후하고 인물의 체격이 크며 진기한 보물들이 생산된다. 이것은 사람의 배 안의 장부(臟腑)에 혈맥이 모여 있고 음식이 모여서 사람을 살게 하는 근본이 되는 것과 같다. 그런데 중국으로 말하면 천하의 동남쪽에 위치하여 양명(陽明)함이 모여드는 곳이다. 그러므로 이런 기운을 받고 태어난 자는 과연 신성한 사람이니, 요(堯)·순(舜)·우(禹)·탕(湯)·문(文)·무(武)·주공(周公)·공자(孔子) 같은 분들이 이들이다. 이것은 사람의 심장이 가슴속에 있으면서 신명(神明)의 집이 되어 온갖 조화가 거기서 나오는 것과 같다. 이를 미루어 말한다면 중국의 성학(聖學)은 올바른 것이며, 서국(西國)의 천학은 그들이 말하는 진도(眞道)와 성교(聖敎)일지는 몰라도 우리가 말하는 바의 성학은 아닌 것이다.
> 　　　　　　　　　　　　　　　　　　　　　　　　　　　　　　『천학문답』

> **사료** 　**천주교의 전파와 유교 의례의 대립**
>
> 죽은 사람 앞에 술과 음식을 차려 놓는 것은 천주교에서 금하는 바입니다. 살아 있을 동안에도 영혼은 술과 밥을 받아먹을 수 없거늘 하물며 죽은 뒤에 영혼이 어떻게 하겠습니까? 먹고 마시는 것은 육신의 입에 공급하는 것이요, 도리와 덕행은 영혼의 양식입니다. 비록 지극한 효자라 할지라도 맛 좋은 것이라 하여 부모가 잠들어 있는 앞에 차려 드릴 수 없는 것은 잠들었을 동안에는 먹고 마시는 때가 아닌 까닭입니다. 잠시 잠들어 있을 동안도 그러하거늘 하물며 영원히 잠들었을 때는 어떻겠습니까? 사람의 자식이 되어 어찌 허위와 가식의 예로써 이미 돌아간 부모를 섬기겠습니까?
> 　　　　　　　　　　　　　　　　　　　　　　　　　　　　　정하상, 『상재상서』

단권화 MEMO

■ **『천주실의』**

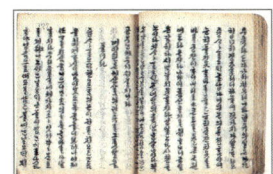

원래 마테오 리치가 한문으로 지은 것으로, 모든 사람이 이해하기 쉽도록 18세기에 한글로 옮겼다.

■ **이승훈**

이승훈은 1783년 아버지를 따라 청에 간 후, 1784년 그라몽(Gramont) 신부에게 세례를 받아 한국인 최초의 천주교 세례 교인이 되었으며, 1801년 신유박해 때 순교하였다.

■ **천주교에 대한 비판**

조선 후기에 가장 많이 읽힌 천주 교리서는 이탈리아의 마테오 리치(Matteo Ricci)가 지은 『천주실의』였다. 『천주실의』는 17세기 초에 베이징에서 간행되었고, 곧이어 이수광과 유몽인 등에 의하여 조선에 소개되었다. 이러한 천주교리서에 대하여 당시 유학자들은 호기심을 가지고 탐독하기도 하였으나 이를 비판하기도 하였다. 실학자인 이익의 경우 천주교가 불교처럼 허망한 종교이고, 천주교의 천당·지옥설은 불교의 윤회설과 마찬가지로 세상을 현혹하는 종교라고 하였다. 안정복도 『천학문답』을 통해 성리학적 입장에서 천주교를 비판하였다.

(3) 박해(迫害)

① 정조 때에는 천주교에 대해 비교적 관대하였던 시파(時派)가 정권을 잡아서 큰 탄압이 없었다.
② 순조가 즉위한 직후 노론 강경파인 벽파(僻派)가 집권하면서 천주교에 대한 대탄압이 가해졌다(신유박해, 1801). 이 사건으로 천주교 전래에 앞장을 섰던 실학자 및 많은 수의 양반 계층이 천주교를 떠나게 되었다.
③ 신유박해 후 안동 김씨의 세도 정치기에 탄압이 완화되면서 천주교는 백성들에게 활발히 전파되었다.
④ 조선 교구가 설립되고 서양인 신부들이 몰래 들어와 포교하면서 교세가 점차 확장되었다.

(4) 교세 확장

천주교의 교세가 확장된 이유는 세도 정치로 사회 불안과 어려운 현실에 대한 불만과 신(神) 앞에 모든 인간은 평등하다는 논리, 내세 신앙 등의 교리가 일부 백성들에게 공감을 얻었기 때문이었다.

○ 천주교 박해*

시기		박해	내용
정조		추조 적발 사건 (1785)	• 형조(추조)에서 천주교 비밀 신앙 집회를 적발한 사건 • 역관 김범우 유배(고문 후유증으로 사망), 이승훈·권일신·정약종 등 방면
정조		반회 사건(1787)	남인(이승훈·정약용 등)이 예배 도중 발각
정조		신해박해 (진산 사건, 1791)	• 윤지충의 모친 신주 소각 사건 → 윤지충, 권상연 사형 • 정조는 시파와 연결된 천주교에 비교적 관대
세도 정치	순조	신유박해(1801)	• 벽파(노론 강경파)가 시파를 축출하기 위한 정치적 박해 • 이승훈·이가환·정약종·주문모 신부(청) 등 3백여 명 처형 • 정약용(강진)·정약전(흑산도) 유배 • 시파 세력의 위축·실학의 쇠퇴 • 황사영의 백서(帛書) 사건 → 처형 → 천주교를 더욱 탄압하는 계기가 됨
세도 정치	헌종	기해박해(1839)	• 프랑스 신부의 처형(모방·샤스탕·앵베르), 정하상 순교 • 척사윤음(斥邪綸音) 반포 • 오가작통법을 이용하여 박해
세도 정치	헌종	병오박해(1846)	김대건 신부(조선 최초의 천주교 신부) 등 9명 처형
고종		병인박해(1866)	• 최대의 박해(흥선 대원군: 처음에는 비교적 관대하였음) • 프랑스 신부(9명)와 남종삼 등 수천 명 처형 → 프랑스의 침입(병인양요)

사료 신해박해

주상이 형조 판서 김상집 등을 불러 보고 이르기를 "이제 전라 감사가 조사하여 아뢴 것을 보면, 윤지충과 권상연이 신주를 태워 버린 일에 대해서는 이미 자백하였다 하니, 어찌 이처럼 흉악하고 이치에 어긋나는 일이 있겠는가. 대저 모범이 되는 선비가 없기 때문에 사람들이 점차 물들어 이처럼 오도되기에 이른 것이니 세도(世道)를 위해서는 근심과 한탄을 금할 수가 없다." 「정조실록」

단권화 MEMO

***천주교 박해**
천주교의 박해는 구체적 내용과 함께 기억해 두어야 한다.

■ **황사영의 백서 사건**
천주교 지도자였던 황사영은 순조 1년(1801) 신유박해의 전말과 그 대응책을 흰 비단(백서)에 적어 중국 베이징의 구베아 주교에게 밀서로 보냈다. 그 주요 내용으로 첫째, 종주국인 청나라 황제에게 요청하여 조선도 서양인 선교사를 받아들이도록 강요할 것. 둘째 서양의 배 수백 척과 군대 5~6만 명을 조선에 보내어 신앙의 자유를 허용하도록 하는 방안 등이 기술되어 있었다. 이 백서는 발각되어 천주교에 대한 박해가 심해지는 계기를 제공하였다.

| 사료 | 황사영의 백서 사건 |

그의 문서를 수색하니 백서(帛書)가 있는데, 장차 북경의 천주당에 통하려고 한 것이었다. 서폭(書幅)에 꽉 찬 흉악하고 참람한 말은 주문모 이하의 여러 죄인이 복법(伏法)되었다는 일을 서양인에게 상세히 보고하려 한 것으로, 그중에 세 조항의 흉언(凶言)이 있는데 …… 하나는 서양국(西洋國)에 통하여 큰 선박 수백 척에 정예 병사 5만~6만 명을 갖추어 보내고 대포 등 무서운 병기를 많이 싣고 와서 동국(東國)을 경악케 하여 사교(邪敎)가 행해지도록 함이었다.

「순조실록」

| 사료 | 정하상의 『상재상서』 |

우리나라에서 천주성교(天主聖敎)를 금지하는 뜻은 어디에 있습니까? 처음부터 의리의 여하를 불문하고 지극히 원통하게도 사도(邪道)라고 몰아붙여 사형죄로 처리하여 신유년(1801, 순조 1년) 전후에 걸쳐 사람이 많이 죽었습니다. 그러나 한 사람도 그 원류를 조사한 자가 없습니다.

아아, 이것을 배우면 유학에 해가 되기 때문입니까? 장차 백성을 어지럽히기 때문입니까? 이 도는 천자로부터 서민에 이르기까지 날마다 쓰고 행하는 도니, 이것을 해가 되고 난이 된다고 말할 수는 없을 것입니다. 이에 감히 그 도리가 나쁘지 않음을 대략 말씀드리고자 합니다.

대저 천지의 위에는 스스로 주재하는 것이 있습니다. 그것을 뒷받침하는 세 가지 증거가 있으니, 첫째는 만물이요, 둘째는 양지요, 셋째는 성경입니다.

「상재상서」

| 바로 확인문제 |

● 조선 후기 천주교와 관련된 설명으로 옳지 않은 것은?　　　　　　　　　　　　　　　14. 국가직 9급

① 기해사옥 때 흑산도로 유배를 간 정약전은 그 지역의 어류를 조사한 『자산어보』를 저술하였다.
② 안정복은 성리학의 입장에서 천주교를 비판하는 『천학문답』을 저술하였다.
③ 1791년 윤지충은 어머니 상(喪)에 유교 의식을 거부하여 신주를 없애고 제사를 지낸 권상연과 함께 처형을 당하였다.
④ 신유사옥 때 황사영은 군대를 동원하여 조선에서 신앙의 자유를 보장받게 해 달라는 서신을 북경에 있는 주교에게 보내려다 발각되었다.

단권화 MEMO

■ 정하상
정하상은 1839년 기해박해 때 순교한 인물이다. 그는 한국인 최초의 호교론 서인 『상재상서』를 작성해 두었다가 체포된 다음 관헌에게 제출하여 천주교 포교의 정당성과 박해의 부당함을 주장하였다.

|정답해설| 정약전은 신유박해(신유사옥) 때 흑산도로 유배를 가게 되었다.
|정답| ①

4 동학(東學)의 발생

(1) 창도

① **개창**: 동학은 1860년에 경주의 몰락 양반 최제우가 창도하였다. 동학에는 19세기 후반에 이르기까지 조선 사회가 처한 여러 사회 상황이 반영되었다.

② **교리**: 유·불·선(儒·佛·仙)의 주요 내용이 바탕이 되었고, 주문과 부적 등 민간 신앙의 요소들이 결합되었다. 또한 천주교의 교리도 일부 흡수하였다.

③ **주장**: 사회 모순 극복 및 일본과 서양 국가의 침략을 막아내자고 주장하였다.

(2) 사상

모든 사람이 평등하다는 시천주(侍天主)와 인내천(人乃天) 사상을 강조하였다.

① **반상의 철폐**: 양반과 상민을 차별하지 않고, 노비 제도를 없애며, 여성과 어린이의 인격을 존중하는 사회를 추구하였다.

② **박해**: 조선의 지배층은 신분 질서를 부정하는 동학을 위험시하여 '세상을 어지럽히고 백성을 현혹한다.'라는 죄로 최제우를 처형하였다.

> **사료 동학의 발생**
>
> 경신년에 와서 전해 듣건대 서양 사람들은 천주(天主)의 뜻이라 하여 부귀는 취하지 않는다 하면서 천하를 쳐서 빼앗아 그 교당(敎堂)을 세우고 그 도를 행한다고 하므로 내 또한 그것이 그럴까 어찌 그것이 그럴까 하는 의심이 있었더니. …… 이러므로 우리나라는 악질이 세상에 가득 차서 백성들이 언제나 편안할 때가 없으니 이 또한 상해의 운수요, 서양은 싸우면 이기고 치면 빼앗아 이루지 못하는 일이 없으니 천하가 멸망하면 또한 순망지탄이 없지 않을 것이니 보국안민(輔國安民)의 계책이 장차 어디서 나올 것인가
>
> 『동경대전』, 「포덕문」

> **사료 후천 개벽과 보국안민을 주장한 동학 사상**
>
> ❶ 사람이 곧 하늘이라. 그러므로 사람은 평등하며 차별이 없나니 사람이 마음대로 귀천을 나눔은 하늘을 거스르는 것이다. 우리 도인은 모든 차별을 없애고 선사의 뜻을 받들어 생활하기를 바라노라.
>
> 최시형의 최초 설법
>
> ❷ 때가 왔네 때가 왔네 다시 못 올 때가 왔네
> 뛰어난 장부에게 오랜만에 때가 왔네
> 용천검 드는 칼을 아니 쓰고 무엇하리
> 무수 장삼 떨쳐입고 이 칼 저 칼 넌즛 들어
> 호호망망 넓은 천지 한 몸으로 비켜서서
> 칼 노래 한 곡조를 때여 때여 불러내니
> 용천검 날랜 칼은 해와 달을 놀리고
> 게으른 무수 장삼 우주에 덮여 있네
> 만고 명장 어디 있나 장부 앞에 장사 없네
> 좋을시고 좋을시고 이내 신명 좋을시고
>
> 『용담유사』, 「검결」

(3) 교세의 확대

최제우의 뒤를 이은 최시형은 교세를 확대하면서 『동경대전(東經大全)』과 『용담유사(龍潭遺詞)』를 펴내어 교리를 정리하는 한편 의식과 제도를 정착시켜 교단 조직을 정비하였다. 교세가 확대된 동학은 경상도·충청도·전라도는 물론 강원도와 경기도 일대로 퍼져 나갔다.

심화 | 동학의 교단 조직 – 포접제

동학은 포접제(包接制)로 교도들을 조직하였는데, '포(包)'와 '접(接)'마다 포주(包主)와 접주(接主)를 두었다. 일부에서는 대접주(大接主)를 따로 두는 경우도 있었다. 또한 포와 접의 운영에는 육임제(六任制)를 실시하였는데, 교장(敎長)·교수(敎授)·교집(敎執)·교강(敎綱)·대중(大中)·중정(中正) 등의 여섯 가지 직임(職任)으로 나누어 교화와 조직 관리 등을 나누어 맡게 하였다.
1890년대 이후 충청 지방을 중심으로 활동하였던 동학의 교단 지도부는 북접(北接), 전라도에서 활동하였던 세력은 남접(南接)이라고 불렸다.

바로 확인문제

● 다음 종교와 성격이 같은 것으로 가장 적절한 것은? 19. 경찰직 2차

> 그 교리는 유교, 불교, 도교 세 교의 내용을 대충 취하여 부연하고 또 하느님이 세상을 주관한다는 기독교의 주장을 취하여 하느님이 인간의 화와 복을 실제로 맡고 있다고 한 것으로서 시골 백성들이 많이 믿었으며 보국안민을 빌었다.

① "한울님이 대답하길 '그렇지 않다. 나에게 신령한 부적이 있으니 …… 나에게 이 부적을 받아 질병으로부터 사람을 구하고, 나에게 이 주문을 받아 나를 위해 세상 사람들을 가르치면 너 또한 …… 덕을 천하에 펼 수 있으리라.'라고 하셨다."
② "전선 수백 척과 정예 병사 5, 6만을 얻어서 대포 등 예리한 무기를 많이 싣고 우리나라 해변에 와서 국왕에게 글을 보내기를 '우리는 전교를 목적으로 온 것이지 재물을 탐하여 온 것이 아니므로 선교사를 용납하여 받아들여 달라.'라고 해 주소서."
③ "잘못된 집안 자손이나 벼슬길이 막힌 첩 자손이나 뜻을 잃고 나라를 원망하는 무리들, 아래로는 어리석은 백성, 그릇된 행위를 하는 무리들이 서로 교우라 부르며, 사실을 두루 숨기고 한편이 되었다."
④ "비록 지극한 효자라 할지라도 맛 좋은 것이라 하여 부모가 잠들어 있는 앞에 차려 드릴 수 없는 것은 잠들었을 동안에는 먹고 마시는 때가 아닌 까닭입니다. …… 사람의 자식이 되어 어찌 허위와 가식의 예로써 이미 돌아간 부모를 섬기겠습니까?"

단권화 MEMO

■ 『동경대전』과 『용담유사』

동학의 경전인 『동경대전』은 모두 한문으로 기록되어 있으며, 「포덕문(布德文)」·「논학문(論學文)」·「수덕문(修德文)」·「불연기연(不然其然)」의 4편으로 되어 있다. 한편 『용담유사』는 한글로 지은 포교 가사집이며, 「용담가(龍潭歌)」·「안심가(安心歌)」·「교훈가(敎訓歌)」·「몽중노소문답가(夢中老少問答歌)」·「도수사(道修詞)」·「권학가(勸學歌)」·「도덕가(道德歌)」·「흥비가(興比歌)」·「검결(劍訣)」 등 9편으로 이루어져 있다. 원래는 지금은 전해지지 않는 「처사가(處士歌)」를 포함하여 모두 10편이었던 것으로 보인다.

|정답해설| 동학은 유교, 불교, 도교 및 천주교의 교리까지 포함하여 사상 체계가 완성되었다. 또한 인내천 사상과 보국안민을 주장하였고, 부적 및 주문(呪文)의 사용을 통해 민중들에게 친숙하게 정착되었다.
|오답해설|
②③④ 천주교와 관련된 사료이다.
|정답| ①

단권화 MEMO

＊농민의 항거
세도 정치 시대의 중요한 농민 봉기인 홍경래의 난과 임술 농민 봉기는 꼭 기억해두어야 한다.

■ 암행어사
수령의 비리를 확인하면 수령의 직무를 정지시키고, 국왕에게 업무를 보고한다.

5 농민의 항거*

(1) 원인

① 사회 불안이 점차 고조되자 이제까지 명목상이나마 유지되던 유교적 왕도 정치는 점차 퇴색되었다.
② 19세기의 세도 정치하에서 국가 기강이 해이해진 틈을 타 탐관오리의 부정과 탐학은 끝이 없었다.
③ 삼정의 문란으로 극도에 달한 수령의 부정은 중앙 권력과도 연계되어 있었기 때문에 이미 암행어사의 파견으로 막을 수 있는 정도가 아니었다.

> **사료** 세도 정권의 부정부패
>
> 한 지방의 논밭을 통틀어 볼 때 국가에 조세를 충분히 납부할 수 있는 부자와 토호들의 땅은 거의 전부를 지방 관리와 결탁하여 토지 대장에서 누락시킨다. 그 대가로 지방 관리들은 때를 만나 큰 이득을 얻는다. …… 그래도 조세를 물지 못할 때에는 인징(隣徵)과 족징(族徵)을 하고 집을 뒤지고 땅을 파서 곡식을 강탈하며, 사람들을 결박하고서 술을 빼앗아 가고 소와 말을 끌고 가는 등 한 농촌에 소동이 일어나고, 곡성(哭聲)은 하늘을 진동하며 천지의 화기(和氣)는 파괴되고 열 집에 아홉 집은 빈집으로 남게 된다. 「경세유표」

○ 삼정의 문란(19세기)

전정 (田政)	• 은결(隱結) : 양안에 미등록된 땅에서 징수하는 것 • 진결(陳結) : 황무지에서 징세하는 것 • 도결(都結) : 정액 이상의 전세를 징수하는 것 • 백지징세(白地徵稅) : 유휴지(遊休地)에서 징세하는 것
군정 (軍政)	• 족징(族徵) : 도망자나 사망자의 친척에게 부과하는 것 • 인징(隣徵) : 이웃에게 강제 부과하는 것 • 백골징포(白骨徵布) : 사망자에게 부과하는 것 • 황구첨정(黃口簽丁) : 어린이에게 부과하는 것 • 마감채(磨勘債) : 일시불로 부과하는 것 • 강년채(降年債) : 60세 이상의 면역자에게 부과하는 것
환곡 (還穀)	• 늑대(勒貸) : 필요 이상의 미곡을 강제로 대여하고 이자를 받는 것 • 허류(虛留) : 재고가 없음에도 있는 것같이 허위로 문서를 만들어 놓는 것 • 입본(入本) : 봄과 가을의 쌀값 차이를 이용하여 대전(貸錢) 및 환전(換錢)으로 이익을 사취하는 것 • 탄정(呑停) : 흉년에 강제로 징수하여 감하는 부분을 사취하는 것 • 반작(反作) : 허위 장부를 만들어 대여량을 늘리고 회수량을 줄이는 것 • 분석(分石) : 쌀에 겨를 섞어 늘려서 대여하여 이자를 사취하는 것 • 증고(增估) : 상사가 명한 가격보다 고가의 이자를 징수하는 것 • 가분(加分) : 저장해야 할 부분을 대여하여 이자를 받는 것

(2) 농민의 대응

① 유민·도적: 가난과 세금을 감당할 수 없게 된 농민들은 농토를 버리고 이리저리 떠도는 유민이 되거나, 세금을 피하여 산간벽지로 들어가 화전민이 되기도 하고 도적이 되는 경우도 있었다.

② 의식의 변화: 농촌 사회가 피폐해져 가는 가운데 농민들의 사회의식은 오히려 더욱 강해져 갔다.

③ 결과: 농민들은 지배층의 압제에 대하여 종래의 소극적인 자세에서 벗어나 더욱 적극적으로 그들과 대결하였다.

(3) 농민 대응의 변화

처음에는 소청이나 벽서·괘서 등의 소극적인 형태로 나타나던 농민들의 항거는 점차 적극적인 농민 봉기로 변화되었다.

① 소청(訴請): 징계나 불이익 처분을 받은 자가 그 처분을 따르지 않고 심사를 청구하는 행정 심판을 말한다.

② 벽서·괘서(掛書): 남을 비방하거나 민심을 선동하기 위해 여러 사람이 보는 곳에 몰래 붙이는 게시물이다.

(4) 전개

농민들의 항거 가운데 가장 규모가 큰 것은 평안도에서 일어난 **홍경래의 난**(1811)과 단성에서 시작하여 진주로 파급되면서 전국으로 확산된 농민 항쟁인 **임술 농민 봉기**(1862)이다.

▲ 19세기의 농민 봉기

> **단권화 MEMO**
>
> ■ 농민의 유민화 및 도적화
>
> 농민들의 불만은 이미 18세기 중엽부터 조직된 무장 집단의 형태로도 나타났다. 횃불을 들고 다니며 화공(火攻)을 일삼는 명화적(明火賊)이 횡행하였는데, 이들은 때로는 말을 타고 총(銃)을 들고 다니기도 하였다. 또한 수적(水賊)이라 하여 바다나 강을 무대로 약탈을 일삼는 무리도 있었다. 이러한 명화적 가운데는 '단(團)'이라는 호칭을 붙인 큰 집단도 있었는데, 평양 중심의 폐사군단(廢四郡團), 재인(才人)이나 화척(禾尺)으로 구성된 채단(彩團), 떠돌이 거지들로 구성된 유단(流團) 등이 있었다.

단권화 MEMO

① 홍경래의 난
　㉠ 홍경래와 우군칙 등이 지휘하고 영세 농민·중소 상인·평안도 지역의 무반 출신·광산 노동자 등이 참여한 봉기였다. 세도 정치의 폐해와 **평안도에 대한 지역 차별**이 문제가 되었다.
　㉡ 경과: 이들은 처음 가산에서 난을 일으켜 선천·정주 등을 별다른 저항 없이 점거하였다. 한때는 **청천강 이북 지역을 거의 장악**하였으나 5개월 만에 평정되었다.
　㉢ 영향: 홍경래의 난 이후에도 사회 불안은 수그러들지 않아 각지에서 농민 봉기가 일어났지만, 관리들의 부정과 탐학은 시정되지 않았다.

사료 홍경래의 격문

평서 대원수는 급히 격문을 띄우노니 관서의 부로(父老)와 자제와 공·사 천민들은 모두 이 격문을 들으라. 무릇 관서는 성인 기자의 옛 터요, 단군 시조의 옛 근거지로서 의관(衣冠: 유교 문화를 생활화하는 사람)이 뚜렷하고 문물이 아울러 발달한 곳이다. 그러나 조정에서는 관서를 버림이 분토(糞土)와 다름없다. 심지어 권세 있는 집의 노비들도 서토(西土)의 사람을 보면 반드시 '평안도놈'이라 말한다. 어찌 억울하고 원통하지 않은 자 있겠는가. …… 지금 임금이 나이가 어려 권세 있는 간신배가 그 세를 날로 떨치고 김조순·박종경의 무리가 국가 권력을 오로지 갖고 노니 어진 하늘이 재앙을 내린다. …… 이제 격문을 띄워 먼저 여러 고을의 군후(郡侯)에게 알리노니, 절대로 동요하지 말고 성문을 활짝 열어 우리 군대를 맞으라. 만약 어리석게 항거하는 자가 있으면 철기 5,000으로 남김없이 밟아 무찌르리니. 마땅히 속히 명을 받들어 거행함이 가하리라. 대원수.

「패림」

심화 평안도 문과 합격자에 대한 차별

영조 대 이후 문과 급제자를 가장 많이 낸 지역은 한양을 제외하면 평안도였다. 평안도에 문과 합격자가 많은 주요 이유는 청에 왕래하는 사신 일행이 지나는 길이었으며, 청과의 교역 및 광산 개발 등으로 경제력이 급상승하고 인구가 늘어났기 때문이다. 그러나 많은 급제자에 비해 벼슬을 얻는 비율은 8도 가운데 가장 낮았으며, 그나마 홍문관이나 승문원 등 청요직 벼슬은 거의 받기가 어려웠다.

② 진주 농민 봉기와 임술 농민 봉기(1862)
　㉠ 임술 농민 봉기는 단성에서 시작되어 진주로 파급되었다. 당시 **경상도 우병사 백낙신의 탐학**이 봉기의 원인이 되었고, 몰락 양반인 유계춘을 중심으로 한때 진주성을 점령하기도 하였다(진주 농민 봉기).
　㉡ 진주 농민 봉기 이후 정부에서는 박규수를 안핵사로 파견하여 민란의 원인을 파악하였고, 삼정을 개혁하기 위해 **삼정이정청**을 설치하였으나 실효를 거두지는 못하였다.
　㉢ 농민의 항거는 북쪽의 함흥으로부터 남쪽의 제주에 이르기까지 전국적으로 퍼졌다(임술 농민 봉기).

(5) 의의

이러한 저항 속에 농민들의 사회의식은 성장하였고, 농민들의 항쟁으로 양반 중심의 통치 체제도 점차 무너져 갔다.

| 사료 | 삼정의 문란

진주 안핵사(按覈使) 박규수(朴珪壽)가 상소했는데, 대략 이르기를, "난민(亂民)들이 스스로 죄에 빠진 것은 반드시 이유가 있을 것입니다. 그것은 곧 삼정(三政)이 모두 문란해진 때문인데, 살을 베어 내고 뼈를 깎는 것 같은 고통은 환곡(還穀)이 으뜸입니다. …… 단지 병폐를 받는 것은 우리 백성들뿐입니다. 마땅히 이런 때에 미쳐서는 특별히 하나의 국(局)을 설치하고, 적임자를 잘 선발하여 위임시켜 조리를 상세히 갖추게 하되, 혹은 전의 것을 따라 겉모양을 꾸미기도 하고 혹은 옛것을 본받아 더하거나 빼기도 하면서 윤색하여 두루 상세히 갖추게 한 후에 이를 먼저 한 도(道)에다가 시험하여 보고 차례로 통행하게 하소서. 이렇게 하고도 폐단이 제거되지 않고 백성이 편안하지 못하다는 것은 신은 듣지 못했습니다." 하니, 왕이 답을 내리기를, "진달한 내용은 의정부로 하여금 처리하게 하겠다." 하였다.

『철종실록』

| 사료 | 삼정이정청

정당한 부세(賦稅) 이외에는 전결(田結)에 첨부하는 것을 엄중히 끊어 버리고, 단지 급대(給代)할 수효만 간략히 마련하게 해야 합니다. 삼가 물러가서 책자(冊子)를 갖추어 우러러 을람(乙覽)에 대비하게 한 뒤 절목(節目)을 만들어 내어 중외(中外)에 반시(頒示)하겠습니다." 하니, 하교하기를, "이정청(釐整廳)을 설치한 지 상당히 오래되었는데, 백성을 위한 일념(一念)이 더욱 간절하여 마음을 가눌 수가 없었다. 그런데 지금 경이 아뢰는 말을 듣건대, 아직 절목(節目)이 어떤지 모르겠다. 그러나 충분히 강구하여 기어이 실효가 있게 하라." 하였다.

『철종실록』

| 바로 확인문제 |

● 밑줄 친 '반란'에 대한 설명으로 옳은 것을 〈보기〉에서 모두 고른 것은?   21. 계리직 9급

반란을 일으킨 적도들은 평안도 가산읍 북쪽 다복동에서 무리를 모아 봉기하여 가산과 선천, 곽산 등 청천강 북쪽의 주요 고을들을 점령하고 기세를 떨쳤다.
『서정록(西征錄)』

| 보기 |
ㄱ. 평안도 지역에 대한 차별에 저항하였다.
ㄴ. 반정 후의 논공행상에 대한 불만이 원인이었다.
ㄷ. 지역의 무반 출신과 광산 노동자들이 적극 가담하였다.
ㄹ. 의주와 안주를 연이어 점령하여 조정에 큰 위협이 되었다.

① ㄱ, ㄴ
② ㄱ, ㄷ
③ ㄴ, ㄷ
④ ㄴ, ㄹ

|정답해설| 제시된 사료 중 "가산과 선천, 곽산 등 청천강 이북을 점령"했다는 내용을 통해 밑줄 친 '반란'이 홍경래의 난(1811)임을 알 수 있다. 홍경래의 난은 평안도에 대한 지역적 차별이 원인이 되어 발생하였다. 지역의 무반 출신, 광산 노동자, 영세 농민, 중소 상인 등이 가담하여 청천강 이북까지 장악하였으나 결국 관군에게 진압되었다.

|오답해설|
ㄴ. 이괄의 난(1624)은 인조반정(1623) 이후 논공행상에 대한 불만으로 발생한 사건이다.
ㄹ. 후금은 정묘호란(1627) 때 평안도 의주와 안주를 연이어 점령하여 조정에 위협이 되었다.

|정답| ②

CHAPTER 04 근대 태동기의 문화

- 01 성리학의 변화
- 02 실학의 발달
- 03 과학 기술의 발달
- 04 문화의 새 경향

단권화 MEMO

■ 대보단 설치
임진왜란 때 지원군을 보낸 명나라 신종의 은의(恩義)를 기리기 위해 숙종 30년(1704) 창덕궁 금원(禁苑) 옆에 설치하였다.

▲ 송시열(국립 중앙 박물관 소장)

■ 6경
원시 유학에서 중시한 여섯 가지 경전으로 『시경』·『서경』·『역경』·『예기』·『춘추』·『악기』를 가리킨다.

01 성리학의 변화

1 성리학의 교조화 경향

(1) 성리학 연구의 흐름

① 성리학의 연구는 정국의 흐름과 밀접하게 관련되어 진행되었다. 그것은 성리학이 지배층의 이론적 도구였고, 사상적 무기였기 때문이다.
② 17세기 붕당들은 그들의 붕당들이 정통성을 가지기 위해 학연에 유의하면서 학문적 토대를 굳히는 데 힘을 기울였다. 그리하여 영남학파가 주로 동인 계열을, 기호학파가 주로 서인 계열을 이끌었다.

(2) 성리학의 교조화(절대화)

① 인조반정 이후 정국의 주도권을 잡은 서인은 의리 명분론을 강화하며 주자 중심의 성리학을 절대화함으로써 자신들의 학문적 기반을 공고히 하려 하였는데, 이는 송시열의 저술 등을 통해 알 수 있다.
② 송시열은 '주자의 본뜻에 충실'함으로써 당시 조선 사회의 모순을 해결할 수 있다고 생각하였다. 이러한 견해에 대립하며 윤증은 소론 분파로 분당하기도 하였다.

(3) 탈성리학적 경향

① 사상적 경향: 한편 주자 중심의 성리학을 상대화하고 6경과 제자백가 등에서 모순 해결의 사상적 기반을 찾으려는 경향이 17세기 후반부터 본격화되었다.
② 대표적인 학자
  ㉠ 윤휴: 서경덕의 영향을 받은 윤휴는 유교 경전에 대하여 독자적인 해석을 하여 '유학의 반역자'라는 지탄을 받았다.
  ㉡ 박세당: 양명학과 노장사상의 영향을 받아 『사변록(思辨錄)』을 써 주자의 학설을 비판하였다.

| 사료 | 성리학의 상대화 = 탈성리학(脫性理學) |

❶ 윤휴
나의 저술 의도는 주자(朱子)의 해석과 다른 이설(異說)을 제기하려는 것보다는 의문점(疑問點) 몇 가지를 기록하였을 뿐이다. …… 그런데 근래에 영보(송시열)가 이단(異端)이라고 배척하였다. 송영보의 학문은 전혀 의심을 내지 않고 주자의 가르침이라면 덮어놓고 의론(議論)을 용납하지 않으니, 비록 존신(尊信)한다 하더라도 이 어찌 실제로 체득(體得)하였다고 할 수 있겠는가.

『도학원류속』

❷ 박세당
경(經)에 실린 말이 근본은 하나이지만 실마리는 천 갈래 만 갈래이니, 이것이 하나로 모이는데 생각은 백이나 되고 같이 돌아가는 데 길은 다르다는 것이다. …… 이 때문에 나는 문득 참람(僭濫)한 것을 잊고 좁은 소견으로 얻은 것을 대강 기술하여 이를 모아 편(編)을 이룩하고, 그 이름을 사변록(思辨錄)이라 하였다.

『사변록』 서문

③ 결과 : 이들은 주자의 학문 체계와는 다른 모습을 보였기 때문에 당시 권력을 장악하고 있던 서인(노론)의 공격을 받아 사문난적(斯文亂賊)으로 몰렸다.

(4) 성리학의 이론 논쟁

① 이기론을 둘러싼 논쟁 : 이황 학파의 영남 남인과 이이의 학문을 조선 성리학의 정통으로 만들려는 이이 학파의 노론 사이에 성리학의 이기론(理氣論)을 둘러싼 논쟁이 치열하게 전개되었다.

② 호락 논쟁(湖洛論爭)
  ㉠ 이기 논쟁 과정을 겪으면서 사상계는 다시 심성론(心性論)에 대하여 관심을 갖기 시작하였다.
  ㉡ '인간과 사물의 본성이 같은가, 다른가.' 등의 문제를 둘러싸고 노론을 중심으로 호락 논쟁이 벌어졌다.
  ㉢ 인간과 사물의 본성이 다르다는 인물성이론(人物性異論)을 주장한 충청도 지역의 호론(湖論, 권상하·한원진·윤봉구)과 인간과 사물의 본성이 같다는 인물성동론(人物性同論)을 주장한 서울·경기 지역의 낙론(洛論, 김창협·이간·이재·어유봉·박필주·김원행) 사이의 논쟁이다.
  ㉣ 호론은 위정척사 사상, 낙론은 북학 사상과 연결되었다.

| 심화 | 호락 논쟁 |

호락 논쟁은 노론 사이의 논쟁이다. 노론은 이이의 사상을 계승한 세력이다. 이이는 '이(理)'도 중요하지만 '기(氣)' 또한 중요하다고 생각하였던 인물이었다. 충청도 지역의 노론들은 이러한 이이의 주장을 계승하여 '이'와 '기' 각각의 '독자성'을 강조하였다. 즉, 중화를 '이(理)', 청 문화를 '기(氣)'로 구분하자는 주장으로 나타났으며 이후 위정척사 사상과 연결되었다. 한편 서울·경기 지역의 낙론은 '이'와 '기'의 상호 관계를 중시한다. 이것은 '이(理)' 안에 '기(氣)'의 요소가 들어있다는 의미로 확대되어 이(중화)와 기(청나라 문화)가 결국은 같은 것이니 청 문화를 수용하자는 주장(북학론)으로 연결되었다.

단권화 MEMO

■ **박세당의 탈성리학 사상**
박세당은 성리학이 스승을 무비판적으로 답습하는 것으로 파악하고 자유로운 비판을 강조하였다. 곧 주자가 높고 원대한, 형이상학적인 최고의 선(善)의 정신을 통하여 인식의 절대성을 강조한 것에 반하여, 일상적 일용 행사를 통한 인식의 타당성을 강조하여 인식의 상대성을 제공하였다. 그뿐만 아니라 주자가 인간 본성의 선천성을 주장한 점을 비판하고 인간의 도덕적 판단력을 인정함으로써 인간의 능동적인 실천 행위와 주체적인 사고 행위를 강조하고, 노자의 『도덕경』을 적극적으로 해석하였다. 이러한 그의 사상은 조선 후기의 폐쇄적이고 배타적인 성리학적 흐름에 대하여 포용성과 개방성을 강조하였다는 점에서 그 역사적 의미를 찾을 수 있다.

■ **사문난적(斯文亂賊)**
유교에서 교리를 어지럽히고 사상에 어긋나는 행동을 하는 사람을 말한다.

■ **노론 내부의 호락 논쟁**

학파	호론(湖論)	낙론(洛論)
지역	충청도	서울. 경기
내용	人物性異論 (인간과 사물의 본성이 다름)	人物性同論 (인간과 사물의 본성이 같음)
영향	위정척사 사상	북학 사상

| 단권화 MEMO |

|정답해설| ㄱ, ㄷ, ㄹ. 호론에 대한 설명이며, ㄴ. 낙론에 대한 설명이다.

|정답| ②

|정답해설| 호락 논쟁은 노론 내부에서 발생한 논쟁이다.

|오답해설|
① 허목은 남인의 영수로서, 서인이 추진하였던 서얼 허통 및 노비 속량 등을 반대하고 조선의 성리학과 지주 중심의 봉건 질서(신분 질서)를 유지하고자 하였다. 또한 중농 정책 강화와 세금 부담의 완화를 주장하였으나, 호포제 실시에 대해서는 반대하였다.
③ 이익은 나라를 좀먹은 악폐로서 노비 제도, 과거제, 양반 문벌 제도, 사치와 미신 숭배, 승려, 게으름을 들었다(6가지 좀).
④ 조선 후기에는 실학이 발달하면서 우리의 역사, 지리, 국어 등을 연구하는 국학이 발달하였다.

|정답| ②

바로 확인문제

● 〈보기〉의 조선 후기 호락 논쟁에 대한 설명 중 성격이 다른 것은? 22. 6월 서울시(지체 출제) 9급

┌ 보기 ┐
ㄱ. 조선을 중화로, 청을 오랑캐로 보는 명분론으로 이어진다.
ㄴ. 조선 후기 실학 운동으로 이어지는 사상적 기반이 되었다.
ㄷ. 주로 충청도 지역의 학자들이 중심이 되었다.
ㄹ. 대표적인 학자로는 한원진이 있다.

① ㄱ   ② ㄴ   ③ ㄷ   ④ ㄹ

● 조선 후기의 학문과 사상에 대한 설명으로 옳지 않은 것은? 11. 지방직 9급
① 허목은 중농 정책의 강화, 부세의 완화, 호포제 실시 반대 등을 주장하였다.
② 호락 논쟁은 인성과 물성이 같다고 주장하는 노론과 다르다고 주장하는 소론 사이의 논쟁이다.
③ 이익은 나라를 좀먹는 악폐로 노비 제도, 과거제, 양반 문벌, 사치와 미신, 승려, 게으름 등을 들었다.
④ 민족의 전통과 현실에 대한 관심이 깊어지면서 우리의 역사, 지리, 국어 등을 연구하는 국학이 발달하였다.

(5) 노론과 소론의 분화
① 노론: 송시열을 중심으로 이이의 사상을 계승하고 주자 중심의 성리학을 절대시하였다.
② 소론: 윤증을 중심으로 절충적인 성격을 지닌 성혼의 사상을 계승하고, 이를 바탕으로 이황의 사상에도 호의를 보이는 반면, 이이에 대하여는 비판적이기도 하였다. 송시열이 사문난적으로 배격한 윤휴의 학설을 두둔하였는가 하면 양명학과 노장 사상 등을 수용하는 등 성리학 이해에 탄력성을 보였다.

○ 각 당파의 이념 구분

남인	왕권 강화, 자영농 및 중소 지주층의 이익 강조, 농촌 문제에 관심이 큼
북인	부국강병 중시, 절의 중시, 의병장 배출, 현실 직시
노론	신권(臣權) 정치 강조, 상공업에 관심이 큼, 수취 체제 개선 및 노비 속량
소론	탄력적 사고, 성리학의 교조성 비판, 양명학의 도입 및 보급, 북방 개척 주장

2 양명학의 수용

(1) 양명학(陽明學)

① 배경
  ㉠ 성리학의 교조화와 형식화를 비판하며 실천성을 강조하였다.
  ㉡ 이미 중종 때에 조선에 전래되었던 새로운 유학 사상이다.

② 수용 및 확산
  ㉠ 수용: 이황이 비판한 것(『전습록변』)을 계기로 하여 몇몇 학자들만이 관심을 기울였으나, 17세기 후반 소론(少論) 학자들에 의하여 본격적으로 수용되었다.
  ㉡ 확산: 명(明)과의 교류가 활발해지면서 주로 서경덕 학파와 종친들 사이에서 점차 확산되어 갔다.

③ 사상 체계
  ㉠ 인간의 마음이 곧 이(理)라는 심즉리(心卽理)를 바탕으로 한다.
  ㉡ 인간이 상하 존비의 차별없이 본래 타고난 천리(天理)로서의 양지를 실현하여 사물을 바로잡을 수 있다는 치양지설(致良知說), 앎과 행함이 분리되거나 선후가 있는 것이 아니라 앎은 행함을 통해서 성립한다는 지행합일설(知行合一說) 등을 근간으로 하고 있다.

> **사료** 양명학
>
> 앎[知]은 마음의 본체이다. 심(心)은 자연히 지(知)를 모으게 한다. 아버지를 보면 자연히 효를 안다. 형을 보면 자연히 제(弟)를 안다. 어린아이가 우물에 들어가려는 것을 보면 자연히 측은을 안다. …… 시비의 마음은 생각을 기다려서 아는 것이 아니고 배움을 기다려서 할 수 있는 것이 아니다. 그러므로 양지(良知)라고 한다.
>
> 정제두, 『하곡집』

(2) 정제두의 활동

① 저서: 18세기 초 정제두의 『존언』, 『학변(學辨)』, 『만물일체설』 등을 통해 양명학의 학문적 체계가 성립되었다.
② 주체: 일반민(民)을 도덕 실천의 주체로 상정하였다.
③ 주장: 일반민을 바탕으로 양반 신분제의 폐지를 주장하기도 하였다.

(3) 강화 학파의 성립

① 18세기 초 정제두가 강화도로 옮겨 살면서 양명학 연구와 제자 양성에 힘써 **강화 학파**라 불리는 하나의 학파를 이루었다.
② 제자들이 정권에서 소외된 소론(少論)이었기 때문에 그의 학문은 집안의 후손들과 인척을 중심으로 가학의 형태를 띠며 계승되었다.

▲ 강화 학파의 계보

■ **양명학의 연구**

양명학은 주로 경기 지방을 중심으로 재야의 소론 계열 학자와 불우한 종친 출신의 학자들 사이에서 많이 연구되었다. 16세기 말부터 양명학에 관심을 가진 사람들이 있었는데, 양명학을 본격적으로 연구하기 시작한 것은 18세기 초 정제두가 양명학에 깊은 이해를 보이면서부터였다.

(4) 영향

① 강화 학파는 양명학을 바탕으로 역사학·국어학·서화·문학 등에서 새로운 경지를 개척해 갔으며, 실학자들과도 서로 영향을 주고받았다.
② 한말과 일제 강점기에 박은식, 정인보 등은 양명학을 계승하여 민족 운동을 전개하였다.

(5) 한계

학문적으로 성리학을 기본으로 하고 양명학을 겸행하는 경우가 많아 크게 발전하지는 못하였다.

> **사료** 양명학과 정제두
>
> 성인(聖人)의 학문은 『대학(大學)』에 있고 성인의 법전은 『춘추(春秋)』에 있으며, 성인의 뜻을 기술하고 두 경서의 도(道)를 밝힌 것은 『맹자(孟子)』 일곱 편에 비할 만한 것이 없다. ……
> 주자(朱子)의 학문은 그 설이 또한 어찌 일찍이 선(善)하지 않았겠는가? 다만 치지(致知)의 학(學)만이 그 공부가 우직하고 완급한 구별이 있어서 그 체(體)에는 나뉘고 합해지는 간격이 있었을 뿐이나, 그 실은 다 같이 성인의 학을 하는 것이었으니, 어찌 일찍이 착하지 않았겠는가? 그러나 뒤에 와서 배우는 이는 허다히 그 근본은 잃고 오늘날의 학설만을 주장하기에 이르렀으니, 이것은 주자를 배우는 것이 아니라 곧 주자를 빌리는 것이요, 주자를 빌릴 뿐만 아니라 곧 주자를 부회(傅會)함으로써 그 뜻을 성취하고 주자(朱子)를 끼고 위엄을 지어 사사로움을 이루는 것이다.
>
> 『하곡집』, 권9, 존언 하, 학문양심지방

> **바로 확인문제**
>
> ● 양명학에 대한 설명으로 옳은 것만을 모두 고르면? 19. 국가직 7급
>
> ㄱ. 명종 대에 처음 전래되어 이황에 의해 이단으로 비판받았다.
> ㄴ. 수용 초기 양명학자들은 성리학을 배척하여 양립할 수 없었다.
> ㄷ. 박은식의 「유교구신론」과 정인보의 조선학 운동에 큰 영향을 끼쳤다.
> ㄹ. 정권에서 소외된 소론과 왕가의 종친 그리고 서얼 출신 인사들 사이에서 가학(家學)으로 이어지면서 퍼졌다.
>
> ① ㄱ, ㄴ ② ㄱ, ㄹ ③ ㄴ, ㄷ ④ ㄷ, ㄹ

| 오답해설 |
ㄱ. 양명학은 중종 때 처음 전래되었다.
ㄴ. 초기 양명학자들은 성리학(주자학)의 권위주의적 학풍을 비판하였지만, 성리학 자체를 배척하지는 않았다.

| 정답 | ④

02 실학의 발달*

1 실학의 등장

(1) 실학(實學)
① 조선 후기 학문과 사상의 새로운 경향 가운데 대표적인 것은 실학의 발달이었다.
② 실학은 17~18세기의 사회·경제적 변동에 따른 사회 모순에 직면하여 그 해결책을 구상하는 과정에서 나타난 학문과 사회 개혁론이었다.

(2) 등장 배경
① 조선 후기에는 양반 사회의 모순이 심각해졌음에도 불구하고 당시의 지배 이념이었던 성리학은 현실 문제를 해결할 수 있는 기능을 수행하지 못하였다.
② 이에 성리학의 한계성을 자각하고 이를 비판하면서 현실 생활과 직결되는 문제를 탐구하려는 움직임이 나타나게 되었다.

(3) 실학의 발달 과정
① 16세기 말
  ㉠ 정치·문화 혁신의 움직임: 성리학을 비판하면서 현실 생활과 거리가 먼 당시의 정치와 문화를 혁신하려는 움직임은 18세기를 전후하여 활발하였지만, 그 싹은 이미 16세기 말에 움트고 있었다.
  ㉡ 인물: 정인홍 등은 성리학 이외의 사상을 폭넓게 수용하여 정신문화와 물질문화를 균형 있게 발전시켜 부국강병과 민생 안정을 달성해 보고자 하였다.
  ㉢ 결과: 이러한 새로운 문화 운동은 학문적 체계를 세우기도 전에 성리학만을 고집하는 보수적 학자들의 반발로 좌절되고 말았다.
② 17세기
  ㉠ 사회적 인식: 안으로 분열된 사회를 다시 통합하고, 밖으로 급변하는 국제 정세에 대처할 수 있도록 국가 역량이 강화되어야 한다는 사회적 분위기가 만연되었다.
  ㉡ 인물: 이수광·한백겸·유형원 등은 국가 체제를 개편하고, 민생을 안정시킬 수 있는 개혁의 방안을 나름대로 제시하였다.
    • 이수광: 『지봉유설』을 저술하여 문화 인식의 폭을 확대하였다.
    • 한백겸: 『동국지리지』를 저술하여 우리나라의 역사 지리를 치밀하게 고증하였다.
    • 김육: 시헌력을 채용하고 화폐 주조와 대동법 확대 실시를 주장하였다. 또한 수차 제도의 이익을 강조하였다.

(4) 실학의 발전(18세기)
① 확산: 실학은 농업 중심의 개혁론, 상공업 중심의 개혁론, 국학 연구 등을 중심으로 확산되었다.
② 영향: 청에서 전해진 고증학(考證學)과 서양 과학의 영향을 받기도 하였다.
③ 목표: 대부분의 실학자들은 민생 안정과 부국강병을 목표로 하였다.
④ 논리: 비판적이면서 실증적인 논리로 사회 개혁론을 제시하였다.

단권화 MEMO

*실학의 발달
중농학파 실학자들의 토지 개혁론과 중상학파 실학자들의 주장은 빈출 주제이니 꼭 기억하도록 한다.

■ **정인보가 내린 실학의 정의**
실학(實學)을 실리(實利)·실증(實證)·실용지학(實用之學)이라 하였다.

■ **한백겸**
토지 소유의 지나친 편중을 개탄하고, 농민들이 균등하게 토지를 소유할 수 있기를 기대하는 한편, 민생의 안정과 국가 재정의 확충을 위하여 대동법의 확대 실시를 추진하기도 하였다.

■ **실학 운동**
서양에서 전래된 과학적 지식, 청의 고증학 등의 영향을 받으면서 좀 더 깊이 있게, 그리고 폭넓게 전개되었다. 개혁에 관심이 많았던 진보적 지식인들은 현실을 철저히 분석하였고, 비판적이고 실증적인 논리로 자신의 개혁론을 제시하였다.

2 농업 중심의 개혁론

(1) 농업 중심의 개혁 사상

① 출신: 18세기 전반에 농업 중심의 개혁론을 제시한 실학자들은 대부분 서울 부근의 경기 지방에서 활약한 남인 출신이었다.

② 개혁 방향
  ㉠ 농촌 사회의 안정을 위하여 농민의 입장에서 토지 제도, 조세 제도, 군사 제도, 교육 제도 등의 각종 폐단을 시정하려 하였는데, 이들을 중농학파 또는 경세치용 학파라고 한다.
  ㉡ 이들은 공통적으로 농민 생활의 안정을 위해 '토지 제도의 개혁'을 통한 자영농 창출을 가장 중요하게 생각하였다.

(2) 중농학파[=경세치용(經世致用) 학파]의 개혁론

① 유형원(1622~1673): 농업 중심 개혁론의 선구자, 전라도 부안의 우반동으로 낙향
  ㉠ 『반계수록』 저술: 『반계수록』은 토지 제도 및 임관 제도 등 통치 제도에 관한 개혁안을 중심으로 저술한 책이다. 그는 이 책에서 과거제에 대한 비판(공거제·천거제의 실시를 대안으로 제시), 노비 신분제 및 직업 세습제의 개혁, 학제(學制)와 관료제의 개선 등을 주장하였다.
  ㉡ 개혁론
    • 균전론(均田論): 『반계수록』에서 균전론을 내세워 자영농 육성을 위한 토지 제도의 개혁을 주장하였다.
    • 토지 차등 분배: 관리, 선비, 농민 등에게 차등을 두어 토지를 재분배하여 자영농을 육성해야 한다고 주장하였다.
    • 군사 및 교육 제도의 확립: 자영농을 바탕으로 농병 일치의 군사 조직과 사농 일치의 교육 제도를 확립해야 한다고 생각하였다.
  ㉢ 한계: 사·농·공·상의 직업적 우열과 상민과 노비의 차별을 인정하였다.

> **사료** 유형원의 균전론
>
> 농부 한 사람마다 1경(頃)을 받아 점유한다. 법에 의거하여 조세를 거둬들인다. 그 조세는 토지의 품질이 높고 낮음에 따라 많고 적음이 있다. 4경마다 군인 1명을 뽑는다. 농부 네 사람 중에서 씩씩하고 튼튼한 사람 1명을 골라 군인으로 삼고, 농부 세 사람은 보인(保人)으로 삼는다. 유생으로서 처음 입학한 자는 2경, 내사에 들어간 자는 4경과 병역을 면제한다.
> 『반계수록』

② 이익(1681~1763): 학파의 형성
  ㉠ 활약: 농업 중심의 개혁론을 더욱 발전시키고 이를 대표하는 사람으로서, 18세기 전반에 주로 활약하였다. 『성호사설(星湖僿說)』, 『곽우록(藿憂錄)』 등을 저술하였다.
  ㉡ 개혁론
    • 한전론(限田論): 한 가정의 생활을 유지하는 데 필요한 규모의 토지를 영업전(永業田)으로 정한 다음, 영업전은 법으로 매매를 금지하고 나머지 토지만 매매를 허용하여 점진적으로 토지 소유의 평등을 이루자고 주장하였다.
    • 6좀 폐지론: 나라를 좀먹는 여섯 가지의 폐단을 지적하였다. 즉, 나라가 빈곤하고 농촌이 피폐한 원인을 '양반 문벌 제도, 노비 제도, 과거제, 기교(사치와 미신 숭배), 승려, 게으름' 때문이라고 하여 시정을 강력히 주장하였다.

단권화 MEMO

■ **당시 농촌의 현실**
당시 농촌 사회의 안정 여부는 매우 심각한 사회 문제로 대두되고 있었고, 농민층의 분화가 날로 심화되고 있는 상황이었다.

■ **유형원**
• 농촌 사회의 안정을 위해 공전제와 토지 재분배를 주장하였다.
• 결부법 대신 경무법 사용을 주장하였다. 결부법은 수확량을 기준으로 세금을 부과하는 방법이며, 경무법은 토지의 면적을 단위로 한 계량법이다.

■ **『성호사설』**
천지, 만물, 인사, 경사, 시문 등으로 나누어 우리나라 및 중국 문화를 백과사전식으로 소개·비판한 책이다.

■ **『곽우록』**
농촌 경제의 안정책과 토지 개혁론 등 국가 제도 전반에 대한 의견을 제시하였다. 토지 개혁론으로는 최소한의 생계에 필요한 토지인 영업전의 매매를 금지하는 한전론을 제시하였다.

- 농촌 경제의 안정책: 고리대와 화폐 사용의 폐단을 비판하였고, 환곡 대신 사창 제도의 실시를 주장하였다.
ⓒ 역사관: 역사의 흥망성쇠는 시세(時勢)에 따라 이루어진다고 보았다. 그의 역사관은 안정복에게 영향을 주었다.
ⓔ 성호 학파 형성: 유형원의 실학 사상을 계승·발전시켰으며, 경기도 광주 첨성촌에서 평생 학문을 연마하여 많은 제자를 길러내 성호(이익) 학파를 형성하였다.

> **사료** 이익의 한전론
>
> 국가는 마땅히 한 집의 재산을 헤아려 전(田) 몇 부(負)를 한정하여 1호(戶)의 영업전(永業田)을 삼기를 당나라의 조제(租制)처럼 해야 한다. 그렇다고 해서 많이 소유한 자의 것을 줄이거나 빼앗지 않고, 모자라게 소유한 자라고 해서 더 주지 않는다. 돈이 있어 사고자 하는 자는 비록 천백 결(結)이라도 모두 허가하고, 토지가 많아 팔고자 하는 자도 단지 영업전 몇 부 이외에는 역시 허가한다. 많아도 팔기를 원하지 않는 자는 강요하지 않고, 모자라도 사지 못하는 자는 독촉하지 않는다. 오직 영업전 몇 부 이내에서 매매하는 자가 있으면 소재지의 지방관이 적발하여 산 자에게는 남의 영업전을 빼앗은 죄로 다스리고, 판매자에게도 역시 몰래 판 죄로 다스린다. 그리고 산 자에게는 가격을 논하지 말고 이를 되돌려 주도록 하고, 또한 전주(田主)로 하여금 스스로 관에 고하여 죄를 면하고 자기의 토지를 되찾도록 한다.
>
> 이익, 『성호집』

> **사료** 이익의 6좀 비판
>
> 농사를 힘쓰지 않는 자 중에 그 좀(蠹)이 여섯 종류가 있는데, 장사꾼은 그중에 들어가지 않는다. 첫째가 노비요, 둘째가 과거요, 셋째가 벌열이요, 넷째가 기교요, 다섯째 승니요, 여섯째가 게으름뱅이이다. 저 장사꾼은 본래 사민(四民)의 하나로서, 그래도 통화의 이익을 가져다준다. 소금·철물·포백 같은 종류는 장사가 아니면 운반할 수 없지만, 여섯 종류의 해로움은 도둑보다도 더하다.
>
> 이익, 『성호사설』

> **심화** 이익의 붕당론(朋黨論)
>
> 붕당이 선비들의 먹이 다툼에서 생겼다고 보고, 이를 극복하는 다음의 방안을 제시했다.
> 1. 선비들도 농사에 종사할 것(生理)
> 2. 과거 합격자를 줄일 것(5년제로 개편)
> 3. 천거에 의해 재야 인사를 등용할 것
> 4. 이조·병조 전랑들이 가진 낭청권(천거권)과 청직(淸職, 곧 三司)으로의 승진을 막을 것
> 5. 『주례(周禮)』에 따라 군주와 재상의 권한을 높이고, 특히 군주가 친병(親兵)을 거느릴 것

③ **정약용**(1762~1836): 이익의 실학 사상 계승, 실학을 집대성
  ⓐ 18세기 말 정조 때 벼슬하였으나 신유박해에 연루되어 전라도 강진에 유배되어 18년 동안 귀양살이를 하였다.
  ⓑ 저술: 지방 행정의 개혁에 대해 쓴 『목민심서』, 중앙 행정의 개혁에 대해 쓴 『경세유표』 등을 비롯하여 500여 권의 저술을 『여유당전서(與猶堂全書)』로 남겼다.
  ⓒ 개혁론: 토지 제도의 개혁론으로 처음에는 여전론을 내세웠다가 후에 정전제를 현실에 맞게 실시할 것을 주장하였다.
    • 여전론(閭田論): 한 마을을 단위로 하여 토지를 공동으로 소유하고 공동으로 경작하여 그 수확량을 노동량에 따라 분배하는 일종의 공동 농장 제도를 말하는 것으로서, 당시로는 획기적인 방안이었다.
    • 정전제(井田制): 국가가 장기적으로 토지를 사들여 가난한 농민에게 나누어 줌으로써 자영 농민을 육성하고, 아직 국가가 사들이지 못한 지주의 토지는 병작 농민(並作農民)에게 골고루 경작하게 하는 것으로서, 주대(周代)의 정전제를 이상으로 하였다.

■ 『목민심서』
감사와 수령, 그리고 향리들을 큰 도적과 굶주린 솔개에 비교하면서 수령의 수신 교과서로서 쓴 것이다.

단권화 MEMO

■ **병제의 단위**

30호(戶)를 1여(閭)로 하고 5여(閭)를 리(里)로 하고 5리(里)를 방(坊)으로 5방(坊)을 읍(邑)으로 한다. 여(閭)는 농업의 경영 단위임과 동시에 병제(兵制)의 기초 단위로 한다. 즉, 여장(閭長)에게는 초관, 이장에게는 파총, 방장에게는 천총을 주고, 읍에 현령을 두어 이를 총괄하도록 한다. 이와 같이 하여 전제(田制)와 병제(兵制)를 일치시킨다.

- 국방: 농민 생활의 안정을 토대로 하여 향촌 단위의 방위 체제를 강화하고자 하였다.
- 정치: '백성을 위하여 존재한다.'라는 것이 통치자라고 주장하면서 백성의 의사가 반영될 수 있는 정치 제도의 개선 방안을 모색하였다.
- 기타: 과학 기술과 상공업 발달에도 많은 관심을 보였다(「기예론」).

사료 정약용의 여전론

이제 농사짓는 사람은 토지를 갖고 농사짓지 않는 사람은 토지를 갖지 못하게 하려면 여전제를 실시하여야 한다. 산골짜기와 시냇물의 지세를 기준으로 구역을 획정하여 경계를 삼고, 그 경계선 안에 포괄되어 있는 지역을 1여(閭)로 한다. …… 1여마다 여장(閭長)을 두며 무릇 1여의 인민이 공동으로 경작하도록 한다. …… 여민들이 농경하는 경우 여장은 매일 개개인의 노동량을 장부에 기록하여 두었다가 가을이 되면 오곡의 수확물을 모두 여장의 집에 가져온 다음 분배한다. 이때 국가에 바치는 세와 여장의 봉급을 제하며, 그 나머지를 가지고 노동 일수에 따라 여민(閭民)에게 분배한다.
정약용, 「전론」

사료 「기예론」

❶ 어찌하여 하늘은 천한 금수(禽獸)에게 후하게 하고 귀하게 해야 할 인간에게는 야박하게 하였는가. 그것은 인간에게는 지혜로운 생각과 교묘한 궁리가 있으므로 기예(技藝)를 익혀서 제힘으로 살아가게 한 것이다. …… 온갖 공장의 기예가 정교하면 궁실과 기구를 만들고 성곽과 배, 수레, 가마 따위도 모두 편리하고 튼튼하게 될 것이니, 진실로 그 방법을 다 알아서 힘껏 시행한다면 나라는 부유해지고 군사는 강성해지고 백성도 부유하면서 오래 살 수 있을 것인데 이를 알면서도 고치지 않는구나.
정약용, 「여유당전서」

❷ 활차(滑車)를 이용하여 무거운 물건을 운반하는 것은 두 가지 편리한 점이 있으니 첫째는 사람의 힘을 줄이는 것이고, 둘째는 무거운 물건을 떨어뜨리지 않고 안전하게 운반하는 것입니다. …… 크고 작은 바퀴가 서로 통하고 서로 튕기는 방법을 이용하면 천하에 무거운 물건이 없습니다.
정약용, 「기중도설」

○ 정약용의 연구 자료

3부작 (一表二書)	『경세유표(經世遺表)』 (1817)	『주례』의 이념을 바탕으로 당시 조선의 현실에 맞도록 조정하여 정치·사회·경제 제도를 개혁하고 부국강병을 이루는 데 목표를 두고 있음
	『목민심서(牧民心書)』 (1818)	지방관(수령)의 도리와 역할을 제시하고 지방 행정의 개혁 방안을 모색함
	『흠흠신서(欽欽新書)』 (1819 완성, 1822 간행)	형사 사건을 다루는 관리들을 계몽하기 위해 편찬된 형법서
3논설	「전론(田論)」	여전제를 논함 → 『경세유표』에서 정전제를 현실적 대안으로 제시함
	「원목(原牧)」	통치자는 백성을 위해 존재한다는 점을 강조함으로써 루소의 계몽주의 사상을 방불케 함
	「탕론(蕩論)」	은(殷)의 탕왕(蕩王)이 하(夏)의 걸왕을 무찌른 고사를 통해 민본(民本)을 강조한 정치서로서, 로크의 사회 시민 사상에 준함

④ 한계 및 영향
  ㉠ 한계: 중농적 실학자들의 사상과 학문은 재야 지식인들의 공감을 받았음에도 불구하고 국가 정책에는 별로 반영되지 못하였다.
  ㉡ 영향: 한말의 애국 계몽 사상가들과 일제 시대의 국학자들에게 큰 영향을 주어 우리나라 근대 사상의 중요한 한 갈래를 형성하였다.

사료 「목민심서」 서문

우리 조선으로 접어들면서는 그것에 따르다가 후에 칠사(七事)로 늘렸는데, 소위 수령들이 해야 할 대략만을 만들었을 뿐이었다. 그러나 수령이라는 직책은 관장하지 않는 바가 없으니 여러 조목을 차례로 열거하더라도 오히려 직책을 다하지 못할까 두려운데 하물며 스스로 생각해서 스스로 행하기를 바랄 수 있겠는가. 이 책은 첫머리와 맨 끝의 두 편을 제외한 나머지 10편에 들어 있는 것만 해도 60조나 되니, 진실로 어진 수령이 있어서 자기 직분을 다할 것을 생각한다면 아마 미혹(迷惑)하지 않을 것이다. ……
「주역」에 이르기를 "앞사람의 말씀이나 지나간 행적 등을 많이 익혀서 자기의 덕을 쌓는다." 하였으니, 이것은 진실로 내 덕을 기르기 위한 것이요, 어찌 목민을 기필해서이겠는가. '심서(心書)'라 한 것은 무슨 까닭인가. 목민할 마음은 있으나 몸소 실행할 수 없기 때문에 '심서'라 이름한 것이다.
　　　　　　　　　　　　　　　　　　　　　　　　　　　　　정약용, 「여유당전서」

사료 「원목」

백성이 수령을 위해 존재하는가. 아니다. 수령이 백성들을 위해서 존재하는 것이다. 옛적에는 백성들만 있었을 뿐이니 어찌 수령이 존재하였겠는가. 백성들은 무지하여 집단적으로 모여 살았다. 그런데 사람들 사이에 분쟁이 일어났을 때, 이를 판결 지을 수 없었다. 한 사람의 현명한 노인이 판결을 잘하였기 때문에 그 노인을 추대하여 이장으로 삼았다. 또 몇 개의 마을에서 분쟁이 일어났을 때 현명한 자가 해결을 잘하였기 때문에 그를 면장으로 삼았다. 이와 같이하여 한 사람을 추대하여 국군이라 칭하고, 또한 여러 국군이 한 사람을 추대하여 방백이라 하고, 사방의 방백들이 한 사람을 추대하여 최고의 장으로 삼아 황제라 부르니 황제의 근본은 이장에서 나온 것이며, 따라서 수령은 백성을 위해 존재하는 것이다.
　　　　　　　　　　　　　　　　　　　　　　　　　　　　　정약용, 「여유당전서」

사료 「탕론」

대체 천자는 어찌하여 있게 되었는가? 다섯 가(家)가 하나의 인(隣)이 되는데, 다섯 가의 추대를 받은 자가 인장(隣長)이 될 것이며 …… 다섯 인이 일 리(里)가 되는데 다섯 인의 추대를 받은 자가 이장(里長)이 될 것이며 …… 여러 현의 우두머리들의 공동 추대를 받은 자가 제후가 될 것이며, 제후들의 공동 추대를 받은 자가 천자가 될 것이므로, 천자란 무릇 군중이 밀어서 그 자리에 오른 것이다.
　　　　　　　　　　　　　　　　　　　　　　　　　　　　　정약용, 「여유당전서」

바로 확인문제

● <보기>의 내용을 주장한 인물에 대한 설명으로 가장 옳은 것은?　　18. 서울시 기술직 9급

| 보기 |

국가는 마땅히 한 집의 생활에 맞추어 재산을 계산해서 토지 몇 부(負)를 한 호의 영업전으로 한다. 그러나 땅이 많은 자는 빼앗아 줄이지 않고 미치지 못하는 자도 더 주지 않으며, 돈이 있어 사고자 하는 자는 비록 천백 결이라도 허락해 주고, 땅이 많아서 팔고자 하는 자는 다만 영업전 몇 부 이외에는 허락한다.

① 『목민심서』를 저술하는 등 실학을 집대성하였다.
② 발해사를 우리나라 역사로 체계화할 목적으로 『발해고』를 저술하였다.
③ 전국의 자연환경과 인물, 풍속 등을 정리한 『택리지』를 저술하였다.
④ 천지·인사·만물·경사·시문 등 5개 부문으로 나누어 우리나라와 중국의 문화를 백과사전식으로 소개·비판한 『성호사설』을 저술하였다.

| 정답해설 | 제시된 내용은 이익의 토지 개혁론인 한전론 중 일부이다. 이익의 『성호사설』은 천지, 만물, 인사, 경사, 시문 등 5개 부분으로 나누어 우리나라 및 중국 문화를 백과사전식으로 소개·비판한 책이다.

| 오답해설 |
① 정약용은 『목민심서』 등을 저술하였고 실학을 집대성했다고 평가받는다.
② 유득공의 『발해고』는 발해를 통일신라와 대등하게 우리 역사로 체계화시켰다고 평가된다.
③ 이중환의 『택리지』는 각 지역의 자연환경과 물산, 풍속, 인심 등을 서술하고 어느 지역이 살기 좋은 곳인가를 정리한 책이다.

| 정답 | ④

| 단권화 MEMO |

|정답해설| 제시된 자료는 정약용의 여전론이다. 정약용은 균전론과 한전론을 모두 비판하고 여전론을 주장하였다. 정약용은 여전론을 이상적 모델로 제시하였으나, 현실 가능한 방안으로 정전제를 주장하였다.

|정답| ③

● 다음의 토지 제도 개혁론에 대한 설명으로 옳지 <u>않은</u> 것은?

12. 지방직 7급

> 여(閭)에는 여장(閭長)을 두며 여민들이 공동으로 경작한다. 내 땅 네 땅의 구분이 없으며 오직 여장의 명령만 따르며, 개인별 노동량은 매일 여장이 기록하고, 수확물은 모두 여장의 집에서 모은다. 분배할 때는 공세(公稅)와 여장 녹봉을 빼고서 일역부(日役簿) 기록에 따라 공정하게 분배한다.
> 「전론(田論)」

① 균전제 시행에는 비판적이었다.
② 병농 일치의 군사 제도가 함께 제안되었다.
③ 정전제를 이상적 모델로 삼은 개혁론이었다.
④ 놀고먹는 양반 사회에 대한 비판 의식이 담겼다.

3 상공업 중심의 개혁론

(1) 특징

18세기 후반에는 농업뿐만 아니라 상공업의 진흥과 기술의 혁신을 주장하는 실학자들이 나타났다. 물질문화와 부국강병에 관심이 많았기 때문에 이들을 중상학파라 한다.

(2) 신분층

서울의 노론 집안 출신이 대부분이었다.

(3) 개혁 방향

청의 문물을 적극적으로 수용하여 부국강병과 이용후생에 힘쓰자고 주장하였으므로 이들을 이용후생 학파 또는 북학파라고도 한다.

■ 북학파(北學派)
북학파 실학 사상의 대두는 병자호란(丙子胡亂) 이후 굳어졌던 화이론적 명분론(華夷論的名分論)에서 탈피한 것을 의미하기도 한다.

(4) 중상학파[=이용후생(利用厚生) 학파, 북학파]의 개혁론

① 유수원(1694~1755)
  ㉠ 저술: 『우서(迂書)』에서 중국과 우리나라의 문물을 비교하면서 정치·경제·사회·문화 전반에 걸친 개혁안을 제시하였다.
  ㉡ 개혁론
    • 농업 이론: 농업의 전문화·상업화, 기술의 혁신을 통해 생산력을 증강해야 한다고 하였다. 그러나 지나치게 농업에만 의존해서는 안 되고, 상공업을 진흥해 나라 살림을 튼튼히 해야 한다고 주장하였다.
    • 부국론(富國論): 상공업의 진흥과 기술의 혁신을 강조하고, 사·농·공·상의 직업적 평등과 전문화를 주장하였다.
    • 상공업 진흥책
      - 상인 간의 합자(합과상업론)를 통한 경영 규모의 확대와 '상인이 생산자를 고용하여 생산과 판매를 주관할 것'을 강조하였다.
      - 대상인이 지역 사회 개발에 적극 참여하고 학교 건립, 교량 건설, 방위 시설 구축 등에 공헌할 것을 제안하였다.
      - 단, 물자의 낭비와 가격 조작을 방지하기 위해 상업 활동을 국가가 통제해야 한다고 주장하였다.

■ 유수원의 농업론
농업에서는 토지 제도의 개혁보다는 농업의 상업적 경영과 기술 혁신을 통해 생산성을 높이자고 하였다.

> **사료** 유수원의 중상주의
>
> 지금 양반이 명분상으로 상공업에 종사하는 것을 부끄러워하지만, 그들의 비루한 행동은 상공업자보다 심한 자가 많다. 학문이 없어도 세력만 있으면 부정하게 과거에 합격하고 그렇지 않으면 음직(蔭職)을 바라거나 공물 방납과 고리대를 하거나 노비를 빼앗기 위한 소송을 벌여 생활한다. …… 상공업을 두고 천한 직업이라 하지만 본래 부정하거나 비루한 일은 아니다. 그것은 스스로 재간 없고 덕망 없음을 안 사람이 관직에 나가지 않고 스스로의 노력으로 물품 교역에 종사하면서 남에게서 얻지 않고 자기 힘으로 먹고 사는 것이다. 어찌 천하거나 더러운 일이겠는가?
>
> 『우서』

② 홍대용(1731~1783)
  ㉠ 저술: 18세기 후반 노론 명문 출신인 홍대용은 청(淸)에 왕래하면서 얻은 경험을 토대로 「임하경륜(林下經綸)」, 「의산문답(醫山問答)」, 「연기(燕記)」 등을 저술하였으며, 이는 『담헌서(湛軒書)』에 전해지고 있다.
  ㉡ 개혁론
    • 토지관: 그는 「임하경륜」에서 성인 남자들에게 토지 2결을 지급하자는 균전제(均田制)를 주장하여 농업 문제에도 관심을 보였다.
    • 부국론: 기술의 혁신과 문벌제도의 철폐, 그리고 성리학의 극복이 부국강병의 근본이라고 강조하였다.
    • 지전설: 「의산문답」에서 실옹(實翁)과 허자(虛子)의 대담 형식을 빌려 중국 중심적 세계관(성리학적 세계관)을 비판하였다. 특히 지전설을 주장하였고, 무한 우주론을 제시하였다.

■「임하경륜」
놀고먹는 선비들이 생산 활동에 종사할 것을 역설하고, 성인 남자들에게 2결의 토지를 나누어 줄 것과 병농 일치의 군대 조직을 제안하였다.

■「의산문답」
실옹(實翁)과 허자(虛子)의 문답 형식을 빌려 지금까지 믿어 온 고정 관념을 상대주의 논법으로 비판하였다.

> **사료** 홍대용의 과학 사상
>
> 실옹(實翁)이 말하였다. "대저 땅덩어리는 하루에 한 바퀴를 돈다. 지구 둘레는 9만 리이고 하루는 12시간이다. 9만 리 넓은 땅이 12시간에 도니 그 속도는 번개나 포탄보다 더 빠르다. 땅이 이처럼 빠른 속도로 돌기 때문에 하늘의 기(氣)가 세차게 부딪쳐 허공에 쌓이고 땅에 모이게 된다. 이리하여 위아래로 세력이 있게 되니 이것이 지면의 세력이다. 땅에서 떨어지면 이 세력은 없어지게 된다. 또 자석은 쇠를 당기고 호박(琥珀)은 티끌을 당긴다. 근본이 같은 것끼리 서로 작용함은 만물의 이치이다. 불꽃이 위로 올라가는 것은 해에 근본을 두고 있기 때문이고, 조수가 위로 솟는 것은 달에 근본을 두고 있기 때문이다. 만물이 아래로 떨어지는 것은 땅에 근본을 두고 있기 때문이다."
> 실옹은 말하기를, "그렇지 않다. 하늘에 가득한 별들이 각기 계(界) 아닌 것이 없다. 성계(星界)로부터 본다면, 지구 역시 하나의 별에 불과할 것이다. 헤아릴 수 없이 수많은 계(界)들이 공중에 흩어져 있는데, 오직 이 지구만이 공교롭게 중앙에 위치해 있다는 것은 이럴 이치가 없다. 이렇기 때문에 계 아닌 것이 없고 자전 않는 것이 없다고 하는 것이다. 다른 계에서 보는 것도 역시 지구에서 보는 것과 같을 것이니, 다른 계에서 각기 저마다 중앙이라 한다면 각 성계(星界)가 모두 중계(中界)일 것이다.
> 「의산문답」

③ 박지원(1737~1805)
  ㉠ 저술
    • 연행사(燕行使)를 따라 청에 다녀와 『열하일기(熱河日記)』(정조 4년, 1780)를 저술하여 청 문물(풍습·경제·천문·문학)을 소개하고, 사회·문화·역사에 대한 자신의 소신을 피력하였다. 또한 「양반전」 등 단편 소설을 써서 당시 사회적 현실을 비판하였다. 그의 단편 소설은 『연암집』에 『방경각외전』으로 수록되어 있다.
    • 농업 관련 저술: 『과농소초(課農小抄)』, 「한민명전의(限民名田議)」 등을 통해 영농 방법의 혁신, 상업적 농업의 장려, 수리 시설의 확충 등을 통한 농업 생산력 증대에 관심을 기울였다(한전론 주장).

■「방경각외전」
「마장전」, 「예덕선생전(穢德先生傳)」, 「민옹전(閔翁傳)」, 「광문자전(廣文者傳)」, 「양반전(兩班傳)」, 「김신선전(金神仙傳)」, 「우상전(虞裳傳)」, 「역학대도전(易學大盜傳)」, 「봉산학자전(鳳山學者傳)」의 총 9편으로 구성되어 있는데, 이 중 「역학대도전」과 「봉산학자전」은 소실되어 제목만 전한다.

ⓒ 개혁론
- 주장: 상공업의 진흥을 강조하면서 수레와 선박의 이용, 화폐 유통의 필요성 등을 주장하였다.
- 비판: 양반 문벌 제도의 비생산성을 비판하였다.

사료 수레와 선박의 이용

바닷가 사람들은 새우나 정어리를 거름으로 밭에 내건만 서울에서는 한 움큼에 한 푼을 하니, 이렇게 귀함은 무슨 까닭일까? …… 이것은 오로지 멀리 운반할 힘이 없기 때문이다. 사방이 겨우 몇천 리밖에 안 되는 나라에 백성들의 살림살이가 이렇게 가난한 것은 국내에 수레가 다니지 못한 까닭이다.   『열하일기』

사료 박지원의 한전론

토지를 겸병하는 자라고 해서 어찌 진정으로 빈민을 못살게 굴고 나라의 정치를 해치려고 했겠습니까? 근본을 다스리고자 하는 자라면 역시 부호를 심하게 책망할 것이 아니라 관련 법제가 세워지지 않은 것을 걱정해야 할 것입니다. …… 진실로 토지의 소유를 제한하는 법령을 세워, "어느 해 어느 달 이후로는 제한된 면적을 초과해 소유한 자는 더는 토지를 점하지 못한다. 이 법령이 시행되기 이전부터 소유한 것에 대해서는 아무리 광대한 면적이라 해도 불문에 부친다. 자손에게 분급해 주는 것은 허락한다. 만약에 사실대로 고하지 않고 숨기거나 법령을 공포한 이후에 제한을 넘어 더 점한 자는 백성이 적발하면 백성에게 주고, 관(官)에서 적발하면 몰수한다."라고 하면, 수십 년이 못 가서 전국의 토지 소유는 균등하게 될 것입니다.   『한민명전의』

사료 박지원, 실학의 주체 – 사대부

옛날에 백성에는 네 가지 부류가 있었습니다. 이는 사·농·공·상입니다. 사(士)의 업은 오래되었습니다. 농·공·상의 일은 처음에 역시 성인의 견문과 생각에서 나왔고, 대대로 익힌 것을 전승하여 각기 자신의 학문이 있었습니다. …… 그러나 사의 학문은 실제로 농·공·상의 이치를 포괄하는 것이므로 세 가지 업은 반드시 사를 기다린 뒤에 완성됩니다. 일반적으로 이른바 농업에 힘쓰는 것이나, 상업을 유통시켜 공업에 혜택을 준다고 했을 때 그 힘쓰는 것이나, 상업을 유통시켜 공업에 혜택을 준다고 했을 때 그 힘쓰게 하고 유통시키고 혜택을 주게 하는 것은 사가 아니라면 누가 하겠습니까?   『과농소초』

④ 박제가(1750~1805)
ⓐ 활동과 저술: 규장각 검서관으로 활동하였고, 『북학의(北學議)』를 저술하여 청의 문물을 적극적으로 수용할 것을 제창하였다.
ⓑ 개혁론
- 상공업의 발달, 청과의 통상 강화, 수레와 선박의 이용 등을 역설하였다.
- 생산과 소비와의 관계를 우물물에 비유하면서 생산을 자극하기 위해서는 절약보다 소비를 권장해야 한다고 주장하였다.
- 양반의 상업 종사, 세계 무역에 참여, 기하학과 과학 기술에 정통한 중국 흠천감의 서양인 선교사들을 초빙하여 과학 기술을 가르치게 하자고 주장하였다.

사료 박제가의 중상주의

비유하건대 재물은 대체로 샘과 같은 것이다. 퍼내면 차고, 버려 두면 말라 버린다. 그러므로 비단옷을 입지 않아서 나라에 비단 짜는 사람이 없게 되면 여공이 쇠퇴하고, 쭈그러진 그릇을 싫어하지 않고 기교를 숭상하지 않아서 공장(工匠, 수공업자)이 도야(陶冶, 기술을 익힘)하는 일이 없게 되면 기예가 망하게 되며, 농사가 황폐해져서 그 법을 잃게 되므로 사·농·공·상의 사민이 모두 곤궁하여 서로 구제할 수 없게 된다.   『북학의』

■ **실학의 주체**

박지원은 『과농소초』에서 실학의 주체로서의 사(士)를 강조하면서, 사대부의 학문이 농·공·상의 이치를 포괄해야 하고 농·공·상의 일도 사대부가 있어야 이루어진다고 주장하였다.

■ **『북학의(北學議)』**

양반 집안의 서자로 태어난 박제가는 1778년 청에 다녀온 후 상공업의 육성과 청과의 통상 무역, 신분 차별의 타파, 배와 수레의 이용, 벽돌 이용 등을 강조하는 『북학의』를 저술하였다.

> **사료** 박제가의 해외 통상론
>
> 우리나라는 나라가 작고 백성이 가난하다. 지금 밭을 가는 작업에 부지런하고, 현명한 인재를 등용하며, 상업을 유통시키고 공업에 혜택을 주어 나라 안의 이익을 다하더라도 오히려 부족할까 근심이다. 또 반드시 먼 지방의 물자가 유통한 후에 재화와 재물이 증식하고, 백 가지 용품을 생산할 수 있다. 대저 수레 백 대에 싣는 것이 한 척의 배에 미치지 못하고, 육로로 천 리를 가는 것이 뱃길로 만 리를 가는 것보다 편리하지 못하다. 그러므로 통상을 하는 자는 또한 반드시 물길을 귀하게 여긴다.
> 우리나라는 삼면이 바다로 둘러싸여 있다. 서쪽으로는 등래(登萊, 중국 산둥성의 등주와 내주)와 직선으로 600여 리 떨어져 있고, 남해의 남쪽은 곧 오나라의 입구와 초나라의 끝을 서로 바라보고 있다. 송나라의 배는 고려와 통상하였다. [명주(明州)로부터 7일이면] 예성강에 닿았다 하니 가히 가깝다고 할 수 있다. 그러나 조선은 거의 400년 동안 다른 나라의 배 한 척과도 통상하지 않았다. ……
> 단지 중국의 배만 통상하고, 해외의 모든 나라와 통상하지 않는 것은 역시 일시적인 술책이고, 정론은 아니다. 국가의 힘이 조금 강해지고 백성의 생업이 안정되면 차례로 이를 통하는 것이 마땅하다.
> 『북학의』

> **사료** 존주론
>
> 존주(尊周)는 존주 그대로이며, 이적(夷狄)은 이적 그대로이다. 주나라와 이적은 반드시 분별이 있다. 이적이 중화를 어지럽혔다 하여 주나라의 오랜 전통마저 배척했다는 말을 듣지 못했다. …… 청나라가 천하를 차지한 지 1백여 년이 지났다. …… 그런데 여기에 있는 사람들을 모조리 오랑캐라 하고 중국의 법마저 함께 폐기해 버린다면 크게 옳지 못하다. 진실로 백성에게 이롭다면 그 법이 비록 오랑캐에서 나왔다 하더라도 성인은 장차 취할 것이다.
> 『북학의』

⑤ **영향**: 북학파의 개혁 사상은 농업에만 치우친 유교적 이상 국가론에서 탈피하여 부국강병을 위한 좀 더 적극적인 방안을 제시하였다는 점에서 의의가 크다. 북학파 실학 사상은 19세기 박규수, 김옥균 등 개화 사상가들에게 영향을 줌으로써 우리나라 근대 사상 형성에 공헌하였다.

(5) 실학의 의의 및 한계

① **의의**: 18세기 전후 융성하였던 실학 사상은 실증적·민족적·근대 지향적 특성을 지닌 학문으로서 그 역사적 의의가 크다.
② **한계**: 실학은 대체로 정치적 실권과 거리가 먼 몰락한 지식인들의 개혁론이었기 때문에 당시의 국가 정책에 반영되지는 못하였다.

> **바로 확인문제**
>
> ● 다음 주장을 한 실학자가 쓴 책은?   22. 국가직 9급
>
> > 토지를 겸병하는 자라고 해서 어찌 진정으로 빈민을 못살게 굴고 나라의 정치를 해치려고 했겠습니까? 근본을 다스리고자 하는 자라면 역시 부호를 심하게 책망할 것이 아니라 관련 법제가 세워지지 않은 것을 걱정해야 할 것입니다. …… 진실로 토지의 소유를 제한하는 법령을 세워, "어느 해 어느 달 이후로는 제한된 면적을 초과해 소유한 자는 더는 토지를 점하지 못한다. 이 법령이 시행되기 이전부터 소유한 것에 대해서는 아무리 광대한 면적이라 해도 불문에 부친다. 자손에게 분급해 주는 것은 허락한다. 만약에 사실대로 고하지 않고 숨기거나 법령을 공포한 이후에 제한을 넘어 더 점한 자는 백성이 적발하면 백성에게 주고, 관(官)에서 적발하면 몰수한다."라고 하면, 수십 년이 못 가서 전국의 토지 소유는 균등하게 될 것입니다.
>
> ① 『반계수록』 ② 『성호사설』
> ③ 『열하일기』 ④ 『목민심서』

|정답해설| 제시된 사료는 박지원의 '한전론'(토지 소유의 상한선 설정)이다. 박지원은 청에 다녀온 경험을 바탕으로 『열하일기』를 저술하였다.

|오답해설|
① 『반계수록』 – 유형원
② 『성호사설』 – 이익
④ 『목민심서』 – 정약용

|정답| ③

| 단권화 MEMO |

|정답해설| 제시된 사료는 박제가의 『북학의』 중 일부이다. 박제가는 정조 때 이덕무, 유득공 등과 함께 규장각 검서관으로 활동하였다.

|오답해설|
① 박지원은 연행(燕行, 청나라에 다녀옴) 경험을 바탕으로 『열하일기』를 저술하였다.
③ 김육은 대동법의 확대 실시에 기여하였다.
④ 한전론은 이익(토지 소유의 하한선 - 영업전), 박지원(토지 소유의 상한선 설정) 등이 주장하였다.

|정답| ②

● 다음 주장을 펼친 인물에 대한 설명으로 옳은 것은?   21. 경찰직 1차

> 지금 우리나라 안에는 구슬을 캐는 집이 없고 시장에 산호 따위의 보배가 없다. 또 금과 은을 가지고 가게에 들어가도 떡을 살 수가 없는 형편이다. …… 이것은 물건을 이용하는 방법을 모르기 때문이다. 이용할 줄 모르고, 생산할 줄 모르니 백성은 나날이 궁핍해지는 것이다. 대저 재물은 우물과 같다. 퍼 쓸수록 자꾸 가득 차고 이용하지 않으면 말라 버린다. 그러므로 비단을 입지 않아 나라 안에 비단 짜는 사람이 없다.

① 『열하일기』를 저술하였다.
② 규장각 검서관으로 활동하였다.
③ 대동법의 확대 실시에 기여하였다.
④ 토지 소유에서 한전론을 주장하였다.

4 국학 연구의 확대

(1) 국학 연구의 계기

① 계기 : 성리학에 대한 반발은 국학에 대한 관심으로도 나타났다. 본래 성리학은 중국 중심의 세계관에 바탕을 둔 학문이었으므로, 여기에 심취한 성리학자들은 우리 문화를 중국 문화의 일부로만 인식하였다.

② 실학의 등장 : 성리학이 사회 변화에 대하여 능동적으로 대응하지 못하자, 이에 대한 반성과 비판으로 실학 운동이 일어났다. 실학의 발달과 함께 민족의 전통과 현실에 대한 관심이 깊어지면서 우리의 역사, 지리, 국어 등을 연구하는 국학이 발달하였다.

(2) 역사학 연구*

*역사학 연구
안정복의 『동사강목』, 이종휘의 『동사』, 유득공의 『발해고』, 한치윤의 『해동역사』의 내용은 꼼꼼하게 정리해 두어야 한다.

① 17세기 역사서
  ㉠ 오운의 『동사찬요』(1606~1614) : 임진왜란 때 경상도에서 의병에 참여했던 경험을 바탕으로 역대 애국 명장의 활약을 강조하였다. 기자(箕子) 이후 유교 문화의 전통을 강조하면서 애국심을 고취하고자 하였다.
  ㉡ 한백겸의 『동국지리지』(광해군, 1614~1615) : 고대사의 지명을 새롭게 고증하여 역사 지리 연구의 단초를 열어 놓았다(역사지리지의 효시). 특히, 한강을 경계로 하여 북쪽에 (고)조선, 남쪽에 삼한이 위치했다는 것과 고구려의 발상지가 만주 지방이라는 점을 처음으로 고증하였다.
  ㉢ 조정의 『동사보유』(1630년경) : 그동안 무시되어 왔던 『삼국유사』의 신화와 전설 등을 다수 수록하여 단군에서 고려 말에 이르는 역사에 대한 자부심을 부각하였다.
  ㉣ 유계(서인)의 『여사제강』(1667) : 고려 시대를 다룬 사서(강목체 형식의 편년체)로서, 고려의 재상 중심의 권력 구조를 높이 평가하고 북벌 정책을 옹호하는 입장에서 고려가 북방 민족에 항거한 것을 강조하였다.
  ㉤ 허목의 『동사』(東事, 1667) : 이 책은 현종 때 저술되어 숙종에게 바쳐졌는데 단군 – 기자 – 신라를 이상 세계로 설정하고, 우리나라의 자연환경과 인(仁)을 사랑하는 풍속 및 인성의 독자성을 강조하면서 그에 맞는 정치를 촉구하였다.

■ 허목
허목은 남인의 영수로서, 서인이 추진하였던 서얼 허통 및 노비 속량 등을 반대하고 조선의 성리학과 지주 중심의 봉건 질서(신분 질서)를 유지하고자 하였다. 그는 저서인 『기언』에서 붕당 정치와 북벌 정책의 폐단을 시정하기 위해 왕(王)과 6조(六曹)의 기능 강화, 중농 정책의 강화, 사상(私商)의 난전(亂廛) 금지, 부세(賦稅)의 완화, 호포제(戶布制) 실시 반대, 서얼 허통(庶孼許通) 반대 등을 주장하였다. 이는 궁극적으로 농촌의 자급자족 경제와 재야 선비 사회를 안정시키는 데 주안점을 둔 것이다.

ⓑ 홍여하(영남 남인)의 『동국통감제강』, 『휘찬여사』: 고대의 역사를 정리한 편년체 사서 『동국통감제강』(1672)과 고려 시대를 정리한 기전체 역사서인 『휘찬여사』를 저술하였다. 그는 기자 조선의 전통이 마한을 거쳐 신라로 계승되었다고 평가하면서 '기자 조선 – 마한 – 신라'를 정통 국가로 주장하였다.
② 18세기 이후 역사서
  ㉠ 임상덕(소론)의 『동사회강』(숙종, 1711~1719): 신라의 건국(기원전 57)부터 고려 공민왕 23년(1374)까지의 역사적 사실을 편년체로 기록하였다.
  ㉡ 안정복(기호 남인)의 『동사강목』(1756~1778)
    • 『동사강목』(강목체)은 주자의 정통론을 기본으로 하였으나 단군에서 고려까지를 다룬 통사로 '단군 – 기자 – 마한 – 통일 신라 – 고려'로 이어지는 것을 정통으로 보았다.
    • 단군 조선에서 시작하는 독자적 삼한 정통론은 중국 중심 역사관을 벗어나려는 노력이었으며, 고증 사학의 토대를 마련하였다고 평가된다.
    • 신라에 비중을 두어 발해를 본국사에서 제외하고 외기에 처리하는 한계가 있다.
  ㉢ 유득공의 『발해고』: '남북국 시대'라는 용어를 최초로 사용하였다.
  ㉣ 이종휘(소론)의 『동사(東史)』(1803): 우리 역사를 '단군 – 부여 – 고구려'에 중점을 두어 만주 수복을 희구하였다. 특히 고구려 역사 연구를 심화하였다는 점에서 의의가 있으며, 기전체 역사서이다.
  ㉤ 이긍익(소론)의 『연려실기술』: 기사본말체 사서이며 백과사전식 조선 시대 정치 야사집이다. 1776년 이전에 저술을 시작하여 1806년 타계할 때까지 저술하였다.
  ㉥ 한치윤의 『해동역사』
    • 기전체 사서로 세기(정치사), 지(문화사), 고(考)로 구성되어 있다.
    • 500여 종의 중국 및 일본 자료를 이용한 문헌 고증적이고 백과사전식 저술이다.
    • 『해동역사』는 동이 문화에 긍지를 가지고 우리나라의 정통성과 독자성을 강조하였으며, 화이론을 배격하고 사대적·성리학적 사관을 탈피하였다.
    • 고구려, 백제, 발해사를 재평가하여 신라 중심 정통론을 부정하였다.
  ㉦ 김정희의 『금석과안록』(1852): 북한산비와 황초령비를 판독하여 진흥왕 순수비임을 밝혔다.

> **심화** 조선 후기의 정통론

❶ 홍여하의 『동국통감제강』은 『동국통감』을 주자의 강목법에 의거해 재정리한 것으로 **기자 – 마한 – 신라를 정통**으로 보는 영남 남인의 인식이 반영되어 있다. 한편 『휘찬여사』(인조 17년, 1639)는 『고려사』를 바탕으로 기전체로 정리한 역사서이다.
❷ 유계의 『여사제강』은 주자의 강목법에 의거하되, 서인의 입장에서 고려의 역사를 정리한 것이다. 홍여하가 후삼국 시기 신라를 정통으로 본 것과 달리, 『여사제강』에서는 무정통(無正統)의 시기로 보았다.
❸ 임상덕의 『동사회강』은 유계의 『여사제강』을 계승하는 한편, 『동국통감』을 참고하여 고대사 부분을 보충하고 강목체 사학의 체제를 정비하였다. 마한은 나라를 잃은 기자의 후예가 피난을 와서 세웠다는 이유로 정통에서 제외하고 삼국을 무정통으로 보았다.
❹ 홍만종의 『동국역대총목』은 우리 역사의 시원을 단군으로 규정하고, 단군 – 기자 – 마한 – 통일 신라를 정통 국가로 보았다. 한편 삼국은 정통이 없는 시대로 간주하였으며, 고려 및 조선의 역사는 왕실을 중심에 두고 서술하였다.
❺ 이익은 우리 역사의 정통을 단군 – 기자 – 삼한 – 삼국무통 – 통일 신라 – 고려로 확립하였다. 이와 같은 역사 인식은 안정복에게 영향을 주었다고 평가된다.
❻ 안정복의 『동사강목』은 단군 – 기자 – 마한 – 삼국무통 – 통일 신라 – 고려를 중심으로 역사를 서술하였다.

단권화 MEMO

■ 안정복의 『열조통기』
영조 43년(1767)부터 편찬한 책으로 조선 태조부터 영조까지의 역사를 편년체로 기록하였다. 안정복은 단군 조선으로부터 고려 말까지의 역사인 『동사강목』을 편찬한 뒤, 그 이후 역사를 체계화하려는 목적에서 『열조통기』의 편찬을 시도한 것으로 보인다.

■ 『동사』와 『발해고』
이종휘는 『동사』에서 고구려 역사 연구를, 유득공은 『발해고』에서 발해사 연구를 심화하였다. 이들은 고대사 연구의 시야를 만주 지방까지 확대시킴으로써 한반도 중심의 협소한 사관을 극복하는 데 힘썼다.

사료 조선 후기의 역사 인식

❶ 안정복의 삼국 인식
삼국사에서 신라를 으뜸으로 한 것은 신라가 가장 먼저 건국되었고, 뒤에 고구려와 백제를 통합하였으며, 고려는 신라를 계승하였으므로 편찬한 것이 모두 신라의 남은 문적(文籍)을 근거로 하였기 때문이다. 그러므로 편찬한 내용이 신라에 대하여는 약간 자세히 갖추어져 있고 백제에 대하여는 겨우 세대만을 기록하였을 뿐 없는 것이 많다. …… 고구려의 강대하고 현저함은 백제에 비할 바가 아니며 신라가 자처한 땅의 일부는 남쪽에 불과할 뿐이다. 그러므로 김씨(김부식)는 신라사에 쓰여진 고구려 땅을 근거로 하였을 뿐이다.
『동사강목』

❷ 유득공의 발해 인식
부여씨가 망하고 고씨(고구려)가 망한 다음, 김씨(신라)가 남방을 차지하고 대씨(발해)가 북방을 차지하고는 발해라 하였으니, 이것을 남북국이라 한다. 당연히 남북국을 다룬 역사책이 있어야 하는데, 고려가 편찬하지 않은 것은 잘못이다. 저 대씨가 어떤 사람인가? 바로 고구려 사람이다. 그들이 차지하고 있던 땅은 어떤 땅인가? 바로 고구려 땅이다.
『발해고』

❸ 김정호의 발해 인식
삼한의 여러 나라가 통합되어 삼국을 이루었으니 신라·가야·백제가 그것이다. 그 후 가야가 망하고 고구려가 남쪽으로 천도하여 다시금 삼국을 이루었다. 고구려와 백제가 멸망한 뒤 50년 만에 발해가 다시 고구려의 옛 땅을 이어받아 신라와 더불어 200여 년간 남북국을 이루었다.
『대동지지』

③ 서얼, 중인의 역사서와 여항 문학
  ㉠ 정조 1년(1777) 향리 출신인 이진흥은 향리의 역사인 『연조귀감』을 편찬하였다. 그는 향리가 양반과 혈통을 같이 하므로 같은 대우를 받아야 한다고 주장하였다.
  ㉡ 철종 9년(1858)에 대구의 유림들(달서정사)이 서얼의 역사 『규사』를 편찬하여 서얼들에 대한 사회적 차별 대우 철폐를 주장하였다(『규사현인록』이 끝부분에 수록되어 있다).
  ㉢ 1862년(철종 13년) 유재건은 『이향견문록』을, 1866년(고종 3년) 이경민은 『희조일사』를 저술하여 정사에 기록되지 않은 인물들(위항인들)을 정리하였다.
  ㉣ 여항 문학: 19세기 대표적 여항 시사인 벽오사(碧梧社)에서 활동한 조희룡은 『호산외기』에서 42명의 여항인들(보통사람 - 이항인이라고도 함)의 전기(傳記)를 수록하였고, 유재건 등은 이항인들의 시를 엮어 『풍요삼선(風謠三選)』을 간행하였다.

바로 확인문제

● 다음과 같은 특징을 가진 조선 후기 역사서는? 18. 지방직 9급

- 단군으로부터 고려에 이르기까지의 우리 역사를 치밀한 고증에 입각하여 엮은 통사이다.
- 마한을 중시하고 삼국을 무통(無統)으로 보는 입장에서 우리 역사를 체계화하였다.

① 허목의 『동사』
② 유계의 『여사제강』
③ 한치윤의 『해동역사』
④ 안정복의 『동사강목』

단권화 MEMO

| 정답해설 | 안정복의 『동사강목』은 마한을 중시하고 삼국을 무통(無統), 정통이 없는 시대으로 보는 입장에서 우리 역사의 독자적 정통론을 내세웠다. 또한 단군에서 고려까지의 역사를 치밀하게 정리하여 고증 사학의 토대를 마련했다고 평가된다.

| 오답해설 |
① 허목의 『동사(東事)』는 단군에서 삼국까지의 역사를 서술한 기전체 사서이다(1667). 한백겸의 역사 인식을 받아들였고, 단군과 고구려를 높이 평가하였다.
② 유계의 『여사제강』은 고려 시대를 다룬 사서(강목체)로서, 고려의 재상 중심의 권력 구조를 높이 평가하고 북벌 정책을 옹호하는 입장에서 고려가 북방 민족에 항쟁한 것을 강조하였다(1667).
③ 한치윤의 『해동역사』는 기전체 사서로 세기, 지, 고 등으로 구성되어 있다.

| 정답 | ④

● 조선 후기 중인층과 서얼은 자신들의 기록물을 남겼다. 이에 해당하는 저술만을 가장 바르게 나열한 것은?

16. 서울시 7급

① 연조귀감(掾曹龜鑑) - 방경각외전(放璚閣外傳)
② 지봉유설(芝峯類說) - 호산외기(壺山外記)
③ 풍요삼선(風謠三選) - 의산문답(醫山問答)
④ 규사(葵史) - 이향견문록(里鄕見聞錄)

(3) 지리학 연구

① 계기

㉠ 시간성에 대한 관심이 국사의 연구로 나타났다면 공간성에 대한 관심은 국토의 연구로 나타나 우수한 지리서를 편찬하고 새로운 지도를 제작하였다.

㉡ 국토에 대한 학문적 이해가 축적되는 한편, 중국으로부터 서양식 지도가 전해짐에 따라 종래의 중국 중심 세계관이 달라지게 되었다. 그에 따라 좀 더 과학적이고 정밀한 지도와 지리지를 제작·편찬하였다.

② 세계관의 변화: 중국 중심의 화이(華夷) 사상을 극복하는 세계관의 변화가 진보적 지식인들 사이에서 나타났다. 「곤여만국전도(坤輿萬國全圖)」, 「직방외기」 등은 당시 널리 알려진 것들이다.

③ 지리서의 편찬

㉠ 역사 지리서: 한백겸의 『동국지리지』, 정약용의 『아방강역고』, 신경준의 『강계고』 등이 편찬되었다.

㉡ 허목, 『동사』: 17세기 중엽 허목은 우리나라를 몇 개의 풍토권과 문화권으로 나누어 각 지방 문화의 특성을 찾아내고, 중국과 다른 인문 지리적 특성을 설명하였다. 또한 풍토(자연환경)가 인성에 영향을 미친다고 주장하였다.

㉢ 이중환, 『택리지』(영조 27년, 1751): 남인 출신 이중환이 30년간의 국토 답사를 통해 편찬하였다. 『택리지』는 풍수지리를 바탕으로 우리 국토를 작은 구역으로 나누고, 각 지역의 인심, 산천, 인물, 풍속, 산물을 소개하면서 어느 곳이 선비들이 살기 좋은 곳인가를 논하고 있다. 다만 남인의 시각에서 노론 집권층이 사는 곳은 비판적으로 평가하고, 경상도를 선비가 가장 살기 좋은 곳으로, 평안도를 평민이 가장 살기 좋은 곳으로 평가하기도 하였다.

㉣ 『여지도서』(영조, 1757~1765): 각 읍에서 편찬한 읍지(邑誌)를 모아 편찬한 전국 읍지이다. 처음으로 각 군현을 구분하여 채색한 「읍지도」가 첨부되었다.

> **사료** 이중환의 『택리지』
>
> 대저 가거지(可居地)을 잡는 데는 지리(地理)를 첫째로 들 수 있으며, 생리(生利)가 다음이다. 그 다음은 인심(人心)이며, 또 다음은 아름다운 산수(山水)가 있어야 한다. 이 네 가지에 하나라도 모자라면 살기 좋은 땅이 아니다. 그런데 지리가 비록 좋아도 생리가 모자라면 오래 살 곳이 못 되고, 생리가 비록 좋아도 지리가 나쁘면 또한 오래 살 곳이 못 된다. 지리와 생리가 함께 좋아도 인심이 착하지 않으면 반드시 후회할 일이 있게 되고, 가까운 곳에 볼만한 산수가 없으면 성품을 닦을 수 없다.

단권화 MEMO

|정답해설| 조선 후기 중인층과 서얼이 남긴 기록으로는 이진흥이 향리의 역사와 인물을 정리한 『연조귀감』, 조희룡의 『호산외기』, 유재건의 『이향견문록』과 『풍요삼선(이향인들의 시집)』, 대구의 유림들이 서얼의 역사를 정리한 『규사』가 대표적이다.

|오답해설|
① 『방경각외전』은 박지원의 단편 소설집이다.
② 『지봉유설』은 이수광이 편찬한 백과사전이다.
③ 『의산문답』은 홍대용의 저서이다.

|정답| ④

■ 「곤여만국전도」
1602년 마테오 리치가 명에서 제작한 세계 지도이며, 명에 사신으로 간 1603년 이광정이 조선에 소개하였다. 한편 1708년 숙종 때 최석정 등이 「곤여만국전도」를 모사하여 지도를 제작하였다.

■ 『아방강역고』
백제의 첫 도읍지가 지금의 서울이라는 것, 발해의 중심지가 동쪽이라는 것 등 고대사의 강역을 새롭게 고증하였다.

■ 『지승』
17세기 중엽 허목이 쓴 지리지로, 『동사』에 수록되어 있다. 우리나라를 몇 개의 풍토권과 문화권으로 나누어 각 지방 문화의 특성을 찾아내고, 중국과 다른 인문 지리적 특성을 설명하였다. 풍토(風土)가 인성에 영향을 준다는 시각을 제시하였다.

단권화 MEMO

■ 「요계관방지도」
숙종 32년(1706) 노론 이이명의 주도하에 비변사에서 제작한 것으로서, 중국에서 입수한 중국 지도를 화원이 모사(模寫)해 가지고 들어와 여기에 우리나라 지도를 합성하여 만든 것이다.

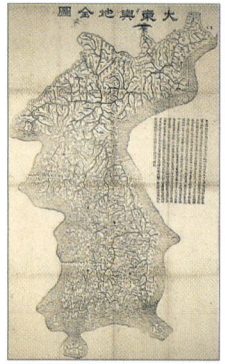
▲「대동여지도」

|정답해설| 「혼일강리역대국도지도」는 태종 때 이회 등이 제작한 세계 지도이다. 권근의 『양촌집』에 의하면 중국에서 수입한 「성교광피도」와 「혼일강리도」를 기초로, 우리나라와 일본의 지도를 합쳐 제작하였다고 한다. 한편 「곤여만국전도」는 서양인 선교사 마테오 리치가 1602년(선조 35) 명나라에서 제작한 세계 지도이며, 1603년(선조 36) 중국에 파견된 조선의 사신(이광정 등)을 통해 조선에 소개되었다.
|정답| ②

|정답해설| 〈보기〉의 지리서 편찬 순서는 다음과 같다.
ㄷ. 『신찬팔도지리지』(세종, 1432)
ㄴ. 『동국여지승람』(성종, 1481)
ㄹ. 한백겸, 『동국지리지』(광해군, 1614~1615)
ㄱ. 정약용, 『아방강역고』(순조, 1811)
|정답| ③

④ 지도의 편찬
  ㉠ 배경: 중국으로부터 서양식 지도가 전해짐에 따라 정밀하고 과학적인 지도가 많이 제작되었다.
  ㉡ 목적: 조선 초기의 지도 제작은 정부 주도의 관찬(官撰) 형태로 정치·행정·군사적 목적이 주가 되었으나, 이 시기에는 경제·산업·문화에 대한 관심이 반영되어 산맥과 하천·포구·도로망의 표시가 정밀해졌다.
  ㉢ 대표적 지도
    • 「요계관방지도」(1706): 숙종 때 이이명 등이 편찬한 군사 지도이다. 이 지도에는 우리나라 북방 지역과 만주, 만리장성을 포함하여 중국 동북 지방의 군사 요새가 상세하게 그려져 있다.
    • 정상기의 「동국지도」(영조): 최초로 100리 척(100리를 1척으로 정한 지도 제작 방식)을 사용하여 정확하고 과학적인 지도 제작에 공헌하였다.
    • 18세기 영조 때, 모눈종이를 이용해 호남 지방을 정밀하게 그린 지도가 제작되었다.
    • 김정호의 「대동여지도」(1861년 철종 때 간행, 1864년 고종 때 재간행): 김정호는 「청구도」 제작의 경험을 바탕으로, 「대동여지도」를 편찬하였다. 산맥, 하천, 포구, 도로망의 표시가 정밀해지고 거리를 알 수 있도록 10리마다 눈금이 표시되었으며, 목판으로 인쇄되었다.

바로 확인문제

● 조선 시대 지도와 천문도에 대한 설명으로 옳지 않은 것은?   23. 국가직 9급
  ① 「대동여지도」는 거리를 알 수 있도록 10리마다 눈금을 표시하였다.
  ② 「혼일강리역대국도지도」는 중국에서 들어온 곤여만국전도를 참고하였다.
  ③ 「천상열차분야지도」는 하늘을 여러 구역으로 나누고 별자리를 표시한 그림이다.
  ④ 「동국지도」는 정상기가 실제 거리 100리를 1척으로 줄인 백리척을 적용하여 제작하였다.

● 〈보기〉의 지리서를 편찬된 순서대로 바르게 나열한 것은?   19. 10월 서울시 7급

  ┌ 보기 ┐
  ㄱ. 『아방강역고』
  ㄴ. 『동국여지승람』
  ㄷ. 『신찬팔도지리지』
  ㄹ. 『동국지리지』

  ① ㄱ - ㄹ - ㄴ - ㄷ
  ② ㄴ - ㄷ - ㄹ - ㄱ
  ③ ㄷ - ㄴ - ㄹ - ㄱ
  ④ ㄹ - ㄴ - ㄱ - ㄷ

(4) 국어학 연구
우리의 언어, 즉 한글에 대한 학문적 연구도 활발하여 음운(音韻)학과 어휘의 수집 등에서 큰 성과를 거두었다.
① 음운에 대한 연구 성과: 신경준의 『훈민정음운해』, 유희의 『언문지』 등이 유명하다.

② 어휘 수집에 대한 연구 성과: 이성지의 『재물보』, 권문해의 『대동운부군옥』, 이의봉의 『고금석림』 등이 있다.
③ 의의: 한글의 우수성에 대한 인식, 즉 문화적 자아 의식을 크게 높여 주었다.

○ 국어학 연구서

『훈민정음운해』	신경준(영조)	발음법을 제시, 음운을 역학적으로 도해
『언문지』	유희(순조)	음리(音理)와 음가(音價)를 규명
『재물보』	이성지(정조)	만물의 명칭을 고증
『고금석림』	이의봉(정조)	• 우리의 방언과 산스크리트어·몽골어·일본어·만주어·타이어·거란어·퉁구스어 등 해외 언어 정리 • 1,500여 권의 문헌 참고
『아언각비』	정약용(순조)	속어(사투리)와 속자 고증

(5) 백과사전의 편찬

조선 후기에는 실학이 발달하고 문화 인식의 폭이 넓어짐에 따라 백과사전류의 저서가 많이 편찬되었다.

① 효시: 이수광이 『지봉유설』을 지어 문화의 각 영역을 항목별로 나누어 기술하였다.
② 18~19세기: 이익의 『성호사설』, 이덕무의 『청장관전서』, 서유구의 『임원경제지』, 이규경의 『오주연문장전산고』 등이 나왔다.
③ 『동국문헌비고(東國文獻備考)』: 영조 때 국가적 사업으로 편찬되었고, 우리나라의 역대 문물을 정리한 한국학 백과사전으로서 가치가 있다.

■ 『만기요람』
순조 8년(1808) 심상규, 서영보 등이 재정·군정에 관한 사항을 정리하여 왕이 정사를 행하는 데 참고하기 위해 만든 문헌이다.

○ 백과사전류의 구분

『대동운부군옥』	권문해(선조)	단군~선조까지의 역사 사실을 어휘의 맨 끝자를 기준으로 하여 운(韻)으로 분류한 어휘 백과사전
『지봉유설』	이수광(광해군)	천문·지리·군사·관제 등 25개의 항목별로 나누어 저술
『유원총보』	김육(인조)	문학·제도 등 27개 항목으로 기술
『동국문헌비고』	홍봉한 등(영조)	지리·정치·경제·문화 등을 체계적으로 정리한 한국학 백과사전
『성호사설』	이익(영조)	천지·만물·경사·인사·시문의 5개 부문으로 서술
『청장관전서』	이덕무(정조)	이광규가 아버지인 이덕무의 시문·중국의 역사·풍속·제도 등을 기록하여 편찬
『오주연문장전산고』	이규경(헌종)	우리나라와 중국 등 외국의 고금 사항에 관한 고증서

> **심화** 이수광의 『지봉유설』(1614)
>
> • 중국을 세상의 전부로 보는 인식을 비판하고, **기독교 문명권, 불교 문명권, 이슬람 문명권** 등이 더 있음을 지적하였다.
> • 아시아와 유럽을 포함한 세계 50개국의 지리, 풍속, 물산 등을 소개하여 세계에 대한 시야를 넓혀주었다.
> • 우리 역사의 유구성과 문화 수준이 중국과 대등하다는 것과 한(漢) 사군이 조선 땅의 일부에 지나지 않는다는 점, 한반도에 비정해 온 고대의 여러 지명이 사실은 만주에 있었다는 점 등을 새로 고증하여 잃어버린 만주 땅에 대한 관심을 환기시켜 주었다.

| 단권화 MEMO

| 정답해설 | 제시된 백과사전의 편찬 순서는 다음과 같다.
ㄱ.『대동운부군옥』: 권문해, 선조
ㄴ.『지봉유설』: 이수광, 광해군
ㄷ.『성호사설』: 이익, 영조
ㄹ.『오주연문장전산고』: 이규경, 헌종
| 정답 | ①

| 바로 확인문제

● 〈보기〉의 백과사전(유서)을 편찬한 순서대로 바르게 나열한 것은? 18. 서울시 기술직 9급

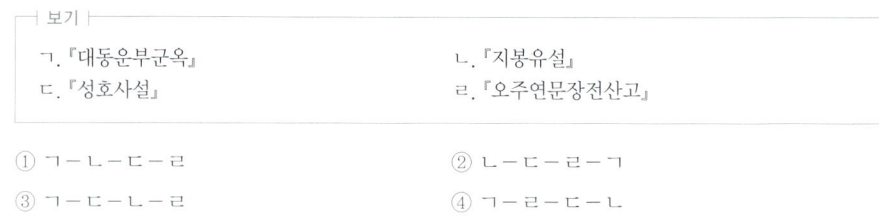

┌ 보기 ────────────────────────
│ ㄱ.『대동운부군옥』   ㄴ.『지봉유설』
│ ㄷ.『성호사설』   ㄹ.『오주연문장전산고』
└────────────────────────────

① ㄱ-ㄴ-ㄷ-ㄹ   ② ㄴ-ㄷ-ㄹ-ㄱ
③ ㄱ-ㄷ-ㄴ-ㄹ   ④ ㄱ-ㄹ-ㄷ-ㄴ

03 과학 기술의 발달

1 서양 문물의 수용

(1) 과학 기술의 계승·수용

조선 후기에는 전통적 과학 기술을 계승·발전시키면서 중국을 통하여 전래된 서양의 과학 기술을 수용하여 과학 기술 면에서도 큰 진전이 있었다.

(2) 서양 문물의 수용 과정

① 중국으로부터 도입
  ㉠ 전래: 서양 문물은 17세기경부터 중국을 왕래하던 사신들을 통해서 들어왔다.
  ㉡ 수용: 당시 명·청의 수도에는 서양 선교사들이 있었는데, 조선의 사신들은 베이징에서 이들과 접촉하여 서양 문물을 소개받았다.
  ㉢ 도입: 선조 때 이광정은 세계 지도를, 인조 때 정두원은 화포·천리경·자명종 등을 전하였다.

② 북학파 실학자들의 관심: 서양 문물의 수용에 관심을 가진 사람들은 이익과 그의 제자들 및 북학파 실학자들이었다. 이익의 제자들 가운데 일부는 서양의 종교인 천주교까지 수용한 사람들도 있었으나 대부분의 학자는 서양의 과학 기술은 받아들이면서도 천주교는 배척하였다.

③ 서양인의 표류: 17세기에는 벨테브레이와 하멜 일행이 우리나라에 표류해 왔다.
  ㉠ 벨테브레이: 훈련도감에 소속되어 서양식 대포의 제조법과 조종법을 가르쳐 주었다.
  ㉡ 하멜(Hamel) 일행: 효종 때 표류하여 오랜 기간(1653~1666) 억류되었다가 네덜란드로 돌아가『하멜표류기』를 지어 조선의 사정을 서양에 전하였다.

(3) 과학 기술 수용의 정체

① 서양 과학 기술의 수용은 18세기까지는 어느 정도 이루어졌으나 19세기에 이르러서는 더 이상 진전되지 못한 채 정체되었다. 서양 과학이 천주교와 더불어 전래되어 천주교 억압이 과학에 대한 관심을 냉각시켰기 때문이다.

② 조선 후기의 기술 발전은 주로 농업 및 의학과 관련된 분야에 집중되고, 교통·통신, 그리고 제조업이나 군사 분야에서는 상대적으로 미미하였다.

■ 서양 서적
선조 때 이수광이『천주실의』, 인조 때 김육이 시헌력(時憲曆), 숙종 때 이이명이 서양의 천문과 수학 서적을 가져왔다.

■ 벨테브레이(Weltevree)
인조 때 제주도에 표류하여 귀화하였다. 조선 여성과 결혼하여 1남 1녀를 두었다고 하며 박연(朴淵)이라는 이름을 사용하였다.

2 천문학과 지도 제작 기술의 발달

(1) 배경
조선 후기에는 국민의 생활 개선을 중요시하여 과학과 기술 분야에 관심을 가진 학자들이 많았다.

(2) 천문학(天文學)의 발전
천문학은 서양 과학의 영향을 받아 크게 발전하였다.

① 학자
- ㉠ 이익 : 서양 천문학에 큰 관심을 가지고 연구하였다.
- ㉡ 김석문 : 『역학도해』를 통해 우리나라에서 처음으로 지전설(地轉說)을 주장하였다.
- ㉢ 홍대용 : 지전설, 무한 우주론(無限宇宙論) 등 대담하고 독창적인 이론을 주장하며, 중화주의적 명분론에 사로잡혀 있던 조선에 새로운 변화를 불러일으켰다.

▲ 홍대용이 만든 혼천의
(숭실대학교 박물관 소장)

■ 이익의 지심론
'만약 공자가 지금 살아 있다면 서양 천문학을 기준으로 할 것'이라고 하면서 지구가 둥글다면 중국이 한가운데 있을 수는 없고 어느 나라든 세계의 중앙이 될 수 있다고 하였다.

■ 김석문
17세기 말 숙종 때 처음으로 지구가 1년에 366회씩 자전한다고 주장하여 천동설(天動說)을 부정하였다.

사료 홍대용의 지전설

천체가 운행하는 것이나 지구가 자전하는 것은 그 세가 동일하니 분리해서 설명할 필요가 없다. 다만 9만 리의 둘레를 한 바퀴 도는데 이처럼 빠르며, 저 별들과 지구와의 거리는 겨우 반경(半徑)밖에 되지 않는 데도 몇천만 억의 별들이 있는지 알 수 없는데, 하물며 천체들이 서로 의존하고 상호 작용하면서 이루고 있는 우주 공간의 세계 밖에도 또 다른 별들이 있다. …… 칠정(七政 : 태양·달·화성·수성·목성·금성·토성)이 수레바퀴처럼 자전함과 동시에 맷돌을 돌리는 나귀처럼 둘러싸고 있다. 지구에서 가까이 보이는 것을 사람들은 해와 달이라 하고 지구에서 멀어 작게 보이는 것을 사람들은 오성(五星 : 수성·금성·화성·목성·토성)이라 하지만 사실은 모두가 동일한 것이다.

『담헌집』

- ㉣ 이수광 : 17세기 초 『지봉유설』에서 일식(日蝕)·월식(月蝕)·벼락·조수의 간만 등에 대하여 언급한 일이 있다.
- ㉤ 최한기 : 『지구전요』를 저술하여 우주계의 천체와 지구상의 자연, 인문 지리를 정리하였다.

② 의의
- ㉠ 조선 후기의 천문학은 전통적 우주관에서 벗어나 근대적 우주관으로 접근하였다.
- ㉡ 김석문과 홍대용의 지전설은 성리학적 세계관을 비판하는 근거가 되기도 하였다.

심화 조선의 천문학

당시 조선의 천문학에서 얻은 최대의 성과는 지구 구형설과 지구 회전설의 이해였다. 특히 김석문은 『역학도해(易學圖解)』를 통해서 동양 최초로 지구 회전설을 정립하였으며, 그의 이론은 홍대용·박지원 등 실학자들의 천문관에 직접 영향을 주었다. 또한 중국을 통해서 서양의 천문 지식이 광범하게 수용되었으니, 지평일구(地平日晷)·혼개일구(渾蓋日晷)·천리경 등 천문 관측 기구들이 전래되었고, 효종 때에는 김육·김상범의 노력으로 서양식 신력인 시헌력(時憲曆)이 채용될 수 있었다. 역법은 그 뒤로 계속 발전하여 천세력(千歲曆)이 만들어졌고 남병길(南秉吉)은 역에 대한 모든 지식을 정리하여 『시헌기요(時憲紀要)』를 저술하였다.

변태섭

(3) 역법(曆法)

효종 때 김육의 건의와 일관(日官) 김상범의 노력으로, 아담 샬의 시헌력(태음력을 바탕으로 태양력을 적용한 역법)을 도입하였다.

> **사료** 시헌력의 도입
>
> 중국은 병자년(1636, 인조 14년)과 정축년(1637, 인조 15년) 동안에 이미 역법을 고쳤습니다. 그러니 내년의 새 책력은 필시 우리나라의 책력과 크게 다를 것입니다. 새 책력 속에 만약 잘 맞아떨어지는 것이 있다면 당연히 옛것을 버리고 새것을 만들어야 합니다. 외국에서 책력을 만드는 일은 중국에서 금지하는 일입니다. 그러니 비록 사람을 보내어 가르쳐 주기를 청할 수는 없다고 하더라도, 이번 사행(使行) 때 일관(日官) 한두 명을 데리고 가서 역관(譯官)을 시켜 흠천감(欽天監)에 탐문하게 하여야 합니다. 그리하여 근년의 책력을 만드는 누자(縷字)를 알아서 그 법을 따져 보아 의심나고 어려운 곳을 풀어 온다면, 거의 추측하여 알 수 있을 것입니다.
>
> 김육, 『잠곡선생유고』

(4) 수학(數學)

① 전통 수학의 집대성: 최석정과 황윤석이 전통 수학을 집대성하였다.
② 『기하원본』의 도입: 마테오 리치가 유클리드 기하학을 한문으로 번역한 『기하원본(幾何原本)』을 도입하였다.
③ 홍대용의 연구 성과 정리: 홍대용은 『주해수용(籌解需用)』을 저술하여 우리나라·중국·서양 수학(기하학·대수학)의 연구 성과를 정리하였다.

> **■ 최석정**
> 17세기 말 『구수략(九數略)』이라는 수학책을 써서 무한대와 무한소의 수학적 개념을 해명하였으며, 대수·기하 및 삼각과 관련된 수학적 문제들을 풀어냈다.
>
> **■ 홍대용의 연구**
> 서양 과학의 본질은 실험 기구와 수학에 있다고 생각하였다.

(5) 지리학(地理學)

① 서양 선교사들이 만든 「곤여만국전도」, 「직방외기」와 같은 세계 지도가 중국을 통하여 전해짐으로써 지리학에서도 좀 더 과학적이고 정밀한 지식을 가지게 되었다.
② 지도 제작에서도 더 정확한 지도가 만들어져 이를 통하여 조선 사람들의 세계관이 확대될 수 있었다.

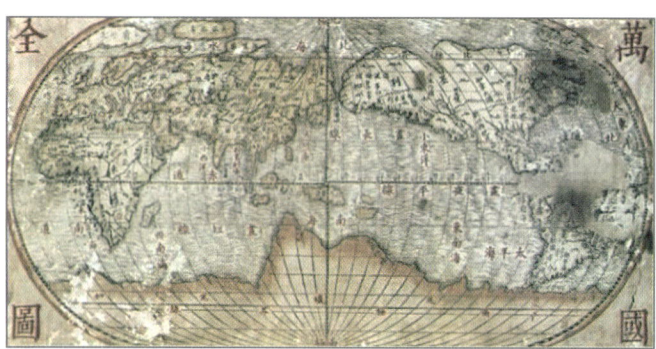

▲ 「곤여만국전도」

3 의학의 발달과 기술의 개발

(1) 의학의 발전

① 17세기 의학
- ㉠ 허준: 17세기 초에 허준은 『동의보감』을 저술하여 의학 발전에 큰 공헌을 하였다. 이 책은 우리의 전통 한의학을 체계적으로 정리한 것으로서, 우리나라뿐만 아니라 중국과 일본에서도 간행되어 뛰어난 의학서로 인정받았다.
- ㉡ 허임: 『침구경험방(鍼灸經驗方)』을 저술하여 침구술(鍼灸術)을 집대성하였다.

② 18세기 의학
- ㉠ 서양 의학의 전래: 인체의 해부학적 구조와 생리적 기능에 대해 좀 더 정확한 지식을 얻었다.
- ㉡ 정약용: 서양 의학을 토대로 마진(홍역)에 대한 연구를 진전시키고 이 분야의 의서를 종합하여 『마과회통(麻科會通)』을 편찬하였으며, 박제가와 함께 종두법(種痘法)을 연구하여 실험하기도 하였다.

③ 19세기 의학: 이제마(李濟馬)는 『동의수세보원(東醫壽世保元)』을 저술하여 사상 의학(四象醫學)을 확립하였다.

바로 확인문제

● 다음 의학 이론을 담고 있는 서적은? 11. 국가직 9급

> 사람의 체질을 태양인 · 태음인 · 소양인 · 소음인으로 구분하여 치료하는 체질 의학 이론으로, 오늘날까지도 한의학계에서 통용되고 있다.

① 『동의보감』 ② 『방약합편』
③ 『마과회통』 ④ 『동의수세보원』

(2) 기술의 개발: 정약용

① 과학 기술에 대한 인식(기술관)
- ㉠ 과학과 기술의 중요성을 확신하고 기술의 개발에 앞장섰던 사람이 정약용이었다. 그는 인간이 다른 동물보다 뛰어난 것은 기술 때문이라고 보고, 기술의 발달이 인간 생활을 풍요롭게 한다고 믿어 스스로 많은 기계를 제작·설계하였다.
- ㉡ 기술은 인간의 노력, 그것도 집단적인 노력에 의해 발달되고, 선진 기술을 과감히 수용하는 가운데 혁신된다고 보았다.

② 기계의 제작과 설계
- ㉠ 거중기 제작: 서양 선교사가 중국에서 펴낸 『기기도설(奇器圖說)』을 참고하여 거중기(擧重機)를 만들었는데, 이 거중기는 수원 화성을 만들 때 사용되어 공사 기간을 단축하고 공사비를 줄이는 데 크게 공헌하였다.
- ㉡ 배다리 설계: 정약용은 정조가 수원에 행차할 때 한강을 안전하게 건너도록 배다리[舟橋]를 설계하였다.
- ㉢ 기타: 선박의 건조, 총포·병거(兵車)의 제조 등에 관해서도 새로운 지식을 보급하였다.

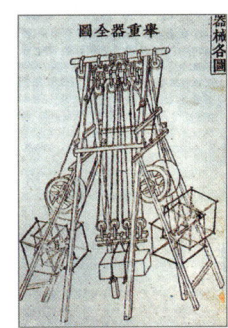

▲ 거중기

단권화 MEMO

▲ 『동의보감』

■ 『벽온신방(辟瘟新方)』
『벽온신방』은 효종 4년(1653)에 안경창이 편찬한 온역의 치료에 관한 의서이며, 허준의 『신찬벽온방』에서 제시된 치료법의 영향을 받았다.

■ 사상 의학(四象醫學)
사람의 체질을 태양인·태음인·소양인·소음인으로 구분하여 치료하는 체질 의학 이론으로 오늘날까지 한의학계에서 통용되고 있다.

|정답해설| 이제마는 사람의 체질에 따라 처방을 달리해야 한다는 사상 의학을 창시하였다. 『동의수세보원』은 이제마가 지은 의서이다.
|정답| ④

■ 거중기
정조가 청으로부터 5천여 권의 『고금도서집성』을 사들여 오자 그 속에 실린 테렌츠(Terrenz)의 『기기도설』을 참고하여 거중기(擧重機) 등 건축 기계를 제작하고, 한강에 배다리[舟橋]를 설계하였다.

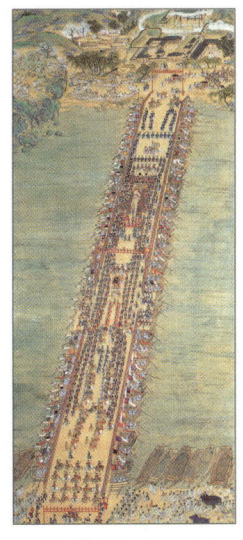

▲ 배다리(『화성능행도』 부분)

| 단권화 MEMO |

| 정답해설 | 『목민심서』는 '정약용'의 저서로, 그는 정조 때 거중기와 배다리(주교)를 설계하는 등 활발한 활동을 하였다.

| 오답해설 |
② 「인왕제색도」는 대표적인 진경 산수화로 정선의 작품이다.
③ 박제가는 『북학의』를 저술하여 청과의 통상 확대를 주장하였고, 절약보다 소비를 권장하였다.
④ 양명학을 체계화한 정제두가 거처를 강화도로 옮기자 그의 학통을 계승한 학자들이 강화 학파를 형성하였다.
⑤ 철종 12년(1861)에 김정호가 만든 「대동여지도」에는 10리마다 눈금이 표시되었고, 목판으로 인쇄되었다.

| 정답 | ①

■ 『해동농서』
우리 고유의 농학을 중심에 두고 중국 농학을 선별적으로 수용하여 한국 농학의 새로운 체계를 시도한 것이다.

■ 서유구의 둔전론
풍석 서유구의 '둔전론'은 지주제를 인정하는 것을 전제로 제시되었다. 즉, 국가와 지주가 대농장을 설치하고 농민들을 노동자로 고용하여 그들의 생활을 안정시키는 것이 목적이었다.

| 바로 확인문제 |

● 밑줄 그은 '그'의 활동으로 옳은 것은?   한국사능력검정시험 중급 27회

조선 후기의 실학자인 그는 유배지인 강진에서 목민관이 지켜야 할 지침을 밝히는 책을 저술하였다. 그는 이 책의 서문에서 "군자의 학문은 수신이 반이요, 목민이 반이다. …… 요즈음 목민관들은 이익을 추구하는 데만 급급하고 어떻게 목민해야 할 것인가는 모르고 있다."라고 하였다.

① 거중기를 설계하였다.
② 「인왕제색도」를 그렸다.
③ 『북학의』를 저술하였다.
④ 강화 학파를 형성하였다.
⑤ 「대동여지도」를 제작하였다.

4 농서의 편찬과 농업 기술의 발달

17세기에 이르러 농업 경영과 농업 기술에 대한 관심이 높아지면서 많은 농서가 편찬되고 농업 기술도 크게 발달하였다.

(1) 농서의 편찬

① 『농가집성』: 17세기 중엽에 신속은 『농가집성』을 펴내 벼농사 중심의 농법을 소개하고 이앙법의 보급에 공헌하였다.
② 『색경』, 『산림경제』, 『해동농서』
  ㉠ 상업적 농업이 발달하고 농업의 영역이 확대됨에 따라 곡물 재배법뿐만 아니라 채소, 과수, 원예, 양잠, 축산 등의 농업 기술을 소개하는 농서가 필요하게 되었다.
  ㉡ 박세당은 『색경』, 홍만선은 『산림경제』, 서호수는 『해동농서』를 저술하여 농업 기술의 발전에 이바지하였다.
③ 『임원경제지』: 19세기에 서유구는 농업과 농촌 생활에 필요한 것을 종합하여 『임원경제지』라는 농촌 생활 백과사전을 편찬하였다.

『농가집성』	효종 때 신속이 저술, 『농사직설』과 『금양잡록』을 합하고 그 후 개발된 이앙법·견종법 등 곡물 재배 기술을 집성한 기술서(이앙법 보급에 기여)
『색경』	숙종 때 박세당이 저술, 곡물 재배법, 채소·과수·화초 재배법, 목축·양잠 기술 소개, 지주제 부정
『산림경제』	숙종 때 홍만선이 농사와 의약에 관한 지식 수록, 지주제 부정
『해동농서』	정조의 명으로 서호수가 저술, 한국의 농학을 종합하여 새롭게 체계화, 중국 농학을 선별적으로 수용

『과농소초』	정조 때 박지원이 저술. 전제(田制)·농기구·수리·영농 등을 언급하여 한전론(농지 소유 제한)·기술 혁신·상업적 농업 소득 증대·농기구의 개량 등 농업 진흥책 제시
『임원경제지』 (『임원십육지』)	서유구가 순조 때부터 저술하여 헌종 때 완성(1806~1842). 농촌의 일상생활로부터 산업·육예에 이르기까지 농촌 생활의 전반을 언급하고 경영형 부농의 경영 관리와 임노동에 의한 지주제 구상 제시(부분적으로 전함)
감저(고구마) 연구	『감저보』(강필리), 『감저신보』(김장순), 『종저보』(서유구) 등 구황 작물인 고구마에 대한 관심이 컸음

▲ 「논갈이」, 김홍도

(2) 수리 관개 시설 발달

① 논농사를 위한 수리 관개 시설이 발달하여 당진의 합덕지·연안의 남대지 등의 저수지와 그 밖의 작은 저수지들이 많이 만들어졌다.
② 18세기 중엽 이후에는 밭을 논으로 바꾸는 현상이 활발해졌으며, 정조 때에 이르러 농경지 중에서 논의 비율이 밭보다 높아졌다.

(3) 개간·간척 사업

조선 후기에는 황무지 개간과 해안 지방의 간척 사업이 활발하게 진전되어 경지 면적이 늘어났다. 황무지 개간은 주로 내륙 산간 지방에서, 간척 사업은 서해안과 큰 강 유역의 저습지에서 주로 이루어졌다.

(4) 어업 기술의 발달

① 어구의 개량: 어살을 설치하는 어법(漁法)이 보급되고, 어망의 재료도 좀 더 튼튼한 면사(綿絲)로 바뀌는 등 어구가 개량되었다.
② 김 양식 기술 개발: 17세기에 해태(海苔) 기술이 개발되어 전라도를 중심으로 보급되었다.
③ 냉장선의 등장: 18세기 후반에 냉장선이 등장하여 어물의 유통이 더욱 활발해졌다.
④ 『자산어보(玆山魚譜)』 편찬: 정약전은 흑산도 귀양 중 근해의 해산물 등을 직접 채집·조사하여 55류 226종의 해산물에 대한 명칭·분포·형태·습성 등을 기록함으로써 어류학의 신기원을 이루었다.

바로 확인문제

● 다음에서 설명하는 인물의 저술로 옳은 것은? 18. 지방직 9급

- 종래의 조선 농학과 박물학을 집대성하였다.
- 전국 주요 지역에 국가 시범 농장인 둔전을 설치하여 혁신적 농법과 경영 방법으로 수익을 올려서 국가 재정을 보충할 것을 제안했다.

① 『색경』
② 『산림경제』
③ 『과농소초』
④ 『임원경제지』

|정답해설| 제시된 내용과 관련된 인물은 풍석 '서유구'이다. 서유구는 『임원경제지』를 통해 종래의 조선 농학(農學)과 박물학(博物學)을 집대성하였다. 한편 서유구는 전국 주요 지역에(국가 시범 농장인) 둔전을 설치하여, 혁신적 농법과 경영 방식으로 수익을 올려서 국가 재정을 보충할 것을 제안하였다(둔전론).

|오답해설|
① 『색경』은 박세당이 저술한 농서이다.
② 『산림경제』는 홍만선이 편찬한 농서이다.
③ 『과농소초』는 박지원의 농서이다.

|정답| ④

04 문화의 새 경향

1 서민 문화의 발달

(1) 서민 문화의 대두

① 배경: 조선 후기에는 상공업의 발달과 농업 생산력의 증대를 배경으로 문화에서 새 기운이 나타났다. 서당 교육이 보급되고 서민의 경제적·신분적 지위가 향상됨에 따라 서민 문화가 대두하였다.
② 참여 계층의 변화
  ㉠ 중·서민층: 양반을 중심으로 유교 테두리 내에서 이루어지던 문예 활동에 중인층과 서민층이 참여하여 큰 변화가 나타났다.
  ㉡ 상민·천민: 역관(譯官)·서리(胥吏) 등의 중인층 및 상공업 계층과 부농층의 문예 활동이 활발해졌고, 상민이나 광대(廣大)들의 활동도 활기를 띠었다.

(2) 문화 변화의 특징

① 조선 전기
  ㉠ 대개 성리학적 윤리관을 강조하였고, 생활의 교양·심성 수련을 목표로 하며 정적이고 소극적이었다.
  ㉡ 그림이나 음악 등 예술도 양반들의 교양이나 여가를 위한 것이 대부분이었다.
② 조선 후기
  ㉠ 사회 변화가 크게 나타난 조선 후기에는 문학이나 예술 작품에 인간의 감정을 적나라하게 표현하는 경향이 강하였다. 또한 양반들의 위선적인 모습을 비판하고 사회의 부정과 비리를 풍자하고 고발하는 경향을 띠게 되었다.
  ㉡ 문학 작품의 주인공들도 영웅적인 존재로부터 이름 없는 평범한 인물로 전환되어 갔고, 문학의 배경도 비현실적인 세계보다는 현실적인 인간 세계로 옮겨 갔다.
  ㉢ 예술 작품도 민화(民畵)에서처럼 서민들이 작자인 경우가 적지 않았다.

(3) 서민 문화의 확대

① 한글 소설: 누구나 쉽게 읽을 수 있는 한글 소설의 보급은 그 영향력이 대단히 컸다. 한글 소설은 영웅이 아닌 평범한 인물이 주인공인 경우가 많았고 대부분 현실적인 세계가 배경이다.
② 판소리, 탈춤: 춤과 노래 및 사설(辭說)로 서민의 감정을 그대로 드러내어 표현한 판소리와 탈춤은 서민 문화를 확대하는 데 크게 기여하였다.
③ 회화(繪畵): 그 저변이 확대되어 풍속화(風俗畵)와 민화(民畵)가 유행하였다.
④ 음악, 무용: 감정을 대담하게 표현하는 경향이 짙었다.

바로 확인문제

● 조선 후기 문학과 예술의 새로운 경향으로 거리가 먼 것은?   16. 해양 경찰

① 설화 문학이 유행하여 『필원잡기』와 『용재총화』가 편찬되었다.
② 도시 상인층의 지원에 의해 산대놀이가 민중 오락으로 정착되었다.
③ 우리의 고유한 자연을 그린 진경 산수화가 유행하였다.
④ 중인층의 문예 활동이 활발해지면서 시사(詩社)가 조직되었다.

|정답해설| 『필원잡기』와 『용재총화』는 조선 전기의 문학이다. 조선 후기에는 생산력이 발달하면서 문화를 향유하는 계층이 넓어졌고, 이로 인해 서민 문화가 발달하게 되었다.
|정답| ①

2 판소리와 가면극

조선 후기 문화의 새 기운 가운데서 가장 두드러지고 인기 있는 분야는 판소리와 탈춤이었다.

(1) 판소리

① 특징
    ㉠ 구체적인 이야기를 창과 사설로 엮어 가기 때문에 감정 표현이 직접적이고 솔직하였다.
    ㉡ 분위기에 따라 광대가 즉흥적으로 이야기를 빼거나 더할 수 있었고, 관중들이 추임새로써 함께 어울릴 수 있었기 때문에 서민을 포함한 넓은 계층으로부터 호응을 받을 수 있었다.
    ㉢ 이런 이유로 판소리는 이 시기 서민 문화의 중심이 되었다.

② 작품
    ㉠ 판소리 작품으로는 열두 마당이 있었다.
    ㉡ 현재 「춘향가」, 「심청가」, 「흥보가」, 「적벽가」, 「수궁가」 등 다섯 마당만 전하고 있다.
    ㉢ 신재효는 19세기 후반 판소리 사설을 창작하고 정리하였다.

■ 판소리
광대가 한 편의 이야기를 노래에 해당하는 '창(唱)'과 이야기에 해당하는 '아니리', 몸놀림인 '발림'으로 연출한다.

(2) 가면극(假面劇)의 성행 (탈놀이, 산대놀이)

조선 후기의 사회 변화와 함께 성행하였다.

① 탈놀이: 향촌에서 마을굿의 일부로서 공연되어 인기를 얻었다.
② 산대놀이: 산대(山臺)라는 무대에서 공연되던 가면극이 민중 오락으로 정착되어 도시의 상인이나 중간층의 지원으로 성행하였다.
③ 내용: 지배층과 그들에게 의지하여 살아가는 승려들의 부패와 위선을 풍자하기도 하였고, 더 나아가 하층 서민인 말뚝이와 취발이를 등장시켜 양반의 허구를 폭로하고 조롱하였다.

(3) 의의

판소리와 가면극은 상품 유통 경제의 활성화와 함께 성장하여 당시 사회적 모순을 예리하게 드러내면서 서민 자신들의 존재를 자각하는 데 기여하였다.

> 단권화 MEMO

3 한글 소설과 사설시조

(1) 성격
조선 후기의 사회 변동을 구체적으로 반영한 것은 문학이었다. 그중에서도 한글 소설과 사설시조가 대표적이었는데, 이는 문학의 저변이 서민층까지 확대되면서 나타난 현상이었다.

(2) 한글 소설

① 「홍길동전(洪吉童傳)」: 서얼에 대한 차별의 철폐, 탐관오리의 응징을 통한 이상 사회의 건설을 묘사하는 등 당시의 현실을 날카롭게 비판하였다.

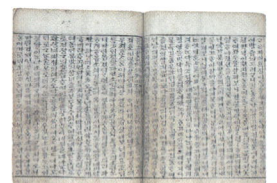
▲ 「홍길동전」

사료 허균의 유재론(有才論)

하늘이 재능을 균등하게 부여하는데 관리의 자격을 대대로 벼슬하던 집안과 과거 출신으로만 한정하고 있으니 항상 인재가 모자라 애태우는 것은 당연한 일이다. 어느 시대, 어느 나라에서 노비나 서얼이어서 어진 인재를 버려두고, 어머니가 개가하였으므로 재능을 쓰지 않는다는 것은 듣지 못하였다.
「유재론」

② 「춘향전(春香傳)」: 대표적인 한글 소설로 꼽히는 「춘향전」은 신분 차별의 비합리성을 나타내고 있는 작품이다.

③ 기타: 이외에도 제 목숨을 구하기 위하여 남의 생명을 빼앗으려는 못된 용왕을 골려 주는 토끼, 부모에 대한 지극한 효성으로 왕비가 된 심청, 불합리한 가족 관계에서 희생된 장화와 홍련 등의 이야기를 통하여 서민들은 자신과 사회를 되돌아볼 수 있었다.

사료 조선 후기의 서민 문화

❶ 향단이는 미음상 이고 등롱 들고, 어사또는 뒤를 따라 옥문간 당도하니, 인적이 고요하고, 사정이도 간 곳 없네. 이때 춘향이 비몽사몽간에 서방님이 오셨는데, 머리에는 금관이요, 몸에는 홍삼이라. 상사 일념의 목을 안고 만단정회하는 차라. "춘향아." 부른들 대답이 있을쏘냐. 어사 또 하는 말이, "크게 한번 불러 보소." "모르는 말씀이오. 예서 동헌이 마주치는데 소리가 크게 나면 사또 염문할 것이니 잠깐 지체하옵소서."
「춘향가」 중

❷ 양반 : 나는 사대부의 자손인데.
선비 : 아니 나는 팔대부의 자손인데.
양반 : 팔대부는 또 뭐야?
선비 : 아니 양반이란 게 팔대부도 몰라. 팔대부는 사대부의 갑절이지 뭐. ……
양반 : 첫째 지식이 있어야지. 나는 사서삼경을 다 읽었네.
선비 : 뭣이 사서삼경? 나는 팔서육경도 읽었네.
양반 : 도대체 팔서육경이 뭐냐?
초랭이 : 나도 아는 육경, 그걸 몰라? 팔만대장경, 중의 바라경, 봉사 안경, 처녀 월경, 약국 길경(도라지), 머슴 새경(품삯).
「하회 탈춤」 중

❸ 우리나라 소산물도 부끄럽지 않건마는
타국 물화 교합하니 백각전 장할시고
칠패의 생선전에 각색 생선 다 있구나.
민어, 석어, 석수어며 도미, 준치, 고도어며
낙지, 소라, 오적어며 조개, 새우, 전어로다.
남문 안 큰 모전에 각색 실과 다 있구나.
청실뇌, 황실뇌, 건시, 홍시, 조홍시며
밤, 대추, 잣, 호도며 포도, 경도, 오얏이며
석류, 유자, 복숭아며 용안, 여지, 당대추다.
「한양가」

(3) 시조

① **사설시조(辭說時調)**: 시조에서도 새로운 움직임이 나타났다.
  ㉠ 신경향: 선비들의 절의와 자연관을 담고 있던 이전의 시조와는 달리 이 시기의 시조에는 서민들의 감정을 솔직하게 표현하는 경향이 나타났다.
  ㉡ 형식: 격식에 구애됨이 없이 감정을 구체적으로 표현할 수 있는 사설시조 형식을 통하여 남녀 간의 사랑이나 현실에 대한 비판을 거리낌없이 표현하였다.

② **18세기 후반**
  ㉠ 위항인(委巷人) 문학: 중인과 서얼층이 많은 재산을 모아 신분 상승 추세가 나타나면서 중인의 문학이 태동하였다. 『해동유주』(홍세태)·『소대풍요』(고시언)·『풍요속선』(천수경) 등 위항인들의 시(詩)만을 모아 편찬하였다.
  ㉡ 시조, 가사집의 편찬: 우리나라 역대 시조와 가사를 모아 시인 김천택은 『청구영언(靑丘永言)』, 김수장은 『해동가요(海東歌謠)』를 편찬하였다.

> **사료** 이항(위항) 문학
>
> 이항인(里巷人)들은 일컬을 만한 경학이나 내세울 만한 공훈도 없다. 시사(詩社)를 조직하여 기록할 만한 시나 문장을 남긴 사람이 있다 하더라도 널리 알려지지 않았다. 아! 슬프다. 내가 여러 문집에 있는 사람은 찾아내고, 기록되지 아니한 사람은 직접 써서 이 책을 간행한 까닭이 바로 여기에 있다.
> 『이향견문록(里鄕見聞錄)』

> **사료**
>
> | 사설시조 | 여름날 술을 마시며 |
> |---|---|
> | 작가 미상 | 정약용 |
> | 두꺼비 파리를 물고 두엄 위에 치달아 앉아 | 떵떵거리는 수십 집안이 |
> | 건넛산 바라보니 백송골이 떠 있거늘 가슴이 | 대를 이어가며 국록을 먹는다 |
> | 선뜻하여 풀쩍 뛰어내리다가 두엄 아래 | 서로들 돌아가며 싸우고 죽이면서 |
> | 자빠져 버렸구나 | 약한 이를 고기 삼아 힘센 놈이 먹어 치우네 |
> | 마침 날랜 나였기 망정이지 피멍 들 뻔하였도다 | 세력을 휘두르는 대여섯 집안 |
> | | 재상 자리 대감 자리 모두 다 차지하고 |
> | | 관찰사 절제사도 완전히 차지하네 |
> | 『청구영언』 | …… 『여유당전서』 |

(4) 한문학(漢文學)

양반층이 중심이 된 한문학도 실학의 유행과 함께 사회의 부조리한 현실을 예리하게 비판하였다.

① **정약용**: 삼정의 문란을 폭로하는 한시를 남겼는데, 「애절양」은 당시 군정의 문란을 다루고 있다.
② **박지원**
  ㉠ 작품: 「양반전」, 「허생전」, 「호질」, 「민옹전」 등의 한문 소설을 써서 양반 사회의 허구성을 지적하며 실용적 태도를 강조하였다.
  ㉡ 주장: 현실을 올바르게 표현할 수 있는 문체로 혁신할 것을 주장하기도 하였다.

> **사료** 정약용의 「애절양」
>
> 갈밭 마을 젊은 여인 울음도 서러워라 / 시아버지 이미 죽어서 상복 입었고
> 갓난 아인 배냇물도 안 말랐는데 / 삼대의 이름이 군적에 실리다니

■ 위항인(委巷人) 문학

기예(技藝)나 공로(功勞)가 뛰어나면서도 신분이 낮아 출세하지 못한 이른바 위항인으로 불리는 중인(서얼·향리)들은 많은 전기(傳記)를 출간하였다.

전기 (傳記)	• 『연조귀감』(정조 1년, 1777): 이진흥, 향리의 역사를 기록한 전기 • 『호산외기』(헌종 10년, 1844): 조희룡, 중인의 전기 • 『이향견문록』(철종 13년, 1862): 유재건 • 『희조일사』(고종 3년, 1866): 이경민

시집 (詩集)	• 우리나라 역대 시조와 가사집
	  - 『청구영언』(1728): 김천택
	  - 『해동가요』(1763): 김수장
	• 위항인들의 시만을 모은 시집
	  - 『해동유주』(1712): 홍세태
	  - 『소대풍요』(1737): 고시언
	  - 『풍요속선』: 천수경

■ 문체 반정

조선 정조 때 유행한 것으로서, 박지원 등이 쓰는 새로운 형식의 문체를 비판하여 순정 고문으로 환원하려고 한 일련의 사건 및 그 정책이며 '문체 순정', '문체 파동'이라고도 한다. 특히 1788년 서학에 대한 문제가 본격화되는 정국 상황 아래에서 이를 능동적으로 헤쳐 나가기 위해 정조가 마련한 일련의 문체 정책을 의미한다.

단권화 MEMO

■ 조선 시대 문학의 흐름

15세기	사장 문학(詞章文學), 출판 인쇄 문화 발전
16세기	가사(歌辭), 시조(時調) 문학, 경학(經學) 강조
17세기	군담 소설, 사회 비판적 한글 소설 등장
18세기	실학 정신 반영, 문체의 혁신 시도, 가정 소설, 타령, 사설시조
19세기	서민 문학의 절정기, 판소리 정리, 시사(詩社) 조직

■ 남종화풍

남종화풍을 수용한 것은 반청(反淸) 감정에 따른 중국 남방인들의 남종화가 반청 북벌 사상에 젖어 있던 서울 문인들에게 호소력을 주었기 때문이다.

■ 「쌍도정도(雙島亭圖)」 - 겸재(謙齋) 정선(1676~1759)

- 소재: 성주(星州) 관아의 객사인 백화헌(百花軒)의 남쪽 연못에 있던 정자를 그린 그림으로서, 연못은 '하늘은 둥글고 땅은 네모지다[天圓地方]'는 성리학적 세계관에 따라 조성된 네모진 형태이다.
- 구도: 네모꼴의 연못 속에 석축(石築)으로 둘러싼 2개의 섬이 조성되어 있어 쌍도정(雙島亭)이라 한다. 이러한 2개의 섬은 아마도 음양(陰陽)을 상징하는 것으로 여겨지는데, 좌측 섬에는 소나무[松], 우측 섬에는 정자(亭子)가 설치되어 있다. 두 섬은 다리로 연결되어 있고, 연못 주변에는 소나무와 버드나무, 느티나무와 단풍나무가 심어져 있다. 섬의 뒤쪽에는 괴석(塊石)이 있다. 이태호

(5) 시사(詩社)의 조직

① 의미: 시사란 시인 동우회를 말하는 것으로서, 조선 후기에는 중인층과 서민층의 문학 창작 활동이 활발해지면서 동인(同人)들이 모여 시사를 조직하였다.
② 중인층의 시인들은 서울 주변 지역에서 시사를 조직하여 문학 활동을 전개하면서 자신들의 사회적 지위를 높였고, 역대 시인들의 시를 모아 시집을 간행하였다.
③ 대표적인 시사로는 천수경의 '옥계시사', 최경흠의 '직하시사' 등이 있었다. 이들 시사에서는 〈동인지(同人誌)〉를 간행하기도 하였는데, 『소대풍요』, 『풍요속선』 등이 있다.

(6) 풍자 시인의 활동

김삿갓, 정수동 같은 풍자 시인은 아예 민중 속으로 파고들어 민중과 어우러져 활동하기도 하였다.

(7) 설화집

광해군 때 유몽인이 야사 등 설화를 엮어 『어우야담』을 편찬하였다.

4 진경 산수화와 풍속화

(1) 예술의 새 경향

조선 후기 그림에서 나타난 가장 두드러진 새 경향은 진경 산수화와 풍속화의 유행이었고, 서예에서는 우리의 정서를 담은 글씨의 등장이었다.

(2) 진경 산수화(眞景山水畵)

① 수용·창안: 중국 남종(南宗)과 북종화풍(北宗畵風)을 고루 수용하여 우리의 고유한 자연과 풍속에 맞춘 새로운 화법으로 창안하였다.
② 배경: 17세기부터 우리 문화에 대한 자부심이 높아졌고, 이런 의식은 우리의 고유 정서와 자연을 표현하려는 예술 운동으로 나타났다.
③ 정선(鄭敾): 진경 산수화를 개척한 화가로 18세기에 활약하였다.
　㉠ 대상: 서울 근교와 강원도의 명승지들을 두루 답사하여 사실적으로 그려냈다.
　㉡ 대표작: 「인왕제색도」와 「금강전도」에서 바위산은 선(線)으로 묘사하고 흙산은 묵(墨)으로 묘사하는 기법을 사용하여 산수화의 새로운 경지를 이룩하였다. 이 외에도 「통천문암도(通川門岩圖)」, 「압구정」 등의 작품이 있다.
④ 의의: 우리의 자연을 사실적으로 그려 회화(繪畵)의 토착화를 이룩하였다.

▲ 「인왕제색도」, 정선

(3) 풍속화

① 배경: 화가들은 조선 후기의 사회·경제적 변동으로 나타난 새로운 현상들을 긍정적 의미로 이해하여 화폭에 담고자 하였다.
② 확대: 당시 사람들의 생활 정경과 일상적인 모습을 생동감 있게 그려 회화의 폭을 확대하였다.
③ 김홍도(金弘道): 전원 화가(田園畵家)
  ㉠ 경향: 산수화, 기록화, 신선도 등과 정감 어린 풍속화(風俗畵)를 그렸다.
  ㉡ 작품: 「밭갈이」, 「추수」, 「씨름」, 「서당」 등에서 자신의 일에 몰두하는 사람들의 특징을 소탈하고 익살스러운 필치로 묘사하였다. 이런 그림에서 18세기 후반의 생활상과 활기찬 사회의 모습을 살필 수 있다.
④ 신윤복(申潤福): 도회지 화가(都會地畵家)
  ㉠ 해학적(諧謔的) 묘사: 주로 양반들과 부녀자들의 생활과 유흥, 남녀 사이의 애정 등을 감각적이고 해학적으로 묘사하였다.
  ㉡ 기법: 김홍도가 간결하고 소탈하게 그린 것에 비하여 신윤복은 섬세하고도 세련된 필치를 구사하였다.
⑤ 김득신(金得臣), 김석신(金碩臣): 궁정 화가로 풍속화에 능하여 정조의 사랑을 받았다.

▲ 「무동」, 김홍도

▲ 「단오 풍정」, 신윤복

▲ 「파적도(야묘도추)」, 김득신

(4) 기타

① 강세황, 조영석, 김두량, 최북 등의 화가들이 개성 있는 그림으로 18세기를 화려하게 장식하였다.
② 강세황은 서양화 기법을 반영하여 더욱 실감나게 표현하였다(「영통골 입구도」).

(5) 19세기의 화풍

① 장승업: 강렬한 필법(筆法)과 채색법으로 뛰어난 기량을 발휘하였다.
② 문인화의 부활: 19세기에 이르러 김정희 등 복고적 화풍의 문인화가 부활하면서 진경 산수화와 풍속화는 침체되었다가 한말에 새로운 모습으로 나타났다.
③ 대표적 화가와 작품: 신위(「대나무 그림(목죽도)」), 김정희(「묵란도」, 「세한도」), 장승업(「군마도」, 「홍백매도」, 1890년경 제작된 것으로 추정되는 「삼인문년도」)

(6) 민화(民畵)

① 대상: 조선 후기에는 민중의 미적 감각을 잘 나타낸 민화가 유행하였다.
② 소재: 해, 달, 나무, 꽃, 동물, 물고기 등을 소재로 삼아 소원을 기원하고 생활 공간을 장식하였다.
③ 특징: 민화는 예술적 감상을 위한 것이라기보다는 생활 공간을 장식하기 위한 그림이었기 때문에 그 내용이나 발상 등에는 소박한 우리 정서가 짙게 배어 있다.

▲ 「까치와 호랑이」(민화)

단권화 MEMO

■ 김홍도
어린 시절 강세황의 지도를 받아 그림을 그렸고, 도화서 화원이 되어 정조의 신임 속에 당대 최고의 화가로 자리 잡았다. 산수, 인물, 도석, 불화, 화조, 풍속 등 모든 장르에 능하였지만, 특히 산수화와 풍속화에서 뛰어난 작품을 남겼다.

■ 강세황
강세황(姜世晃)은 시(詩)·서(書)·화(畵)의 삼절로 널리 알려진 인물이다. 서양 수채화의 기법을 동양화와 접목시켜 새로운 산수화풍을 성립시켰다.
한영우

(7) 서예(書藝)

① 이광사: 우리 정서와 개성을 추구하는 단아한 글씨의 동국진체(東國眞體)를 완성하였다.
② 김정희: 우리 서예 발전의 성과를 바탕으로 고금(古今)의 필법을 두루 연구해 굳센 기운과 다양한 조형성(造形性)을 가진 추사체(秋史體)를 창안하여 서예의 새로운 경지를 열었다.

▲ 김정희의 글씨(추사체)
'죽로지실'이라는 글귀로, 친구에게 써 준 다실의 명칭이다.

바로 확인문제

● (가)에 해당하는 작품으로 옳은 것은? 한국사능력검정시험 고급 29회

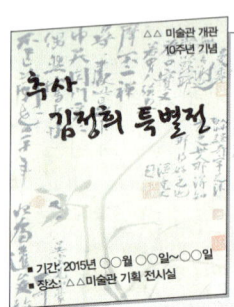

추사가 제주도에서 유배 생활을 하고 있던 중 제자 이상적이 청에서 귀한 책들을 구해다 준 것에 대한 답례로 그려준 작품이다.

단권화 MEMO

| 정답해설 | 추사 김정희가 제주도에서 유배 생활을 하고 있던 중 제자 이상적이 청에서 귀한 책들을 가져다 준 것에 대한 보답으로 그려준 작품은 「세한도」이다.

| 오답해설 |
① 율곡 이이의 어머니 신사임당의 풀잎과 벌레 그림인 「초충도」 중 「가지와 벌」이다.
② 김홍도의 「총석정도」이다. 풍속화가로 알려진 김홍도는 진경 산수화에도 능하였다.
③ 강세황의 「영통골 입구도」이다. 강세황은 서양화법인 원근법과 명암법을 받아들여 사실적인 작품을 남겼다.
④ 조선 후기 진경 산수화를 완성한 정선의 「인왕제색도」이다.

| 정답 | ⑤

①  ②  ③

④  ⑤

● 〈보기〉의 그림들의 제작 시기를 시간순으로 바르게 나열한 것은? 19. 2월 서울시 7급

| 보기 |

ㄱ. 고려대학교 박물관에 소장된 「동궐도」
ㄴ. 안견의 「몽유도원도」
ㄷ. 장승업의 「삼인문년도」
ㄹ. 정선의 「금강전도」

① ㄱ-ㄴ-ㄹ-ㄷ
② ㄴ-ㄷ-ㄹ-ㄱ
③ ㄴ-ㄹ-ㄱ-ㄷ
④ ㄹ-ㄴ-ㄱ-ㄷ

| 정답해설 | 〈보기〉의 그림 제작 순서는 다음과 같다.
ㄴ. 안견의 「몽유도원도」(1447년, 세종 29년)
ㄹ. 정선의 「금강전도」(1734년, 영조 10년)
ㄱ. 「동궐도」(1830년 이전 제작)
ㄷ. 장승업의 「삼인문년도」(1890년 제작된 것으로 추정)

| 정답 | ③

◎ 화풍의 시기 구분

고려 말	원의 북송(北宋)화풍 도입
15세기	산수화·인물화의 유행, 씩씩함과 진취성 강조
16세기	자연미·서정성 강조, 사군자도(四君子圖) 유행
17세기 초	명의 절강화풍(浙江畫風) 영향 – 이징(李澄)의 「연사모종도(煙寺暮鐘圖)」와 「평사낙안도(平沙落雁圖)」 ※ 절강화풍 : 자유분방하고 대담한 필치로 인물과 산수를 묘사함
17세기 말	청초 남종화풍 도입
18세기 초	진경 산수화풍 : 남종 문인화를 우리의 고유한 자연과 풍속에 맞추어 토착화한 화풍
18세기 중엽	천기(天機)·진기(眞機)주의 화풍 : 인간의 감정을 중시하여 종래 이성을 중요시하는 성리학적 문학관에 대항함
18세기 말	서양화풍의 도입 : 강세황, 김수철
19세기	복고적 문인화풍 유행 : 김정희, 장승업, 신위

단권화 MEMO

■ 18세기의 화가들
현재(玄齋) 심사정(沈師正)은 18세기 화가로서 정교하고 세련된 필치의 산수를 잘 그려 정선의 그림과는 대조를 보였다. 그 밖에 조영석(趙榮祏), 변상벽(卞相璧), 윤덕희(尹德熙), 김두량(金斗樑), 최북(崔北) 등 개성 있는 화가들이 배출되었다.   한영우

5 건축의 변화

(1) 변화의 계기
① 조선 후기에 불교가 신앙의 자리를 어느 정도 차지하고 정치·경제적 변화가 나타나면서 건축에도 새로운 변화가 나타났다.
② 양반들과 새롭게 부상하고 있던 부농·상공업 계층의 지원 아래 많은 사원이 세워졌고, 정치적 필요에 의하여 대규모 건축물들이 세워지기도 하였다.

(2) 17세기의 건축
① 성격 : 모두 규모가 큰 다층 건물로 내부는 하나로 통하는 구조를 가지고 있는데, 불교의 사회적 지위 향상과 양반·지주층의 경제적 성장을 반영하고 있다.
② 대표적 건축물 : 금산사 미륵전, 화엄사 각황전, 법주사 팔상전 등

▲ 법주사 팔상전(충북 보은)

(3) 18세기의 건축
① 성격 : 사회적으로 크게 부상한 부농과 상인의 지원을 받아 그들의 근거지에 장식성이 강한 사원이 많이 세워졌다.
② 대표적 건축물 : 논산 쌍계사, 부안 개암사, 안성 석남사 등
③ 수원 화성
  ㉠ 계획적 건설 : 정조 때의 문화적인 역량을 집약하여 새롭게 만든 화성은 이전의 성곽과는 달리 방어뿐만 아니라 공격을 겸한 성곽 시설로서, 주위의 경치와 조화를 이루며 평상시의 생활과 경제적 터전까지 조화시킨 종합적인 도시 계획 아래 건설되었다.
  ㉡ 특징 : 우리나라의 전통적인 성곽 양식의 장점을 살리고 서양식 건축 기술을 도입하여 축조한 특색 있는 건축물이다.

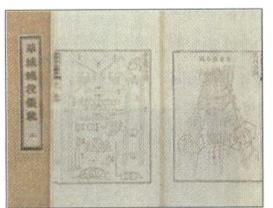
▲ 『화성성역의궤』

(4) 19세기의 건축

흥선 대원군이 국왕의 권위를 높일 목적으로 재건한 경복궁의 근정전과 경회루가 화려하고 장중한 건물로 유명하다.

> **바로 확인문제**

● (가)에 들어갈 문화유산으로 옳은 것은?
한국사능력검정시험 고급 30회

- 종목: 국보 제62호
- 소재지: 전라북도 김제시

이 건축물은 후백제 견훤이 유폐되었던 사찰 내에 있다. 임진왜란 때 소실된 것을 인조 13년(1635)에 지은 것으로 17세기 이후의 대표적인 불교 건축물 중의 하나이다.

①  수덕사 대웅전
② 봉정사 극락전
③  법주사 팔상전
④  금산사 미륵전
⑤  부석사 무량수전

● 조선 후기 건축물에 대한 설명으로 틀린 것은?
① 정치적 필요에 의하여 대규모 건축물들이 세워지기도 하였다.
② 부농, 상공업 계층의 지원 아래 많은 사원이 세워졌다.
③ 당시의 과학과 기술을 집약한 해인사 장경판전이 만들어졌다.
④ 정조의 수원 화성이 거중기를 이용하여 만들어졌다.

단권화 MEMO

|정답해설| 제시문의 내용은 김제 금산사 미륵전에 관한 설명이다.

|오답해설|
① 예산 수덕사 대웅전은 1308년에 설립된 고려 시대의 주심포 양식 건물이다.
② 안동 봉정사 극락전은 현존하는 가장 오래된 목조 건축물로, 주심포 양식이 반영되어 있다.
③ 보은 법주사 팔상전은 우리나라에 현존하는 유일한 목탑으로, 통일 신라 시기에 처음 세워졌으나, 당시의 자취는 돌로 짠 기단부에만 남아 있고, 현재의 건물은 1605년에 재건되어 1626년에 다시 수리한 것이다.
⑤ 영주 부석사 무량수전은 1376년 중수된 건물이며, 배흘림 기법의 주심포 양식 건물이다.

|정답| ④

|정답해설| 해인사 장경판전은 조선 전기에 만들어졌다.

|오답해설|
조선 후기의 건축

구분	특징	건축물
17세기	구조상 내부가 하나로 통하고, 다층임	금산사 미륵전, 화엄사 각황전, 법주사 팔상전 등
18세기	부농과 상인의 지원으로 장식성이 강함	논산 쌍계사, 부안 개암사, 안성 석남사, 수원 화성(전통 양식+서양 건축 기술 도입)
19세기	국왕의 위상을 강화하고자 함	경복궁 중수 – 근정전, 경회루, 강녕전, 대한문 등

|정답| ③

6 백자, 생활 공예와 음악

(1) 공예(工藝)

조선 후기에는 산업 부흥에 따라 공예가 크게 발전하였다.

① 자기 공예(磁器工藝)
  ㉠ 발전 : 백자(白磁)가 민간에까지 널리 사용되면서 본격적으로 발전하였다.
  ㉡ 청화 백자(靑華白磁) : 형태가 다양해지고 안료(顔料)도 청화, 철화, 진사 등으로 다채로 웠는데, 제기(祭器)와 문방구 등 생활용품이 많았다. 형태와 문양이 어울려 우리의 독특 하고 준수한 세련미를 풍겼다.
  ㉢ 서민들은 옹기(甕器)를 많이 사용하였다.
② 목공예(木工藝) : 생활 수준이 높아짐에 따라 크게 발전하였다. 장롱, 책상, 문갑, 소반, 의 자, 필통 등 나무의 재질을 살리면서 기능을 갖춘 작품들이 만들어졌다.
③ 화각 공예(華角工藝) : 쇠뿔을 쪼개어 아름다운 무늬를 표현하는 독특한 우리의 멋을 풍기 는 작품들이 많았다.

(2) 음악(音樂)

① 배경 : 음악의 향유층이 확대됨에 따라 성격이 다른 음악이 다양하게 나타나 발전하였다.
② 양반층 : 종래의 가곡(歌曲), 시조(時調)를 애창하였다.
③ 서민층 : 민요를 즐겨 불렀다.
④ 직업적 광대나 기생들 : 상업의 성황으로 직업적인 광대나 기생들이 판소리, 산조와 잡가 등을 창작하여 발전시켰다.
⑤ 특징 : 이 시기의 음악은 전반적으로 감정을 솔직하게 표현하는 경향이 더욱 강하였다.

> **심화** 17~18세기 조선과 중국의 공통적 문화 특징
>
> ❶ 17~18세기에 조선에서는 실증적·실용적·근대 지향적 학문인 실학이 발달하였고, 중국에서는 명말 청 초에 실용을 중시하는 경세치용의 학문이 발달하였다.
> ❷ 중국 명대에는 지행합일(知行合一)의 실천을 강조하는 양명학이 발달하였고, 청대에는 실증적이며 객관 적으로 학문을 연구하는 고증학이 발달하였다. 이러한 중국의 학문은 조선 후기에 우리나라에도 전해져 강화 학파의 형성, 실학의 발달 등에 영향을 주었다.
> ❸ 조선 후기에는 한글 소설과 사설시조 등의 서민 문화가 발달하였고, 명·청 시대에는 연극이 생활화되고 구어체 소설이 많이 나와 서민 문학이 크게 발달하였다.
> ❹ 명말 청초에는 예수회 선교사들을 비롯한 서양의 크리스트교 선교사들이 중국에 들어와 서양 문물을 전 하였다. 중국의 베이징에 다녀온 조선의 사신들은 이들 서양 선교사들과 접촉하여 서양의 과학 기구와 각 종 서적들을 조선에 들여왔다.

■ 안료의 개발
그릇 공예에서는 종전의 분청사기(粉 靑沙器)가 자취를 감추고, 다종다양한 형태의 청화 백자(靑華白磁)가 널리 유행하였다. 흰 바탕에 푸른 유약을 발 라 꽃·새·산수·인물 등 다양한 그림 을 넣어 예술성이 높아졌는데, 중국에 서 수입하던 푸른 유약을 자체 개발· 생산한 것이 큰 원인이었다. 한영우

■ 가곡
관현악의 반주가 따르는 전통 성악곡 으로, 선율로 연결되는 27곡의 노래 모음이고 노랫말은 짧은 시를 쓴다.

■ 산조(散調)
느린 장단으로부터 빠른 장단으로 연 주하는 기악 독주의 민속 음악으로 장 구 반주가 따르며 무속 음악과 시나위 에 기교가 확대되어 19세기에 탄생하 였다.

■ 잡가(雜歌)
조선 후기 평민들이 지어 부르던 노래 의 총칭을 의미한다.

PART VI 근대사(개항기)

5개년 챕터별 출제비중 & 출제개념

CHAPTER 01 흥선 대원군의 개혁 정치와 문호의 개방	21%	흥선 대원군의 개혁 정치, 병인양요, 신미양요, 강화도 조약, 조미 수호 통상 조약
CHAPTER 02 근대 국가 수립 운동	40%	임오군란, 제물포 조약, 조청 상민 수륙 무역 장정, 갑신정변, 톈진 조약, 거문도 사건, 동학 농민 운동, 갑오개혁, 「홍범 14조」, 을미사변, 을미개혁, 독립 협회, 대한 제국, 광무개혁, 지계
CHAPTER 03 일제의 침략과 국권 수호 운동	18%	러일 전쟁, 한일 의정서, 제1차 한일 협약, 을사늑약, 한일 신협약, 을미의병, 을사의병, 정미의병, 서울 진공 작전, 안중근, 보안회, 대한 자강회, 신민회
CHAPTER 04 개항 이후의 경제·사회·문화	21%	방곡령, 상권 수호 운동, 농광 회사, 국채 보상 운동, 대한 천일 은행, 화폐 정리 사업, 근대 시설, 원산 학사, 육영 공원, 「교육 입국 조서」, 「독사신론」, 주시경과 지석영, 〈한성순보〉, 〈제국신문〉, 〈황성신문〉, 〈대한매일신보〉, 〈만세보〉, 「유교구신론」

한눈에 보는 흐름 연표

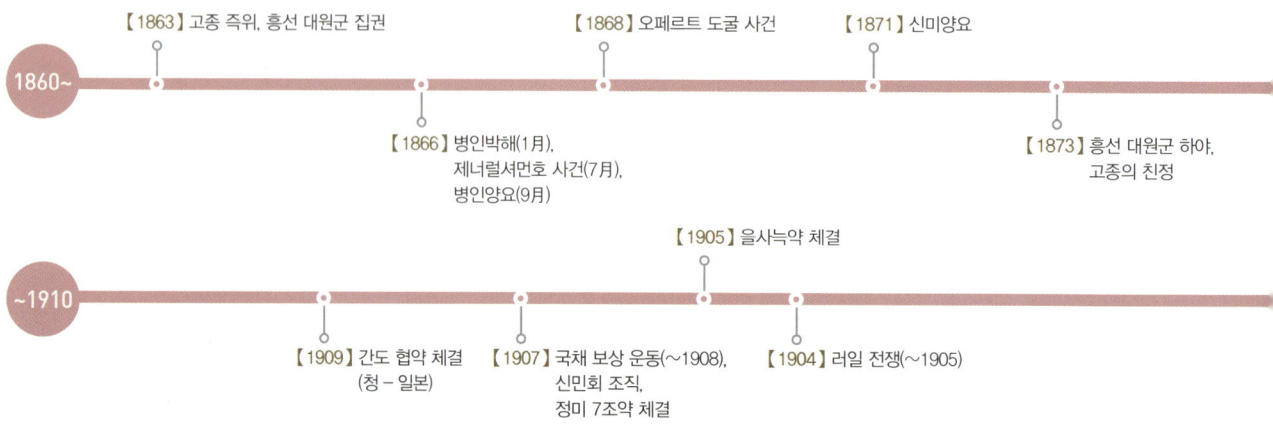

1860~
- 【1863】 고종 즉위, 흥선 대원군 집권
- 【1866】 병인박해(1월), 제너럴셔먼호 사건(7월), 병인양요(9월)
- 【1868】 오페르트 도굴 사건
- 【1871】 신미양요
- 【1873】 흥선 대원군 하야, 고종의 친정

~1910
- 【1905】 을사늑약 체결
- 【1909】 간도 협약 체결 (청 – 일본)
- 【1907】 국채 보상 운동(~1908), 신민회 조직, 정미 7조약 체결
- 【1904】 러일 전쟁(~1905)

※최근 5개년(국, 지/서)
출제비중

18%

학습목표

CHAPTER 01 흥선 대원군의 개혁 정치와 문호의 개방	❶ 흥선 대원군의 왕권 강화 정책, 민생 안정 정책, 통상 수교 거부 정책을 파악한다. ❷ 강화도 조약과 조미 수호 통상 조약의 체결 과정과 특징을 기억한다.
CHAPTER 02 근대 국가 수립 운동	❶ 개화 정책과 위정척사 운동을 비교하여 알아 둔다. ❷ 임오군란, 갑신정변, 거문도 사건, 동학 농민 운동은 원인·과정·결과를 구분하여 기억한다. ❸ 갑오개혁, 을미개혁, 독립 협회의 활동, 광무개혁 등은 상세한 내용까지 구분한다.
CHAPTER 03 일제의 침략과 국권 수호 운동	❶ 일제의 국권 피탈 과정을 순서대로 파악한다. ❷ 항일 의병 운동은 을미의병, 을사의병, 정미의병으로 구분하여 주요 인물과 특징을 암기한다. ❸ 보안회, 대한 자강회, 신민회 등 애국 계몽 운동 단체의 활동을 알아 둔다.
CHAPTER 04 개항 이후의 경제·사회·문화	❶ 화폐 정리 사업과 국채 보상 운동의 특징을 파악한다. ❷ 각종 교육 기관 및 근대 시설을 연도와 함께 암기한다. ❸ 〈한성순보〉, 〈황성신문〉, 〈대한매일신보〉 등 당시 언론의 특징을 파악한다.

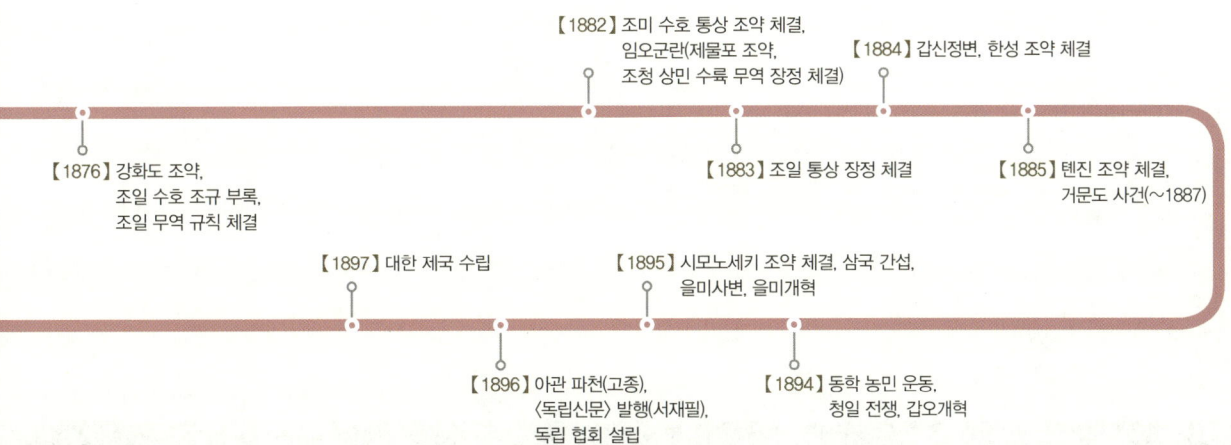

VI 근대사(개항기)

흐름을 한눈에 파악한다! 연표로 보는 핵심정리

1 흥선 대원군의 개혁 정치와 문호의 개방

시기	사건
1863	흥선 대원군 집권
1864	비변사 기능 축소(정치-의정부 기능 회복)
1865	『대전회통』 편찬 경복궁 중건 시작(1865) ~ 고종의 입궁(1868)
1866. 1. 7. 9.	병인박해 제너럴셔먼호 사건 병인양요
1868	오페르트 도굴 사건
1871. 3. 6.	호포법 실시 신미양요
1873	최익현, 계유 상소 국왕의 친정 선포(흥선 대원군 실각)
1875	운요호 사건
1876. 2. 3. 7. 6.	조일 수호 조규(강화도 조약) 조인 조일 수호 조규 부록, 조일 무역 규칙 조인
1880	제2차 수신사 – 김홍집 『조선책략』 전래
1882. 4. 6. 4. 21.	조미 수호 통상 조약 조인 조영 수호 조약 조인(이후 영국의 비준 거부)
1883. 11. 26.	조영 수호 통상 조약 재조인
1884	조러 수호 통상 조약 조인
1886	조프 수호 통상 조약 조인(천주교 포교의 자유 보장)

2 근대 국가 수립 운동

시기	사건
1880. 12. 21.	통리기무아문 설치
1881. 4. 10. 4. 23. 9. 26.	일본에 조사 시찰단 파견 별기군 창설 청에 영선사 파견
1882. 6. 9. 7. 17. 8. 23.	임오군란 발발 제물포 조약 체결 조청 상민 수륙 무역 장정 체결
1883	미국에 보빙사 파견
1884. 3. 27. 10. 17. 11. 24.	우정총국 개설(3. 28. 홍영식 총판 임명) 갑신정변 발발 한성 조약 체결
1885. 3. 1. 4. 18. 8. 27.	거문도 사건 발발 톈진 조약 체결 흥선 대원군 귀국
1887. 2. 5.	거문도 점거 영국군 철수
1892. 10.~11.	제1차 교조 신원 운동(삼례 집회)
1893. 2. 12. 3. 10.	제2차 교조 신원 운동(서울 복합 상소) 제3차 교조 신원 운동(보은 집회)
1894. 1. 10. 3. 20. 4. 6.~7. 4. 22.~23. 5. 5. 5. 6. 5. 7. 6. 11. 6. 21. 6. 23. 6. 25. 9. 10. 11. 12. 12.	고부 민란 무장 봉기 황토현 전투 황룡촌 전투 청군 상륙 일본군 상륙 전주 화약 조선 정부 교정청 설치 (양력 7. 23.) 일본군 경복궁 침입 (양력 7. 25.) 청일 전쟁 발발 (양력 7. 27.) 제1차 갑오개혁(군국기무처 설치) 농민군 재봉기 남접 및 북접 농민군 논산 집결 공주 우금치 전투 「홍범 14조」 발표
1895. 4. 17. 4. 23. 7. 5. 8. 20. 8. 24. 10. 12.	시모노세키 조약 조인 삼국 간섭 제3차 김홍집 내각 성립(친러 내각) 을미사변 제4차 김홍집 내각 성립(친일 내각) = 을미개혁 춘생문 사건

1896. 2. 11.	아관 파천 – 친러 내각 성립, 김홍집 체포(군중에게 타살됨)
4. 7.	〈독립신문〉 창간
7. 2.	독립 협회 결성
11. 21.	독립문 기공식
1897.	[대한 제국 수립]
2. 20.	고종, 러시아 공사관에서 경운궁으로 옮김
10. 12.	원구단(환구단)에서 황제 즉위식 거행, 대한 제국 수립
1898.	[만민 공동회 개최]
3. 10.	독립 협회, 종로 네거리에서 만민 공동회 개최(우리나라 최초의 근대적 민중 집회)
10. 29.	독립 협회, 관민 공동회 개최 –「헌의 6조」건의 (10. 30. 고종 황제 윤허)
11. 2.	정부「중추원 관제」개편 발표 (11. 5. 중추원 의관 선출 예정)
11. 4.	독립 협회 해산과 주요 인사 체포령 발동
1899. 6. 22.	「원수부 관제」발표
8. 17.	「대한국 국제」9조 선포(법규 교정소에서 의정)

3 일제의 침략과 국권 수호 운동

시기	사건
1904. 2. 8.	일본의 러시아 공격
2. 23.	한일 의정서 체결
8. 22.	제1차 한일 협약 체결
1905. 7. 29.	가쓰라 – 태프트 밀약 체결
8. 12.	제2차 영일 동맹 체결
9. 5.	포츠머스 조약 체결
11. 17.	제2차 한일 협약(을사늑약) 체결
12.	한국 통감부 관제 공포
1907. 5. 22.	이완용 내각 성립
6. 25.	고종이 파견한 특사 헤이그 도착(7월 초까지 활동)
7. 21.	고종 강제 퇴위, 순종 즉위
7. 24.	한일 신협약 체결
7. 31.	군대 해산 조칙 발표
1908. 3. 23.	전명운 · 장인환, 미국 샌프란시스코에서 스티븐스 사살
1909. 7.	기유각서 체결(사법 및 감옥 사무 이양)
10. 26.	안중근, 하얼빈에서 이토 히로부미 사살

4 개항 이후의 경제·사회·문화

시기	사건
1883. 5. 23.	기기창 설치
7. 5.	전환국 설치
8.	박문국 설치
10. 1.	〈한성순보〉 간행
10. 20.	원산 학사 승인
1885. 2. 29.	광혜원 설립(알렌)
3. 12.	광혜원을 제중원으로 개칭
8. 3.	배재 학당 설립(아펜젤러)
1886. 1. 2.	노비의 신분 세습제 폐지
1. 25.	〈한성주보〉 간행
5. 31.	이화 학당 설립(스크랜튼)
9. 23.	육영 공원 개원
1887	경복궁에 최초로 전등 점화
1895	「교육 입국 조서」반포
1896	태양력 사용(음력 1895. 11. 17.)
1897	한성은행 설립
1898. 1. 18.	한성 전기 회사 설립
5. 29.	명동 성당 준공
8. 10.	〈제국신문〉 창간
9. 5.	〈황성신문〉 창간
9. 12.	찬양회 발족
1899. 1.	대한 천일 은행 설립
5. 17.	서울에서 전차 운행 시작
9. 11.	한청 통상 조약 체결
9. 18.	경인선 철도 개통(제물포 ~ 노량진)
1900	한강 철교 준공으로 경인선 철도 완전 개통
1904. 7. 13.	보안회 조직
7. 18.	〈대한매일신보〉 창간
8. 20.	일진회 조직
1905. 1. 1.	경부선 철도 개통
2. 22.	일본의 독도 강점(「시마네현 고시 제40호」)
7. 1.	화폐 정리 사업
1906. 4.	경의선 철도 완공
6. 17.	〈만세보〉 창간
1907. 2.	국채 보상 운동 시작
7. 8.	국문 연구소 설립
7. 24.	보안법 · 신문지법 공포
1908. 7. 26.	원각사 설립(이인직의「은세계」공연)
12. 28.	동양 척식 주식회사 설립
1909	나철, 단군교 창시(1910, 대종교로 개칭)
1910	덕수궁 석조전 완공(1900, 착공)

CHAPTER 01 흥선 대원군의 개혁 정치와 문호의 개방

01 흥선 대원군의 개혁 정치
02 문호의 개방
03 각국과의 조약 체결

단권화 MEMO

*흥선 대원군의 개혁 정치
흥선 대원군의 왕권 강화 정책과 통상 수교 거부 정책 강화의 계기가 된 사건들은 기억해 두어야 한다.

■ 제국주의
19세기 후반 이후 서구 열강들이 독점 자본주의와 변질된 민족주의를 바탕으로, 다른 지역을 침략하여 식민지로 삼았던 팽창 정책을 통칭한다.

■ 애로호 사건
1856년 영국기를 게양하고 있던 소금 밀수선 애로호를 청 관헌이 임검하여 영국기를 끌어내리고 중국인 승무원을 체포한 사건을 계기로 일어난 영국과 중국 사이의 분쟁이다. 사건 당시 애로호는 중국인 소유의 상선이었으나, 영국은 자국기가 끌어내려진 것을 트집잡아 국가 명예가 훼손되었다면서 배상금과 사과문을 요구하였다. 이것이 거부되자 영국은 광동(廣東) 교외의 시가에 불을 지르는 한편, 프랑스를 끌어들여 연합군을 출병시켰다. 프랑스는 광시(廣西)에서 프랑스 선교사가 살해된 사건을 출병의 구실로 내세웠다. 당시 청은 태평천국 운동에 시달리고 있었기 때문에 영프 연합군은 이 틈을 타 1858년에 톈진(天津)을, 1860년에 베이징을 점령하고, 베이징의 원명원(圓明園)을 약탈·파괴하였다. 그 결과 베이징 조약이 맺어져 중국의 반식민지화가 더욱 촉진되었다.

01 흥선 대원군의 개혁 정치*

1 흥선 대원군 집권기의 시대적 배경과 정책 목적

(1) 시대적 배경

① 청
  ㉠ 제국주의 열강들이 동아시아로 진출할 당시 청은 백련교도의 난, 관리 부패, 재정 궁핍 등 내우외환을 겪고 있었다.
  ㉡ 영국의 삼각 무역 때문에 청은 은 유출과 아편 중독자가 심각한 수준에 이르렀다. 청은 임칙서를 파견하여 아편을 몰수하였고, 이에 반발한 영국은 무력 도발을 감행하였다(제1차 아편 전쟁, 1840~1842).
  ㉢ 영국과 프랑스는 애로호 사건을 구실로 베이징을 점령하였고, 러시아는 연합군과 청을 중재하여 1860년 베이징 조약으로 연해주를 넘겨받는 등 동아시아 정세가 불안해졌다(제2차 아편 전쟁, 1856~1860).
② 일본: 미국의 강요로 개항(미일 화친 조약 체결, 1854)이 이루어졌다. 이후 일본에서는 지방의 개혁적 하급 무사들을 중심으로 국왕 중심의 새로운 개혁을 추진하였다(메이지 유신, 1868).
③ 조선: 오랜 세도 정치로 왕권이 약화되었고, 삼정의 문란으로 곳곳에서 농민 봉기가 일어났다. 이 무렵 철종이 급서하자(1863), 고종이 12세의 나이로 왕위에 올랐으며, 고종의 부친인 흥선 대원군(이하응)이 섭정에 올라 정권을 잡았다(1863~1873).

▲ 흥선 대원군

(2) 정책 목적
흥선 대원군은 왕권 강화와 민생 안정을 목적으로 대내적으로는 전제 왕권의 확립과 위민(爲民) 정치에 힘쓰고, 대외적으로는 통상 수교 거부 정책을 고수하였다.

2 흥선 대원군의 개혁 정책

(1) 인재 등용
안동 김씨 일족을 축출하고, 당색과 지방색 등을 초월하여 인재를 등용하였다.

> **사료** 흥선 대원군의 인재 등용
>
> 대원군이 집권한 이후 어느 공회 석상에서 음성을 높여 여러 재신을 향해 말하기를 "나는 천리를 끌어다 지척을 삼겠으며, 태산을 깎아 내려 평지를 만들고, 또한 남대문을 3층으로 높이려고 하는데 여러 공들은 어떠시오?"라고 물었다. …… 대개 천리 지척이라는 말은 종친을 높인다는 뜻이요, 태산을 평지로 만들겠다는 말은 노론을 억압하겠다는 뜻이요, 남대문 3층이란 남인을 천거하겠다는 의사였다.
> 황현, 『매천야록』

(2) 비변사 혁파
세도 가문이 장악하였던 비변사를 축소·혁파하여 의정부의 기능(정치 부분)을 강화하고, 삼군부의 기능(군사 부분)을 부활시켰다.

(3) 법치 질서 정비
법전인 『대전회통』을 편찬하고, 행정 사례집인 『육전조례』를 편찬하여 법치 질서를 정비하였다.

(4) 서원의 정리
① 내용: 만동묘를 철폐하고, 사액 서원 47개를 제외한 600여 곳의 서원을 철폐하였다.
② 목적: 서원 소유의 토지와 노비를 몰수하여 국가 재정을 확충하고, 서원을 매개로 한 지방 유생들의 농민 수탈을 막기 위해서였다.

> **사료** 흥선 대원군의 서원 철폐
>
> 서원의 철폐령이 내려지자 각지의 유생들은 분개하여 맹렬히 반대 운동을 전개하여 유생 대표가 궐문 앞에서 시위하고 탄원하며 호소하였다. 대원군은 "백성을 해치는 자는 공자가 다시 살아난다 하여도 내가 용서 못한다. 하물며 서원은 우리나라의 선유에게 제사 지내는 곳인데 어찌 이런 곳이 도적이 숨는 곳이 되겠느냐?"하면서 군졸들로 하여금 유생들을 해산시키게 하고 한강 건너로 축출하였다.
> 박제형, 『근세조선정감』

(5) 경복궁 중건(1865~1868)
① 목적: 임진왜란 때 소실된 경복궁을 중건하여 왕실의 권위와 위엄을 회복하려 하였다.
② 방법
  ㉠ 양반들의 묘지림을 벌목하고, 강제 기부금인 **원납전**을 징수하였다.
  ㉡ 고액 화폐인 **당백전**을 발행하였다(인플레이션 유발).
  ㉢ 토지에는 결두전을 부과하였고, 4대문 통행세를 신설하였다.
  ㉣ 공사에 백성들을 강제로 동원하여 불만이 고조되었다.

> **사료** 당백전 발행
>
> 임금의 급선무는 덕업에 있고 공사를 일으키는 데 있지 않습니다. …… 전하께서 나라의 재용이 고갈된 때를 당하여 방대한 사업을 시작하셨습니다. 그러한 연유로 경비가 부족할까 우려되어 당백전을 발행한 것은 어쩔 수 없는 조치였습니다. 그러나 시행한 지 2년 동안에 그 피해가 되풀이되어 온갖 물건이 축나고 손상을 입었습니다. 삼가 바라건대 이를 혁파하소서.
> 『고종실록』

단권화 MEMO

■ 만동묘
만동묘는 임진왜란 때 조선에 원병을 보내준 명 신종을 제사 지내기 위해 송시열의 유지에 따라 숙종 30년(1704) 충북 괴산군 청천면 화양동에 지은 사당이다.

▲ 경복궁 근정전

> **사료** 「경복궁 타령」
>
> 남문을 열고 파루를 치니 계명산천이 밝아 온다.
> 석수장이 거동 보소, 방 망치를 갈라 잡고 눈만 끔벅거린다.
> 도편수란 놈 거동 보소, 먹통 들고 갈팡질팡한다.
> 우리나라 좋은 나무, 이 궁궐 짓는 데 다 들어간다.

(6) 삼정의 개혁

① **전정의 개혁**: 왕실의 면세전을 국가에 반납하고, 양전 사업을 실시하여 은결(세금을 내지 않던 땅)을 찾아내는 한편 관리나 토착 세력의 불법 행위를 엄하게 징벌하여 전정을 바로잡고자 하였다.

② **군정의 개혁**: 군역 제도를 개혁하여 평민에게만 받던 군포를 양반에게도 징수하는 **동포법**(이후 호포법으로 개칭)을 실시하였다(1871). 군역 의무 이행자를 확대하여 국가 재정을 확충하고 과세 균등의 원칙을 표방하며 매 호당 2냥씩의 동포전을 부과하였다.

> **사료** 호포법 실시
>
> 흥선 대원군이 양반에게도 군포를 징수하는 호포법을 실시하려 하였을 때 조정의 관리들은 "만약 이러한 법을 시행하면 국가에서 충신과 공신을 포상·장려하는 후한 뜻이 자연히 사라지게 됩니다."라고 간언하였다. 흥선 대원군은 이에 대하여 "충신과 공신이 이룩한 사업도 나라와 백성을 위한 것이었는데, 지금 그 후손이 면세 받음으로써 일반 백성들이 무거운 짐을 지게 되는 것은 충신의 본뜻이 아닐 것이다. 만약 그들의 혼령이 살아 있다면 어찌 이와 같은 포상을 편하게 여기겠는가."라고 하였다. 「근세조선정감」

③ **환곡 제도 개혁**: 국가에서 운영하던 환곡 제도를 폐지하고, 향촌민들이 면 단위로 사수(사창의 운영 책임자)를 뽑아 사창을 스스로 운영하게 하였다(사창제 실시).

3 통상 수교 거부 정책(쇄국 정책): '척화비'로 상징

(1) 제너럴셔먼호 사건(1866. 7.)

① 톈진에 체류 중이었던 미국인 프레스톤이 제너럴셔먼호를 대동강 유역에 몰고 와 불법적으로 수심을 측량하고, 약탈과 살육을 자행하였다.

② 이에 평안도 관찰사 박규수는 제너럴셔먼호를 불사르고 선원들을 살해하였다. 이 사건은 이후 신미양요의 원인이 되었다.

> **사료** 제너럴셔먼호 사건
>
> "평양부에 와서 정박한 이양선(異樣船)에서 더욱 미쳐 날뛰면서 포를 쏘고 총을 쏘아대어 우리 쪽 사람들을 살해하였습니다. 그들을 제압하고 이기는 방책으로는 화공 전술보다 더 좋은 것이 없으므로 일제히 불을 질러서 그 불길이 저들의 배에 번져가게 하였습니다. 그러나 저쪽 사람들인 최난헌(崔蘭軒: 토마스, Thomas, Robert Jermain)과 조능봉(趙凌奉)이 뱃머리로 뛰어나와 비로소 목숨을 살려달라고 청하므로 즉시 사로잡아 묶어서 강안으로 데려왔습니다. 이것을 본 군민(軍民)들이 울분을 참지 못해 일제히 모여들어 그들을 때려죽였으며 그 나머지 사람들도 남김없이 죽여버렸습니다. 그제야 온 성안의 소요가 비로소 진정될 수 있습니다. 「고종실록」

(2) 병인양요(1866. 9.)

① 1866년 1월에 발생한 **병인박해**를 구실로 같은 해 프랑스 로즈 제독이 프랑스인 신부 리델과 천주교도를 앞세워 강화 읍성을 점령하고 통상을 요구하였다. 이때 프랑스군은 전등사를 침탈하였다.

② 흥선 대원군은 훈련대장 이경하 휘하에 순무영을 설치하였고, 문수산성(한성근)과 정족산성(양헌수)에서 프랑스군에 항전하였다.
③ 프랑스군은 퇴각하는 과정에서 외규장각을 방화하였으며 다수의 서적을 약탈해 갔다.

> **심화** 병인박해(1866)
>
> 흥선 대원군 초기에는 천주교에 대해서 관대한 입장을 취하고 있었다. 이는 흥선 대원군이 프랑스 선교사를 통해 프랑스를 끌어들여 러시아의 남하를 저지시키려는 목적이 있었기 때문이었다. 그러나 천주교도 남종삼 등이 교섭에 실패하였고, 유생들의 강력한 천주교 탄압 요구와 청에서 천주교를 탄압한다는 것을 내세워 대대적인 천주교 박해가 시작되었다. 이 과정에서 프랑스 선교사 9명과 8천여 명의 신자가 순교하였다.

(3) 오페르트 도굴 사건(1868)

① 미국인 젠킨스와 독일 상인 오페르트 등이 프랑스 선교사 페론과 함께 흥선 대원군의 아버지인 남연군의 무덤(충청남도 예산군 덕산면 소재)을 도굴하는 만행을 저질렀다(도굴은 실패).
② 이 사건은 미국을 비롯한 서구 열강에 대한 민중의 증오와 경계심을 더욱 높였다.

(4) 신미양요(1871)

① 제너럴셔먼호 사건(1866)을 빌미로 미국의 아시아 함대 사령관 로저스가 함대를 이끌고, 강화도를 침공하였다. 광성보·갑곶 등지에서 격전이 벌어졌으며, 어재연(광성보 전투) 등이 분전하였으나 패사하였다.
② 당시 어재연 장군의 수(帥)자기가 미군에게 약탈되어 미국 해군 사관 학교 박물관에 보관되다가 2007년 장기 임대의 형태로 반환되었다.
③ 신미양요 이후 강화도 수비를 강화하기 위해 심도포량미(1결당 1두씩)가 신설되었다.

(5) 척화비 설치

흥선 대원군은 전국 주요 지역에 척화비를 세우는 등 통상 수교 거부 정책을 강화하였다.

(6) 고종의 친정 실시

최익현의 계유 상소 등이 원인이 되어 흥선 대원군은 실각하였고 1873년부터 고종이 친정하였다.

(7) 흥선 대원군에 대한 평가

① 긍정적 평가: 삼정을 개혁하는 등 민생 안정 정책을 추진했다는 점을 긍정적으로 평가를 할 수 있다.
② 부정적 평가: 통상수교 거부 정책은 외세의 침략을 일시적으로 저지하는 데에는 성공하였으나, 조선의 문호 개방을 늦추는 결과를 가져왔다.

> **사료** 척화비의 내용과 최익현의 계유 상소
>
> ❶ 척화비의 내용
> 洋夷侵犯 非戰則和 主和賣國
> (서양 오랑캐가 침범하는데, 싸우지 아니하면 곧 화의하는 것이요, 화의를 주장함은 곧 나라를 파는 것이다.)

단권화 MEMO

■ **외규장각**
정조 때인 1781년 강화도에 외규장각을 설치하고 각종 중요 도서와 의궤 등을 보관·관리하게 하였다. 1866년 병인양요 때 프랑스군은 강화도에서 철수하면서 외규장각 조선 왕조 의궤 340여 권을 약탈해 갔다. 현재 '임대'의 형태로 우리나라에 반환되었다.

▲ 척화비

❷ 최익현의 계유 상소(1873)

지금의 국사를 보건대, 폐단이 없는 것이 없으며, …… 다만 그중에 더욱 현저하고 큰 것을 든다면 화양동의 만동묘를 철거한 것은 군신의 윤리가 무너진 것입니다. 서원의 혁파는 사제(師弟) 간의 의리가 끊어진 것이며, 죽은 자가 양자를 가져간 것은 부자(父子) 간의 윤리가 문란해진 것이며, 국적(國賊)들을 신원한 것은 충신과 역적의 분별이 혼동된 것이며, 호전(胡錢-필자 주: 淸錢을 사용함)은 중화와 이적(夷狄)의 구별이 문란해진 것입니다. …… 거기에다가 토목 공사와 원납전 따위까지 덧붙여 서로 안팎이 되어서 백성의 재앙이 되고, 나라의 화란이 되는 근본이 된 지 지금 몇 해가 되었으니, 이것이 선왕의 옛 법을 변하고 천하의 윤리를 무너뜨린 것이 아니고 무엇이겠습니까?

최익현, 「면암집」

바로 확인문제

● **(가)~(라) 국왕 대에 있었던 사실로 옳지 않은 것은?** 22. 국가직 9급

> 조선 시대 국가를 운영하는 핵심 법전인 『경국대전』은 세조 대에 그 편찬이 시작되어 ☐(가)☐ 대에 완성되었다. 이후 여러 차례의 전쟁으로 혼란에 빠진 국가 체제를 수습하고 새로운 정치·사회적 변화에 대응하기 위해 법전 정비가 필요하게 되었다. 이에 따라 ☐(나)☐ 대에 『속대전』을 편찬하였으며, ☐(다)☐ 대에 『대전통편』을, 그리고 ☐(라)☐ 대에는 『대전회통』을 편찬하였다.

① (가) - 홍문관을 두어 집현전을 계승하였다.
② (나) - 서원을 붕당의 근거지로 인식하여 대폭 정리하였다.
③ (다) - 사도 세자의 무덤을 옮기고 화성을 축조하였다.
④ (라) - 삼정의 문란을 바로잡기 위해 삼정이정청을 설치했다.

● **다음과 관련된 설명으로 가장 적절하지 않은 것은?** 18. 경찰직 1차

> "나는 천리(千里)를 끌어다 지척(咫尺)으로 삼겠으며, 태산(泰山)을 깎아 내려 평지(平地)를 만들고, 또한 남대문(南大門)을 3층으로 높이려 한다."
> 『매천야록』

① 만동묘를 철폐하고 폐단이 큰 서원을 철폐하도록 하였다.
② 의정부와 삼군부의 기능을 부활시켜 각각 정치와 군사의 최고 기관으로 삼았다.
③ 임진왜란 때 소실된 경복궁을 재건하고, 광화문 앞의 육조 거리 등 한양의 도시 구조를 복원하였다.
④ 정치 제도를 개혁하기 위하여 비변사의 기능을 강화하였다.

● **다음 사건이 일어난 왕의 재위 기간에 있었던 사실로 옳은 것은?** 20. 국가직 9급

> 그들 조선군은 비상한 용기를 가지고 응전하면서 성벽에 올라 미군에게 돌을 던졌다. 창칼로 상대하는데 창칼이 없는 병사들은 맨손으로 흙을 쥐어 적군 눈에 뿌렸다. 모든 것을 각오하고 한 걸음 한 걸음 다가드는 적군에게 죽기로 싸우다 마침내 총에 맞아 죽거나 물에 빠져 죽었다.

① 군포에 대한 양반들의 면세 특권이 폐지되었다.
② 금난전권을 제한하려는 통공 정책이 시작되었다.
③ 결작세가 신설되면서 지주들의 부담이 증가하였다.
④ 영정법이 제정되어 복잡한 전세 방식이 일원화되었다.

02 문호의 개방*

1 개화론의 대두

(1) 대원군의 하야
10년간 집권하던 흥선 대원군이 권좌에서 물러나고 고종이 친정에 나서면서 명성 황후 중심의 민씨 일족이 대두하자, 조선 정부의 국내외 정책은 조금씩 변화하기 시작하였다.

(2) 통상 개화론자의 대두
① 국내 상황: 개항 반대론이 우세했지만, 개항의 필요성을 주장하는 움직임도 있었다.
② 통상 개화론자: 박규수, 오경석, 유홍기, 이동인, 이규경 등 통상 개화론자들은 당시 조선 사회가 문호 개방을 위한 내적 준비가 되어 있다고 보지는 않았지만 열강의 군사적 침략을 피하기 위해서는 개항이 불가피함을 주장하였다.
③ 평가: 흥선 대원군의 하야로 통상 개화론자들이 성장하여 문호 개방의 여건이 마련되었다.

> **심화** 개화사상(開化思想)
>
> **❶ 개화의 의미**
> '개물성무 화민성속(開物成務 化民成俗)'에서 취하여 조립한 용어이며, '사물의 이치를 지극히 연구하고 지극히 편리하게 하여 그 나라의 일을 시세에 합당하도록 극진한 데 나아가는 것이요, 인민을 교화하여 좋은 풍속을 이룬다.'라는 요지의 설명을 하였다.
> 〈황성신문〉, 1898년 9월 23일 자 논설
>
> **❷ 연원**
> 조선 후기 실학과 서학에 그 뿌리를 두고 있었다. 실학자들이 순조 1년(1801) 신유박해로 엄청난 탄압을 받게 되자 실학과 서학은 크게 위축되었다. 이러한 역사적 조건 아래서도 정약용과 최한기를 비롯한 몇몇 선각자들은 근대 지향적이거나 근대적인 사상을 가지고 장차 도래할 조선의 현실을 걱정하면서 그 사상을 정리하고 있었다. 정약용이 19세기 초엽에 그 전의 실학 사상을 집대성하였다면, 최한기는 19세기 중엽에 실학에서 개화로 성큼 다가서서 서양의 과학 기술뿐만 아니라 좋은 정치나 법제까지도 수용하려는 적극적인 태도를 보였다.
>
> **❸ 최한기**
> 백성의 일상생활에 도움이 되는 기계를 제조하는 자가 있으면 높은 벼슬을 주어 앞날의 기술 발달을 권장해야 한다고 역설하고, 『심기도설(心器圖說)』, 『육해법(陸海法)』 등을 저술하여 서양의 기계를 적극 수용하여 소개하였다. 또한 서양의 이로운 기계인 선박·대포·풍차·직조기 등을 수용할 것을 주장하였다. 그는 서양의 종교가 천하에 퍼지는 것은 근심할 필요가 없고 오직 실용적인 기계를 다 수용하여 사용하지 못하는 것이 걱정일 뿐이라고 하였다. 『해국도지(海國圖志)』(1844), 『영환지략(瀛環志略)』(1850)을 읽고 이것을 참고하여 『지구전요(地球典要)』(1857)를 편찬하였다.
>
> **❹ 박규수**
> 박규수는 '지구의(地球儀)'를 돌리면서 김옥균 등에게 "오늘날 중국이 어디에 있는가. 저쪽으로 돌리면 아메리카가 중국이 되고 이쪽으로 돌리면 조선이 중국이 되어 어느 나라든 한가운데로 돌리면 중국이 된다. 오늘날 어디에 정해진 중국이 있단 말인가."라고 하였다. 이는 청년 지식인들의 의식의 전환을 가져왔다.
>
> **❺ 오경석**
> 역관(譯官)으로 여러 차례(13회) 베이징을 다녀왔는데, 그는 『해국도지(海國圖志)』, 『영환지략(瀛環志略)』 등의 새로운 서적을 다수 구입하여 돌아와 이를 친구 유홍기(劉洪基)에게 주고 깊이 연구하게 하였다.

단권화 MEMO

***문호의 개방**
해당 주제의 내용 중 강화도 조약과 조미 수호 통상 조약의 내용은 꼭 암기해 두어야 한다.

■ **최한기**
개성 출신으로 서울에 살면서 북학론을 발전시킨 대표적 학자라 할 수 있다. 무관 집안에서 태어나 개성과 서울의 상업 문화와 부민들의 성장을 목도한 그는 부민들이 주도하는 상공업 국가의 건설을 목표로 하여 여러 개혁안을 제시하였으며, 외국과의 개국 통상도 적극적으로 주장하였다. 그는 만유인력설(萬有引力說)을 비롯한 천문학·지리학·의학·농학 등 서양 과학과 기술에도 조예가 깊어 앞선 시기의 학자들보다 한층 깊이 있는 과학 지식을 소개하였으며, 이를 바탕으로 하여 새로운 주기적 경험 철학을 발전시켰다. 1,000권에 달하는 방대한 그의 저서는 지금 『명남루총서(明南樓叢書)』로 전해지고 있다.

■ **위원의 『해국도지』(1844)**
- 이 책의 간본에는 세 가지가 있는 바, 1844년 판은 50권(古微堂活字印本)·1847년 판은 60권(同重訂刊本)·1852년 판은 100권으로서 이 100권본(卷本)이 중간 정본(重刊定本)이다.
- 그 내용은 양이의 침입에 대비하기 위한 문제 의식으로 세계 각국의 지리와 역사·국방·주해(籌海)·병기·전술을 설명한 것이며, 영국을 중심으로 서양의 과학 기술과 선거 제도 등도 소개되어 있다.

■ **서계여의 『영환지략』(1850)**
- 10권으로 된 세계 지리서이다.
- 육대주별로 세계 지리를 지도로 설명하고, 서양 열강의 국가별 지도와 지리를 상세하게 해설하였다.
- 양이의 침입에 대비하기 위하여 양무 목적으로 편찬한 신서이다.

단권화 MEMO
*강화도 조약 정식 명칭은 '조일 수호 조규'이고, '병자 수호 조약'이라고도 한다. ■ 서계 사건과 정한론 서계 사건(書契事件)은 메이지 유신(1868) 이후, 일본이 왕정복고를 조선에 통보하면서 일본의 왕을 '천황(일본국 황제)'으로 표기한 것이 발단이 된 사건이다. 당시 조선에서는 서계(공식 외교 문서)를 거부하였고, 이를 계기로 일본 내에서 정한론(征韓論)이 등장하였다.

2 강화도 조약* 체결(1876)

(1) 문호 개방

1868년 메이지 유신 이후, 근대 국가의 체제를 갖추고 자본주의화를 서두르며 해외 진출을 시도하고 있던 일본은 운요호 사건(1875)을 일으켜 조선의 문호 개방을 강요하였다. 이런 상황에서 조선은 마침내 일본과 강화도 조약을 맺어 처음으로 문호를 개방하였다.

(2) 강화도 조약의 내용

① 성격: 우리나라가 외국과 맺은 최초의 근대적 조약이었으나 불평등 조약이었다.
② 청의 종주권 부인
  ㉠ 강화도 조약에서 '조선은 자주국으로 일본과 평등한 권리를 가진다.'라고 규정하였다.
  ㉡ 이는 조선에 대한 청의 종주권을 부인함으로써 일본의 조선 침략을 용이하게 하려는 것이었다.

▲ 강화도 조약을 맺기 위해 회담하는 조선과 일본 대표(상상화)

③ 침략 의도 및 주권 침해
  ㉠ 일본은 부산(1876), 원산(1880), 인천(1883)을 개항시켜 조선에 대한 정치·군사·경제적 침략을 용이하게 하였다.
  ㉡ 주권 침해: 개항장에서의 일본인 범죄자를 일본 영사가 재판하는 영사 재판권, 곧 치외 법권 조항을 설정함으로써 조선에 거주하는 일본인의 불법 행위에 대한 조선의 사법권을 배제하였다. 영사 재판권(치외 법권)과 더불어 해안 측량권 등은 조선에 대한 주권 침해였다.

> **사료** 강화도 조약
>
> 일본국 정부는 특명 전권 변리 대신(特命全權辨理大臣) 육군 중장 겸 참의 개척 장관(陸軍中將兼參議開拓長官) **구로다 기요타카**와 특명 부전권 변리 대신 의관 이노우에 가오루를 가려 뽑아 조선국 강화부에 이르도록 하고, 조선국 정부는 판중 추부사 **신헌**과 부총관 윤자승을 가려 뽑아 각자 받든 유지(諭旨)에 따라 조관(條款)을 의논하여 결정하고 아래에 열거한다.
>
> 제1관 조선국은 자주의 나라이며, 일본국과 평등한 권리를 가진다.
> 제2관 일본국 정부는 지금부터 15개월 후 수시로 사신을 조선국 서울에 파견한다.
> 제4관 조선국은 부산 외에 두 곳을 개항하고, 일본인이 왕래 통상함을 허가한다.
> 제7관 조선국은 일본국의 항해자가 자유로이 해안을 측량하도록 허가한다.
> 제9관 양국 관리는 양국 인민의 자유로운 무역 활동에 일체 간섭하지 않는다.
> 제10관 일본국 인민이 조선국 지정의 각 항구에 머무르는 동안에 죄를 범한 것이 조선국 인민에게 관계되는 사건일 때에도 모두 일본 관원이 심판한다.
> 제11관 양국이 우호 관계를 맺은 이상 별도로 통상 장정을 제정하여 양국 상인들을 편리하게 한다. 또한 현재 논의하여 제정한 각 조관 가운데 다시 세목(細目)을 보완해서 편하게 그 조건을 준수한다. 지금부터 6개월 안에 양국은 따로 위원을 파견하여 조선국의 경성이나 혹은 강화부에 모여 상의하여 결정한다.

(3) 조일 수호 조규 부록과 조일 무역 규칙의 제정

① 조일 수호 조규 부록

- 조선 내에서 일본 외교관의 여행 자유
- 일본 상인의 활동 범위는 개항장으로부터 사방 10리로 제한[간행이정, 間行里程]
- 개항장에서 일본 화폐 사용 가능

② 조일 무역 규칙(1876. 7.): 무관세, 무항세 및 개항장에서 쌀과 잡곡의 무제한 수출을 허용하였다.

③ 조일 통상 장정(1883)
  ㉠ 조일 무역 규칙을 조일 통상 장정으로 개정하면서 관세가 설정되었다.
  ㉡ 조미 수호 통상 조약의 영향으로 최혜국 대우가 추가되었다.
  ㉢ 방곡령 선포가 규정되었지만 시행 1개월 전에 반드시 지방관이 일본 영사관에 알려야 한다는 단서 조항을 두었다.

단권화 MEMO

■ 최혜국 대우
통상, 항해 조약 등에서 한 나라가 어떤 외국에 부여하고 있는 가장 유리한 대우를 상대국에도 부여하는 것을 말한다.

바로 확인문제

● (가), (나)는 조선이 외국과 맺은 조약이다. 이와 관련한 설명 중 옳은 것은?   14. 지방직 9급

> (가) • 조선국은 자주국으로 일본국과 평등한 권리를 보유한다.
>   • 경기, 충청, 전라, 경상, 함경 5도 연해 중에서 통상하기 편리한 항구 두 곳을 택하여 지정한다.
> (나) 이 수륙 무역 장정은 중국이 속방(屬邦)을 우대하는 뜻에서 상정한 것이고, 각 대등 국가 간의 일체 동등한 혜택을 받는 예와는 다르다.

① (가)는 '운요호 사건' 이후 체결된 것이다.
② (가)에는 일본 상인의 내지 통상권에 대한 허가가 규정되어 있다.
③ (나)는 갑신정변 이후 체결된 것이다.
④ (나)에는 천주교의 포교권 인정이 규정되어 있다.

|정답해설| (가)는 강화도 조약(1876), (나)는 조청 상민 수륙 무역 장정(1882)이다. 강화도 조약은 1875년 운요호 사건 이후 체결된 우리나라 최초의 근대적 조약이자, 불평등 조약이었다.

|오답해설|
② 내지 통상권은 조청 상민 수륙 무역 장정에 처음 규정되었다.
③ 조청 상민 수륙 무역 장정은 임오군란 이후 체결되었다.
④ 조프 수호 통상 조약(1886)으로 천주교 포교권이 인정되었다.

|정답| ①

● 다음 조약과 직접 관련된 내용으로 옳은 것은?   12. 사복직 9급

> 제10조 일본인이 조선국 지정의 각 항구에 머무는 동안에 죄를 범한 것이 조선인에 관계되는 사건일 때에도 모두 일본국 관원이 심판할 것이다.

① 일본은 조선에 주둔시켰던 군대를 철수하였다.
② 개항장에 일본 군인을 주둔하게 하는 규정을 두었다.
③ 일본국 항해자가 자유롭게 조선 해양을 측량하도록 허가하였다.
④ 일본 공사관에 군인을 두어 경비하게 하고 그 비용은 조선이 부담하게 하였다.

|정답해설| 제시된 자료는 1876년에 체결된 강화도 조약 중 영사 재판권(치외 법권)과 관련된 조항이다. 강화도 조약은 우리나라 최초의 근대적 조약이지만 영사 재판권(치외 법권), 해안 측량권 등을 명시한 불평등 조약이었다.

|오답해설| ① 갑신정변 이후 청일 간 체결된 톈진 조약(1885), ④ 임오군란 이후 체결된 제물포 조약(1882)에 관한 설명이다.

|정답| ③

03 각국과의 조약 체결

1 조미 수호 통상 조약의 체결(1882)

(1) 미국의 접근

한때 무력으로 조선의 문호를 개방시키려다 실패한 미국은 조선이 일본과 조약을 맺자, 다시 조선과의 수교에 관심을 가지고 일본에 알선을 요청하였으나 이루어지지 않았다.

(2) 『조선책략』의 유포

이 무렵 러시아 세력의 남하에 대응하여 조선에서는 미국과 연합하여야 한다는 내용이 실린 황쭌셴(황준헌)의 『조선책략』이 국내의 지식층에 유포되어 미국과 외교 관계를 맺어야 한다는 주장이 일어났다.

> **사료** 『조선책략』의 주요 내용과 해설
>
> 오늘날 조선의 급선무는 러시아를 막는 일보다 급한 것이 없다. 러시아를 막는 책략은 무엇인가? 중국과 친하고 일본과 맺고 미국과 이어짐으로써 자강을 도모할 따름이다. …… 미국이 강성함은 유럽의 여러 대지와 더불어 동서양 사이에 끼어 있기 때문에 항상 약소한 자를 돕고 공의를 유지하여 유럽 사람에게 함부로 악한 짓을 못하게 하고 있다.
> 『조선책략』

→ 조선이 부국강병을 하기 위해서는 서양 여러 나라와 통상하여 그 기술을 받아들이고 산업을 일으킬 것, 외국에 유학생을 파견할 것을 권하였다. 동시에 러시아의 남하를 저지하기 위한 친중국(親中國), 결일본(結日本), 연미국(聯美國)을 주장하였다.

(3) 청의 알선

러시아와 일본 세력을 견제하고, 조선에 대한 종주권을 국제적으로 승인받을 수 있는 기회를 노리던 청의 알선으로 조미 수호 통상 조약이 체결되었다.

(4) 핵심 내용

거중 조정(1조), 영사 재판권(치외 법권, 4조), 관세 설정(5조), 최혜국 대우(14조)

> **사료** 조미 수호 통상 조약의 주요 내용
>
> 제1조 서로 돕고 거중 조정함으로써 우의가 두터움을 표시한다.
> 제4조 미국인에 관계된 조선인 범죄의 조선 관원, 법률에 의한 처단과 미국 측의 조선 범죄인 은닉, 비호 엄단, 치외 법권을 잠정적으로 인정한다.
> 제5조 수입 세율은 생필품 10분의 1, 사치품 10분의 3으로 한다.
> 제14조 조약을 체결한 뒤에 통상·무역·상호 교류 등에서 본 조약에 부여되지 않은 어떠한 권리나 특혜를 다른 나라에 허가할 때에는 자동적으로 미국 관민에게도 똑같이 주어진다.

2 서양 각국과의 수교

영국(1883), 독일(1883), 러시아(1884년, 묄렌도르프의 도움으로 양국 간 독자적 조약 체결, 1888년-조러 육로 통상 조약 체결), 프랑스(1886년, 천주교 신앙의 자유와 포교의 자유 인정)

국가		성격 및 체결 과정	수교 방법
미국(1882)		서양 국가 중 최초로 수교	청의 알선
영국(1883)		아편 수입, 영사 재판권(치외 법권)의 인정 문제로 지연	
독일(1883)		순조롭게 체결	
러시아	1884	조러 통상 조약, 청과 일본의 견제로 지연	직접 수교
	1888	조러 육로 통상 조약	
프랑스(1886)		천주교 선교사 입국과 포교 문제로 지연	

바로 확인문제

● 다음 밑줄 친 '황쭌셴의 책자'가 끼친 영향으로 가장 적절한 것은?   16. 소방직(복원)

> 수신사 김홍집이 가지고 와서 유포한 황쭌셴의 책자를 보노라면 어느새 털끝이 일어서고 쓸개가 떨리며 울음이 복받치고 눈물이 흐릅니다.

① 청나라에 의존하는 사대 외교 관계가 청산되었다.
② 불평등 내용이 포함된 조미 수호 통상 조약이 체결되었다.
③ 외국 군대가 처음으로 조선에 주둔하게 되었다.
④ 고종은 러시아 공사관으로 거처를 옮기게 되었다.

| 정답해설 | 제시된 사료는 이만손의 「영남 만인소」 중 일부이며, 밑줄 친 책자는 황쭌셴의 『조선책략』이다. 황쭌셴의 『조선책략』 유포는 조미 수호 통상 조약이 체결되는 계기가 되었다.
| 정답 | ②

● (가), (나)가 설명하는 조약을 옳게 짝지은 것은?   19. 국가직 9급

> (가) 강화도 조약에 이어 몇 달 뒤 체결되었다. 양곡의 무제한 유출을 가능하게 한 규정과 일본 정부에 소속된 선박은 항세를 납부하지 않는다는 규정이 들어 있었다.
> (나) 김홍집이 일본에서 황준헌의 『조선책략』을 가져오면서 그 내용의 영향으로 체결되었으며, 청의 적극적인 알선이 있었다. 거중 조정 조항과 최혜국 대우의 규정이 포함되어 있었다.

	(가)	(나)
①	조일 무역 규칙	조미 수호 통상 조약
②	조일 무역 규칙	조러 수호 통상 조약
③	조일 수호 조규 부록	조미 수호 통상 조약
④	조일 수호 조규 부록	조러 수호 통상 조약

| 정답해설 | (가) 조일 무역 규칙에서는 양곡의 무제한 유출을 가능하게 만든 조항과 무항세 조항이 규정되었다. (나) 제2차 수신사로 일본에 갔던 김홍집은 황준헌의 『조선책략』을 조선으로 가져왔다. 『조선책략』의 유포는 조미 수호 통상 조약 체결에 영향을 주었다. 청의 알선으로 체결된 조미 수호 통상 조약(1882)에는 거중 조정, 최혜국 대우, 관세 부과 등이 규정되었다.
| 정답 | ①

CHAPTER 02 근대 국가 수립 운동

01 개화 정책의 추진
02 위정척사 운동
03 임오군란
04 개화당과 갑신정변
05 동학 농민 운동
06 근대적 개혁의 추진
07 아관 파천과 독립 협회
08 대한 제국의 수립

01 개화 정책의 추진

1 개화사상의 형성

(1) 통상 개화론의 발전
일찍이 조선의 일부 지식인들 사이에 표면화된 통상 개화론은 문호 개방을 전후하여 사회 전반에 걸친 개혁론, 곧 개화사상으로 발전하였다.

(2) 사상적 연원
개화사상은 안으로는 실학, 특히 북학파의 사상을 발전적으로 계승하고, 밖으로는 청에서 진행되고 있던 양무(洋務)운동과 일본에서 제기되고 있던 문명 개화론(文明開化論)의 영향을 받았다.

2 개화 정책의 추진

(1) 수신사의 파견
개항 이후 정부는 제1차 수신사(1876) 김기수와 제2차 수신사(1880) 김홍집을 일본에 파견함으로써 일본의 발전상과 세계 정세의 변화를 알고, 개화의 필요성을 더욱 느끼게 되었다.

(2) 개화파 인사의 등용
정부는 부국강병을 목표로 대외 관계와 근대 문물의 수입 등 여러 가지 과제를 해결하기 위하여 개화파 인물들을 정계에 기용하였고, 이들을 중심으로 개화 정책을 추진하였다.

(3) 제도의 개편

행정 기구	• 정부에서는 개화 정책을 전담하기 위한 기구인 **통리기무아문(統理機務衙門)** 설치 • 통리기무아문 아래에 12사를 두어 외교·군사·산업 등의 업무를 담당하게 함
군사 제도	• 종래의 5군영을 무위영·장어영의 2영으로 통합·개편함 • 신식 군대의 양성을 위해 무위영 산하에 **별기군(別技軍)**을 창설함 • 일본인 교관을 채용하여 근대적인 군사 훈련을 시키고, 사관생도를 양성함

| 심화 | 통리기무아문 |

청의 총리아문(총리각국사무아문)을 모방하여 삼군부를 폐지하고, 1880년에 설치하였다. 의정부·6조와는 별도의 기구로 설립되었으며, 신문물 수용과 부국강병 도모가 목적이었다. 임오군란 이후 통리교섭통상사무아문(외교, 통상), 통리군국사무아문(군국, 내무)으로 분리되었다. 한편 통리기무아문 산하에는 12사가 설치되었다.

사대사	중국 관계의 문서, 사신 왕래와 외교	선함사	선박 제조
변정사	변방 사무, 인근 국가의 동정, 정탐	전선사	관리 선발과 관용품 조달
기계사	기계, 제조	군무사	국방 담당
어학사	외국어 교육, 문자 해독	군물사	병기 제조
교린사	일본 및 기타 각국 관계의 문서, 서신 왕래와 외교	연사	연안 포구를 왕래하는 선박 검사
통상사	통상, 무역	이용사	재정 사무

| 사료 | 동도서기론 |

군신, 부자, 부부, 붕우, 장유의 윤리는 인간의 본성에 부여된 것으로서 천지를 통하는 만고불변의 이치이고, 위에 존재하는 것으로서 도(道)가 됩니다. 이에 대해 배, 수레, 군사, 농사, 기계가 국민에게 편리하고 나라에 이롭게 하는 것은 외형적인 것으로서 기(器)가 됩니다. 신이 변혁을 꾀하고자 하는 것은 기(器)이지 도(道)가 아닙니다.

(4) 근대 문물의 수용

① 조사 시찰단(신사 유람단) 파견(1881. 4.): 박정양, 어윤중, 홍영식 등과 수행원(62명)으로 구성된 조사 시찰단은 일본에 건너가서 약 3개월 동안 일본의 정부 기관과 각종 산업 시설을 시찰하였다.

② 영선사 파견(1881. 9.): 김윤식을 단장으로 학도와 공장(工匠) 등 69명을 청의 톈진에 파견하여 무기 제조법과 근대적 군사 훈련법을 배우도록 하였다. 근대 기술에 대한 기본 지식과 정부의 재정적 뒷받침이 부족하여 1년 만에 돌아왔으나 이를 계기로 서울에 기기창(機器廠)이 설치(1883)되었다.

③ 보빙사 파견(1883): 조미 수호 통상 조약 이후 민영익을 전권 대사로 하여 홍영식과 유길준 등을 미국에 파견하였다. 보빙사를 통해 신식 우편 제도와 농업 기술을 받아들였다.

| 심화 | 보빙사와 유길준 |

1882년 조미 수호 통상 조약의 체결 후 이듬해 공사 푸트(Foote, L. H.)가 내한하자 이에 대한 답례와 양국 간 친선을 위하여 보빙 사절단(보빙사)을 파견하였다. 구성원은 전권대신 민영익, 부대신 홍영식, 종사관 서광범, 수원(수행원) 유길준·고영철·변수·현흥택·최경석 등과 중국인 오례당, 일본인 미야오카, 미국인 로웰 등 모두 11인이었다.
7월 26일 인천을 출발하여 일본을 거쳐 9월 18일 미국 대통령 아서(Arthur, C. A)를 접견하고 국서와 신임장을 제출하였다. 그 뒤 40여 일 동안의 미국 거류 기간 중에 외국 박람회·공업 제조 회관·병원·신문사·조선 공장·육군 사관 학교 등을 방문 시찰하였고, 미국 정치와 농사 개량에 대한 지식도 배웠다. 보빙사가 받아들인 신문물은 그 뒤 신식 우편 제도 창시, 육영 공원 설치에 영향을 미쳤고, 특히 농무 목축 시험장과 경작 기계의 제작, 수입 등 농업 기술의 연구에도 크게 기여하였다.
한편 홍영식 등은 태평양을 거쳐 바로 귀국하였으나 유길준은 미국에 남아 갑신정변의 발발 때까지 유학하였다. 이후 유럽을 돌아보고 돌아와 『서유견문』(1895년 간행)을 저술하였다.

『한국민족문화대백과』

▲ 보빙사 일행

02 위정척사 운동

(1) 정의
위정척사(衛正斥邪)는 정학(正學)과 정도(正道)를 지키고, 사학(邪學)과 이단(異端)을 물리친다는 뜻이다. 즉, '위정'이란 정학인 성리학과 성리학적 질서를 수호하고, '척사'란 성리학 이외의 모든 종교와 사상을 배격한다는 의미이다.

(2) 중심인물
초기에는 이항로, 기정진 등이 이끌었다. 특히 이항로 문하의 유인석, 최익현 등이 계승하였다.

(3) 위정척사 운동의 전개
① 1860년대 : 서양의 통상 요구에 대응하여 서양과의 교역을 반대하는 **통상 반대 운동**으로 전개되었다. 특히 서양의 무력 침략에 대항하자는 이항로의 **척화 주전론**(斥和主戰論)은 흥선 대원군의 통상 수교 거부 정책을 강력히 뒷받침하였다(대표적 인물 – 기정진, 이항로).
② 1870년대 : 문호 개방을 전후해서 **왜양일체론**(倭洋一體論), **개항 불가론**(開港不可論)을 들어 개항 반대 운동을 전개하였다(대표적 인물 – 최익현).
③ 1880년대 : 정부의 개화 정책 추진과 『조선책략』 유포에 반발하며, 이만손 등 영남의 유생 만 명 이상이 연명(聯名)하여 「영남 만인소」를 올렸다. 한편 홍재학은 「만언척사소」를 상소하였다.
④ 1890년대 : 일본의 침략에 저항하는 항일 의병 운동으로 계승되었다.

(4) 위정척사 운동의 주장
① 경제적 파멸 : 물화의 교역은 경제적 파멸을 가져온다고 하였다.
② 열강의 침략 : 문호를 개방하고 나면 열강의 계속적 침략을 막을 수 없다고 하였다.

(5) 위정척사 운동의 성격과 한계
① 성격 : 정치·경제적 면에서 강력한 반침략·반외세 의지를 가지고 있었다.
② 한계
　㉠ 유생층의 위정척사 운동은 반외세적 자주 운동으로만 제시된 것은 아니었다. 그보다는 조선 왕조의 전제주의적 정치 체제, 지주 중심의 봉건적 경제 체제, 양반 중심의 차별적 사회 체제, 그리고 성리학적 유일사상 체제를 유지하려는 데 목적을 두고 있었다.
　㉡ 당시 정부의 개화 정책 추진에 장애물이 되었다.
　㉢ 외세의 침략을 막으려는 반외세 자주 운동이었지만 전통적인 사회 체제를 그대로 유지하려고 하여 시대의 흐름에 뒤떨어졌다는 한계를 지니고 있다.

> **사료** 위정척사 운동
>
> ❶ 이항로의 상소문
> 　양이(洋夷)의 화(禍)가 금일에 이르러서는 비록 홍수나 맹수의 해일지라도 그보다 심할 수 없습니다. 양이의 재앙을 일소(一掃)하는 근본은 전하의 한 마음에 있사옵니다. 지금 전하가 할 계책은 마음을 밝게 닦아 외물(外物)에 견제당하거나 흔들리지 않는 도리밖에 없사옵니다. 이른바 외물이라는 것은 종류가 극히 많아서 일일이 열거할 수 없지만 그중에서도 양품(洋品)이 가장 심합니다. 몸을 닦아 집안을 잘 다스리고 나라가 바로잡힌다면 양품이 쓰일 곳이 없어져 교역하는 일이 끊어질 것입니다. 교역하는 일이 끊어지면 저들의 기이함과 교묘함이 수용되지 못할 것이며, 그러면 저들은 기필코 할 일이 없어져 오지 않으리이다.

❷ **최익현의 개항 반대 상소**
우리의 물건은 한정이 있는데, 저들의 요구는 끝이 없을 것입니다. 한 번이라도 응해 주지 못하면 저들은 우리를 침략하고 유린하여 …… 일단 강화를 맺고 나면 저들의 욕심은 물화를 교역하는 데 있습니다. …… 우리의 피와 살이 되어 백성들의 목숨이 걸려 있는 유한한 물화를 저들의 사치하고 기괴한 노리개 따위의 물화와 교역을 한다면 우리의 심성과 풍속이 피폐될 뿐만 아니라 …… 저들이 비록 왜인이라 하나 실은 양적(洋賊)이옵니다. 강화가 한번 이루어지면 사학(邪學)의 서적과 천주(天主)의 초상화가 교역 속에 들어올 것입니다. …… 예의(禮儀)는 시궁창에 빠지고 인간들은 변하여 금수(禽獸)가 될 것입니다.

❸ 「영남 만인소」
김홍집이 가져온 황쭌셴의 『조선책략』이 유포되는 것을 보니 울음이 북받치고 눈물이 흐릅니다. …… 『조선책략』의 요점은 '러시아를 막는 것'보다 급한 것이 없다고 하고, 러시아를 막기 위해서는 '중국과 친하고, 일본과 맺고, 미국과 이어져야 한다.'는 것보다 급한 것이 없다고 하였습니다. …… 일본은 우리에게 매어 있는 나라입니다. 임진왜란의 숙원(宿怨)이 가시지 않았는데 그들은 우리의 수륙 요충(水陸要衝)을 점령하였습니다. 만일 방비하지 않았다가 저들이 산돼지처럼 돌진해 오면 전하께서는 장차 어떻게 이를 제어하시겠습니까? 미국은 우리가 모르던 나라입니다. 저들을 끌어들였다가 저들이 우리의 빈약함을 업신여겨 어려운 청을 강요하면 어떻게 대응하시겠습니까? 러시아는 본래 우리와는 혐의가 없는 나라입니다. 공연히 남의 이간을 듣고 배척하였다가 이것을 구실 삼아 분쟁을 일으키면 어떻게 구제하시겠습니까? 하물며 러시아·미국·일본은 같은 오랑캐들이어서 후박(厚薄)을 두기 어렵습니다.
『일성록』

❹ **홍재학의 「만언척사소」**
위정척사는 정조 이래로 내려온 조정의 기본 정책으로서 아직도 그 의리가 빛나고 있는데, 고종의 친정 이래로 일본과 서양의 똑같은 해를 모르고 일본과의 통상을 주장해 온 결과 사설(邪說)과 이의(異議)가 횡행하여 조선의 사태가 위급하기 비길 데가 없습니다. 양물(洋物)과 야소(耶蘇)라는 사교의 위세로 공맹(孔孟)의 큰 도는 날로 사라지게 되어 가정에는 윤리가 깨지고 사람에게 예의가 허물어져 그 결과 종묘사직이 무너질 위기에 있습니다. 국왕은 더욱 위정척사의 대의를 밝혀 주화매국(主和賣國)하려는 신료들을 처단해야 합니다.

바로 확인문제

● **강화도 조약 이후 외국에 파견된 시찰단 (가)~(라)를 파견 순서대로 바르게 나열한 것은?**
16. 서울시 7급

| (가) 박정양 등의 조사 시찰단 | (나) 김홍집 등의 2차 수신사 |
| (다) 민영익 등의 보빙사 | (라) 김윤식 등의 영선사 |

① (나) - (가) - (다) - (라) ② (나) - (가) - (라) - (다)
③ (나) - (라) - (가) - (다) ④ (나) - (라) - (다) - (가)

● **다음 자료에 대한 설명으로 옳은 것은?**
24. 국가직 9급

조선이라는 땅덩어리는 실로 아시아의 요충을 차지하고 있어 그 형세가 반드시 다툼을 불러올 것이다. 조선이 위태로우면 중동(中東)의 형세도 위급해진다. 따라서 러시아가 강토를 공략하려 한다면 반드시 조선이 첫 번째 대상이 될 것이다. …… 러시아를 막을 수 있는 조선의 책략은 무엇인가? 오직 중국과 친하며, 일본과 맺고, 미국과 연합함으로써 자강을 도모하는 길뿐이다.

① 강화도 조약 체결 이전 조선에 널리 퍼졌다.
② 흥선 대원군이 척화비를 세우는 계기가 되었다.
③ 이만손 등 영남 유생들의 반발을 불러일으켰다.
④ 청에 영선사로 파견된 김윤식에 의해 소개되었다.

단권화 MEMO

| 정답해설 | 시찰단 파견의 순서는 다음과 같다. (나) 김홍집 등 제2차 수신사 파견(1880) → (가) 박정양 등 조사 시찰단 파견(1881. 4.) → (라) 김윤식 등 영선사 파견(1881. 9.) → (다) 민영익 등 보빙사 파견(1883)

| 정답 | ②

| 정답해설 | 제시된 사료는 황쭌셴(황준헌)의 『조선책략』 중 일부이다. 제2차 수신사 김홍집이 일본에서 가져온 『조선책략』은 조·미 수호 통상 조약 체결의 배경이 되었다. 한편 ③ 이만손 등 영남 유생들의 반발을 불러일으켰다(「영남 만인소」).

| 오답해설 |
① 강화도 조약은 1876년 체결되었다. 한편 『조선책략』은 제2차 수신사 김홍집이 국내에 가지고 돌아와 고종에게 바쳤고(1880), 이후 필사본(筆寫本 - 책을 베껴 씀)이 다수 제작되어 전국에 유포되었다.
② 흥선 대원군은 신미양요(1871) 이후 전국 각지에 척화비를 세웠다.
④ 1881년 김윤식 등은 청에 영선사로 파견되었다. 이후 조선에 돌아온 영선사는 기기창(근대적 무기 제조 기구, 1883) 설치에 영향을 주었다.

| 정답 | ③

03 임오군란*

(1) 발단
민씨 정권이 신식 군대인 별기군(別技軍)을 우대하고 구식 군대를 차별 대우한 데 대한 불만이 폭발하였다.

(2) 경과
① 구식 군인들은 흥선 대원군에게 도움을 청하고, 정부 고관들의 집을 습격하여 파괴하는 한편, 일본인 교관을 죽이고 일본 공사관을 습격하였다.
② 서울의 하층 민중들이 합세한 가운데 구식 군인들은 민씨 정권의 고관들을 살해한 뒤 군란을 피해 달아나는 일본 공사 일행을 인천까지 추격하였다.
③ 흥선 대원군의 재집권: 임오군란은 흥선 대원군의 재집권으로 진정되는 듯하였으나(통리기무아문의 폐지, 별기군의 폐지, 5군영의 회복) 이로 인하여 조선을 둘러싼 청일 간의 대립이 초래되었다.
④ 청의 군대 파견: 일본은 조선 내의 거류민 보호를 내세워 군대 파견의 움직임을 보였으며, 민씨 일파의 요청으로 청은 신속히 군대를 조선에 파견하여 흥선 대원군을 군란의 책임자로 청에 압송해 감으로써 일본의 무력 개입 구실을 없애려 하였다.
⑤ 민씨 일파의 재집권: 다시 집권하게 된 민씨 일파는 정권을 유지하기 위하여 친청 정책으로 기울었고, 청의 내정 간섭과 정부의 친청 정책으로 인하여 개화 정책은 후퇴하였다.

> **사료** 임오군란
>
> 난군(亂軍)이 궐을 침범했다는 소식을 들었다. 이때에 나라 재정이 고갈되어 각 영이 군인에게 지급할 봉급을 몇 개월 동안 지급하지 못하였다. 영에 소속된 군인이 어느 날 밤에 군대를 조직하고 갑자기 궐내로 진입하여 멋대로 난리를 일으켰다. 중전의 국상(國喪)이 공포되자, 선생은 가평 관아로 달려가 망곡례(望哭禮)를 행하였다. 얼마 후 국상이 와전되어 사실이 아님을 알고, 군중과는 달리 상복을 입지 않고 집 밖으로 나가지 않았다.
> 『성재집』

(3) 결과
① 제물포 조약의 체결: 조선은 일본과 **제물포 조약**(1882. 7. 17. 음력)을 체결하여 배상금을 물고, **일본 공사관의 경비병 주둔을 인정**하였다. 이로써 일본군의 조선 주둔이 허용되었다. 그리고 조선은 박영효를 정사(正使, 대표)로 하는 사죄단을 파견하였다.
② 청의 내정 간섭 강화
  ㉠ 정치·군사적 간섭: 청은 임오군란 이후 조선의 내정에 적극적으로 간섭하였으며, 위안스카이 등이 지휘하는 군대를 상주시켜 조선 군대를 훈련하고, 마젠창과 묄렌도르프를 고문으로 파견하여 조선의 내정과 외교 문제에 깊이 관여하였다.
  ㉡ 경제적 침략: 조선은 **조청 상민 수륙 무역 장정**(1882. 8. 23. 음력)의 체결로 청 상인의 통상 특권을 허용하고, 경제적 침략을 받았다.

단권화 MEMO

*임오군란(壬午軍亂, 1882)
임오군란의 원인과 결과는 빈출 내용이다.

■ 임오군란의 전개 과정

> 선혜청 당상관 겸 병조 판서 민겸호 살해
> ↓
> 명성 황후, 장호원의 민응식 집으로 도피
> ↓
> 일본 공사관 내습
> ↓
> 일본 공사 하나부사의 도피
> ↓
> 서대문 일대의 일본 상인 다수 사망

■ 조일 수호 조규 속약
1876년 강화도 조약 직후 조인된 '조일 수호 조규 부록'에 의하면 일본인들의 활동 범위(간행이정)는 10리로 규정되었다. 그 뒤 일본은 간행이정을 확대하려는 노력을 꾸준히 전개하였고, 그 결과 1882년 '조일 수호 조규 속약'에서 간행이정을 사방 50리로 확대하기로 하고, 2년 후에 다시 100리로 확대할 것을 약정하였다.

| 사료 | 제물포 조약(1882. 7.) |

제1조 지금으로부터 20일을 기하여 범인을 체포하여 엄징할 것
제2조 일본국 피해자를 후례로 장사 지낼 것
제3조 5만 원을 지불하여 피해자 유족 및 부상자에게 급여할 것
제4조 배상금 50만 원을 지불할 것
제5조 일본 공사관에 군대를 주둔시켜 경비에 임하는 것을 허용할 것
제6조 조선국은 대관을 특파하여 일본국에게 사죄할 것

| 사료 | 조청 상민 수륙 무역 장정(1882. 8.) |

이 수륙 무역 장정은 청이 속방을 우대하는 뜻에서 상정한 것이고, 각 대등 국가 간의 일체 동등한 혜택을 받는 예와는 다르다.

제1조 청의 상무위원을 서울에 파견하고 조선 대관(고위 관료)을 톈진에 파견한다. 청의 북양대신과 조선 국왕은 동등한 지위를 가진다.
제2조 조선의 개항장에서 청의 상무위원이 청 상인에 대한 재판권을 행사한다(영사 재판권 규정).
제4조 베이징과 한성, 양화진에서 상점을 열어 무역을 허락하되, 양국 상민의 내지 행상을 금한다. 다만 내지 행상이 필요할 경우 지방관의 허가서를 받아야 한다.
제7조 청 선박의 항로 개설권, 청 병선의 조선 연해 내왕권 및 조선 국방 담당권을 허용한다.

단권화 MEMO

■ 조청 상민 수륙 무역 장정의 주요 내용
청의 종주권을 재확인하고, 일본에 비해 유리한 조건의 통상 조약을 맺었으며, 청 상인들이 조선 내에서 거주·영업·여행을 할 수 있도록 허용하였다(양화진 개방 및 내지 통상권 획득).

바로 확인문제

● 다음 사건에 대한 설명으로 가장 적절한 것은? 　　　한국사능력검정시험 고급 22회 변형

> 난병이 창덕궁에 밀어닥쳤는데, 수문장 등이 이들을 막아 내지 못하여 궐내에 난입하였다. 왕은 급히 대원군의 입궐을 명하였다. 대원군은 곧 무위대장을 동반하여 입궐하였다. …… 서상조가 아뢰기를, "근래 듣자니 중전께서 변란에 대처하시어 누추한 곳에 은신해 계신다고 하니, 삼가 바라건대 수소문하여 의장(儀裝)을 갖추고 예법에 따라 왕후의 자리로 맞아들이소서." 하니, 왕이 "널리 찾아서 맞아들이는 일을 늦추어서는 안 되겠다."라고 하였다.

① 「홍범 14조」가 발표되는 배경이 되었다.
② 우정국 개국 축하연을 계기로 일어났다.
③ 구식 군인에 대한 차별 대우가 발단이 되었다.
④ 개화 정책에 반대하는 유생에 의해 주도되었다.

● 다음 사료와 관련된 사건에 대한 설명으로 옳지 <u>않은</u> 것은?

> 1. 주모자를 20일 내에 잡아서 처단할 것
> 2. 일본인 피해자에게 5만 원을 지불할 것
> 3. 손해 배상금 50만 원을 1년에 10만 원씩 5년에 완불할 것
> 4. 일본 공사관에 경비병을 주둔하게 할 것
> 5. 조선의 특사를 보내어 사과할 것

① 청은 이 사건 이후 위안스카이 등이 지휘하는 군대를 상주시키는 등 내정 간섭을 강화하였다.
② 조선과 청은 상민 수륙 무역 장정을 체결하여 청 상인의 특권을 보장하였다.
③ 이 시기 메가타와 스티븐스가 청의 추천으로 조선에 고문으로 파견되었다.
④ 당시 박영효가 일본에 사죄단으로 파견되면서 태극기가 처음 사용되었다.

| 정답해설 | 임오군란은 신식 군대인 별기군 설치 이후 구식 군대에 대한 차별 대우 때문에 일어난 사건이다.
| 오답해설 |
① 「홍범 14조」는 제2차 갑오개혁 시기에 공포되었다.
② 우정국 개국 축하연을 계기로 일어난 사건은 1884년 10월에 발생한 갑신정변이다.
④ 개화 정책에 반대하는 유생들은 개화 반대 운동을 주도하였다(이만손의 「영남 만인소」 등).
| 정답 | ③

| 정답해설 | 제시된 자료는 임오군란 이후 일본과 체결한 제물포 조약의 내용이다. 제물포 조약에서는 배상금 규정과 함께 일본 공사관의 경비병 주둔을 인정하는 내용이 명시되어 있다. 메가타, 스티븐스는 러일 전쟁(1904~1905) 중 체결된 제1차 한일 협약에 따라 일본의 추천으로 파견된 고문들이다.
| 정답 | ③

| 단권화 MEMO |

04 개화당과 갑신정변

1 개화당의 형성과 활동

(1) 개화파의 형성

① 성장: 개화사상의 선각자인 박규수의 지도를 받은 김옥균, 박영효, 유길준 등이 개항을 전후해 점차 하나의 정치 세력으로 성장하여 개화파를 이루었다.

② 개화파의 두 흐름

온건 개화파 (사대당)	• 김홍집·김윤식·어윤중 등 • 민씨 정권과 결탁하여 청의 양무운동을 본받아 점진적인 개혁을 추구함
급진 개화파 (개화당)	• 김옥균·박영효·홍영식·서광범·서재필 등 • 청의 내정 간섭과 청에 의존하는 정부의 정책에 반발하였고, 더욱이 청의 간섭으로 정부의 개화 정책이 원만하게 추진되지 못하는 현실을 강력하게 비판함. 이들은 청의 간섭을 물리쳐 자주독립을 이룩하고, 일본의 메이지 유신을 본받아 급진적인 개혁을 추진하려 함

■ 온건파와 급진파

개화파는 서양의 과학 기술만을 도입하는 것으로 만족하는 동도서기론(東道西器論)적인 온건파와 과학 기술 이외에 정치·사회 제도까지 도입하고자 하는 급진파로 분파되었다.

(2) 급진 개화파(개화당)의 활동

① 개화 시책의 추진: 개화당의 활동은 임오군란 후 박영효가 수신사로 일본에 파견되면서 본격화되었다. 이때 김옥균, 서광범 등도 동행하였는데, 개화당 요인들은 해박한 개화 지식과 넓은 해외 견문으로 고종의 신임을 받아 여러 가지의 개화 시책을 실천하였다.

박문국(博文局) 설치	최초의 신문인 〈한성순보〉를 간행함
유학생(留學生) 파견	일본에 유학생을 파견하여 군사 지식과 학술 등을 배우도록 함
우정국(郵政局) 설치	근대적인 우편 사업을 실시함

② 활동의 부진
　㉠ 개화당은 일본으로부터 개화 운동을 위한 차관 도입에 실패함으로써 정치 자금의 조달이 어려워졌다.
　㉡ 민씨 일파를 중심으로 하는 친청 세력의 견제가 심해져 개화 운동을 추진하기 어려웠다.

> **사료** 온건 개화파의 사상
>
> ❶ 단지 부강하다고 해서 자강이 되는 것이 아닙니다. 우리의 정교(정치와 교화)를 닦고 우리의 백성과 나라를 보호하여 외국과의 관계에서 분쟁이 일어나지 않도록 하는 것, 이것이 실로 자강을 하는 데에 힘써야 할 일입니다.　　　　　　수신사 김홍집이 귀국 후 고종에게 한 말(1880)
>
> ❷ 서양 나라들과 수호를 맺는 것을 점점 사교(邪敎)에 물드는 것이라고 말한다. 그러나 수호를 맺는 것은 수호를 맺는 것이고, 사교를 금하는 것은 사교를 금하는 것이다. 서양의 종교는 사교이므로 마땅히 음탕한 음악이나 미색(美色)처럼 여겨서 멀리해야겠지만 서양의 기계는 이로워서 진실로 백성의 생활을 편리하게 할 수 있다.　　　『고종실록』(1882)

> **사료** 급진 개화파의 사상
>
> 오늘날의 급선무는 반드시 인재를 등용하며 국가 재정을 절약하고 사치를 억제하며, 문호를 개방하고 이웃 국들과 친선을 도모하는 데 있다. 그러나 가장 중요한 것은 실사구시이다. 이를 위해 세계 각국에서 실시하는 정치의 요점을 찾아본다면 교통망을 확충하고 농업을 발달시켜 기술 인력을 확보하며 국민 보건에 힘쓰는 것이다.　　　　　　김옥균, 『치도약론』(1883)

2 갑신정변(甲申政變, 1884)*

(1) 배경
① 친청 세력의 탄압 : 차관 도입 실패 이후 수구 세력들이 개화당을 탄압하자, 개화 정책의 추진은 물론 자신들의 신변마저 위협을 느끼게 된 개화당 요인들은 민씨 정권을 무너뜨리고 철저한 개화 정책을 추진하기 위하여 비상수단을 도모하였다.
② 조선 주둔 청군의 철수 : 1884년 청프 전쟁이 일어나 조선에 주둔하고 있던 청군의 일부가 철수하자, 개화당 요인들은 이를 기회로 삼아 정변을 계획하였다.

(2) 경과
① 정변의 구체화 : 개화당은 일본 공사로부터 개혁 추진에 필요한 군사·재정적 지원을 약속받고 정변을 구체화시켜 나갔다.
② 우정국 사건 : 김옥균 등은 우정국 개국 축하연을 이용하여 사대당 요인들을 살해하고 개화당 정부를 수립하였다.
③ 개혁 정강 마련 : 14개조의 개혁 정강을 마련하여 근대 국가의 건설을 지향하는 개혁을 단행하려 하였다.

> **사료** 갑신정변 직후 발표된 「정강 14개조」
>
> 1. 흥선 대원군을 가까운 시일 내에 돌려보낼 것을 요구하고, 청에 조공하는 허례를 폐지할 것
> 2. 문벌을 폐지하고, 인민 평등의 권리를 제정하고, 사람의 능력으로써 관직을 택하게 할 것
> 3. 전국의 지조법(地租法)을 개혁하여 간사한 관리들을 근절하고 백성의 곤란을 구하며 겸하여 국가 재정을 유족하게 할 것
> 4. 내시부(內侍府)를 폐지하고 그중에서 재능 있는 자가 있으면 등용할 것
> 5. 그동안 국가에 해독을 끼친 탐관오리 중에서 심한 자는 처벌할 것
> 6. 각 도의 환상 제도(還上制度)는 영구히 폐지할 것
> 7. 규장각을 폐지할 것
> 8. 순사 제도(巡査制度)를 시급히 실시하여 도적을 방지할 것
> 9. 혜상공국(惠商公局)을 폐지할 것
> 10. 그동안 유배, 금고(禁錮)된 사람들을 다시 조사하여 석방할 것
> 11. 4영을 합하여 1영을 만들고[전, 후, 좌, 우 네 개의 영으로 운영되던 친군(親軍, 왕실 친위군)을 하나로 통합], '영' 중에서 장정을 선발하여 근위대를 시급히 설치할 것
> 12. 모든 국가 재정은 호조(戶曹)로 하여금 관할하게 하며 그 밖의 일체의 재무 관청은 폐지할 것
> 13. 대신과 참찬은 합문(閤門) 안의 의정소(議政所)에서 매일 회의를 하여 정사를 결정한 뒤에 왕에게 품한 다음 정령(政令)을 공포하여 정사를 집행할 것
> 14. 정부는 육조 외에 무릇 불필요한 관청에 속하는 것은 모두 폐지하고 대신과 참찬으로 하여금 토의하여 처리하게 할 것
>
> 김옥균, 『갑신일록』

(3) 갑신정변의 개혁 내용
① 정치적 : 청에 대한 사대 외교를 폐지하고, 입헌 군주제로의 정치 개혁을 추구하였다.
② 경제적 : 지조법(地租法)을 개정하고, 재정을 호조로 일원화하여 국가 재정을 충실히 하고자 하였으며, 혜상공국과 환상미의 폐지를 도모하였다.
③ 사회적 : 문벌을 폐지하여 인민 평등을 도모하고 능력에 따른 인재 등용을 추구하였다.

단권화 MEMO

***갑신정변**
갑신정변의 원인, 과정, 결과를 기억해 두고, 「정강 14개조」의 내용은 꼼꼼하게 읽어 두어야 한다.

■ **청프 전쟁**
프랑스가 베트남 진출을 시도하는 과정에서 베트남에 대한 청의 종주권을 부인하도록 하였는데, 이에 청이 반발하면서 전쟁이 일어났다.

■ **혜상공국(惠商公局)**
1883년 보부상이 중심이 되어 조직된 상인 조합이다.

단권화 MEMO

■ 박영효의 건백서(1888)
갑신정변 이후 일본에 망명 중이던 박영효는 고종에게 건백서를 올려 갑신정변의 정당성을 설명하고, 개혁 방안 8조를 건의하였다.

(4) 정변의 실패
개화당의 세력 기반이 약하였고, 일본의 지원을 받아 정변을 일으켜 민중의 지지도 받지 못하였다. 또한 청이 무력으로 간섭하면서 3일 천하로 끝나게 되었다.

(5) 결과

한성 조약 체결 (1884)	조선은 일본의 강요로 배상금 지불과 공사관 신축비 부담 등을 내용으로 하는 한성 조약을 체결함
텐진 조약 체결 (1885)	텐진에서 청(이홍장)과 일본(이토 히로부미)이 맺은 조약으로 조선에서 청일 양국군이 철수할 것, 장차 조선에 파병할 경우 상대국에 미리 알릴 것 등을 내용으로 체결되었다. 이로써 **일본은 청국과 동등하게 조선에 대한 '파병권(派兵權)'을 획득함**

(6) 영향
① 청의 내정 간섭이 더욱 강화되었고, 개화 세력은 위축되었다.
② 보수 세력의 장기 집권이 가능하게 되었다.
③ 개화 세력이 도태되어 상당 기간 개화 운동의 흐름이 약화되었다.

(7) 의의
갑신정변은 근대 국가 건설을 목표로 하는 최초의 정치 개혁 운동이었다.

> **사료** 한성 조약(1884. 11.)
>
> 제1조 조선국은 국서를 일본국에 보내 사의를 표명한다.
> 제4조 일본 공관을 새로운 곳으로 옮겨 신축하는 것은 마땅히 조선국에서 기지와 방옥(房屋)을 교부해 공관과 영사관으로 사용할 수 있도록 한다. 수축 및 증건에는 조선국이 다시 2만 원을 지급하여 공사비를 충당한다.

> **사료** 텐진 조약(1885)
>
> 1. 중국은 조선에 주둔하는 군대를 철수하고, 일본국은 조선에서 공사관을 호위하던 군대를 철수한다. 서명하고 날인한 날로부터 4개월 이내에 각기 모든 인원을 철수시킴으로써 양국 간 분쟁이 생겨날 우려를 없애고, 중국은 마산포(馬山浦)를 통하여 철수하고 일본은 인천항을 통하여 철수할 것을 의정(議定)한다.
> 1. 양국은 조선 국왕이 군사를 훈련시키도록 권고하여 자위와 치안을 유지하게 하고, 조선 국왕이 다른 나라 무관을 1명, 혹은 여러 명을 선발 고용하여 훈련을 위임하게 하되, 이후 중국과 일본 양국은 관원을 파견하여 조선에서 훈련하는 일이 없도록 상호 승인한다.
> 1. 장래 조선국에 변란이나 중대한 사건이 일어나 중국과 일본 양국이나 혹은 어떤 한 나라가 파병이 필요할 때는 우선 상대국에 공문을 보내 통지해야 하며, 사건이 진정되면 곧 철수하여 다시 주둔하지 않는다.

> **심화** 갑신정변의 주요 인물(갑신정변 당시 발표된 새 정부 조직과 구성원)
>
> 충의계(1878, 김옥균 조직) → 변법 개화파의 친목 단체
>
> | 김옥균 | 호조 참판 | 서광범 | 우포도 대장 |
> |---|---|---|---|
> | 박영효 | 좌포도 대장 | 서재필 | 병조 참판 |
> | 박영교 | 도승지 | 신기선 | 이조 판서 |
> | 홍영식 | 좌의정 | 이재원 | 영의정 |

바로 확인문제

● 다음 정강을 발표했던 사건의 결과로 옳은 것은? 18. 지방직 7급

> 1. 흥선 대원군을 빨리 귀국시키고 종래 청에 대해 행하던 조공의 허례를 폐지한다.
> 2. 문벌을 폐지하고 인민 평등권을 제정하여 능력에 따라 관리를 임명한다.
> 3. 지조법을 개혁하여 관리의 부정을 막고 백성을 보호하며 재정을 넉넉히 한다.
> ……
> 12. 모든 재정은 호조에서 관할한다.
> 13. 대신과 참찬은 의정부에 모여 정령을 의결하고 반포한다.
> ……

① 청의 내정 간섭이 강화되었다.
② 박문국과 전환국이 설립되었다.
③ 개혁 추진 기관으로 통리기무아문이 설치되었다.
④ 일본은 배상금 지급 등을 내용으로 하는 제물포 조약의 체결을 강요하였다.

● 밑줄 친 '사건'에 대한 설명으로 옳은 것은? 16. 국가직 9급

> 4~5명의 개화당이 사건을 일으켜서 나라를 위태롭게 한 다음 청나라 사람의 억압과 능멸이 대단하였다. …… 종전에는 개화가 이롭다고 말하면 그다지 싫어하지 않았으나 이 사건 이후 조야(朝野) 모두 '개화당은 충의를 모르고 외인과 연결하여 매국배종(賣國背宗)하였다.'고 하였다.
> 『윤치호일기』

① 정동 구락부 세력이 주도하였다.
② 일본군과 함께 경복궁을 침범하였다.
③ 차관 도입을 위한 수신사 파견의 계기가 되었다.
④ 일본 공사관이 불타고 일본군이 청군에 패퇴하였다.

단권화 MEMO

|정답해설| 제시된 사료는 1884년 갑신정변 직후 발표되었던 「정강 14개조」 중 일부이다. 갑신정변은 3일 만에 청에 의해 진압되었고, 이후 청의 내정 간섭이 강화되었다.

|오답해설|
② 근대적 인쇄 기구인 박문국과 화폐 주조 기구인 전환국은 1883년에 설립되었다.
③ 개화 정책을 추진하기 위한 개혁 기구로 1880년에 통리기무아문이 설치되었다.
④ 1882년 임오군란 이후, 일본은 배상금 지급 등을 내용으로 하는 제물포 조약의 체결을 강요하였다.

|정답| ①

|정답해설| '개화당(급진 개화파)이 일으켰다'는 것을 통해 밑줄 친 사건이 갑신정변임을 알 수 있다. 갑신정변 과정에서 일본 공사관이 불탔고 이는 조선이 일본 공사관 신축 비용을 부담한다는 내용을 담은 한성 조약의 체결 계기가 되었다.

|오답해설|
① 정동 구락부는 친미 단체였으며, 독립 협회 창립을 주도하였다.
② 개화당은 정변 직후 고종과 명성 황후를 창덕궁에서 경우궁으로 옮겼다. 이후 청과 연결된 명성 황후의 요구로 계동궁(왕족 이재원의 집)을 거쳐 창덕궁으로 거처를 옮겼다. 이후 청군의 개입으로 개화당과 일본군이 패퇴하였다(갑신정변의 실패).
③ 차관 도입을 위한 제3차 수신사(박영효) 파견은 1882년 임오군란 직후에 해당한다.

|정답| ④

| 단권화 MEMO |

| 정답해설 | (가) 제5조 내용을 통해 임오군란의 결과로 체결된 '제물포 조약'(1882)임을 알 수 있다. (나) 제4조 내용을 통해 갑신정변의 결과로 체결된 '한성 조약'(1884)임을 알 수 있다. 청은 임오군란을 진압한 후 마젠창과 독일인 묄렌도르프를 고문으로 파견하여 조선의 내정 및 외교에 간섭하였다.

| 오답해설 |
① 임오군란 중 재집권한 흥선 대원군이 통리기무아문을 폐지하였다.
③ 1885년에 청과 일본 사이에 톈진 조약이 체결되었다.
④ 1885년에 독일 부영사 부들러가 조선의 영세 중립 선언을 권고하였다.

| 정답 | ②

● (가), (나) 조약 체결 사이에 있었던 사실로 옳은 것은? 21. 경찰직 1차

> (가) 제1조 지금으로부터 20일 이내에 조선국은 흉도들을 잡고 그 수괴를 엄히 징계한다.
>   제5조 일본 공사관에 약간의 군사를 두어 경비하게 한다.
> (나) 제1조 조선국은 국서를 일본국에 보내 사의를 표명한다.
>   제4조 일본 공관을 새로운 곳으로 옮겨 신축하는 것은 마땅히 조선국에서 기지와 방옥을 교부해 공관 및 영사관으로 사용할 수 있도록 한다. 수축 중건에는 조선국이 다시 2만 원을 지불해 공사비를 충당한다.

① 통리기무아문이 철폐되었다.
② 묄렌도르프가 고문으로 파견되었다.
③ 청과 일본 사이에 톈진 조약이 체결되었다.
④ 부들러가 조선의 영세 중립 선언을 권고하였다.

3 갑신정변 이후 국내의 정세

갑신정변은 국제 사회에 한반도의 위치를 새롭게 인식시켰다.

(1) 청일 대립의 격화
강화도 조약, 임오군란, 갑신정변 등은 조선을 둘러싼 청과 일본의 대립을 격화시켰다.

(2) 거문도 사건(1885)
조선이 청의 내정 간섭에 대항하여 러시아와 비밀 협약을 체결하려 하자, 영국이 러시아 남하를 견제한다며 거문도를 불법 점령하였다. 이로 인해 조선을 둘러싼 국제 분쟁은 더욱 가열되었다(1887년 거문도에서 영국군 철수).

(3) 한반도 중립화론
① 임오군란 직후 일본이 조선 정부에 중립화를 제안한 적이 있으며, 갑신정변 직후 독일 부영사 부들러(Budler)가 건의하기도 하였다. 거문도 사건(1885) 이후에는 유길준이 청과 열강이 보장하는 한반도 중립화론을 구상하였다.
② 이와 같은 중립화론은 실현되지는 못하였지만 당시 조선을 둘러싼 국제 정세의 긴박한 사정을 입증해 주는 것이다.

> **사료** 한반도 중립화론
>
> 우리의 지리적 위치는 벨기에와 같고, 중국에 조공하던 것은 터키에 조공하던 불가리아와 같다. 불가리아의 중립은 유럽 열강들이 러시아를 막기 위함이고, 벨기에의 중립은 유럽 열강들이 자국을 보전하기 위함이었다. 우리나라가 아시아의 중립국이 된다면 러시아를 방어할 수도, 아시아 국가들이 서로 보전할 수도 있을 것이다.
> 오직 중립만이 우리를 지키는 방책인데, 우리 스스로가 제창할 수도 없으니 중국에 청하도록 하자. 아시아에 관계있는 여러 나라가 화합해 조선의 중립을 확인받는 것이다. 이것은 비단 우리만 위한 것이 아니라 중국이며 다른 여러 나라가 서로 보전하는 계책도 될 테니 무엇이 괴로워서 하지 않겠는가?
> 유길준, 「중립론」

바로 확인문제

● 다음 글을 쓴 인물에 대한 설명으로 옳은 것은? 25. 국가직 9급

> 대저 우리나라가 아시아의 중립국이 된다면 러시아를 방어하는 큰 기틀이 될 것이고, 또 아시아의 여러 대국이 서로 보전하는 정략도 될 것이다. …… 이는 비단 우리나라만을 위한 것이 아니라 중국의 이익도 될 것이고, 여러 나라가 서로 보전 하는 계책도 될 것이니 무엇이 괴로워서 하지 않겠는가.

① 영남 만인소 사건을 주도하였다.
② 미국에 파견된 보빙사의 일원이었다.
③ 제2차 수신사로 『조선책략』을 조선에 가지고 왔다.
④ 왜양일체론을 내세우며 개항 반대 운동을 전개하였다.

● 밑줄 친 '이 나라'에 대한 설명으로 옳은 것은? 한국사능력검정시험 7회 고급

> - 『조선책략(朝鮮策略)』에서는 <u>이 나라</u>를 청과 조약을 맺은 지 십여 년 동안 조그마한 분쟁도 없는 나라라고 하였다.
> - 「만인소(萬人疏)」에서는 일만 리 바다 건너 있는 <u>이 나라</u>의 힘을 빌린다는 것은 어불성설이라고 하였다.
> - 1905년, 포츠머스 조약에서 일본의 한국 보호권을 승인한 것에 대해 고종은 <u>이 나라</u>에 '거중 조정'을 요청하였지만, <u>이 나라</u>는 어떠한 조치도 취하지 않았다.

① 1885년에 거문도를 불법 점령하였다.
② 병인양요 당시 외규장각 문서를 약탈하였다.
③ 용암포 조차 문제로 일본과의 갈등이 심화되었다.
④ 1883년 보빙사 일행으로부터 국서를 전달받았다.
⑤ '이 나라'의 부영사 부들러는 조선 중립화론을 제기하였다.

단권화 MEMO

|정답해설| 제시된 사료는 거문도 사건 이후, 유길준이 발표한 '한반도 중립화론'이다. 유길준은 보빙사 일원으로 미국으로 파견되었고, 이후 유럽을 돌아보고 귀국하였다. 이러한 경험을 바탕으로 『서유견문』(1895)을 저술하였다.

|오답해설|
① 이만손은 영남 만인소 사건을 주도하였다.
③ 김홍집은 1880년 제2차 수신사로 일본에 파견되었고, 황쭌셴의 『조선책략』을 조선에 가져왔다.
④ 최익현은 왜양일체론을 내세우며, 개항 반대 운동을 전개하였다.

|정답| ②

|정답해설| 제시된 자료의 "포츠머스 조약", "거중 조정" 등을 통해 밑줄 친 '이 나라'는 미국임을 알 수 있다. 보빙사는 미국에 파견된 사절단이다.

|오답해설|
① 영국, ② 프랑스, ③ 러시아, ⑤ 독일에 대한 설명이다.

|정답| ④

05 동학 농민 운동*

1 농민층의 동요

(1) 국내의 상황

① 열강의 침략 경쟁: 개항 이래 조선을 둘러싸고 전개된 열강의 정치적·경제적·군사적 침략 경쟁은 갑신정변 후에 더욱 가열되었다. 청과 일본 간의 침략적 대립은 더욱 격화되었고, 러시아와 영국도 조선 문제로 충돌하게 되었다.

② 정부의 대응
  ㉠ 정부의 무능력: 조선의 지배층은 외세의 침략에 적절한 대응책을 세우지 못한 채 타협과 굴복을 일삼음으로써, 당면 문제에 대한 해결 능력을 보여 주지 못하였다.
  ㉡ 농민 수탈의 심화: 국가 재정은 개항 이후 국제적 분쟁으로 배상금 지불과 근대 문물의 수용에 필요한 경비 지출 등으로 더욱 궁핍해졌고, 지배층의 농민에 대한 압제와 수탈도 심해졌다.

(2) 일본의 경제적 침투

조선의 농촌 경제는 일본의 경제적 침투로 파탄에 이르게 되었다. 이에 농민층의 불안과 불만이 팽배해졌고, 정치·사회의식이 급성장한 농촌 지식인과 농민들 사이에 사회 변혁의 욕구가 높아졌다.

① 배경: 일본은 정치적인 면에서는 임오군란과 갑신정변을 통하여 청에 밀려 크게 약화되었으나 경제적인 면에서는 오히려 청보다 강세를 유지하였다.

② 일본의 무역 독점
  ㉠ 1880년대: 초창기의 일본 상인들은 청 상인들과 마찬가지로 주로 영국의 면제품(綿製品) 등을 싸게 사다가 비싸게 파는 중계 무역을 하였으나 점차 자국 제품으로 대치하여 막대한 이익을 취하였다.

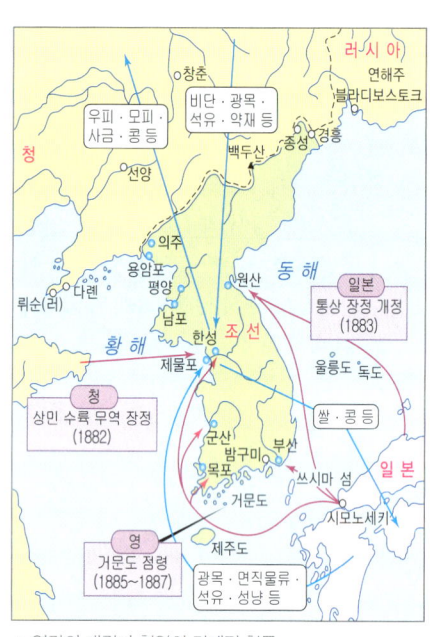

▲ 열강의 대립과 청일의 경제적 침투

  ㉡ 1890년대: 조선의 무역에서 일본과의 무역 비중이 수출 총액의 90% 이상, 수입 총액의 50% 이상을 차지할 정도였다. 당시 일본에 대한 조선의 수출품에서 미곡이 30% 이상을 차지하였다.
  ㉢ 입도선매(立稻先賣): 일본 정부의 정치적 비호를 받은 일본 상인들은 조선 농민의 가난한 형편을 이용하여 입도선매나 고리대의 방법으로 곡물을 사들여 폭리를 취하였다.

③ 방곡령(防穀令) 선포(1889): 일본의 경제적 침략에 대응하여 함경도 등에서 방곡령을 선포하기도 하였으나 실효를 거두지 못하였다.

단권화 MEMO

*동학 농민 운동
동학 농민 운동은 사건의 선후 관계를 고려하여 역사적 흐름을 파악해야 한다.

■ 입도선매
벼가 아직 익기 전에 논 전체를 싼 값으로 사들이는 방식이다.

| 심화 | 무역 구조의 변화 |

조선의 수입품은 70% 정도가 면제품이었다. 아직 산업 자본이 확립되지 못한 청과 일본은 영국제 면제품을 들여와 비싸게 팔고 조선에서 곡물과 금을 헐값으로 사가는 중계 무역을 통해 큰 이익을 남겼다. 이에 1893년경에는 조선인 전체 수요의 25%를 차지할 만큼 증가하였다. 자연히 국내의 면포 수공업자는 물론 가내 부업으로 면포를 생산하던 농민들이 점차 몰락해 갔다. 수출품은 주로 쌀·콩 등 곡물과 금·쇠가죽이었는데, 곡물이 70% 안팎으로 대부분은 일본으로 수출되었다. 쌀 수출은 농산물의 상품화를 확대시켰으나, 국내 쌀값이 크게 오르게 되어 민중의 생활을 한층 어렵게 하였다. 쌀값 폭등으로 생긴 이익은 지주와 부농, 그리고 상인들에게 돌아갔다. 정부와 지방 관리들은 쌀값을 안정시키려고 방곡령(防穀令)을 내려 곡물 유출을 막으려 하였으나, 일본 측의 항의와 방해로 실패하였다. 이에 개항을 한 뒤 무역 체제는 점차 '미면 교환 체제(米綿交換體制)'로 바뀌어 갔다. 곧 식량인 쌀과 원료인 면화를 수출하는 대신 면제품 등 자본제 상품을 수입하는 일종의 식민지 무역 체제였다.

송찬섭

(3) 농민층의 불만 팽배

① 농민층의 사회 불만 증대 : 자본주의 열강의 침탈과 지배층의 착취로 농촌 경제가 파탄에 이르게 되자, 농민층의 불안과 불만이 더욱 팽배해져 갔고, 농촌 지식인들과 농민들의 정치·사회의식이 급성장하여 사회 변혁의 욕구도 고조되었다.

② 동학의 교세 확장
   ㉠ 농민 요구에 부합 : 동학의 교세는 삼남 지방을 중심으로 확대되었는데, 동학의 인간 평등사상과 사회 개혁 사상은 당시 농민들의 변혁 요구에 맞았다.
   ㉡ 조직의 정비 : 동학의 포접제(包接制) 조직은 대규모 농민 세력의 규합을 가능하게 하였으며, 종래에 산발적으로 일어났던 민란 형태의 농민 운동은 조직적인 농민 전쟁의 형태로 바뀌었다.

2 동학 농민 운동

○ 1894~1895년 주요 사건(1895년까지의 날짜 표기는 음력으로 통일)

1894년	1월 10일	고부 민란
	3월 20일	무장 봉기
	4월 6일~4월 7일	황토현 전투
	4월 22일~4월 23일	황룡촌 전투
	5월 5일	청군 상륙
	5월 6일	일본군 상륙
	5월 7일	전주 화약
	6월 11일	조선 정부 교정청 설치
	6월 21일(양력 7. 23.)	일본군 경복궁 침입
	6월 23일(양력 7. 25.)	청일 전쟁 발발
	6월 25일(양력 7. 27.)	제1차 갑오개혁(군국기무처 설치)
	9월 18일	농민군 재봉기
	10월	남·북접군 논산 집결
	11월	공주 우금치 전투
	12월	제2차 갑오개혁(군국기무처 폐지)
1895년	3월 23일(양력 4. 17.)	시모노세키 조약 체결(청일 전쟁 종결)
	3월 29일	삼국 간섭
	8월 20일	을미사변 발생, 을미사변 직후 을미개혁 시작

단권화 MEMO

■ 이필제의 난(1871)
이필제 등이 영해에서 일으킨 난으로서 동학 최초의 교조 신원 운동이었으며, 반봉건적 투쟁으로 평가된다.

■ 복합 상소
서울에 40여 명의 교도가 상경하여 경복궁 앞에서 복합(엎드려 호소함) 상소를 하다가 해산당하였다.

■ 조병갑의 횡포
만석보의 수세를 강제로 징수하고, 아버지의 비각을 세운다고 1천여 냥의 돈을 사취하는 등 온갖 탐학을 일삼았다.
　　　　　　　　　　　　한영우

(1) 교조 신원(敎祖伸寃) 운동

① 목적 : 동학의 교세가 확대되자 동학 교도들은 삼례 집회(1892), 복합 상소(1893) 등을 통해 교조 최제우의 신원을 회복하고, 동학을 공인받으려 하였다.
② 보은 집회(報恩集會)
　㉠ 동학 교도와 농민이 참가한 대규모의 집회로 발전하여 탐관오리의 숙청과 일본과 서양 세력의 축출을 요구하는 정치적 구호를 내세웠다. 이로써 동학 중심의 종교 운동에서 농민 중심의 정치 운동적인 성격을 띠게 되었다.
　㉡ 한편 전라도의 남접은 금구에서 따로 모임을 가졌다(금구 집회).

(2) 동학 농민 운동의 전개

① 제1기(1894, 고부 농민 봉기 시기) : 고부 군수 조병갑의 횡포와 착취에 항거하여 전봉준이 1천여 명의 농민군을 이끌고 관아를 습격하여 군수를 내쫓고 아전들을 징벌한 뒤, 곡식을 농민들에게 나누어 주고 10여 일 만에 해산하였다.
② 제2기(동학 농민 운동의 절정기)
　㉠ 정부는 조병갑을 징죄하고, 고부 농민 봉기를 수습하기 위해 안핵사 이용태를 파견하였다.
　㉡ 그러나 이용태는 모든 원인을 농민군에게 돌리며, 봉기에 참여한 농민들을 탄압하였다.
　㉢ 전봉준 등은 고부를 재점령하고(무장 봉기), 백산에 집결하였다.
　㉣ 농민군은 백산 격문을 발의한 후, 황토현 전투, 황룡촌 전투 등에서 관군을 물리쳤다.
　㉤ 농민군이 무안, 나주, 정읍 등을 거쳐 전주성으로 진격하자, 정부에서는 홍계훈을 파견하여 농민군을 토벌하게 하는 한편, 청에 원군을 요청하였다.

▲ 동학 농민 운동의 전개

사료 「동학 농민군 4대 강령」(1894. 3.)

1. 사람과 남의 물건을 해치지 마라.
2. 충효를 다하고 세상을 구하고 백성을 평안하게 하라.
3. 일본 오랑캐를 몰아내고 나라의 정치를 깨끗이 한다.
4. 군대를 몰아 서울로 들어가 권세가와 귀족을 없앤다.

정교, 「대한계년사」

사료 백산 격문(1894. 3.)

우리가 의(義)를 들어 이에 이름은 그 본의가 다른 데 있지 아니하고, 창생을 도탄에서 건지고 국가를 반석 위에 두고자 함이다. 안으로는 탐학한 관리의 머리를 베고, 밖으로는 횡포한 강적의 무리를 구축하고자 함이다. 양반과 호강(豪强)의 앞에서 고통을 받는 민중들과 방백과 수령의 밑에서 굴욕을 받는 소리(小吏)들은 우리와 같이 원한이 깊은 자이다. 조금도 주저치 말고 이 시각으로 일어서라. 만일 기회를 잃으면 후회해도 미치지 못하리라.

「동학사」

③ 제3기(전주 화약 체결)
  ㉠ 청군이 파병된 직후, 조선 내 일본인 보호를 구실로 일본군이 파병되자 조선 정부와 농민군은 전주 화약을 체결하였다.
  ㉡ 농민군은 정부에 「폐정개혁안 12개조」를 제시하였고, 전라도 53개 지역에 개혁 기구인 집강소를 설치하였다.
  ㉢ 일본군은 조선 정부의 철군 요청을 거부하고 경복궁을 점령한 후 청일 전쟁을 일으켰다.

> **사료** 「폐정개혁안 12개조」
>
> 1. 동학도(東學徒)는 정부와의 원한(怨恨)을 씻고 서정(庶政)에 협력한다.
> 2. 탐관오리(貪官汚吏)는 그 죄상을 조사하여 엄징(嚴懲)한다.
> 3. 횡포(橫暴)한 부호(富豪)를 엄징한다.
> 4. 불량한 유림(儒林)과 양반의 무리를 징벌한다.
> 5. 노비 문서(奴婢文書)를 소각한다.
> 6. 7종의 천인 차별을 개선하고, 백정이 쓰는 평량갓(平凉笠)은 없앤다.
> 7. 청상과부(靑孀寡婦)의 개가(改嫁)를 허용한다.
> 8. 무명(無名)의 잡세는 일체 폐지한다.
> 9. 관리 채용에는 지벌(地閥)을 타파하고 인재를 등용한다.
> 10. 왜(倭)와 통하는 자는 엄징한다.
> 11. 공사채(公私債)를 물론하고 기왕의 것을 무효로 한다.
> 12. 토지는 평균하여 분작(分作)한다.
>
> 『동학사』

④ 제4기(동학 농민군의 재봉기)
  ㉠ 청일 전쟁에서 승세를 잡은 일본이 내정 간섭을 강화하자, 이에 대항하여 남·북접의 동학 농민군이 논산에 집결하였다가 외세를 몰아낼 목적으로 서울로 북상하였다.
  ㉡ 동학 농민군은 공주의 우금치(牛金峙)에서 관군과 일본군, 민보군을 상대로 격전을 벌였다. 그러나 근대 무기로 무장한 일본군에게 패하여 큰 희생을 치렀으며, 전봉준 등 지도자들이 체포됨으로써 동학 농민 운동은 실패로 돌아갔다.

(3) 동학 농민 운동의 성격
① 농민 전쟁의 성격: 초기에는 이른바 민란의 양상을 띠고 있었으나 정부의 수습책이 미흡하자 점차 대대적인 농민 전쟁의 성격을 띠어 갔다.
② 반봉건적·반침략적 성격
  ㉠ 반봉건: 안으로는 전통적 지배 체제에 반대하여 노비 문서의 소각·토지의 평균 분작 등 개혁 정치를 요구하였다.
  ㉡ 반외세: 밖으로는 외세의 침략을 물리치려는 반침략적 근대 민족 운동이었다.

(4) 동학 농민 운동의 영향
① 반봉건적 성격과 반침략적 성격 때문에 당시의 집권 세력과 일본 침략 세력의 탄압을 동시에 받아 실패하고 말았다.
② 동학 농민군의 요구는 갑오개혁에 부분적으로 반영되었으며, 전통 질서 붕괴를 촉진시켰다.
③ 동학 농민군의 잔여 세력이 의병 운동에 가담함으로써 반일 무장 투쟁을 활성화시켰다.
④ 동학 농민군의 진압 과정에서 파병된 청일 양국의 충돌로 청일 전쟁이 발발하였다.

단권화 MEMO

■ 집강소(執綱所)
집강소는 농민 자치 기구로서 전라도 53주읍(州邑)의 관청 내에 설치되었다. 집강소는 장(長)인 집강 1인과 그 아래 서기·성찰(省察)·집사(執事)·동몽(童蒙) 등의 임원을 두어 행정 사무를 맡아 보게 하였다.

■ 민보군
양반 지주 및 토호들이 조직한 반동학 농민군 조직

(5) 동학 농민 운동의 한계

근대 사회를 건설하기 위한 구체적인 방안을 제시하지 못하였다.

> **사료** 전봉준에 대한 심문 내용(요약)
>
> 심문자: 작년 3월 무슨 사연으로 고부 등지에서 민중을 크게 모았는가?
> 전봉준: 고부 군수(조병갑)의 수탈이 심하여 의거하였다.
> 심문자: 흩어져 돌아간 후에는 무슨 일로 군대를 봉기하였느냐?
> 전봉준: 문제 해결 책임자 이용태가 내려와 의거 참가자 대다수가 일반 농민이었음에도 불구하고 모두를 동학으로 통칭하고 체포하여 살육하였기에 군대를 봉기하였다.
> 심문자: 전주 화약 이후 다시 군대를 일으킨 이유가 무엇이냐?
> 전봉준: 일본이 개화를 구실로 군대를 동원하여 왕궁을 공격하고 임금을 놀라게 하였으니, 충군 애국의 마음으로 의병을 일으켜 일본과 싸워 그 책임을 묻고자 함이다.

바로 확인문제

● 다음은 동학 농민 운동과 관련한 연표이다. (가)~(라) 시기에 있었던 사실로 옳은 것은?

15. 국가직 9급

```
최제우의      삼례 집회     고부 관아     전주성      우금치
동학 창시   (교조 신원 운동)   습격        점령       전투
   │           │           │          │          │
   │   (가)   │   (나)   │   (다)  │   (라)  │
```

① (가) - 황토현 전투
② (나) - 청일 전쟁의 발발
③ (다) - 남·북접군의 논산 집결
④ (라) - 일본군의 경복궁 점령

● 다음 격문을 작성한 세력이 제기한 주장으로 옳은 것은?

16. 지방직 7급

> 우리가 의를 들어 여기에 이르렀음은 그 본뜻이 다른 데 있지 않고 창생(蒼生)을 도탄(塗炭) 중에서 건지고 국가를 반석(磐石) 위에 두고자 함이라. 안으로는 탐학한 관리의 머리를 베고, 밖으로는 횡포한 왜적의 무리를 내몰고자 함이라.

① 각종 무명잡세를 근절할 것
② 장교를 육성하고 징병제를 실시할 것
③ 조약을 체결할 때 중추원 의장이 서명할 것
④ 민법과 형법을 제정하여 인민의 생명과 재산을 보호할 것

단권화 MEMO

▲ 동학 농민군의 지도자 전봉준

|정답해설| 전주 화약 이후에도 일본군이 철군하지 않고 경복궁을 점령해 청을 선제공격하면서 청일 전쟁이 일어났다.

|오답해설|
① 황토현 전투는 고부 관아 습격(고부 민란) 이후 농민군이 정부군에게 승리한 전투로, (다) 시기에 일어났다.
② 청일 전쟁의 발발은 (라) 시기의 일이다.
③ 남·북접군이 연합하여 논산에 집결한 것은 (라) 시기의 일이다.

|정답| ④

|정답해설| 제시된 사료는 동학 농민군이 백산에서 봉기할 때 발표한 격문이다. 농민군이 제시한 「폐정개혁안」에는 무명잡세를 근절해야 한다는 내용이 있었다.

|오답해설|
②④ 제2차 갑오개혁 직전 발표된 「홍범 14조」의 내용들이다. 「홍범 14조」는 우리나라 최초의 근대적 헌법의 성격을 가진다.
③ 「헌의 6조」의 내용 중 하나이다.

|정답| ①

● 〈보기 1〉의 밑줄 친 부분에 대한 서술로 옳은 것을 〈보기 2〉에서 모두 고르면? 19. 2월 서울시 7급

┤보기 1├
심문자: 작년(1894) 3월 고부 등지에서 무슨 사연으로 민중을 크게 모았는가?
전봉준: 그때 고부 군수(조병갑)의 수탈이 심하여 의거하였다.
심문자: 흩어져 돌아간 후에는 무슨 일로 ㉠ 군대를 봉기하였느냐?
전봉준: 고부 민란 조사 책임자 이용태가 내려와 의거 참가자 대다수가 일반 농민이었음에도 모두를 동학도로 통칭하고, 그 집을 불태우며 체포하고 살육을 행했기 때문에 다시 일어났다.
심문자: ㉡ 전주 화약 이후 ㉢ 다시 군대를 일으킨 이유가 무엇이냐?
전봉준: ㉣ 일본이 개화를 구실로 군대를 동원하여 왕궁을 공격하고 임금을 놀라게 했으니, 의병을 일으켜 일본과 싸워 그 책임을 묻고자 함이다.
「전봉준 공초」(발췌요약)

┤보기 2├
ㄱ. ㉠: 반봉건의 기치를 높이 들고 남·북접이 연합하여 봉기하였다.
ㄴ. ㉡: 정부와 정치를 개혁할 것을 합의하였다.
ㄷ. ㉢: 공주 우금치에서 우세한 화력으로 무장한 일본군과 정부군에게 패하고 말았다.
ㄹ. ㉣: 명성 황후를 무참히 살해하는 을미사변을 일으켰다.

① ㄱ, ㄹ
② ㄴ, ㄷ
③ ㄱ, ㄷ, ㄹ
④ ㄱ, ㄴ, ㄷ, ㄹ

| 단권화 MEMO |

| 정답해설 |
청·일본의 군대가 조선에 파병되자, 동학 농민군은 전주 화약을 통해 정부와 정치를 개혁할 것을 합의하였다. 그러나 일본이 경복궁을 점령하고 내정을 간섭하자, 동학 농민군이 재봉기하였다(남·북접의 연합). 농민군은 분투하였으나 공주 우금치 전투에서 우세한 화력으로 무장한 일본군과 정부군에게 패하고 말았다.

| 오답해설 |
ㄱ. 남·북접의 연합은 재봉기를 계기로 이루어졌다.
ㄹ. 을미사변(명성 황후 시해 사건)은 1895년에 일어났다.

| 정답 | ②

06 근대적 개혁의 추진

1 갑오개혁(甲午改革, 1894)*

(1) 자주적 개혁의 추진

① 배경: 개항 이후 여러 가지 모순을 해결하기 위한 개혁의 필요성이 높아진 가운데, 농민들의 개혁 요구가 거세지자 정부에서는 자주적으로 개혁을 추진하였다.
② 교정청(校正廳)의 설치: 갑신정변에 가담하지 않았던 온건 개화파들은 국왕의 명을 받아 교정청을 설치하고 자주적으로 개혁을 추진하려 하였다.

> **사료** 교정청
>
> 교정청이 논의해 결정한 각종 폐단 혁파 조항(마을마다 게시하도록 각 도에 알림)
> 1. 세금 포탈이 많은 아전은 절대 용서하지 말고 곧바로 최고 형벌을 적용할 것
> 1. 공사의 채무를 막론하고 채무자의 친족에게 징수하는 일은 일체 거론하지 말 것
> 1. 지방관이 해당 지역에서 토지를 매입하거나 산소를 차지할 수 없으며, 만약 그 금령을 어길 경우 토지는 관청 소유로 넘기고 산소는 파서 옮길 것
> 1. 토지세를 징수하는 논밭의 원래 결수 외에 결수를 더 배정하거나 호포(戶布) 외에 더 거두어들인 것은 모두 통렬하게 금지하고, 만약 드러나는 것이 있으면 즉시 따져서 처벌할 것
>
> 『속음청사』 권7, 고종 31년 6월 16일

*갑오개혁
제1, 2차 갑오개혁의 내용과 을미개혁의 내용은 구분하여 기억하도록 한다.

■개혁의 필요성
갑신정변과 동학 농민 운동의 실패로 근대적인 개혁을 주체적으로 실시할 기회를 잃었으나 개항 이래로 누적된 여러 가지의 모순을 해결하기 위해서는 대대적인 개혁이 필요하였다.

■교정청
일본 정부가 조선에 내정 개혁안을 제출하였을 때, 조선 정부는 일본 군대의 철수를 우선 문제로 내세웠으며, 1894년 6월 왕명으로 '교정청'을 설치하고, 당상(堂上) 15명과 낭청(郎廳) 2명을 임명하여 자주적으로 개혁을 실시하려 하였다.

CHAPTER 02 근대 국가 수립 운동 • 157

(2) 일본의 간섭

① 상황: 동학 농민 운동을 계기로 청일 양국군이 조선에 들어왔으나 이미 정부와 동학 농민군 사이에는 '전주 화약'이 성립되어 외국 군대의 조선 주둔에 대한 명분이 사라졌다.

② 내정 개혁 주장: 일본은 조선에 대한 내정 간섭을 통해 경제적 이권을 탈취하고 침략의 발판을 마련하기 위하여 조선의 내정 개혁이 필요하다고 주장하였다.

③ 경복궁 점령: 조선은 일본군의 철수를 요구하였으나 일본은 군대를 동원하여 경복궁을 점령하였다.

(3) 제1차 갑오개혁

① 김홍집 내각(제1차)의 성립: 민씨 정권은 붕괴되고 흥선 대원군을 섭정으로 하는 김홍집 내각이 성립되었다.

② 군국기무처(軍國機務處) 설치: 김홍집 내각은 개혁을 추진하기 위하여 초정부적 심의 기구인 군국기무처를 설치하고 정치·경제·사회 등 국가의 주요 정책에 대한 개혁을 추진하였다.

③ 개혁 내용
  ㉠ '개국' 연호를 사용하여 청의 종주권을 부인하였다.
  ㉡ 왕실 사무(궁내부)과 국정 사무(의정부)를 분리하여 왕권을 축소하였다.
  ㉢ 6조를 8아문으로 개편하고, 언론 삼사를 폐지하였다.
  ㉣ 관료 제도를 개혁하여 과거제를 폐지하였다.
  ㉤ 사회적으로는 노비제 등 신분 계급을 타파하고, 봉건적 악습(조혼, 과부의 재가 금지, 고문과 연좌법)을 폐지하였다.
  ㉥ 경무청 설치, 탁지아문으로의 재정 일원화, 은본위 화폐 제도(신식 화폐 발행 장정 공포), 조세의 금납화, 도량형 통일 등을 천명하였다.
  ㉦ 내무아문 산하로 위생국을 신설하였다(1894). 당시에는 각종 전염병이 유행하였으므로, 전염병 예방 규칙을 공포하여 대처토록 하였다.

(4) 제2차 갑오개혁

① 일본의 적극적 간섭: 일본은 청일 전쟁에서 승기를 잡자 조선에 대해 적극적으로 간섭하였다. 이때 갑신정변의 주동자로서 망명해 있던 박영효와 서광범이 귀국하여 개혁에 참여하였다.

② 연립 내각 성립: 군국기무처가 폐지되고 김홍집·박영효 연립 내각(제2차 김홍집 내각)이 성립되면서 추진되었다.

③ 「홍범 14조」: 고종은 문무백관을 거느리고 종묘에 나가 「독립서고문(獨立誓告文)」을 바치고, 국정 개혁의 기본 방향을 제시한 「홍범 14조」를 반포하였다.
  ㉠ 「독립서고문」: 국왕이 나라의 자주독립을 선포한 일종의 독립 선언문이었다.
  ㉡ 「홍범 14조」의 성격: 자주권·행정·재정·교육·관리 임용·민권 보장의 내용을 규정한 국정 개혁의 기본 강령으로 우리나라 최초의 헌법적 성격을 지녔다.

> **사료** 「홍범 14조」
>
> 1. 청에 의존하는 생각을 버리고 자주독립의 기초를 세운다.
> 2. 왕실 전범(典範)을 제정하여 왕위 계승의 법칙과 종친과 외척과의 구별을 명확히 한다.
> 3. 임금은 각 대신과 의논하여 정사를 행하고, 종실·외척의 내정 간섭을 용납하지 않는다.

■ 8아문
내무아문, 외무아문, 탁지아문, 군무아문, 법무아문, 학무아문, 공무아문, 농상아문

4. 왕실 사무와 국정 사무를 나누어 서로 혼동하지 않는다.
5. 의정부(議政府) 및 각 아문(衙門)의 직무·권한을 명백히 규정한다.
6. 납세는 법으로 정하고 함부로 세금을 징수하지 아니한다.
7. 조세의 징수와 경비 지출은 모두 탁지아문(度支衙門)의 관할에 속한다.
8. 왕실의 경비는 솔선하여 절약하고, 이로써 각 아문과 지방관의 모범이 되게 한다.
9. 왕실과 관부(官府)의 1년 회계를 예정하여 재정의 기초를 확립한다.
10. 지방 제도를 개정하여 지방 관리의 직권을 제한한다.
11. 총명한 젊은이들을 파견하여 외국의 학술·기예를 견습시킨다.
12. 장교를 교육하고 징병을 실시하여 군제의 근본을 확립한다.
13. 민법·형법을 제정하여 인민의 생명과 재산을 보전한다.
14. 문벌을 가리지 않고 인재 등용의 길을 넓힌다.

④ 개혁 내용
  ㉠ 의정부를 내각으로 개칭하고, 각 아문을 부로 바꾸었으며 농상아문과 공무아문을 농상 공부로 통합하였다(8아문을 7부로 개편).
  ㉡ 궁내부의 관제를 대폭 간소화하였으며 지방 행정 제도인 8도 체제를 23부(長, 관찰사), 337군 체제로 개편하였다.
  ㉢ **사법권을 독립**시켜 지방 재판소와 개항장 재판소, 순회 재판소, 고등 재판소를 설치하고, 법관 양성소를 설치하여 전문 법조인을 양성하였다.
  ㉣ 탁지부 산하에 관세사 9개소와 징세서 220개소를 설치하여 세금 징수를 원활히 하였으며, 궁내부에 시위대 2개 대대, 일본군 지휘하의 훈련대 2개 대대를 신설하였다.
  ㉤ 「교육 입국 조서」를 반포(1895)하여 한성 사범 학교·한성 외국어 학교를 설립하고, 일본에 유학생을 파견하였다.
  ㉥ 보부상을 관할하던 상리국을 폐지하여 상공업을 활성화시키고자 하였다.
⑤ 개혁의 중단: 당시 일본이 삼국 간섭으로 세력이 약화되는 과정에 있었기 때문에 사실상 조선의 내각 대신들, 특히 내무대신 박영효의 주도하에 개혁이 단행되었다. 그러나 박영효가 민씨 세력에 의해 축출되면서 개혁은 중단되었다.

○ 갑오개혁의 주요 내용

구분	제1차 개혁(군국기무처)	「홍범 14조」 발표 후 제2차 개혁
정치·행정	• 왕실 사무와 국정 사무의 분리 • 중국 연호 폐지, 개국 기원 사용 • 6조제 → 8아문제 • 경무청 신설 • 과거제 폐지	• 내각제 시행 • 8아문제 → 7부제 • 8도제 → 23부제
경제·사회	• 재정 기관 일원화(탁지아문) • 은본위제 채택 • 도량형 통일 • 조세 금납제 • 노비제 폐지 • 연좌법 폐지 • 조혼 금지, 과부의 재가 허용	• 한성 사범 학교 설립 • 외국어 학교 관제 공포 • 법관 양성소 규정 제정

■ 삼국 간섭(1895)
일본의 랴오둥 진출에 위협을 느낀 러시아가 독일과 프랑스를 끌어들여 일본에 압력을 가한 사건이다. 이에 일본은 랴오둥반도를 청에 돌려 주었고, 일본의 세력은 약화되었다.

단권화 MEMO

■ **을미사변**(명성 황후 시해 사건)

동학 농민 운동으로 정국이 혼란스러울 때 침략 공세를 펴던 일본은 갑오개혁에 관여하면서 흥선 대원군을 내세워 명성 황후 세력을 제거하려 하였다. 명성 황후는 일본의 야심을 간파하고 일본을 배후로 한 개혁 세력에 대항하였다. 그러나 청일 전쟁에서 승리한 일본의 압력이 거세지자 명성 황후는 친러 정책을 내세워 일본 세력에 대항하였다.
삼국 간섭으로 대륙을 침략하려던 일본의 기세가 꺾이자 조선 정계의 친러 경향은 더욱 굳어졌다. 이에 일본 공사 미우라는 일본의 한반도 침략 정책의 장애물인 명성 황후와 친러 세력을 일소하고자 친일 세력과 공모하고, 1895년 8월 20일 일본 군대와 정치 낭인들을 동원하여 왕궁을 습격한 후 명성 황후를 시해하고 그 시체를 불사르는 만행을 저질렀다.
명성 황후는 대한 제국이 수립된 후에 황후로 추봉되었다.

▲ 단발한 고종의 모습

2 을미개혁(제3차 개혁, 1895. 8.~1896. 2.)

(1) 시모노세키 조약과 을미사변

① 시모노세키 조약 : 청일 전쟁은 일본의 승리로 끝나고 시모노세키 조약이 체결되었다. 일본은 막대한 전쟁 배상금과 랴오둥반도 등을 할양받았다.
② 그러나 삼국 간섭(러시아, 프랑스, 독일)으로 일본이 랴오둥반도를 청에 반환하자(1895. 4.) 조선 내에서는 명성 황후 등 친 러시아 세력이 성장하게 되었다(제3차 김홍집 내각 성립).
③ 이에 일본은 낭인들을 동원하여 명성 황후를 시해하는 을미사변을 일으키고, 친일적인 내각을 수립한 후 급진적 개혁을 실시하였다(을미개혁).

> **사료**   시모노세키 조약
>
> 제1조 청국은 조선국이 완전무결한 독립 자주국임을 확인한다. 따라서 자주독립을 훼손하는 청국에 대한 조선국의 공헌(貢獻)·전례(典禮) 등은 장래에 완전히 폐지한다.
> 제2조 청국은 아래 토지의 주권 및 해당 지방의 성루(城壘)·병기 제조소 및 관청 소유물을 영원히 일본에 할여한다.
>   1. 아래의 경계 내에 있는 펑텐 성[奉天省] 남부의 땅
>   2. 타이완 전도(全島) 및 그 부속 도서(島嶼)

(2) 을미개혁의 추진(제4차 김홍집 내각)

① 태양력 사용 : 음력 1895년 11월 17일을 양력 1896년 1월 1일로 정하였다.
② 연호의 제정 : 건양(建陽)이라는 연호를 채택하였다.
③ 군제의 개편 : 훈련대와 시위대를 해산·재편하여 중앙에는 **친위대 2개 중대**를, 평양과 전주 등 지방에는 **진위대 각 1개 대대**를 설치하였다.
④ 우편 사무 재개 : 개성·수원·충주·안동·대구·동래 등에 우체사를 설치하였다.
⑤ 소학교령 제정·공포 : 서울과 지방 여러 곳에 관립·공립 소학교를 설치하였다.
⑥ 종두법 시행
⑦ 단발령 공포 : 당시 유생들은 "내 목을 자를지언정, 내 머리카락은 자를 수 없다."라며 강력하게 저항하였다.
⑧ 개혁의 중단
    ㉠ 명성 황후 시해와 단발령을 계기로 유생층과 농민들이 각지에서 의병 항쟁을 전개하였다.
    ㉡ 1896년에 아관 파천이 발생한 이후 을미개혁이 중단되었다.

○ 을미개혁의 주요 내용

정치	'건양' 연호 사용, 친위대·진위대 설치(군제 개편)
사회·경제	소학교령 공포, 종두법 시행, 우체사 설치, 태양력 사용, 단발령 공포

> **심화**   근대의 우편 제도
>
> ❶ 우편 제도에 대한 지식 소개
>   • 『이언』의 소개 : 1880년에 청의 정관응이 간행한 서적이며, 우편과 전보에 관한 상세한 해설을 수록하였다.
>   • 우정사의 설치 : 고종 19년(1882) 12월 교통 및 체신 업무를 관장하기 위하여 설치되었던 관청이며, 통리교섭통상사무아문 소속 기구였다.

- 홍영식의 미국 시찰: 1883년 4월에는 우편 업무 실습을 위하여 조창교 등 유학생을 일본에 파견하였고, 홍영식도 그해 6월 보빙사의 부사(副使)가 되어 정사(正使) 민영익과 함께 뉴욕 우체국과 전신국을 시찰하며 발달된 미국의 통신 제도에 깊은 감명을 받았다.

❷ 근대의 우정(郵政)
- 1884(고종 21년). 3. 27.(음력) – 우정총국(우정국) 개설
- 1884. 10. 1.(음력) – 근대 우편 업무 개시(한성-인천), 문위 우표 2종을 발행(문위 우표는 우리나라 최초의 우표이며, 당시 통용 화폐 단위인 문(文)으로 우표 가격을 표기함)
- 1884(고종 21년). 10. 21.(음력) – 우정총국(우정국) 폐지
- 1895. 6. 1. – 우체사 설치
- 1895. 7. 22. – 우편 업무 재개
- 1900 – 만국 우편 연합(UPU, Universal Postal Union) 가입

3 갑오·을미개혁의 의의와 한계

(1) 의의
① 일본의 침략 의도가 반영된 것이지만, 전통 질서를 타파하는 근대적 개혁이었다.
② 조선의 개화 인사들과 농민층의 개혁 의지가 일부 반영된, 민족 내부에서 일어난 근대화의 노력이기도 하였다.

(2) 한계
① 토지 제도 개혁 방안이 전혀 없고, 군제 개혁에 소홀하였다.
② 개혁을 추진한 세력이 일본의 무력에 지나치게 의존하였다.
③ 민중과 유리된 개혁으로 피지배층의 지지가 결여되었다.

○ 갑오개혁과 을미개혁

제1차 갑오개혁	제2차 갑오개혁	–	을미개혁
제1차 김홍집 내각 (1894. 7.~12.)	제2차 김홍집 내각 (1894. 12.~1895. 7.)	제3차 김홍집 내각 (1895. 7.~8.)	제4차 김홍집 내각 (1895. 8.~1896. 2.)
• 군국기무처 중심 개혁 • 친일 내각 • 흥선 대원군의 섭정	• 김홍집·박영효의 연립 내각 • 친일 내각	• 삼국 간섭 후 성립 (이범진, 이완용 등용) • 친러 내각	• 을미사변 후 개혁 추진 • 친일 내각 • 단발령의 반포 등

바로 확인문제

● 다음 기구에서 추진한 개혁 내용으로 옳은 것은? 13. 국가직 9급

> 총재 1명, 부총재 1명, 그리고 16명에서 20명 사이의 회의원으로 구성되었다. 이밖에 2명 정도의 서기관이 있어서 활동을 도왔고, 또 회의원 중 3명이 기초 위원으로 선정되어 의안의 작성을 책임졌다. 총재는 영의정 김홍집이 겸임하고, 부총재는 내아문독판으로 회의원인 박정양이 겸임하였다.

① 은본위 화폐 제도를 실시하였다.
② 의정부와 삼군부의 기능을 회복하였다.
③ 양전 사업을 실시하여 지계를 발급하였다.
④ 재판소를 설치하여 사법권과 행정권을 분리시켰다.

|정답해설| 제시된 자료는 제1차 갑오개혁 시기 초정부적 개혁 기구에 해당하는 군국기무처에 대한 설명이다. 제1차 갑오개혁으로 은본위 화폐 제도가 실시되었다.

|오답해설| ② 흥선 대원군의 왕권 강화 정책, ③ 광무개혁, ④ 제2차 갑오개혁에 대한 설명이다.

|정답| ①

단권화 MEMO

|정답해설| 밑줄 친 '개혁'은 제2차 갑오개혁이다. 제2차 갑오개혁 때 재판소 등을 설치하여 사법권을 독립시켰고, 8도를 23부로 개편하였다.

|오답해설|
ㄱ. 제1차 갑오개혁 때 과거제를 폐지하였다.
ㄹ. 을미개혁으로 친위대와 진위대가 설치되었다.

|정답| ③

■ 춘생문 사건(春生門事件, 1895)
을미사변 이후 친일 정권에 포위되어 불안에 떨던 고종을 궁 밖으로 빼내어 친일 정권을 타도하고 새 정권을 수립하려고 하였으나 실패한 사건이다. 이 사건에는 이범진·이윤용 등 정동파(친미·친러 세력 참여) 관료와 친위대 소속 군인들이 참여하였다.

● 다음 밑줄 친 '개혁'의 내용으로 옳은 것을 〈보기〉에서 고른 것은? 19. 법원직 9급

> 청일 전쟁에서 승기를 잡은 일본은 조선의 내정에 적극 간섭하기 시작하였다. 흥선 대원군을 물러나게 하고 군국기무처를 폐지하였으며, 김홍집·박영효 연립 내각을 구성하고 <u>개혁</u>을 단행하였다.

| 보기 |
ㄱ. 과거제를 폐지하였다.
ㄴ. 재판소를 설치하였다.
ㄷ. 8도를 23부로 개편하였다.
ㄹ. 친위대, 진위대를 설치하였다.

① ㄱ, ㄴ   ② ㄱ, ㄹ   ③ ㄴ, ㄷ   ④ ㄷ, ㄹ

07 아관 파천과 독립 협회

1 아관 파천(1896)

(1) 아관 파천의 발생

을미사변과 단발령의 실시 등으로 반일 감정이 높아져 전국 각지에서 의병(을미의병)이 봉기하자, 이를 진압하기 위하여 중앙의 친위대를 출동시켰다. 이에 수도 경비에 공백이 생긴 틈을 타서 친러파 이범진, 이완용, 이윤용 등은 러시아 공사 베베르와 모의하여 공사관 경비를 구실로 러시아 수병 120명을 불러 공사관을 호위하게 하였다. 이에 고종과 왕세자가 러시아 공사관으로 파천하였다.

> **심화** · 아관 파천
>
> 러시아 공사 베베르는 1896년 2월 인천항에 정박 중인 러시아 군함으로부터 러시아 공사관 경비라는 명목으로 완전 무장한 수병 120명을 서울로 거느리고 왔다. 2월 10일 정동파(貞洞派: 정동에 있는 러시아 및 미국 공사관에 출입하고 있던 정객 그룹)의 이범진·이완용 등은 궁녀용(宮女用)의 가마에 국왕과 세자를 태워 왕궁을 탈출시켜 러시아 공사관으로 옮겼다. 국왕은 러시아 공사관에서 정동파의 포로가 되어 김홍집을 비롯한 개화파 내각의 구성원을 체포·처형할 것을 명령하였다. 이리하여 인민의 반일 감정은 김홍집 내각에 대한 보복의 형태로 폭발하였다.
> 강재언, 「조선 근대의 변혁운동」

(2) 아관 파천 이후 국내 정세 변화

① 김홍집, 정병하 등을 처단하고, 김윤식을 제주도로 유배시키는 한편, 김병시(총리대신), 박정양(내부대신), 이완용(외·학·농상공부대신), 조병직(법부대신), 이윤용(군부대신) 등 친러파 내각이 성립되었다.
② 정부는 민심 수습책으로 단발령을 중지하고 내각을 의정부로 환원하는 한편, 23부의 지방 제도를 한성부와 13도로 구분하고, 그 아래 1목, 7부, 331군으로 개편하였다.
③ 아관 파천으로 우위를 차지한 러시아는 일본과 '첫째, 아관 파천과 친러 정권을 인정할 것, 둘째, 을미사변에 대한 일본 책임을 시인할 것, 셋째, 주한 일본군을 감축하여 러시아 병력과 같은 수를 유지할 것' 등을 내용으로 베베르-고무라 각서를 체결하였다.

④ 니콜라이 황제 대관식을 기회로 일본의 야마가타가 러시아 외상 로마노프에게 북위 38도선 분할을 요청하였으나 거절당하였다.

사료 │ 베베르-고무라 각서

- 제1조 고종의 환궁 문제는 국왕 자신의 판단에 일임하며, 러시아와 일본은 안정상 문제가 없다고 여겨질 때 환궁하는 것을 충고한다.
- 제2조 현재 한국 정부의 내각 대신들은 국왕의 의사대로 임명되었으며 이후에도 러시아와 일본은 국왕에게 관대하고 온화한 인물을 내각 대신에 임명하도록 항상 권고한다.
- 제3조 한국의 부산과 경성 사이에 설치된 일본 전신선 보호를 위해 배치한 일본 위병을 헌병으로 대신하며, 이들 헌병은 한국 정부가 안녕질서를 회복하게 되는 지역부터 철수시킨다.
- 제4조 한성 및 개항장에 있는 일본인 거류지를 보호하기 위해 일본군을 배치하며, 상황이 안정되면 철수한다는 것이었다. 또 러시아도 공사관 및 영사관을 보호하기 위해 군대를 배치할 수 있으며, 상황이 안정되면 철수한다.

심화 │ 로마노프-야마가타 의정서(1896)

로마노프-야마가타 의정서는 본 조약 4개 조항과 비밀 조관 2개 조항으로 이루어져 있다.

제1조는 조선의 재정 문제에 대해 러시아와 일본이 조선 정부에 조언을 해 줄 수 있다는 것, 조선이 개혁을 추진하기 위해 차관을 필요로 할 경우 러시아와 일본 양국이 합의해 제공해야 한다고 규정했다.

제2조는 조선의 경제적 여건이 허락하는 한 원조를 받지 않고 조선인 군대와 경찰을 창설하도록 하고 조선 정부가 이를 유지하도록 한다는 것이었다.

제3조는 일본이 조선 내에 설치한 전신선을 계속해서 보호한다는 것과 러시아 역시 한성에서 러시아 국경에 이르는 전신선을 가설할 수 있는 권리를 가지며, 이 전신선들은 조선 정부가 매수할 수 있는 여력이 생기면 매수할 수 있다고 규정했다.

심화 │ 로젠-니시 협정(1898)

로젠-니시 협정은 총 3개의 조항으로 이루어져 있다.

제1조는 러시아와 일본이 한국의 주권 및 완전한 독립을 확인하고 그 내정에 직접 간섭하지 않는다고 하였다.

제2조는 러시아와 일본 양국 정부는 한국이 일본 혹은 러시아에 도움을 구할 경우 군사 교관 혹은 재정 고문관의 임명에 관해서는 상호 협상 없이는 어떠한 조치도 취하지 않는다고 규정했다.

제3조는 러시아 정부는 한국에서 일본의 상업 및 공업에 관한 기업이 크게 발달한 것과 일본 거류민이 다수라는 점을 인정해 한일 양국 간에 상업 및 공업 관계 발달을 방해하지 않는다는 것이었다.

바로 확인문제

● **베베르(웨베르)-고무라 각서에 대한 설명으로 가장 옳은 것은?** 　17. 서울시 7급

① 조선이 청의 중재를 거치지 않고 러시아와 직접 조러 통상 조약을 체결하였다.
② 조선이 러시아와 조러 비밀 협약을 추진하자 영국이 거문도를 불법 점령하였다.
③ 일본이 아관 파천 이후 수세에 몰리자 러시아와 세력 균형을 위한 협상을 하였다.
④ 일본이 러일 전쟁에서 승리하자 미국과 영국으로부터 조선에 대한 독점권을 인정받았다.

│정답해설│ 아관 파천 이후 정치적 우위를 차지한 러시아는 일본과 '첫째, 아관 파천과 친러 정권을 인정할 것, 둘째, 을미사변에 대한 일본 책임을 시인할 것, 셋째, 주한 일본군을 감축하여 러시아 병력과 같은 수를 유지할 것' 등을 내용으로 베베르-고무라 각서를 체결하였다.

│정답│ ③

단권화 MEMO

＊독립 협회
독립 협회의 만민 공동회 개최, 「헌의 6조」, 의회 설립 운동은 꼭 알아야 할 내용이다.

■ **독립 협회의 중심인물**
서재필·윤치호·이상재·남궁억·정교·안경수·이용익 등 진보적 지식인과 정부의 고급 관료 등이 함께 독립 협회를 창립하였다.

■ **정동 구락부**
고종 31년(1894) 서울에서 조직된 서양인들과 친미적 조선인들의 사교 친목 단체이다. 조선인 회원은 민영환·윤치호·이상재·서재필·이완용 등이었다. 한편 외국인으로는 미국 공사 실(Sill, J. M. B., 施逸)과 프랑스 영사 플랑시(Plancy, C. de.)를 비롯해 미국인 선교사 언더우드(Underwood, H. G.)와 아펜젤러(Appenzeller, H. G.) 등이 있었다.

■ **독립문**

청 사신을 맞이하던 영은문 자리 부근에 세웠다.

2 독립 협회(獨立協會)＊

(1) 창립
서재필 등은 자유 민주주의적 개혁 사상을 민중에게 보급하고 국민의 힘으로 자주독립 국가를 건설하기 위하여 〈독립신문〉을 창간하고 독립 협회를 창립하였다.

▲ 〈독립신문〉

(2) 구성
① 지도부 : 근대 개혁 사상을 지닌 진보적 지식인들이 지도부를 이루었다.
② 구성원 : 열강의 침탈과 지배층의 수탈에 불만을 품은 도시 시민층이 주요 구성원을 이루었고, 학생·노동자·여성 등 광범한 사회 계층의 지지를 받았다.

(3) 발전
① 지지 계층 : 독립 협회는 강연회와 토론회의 개최, 신문과 잡지의 발간 등을 통하여 민중에게 근대적 지식과 국권·민권 사상을 고취하였다. 이로써 독립 협회는 민중 속에 뿌리를 내려 광범한 사회 계층의 지지를 받았다.
② 민중 단체로의 발전 : 독립 협회와 〈독립신문〉이 정부의 외세 의존적인 자세를 비판하자 독립 협회에 참여하였던 관료들은 대부분 이탈하였지만 독립 협회는 오히려 민중에 기반을 둔 사회단체로 발전하였다.

(4) 활동
① 민중의 계몽 : 독립 협회의 지도층은 갑신정변, 갑오개혁과 같은 개혁 운동이 민중의 지지 기반이 없어 실패한 사실을 거울삼아 우선적으로 민중을 일깨우기 위한 운동을 벌였다.
② 자주독립 의식의 고취 : 국민의 성금을 모아 영은문(迎恩門) 자리 부근에 자주독립의 상징인 독립문(獨立門)을 세우고, 모화관(慕華館)을 독립관(獨立館)으로 개수하는 등 국민의 자주독립 의식을 고취시켰다.
③ 민중의 계도 : 강연회와 토론회의 개최, 신문과 잡지의 발간 등을 통하여 근대적 지식과 국권·민권 사상을 고취시켜 민중을 계도하였다.

(5) 국권·민권 운동의 전개
① 배경 : 러시아의 침략적 간섭은 여전하였고, 열강의 이권 침탈은 더욱 심해졌다.
② 만민 공동회 개최(1898) : 우리나라 최초의 근대적 민중 대회인 만민 공동회를 열었다. 만여 명의 시민·학생들이 모인 가운데 종로 광장에서 열린 만민 공동회에서는 러시아의 침략 정책을 규탄하고, 대한의 자주독립권을 지키자는 내용의 결의안을 채택하여 이를 정부에 건의하였다.
③ 자주 국권 운동 : 독립 협회는 수시로 만민 공동회를 열고, 외국의 내정 간섭과 이권 요구 및 토지 조차 요구 등에 대항하여 국권(國權)과 국익(國益)을 수호하려는 자주 국권 운동을 전개해 나갔다.

> **사료** 열강의 이권 침탈을 반대한 독립 협회
>
> 근래 우리나라 국유 광산이라든지, 철도 기지·서북 삼림·연해 어업 등등 이 모든 것에 대한 외국인들의 권리 취득 요구를 우리 정부에서 한 가지라도 허락해 주지 않은 것이 있었는가. 이렇게 외국인들의 요구가 그칠 줄 모르는데, 오늘에 이르러서는 일인(日人)들이 또다시 국내 산림천택(山林川澤)과 원야(原野) 개발권까지 허가해 줄 것을 요청하기에 이를 정도로 극심해졌으니. 정부는 또 이 요구를 허가할 작정인가. 만일 이것마저 허가한다면 외국인들이 이외에 또다시 요구할 만한 무엇이 남아 있겠으며, 우리도 또한 무엇이 남아서 이런 요구에 응할 것이 있겠는가. 이렇게 되면 그야말로 500년의 마지막 날이 될 것이요, 삼천리의 종국(終局)이 될 것이니, 우리 정부에서는 반드시 이를 거절할 줄로 안다.
>
> 이상재가 정부에 올린 상서문

④ **자유 민권 운동**: 자주 국권 운동이 전개되는 과정에서 민중의 힘이 증대되고 민권 의식이 고양됨에 따라 자유 민권 운동도 전개되었다. 국민의 신체 자유·재산권·언론·출판·집회·결사의 자유 등을 확보하려는 운동을 전개하여 상당한 성과를 거두었다. 또한 민의(民意)를 국정에 반영하여 근대 개혁을 추진하려는 국민 참정권 운동도 전개하였다.

(6) 국정 개혁 운동

① **민중 대표 기관으로 성장**: 전국 각지에 지회를 설치하고, 4천여 명의 회원을 가진 민중의 대표 기관으로 성장하여 의회 설립에 의한 국민 참정 운동과 국정 개혁 운동을 본격적으로 전개하였다.

② **진보적 내각의 수립**: 「구국 운동 상소문」(구국 운동 선언 상소, 1898. 2.)을 고종에게 올렸고, 박정양의 진보적 내각을 수립하는 데 성공하였다.

③ **「헌의 6조」 결의(1898. 10.)**: 만민 공동회와 정부 대신들을 합석시켜 관민 공동회를 개최하고 「헌의 6조」를 결의하였으며, 고종의 재가를 받았다(고종의 「조칙 5조」 발표).

④ **「중추원 신관제」 반포**: 민선 의원과 관선 의원을 같은 수로 하는 의회식 「중추원 신관제(中樞院新官制)」를 반포하여 우리나라 역사상 최초로 의회(議會)를 만들려고 하였다.

> **사료** 관민 공동회의 「헌의 6조」
>
> 1. 외국인에게 의지하지 말고 관민이 한마음으로 힘을 합하여 전제 황권을 견고하게 할 것
> 2. 외국과의 이권에 관한 계약과 조약은 각 대신과 중추원 의장이 합동 날인하여 시행할 것
> 3. 국가 재정은 탁지부에서 전관(專管)하고, 예산과 결산을 국민에게 공표할 것
> 4. 중대 범죄를 공판하되, 피고의 인권을 존중할 것
> 5. 칙임관을 임명할 때에는 정부에 그 뜻을 물어서 중의에 따를 것
> 6. 정해진 규정을 실천할 것
>
> 〈독립신문〉

> **사료** 「조칙 5조」
>
> 고종 황제는 「헌의 6조」에 자신의 5개조 약조를 추가하여, 향후 권력 기구의 정비와 개혁 정책의 추진을 약속하였다.
>
> 하나. 간관(諫官)을 폐지한 뒤에 바른말이 들어오는 길이 막히어 위아래가 부지런히 힘쓰도록 권하고 깨우쳐 가다듬는 뜻이 없게 되었으니, 중추원의 규정을 서둘러 정하여 실시할 일.
>
> 하나. 각 항목의 규칙은 이미 한번 정한 것이 있으니 각 회와 신문 역시 규정이 없을 수 없다. 회의 규정은 의정부와 중추원에서 시기에 알맞게 참작해서 헤아려 결정하고, 신문 조례는 내부와 농상공부가 여러 나라의 규례에 따라 헤아려 결정해 시행할 일.
>
> 하나. 관찰사 이하 지방관과 지방 부대 장관은 현직에 있건 이미 교체되었건 간에 관청의 재물을 거저 가진 사람이 있으면 장률에 의지하여 시행하고, 백성의 재물을 억지로 빼앗은 사람은 낱낱이 찾아서 본래 임자에게 돌려준 다음 법률대로 적용하고 징계하여 처벌할 일.

단권화 MEMO

■ **중추원의 구성**
중추원은 의장 1인, 부의장 1인, 의관 50인이 구성한다. 의관의 절반은 정부가 추천하고 절반은 독립 협회 회원들이 투표하여 선거한다. 의장, 부의장, 의관의 임기는 12개월로 정한다.

하나. 어사나 시찰 등 관원으로서 폐단을 끼치는 사람이 있으면 본고장의 백성들이 내부와 법부에 가서 호소하는 것을 허락함으로써 철저히 조사하여 징계해 다스릴 일.
하나. 상공 학교를 설립하여 백성의 직업을 장려할 일.

> **사료** 「중추원 신(新)관제」
>
> 제1조 중추원은 다음 사항을 심의하고 의정하는 처소로 할 것
> 1. 법률과 칙령의 제정, 폐지 혹은 개정에 관한 사항
> 2. 의정부에서 토의를 거쳐 임금에게 상주하는 사항
> 3. 칙령에 의하여 의정부에서 문의하는 사항
> 4. 의정부에서 임시 건의에 대해 문의하는 사항
> 5. 중추원에서 임시 건의하는 사항
> 6. 인민이 건의하는 사항
>
> 제3조 의장은 대황제 폐하께옵서 문서로 임명하시고, 부의장은 중추원 공천에 의해 임명하시고, 의원 반수는 정부에서 공로가 있는 자로 회의하여 추천하고, 반수는 인민 협회에서 27세 이상의 사람이 정치·법률·학식에 통달한 자로 투표 선거할 것

(7) 독립 협회의 해산

① 박정양 내각의 붕괴 : 「헌의 6조」는 서구식 입헌 군주제의 실현을 목표로 하였기 때문에 보수 세력의 지지를 얻지 못하였다. 보수 세력은 고종에게 독립 협회가 왕정을 폐지하고 공화정을 실시하려 한다고 모함하였다. 이로 인해 박정양 내각은 무너지고 독립 협회도 3년 만에 해산되었다.

② 시민의 투쟁 : 서울 시민들은 만민 공동회를 열어 50여 일간의 시위 농성을 통하여 독립 협회의 부활, 개혁파 내각의 수립, 의회식 중추원의 설치 등을 요구하며 격렬한 투쟁을 벌였다.

③ 황국 협회의 탄압 : 보수 세력은 황국 협회(皇國協會)를 이용하여 독립 협회를 탄압하였고, 결국은 병력을 동원하여 민중들의 정치 활동을 봉쇄하였다.

(8) 독립 협회 활동의 의의

독립 협회는 과거의 개화 세력과는 달리 민중을 개화 운동과 결합시켜 근대적 민중 운동을 일으켰고, 민중에 의한 자주적인 근대화 운동을 전개하였다.

① 자주 국권 사상 : 자주독립 국가를 건설하려는 근대적 민족주의 사상으로서, 독립 협회는 열강의 침략으로부터 자주독립하는 길은 외국에 의존하지 않고 스스로의 힘으로 국권을 지키는 것이라고 믿었다. 그리고 실제로 민중을 배경으로 정부에 압력을 가하여 러시아의 내정 간섭과 이권 요구를 물리치는 등 자주 국권 운동을 전개하였다.

② 자유 민권 사상 : 국민의 자유와 평등 및 국민 주권의 확립을 통하여 근대 국민 국가를 건설하려는 민주주의 사상이다. 독립 협회는 민중에게 민권 의식을 고취시키고, 자유 민권의 민주주의 이념을 사회 일반에 전파하였다.

③ 자강 개혁 사상 : 자주적인 근대 개혁을 통하여 국력을 배양하려는 근대화 사상이다. 신교육과 산업 개발의 필요성, 국방력의 증강을 강조하였다.

■ **황국 협회(皇國協會)**
전국의 보부상으로 조직된 단체로서, 보수 세력은 이들에게 만민 공동회가 열리는 곳에서 소란을 피우게 하고, 이를 빌미로 독립 협회를 해산시켰다.

바로 확인문제

● 밑줄 친 '이 단체'의 활동으로 옳은 것을 〈보기〉에서 모두 고른 것은?   23. 법원직 9급

정부의 지원을 받아 설립된 이 단체는 고종에게 아래의 문서를 재가 받았어요.

1. 외국인에게 의지하지 말고 관민이 합심하여 황제권을 공고히 할 것.
2. 외국과의 이권에 관한 계약과 조약은 해당 부처의 대신과 중추원 의장이 함께 날인하여 시행할 것.
……

┤ 보기 ├
ㄱ. 「구국 운동 상소문」을 지었다.
ㄴ. 고종 강제 퇴위 반대 운동에 앞장섰다.
ㄷ. 일제의 황무지 개간권 요구에 반대하였다.
ㄹ. 러시아의 내정 간섭과 이권 요구에 반대하였다.

① ㄱ, ㄴ   ② ㄱ, ㄹ
③ ㄴ, ㄷ   ④ ㄷ, ㄹ

● (가) 단체에 대한 설명으로 옳은 것은?   22. 국가직 9급

> 아관 파천 이후 러시아의 영향력이 강화되고 열강의 이권 침탈이 가속화되었다. 이러한 가운데 서재필 등은 ___(가)___ 을/를 만들었다. ___(가)___ 은/는 고종에게 자주독립을 굳건히 하고 내정 개혁을 단행하라는 내용이 담긴 상소문을 제출하였으며, 만민 공동회를 개최하여 외국의 간섭과 일부 관리의 부정부패를 비판하였다.

① 「교육 입국 조서」를 작성해 공포하였다.
② 영은문이 있던 자리 부근에 독립문을 세웠다.
③ 개혁의 기본 강령인 「홍범 14조」를 발표하였다.
④ 일본에 진 빚을 갚자는 국채 보상 운동을 일으켰다.

● (가)~(다)가 반포된 순서대로 바르게 나열한 것은?   20. 법원직 9급

> (가)
> 2. 모든 정부와 외국과의 조약에 관한 일은 각부 대신과 중추원 의장이 합동으로 서명, 날인하여 시행할 것.
> 4. 중대 범죄는 공개 재판을 시행하되, 피고가 죄를 자백한 후에 시행할 것.
>
> (나)
> 1. 이후 국내외 공사(公私)문서에 개국 기원을 사용한다.
> 6. 남자 20세, 여자 16세 이하의 조혼을 금지한다.
> 8. 공사 노비법을 혁파하고 인신매매를 금지한다.
>
> (다)
> 1. 흥선 대원군을 빨리 귀국시키고 종래 청에 행하던 조공의 허례를 폐지한다.
> 9. 혜상공국을 혁파한다.
> 12. 모든 재정은 호조에서 관할한다.

① (가) – (다) – (나)   ② (나) – (다) – (가)
③ (다) – (가) – (나)   ④ (다) – (나) – (가)

단권화 MEMO

|정답해설| 제시된 내용은 독립 협회에서 결의한 「헌의 6조」(1898) 중 일부이다. 독립 협회는 ㄱ.「구국 운동 상소문」(구국 운동 선언 상소, 1898. 2.)을 고종에게 올렸고, ㄹ. 러시아의 내정 간섭과 이권 침탈에 반대하였다. 그 결과 한러 은행을 폐쇄하고 러시아의 절영도 조차 요구를 좌절시켰다.

|오답해설|
ㄴ. 대한 자강회는 고종의 강제 퇴위 반대 운동을 전개하다가 해산되었다(1907).
ㄷ. 보안회는 일제의 황무지 개간권 요구에 반대하였다.

|정답| ②

|정답해설| (가) 단체는 독립 협회(1896~1898)이다. 독립 협회는 청에 대한 사대를 상징하는 영은문 자리 부근에 독립문을 세웠다.

|오답해설|
① 고종은 1895년에 「교육 입국 조서」를 반포하였다.
③ 고종은 1894년에 「홍범 14조」를 반포하였다.
④ 국채 보상 운동은 1907년 대구에서 시작되었다.

|정답| ②

|정답해설| 제시된 자료는 '(다) 갑신정변 직후의 「정강 14개조」(1884) → (나) 제1차 갑오개혁(1894) → (가) 「헌의 6조」(1898)' 순으로 반포되었다.

|정답| ④

단권화 MEMO

＊대한 제국의 수립
「대한국 국제」와 광무개혁의 내용은 꼭 기억하도록 한다.

■ 원구단(환구단)

고려 성종 2년(983) 정월에 처음 설치되었고, 조선 초에 제천 의례가 억제되자 폐지되었다. 세조 2년(1456)에 일시적으로 제도화하여 1457년에 환구단을 설치하고 제사를 지내게 되었다. 그러나 세조 10년(1464)을 마지막으로 환구단에서의 제사는 중단되었다. 환구단이 다시 설치된 것은 고종 34년(1897) 조선이 대한 제국이라는 황제국으로 이름을 바꾸고, 고종이 황제로 즉위하면서부터로, 고종은 환구단에서 황제 즉위식을 거행하였다.
현재 환구단 터에는 황궁우와 석고 3개가 남아있다. 황궁우는 1899년에 만들어진 3층의 8각 건물이며, 석고는 악기를 상징하는 듯한 모습으로 화려한 용무늬가 조각되어 있다. 1913년 일제에 의해 환구단은 헐리고 그 터에는 지금의 조선 호텔이 들어서게 되었다.

08 대한 제국의 수립

1 대한 제국의 수립＊

(1) 고종의 환궁
아관 파천 이후 열강의 이권 침탈 등으로 국내의 여론이 악화되고, 고종의 환궁을 독촉하는 목소리가 높아지자 1897년 고종은 경운궁(이후 덕수궁으로 개칭)으로 환궁하였다.

(2) 대한 제국 수립
고종은 환궁 이후 자주독립을 강화하는 방안으로 칭제 건원을 추진하여 연호를 '광무'라 하고, 국호를 '대한 제국'으로 고쳤다.

(3) 「대한국 국제」 반포
고종은 「대한국 국제」를 반포(1899)하여 자주독립과 전제 황권 강화를 표방하였다.

> **사료** 「대한국 국제」 제정(법규 교정소)
>
> 우리 폐하는 뛰어난 성인의 자질로서 중흥의 업적을 이룩하여 이미 보위에 올랐고 계속해서 또 국호를 개정하였으니, …… 이것이 이 법규 교정소를 설치한 까닭입니다. 이제 조칙을 받들어 보니, 본 교정소에서 국제(國制)를 잘 의상하여 세워서 보고하여 분부를 받으라고 하였으므로 감히 여러 사람의 의견을 수집하고 공법(公法)을 참조하여 국제 1편을 정함으로써 우리나라의 정치는 어떤 정치이고 우리나라의 군권은 어떤 군권인가를 밝히려 합니다. 이것은 실로 법규의 대두뇌이며 대관건입니다. 이 제도를 한 번 반포하면 온갖 법규가 쉽게 결정될 것이니, 그것을 교정하는 데 무슨 문제가 있겠습니까. 이에 본 교정소가 모여 의논하고 삼가 표제(標題)를 각기 기록하여 폐하의 재가를 기다립니다.
> 「관보」, 1899년(광무 3년)

> **사료** 「대한국 국제」
>
> 제1조 대한국은 세계 만국에 공인되올 바 자주독립하온 제국이니라.
> 제2조 대한 제국의 정치는 이전부터 오백 년간 전래하시고 이후부터는 항만세(恒萬歲) 불변하오실 전제 정치이니라.
> 제3조 대한국 대황제께옵서는 무한하온 군권을 향유하옵시니 공법(公法)에 이르는 바 자립 정체이니라.
> 제4조 대한국 신민이 대황제의 향유하옵시는 군권을 침손할 행위가 있으면 그 행위의 사전과 사후를 막론하고 신민의 도리를 잃어버린 자로 인정할지니라.
> 제5조 대한국 대황제께옵서는 국내 육해군을 통솔하옵셔서 편제(編制)를 정하옵시고 계엄·해엄을 명령하옵시니라.
> 제6조 대한국 대황제께옵서는 법률을 제정하옵셔서 그 반포와 집행을 명령하옵시고 만국의 공공(公共)한 법률을 효방(效倣)하사 국내 법률로 개정하옵시고 대사·특사·감형·복권을 명하옵시니 공법에 이르는바 자정율례(自定律例)이니라.
> 제7조 대한국 대황제께옵서는 행정 각 부부(府部)의 관제와 문무관의 봉급을 제정 혹은 개정하옵시고 행정상 필요한 칙령을 발하옵시니 공법에 이른바 자행치리(自行治理)이니라.
> 제8조 대한국 대황제께옵서는 문무관의 출척(黜陟)·임면을 행하옵시고 작위·훈장 및 기타 영전(榮典)을 수여 혹은 체탈(遞奪)하옵시니 공법에 이른바 자선신공(自選臣工)이니라.
> 제9조 대한국 대황제께옵서는 각 국가에 사신을 파송 주찰(駐紮)케 하옵시고 선전·강화 및 제반약조를 체결하옵시니 공법에 이른바 자견사신(自遣使臣)이니라.

2 광무개혁

(1) 광무개혁 실시
① 원수부를 설치(1899)하여 황제가 직접 군대를 관할하였고, 황제를 호위하는 친위대와 시위대를 설치하였다.
② '옛 제도를 근본으로 하고 새 제도를 참작한다.'라는 구본신참(舊本新參)을 원칙으로 점진적 개혁을 추진하였다.

(2) 개혁 내용
① 황실 재정 개선을 위해 종래 탁지부·농상공부에서 관할하던 전국의 광산·철도·홍삼 제조·백동화 주조·수리 관계 사업을 궁내부의 내장원으로 이관하였으며, 그 수입은 황제가 내탕금으로 사용하도록 하였다.
② 상세(商稅)를 징수하고, 상무사를 조직하여 영업세 징수를 맡겼다. 이어 황실 직영의 방직 공장·유리 공장·제지 공장 등을 설립하였다.
③ 양전 사업과 지계 발급: 근대적 토지, 지세 제도 마련을 위해 실시하였다.
  ㉠ 근대적 토지 소유권 제도를 확립하기 위해 양지아문을 설치(1898)하여 1899년부터 양전 사업을 실시하였다.
  ㉡ 1901년 지계아문이 설치되면서 양지아문의 업무는 지계아문에 이양되었다. 지계아문에서는 지역의 토지 측량 조사를 실시하였고 토지 소유권 증명인 지계를 발급하였다.
  ㉢ 대한 제국 정부는 개항장에서만 외국인의 토지 소유를 인정하였다. 모든 산림, 토지, 전답, 가옥을 발급 대상에 포함하였다.
④ 환구단(원구단)을 세우고, 교통·통신 등의 근대적 시설을 확충하였다.
⑤ 1901년 금본위제 화폐 제도를 채택하였다(실질적인 금본위제는 1905년 화폐 정리 사업 이후 실시함).
⑥ 교육 부분에도 관심을 가져 상공 학교와 광무 학교(1900년 광업 계통의 실업 교육을 실시하기 위해 설립)를 설립하였다. 또한 잠업 시험장(1900)과 양잠 전습소(1901)를 설립하여 양잠 기술을 발전시키려 하고, 각종 회사와 은행 설립을 장려하는 식산흥업 정책을 전개하였다.
⑦ 서울의 친위대를 2개 연대로 증강하고 시위대를 신설하는 한편, 호위대를 개편·증강하였다. 이어 지방의 진위대를 증강하여 6개 연대 규모로 통합·개편하였다.
⑧ 블라디보스토크와 간도 지방에 각각 해삼위 통상 사무관과 간도 관리사를 파견하였다.
⑨ 한청 통상 조약을 체결하여 중국과 대등한 관계를 표방하였다(1899).
⑩ 서북 철도국 설치(1900)
  ㉠ 이용익의 주도로 궁내부에 경의선 부설을 위해 서북 철도국을 설치하였다.
  ㉡ 그러나 자금 상황이 어려워져 1902년 대한 철도 회사(1899년 설립)로 경의선 부설권이 양도되었다. 이후 1903년에 대한 철도 회사는 일본에 경의선 부설권을 매각하였다.
⑪ 수민원 설치(1902): 궁내부 산하에 설치한 관서로서 외국 여행권(여권) 및 이민 업무를 담당하였다.
⑫ 토지 가옥 증명 규칙(1906): 국내 어느 곳이라도 외국인의 토지 및 가옥의 소유가 보장되었다.

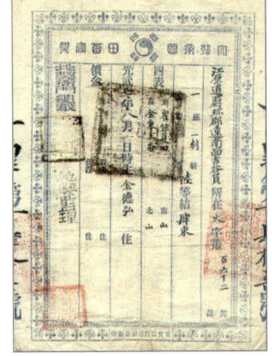

▲ 대한 제국의 지계

| 사료 | 광무개혁 |

❶ 양전 및 지계 사업
- 제2조 전답·산림·천택(연못)·가옥을 매매 및 양도하는 경우 관계(官契, 관에서 증명한 문서)를 반납한다.
- 제3조 소유주가 관계를 받지 않거나, 저당 잡힐 때 관허가 없으면 모두 몰수한다.
- 제4조 대한 제국 인민 외 소유주가 될 권리가 없고, 외국인에게 명의를 빌려 주거나 사사로이 매매·저당·양도할 경우 법에 따라 처벌된다.

❷ 금본위제 개정 화폐 조례
- 제1조 화폐의 제도와 발행의 권한은 정부에 속함
- 제2조 금화폐의 순금 양목(量目)은 2푼으로 가격의 단위를 정하고, 이를 환이라 칭할 것
- 제3조 화폐의 종류는 금화폐(20환·10환·5환), 은화폐(반환·20전), 적동화폐(1전)로 할 것

❸ 토지 가옥 증명 규칙
칙령 제65호
- 제1조 토지·가옥을 매매·증여·교환 혹은 전당할 때에는 그 계약서에 통수 혹은 동장의 인증을 받은 후 군수 혹은 부윤의 증명을 받아야 한다.
- 제2조 제1조의 증명을 받은 계약서는 완전한 증거가 되며, 오직 그 정본(正本)에 따라 해당 관청에서 효력이 발생한다.
- 제8조 1. 당사자 중 한 편이 외국인으로서 이 규칙에 따라 증명을 받으면 일본 이사관의 사증(査證)을 받되, 만약 이를 받지 못하면 제2조의 효력이 발생하지 않는다.
  2. 당사자의 양 편이 외국인으로서 증명을 받고자 할 때는 일본 이사관에게 신청하여 일본 이사관이 먼저 해당 군수나 부윤에게 공문으로 알려 토지 가옥 증명부에 기재한 후 증명한다.

「관보」 제3598호, 1906년(광무 10)

| 사료 | 한청 통상 조약(1899) |

- 제1관 앞으로 대한국과 대청국은 영원히 우호를 다지며 양국 상인과 인민이 거류하는 경우 모두 온전히 보호와 우대의 이익을 얻는다.
- 제2관 이번 조약을 맺은 이후부터 양국은 서로 병권대신을 파견하여 피차 수도에 주재시키고, 아울러 통상 항구에 영사 등의 관원을 설립하는 데 모두 편의를 봐줄 수 있다.
- 제5관 재한국 중국 인민이 범법(犯法)한 일이 있으면 중국 영사관이 중국의 법률에 따라 심판 처리하며, 재중국 한국 인민이 범법한 일이 있으면 한국 영사관이 한국의 법률에 따라 심판 처리한다.

(3) 광무개혁의 평가

자주적 입장에서 근대적 개혁을 추진하였다는 점에 의의가 있다. 하지만 열강의 간섭을 배제하거나 국민적 결속을 이끌어 내지 못하였으며, 근본적으로 **위로부터의 개혁**이라는 한계점이 있었다.

◎ 열강의 이권 침탈

구분	연도	이권 침탈 내용
일본	1895	인천~부산, 인천~대동강, 인천~함경도 윤선 정기 항로 개설권
	1898	경부 철도 부설권
	1898	평양 탄광 석탄 전매권
	1898	경인 철도 부설권(미국으로부터 매입)
	1900	직산(충남) 금광 채굴권
	1900	경기도 연해 어업권
	1904	충청·황해·평안도 연해 어업권
러시아	1896	경원·종성(함북) 광산 채굴권
	1896	월미도(인천) 저탄소 설치권
	1896	두만강·압록강·울릉도 삼림 채벌권
	1897	절영도(부산) 저탄소 설치권
	1899	동해안 포경권
미국	1895	운산(평북) 금광 채굴권
	1896	경인 철도 부설권(1898년 일본에 전매)
	1897	서울 전기·수도 시설권
	1898	서울 전차 부설권
프랑스	1896	경의선 부설권(대한 제국에 반납 → 일본에 양도)
	1901	창성(평북) 금광 채굴권
	1903	평양 무연탄 광산 채굴권
독일	1897	당현 금광 채굴권
영국	1900	은산(평남) 금광 채굴권

단권화 MEMO

[정답해설] 제시된 사료는 대한 제국 시기인 1898년에 발표된 '중추원 관제'이다. 중추원은 황제가 임명한 25인과 독립 협회에서 선출한 25인으로 구성되었으며 법률과 칙령의 제정 및 폐지, 국민의 건의 사항 등을 심사·의결하는 권한을 가졌다. 또한 대한 제국 정부는 1902년에 외국 여행권(여권), 이민 업무 등을 관장하는 수민원을 설치하였다.

[오답해설]
① 경무청은 1894년 제1차 갑오개혁 때 설치되었다.
② 1895년 을미개혁 때 '건양'이라는 연호가 제정되었다.
③ 제2차 갑오개혁 때 지방 재판소와 고등 재판소가 개설되었다.

[정답] ④

[정답해설] 대한 제국 정부는 1901년 지계아문을 설치하고, 일부 지주에게 지계(근대적 토지 소유권 증명서)를 발급하였다(전국적으로 발급하지는 못함).

[오답해설]
① 조선 정부는 일본 상품에 관세를 부과하고자 1883년에 개정 조일 통상 장정을 체결하였다.
② 1862년 임술 농민 봉기 이후 삼정의 문란을 바로잡기 위하여 삼정이정청이 창설되었다.
④ 1894년 제1차 갑오개혁 당시 초정부적 개혁 기구였던 군국기무처에서 과거제를 폐지하였다.

[정답] ③

[정답해설] 제시된 사료는 대한 제국의 광무개혁 중 양전, '지계(地契)' 사업에 대한 내용이다. 1898년에 설치된 양지아문에서 양전 사업을 시작하였고, 1901년에 설립된 지계아문에서 지계 발급 사무를 담당하였다. 그러나 러일 전쟁 발발 이후 일본의 간섭으로 지계가 전국적으로 발급되지는 못했다. 국권 피탈 이후 일제가 토지 조사 사업(1910~1918)을 실시하면서 다시 토지를 조사하였으며 조사한 토지의 지적도와 토지 대장을 작성하였다.

[정답] ②

바로 확인문제

● **다음 관제를 발표했던 정부의 정책으로 옳은 것은?** 21. 경찰직 1차

> 제1조 중추원은 다음 사항을 심의하고 의정하는 처소로 할 것
> ① 법률과 칙령의 제정, 폐지 혹은 개정에 관한 사항
> ② 의정부에서 토의를 거쳐 임금에게 상주하는 사항
> ③ 칙령에 의하여 의정부에서 문의하는 사항
> ④ 의정부에서 임시 건의에 대해 문의하는 사항
> ⑤ 중추원에서 임시 건의하는 사항
> ⑥ 인민이 건의하는 사항
>
> 제3조 의장은 대황제 폐하께옵서 문서로 임명하시고, 부의장은 중추원 공천에 의해 임명하시고, 의원 반수는 정부에서 공로가 있는 자로 회의하여 추천하고, 반수는 인민 협회에서 27세 이상의 사람이 정치, 법률, 학식에 통달한 자로 투표 선거할 것

① 경무청을 창설하였다.
② 건양이란 연호를 사용하였다.
③ 지방 재판소와 고등 재판소를 개설하였다.
④ 이민 업무를 담당하는 수민원을 설치하였다.

● **대한 제국 정부가 시행한 정책은?** 19. 지방직 7급

① 일본에 상품 관세를 부과하고자 조일 통상 장정을 체결하였다.
② 삼정 문란을 바로잡기 위하여 삼정이정청을 창설하였다.
③ 지계아문을 두고 일부 지주에게 지계를 발급하였다.
④ 군국기무처가 과거제를 폐지하였다.

● **자료에 나타난 정부의 정책에 대한 설명으로 옳지 않은 것은?** 20. 국가직 7급

> 종래의 양전처럼 농지의 비척(肥瘠)이나 가옥의 규모를 조사하는 것에만 그치지 않고, 전국 토지 일체에 대한 조사를 목표로 지질과 산림·천택, 수풀과 해변, 도로에 이르기까지 광범위하게 조사하였다. 나아가 전국 토지의 정확한 규모와 소재를 파악하는 한편 소유권을 확인해 주기 위해 지계(地契)를 발행하는 사업을 함께 전개하였다.

① 양지아문에서 양전 사업을 착수하였다.
② 조사한 토지의 지적도와 토지 대장을 작성하였다.
③ 지계아문에서 지계 발급 사무를 맡았다.
④ 러일 전쟁 발발 직후 일본의 간섭으로 중단되었다.

CHAPTER 03 일제의 침략과 국권 수호 운동

01 국권의 피탈과 항일 의병 투쟁
02 애국 계몽 운동의 전개

01 국권의 피탈과 항일 의병 투쟁

1 국권의 피탈*

(1) 한일 의정서(1904. 2.)

① 체결 과정
  ㉠ 국외 중립 선언(1904. 1.): 러일 전쟁에 대비하여 대한 제국은 양국의 전쟁 속에 말려들지 않으려고 국외 중립(局外中立)을 선언하였다.
  ㉡ 러일 전쟁의 발발(1904. 2.): 청일 전쟁 이후 일본은 만주와 한반도를 독점적으로 지배하고자 러시아와 날카롭게 대립하였고, 마침내 러일 전쟁을 일으켰다.
  ㉢ 일본의 대규모 병력 투입: 일본은 전쟁 도발과 동시에 한국 침략의 발판을 굳히기 위하여 대규모의 병력을 한국에 투입하고, 서울을 비롯한 전국의 군사적 요지를 점령하였다.

② 내용: 한국 정부를 위협하여 한일 의정서를 강요하였다.
  ㉠ 한국 정부는 '시정 개선'에 관한 충고를 받아들인다.
  ㉡ 일본군은 전략상 필요한 지역을 마음대로 사용할 수 있다.
  ㉢ 일본의 동의 없이 제3국과 조약을 체결할 수 없다.

> **사료** 한일 의정서
>
> 제1조 한국 정부는 일본을 신임하여 '시정 개선'에 관한 충고를 받아들일 것
> 제2조 일본 정부는 한국 황실의 안전을 도모할 것
> 제3조 일본은 한국의 독립과 영토 보전을 보장할 것
> 제4조 제3국의 침략으로 한국에 위험 사태가 발생할 경우 일본은 이에 신속히 대처하며, 한국 정부는 이와 같은 일본의 행동이 용이하도록 충분한 편의를 제공하고, 일본 정부는 목적을 달성하기 위해 (군사) 전략상 필요한 지역을 언제나 사용할 수 있도록 할 것
> 제5조 한국과 일본은 상호 간의 승인을 거치지 않고서는 협정의 취지에 위배되는 협약을 제3국과 맺지 않을 것
> 제6조 본 협약에 관련된 미비한 내용은 대한 제국 외무대신과 대일본 제국 대표자 사이에 임기 협정할 것

단권화 MEMO

*국권의 피탈
대한 제국의 국권 피탈 과정을 순서대로 기억해야 한다.

(2) 제1차 한일 협약(1904. 8.)

① 체결 과정: 러일 전쟁의 전세가 일본에게 유리하게 전개되자 일본은 한국 식민지화 방안을 확정하고, 이어서 제1차 한일 협약의 체결을 강요하였다.
② 내용
　㉠ 외교·재정 등 각 분야에 고문(顧問)을 두고(외교 고문 – 스티븐스, 재정 고문 – 메가타) 한국의 내정에 간섭하는 이른바 고문 정치를 시행하였다.
　㉡ 실제로는 협약에도 없는 군부·내부·학부·궁내부 등 각 부에도 일본인 고문을 두어 한국의 내정을 마음대로 간섭하였다.

> **사료** 제1차 한일 협약
>
> 제1조　대한 제국 정부는 대일본 제국 정부가 추천한 일본인 1명을 재정 고문에 초빙하여 재무에 관한 사항은 모두 그의 의견을 들어 시행할 것
> 제2조　대한 제국 정부는 대일본 제국 정부가 추천한 외국인 1명을 외교 고문으로 외부(外部)에서 초빙하여 외교에 관한 중요한 업무는 모두 그의 의견을 들어 시행할 것
> 제3조　대한 제국 정부는 외국과의 중요한 조약 체결, 기타의 중요한 안건, 즉 외국인에 대한 특권 양여(讓與)와 계약 등의 일 처리에 관해서는 미리 일본 정부와 협의할 것

(3) 일본의 대한 제국 독점 외교

조약명	조약 당사국과 주요 내용
제1차 영일 동맹(1902. 1. 30.)	영국과 일본 간 러시아에 대한 군사적 동맹
가쓰라–태프트 밀약(1905. 7. 29.)	미국은 필리핀, 일본은 한국에서의 독점적 우위 인정
제2차 영일 동맹(1905. 8. 12.)	영국은 인도, 일본은 한국에서의 독점적 우위 인정
포츠머스 조약(1905. 9. 5.)	러시아가 일본의 한국에서의 독점적 우위 인정

> **사료** 국제 사회에서의 조선에 대한 지배권 인정
>
> ❶ 가쓰라[桂太郞]–태프트(Taft) 밀약(1905. 7.)
> ・필리핀은 미국과 같은 친일적인 나라가 통치하는 것이 일본에 유리하고, 일본은 필리핀에 대하여 하등의 침략적 의도를 품지 않는다.
> ・극동의 전반적 평화를 유지하는 데는 일본·미국·영국 3국 정부의 상호 양해를 달성하는 것이 최선의 길이며 사실상 유일한 수단이다.
> ・미국은 일본이 대한 제국의 보호권을 확립하는 것이 러일 전쟁의 논리적 귀결이며, 극동 평화에 직접 이바지할 것으로 인정한다.
>
> ❷ 제2차 영일 동맹(1905. 8.)
> 제3조　일본국은 한국에서 정치·군사 및 경제상의 탁월한 이익을 옹호 증진하기 위하여 정당하고 필요하다고 인정하는 지도·감리 및 보호 조치를 한국에서 집행할 권리를 갖는다. 단, 해당 조치는 항상 영국의 상공업에 대한 기회균등주의에 위반하지 아니할 것을 요구한다.
>
> ❸ 포츠머스 강화 조약(1905. 9.)
> 제2조　러시아 제국 정부는 일본 제국이 한국에서 정치상·군사상 및 경제상의 탁월한 이익을 가지는 것을 인정하고, 일본 제국 정부가 한국에서 필요하다고 인정하는 지도·보호 및 감리의 조치를 취함에 있어 이를 방해하거나 간섭하지 않을 것을 약속한다.

(4) 제2차 한일 협약(을사늑약, 1905. 11.)

① 체결 과정
  ㉠ 조약의 강요: 일본은 러일 전쟁에서 승리한 후, 노골적으로 식민지화 정책을 강행하였다. 일본은 러일 전쟁을 전후하여 미국·영국·러시아 등 열강으로부터 한국의 독점적 지배권을 인정받은 후 한국을 보호국으로 만들려는 을사늑약의 체결을 강요하였다.
  ㉡ 조약의 일방적 공포: 고종 황제와 정부 대신의 강력한 반대에도 불구하고 일본은 군사적 위협을 가하여 일방적으로 조약 성립을 공포하였다.
② 내용: 일본은 대한 제국의 **외교권을 빼앗**고, 서울에 통감부를 설치하여 내정까지 간섭하는 이른바 통감 정치를 실시하였다.
③ 반발: 각계각층에서 일본의 침략을 규탄하고, 조약 폐기를 주장하는 운동이 일어났다.

사료 제2차 한일 협약(을사늑약)

대일본 제국 정부와 대한 제국 정부는 양 제국을 결합하는 데 이해관계가 같음을 공고히 하고 한국의 부강과 실(實)을 인정할 수 있게 되기까지 이 목적을 위하여 아래의 조관을 제정함

제1조   대일본 제국 정부는 도쿄에 있는 외무성을 경유하여 이후에 대한 제국이 외국에 갖는 관계 및 사무를 감리·지휘할 것이며 대일본 제국 외교 대표자 및 영사는 외국에서 한국의 관리 및 국민의 이익을 보호할 것임

제2조   대일본 제국 정부는 대한 제국과 타국 간에 현존하는 조약의 실행을 완수하는 임무를 맡고 **대한 제국 정부는 이후에 대일본 제국 정부의 중개를 경유하지 않고서 국제적 성질을 가진 하등의 조약이나 또는 약속을 하지 않기로 서로 약정함**

제3조   대일본 제국 정부는 그 대표자로서 **대한 제국 황제 폐하의 아래에 1명의 통감(統監)을 두되**, 통감은 오로지 외교에 관한 사항을 관리하기 위하여 경성에 주재하고, 직접 대한 제국 황제 폐하를 궁중에서 알현할 권리를 가진다. 일본국 정부는 또 한국의 각 개항장과 기타 일본국 정부가 필요하다고 인정하는 지역에 이사관(理事官)을 두는 권리를 가지되, 이사관은 통감의 지휘 아래 종래 재한국 일본 영사에게 속했던 일체 직권을 집행하고 아울러 본 협약의 조관을 완전히 실행하기 위하여 필요한 일체 사무를 맡아 처리한다.

심화 을사늑약 이후 설치된 이사청과 이사관의 역할

이사청은 을사늑약 이후, 일제가 설치한 통감부(統監府)의 지방 기관이다. 1905년 12월, 일왕의 칙령으로 '통감부급이사청관제(統監府及理事廳官制)'를 공포하여, 중앙에 통감부를 설치하고 지방의 일본 영사관 자리에 이사청을 설치하였다. (1906년 2월) 이후 서울과 지방에서 본격적인 한국 침탈(侵奪)을 시작하였다. 한편 '통감부 및 이사청관제(理事廳官制)'에서 '이사관'의 업무는 통감의 지휘 감독을 받아, 영사 사무와 제2차 일한 협약(을사늑약을 지칭) 및 법령에 기초하여 사무를 관장한다고 규정되어 있다. 또한 '이사관'은 '안녕질서를 유지하기 위해 긴급히 필요하다고 판단되면 제국 군대 사령관에게 출병을 요청할 수 있다.'는 조항이 있다.

바로 확인문제

● 다음 중 1904년 2월에 체결된 한일 의정서에 들어있는 내용으로 가장 적절한 것은?   20. 경찰직 1차

① 한국 정부의 법령 제정 및 중요한 행정상의 처분은 미리 통감의 승인을 거쳐야 한다.
② 대한 정부는 일본 정부가 추천한 외국인 1명을 외교 고문으로 삼아 외부에 용빙하여 외교에 관한 중요한 사무는 일체 그의 의견을 물어서 시행해야 한다.
③ 제3국의 침해나 혹은 내란으로 인하여 대한 제국 황실의 안녕과 영토의 보존에 위험이 있을 경우에는 일본 제국 정부는 속히 정황에 따라 필요한 조치를 취할 수 있다.
④ 일본국 정부는 한국과 타국 간에 현존하는 조약의 실행을 완수하는 임무를 담당하고 한국 정부는 지금부터 일본국 정부의 중개를 거치지 않고서는 국제적 성질을 가진 어떤 조약이나 약속을 맺지 않을 것을 서로 약속한다.

| 단권화 MEMO |

|오답해설|
① 한일 신협약(정미 7조약), ② 제1차 한일 협약(1904. 8.), ④ 제2차 한일 협약(을사늑약) 중 일부이다.
|정답| ③

단권화 MEMO

정답해설 | 제시된 자료는 을사늑약(제2차 한일 협약) 중 외교권 박탈을 규정한 내용이다. 시모노세키 조약은 1895년 청일 전쟁의 결과 체결된 강화 조약이다.

정답 | ②

● 다음 조약에 직접적으로 영향을 준 사건이 아닌 것은?

11. 국가직 7급

> • 일본국 정부는 동경의 외무성을 경유하여 금후에 한국의 외국에 대한 관계 및 사무를 감리·지휘할 것이요. 일본국의 외교 대표자 및 영사는 외국에서의 한국 신민의 이익을 보호할 것임
> • 일본국 정부는 한국과 타국 간에 현존하는 조약의 실행을 완수하는 임무를 담당하고, 한국 정부는 금후 일본국 정부의 중개를 거치지 않고서는 국제적 성질을 가진 어떤 조약이나 약속을 맺지 않을 것을 서로 약속함

① 포츠머스 조약　　　　　　② 시모노세키 조약
③ 제2차 영일 동맹　　　　　④ 가쓰라-태프트 밀약

(5) 한일 신협약(정미 7조약, 1907. 7.)

① 체결 과정 : 일본은 헤이그 특사 파견을 구실로 고종 황제를 강제로 퇴위시키고, 순종이 즉위한 후 한일 신협약을 황제의 동의 없이 강제로 체결하였다.

② 내용
　㉠ 우리 정부 각 부에 일본인 차관(次官)을 두어 일본인 차관이 우리나라의 실제 행정권을 장악하는 차관 정치가 실시되었다.
　㉡ 이 조약의 체결로 모든 통치권이 통감부로 옮겨졌으며, 통감의 사전 승인 없이는 입법·행정상 중요 처분을 할 수 없게 되었고 시정 개선에 통감의 지도를 받아야 하며 관리 임명권까지 박탈당하였다.
　㉢ 황실 재정을 축소하기 위해 궁장토(宮庄土), 역둔토(驛屯土), 광산 개발 및 홍삼 전매권 등을 정부 재정으로 이관하였다.

> **사료** 　한일 신협약(정미 7조약)
>
> 일본 정부 및 한국 정부는 속히 한국의 부강을 도모하고 한국민의 행복을 증진하고자 하는 목적으로 다음 조관을 약조함
>
> 제1조　한국 정부는 시정 개선에 관하여 통감의 지휘를 받을 것
> 제2조　한국 정부의 법령 제정 및 중요한 행정상의 처분은 미리 통감의 승인을 받을 것
> 제4조　한국 고등 관리의 임면은 통감의 동의로써 이를 행할 것
> 제5조　한국 정부는 통감이 추천한 일본인을 한국 관리로 임명할 것
>
> **부수 비밀 각서**
> 제3. 다음 방법에 의하여 군비를 정리함
> 　1. 육군 1대대를 존치하여 황궁 수위(守衛)를 담당케 하고, 기타를 해대(解隊 : 군대를 해산)한다.
> 　1. 교육이 있는 사관은 한국 군대에 남아 근무할 필요가 있는 자를 제하고, 기타는 일본 군대에 부속케 하고 실지 연습하게 할 것
> 제5. 중앙 정부 및 지방청에 일본인을 다음의 한국 관리로 임명함
> 　1. 각 부 차관
> 　1. 내부 경무국장

(6) 군대 해산(1907. 8.)

일본은 한일 신협약(정미 7조약) 강제 체결 이후 한일 신협약의 부수 비밀 각서에 따라 대한 제국의 군대마저 해산하고 실질적으로 한국을 지배하기 시작하였다.

(7) 국권의 강탈(1910. 8. 29.)

① 일본은 기유각서(1909. 7.)로 사법권·감옥 사무권을 빼앗고, 이어 경찰권(1910. 6.)마저 빼앗은 다음 친일 단체인 일진회를 통해 합방 의견서를 제출하게 하였다.
② 이완용과 데라우치는 한일 병합 조약(1910)을 체결하였고, 일본은 마침내 국권까지 강탈하여 총독부를 설치하고 식민 통치에 들어갔다.
③ 국권 피탈 직후 황현은 「절명시」를 쓰고 자결로써 저항하였다.

> **사료** 한일 병합 조약(1910. 8.)
>
> 제1조 한국 황제 폐하는 한국 전부(全部)에 관한 일체의 통치권을 완전히 또 영구히 일본국 황제 폐하에게 양여한다.
> 제2조 일본국 황제 폐하는 앞의 조항에 게재한 양여를 수락하고 또 완전히 한국을 일본 제국에 병합하는 것을 승낙한다.
> 제3조 일본국 황제 폐하는 한국 황제 폐하, 태황제 폐하, 황태자 전하와 그 후비(后妃) 및 후예로 하여금 각각 그 지위에 따라 상당한 존칭, 위엄 및 명예를 향유하게 하고 또 이를 유지하는 데 충분한 세비(歲費)를 공급할 것을 약속한다.
> 제4조 일본국 황제 폐하는 앞의 조항 이외에 한국 황족 및 그 후예에 대하여 각각 상당한 명예 및 대우를 향유하게 하고, 또 이를 유지하는 데 필요한 자금을 공여할 것을 약속한다.
> 제5조 일본국 황제 폐하는 공훈이 있는 한국인으로서 특별히 표창하는 것이 적당하다고 인정되는 자에 대하여 영예 작위를 주고 또 은사금을 준다.

> **사료** 황현의 「절명시」
>
> 새 짐승도 슬피 울고 산악 해수 다 찡기는 듯 / 무궁화 삼천리가 이미 영락되다니
> 가을 밤 등불 아래 책을 덮고서 옛일 곰곰이 생각해 보니 / 이승에서 지식인 노릇하기 정히 어렵구나

단권화 MEMO

■ 국권 피탈 과정

한일 의정서(1904)
↓
제1차 한일 협약(1904. 8.)
↓
제2차 한일 협약(을사늑약, 1905)
↓
고종의 강제 퇴위(1907. 7.)
↓
한일 신협약(1907)
↓
기유각서(1909)
↓
한일 병합 조약(1910)

바로 확인문제

● 일본이 강요한 조약의 내용을 시기순으로 나열한 것은? 15. 서울시 7급

> ㄱ. 비밀 각서를 통해 대한 제국의 군대를 해산하였다.
> ㄴ. 재정 고문으로 일본인 메가타를, 외교 고문으로 미국인 스티븐스를 채용하게 하였다.
> ㄷ. 통감부를 설치하여 대한 제국의 외교권을 완전히 장악하였다.
> ㄹ. 대한 제국이라는 국가가 없어졌다.

① ㄴ-ㄱ-ㄷ-ㄹ
② ㄴ-ㄷ-ㄱ-ㄹ
③ ㄷ-ㄱ-ㄴ-ㄹ
④ ㄷ-ㄴ-ㄱ-ㄹ

|정답해설| 제시된 내용은 일본의 국권 침탈 과정이다. 'ㄴ. 1904년 제1차 한일 협약 → ㄷ. 1905년 제2차 한일 협약(을사늑약) → ㄱ. 1907년 한일 신협약(정미 7조약) → ㄹ. 1910년 한일 병합 조약' 순으로 체결되었다.

|정답| ②

● 국권이 침탈되기까지의 과정을 시기순으로 바르게 나열한 것은? 17. 국가직(사복직 포함) 9급

> ㄱ. 헤이그 특사 파견을 문제 삼아 고종 황제를 강제로 퇴위시켰다.
> ㄴ. 일본인 메가타를 재정 고문으로, 미국인 스티븐스를 외교 고문으로 임명하도록 하였다.
> ㄷ. 대한 제국의 사법권을 빼앗고 감옥 사무를 장악하였다.
> ㄹ. 통감이 추천한 일본인을 대한 제국의 관리로 임명하도록 하였다.

① ㄱ-ㄴ-ㄷ-ㄹ
② ㄴ-ㄱ-ㄹ-ㄷ
③ ㄴ-ㄷ-ㄱ-ㄹ
④ ㄹ-ㄴ-ㄷ-ㄱ

|정답해설| 제시된 사건들은 'ㄴ. 1904년 제1차 한일 협약 체결 → ㄱ. 1907년 헤이그 특사(밀사) 사건으로 고종 강제 퇴위 → ㄹ. 순종 즉위 직후 한일 신협약(1907) 체결 → ㄷ. 1909년 기유각서 체결' 순으로 일어났다.

|정답| ②

단권화 MEMO

*항일 의병 투쟁
을미의병, 을사의병, 정미의병의 특징과 주요 인물들을 기억하자.

■ 의병의 시작
의병의 시작은 이미 갑오개혁 때부터 일어나고 있었다. 즉, 1894년 8월 안동에서 서상철(徐相轍)이 거사하였는데, 이는 갑오개혁에 따른 반일 감정에 기반한다. 특히 1894년 6월의 일본군의 '경복궁 침입 사건(景福宮侵入事件)'이 직접적 동기가 되었다. 이듬해 7월에는 평안도 상원에서 김원교(金元喬)가 거사하였고, 을미사변 직후인 9월에는 유성에서 문석봉(文錫鳳)이 기병하였는데, 단발령(斷髮令)이 발표된 후에는 전국 각지로 확대되었다.

변태섭

2 항일 의병 투쟁*의 시작

(1) 항일 의병 투쟁의 발발

청일 전쟁의 승리로 한반도에서 청 세력을 몰아낸 일본이 침략 의도를 노골적으로 드러내자 민족적 저항이 여러 방면에서 일어났다. 그중 가장 적극적인 저항이 의병 투쟁이었다.

(2) 을미의병(1895)

① 계기 : 최초의 항일 의병인 을미의병은 **명성 황후 시해와 단발령**을 계기로 일어났다.

사료 유인석의 「격고팔도열읍」(檄告八道列邑, 1895. 12.)

아, 우리 8도의 동포들은 차마 망해 가는 나라를 내버려 두려 하는가. 너희 할아버지와 아버지가 500년 왕조의 남겨진 백성이 아닌 자가 없는데, 나라와 집안을 위해 어찌 한두 사람의 의사(義士)가 없단 말인가. 참혹하고 슬프다. 이것이 운(運)인가 명(命)인가 …… 아, 저 섬나라 오랑캐(島夷)의 수령은 조약과 신의의 법리로도 애초에 말할 것조차 없거니와, 생각하건대 저 국적(國賊)들의 머리부터 발끝까지의 머리카락이 누구로부터 나온 것인가. 원통함을 어찌할까. 국모(國母)의 원수를 생각하며 이미 이를 갈았는데, 참혹함이 더욱 심해져 임금께서 머리를 깎이시고 의관을 찢기는 지경에 이른 데다가 또 이런 망극한 화를 당하였으니, 천지가 뒤집어져 우리가 각기 하늘에서 부여받은 본성을 보전할 길이 없게 되었다. 우리 부모로부터 받은 몸을 금수로 만드니 이 무슨 일인가. 우리 부모로부터 받은 머리카락을 깎았으니 이 무슨 변괴인가. …… 이에 감히 먼저 의병을 일으키고서 마침내 사람들에게 이를 포고하노라. 위로 공경(公卿)에서부터 아래로는 백성들에 이르기까지 어느 누가 애통하고 절박한 마음이 없겠는가. 지금은 참으로 위급 존망의 때이니, 각자 거적에서 잠을 자고 창을 베개 삼으면서 모두 끓는 물과 불 속으로 나갈지어다.

『의암집』

② 구성원과 활동 : 유인석·이소응·허위 등 위정척사 사상을 가진 유생들이 주도하였고, 농민들과 동학 농민군의 잔여 세력이 가담하여 전국적으로 확대되었다.
③ 해산 : 아관 파천 이후 단발령이 철회되고, 고종의 해산 권고 조칙이 내려지자 을미의병은 대부분 자진 해산하였다.

(3) 활빈당(活貧黨)의 활동

해산된 농민들의 일부가 활빈당을 조직하여 반봉건·반침략 운동을 계속 전개하였다.

사료 활빈당 선언문

7. 행상에게 징세하는 폐단이 심하여 시골의 영세 상인이 각지의 시장 또는 연안 포구에서 이익을 영위할 수 없다. 따라서 이러한 폐단을 고치고, 민간에서 징세한 것을 모두 반환하고, 즉시 8도에 현재 있는 방임(房任)을 혁파하여 폐해를 제거하는 일.
8. 금광의 채굴을 엄금하는 일. 수십 년 전해 오던 전답 수만 섬지기가 금광 용지로 쓰여 영원히 황폐화되어 백성의 피해가 천만 금이 되었다. 또한 국가의 손해가 산과 들이 황폐화되는 것보다 큰 것이 없다. 따라서 금지시켜 백성을 편안하게 하는 방책을 도모하는 일.
9. 사전(私田)을 혁파하는 일. …… 지금의 소작료는 세금보다 10배나 무겁다. 백성이 춥고 굶주리는 데도 정부의 민정을 보살피는 것이 이와 같으니 무엇으로 백성의 배고픔과 추위를 면하게 할 것인가. 왕토가 사전으로 되어 백성이 굶어죽게 되는 것은 목민(牧民)의 공법(公法)이 아니므로 사전을 혁파하고 균전(均田)으로 하는 목민법을 채용하는 일.

심화 영학당(英學黨), 동학당(東學黨), 활빈당(活貧黨)

❶ 영학당
동학의 잔여 세력들이 1898년 전라도 지역에서 '동학' 대신 '영학'이라는 이름을 사용하여 재건한 조직이다.

❷ 동학당
- 활동: 해주·재령 등 황해도와 소백산맥 지역에서도 동학당의 움직임이 활발하였다.
- 경과: 이러한 투쟁들은 1900년을 고비로 대부분 소멸되었다.

❸ 활빈당
- 1900~1904년까지 남한 각지에서 반봉건·반외세를 표방하고 봉기하였던 민중 무장 집단이다.
- 동학 농민군과 화적들이 많이 가담하고 있었으며, 을사늑약 이후에는 의병 대열에 합류하였다.
- 강령인 「대한 사민 논설 13조」를 통해 반봉건·반외세적 성격을 확인할 수 있다.
- 「대한 사민 논설 13조」의 주요 내용: 행상 등 영세 상인에 대한 징세 폐단이 심하니 폐단을 시정할 것, 전지(田地)를 황폐하게 하는 금광 채굴을 엄금하고 안민의 방책을 꾀할 것, 소작료가 너무 무거우므로 사전을 혁파하여 균전법을 시행할 것(지주제 혁파), 곡가를 안정시키는 법을 만들 것, 외국에 철도 부설권을 허락하지 말 것

3 항일 의병 전쟁의 전개

(1) 을사늑약과 민족의 저항

① 을사늑약 체결: 일본은 일방적으로 을사늑약의 성립을 공포하고 대한 제국의 외교권을 빼앗았다.

② 민족의 저항
  ㉠ 자결: 민영환, 조병세 등은 자결로써 항거하였다.
  ㉡ 상소 운동: 이상설 등은 조약의 파기를 요구하는 상소 운동을 벌였다.
  ㉢ 친일 매국노의 처단: 나철, 오기호 등은 자신회(오적 암살단)을 조직하여 오적의 집을 불사르고 일진회 사무실을 습격하는 등 친일 매국노를 처단하고자 하였다.
  ㉣ 항일 언론 활동: 장지연은 〈황성신문〉에 논설 「시일야방성대곡(是日也放聲大哭)」을 실어 을사늑약의 전말을 폭로하고 민족의 울분을 토로하였다.
  ㉤ 외교를 통한 저항 운동
    - 독립 지원 호소: 고종은 헐버트를 미국에 보내 일본의 한국 침략이 부당함을 알리고, 조미 수호 통상 조약을 들어 외교적 지원을 호소하였다. 그러나 일본과 밀약을 맺은 미국은 이를 거절하였다.
    - 헤이그 특사 파견(1907): 고종은 국내외에 을사늑약이 무효임을 선언하고 〈대한매일신보〉에 친서를 발표하여 황제가 을사늑약에 서명하지 않았음을 밝혔다. 그리고 헤이그에 특사를 파견하여 일본 침략의 부당성을 폭로하고 국제적 압력으로 이를 막아 줄 것을 호소하였으나 일본의 방해로 실패하였다. 일본은 이를 트집 잡아 고종 황제를 강제로 퇴위시켰다.

사료 을사늑약 무효화 노력

❶ 대한 2천만 동포에게 남기는 글

슬프다! 국치와 민욕이 이에 이르렀으니, 우리 인민은 장차 생존 경쟁 속에서 모두 멸망하게 되었다. 무릇 삶을 요하는 자는 반드시 죽고, 죽음을 기하는 자는 반드시 삶을 얻는다는 것을 여러분은 어찌 모르겠는가. …… 부디 우리 동포 형제들은 천만으로 분려를 배가하여 자기를 굳게 하고 학문에 힘쓰고 결심육력하여 우리의 자유와 독립을 회복하면 죽은 자가 마땅히 땅속에서 기뻐 웃을 것이다. 슬프다. 그러나 조금도 실망하지 말라.

민영환의 유서

단권화 MEMO

■ 을사오적
일본이 1905년 을사늑약을 강제 체결할 당시, 한국 측 대신 가운데 조약에 찬성하여 서명한 다섯 명의 대신을 말한다. 즉, 박제순(외부대신), 이지용(내부대신), 이근택(군부대신), 이완용(학부대신), 권중현(농상공부대신)을 일컫는다.

▲ 헤이그 특사(왼쪽부터 이준·이상설·이위종)

> ❷ 1882년 이래로 아메리카 합중국과 한국은 우호 통상 조약 관계를 유지해 오고 있습니다. …… 이제 일본은 1904년에 체결한 협정(한일 의정서)에서 서약한 바를 정면으로 위배하는 우리나라에 대한 보호 정치를 선언하고 …… 나는 귀하가 지금까지 귀하의 생애의 특성인 아량과 냉철한 판단력으로 이 문제를 심사숙고해 주기를 바라며, 귀하는 언행이 일치되도록 우리를 도울 수 있는 바가 무엇인가를 성찰해 주기를 바랍니다.
>
> 미국 대통령 루스벨트에게 보낸 고종 황제의 친서(1905. 12.)

(2) 을사의병(1905)

① **의병의 재봉기**: 을사늑약으로 국가의 존립이 위태로워지자 다시 의병 운동이 일어났다. 의병들은 조약의 폐기와 친일 내각의 타도를 내세우고 격렬한 무장 항쟁을 벌였다.

② **대표적 의병장**
  ㉠ **민종식**: 을사늑약이 체결된 뒤에 관직을 버리고 의병을 일으켜 홍주성을 점령하고 일본군과 맞섰다.
  ㉡ **최익현**: 의병을 이끌고 순창에 입성하여 관군과 대치하게 되었을 때, "동족끼리 죽이는 일은 차마 못하겠다."라고 하여 싸움을 중단하고 포로가 되었다. 결국 일본군에 의하여 쓰시마섬에 끌려가서 순절하였다.
  ㉢ **신돌석**: **평민 출신 의병장**으로 의병을 모아 영해에 입성하여 관군의 무기를 탈취한 후 평해·울진 등지에서 활동하였는데, 의병의 수는 한때 3천여 명을 넘었다.

③ **특징**: 이전 의병장은 대체로 유생들이었는데, 이때부터는 평민 출신 의병장의 활동이 두드러지면서 의병 운동의 새로운 양상이 나타났다.

사료 **최익현의 격문**

오호라, 작년 10월(1905. 11.)에 저들이 한 행위는 만고에 일찍이 없던 일로써, 억압으로 한 조각의 종이에 조인하여 5백 년 전해 오던 종묘사직이 드디어 하룻밤 사이에 망하였으니 천지신명도 놀라고 조종의 영혼도 슬퍼하였다. 우리 의병 군사의 올바름을 믿고 적의 강대함을 두려워하지 말자. 이에 격문을 돌리니 의연히 일어나라.

최익현, 「포고팔도사민」(1906)

---

(3) 정미의병(1907)

① **군대 해산**: 헤이그 특사 사건으로 고종이 강제 퇴위당하고, 한일 신협약(정미 7조약) 체결 이후 대한 제국의 군대를 해산하였다.
② **해산 군인들의 저항**: 군대 해산 이후 시위대 대대장 박승환이 자결하고, 강화도 진위대(지방군) 병력이 봉기하는 등 일본에 저항하였다.
③ 해산 군인들이 의병에 합류하면서 의병의 조직과 화력이 강화되었고, 이를 통해 의병 전쟁이 발전하였다.

(4) 의병 전쟁의 확대

① **서울 진공 작전(1908)**: 전국의 의병 부대는 연합 전선을 형성하여 1907년 13도 창의군을 결성하고 서울 진공 작전을 펼쳤으나 성공하지 못하였다.
  ㉠ **의병의 집결**: 이인영과 허위가 지휘하는 1만여 명의 의병 연합 부대는 경기도 양주에 집결하여 그 선발대가 서울 근교(동대문 근처)까지 진격하였으나 일본군의 반격이 심하여 더 이상 진진하지 못하고 후퇴하였다.
  ㉡ **외교 활동의 전개**: 이들은 서울 주재 각국 영사관에 의병을 국제법상의 교전 단체로 승인해 줄 것을 요구하는 서신을 발송하여 스스로 독립군임을 내세웠다.

② 국내 진입 작전: 홍범도와 이범윤이 지휘하는 간도와 연해주 일대의 의병들은 국내 진입 작전을 꾀하기도 하였다.

(5) 의병 전쟁의 위축

① 활발하게 전개되던 의병 전쟁은 그 뒤 일본군의 잔인한 '남한 대토벌 작전(南韓大討伐作戰)'(1909)을 계기로 크게 위축되었다.
② 많은 의병들은 간도와 연해주로 건너가 독립군이 되어 계속 일본에 대한 강력한 항전을 전개하였으며, 일부 의병들은 국내에 남아 산악 지대에서 유격전을 전개하였다.

▲ '남한 대토벌 작전' 당시 끝까지 항전한 호남 지역 의병장들

(6) 항일 의병 전쟁의 의의와 한계

① 의의
  ㉠ 민족 저항 정신 표출: 의병 전쟁은 집권층의 부패와 무능, 그리고 외세의 침략으로 국가와 민족이 위기에 처해 있을 때 일어난 구국 운동의 대표적인 형태였고, 민족의 강인한 저항 정신을 표출하였다는 점에서 중요한 의미가 있다.
  ㉡ 항일 무장 독립 투쟁의 기반: 의병 전쟁은 국권 회복을 위한 무장 투쟁을 주도하였고, 나아가 일본의 지배하에서 항일 무장 독립 투쟁의 정신적 기반을 마련하였다는 점에서도 그 의의가 크다.
  ㉢ 반제국주의 민족 운동: 의병 전쟁은 20세기 초 제국주의 열강의 약소국 침략이 극심하던 시기에 일본의 침략에 대항하여 무장 투쟁을 전개하였다는 점에서 세계 약소민족의 독립운동사에서도 커다란 의의를 가진다.
② 한계
  ㉠ 대내적 요인
    • 비조직성: 의병 전쟁은 전국적으로 확산되고 광범한 사회 계층을 망라하였으나 우세한 무기를 보유한 막강한 일본의 정규군을 제압할 수는 없었다.
    • 전통적 신분의 고집: 의병을 주도한 양반 유생층이 전통적 지배 질서 유지를 고집하면서 대다수 농민 의병들과 갈등을 빚기도 하여 소기의 성과를 거두지는 못하였다.
  ㉡ 대외적 요인: 열강의 침략 경쟁이 보편화되고, 을사늑약이 강요된 후에는 외교권이 상실되어 국제적으로 고립되었기 때문에 국제적 지원도 기대할 수 없었다.

(7) 항일(抗日) 의사들의 활동

① 장인환·전명운: 외교 고문인 스티븐스를 샌프란시스코에서 사살하였다(1908).
② 안중근: 의병으로 활약하던 안중근은 만주 하얼빈역에서 한국 침략의 원흉인 이토 히로부미를 처단하였다(1909). 뤼순 감옥에서 『동양 평화론』을 저술하였으나 완성하지 못하였다.
③ 이재명: 명동 성당 앞에서 이완용을 칼로 찔러 중상을 입혔다(1909).

단권화 MEMO

▲ 안중근이 이토 히로부미를 사살한 후 체포된 모습(기록화)

사료 안중근

❶ 안중근의 「동양 평화론」

오늘날 서양 세력이 동양으로 점차 밀려오는 환란을 동양 인종이 일치단결하여 온 힘을 다하여 방어해야 하는 것이 제일 상책임을 어린아이일지라도 익히 아는 바이다. 그런데 무슨 까닭으로 일본은 이러한 순리의 형세를 돌아보지 않고, 같은 인종인 이웃나라를 약탈하고 우의를 끊어 스스로 도요새가 조개를 쪼려다 부리를 물리는 형세를 만들어 어부에게 둘 다 잡히기를 기다리는 듯 하는가?

❷ 안중근의 최후 진술

안중근은 1910년 법정 최후 진술에서 다음과 같이 말했다. "내가 이토를 죽인 이유는 이토가 있으면 (이토가) 동양의 평화를 어지럽게 하고 한일 간이 멀어지기 때문에 한국의 의병 중장의 자격으로 죄인을 처단한 것이다 …… 오늘날 인간은 모두 법에 따라 생활하고 있는데, 현실적으로 사람을 죽인 자가 벌을 받지 않고 살아남을 도리는 없는 것이다. 그렇다면 나는 어떤 법에 의해 처벌돼야 하는가의 문제가 남아 있는데, 이에 대해 나는 (내가) 한국의 의병이며 지금은 적군의 포로가 돼 있으니 당연히 만국공법에 의해 처리돼야 할 것이라고 생각한다."

❸ 안중근의 유언(1910)

내가 죽은 뒤에 나의 뼈를 하얼빈 공원 곁에 묻어 두었다가 우리 국권이 회복되거든 반장(返葬: 객지에서 죽은 이를 고향에 옮겨 묻어 줌)해다오. 나는 천국에 가서도 또한 마땅히 우리나라 회복을 위해 힘쓸 것이다. 너희들은 돌아가서 동포들에게 각각 모두 나라의 책임을 지고 국민된 의무를 다하여 마음을 같이 하고 힘을 합하여 공로를 세우고 업을 이루도록 일러다오. 대한 독립의 소리가 천국에 들려오면 나는 마땅히 춤추며 만세를 부를 것이다.

바로 확인문제

● **다음 두 사건이 일어난 이후의 사실로 옳은 것만을 〈보기〉에서 모두 고르면?** 15. 국가직 9급

- 고종 황제의 강제 퇴위
- 일제에 의한 군대 해산

| 보기 |

ㄱ. 안중근이 만주 하얼빈에서 이토 히로부미를 사살하였다.
ㄴ. 민영환이 일제에 대한 저항을 강력하게 표현한 유서를 남기고 자결하였다.
ㄷ. 장지연이 민족의식을 고취하는 「시일야방성대곡」을 〈황성신문〉에 발표하였다.
ㄹ. 이인영을 총대장으로 하는 13도 연합 의병 부대(창의군)가 서울 진공 작전을 시도하였다.

① ㄱ, ㄴ   ② ㄱ, ㄹ   ③ ㄴ, ㄷ   ④ ㄷ, ㄹ

| 정답해설 | 헤이그 특사 사건으로 고종이 강제 퇴위당하고, 대한 제국 군대가 해산된 것은 1907년이다. 안중근의 의거는 1909년, 13도 창의군이 서울 진공 작전을 전개한 것은 1908년에 있었던 사실이다.
| 오답해설 |
ㄴ. 민영환은 1905년 을사늑약이 체결되자 자결로써 저항하였다.
ㄷ. 장지연은 1905년 을사늑약 체결 직후 「시일야방성대곡」을 〈황성신문〉에 발표하였다.
| 정답 | ②

● **밑줄 친 '나'에 대한 설명으로 옳은 것만을 모두 고르면?** 22. 지방직 9급

오늘날 사람은 모두 법에 의하여 생활하고 있는데 실제로 사람을 죽인 자가 벌을 받지 않고 생존할 도리는 없는 것이다. …… 나는 한국의 의병이며 지금 적군의 포로가 되어 와 있으므로 마땅히 만국공법에 의해 처단되어야 할 것으로 생각한다.

ㄱ. 일본에서 순국하였다.
ㄴ. 한인 애국단 소속이었다.
ㄷ. 『동양평화론』을 집필하였다.
ㄹ. 연해주에서 의병 투쟁을 전개하였다.

① ㄱ, ㄴ   ② ㄱ, ㄹ   ③ ㄴ, ㄷ   ④ ㄷ, ㄹ

| 정답해설 | 제시된 사료는 1910년 안중근의 최후 진술 중 일부이다.
ㄷ. 안중근은 하얼빈 의거(1909, 이토 히로부미 사살) 이후 체포되어 1910년 뤼순 감옥에서 순국하였는데, 옥중에서 「동양평화론」을 집필하였으나 완성하지는 못하였다.
ㄹ. 안중근은 1909년 연해주에서 동의단지회(同義斷指會)에 참여하는 등 의병 투쟁을 전개하였다.
| 정답 | ④

02 애국 계몽 운동의 전개*

1 애국 계몽 운동 단체의 활동

독립 협회가 해체된 뒤 개화 자강 계열의 단체들이 설립되어 친일 단체인 일진회(一進會)에 대항하면서 구국 민족 운동을 전개하였다.

(1) 보안회(保安會, 1904)

보국 안민을 뜻하는 보안회는 토지 약탈을 목적으로 한 일본의 황무지 개간권 요구에 반대 운동을 벌여 이를 저지하는 데 성공하였으나 일본 측의 압력으로 해산되었다.

> **사료 보안회**
>
> 「만국공법」 제2장에 따르면 "한 나라는 반드시 국토를 독점적으로 관할하여 통제하고 운영할 수 있는 권리를 가진다. 따라서 국가는 토지, 물산, 민간 재산 등을 관리할 권한을 가지며, 다른 나라는 이 권리를 함께 가질 수 없다."라고 하였습니다. 또한 "국가는 비록 토지를 관할하는 전권을 가지고 있지만, 조금이라도 이를 타국에게 매각할 수는 없다. 이는 한 나라가 공유하는 권리이지 한 사람이 사유하는 권리가 아니다. ……"라고 하였습니다. 지금 이 일본 공사의 도리에 어긋난 행동은 고금에 없었으며, 공법을 살펴보면 모든 일이 다 어그러지고 위배되어 그 비루함이 만 배나 더 심합니다.
> 〈황성신문〉

(2) 헌정 연구회(憲政硏究會, 1905)

국민의 정치 의식 고취와 입헌 정체의 수립을 목적으로 설립되어 일진회의 반민족적인 행위를 규탄하다가 해산되었다.

2 애국 계몽 운동의 전개

1905년 이후 개화 자강 계열의 민족 운동은 국권 회복을 위한 실력 양성 운동, 곧 애국 계몽 운동으로 전개되었다. 이때 애국 계몽 운동을 주도한 전국적인 규모의 대표적인 단체는 대한 자강회, 대한 협회, 신민회였다.

(1) 대한 자강회(大韓自强會, 1906)

① 창립: 독립 협회 운동의 맥락을 이어 헌정 연구회를 모체로 하고, 사회단체와 언론 기관을 주축으로 하여 창립하였다.
② 활동: 교육과 산업을 진흥시켜 독립의 기초를 만들 것을 목적으로 하고, 월보의 간행과 연설회의 개최 등을 통하여 국권 회복을 위한 실력 양성 운동을 전개하였다.
③ 해체: 전국 각지에 지회를 설치하고 1,500여 명의 회원을 확보하기에 이르렀다. 하지만 일본이 헤이그 특사 파견을 구실로 고종 황제의 양위를 강요하자 격렬한 반대 운동을 주도하다가 강제로 해체되었다.

> **사료 대한 자강회 취지서**
>
> 무릇 우리나라의 독립은 오직 자강의 여하에 있을 따름이다. 우리 대한이 종전에 자강의 방법을 강구하지 않아 인민이 스스로 우매함에 묶여 있고 국력이 쇠퇴하여 마침내 오늘의 위기에 다다라 결국 외국인의 보호를 당하게 되었으니, 이는 모두 자강의 도에 뜻을 다하지 않았던 까닭이다. …… 자강(自彊)의 방법을 생각해 보면 다름 아니라 교육을 진작함과 식산흥업(殖産興業)에 있다. 무릇 교육이 일어나지 못하면 백성의 지혜가 열리지 못하고 산업이 늘지 못하면 국부가 증가하지 못한다.
> 〈대한 자강회 월보〉

단권화 MEMO

＊애국 계몽 운동의 전개
애국 계몽 운동 단체인 보안회, 대한 자강회, 신민회의 활동 내용을 알아두어야 한다.

■ **애국 계몽 운동**
교육, 언론, 종교 등의 문화 활동과 산업 진흥을 통해 실력을 양성하여 국권을 회복하려는 운동이다. 서양의 사회 진화론에서 영향을 받았으며, 개화 자강 계열의 지식인들이 주도하였다.

■ **개화 자강 계열의 민족 운동**
을사늑약을 계기로 국정 개혁을 위한 헌정 연구로부터 시작하여 국권 회복을 위한 자강 운동으로 전환되었다.

단권화 MEMO

(2) **대한 협회**(大韓協會, 1907)
① 활동: 오세창·윤효정·권동진 등이 대한 자강회를 계승하여 교육의 보급·산업의 개발·민권의 신장·행정의 개선 등을 강령으로 내걸고, 실력 양성 운동을 전개하였다.
② 한계: 대한 협회는 일진회와 제휴하는 등 친일 단체로 변질되었다.

(3) **신민회**(新民會, 1907~1911)
① 조직과 특징
  ㉠ 윤치호(회장), 안창호(부회장), 이동녕, 양기탁, 이승훈 등 서북 지방(관서 지방) 지식인, 실업가, 중소 자본가, 종교인, 언론인 등이 중심이 되어 평양에서 조직된 비밀 결사 단체이다. 동학당 출신 김구를 제외하고는 대부분 독립 협회 청년 회원 출신이었다.
  ㉡ 베델, 양기탁이 발행한 〈대한매일신보〉가 기관지 역할을 하였다.
  ㉢ 도총감, 군감 등 지역 책임자를 중심으로 전국적 조직을 구성하였다.
  ㉣ 신민회는 국권 회복 후 독립 국가의 정체를 공화정으로 규정하였다.
② 활동
  ㉠ 민족 교육 추진: 평양에 대성 학교(안창호), 정주에 오산 학교(이승훈)를 설립하여 운영하였고, 인격 수양 단체로 청년 학우회를 조직하였다.
  ㉡ 민족 산업 육성: 경제 자립을 주장하면서 평양에 자기 회사를 설립하였고, 서적의 출판과 공급을 목적으로 평양·서울·대구 등지에 이승훈과 안태국을 중심으로 태극 서관을 설립하였다.
  ㉢ 민족 문화 양성: 최초의 월간 잡지인 〈소년〉을 창간하고, 조선 광문회 활동을 지원하였다.
③ 노선 분화: 실력 양성론에 주력하던 신민회는 1909년 양기탁, 신채호 등의 강경파(급진파, 독립 전쟁 주장)와 안창호 등의 온건파(실력 양성론 주장)로 분화되었다.
  ㉠ 강경파의 해외 독립운동 기지 건설: 양기탁, 신채호, 이동휘 등은 일제 강점이 현실화되자 애국 계몽 운동의 한계와 허구성을 인식하고 무장 투쟁을 주장하였다. 이에 독립군 양성과 무장 독립운동의 거점으로 활용할 독립운동 기지 건설을 주장하였다. 이상룡, 이회영, 이동녕 등은 가족을 거느리고 서간도 지역으로 진출하여 삼원보를 조성하고, 경학사를 통해 신흥 강습소 등을 설립하였다.
  ㉡ 온건파의 실력 양성 운동 고수: 안창호는 105인 사건 이후 탄압을 피해 미국으로 망명하여 흥사단을 조직하고 실력 양성 운동을 지속하였다.
④ 해체: 신민회의 활동은 일제가 날조한 105인 사건으로 중단되었다(1911).

▲ 안창호

■ 105인 사건
1910년 12월 안명근(안중근의 사촌 동생)이 데라우치 총독 암살 모의를 하였다고 하여 안명근 등 황해도의 애국지사 160명을 체포하였다(안악 사건). 일제는 이 사건 배후에 신민회가 있다고 주장하였다. 1911년 9월 양기탁, 윤치호 등 총 600여 명을 검거하여 105명을 구속하였다.

▲ 105인 사건에 연루되어 끌려가는 신민회 회원들

사료 신민회

❶ 신민회 창립 취지서

신민회는 무엇을 위하여 일어남이뇨? 민습의 완고 부패에 신사상이 시급하며, 민습의 우매함에 신교육이 시급하며, 열심의 냉각에 신제창이 시급하며, 원기의 쇠퇴에 신수양이 시급하며, 도덕의 타락에 신윤리가 시급하며, 정치의 부패에 신개혁이 시급이라. 천만 가지 일에 신(新)을 기다리지 않는 바 없도다. …… 무릇 우리 대한인은 내외를 막론하고 통일 연합함으로써 그 진로를 정하고 독립 자유로써 그 목적을 세움이니, 이것이 신민회가 원하는 바이며, 신민회가 품어 생각하는 소이니, 간단히 말하면 오직 신 정신을 불러 깨우쳐서 신 단체를 조직한 후에 신국을 건설할 뿐이다.

주한 일본 공사관 기록

❷ 신민회의 4대 강령

1. 국민에게 민족 의식과 독립사상을 고취할 것
2. 동지를 찾아 단합하여 민족 운동의 역량을 축적할 것
3. 각종 상공업 기관을 만들어 단체의 재정과 국민의 부력(富力)을 증진할 것
4. 교육 기관을 각지에 설치하여 청소년 교육을 진흥할 것

안창호

❸ 신민회의 활동 – 국외에 독립운동 기지를 건설하다

남만주로 집단 이주하려고 기도하고, 조선 본토에서 상당한 재력이 있는 사람들을 그곳에 이주시켜 토지를 사들이고 촌락을 세워 새 영토로 삼고, 다수의 청년 동지들을 모집·파견하여 한인 단체를 일으키고, 학교를 세워 민족 교육을 실시하고, 나아가 무관 학교를 설립하여 문무를 겸하는 교육을 실시하면서, 기회를 엿보아 독립 전쟁을 일으켜 구한국의 국권을 회복하려고 하였다.

105인 사건 판결문(1911)

바로 확인문제

● **다음 활동을 전개한 단체로 옳은 것은?** 14. 지방직 9급

> 평양 대성 학교와 정주 오산 학교를 설립하였고 민족 자본을 일으키기 위해 평양에 자기 회사를 세웠다. 또한 민중 계몽을 위해 태극 서관을 운영하여 출판물을 간행하였다. 그리고 장기적인 독립운동의 기반을 마련하여 독립 전쟁을 수행할 목적으로 국외에 독립운동 기지 건설을 추진하였다.

① 보안회
② 신민회
③ 대한 자강회
④ 대한 광복회

|정답해설| 제시된 자료에 나타난 대성 학교, 오산 학교, 자기 회사, 태극 서관은 신민회와 관련된 교육 및 산업 기관이다. 신민회는 일제의 국권 침탈이 본격화되자 서간도에 삼원보 등의 독립운동 기지를 건설하였다.

|정답| ②

● **다음의 내용과 관련된 단체에 대한 설명으로 옳지 않은 것은?** 16. 서울시 7급

> 1. 국민에게 민족 의식과 독립사상 고취
> 2. 동지를 발견하고 단합하여 국민 운동 역량 축적
> 3. 상공업 기관 건설로 국민의 부력(富力) 증진
> 4. 교육 기관 설립으로 청소년 교육 진흥

① 평양에 대성 학교, 정주에 오산 학교를 설립하였다.
② 평양 근교에 자기(磁器) 회사를 설립·운영하기도 하였다.
③ 평양과 대구에 태극 서관을 설립하여 출판 사업을 벌였다.
④ 통감부가 설치된 직후에 정치 집회가 금지되면서 해산당하였다.

|정답해설| 제시된 자료는 애국 계몽 운동 단체인 신민회에 대한 내용이다. 신민회는 국권 피탈 이후인 1911년에 105인 사건을 계기로 해체되었다. 통감부가 설치된 것은 1905년 을사늑약 체결 직후이며, 1910년 이후에는 조선 총독부가 모든 업무를 맡았다.

|오답해설|
1907년에 창립된 신민회는 국권 회복을 목표로 ① 평양에 대성 학교, 정주에 오산 학교 등의 교육 기관을 설립하였고, ② 자기 회사, ③ 태극 서관을 운영하였다.

|정답| ④

3 애국 계몽 운동의 의의 및 한계

(1) 의의

① 민족 독립운동의 이념 제시 : 국권 회복과 동시에 근대적 국민 국가의 건설을 목표로 내세워 당시의 민족적 과제에 충실하였고, 근대사의 발전 방향에 합치되는 민족 운동의 이념을 제시하였다.

② 민족 독립운동의 전략 제시
　㉠ 신민회는 국내에서 문화적·경제적 실력 양성과 더불어 국외에서의 독립군 기지 건설에 의한 군사력 양성을 당면의 목표로 삼았다.
　㉡ 이것은 적절한 기회에 일본으로부터 독립을 쟁취하려는 독립 전쟁론에 의거한 것이다.

③ 장기적인 민족 독립운동의 기반 구축
　㉠ 근대적 민족 교육을 발흥시켜 독립운동의 인재를 양성하였다.
　㉡ 근대적 민족 산업을 진흥시켜 독립운동의 경제적 토대를 마련하고자 하였다.
　㉢ 간도와 연해주에 독립군 기지를 건설하여 항일 무장 투쟁의 기초를 닦았다.

(2) 한계

애국 계몽 운동은 일본에 의하여 정치적·군사적으로 예속된 상태에서 전개되어 항일 투쟁의 성과 면에서는 일정한 한계가 있었다.

CHAPTER 04 개항 이후의 경제·사회·문화

01 개항 이후의 경제
02 개항 이후의 사회
03 개항 이후의 문화

01 개항 이후의 경제

1 개항과 불평등 조약

(1) 개항 이후의 상황

1876년 개항 이후 조선은 일본 및 서양 여러 나라와 국교를 맺고 통상 교역을 시작하였다.

① 파견: 정부는 일본이나 청에 시찰단을 파견하였다.
② 도입: 기계 및 신기술을 도입하고 근대적 회사와 같은 새로운 경제 제도를 도입하기 위하여 개혁을 전담할 기구를 설치하였다.
③ 한계: 재정 부족과 경험 미숙으로 많은 어려움을 겪었다.

(2) 무역 구조

① 1870년대: 통상 교역은 외국 상인에게 유리하게 체결된 불평등 조약이어서 조선 상인의 피해가 컸다.
  ㉠ 무관세: 강화도 조약 이후 체결된 1876년 조일 무역 규칙에는 관세 부과에 관한 규정이 없었다.
  ㉡ 관세 부과: 1883년에 조약이 개정된 후에도 아주 낮은 관세만 부과할 수 있었다.
② 1880년대: 외국 상인이 나라 안을 자유롭게 다니며 영업하였는데, 이들이 저지르는 불법 활동에 대해서 거의 처벌을 할 수 없었다.
  ㉠ 유통: 거래에 외국 화폐를 사용할 수 있다는 조항이 있었다.
  ㉡ 무역 구조: 외국의 값싼 공산품이 들어오고, 국내의 곡물이 대량으로 수출되는 무역 구조가 형성되어 갔다.

단권화 MEMO

2 외국 상인의 침투와 무역의 확대

(1) 외국 상인의 경제 침투

① 청과 일본 상인의 경쟁
- ㉠ 1870년대: 개항 직후의 무역은 거의 일본 상인이 주도하였는데, 주로 조선 상인을 매개로 거류지 무역을 하였다.
- ㉡ 1880년대: 청 상인이 가담하여 경쟁하였다.

② 조선 상인의 활동
- ㉠ 등장: 국내에서도 개항장을 중심으로 무역 활동에 참여하는 상인이 등장하였다.
- ㉡ 한계: 해외 소식에 밝지 못하였으며, 근대적 운송 수단이 부족하였다.

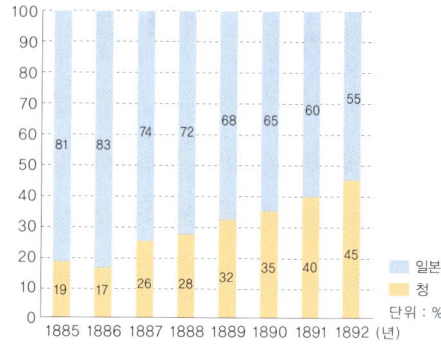
▲ 청과 일본으로부터의 수입액 비율 비교

(2) 무역의 확대

① 개항 초기: 일본과 청의 상인들은 처음에는 주로 영국산 면제품을 사와서 조선에 되팔고 조선의 쇠가죽, 쌀, 콩, 금 등을 가져갔다.

② 1890년대 후반 이후: 일본 상인은 일본산 면제품을 비롯한 여러 종류의 공산품을 들여왔다.

③ 중계 무역
- ㉠ 형태: 면제품을 들여오고 곡식을 가져가는 교역 구조로 이루어져 조선 사람들은 경제 생활에 큰 피해를 입었다.
- ㉡ 농촌 경제의 변화
  - 값싼 외국산 면제품은 가내 수공업 위주로 이루어진 국내의 면공업 발전에 결정적 타격을 주었고, 이에 따라 농민의 수입이 줄어들었다.
  - 일본으로 쌀의 유출이 크게 늘어나면서 쌀 부족과 쌀값 인상에 따른 전반적인 물가 인상이 나타나 도시나 농촌의 가난한 사람은 생계를 위협받을 정도로 타격을 입었다.

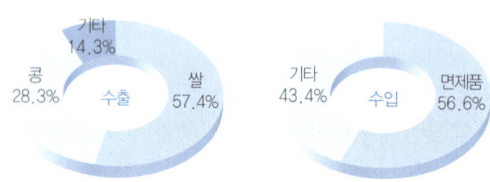
▲ 대일 수출입 상품의 품목별 비율(1890)

(3) 대지주층의 성장

① 토지 획득: 일부 지주와 상인은 쌀 수출에 적극 가담하여 많은 이익을 얻었고, 다시 토지 매입에 투자하거나 불법적인 방법을 통하여 토지를 획득함으로써 대지주로 성장하였다.

② 면직업자 등장: 외국에서 실을 사 들여와 면직물을 제조하는 사람들도 생겨났다.

③ 사치 풍조의 확산: 수출보다 수입이 많아 귀금속이 대량으로 유출되었으며, 부유층을 중심으로 사치 풍조가 확산되었다.

3 각국의 내정 간섭과 이권 침탈

청과 일본은 정치·군사적인 위협을 병행하여 자국 상인을 보호하면서 경제적 이권을 빼앗아 갔다.

(1) 1880년대
① 청: 임오군란 직후 불평등 조약 체결을 강요하여 외국 상인이 서울에 점포를 열 수 있는 길을 열었다.
② 일본: 청일 전쟁을 도발하면서 철도 부설권 등 이권을 탈취하는 데 앞장섰다.

(2) 1890년대
① 내정 간섭: 1896년 고종이 일본의 위협을 피해 러시아 공사관으로 피신하자 제국주의 국가들의 내정 간섭이 본격화되었다.
② 열강의 이권 탈취 심화: 외국인의 광산 채굴권과 삼림 벌채권, 교통이나 통신 시설 부설권 등 경제적 이권을 집중적으로 탈취하였다.
　㉠ 러시아: 아관 파천 이후 정치적 영향력이 커진 러시아는 러시아인을 재정·군사 고문관으로 앉히고, 광산 채굴이나 삼림 벌채권을 차지하였다.
　㉡ 미국: 운산 금광 및 광산 채굴권과 철도, 전기 등의 이권을 차지하였다.
　㉢ 일본: 대륙 침략을 위해 우리나라의 남북을 연결할 철도 부설에 주력하였는데, 결국 서울과 부산(경부선), 서울과 의주(경의선), 서울과 인천(경인선)을 잇는 철도 부설권을 모두 차지하였다.
　㉣ 기타: 영국은 은산, 프랑스는 창성, 독일은 당현 금광 채굴권 등을 각각 차지하였다.

▲ 열강의 이권 침탈

단권화 MEMO

■ **조청 상민 수륙 무역 장정의 결과**
청 상인들이 조선에 침투하여 일본 상인과 경쟁하였고, 1890년대에는 일본과 비슷한 수준의 무역 규모를 차지하였다. 이를 타개하기 위하여 일본은 청일 전쟁을 일으켰다.

> **단권화 MEMO**
>
> ■ 1889년 함경도의 방곡령
>
> 개항 직후부터 일본 상인이 곡물을 사들여 일본으로 가져가면서 가격이 크게 올랐고, 흉년으로 곡물이 크게 부족하였다. 그러자 함경도, 황해도, 충청도 등지의 지방관이 곡물의 유출을 막기 위해 방곡령을 선포하였다. 특히 함경도 관찰사 조병식은 개정된 조일 통상 장정에 따라 1개월 전에 외교 담당 관청에 통고하고 방곡령을 실시하였다(1889). 그러나 일본은 통고를 늦게 받았다는 구실로 조선 정부에 압력을 가해 방곡령을 철회시키고 막대한 배상금까지 받아 냈다.

(3) 경제적 구국 운동

① 방곡령(防穀令) 사건 (1889~1890)
  ㉠ 목적: 방곡령은 일본 상인의 농촌 시장 침투와 지나친 곡물 반출을 막기 위하여 내린 조치였다.
  ㉡ 실시: 개항 이후 곡물의 일본 유출이 늘어나면서 곡물 가격의 폭등 현상이 나타났고, 여기에 흉년이 겹쳐 함경도·황해도에서는 일본의 약탈적인 곡물 유출에 대항하여 방곡령을 선포하였다.
  ㉢ 결과
  • 방곡령 철회: 조선에서는 흉년이 들면 지방관의 직권으로 방곡령을 실시할 수 있었으나 일본은 방곡령을 실시하기 1개월 전에 일본 측에 통고해야 한다는 조일 통상 장정의 규정을 구실로 조선을 압박하여 결국 방곡령을 철회하도록 하였다.
  • 배상금 지불: 일본 상인들은 방곡령으로 손해를 입었다고 하여 거액의 배상금을 요구하였고, 조선 정부는 일본에 배상금을 지불하였다.

▲ 경제 자주권 수호 운동

> **사료** 방곡령 선포
>
> 우리 고을에 흉년이 든 것은 귀하도 잘 알고 있을 것이다. 궁지에 몰리고 먹을 것이 없어 비참하다. 곡물이 이출되는 것은 당분간 방지하지 않을 수 없다. 이에 조일 통상 장정 제37관에 근거하여 기일에 앞서 통지하니 바라건대 귀국의 상민들에게 통지하여 음력 을유년 12월 20일에서 한 달 이후부터는 곡물을 이출하지 못하도록 할 것이다.   동래부백 김학진이 총영사 마에다에게 보낸 서신

> **바로 확인문제**
>
> ● 개항기 무역에 대한 설명으로 옳지 않은 것은?   21. 국가직 9급
> ① 개항장에서 조선인 객주가 중개 활동을 하였다.
> ② 조청 무역 장정으로 청국에서의 수입액이 일본을 앞질렀다.
> ③ 일본 상인은 면제품을 팔고 쇠가죽·쌀·콩 등을 구입하였다.
> ④ 조일 통상 장정의 개정으로 곡물 수출이 금지되기도 하였다.

|정답해설| 1882년에 조청 (상민 수륙) 무역 장정을 체결한 이후 청에서의 수입액이 기존보다 늘어났다. 그러나 1880~1890년대 전반까지 대일본 수입액이 대청 수입액보다 훨씬 많았다.

|정답| ②

② 상권 수호 운동: 상인들은 상권 수호 운동을 벌여 경제적 침탈에 적극적으로 대응하였다.
  ㉠ 시전 상인: 시전 상인들은 **황국 중앙 총상회**(皇國中央總商會, 1898)를 조직하여 외국 상인의 시장 침투에 대응하고 서울의 상권을 지키려 하였다.
  ㉡ 경강상인: 경강상인들은 일본에서 증기선을 도입하여 일본 상인에게 빼앗긴 운송권을 회복하려 하였다.

사료 상권 수호 투쟁

❶ 황국 중앙 총상회
우리 황성 중앙의 각 점포는 성조께서 결정하신 처음에 그 터를 허락하셔서 나라의 기초를 세우셨고, 500년 동안 상업을 진작하여 열심히 받들었다. 요새 외국 상인은 발전하고 우리나라 상인의 생업은 쇠락하여 심지어 점포 자리를 외국 사람에게 팔아 버리는 지경에 이르렀다. 이렇게 되면 중앙의 점포 터도 보호하기 어렵게 되며, 이것은 다만 상인들의 실업일 뿐만 아니라 국고와 민생이 어려움에 처할 것이다. 우리가 충심으로 본회를 설치하고 규칙을 만들었으니 우리와 뜻이 같은 이는 서로 권하여 충애하는 마음으로 상업을 일으킬 기초를 튼튼하게 하고 국가를 부강하게 할 방침을 찾아 억만 년 이어지길 바란다.

❷ 백목전 상인들의 청원서(1888. 9.)
최근 각국 상인이 가져오는 물건이라도 목면(木棉)의 경우는 특별히 구분하여 장사하지 못하도록 하였습니다. 그런데 일본인(日本人)이 호남(湖南) 지방에서 목면을 매입·운반해 와서 자기들 마음대로 매매하는 고로 저희들이 일본 영사관(領事館)에 항의를 하였습니다. 그런데 일본 영사관의 대답은 "한국 사람들이 비록 마음대로 판매하지 못하더라도 일본인은 장애 없이 판매할 수 있다."라는 것입니다. …… 우리 상인들은 몰락하게 될 것이니 어찌 원망스럽지 않겠습니까.

③ 독립 협회의 이권 수호 운동
  ㉠ 러시아의 절영도 조차 요구 저지(1898): 러시아가 일본의 선례에 따라 저탄소 설치를 위해 절영도의 조차를 요구하자 독립 협회는 만민 공동회를 개최하여 일본의 저탄소 철거까지 주장하여 마침내 러시아의 요구를 **좌절**시켰다.
  ㉡ 한러 은행의 폐쇄(1898): 한국의 화폐 발행권과 국고 출납권 등 각종의 이권 획득을 목적으로 서울에 설치된 러시아의 **한러 은행을 폐쇄**시켰다.
  ㉢ 도서(島嶼)의 매도 요구 저지: 군사 기지 설치를 위한 목포·증남포(진남포) 부근의 도서에 대한 러시아의 매도 요구를 강력히 저지하였다.
  ㉣ 기타: 프랑스 및 독일 등의 이권 요구도 좌절시켰다.

④ 황무지 개간권 반대 운동(1904)
  ㉠ 일본이 경제적 침탈을 강화하면서 막대한 황무지의 개간권(開墾權)을 일본인에게 줄 것을 대한 제국 정부에 요구하자 국민들은 적극적인 반대 운동을 전개하였다.
  ㉡ 보안회(保安會)의 활동
    • 전개: 보안회는 일본의 황무지 개간권 요구에 반대하여 일본의 토지 약탈 음모를 분쇄하기 위해 매일 가두집회를 열고 일본의 침략적 요구를 규탄하면서 거족적인 반대 운동을 전개하였다.
    • 결과: 국민적 호응에 힘입어 일본이 **황무지 개간권 요구를 철회**하게 하였다.
  ㉢ 농광 회사(農鑛會社) 설립: 이도재, 김종한 등이 1904년 일본의 토지 침탈 기도에 맞서 개간 사업을 목적으로 설립한 근대적 농업 회사이다. 18조로 된 회사 규칙에 의하면 50원 액면의 20만 주로 총 1천만 원을 자본금으로 규정하였다. 또한 13도에 지사를 설립할 계획을 가지고 있었고, 그 외 농학·광학(鑛學)을 장려하는 내용도 포함하고 있었다.

단권화 MEMO

■ 상권 침탈
개항 초기에는 외국 상인의 활동 범위가 개항장 10리 내로 제한되었으나 1880년대에는 개항장 100리까지 확대되어 서울을 비롯한 조선 각지에서 청국 상인과 일본 상인의 상권 침탈 경쟁이 치열해졌다. 서울의 경우 청국 상인들은 남대문와 수표교 일대를 중심으로, 일본 상인들은 충무로 일대를 중심으로 도심을 향하여 조선의 상권을 잠식해 갔다.

■ 황국 중앙 총상회
황국 중앙 총상회는 독립 협회의 노륙법(孥戮法, 죄인의 스승, 아들, 남편, 아버지 등을 연좌해서 죽이는 법) 및 연좌법 부활 저지 운동 등에 적극 참여하였다.

■ 상권 수호 시위
수천 명의 서울 상인들은 철시하고 외국 상점들의 서울 퇴거를 요구하였으며, 그 뒤에도 철시한 서울 상인들과 시민 수천 명이 1주일 동안 격렬하게 상권 수호 시위를 벌였다.

사료 농광 회사

❶ 이 회사의 고금(股金, 주권)은 액면 50원씩이고, 총 1천만 원을 발행하고, 주당 불입금은 5년간 총 10회 5원씩 나눠서 낸다.
❷ 이 회사는 국내 진황지 개간, 관개 사무와 산림천택(山林川澤), 식양채벌(殖養採伐) 등의 사무 이외에 금·은·동·철·석유 등의 각종 채굴 사무에 종사한다.

⑤ 국채 보상 운동(國債報償運動, 1907)
  ㉠ 배경 : 일본은 한국을 재정적으로 예속하기 위하여 우리 정부에게 일본에서 차관을 도입하게 하였고, 그 결과 한국 정부가 짊어진 외채는 총 1,300만 원이나 되어 상환이 어려운 처지에 놓였다. 이에 국민의 힘으로 국채(國債)를 상환하여 국권을 회복하자는 국채 보상 운동이 일어났다.
  ㉡ 경과
    • 서상돈, 김광제 등이 대구에서 개최한 국민 대회를 계기로 전국적으로 확산되었다.
    • 서울에서는 국채 보상 기성회가 조직되어 전 국민의 호응을 얻었고, 〈대한매일신보〉 등 여러 신문사도 적극 후원하였다.
  ㉢ 결과 : 거족적인 경제적 구국 운동인 국채 보상 운동은 국채 보상 기성회의 간사인 양기탁이 국채 보상금을 횡령하였다는 누명을 쓰고 구속되는 등 통감부의 방해로 좌절되고 말았다.

사료 국채 보상 운동 취지문

국채 1,300만 원은 우리 대한의 존망에 관계가 있는 것이다. 갚아 버리면 나라가 존재하고 갚지 못하면 나라가 망하는 것은 대세가 반드시 그렇게 이르는 것이다. 현재 국고에서는 이 국채를 갚아 버리기 어려운즉 장차 삼천리 강토는 우리나라와 백성의 것이 아닌 것으로 될 위험이 있다. 토지를 한 번 잃어버리면 다시 회복하기 어려운 것이다. 어떻게 월남 등의 나라와 같은 처지를 면할 수 있을까? 2천만 인이 3개월을 한정하여 담배의 흡연을 폐지하고 그 대금으로 매 1인마다 20전씩 징수하면 1,300만 원이 될 수 있다. 우리 2천만 동포 중에 애국 사상을 가진 이는 기어이 이를 실시해서 삼천리 강토를 유지하게 되기를 간절히 바라는 바이다.

〈대한매일신보〉, 1907

(4) 근대적 상업 자본의 성장

① 회사의 설립
  ㉠ 배경 : 일부 상인들은 열강의 경제적 침탈에 대항하여 자본주의 생산 방식이나 새로운 경영 방식을 도입하고 많은 회사들을 설립하였다.
  ㉡ 형태
    • 1880년대 초 대동 상회(평양)·장통 회사(서울) 등의 상회사가 설립되었으며, 1890년대에는 그 수가 40여 개에 달하였다.
    • 초기의 회사들은 주로 동업자 조합의 성격을 띤 상회사였으나 대한 제국의 상공업 진흥 정책이 실시된 이후에는 해운 회사·철도 회사·광업 회사 등과 같은 근대적 형태의 주식회사도 나타났다.

② 1890년대 후반 기업 활동
  ㉠ 계기: 1890년대 후반기에는 정부의 상공업 진흥 정책에 맞추어 내국인의 기업 활동이 더욱 활발해졌다.
  ㉡ 기업 활동의 성격: 문호 개방 이후 일본 자본가들이 조선에 들어와 대규모의 운수 회사를 설립하고 해상과 육상의 운수업을 지배하였다. 이에 국내 기업가들은 외국의 증기선을 구입하여 그들에게 대항하려 하였고, 해운 회사·철도 회사·광업 회사 등을 설립하여 민족 자본의 토대를 굳히고자 노력하였다.

사료 개항기 주식회사 설립의 예

우리나라는 인구에 비하여 땅이 좁은 것 같다. 그러나 산야에는 아직 열리지 않은 곳이 많고, 강과 바닷가에는 개간이 되지 않은 곳이 많다. …… 고로 이에 감히 조정의 높은 뜻을 받들어 뜻을 같이 하는 사람들이 재물을 모아 회를 만들어 장정을 만든다. …… 회원은 각기 고전(주식의 경우 액면가) 50냥을 내어서 자본으로 삼는다. …… 각 회원은 매년 이익을 나눌 때 모여서 고르게 나눈다.
「경성 농상 회사 장정」, 1885. 2.

(5) 산업 자본과 금융 자본의 성장
① 근대적 산업 자본의 성장
  ㉠ 조선 유기 상회(鍮器商會): 개항 이전에 이미 발달하였던 유기(鍮器) 공업과 야철(冶鐵) 공업을 계승하여 서울에 '조선 유기 상회'라는 합자 회사를 설립하였다.
  ㉡ 직조(織造) 산업: 면직물의 생산은 외국산 면직물의 수입으로 큰 타격을 받았지만, 민족 자본에 의하여 대한 직조 공장, 종로 직조사(종로의 백목전 상인들이 1900년 설립) 등의 직조 공장이 설립되어 발동기를 이용한 생산 활동을 전개하였다.
  ㉢ 기타: 연초(煙草) 공장, 사기(砂器) 공장 등도 설립하였다.
② 근대적 금융 자본의 성장
  ㉠ 은행의 설립: 개항 직후부터 일본의 금융 기관이 침투하고, 일본 상인에 의한 고리대금업이 성행함에 따라 이에 대응하기 위하여 우리 자본으로 은행을 설립하였다.
    • 관료 자본 중심의 은행: 1896년 **최초로 설립된 조선은행**(안경수, 김종한)은 관료 자본이 중심이 된 민간 은행으로서 국고 출납 업무를 대행하고 지방에 지점도 두었으나 곧 폐쇄되었다.
    • 민간 은행: 한성은행(1897), 대한 천일 은행(1899) 등을 설립하였다.
  ㉡ 결과: 은행은 화폐 정리 사업을 계기로 몰락하거나 자주성을 잃고 변질되기도 하여 한국의 금융은 사실상 일본에 의해 장악되었다.
③ 화폐 정리 사업
  ㉠ **제1차 한일 협약** 시기에 재정 고문으로 들어온 메가타는 1905년 화폐 정리 사업을 단행하여 대한 제국의 화폐 발행권을 박탈하고 일본 제일 은행권을 본위 화폐로 삼았다. 이 때문에 국내 화폐 유통 체계의 혼란이 야기되었으며, 다수의 한국인 상공업자가 타격을 입었다.
  ㉡ 화폐 정리 사업의 실상: 한국 상인들이 소유하고 있던 백동화의 상당량이 을종 또는 병종으로 분류되어 소액을 가진 농민들은 제대로 교환조차 할 수 없었다. 그러나 일본 상인은 화폐 정리 사업 정보를 미리 듣고 대처하였다. 이에 대한 제국에서는 극심한 금융 공황이 일어나 많은 국내 상인이 도산하고, 농촌 경제는 파탄에 이르렀다.

| 사료 | 화폐 개혁 조례 |

제1조 통화의 가치를 금의 가치와 연계하고, 기왕 발행한 화폐는 신 화폐와 교환 혹은 환수할 것
제3조 구 백동 화폐의 교환 및 환수는 광무 9년 7월 1일부터 시행할 것(백동화를 질에 따라 갑, 을, 병으로 구분하여 갑종은 신전 2전 5리, 을종은 1전으로 교환하며, 병종은 교환하지 않는다.)

| 심화 | 백동화 |

개항 이후 급증하는 재정 수요와 당면한 재정 궁핍에서 벗어나기 위해 전환국(典圜局)에서 1892년부터 1904년까지 주조·유통시켰다. 1894년의 신식 화폐 발행 장정(新式貨幣發行章程)에 의한 은본위제 시행과 1901년의 화폐 조례(貨幣條例)에 의한 금본위제(金本位制) 채택에 의해 보조 화폐로 계속 사용되었다. 1892년부터 1904년까지 발행한 총 화폐 1,890여만 환 중 백동화는 1,670여만 환으로, 발행 총액의 약 88%를 차지하였다. 그런데 당시 시중에 유통된 백동화에는 전환국에서 주조한 것 이외에도 민간이나 외국인에 의한 위조(僞造) 또는 외국에서 밀수입된 것도 상당액 포함되어 있었다.

『한국민족문화대백과』

| 바로 확인문제 |

● 다음의 정부 조치에 대한 설명으로 옳은 것만을 〈보기〉에서 모두 고르면? 19. 국가직 7급

> 상태가 매우 좋은 갑종 백동화는 개당 2전 5리의 가격으로 새 돈으로 바꾸어 주고, 상태가 좋지 않은 을종 백동화는 개당 1전의 가격으로 정부에서 사들이며, 팔기를 원치 않는 자에 대해서는 정부가 절단하여 돌려준다. 다만 모양과 질이 조잡하여 화폐로 인정하기 어려운 병종 백동화는 사들이지 않는다.
>
> 탁지부령

| 보기 |

ㄱ. 한일 신협약을 계기로 추진되었다.
ㄴ. 은화를 발행하여 본위화로 삼고자 하였다.
ㄷ. 제일 은행권을 교환용 화폐로 사용하였다.
ㄹ. 필요한 자금을 대느라 거액의 국채가 발생하였다.

① ㄱ, ㄴ
② ㄱ, ㄹ
③ ㄴ, ㄷ
④ ㄷ, ㄹ

● 〈보기〉는 개항 이후 경제 상황이다. 시간 순으로 바르게 나열한 것은? 18. 서울시 7급

| 보기 |

ㄱ. 청 상인들이 내지 통상권을 획득하였다.
ㄴ. 일본인 재정 고문이 화폐 정리 사업을 추진하였다.
ㄷ. 대한 천일 은행이 고종의 적극적인 지원하에 설립되었다.
ㄹ. 일본 상인들이 개항장 중심의 거류지 무역을 시작하였다.

① ㄱ-ㄴ-ㄷ-ㄹ
② ㄱ-ㄷ-ㄴ-ㄹ
③ ㄹ-ㄱ-ㄷ-ㄴ
④ ㄹ-ㄱ-ㄴ-ㄷ

| 단권화 MEMO |

| 정답해설 | 제시된 내용은 1905년부터 시행된 화폐 정리 사업과 관련된 법령이다. 화폐 정리 사업은 당시 대한 제국에서 유통되고 있었던 백동화 등을 일본 제일 은행에서 발행한 화폐로 교환하는 방식으로 진행되었다. 그러나 백동화의 품질에 따라 갑, 을, 병으로 구분하여 가장 질이 낮은 병종은 교환해 주지 않았다. 화폐 정리 사업에 소요된 재정은 일본이 대한 제국의 국채로 충당되어 일본으로의 경제적 예속화를 심화하였다.

| 오답해설 |
ㄱ, ㄴ. 제1차 한일 협약(1904)으로 대한 제국에 들어온 재정 고문 메가타는 금본위제를 바탕으로 화폐 정리 사업을 추진하였다.

| 정답 | ④

| 정답해설 | ㄹ. 조일 수호 조규 부록(1876, 일본 상인들이 개항장 중심의 거류지 무역 시작) → ㄱ. 조청 상민 수륙 무역 장정(1882, 청 상인의 내지 통상권 획득) → ㄷ. 대한 천일 은행 설립(1899) → ㄴ. 메가타가 주도한 화폐 정리 사업 시작(1905)

| 정답 | ③

02 개항 이후의 사회

1 사회 제도와 의식의 변화

(1) 19세기 사회의 변화

① 계기: 19세기 사회 변화에는 종교의 영향이 컸다. 처음에는 서학으로 전래되었던 천주교와 이어 등장한 동학, 그리고 개신교의 전파는 사회 변화에 많은 영향을 미쳤다.
② 평등 의식의 확산: 19세기에 들어와 평등 의식이 확산되기 시작하면서 종래의 신분 제도에 서서히 변화가 나타났다.

(2) 종교의 영향

① 천주교
  ㉠ 조선 후기에 전래되기 시작한 천주교는 19세기 중엽에 교세를 확장하여 **평등 의식의 확산**에 기여하였다.
  ㉡ 초기에 신도의 중심을 이루던 양반은 조상 제사 문제로 교회에서 멀어지고, 점차 중인과 평민의 입교(入敎)가 증가하였다. 특히 부녀자 신도가 많았다.

> **사료** 천주교의 신분 평등
>
> 황일광 알렉시스는 백정의 집에서 태어났다. 이들은 읍내나 동네에서 멀리 떨어져 살아야 하며, 아무와도 일상적인 교제를 할 수 없었다. 천주교에 입교하자 교우들은 그의 신분을 잘 알고 있으면서도 형제처럼 대하였다. 어디를 가나 양반집에서까지 그는 다른 교우들과 똑같이 집에 받아들여졌는데, 그로 말미암아 그는 자기에게는 자기 신분으로 보아 사람들이 너무나 점잖게 대해 주기 때문에 이 세상에 하나, 또 후세에 하나, 이렇게 천당이 두 개가 있다고 말하였다.
> 『조선 천주교회사』

② 동학: 현세를 말세로 규정하고 천지개벽에 의한 미래의 이상 세계가 반드시 도래한다고 하는 사회 혁명적 예언으로 백성들에게 호응을 얻었다. 동학의 인내천 사상은 적서 차별, 남존여비를 부정하는 인간 평등주의로 평민층 이하의 지지를 받았다.
③ 개신교
  ㉠ 개신교는 포교의 수단으로 각지에 **학교를 설립**하고 의료 사업을 전개하여 많은 효과를 거두었다.
  ㉡ 19세기 말에 전래된 개신교는 선교 과정에서 한글의 보급, 미신의 타파, 남녀평등 사상의 보급, 근대 문명의 소개 등을 통하여 사회와 문화 면에서 많은 영향을 미쳤으며 애국 계몽 운동에도 이바지하였다.

(3) 갑신정변의 영향

갑신정변의 「개혁 정강」도 신분 제도에 변화를 일으켰다.
① 진보적 사고: 양반 신분 제도와 문벌을 폐지하고 인재를 등용하여 인민 평등을 실현하려 한 급진 개화파의 생각은 매우 진보적이었다.
② 신분 제도의 개혁 요구: 문벌과 신분 제도를 사회적 불평등의 근원일 뿐만 아니라 국가 발전을 저해하는 주요 원인으로 인식하고 이를 개혁하고자 하였다.

■ **갑신정변의 한계**
급진 개화파를 중심으로 한 위로부터의 성격이 강하여 일반 민중과 유리되었고, 당시 민중은 이들의 개혁 의지나 취지를 이해하지 못하였다.

2 동학 농민군의 사회 개혁 운동

(1) 사회 개혁 운동

① 의의
  ㉠ 고부 봉기를 필두로 전개된 동학 농민 운동은 사회 전반에 커다란 변화를 야기하였다. 동학 농민군들은 각 지역에서 독립된 활동을 하며 자신들의 요구를 제시하였다.
  ㉡ 이 가운데 향촌에서 반상(班常)을 구별하는 모든 관행을 부정하고 천민층의 신분 해방 운동을 전개하였다.

② 「폐정개혁안」
  ㉠ 반봉건적 사회 개혁안 요구: 농민군들은 「폐정개혁안」에서 탐관오리·횡포한 부호·양반 유생의 징벌, 노비 문서의 소각, 천인들에 대한 처우 개선, 과부의 재가 허용, 모든 무명잡세의 폐지 등을 주장하였다.
  ㉡ 지주제 철폐안의 요구: 농민군들이 지주 전호제를 인정한 지조법 개혁을 넘어서 토지의 평균 분작을 요구한 것은 매우 혁신적인 것이었다.

(2) 신분 간의 갈등

① 집강소(執綱所)의 설치
  ㉠ 전라도 53개 지역에 집강소를 설치하여 자기들이 주장한 개혁 사업들을 벌여 나갔다.
  ㉡ 농민군의 집강소에서는 폐정을 개혁하는 한편, 노비 문서와 토지 문서를 소각하고 창고를 열어 식량과 금전을 농민들에게 나누어 주었다.

② 민보군(民堡軍)의 조직
  ㉠ 농민군들의 행동에 대하여 양반 계층은 지배층을 적대시하는 것으로 간주하였다.
  ㉡ 일부 양반들은 민보군을 조직하여 농민군과 싸움을 벌였다. 이러한 신분 간의 갈등은 집강소에서 실시한 사업이 순조롭게 진행되지 못하는 요인이 되었다.

3 갑오개혁: 신분제의 폐지

(1) 갑오개혁의 사회 면 개혁

① 특징: 동학 농민 운동에서 제시한 농민군의 요구를 갑오개혁에 일부 수용하였는데, 갑오개혁의 내용 중에서 가장 두드러진 것은 사회 면의 개혁이었다.
② 추진: 군국기무처는 개혁 추진의 중심 기구로서 전통적 신분 제도와 문벌 및 출신 지역을 가려 인재를 등용하는 폐습을 개혁하고자 하였다.
③ 개혁 내용: 반상과 귀천을 초월한 평등주의적 사회 질서의 수립, 노비 및 기타 천민층의 점진적 해방, 기술직 중인의 관직 등용 확대, 여성의 대우 향상과 혼인 풍습의 개선 등을 포함하였다.

(2) 갑오개혁의 결과

① 갑오개혁으로 양반 중심의 신분 제도가 폐지되고, 능력 본위의 인재 등용이 이루어지는 계기가 되었다.
② 갑오개혁 내용 중에는 즉시 효력이 발생한 연좌제의 폐지 같은 조항이 있었다. 반면 대부분의 사회 제도 개혁안은 양반제·노비제 등을 포함한 전통적 신분 제도를 철저히 타파하기보다는 점진적·개량적으로 접근하였다.

■ 민보군
동학 농민 운동 당시 양반 유생들이 농민군을 진압하기 위해 조직한 군대이다.

■ 군국기무처 의정안(1894)
• 문벌과 양반·상민 등의 계급을 타파하여 귀천을 불문하고 인재를 뽑아 쓴다.
• 공·사노비의 제도는 일체 혁파하고, 인신의 매매를 금한다.
• 평민이라도 나라를 이롭게 하고, 백성을 편하게 할 의견을 내놓은 자는 군국기무처에서 올려 회의에 부치게 한다.
• 역졸(驛卒)·창우(倡優)·피공(皮工) 등의 천민 대우를 폐지한다.

(3) 갑오개혁의 의의
갑오개혁은 조선 사회를 근대화하는 데 기여하였으며, 양반들의 권력 독점 체제를 해체시키는 계기가 되었다.

4 민권 운동의 전개

(1) 독립 협회
① 독립 협회의 창설: 갑신정변 후 일본을 거쳐 미국으로 망명하였다가 돌아온 서재필은 문호 개방 이후 계속 성장한 국내 신지식층과 합세하여 〈독립신문〉을 발행하고 독립 협회를 창설하였다. 독립 협회는 이전의 개화 운동과는 달리 새로운 형태의 자강 운동을 전개하였다.
② 독립 협회의 활동: 독립 협회는 주권 독립운동, 민권 운동을 전개하였다. 이 가운데 민권 운동은 인권 확대 운동과 참정권 실현 운동으로 전개되었다.
  ㉠ 인권 확대 운동: 천부 인권 사상을 근거로 국민의 생명과 재산권을 보호할 목적으로 한 운동이다. 이는 오랜 전제 군주제 및 양반 관료제의 횡포로부터 백성을 보호하려는 것이었다.
  ㉡ 참정권 실현 운동(국민 참정권 운동)
    • 참정권의 실현은 의회 설립 운동으로 나타났다.
    • 독립 협회가 정부에 제출한 의회 설립안은 갑오개혁 때 제 기능을 발휘하지 못하였던 중추원을 개편하여 의회로 만들고, 의원의 반수는 독립 협회 회원에서 선발하여 구성해 달라고 요구하였다.

> **사료** 민권론
>
> 대저 동양 풍속이 나라를 정부가 독단하는 고로 나라가 위태한 때를 당하여도 백성은 권리가 없으므로 나라 흥망을 전혀 정부에다가 미루고 수수방관만 하고, 정부는 나중에 몇몇 사람이 순절만 할 줄로 성사를 삼는 고로 나라 힘이 미약하여 망하는 폐단이 자주 날 뿐더러 …… 그런즉 지금 폐단을 없앨 방법과 재략은 다름 아니라 갑자기 백성의 권리를 모두 주어 나라 일을 하려 할 것도 아니오. 관민이 합심하여 정부와 백성의 권리가 서로 절반씩 된 후에야 대한이 억만년 무강할 줄로 나는 아노라.　〈독립신문〉, 1898. 12. 15.

  ㉢ 독립 협회의 해체
    • 독립 협회가 관민 공동회를 개최하고 고종에게 올리는 「헌의 6조」를 가결하여 입헌 군주제를 지향하는 움직임을 보이자, 정부는 의회 개설 운동과 입헌 군주제 실시 주장을 왕조의 존립까지 위협하는 것으로 받아들였다.
    • 정부가 황국 협회를 동원하여 탄압함으로써 독립 협회의 운동은 결국 실패하였다.
③ 독립 협회 활동의 의의
  ㉠ 민중의 자발적 참여
    • 독립 협회의 운동은 실패하였지만 민중과 연결되어 있다는 것은 이전과 다른 점이었다.
    • 서울에서는 민중들이 자발적으로 참여하여 정부의 잘못을 공격하였으며, 독립 협회의 지도자들은 이를 적절히 이용하여 자신들의 주장을 펴 나갔다.
  ㉡ 평등 의식의 확산: 관민 공동회에서 천민이 연사로 나서고, 시전 상인이 회장으로 선출된 사실은 민권 사상과 평등사상이 확산되고 있었음을 보여 준다.

사료 백정 박성춘의 관민 공동회 연설문(1898)

나는 대한의 가장 천한 사람이고 무지몰각합니다. 그러나 충군 애국의 뜻은 대강 알고 있습니다. 이에 이국 편민(利國便民)의 길인즉, 관민이 합심한 연후에야 가하다고 생각합니다. 저 차일에 비유하건대, 한 개의 장대로 받친즉 역부족이나 많은 장대를 합한즉 그 힘이 공고합니다. 원컨대 관민이 합심하여 우리 황제의 성덕에 보답하고, 국운(國運)이 만만세 이어지게 합시다.

ⓒ 독립 협회의 기본 사상
- 3대 사상: 자주 국권 사상, 자유 민권 사상, 자강 개혁 사상이었다.
- 자유 민권 사상: 국민의 평등과 자유 및 국민 주권을 확립하여 국민의 기본적 권리를 보장하고, 국민의 단합된 힘으로 자주 국권을 수호하며, 나아가 근대 의회 정치를 구현하여 근대 국민 국가를 수립하려는 민주주의 사상이다.

ⓓ 근대화 사상의 계승: 독립 협회의 근대화 사상은 이후 대한 제국 말기의 애국 계몽 사상으로 이어졌다.

사료 윤치호 등의 인권 옹호 상소

어떤 자는 말하기를 백성의 권한이 성하면 임금의 권한이 반드시 줄어들리라 하니, 사람의 무식함이 …… 더욱 심하겠습니까. 만일 오늘날에 이와 같은 민의가 없다면. 정치와 법률은 따라서 무너져서 어떤 모양의 재앙의 기미가 어디에서 일어날지 모르는데, 폐하께서는 홀로 생각이 여기에 미치지 아니하십니까. 신 등의 충성된 분노가 격하여 품고 있는 생각을 진술하였지만 대단히 황송하여 조처할 바를 알지 못하겠습니다. 엎드려 바라옵건대 폐하께서는 재량하여 살펴 주십시오. 『승정원일기』

(2) 애국 계몽 운동

① 내용: 독립 협회의 운동은 대한 제국 시기에 애국 계몽 운동으로 계승되었다. 애국 계몽 운동은 사회·교육·경제·언론 등 각 분야에서 폭넓게 추진되어 국민의 근대 의식과 민족 의식을 고취시켰다.

② 영향
  ⓐ 사회 인식의 전환: 국민의 교육열이 고양되어 근대 교육이 널리 보급되었고, 근대 지식과 근대 사상이 점차 보편화되어 사회 인식의 전환을 가져왔다.
  ⓑ 민주주의 사상의 진전
  - 애국 계몽 운동은 일본의 보호국 체제하에서 적극적 정치 투쟁으로 전개되지는 못하였지만, 민주주의 사상을 한 단계 진전시켰다.
  - 독립 협회는 민주주의 실현과 국민 국가의 건설을 목표로 활동하였으나, 이를 공개적으로 거론하지는 못하였다.
  - 20세기 초에는 애국 계몽 운동가들이 민주 공화정체의 우월성과 국민 국가 건설의 필요성을 공개적으로 주장할 만큼 상당한 사회 의식의 변화를 보여 주었다.

평등 사회로의 이행

갑신정변 (「정강 14개조」)	• 내용: 문벌 폐지, 인민 평등권 확립, 지조법 개혁, 행정 기구의 개편, 내각제 도입 등 추구 • 목적: 근대적 국민 국가 건설 • 한계: 청의 군사적 개입, 보수 세력의 방해, 피지배층의 지지 기반 미약
동학 농민군 (「폐정개혁안」)	• 내용: 노비 문서의 소각, 지벌의 타파, 청상과부의 재가 허용, 백정의 평량립 폐지 • 목적: 인간 평등과 인권 존중의 반봉건적 사회 개혁 추구 • 의의: 대내적으로 양반 중심의 전통적 신분제 사회 붕괴에 기여함

갑오·을미개혁	• 내용
	  – 신분제 폐지: 반상 구분 철폐, 천민의 신분 폐지, 공·사노비 제도 혁파
	  – 봉건적 폐습 타파: 조혼 금지, 과부의 재가 허용, 고문과 연좌법 폐지
	  – 인재 등용: 과거제 폐지, 새로운 관리 임용제 채택
	• 의의: 갑신정변과 동학 농민 운동에서 주장한 내용을 일부 반영, 양반 중심의 신분제 폐지

대한 제국 (광무개혁)	호적 제도 개편: 호적에 신분 대신 직업 기재

03 개항 이후의 문화

1 근대 문명의 수용

19세기 후반에서 20세기 초에 이르는 시기에 우리나라에서는 서양의 과학 기술을 비롯한 근대 문물이 수용되고 근대 시설도 점차 보급되어 갔다.

> **사료** 문명과 개화
>
> 지금 판세를 가만히 보면, '개화'니 '문명'이니 한다고 머리를 잘도 깎았나 보건만, 속에는 전판 완고의 구습이 가득하여 겉으로는 어째 개명 진취의 뜻이 있는 듯 하나 실상은 잠을 깨지 못하여 실상은 길에 다니는 자들이 말짱 코를 골고 다니니, 비유컨대 고목나무 겉은 성하나 속은 좀이 먹어 들어가는 모양이라. 참, '겉 개화'라 할 만하여 ······.
> 〈대한매일신보〉, 1905

(1) 서양 과학 기술의 수용

① 서양 과학 기술에 대한 관심
   ⊙ 근대 이전: 서양의 과학 기술에 대한 관심은 17세기 이후 실학자들에 의하여 싹트기 시작하였다.
   ⊙ 개항 이후
     • 개화파는 서양 과학 기술의 우수성을 인식하고, 우리의 정신문화는 지키면서 서양의 과학 기술을 수용하자는 동도서기론(東道西器論)을 제창하였다.
     • 정부의 개화 정책 추진과 함께 과학 기술을 비롯한 서양의 근대 문물이 도입되었다.

■ 동도서기론
우리의 전통적인 정신문화를 지키되 서양의 과학 기술은 수용하자는 주장으로, 중국 양무운동의 중체서용(中體西用), 일본 문명 개화론의 화혼양재(和魂洋才)와 같은 맥락이다.

단권화 MEMO

■ **흥선 대원군의 무기 제조**
흥선 대원군은 제너럴셔먼호의 증기 기관을 이용해 배를 만들거나 방탄복을 제작하는 등 무기 제조에 관심이 많았다.

② 수용 과정
 ㉠ 개항 이전: 1860년대 흥선 대원군 집권기에도 서양의 침략에 대응하기 위하여 서양의 무기 제조술에 많은 관심을 기울였다.
 ㉡ 개항 이후: 무기 제조술 외에 산업 기술의 수용에도 관심이 높아져서 1880년대에는 양잠·방직·제지·광산 등에 관한 기계를 도입하고, 외국 기술자를 초빙하는 등 서양의 기술을 도입하는 데 힘썼다.
 ㉢ 1890년대
  • 개화 지식인들은 근대적 과학 기술의 수용을 위해서는 교육 제도의 개혁이 급선무임을 인식하게 되었다. 이에 갑오개혁 이후 정부는 유학생의 해외 파견을 장려하고, 교육 시설을 갖추는 데 노력하였다.
  • 그 결과 경성 의학교·철도 학교·광업 학교 등 각종 근대적인 기술 교육 기관이 설립되었다.
③ 결과: 기술 교육의 향상을 위한 정책은 재정의 곤란으로 많은 시행착오가 있었지만, 국권을 빼앗기기 전까지 꾸준히 계속되어 어느 정도의 성과를 거두었다.

> **사료**   서양 과학 기술의 수용
>
> ❶ 외국의 교(敎)는 즉 사(邪)로서 마땅히 멀리해야 하지만 그 기(器)는 즉 이(利)로서 가히 이용후생(利用厚生)의 바탕이 될 것인즉, 농·공·상·의약·갑병(甲兵)·주차(舟車) 등의 종류는 어찌 이를 꺼려서 멀리 하겠는가?
> 『일성록』, 곽기락의 상소, 1881
>
> ❷ 옛날의 범선과 오늘의 증기선은 선박의 옛날과 지금이 다릅니다. 옛날의 소나 말이 끄는 수레와 오늘의 증기 기차는 차(車)의 옛날과 지금이 다릅니다. 옛날의 파발과 오늘의 전신에 의한 통첩으로 순식간에 왕래하여 마치 서로 얼굴을 마주봄과 같은 것은 역전의 옛날과 지금이 다릅니다. 오늘날 나라를 다스리는 이가 서법(서양 문물)의 편리함을 인정하지 아니하고 옛 제도의 불편하고 현실에 맞지 아니한 것을 전적으로 쓴다면 부강(富强)의 도를 생각하지 않는 것입니다. …… 군신·부자·부부·붕우·장유의 윤리는 인간의 본성에 부여된 것으로서 천지를 통하는 만고불변(萬古不變)의 이치이고, 위에 존재하는 것으로서 도(道)가 됩니다. 이에 대하여 배·수레·군사·농사·기계의 편민이국(便民利國)하는 것은 외형적인 것으로서 기(器)가 됩니다. 신(臣)이 변혁(變革)을 꾀하고자 하는 것은 기(器)이지 도(道)가 아닙니다.
> 윤선학의 상소문, 1882
>
> ❸ 서양 각국에 사신을 파견하여 그 우호를 신장시키는 한편, 거기서부터 기술 교사를 청하여 우리나라 상하 인민들에게 새 기술을 습득시키고 …… 정부와 따로 공의당(公議堂)을 특설하여 시무(時務)에 밝은 인사들을 참여시키고 그들로 하여금 정사 논의(政事論議)를 돕게 하고 …… 도하(都下)에 큰 규모 상인들을 불러 모아 그들의 이해 및 편리함과 불편함을 상의케 하고 그 손해에 따라 징세(徵稅)토록 하며 …… 법에 따라 채광(採鑛)을 장려하고 화폐 유통을 장려하며, 놀고먹는 자를 없애도록 하자.
> 『일성록』

(2) 근대 시설의 수용

개항 이후 근대 문물과 과학 기술이 도입되어 교통·통신·전기·의료·건축 등 각 분야에 새로운 시설이 갖추어졌다. 이에 따라 생활 양식도 변화하였다.

① 근대적 기술 도입의 계기
  ㉠ 개항 직후 수신사 파견을 시작으로 1880년대에 조사 시찰단(신사 유람단)의 일본 파견과 영선사의 청 파견, 보빙사의 미국 파견은 근대적 기술 도입에 중요한 계기가 되었다.
  ㉡ 정부는 박문국·기기창·전환국 등 근대 시설을 갖추어 신문을 발간하고, 무기를 제조하였으며, 화폐를 주조하였다.

② 근대 시설의 도입

근대 시설		연도	기능 및 성격
인쇄	박문국	1883	신문 발간(《한성순보》, 새로운 지식의 확대에 기여)
	광인사	1884	• 최초의 근대식 출판사(민간), 근대 기술에 관한 서적 출판 • 농업과 목축의 근대화를 이론화한 안종수의 『농정신편』 인쇄
화폐 주조	전환국	1883	백동화(1892~1904) 주조
무기 제조	기기창	1883	영선사의 건의로 서울에 설치
통신	전신	1885	• 청의 차관을 도입하여 최초 설치(인천~서울~의주) • 독일로부터 차관을 얻어 서울~부산 가설(1888)
	전화	1898	경운궁 안에 처음 가설
	전등	1887	• 경복궁에 최초로 전등 설치(1887) • 서울 시내에 전등 가설(1900)
	우편	1884	• 갑신정변으로 우정(총)국 중지 → 을미개혁 이후 우체사로 부활(1895) • 만국 우편 연합에 가입(1900, 여러 나라와 우편물 교환)
교통	전차	서대문 ~ 청량리	1899	황실과 미국인 콜브란의 합자로 1898년 설립된 한성 전기 회사에서 발전소를 건설하여 최초로 전차 운행
	철도	경인선	1899	미국인 모스(Morse)에 의해 착공되었지만 일본 회사에 이권이 전매되어 완공된 최초의 철도(노량진~제물포, 1899) → 한강 철교가 준공되어 서울까지 연결(1900)
		경부선	1905	서울~부산 초량 / 러일 전쟁 중에 일본이 군사적 목적으로 부설
		경의선	1906	용산~신의주
의료	광혜원	1885	정부의 지원으로 알렌이 세운 최초의 왕립 서양식 병원 (후에 제중원으로 고침)
	광제원	1900	정부에서 설립하여 지석영의 종두법 등을 보급
	세브란스 병원	1904	경성 의학교와 함께 의료 요원 양성
	대한 의원	1907	신식 의료 요원 양성 기관(의학부·약학부·간호과 등)
	자혜 의원	1909	도립 병원(전주·청주·함흥 등 전국 각지에 설립)

단권화 MEMO

▲ 전화 교환원

■ 우정총국

개항기에 우편 업무를 담당하던 관청으로, 현재는 체신 기념관으로 쓰이고 있다.

▲ 서울의 전차(1903)

건축	경복궁 내 관문각	1888	최초의 서구식 건물
	독립문	1897	프랑스의 개선문을 모방하여 건립
	명동(종현) 성당	1898	중세 고딕 양식의 건물
	약현 성당	1892	천주교 성당이며, 최초의 고딕식 벽돌 건축물
	손탁 호텔	1902	최초의 서양식 호텔이며, 최초의 커피 전문점이 개설됨
	덕수궁 석조전	1910	착공한 지 10년 만에 완성된 르네상스 양식의 건물

③ 근대 시설 수용의 의의: 근대적 시설은 외세의 이권 침탈이나 침략 목적에 이용되기도 하였으나, 한편으로는 국민 생활의 편리와 생활 개선에 이바지하였다.

바로 확인문제

● 아관 파천 기간에 사람들이 볼 수 있었던 사실로 적절한 것은? 16. 지방직 7급

① 청량리행 전차를 운행하는 기사
② 〈한성순보〉를 배부하는 관리
③ 대한 천일 은행에서 근무하는 은행원
④ 백동화를 주조하는 주전관

● 다음 사건 중 발생 연도가 다른 하나는? 19. 경찰직 1차

① 박문국이 설립되어 〈한성순보〉를 발간하기 시작하였다.
② 전환국이 설립되어 당오전(當五錢)을 발행하였다.
③ 우리나라 최초의 근대적 사립 학교인 원산 학사가 설립되었다.
④ 우리나라 최초의 철도인 경인선이 개통되었다.

단권화 MEMO

▲ 명동 성당

|정답해설| 아관 파천 기간은 1896년 2월부터 1897년 2월(고종이 경운궁으로 환궁하기 이전)까지이다. 백동화는 전환국에서 1892년부터 1904년까지 제작되었던 동전이다.

|오답해설|
① 전차가 처음 개통된 것은 1899년이다.
② 〈한성순보〉는 박문국에서 1883년에 창간되었으나 갑신정변(1884) 이후 폐간되었다.
③ 대한 천일 은행은 1899년에 설립된 민족 은행이었다.

|정답| ④

|정답해설| 1899년 우리나라 최초의 철도인 경인선(제물포 ~ 노량진)이 개통되었다.

|오답해설|
①②③ 1883년에 있었던 사실이다.

|정답| ④

2 근대 교육과 학문의 보급

(1) 근대 교육의 발전

① 근대 교육의 실시: 1880년대부터 개화 운동의 일환으로 근대 교육이 보급되었다.
  ㉠ 원산 학사(1883): 최초의 근대적 사립 학교로서 함경도 덕원(원산) 주민들이 개화파 인물들의 권유로 설립하였으며, 외국어·자연 과학 등 근대 학문과 무술을 가르쳤다.
  ㉡ 동문학(同文學, 1883): 관립 외국어 교육 기관이며 영어, 일어 등을 교육하였고, 통변(通辯) 학교로도 불렸다.
  ㉢ 육영 공원(1886): 정부는 보빙사 민영익의 건의로 육영 공원을 세우고, 벙커·길모어·헐버트 등 미국인 교사를 초빙하여 **상류층의 자제들을 뽑아 영어**를 비롯한 수학·지리학·정치학 등 각종 근대 학문을 교육하였으나 1894년에 폐교되었다.

> **사료** 육영 공원(학교 운영 규칙 일부)
>
> 1. 학교를 설립하고 '육영 공원(育英公院)'이라 부른다.
> 2. 외국인으로 성품이 선량하고 재간 있으며 총명한 사람 3명(헐버트·길모어·벙커가 초빙됨)을 초빙하여 '교사(教師)'라고 부를 것이며 가르치는 일을 전적으로 맡도록 한다.
> 3. 원(院)은 좌원(左院)과 우원(右院)을 설립하고 각각 학생을 채워서 매일 공부한다.
> 4. 별도로 과거 급제 출신의 7품 이하 관료로서 나이가 젊고 원문(原文)에 밝은 문벌 있는 집안의 재능 있는 사람을 선발하여 10명을 한정해 좌원에 넣어 공부하게 한다.
> 5. 재주가 있고 똑똑한 나이 15세부터 20세까지의 사람 20명을 선발하여 우원에 넣어 공부하게 한다.
>
> 『고종실록』

> **심화** 헐버트
>
> 헐버트는 1886년 육영 공원의 교사로 초빙되어 우리나라에 왔다. 을사늑약 이후 고종의 밀서를 휴대하고 미국에 가서 국무 장관과 대통령을 면담하려 하였으나 실현하지 못하였다. 1906년 다시 내한하였으며 고종에게 헤이그에서 열리는 제2차 만국 평화 회의에 밀사를 보내도록 건의하였다. 그는 이상설 등의 헤이그 특사보다 먼저 도착하여 「회의시보(Courier de la Conférence)」에 한국 대표단의 호소문을 싣게 하는 등 한국의 국권 회복을 위해 노력하였다. 그의 저서로는 세계의 지리 지식과 문화를 소개한 『사민필지』, 『한국사(The History of Korea)』(2권), 『대동기년(大東紀年)』(5권), 『대한 제국 멸망사(The Passing of Korea)』 등이 있다.

② 근대적 교육 제도
  ㉠ 교육 제도의 정비
    • 갑오개혁 이후에는 근대적 교육 제도의 마련으로 소학교·중학교 등의 각종 관립 학교가 설립되어 근대 교육의 보급이 확산되었다.
    • 「교육 입국 조서」 반포(1895): 고종은 "국가의 부강은 국민의 교육에 있다."라는 내용의 조서를 반포하였다.

> **사료** 「교육 입국 조서(教育立國詔書)」
>
> 세계의 형세를 보면 부강하고 독립하여 잘사는 모든 나라는 다 국민의 지식이 밝기 때문이다. 이 지식을 밝히는 것은 교육으로 된 것이니 교육은 실로 국가를 보존하는 근본이 된다. …… 이제 짐은 정부에 명하여 널리 학교를 세우고 인재를 길러 새로운 국민의 학식으로써 국가 중흥의 큰 공을 세우고자 하니, 국민들은 나라를 위하는 마음으로 지(智)·덕(德)·체(體)를 기를지어다. 왕실의 안전이 국민들의 교육에 있고, 국가의 부강도 국민들의 교육에 있도다.

■ 육영 공원의 운영

문무 현직 관료 중에서 선발된 학생을 수용하는 좌원(左院)과 양반 자제에서 선발된 학생을 수용하는 우원(右院)의 두 반으로 되어 있었고 학생 정원은 35명이었다. 교수들은 모두 미국에서 초빙한 미국인들이었다. 대표적 인물로는 헐버트(Hulbert, H. B.), 길모어(Gilmore, G. W.), 벙커(Bunker, D. A.)가 있었다.

단권화 MEMO

▲ 이화 학당

ⓒ 사립 학교: 개신교 선교사들도 배재 학당·이화 학당 등의 사립 학교를 설립하여 학생들에게 근대 학문을 가르치고, 민족의식의 고취와 민주주의 사상의 보급에 이바지하였다.

○ **개신교 선교사**: 배재·이화·경신·정신·숭실 학교 등을 세웠다.

구분	설립 연대	설립자(교파)	소재지
배재 학당	1885	아펜젤러(북 감리교)	서울
이화 학당	1886	스크랜튼(북 감리교)	서울
경신 학교	1886	언더우드(북 장로회)	서울
정신 여학교	1887	엘러스(북 장로회)	서울
숭실 학교	1897	베어드(북 장로회)	평양
배화 여학교	1898	남 감리회	서울
호수돈 여숙	1899	남 감리회	개성
신성 학교	1906	북 장로회	선천
기전 여학교	1907	남 장로회	전주

③ 민족주의 계통의 학교
  ㉠ 민족 지도자들의 학교 설립
  • 배경: 을사늑약(1905) 이후 국권 회복을 목표로 애국 계몽 운동을 전개한 민족 지도자들은 "배우는 것이 힘이다."라는 구호를 내걸고, 근대 교육이 민족 운동의 기반이며 본질이라고 주장하였다.
  • 학교의 설립: 애국 계몽 운동의 영향으로 보성 전문 학교, 진명 여학교, 숙명 여학교, 오산 학교, 대성 학교 등 많은 사립 학교가 곳곳에 세워졌다. 이에 사립 학교를 중심으로 구국 교육 운동이 벌어졌고, 민족 의식의 고취를 위한 교육 활동이 성행하였으며 근대 학문과 사상이 보급되었다.
  • 일본은 1908년 사립 학교령을 발표하여 사립 학교의 설립과 운영을 통제하였다.

○ **민족주의계**: 보성·양정·휘문·진명·숙명·중동·오산·대성 학교 등을 세웠다.

구분	설립 연대	설립자	소재지
보성 전문 학교	1905	이용익	서울
양정 의숙	1905	엄주익	서울
휘문 의숙	1906	민영휘	서울
진명 여학교	1906	엄준원	서울
숙명 여학교	1906	엄귀비	서울
중동 학교	1906	오규신, 유광렬, 김원배	서울
서전서숙	1906	이상설	간도
오산 학교	1907	이승훈	정주
대성 학교	1908	안창호	평양

ⓒ 학회의 구국 교육 운동
- 대한 제국 말기 근대 학교 설립에 의한 민족주의 교육이 크게 발흥하였다.
- 대한 자강회, 신민회 등 정치·사회단체와 서북 학회, 호남 학회, 기호 흥학회, 교남 교육회, 관동 학회 등 많은 학회의 구국 교육 운동이 밑바탕이 되었다.

구분	대표	활동 내용
서북 학회	이동휘	『서북학보』 발행, 순회 강연, 임업 강습소 설치
기호 흥학회	정영택	『기호학보』 발행, 기호 학교 설립(1908)
교남 학회	이하영	『교남교육회잡지』 발행
호남 학회	강엽	『호남학보』 발행
관동 학회	남궁억	강원도 출신 인사들을 중심으로 조직
여자 교육회	진학신	양규 의숙(養閨義塾) 설립(1906)
서우 학회	박은식 등	1906년 설립, 잡지 『서우』 발간

④ 여성 교육
  ㉠ 1898년 9월 서울 북촌 양반 부인들이 〈황성신문〉에 최초의 여성 선언문인 『여권통문(여학교설시통문)』을 발표하여 당시 사회에 적지 않은 충격을 주었다.
  ㉡ 〈독립신문〉은 정부가 여성 교육을 위해 예산을 집행할 것을 주장하였다. 이를 계기로 여성들은 여성 교육 단체인 찬양회(순성회)를 조직하였다.
  ㉢ 1899년 우리 민족이 만든 최초의 여성 사립 학교인 순성 여학교가 건립되었다.

사료 「여권통문」(1898) – 최초의 여성 선언문

이제 우리 이천만 동포 형제가 성스러운 뜻을 본받아 과거 나태하던 습관은 영구히 버리고 각각 개명한 새로운 방식을 따라 행할 때, 시작하는 일마다 일신우일신(日新又日新)함을 사람마다 힘써야 함에도, 어찌하여 한결같이 귀먹고 눈먼 병신처럼 옛 관습에만 빠져 있는가. 이것은 한심한 일이로다. …… 이왕에 우리보다 먼저 문명 개화한 나라들을 보면 남녀평등권이 있는지라. 어려서부터 각각 학교에 다니며, 각종 학문을 다 배워 이목을 넓히고, 장성한 후에 사나이와 부부의 의를 맺어 평생을 살더라도 그 사나이에게 조금도 압제를 받지 아니한다. 이처럼 후대를 받는 것은 다름 아니라 그 학문과 지식이 사나이 못지않은 까닭에 그 권리도 일반과 같으니 이 어찌 아름답지 않으리오. …… 슬프도다. 과거를 생각해 보면 사나이가 힘으로 여편네를 압제하려고, 한갓 옛말을 빙자하여 "여자는 안에서 있어 바깥 일을 말하지 말며, 오로지 술과 밥을 짓는 것이 마땅하다(居內而不言外, 唯酒食施衣)."라고 하는지라. …… 이제는 옛 풍속을 모두 폐지하고 개명 진보하여 우리나라도 다른 나라와 같이 여학교를 설립하고, 각기 여자아이들을 보내어 각종 재주를 배워 이후에 여성 군자들이 되게 할 목적으로 지금 여학교를 창설하오니 ……

첫째. 여성은 장애인이 아닌 남성과 평등한 권리를 갖는 온전한 인간이어야 한다. 여성은 먼저 의식의 장애로부터 해방되어야 한다.
둘째. 여성도 남성이 벌어다 주는 것에만 의지하여 사는 경제적으로 무능력한 장애에서 벗어나 경제적 능력을 가져야만 평등한 인간 권리를 누릴 수 있다.
셋째. 여성 의식을 깨우치고 사회 진출 능력을 갖기 위해서는 무엇보다 여성들이 남성과 동등한 교육을 받아야 한다.

〈황성신문〉, 1898

단권화 MEMO

|정답해설| 개신교 선교사들은 배재 학당, 숭실 학교 등 사립 학교를 설립하였다.

|오답해설|
① 「교육 입국 조서」는 제2차 갑오개혁 시기인 1895년에 발표되었다.
③ 최초의 사립 학교는 1883년에 설립된 원산 학사이다.
④ 대성 학교, 오산 학교, 보성 학교는 국내, 서전서숙은 국외 최초의 근대 교육 기관으로 이상설이 북간도 용정촌에 설립하였다.

|정답| ②

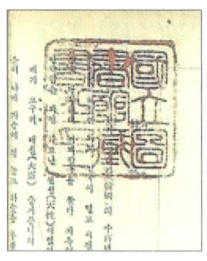
▲ 「을지문덕전」

바로 확인문제

● 근대 교육 기관 및 교육에 대한 설명으로 가장 적절한 것은? 16. 경찰직 2차

① 고종은 광무개혁의 일환으로 「교육 입국 조서」를 반포하며 지·덕·체를 아우르는 교육을 내세웠고, 이에 따라 소학교, 한성 사범 학교 등이 설립되었다.
② 배재 학당, 숭실 학교, 경신 학교, 정신 여학교는 개신교 선교사들이 설립한 사립 학교이다.
③ 최초의 사립 학교인 육영 공원은 함경도 덕원 주민들과 개화파 인사들의 합자로 설립되었으며, 외국어·자연 과학·국제법 등 근대 학문과 함께 무술을 가르쳤다.
④ 대성 학교, 오산 학교, 서전서숙, 보성 학교는 국내에 설립된 교육 기관이다.

(2) 국학 연구의 진전

① 배경: 국학 연구는 실학에서 그 원류를 찾을 수 있고, 실학파의 민족 의식과 근대 지향 의식은 개화사상으로 연결되어 근대적 민족주의로 발전하였다.
② 국학 운동의 전개: 애국 계몽 운동의 일환으로 국사와 국어를 연구하여 민족 의식과 애국심을 고취하려는 국학 운동이 전개되었다.
③ 국사 연구
  ㉠ 근대 계몽 사학의 성립: 장지연, 신채호, 박은식 등이 근대 계몽 사학을 성립시켰다.
    • 구국 위인 전기: 『을지문덕전』, 『강감찬전』, 『이순신전』 등 우리 역사상 외국의 침략에 대항하여 승리한 전쟁 영웅들의 전기를 써서 널리 보급함으로써 일본의 침략에 직면한 국민들의 사기를 북돋우고, 애국심을 불러일으켰다.
    • 외국의 역사 소개: 『미국 독립사』(1898년 황성신문사 번역·발간), 『월남 망국사』(1906년 현채 번역·발간) 등 외국의 건국 또는 망국의 역사를 번역하여 소개함으로써 국민들의 독립 의지와 역사의식을 높이려고 노력하였다.
    • 일본 침략 비판: 황현의 『매천야록』, 정교의 『대한계년사』는 일본의 침략을 비판하고, 민족정신을 강조하였다.
  ㉡ 민족주의 사학 방향 제시: 신채호는 1908년 〈대한매일신보〉에 「독사신론」을 연재하였다. 「독사신론」은 만주와 부여족을 중심에 둔 새로운 역사 체제를 세워, 민족주의 사학의 기틀을 마련했다고 평가된다.

> **사료** 「독사신론」
>
> 내가 지금 각 학교 교과용의 역사를 보건대 가치가 있는 역사는 거의 없다. 제1장을 보면 우리 민족이 중국 민족의 일부인 듯 하고, 제2장을 보면 우리 민족이 선비족의 일부인 듯 하고 ……. 오호라 과연 이 같을진대 우리 수만 리의 토지가 이들 남만북적의 수라장이며, 우리 4천여 년의 산업이 이들 조량모초(朝梁暮楚)의 경매물이라 할지니, 어찌 그렇다고 할 수 있을 것인가? 즉, 고대의 불완전한 역사라도 이를 상세히 살피면 동국의 주족(主族)으로 단군의 후예인 우리의 발달한 실제 자취가 뚜렷하거늘 무슨 까닭으로 우리 선조들을 헐뜯음이 이에 이르렀는가.

  ㉢ 국사 교과서 간행
    • 현채의 『유년필독』은 어린아이들을 위한 국사 교과서 대용 서적이며, 일본의 출판법이 시행된 이후 압수된 책 중 가장 많은 부수를 차지하였다.
    • 현채의 『동국사략』은 청소년을 위한 국사 교과서로 활용되었고, 서양식 역사 서술 체계를 적극 도입하였는데, 이를 신사체(新史體)라고 한다.

ⓔ 조선 광문회(1910, 朝鮮光文會): 최남선은 박은식과 함께 조선 광문회를 만들어 민족 고전을 정리·간행하였다.
  ⓜ 외국인의 한국사 연구: 『은둔의 나라 한국(The Hermit Nation Corea)』(1882년 윌리엄 그리피스 저술), 『한국의 비극(The tragedy of Korea)』(1908년 영국 기자 매켄지가 일제의 국권 침탈 과정을 목격하고 저술)

> **사료** **국사 연구**
>
> 오호라. 어떻게 하면 우리 이천만 동포의 귀에 애국이란 단어가 못이 박히도록 할까? 오직 역사로써 해야 할 것이다. 오호라. 어떻게 하면 우리 이천만 동포의 눈에 항상 애국이란 단어가 어른거리게 할까? 오직 역사로써 해야 할 것이다. …… 성스럽다 역사여! 위대하다 역사여! 일곱 겹, 여덟 겹의 화려한 누각으로 일국 산하를 장엄하게 수놓을 자, 역사가 아닌가?
>
> 신채호, 「역사와 애국심과의 관계」

④ 국어 연구
  ㉠ 국한문체의 보급: 갑오개혁 이후 관립 학교의 설립과 함께 국한문 혼용의 교과서가 간행되면서 국한문체 또는 국문체의 문장이 보급되었다.
    • 『서유견문(西遊見聞)』: 1895년 출간된 유길준의 저서로, 새로운 국한문체의 보급에 공헌하였다.
    • 언론의 한글 사용: 〈독립신문〉과 〈제국신문〉은 한글을 사용하였다. 그 밖의 여러 신문에서 국문과 한문을 혼용함으로써 전통적인 한문체에서 탈피하는 획기적인 문체의 변혁을 가져왔다.
  ㉡ 국문 연구소의 설립(1907): 문체의 변화에 따라 우리말 표기법 통일의 필요성이 높아져 국어 연구가 크게 진전되었고, 지석영의 건의가 계기가 되어 1907년 대한 제국 학부 소속으로 설립되었다.
  ㉢ 국어 문법 연구서: 유길준의 『조선문전』(1897~1902)에 이어 이봉운의 『국문정리』(1897), 지석영의 『신정국문』(1905), 주시경의 『국어문법』(1910), 『말의 소리』(1914) 등이 저술되었다.

> **사료** **국어 연구**
>
> 나라를 뺏고자 하는 자는 그 나라의 글과 말을 먼저 없이 하고, 자기 나라의 글과 말을 전파하며, 자기 나라를 흥성케 하고자 하거나 나라를 보전하고자 하는 자는 자국의 글과 말을 먼저 닦고, 백성의 지혜로움을 발달케 하고, 단합을 공고케 한다.
>
> 주시경 선생 유고

> **심화** **지석영과 주시경**
>
> ❶ 지석영
> 독립 협회의 주요 회원으로 활약하였다. 또한 개화가 늦어지는 이유가 어려운 한문을 쓰기 때문이라 보고 알기 쉬운 한글을 쓸 것을 주장하였다. 1908년 국문 연구소 위원에 임명되었고, 이듬해 한글로 한자를 해석한 『자전석요(字典釋要)』를 저술하였다.
>
> ❷ 주시경
> 〈독립신문〉 발간에 관여하였고, 독립신문사 안에 '국문동식회(國文同式會)'를 조직했으며, 1897년 4월에 '국문론'이라는 글을 발표하기도 했다. 그는 당시의 문장들이 한문에 토를 다는 형식에 그치고 있다면서 실제로 말하는 대로 글을 쓰는 '언문일치'가 필요하다고 주장했다. 1908년에는 국어 연구 학회를 창립하였는데, 이 단체는 조선어 연구회의 모체가 되었다.

단권화 MEMO

| 단권화 MEMO |

| 정답해설 | 밑줄 친 '그'는 주시경이다. 국문동식회는 주시경 등이 한글 연구를 위해 조직한 학술 단체이다. 주시경은 1910년에 문법서인 『국어문법』을 저술하였다.

| 오답해설 |
①④ 1931년 조직된 조선어 학회는 '한글 맞춤법 통일안'(1933)을 만들었으며, 『우리말 큰 사전』의 편찬에 착수하였으나 일제의 방해로 성공하지 못하였다.
③ 1921년 임경재 등이 조직한 조선어 연구회는 잡지 〈한글〉을 간행하고 '가갸날'을 정하여 한글의 보급에 공헌하였다.

| 정답 | ②

*언론 기관의 발달
개항기 각 신문의 특징은 빈출 내용이다. 특히 〈황성신문〉의 「시일야방성대곡」이 을사늑약 이후 발표되었음을 알아 두어야 한다.

| 바로 확인문제 |

● 밑줄 친 '그'에 대한 설명으로 옳은 것은?   18. 국가직 7급

> 〈독립신문〉 발간에 관여했던 그는 독립신문사 안에 '국문동식회(國文同式會)'를 조직했으며, 1897년 4월에 '국문론'이라는 글을 발표하기도 했다. 그는 당시의 문장들이 한문에 토를 다는 형식에 그치고 있다면서 실제로 말하는 대로 글을 쓰는 '언문일치'가 필요하다고 주장했다.

① 『우리말 큰 사전』의 편찬을 주도하였다.
② 문법 서적인 『국어문법』을 저술하였다.
③ 조선어 연구회를 주도적으로 조직하였다.
④ 한글 맞춤법 통일안을 만들어 발표하였다.

(3) 언론 기관의 발달*

① **〈한성순보〉(1883)**
  ㉠ 근대적 신문의 효시로 박문국에서 간행하였다.
  ㉡ 순 한문체로 간행하였다.
  ㉢ 정부의 공문서를 우선으로 취급하여 관보(官報)적 성격을 가지고 있었다.
  ㉣ 갑신정변 이후 박문국이 폐지되면서 폐간되었다(1884).
② **〈한성주보〉(1886)**: 최초로 국한문 혼용체를 사용하였으며, 최초로 상업 광고를 실었다.
③ **〈독립신문〉(1896)**: 정부의 지원을 받아 서재필이 창간한 우리나라 **최초의 민간 신문**으로, 국문판과 영문판이 발행되었다.

> **사료** 〈독립신문〉 창간사
>
> 우리 신문이 한문은 아니 쓰고 다만 국문으로만 쓰는 것은 상하귀천이 다 보게 하려 함이다. …… 각국에서 사람들이 남녀를 막론하고 자기 나라의 국문을 먼저 배워 능통한 후에야 외국 글을 배우는 법인데 조선에서는 조선 국문은 아니 배우더라도 한문만 공부하는 까닭에 국문을 잘 아는 사람이 드물다. 우리 신문은 빈부귀천에 구별 없이 신문을 보고, 외국 물정과 내지 사정을 알게 하려는 뜻이니 남녀노소, 상하귀천 간에 우리 신문을 몇 달 동안 보면 새 지각과 새 학문이 생길 것을 미리 아노라.   〈독립신문〉, 1896

④ **〈제국신문〉(1898. 8.)**
  ㉠ 개신 유학자 이종일에 의하여 순 한글로 발간되었다.
  ㉡ 주로 부녀자와 일반 대중 등을 대상으로 발행하였다.

> **사료** 〈제국신문〉 창간사
>
> 뜻있는 친구들을 모아 회사를 조직하고 새로 신문을 발간하는데 이름을 제국신문이라 하여 순 국문으로 날마다 출판하고자 하니, 여러분께서는 많이 보시오. 신문의 명칭은 곧 이 신문이 우리 대황제 폐하의 당당한 대한국 백성에게 속한 신문이라는 뜻에서 지은 것이니 또한 중대하도다.   〈제국신문〉, 1898

⑤ 〈황성신문〉(1898. 9.)
  ㉠ 개신 유학자 남궁억 등에 의하여 국한문 혼용판으로 발간하였다.
  ㉡ 을사늑약 체결 직후 〈황성신문〉의 주필이었던 장지연의 「시일야방성대곡」이라는 사설을 발표하고, 「오조약청체전말(五條約請締顚末)」이라는 제목으로 을사늑약의 강제적 체결 과정을 상세히 보도하였다.
  ㉢ 광무 정권이 표방한 '구본신참'의 원칙에 따라 온건하고 점진적인 개혁을 주장하였다.
  ㉣ 강점(국권 피탈, 경술국치, 1910. 8. 29.) 직후 〈한성신문(漢城新聞)〉으로 제호가 바뀌었고, 얼마 후 폐간되었다(마지막 신문 발행일: 1910. 9. 14.).

사료 〈황성신문〉 창간사

대황제 폐하께서 갑오년(1894) 중흥(中興)의 기회를 맞아 자주독립의 기초를 확정하시고 새로이 경장(更張)하는 정령(政令)을 반포하실 때에 특히 한문과 한글을 같이 사용하여 공사 문서(公私文書)를 국한문으로 섞어 쓰라는 칙교(勅敎)를 내리셨다. 모든 관리가 이를 받들어 근래에 관보와 각 부군(府郡)의 훈령, 지령과 각 군(各郡)의 청원서, 보고서가 국한문으로 쓰였다. 이제 본사에서도 신문을 확장하려는 때를 맞아 국한문을 함께 쓰는 것은 무엇보다도 대황제 폐하의 성칙(聖勅)을 따르기 위해서이며, 또한 옛글과 현재의 글을 함께 전하고 많은 사람들에 읽히기 위함이다.
〈황성신문〉, 1898

사료 장지연의 「시일야방성대곡」

지난번 이토 히로부미 후작이 한국에 왔을 때 우리 인민은 서로 말하기를 '후작은 평소 동양 삼국이 서로 돕고 의지할 것을 주선한다고 자처하던 사람이니 반드시 우리나라 독립을 부식하는 방법을 권고하리라.' 하고, 시골에서 서울에 이르기까지 관민 상하가 모두 환영하였는데, 천하의 일에는 헤아리기 어려운 일도 많도다. 천만 뜻밖에 5조약은 어디서부터 나왔는가? 아, 저 개돼지만도 못한 우리 정부 대신이란 자들이 영달과 이득을 노리고 위협에 겁을 먹고, 벌벌 떨면서 나라를 파는 도적이 되어 4천 년의 강토와 5백 년의 종묘사직을 남에게 바치고, 2천만 생령으로 하여금 모두 다른 사람의 노예 노릇을 하게 하였으니 아, 분하고 원통하도다. 우리 2천만 동포여, 살았는가, 죽었는가.
〈황성신문〉, 1905. 11. 20.

⑥ 〈대한매일신보〉(1904)
  ㉠ 영국인 베델과 양기탁이 한영 합작으로 발행하였다.
  ㉡ 비교적 활동이 자유로워 가장 강경한 항일 논조를 펼쳤고, 국채 보상 운동에 앞장섰다. 특히 신문사 정문에 '일본인 출입 금지'라는 문구를 붙여놓고 강력히 일본의 침략을 규탄하였다. 또한 을사늑약 때 황제가 서명하지 않았다는 친서를 보도하였다.
⑦ 〈만세보〉(1906)
  ㉠ 오세창·손병희를 중심으로 발행된 천도교계 신문이었다. 국한문을 혼용하면서 한자를 잘 모르는 독자들도 쉽게 읽을 수 있도록 한자 옆에 한글로 음을 달기도 하였다.
  ㉡ 이 신문은 친일 단체인 일진회(一進會)를 강경한 논설로 계속 공격하였으며 반민족적인 행위 등을 단호히 규탄하였다.
⑧ 기타: 〈경향신문〉은 천주교의 기관지였으며, 개신교(장로회)에서는 〈그리스도 신문〉을 발행하였고, 지방 신문으로는 진주에서 발간된 〈경남일보〉(1909)가 있었다. 대한 협회의 기관지인 〈대한민보〉에서는 이완용 내각 및 일진회를 풍자하는 만화를 게재하였다(만화는 이도영이 담당).

단권화 MEMO

⑨ 친일 신문
- ㉠ 〈한성신보〉: 1895년 일본인에 의해 창간되었다.
- ㉡ 〈국민신보〉: 1906년 이용구 등이 만든 친일 단체인 일진회의 기관지였다.
- ㉢ 〈대한신문〉: 1907년 7월 18일 이인직이 천도교계의 〈만세보〉를 인수하여 제호를 고쳐 창간하였다. 이 신문은 이완용이 언론 기관의 필요성을 인식하여 이인직으로 하여금 경영하게 한 것으로, 이완용 내각의 기관지 역할을 하였다.
- ㉣ 기타: 〈시사신문〉(1910)

⑩ 일본의 탄압
- ㉠ 일본은 한국 강점 과정에서 신문지법(1907)과 출판법(1909)으로 언론을 통제하였다.
- ㉡ 일본은 각종 결사체와 정치 집회를 해산할 수 있도록 보안법(1907) 및 학회령(1908)을 제정하였다.

사료 일본의 언론 탄압

❶ 신문지법(1907. 7.)
- 제1조 신문지를 발행하려는 자는 발행지를 관할하는 관찰사(경성에서는 관무사)를 경유하여 내부대신에게 청원하여 허가를 받아야 한다.
- 제21조 내부대신은 신문지가 안녕질서를 방해하거나 풍속을 어지럽힌다고 인정할 때는 그 발매 반포를 금지하고 압수하여 발행을 정지하거나 금지할 수 있다.

❷ 보안법(1907. 7.)
- 제1조 내부대신은 안녕질서를 지키기 위해 필요한 경우에 결사의 해산을 명령할 수 있다.
- 제2조 내부대신은 안녕질서를 지키기 위해 필요한 경우에 집회 또는 다중의 운동 또는 군집을 제한 금지하거나 해산시킬 수 있다.

❸ 출판법(1909. 2.)
- 제2조 문서나 도서를 출판하고자 할 때는 저작자 또는 그 상속자 및 발행자가 날인하고, 원고를 첨가하여 지방 장관을 경유하여 내부대신에게 허가를 신청해야 한다.
- 제12조 외국에서 발행한 문서나 도서 또는 외국인이 국내에서 발행한 문서나 도서로서 안녕질서를 방해하거나 풍속을 어지럽힌다고 인정될 때는 내부대신은 그 문서나 도서를 국내에서 발매 또는 반포함을 금지하고, 그 인본을 압수할 수 있다.

바로 확인문제

● 다음의 논설을 작성한 인물에 대한 설명으로 옳은 것은? 24. 국가직 9급

> 이 날을 목 놓아 우노라[是日也放聲大哭]. …… 천하만사가 예측하기 어려운 것도 많지만, 천만 뜻밖에 5개조가 어떻게 제출되었는가. 이 조건은 비단 우리 한국뿐 아니라 동양 삼국이 분열할 조짐을 점차 만들어 낼 것이니 이토[伊藤] 후작의 본의는 어디에 있는가?

① 〈한성순보〉를 창간하였다.
② 『한국통사』를 저술하였다.
③ 「독사신론」을 발표하였다.
④ 〈황성신문〉의 주필을 역임하였다.

| 정답해설 | 제시된 사료는 1905년 을사늑약 직후 발표된 장지연의 「시일야방성대곡(是日也放聲大哭)」 중 일부이다. 당시 장지연은 〈황성신문〉의 주필이었다.

| 오답해설 |
① 〈한성순보〉는 1883년 박문국에서 발행된 최초의 근대적 신문이다 (1884년 갑신정변 직후 폐간).
② 『한국통사』는 박은식이 1915년 저술하였다.
③ 신채호는 1908년 〈대한매일신보〉를 통해 「독사신론」을 발표하였다.

| 정답 | ④

3 문예와 종교의 새 경향

(1) 문학의 새 경향

① 신소설(新小說): 근대 문화의 수용과 더불어 소설에서도 새로운 경향이 나타났다.
  ㉠ 특징
    • 순 한글로 쓰였으며, 언문일치의 문장을 사용하였다.
    • 주제는 아직 구소설의 틀에서 크게 벗어나지는 못하였다.
    • 봉건적인 윤리 도덕의 배격과 미신 타파를 주장하였다.
    • 남녀평등 사상과 자주독립 의식을 고취하였다.
  ㉡ 대표작: 이인직의 『혈의 누』, 이해조의 『자유종』, 안국선의 『금수회의록』 등의 신소설이 등장하여 계몽 문학의 구실을 하였다.

사료 『금수회의록』(1908)

나의 지식이 저 사람보다 조금 낫다고 하면 남을 가르쳐준다고 하면서 실상은 해롭게 하며, 남을 인도하여 준다고 하고 제 욕심 채우는 일만 하여 어떤 사람은 제 나라 형편도 모르면서 타국 형편을 아노라고 외국 사람을 부동(附同: 빌붙는다)하여 임금을 속이고 나라를 해치며 백성을 위협하여 재물을 도둑질하고 벼슬을 도둑질하며 개화하였다고 자칭하고, 양복 입고, 단장 짚고, 궐련 물고, 시계 차고, 살죽경 쓰고, 인력거나 자전거타고, 제가 외국 사람인 체하여 제 나라 동포를 압제하며, 혹은 외국 사람 상종함을 영광으로 알고 아첨하며, 제 나라 일을 변변히 알지도 못하는 것을 가르쳐 주며, 남의 나라 정탐꾼이 되어 애매한 사람 모함하기, 어리석은 사람 위협하기로 능사를 삼으니, 이런 사람들은 안다 하는 것이 도리어 큰 병통이 아니오?

② 신체시(新體詩): 최남선은 신체시인 「해에게서 소년에게」(1908년 〈소년〉에서 발표)를 써서 근대시의 형식을 개척하였다.

③ 외국 문학의 번역
  ㉠ 작품: 외국 문학의 번역도 이루어져 『천로역정』, 『이솝 이야기』, 『로빈슨 표류기』 등의 작품이 널리 읽혀졌다.
  ㉡ 의의: 외국 문학의 소개는 신문학의 발달에 이바지하였고, 근대 의식의 보급에도 기여하였다.

④ 문학 활동의 비판 및 의의: 대한 제국 말기의 역사적 상황 속에서 일부 외국 문화에 대한 분별 없는 수입과 소개로 인하여 식민지 문화의 터전을 만들어 주기도 하였지만 일반적으로 민족의식을 높이는 역할을 하였다.

(2) 예술계의 변화

서양 근대 문화의 도입으로 예술 분야에도 큰 변화가 나타났다.

① 음악
  ㉠ 서양 음악 소개: 크리스트교가 수용되어 찬송가가 불려지면서 서양의 근대 음악이 소개되었다.
  ㉡ 창가의 유행: 서양식 악곡에 맞추어 부르는 창가(唱歌)라는 신식 노래가 유행하였다. 「애국가」, 「권학가」, 「독립가」, 「경부철도가」 등의 창가가 이 시기에 널리 애창되었다.

단권화 MEMO

■ 『금수회의록』
1908년 안국선이 발표한 신소설이다. 동물들의 입을 빌려 개화기 사회를 비판하였다. 특히 여우를 통해 외국인에게 빌붙어 나라를 망하게 하고 동포를 압박하는 사람을 비판하였다.

■ 『천로역정』
영국의 작가 존 버니언의 종교적 우화 소설로서, 1895년 선교사 게일이 번역한 한국 근대의 첫 번역 소설이다.

② 연극
- ㉠ 민속 가면극: 양반 사회에서 천시되었던 전통적인 민속 가면극이 민중들 사이에 여전히 성행하였다.
- ㉡ 신극 운동: 우리나라 최초의 서양식 극장인 원각사(圓覺社)가 세워지고「은세계」,「치악산」등의 작품이 공연되었다(1908).

▲ 원각사

③ 미술
- ㉠ 서양식 유화 도입: 미술가들이 직업인으로서의 위치를 굳혀 갔으며, 서양의 화풍이 소개되어 서양식 유화도 그려지기 시작하였다.
- ㉡ 전통 회화의 발전: 김정희 계통의 문인 화가들이 한국 전통 회화를 발전시켰다.

(3) 종교 운동의 새 국면

① 천주교: 오랫동안 박해를 받아오던 천주교가 1880년대부터 자유롭게 선교 활동을 벌여 교육·언론·사회사업 등에 공헌하였고, 애국 계몽 운동을 전개하였다.

② 개신교
- ㉠ 종교 운동은 개신교의 수용과 발전으로 크게 활기를 띠어 갔다. 선교사들은 교육과 의료 사업 등에 많은 업적을 남겼다.
- ㉡ 선교 과정에서 한글의 보급, 미신의 타파, 평등 사상의 전파, 근대 문명의 소개 등 사회·문화 면에서도 업적을 남겼다.

▲ 정동 교회

③ 천도교
- ㉠ 전통 사회의 붕괴: 개항 이후 농민을 기반으로 하여 민중 종교로 성장한 동학은 1890년대에 동학 농민군을 조직하여 반봉건·반침략 운동을 전개함으로써 전통 사회를 무너뜨리는 데 크게 기여하였으나 동학 농민 운동의 실패로 동학은 커다란 타격을 받았다.
- ㉡ 대한 제국 시기: 이용구 등 친일파가 일진회를 조직하고 동학 조직을 흡수하려 하자, 제3대 교주인 손병희는 1905년 동학을 천도교로 개칭하고 동학의 정통을 계승하여 민족 종교로 발전시켰다.
- ㉢ 민족의식 고취: 〈만세보〉라는 민족 신문을 발간하여 민족의식을 고취하기도 하였다.

▲ 천도교 중앙 대교당

심화 천도교와 시천교

동학의 기반을 이용하여 일진회를 조직하여 친일적 정치를 하고 있던 이용구는 1905년 일본에 망명 중이던 손병희가 귀국하여 천도교 중앙 총부를 설립하자 천도교의 순수 교단화를 반대하고, 친일적 단체를 표방하였다가 제명당하였다. 이에 이용구는 김연국 등과 함께 시천교를 창립하였는데, 시천교는 얼마간 번성하다가 이용구 사망 이후 유명무실화되었다.

④ 대종교(大倧敎)
  ㉠ 창시 : 나철·오기호 등이 **단군 신앙을 기반으로 대종교를 창시**하였다(1909년 단군교로 창시, 1910년 대종교로 개칭).
  ㉡ 성격·활동 : 보수적 성격을 지니고 있었으나, 민족적 입장을 강조하는 종교 활동을 전개하였다. 특히 간도·연해주 등지에서 항일 운동에 적극 참여하면서 성장하였다.
⑤ 불교
  ㉠ 개화기의 불교는 조선 왕조의 억불 정책에서 벗어났으나, 그 뒤 통감부의 간섭으로 일본 불교에 예속당하였다.
  ㉡ 한용운 등은 『조선 불교 유신론(朝鮮佛敎維新論)』을 내세워 불교의 혁신과 자주성 회복을 위한 움직임이 일어났다.
⑥ 유교(儒敎)
  ㉠ 위정척사 운동의 중심체였던 유교는 외세에 저항하는 반침략적 성격은 강하였으나 시대의 흐름에 역행한다는 비판을 받게 되었다.
  ㉡ 개명한 유학자들은 유교의 개혁을 주장하였는데, 박은식의 「유교구신론(儒敎求新論)」이 대표적이다.

사료 박은식의 「유교구신론」 일부

유교가 끝내 인도의 불교와 서양의 기독교와 같이 세계의 대발전을 하지 못함은 어째서이며, 근세에 이르러 침체 부진이 극도에 달하여 거의 회복할 가망이 없는 것은 무슨 까닭인가? 여기에 감히 외람됨을 무릅쓰고 3대 문제를 들어서 개량 구신의 의견을 바치노라. 첫째는 유교파의 정신이 전적으로 제왕 측에 존재하고 인민 사회에 보급할 정신이 부족함이요, 둘째는 여러 나라를 돌아다니면서 세계의 주의를 바꾸려는 생각을 강론하지 아니하고 또한 내가 동몽(학생)을 찾는 것이 아니라 동몽이 나를 찾는 주의를 지킴이요, 셋째는 우리 유가(儒家)에서 쉽고 정확한 학문(양명학)을 구하지 아니하고 질질 끌고 되어 가는 대로 내버려 두는 공부(성리학)를 전적으로 숭상함이라.

⑦ 친일 종교 단체 : 일본은 대동 학회(친일 유교 단체), 동양 전도관(친일 기독교 단체), 본원사(친일 불교 단체) 등을 만들어 종교계 내부의 갈등을 유도하였다.

■ **불교의 혁신 주장**
통감부의 종교 간섭이 심해지면서 일본 종교가 침투해 왔다. 이에 한용운은 『조선 불교 유신론』에서 미신적 요소의 배격을 통해 불교의 쇄신을 주장하였다.

■ **「유교구신론」**
박은식은 「유교구신론」에서 국민의 지식과 권리를 계발하는 새로운 유교 정신을 강조하고, 진취적인 교화 활동의 전개와 간결하고 실천적인 유교 정신의 회복을 주장하였다.

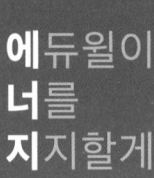

절대 어제를 후회하지 마라.
인생은 오늘의 나 안에 있고
내일은 스스로 만드는 것이다.

- L. 론 허바드(L. Ron Hubbard)

PART VII 일제 강점기

5개년 챕터별 출제비중 & 출제개념

CHAPTER	비중	출제개념
CHAPTER 01 일제의 식민 통치와 항일 민족 운동	61%	일제의 식민 정책(조선 태형령, 치안 유지법, 국가 총동원법), 독립 의군부, 대한 광복회, 1910년대 국외 항일 운동, 3·1 운동, 대한민국 임시 정부, 의열단과 한인 애국단, 봉오동 전투, 청산리 대첩, 간도 참변, 자유시 참변, 3부 통합, 한국 독립군, 조선 혁명군, 조선 의용대, 한국광복군, 민족 혁명당
CHAPTER 02 일제 강점기 경제의 변화	9%	토지 조사 사업, 회사령, 산미 증식 계획, 농촌 진흥 운동, 징용·징병, 공출·배급, 물산 장려 운동
CHAPTER 03 일제 강점기 사회 운동	13%	정우회, 신간회, 근우회, 암태도 소작 쟁의, 원산 총파업, 형평 운동
CHAPTER 04 민족 문화 수호 운동	17%	제1차 조선 교육령, 조선어 연구회, 조선어 학회, 박은식, 신채호, 정인보, 문일평, 안재홍, 사회 경제 사학, 백남운, 실증주의 사학, 진단 학회, 민립 대학 설립 운동, 신경향파 문학, 나운규의 「아리랑」, 일제 강점기 의·식·주의 변화

한눈에 보는 흐름 연표

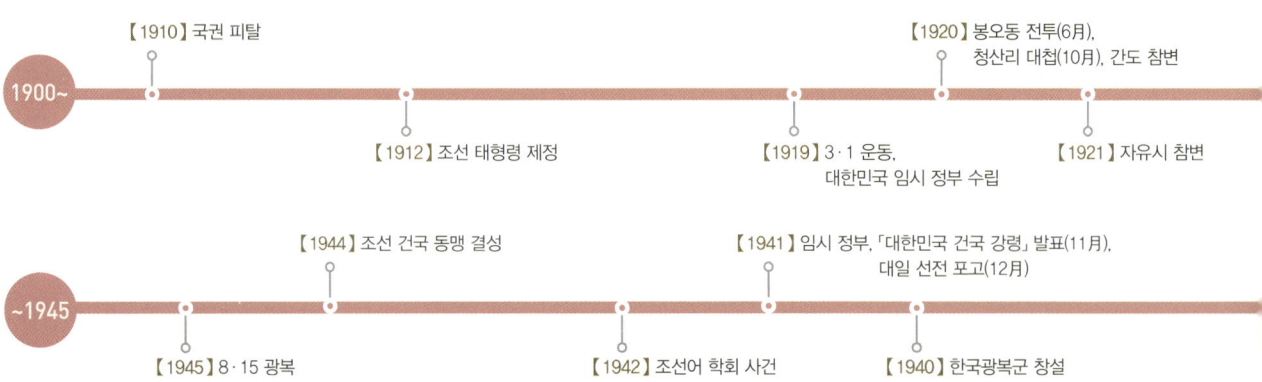

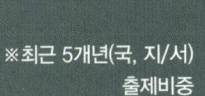

13%

※최근 5개년(국, 지/서) 출제비중

학습목표

CHAPTER 01 일제의 식민 통치와 항일 민족 운동	❶ 각 시기별 식민 정책을 파악한다. ❷ 독립운동은 시기별로 국내 항일 운동과 국외 항일 운동으로 구분하여 파악한다. ❸ 의열단, 한인 애국단, 한국광복군 등 빈출 주제를 이해하고 기출 내용을 중심으로 파악한다.
CHAPTER 02 일제 강점기 경제의 변화	❶ 일제의 식민 경제 정책(토지 조사 사업, 산미 증식 계획, 인적·물적 수탈 등)의 특징과 내용을 파악한다. ❷ 물산 장려 운동의 배경과 전개 과정을 이해한다.
CHAPTER 03 일제 강점기 사회 운동	❶ 민족 유일당 단체인 신간회의 설립 배경과 활동을 파악한다. ❷ 암태도 소작 쟁의(1923), 원산 총파업(1929), 형평 운동 등 대표적 사회 운동을 파악한다.
CHAPTER 04 민족 문화 수호 운동	❶ 민족주의 사학자(박은식, 신채호, 문일평, 정인보 등)의 이론과 저서를 암기한다. ❷ 사회 경제 사학 및 실증주의 사학의 특징을 파악한다. ❸ 조선어 학회, 진단 학회, 민립대학 설립 운동을 확실히 구분한다.

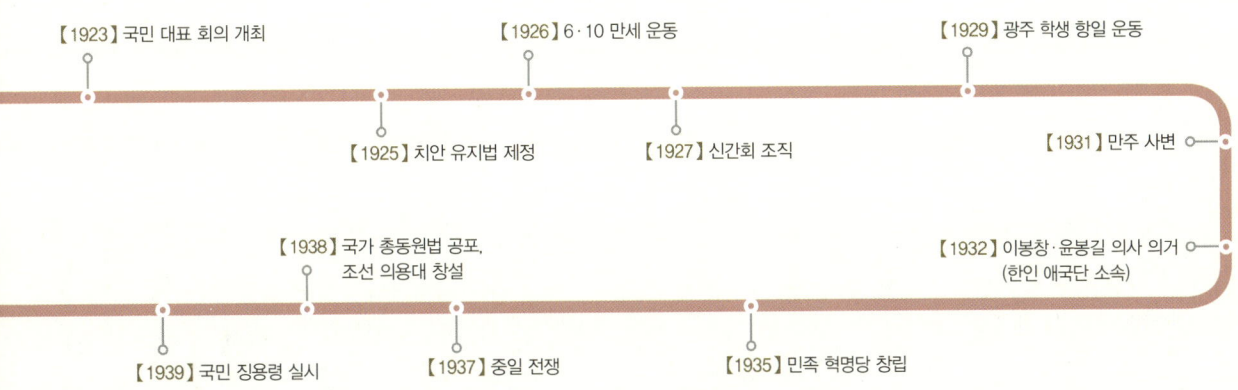

VII 일제 강점기

1 일제의 식민 정책

통치	시기		사건
무단 통치	1910.	3. 26.	안중근, 여순 감옥에서 사형
		6.	한국 경찰권 위탁 각서 조인
		8. 22.	한일 병합 조약 체결
		10.	총독으로 데라우치 통감 임명
		12. 15.	범죄 즉결례 공포
		12. 29.	회사령 공포
	1911.	6. 3.	어업령 공포
			사찰령 공포
		6. 20.	삼림령 공포
		6. 29.	국유 미간지 이용법 시행 규칙 공포
	1912.	3. 18.	조선 태형령 공포
		8.	토지 조사령 및 시행 규칙 공포
	1915		조선 광업령 공포
	1918		토지 조사 사업 완결로 임시 토지 조사국 폐지
	1919.	3. 3.	고종의 국장
		8.	사이토 마코토 총독 부임
문화 통치	1920.	1.	〈조선일보〉, 〈동아일보〉 발간 허가
		3.	조선 태형령 폐지
		4.	회사령 폐지(신고제로 전환)
		12.	산미 증식 계획(토지 개량 사업 보조 규칙 발표)
	1923.	9.	관동 대지진(한국인 학살)
	1925.	4.	치안 유지법 공포
	1926.	1.	경복궁 앞 조선 총독부 청사에서 총독부 업무 시작
		4. 25.	순종 승하

통치	시기		사건
민족 말살 통치	1931.	7.	만보산 사건 발발
		9.	만주 사변 발발
	1932.	3.	만주국 수립
		4.	윤봉길, 훙커우 공원 의거
		7.	농촌 진흥 운동 시작
	1937.	7.	중일 전쟁 발발
	1938.	2.	조선 육군 특별 지원병 제도 창설
		4.	국가 총동원법 제정
		5.	국가 총동원법 시행
	1939.	10.	국민 징용령 시행
		11.	창씨개명령 발표
	1940.	2.	창씨개명 시행
		8.	〈조선일보〉, 〈동아일보〉 폐간
	1941.	3.	학도 정신대 조직-근로 동원 실시
		4.	생활 필수 물자 통제령 공포
	1943.	3.	징병제 공포
	1944.	4. 28.	학도 동원 본부 규정(국민학교 4학년 이상, 대학생·전문대생까지 동원 체제 확립)
		6. 17.	미곡 강제 공출제 시행
		8. 23.	여자 정신 근로령 공포

2 1910년대(무단 통치기) 국내외 독립운동

시기	사건
1910. 8.	블라디보스토크 신한촌에서 성명회 조직
12.	안명근 체포(안악 사건)
1911. 7.	안악 사건 공판
9.	105인 사건
1911.	북간도에서 중광단 조직
	블라디보스토크에서 권업회 조직
	삼원보에서 경학사 조직
1912	독립 의군부 조직
1912.	삼원보에서 부민단(경학사 계승) 조직
1913	안창호, 미국에서 흥사단 조직
	송죽회 조직(평양 숭의 여학교 교사와 학생 중심)
	채기중 등, 풍기에서 대한 광복단 조직
	임병찬, 일본 총리대신에게 국권 반환 요구서 제출
1914.	블라디보스토크에서 대한 광복군 정부 수립(권업회 중심)
	박용만, 하와이에서 대조선 국민 군단을 조직하여 군사 훈련 시작
1915	조선 국권 회복단 조직(경북 달성 중심)
	박상진, 대한 광복단을 대한 광복회로 개칭
1916. 9.	대종교 교주 나철, 자결
1918. 8.	김규식·여운형·김구 등, 상하이에서 신한 청년당 조직
1919.	삼원보에서 신흥 무관 학교 설립

시기	대한민국 임시 정부
1919. 3. 17.	연해주에 대한 국민 의회(노령 임시 정부) 수립
4. 11.	대한민국 임시 정부 수립
4. 23.	13도 대표 24명, 국민 대회의 이름으로 한성 정부 수립
9. 11.	제1차 개헌: 여러 임시 정부를 통합하는 임시 정부 헌법 개정안 통과
1923. 1.	상하이에서 국민 대표 회의 소집
1925. 3. 23.	이승만 대통령 탄핵안 통과
4. 7.	제2차 개헌: 내각 책임제
1927. 3. 5.	제3차 개헌: 국무 위원 중심의 집단 지도 체제
1932	상하이에서 항저우로 이주
1940. 5.	한국 독립당 창당
9.	충칭 정착
9. 17.	한국광복군 창설
10.	제4차 개헌: 주석제
1944. 4.	제5차 개헌: 주석·부주석제

시기	3·1 운동
1919. 2.	「무오 독립 선언」(지린성에서 「대한 독립 선언」 발표)
2. 8.	「2·8 독립 선언」(도쿄 유학생 600여 명, 조선 청년 독립단 명의로 「독립 선언문」 발표)
2. 21.	천도교, 기독교, 불교 대표가 모여 민족 대표 33인 구성 합의
2. 22.	학생 대표 33인, 민족 대표 합류 결정
3. 1.	민족 대표 33인, 태화관에서 「독립 선언서」 낭독 (시민은 탑골 공원에서 낭독)
4. 1.	유관순, 천안 아우내 장터에서 독립 만세 운동 중 체포
4. 15.	화성 제암리 학살 사건 발생

3 3·1 운동 이후 국내외 독립운동

(1) 국내 독립운동

시기	사건
1919. 3.	천마산대 조직
1919. 9.	노인(동맹)단 강우규, 서울역에서 사이토 총독에게 폭탄 투척
1920. 6. ~ 8.	황해도 구월산에서 구월산대 조직: 6월 조직 → 7월 해체 → 8월 재조직 → 9월 해체
1920. 8.	의주 동암산에서 보합단 조직
1926. 6. 10.	6·10 만세 운동
12. 28.	의열단원 나석주, 동양 척식 주식회사에 폭탄 투척 후 일경과 맞서다 자결
1929. 11. 3.	광주 학생 항일 운동

(2) 국외 무장 독립 전쟁

시기	사건
1919. 3.	간도 국민회에서 대한 독립군 조직(총사령 홍범도)
4.	서간도에서 한족회를 중심으로 서로 군정부 조직 (11월, 서로 군정서로 개편)
11.	김원봉 등, 만주 지린성에서 의열단 조직
12.	북로 군정서 결성
1920. 6. 4.~7.	봉오동 전투(대한 독립군, 홍범도의 지휘로 일본군 대파)
9.	훈춘 사건
10. 21.~26.	청산리 대첩
1921. 5.	간도 참변(1920. 10.~1921. 5.)
1921. 6.	자유시 참변
1923. 8.	육군 주만 참의부 조직(대한민국 임시 정부 직할)
1924. 1. 4.	의열단원 김지섭, 일본 도쿄 궁성의 니주바시(二重橋)에 폭탄 투척
1925. 6.	미쓰야 협정 체결
1931	한인 애국단 조직(임시 정부 국무령 김구)
1932. 1. 8.	한인 애국단원 이봉창, 도쿄 사쿠라다몬 밖에서 히로히토에게 폭탄 투척(실패)
4. 29.	한인 애국단원 윤봉길, 훙커우 공원 의거
5.	임시 정부, 상하이에서 항저우로 이동
1935. 7.	한국 독립당·조선 혁명당·의열단 등, 난징(南京)에서 민족 혁명당으로 통합
1936	만주에서 동북 항일 연군 편성, 조국 광복회 조직
1937. 6.	보천보 전투
1938	조선 민족 혁명당 산하에 조선 의용대 편성
1940	대한민국 임시 정부, 한국광복군 편성(총사령관 지청천), 한국 독립당 결성(김구)
1941. 11.	대한민국 임시 정부, 「대한민국 건국 강령」 발표 (조소앙의 삼균주의 바탕)
12. 9.	임시 정부, 대일 선전 포고
1942	김원봉 등 조선 의용대 지휘부, 대한민국 임시 정부에 합류 조선 독립 동맹 결성(옌안, 김두봉)

4 사회·경제·문화의 변화와 민족 운동

시기	사건
1911. 8.	제1차 조선 교육령 공포
1920. 6.	조선 교육회 창립
8.	조선 물산 장려회 창립(평양)
1921. 12.	조선어 연구회 창립(1931. 1. 10. 조선어 학회로 개편)
1922. 1.	조선 민립대학 설립 기성 준비회 조직
2.	제2차 조선 교육령 공포
6.	한국 최초의 비행사 안창남, 도쿄~오사카(東京~大阪) 간 비행 성공
1923. 1.	조선 물산 장려회 창립(서울)
3.	조선 민립대학 기성회 총회 개최(민립대학 발기 취지서 채택 – 1,000만 원 모금 운동)
	연희 전문 학교 설립
	천도교 소년회, 잡지 〈어린이〉 창간
4.	진주에서 조선 형평사 창립
1924. 1.	이광수, 〈동아일보〉에 「민족적 경륜」 발표
4.	조선 노농 총동맹 조직
1925. 4.	김재봉·조봉암 등, 조선 공산당 조직
6.	조선사 편수회 설치(최남선, 이능화, 이병도 등 참여)
1926. 4.	정우회 창립
7.	조선 민흥회 창립
10.	나운규의 「아리랑」 상영(단성사)
11.	정우회 선언
1927. 2.	신간회 창립
5.	근우회 창립
9.	조선 노농 총동맹이 조선 농민 총동맹, 조선 노동 총동맹으로 분리
1929. 1.	원산 총파업
7.	〈조선일보〉, 문자 보급 운동 시작
1931. 5.	신간회 해소
7.	〈동아일보〉, 브나로드 운동 시작(1935, 총독부의 명령으로 중단)
1933. 10.	『조선 사회 경제사』 발간(백남운)
	조선어 학회, '한글 맞춤법 통일안' 발표
1934. 5.	이병도·김윤경·이병기 등, 진단 학회 창립
11.	〈진단 학보〉 창간
1936. 8. 9.	손기정, 베를린 올림픽 마라톤 우승
8. 25.	〈동아일보〉, 일장기 말소 보도(29일, 해당 사건으로 〈동아일보〉 정간)
1938. 3.	제3차 조선 교육령 공포
1941. 3.	국민학교령 공포(소학교를 국민학교로 개칭)
1942. 10.	최현배 등 30여 명, 조선어 학회 사건으로 체포
1943. 3.	제4차 조선 교육령 공포(교육에 관한 전시 비상 조치령)

CHAPTER 01 일제의 식민 통치와 항일 민족 운동

- 1 회독   월   일
- 2 회독   월   일
- 3 회독   월   일
- 4 회독   월   일
- 5 회독   월   일

01 일제의 식민 정책
02 1910년대 국내외의 민족 운동
03 3·1 운동
04 대한민국 임시 정부
05 국내 항일 운동
06 항일 독립 전쟁의 전개

단권화 MEMO

*일제의 식민 정책
일제의 식민 통치 정책을 무단 통치, 문화 통치, 민족 말살 통치 시기로 구분하여 파악해 두어야 한다.

■ 일제의 식민 통치 기구

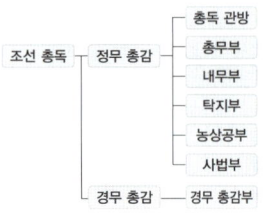

01 일제의 식민 정책*

(1) 조선 총독부(朝鮮總督府)

① 총독부의 설치: 국권을 강탈한 일제는 식민 통치의 중추 기관으로 조선 총독부를 설치하고 강력한 헌병 경찰 통치를 실시하여 언론·출판·집회·결사의 자유를 박탈하고, 독립운동을 말살하려 하였다.

② 총독부의 조직
   ㉠ 조선 총독: 일본군 현역 대장 중에서 임명하였고, 일본 내각의 통제를 받지 않고 일본 국왕에 직속되어 입법·사법·행정권 및 군대 통수권까지 절대 권력을 행사하였다.
   ㉡ 조직 체계: 총독 아래에 행정을 담당하는 정무 총감과 치안을 담당하는 경무 총감이 있었으며, 총독부의 관리는 거의 일본인이 차지하였다.
   ㉢ 중추원(中樞院)
   • 자문 기관인 중추원을 두어 친일파 한국인을 정치에 참여시키는 형식을 취하였으나 이는 한국인을 회유하기 위한 술책에 불과하였다.
   • 중추원이 3·1 운동 때까지 거의 10년간 한 차례의 정식 회의도 소집하지 않았던 것만 보더라도 이름만 있는 기관이었음을 알 수 있다.

○ 역대 조선 총독

제1대	데라우치 마사다케(寺內 正毅, 1910. 10.~1916. 10.)
제2대	하세가와 요시미치(長谷川 好道, 1916. 10.~1919. 08.)
제3대	사이토 마코토(齋藤 實, 1919. 08.~1927. 12.)
제4대	야마나시 한조(山梨 半造, 1927. 12.~1929. 08.)
제5대	사이토 마코토(齋藤 實, 1929. 08.~1931. 06.)
제6대	우가키 가즈시게(宇垣 一成, 1931. 06.~1936. 08.)
제7대	미나미 지로(南 次郞, 1936. 08.~1942. 05.)
제8대	고이소 구니아키(小磯 國昭, 1942. 05.~1944. 07.)
제9대	아베 노부유키(阿部 信行, 1944. 07.~1945. 09.)

(2) 헌병 경찰 통치(무단 통치, 1910~1919)

① 실시: 국권이 강탈되면서 일제는 한반도에 일본군 2개 사단과 2만여 명의 헌병 경찰과 헌병 보조원을 전국에 배치하여 무단 식민 통치를 자행하였다.
② 조직: 조선 주둔 헌병 사령관이 중앙의 경무 총감을 겸직하였고, 각 도의 헌병 대장이 해당 도의 경무 부장이 되었으며, 전국 각지에 헌병 경찰을 배치하였다.
③ 임무와 권한
  ㉠ 임무: 헌병 경찰의 주된 업무는 경찰의 임무를 대행하고 독립운동가를 색출하여 처단하는 것이었다.
  ㉡ 권한
    • 즉결 처분권이 있어 우리 민족에게 태형(笞刑)을 가할 수 있었다.
    • 한국인의 모든 행위는 헌병 경찰의 판단에 따라 재판 없이 처결되었고, 한국인들은 구류(拘留)에 처해지거나 무거운 벌금을 부과받았다.
  ㉢ 이를 위해 일제는 범죄 즉결례(1910. 12.), 경찰범 처벌 규칙(1912), 조선 형사령(1912) 및 조선 태형령(1912)을 제정하였다.

> **사료** 경찰범 처벌 규칙(1912)
>
> 제1조 다음 각 호에 해당하는 자는 구류 또는 벌금에 처한다.
>   19. 함부로 대중을 모아 관공서에 청원 또는 진정을 한 자
>   30. 이유 없이 관공서의 소환에 응하지 아니한 자
>   32. 경찰 관서에서 특별히 지시 또는 명령한 사항을 위반한 자
>   49. 전선(電線)에 근접하여 연을 날리는 자
>   50. 돌 던지기[石戰] 등 위험한 놀이를 하거나 시키는 자 또는 길거리에서 공기총이나 활을 갖고 놀거나 놀게 하는 자

> **사료** 조선 태형령(1912)
>
> 태형은 태 30 이하일 경우 이를 한번에 집행하되, 30을 넘을 때마다 횟수를 증가시킨다. 태형의 집행은 하루 한 번을 넘길 수 없다.
> 제1조 3개월 이하의 징역 또는 구류에 처하여야 할 자는 그 정상에 따라 태형을 처할 수 있다.
> 제13조 **본령은 조선인에 한하여 적용한다.**
> 시행세칙 1조 태형은 형을 받는 자의 양손을 좌우로 벌려 형틀 위에 거적을 펴고 엎드리게 하고, 양손 관절 및 양다리에 수갑을 채우고 옷을 벗겨 둔부를 드러나게 하여 집행하는 것으로 한다.

④ 제복과 칼의 착용: 일반 관리는 물론 학교 교원들에게까지도 제복을 입히고 칼을 차게 하였던 것은 위협적인 헌병 경찰 통치의 한 수단이었다.
⑤ 독립운동의 탄압
  ㉠ 우리 민족은 일제의 헌병 경찰 통치를 통하여 언론·출판·집회·결사의 자유를 박탈당하였고, 수만 명의 인사가 구국 운동을 하다가 투옥되고 수난을 당하였다.
  ㉡ 일제는 이른바 105인 사건과 여러 독립운동 결사에 관련되었던 독립지사를 체포·고문하여 독립운동을 탄압하였다.

단권화 MEMO

|정답해설| 일본은 한국 강점 이후 한국에서만 적용되는 법률(예 조선 태형령)을 통해 무단 통치를 자행하였다.

|정답| ①

바로 확인문제

● 〈보기〉의 사건 이후 한반도의 상황에 대한 설명으로 가장 옳지 않은 것은? 19. 2월 서울시 7급

┤ 보기 ├

일본은 일진회를 사주하여 「합방청원서」를 제출하도록 하였다. 그리고 1910년 초 일본은 러시아와 영국, 프랑스로부터 한국 병합에 대한 승인을 받아 국제적인 여건을 충족시킨 뒤 한국 병합 조약을 강제로 체결하였다(1910.8.22.).

① 일본은 자국의 '헌법'과 '법률'을 적용하여 한국에 무단 통치를 실시하였다.
② 일본은 한국을 일본의 새로운 영토의 일부로 병합하고, 국가명이 아닌 지역명 '조선'으로 호칭했다.
③ 육해군 대장 중에서 임명된 조선 총독은 일본 천황에 직속되어 한반도에 대한 입법, 사법, 행정권을 장악하고 있었다.
④ 헌병 경찰은 구류, 태형, 3개월 이하의 징역 등에 해당하는 한국인의 범죄에 대해 법 절차나 재판 없이 즉결 처분할 수 있는 권한이 있었다.

(3) 문화 통치(1919~만주 사변 이전)

① 배경: 우리 민족은 일제의 무자비한 식민 통치에 대항하여 거족적인 3·1 운동을 일으켰으나 일제의 잔인한 무력 탄압으로 좌절되었다. 그러나 한민족의 거족적인 3·1 운동과 그로 인하여 악화된 국제 여론에 직면한 일제는 식민 통치 정책의 방향 전환을 모색하지 않을 수 없었다.
② 문화 통치의 내용과 본질
  ㉠ 총독의 임명 제한 철폐
    • 내용: 일제는 지금까지 현역 군인으로 조선 총독을 임명·파견하던 것을 고쳐 문관도 그 자리에 임명할 수 있게 하였다.
    • 실상: 가혹한 식민 통치를 은폐하기 위한 간악하고 교활한 통치 방식에 지나지 않았고, 우리나라에서 일제가 축출될 때까지 단 한 명의 문관 총독도 임명되지 않았다.
  ㉡ 보통 경찰제 실시
    • 내용: 헌병 경찰제를 보통 경찰제로 바꾸었다.
    • 실상: 보통 경찰 제도로의 이행은 헌병 경찰에게 제복만 바꾸어 입히는 데 지나지 않았다. 오히려 경찰의 수와 장비, 유지비 등은 더욱 증가하였다.
    • 고등 경찰제 실시: 전국 각 경찰서에 '고등 경찰계'를 두어 우리 민족에 대한 감시와 탄압을 더욱 강화하였다.
    • 치안 유지법 제정(1925): 치안 유지법은 천황제 및 식민 체제를 부정하는 반정부·반체제 운동이나 사유 재산제, 자본주의 체제를 부정하는 사회주의 단체의 조직과 활동을 금하는 법이다.

사료 치안 유지법

제1조 국체(國體)의 변혁을 꾀하거나 또는 사유 재산 제도를 부인할 목적으로 결사를 조직하거나, 또 그 정황을 알고 이에 가입한 자는 10년 이하의 징역 또는 금고에 처한다.
제7조 본법은 누구를 막론하고 본법의 시행 구역 밖에서 범한 자에게도 역시 이를 적용한다.

ⓒ 언론 활동의 허가와 교육 기회의 확대
- 내용: 〈조선일보〉와 〈동아일보〉 등 우리 민족의 신문 발행을 허가하였고, 동시에 교육의 기회를 확대해 준다고 내세웠다.
- 실상: 이 모든 것은 기만 정책의 표면적 구호였을 뿐, 실제로 언론에 대해서는 검열을 강화하여 자신들의 비위에 맞지 않는 기사는 마음대로 삭제하였고, 신문의 정간·폐간을 일삼았다. 또한 도(道)·부(府)·면(面)에 평의회 혹은 협의회라는 이름의 자문 기구를 설치하였으나 일부 친일 인사 등만 의원이 될 수 있었다.
- 본질: 소수의 친일 분자를 키워 우리 민족을 이간·분열시키고, 민족의 근대 의식 성장을 오도하며, 초급의 학문과 기술 교육만을 허용하여 일제의 식민지 지배에 도움이 될 인간을 양성하기 위한 것이었다.
- 타협적 민족주의의 대두: 이광수는 1920년대 「민족 개조론」(1922, 〈개벽〉)과 「민족적 경륜」(1924, 〈동아일보〉) 등을 통해 일본의 식민 지배를 인정하는 입장을 제시하였다.

사료 문화 통치

조선인의 임용 및 대우 등에 관해서도 역시 고려를 하여 각자 그 소임을 깨닫게 하고, 또한 조선 문화 및 옛 관습으로 진실로 채택할 만한 것이 있다면 그것을 채택하여 통치의 자료로 제공하게 하겠다. 또한 각반의 행정에 쇄신을 가하는 것은 물론 장래 기회를 보아 지방 자치 제도를 실시하여 국민의 생활을 안정시키고, 일반의 복리를 증진시킬 것을 기한다. 바라건대, 관민이 서로 흉금을 털어 협력 일치하여 조선 문화를 향상시킴으로써 ……

『조선 총독부 관보』

사료 친일파 양성책

- 일본에 절대 충성하는 자로서 관리를 강화한다.
- 조선인 부호에게는 노동 쟁의·소작 쟁의를 통하여 노동자·농민과의 대립을 인식시키고, 일본 자본을 도입하여 연계(連繫)·매판화(買辦化)시켜 일본 측에 끌어들인다.
- 농민을 통제·조정하기 위하여 전국 각지에 유지가 이끄는 친일 단체를 만들어 국유림의 일부를 불하(拂下)해 주는 한편, 수목 채취권(樹木採取權)을 주어 회유·이용한다.

사이토 총독의 「조선 민족 운동에 대한 대책」

사료 이광수의 「민족적 경륜」

그런데 조선 민족은 지금 정치적 생활이 없다. 아마 2,000만에 달하는 민족으로 전혀 정치적 생활을 결한 자는 현재 세계의 어느 구석을 찾아도 없을 것이요 또 유사 이래의 모든 역사 기록에도 없는 일이다. 실로 기괴한 일이라 할 것이다.
그런데 최근 수십 년 내로 조선 민족에게는 정치적 자유사상이 무서운 세력으로 스며들어 정치 생활의 욕망이 옛날 독립한 국가 생활을 하던 때보다 치열하게 되었다. 이것은 가장 당연한 일이다.
그러면 왜 지금에 조선 민족에게는 정치적 생활이 없나. 그 대답은 가장 단순하다. 일본이 조선을 병합한 이래로 조선인에게는 모든 정치적 활동을 금지한 것이 첫째 원인이요 병합 이래로 조선인은 일본의 통치권을 승인하는 조건 밑에서 하는 모든 정치적 활동, 즉 참정권·자치권의 운동 같은 것은 물론이요 일본 정부를 적수로 하는 독립운동조차도 원치 아니하는 강렬한 절개 의식이 있었던 것이 두 번째 원인이다.
이 두 가지 원인으로 지금까지 하여온 정치적 운동은 전혀 일본을 적국시하는 운동뿐이었다. 그러므로 이런 종류의 정치 운동은 해외에서나 만일 국내에서 한다 하면 비밀 결사적일 수밖에 없었다. 〈동아일보〉, 1924

단권화 MEMO

|정답해설| 제시된 사료는 1924년에 발표된 이광수의 「민족적 경륜」 중 일부이다. 이광수는 일제의 식민 지배를 인정하고, 자치를 통해 민족의 역량을 키워야 한다고 주장하였다(자치론-타협적 민족주의론).

|정답| ③

■ **경제 대공황**
1929년 10월 24일 '검은 목요일'에 뉴욕 증권 거래소의 주가가 폭락하면서 대공황이 시작되었다. 대공황은 제1차 세계 대전 후 큰 호황을 누리던 미국에서 시작되어 순식간에 전 세계로 확산되었다. 재고가 쌓인 기업이 파산하고 실업자가 크게 늘었으며, 은행이 도산하는 등 자본주의 국가들에게 큰 위기가 닥쳤다.

■ **만보산 사건(1931. 7.)**
한중 농민 간에 발생한 수로 싸움에서 일본 경찰이 한국 농민의 편을 들면서 중국 농민에게 발포하였다. 이를 계기로 국내와 만주에서 유혈 충돌이 여러 차례 발생하였다. 그 결과 중국인의 반한 감정이 확산되어 만주 지역의 동포들과 독립군은 활동에 큰 어려움을 겪었다.

■ **루거우차오(노구교) 사건**
1937년 7월 7일 베이징 교외의 작은 돌다리인 '루거우차오'에서 몇 발의 총소리가 나고 병사 1명이 행방불명되었다(그 병사는 용변 중이었고 20분 후 대열에 복귀함). 당시 일본군은 중국군 측으로부터 공격받았다는 명분으로 주력 부대를 출동시켜 다음날 새벽 루거우차오를 점령하였고, 이것이 중일 전쟁의 발단이 되었다.

바로 확인문제

● **다음 주장에서 강조하고 있는 내용으로 가장 적절한 것은?** 12. 국가직 9급

> 그러면 지금의 조선 민족에게는 왜 정치적 생활이 없는가?
> 일본이 조선을 병합한 이래로 조선에게는 모든 정치 활동을 금지한 것이 첫째 원인이다. 지금까지 해 온 정치적 운동은 모두 일본을 적대시하는 운동뿐이었다. 이런 종류의 정치 운동은 해외에서나 할 수 있는 일이고, 조선 내에서는 허용되는 범위 내에서 일대 정치적 결사를 조직해야 한다는 것이 우리의 주장이다.

① 무장 투쟁을 통해 독립을 이루어야 한다.
② 농민, 노동자를 단결시켜 일제를 타도해야 한다.
③ 일제의 식민 지배를 인정하고 그 밑에서 정치적 실력 양성을 해야 한다.
④ 국제적인 외교를 통해서 일제의 만행을 알리고 우리나라의 독립을 알려야 한다.

---

(4) 민족 말살 정치(1931~1945)

① **병참 기지화 정책**

㉠ 배경: 1920년대 후반에 세계적으로 불어닥친 경제 대공황의 난국을 타개하기 위하여 일제는 일본 본토와 식민지를 하나로 묶는 경제 블록을 형성하였고, 노동력과 자원은 철저히 수탈하였다.

㉡ 경과: 1930년대에 일제는 만보산 사건 등을 빌미로 만주 사변(1931)을 일으켜 만주를 점령하고, 더 나아가 중일 전쟁(1937)을 도발하여 대륙 침략을 본격화하면서 한반도를 대륙 침략의 병참 기지로 삼았다. 또한 중일 전쟁이 장기화되면서 **국가 총동원법(1938)**을 통해 한국을 급속하게 동원 체제로 전환하였다.

㉢ 결과: 식민 정책을 강화하여 우리 민족을 더욱 탄압하였고, 모든 방면에 걸쳐 식민지 수탈 정책을 강화하였다.

사료 국가 총동원법

제1조 국가 총동원이란 전시에 국방 목적을 달성하기 위해 국가의 전력(全力)을 가장 유효하게 발휘하도록 인적·물적 자원을 운용하는 것을 말한다.
제4조 정부는 전시에 국가 총동원상 필요한 경우에는 칙령이 정하는 바에 따라 제국 신민(帝國臣民)을 징용하여 총동원 업무에 종사시킬 수 있다. 단 병역법의 적용을 방해하지 않도록 한다.
제7조 정부는 전시에 국가 총동원상 필요한 경우에는 칙령이 정하는 바에 따라 노동 쟁의의 예방 또는 해결에 관하여 필요한 명령을 하거나 작업소의 폐쇄, 작업 또는 노무의 중지, 기타 노동 쟁의에 관한 행위의 제한 또는 금지를 할 수 있다.
제8조 정부는 전시에 국가 총동원상 필요한 경우에는 칙령이 정하는 바에 따라 물자의 생산·수리·배급·양도·기타 구분·사용·소비·소지 및 이동에 관하여 필요한 명령을 할 수 있다.
제9조 정부는 전시에 국가 총동원상 필요한 경우에는 칙령이 정하는 바에 따라 수출 또는 수입의 제한 또는 금지를 하고, 수출 또는 수입을 명령하며 수출세 또는 수입세를 부과하거나 수출세 또는 수입세를 증과 또는 감면할 수 있다.
제10조 정부는 전시에 임하여 국가 총동원상 필요한 경우에는 칙령이 정하는 바에 따라 총동원 물자를 사용 또는 수용할 수 있다.

② 전시 동원 체제
　㉠ 황국 신민화 정책: 일제는 내선일체, 일선 동조론, 동조 동근론 등에 입각하여 한국인의 민족정신을 말살하려 하였다. 이는 중일 전쟁 이후 더욱 강화되었다.
　　• 일제는 신사 참배를 강요하였고 황국 신민 서사를 암송하게 하였으며, 궁성 요배(1938), 애국 저축, 일본어 상용(1938) 등을 강요하였다.
　　• 창씨개명을 위해 조선 민사령을 개정하고(1939), 1940년 2월부터 시행하였다. 거부하는 자에게는 진학, 취업, 물자 배급 등에서 불이익을 주었고 우선적 노무 징용 등 탄압을 가하였다.
　　• 〈조선일보〉·〈동아일보〉 폐간(1940), 조선어 학회 사건(1942), 진단 학회 활동의 중단(1942) 등을 단행하여 민족 문화를 철저히 탄압하였다.
　　• 일제는 국민 정신 총동원 조선 연맹을 결성하였고(1938. 7.), 10호 단위로 애국반을 조직하였다. 특히 애국반 반상회를 통해 일장기 게양, 궁성 요배, 신사 참배, 일본어 사용 등을 강요하였다.
　　• 전국 각지에 대화숙[시국대응전선사상보국 연맹(1938)이 1940년 개편]을 설치하여 사상범에게 전향을 강요하였다.

> **단권화 MEMO**
>
> ■ **내선일체(內鮮一體)**
> 일본과 조선은 하나의 몸이라는 뜻이다.
>
> ■ **일선 동조론(日鮮同祖論)**
> 일본인과 조선인의 조상은 같다는 이론이다.
>
> ■ **동조 동근론(同祖同根論)**
> 조상이 같고 근본이 같다는 이론이다.
>
> ■ **국민 정신 총동원 조선 연맹**
> 1938년 창설된 이후 확대·개편되어 1940년 국민 총력 조선 연맹으로 명칭을 변경하였다.

사료　황국 신민 서사

〈아동용〉
1. 우리는 대일본 제국의 신민입니다.
2. 우리들은 마음을 합하여 천황 폐하에게 충의를 다합니다.
3. 우리들은 괴로움을 참고 견디며 단련을 하여 훌륭하고 강한 국민이 되겠습니다.

〈성인용〉
1. 우리는 황국 신민이다. 충성으로써 군국(君國)에 보답한다.
2. 우리 황국 신민은 신애협력(信愛協力)하여 단결을 굳게 하련다.
3. 우리 황국 신민은 인고단련의 힘을 길러 황도를 선양하련다.

　㉡ 인적·물적 수탈
　　• 중일 전쟁을 치르면서 병력과 노동력이 부족해지자 육군 특별 지원병제(1938. 2.), 징용령(1939)을 공포하였다. 태평양 전쟁 이후에는 학도 지원병 제도(1943), 강제적 징병 제도(1943 법령 공포, 1944 실시)를 실시하였다. 또한 여자 정신 근로령(1944. 8.)을 공포하여 한국의 미혼 여성을 군수 공장에서 일하게 하거나 전쟁터로 끌고가 일본군 '위안부'로 삼는 만행을 저질렀다.
　　• 산미 증식 계획을 재개하고, 전쟁 수행을 위한 공출(금속류 회수령, 1941)과 배급 제도(물자 통제령, 1941)를 시행하는 등 물적 동원도 강화하였다.
　　• 기업 허가령(1941), 기업 정비령(1942)을 시행하여 기업 통제를 강화하였고, 1943년 조선 식량 관리령을 제정하여, 곡물을 강제로 공출하였다.

> ■ **태평양 전쟁**
> 일본은 중일 전쟁(1937)을 도발한 이후 대동아 공영권 건설(일본을 중심으로 단결하여 아시아에서 서양 세력을 물리치자는 논리)을 명분으로 동남아시아 지역까지 침략하였다. 이에 미국이 전략 물자 수출을 금지하는 등 압박을 가하자, 1941년 하와이의 진주만을 기습하여 태평양 전쟁을 도발하였다.

심화　조선 사상범 보호 관찰령과 조선 사상범 예방 구금령

일제는 1936년 조선 사상범 보호 관찰령을 발표하였다. 그 내용은 일제가 사상 통제책의 일환으로 공포한 법령이다. 치안 유지법 위반자 중 집행 유예나 형집행 종료 또는 가출옥한 자들을 보호·관찰할 수 있도록 한 것으로서, 독립운동 관련자들을 감시하기 위한 법이다. 한편 일제는 1941년 민족정신이 강한 사람을 사상범으로 분류하고, 그들을 탄압하기 위하여 조선 사상범 예방 구금령(拘禁令)을 공포하여 민족 운동이나 민족 계몽 운동을 하는 한국인을 마음대로 구속할 법적 규정을 마련하였다.

심화 일본군 '위안부'의 실상

일본 제국주의는 1932년 무렵부터 침략 전쟁을 확대해 가면서 점령 지구에서 "군인들의 강간 행위를 방지하고 성병 감염을 방지하며 군사 기밀의 누설을 막기 위한다."라는 구실로 우리나라와 타이완 및 점령 지역의 20만 명에 이르는 여성들을 속임수와 폭력을 통해 연행하였다. 이들은 만주·중국·미얀마·말레이시아·인도네시아·파푸아뉴기니·태평양에 있는 여러 섬들과 일본·한국 등에 있는 점령지에서 성 노예로 혹사당하였다.

열한 살 어린 소녀부터 서른이 넘는 성년에 이르기까지 다양한 연령의 여성들은 '위안소'에 머물며 일본 군인들을 상대로 성적 행위를 강요당하였다. …… 이들은 군대와 함께 옮겨 다니거나 트럭에 실려 군대를 찾아 다니기도 하였다. 이들의 인권은 완전히 박탈되어 군수품·소비품 취급을 받았다. 전쟁이 끝난 후 귀국하지 않은 피해자들 중에는 현지에 버려지거나 자결을 강요당하거나 학살당한 경우도 있다. 운 좋게 생존하여 고향으로 돌아온 일본군 '위안부' 피해자들은 사회적인 소외와 수치심, 가난, 병약해진 몸으로 인해 평생을 신음하며 살아가야 하였다.

『한국 정신대 문제 대책 협의회 교육 자료 1』

○ 식민 통치 방식의 변화

구분	통치 방식	주요 내용
1910년대	무단 통치 (헌병 경찰 통치)	• 한국인 억압 : 언론·출판·집회·결사의 자유 박탈, 안악 사건과 105인 사건 조작 • 위협적 분위기 조성 : 관리와 교원들까지 제복을 입고 칼을 차게 함 • 헌병 경찰제 : 헌병 경찰의 즉결 처분권 행사, 태형 처벌, 체포 및 구금(영장 불요), 헌병의 경찰 업무 대행
1920년대	문화 통치 (이간·분열 통치)	• 배경 : 거족적인 3·1 운동의 전개, 국제 여론에 따라 통치 방식 전환 • 명목상의 내용 : 문관 출신 총독 임명 규정, 보통 경찰제 실시, 신문 발행 허가, 교육의 기회 확대 • 실상 : 총독 모두 현역 대장에서 임명, 경찰 수 및 비용의 증가, 치안 유지법 제정, 신문의 검열 및 기사 삭제, 초급 학문과 기술 교육 위주 • 목적 : 식민 통치의 본질에 변함이 없는 기만 정책, 민족의 이간 및 분열 도모, 식민지 지배에 도움이 되는 인간 양성 추구
1930년대 이후	민족 말살 통치	• 배경 : 대공황 타개책으로 경제 블록화 정책, 경제적 수탈의 강화, 산미 증식 계획 재개 • 병참 기지화 정책 : 군수 물자 생산, 자금 흐름 통제 • 민족 말살 정책 : 한국어 및 한국사 교육 금지, 일본식 성명 강요, 내선일체·일선 동조론 주장, 황국 신민 서사 암송·궁성 요배(遙拜)·신사 참배 등 강요

바로 확인문제

● 다음 법령이 실시되었던 시기에 일제가 실시한 정책을 〈보기〉에서 고른 것은?   14. 법원직 9급

> 제1조 국가 총동원이란 전시에 국방 목적을 달성하기 위해 국가의 전력을 가장 유효하게 발휘하도록 인적 및 물적 자원을 운용하는 것이다.
> 제4조 정부는 전시에 국가 총동원상 필요할 때에는 칙령이 정하는 바에 따라 제국 신민을 징용하여 총동원 업무에 종사하게 할 수 있다.
> 제8조 정부는 전시에 국가 총동원상 필요할 때에는 칙령이 정하는 바에 따라 물자의 생산, 수리, 배급, 양도, 기타의 처분, 사용, 소비, 소지 및 이동에 관하여 필요한 명령을 내릴 수 있다.

| 보기 |
ㄱ. 한글을 사용하는 신문과 잡지를 강제 폐간시켰다.
ㄴ. 소학교 대신 국민학교라는 명칭을 사용토록 하였다.
ㄷ. 조선 태형령과 경찰범 처벌 규칙을 만들어 시행하였다.
ㄹ. 사회주의자들을 탄압하기 위해 치안 유지법을 만들었다.

① ㄱ, ㄴ   ② ㄱ, ㄹ   ③ ㄴ, ㄷ   ④ ㄷ, ㄹ

| 단권화 MEMO |

| 정답해설 | 제시된 사료는 1938년에 공포된 국가 총동원법이다. 한글로 된 〈동아일보〉와 〈조선일보〉는 1940년에 폐간되었고, 이듬해 4월 소학교가 국민학교로 개칭되었다.

| 오답해설 |
ㄷ. 조선 태형령(1912), 경찰범 처벌 규칙(1912)은 1910년대 무단 통치 시기에 시행되었다.
ㄹ. 치안 유지법(1925)은 1920년대 문화 통치 시기에 제정되었다.

| 정답 | ①

- 다음의 법률에 근거하여 실시된 식민지 정책으로 옳지 않은 것은?   18. 국가직 9급

> 제4조 정부는 전시에 국가 총동원상 필요하다고 인정될 때에는 칙령이 정하는 바에 따라서 제국 신민을 징용하여 총동원 업무에 종사하도록 할 수 있다.
> 제7조 정부는 칙령이 정하는 바에 따라 노동 쟁의의 예방 혹은 해결에 관한 명령, 작업소 폐쇄, 작업 혹은 노무의 중지 …… 등을 명할 수 있다.

① 국민 징용령을 공포하여 강제적인 노무 동원을 실시하였다.
② 금속류 회수령을 제정하여 주요 군수 물자를 공출하였다.
③ 육군 특별 지원병령을 제정하여 지원병을 선발하였다.
④ 물자 통제령을 공포하여 배급제를 확대하였다.

단권화 MEMO

|정답해설| 제시된 사료는 1938년 4월에 공포된 국가 총동원법 중 일부이다. 육군 특별 지원병령은 국가 총동원법 공포 이전인 같은 해 2월에 제정되었다.
|오답해설|
① 일제는 1939년에 국민 징용령을 공포하여 강제적인 노무 동원을 실시하였다.
②④ 일제는 1941년 전쟁에 필요한 문자를 동원하기 위해 금속류 회수령, 물자 통제령을 공포하였다.
|정답| ③

02 1910년대 국내외의 민족 운동

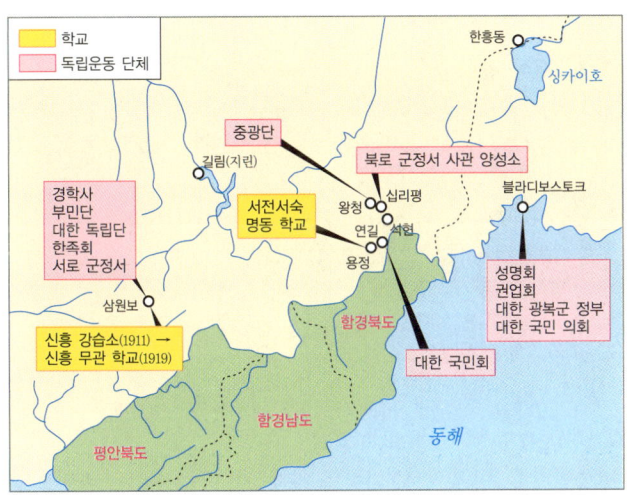

▲ 1910년대 만주·연해주 지역 독립운동 단체

(1) 1910년대 국내 민족 운동
① 국권이 피탈된 이후 헌병 경찰에 의한 무단 통치가 실시되면서 국내에서의 독립운동은 더욱 어려워졌다.
② 채응언과 같은 의병장은 국권 피탈 이후에도 평안남도 등에서 일제에 대한 무력 항쟁을 계속하였다. 그러나 대부분의 국내 민족 운동은 일제의 탄압 때문에 비밀 결사를 중심으로 전개되었다.

(2) 국내의 비밀 결사 운동
① 독립 의군부(1912)
  ㉠ 임병찬이 고종의 밀지를 받아 조직하였고, 복벽주의(고종 복위)를 바탕으로 하였다.
  ㉡ 일제의 총리대신과 조선 총독에게 국권 반환 요구서를 보내 한국 강점의 부당성을 알리고자 하였으나 실패하였다.

■ 채응언
채응언은 1907년 군대 해산을 계기로 의병 활동을 시작하여, 1915년 백년산에서 체포될 때까지 서북 지역을 근거지로 삼아 활약하였다.

■ 1910년대 대표적 비밀 결사 단체

독립 의군부	임병찬이 고종의 비밀 지령을 받고 결성한 비밀 결사(복벽주의 단체)
대한 광복회	의병 운동 계열과 애국 계몽 운동 계열의 통합 단체 (공화정 지향)
그 외	조선 국권 회복단(단군 신앙, 유생), 송죽회(여성 단체) 등

| 사료 | 임병찬이 보낸 국권 반환 요구서 |

어떤 자들은 말하기를 한국민은 이미 일본에 동화되었다고 한다. 그러나 진정으로 복종한 자는 수백 명을 넘지 못했으며, 그들은 모두 간사한 자들이며 백성들이 원수처럼 생각하는 자들이다. 그 외의 2천만 국민은 모두 울분을 품고 있다. 우리 대한 제국 국민은 윤리의 근원에 밝고 효제충신(孝悌忠信)하며, 임금을 사랑하는 정성이 골수에 깊이 사무쳐 결코 무력으로 굴복시키거나 화복(禍福)으로 위협할 수 없다. …… 지금 하늘의 뜻으로 헤아려 보고 사람의 도리로 따져볼 때 한국을 돌려주고 정족(鼎足)의 형세로 천하의 대의(大義)를 실현하고 동아시아의 백성들을 보전하면 일본의 광명이 클 것이다.

독립 의군부 임병찬이 조선 총독 데라우치에게 보낸 국권 반환 요구서, 1913

② 대한 광복회(1915)
  ㉠ 공화주의를 표방하고, 대한(풍기) 광복단과 조선 국권 회복단 일부가 통합하여 결성된 조직으로서, 한말 의병 운동 계열과 애국 계몽 운동 계열이 통합한 것이었다.
  ㉡ 박상진, 김좌진, 채기중을 중심으로 군대식으로 조직되었으며, 각 도에 지부를 설치하고, 충청·황해·경상 지역을 중심으로 미곡 상점, 여관 등을 운영하며 군자금을 조달하였다.
  ㉢ 군자금을 모아 **무관 학교**를 설립하고자 하였고, 친일 세력을 처단하는 등 활발하게 활동하였다.

■ 대한 광복회의 활동
대한 광복회는 강령에 독립 전쟁을 통해 국권을 회복할 것을 명시하였다. 이를 위해 국내에서 군자금 모금을 위한 다양한 활동을 전개하였다. 의연금 협조를 거부하는 경북 칠곡의 부호 장승원, 충남 아산 도고 면장 박용하 등을 처단하였으며, 경주에서 세금 수송차를 탈취하기도 하였다.

| 사료 | 대한 광복회 강령 |

오인은 대한 독립 광복을 위하여 오인의 생명을 희생에 이바지함은 물론 오인이 일생의 목적을 달성치 못할 시는 자자손손이 계승하여 수적(讐敵) 일본을 온전 구축하고 국권을 광복하기까지 절대 불변하고 일심육력(一心戮力)할 것을 천지신명에게 맹서하여 고함

1. 부호의 의연금 및 일본인이 불법 징수하는 세금을 압수하여 무장을 준비한다.
2. 남북 만주에 사관 학교를 설치하여 독립 전사를 양성한다.
4. 중국, 러시아 등에 의뢰하여 무기를 구입한다.
6. 일본인 고관 및 한국인 반역자를 수시 수처에서 처단하는 행형부를 둔다.
7. 무력이 준비되는 대로 일본인 섬멸전을 진행하여 최후 목적을 달성한다.

③ 조선 국권 회복단(1915)
  ㉠ 윤상태, 서상일, 이시영 등 경북 지방의 유림들이 단군 신앙을 바탕으로 조직한 비밀 결사 조직이다.
  ㉡ 3·1 운동 당시 만세 운동을 주도하였고, 상하이의 대한민국 임시 정부에 군자금을 송금하였으며, 파리 강화 회의에 제출할 독립 청원서 작성에도 참여하였다.
④ 송죽회(1913): 평양 숭의 여학교 학생, 여교사들을 중심으로 국외에서 활동하는 독립운동가 가족 돌보기, 독립군 군자금 지원, 여성 계몽과 실력 양성 운동을 목적으로 활동하였다.
⑤ 그 외 비밀 결사 조직
  ㉠ 기성단(1914): 평양 대성 학교 출신 학생들이 주도한 단체
  ㉡ 민단 조합(1915): 유생들이 주도한 의병 후신 단체(복벽주의 표방)
  ㉢ 조선 국민회(1915): 박용만의 '대조선 국민 군단' 국내 지부로 결성
  ㉣ 조선 산직 장려계(1915): 교원과 사회 인사들이 결성한 경제 자립 운동 단체
  ㉤ 자립단(1915): 함경남도 단천에서 방주익 등 기독교인들을 중심으로 조직된 단체

바로 확인문제

● 〈보기〉의 밑줄 친 '이 단체'에 대한 설명으로 가장 옳은 것은? 22. 서울시(자체 출제) 9급

보기

이 단체는 조선 국권 회복단의 박상진이 풍기 광복단과 제휴하여 조직하였다. 무력 투쟁을 통한 독립을 목표로 하였고, 군자금 모집, 독립군 양성, 무기 구입, 친일 부호 처단 등 활동을 전개하였다.

① 독립군 양성을 위한 신흥 강습소를 설치하였다.
② 블라디보스토크에 최초의 임시 정부를 수립하였다.
③ 무력 항쟁의 의지를 담은 「대한 독립 선언서」를 발표하였다.
④ 공화주의 이념에 따라 공화정치를 실현하는 것을 목표로 하였다.

단권화 MEMO

|정답해설| 제시된 자료의 "박상진"을 통해 밑줄 친 '이 단체'는 대한 광복회(1915)임을 알 수 있다. 대한 광복회는 공화정 수립을 목표로 하였다.
|오답해설|
① 서간도 삼원보의 경학사가 주도하여 신흥 강습소를 설치하였다.
② 대한 국민 의회(1919. 3. 17.)에 대한 설명이다.
③ 「대한 독립 선언서」(1918년 작성, 1919년 발표)는 만주 지린에서 독립운동가 39인이 발표한 것으로 대한 광복회와는 관련이 없다.
|정답| ④

(3) 1910년대 국외 민족 운동*

구분	주요 단체
서간도	삼원보 개척, 경학사(부민단 → 한족회로 발전), 신흥 강습소(신흥 무관 학교로 발전), 서로 군정서
북간도	간민회, 서전서숙, 명동 학교, 중광단(북로 군정서로 발전), 용정촌·명동촌 형성
연해주	신한촌 건설, 권업회(대한 광복군 정부로 발전), 전로 한족회 중앙 총회(대한 국민 의회로 발전)
상하이	동제사, 신한 청년당(김규식을 파리 강화 회의에 파견), 대동 보국단
미주 지역	대한인 국민회, 대조선 국민 군단, 흥사단

① 만주 지방
  ㉠ 서간도(남만주)
    • 삼원보: 신민회 인사들이 중심이 되어 세운 독립군 기지로서 자치 기관인 경학사를 설립하였고, 경학사에서는 신흥 강습소(이후 신흥 무관 학교)를 세워 독립군 간부를 양성하였다. 경학사 해체 이후 부민단으로 발전하여 부민단 간부들은 백서 농장이라는 독립군 부대를 편성하였으며, 3·1 운동 이후에는 부민단을 한족회로 개편하고, 군사 기관인 서로 군정서를 설립하였다.
    • 대한 독립단(1919): 국내에서 의병 활동을 주도한 박장호, 백삼규 등이 복벽주의를 표방하며 조직하였다.
  ㉡ 북간도(북만주)
    • 간민회: 한인 자치 기구였던 간민 교육회가 모체가 되어 1913년 간민회를 설립하였다. 그러나 1914년 일본을 의식한 중국 정부가 간민회를 폐쇄시키면서 북간도의 독립운동은 큰 타격을 받았다.
    • 중광단: 대종교계가 설립하였으며, 1919년 2월 김좌진, 서일, 유동열 등 39명의 서명으로 「대한 독립 선언서」를 발표하였다. 3·1 운동 이후 대한 정의단으로 확대·개편되었고, 무장 독립운동을 전개하기 위하여 서일 등이 대한 군정서를 조직하였다. 대한민국 임시 정부의 지시로 북로 군정서로 개칭하고, 총사령관에 김좌진이 선임되었다.
    • 교육 기관: 용정촌과 명동촌을 중심으로 서전서숙(이상설 설립), 명동 학교(김약연 주도), 정동 학교 등 민족 교육 기관을 설립하였다. 특히 이동휘의 노력으로 왕청현 나자구에 동림 무관 학교(일명 대전 학교)을 설립하였다(1913).
  ㉢ 소·만 국경 지대의 밀산부에서는 이상설, 이승희 등이 한흥동이라는 독립군 기지를 건설하였다(1909).

*1910년대 국외 민족 운동
국외 각 지역별 주요 단체와 인물을 구분하여 기억해야 한다.

■ 간민회
간민회는 원래 간민 자치회(墾民自治會)였으나 중국 당국이 '자치'라는 말을 삭제하도록 요구하여 간민회로 개칭하였다. 이후 대한 국민회로 개편하고, 국민회군이라는 독립군 부대를 편성하였다.

② 연해주: 연해주 지역에 이주한 한국인들은 한민회 조직(1905), 한민 학교 설립(1909), 〈해조신문〉 발행 등 민족 독립운동을 활발히 전개하였다. 또한 1910년 6월에는 국내에서 망명한 의병 운동 계열을 중심으로 13도 의군을 조직하였으며, 같은 해 8월 성명회를 조직하여 국내 진공 작전을 계획하였다.

㉠ 권업회(1911)
- 이종호 등의 주도로 블라디보스토크 신한촌(한인 집단 거주지)에서 조직되었다.
- 권업회에는 최재형 등 러일 전쟁 이전에 이주하여 러시아에 귀화한 계열, 이범윤·홍범도 등 의병장 계열, 국내 신민회 좌파 계열 등이 참여하였다.
- 기관지로 〈권업신문〉(주필: 신채호)을 간행하여 국내, 간도, 미주까지 보급하였다.

㉡ 대한 광복군 정부(1914): 권업회가 모체가 되어 블라디보스토크에 이상설, 이동휘를 정·부통령으로 하는 망명 정부를 수립하였다. 대한 광복군 정부는 독립군 조직이었으나 장차 민주 공화제의 임시 정부가 수립될 수 있는 길을 마련하였다.

㉢ 대한 국민 의회(1919)
- 1917년 러시아에서 2월 혁명이 일어나자 블라디보스토크의 신한촌에서 2천여 명의 회원이 **전로 한족회 중앙 총회**를 조직하였다(1917. 5.).
- 제1차 세계 대전이 끝나고 전후 문제를 처리하기 위한 파리 강화 회의가 개최되는 등 새로운 국제 질서가 전개되자 전로 한족회 중앙 총회를 대한 국민 의회로 개편하였다.
- 1919년 3월 17일 블라디보스토크에 세워진 **대한 국민 의회(노령 임시 정부)**는 대통령 손병희, 부통령 박영효, 국무총리 이승만 등을 추대하고, 80여 명의 위원을 구성하였다.

㉣ 한인 사회당(1918): 러시아 혁명 후 **이동휘** 등은 하바롭스크에서 한인 최초의 사회주의 정당인 한인 사회당을 결성하였다.

③ 중국

㉠ 동제사(1912)
- 신규식은 신해혁명에 참가하여 중국의 혁명 인사들과 긴밀한 관계를 맺는 한편, 본국에서 망명한 독립운동가, 유학생들을 규합하여 동제사를 조직하였다.
- 중국 혁명 지도자들도 가입시켜 신아 동제사로 개칭하였고, 1913년 박달 학원을 설립하여 젊은이들을 교육하다가 1917년 조선 사회당으로 변모하였다.

㉡ 신한 혁명당(1915)
- 상하이에서 결성된 독립운동 단체로, 노령에서 상하이로 피신해 온 이상설, 이동휘 등과 동제사 간부인 신규식, 박은식 등이 참여하였다. 이후 북경에 본부를 두고 중국 및 국내 각지에 지부를 설치하였다.
- 신한 혁명당은 제정(帝政)주의를 표방하면서 고종을 망명시켜 망명 정부를 수립하고자 하였으나 고종과 접촉하는 것에 실패하면서 활동이 거의 중단되었다.
- 박은식 등 신한 혁명당 인사들은 1917년 「대동단결 선언」에 주도적으로 참여하였다.

㉢ 대동 보국단(1915): 박은식, 신규식 등은 대동 보국단을 창립하고 〈진단〉이라는 잡지를 발간하였다.

㉣ 신한 청년당(1918)
- 김규식, 여운형, 김구 등이 발기하여 조직한 독립운동 단체로, 대한 독립, 사회 개조, 세계 대동을 정강으로 정하였다.
- 김규식을 파리 강화 회의에 파견하는 등 활발한 외교 활동을 전개하였다.

④ 미국
  ㉠ 대한인 국민회(1910)
    • 전명운, 장인환 의사의 스티븐스 암살 사건(1908. 3.)을 계기로 1909년 이승만, 박용만, 안창호 등이 주도하여 하와이의 한인 합성 협회와 미국 본토의 공립 협회를 통합하여 국민회를 조직하였다. 이후 대한인 국민회로 개편하였다.
    • 1917년 무렵 안창호, 박용만을 정·부회장으로 한 중앙 총회와 북미, 하와이 등지에 5개 지방 총회를 두어 조직을 넓혔다.
    • 기관지인 〈신한민보〉를 국내외에 전달하여 항일 여론을 선도하였다.
    • 국권 회복의 방법으로 독립 전쟁을 지향하는 세력(박용만), 실력 양성 세력(안창호), 외교를 통한 독립 청원 세력(이승만)으로 분열되어 큰 활약을 하지 못하였다.
  ㉡ 흥사단(1913): 샌프란시스코에서 안창호가 중심이 되어 사회 교육, 국민 훈련, 민족 부흥을 목적으로 설립되었다.
  ㉢ 대조선 국민 군단(1914): 1914년 6월 하와이에서 박용만이 중심이 되어 독립군 사관을 양성할 목적으로 창설되었다.

바로 확인문제

● 〈보기〉 자료의 민족 운동가들이 추진한 독립운동에 대한 서술로 가장 옳은 것은?

19. 2월 서울시(사복직 포함) 9급

| 보기 |

8월 초에 여러 형제분이 모여서 같이 만주로 갈 준비를 하였다. 비밀리에 땅과 집을 파는데, 여러 집을 한꺼번에 처분하니 얼마나 어려우리요. 그때만 해도 여러 형제분 집은 예전 대갓집이 그렇듯이 종살이를 하는 사람이 수없이 많았고 …… 우리 집 어른(이회영)은 옛날 범절을 따지지 않고 위아래 구분 없이 뜻만 같으면 악수하여 동지로 대접하였다. …… 1만여 석의 재산과 가옥을 모두 팔고 경술년(1910) 12월 30일에 큰집, 작은집이 함께 압록강을 건너 떠났다.

이은숙, 「민족 운동가 아내의 수기, 서간도 시종기」

① 신흥 강습소를 만들어 민족 교육과 독립군 양성을 추진하였다.
② 대한 광복군 정부, 대한 국민 의회 등의 독립운동 기지를 설립하였다.
③ 간민회를 기반으로 서전서숙과 명동 학교 등 학교를 세워 민족 교육을 실시하였다.
④ 나라를 되찾은 후 고종을 복위시키려는 목표를 세우고 전국적인 의병 봉기를 준비하였다.

|정답해설| 이회영 등 6형제는 집안 재산을 정리하여 서간도로 이주하였다. 이회영은 서간도에서 신흥 강습소를 만들어 민족 교육과 독립군 양성을 추진하였다.

|오답해설|
② 대한 광복군 정부, 대한 국민 의회 등은 연해주에 설립되었다.
③ 북간도에서는 간민회를 기반으로 세워진 서전서숙, 명동 학교 등이 민족 교육을 실시하였다.
④ 독립 의군부는 나라를 되찾은 후 고종을 복위시키려는 목표를 세우고(복벽주의), 전국적 의병 봉기를 준비하였다.

|정답| ①

단권화 MEMO

＊3·1 운동
3·1 운동의 원인, 과정, 결과는 빈출 내용이니 기억해야 한다.

■ **민족 자결주의**
민족 자결주의는 전승국인 일본의 식민지인 한국에는 직접적으로 해당되지 않았다. 다만 민족 자결주의의 세계사적 흐름이 독립운동의 외연이 확장되는 데 영향을 주었다.

■ **「2·8 독립 선언」**
일본에 유학하고 있던 유학생들이 도쿄에 모여 독립을 요구하는 선언서와 결의문을 선포하고, 이를 일본 정부에 통고한 뒤 시위를 전개하였다. 「2·8 독립 선언」은 국내의 독립운동가들이 3·1 운동을 준비하는 데 자극을 주었다.

▲ 「2·8 독립 선언」을 주도한 도쿄 유학생들

03 3·1 운동*

(1) 배경

① 러시아 혁명: 1914년 일어난 제1차 세계 대전과 1917년 러시아 혁명에 영향을 받아 전 세계적으로 민족 문제에 대한 자각이 높아지고, 여러 지역에서 피압박 약소민족의 해방 기대감이 높아졌다.

② 민족 자결주의: 러시아 혁명 이후 레닌은 러시아 내의 100여 소수 민족에게 민족 자결을 선언하고, 세계 약소민족의 해방 운동을 지원하겠다고 약속하였다. 또한 윌슨의 민족 자결주의는 3·1 운동에 영향을 주었다.

③ 「대동단결 선언」: 1917년 7월 조소앙, 신석우, 한진교 등이 박은식, 신채호, 박용만 등의 지도를 받아 「대동단결 선언」을 작성하여 각지의 독립운동 세력에게 보냈다. 이들은 국민 주권설에 따른 공화정의 이념을 바탕으로 임시 정부를 세우기 위해 민족 대회를 열자고 요구하였다.

④ 「대한 독립 선언서」: 1919년 2월 만주 지린에서 중광단 인사를 중심으로 한 독립운동가 39명이 발표한 우리나라 최초의 독립 선언서이다. 「무오 독립 선언서」라고도 하며, 조소앙이 집필하였다.

⑤ 「2·8 독립 선언」: 1919년 2월 8일 최팔용, 송계백, 백관수, 김도연, 최근우 등 600여 명의 도쿄 유학생이 조선 기독교 청년회관에서 「2·8 독립 선언」을 발표하고, 송계백, 최근우가 국내에 파견되어 이를 널리 알렸다.

> **사료** 독립 선언서
>
> ❶ 「대동단결 선언」(1917)
> 융희 황제가 삼보(영토, 인민, 주권)를 포기한 경술년(1910) 8월 29일은 즉 우리 동지가 이를 계승한 시점이다. 우리 동지는 완전한 상속자니 저 황제권 소멸의 때가 즉 민권 발생의 때요, 구한국의 마지막 날은 신한국 최초의 날이니 무슨 까닭인가. 우리 대한은 과거 이래로 한인(韓人)의 한(韓)이다. 한인 사이에 주권을 주고받는 것은 역사상 불문법의 국헌(國憲)이오. 비한인에게 주권 양여는 근본적 무효이며, 한국의 국민성이 절대 불허하는 바이다. 고로 경술년 융희 황제의 주권 포기는 즉 우리 국민 동지에 대한 묵시적 선위이니, 우리 동지는 당연히 삼보를 계승하여 통치할 특권이 있고, 또 대통을 상속할 의무가 있도다.
>
> ❷ 「대한 독립 선언서」(「무오 독립 선언서」)
> 봉기하라! 독립군아 일제히 독립군은 천지를 휩쓸라. 한 번 죽음은 인간의 면할 수 없는 바이니, 개, 돼지와 같은 일생을 누가 구차히 도모하겠는가? 살신성인하면 2천만 동포는 하나 되어 부활하니 어찌 일신을 아끼며 집안 재산을 바쳐 나라를 되찾으면 3천리 옥토는 자기의 소유이니 어찌 일가의 희생이 아까우랴 …… 국민의 본령을 자각한 독립임을 기억하고, 동양의 평화를 보장하고, 인류의 평등을 실시하기 위한 자립임을 명심하여 황천의 명령을 받들고, 일체의 못된 굴레에서 해탈하는 건국임을 확신하여 육탄 혈전으로 독립을 완성하라.
>
> ❸ 「2·8 독립 선언」
> 조선 청년 독립단
> 대표자 최팔용(崔八鏞) 이종근(李琮根) 김도연(金度演) 송계백(宋繼白) 이광수(李光洙) 최근우(崔謹愚) 김철수(金喆壽) 김상덕(金尙德) 백관수(白寬洙) 서춘(徐椿) 윤창석(尹昌錫)
>
> 결의문
> 1. 본단(本團)은 일한 합병이 우리 민족의 자유의사에서 나온 것이 아니며 우리 민족의 생존과 발전을 위협하고 또 동양의 평화를 교란하는 원인이 된다는 이유로 독립을 주장함
> 2. 본단은 일본 의회 및 정부에 조선 민족 대회(朝鮮民族大會)를 소집하여 해당 회의 결의로 우리 민족의 운명을 결정할 기회를 줄 것을 요구함

3. 본단은 만국 강화 회의(萬國講和會議)에 민족 자결주의(民族自決主義)를 우리 민족에게도 적용할 것을 청구함. 이 목적을 달성하기 위하여 일본 주재 각국 대사, 공사에게 본단의 주의(主義)를 각각 그 정부에 전달하기를 의뢰함. 동시에 위원 2인을 만국 강화 회의에 파견함. 이 위원은 이미 파견한 우리 민족의 위원과 일치 행동을 취함

4. 전항(前項)의 요구가 실패할 때에는 우리 민족은 일본에 대하여 영원한 혈전(血戰)을 선언함. 이로써 생기는 참화는 그 책임이 우리 민족에게 있지 아니함

⑥ 고종의 승하: 1919년 1월 21일 고종이 승하하자 고종 황제의 독살설이 유포되었고, 우리 민족은 크게 분노하였다. 또한 국내외에서 꾸준히 전개되던 민족 운동은 3·1 운동의 내적 기반이 되었다.

(2) 전개 과정

① 권동진, 오세창은 송계백 등과 의논하여 손병희의 지도하에 구체적 추진 계획을 세웠다.
② 독립운동을 대중화할 것, 일원화할 것, 비폭력적으로 할 것을 3대 원칙으로 정하고, 민족 대표 33인을 결정하였다.
③ 최남선이 「독립 선언서」를 기초하였고, 2월 28일부터 각지에 배포하기 시작하였다.

> **사료** 「3·1 독립 선언서」(「기미 독립 선언서」)
>
> 우리는 오늘 조선이 독립한 나라이며, 조선인이 이 나라의 주인임을 선언한다. 우리는 이를 세계 모든 나라에 알려 인류가 모두 평등하다는 큰 뜻을 분명히 하고, 우리 후손이 민족 스스로 살아갈 정당한 권리를 영원히 누리게 할 것이다. …… 이 세상 어떤 것도 우리 독립을 가로막지 못한다. 낡은 시대의 유물인 침략주의와 강권주의에 희생되어, 우리 민족이 수천 년 역사상 처음으로 다른 민족에게 억눌리는 고통을 받은 지 십 년이 지났다. 그동안 우리 스스로 살아갈 권리를 빼앗긴 고통은 헤아릴 수 없으며, 정신을 발달시킬 기회가 가로막힌 아픔이 얼마인가. 민족의 존엄함에 상처받은 아픔 또한 얼마이며, 새로운 기술과 독창성으로 세계 문화에 기여할 기회를 잃은 것이 얼마인가.

> **사료** 「기미 독립 선언서」 공약 3장
>
> 1. 오인의 이번 거사는 정의, 인도, 생존, 존영을 위하는 민족적 요구이니 오직 자유적 정신을 발휘할 것이요, 결코 배타적 감정으로 일주(逸走: 도망쳐 달아남)하지 말라.
> 2. 최후의 일인, 최후의 일각까지 민족의 정당한 의사를 쾌히 발표하라.
> 3. 일체의 행동은 가장 질서를 존중하여 오인의 주장과 태도로 하여금 어디까지든지 광명정대하게 하라.

④ 1919년 3월 1일 인사동 태화관에 모인 민족 대표들은 독립을 선언하고, 만세를 부른 후 일본 정부와 의회, 미국의 윌슨 대통령, 파리 강화 회의의 각국 대표들에게 「독립 선언서」와 청원서를 송부하였다. 이후 그들은 자진 체포되었다.
⑤ 파고다 공원(탑골 공원)에 운집한 학생들이 「독립 선언서」를 낭독하고, 시내로 나와 시위행진을 하자 많은 사람들이 호응하였다.
⑥ 일본군은 2개 사단 규모의 병력을 동원하여 시위 군중을 대량으로 살상하고, 수원 화성 인근의 제암리에서 집단 학살을 자행하기도 하였다.
⑦ 만세 시위는 일제의 무자비한 탄압과 주요 도시로부터 전국 농촌 각지로 확산되는 과정에서 무력적인 저항으로 변모하였다.

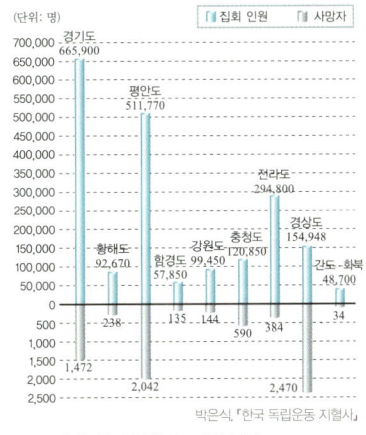

▲ 3·1 운동 참가 인원 및 피해 상황

단권화 MEMO

■ 민족 대표 33인
- 천도교 측에서는 손병희, 권동진, 오세창, 임예환, 나인협, 홍기조, 박준승, 양한묵, 권병덕, 김완규, 나용환, 이종훈, 홍병기, 이종일, 최린 15명이 선정되었다.
- 기독교에서는 이승훈, 박희도, 이갑성, 오화영, 최성모, 이필주, 김창준, 신석구, 박동완, 신홍식, 양전백, 이명룡, 길선주, 유여대, 김병조, 정춘수 16명이 선정되었다.
- 불교 대표로는 한용운과 백용성 2명이 선정되었다.

(3) 결과

① 민족의 독립을 위한 의지를 세계에 알릴 수 있었고, 이후 중국의 5·4 운동에 영향을 주었다.
② 대한민국 임시 정부 수립의 계기를 마련하였다.
③ 3·1 운동은 만주·연해주·미주·일본 등으로 전파되어 우리 민족의 독립 의지를 알렸다. 특히 미국에서는 서재필이 주도하여 필라델피아 한인 자유 대회를 개최하여 독립을 위한 시가행진을 하였다.
④ 일제는 3·1 운동 이후 소위 '문화 통치'로 식민 통치 정책을 개편하였다.
⑤ 당시 3·1 운동을 목격한 영국 기자 매켄지는 『자유를 위한 한국의 투쟁(Korea's Fight for Freedom)』을 저술하였다.

(4) 의의

① 전 민족이 참여한 대규모 독립운동으로서, 우리 민족의 독립운동을 한 차원 높이는 중요한 분기점이 되었다.
② 비폭력 운동으로 계획된 만세 운동이 실패하자 무장 독립운동을 본격적으로 전개하였다.
③ 만세 운동에 참여한 농민·노동자 계층의 정치·사회적 의식이 높아져 1920년대 노동 운동·농민 운동이 크게 발전하는 계기가 마련되었다.

사료 제암리 학살 사건

(1919년 4월 16일) 그들(선교사들과 각국 외교관)은 이야기로 듣던 것보다 훨씬 더 참혹한 장면을 목격하였다. 제암리 교회터에는 재와 숯처럼 까맣게 타버린 시체뿐이었고, 타들어간 시체 냄새로 속이 메슥거릴 정도였다. 곡식 창고와 가축들도 같이 타 버렸다.
노블, 『3·1 운동, 그날의 기록』

사료 중국의 5·4 운동

조선은 독립을 꾀하여 "독립하지 못하면 차라리 죽겠다."라고 하였다. 모름지기 국가가 망하고 영토를 넘겨주어야 하는 문제가 눈앞에 닥쳐도 국민이 큰 결심을 하여 끝내 떨쳐 일어서지 않는다면 이는 20세기 열등 민족이며, 인류의 대열에 서 있다고 말할 수도 없다. …… 중국이 살아남느냐 망하느냐 하는 것이 오직 이번 일에 달려있다.
「전체 학생 톈안먼 선언」, 1919. 5. 4.

> **바로 확인문제**

● 자료에 나타난 민족 운동에 대한 설명으로 가장 옳은 것은?   22. 법원직 9급

> 동대문 밖에서 다시 한 번 일대 시위 운동이 일어났다. 이날은 태황제의 인산날이었으므로 망곡하러 모인 군중이 수십 만이었다. 인산례(因山禮)가 끝나고 융희제(순종)와 두 분의 친왕 이하 여러 관료와 궁속들이 돌아오다가 청량리에 이르렀다. 이때 곡소리와 만세 소리가 일시에 폭발하여 천지가 진동하였다.

① 신간회의 후원으로 확산되었다.
② 대한민국 임시 정부 수립에 영향을 주었다.
③ 준비 과정에서 천도교와 조선 공산당 등이 연대하였다.
④ 한국인 학생과 일본인 학생 사이의 충돌에서 비롯되었다.

● 다음 주장을 내세운 민족 운동은?   24. 지방직 9급

> 1. 오늘날 우리의 이 행동은 정의와 인도 그리고 생존과 존엄함을 지키기 위한 민족적 요구에서 나온 것이니, 오직 자유로운 정신을 발휘할 것이며 결코 배타적 감정으로 치닫지 말라.
> 1. 마지막 한 사람까지 마지막 한순간까지 민족의 정당한 의사를 마음껏 발표하라.
> 1. 일체의 행동은 무엇보다 질서를 존중하며, 우리의 주장과 태도를 어디까지나 떳떳하고 정당하게 하라.

① 3·1 운동
② 6·10 만세 운동
③ 물산 장려 운동
④ 민립대학 설립 운동

> **단권화 MEMO**

|정답해설| 제시된 자료의 "태황제(고종)의 인산날(1919. 3. 3.)", "만세 소리" 등을 통해 3·1 운동에 대한 내용임을 알 수 있다. 3·1 운동은 대한민국 임시 정부 수립에 영향을 주었다.
|오답해설|
① 신간회는 1927년에 설립된 민족 유일당 단체로, 광주 학생 항일 운동이 발생하자 이를 전국으로 확산시키려고 하였다.
③ 1926년 6·10 만세 운동의 준비 과정에서 천도교(민족주의 계열)와 조선 공산당(사회주의 계열)이 연대하였으나, 사전에 일제에 발각되었다.
④ 통학 열차 안에서 일어난 한국인 학생과 일본인 학생의 충돌에서 시작된 민족 운동은 광주 학생 항일 운동(1929)이다.

|정답| ②

|정답해설| 제시된 사료는 3·1 운동 당시 작성된 공약 3장이다.

|정답| ①

04 대한민국 임시 정부*

(1) 임시 정부의 수립과 통합

① 통합 이전의 임시 정부
  ㉠ 상황: 3·1 운동을 계기로 독립을 선포한 우리 민족은 조직적인 독립운동과 독립 전후의 국민 국가 건설을 위하여 정부를 수립하고자 하였다. 그러나 당시 국내외에서 활동하던 민족 지도자들은 일제의 감시와 상호 연락의 어려움으로 단일 정부를 수립하지 못하고 여러 지역에서 각각 별개의 임시 정부를 수립하였다.
  ㉡ 대한 국민 의회(1919. 3. 17.): 연해주에서는 손병희를 대통령으로 하는 대한 국민 의회를 조직하였다.
  ㉢ 대한민국 임시 정부(1919. 4. 11.): 중국 상하이에서 민주 공화제의 대한민국 임시 정부가 수립되어 이승만을 국무총리로 추대하였다. 이 세 정부가 하나로 통합되어 상하이에서 대한민국 임시 정부가 출범하였다.
  ㉣ 한성 정부(1919. 4. 23.): 국내에서는 13도 국민 대표 명의로 이승만을 집정관 총재로 하고 이동휘를 국무총리로 하는 한성 정부를 수립하였다.

*대한민국 임시 정부
대한민국 임시 정부의 활동은 상하이 시대, 각 지역으로 이동한 시대, 충칭 시대로 구분하여 알아 두어야 한다.

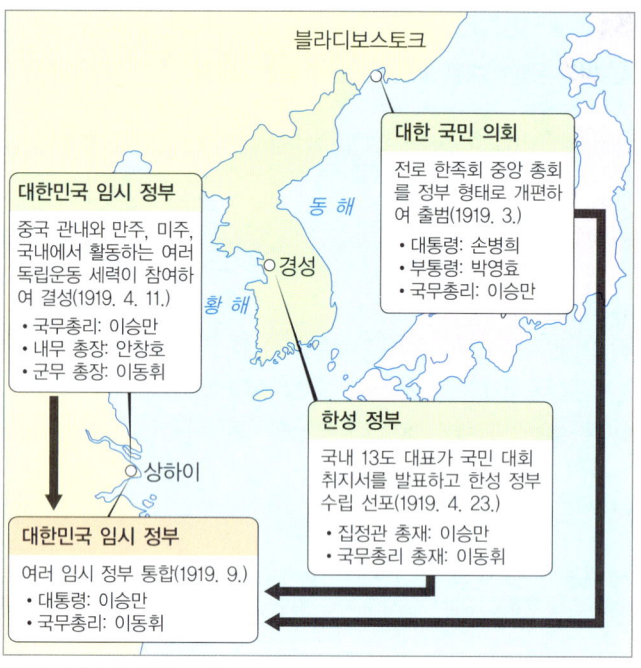

▲ 여러 지역에 수립된 임시 정부

② 임시 정부 통합 운동(1919): 정부 통합 운동은 민족 지도자들에 의하여 성사되었다. 즉, 국내에서 수립된 한성 정부를 계승하고 대한 국민 의회를 흡수하여 상하이에 통합 정부인 대한민국 임시 정부를 수립하였다(1919. 9.).

(2) 대한민국 임시 정부의 체제와 변화

① 체제

　㉠ 임시 의정원(臨時議政院)의 구성: 1919년 4월 11일 임시 의정원을 구성하고 각 도 대의원 30명이 모여서 임시 헌장 10개조를 채택하였다.

　㉡ 민주 공화제: 대한민국 임시 정부는 민주주의에 입각한 근대적 헌법을 갖추고 대통령제를 채택하였다.

　㉢ 3권 분립: 1919년 4월 제정된 임시 헌장에서는 임시 의정원(입법 기관), 법원(사법 기관), 국무원(행정 기관)을 규정하였다. 이것은 대한민국 임시 정부가 우리나라 최초의 3권 분립에 입각한 민주 공화제 정부로 출범하였음을 의미한다.

　㉣ 제1차 개헌: 세 개의 임시 정부가 통합된 후(1919. 9.), 제1차 개헌을 통해 3권 분립을 기초로 대통령이 국정을 총괄하는 형태가 수립되었다(대통령 중심제). 초대 대통령으로는 이승만, 국무총리로는 이동휘가 취임하였다(내각 책임제의 절충).

▲ 대한민국 임시 정부 인사들

> **사료** 「대한민국 임시 헌장」

「대한민국 임시 헌장」 선포문
신인(神人)의 일치로 중외(中外)가 협응하여 서울에서 일어난 지 30여 일 만에 평화적 독립을 300여 주에 광복하고, 국민의 신임으로 완전히 다시 조직한 임시 정부는 항구적이고 완전한 자주독립의 복리에 우리 자손만민에게 대대로 계승케 하기 위하여 임시 의정원의 결의로 임시 헌장을 선 배포한다.

- 제1조 대한민국은 민주 공화제로 한다.
- 제2조 대한민국은 임시 정부가 임시 의정원의 결의에 따라 통치한다.
- 제3조 대한민국의 인민은 남녀의 귀천(貴賤) 및 빈부의 계급(階級)이 없고, 일체 평등하다.
- 제4조 대한민국의 인민은 종교, 언론, 저작, 출판, 결사, 집회, 신서(信書), 주소, 이전, 신체 및 소유의 자유를 향유한다.
- 제5조 대한민국의 인민으로 공민(公民) 자격이 있는 사람은 선거권 및 피선거권을 가진다.
- 제6조 대한민국의 인민은 교육, 납세 및 병역의 의무를 가진다.
- 제7조 대한민국은 신(神)의 의사에 의하여 건국한 정신을 세계에 발휘하며 나아가 인류의 문화 및 평화에 공헌하기 위하여 국제 연맹에 가입한다.
- 제8조 대한민국의 구황실을 우대한다.
- 제9조 생명형, 신체형 및 공창제를 모두 폐지한다.
- 제10조 임시 정부는 국토 회복 후 만 1년 내에 국회를 소집한다.

대한민국 원년(1919) 4월

② 1923년에 임시 정부의 방향성을 논의하기 위해 국민 대표 회의를 진행하였다. 여기에서 임시 정부를 해체하고 새로운 정부를 조직해야 한다는 창조파(신채호 등), 임시 정부를 그대로 유지하면서 실정에 알맞게 보완해야 한다는 개조파(안창호 등)의 주장이 대립하였다.
③ 창조파가 개조안을 부결 처리하자 개조파가 회의를 전면 거부하면서 회의는 결렬되었다. 결국 창조파와 개조파에서 이탈 세력이 많아지면서 임시 정부 세력은 약화되었다.
④ 임정 고수파 세력은 1925년 이승만을 탄핵하고, 박은식을 임시 정부 제2대 대통령으로 선출하였다. 이후 제2차 개헌(국무령 중심 내각 책임제로의 개헌)을 단행하였다.

> **사료** 국민 대표 회의 선언(1923. 2.)

본 국민 대표 회의는 이천만 민중의 공정한 뜻에 바탕을 둔 국민적 대화합으로 최고의 권위를 가지고 국민의 완전한 통일을 공고케 하며 광복 대업의 근본 방침을 수립하여 우리 민족의 자유를 회복하며 독립을 완성하고자 하여 이로써 우리 민족의 자유를 만회하며 독립을 완성하기를 기도하고 이에 선언하노라. …… 본 대표 등은 국민이 위탁한 사명을 받들어 국민적 대단결에 힘쓰며, 독립운동이 나아갈 방향을 확립하여 통일적 기관 아래서 대업을 완성하고자 한다.

○ **헌정의 변천**: 헌정 체제는 5차에 걸친 개헌을 통하여 주석·부주석 체제로 개편되었다.

구분	시기	체제
제1차 개헌	1919	대통령 중심제(대통령 지도제)와 내각 책임제 절충
제2차 개헌	1925	국무령 중심제(내각 책임제)
제3차 개헌	1927	국무 위원 중심제(집단 지도 체제)
제4차 개헌	1940	주석 중심제
제5차 개헌	1944	주석·부주석 체제

단권화 MEMO

■ **북경군사통일회의 국민 대표 회의 소집 요구**
북경군사통일회는 1921년 북경에서 독립운동 군사 조직의 대표자들이 모여 '통일된 군사 조직'을 논의하였던 모임이며, 박용만·신채호 등이 제기하였다. 북경군사통일회는 반임시 정부 노선을 견지하며, 국민 대표 회의를 소집하여 군사 기관 문제를 해결하기로 결의하였다.

■ **임시 정부 내 노선 대립**

구분	주장
창조파	• 임시 정부 해체, 새 정부 조직 • 신채호, 문창범 등
개조파	• 임시 정부 개편, 실력 양성과 외교 강조 • 안창호 등
현상 유지파	• 임시 정부 유지 • 김구, 이동녕 등

(3) 임시 정부의 역할과 활동

① 역할: 초기의 임시 정부는 온갖 어려움에도 불구하고 국내외의 민족 독립운동을 좀 더 조직적이고 효과적으로 추진하는 중추 기관의 임무를 담당하였다. 그리고 우리 민족에게 끊임없이 조국 독립의 희망을 불어넣어 주었으며 국가 건설의 방략을 제시하였다.

② 조직

㉠ 비밀 행정 조직망: 임시 정부의 **연통제(聯通制)**와 **교통국(交通局)**은 국내외를 연결하는 비밀 행정 조직망으로 군자금 모금과 정보 수집에 기여하였다.
- 연통제: 임시 정부의 지방 행정 기관으로 국내의 각 도·군·면에 독판·군감·면감을 두어 정부 문서와 명령 전달, 군자금의 송부, 정보 보고 등의 업무를 담당하였다.
- 교통국: 통신 기관으로 정보의 수집·분석·교환·연락의 업무를 관장하였다.

㉡ 조직의 해체: 연통제는 1921년 일제에 발각되어 해체되었다. 또한 교통국도 1920~1921년 사이에 관련자들이 대거 검거되어 1922년에는 활동이 중단되었다.

③ 활동

㉠ 군자금의 조달
- 임시 정부의 활동에는 막대한 군자금이 필요하였다. 군자금은 독립 공채(애국 공채)를 발행하고 국민의 의연금(義捐金)을 받아 마련하였다. 국내외에서 수합된 자금은 연통제나 교통국의 조직망에 의해 임시 정부에 전달되었으며, 만주의 이륭 양행이나 부산의 **백산 상회**를 통하여 전달되기도 하였다.
- 이와 같이 마련된 자금은 임시 정부의 활동비로 사용되었을 뿐만 아니라 각지에서 활동하고 있던 독립운동가에게 전달되어 그들의 사기를 북돋워 주었다.

㉡ 외교 활동
- 임시 정부는 외교 활동에도 많은 힘을 쏟았다. 파리 강화 회의에 **김규식**을 대표로 임명하여 독립을 주장하게 하였고, 미국에 **구미 위원부**를 두어 이승만을 중심으로 적극적인 외교 활동을 전개하도록 함으로써 한국의 독립 문제를 국제 여론화하는 데 노력하였다.
- 국제 연맹과 워싱턴 회의에 우리 민족의 독립 열망을 전달하게 하였다.

㉢ 문화 활동: 임시 정부는 기관지로 〈독립신문〉을 간행·배포하고, 사료 편찬소를 두어 『한일 관계 사료집』을 간행함으로써 안으로는 민족의 독립 의식을 고취시키고 밖으로는 한국의 자주성과 민족 문화의 우월성을 인식시켰다.

㉣ 군사 활동
- 육군 무관 학교의 설립: 임시 정부는 상하이에 육군 무관 학교를 설립하여 독립 전쟁을 수행할 초급 지휘관 양성에 노력하였다.
- 한인 비행 학교 설립(1920): 노백린 등은 미국 캘리포니아에 독립군 비행사를 양성하기 위해 한인 비행 학교를 설립하였다.
- 임시 정부 직할 군대 개편: 만주에서 활동하고 있는 무장 독립군을 임시 정부 직할의 군대로 개편하였다. 그리하여 광복군 사령부·광복군 총영·육군 주만 참의부 등이 결성되었다.
- 한국광복군의 창설: 임시 정부가 직접 무장 부대를 편성하여 항전을 주도적으로 전개한 것은 한국광복군이 창설된 이후였다.
- 한계: 임시 정부는 수립 직후 각종 군사에 관한 법령을 제정하여 군사 활동을 전개하고자 하였으나 중국 영토 내에서 직접 군사 활동을 하는 데 많은 제약과 한계가 있었다.

■ **이륭 양행(怡隆洋行)**
아일랜드계 영국인 조지 루이스 쇼가 1919년 5월 중국 단둥에 설립한 무역 선박 회사로, 대한민국 임시 정부에 군자금을 비밀리에 조달하였다.

■ **백산 상회**
1914년 안희제 등이 부산에 설립한 회사이며, 임시 정부에 막대한 경비를 조달해 주었다. 그러나 재정난과 일제의 감시로 인해 결국 1927년에 폐업하였다.

▲ 임시 정부의 이동과 시기별 위치

ⓜ 정부의 이동: 상하이에서 출범한 임시 정부는 1932년 4월 윤봉길의 의거로 일제의 반격을 받아 상하이를 떠나 1940년 중경(충칭)에 안착하였다.

ⓗ 지도 이념
- 조소앙의 삼균주의는 임시 정부의 기초 정당인 한국 독립당(1940. 5.)의 정강이자 한국광복군(1940. 9.)의 강령으로, 이를 바탕으로 대한민국 임시 정부는 1941년 11월 「대한민국 건국 강령」을 확정하였다.
- 삼균주의에서는 정치, 경제, 교육의 균등(균권, 균부, 균학)을 통하여 보통 선거, 주요 재산의 국유화, 국비 의무 교육 실행을 강조하였다.

심화 ── 충칭 임시 정부와 한국 독립당

1930년대 중반 이후 민족주의 세력은 크게 3당으로 나뉘어 있었다. 김구(金九)의 한국 국민당, 조소앙·홍진 등이 주도하고 있던 한국 독립당(재건), 지청천·최동오 등 만주 지역에서 활동하던 인사들이 중심을 이룬 조선 혁명당이 그것이다. 이들 3당은 1937년 8월 임시 정부를 옹호·유지한다는 전제하에 한국 광복 운동 단체 연합회를 결성하여 연합을 이루고 있었지만 각기 독자적인 조직과 세력을 유지하며 활동하고 있었다. 당시 임시 정부는 이들 3당의 통합을 추진하였다. 그 결과 1940년 5월 8일 한국 독립당 창당 대회를 개최하고, 한국 국민당·한국 독립당·조선 혁명당 3당의 과거 조직을 공동 해소하였다(한국 독립당 창당).

바로 확인문제

● (가) 단체의 활동에 대한 설명으로 옳은 것은? 21. 지방직 9급

> 탑골 공원에 모인 수많은 학생과 시민이 독립 선언식을 거행하고 만세를 부르며 거리를 행진하였다. 이후 만세 시위는 전국으로 확산하였다. 이 운동을 계기로 독립운동가 사이에는 독립운동을 더욱 조직적으로 전개하자는 공감대가 형성되어 ──(가)── 가/이 만들어졌다. ──(가)── 는/은 구미 위원부를 설치하는 등 적극적으로 독립운동을 펼쳐 나갔다.

① 「대동단결 선언」을 발표하였다.
② 국내와의 연락을 위해 교통국을 두었다.
③ 독립군을 양성하기 위해 신흥 무관 학교를 설립하였다.
④ 「조선 혁명 선언」을 강령으로 삼아 의열 투쟁을 전개하였다.

|정답해설| (가)는 3·1 운동 이후 조직된 '대한민국 임시 정부'이다. 대한민국 임시 정부에서는 국내와의 연락을 위해 교통국과 연통제를 설치하였다.

|오답해설|
① 신한 혁명당 인사들이 1917년에 「대동단결 선언」을 발표하였다.
③ 서간도의 경학사가 신흥 강습소를 설치하였다. 신흥 강습소는 이후 신흥 무관 학교로 발전하였다.
④ 의열단은 신채호의 「조선 혁명 선언」(1923)을 강령으로 삼아 의열 투쟁을 전개하였다.

|정답| ②

단권화 MEMO

|정답해설| ㉠은 1941년(1919년 대한민국 임시 정부 수립을 원년으로 민국 23년으로 표기)에 발표된 「대한민국 건국 강령」이다. 조소앙의 삼균주의(정치, 경제, 교육 균등)를 바탕으로 발표된 「대한민국 건국 강령」에는 보통 선거 실시, 주요 재산 국유화, 무상 교육 등의 내용이 담겨 있다.

|오답해설|
② 조선 건국 동맹은 1944년에 여운형, 안재홍을 중심으로 조직된 국내 비밀 결사이다.
③ 의열단의 강령으로 저술된 신채호의 「조선 혁명 선언」에서는 파괴와 폭동 등에 의한 민중의 직접 혁명을 강조하였다.
④ 남북 제정당 사회단체 대표자 회의(남북 협상)는 1948년 3월에 제의되었고, 1948년 4월에 평양에서 개최되었다.

|정답| ①

|정답해설| 대한민국 임시 정부는 조소앙의 삼균주의(정치, 경제, 교육 균등)를 바탕으로 1941년에 「대한민국 건국 강령」을 발표하였다. 또한 같은 해 12월 9일에 대일 선전 포고를 하고, 연합군과 함께 작전을 전개하였다.

|오답해설|
ㄱ. 대한민국 임시 정부의 김구는 1931년 상하이에서 한인 애국단을 조직하였다.
ㄹ. 대한민국 임시 정부는 1925년에 제2차 개헌을 통해 대통령제에서 국무령 중심의 의원 내각제(내각 책임제)로 개편되었다.

|정답| ③

● ㉠에 대한 설명으로 옳은 것은? 19. 국가직 7급

> 민국 23년에 채택한 ㉠ 에는 언론과 종교의 자유를 보장하며, 무상 교육을 시행하겠다는 내용이 담겨 있다. …… 현재 우리의 급무는 연합군과 같이 일본을 패배시키고 다른 추축국을 물리치는 데에 있다. 우리는 독립과 우리가 원하는 정부, 국가를 원한다. 이를 위해 ㉠ 의 정신을 바탕으로 독립된 나라를 건설해 나가야 한다.
> 〈신한민보〉

① 보통 선거 실시를 주장하였다.
② 조선 건국 동맹에서 발표하였다.
③ 파괴와 폭동 등에 의한 민중의 직접 혁명을 강조하였다.
④ 남북 제정당 사회단체 대표자 회의의 소집을 요구하였다.

● 1940년대 대한민국 임시 정부에 대한 설명으로 옳은 것만을 모두 고르면? 18. 국가직 7급

> ㄱ. 의열 활동을 위해 한인 애국단을 결성하였다.
> ㄴ. 삼균주의를 바탕으로 한 건국 강령을 발표하였다.
> ㄷ. 대일 선전 포고를 하고 연합군과 합동 작전을 전개하였다.
> ㄹ. 정부의 형태가 대통령제에서 국무령 중심의 의원 내각제로 바뀌었다.

① ㄱ, ㄴ
② ㄱ, ㄹ
③ ㄴ, ㄷ
④ ㄷ, ㄹ

05 국내 항일 운동

심화 국내 항일 운동의 사상적 갈래

❶ 1920년대 민족주의와 사회주의에서의 민족 운동

1920. 4.	조선 노동 공제회 창립	1925. 4.	조선 공산당 창립
1923. 1.	조선 물산 장려회 창립	1926. 6.	6·10 만세 운동
1923. 3.	조선 민립대학 기성회 총회 개최	1927	신간회 창립(2월), 근우회 창립(5월)
1924. 4.	조선 청년 총동맹 발족	1929. 11.	광주 학생 항일 운동

❷ 민족주의 계열의 분화(1920년대 중반)

민족 개량주의자 (타협적 민족주의자)	• 이광수, 최린 등 • 일제의 식민 지배 인정, 자치 운동 전개, 기회주의자로 비판됨
비타협적 민족주의자	• 이상재, 안재홍 등 • 즉각적인 독립 추구, 사회주의자들과 연대 모색

❸ 자치 운동

일제가 이른바 문화 통치 시기에 민족 운동 세력을 분열시키려는 의도에서 유도한 것으로서, 절대 독립·독립 전쟁 대신 일제의 지배를 인정하는 범위 내에서 자치를 주장한 운동이다. 이광수는 「민족 개조론(民族改造論)」과 「민족적 경륜(民族的經綸)」을 발표하여 자치론을 뒷받침하였다.

(1) 국내 무장 항일 투쟁

3·1 운동 이후 무장 항일 투쟁은 주로 만주와 연해주를 중심으로 전개되었으나 국내에서도 독립군 부대가 결성되어 일본 군경과 치열한 전투를 전개하였다.

① 평북 동암산을 근거지로 한 보합단, 평북 천마산을 근거지로 한 천마산대, 황해도 구월산의 구월산대 등이 대표적인 무장 단체였다.
② 이들은 만주의 독립군과 긴밀한 연락을 취하면서 일제의 식민 통치 기관 파괴, 일본 군경과의 교전, 친일파 처단, 군자금 모금 등의 무장 항일 투쟁을 벌였다.

(2) 6·10 만세 운동(1926)

① 배경
  ㉠ 1920년대에 이르러 민족주의계와 사회주의계의 대립 속에서 독립운동은 진로 모색에 어려움을 겪었다.
  ㉡ 3·1 운동 이후 학생들은 일제의 감시와 탄압 속에서도 민중 계몽 활동과 일제의 차별 교육에 반대하는 활동을 전개하였다.
  ㉢ 학생들은 주로 비밀 결사를 조직하여 개별적인 활동을 전개하였으나 6·10 만세 운동이나 광주 학생 항일 운동과 같은 대규모의 조직적인 운동도 일으켰다.
  ㉣ 밑바탕에는 일제의 수탈 정책과 식민지 교육에 대한 반발이 깔려 있었다.
② 경과
  ㉠ 학생들은 대한 제국의 마지막 황제인 순종의 인산일을 기하여 격문을 배포하고 독립 만세를 외침으로써 대규모 군중 시위운동을 전개하였다.
  ㉡ 6·10 만세 운동은 3·1 운동에서 이미 중추적 역할을 하였던 학생들을 중심으로 우리 민족이 다시금 전개한 독립운동이었다.
③ 추진 세력 : 전문학교와 고등 보통학교의 학생, 사회주의 세력과 연계한 천도교 계열에서 각각 추진되었다. 그러나 사회주의 세력과 천도교 계열이 준비한 계획은 사전에 발각되었다.
④ 결과 : 일제의 수탈과 식민지 교육에 대한 반발로 일어난 만세 운동은 이후 각급 학교로 확산되었으며, 이로 인하여 수많은 학생들이 체포·투옥되었다.
⑤ 의의 : 청년 학생들에게 민족 자주 의식을 불러일으켰고, 스스로가 민족 독립 투쟁의 중요한 존재임을 자각하게 하였다.

■ **천마산대**

1919년 3·1 운동 이후 최시흥을 대장으로 한말의 군인들이 조직한 독립운동 단체이다. 500여 명의 단원이 평북 천마산을 근거로 유격전을 벌였다. 1920년 일본 경찰의 공격을 피하여 만주로 건너가 독립군에 편입되었다.

■ **6·10 만세 운동**

일본 경찰이 만세 시위를 벌이려는 군중을 진압하고 있다.

> **사료** 6·10 만세 운동 격문(1926)
>
> 대한 독립운동자여 단결하라!
> 일체 납세를 거부하자! / 일본 물자를 배척하자! / 조선인 관리는 일체 퇴직하라!
> 일본인 공장의 직공은 총파업하라! / 일본인 지주에게 소작료를 바치지 말라!
> 일본인 교원에게는 배우지 말자! / 일본 상인과의 관계를 단절하자!
> 언론, 출판, 집회의 자유를! / 군대와 헌병을 철거하라! / 투옥 혁명수를 석방하라!
> 보통 교육은 의무 교육으로! / 교육 용어는 조선어로! / 동양 척식 주식회사는 철폐하라!
> 일본 이민제를 철폐하라!

(3) 광주 학생 항일 운동(1929)

① 배경
  ㉠ 청년·학생들의 자각: 3·1 운동 이후 활발하게 전개된 각종 민족 운동과 국내외의 항일 투쟁은 청년 학생들에게 민족 자주 의식을 불러일으켰고, 스스로가 민족 독립 투쟁의 중요한 존재임을 자각하게 하였다.
  ㉡ 식민지 교육에 대한 항거: 6·10 만세 운동 직후부터 전국 각지의 각급 학교에는 크고 작은 항일 결사가 조직되어 식민지 교육에 항거하는 동맹 휴학 등의 방법으로 항일 투쟁을 전개하였다. 더욱이 민족 유일당 운동으로 조직된 신간회의 활동은 국민들의 자각을 일깨워 주었다.

② 전개
  ㉠ 발단: 6·10 만세 운동 이후 항일 결사를 조직하여 투쟁을 전개하던 학생들은 광주에서 발생한 한일 학생 간의 충돌 사건을 일본 경찰이 편파적으로 처리하자 일제히 궐기하였다.
  ㉡ 경과: 학생들의 투쟁에 일반 국민들이 가세하여 전국적인 규모의 항일 투쟁으로 확대되었고, 만주 지역의 민족 학교 학생들과 일본 유학생들까지 궐기하였다. 단순한 동맹 휴학에 그치지 않고 적극적인 가두시위 형태로 전개하였다. 식민지 교육 제도의 철폐와 한국인 본위의 교육 제도 확립을 주장하였다.
  ㉢ 신간회에서는 광주 학생 항일 운동에 김병로를 대표로 진상 조사단을 파견하였다.

③ 의의: 광주 학생 항일 운동에는 약 5개월 동안 전국 194개의 각급 학교 학생 5만 4천여 명이 참여하면서 3·1 운동 이후 최대의 민족 운동으로 발전하였다.

> **사료** 광주 학생 항일 운동 때의 격문
>
> 학생, 대중이여 궐기하라!
> 검거된 학생은 우리 손으로 탈환하자.
> 언론·결사·집회·출판의 자유를 획득하라.
> 식민지 교육 제도를 철폐하라.
> 조선인 본위의 교육 제도를 확립하라.
> 용감한 학생, 대중이여!
> 최후까지 우리의 슬로건을 지지하라.
> 그리고 궐기하라.
> 전사여, 힘차게 싸워라.

▲ 광주 학생 항일 운동 기념탑

단권화 MEMO

■ 광주 학생 항일 운동
1929년 광주로 가는 통학 열차 안에서 일본인 남학생이 한국인 여학생을 희롱한 사건에 대한 처리 과정에서 있었던 일본 경찰의 민족 차별을 계기로 일어났다. 당시 광주 학생들의 비밀 조직이었던 독서회(성진회가 확대 개편된 조직)가 주도하여 동맹 휴학이 시작되었고, 전국적으로 확대되었다.

| 심화 | 학생 독립운동 기념일 |

1953년 10월 20일 국회에서 광주 학생 항일 운동(1929)이 시작된 날짜인 11월 3일을 '학생의 날'로 지정하는 결의안을 의결하였다. 이에 따라 매년 정부가 '학생의 날'을 기념하여 왔으나 유신 직후인 1973년 3월 30일 폐지되었다. 이후 1984년 9월 22일 국가 기념일로서 '학생의 날'이 다시 부활되었고, 2006년 학생 독립운동 기념일로 변경되어 현재에 이르고 있다.

| 바로 확인문제 |

● 다음 격문과 관련이 깊은 역사적 사건에 대한 설명으로 가장 옳은 것은? 21. 법원직 9급

> 검거자를 즉시 우리의 힘으로 구출하자.
> 교내에 경찰관 침입을 절대 반대하자.
> 조선인 본위의 교육 제도를 확립하자.
> 민족 문화와 사회과학 연구의 자유를 획득하자.
> 전국 학생 대표자 회의를 개최하라.

① 원산에서 일제 강점기 최대 규모의 노동 쟁의를 일으켰다.
② 전국으로 확대되어 이듬해까지 동맹 휴학 투쟁이 계속되었다.
③ 민족 산업의 보호와 육성을 위해 국산품 애용 등을 주장하였다.
④ 순종의 국장일에 학생들이 만세 시위를 벌이고 시민들이 가세하였다.

| 정답해설 | 제시된 사료는 1929년 광주 학생 항일 운동 당시의 격문이다. 광주 학생 항일 운동은 전국으로 빠르게 확산되었고, 이듬해(1930년) 초까지 동맹 휴학 투쟁이 계속되었다. 이는 3·1 운동 이후 최대 규모의 민족 운동이었다.

| 정답 | ②

06 항일 독립 전쟁의 전개

(1) 애국지사들의 항일 의거*

① 의열단: 1919년 김원봉, 윤세주 등이 만주 지린에서 조직한 독립운동 단체이다. 공약 10조, 5파괴, 7가살(可殺)을 행동 강령으로 채택하였다.

㉠ 「조선 혁명 선언」(1923): 신채호가 의열단 선언문으로 작성하였다.
  • 신채호는 일본을 한국의 국호와 정권, 생존권을 박탈해 간 '강도'로 규정하고, 강도를 물리치기 위해 폭력(파괴) 혁명은 정당하다고 천명하였다.
  • 자치론, 참정권론, 내정 독립론, 문화 운동 등을 비판하고 이승만의 외교론, 안창호의 실력 양성론 등을 부정하였다.

㉡ 의거 활동
  • 부산 경찰서 폭파 의거(1920. 9., 박재혁)
  • 밀양 경찰서 폭파 의거(1920. 12., 최수봉)
  • 조선 총독부 폭파 의거(1921, 김익상)
  • 상하이 일본군 대장 다나카 저격 기도(1922, 오성륜·김익상 등의 황포탄 의거)
  • 종로 경찰서 폭파 의거(1923, 김상옥)
  • 일본 도쿄 궁성 이중교(니쥬바시) 폭파 의거(1924, 김지섭)
  • 동양 척식 주식회사, 조선 식산 은행 폭파 의거(1926, 나석주)

*애국지사들의 항일 의거
의열단과 한인 애국단의 활동은 구체적 의거와 연결해서 기억해야 한다.

■ 의열단
"그들의 생활은 밝음과 어두움이 기묘하게 혼합된 것이다. 언제나 죽음을 눈앞에 두고 있었으므로 살아 있는 동안이라도 마음껏 즐기려 하였던 것이다. 그들은 놀라울 정도로 멋진 친구들이었다. …… 사진 찍기를 아주 좋아하였으며, 언제나 이번이 죽기 전에 마지막으로 찍는 것이라 생각하였다."
님 웨일즈(Wales, N), 「아리랑」

■ 의열단의 파괴 대상
의열단의 파괴 대상은 총독부, 동양 척식 주식회사, 매일신보사, 경찰서 등 왜적 중요 기관이었으며, 조선 총독 이하 고관, 일본 군부 수뇌, 대만 총독, 매국노, 친일파 거두, 밀정(적탐), 반민족적 토호 등이 살해 대상이었다.

ⓒ 의열단 세력은 개별적 의열 활동의 한계를 인식하고, 방향 전환을 모색하였다. 특히 의열단 구성원 중 일부는 황푸 군관 학교에 입교하여 군사 훈련을 받았는데, 이러한 경험을 통해 조선 혁명 간부 학교를 설립(1932)하여 독립군 간부를 양성하였다.

> **사료** 「조선 혁명 선언」
>
> 강도(強盜) 일본이 우리의 국호를 없이 하며 우리의 정권을 빼앗으며 우리 생존의 필요조건을 다 박탈하였다. …… 이상의 사실에 의거하여 우리는 일본 강도 정치, 곧 이족(異族) 통치가 우리 조선 민족 생존의 적(敵)임을 선언하는 동시에, 우리는 혁명 수단으로 우리 생존의 적인 강도 일본을 살벌(殺伐)함이 곧 우리의 정당(正當)한 수단임을 선언하노라. …… 혁명(革命)의 길은 파괴(破壞)부터 개척(開拓)할지니라. 그러나 파괴만 하려고 파괴하는 것이 아니라 건설하려고 파괴하는 것이니, 만일 건설할 줄을 모르면 파괴할 줄도 모를지며, 파괴할 줄을 모르면 건설할 줄도 모를지니라. 건설과 파괴가 다만 형식상에서 보아 구별될 뿐이요, 정신상에서는 파괴가 곧 건설이니 이를테면 우리가 일본 세력을 파괴하려는 것이 제1은, 이족 통치(異族統治)를 파괴하고자 함이다. 왜? '조선'이란 그 위에 '일본'이란 이민족(異民族) 그것이 전제(專制)하여 있으니, 이족 전제(異族專制)의 밑에 있는 조선은 고유적 조선(固有的朝鮮)이 아니니, 고유적 조선을 발견하기 위하여 이족 통치를 파괴(破壞)함이니라. ……

② 한인 애국단
  ㉠ 조직 : 1931년 상하이에서 김구가 조직하였다.
  ㉡ 활동
   • 이봉창 의거(1932. 1.) : 이봉창의 일본 국왕 폭살 기도 사건은 수류탄이 불발되어 실패하였으나 중국 언론(국민 일보)이 "일본 국왕이 불행히도 명중되지 않았다(日皇不幸不中)."라고 표현하였다. 이에 격분한 일본이 상하이를 공격하였다(상하이 사변).
   • 윤봉길 의거(1932. 4.) : 일제가 상하이 훙커우 공원에서 전승 축하식을 거행하자 윤봉길은 식장에 폭탄을 던져 단상에 있던 시라카와 대장을 비롯하여 많은 고관들을 살상하였고, 식장을 아수라장으로 만들었다. 중국의 장제스는 윤봉길의 의거를 두고 "중국의 100만 대군도 해내지 못한 일을 한국 용사가 단행하였다."라고 높이 평가하였다.
   • 1932년 상하이 사변 직후 일본 이즈모호를 폭파하려고 하였으나 실패하였다.
   • 이덕주, 유진만이 조선 총독을 저격하고자 하였으나, 사전에 발각되어 체포되었다.
   • 최흥식, 유상근은 다롄[大連]에서 국제 연맹 조사단을 마중 오는 일본 고관을 암살하려다 사전에 발각되었다.

> **사료** 한인 애국단
>
> 본단(本團)은 일찍부터 실행을 중하게 여기고 발언을 피하여 왔다. 그런 까닭으로 이번 최흥식, 유상근 두 의사의 다롄[大連] 사건에 대해서도 일체 침묵을 지켰으나, 놈들 간악한 적은 여러 가지로 요언(謠言)을 만들어 내고, 또 다롄 폭탄 사건은 국제 연맹 조사 단원을 암살하려는 음모라고 선전하고 있으나 이는 우리가 승인할 수 없는 바이다. …… 본단은 왜적 이외에는 어느 나라 사람이나 다 같이 친우로 대하려 하며 절대로 해치지 않으니, 이것은 훙커우 공원 사건이 증명하고 있는 바이다.
> 한인 애국단 선언문

③ 기타

강우규	노인단 소속, 사이토 총독 투탄 → 실패, 처형
조명하	타이중 의거 : 일본 국왕 장인(구니노미야) 처단
백정기	일본의 주중 대사인 아리요시를 제거하려 하였으나 실패(육삼정 의거)
양근환	일본에서 친일파 민원식 사살

심화 　여성 독립운동가

❶ **박차정**: 김원봉의 부인으로 1938년 조선 의용대 부녀 복무단장으로서 무장 투쟁을 전개하였다.
❷ **박자혜**: 궁녀 출신인 그녀는 국권 피탈 이후 궁궐에서 나와 근대 교육을 받고 총독부 의원의 간호사가 되었다. 이후 3·1 운동으로 부상자들이 속출하였을 때 이들을 간호한 것이 계기가 되어 간호사들의 독립운동 단체인 '간우회'를 설립하여 만세 운동에 참가하였다. 이후 중국으로 망명하여 신채호를 만나 결혼하였고 그의 독립운동을 후방에서 지원하였다. 특히 나석주 의사의 폭탄 투탄 사건 때에는 서울 지리에 익숙하지 않았던 나석주를 돌보고 안내하는 등 의열단 활동을 후방에서 지원하는 역할을 수행하였다.
❸ **남자현**: 1932년 국제 연맹 리튼 조사단이 하얼빈에 오자 흰 수건에 '조선 독립원(朝鮮獨立願)'이라는 혈서를 써서 조사단에 보내 우리의 독립을 호소하였다.
❹ **김마리아**: 1919년 2·8 독립운동에 가담하였으며, 대한민국 애국 부인회, 근화회 등에서 활동하였다.
❺ **윤희순**: 「안사람 의병가」, 「병정의 노래」 등의 의병가를 지어 의병의 사기를 진작하고 직간접적으로 춘천 의병 활동을 적극 후원하였다.

바로 확인문제

● 〈보기〉의 밑줄 친 '이 조직'의 활동으로 가장 옳지 않은 것은? 　22. 2월 서울시(자체 출제) 9급

> **보기**
> 김원봉이 이끈 이 조직은 1920년대에 국내와 상하이를 중심으로 활발한 의거 활동을 전개하였다.

① 독립지사들에게 잔인한 고문을 일삼던 종로 경찰서에 폭탄을 던져 큰 피해를 주었다.
② 동양 척식 주식회사에 들어가 그 간부를 사살하고 경찰과 시가전을 벌이기도 하였다.
③ 상하이 훙커우 공원에서 열린 일본군의 상하이 점령 축하 기념식장에 폭탄을 던져 일본군을 살상하였다.
④ 일제 식민 지배의 중심 기관인 조선 총독부에 폭탄을 던졌다.

● 밑줄 친 '이 단체'에 대한 설명으로 옳은 것은? 　한국사능력검정시험 고급 24회

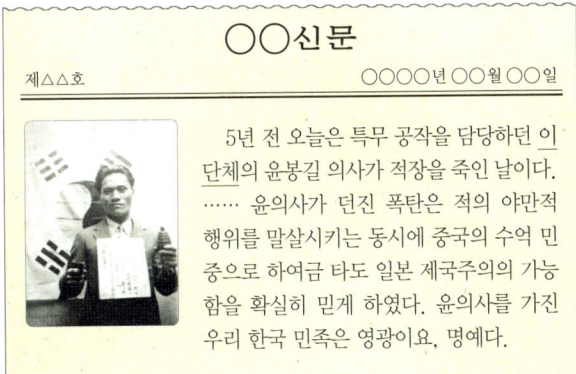

① 「조선 혁명 선언」을 지침으로 활약하였다.
② 도쿄에서 일어난 이봉창의 의거를 계획하였다.
③ 복벽주의를 내세우며 의병 전쟁을 준비하였다.
④ 신흥 무관 학교를 세워 무장 투쟁을 준비하였다.
⑤ 조선 혁명 간부 학교를 설립하여 군사 훈련을 하였다.

|정답해설| 밑줄 친 '이 조직'은 '의열단'이다. 한인 애국단 소속 윤봉길은 1932년 상하이 훙커우 공원에서 개최된 일왕의 생일(천장절) 및 상하이 사변 승전 기념식장에 폭탄을 던져 시라카와 등 일본군을 살상하였다.

|오답해설|
① 의열단원 김상옥은 종로 경찰서에 폭탄을 투척하였다(1923).
② 의열단원 나석주는 조선 식산 은행과 동양 척식 주식회사에 폭탄을 던졌고(1926), 시가전을 벌여 여러 명의 일본인을 사살하였다.
④ 의열단원 김익상은 조선 총독부에 폭탄을 던졌다(1921).

|정답| ③

|정답해설| 밑줄 친 '이 단체'는 윤봉길이 속한 한인 애국단이다. 한인 애국단 단원 이봉창은 일왕에게 폭탄을 던졌으나 실패하였다.

|오답해설|
① 의열단은 1919년 김원봉을 중심으로 조직되었고, 「조선 혁명 선언」(신채호 작성, 1923)을 활동 지침으로 삼았다.
③ 임병찬은 고종의 밀명을 받아 복벽주의를 바탕으로 1912년 국내에서 독립 의군부를 조직하였다.
④ 서간도 지역에서는 신흥 무관 학교가 설립되어 독립군 간부를 양성하였다.
⑤ 의열단은 개별 의열 활동에 한계를 느끼고, 조선 혁명 간부 학교를 설립하여 독립군 간부를 양성하였다.

|정답| ②

| 단권화 MEMO |

|정답해설| 의열단원 김익상은 1921년에 조선 총독부에 폭탄을 던졌고, 1922년에는 상하이에서 일본 육군 대장 타나카 기이치를 암살하려고 하였다(황포탄 의거). 일부 의열단원들은 1925년에 황푸 군관 학교에 입교하여 군사 교육을 받았다.

|오답해설|
① 신한 혁명당, ② 한인 애국단, ④ 노인단에 대한 설명이다.

|정답| ③

* 간도·연해주에서의 항일 운동
1920년대 국외 항일 운동은 선후 관계를 고려하여 사건을 암기하여야 한다.

■ 훈춘 사건
일제가 마적(馬賊)을 매수해 훈춘을 습격하게 하고, 마적 토벌(馬賊討伐)을 구실로 훈춘의 한국인과 독립운동가들을 대량 학살한 사건이다. 독립군 연합 부대는 이 사건을 계기로 세 방향으로 진격해 온 일본군을 청산리에서 대파하였다.

■ 청산리 대첩의 전과
대한민국 임시 정부는 일본군 사망자를 1,254명으로 발표하였다. 박은식의 『한국 독립운동 지혈사』에서는 약 2,000명, 이 전투에 참전하였던 이범석의 『우둥불』에서는 사상자를 3,300명이라 기록하고 있다.

▲ 북로 군정서군
청산리 대첩 승리 후 찍은 기념 사진이다.

● ㉠ 조직에 대한 설명으로 옳은 것은?

18. 지방직 9급

> 1922년 3월, 중국 상하이에서 (㉠)이/가 일본 육군 대장 타나카 기이치(田中義一)를 암살하고자 한 사건이 발생했다. 이때 체포된 독립운동가들은 일본 경찰에 인도되어 심문을 받게 되었는데, 그 심문 과정에서 (㉠)에 속한 김익상이 1921년 9월 조선 총독부 건물에 폭탄을 던진 의거의 당사자라는 사실이 밝혀졌다.

① 공화주의를 주장하는 내용의 「대동단결 선언」을 작성해 발표하였다.
② 이 조직에 속한 이봉창이 일왕이 탄 마차 행렬에 폭탄을 던졌다.
③ 일부 구성원을 황푸 군관 학교에 보내 군사 훈련을 받도록 하였다.
④ 새로 부임하는 사이토 조선 총독에게 폭탄을 투척하는 의거를 일으켰다.

(2) 간도·연해주에서의 항일 운동*

① 배경: 3·1 운동을 계기로 민족 지도자들은 비폭력 항일 운동의 방식을 지양하고 조직적인 무장 독립 전쟁을 전개하였다. 1920년대에 들어와서는 만주와 연해주 일대에서 30여 개의 독립군 부대가 조직되어 활동하였다.

② 전개: 압록강과 두만강을 건너 국내의 일제 식민지 통치 기관을 습격하여 파괴하고 일본 군경과 치열한 전투를 전개하였다. 이 밖에도 독립군은 군자금 모금, 밀정 처단, 친일파 숙청 등의 활동을 벌이기도 하였다.

㉠ 봉오동 전투(1920. 6.): 홍범도가 이끈 대한 독립군은 최진동의 군무 도독부군, 안무의 국민회군과 연합하여 봉오동을 기습해 온 일본군 1개 대대 병력을 포위·공격하여 대승리를 거두었다.

㉡ 청산리 대첩(1920. 10.)
  • 일본군은 얕보던 독립군에게 뜻밖에 참패를 당하자 훈춘 사건을 빌미로 한반도에 주둔하고 있던 부대와 관동 지방에 주둔 중인 부대 및 시베리아에 출병 중인 부대를 동원하여 세 방향에서 독립군을 포위·공격하여 왔다.
  • 당시 김좌진이 지휘하는 북로 군정서는 백운평, 천수평, 맹개골, 만기구 전투에서 승리하였고, 홍범도의 대한 독립군은 완루구 전투에서 일본군을 격퇴하였다. 특히 북로 군정서, 대한 독립군 등은 연합하여 어랑촌 전투, 천보산 전투 등에서 승리하였다.

사료 청산리 대첩

❶ 교전은 아침부터 저녁까지 계속되었다. 굶주림! 그러나 이를 의식할 시간도, 먹을 시간도 없었다. 마을 아낙네들이 치마폭에 밥을 싸 가지고 빗발치는 총알 사이로 산에 올라와 한 덩이, 두 덩이 동지들 입에 넣어 주었다. …… 얼마나 성스러운 사랑이며, 고귀한 선물이랴! 그 사랑 갚으리. 우리의 뜨거운 피로! 기어코 보답하리, 이 목숨 다하도록! 우리는 이 산과 저 산으로 모든 것을 잊은 채 뛰고 달렸다. 　이범석, 『우둥불』

❷ 청산리 대첩 당시의 군가

하늘은 미워한다. 배달족의 자유를 억탈하는 왜적들을 삼천리 강산에 열혈이 끓어 분연히 일어나는 우리 독립군.
백두의 찬 바람은 불어 거칠고 압록강 얼음 위에 은월이 밝아 고국에서 불어오는 피비린 바람 갚고야 말 것이다. 골수에 맺힌 한을.
하느님 저희들 이후에도 천만대 후손의 행복을 위해 이 한 몸 깨끗이 바치겠으니 빛나는 전사를 하게 하소서.

(3) 독립군의 시련

① 간도 참변(1920. 10.)
  ㉠ 일제는 독립군의 항전을 자기들의 식민 통치에 대한 위협이라 판단하고, 이 기회에 만주에 있는 한국 독립운동의 근거지를 소탕하기로 하였다.
  ㉡ 이에 일제는 독립군은 물론 만주에 사는 한국인을 무차별 학살하고 마을을 초토화시키는 간도 참변을 일으켰다.

② 자유시 참변(1921. 6.)
  ㉠ 독립군의 이동
    - 독립군은 한때 각지로 분산하여 대오를 정비하였고, 그중 4,000여 명 규모의 주력 부대는 소·만 국경에 위치한 밀산부에 집결하였다.
    - 그곳에서 서일을 총재로 하는 대한 독립 군단을 조직한 후, 일본군의 추격을 피하여 연해주를 거쳐 자유시로 이동하였다.
  ㉡ 자유시 참변
    - 시베리아에 출병한 일본군이 백군을 지원하고 있었기 때문에 러시아령 내의 자유시로 이동한 독립군은 적군(적색군)과 백군(러시아군)의 내전에서 적군을 도왔다.
    - 승리한 적군이 독립군을 강제로 무장 해제하려 하자, 이에 저항하던 독립군은 무수한 사상자를 내고 큰 타격을 받았다.

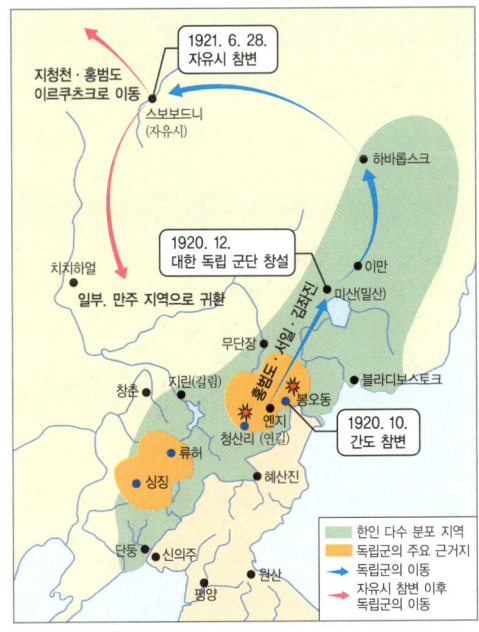

▲ 1920년대 무장 독립운동

단권화 MEMO

■ 간도 참변(1920)

독립군에 패한 일본군은 간도 일대에서 동포 1만여 명을 학살하고, 민가 2,500여 채와 학교 30여 채를 불태우는 만행을 저질렀다. 간도 지방에서 일본군에 의하여 학살된 한국인은 훈춘현에서 242명, 연길현에서 1,124명, 화룡현에서 572명, 왕청현에서 347명, 영안현에서 17명, 그 밖의 현에서 804명이나 되었다.

■ 1920년대 무장 독립운동의 전개

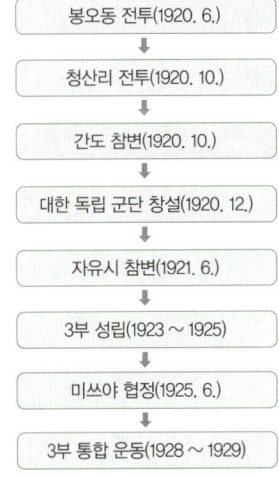

단권화 MEMO

|정답해설| (가)는 홍범도, (나)는 김좌진이다. 봉오동 전투(1920. 6.)에서 패배한 일제는 훈춘 사건을 조작하여 대규모 병력을 만주에 파견하였다. 김좌진의 북로 군정서군은 홍범도의 대한독립군 등 여러 독립군들과 연합하여 청산리에서 일본군과 전투를 벌였고, 대승을 거두었다(1920. 10.).

|오답해설|
① 김원봉은 1919년에 의열단을 창설하여 무장 투쟁을 전개하였다.
② 안중근은 1909년 만주 하얼빈에서 이토 히로부미를 저격하였다.
③ 장인환, 전명운은 대한 제국의 외교 고문이자 친일파였던 스티븐스를 저격하였다.
④ 의열단 단원인 김익상은 조선 총독부에 폭탄을 투척하였다.

|정답| ⑤

바로 확인문제

● (가), (나) 인물에 대한 설명으로 옳은 것은? 　　　　한국사능력검정시험 중급 29회

① (가) – 의열단을 조직하였다.
② (가) – 이토 히로부미를 처단하였다.
③ (나) – 미국인 스티븐스를 사살하였다.
④ (나) – 조선 총독부에 폭탄을 투척하였다.
⑤ (가), (나) – 청산리 전투를 승리로 이끌었다.

(4) 독립군의 재정비

① 독립군의 통합 운동 추진: 적군의 배신으로 와해된 독립군은 이에 굴하지 않고 다시 만주로 탈출하여 조직을 재정비하면서 역량을 강화한 다음 각 단체의 통합 운동을 추진하였다.
② 독립군의 재편성: 3부의 구성

참의부(1923)	압록강 건너에 설치된 임시 정부 직할 부대(육군 주만 참의부). 수십 차례의 국내 진공 작전 시행
정의부(1924)	길림(지린)과 봉천(선양)을 중심으로 하는 남만주 일대 담당
신민부(1925)	소련 영토에서 되돌아온 독립군(대표적 인물 – 김좌진)을 중심으로 북만주 일대에 조직

③ 3부의 활동
　㉠ 각각 민주적 민정 기관을 두고 입헌 정부 조직까지 갖추었으며, 독립군의 훈련과 작전을 맡는 군정 기관을 설치하였다.
　㉡ 자체의 무장 독립군을 편성하여 국경을 넘나들며 일제와 치열한 전투를 벌였다.

▲ 무장 독립군의 대일 항쟁과 3부의 위치

(5) 미쓰야 협정(1925. 6.)

① 독립군은 독립군 탄압을 위하여 일제와 만주 군벌(장쭤린) 사이에 맺어진 이른바 미쓰야 협정에 의해 다시금 큰 타격을 받았다.
② 협정은 일제와 만주 군벌이 공동으로 독립군을 소탕하고 체포된 독립군을 일본 측에 인도한다는 내용을 명시하였다.

> **사료** 미쓰야 협정(1925. 6. 11.)
>
> 만주에 있는 독립군의 활동을 막기 위하여 중국의 봉천성 경무처장 우진과 조선 총독부 경무국장 미쓰야 사이에 맺어진 협정이다. 그 주요 내용은 다음과 같다.
>
> 1. 한국인의 무기 휴대와 한국 내 침입을 엄금하며, 위반자는 검거하여 일본 경찰에 인도한다.
> 2. 재만 한인 단체를 해산시키고 무장을 해제하며, 무기와 탄약을 몰수한다.
> 3. 일제가 지명하는 독립운동 지도자를 체포하여 일본 경찰에 인도한다.
> 4. 한국인 취체(取締)의 실황을 상호 통보한다.

바로 확인문제

● (가), (나) 사이의 시기에 있었던 사실로 옳은 것은?   한국사능력검정시험 고급 33회

> (가) 독립군은 일본군의 맹공을 피하고, 전열을 정비하기 위해 러시아 스보보드니로 이동하였다. 그러나 이곳에서 서로 다른 계열의 독립군 사이에서 지휘권을 놓고 내분이 일어났다. 이때 러시아 적군(赤軍)은 독립군에게 무장 해제를 요구하였고, 이를 거부하는 독립군의 강제 해산 과정에서 수많은 독립군이 사망하거나 포로가 되었다.
> (나) 조선 총독부 경무국장 미쓰야와 중국 봉천성 경무처장 우진 사이에 독립군의 활동을 방해하기 위한 협정이 체결되었다. 그 내용은 만주 지역에서 활동하는 항일 한인 단체의 해산과 무기 몰수, 그리고 지도자 체포 및 인도 등이었다.

① 조선 혁명군이 영릉가에서 일본군에 승리하였다.
② 대한민국 임시 정부 직할 부대로 참의부가 결성되었다.
③ 조선 민족 전선 연맹 산하에 조선 의용대가 조직되었다.
④ 일본의 사주를 받은 마적단이 훈춘 일본 영사관을 불태웠다.
⑤ 북로 군정서군 등 연합 부대가 청산리 일대에서 일본군에 승리하였다.

| 정답해설 | (가)는 1921년에 발생한 자유시 참변, (나)는 1925년에 체결된 미쓰야 협정에 관한 내용이다. 1923년에 대한민국 임시 정부의 직할 부대로 참의부가 결성되었다.

| 오답해설 |
① 1932년에 양세봉의 조선 혁명군이 영릉가 전투에서 승리하였다.
③ 1938년에 조선 의용대가 조직되었다.
④ 1920년 봉오동 전투 이후 일제는 만주 출병의 구실을 만들기 위해 마적단을 사주하여 자국 영사관을 공격하게 하였다(훈춘 사건).
⑤ 1920년 훈춘 사건을 구실로 일제가 만주로 진입하여 독립군을 공격하자 북로 군정서 등 독립군 연합 부대는 청산리 일대에서 일본군을 물리쳤다(청산리 대첩).

| 정답 | ②

단권화 MEMO

■ 3부 통합

3부 통합에서 가장 큰 문제는 개인 본위로 통합할 것인가(개인 자격으로 새로운 조직에 합류), 단체 본위로 통합할 것인가(기존 조직을 인정하고 조직과 조직을 통합할 것인가)였다. 결국 개인 본위의 통합을 주장한 사람들이 중심이 되어 혁신 의회를 구성하고, 단체 본위의 통합을 주장한 사람들을 중심으로 국민부가 결성되었다.

＊1930년대의 독립 전쟁

1930년대 한중 연합 작전에서 한국 독립군과 조선 혁명군의 주요 전투를 암기하자.

■ 만주 사변

1931년 일제가 남만주 철도 폭파 사건을 조작하고 이를 구실로 만주를 무력으로 점령한 사건이다. 이듬해 일제는 괴뢰국인 만주국을 세워 대륙 침략의 근거지로 삼았다.

---

(6) 3부의 통합 운동

민족 운동 전선의 통일을 위한 민족 유일당의 기치 아래 만주에서는 3부의 통합 운동이 추진되었는데, 완전한 통합은 이루지 못하였다.

① 혁신 의회(1928): 북만주의 독립운동 세력인 김좌진·지청천 등을 중심으로 혁신 의회로 통합되었다.
② 국민부(1929): 신민부 내의 민정부를 중심으로 통합되었다.
③ 한국 독립당(1930): 혁신 의회 계통은 김좌진 중심의 한족 총연합회를 구성하였으나 그가 암살된 이후 상하이에서 홍진, 지청천, 조소앙 등을 중심으로 한국 독립당을 조직하였고, 산하에 한국 독립군을 결성하였다.
④ 조선 혁명당(1929): 국민부 계통은 현정경, 현익철 등을 중심으로 조선 혁명당과 조선 혁명군을 지린에서 결성하여 남만주 일대에서 활동하였다.

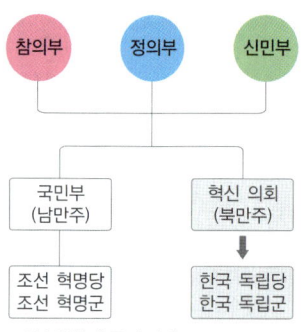

▲ 3부 통합 운동의 전개

(7) 1930년대의 독립 전쟁＊

① 중국군과의 연합 작전
  ㉠ 계기
    • 일제가 1931년 만주 사변을 일으키고, 괴뢰 정권인 만주국을 수립한 이후 만주 일대를 장악함으로써 이곳을 근거지로 활동하던 독립군은 더욱 큰 위협을 받았다.
    • 그럼에도 불구하고 우리 독립군은 온갖 어려움을 극복하며 항전을 계속하는 가운데 중국군과 연합하여 항일전을 전개하여 많은 전투에서 승리하였다.
  ㉡ 북만주에서 활동한 한국 독립군(1930)
    • 지청천이 인솔하는 한국 독립군은 중국의 호로군과 한중 연합군을 편성하고, 쌍성보 전투(1932), 경박호 전투(1933), 사도하자 전투(1933), 동경성 전투(1933)에서 일본군을 크게 격파하였다.
    • 대전자령 전투(1933)에서는 4시간의 격전 끝에 승리하여 막대한 전리품을 획득하였다.

> **사료** 대전자령 전투(1933. 6.)
>
> "대전자령의 공격은 이천만 대한인민을 위하여 원수를 갚는 것이다. 총알 한 개 한 개가 우리 조상 수천, 수만의 영혼이 보우하여 주는 피의 사자이니 제군은 단군의 아들로 굳세게 용감히 모든 것을 희생하고 만대 자손을 위하여 최후까지 싸우라."

  ㉢ 남만주에서 활동한 조선 혁명군(1929): 양세봉이 지휘하는 조선 혁명군도 중국 의용군과 연합하여 영릉가 전투(1932)와 흥경성 전투(1933)에서 일본군을 크게 격퇴하였다.

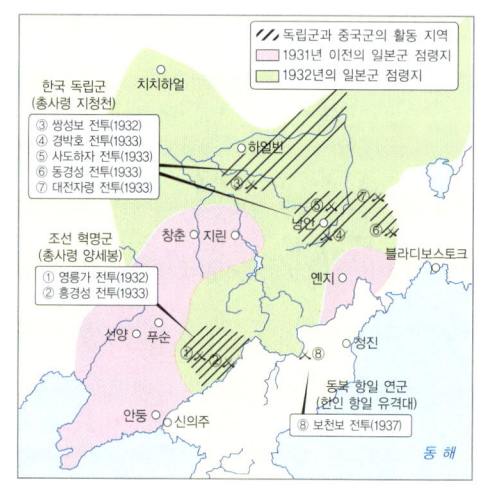

▲ 1930년대 만주 지역의 무장 독립 전쟁

| 사료 | 한중 연합 작전 |

❶ 한국 독립군과 중국 호로군의 합의 내용(1931)
- 한중 양군은 최악의 상황이 오는 경우에도 장기간 항전할 것을 맹세한다.
- 중동 철도를 경계선으로 하여 서부 전선은 중국이 맡고, 동부 전선은 한국이 맡는다.
- 전시의 후방 전투 훈련을 한국 장교가 맡고, 한국군에 필요한 군수품 등은 중국군이 공급한다.

『광복』 제2권

❷ 조선 혁명군과 중국 의용군의 합의 내용(1932)
중국과 한국 양국의 군민(軍民)은 한마음 한뜻으로 일제에 대항하여 싸우고, 인력과 물자는 서로 나누어 쓰며, 합작의 원칙하에 국적에 관계없이 그 능력에 따라 항일 공작(抗日工作)을 나누어 맡는다.

『광복』 제4권

② 독립군의 이동
　㉠ 1930년대 중반까지 계속된 한중 연합 작전은 그 후 일본군의 대토벌 작전, 중국군의 사기 저하, 한중 양군의 의견 대립으로 더 이상 계속되지 못하였다.
　㉡ 임시 정부가 직할 군단 편성을 위하여 만주에 있는 독립군의 이동을 요청하자 대부분의 독립군은 중국 본토로 이동하여 한국광복군 창설에 참여하였다.
③ 조선 의용대(1938)
　㉠ 김원봉이 중심이 된 무장 단체로, 중국 관내(본토)에서 창설된 최초의 부대이다.
　㉡ 조선 의용대는 중국 국민당의 지원을 받아 창설되었다.
　㉢ 조선 의용대 화북 지대는 중국 공산당군(팔로군)과 연합하여 호가장 전투(1941) 및 반소탕전(1942) 등에서 큰 전과를 올렸다. 이들은 1942년에 창립된 조선 독립 동맹으로 편입하였다 (이후 조선 의용군으로 편성).

▲ 조선 의용대의 항일 북상 경로

한편 김원봉 중심의 최고 지도부와 일부 병력은 한국광복군에 편입되었다(1942).

| 바로 확인문제 |

● 다음 전투를 이끈 한국인 부대에 대한 설명으로 옳은 것은?　19. 국가직 9급

> 아군은 사도하자에 주둔 병력을 증강시키면서 훈련에 여념이 없었다. 새벽에 적군은 황가둔에서 이도하 방면을 거쳐 사도하로 진격하여 왔다. 그런데 적군은 아군이 세운 작전대로 함정에 들어왔고, 이에 일제히 포문을 열어 급습함으로써 적군은 응전할 사이도 없이 격파되었다.

① 양세봉이 총사령관이었다.
② 미쓰야 협정이 체결되기 직전까지 활약하였다.
③ 한국 독립당의 산하 부대로 동경성 전투도 수행하였다.
④ 조선 민족 전선 연맹이 중국 국민당의 지원을 받아 창설하였다.

|정답해설| 사도하자 전투에서 승리한 부대는 지청천의 한국 독립군이다. 한국 독립군은 한국 독립당의 산하 부대로 쌍성보 전투, 대전자령 전투, 동경성 전투에서도 승리하였다.

|오답해설|
① 양세봉은 조선 혁명군 총사령관이었다.
② 미쓰야 협정이 체결된 것은 1925년이며, 한국 독립군은 주로 1930년대 초에 활약하였다.
④ 조선 민족 전선 연맹의 김원봉은 중국 국민당의 지원을 받아 1938년에 조선 의용대를 창설하였다.

|정답| ③

단권화 MEMO

*한국광복군
한국광복군의 활동은 임시 정부의 활동과 연결해서 알아 두어야 한다.

▲ 한국광복군

④ 한국광복군(1940)*
  ㉠ 창설: 대한민국 임시 정부의 김구와 지청천 등은 만주와 시베리아에서 항전하던 신흥 무관 학교 출신의 독립군과 중국 대륙에 산재하여 독립운동에 참여하던 무장 투쟁 세력을 모아 충칭(重慶)에서 한국광복군을 창설하였다.
  ㉡ 조직: 지청천을 총사령관, 이범석을 참모장으로 하였다.
  ㉢ 군사력 증강: 김원봉의 조선 의용대를 일부 통합하여 군사력을 증강하고, 중국 국민당 정부와의 적극적인 협력하에 연합군의 일원으로서 대일전에 참전하기 위해 노력하였다.
  ㉣ 선전 포고 및 참전
    • 임시 정부가 태평양 전쟁을 계기로 일본에 선전 포고(1941. 12.)를 한 후 한국광복군은 한영 군사 협정에 따라 영국군과 함께 인도와 미얀마 전선 등에 참전하였다(1943).
    • 이들은 주로 암호 분석, 포로 심문, 통역 및 심리전 활동을 전개하였다.
  ㉤ 국내 진입 작전 준비: 중국에 주둔하고 있던 미국과 협조하여 1945년 9월에 실행하려고 국내 진입 작전을 준비하였으나 일제의 패망으로 실현하지는 못하였다.

사료 한국광복군의 활동

❶ 「한국광복군 선언」(1940)
대한민국 임시 정부는 대한민국 원년(1919)에 정부가 공포한 군사 조직법에 의거하여 …… 광복군을 조직하고 …… 공동의 적(敵)인 일본 제국주의자들을 타도하기 위하여 연합군의 일원으로 항전을 계속한다. …… 우리 민족의 확고한 독립 정신은 불명예스러운 노예 생활에서 벗어나기 위하여 무자비한 압박에 대한 영웅적 항쟁을 계속하여 왔다. …… 이때 우리는 큰 희망을 갖고 우리 조국의 독립을 위하여 우리의 전 투력을 강화할 시기가 왔다고 확신한다. …… 우리들은 한중 연합 전선에서 우리 스스로의 부단한 투쟁을 감행하여 동아시아를 비롯한 아시아 민중(民衆)들의 자유와 평등을 쟁취할 것을 약속하는 바이다.

❷ 한국광복군 준승 9개항
1. 한국광복군은 아국(중국)의 항일 작전 기간에는 본회에 직예(直隸)하고, 참모총장이 장악·운용한다.
2. 한국광복군은 본회에서 통할 지휘하되 아국이 항전을 계속하는 기간 및 한국 독립당·임시 정부가 한국 국경 내로 추진하기 전에는 아국 최고통수부의 군령만을 접수할 뿐이고, 기타의 군령이나 혹은 기타 정치적 견제를 접수하지 못한다. 한국 독립당·임시 정부와의 관계는 아국의 군령을 받는 기간에 있어서는 고유한 명의(名義) 관계를 보류한다.

❸ 「대일 선전 성명서」(1941. 12.)
우리는 3천만 한국 인민과 정부를 대표하여 삼가 미·영·중·소·캐나다 기타 제국의 대일 선전이 일본을 격패하게 하고 동아를 재건하는 가장 중요한 수단이 됨을 축하하여 이에 특히 다음과 같이 성명한다.
• 한국 전 인민은 현재 이미 반침략 전선에 참가하였으니 한 개의 전투 단위로서 추축국에 선전한다.
• 1910년의 합방 조약과 일체의 불평등 조약의 무효를 거듭 선포하며, 아울러 반침략 국가인 한국에 있어서의 합리적 기득권을 존중한다.
• 한국·중국 및 서태평양으로부터 왜구를 완전히 구축하기 위하여 최후 승리를 거둘 때까지 혈전한다.

대한민국 임시 정부 주석 김구, 외무부장 조소앙

❹ 김구의 한탄
왜적이 항복한다 하였다. 아! 왜적이 항복! 이것은 내게 기쁜 소식이라기보다는 하늘이 무너지는 듯한 일이었다. 천신만고 끝에 수년 동안 애를 써서 참전할 준비를 한 것도 다 허사이다. 시안과 푸양에서 훈련을 받은 우리 청년들에게 여러 가지 비밀 무기를 주어 산둥에서 미국 잠수함에 태워 본국으로 들여보내어 국내의 중요한 곳을 파괴하거나 점령한 뒤에 미국 비행기로 무기를 운반할 계획까지도 미국 육군성과 다 약속이 되었던 것을 한 번 해 보지도 못하고 왜적이 항복하였으니 ……

김구, 「백범일지」

⑤ 조선 의용군(1942)
  ㉠ 조선 독립 동맹
    • 중국의 화북 지방에서 중국 공산당과 연계하여 독립운동을 추진하던 사회주의 세력은 화북 조선 독립 동맹을 결성하였다(김두봉, 김무정 주도).
    • 그 산하에 **조선 의용군**을 조직하여 항일전을 전개하였다.
  ㉡ 활동: 조선 의용군은 임시 정부의 광복군에 참여하지 않았으며, 해방 후 중국 공산군에 편입되어 국·공 내전에 참전하였다가 1950년 4월 북한 인민군에 속해 6·25 전쟁에 참여하였다.

⑥ 1930년대 만주에서의 무장 활동
  ㉠ 동북 인민 혁명군(1933): 항일 유격대로 만주에 남아 있던 사회주의 계열의 무장 독립군은 중국 공산당 유격대와 함께 중국 공산당 소속의 **동북 인민 혁명군**을 결성하였다.
  ㉡ 동북 항일 연군(1936): 기존의 동북 인민 혁명군이 확대 개편되어 결성된 조직이다.
  ㉢ 조국 광복회(1936): 동북 항일 연군의 한국인 간부들과 국내의 민족주의자 및 사회주의자들이 결합한 조직이다.
  ㉣ 보천보 전투(1937): 동북 항일 연군은 조국 광복회 국내 지부와 연합하여 함경남도 혜산진의 보천보를 습격하여 일제의 경찰 주재소와 면사무소 등을 파괴하였다(김일성 주도).

⑦ 1930년대 중국 관내 민족 연합 전선 형성: 일제의 만주 침략 이후 위기의식이 고조되면서 1930년대에는 통일 전선 운동이 다시 활성화되었다.
  ㉠ 한국 대일 전선 통일 동맹(1932): 의열단, 한국 독립당, 조선 혁명당, 한국 혁명당, 한국 광복 동지회 등 5개의 단체가 협의 기관으로 한국 대일 전선 통일 동맹을 두었다.
  ㉡ 민족 혁명당(1935): 우익의 조소앙, 지청천 등과 좌익계인 김원봉의 의열단이 참여하였으나 김구의 임시 정부 세력(추후 한국 국민당 창당)은 불참하였다. 그러나 조직의 주도권을 김원봉의 의열단계가 장악하자 조소앙, 지청천 등이 탈당하여 조선 민족 혁명당으로 개편되었다.

사료 민족혁명당

우리 당은 혁명적 수단을 가지고 원수 일본의 침략 세력을 무찌르고 5천 년 독립하여 온 국가의 땅과 주권을 회복하고 정치·경제·교육의 평등에 기초를 둔 진정한 민주공화국을 건설하고, 국민 전체의 생활 평등을 확보하며, 나아가 세계 인류의 평등과 행복을 촉진함.

1. 원수 일본의 침략 세력을 무찌르고 우리 민족의 자주독립을 완성한다.
2. 봉건세력 및 모든 반혁명 세력을 숙청하고 민주 집권의 정권을 수립한다.
3. 소수의 사람이 다수의 사람을 착취하는 경제 제도를 소멸하고 국민 생활이 평등한 제도를 확립한다.
4. 1군(郡)을 단위로 하는 지방자치제를 시행한다.
5. 민중 무장을 시행한다.
6. 국민은 모든 선거 및 피선거권을 가진다.
7. 국민은 언론, 집회, 출판, 결사, 신앙의 자유를 가진다.
8. 여자와 남자는 모든 부분에서 동등하게 한다.
9. 토지는 국가 소유로 하고 농민에게 나누어 준다.
10. 대규모의 생산기관이나 독립기업을 국가 경영으로 한다.
11. 국민의 모든 경제활동은 국가의 계획에 따라 통제한다.
12. 노동·농민운동의 자유를 보장한다.
13. 누진율의 세금 관련 규칙을 실시한다.
14. 의무교육과 직업교육은 국가의 경비로써 시행한다.

15. 양로, 육영, 구제 등 공공기관을 설립한다.
16. 국가반역자의 모든 재산과 국내에 있는 적 일본의 공공, 사유 재산을 몰수한다.
17. 자유, 평등, 서로 도움의 원칙에 따라 세계의 압박받는 민족해방운동과 연결 협조한다.

ⓒ 조선 민족 전선 연맹(1937): 중일 전쟁 이후 조선 민족 혁명당 중심의 **좌익계 통일 전선** 조직이며 그 예하 군대로 **조선 의용대**를 조직하였다.
ⓔ 한국 광복 운동 단체 연합회(1937): 민족 혁명당에서 탈당한 조소앙, 지청천 계열과 김구 등의 임정 고수파 계열의 우익 통일 전선 조직이다.
ⓜ 전국 연합 진선 협회(1939): 조선 민족 전선 연맹과 한국 광복 운동 단체 연합회의 통일체 조직이다.

바로 확인문제

● 다음 자료가 발표된 이후의 사실에 해당하지 않는 것은?   20. 국가직 9급

> 우리는 3천만 한국 인민과 정부를 대표하여 삼가 중·영·미·소·캐나다 기타 제국의 대일 선전이 일본을 격파하고 동아를 재건하는 가장 유효한 수단이 됨을 축하하여 이에 특히 다음과 같이 성명한다.
> 1. 한국 전 인민은 현재 이미 반침략 전선에 참가하였으니 한 개의 전투 단위로서 추축국에 선전한다.
> 2. 1910년의 합방 조약과 일체의 불평등 조약의 무효를 거듭 선포하며 아울러 반(反) 침략 국가인 한국에 있어서의 합리적 기득권익을 존중한다.
> ……
> 5. 루스벨트·처어칠 선언의 각조를 견결히 주장하며 한국 독립을 실현키 위하여 이것을 적용하여 민주 진영의 최후 승리를 축원한다.

① 한국광복군은 김원봉이 이끌던 조선 의용대의 병력을 통합하였다.
② 영국군의 요청에 따라 인도, 미얀마 전선에 한국광복군이 파견되었다.
③ 조선 독립 동맹은 조선 의용대 화북 지대를 기반으로 조선 의용군을 조직하였다.
④ 대한민국 임시 정부는 김구를 주석으로 하는 단일 지도 체제를 만들고 「대한민국 건국 강령」을 제정하였다.

● 〈보기〉의 (가)~(라)에 대한 설명으로 가장 옳은 것은?   21. 서울시(자체 출제) 9급

| 보기 |
(가) 한국광복군
(나) 한인 애국단
(다) 한국 독립군
(라) 조선 혁명군

① (가) – 미 전략 사무국(OSS)과 협력하여 국내 진공 작전을 계획하였다.
② (나) – 중국 관내 최초의 한인 무장 부대로, 중국 국민당 정부의 지원을 받았다.
③ (다) – 양세봉이 이끄는 군대로, 영릉가 전투와 흥경성 전투에서 일본군을 격퇴하였다.
④ (라) – 지청천이 이끄는 군대로, 항일 중국군과 함께 쌍성보 전투, 동경성 전투 등에서 일본군을 격퇴하였다.

단권화 MEMO

|정답해설| 제시된 자료는 대한민국 임시 정부에서 1941년 12월에 공포한 「대일 선전 성명서」이다. 「대한민국 건국 강령」은 1941년 11월에 제정되었다.

|오답해설|
① 김원봉이 이끌던 조선 의용대 일부 병력이 1942년 한국광복군에 편입되었다.
② 1943년 영국군의 요청에 따라 한국광복군이 인도, 미얀마 전선에 파견되었다.
③ 1942년 조선 의용대 화북 지대가 조선 독립 동맹에 편입되어 조선 의용군으로 개편되었다.

|정답| ④

|정답해설| (가) 한국광복군은 미 전략 사무국(OSS)과 협력하여 국내 진공 작전을 계획했지만 실행하지 못했다.

|오답해설|
② 1938년에 창설된 조선 의용대는 중국 관내 최초의 한인 무장 부대로 중국 국민당 정부의 지원을 받았다.
③ 양세봉이 지휘한 (라) 조선 혁명군은 영릉가 전투, 흥경성 전투에서 일본군을 격퇴하였다.
④ 지청천이 지휘한 (다) 한국 독립군은 중국 호로군과 쌍성보 전투, 대전자령 전투, 동경성 전투 등에서 일본군을 격퇴하였다.

|정답| ①

CHAPTER 02 일제 강점기 경제의 변화

01 식민지 수탈 경제
02 경제적 민족 운동

01 식민지 수탈 경제*

(1) 식민지 경제 체제
국권 피탈 후 일제는 우리 경제를 식민지 경제 체제로 개편하였다. 그중에서도 핵심적인 것은 농업 부문에서 강행된 토지 조사 사업이다.

(2) 토지 조사 사업(1910~1918)
① 목적
  ㉠ 표면적 목적: 일제는 근대적 소유권이 인정되는 토지 제도와 지세 제도를 확립한다고 선전하였다.
  ㉡ 실제적 목적: 실제로는 토지를 약탈하고 지주층을 회유하기 위한 것이었으며, 정확한 토지 면적과 생산량을 측정하여 지세를 확보하기 위한 것이었다.
② 절차
  ㉠ 토지 조사령(1912): 일제는 1910년 임시 토지 조사국을 설치하고, 1912년 토지 조사령을 공포하였다. 이후 1918년까지 토지 조사 사업을 진행하여 조사한 토지의 지적도와 토지 대장을 작성하였다.

> **사료** 토지 조사령
> 1. 토지 소유권은 조선 총독 또는 그 권한을 위촉받은 자가 결재·확정한다.
> 2. 소유권의 주장은 신고주의(申告主義)를 원칙으로 한다.
> 3. 불복자(不服者)에 대해서는 증거주의를 채택한다.
> 4. 토지의 지주는 조선 총독이 정하는 기간 내에 그 주소·성명 또는 명칭 및 소유지의 소재·결수(結數)를 임시 토지 조사 국장에게 통지한다.

  ㉡ 기한부 신고제
    • 우리 농민이 토지 소유에 필요한 서류를 갖추어 지정된 기간 안에 신고해야만 소유권을 인정받게 하였다.
    • 당시 토지 신고제가 농민에게 널리 알려지지 않았으며, 신고 기간도 짧고 절차가 복잡하여 신고의 기회를 놓친 사람이 많았다.
    • 일제가 이렇게 까다로운 신고 절차를 택한 것은 한국인의 토지를 빼앗기 위한 것이었다.

단권화 MEMO

*식민지 수탈 경제
토지 조사 사업, 회사령, 산미 증식 계획, 농촌 진흥 운동, 인적 수탈, 물적 수탈을 시기별로 구분하고, 특징을 암기해야 한다.

단권화 MEMO

■ 동양 척식 주식회사

1908년 일제가 한국의 토지와 자원을 수탈할 목적으로 설치하였다.

■ 농가구 호수 구성비

(단위 : %)

연도	지주	자작	자·소작	소작
1916	2.5	20.1	40.6	36.8
1920	3.3	19.5	37.4	39.8
1932	3.5	16.3	25.4	52.7

(1932년에는 화전민 비중이 2.1%)
『조선 총독부(조선 소작연보)』 1집

---

③ 결과
  ㉠ 토지의 약탈
   • 약탈 대상: 일제는 미신고 토지, 역둔토, 궁장토(왕실의 일원 혹은 왕실에서 분가한 사람에게 지급한 토지)뿐만 아니라 소유자가 불분명한 마을이나 문중 소유 토지도 조선 총독부의 소유로 만들었다.
   • 불하 대상: 조선 총독부는 탈취한 토지를 동양 척식 주식회사를 비롯한 일본인의 토지 회사나 개인에게 헐값으로 불하하였다.
   • 일제는 1914년 지세령을 공포하였고, 1918년 지세령을 개정하여 지역별 지가(토지 가격)와 그것의 1.3%를 토지세로 하는 과세 표준을 명시하였다.
  ㉡ 농민 생활의 피폐
   • 소작농으로의 전락: 종래 농민은 토지의 소유권과 함께 경작권도 보유하고 있었는데, 일제의 토지 조사 사업으로 우리 농민은 많은 토지를 빼앗기고 기한부 계약에 의한 소작농으로 전락하였다.
   • 지주제의 강화: 토지 조사 사업이 끝난 1918년에는 겨우 3%의 지주가 경작지의 50% 이상을 소유하였으며, 이 과정에서 이전의 소작권은 인정하지 않고 지주의 소유권만 인정하여 지주제가 강화되었다.
   • 고율의 소작료 부담: 소작을 하지 않고는 살 수 없는 농가가 77%나 되었고, 소작농은 50~70%에 이르는 고율의 소작료를 내야 하였다.
  ㉢ 해외로의 이주: 생활 기반을 상실한 농민은 일본인의 고리대에 시달리게 되었고, 생계 유지를 위해 화전민이 되거나 만주·연해주·일본 등지로 이주하기도 하였다.

(3) 산미 증식 계획(1920~1934)

농민들의 생활은 1920년대부터 실시된 산미 증식 계획으로 더욱 악화되었다.

① 목적: 제1차 세계 대전 후 일제는 고도성장을 위한 공업화 추진에 따라 일본 내 식량이 부족해지자 부족한 식량을 우리나라에서 착취하려는 산미 증식 계획을 세웠다.

> **사료** 산미 증식 계획 요강
>
> 일본 내 쌀 소비는 연간 약 6,500만 석인데, 생산고는 약 5,800만 석을 넘지 못해 해마다 그 부족분을 식민지 및 외국의 공급에 의지하는 형편이다. 게다가 일본의 인구는 해마다 약 70만 명씩 증가하고 있으며, 국민 생활의 향상과 함께 1인당 소비량도 역시 점차 증가하게 될 것은 필연적인 대세이다. …… 따라서 지금 미곡의 증수 계획을 수립하여 일본 제국의 식량 문제를 해결하는 데 도움을 주는 것은 진실로 국책상 급무라고 믿는다.
>
> 조선 총독부 농림국(1926)

② 경과
  ㉠ 목표량: 1920년부터 15년 계획으로 추진된 산미 증식 계획은 920만 석 증산이라는 무리한 목표를 설정하였기 때문에 증산량을 달성하지는 못하였다. 이에 일제는 토지 개량 사업을 통한 증산을 꾀하였으나 역시 목표를 달성하지 못하였다.
  ㉡ 쌀 중심의 단작형(單作型) 농업 구조 고착: 일제는 산미 증식 계획을 추진하면서 수리 조합 사업, 토지 개량 사업 등의 비용을 농민에게 전가하고 쌀 생산을 강요하여 논농사 중심의 농업 구조로 바꾸었다.
  ㉢ 농촌 경제 파탄: 목표한 대로 미곡을 수탈해 우리나라 농촌 경제는 파탄에 이르렀다.

○ 쌀 생산량, 수출량, 소비량

연도	쌀 생산량 (천 석)	일본 수출량 (천 석)	한국인 연간 1인당 소비량(석)	일본인 연간 1인당 소비량(석)
1912	11,568	2,910	0.772	1.068
1915	14,130	2,058	0.738	1.111
1917	13,933	1,296	0.720	1.126
1919	15,294	2,874	0.725	1.124
1921	14,882	3,080	0.675	1.153
1923	15,014	3,624	0.647	1.153
1925	13,219	4,619	0.519	1.128
1926	14,773	5,429	0.533	1.131
1927	15,300	6,136	0.523	1.095
1928	17,298	7,405	0.540	1.129
1929	13,511	5,609	0.446	1.110
1930	13,511	5,426	0.451	1.077

조선 총독부 농림국, 『조선 미곡 요람』

③ 결과
  ㉠ 식량 부족의 심화: 증산량보다 훨씬 초과한 양의 미곡을 수탈당해 우리 농촌의 식량 부족이 심화되었다.
  ㉡ 농민 생활의 악화: 소작료가 점차 올라가고 수리 조합비·비료대·증산에 투입된 운반비 등을 부담하게 되어 농민들의 생활은 갈수록 악화되었다.
  ㉢ 잡곡(雜穀)의 배급제 실시: 일제는 부족한 식량을 만주에서 생산되는 값싼 잡곡으로 충당하였지만 근본적인 해결책이 되지는 못하였다.

(4) 산업의 침탈

▲ 근대~일제 강점기에 건설된 철도와 주요 항구

> **단권화 MEMO**
>
> ■ 조선 식산 은행
> 조선 식산 은행은 1918년 산업 개발을 명분으로 종래의 농공 은행(農工銀行)을 통합하여 설립되었고, 동양 척식 주식회사의 실질적인 지배를 받으며 성장하였다.
>
> ■ 민족별 연해 어업 상황(1918)
>
> | 구분 | 한국 | 일본 |
> |---|---|---|
> | 출어 어선 수 | 39,000 | 14,118 |
> | 출어 인원(명) | 272,077 | 74,349 |
> | 1척당 어획고 (원) | 376 | 1,289 |
> | 1인당 어획고 (원) | 54 | 245 |
>
> 『최근 조선 사정 요람』 1920

① 일제의 식민지 경제 정책
  ㉠ 이중 착취 : 우리나라의 미곡과 각종 원료를 헐값으로 사가고, 일본에서 만든 제품을 들여와 비싼 값으로 팔아 이중으로 착취하였다.
  ㉡ 산업의 통제 : 일제는 우리의 자원을 약탈하기 위하여 광업령·임야 조사 사업·어업령 등을 실시하여 민족 경제가 성장할 수 있는 토대를 빼앗았다. 그리하여 우리의 산업 경제 활동은 일제가 설립한 금융 조합·농공 은행 등을 통하여 통제되었다. 또한 평남선(1910), 호남선(1914), 함경선(1914~1928) 등의 철도망을 확대하여 한국을 일본 경제권에 편입하고자 하였다.
    • 삼림령(1911) : 삼림령에 따른 임야 조사 사업이 실시되어 막대한 국·공유림과 소유주가 명확하지 않았던 임야가 거의 일본인에게 넘어가 전체 임야의 50% 이상이 조선 총독부와 일본인에게 점탈되었다.
    • 어업령(1911) : 일찍부터 한국 해안에 침입하여 우리 어민보다 우수한 선박과 기구로 많은 어획고를 올리던 일본 어민은 1910년 이후 조선 총독부의 후원하에 우리 어장을 독점하였다. 총독부는 어업령을 공포하여 일본 어민의 성장을 지원하고 우리 어민의 활동을 억압하였다. 이 때문에 우리 어민들은 전국의 어장에서 빼앗긴 어업권의 회복과 수호를 위한 항쟁을 치열하게 전개하였다.
    • 조선 광업령(1915) : 조선 총독부는 전국의 광산 자원을 광범위하게 조사하고, 우리 민족의 광업 활동을 제약하는 광업령을 제정·공포한 후 일본인 재벌에게 많은 광산을 넘겼다. 특히 제1차 세계 대전으로 군수 광산물의 수요가 격증하자 이 수요를 충당하기 위하여 본격적인 광산물 약탈을 자행하였다. 이때 일본의 대재벌들이 광업에 참여하였고, 생산물의 대부분은 일본으로 반출되었다.

② 민족 자본의 성장 억제
  ㉠ 회사령(會社令)
    • 1910년 공포된 회사령은 일제가 민족 기업을 규제하기 위하여 제정·공포한 법령이다. 회사령은 기업의 설립을 총독의 허가제로 하고, 허가 조건을 위반할 때는 총독이 사업의 금지와 기업의 해산을 명령할 수 있게 규제하였다.
    • 1920년대에는 종래의 회사령을 폐지하고, 신고제(계출제)로 전환(1920)하였다. 또한 관세 철폐(1923) 등을 통해 일본 자본의 한국 진출을 용이하게 하였다.
    • 결과 : 민족 자본의 성장은 억제되고 일본인이 한국 공업을 주도하였다.

> **사료 회사령**
>
> 제1조 회사의 설립은 조선 총독의 허가를 받아야 한다.
> 제5조 회사가 본령이나 혹 본령에 의거하여 발하는 명령이나 허가 조건에 위반하거나 또는 공공 질서와 선량한 풍속에 반하는 행위를 할 때 조선 총독은 사업의 정지, 지점의 폐쇄 또는 회사의 해산을 명한다.

  ㉡ 일제의 독점 경영
    • 조선 총독부와 일본의 대기업이 철도, 항만, 통신, 항공, 도로 등을 독점하였다.
    • 조선 총독부는 1920년 홍삼 전매령, 1921년 연초 전매령을 공포하여 홍삼과 담배의 전매(독점 판매)를 통해 식민지 재정을 확대하고자 하였다.
    • 결과 : 민족 자본은 위축되고 경제 발전의 길이 막히게 되었다.

바로 확인문제

● 다음 자료와 관련된 사업에 대한 설명으로 가장 옳지 않은 것은? 16. 서울시 9급

> 만약 지주가 정해진 기한 내에 조사국 혹은 조사국 출장소원에게 신고 제출을 게을리하거나 신고를 제출하지 아니하는 때는 당국에서 이 토지에 대해 지주의 소유권 유무 등을 심사하여 만약 소유자로 인정하지 못할 경우에는 이 토지를 지주가 없는 것으로 간주하여 당연히 국유지로 편입하는 수단을 집행할 것이니, 일반 토지 소유자는 고시에 의한 신고 제출을 게을리하지 말도록 하였더라.
> 〈매일신보〉

① 소유권 분쟁을 인정하지 않아 분쟁은 발생하지 않았다.
② 명의상의 주인을 내세우기 어려운 동중, 문중 토지의 상당 부분이 조선 총독부의 소유가 되었다.
③ 한일 병합 조약이 체결된 직후 신속하게 사업이 시작되었다.
④ 사업의 결과 조선 총독부의 재정 수입이 크게 증가하였다.

|정답해설| 제시된 사료의 '토지를 기한을 정해 신고한다.'라는 내용을 통해 토지 조사 사업임을 알 수 있다. 토지 조사 사업 당시 소유권 분쟁은 3만 3,937건에 달하였다.
|정답| ①

● 다음 중 일제의 경제 침탈에 관한 설명으로 가장 적절하지 않은 것은? 14. 경찰직 1차

① 1910년대 시작된 토지 조사 사업은 토지의 소유권, 토지 가격, 지형 및 용도를 조사한 것으로, 토지에 대한 지주의 권리와 농민의 경작권을 함께 인정하였다.
② 1920년대 산미 증식 계획은 더 많은 쌀을 일본으로 가져가기 위해 추진되었으며, 수리 시설의 확대와 품종 교체, 화학 비료 사용 증가 등을 통해 이루어졌다.
③ 1930년대 이후 일제는 일본을 발전된 공업 지역으로, 만주를 농업과 원료 생산 지대로 만들고, 한반도를 경공업 중심의 중간 지대로 만들기 위해 조선 공업화 정책을 펼쳤다.
④ 1940년대 전시 동원 체제하에서 세금을 늘리고 저축을 강요하여 마련된 자금은 군수 기업에 집중 지원되었다.

|정답해설| 토지 조사 사업의 결과, 전통적으로 인정되어 온 경작권이 부정되어 한국 농민들의 삶은 더욱 피폐해졌다.
|정답| ①

● 무단 통치 시기에 조선 총독부가 실시한 경제 정책으로 옳지 않은 것은? 16. 지방직 7급

① 조선 광업령으로 일본 자본의 광산 진출을 촉진하였다.
② 회사령을 공포하여 회사를 설립할 때 총독의 허가를 받도록 하였다.
③ 토지 조사령에서 황무지의 국유지 편입을 규정하였다.
④ 조선 어업령으로 황실 소유 어장을 일본인 소유로 재편하였다.

|정답해설| 1912년 공포된 토지 조사령에서는 '토지 소유권을 확인'하는 것을 중심으로 규정이 만들어졌으며, 황무지의 국유지 편입이 규정되지는 않았다. 다만 토지 조사 사업이 진행된 결과 황무지 등은 조선 총독부 소유로 편입되었다.
|정답| ③

(5) 1930～1940년대 일제의 경제 침탈

① 일제 독점 자본의 침투
  ㉠ 1920년대
    - 계기: 제1차 세계 대전을 계기로 성장한 일제 독점 자본은 1920년대부터 한국에 본격적으로 침투하기 시작하였다. 이들 독점 자본들은 광업·비료·섬유 회사 등을 설립하고 우리나라의 공업 생산을 장악하였다.
    - 변화: 1920년대 중반으로 들어서자 일본인의 자본 투자는 경공업(輕工業)에서 중공업(重工業) 분야로 옮겨졌다. 1926년 함경도에 부전강 수력 발전소가 완성되고, 1927년에 그 전력을 이용한 조선 질소 비료 공장이 흥남에 세워지면서 중공업 분야의 투자가 활기를 띠기 시작하였다.
  ㉡ 1930년대: 일본이 만주와 중국을 침략함에 따라 우리나라는 군수 물자를 공급하는 병참 기지(兵站基地)가 되어 일본인의 중공업 투자가 더욱 증가하였다.
② 남면북양 정책(南綿北羊政策): 일제는 산미 증식 계획이 어려움에 부딪히자 공업 원료 증산 정책으로 방향을 전환하여 면화(綿花)의 재배와 면양(綿羊)의 사육을 시도하는 이른바 남면북양 정책을 수립하고, 이를 우리 농촌에 강요하였다.
③ 병참 기지화 정책: 일본 대기업들의 경제 침략은 대공황으로 극심한 타격을 받은 1930년대에 한층 강화되었다. 이것은 모두 일제의 전쟁 수행을 위한 것이었고, 한반도의 경제를 식민지 경제 체제로 철저히 예속시키기 위한 것이었다.
  ㉠ 농촌 진흥 운동
    - 경제 대공황의 여파로 한국 농촌에서는 농산물 가격 폭락 등이 계속되어 한국 농민들의 삶은 더욱 악화되었다. 이에 소작 쟁의가 극심해지고, 사회주의 세력이 농촌에 침투하여 적색 농민 조합 운동이 확산되었다.
    - 일제는 한국 농민 회유책의 일환으로 1932년부터 관제 운동인 조선 농촌 진흥 운동을 실시하였다. 춘궁 퇴치, 차금(借金) 예방을 위해 자작 농지 설정 사업 및 소작 조정령을 제정하고, 1933년에는 농가 경제 갱생 계획을 발표하였다. 또한 1934년에는 조선 농지령을 발표하여 농민의 소작권을 3년간 보호하는 규정을 마련하였다.
    - 결과: 침략 전쟁이 확대되는 과정에서 실효를 거두지는 못하였다.

> **사료** 조선 농지령(1934)
>
> 제3조 임대인이 마름 등 소작지의 관리자를 둘 때는 조선 총독이 정하는 바에 의하여 부윤, 군수에게 신청한다.
> 제4조 부윤, 군수 또는 도사가 마름·기타 소작지의 관리자가 부당하다고 인정할 때는 부·군·도의 소작 위원회의 의견을 듣고 임대인에게 그 변경을 명령할 수 있다.
> 제7조 소작자의 임대차 기간은 3년을 내려갈 수 없다. 단, 영년 작물(오랫동안 생육이 계속되는 작물) 재배를 목적으로 하는 임대차는 7년을 내려갈 수 없다.
> 제16조 불가항력에 의해 수확고가 현저히 감소하였을 때는 임차인은 임대인에게 소작료의 경감 또는 면제를 요청할 수 있다.
> 제19조 임대인은 임차인의 배신행위가 없는 한 임대차의 갱신을 거절할 수 없다. 단, 임대인에게 정당한 사유가 있으면 이 적용을 받지 않는다.

■ 남면북양 정책
공업 원료 증산을 위해 남부 지방에서는 면화를 재배하고, 북부 지방에서는 양을 기르도록 강요한 일제의 정책이다. 이는 일본의 방직 자본가를 보호하고자 한 조치였다.

㉡ 1930년대 말: 중일 전쟁을 일으켜 대륙 침략을 본격화한 일제는 국가 총동원법을 내리고 한국에서 인적·물적 자원의 수탈을 강화하였다.
  ㉢ 산미 증식 계획 재개(1940): 군량 확보를 위해 중단되었던 산미 증식 계획을 재개하고 목표량을 설정하여 각 도에 할당하였으며, 이것을 다시 부·군·읍·면을 거쳐 각 마을, 각 개인에게까지 할당하였다.
  ㉣ 식량의 배급 및 수탈의 강화: 소비 규제를 목적으로 식량 배급제를 실시하였고, 더 나아가 미곡 공출 제도도 시행하였다. 또한 총독부는 일본군의 군수품을 충당하기 위하여 각종 가축 증식 계획을 수립하여 가축의 수탈도 강화하였다.
④ 1940년대: 태평양 전쟁(1941)으로 침략 전쟁이 확대되면서 한국에는 전시 통제 경제가 실시되고, 식량 배급 제도와 각종 물자의 공출 제도를 강행하였다.
  ㉠ 물적 수탈: 모든 금속제 그릇을 강제로 공출하였는데, 농구·식기·제기는 물론, 교회나 사원의 종까지도 징발하여 전쟁 무기 제작에 이용하였다.
  ㉡ 인적 수탈: 일제는 우리나라의 청·장년과 부녀자까지 일본·중국·동남아시아·사할린 등지로 강제 동원하여 전쟁에 투입하거나 노역에 종사하게 하였다.

병참 기지화 정책	• 남면북양 정책 실시: 공업 원료 증산 정책(면화와 면양) • 식민지 공업화 추진: 중일 전쟁 도발 후 본격적으로 추진 → 발전소 건립, 군수 공장 설립, 광산 개발, 중화학 공업 육성 • 중요 산업 통제법(1937. 3.)·임시 자금 조정법(1937) 제정
인적·물적 자원 수탈	• 국가 총동원법(1938) 시행: 전시 동원 체제 확립 • 물자 수탈 강화: 산미 증식 계획의 재개, 식량 배급제 실시, 미곡 공출 제도 시행, 금속제 그릇 강제 징발(1941년 이후) • 인적 수탈 강화: 지원병제, 징병제, 징용제, 여자 근로 정신대, 일본군 '위안부' 등

■ 미곡 생산량과 강제 공출량
(단위: 천 석)

연도	생산량	공출량	비율(%)
1941	21,527	9,208	42.7
1942	24,885	11,255	45.2
1943	15,687	8,750	55.7
1944	18,919	11,957	63.2

아세아 문제 연구소, 『일제의 경제 침탈사』

02 경제적 민족 운동

(1) 민족 기업의 육성

① 배경
  ㉠ 형태: 3·1 운동 이후, 민족 운동의 열기 속에서 민족 산업을 육성하여 경제적 자립을 도모하려는 움직임이 고조되었다. 그러나 일제의 각종 규제로 민족 기업 활동은 큰 회사의 설립보다는 소규모 공장의 건설에서 두드러지게 나타났다.
  ㉡ 경공업 중심: 공업 분야에서는 일제가 유통·무역·자본을 독점하는 상황에서도 서울을 비롯한 평양·대구·부산 등 대도시에서 순수한 민족 자본에 의하여 직포 공장, 메리야스 공장, 고무신 공장 등 경공업 관련 공장들이 세워졌다.

② 기업의 규모와 유형
  ㉠ 기업의 규모: 공장의 규모 면에서도 1910년대까지는 소상인이나 수공업자들이 1~2대에서 3~4대의 기계로 제품을 생산하는 정도에 불과하였으나 1920년대에 이르러서는 노동자의 수가 200명이 넘는 공장도 나타났다.

■ 평양의 메리야스 공업
평양 지역의 메리야스 공업은 전통적인 직물 제조 기술을 토대로 기계를 이용하여 1920년대에는 공장 공업 단계로 발전하였으며 전국을 제패하였다. 1929년 경제 대공황으로 타격을 받았지만 1933년 이후 호황에 힘입어 전동 직조기를 도입하는 등 종합 메리야스 공업으로 발전하여 만주와 중국 등지로 수출하기도 하였다.

ⓒ 기업의 유형

대지주 출신 기업	대지주 출신 기업인이 지주와 상인의 자본을 모아 대규모의 공장을 세운 것으로서, 대표적으로 경성 방직 주식회사가 있음
서민 출신 기업	서민 출신 상인들이 자본을 모아 새로운 기업 분야를 개척한 것으로서, 대표적인 것이 평양의 메리야스 공장이 있음

③ 기업 운영 형태 및 제품의 특성: 민족 기업은 순수한 한국인만으로 운영되었고, 한국인의 기호에 맞게 내구성이 강하고 무게 있는 제품을 만들어 시장에 내놓았다.
④ 민족계 은행의 설립: 금융업에도 한국인의 진출이 활발하여 3·1 운동 이후에 설립된 민족계 은행으로는 삼남 은행 등이 있었다.
⑤ 민족 기업의 위축: 민족 기업은 1930년대에 들어와 식민 통치 체제가 강화되면서 일제의 교묘한 탄압으로 해체되거나 일본인 기업에 흡수·통합되는 경우가 많았다. 따라서 이 시기의 민족 기업 활동은 1920년대에 비하여 크게 위축되었다.
 ㉠ 통제에 따른 경쟁력 상실: 영세한 자본을 가진 민족 기업은 일본 독점 자본과의 경쟁에서 점차 밀려났고, 특히 전시 체제하에서는 총독부의 물자 통제로 큰 타격을 받았다.
 ㉡ 기업 정비령(1942): 총독부는 민족 기업을 억압하여 강제 청산하거나 일본 공장에 흡수·합병되도록 하였다.

(2) 물산 장려 운동

① 배경: 1920년대에는 점차 증가하고 있었던 민족 기업을 지원하고 민족 경제의 자립을 달성하기 위한 물산 장려 운동이 전개되었다.
② 목적: 민족 산업을 육성하여 민족 경제의 자립을 기하려는 민족 운동이었다.
③ 조선 물산 장려회 조직
 ㉠ 조직: 조만식 등이 중심이 되어 서북 지방의 사회계·종교계·교육계 인사들을 규합하여 1920년 평양에서 조직하였고, 1923년에는 서울에서도 조직되었다.
 ㉡ 회칙 내용: '조선 물산을 장려하여 조선인의 산업 진흥을 도모하며, 조선인으로 하여금 경제상 자립을 얻게 함'이었다.
④ 운동의 확산
 ㉠ 성격과 방향: '내 살림 내 것으로', '조선 사람 조선 것으로', '우리는 우리 것으로 살자.'라는 구호를 통해 이 운동의 성격과 방향을 잘 알 수 있다.
 ㉡ 확산: 일본 상품을 배격하고 국산품을 애용하자는 것으로서, 전국적인 민족 운동으로 확산되었다. 또한 민족 자본의 육성을 위하여 소비 절약이 필요하다고 보고 근검 저축·생활 개선·금주 및 단연 운동도 추진하였다.
 ㉢ 자작회(自作會) 운동(1922): 학생들 사이에서 물산 장려 운동의 일환으로 전개된 절약·저축 및 금주·금연 운동이다.

▲ 조선 물산 장려회 선전물

⑤ 결과
 ㉠ 초기에는 전국적으로 확산하면서 활발하게 추진되었으나, 일제의 탄압으로 큰 성과를 거둘 수 없었다.
 ㉡ 당시 사회주의 세력들은 '자본가를 위한 운동'으로 비판하면서 참여하지 않았다.

■ 1930년대 일본 대기업
미쓰이[三井]·미쓰비시[三菱]·스미토모[住友]·닛산[日産]·닛테쓰[日鐵]·가네보[鍾紡]·다이닛폰 방적[大日本紡績] 등

■ 물산 장려 운동 참여 단체
자작회를 비롯하여 토산 애용 부인회, 청년회 등의 단체들이 참여하였다.

사료   물산 장려 운동

❶ 조선 물산 장려회 취지서(1923. 11.)

우리에게 먹을 것이 없고 입을 것이 없고 의지하여 살 것이 없으면 우리의 생활은 파괴가 될 것이다. …… 부자(富者)와 빈자(貧者)를 막론하고 우리가 우리의 손에 산업 권리 생활의 제일 조건을 장악하지 아니하면 우리는 도저히 우리의 생명(生命)·인격(人格)·사회(社會)의 발전(發展)을 기대하지 못할지니, 우리는 이와 같은 견지에서 우리 조선 사람의 물산(物産)을 장려(獎勵)하기 위하여 조선 사람은 조선 사람이 지은 것을 사 쓰고, 조선 사람은 단결하여 그 쓰는 물건을 스스로 제작하여 공급하기를 목적하노라.

❷ 조선 물산 장려회 궐기문

내 살림 내 것으로!
보아라! 우리의 먹고 입고 쓰는 것이 다 우리의 손으로 만든 것이 아니었다.
이것이 세상에 제일 무섭고 위태한 일인 줄을 오늘에야 우리는 깨달았다.
피가 있고 눈물이 있는 형제들아, 우리가 서로 붙잡고 서로 의지하여 살고서 볼 일이다.
입어라! 조선 사람이 짠 것을
먹어라! 조선 사람이 만든 것을
써라! 조선 사람이 지은 것을
조선 사람, 조선 것

심화   일제 강점기 경제에 대한 평가 – 수탈인가, 개발인가

2005년에 발표된 한일 역사 공동 연구 결과에 의하면, 일본 측은 과학적 경영 기법이나 대규모 백화점, 신여성 등의 출현을 예로 들면서 종전처럼 일본의 식민 정책으로 한국에 근대적 측면이 나타났다는 점을 강조하였다.

반면에 한국 측은 일본 역사 교과서에 서술된 내용 가운데 식민 지배 미화론에 문제를 제기하였다. 그 근거로 일본 역사 교과서에서 내세운 식민 근대화론에 대해 "근대성이 보이기는 하지만 이는 일제의 수탈적 식민 지배의 다른 측면이므로 수탈적 구조를 명확하게 해야 한다."라고 주장하였다.

바로 확인문제

● 다음 설명을 내용으로 하는 일제 식민지 지배 정책은?   13. 해양 경찰

> 1. 농민에게 식량을 지급하고 농촌의 경제적 향상을 도모한다는 명목으로 1932년경부터 추진되었다.
> 2. 일제의 수탈로 궁핍화된 농민들이 소작 쟁의 등의 형태로 저항하는 상황에 대응하여 마련하였다.
> 3. 농촌이 피폐해진 원인을 농민 자신의 게으름, 낭비벽, 무식함에 있는 것처럼 돌렸다.
> 4. 자작 농지 설정 사업, 조선 소작 조정령, 조선 농지령 등 개량적인 토지 정책을 추진하였다.

① 토지 조사 사업
② 산미 증식 계획
③ 농촌 진흥 운동
④ 브나로드 운동

|정답해설| 1932년경 시작된 농촌 진흥 운동은 일제가 주도한 것으로 자작 농지 설정 사업, 조선 소작 조정령, 조선 농지령 등을 핵심 내용으로 전개되었다.

|정답| ③

| 정답해설 | 제시된 자료는 물산 장려 운동의 포스터이다. 물산 장려 운동에 대해 일부 사회주의자들은 부르주아(자본가) 계급을 위한 운동이라고 비판하였다.

| 오답해설 |
① 물산 장려 운동은 일제의 간섭과 물산 장려 운동 자체의 한계(일본 제품과의 품질 및 가격 경쟁력 악화, 자생산성 등)로 중단되었다.
② 물산 장려 운동은 1920년 회사령 폐지 이후 전개되었다.
④ 물산 장려 운동은 한국인들이 만든 물품을 사용하여 우리 민족 경제의 자립을 추구하는 운동이었다.

| 정답 | ③

| 정답해설 | 조선 식산 은행은 1918년 산업 개발을 명분으로 종래의 농공 은행을 통합하여 설립되었고, 동양 척식 주식회사의 실질적인 지배를 받으며 성장하였다.

| 오답해설 |
① 1910년 공포된 회사령에는 기업의 설립을 총독의 허가제로 하고, 허가 조건을 위반하였을 때는 총독이 사업의 금지와 기업의 해산을 명령할 수 있다고 명시되어 있다.
② 일제는 자국에 안정적으로 식량을 공급하기 위해 1920년부터 산미 증식 계획을 추진하였다.
④ 일제는 1938년 국가 총동원법 공포 이후 공출 제도와 배급 제도를 시행하였다.

| 정답 | ③

● 다음과 관련된 운동에 대한 설명으로 옳은 것은? 22. 지방직 9급

① 가뭄과 홍수로 인해 중단되었다.
② 조선 총독부의 회사령에 맞서기 위해 전개되었다.
③ 일부 사회주의자는 자본가 계급을 위한 운동이라고 비판하였다.
④ 조선에 사는 일본인이 일본 자본에 대항하기 위해 일으켰다.

● 조선 총독부의 식민지 경제 정책으로 옳지 않은 것은? 16. 국가직 7급

① 1910년대 – 회사 설립을 허가제로 한 회사령을 공포하였다.
② 1920년대 – 미곡 증산을 표방한 산미 증식 계획을 수립하였다.
③ 1930년대 – 농공 은행을 통합하여 조선 식산 은행을 설립하였다.
④ 1940년대 – 전체 농민까지 식량 공출을 강제한 식량 관리령을 제정하였다.

CHAPTER 03 일제 강점기 사회 운동

01 한인의 국외 이주와 독립운동
02 일제 강점기의 사회 변화
03 농민 운동과 노동 운동
04 여성 운동과 청년 운동

01 한인의 국외 이주와 독립운동

(1) 19세기 중엽의 국외 이주

① 이주 목적: 19세기 중엽부터 한국인들이 압록강·두만강을 건너 간도와 연해주 등지로 본격적인 이주를 하게 된 직접적인 동기는 기아와 빈곤 등 열악한 경제 상황을 타개하기 위해서였다.

② 지리적 조건: 지리적으로 간도와 연해주 등지는 한반도와 연접해 있어서 이동하기가 쉬웠고, 풍토 역시 우리나라와 비슷해서 이주하여 사는 데 큰 문제가 없었다.

③ 이주 전의 상황: 이전에도 변경 지대의 한국인 중 두만강과 압록강을 건너 간도 땅에서 농사를 짓고 가을이면 타작한 곡식을 가지고 돌아오는 계절 출가 이민이 있기는 하였지만 많은 수는 아니었다.

▲ 한민족의 해외 이주(1890 ~ 1930년대)

(2) 을사늑약 이후 국외 이주

① 이주 목적: 일제의 침략이 노골화되자 이에 반감을 품은 인사들 가운데 일부는 국외로 건너가 새로운 삶을 도모하였다. 을사늑약(1905)이 체결되자 일제의 국권 침탈과 경제적 수탈이 가중되는 상황에서 국권 회복을 도모하고 일제의 탄압을 피하기 위한 정치적 망명자들의 국외 이주가 급격히 늘어났다.

② 국외 독립운동 전개
   ㉠ 배경: 국내에서 활동하던 의병과 애국지사들은 중국·연해주·미국·일본 등으로 망명하여 1910년대부터 본격적인 국외 독립운동을 전개하였다.
   ㉡ 독립운동 기지 건설: 민족 운동가들은 주로 서·북간도를 비롯한 남·북만주와 시베리아 연해주에서 독립운동을 위한 기지 건설을 활발히 추진하였다.
   ㉢ 지역적 성격: 이 지역들은 국내 진공이 유리한 국경 지역이라는 점 이외에도 수많은 한인들이 이주하여 폭넓은 한인 사회를 형성하고 있어서 지역 주민들의 협조와 지지를 얻을 수 있었다.

③ 독립운동 단체들의 활동
  ㉠ 표방 : 대부분의 독립운동 단체들은 자유로운 활동을 위하여 국내와 마찬가지로 중국과 일제의 눈을 피할 목적으로 경제 및 교육 단체를 표방하였다.
  ㉡ 강조 : 그들은 향후 독립 전쟁을 위한 동포들의 생활 대책을 강구하고자 하는 목적과 대중적인 운동 방법으로 경제 활동을 강조하였다.

(3) 만주 이주

① 이주 목적
  ㉠ 이주 초기 : 우리 민족이 만주 지역으로 이주하기 시작한 것은 19세기 후반부터였다. 처음에는 국내의 정치적·경제적·사회적 모순으로 궁핍하게 된 농민들이 생활 터전을 찾아 국외로 이주하였다.
  ㉡ 일제 침략 이후 : 20세기에 들어와 일제의 침략이 가속화되자 확고한 민족 의식을 가진 사람들이 항일 운동을 전개하기 위하여 많이 건너갔다. 이들은 지식 수준이 상당히 높았으며 경제적 여유도 있어 국권 회복 운동의 지도자 역할을 하였다.

② 이주 동포들의 활동
  ㉠ 독립운동의 기반 마련 : 간도와 연해주에서 활동한 독립운동가들은 간도를 독립운동 기지로 삼아 무력으로 독립을 쟁취하고자 하였다.
    • 생활 근거지 마련 : 이주 동포들은 현지 토착민들로부터 핍박을 받으면서도 황무지를 개간하여 생활 근거지를 마련하였다.
    • 학교 설립 : 수많은 민족 학교를 설립하여 항일 의식과 애국심을 고취하고, 항일 운동 단체를 결성하여 군사 훈련을 실시하는 등 무장 항일 운동을 준비하였다.
  ㉡ 독립군 편성 : 3·1 운동 이후에는 독립군을 편성하여 국경을 넘나들면서 일본 군경과 치열한 항일전을 전개하였으나 일제의 가혹한 탄압과 중국 군벌의 이해 부족으로 많은 어려움을 겪었다.

③ 만주 동포들의 시련
  ㉠ 간도 참변(1920) : 일본군 대부대가 만주로 출병하여 독립운동 기지를 초토화하면서 무차별적으로 학살한 간도 참변으로 많은 동포들이 희생되었다.
  ㉡ 일제의 대륙 침략 : 1930년대에 우리 동포들은 일제의 본격적인 대륙 침략으로 근거지를 상실하면서 갖은 수난을 당하였고, 만주에 있던 무장 부대의 활동은 점차 약화되어 갔다.

(4) 연해주 이주

① 이주 배경 : 러시아가 변방 개척을 위하여 처음에는 한국인의 연해주 이주를 허용하고 토지를 제공하기도 하여 만주로 이주한 동포보다 삶의 조건이 나았다.
② 이주 동포들의 활동
  ㉠ 한인촌의 형성 : 1905년 이후 이주 한인이 급증하여 여러 곳에 한인 집단촌이 형성되었으며, 많은 민족 단체들과 학교가 설립되었다.
  ㉡ 한민회 설치(1905) : 시베리아의 연해주 지방에 한인 자치 기구인 한민회가 설치되었다.
  ㉢ 13도 의군 결성 : 국내의 의병 운동에 호응하여 의병 활동을 전개함으로써 국외 의병 운동의 중심지가 되었고, 1910년대에는 연해주 의병의 통합체인 13도 의군이 결성되었다.

▲ 간도 동포들의 생활 모습

■ **만보산 사건(萬寶山事件)**
일제가 1931년에 획책한 악의적인 한중 양국 이간책으로 한국 농민과 중국 농민 사이에 벌어진 '유혈 농지 분쟁 사건(流血農地紛爭事件)'이다.

ⓔ 정부의 수립
　　　• 대한 광복군 정부 : 1914년 블라디보스토크에서 이상설과 이동휘를 정·부통령으로 하는 대한 광복군 정부를 수립하여 무장 투쟁의 기반을 닦았다.
　　　• 대한 국민 의회 : 3·1 운동 때에는 대한 국민 의회를 조직하여 손병희를 대통령으로 하는 정부를 수립하였다.
　③ 이주 동포들의 시련
　　㉠ 1920년대 초 : 시베리아 내전이 종식되고 볼셰비키가 정권을 장악한 후 한국인의 무장 활동을 금지하고 무장 해제를 강요함으로써 연해주에서의 민족 운동은 약화되었다.
　　㉡ 1930년대 말 : 1937년에는 연해주의 한인들이 소련 당국에 의해 중앙아시아로 강제 이주되었으며, 그 과정에서 수많은 한인들이 희생되고 재산을 잃어버렸다.

> **사료** 연해주에서 우즈베키스탄으로 강제 이주한 동포의 회고
>
> 우즈베키스탄의 늪지대에 내팽겨쳐진 고려인들은 땅굴 속에서 겨울을 난 후 늪지를 메워 목화 농사를 해야만 했다. 그러나 우리 가족을 먹여 살릴 삼촌 두 명은 농장에서 일한 경험도 없는 데다, 연해주에 살 때 광부 일을 했기 때문에 일자리를 찾아 탄광 도시 카라칸다로 갔다. …… 고려인들의 주식인 쌀은 물론이고 간장, 된장도 전혀 구할 수가 없었다. 할 수 없이 우즈베키스탄 사람들이 먹는 보리빵으로 끼니를 때웠다. 그것도 아주 부족했다.

(5) 미주 이주
① 이주 동포들의 생활
　㉠ 하와이 이주 : 1903년부터 하와이에 정착한 한국 사람들은 사탕수수 농장의 노동자와 그 가족이었다. 1905년까지 7,000여 명이 이주하였으며 가혹한 노동에 시달렸다.
　㉡ 미국 본토 이주 : 미국 본토로 이주한 한국인들은 대부분 유학생이나 관리 출신으로 하와이 이주 한인들과는 달랐다. 다만 샌프란시스코에는 소수의 인삼 장수와 지식인들이 이주하였다.
② 이주 동포들의 활동
　㉠ 교민 단체의 조직 : 하와이에는 한인 합성 협회(1907)가 있었고, 미국 본토에는 샌프란시스코 지역을 중심으로 공립 협회가 결성되었다가 뒤에 국민회로 재조직되었다. 안창호도 1913년 흥사단을 조직하여 활동하였다.
　㉡ 독립운동 자금의 송금 : 한국인들이 미국이나 하와이로 이주하게 된 것은 주로 고국에서의 경제적 어려움 때문이었지만 이들은 미국에 도착한 뒤 모국을 위한 활동을 열렬히 전개하였다. 어려운 생활 속에서도 민족의식이 투철하여 애국 단체를 결성하고 독립운동 자금을 거두어 국내로 송금하는 일이 많았다.
　㉢ 애국심의 고취 : 신문사를 설립하고 신문과 잡지를 발행하여 애국심을 고취하였다.
　㉣ 대한인 국민회 조직(1910) : 통합 단체로 대한인 국민회를 조직하여 항일 운동을 전개하였다. 이 단체는 미국 사회에 일제의 야만성을 폭로·규탄하고, 한국의 독립을 주장하는 외교 활동도 활발히 전개하였다.
　㉤ 대한민국 임시 정부 지원 : 1919년 대한민국 임시 정부가 수립된 이후에는 각종 의연금을 거두어 임시 정부에 송금하였으며, 임시 정부의 외교 기관인 구미 위원부의 활동을 적극적으로 지원하였다.
　㉥ 태평양 전쟁 참전 : 제2차 세계 대전 때 군사 활동을 전개하여 한인군을 편성하였고, 많은 한인 청년이 미군에 자원 입대하여 태평양 전쟁에서 일본군과 싸웠다.

단권화 MEMO

■ 관동 대지진
관동 대지진 당시 일본은 인명과 재산상에 큰 피해를 입으면서 민심이 흉흉해졌다. 이때 일본 당국은 "조선인이 폭동을 일으켜 일본인을 죽이고 있다."라는 유언비어를 퍼뜨려 사회 불안의 원인을 한국인의 탓으로 돌렸고, 이로 인해 재일 동포들이 일본인에게 무참하게 학살당하였다.

(6) 일본 이주

① 이주 형태
  ㉠ 19세기 말: 학문을 배우기 위한 유학생들이 주종을 이루었다.
  ㉡ 국권 강탈 후: 일제가 주권을 강탈하고 경제적 수탈을 강화하자 생활 터전을 상실한 농민들이 일본으로 건너가 산업 노동자로 취업함으로써 그 수가 증가하였다.
② 이주 동포들의 활동: 일본에서는 최팔용, 이광수 등이 중심이 되어 조선 청년 독립단을 결성하였고, 「2·8 독립 선언」을 발표하여 3·1 운동의 도화선을 제공하였다.
③ 이주 동포들의 시련
  ㉠ 민족 차별: 이주 동포들은 일본 자본가에게 착취당하면서 열악한 노동 환경에서 고생을 해야만 하였으며, 일본인의 민족 차별로 온갖 수모를 당하였다.
  ㉡ 관동 대지진: 1923년 일본 관동 지방에서 지진이 발생하였을 때 재일 동포 6,000여 명이 일본인에게 학살당하는 대참사가 발생하였다.

사료 한인 이주민의 노래

고향(故鄕)
작자 미상

산 설고 물 선 이곳에 와서 죽으나 사나 아는 이 없네
기적성 멀리 들릴 적마다 심장은 비이네
고향아 열라! 따뜻한 품을 헐벗은 영혼 안기우고저
황혼의 품 속에 피곤이 쉬는 고향의 형상이 눈앞에 뜨네
문 잡은 어머니 한숨지실 때 한 깊은 처자는 눈물을 지네
쓴 눈물지네

바로 확인문제

● 〈보기〉는 어느 동포의 강제 이주에 대한 회고록이다. 이 동포가 강제 이주되기 전에 거주하던 '㉠ 지역'에 대한 설명으로 가장 옳은 것은? 22. 6월 서울시(자체 출제) 9급

| 보기 |
우즈베키스탄의 늪지대에 내팽겨쳐진 고려인들은 땅굴 속에서 겨울을 난 후 늪지를 메워 목화 농사를 해야만 했다. 그러나 우리 가족을 먹여 살릴 삼촌 두 명은 농장에서 일한 경험도 없는 데다, ㉠ 에 살 때 광부 일을 했기 때문에 일자리를 찾아 탄광 도시 카라간다로 갔다. …… 고려인들의 주식은 쌀은 물론이고 간장, 된장도 전혀 구할 수가 없었다. 할 수 없이 우즈베키스탄 사람들이 먹는 보리빵으로 끼니를 때웠다. 그것도 아주 부족했다.

① 일제는 독립군을 토벌한다는 명목으로 조선인 마을을 파괴하였으며, 경신참변을 일으켜 조선인들을 대량 살육하기도 하였다.
② 1905년 이후 민족 운동가들이 독립운동을 위한 정치적 망명을 시작해 여러 곳에 한인 집단촌이 형성되고 많은 민족 단체와 학교가 설립되었으며, 항일 의병 및 독립운동이 활발히 전개되었다.
③ 1923년 대지진이 발생했는데, 조선인들이 우물에 독을 탔다는 유언비어가 퍼져 적어도 6,000여 명의 조선인들이 학살당하였다.
④ 태평양 전쟁 발발 후에는 수백 명의 조선인 청년들이 미군에 입대하여 일본군과 싸웠다.

|정답해설| 제시된 자료는 연해주 동포의 중앙아시아로의 강제 이주에 대한 내용이다. 1937년 소련의 스탈린은 연해주의 한인들이 소련 침략을 계획한 일본과 결탁할 수 있다는 명분으로 한인(고려인) 약 172,000명을 카자흐스탄, 우즈베키스탄 등으로 강제 이주시켰다. 1905년 이후 연해주에서는 한인 집단촌(대표적: 블라디보스토크의 신한촌)이 형성되었고, 항일 의병 운동 및 독립운동이 활발하게 전개되었다.

|오답해설|
① 경신참변(간도 참변)은 간도에서 발생하였다.
③ 1923년 관동 대지진과 한국인 학살은 일본에서 일어났다.
④ 태평양 전쟁 발발 이후 한국 청년들은 중국에서 한국광복군에 합류하거나 미군에 입대하여 일본군과 싸웠다.

|정답| ②

02 일제 강점기의 사회 변화

(1) 독립운동 세력의 분화
① 계기 : 1919년 3·1 운동이 좌절된 후, 독립운동 진영 사이에 이견이 나타났다.
  ㉠ 독립운동의 방법과 독립 이후의 국가 체제 등에 대한 인식의 차이에서 비롯되었다.
  ㉡ 독립운동 진영은 민족주의 운동, 사회주의 운동, 아나키스트 운동 등으로 갈라졌다.
② 운동의 전개
  ㉠ 민족주의 세력
    • 주장 : 일제의 지배에서 벗어나 독립을 이루고, 독립한 다음에는 자본주의 국가를 세우고자 하였다.
    • 전개 : 민립대학 설립 운동, 물산 장려 운동 같은 실력 양성 운동을 추진하였다.
  ㉡ 사회주의 세력
    • 주장 : 노동자, 농민이 중심이 되는 사회주의 국가의 실현을 주장하였다.
    • 전개 : 노동자와 농민을 조직하여 노동조합과 농민 조합을 만들고, 이를 중심으로 한 계급 운동과 독립운동을 전개하였다.
  ㉢ 아나키스트 세력
    • 주장 : 사유 재산을 부정하고 일체의 계급 투쟁을 배격하였다.
    • 전개 : 외교 독립론, 실력 양성론, 자치론 등을 비판하였다.

(2) 사회주의 사상의 유입
① 사회주의 운동의 대두
  ㉠ 국내외의 민족 운동 : 3·1 운동 이후 국외에서는 대한민국 임시 정부를 수립하고 무장 항일 운동이 활발해짐으로써 민족 운동이 고조되었다. 국내에서는 민족의 역량을 배양하여 일제를 몰아내려는 민족 실력 양성 운동이 각 방면에서 일어났다. 이 무렵 국내외에서 사회주의 운동이 대두되었다.
  ㉡ 사회주의의 수용 : 1917년 러시아 혁명에 성공한 레닌이 세계 적화의 한 수단으로 약소 민족의 독립운동을 지원하겠다고 하자, 일부 민족 지도자들도 사회주의와 연결하여 독립운동을 추진하려는 움직임을 보였다. 이에 따라 사회주의 사상을 처음 받아들인 사람들은 러시아와 중국 지역에서 활동하고 있던 독립운동가들이었다.
② 사회주의 운동의 중심 세력
  ㉠ 초기의 사회주의 운동은 소수의 지식인이나 청년·학생이 중심이었고, 노동자·농민의 참여는 오히려 적었다.
  ㉡ 국내에서 사회주의 운동을 본격적으로 시작하면서 노동·농민·청년·학생·여성 운동과 형평 운동 등이 전개되기 시작하였다.
③ 영향
  ㉠ 의의 : 사회주의 사상은 청년·지식인층을 중심으로 널리 파급되면서 사회·경제 운동을 활성화하기도 하였다. 그리하여 청년 운동, 소년 운동, 여성 운동과 농민·노동 운동 등 각 방면에 걸쳐 사회주의 사상은 우리 민족의 권익과 지위 향상을 위한 활동에 영향을 주었다.
  ㉡ 비판
    • 노선의 대립 : 사회주의 운동은 그 노선에 따라 이해를 달리하는 계열이 있어 마찰과 갈등이 심화되었다.

단권화 MEMO

■ 아나키스트(Anarchist)
모든 정치 조직, 권력, 사회적 권위를 부정하는 사상과 운동을 지지하는 사람을 말한다.

■ 1920년대 사회주의 운동의 어려움
일제는 사회주의 운동을 벌인 사람과 협조한 사람까지 처벌할 수 있는 치안유지법을 만들어 사회주의 운동을 본격적으로 탄압하였고, 6·10 만세 운동 이후에는 탄압을 더욱 강화하였다. 이러한 상황에서 사회주의 운동은 새로운 돌파구를 찾아야만 하였다.

- 민족주의 운동과의 대립: 사상적인 이념과 노선의 차이로 대립이 격화되어 민족 운동 자체에 커다란 차질을 초래하였다.
④ 결과: 이와 같은 상황을 극복하기 위하여 민족 유일당 운동이 일어났다.

> **심화** 민족 유일당 운동의 전개
>
> 제1차 세계 대전 이후 민족주의 진영에서는 경제 발전과 교육 진흥을 통하여 실력을 양성하자는 문화 운동을 전개하였다. 민족주의 운동이 활발해지자 일제는 친일파를 육성하는 한편, 민족주의 세력을 회유하여 민족 운동을 약화시켰다. 민족주의 진영은 자치 운동 문제를 둘러싸고 타협적인 세력과 비타협적인 세력으로 나뉘어 대립하였다.

> **사료** 민족 유일당 운동의 전개
>
> ❶ 지금 우리 사회에는 두 가지 조류가 있다. 하나는 민족주의 운동(民族主義運動: 민족 해방)의 조류요, 또 하나는 사회주의 운동(社會主義運動: 계급 해방)의 조류인가 한다. 이 두 가지 조류가 물론 해방의 근본적 정신에 있어서는 조금도 다를 것이 없다. 그러나 운동의 방법과 이론적 해석에 이르러서는 털끝의 차이로 1,000리의 차이가 생겨 도리어 민족 운동의 전선을 혼란스럽게 하여 결국은 (일제로 하여금) 어부지리(漁父之利)의 이를 취하게 하며 골육(骨肉)의 다툼을 일으키는 것은 어찌 우리 민족의 장래를 위하여 통탄(痛歎)할 바가 아니랴. 〈동아일보〉, 1925. 9. 27.
>
> ❷ 조선 민흥회(朝鮮民興會)는 조선 민족의 공동 권익을 쟁취하고, 조선민의 단일 전선을 결성할 목적으로 창설되었다. 조선 민흥회는 산업 종사자·종교인·학생·지식인 등 전국민의 단합과 통일을 주창한다. 민족적 통합의 그 목적은 '조선 해방'에 있다. …… 유럽의 프롤레타리아 계급이 봉건주의와 독재주의를 타파할 목적으로 자본가들과 뭉쳤던 것처럼, 조선의 사회주의자들도 반제국주의 운동에서 공동 권익을 지향하는 계급들의 일체적 동원에 대한 필요성을 절감하고 있다. …… 〈조선일보〉, 1926. 7. 11.

> **심화** 일제 강점기 사회주의 운동사
>
> ❶ 해외에서의 사회주의 운동
> - 상해파 고려 공산당: 1918년 6월 이동휘가 러시아 혁명의 볼세비즘을 바탕으로 한인 사회당을 조직하였다. 상하이 임정 수립 이후에는 한인 공산당을 조직하고 이동휘 등이 임정에 참여하면서 1921년 고려 공산당이라 이름을 바꾸고 그 본부를 상하이로 옮겼다.
> - 이르쿠츠크파 고려 공산당: 1919년 오하묵, 김철훈 등이 이르쿠츠크에서 전로 한인 공산당을 조직하였고, 1921년에는 전로 고려 공산당으로 개칭하였다.
> - 상해파와 이르쿠츠쿠파의 갈등
>   - 사회주의 혁명을 우선적으로 지향하는 측(이르쿠츠크파)과 민족 해방을 우선적 과제로 설정하자는 측(상해파)으로 갈리어 양 세력의 갈등이 첨예하였다.
>   - 결국 코민테른(1919년 모스크바에서 러시아 공산당에 의해 조직된 '국제 공산당' 기구)의 지시에 의해 양 세력은 모두 해체되고, 조선 공산당 조직을 위한 준비 기관인 오르그뷰로(조직국)가 설치되었다(1924).
> - 흑도회(1921): 재일 한국인 사회주의 단체의 효시이다. 무정부주의자와 공산주의자 간의 이념 분쟁으로 곧 해체되었다. 이후 무정부주의 세력이 흑우회를 조직하였고, 비밀 결사인 불령사를 조직하였다.
> - 북성회(이후 북풍회): 흑도회의 공산주의자 김약수 등이 1923년 도쿄에서 북성회를 조직하고, 이를 기반으로 1924년 서울에서 북풍회를 조직하였다.
>
> ❷ 국내에서의 사회주의 운동
> - 토요회: 1923년 민태홍, 현칠종 등이 중심이 되어 조직한 사회주의 단체로, 공산주의 청년회 조직에 역점을 두고 활동하였다.
> - 화요회: 1925년 4월 조선 공산당 창립을 주도한 단체로, 조봉암, 박헌영이 참가하였다.
> - 정우회(1926): 화요회가 주도하여 북풍회, 조선 노동당, 무산자 동맹회 4개의 단체가 참여하였다. 1926년 6·10 만세 운동을 계기로 지도부 대부분 체포되었다. 도쿄 유학생 사회주의 단체인 일월회가 주도하여 민족주의자와의 공동 전선 형성 등의 내용을 담은 「정우회 선언」을 발표하고 민족 협동 전선을 모색하였다. 이에 신간회의 창립이 가능하게 되었다.

- 공산당의 창건
  - 소련에서 활동하던 이동휘, 정재달은 김재봉과 신철에게 각각 공산당과 공산 청년회를 조직할 것을 명하였다. 이에 1924년 김사국을 책임 비서로 서울계 공산당, 이정윤을 책임 비서로 서울계 공산 청년회를 조직하였다.
  - 1925년 김재봉을 책임 비서로 화요회계 공산당, 박헌영을 책임 비서로 화요계 공산 청년회가 조직되었다. 이에 1국 1당 원칙에 따라 서울계가 화요계에 가입되었다.
  - 일제는 이를 탄압하기 위하여 1925년 치안 유지법을 제정하여 '국체 또는 정체를 변혁하고, 사유 재산제의 부정을 목적으로 결사를 조직하거나 그 점을 알고, 이에 가입한 자는 10년 이하의 징역 또는 금고에 처한다.'라는 내용으로 일제는 반일 운동을 탄압할 구실을 만들었다.
  - 제1차 조선 공산당(1925. 4.): 김재봉을 책임 비서로 화요회계와 북풍회계가 중심이 되었다. 일본인 지주에게 소작료를 내지말 것, 일본인 교사에게 배우지 말 것, 일제 타도, 조선의 완전 독립 등을 내세우다 신의주에서 청년회원의 변호사 구타 사건을 계기로 조직이 탄로나 지도부 220여 명이 검거되고, 80명이 유죄 판결을 받았다(제1차 조선 공산당 사건).
  - 제2차 조선 공산당(1925. 12.): 화요회계 강달영을 책임 비서로 당을 재건하였으나 6·10 만세 운동에 연루되어 조직이 붕괴되었다(제2차 조선 공산당 사건).
  - 제3차 조선 공산당(1926. 9.): 김철수를 책임 비서로 조직을 재건하여 당명을 ML당이라 하였다. 이후 안광천, 김준연, 김세연 등으로 책임 비서가 교체되었다. '조선 공산당은 민족적 단일 협동 전선의 매개 형태'로서 신간회에 적극 참여하였으나, 1928년 2월 제3차 공산당 사건으로 해체되었다.
  - 제4차 조선 공산당(1928. 3.): 차금봉을 책임 비서로 조직되었다. 1928년 12월 코민테른 6차 대회에서 채택된 12월 테제에서 "공산당 조직의 곤란성은 다만 객관적 조건에서만 초래되는 것이 아니라 조선 공산주의 운동을 수 년 동안 괴롭히고 있었던 내부의 알력 과정에서도 초래되고 있었다."라고 지적하면서 인텔리 중심의 당의 해체와 노동자·농민 중심의 당의 재조직을 명령하였다. 이후 프로핀테른(코민테른 산하 기관: 적색 노동조합 인터내셔널)에서 9월 테제를 채택하여 신간회를 민족 개량주의 단체로 규정하고, 혁명적 노동조합을 건설할 것을 제시하였다.

(3) 민족 유일당 운동 – 신간회*

① 창립 배경

㉠ 1920년대 후반 민족 유일당을 건설하려는 움직임이 활발하게 전개되었다. 중국에서는 '민족 혁명의 유일한 전선을 만들라.'는 주장에 따라 한국 독립 유일당 북경 촉성회(1926)가 결성되었다.

> **사료** 「한국 독립 유일당 북경 촉성회 선언서」(1926)
>
> 동일한 목적과 동일한 성공을 위해 운동하고 투쟁하는 혁명자들은 반드시 하나의 기치 아래 모여 하나의 호령 아래 단결해야만 비로소 상당한 효과를 거둘 수 있다는 것은 말할 필요도 없다.
> 바란다. 일본 제국주의를 타도하라! 한국의 절대 독립을 주장하라! 민족 혁명의 유일한 전선을 만들라! 전 세계 피압박 민중은 단결하라!

㉡ 국내에서는 소수의 비타협적 민족주의 세력과 사회주의 세력이 연합하여 조선 민흥회를 창립하였고(1926), 사회주의 세력인 정우회에서는 「정우회 선언」(1926. 11.)을 통해 비타협적 민족주의 세력과의 연대를 모색하였다.

> **사료** 조선 민흥회(1926. 7.)
>
> 조선 민족의 공동 이익을 위해 분투하고 노력하는 것은 반드시 전 민족적인 각 계급의 역량을 집중한 조직력이 있어야만 가능할 것이다. 조선 민족의 중심 세력이 될 유일한 조직체를 완성하기 위해 조선 민흥회 발기 준비회를 조직한다.

*신간회
민족 유일당 단체인 신간회의 조직 과정과 활동 모습을 알아 두어야 한다.

■국공 합작
국공 합작은 중국 국민당과 중국 공산당의 협력 관계를 지칭하는 용어이다. 제1차 국공 합작(1924. 1.~1927. 7.)은 북방의 군벌과 그 배후에 있는 제국주의 열강에 대항하기 위하여 맺어진 것으로서, 국민 혁명(북벌)에 크게 기여하였다. **제1차 국공 합작은 신간회 창립에 영향을 주었다고** 평가된다. 한편 제2차 국공 합작(1937. 9.~1945. 8.)은 일본 제국주의에 대하여 통일 전선을 결성한 것으로, 대일 전쟁에서 결정적인 역할을 수행하였다.

[결의]

하나. 실업·교육·노동·농민·언론·종교·여자·청년·형평·학생 사상 운동 등 각계를 총망라하여 조선 민흥회를 조직하기로 하고 준비 위원을 선정하여 각 계급에 교섭하여 발기회를 조직하기로 한다.
하나. 발기회의 날짜는 추후 발표한다.
하나. 조선 민흥회의 회명은 공중의 토의에 따라 발기회 또는 창립 대회에서 변경할 수 있다.
하나. 임시 사무소는 황금정 1정목 조선 물산 장려회 회관에 임시로 둔다.

사료 「정우회 선언」

우리가 승리를 향해 나아가기 위해서는 현실적으로 가능한 모든 조건을 충분히 이용하지 않으면 안 될 것이며. …… 민족주의적 세력에 대해서도 그것이 타락한 형태로 나타나지 않는 한 적극적으로 제휴하여 대중의 개량적 이익을 위해서도 종래의 소극적 태도를 버리고 세차고 꿋꿋하게 떨쳐 일어나 싸워야 할 것이다.

심화 민족주의 세력의 분화

이광수는 1922년 잡지 〈개벽(開闢)〉에 「민족 개조론」을 발표하였고, 1924년에는 〈동아일보〉에 「민족적 경륜」을 게재하였다. 이후 자치론(타협적 민족주의)이 확산되기 시작하였다. 1924년 초에는 〈동아일보〉의 송진우와 천도교의 최린이 중심이 되어 자치론이 제기되었는데, 연정회와 같은 조직을 만들려고 하다가 강한 반발 여론에 부딪혀 미수에 그쳤다. 1926년 후반에 다시 최린과 김성수, 송진우 등이 비밀리에 자치 운동 단체를 조직하려다 무산되는 일이 있었는데, 이들 자치 운동 단체 재결성 움직임은 신간회가 결성되는 계기 중 하나가 되었다. 자치론에 반대하는 비타협적 민족주의자(조선 물산 장려회계)들이 사회주의자(서울 청년회)와 연합하여 조선 민흥회(1926. 7.)를 만들었는데, 자치론으로 말미암아 결국 민족주의 계열이 타협적 민족주의와 비타협적 민족주의로 분화하게 되었다.

② 참여 인사 및 구성
- 언론계(〈조선일보〉 계열) 신석우·안재홍 등, 기독교계 이승훈, 천도교 권동진, 불교계 한용운, 공산당 한위건 등 좌우익 인사 28명이 발의하였다. 개별 가입제를 채택하여 이상재를 회장, 홍명희를 부회장으로 선출하였고, 합법 단체인 신간회를 결성하였다 (1927).
- 신간회는 전국 조직으로서 서울에 중앙 본부를 두고 지방에 지회를 두었는데, 143개 군에 지회가 만들어지고 회원 수도 4만여 명에 이르렀다. 중앙 조직은 민족주의 계열이 중심이 되고, 지회는 사회주의 계열이 중심이 되었다.

사료 신간회의 강령

1. 우리는 정치적·경제적 각성을 촉구한다.
2. 우리는 단결을 공고히 한다.
3. 우리는 기회주의를 일체 배격한다.

사료 신간회의 투쟁 목표

1. 언론, 집회, 출판, 결사의 자유 확보
2. 단결권, 파업권, 단체 계약권의 확립
3. 조선 민족을 억압하는 모든 법령 철폐
4. 경작권의 확립
5. 일본인의 조선 이민 반대
6. 8시간 노동제 실시
7. 부당한 납세 반대
8. 최저 임금, 최저 봉급제 실시
9. 모든 학교 교육을 조선인 본위로 실시할 것

③ 활동
  ㉠ 한국인에 대한 착취 기관의 철폐, 타협적 정치 운동의 배격, 한국인 본위의 교육, 사회 과학 사상 연구의 보장 등을 내걸고 노동 쟁의, 소작 쟁의, 동맹 휴학 등의 대중 운동을 지도하였다.
  ㉡ 광주 학생 항일 운동에 김병로를 단장으로 조사단을 파견하였고, 원산 총파업을 지원하였다. 그러나 1929년 민중 대회를 추진하다가 일제의 탄압을 받아 큰 위기에 봉착하였다.
  ㉢ 갑산 화전민 학살 사건 진상 규명 운동과 단천 산림 조합 사건 지원 운동을 하였다.
  ㉣ 자매 단체로 여성 단체들을 규합한 근우회가 조직되었다.

> **사료** 근우회
>
> ❶ 취지문
> 인류 사회는 많은 불합리를 생산하는 동시에 그 해결을 우리에게 요구하여 마지않는다. 여성 문제는 그중의 하나이다. …… 그러나 회고(回顧)해 보면 조선 운동은 거의 분산되어 있었다. 그것에는 통일된 조직이 없었고 통일된 목표와 지도 정신(指導精神)도 없었다. 그러므로 그 운동은 효과를 충분히 내지 못하였다. 우리는 운동상 실천으로부터 배운 것이 있으니 우리가 실지로 우리 자체를 위하여 우리 사회를 위하여 분투하려면 우선 조선 자매 전체의 역량을 공고히 단결하여 운동을 전반적으로 전개하지 아니하면 아니된다. 일어나라! 오너라! 단결하자! 분투하자! 조선의 자매들아! 미래는 우리의 것이다.
>
> ❷ 행동 강령
> 1. 여성에 대한 사회적·법률적 일체 차별 철폐
> 2. 일체 봉건적인 인습(因襲)과 미신(迷信) 타파
> 3. 조혼(早婚) 방지 및 결혼의 자유
> 4. 인신 매매 및 공창(公娼) 폐지
> 5. 농촌 부인의 경제적 이익 옹호
> 6. 부인 노동의 임금 차별 및 산전 산후 임금 지불
> 7. 부인 및 소년공의 위험 노동 및 야업 폐지
> 『한국 근대 민족 해방 운동사』

④ 신간회 해소(1931): 일제의 탄압, 타협적 민족주의 세력의 진출에 따른 지도부의 우경화 경향, 코민테른의 지시를 받은 사회주의자들의 연대 포기 등으로 해소되었다.

> **사료** 사회주의자들의 신간회 해소 주장과 비판
>
> ❶ 소시민(봉급 생활자, 자영업자 등)의 개량주의적 정치 집단으로 변질한 현재의 신간회는 무산 계급(농민, 노동자)의 투쟁욕 성장에 장애가 되고 있다. 노동자 투쟁과 농민 투쟁을 강력하게 펼치기 위해서는 신간회를 해소하고 노동자는 노동조합으로, 농민은 농민 조합으로 돌아가야 한다. 『삼천리』 1931년 4월호
>
> ❷ 조선인의 대중적 운동의 목표는 정면의 일정한 세력(일본 제국주의)을 향해 집중되어야 할 것이니, 민족 운동과 계급 운동은 동지적 협동으로 함께 나란히 나아가야 할 것이요, 그 내부에 영도권이 다른 세력이 섞여 있으므로 전체적으로 협동하여 일을 진행하기는 어려우므로, 역량을 분산시키거나 제 살 깎아 먹는 식의 과오를 범하지 않도록 하는 데 주력해야 한다. 안재홍, 「해소파에게 충고함」, 『비판』, 1931년 7·8월호

> **심화** 「조선의 농민 및 노동자의 임무에 관한 테제」
>
> 조선의 농민 및 노동자의 임무에 관한 테제(일명: 12월 테제)는 1928년 12월 코민테른(공산주의 인터내셔널의 약칭, Communist International)에서 결정된 사항이다. 코민테른은 마르크스·레닌주의에 기초하여 여러 국가의 공산당 중심 혁명운동을 지도하던 조직이다. 12월 테제에서 결정된 내용은 조선 공산당은 종전과 같은 인텔리(= 지식인) 중심의 조직 운영을 탈피하여, 공장과 농촌으로 들어가 노동자와 빈농을 조직화해야 하며, 민족 개량주의자들을 근로대중으로부터 고립시켜야 한다는 것이다.

■ 신간회 해소론
해소는 단순히 해체하는 것이 아니라 다른 운동 형태로 발전한다는 의미로 쓰였다. 사회주의자들은 신간회를 해소하고 노동자, 농민이 중심이 되는 계급 투쟁을 더욱 적극적으로 전개할 것을 주장하였다.

| 단권화 MEMO |

|정답해설| 제시된 지문은 이광수의 자치론에 해당한다. 일제는 1920년대 문화 통치를 통해 민족주의자들 중 일부를 친일화시켜 민족 운동을 분열시키려 하였다. 이에 사회주의 계열과 비타협적 민족주의 계열의 통합 운동(민족 유일당 운동)이 진행되었고, 그 결과 1927년에 신간회가 조직되었다.
|정답| ①

|정답해설| 제시된 사료는 여성계 민족 유일당 단체인 근우회(1927)의 창립 취지문이다. 근우회는 봉건적 인습 타파, 여성 노동자의 임금 차별 철폐 등을 주장했다.
|오답해설|
① 일제 강점기인 1922년 조선 호적령을 공포하였다(1923년 7월 1일부터 시행). 대한민국 정부 수립 이후에도 호주제가 유지되었고, 1999년 여성 단체 연합이 호주제 폐지 운동 본부를 발족하면서 본격적인 호주제 폐지 운동이 시작되었다. 그 결과 2005년 헌법재판소의 헌법 불합치 결정에 따라 2008년 1월 1일부터 폐지되었다.
②「여권통문(여학교설시통문)」은 1898년 9월 1일 서울 북촌 양반 여성들이 주축이 되어 발표한 우리나라 최초의 여성 인권 선언이다.
③ 천도교 소년회의 방정환을 중심으로 어린이날을 제정하고(1923년 5월 1일), 잡지 〈어린이〉를 창간하였다.
|정답| ④

|정답해설| 〈보기〉의 단체는 '신간회'이다. 신간회는 비타협적 민족주의 계열과 사회주의 계열이 합작하여 만든 단체로, 1927년에 창립되어 1931년까지 활동하였다. 암태도 소작 쟁의는 1923~1924년에 전개되었다.
|오답해설|
①② 1929년. ③ 1930년에 일어났다.
|정답| ④

| 바로 확인문제 |

● 다음 주장을 배격하면서 나타난 민족 운동은?

> 지금의 조선 민족에게는 왜 정치적 생활이 없는가? 일본이 조선을 병합한 이래로 조선인에게는 모든 정치 활동을 금지한 것이 첫째 원인이다. 지금까지 해 온 정치 운동은 모두 일본인을 적대시하는 운동뿐이었다. 이런 종류의 운동은 해외에서나 할 수 있는 일이고, 조선 내에서는 허용되는 범위 내에서 일대 정치적 결사를 조직해야 한다는 것이 우리의 주장이다.
> 이광수, 「민족적 경륜」

① 신간회가 조직되었다.
② 조선사 편수회가 조직되었다.
③ 실력 양성 운동이 전개되었다.
④ 해외에서 독립운동 기지가 건설되었다.

● 다음 창립 취지문을 발표한 단체에 대한 설명으로 옳은 것은?   24. 지방직 9급

> 우리 사회에서도 여성 운동이 제기된 것은 또한 이미 오래되었다. 그러나 회고하여 보면 여성 운동은 거의 분산되어 있었다. 그것에는 통일된 조직이 없었고 통일된 목표와 정신도 없었다. …… 우리가 실제로 우리 자체를 위해, 우리 사회를 위해 분투하려면 우선 조선 자매 전체의 역량을 공고히 단결하여 운동을 전반적으로 전개하지 않으면 아니 된다.

① 호주제 폐지 운동을 전개하였다.
② 여학교 설립을 주장하는 「여권통문」을 발표하였다.
③ 어린이날을 제정하고 잡지 〈어린이〉를 창간하였다.
④ 봉건적 인습 타파, 여성 노동자의 임금 차별 철폐 등을 주장했다.

● 〈보기〉의 단체가 존속한 기간에 발생한 사건이 아닌 것은?   18. 서울시 기술직 9급

> ─ 보기 ─
> • 사회주의 계열과 비타협적 민족주의 계열의 합작으로 구성되었다.
> • 설립 당시 회장은 이상재, 부회장은 홍명희가 맡았다.
> • 전국에 140여 개소의 지회를 두고, 약 4만 명의 회원을 확보하였다.

① 광주 학생 독립운동
② 원산 총파업
③ 단천 산림 조합 시행령 반대 운동
④ 암태도 소작 쟁의

03 농민 운동과 노동 운동

(1) 민중의 생존권 투쟁

① 민중의 집단적 저항: 국권 피탈 직후부터 식민지 수탈에 저항하는 민중의 생존권 투쟁이 활발하게 전개되었다. 농민·노동자들은 토지 조사 사업, 임야 조사 사업, 각종 잡세의 신설과 증세(增稅) 등에 집단적으로 저항하였다.

② 투쟁의 변화 양상
  ㉠ 초기: 이들의 투쟁은 가혹한 수탈에 항거하는 경제적 투쟁부터 시작되었다.
  ㉡ 후기: 점차 정치적 요구를 내세운 투쟁으로 발전하였다.
  ㉢ 변화: 1910년대 말엽에는 폭력 투쟁의 성격도 띠게 되어 주재소, 면사무소, 우편국 등 일제의 지배 기구에 대한 습격으로 변화하였다.

(2) 농민 운동

① 소작 쟁의: 농민 운동은 주로 소작 쟁의를 중심으로 추진되었다.
  ㉠ 1920년대 전반기: 주로 소작인 조합이 중심이 된 소작 쟁의로 50% 이상이었던 고율의 소작료 인하와 소작권 이동 반대가 목적이었다. 1923년에 일어난 암태도 소작 쟁의가 대표적 사건이다.
  ㉡ 1920년대 후반기: 자작농까지 포함하는 농민 조합이 소작 쟁의를 주도하였다. 1930년에 일어난 단천 산림 조합 시행령 반대 운동이 대표적 사건이다.

▲ 소작 쟁의 발생 횟수와 참가 인원수

② 농민 운동의 성격 변화
  ㉠ 일본인 대지주나 일본 지주 회사들을 대상으로 한 소작 쟁의는 농장이나 회사에 속한 농민의 수가 많았기 때문에 그 규모도 크고 격렬해졌다.
  ㉡ 지주를 상대로 한 소작 쟁의뿐만 아니라 일제의 경제적 약탈 전반에 대항하는 투쟁으로 변화하였다.
  ㉢ 규모가 확대되고 기간도 장기화되었으며, 형태도 대중적 봉기 형태로 옮겨 갔다.
  ㉣ 동양 척식 주식회사 농장의 소작 쟁의는 항일 운동의 성격을 띠었다.
③ 1930년대 이후: 1930년 적색(혁명적) 농민 조합이 결성되면서 빈농을 주체로 한 토지 혁명을 주장하였다(혁명적 농민 조합 운동).

사료 농민 운동 – 소작인 조합의 요구 사항

1. 소작 조건을 보장하고 소작료는 실제로 수확하는 양의 40%를 한도로 할 것
2. 지세(地稅)·공과금(公課金)은 지주가 부담할 것
3. 지주나 마름의 선물(膳物) 및 부역 강요에 대해서는 거절할 것
4. 머슴 및 일용 노동자들과의 단결을 도모할 것
5. 동양 척식 주식회사의 일본인 이민(移民)을 반대할 것
　　　　　　　　　　　　　　　　　　　　　　　경상남도 노동 운동자 협의회, 1924

(3) 노동 운동

① 노동조합의 결성: 노동 운동은 자유 노동자를 중심으로 상당수의 노동조합이 결성되어 임금 인상과 처우 개선 등을 내걸고 파업 투쟁을 벌여 나갔다.
② 열악한 노동 조건
  ㉠ 열악한 환경: 한국인 노동자들의 경우 임금은 낮고 노동 시간은 길었으며, 작업 환경도 극히 열악하였다.
  ㉡ 초과 이윤의 획득: 일본의 독점 자본주의는 노동 입법이 이루어지지 않은 한국의 상황을 최대한 이용하여 초과 이윤을 얻고자 하였다.

단권화 MEMO

■ 암태도 소작 쟁의
1923년 전라도 신안군 암태도에서 악질 지주 문재철을 상대로 소작농들이 1년여에 걸쳐 소작 쟁의를 펼쳤다. 당시 문재철은 7~8할이 넘는 고율의 소작료로 농민들을 착취하였는데, 소작농들은 1923년 8월 추수기를 앞두고 암태 소작회를 만들어 소작료를 4할로 인하할 것을 요구하면서 소작 쟁의를 시작하였다. 암태도 소작 농민들의 끈질긴 투쟁의 결과 문재철은 소작료를 4할로 낮추는 데 합의하였다.

■ 1920년대 노동·농민 단체의 조직

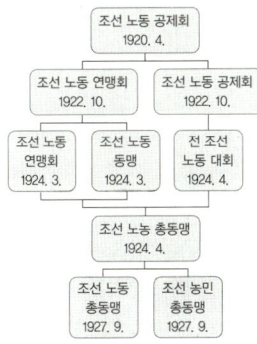

ⓒ 민족적 차별: 이러한 상태에서 한국 노동자들은 일본 노동자의 절반에도 못 미치는 임금의 인상 요구와 8시간 노동제의 시행을 중심으로 쟁의를 벌였다.

③ 노동 운동의 확산
- ㉠ 요구 조건: 노동 쟁의의 쟁점은 임금 인상 외에 단체 계약권의 확립, 8시간 노동제의 실시, 악질 일본인 감독의 추방, 노동 조건의 개선 등으로 점차 확대되었다. 특히 1923년에는 경성 고무 공장 여성 노동자들이 '아사 동맹'을 체결하여 파업을 하기도 하였다.

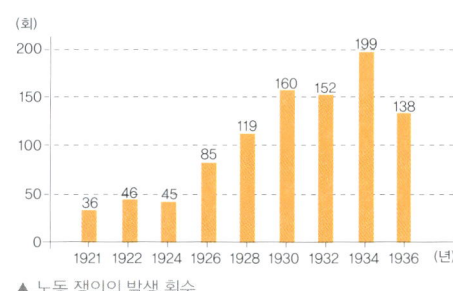

▲ 노동 쟁의의 발생 횟수

- ㉡ 노동 운동의 대중화: 1920년대 후반기에는 서울·인천·목포 등의 대도시에 한정되던 노동 쟁의가 전국 각지로 확산되었으며, 영흥 노동자 총파업·원산 총파업 등 지역 총파업이 진행되어 노동 운동이 대중화하는 양상을 보였다.

④ 원산 총파업(1929)
- ㉠ 계기: 한 석유 회사의 일본인 감독이 한국인 노동자를 구타한 사건을 계기로 3,000여 명이 참가한 **원산 총파업**은 일제 강점기 노동 운동에서 가장 규모가 컸다.
- ㉡ 경과: 이 파업은 일제가 폭압적으로 탄압하는 상황에서 조선 노동자들이 단결하여 조직적으로 파업을 진행시키면서 투쟁하였고, 항일 투쟁 정신을 고취시켰다. 이로 인하여 노동자 파업이 전국 각지에서 잇따랐다.
- ㉢ 결과: 이 운동은 비록 실패로 끝났지만 노동 운동이 항일적 성격을 띤 좋은 본보기가 되었다.

⑤ 1930년대 이후: 일제의 침략 전쟁이 확대되면서 노동 운동에 대한 탄압이 강화되었다. 이에 사회주의 세력과 노동 운동 세력이 적극적으로 결합하여 혁명적(적색) 노동조합 운동을 전개하였다.

■ 원산 총파업
1929년에 일어난 원산 총파업은 노동자들이 민족 운동에서 중요한 세력으로 등장하였음을 보여 준 대표적 투쟁이었다. 파업이 4개월이나 계속되면서 노동자들이 끼니를 잇기조차 어렵게 되자 전국 곳곳의 사회단체·청년 단체·노동 단체 등에서 성금을 보냈다. 또한 일본 노동자들이 동조 파업을 벌였고, 중국·프랑스·소련의 노동자들까지 격려 전문을 보내왔다. 이렇듯 세계의 주목을 받으며 전개된 이 파업마저 일제 경찰의 가혹한 탄압 때문에 실패하고 말았다.

04 여성 운동과 청년 운동

(1) 여성 운동

① 여성 운동의 전개
- ㉠ 의식 계발의 계기: 3·1 운동을 비롯한 국내외 항일 독립운동에서 여성들의 목숨을 건 참여와 희생의 경험은 이들의 정치적·사회적 의식을 획기적으로 계발시키는 계기가 되었다.
- ㉡ 여성의 계몽 운동: 민족 실력 양성 운동에서 사회 개조와 신문화 건설에 여성들의 역할이 요구되자 이들은 스스로의 힘으로 이를 성취하기 위해서는 여성의 계몽과 교육이 무엇보다 선결 조건임을 자각하고, 문맹 퇴치·구습 타파·생활 개선의 실현을 위한 **여성 교육 계몽 운동**을 활발히 전개하였다.

② 여성 단체의 조직
- ㉠ 1920년대 초반기: 민족주의의 영향 아래 가부장제 혹은 전통적 인습 타파라는 주제로 계몽 차원에서 전개되었다.

▲ 여성 잡지 〈신여성〉

- 전국적 규모의 단체: 여자 청년회·부인회·조선 여자 교육회·조선 여자 청년회가 있었으며, 종교 계통으로는 조선 여자 기독교 청년회 등이 여성 계몽 운동을 목적으로 활동하였다.
- 지방의 단체: 야학·강연회 등을 통한 문맹 퇴치·풍습 개량·지식 계발을 목적으로 하는 단체들이 조직되었다.
ⓒ 1920년대 중반기: 여성 해방의 문제를 계급 해방·민족 해방의 문제와 연결 지으며 사회주의 운동과 결합되는 모습으로 변화하였다. 대표적으로 한국 최초의 사회주의 여성 단체인 조선 여성 동우회(1924)가 있었다.
ⓒ 1920년대 후반기: 여성의 지위 향상을 취지로 여성 직업 단체들이 조직되어 여성에 대한 기술 교육·저축 장려·부업 알선 등을 실시하였으므로 더욱 많은 여성이 사회 활동에 참여하였다.

> **단권화 MEMO**
>
> ■ 조선 여자 교육회
> 1920년에 조직된 여성 계몽 교육 단체로 전국을 순회하며 계몽 강연회를 개최하였다. 또한 여학교 설립을 도모하여 1921년에는 근화 학원을 설립하였다.

사료 일제 강점기 여성 노동자의 생활

어두컴컴한 공장에서 감독의 무서운 감시와 100도 가까운 열기 속에서 뜨거운 공기를 마시며 육골이 쑤시고 뼈가 으스러지도록 노동을 하는 여성 노동자는 대개 15~16세 혹은 20세 전후로 그 대부분은 각지 농촌에서 모집되어 온 사람이다. 그들은 하루 최고 15~16전으로 6~7년간 이런 환경 속에서 괴로운 훈련을 겪은 다음에야 겨우 40~50전을 받는다. …… 이 여성들의 낯빛은 중병 직후의 환자와 같고 몸은 쇠약할 대로 쇠약하여 졸도하는 일이 허다한데, 공장 내에는 특별한 규율이 있어 조금이라도 그 규율을 어기면 즉각 매를 맞는 형편이었다.

〈조선일보〉 1936. 7. 2.

(2) 청년 운동

① 방향: 1920년 조직된 조선 청년 연합회 등 1920년대 초 청년 조직은 100여 개가 되었으며, 이들 청년 운동 단체들은 표면적으로는 청년의 품성 도야·지식의 계발·체육 장려·단체 훈련 강화 등을 내세웠고, 풍속 개량과 미신 타파 등을 통하여 사회 개선을 추구하였다. 그러나 이들 단체들은 실제로는 민족의 생활과 역량을 향상시킴으로써 자주독립의 기초를 이룩하려 하였다.

② 활동
ⓒ 청년 단체들은 강연회·토론회 등을 개최하고, 학교·강습소·야학 등을 설치하고 운영하여 지식의 향상을 꾀하였으며, 운동회·조기회 등을 통하여 심신의 단련을 도모하였다.
ⓒ 단연회·금주회·저축 조합 등을 결성하여 사회 교화와 생활 개선을 꾀하였다.

③ 학생 운동
ⓒ 전개: 학생 운동은 대개 동맹 휴학의 형태로 전개되었다. 처음에는 시설 개선이나 일인 교원 배척 등의 요구가 많았다. 그러나 점차 식민지 노예 교육 철폐, 조선 역사의 교육, 교내 조선어 사용, 학생회 자치, 언론 및 집회의 자유 등의 요구가 대두되었다.
ⓒ 광주 학생 항일 운동(1929): 일반 학생의 반일 감정을 토대로 일어난 민족 운동으로, 청년 운동의 절정을 이루었다.

④ 조선 청년 총동맹(1924): 1920년대 초에 사회주의 사상이 유입된 이후, 청년 단체들은 민족주의 계열과 사회주의 계열로 나뉘었다. 이와 같은 청년 운동의 분열을 수습하기 위하여 조직된 것이 조선 청년 총동맹이었다.

(3) 소년 운동

① 전개
ⓒ 본격화: 소년 운동은 천도교 청년회가 소년부를 설치함으로써 본격화되었다.

ⓒ 전국적 확산: 방정환은 천도교 소년회(1921)를 조직하였고, 색동회에서는 1923년 어린이날을 제정하였다(어린이날 제정 당시, 5월 1일).

> **사료** 「어린이 선언문」(1923. 5. 1.)
>
> 1. 어린이를 재래의 윤리적 압박으로부터 해방하여 그들에 대한 완전한 인격적 예우를 허하게 하라.
> 1. 어린이를 재래의 경제적 압박으로부터 해방하여 만 14세 이하의 그들에 대한 무상 또는 유상의 노동을 폐하게 하라.
> 1. 어린이 그들이 고요히 배우고 즐겁게 놀기에 족한 각양의 가정 또한 사회적 시설을 행하게 하라.

② 발전
  ㉠ 조선 소년 연합회(1927) : 전국적 조직체로서 조선 소년 연합회가 조직되어 체계적인 소년 운동을 전개하였다.
  ㉡ 방정환(색동회, 1923), 조철호 등은 소년 운동을 통하여 어린이들에게 용기와 애국심을 북돋워 주었다.
③ 중단
  ㉠ 분열 : 지도자들 사이에 사상과 이념의 대립이 나타나 소년 운동도 분열되었다.
  ㉡ 일제의 탄압 : 중일 전쟁 발발 후에는 일제가 한국의 청소년 운동을 일체 금지하고 단체를 해산함으로써 청소년 운동은 중단되었다.

(4) 형평 운동

① 배경 : 천대를 받아 오던 백정들은 갑오개혁에 의해 법제적으로는 권리를 인정받았으나 사회적으로는 오랜 관습 속에서 지속적인 차별을 받고 있었다.
② 조직 : 이에 반발하여 이학찬을 중심으로 한 백정(白丁)들은 진주에서 조선 형평사(朝鮮衡平社)를 창립하였다(1923).
③ 전개 : 사회적으로 평등한 대우를 요구하는 형평 운동을 전개하였다.

> **사료** 조선 형평사 취지문
>
> 공평(公平)은 사회의 근본이고, 사랑은 인간의 본성이다. 고로 우리는 계급을 타파하고, 모욕적인 칭호를 폐지하여 교육을 장려하고 우리도 참다운 인간으로 되고자 함은 본사(本社)의 주지이다. 지금까지 조선의 백정은 어떠한 지위와 압박을 받아왔던가? 과거를 회상하면 종일 통곡하고도 피눈물을 금할 수 없다.

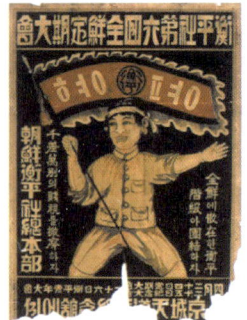
▲ 조선 형평사의 전국 대회 포스터

> **바로 확인문제**
>
> ● 자료에 나타난 운동에 대한 설명으로 가장 옳은 것은? 22. 법원직 9급
>
> > 진주성 내 동포들이 궐기하여 형평사라는 단체를 조직하여 계급 타파 운동을 개시할 것이라고 한다. …… 어떤 자는 고기를 먹으면서 존귀한 대우를 받고, 어떤 자는 고기를 제공하면서 비천한 대우를 받는다. 이는 공정한 천리(天理)에 따를 수 없는 일이다.
>
> ① 백정에 대한 차별 철폐를 요구하였다.
> ② 공·사노비 제도가 폐지되는 결과를 가져왔다.
> ③ 향·부곡·소를 일반 군현으로 승격할 것을 주장하였다.
> ④ 평안도 지역에 대한 차별과 지배층의 수탈에 항거하였다.

|정답해설| 백정들에 대한 사회적 차별 철폐를 위해 1923년 진주에서 조선 형평사가 조직되었다.

|오답해설|
② 1894년 제1차 갑오개혁 때 공·사 노비 제도가 철폐되었다.
③ 무신정권 때 망이·망소이 난의 결과로 명학소가 충순현으로 승격되는 등 향·부곡·소 등의 특수 행정 구역이 점차 줄어들었다.
④ 조선 순조 때 일어난 홍경래의 난(1811)은 평안도 지역에 대한 차별과 지배층의 수탈에 항거한 민란이었다.

|정답| ①

● 다음 선언문이 발표된 때로부터 가장 먼 시기에 있었던 사실로 적절한 것은?　　18. 경찰직 3차

> 1. 어린이를 재래의 윤리적 압박으로부터 해방하여 그들에 대한 완전한 인격적 예우를 허하게 하라.
> 2. 어린이를 재래의 경제적 압박으로부터 해방하여 만 14세 이하의 그들에 대한 무상 또는 유상의 노동을 폐하게 하라.
> 3. 어린이 그들이 고요히 배우고 즐겁게 놀기에 족한 각양의 가정 또한 사회적 시설을 행하게 하라.

① 신채호는 김원봉의 요청으로 「조선 혁명 선언」을 지어 의열단의 투쟁 노선과 행동 강령을 제시하였다.
② 박상진을 총사령으로 하여 군대식 조직을 갖추고, 공화 정부 수립을 목표로 활동한 대한 광복회가 결성되었다.
③ 백정은 자신들에 대한 차별 대우를 폐지하여 저울처럼 평등한 세상을 만들겠다는 의지를 모아, 경남 진주에서 조선 형평사를 창립하였다.
④ 국내외의 독립운동 상황을 점검하고 새로운 활로를 모색하기 위하여 상하이에서 국민 대표 회의가 열렸다.

단권화 MEMO

|정답해설| 제시된 사료는 1923년에 발표된 「어린이 선언문」이다. 대한 광복회는 1915년에 결성되었다.
|오답해설|
①③④ 1923년에 있었던 사실이다.
|정답| ②

CHAPTER 04 민족 문화 수호 운동

01 식민지 문화 정책
02 민족 문화 수호 운동의 전개
03 민족 교육 진흥 운동
04 일제 강점기의 종교 활동
05 일제 강점기의 문예 활동
06 일제 강점기 사회 구조 및 생활 모습의 변화

01 식민지 문화 정책

(1) 우민화 교육과 언론 정책

① 우민화 교육: 일제는 우민화 교육과 동화 정책을 통하여 이른바 한국인의 황국 신민화를 꾀하였다.

㉠ 중일 전쟁 이전: 우리 민족은 우리말 대신 일본어를 배우도록 강요당하였고, 각급 학교의 교과서는 일제의 침략 정책에 맞도록 편찬되었다. 또한 일제는 사립 학교나 서당 등 민족주의 교육 기관을 억압하였다. 다만 초급의 실업 기술 교육을 통하여 식민지 통치에 유용한 기술 인력의 양성만을 꾀하였다.

㉡ 중일 전쟁 이후: 1930년대 후반 이후에는 더욱 혹독한 식민지 교육 정책이 실시되었다. 즉, 일제가 내세운 내선일체·일선 동조론·황국 신민화와 같은 허황된 구호 아래 우리말과 우리 역사의 교육은 금지되었으며, 항거하는 학교는 폐쇄되었다. 이에 일부 지도층 인사들은 민족적 양심을 저버리고 일제의 강요에 굴복하여 친일 행각을 벌이기도 하였다.

㉢ 조선교육령

구분	실시 연도	내용
1차	1911	• 우리 민족을 일본에 '충량한 국민'으로 만들고자 하였으며, 일본어 보급을 목적으로 제시하였다. • 조선인의 노동력을 착취하기 위하여 초보적 실업 교육을 장려하였으며, 보통학교의 수업 연한을 4년으로 하였다.
2차	1922	• 보통학교의 수업 연한을 4년에서 6년으로, 고등 보통학교는 4년에서 5년으로 연장하였다. • 조선인과 일본인의 공학을 원칙으로 하였다. • 사범 학교를 설치하고 조선에서의 대학 교육을 허용하였다. • 교육 시설을 3면 1교로 하였다.
3차	1938. 3.	• 황국 신민 서사(1937년 제정)를 암송하도록 강요하였다. • 초등 교육 시설을 확장하였다(1면 1교). • 조선어를 수의(선택) 과목으로 규정하였지만, 일상생활에서 조선어 사용을 금지하였다. • 학교 명칭을 일본과 동일하게 수정하였다(보통학교 → 심상 소학교, 여자 고등 보통학교 → 고등 여학교). • 1941년 소학교의 명칭을 '국민학교'로 바꿨다.
4차	1943	• 군부에 의한 교육 통제를 강화하고, 조선어 과목을 완전히 폐지하였다. • 수업 연한을 단축하고, 사범 학교 교육을 확충하여 황국 신민을 양성하려 하였다.

| 사료 | 제1차 조선 교육령(1911)

제1조 조선에서의 조선인의 교육은 본령에 따른다.
제2조 교육은 교육에 관한 칙어(勅語)의 취지에 따라 충량한 국민을 육성하는 것을 본의로 한다.
제5조 보통 교육은 보통의 지식, 기능을 부여하고 특히 국민된 성격을 함양하여 국어(일본어)를 보급함을 목적으로 한다.
제6조 실업 교육은 농업, 상업, 공업에 관한 지식, 기능을 가르쳐주는 것을 목적으로 한다.
제9조 보통학교의 수업 연한은 4년으로 한다. 단 지방 실정에 따라 1년을 단축할 수 있다.

| 바로 확인문제 |

● 다음 법령이 시행되던 시기에 있었던 사실로 옳은 것은? 　　　　　　　　　　　　　　21. 경찰직 1차

제2조 국어를 상용하는 자의 보통 교육은 소학교령, 중학교령 및 고등 여학교령에 의한다.
제3조 국어를 사용하지 않는 자에게 보통 교육을 하는 학교는 보통학교, 고등 보통학교 및 여자 고등 보통학교로 한다.
제5조 보통학교의 수업 연한은 6년으로 한다. 단, 지역의 정황에 따라 5년 또는 4년으로 할 수 있다.

① 사립 학교령이 공포되다.
② 조선어가 선택 과목이 되었다.
③ 경성 제국 대학이 설립되었다.
④ 소학교가 국민학교로 개칭되었다.

● 다음 법령이 제정된 때와 가장 가까운 시기에 있었던 사실로 가장 적절한 것은? 　　　18. 경찰직 2차

제1조 소학교는 국민 도덕의 함양과 국민 생활의 필수적인 보통의 지능을 갖게 함으로써 충량한 황국 신민을 육성하는데 있다.
제13조 심상 소학교의 교과목은 수신, 국어(일어), 산술, 국사, 지리, 이과, 직업, 도화, 소공, 창가, 체조이다. 조선어는 수의 과목으로 한다.

① '재만 한인 단속 방법에 관한 협약'이 맺어짐으로써 독립군의 활동은 큰 위협을 받게 되었다.
② 조선 청년 독립단의 이름으로 독립 선언서를 발표하였다.
③ 일제는 한글 연구로 민족의식이 고취되는 것을 막기 위해 조선어 학회를 강제로 해산시켰다.
④ 조선 민족 혁명당은 민족 연합 전선을 강화하기 위해 다른 단체들과 함께 조선 민족 전선 연맹을 결성하였다.

② 언론 탄압
　㉠ 국권 침탈: 한국인의 언론·집회·결사의 자유가 박탈되고, 일제의 식민 통치에 항거하는 신문은 모두 폐간되었다. 그러나 3·1 운동 이후에는 이른바 문화 통치에 의해 〈조선일보〉와 〈동아일보〉의 발행이 허가되기도 하였다.
　㉡ 일제의 박해: 민족지들은 일제의 검열에 의해 기사가 삭제되거나 정간·폐간되었고, 언론인들이 구속되는 등 온갖 박해를 받았다.

| 단권화 MEMO

| 정답해설 | 제시된 법령 중 제5조의 "보통학교의 수업 연한을 6년으로 한다."를 통해 1922년에 공포되어 1938년까지 적용된 제2차 조선 교육령임을 알 수 있다. 일제는 1924년에 경성 제국 대학을 설립하였다.

| 오답해설 |
① 1908년에 사립 학교령이 공포되었다.
② 1938년에 제정된 제3차 조선 교육령으로 조선어가 선택 과목이 되었다.
④ 1941년에 제3차 조선 교육령이 일부 개정되면서 (심상)소학교가 국민학교로 개칭되었다.

| 정답 | ③

| 정답해설 | 제시된 법령의 "조선어는 수의 과목으로 한다."라는 내용을 통해 1938년에 공포된 제3차 조선 교육령임을 알 수 있다. 1937년에 조선 민족 전선 연맹이 결성되었다.

| 오답해설 |
① 1925년 재만 한인 단속 방법에 관한 협약(미쓰야 협정)이 맺어져 독립군은 큰 위협을 받게 되었다.
② 1919년에 도쿄의 조선 청년 독립단이 독립 선언서를 발표하였다 (「2·8 독립 선언」).
③ 일제는 1942년에 조선어 학회를 강제로 해산시켰다(조선어 학회 사건).

| 정답 | ④

단권화 MEMO

■ **일제의 한국사 왜곡**

· **정체성론**: 한국사는 역사적 발전을 제대로 겪지 못해서 근대 사회로의 이행에 필요한 봉건 사회를 거치지 못하고, 고대 국가 정도에 머물러 있다는 주장(중세 부재론)

· **타율성론**: 한국사의 전개 과정이 한국인의 자주적 역량에 의해 자율적으로 이루어지지 못하고, 외세의 간섭과 압력에 의해서 타율적으로 이루어졌다는 주장

· **당파성론**: 한국인은 분열성이 강하여 항상 내분으로 싸웠다는 주장

· **반도성론**: 반도 국가의 지리적 특수성을 강조하며, 한국사의 독자적 발전을 부정

(2) 한국사 왜곡

① 식민 사관
  ㉠ 일제는 우리 민족의 긍지와 정체성을 심어 주는 한국사를 왜곡하여 한국인의 민족의식을 약화시키고, 나아가 이를 말살하려고 하였다.
  ㉡ 한국사의 타율성·정체성·당파성 등이 강조되었고, 자율성과 독창성 등은 무시되었다.
② 조선사 편수회
  ㉠ 1925년 일제가 조선 총독부 부설로 설치한 한국사 연구 기관이다.
  ㉡ 식민 사관을 바탕으로 『조선사』를 편찬하는 등 대표적인 역사 왜곡 기구였다.
③ 청구 학회: 경성 제국 대학 역사학 교수들과 조선사 편수회 식민 사학자들은 **청구 학회**를 통해 식민 사관을 널리 알리려 하였다.

> **사료** 조선사 편수회
>
> 조선인은 다른 식민지의 야만인 혹은 반개민족(半開民族)과는 달리 독서를 하는 문화에 속해 있으며 문명인보다 열등하지 않다. 옛날부터 전해져 오는 역사서들이 많으며, 또한 새롭게 저술된 것도 적지 않다. 그런데 전자는 독립 시대의 저술로서 현대와는 관계가 없으며, 단지 독립국의 옛 꿈을 되새기게 만드는 폐단이 있다. 후자는 근대 조선에서 일청, 일로 사이의 세력 경쟁을 서술하면서 조선의 나아갈 바를 설명하고 있거나 혹은 『한국통사(韓國痛史)』라고 불리는 재외 조선인의 저서와 같이 사건의 진상을 밝히려 하지 않고 함부로 헛된 주장을 마음대로 하고 있다. 이러한 역사 서적이 인심을 고혹하는 해독은 진실로 이루 말할 수 없을 것이다. 그러나 이를 제거하는 방책으로, 절멸의 방책을 강구하는 것은 헛된 노력만 기울이고 효과가 없을 뿐 아니라 오히려 그 전파를 촉진하게 될 수도 있다. 차라리 옛 역사를 금지하는 것 대신 공명 정확한 역사서를 만드는 것이 지름길이며, 효과가 더욱 현저해질 것이다. 이것이 조선반도사의 편찬이 필요한 주된 이유이다.
>
> 조선 총독부 조선사 편수회, 『조선사 편수회 사업 개요』, 1938

02 민족 문화 수호 운동의 전개

일제의 민족 말살 정책에 대항하여 애국지사들은 민족 문화 수호 운동을 꾸준히 전개하였다. 이 운동의 핵심은 우리말과 우리 역사를 연구·보존하고 민족의식을 배양하려는 것이었다.

(1) 국학 운동

① 한글 보급 운동
  ㉠ 조선어 연구회(1921)

조직	3·1 운동 이후 이윤재·최현배 등이 국문 연구소의 전통을 이은 조선어 연구회를 조직하여 한국어 연구와 한글의 보급에 힘씀
활동	한글 연구와 함께 '가갸날'을 정하고(1926), 잡지 〈한글〉을 창간(1927)

  ㉡ 조선어 학회(1931)

개편	조선어 연구회가 조선어 학회로 개편되면서 그 연구도 더욱 심화됨
활동	한글 교육에 힘써 한글 교재를 출판하기도 하였으며, 회원이 전국 각 지방을 순회하면서 한글을 보급하는 데 앞장섬. 또한 '한글 맞춤법 통일안'(1933)과 '표준어'를 제정(1936)하였으며, 『우리말 큰 사전』의 편찬에 착수하였으나 일제의 방해로 성공하지 못함
해산	1942년 일제는 조선어 학회 사건을 일으켜 수많은 회원들을 체포·투옥하고 강제로 해산시킴

▲ 조선어 학회 회원들

② 한글 보급 운동의 의의: 한글 보급 운동은 일제의 우리말·우리글 말살 정책에 정면으로 대항한 항일 운동인 동시에 민족 문자 수호라는 측면에서 중요한 의의가 있다.

> **사료** 조선어 학회 공판 이유서
>
> 피고인 이극로를 중심으로 하여 문화 운동 중 그 기초적 중심이 되는 어문 운동의 방법을 취하여 …… 겉으로 문화 운동의 가면을 쓰고, 조선 독립을 목적한 실력 배양 단체로서 검거되기까지 10여 년이나 조선 민족에 대하여 조선 어문 운동을 전개해 온 것이니 그중 조선어 사전의 편찬 사업 같은 것은 민족적 대사업으로 촉망되었다.
>
> 『한글 학회 50년사』

> **심화** 조선어 연구회, 조선어 학회
>
> ❶ 조선어 연구회는 각 학교에서 조선어를 가르치던 주시경(周時經)의 제자들이 1921년 "조선어의 정확한 법리를 연구"할 목적으로 설립하였다. 조선어 연구회는 주로 한글 철자법을 연구하였고, 동인지 〈한글〉을 중심으로 활동하였다. 1926년에는 훈민정음 반포 480주년을 맞아 훈민정음 반포일을 '가갸날'로 명명하고 기념식을 개최하는 등 한글 보급을 위해 활발한 활동을 벌였다.
> 조선어 연구회는 '조선어 사전 편찬회'를 조직하였는데, 이는 정확한 한글 사전 편찬을 통해 우리말과 우리글의 의미를 정리하고 체계화시키며, 민족의 글과 정신을 일깨워 궁극적으로는 민족의 갱생을 꾀하려는 목적이었다. 그런데 사전 편찬을 위해서는 통일된 표준어와 맞춤법 등이 필요하였다. 이에 1930년 12월 조선어 연구회는 한글 맞춤법 통일안을 제정하기로 결의하였다.
>
> ❷ 1931년 1월 조선어 연구회를 "조선어문의 연구와 통일"을 위한 기관인 조선어 학회로 개편하여 보다 적극적으로 한글 사전 편찬 사업을 추진하였다. 조선어 학회는 1933년 '한글 맞춤법 통일안'을 시작으로 '조선어 표준어 사정안', '외래어 표기법 통일안'을 차례로 확정하였다. 1940년에는 그동안의 성과를 바탕으로 '한글 맞춤법 통일안'을 수정 발간하였으며, 본격적으로 한글 사전 편찬에 노력을 기울였다.
>
> ❸ 1940년 조선 총독부에 『조선어 대사전』 출판을 허가받았고, 1942년 원고를 출판사에 넘겨 한글 사전을 간행할 예정이었다. 하지만 1942년 10월에 발생한 이른바 조선어 학회 사건으로 한글 사전 편찬은 중단되었고, 원고와 서적은 전부 압수되었다. 조선어 학회 사건은 일제가 사전 편찬에 참여하던 교사 정태진(丁泰鎭)에게서 강제로 조선어 학회가 민족주의 단체로서 독립운동을 하고 있다는 자백을 받아 내면서 시작되었다. 일제는 1942년 10월부터 1943년 4월까지 조선어 학회 핵심 회원과 사전 편찬을 후원하는 찬조 회원을 대거 검거하였다. 이들에게는 치안 유지법의 내란죄가 적용되었고, 재판 과정에서 이윤재와 한징은 옥사하였으며, 이극로, 최현배, 이희승, 정인승, 정태진 5명은 실형을 선고받았다. 이 사건으로 조선어 학회의 활동은 사실상 중단되었다.

> **사료** 『우리말 큰 사전』 머리말
>
> 말은 사람의 특징이요, 겨레의 보람이요, 문학의 표상이다. 조선말은 우리 겨레가 반만년 역사적 생활에서 문화 활동의 말미암던 길이요, 연장이요, 또 결과이다. 그 낱낱의 말은 다 우리의 무수한 조상들이 잇고 이어 보태고 다듬어서 우리에게 물려준 거룩한 보배이다. 그러므로 우리말은 곧 우리 겨레가 가진 정신적·물질적 재산의 총목록이라 할 수 있으니, 우리는 이 말을 떠나서는 하루 한때도 살 수 없는 것이다.

단권화 MEMO

단권화 MEMO

| 정답해설 | (가)는 조선어 학회이다. 조선어 학회에서는 ㄴ. 1933년 한글 맞춤법 통일안을 제정하였고, ㄷ. 『우리말 큰 사전』 편찬을 준비하였으나, 1942년 조선어 학회 사건으로 실패하였다.

| 오답해설 |
ㄱ. 국문 연구소는 1907년 대한 제국 학부 소속으로 만들어진 한글 연구 기관이다.
ㄹ. 천도교에서는 〈개벽〉, 〈어린이〉 등의 잡지를 발간하였다.

| 정답 | ③

---

*한국사의 연구
민족주의 사학자 박은식, 신채호, 정인보, 문일평의 주장과 저서를 기억해야 한다. 또한 사회 경제 사학자들이 일제 식민 사학의 정체성론을 비판했음을 알아야 한다.

바로 확인문제

● (가) 단체에 대한 설명으로 옳은 것을 〈보기〉에서 모두 고른 것은?   23. 법원직 9급

최현배, 이극로 등이 중심이 된 ☐(가)☐ 은/는 '표준어 및 외래어 표기법 통일안'을 제정하는 등 한글 표준화에 기여하였다. 이에 일제는 1942년 ☐(가)☐ 을/를 독립운동 단체로 간주하여 회원들을 대거 검거하였다. 일제는 이들을 고문하여 자백을 강요하였고 이윤재, 한징이 옥사하였다.

| 보기 |
ㄱ. 국문 연구소를 설립하였다.
ㄴ. 한글 맞춤법 통일안을 만들었다.
ㄷ. 『우리말 큰 사전』 편찬을 준비하였다.
ㄹ. 〈개벽〉, 〈어린이〉 등의 잡지를 발행하였다.

① ㄱ, ㄴ   ② ㄱ, ㄷ   ③ ㄴ, ㄷ   ④ ㄴ, ㄹ

(2) 한국사의 연구*

① 민족주의 사학
  ㉠ 민족 문화 수호 운동은 한국사 연구에서도 활발하게 일어났다.
  ㉡ 일제의 한국사 왜곡에 맞서 민족주의 사학자들은 우리 민족 문화의 우수성, 한국사의 주체적 발전 등을 강조하였다. 대표적인 인물로 박은식, 신채호, 정인보 등이 있다.

② 박은식
  ㉠ 개관
    • 1898년 〈황성신문〉 주필을 지냈으며, 1909년 「유교구신론」을 발표하였다. 이후 신규식과 함께 동제사 및 대동 보국단을 조직하였다.
    • 역사학자로서 『안중근전』, 『한국 독립운동 지혈사』를 간행하였으며, 1924년 상하이 〈독립신문〉 사장, 1925년 3월에는 임시 정부 제2대 대통령에 취임하였다.
  ㉡ 역사 인식 : 박은식은 원래 성리학적 사관을 가졌으나 1898년 양명학을 받아들여 실천적이고 민중적인 유교로 개신하고(「유교구신론」 주장), 1910년 대종교 역사의식도 수용하였다. 이를 토대로 근대적 민족주의 역사관을 확립하였다. 박은식은 여타 민족주의 사학자들이 고대사에 치중한 것과는 달리 근대사에 치중하였다.
  ㉢ 『한국통사』
    • 박은식이 1915년 상하이에서 편찬한 역사서로서, 최초의 근대적 역사 인식에 기초한 한국 근대사이다. 서론에서는 단군, 부여, 고구려, 발해의 역사를 강조하며, 고종 즉위 이전까지를 긍정적으로 서술하였다.
    • 본론에서는 고종 즉위에서 105인 사건을 상술하면서 근대 역사의 여러 사건들 속에서 국가의 멸망 원인을 파악하였다.
    • '나라는 형(形: 형체, 魄: 몸)이며, 역사는 신(神: 정신, 혼)이다.'라고 강조하면서 국가의 외형적 요소는 멸망할 수 있지만 정신 또는 국혼(국어, 국사)이 멸망하지 않으면 반드시 국권을 회복할 수 있다고 강조하였다.
  ㉣ 『한국 독립운동 지혈사』
    • 『한국 독립운동 지혈사』는 『한국통사』의 속편이라고 할 수 있다. 박은식은 3·1 운동에 자극받아 임시 정부의 사료 조사 편찬회(임시 사료 편찬 위원회)에서 『한일 관계 사료집』 4권을 편찬한 후 수집된 자료를 토대로 1920년 간행하였다.

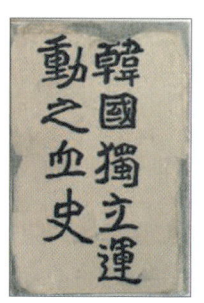
▲ 『한국 독립운동 지혈사』

- 내용: 한국이 일본에 동화될 수 없고 계속되는 독립 투쟁, 특히 거족적인 3·1 운동에서 보듯이 한국의 국혼이 멸하지 않았으므로 투쟁을 계속하면 반드시 국권이 회복될 것이라는 데 중점을 두었다.

ⓜ 기타
- 태백광노(太白狂奴) 또는 무치생(無恥生)의 별호를 사용하였으며 윤세복이 만주에 세운 동창 학교의 운영에 참여하였다.
- 1911년 만주에서 고대사 유적지를 답사하면서 『동명성왕실기』, 『발해태조건국지』, 『몽배금태조』, 『명림답부전』, 『연개소문전』 등 무장 투쟁을 뒷받침하는 영웅주의적 역사를 서술하였다.
- 『안중근전』, 『단조사고』 등을 저술하고 최남선과 함께 조선 광문회를 설립하여 민족의 고전을 정리·간행하였다.

사료 박은식의 『한국 독립운동 지혈사』

우리 민족은 맨손으로 분기하고 붉은 피로써 독립을 구하여 세계 혁명사에 있어 한 신기원을 이룩했다. …… 갑진(甲辰) 의정서 6조와 을사조약 체결 이래 독립운동이 하루라도 그친 적이 없었으니, 독립을 위해 순사(殉死)한 우리의 의병이 수십만이요, 독립을 위해 순사한 우리의 열사가 천백이며, 우리의 지사단(志士團) 중 아직 죽지 않고 국내외로 바삐 뛰어다녀, 독립을 부르짖으면서 국혼(國魂)을 불러일으키는 자 또한 수없이 많다.

『한국 독립운동 지혈사』

③ 신채호

㉠ 개관
- 성균관 박사를 지내고 〈황성신문〉 기자(1905), 〈대한매일신보〉 주필(1906), 신민회 참여(1907) 이후 1910년 블라디보스토크로 건너가 〈권업신문〉 주필, 상하이 임시 정부 의정원 의원을 지냈다.
- 1923년 국민 대표 회의에서는 창조파에 가담하였으며, 같은 해 의열단의 강령인 「조선 혁명 선언」을 작성하였고(이후 무정부주의 활동), 1928년 체포되어 10년 형을 받고 복역하다가 여순(뤼순)에서 1936년에 옥사하였다.

㉡ 초기의 역사 인식
- 「독사신론」(1908, 〈대한매일신보〉에 연재): 민족주의 사학의 기틀을 마련하였다고 평가되며, 기존 유교 사관인 단군 – 기자 – 위만이나 단군 – 기자 – 삼한의 고대사 체계를 부정하고, 단군의 전통이 부여·고구려로 계승되었다고 주장하였다. 임나일본부설을 부정하고 고대 한민족의 일본 경영과 중국에 대한 식민 활동을 강조하면서 민족 주체성을 부각하였다.
- 영웅 사관과 고대사 유적 답사: 신채호는 국외로 망명하기 전 신문 기고 등을 통해 「을지문덕전」, 「최도통전(최영 장군전)」, 「이순신전」 등 영웅 전기를 발표하였다. 1914년에는 대종교 3대 종사 윤세복의 초청으로 서간도 환인현의 동창 학교에서 1년간 국사를 가르쳤다. 이때 만주의 고구려 유적을 답사하였다.

㉢ 1920년대 이후 역사 인식
- 1920년대 초 3·1 운동의 실패와 이승만 등 외교 독립론자들이 주도하는 임시 정부의 무능함에 실망하고, 민중의 직접적 폭력 혁명에 의해서만 식민지를 타파할 수 있다고 생각하였다. 신채호의 혁명 사관은 「조선 혁명 선언」, 『조선사연구초』, 『조선상고사』 (1931)에 잘 나타나 있다. 이러한 민중 중심 역사관은 전근대적 유교 사관과 제국주의적 사회 진화론을 부정한 것으로 평가된다.

▲ 신채호

단권화 MEMO

▲ 『조선상고사』

ⓔ 『조선사연구초』
- 『조선사연구초』는 〈동아일보〉에 1924년 10월부터 1925년 3월까지 연재한 6편의 논문을 1929년 동 제목으로 간행한 것이다.
- 내용: 묘청의 서경 천도 운동을 '조선 역사 일천년래 제일 대사건'으로 높이 평가하면서 조선이 사대주의의 노예가 된 원인을 묘청이 보수적 사대주의자인 김부식에게 패한 데서 찾고, 묘청의 몰락으로 자주적·진취적 사관이 소멸되었다고 보았다.

ⓜ 『조선상고사』
- 1931년 〈조선일보〉에 연재한 『조선상고사』에서는 역사를 '시간에서부터 발전하여 공간으로 확대되는 심적 활동 상태의 기록'으로 정의하고 시간, 공간, 인간을 역사의 3요소로 규정하였다.
- 인간의 정신적 요소를 강조하면서 비타협적, 폭력 혁명적, 저항적인 민족주의 의식을 분명히 하였다.
- 역사를 '아(我)와 비아(非我)의 투쟁'으로 보아 대내적으로는 계급 간, 제 세력 간, 대외적으로는 민족 간 끊임없는 투쟁과 항쟁사로 규정하였다. 즉, 변증법적 발전론의 입장에서 역사를 파악하였다.

ⓗ 기타: 신채호는 민족의 고유 사상을 화랑도의 낭(낭가) 사상에서 찾으려 하였고, 시론인 「천희당시화」를 〈대한매일신보〉에 연재하였다. 또한 『동국고대선교고』(1910), 단편 소설인 『꿈하늘』(1916), 『조선상고문화사』(1931), 『조선사론』(신채호의 유고, 1946년 발행) 등을 저술하였다.

> **사료** 신채호의 역사 인식
>
> 역사란 무엇이뇨. 인류 사회의 아(我)와 비아(非我)의 투쟁이 시간에서 발전하여 공간까지 확대하는 심적 활동의 상태의 기록이니, 세계사라 하면 세계 인류의 그리 되어 온 상태의 기록이며, 조선사라 하면 조선 민족이 그리 되어 온 상태의 기록이니라. 그리하여 아에 대한 비아의 접촉이 많을수록 비아에 대한 아의 투쟁이 더욱 맹렬하여 인류 사회의 활동이 휴식할 사이가 없으며, 역사의 전도가 완결될 날이 없다. 그러므로 역사는 아와 비아의 투쟁의 기록이니라.
>
> 『조선상고사』

④ 정인보
  ㉠ 계승: 신채호를 계승하여 고대사 연구에 치중하였고, 「오천 년간 조선의 얼」을 신문에 연재하였다.
  ㉡ 조선사 연구: 일제의 식민 사관에 대항하여 광개토 대왕릉비를 새롭게 해석하고, 한사군의 실재성을 부인하였다. 양명학과 실학사상을 주로 연구하였다.
  ㉢ 민족 사관: '얼' 사상을 강조하였고, 안재홍 등과 조선학 운동을 전개하였다.

> **사료** 「오천 년간 조선의 얼」(1935. 1. 1.~1936. 8. 29., 〈동아일보〉 연재)
>
> 누구나 어릿어릿하는 사람을 보면 '얼'이 빠졌다고 하고, 멍하니 앉은 사람을 보면 '얼' 하나 없다고 한다. '얼'이란 이같이 쉬운 것이다. 그런데 '얼' 하나 있고 없음으로써 그 광대 용맹함이 혹 저렇기도 하고 그 잔루 구차함이 이렇기도 하다.
> 따라서 '얼'에 대하여는 자세히 살피기가 쉽지 않다. 무릇 '얼'이란 보이는 것이 아니라 항상 거짓과 진실에 비추어 감추고, 나타나며, 있다가도 없어지는 것이다.

| 심화 | 조선학 운동 |

1934년 다산 정약용 서거 99년 기념사업을 계기로 조선학 운동이 본격화되었다. 조선학 운동은 한국 역사와 문화의 독자성과 주체성을 탐구하고, 근대 민족국가 수립의 가능성을 실학에서 찾으려고 했던 운동이다. 정인보는 「오천 년간 조선의 얼」(1935) 등을 저술하여 민족 사관을 고취하였다. 또한 정인보, 안재홍 등은 『여유당전서』를 교열하여 『정다산전서』라는 이름으로 간행하는 등 실학 연구에 주력하였다. 역사학에서의 조선학 운동은 안재홍, 정인보, 문일평 등 비타협적 민족주의 사학자들에 의해 주도되었는데, 신채호 등의 민족주의 사학을 계승하되 이전 민족주의 사학의 한계를 인식하고, 민족의 고유성, 특수성과 세계사적 보편성을 동시에 추구하였다.

한편 1930년대로 갈수록 식민 사학의 침투가 강화되자 비타협적 민족주의 사학자 정인보, 문일평 등은 당시 활발하던 문화사적인 방법론과 계급 투쟁 사관, 민중 사학도 도입하여 민족주의 사학을 한 단계 발전시키는 역할을 하였다.

⑤ 기타

문일평	• 『대미 관계 50년사』, 『호암 전집』을 저술하고, 개항 후의 근대사 연구에 역점을 둠 • '조선심(朝鮮心)'을 강조하면서 1930년대 조선학 운동을 전개함
안확	『조선문명사』에서 붕당 정치를 긍정적으로 인식하여 일제의 당파성론을 비판함
최남선	• 『아시조선』, 『고사통』, 『조선역사』 등을 저술하고 백두산 중심의 불함문화론(不咸文化論)을 전개하여 식민 사관에 대항함 • 조선 광문회를 조직하여 고전의 정리·간행에 노력함
장도빈	『국사』, 『이순신전』, 『대한 위인전』 등을 저술하고, 민족주의 사학의 발전에 공헌함
이능화	『조선 불교 통사』, 『조선 도교사』 등을 저술하고, 한국 종교 및 민속 방면의 연구에 공헌함
안재홍	• '대내적으로는 민주주의적 방법으로 계급 모순을 해소하고, 대외적으로 민족적 자주성을 확고히 해야 한다.'라는 신민족주의자로 1930년대 조선학 운동을 전개함 • 『조선상고사감』을 저술하고, '민족 정기(民族正氣)'를 강조하였으며, 해방 이후에는 신민족주의와 신민주주의를 제창함
손진태	『조선 민족사 개론』, 『국사대요』를 저술하였으며, 신민족주의 사관을 확립하고자 노력함

■ 문일평

문일평은 남조선 경영설, 만선 사관 등 식민 사관을 부정하고, '조선심'을 강조하였다. 그는 한글 창제, 실학을 조선심 발양의 대표적 사례로 제시하였다. 또한 신채호, 마르크스주의 역사학의 영향을 받아 「조선 과거의 혁명 운동」(1923), 「사안으로 본 조선」(1933)에서 민중 중심적 역사관을 제시하고, 고려와 조선에서 계급 간 투쟁이 있었음을 지적하였다. 대표적인 저서인 『대미 관계 50년사』(별칭: 한미 50년사, 1934)에서 제국주의의 침략을 국제적 안목에서 파악하였다.

| 사료 | 「사안(史眼)으로 본 조선」(문일평, 1933. 4., 〈조선일보〉) |

조선글은 조선심에서 생겨난 결정인 동시에 조선학을 길러주는 비료하 하려니와 조선글이 된 이래 9세기 동안에 조선의 사상계는 자는 듯 조는 듯 조선학의 수립에 대하여 각별한 진전을 보지 못하였다.

그러나 오늘날은 차차 구사상에서 벗어나 신사상의 자극을 받게 된 조선인은 조선을 재인식할 때가 왔다. 한편으로 신문화를 받아들임과 동시에 한편으로 조선학을 잘 만들어 세계 문화에 기여가 있어야만 할 것이니 이는 문화 민족으로서 조선인에게 부과된 대사명인가 한다.

(3) 실증 사학

① **특징**: 문헌 고증에 의한 실증적인 방법으로 한국학을 연구함으로써 역사 상황을 정확하고 올바르게 인식하고자 하였다.

② **진단 학회 조직(1934)**: 청구 학회 등 일제 어용학자들의 한국사 및 한국 문화 왜곡에 대항하여 이병도, 손진태 등 역사학자들과 이윤재, 이희승, 조윤제 등 국어학자들이 모여 1934년에 창립하였다. 이후 기관지인 〈진단 학보〉를 발간하였다. 한편 국가 총동원법 발표 이후 일제의 탄압이 계속되어 〈진단 학보〉는 1941년까지만 발행되었고, 진단 학회에 참여하였던 국어학자들이 1942년 조선어 학회 사건으로 구속되면서 활동이 중단되었다.

단권화 MEMO

■ 마르크스주의 역사학

마르크스주의 역사학은 세계사적 발전 법칙인 사적 유물론(원시 공산 사회 – 고대 노예제 사회 – 중세 봉건 사회 – 근대 자본주의 사회 – 공산 사회)을 우리 역사에도 적용하여 한국사의 특수성에 매몰된 민족주의 사학을 비판하였다. 또한 일제 식민 사학자들의 **정체 성론을 비판**하였으며, 중세 부재론(봉건제 결여론)이 허구임을 밝히는 데 역점을 두었다. 1930년대 이후 활동한 대표적 마르크스주의 역사학자에는 백남운, 이청원, 김태준, 김광진, 전석담 등이 있다.

■ 백남운의 연합성 신민주주의

백남운은 해방 정국을 '변혁기'와 같은 의미를 지닌 '건국기'로 표현하면서 '건국'이 현 단계 조선 민족의 최대 과제임을 강조하였다. 새로 세우는 나라의 정치 체제는 자유 민주주의도, 프롤레타리아 민주주의도 아닌 신민주주의이며, 정권의 구성 형태는 좌우익 연합 정권으로 제시하였다.

|정답해설| 〈보기〉의 서술은 박은식에 대한 설명이다. 1931년 김구가 상하이에서 한인 애국단을 조직하였다.

|정답| ④

---

(4) 사회 경제 사학

① 백남운
  ㉠ 연희 전문 학교 경제학 교수로 재임하면서 사적 유물론을 바탕으로 한국사 이해를 최초로 시도한 학자이다.
  ㉡ 『조선 사회 경제사』(1933, 원시 공산제, 고대사 서술)와 속편인 『조선 봉건 사회 경제사』를 저술하였다.
  ㉢ 원시 공산 사회(삼국 이전) – 노예제 사회(삼국) – 아시아적 봉건 사회(통일 신라~개항 이전) – 이식 자본주의(개항 이후)로 한국사의 전개를 상정하고, 한국사도 세계사적·보편적·일원론적 발전 법칙에 의해 역사가 발전하였음을 강조하였다.
  ㉣ 해방 후 남조선 신민당 위원장으로 활동하였다. 그는 **연합성 신민주의론**을 제시하였다. 이는 좌우익의 민족 통일 전선 수립을 가능하게 하는 이론이라는 점에서 특히 중간파 지식인들의 호응을 받았다. 이후 분단국가 수립 이전 월북하여 북한 정권 초대 교육상을 역임하였다.

> **사료** 백남운의 사회 경제 사학
>
> 우리 조선의 역사적 발전의 전 과정은 지리적인 조건, 인종적인 골상, 문화 형태의 외형적인 특징 등 다소의 차이를 인정한다 하더라도 외관상 특수성이 다른 문화 민족의 역사적 발전 법칙과 구별되어야 할 독자적인 것은 아니며, 세계사적 일원적인 역사 법칙에 의해 다른 제 민족과 거의 동궤적인 발전 과정을 거쳐 왔다.
>
> 『조선 사회 경제사』

② 이청원: 이청원은 1936년 『조선 사회사 독본』과 『조선 독본』을, 1937년에는 『조선 역사 독본』을 저술하여 사적 유물론을 한국사에 적용하였다. 그는 백남운과는 달리 삼국 시대부터 고려 시대까지를 고대 노예제 사회로 규정하였다는 점이 주목된다.

바로 확인문제

● 〈보기〉에서 나타내고 있는 인물에 대한 설명으로 가장 옳지 <u>않은</u> 것은? 19. 2월 서울시 7급

| 보기 |
- 독립운동가이자 민족주의 역사학자
- 태백광노(太白狂奴) 또는 무치생(無恥生)이라는 별호를 쓰기도 함
- 상해에서 『안중근전』을 저술함

① '혼'과 '백' 중 '혼'을 잃지 않으면 나라를 되찾을 수 있다고 주장하였다.
② 윤세복이 만주에 세운 동창 학교에 참여하였다.
③ 대한민국 임시 정부의 대통령을 역임하였다.
④ 한인 애국단을 조직하였다.

● 밑줄 친 '그'에 대한 설명으로 옳은 것은? 19. 지방직 7급

> 일제의 침략이 거세지자 그는 국외로 망명했다. 그는 의열단장 김원봉의 요청을 받아 「조선 혁명 선언」을 작성하였다. 이 선언에는 외교 운동에 주력하자는 주장에 반대하고 더욱 적극적인 독립운동을 추진하자는 내용이 담겨 있다.

① 민족주의 역사학을 지향한 「독사신론」을 저술하였다.
② 철저한 문헌 고증을 지향하며 진단 학회를 조직하였다.
③ 동학을 천도교로 개편하고 친일적 인물들을 교단에서 내쫓았다.
④ 보편적 역사 발전 법칙에 따라 역사를 기술한 『조선 사회 경제사』를 집필하였다.

| 정답해설 | 밑줄 친 '그'는 신채호이다. 신채호는 「독사신론」을 저술하여 민족주의 사학의 기틀을 마련하였다.
| 오답해설 |
② 이병도, 손진태 등. ③ 손병희. ④ 백남운에 대한 설명이다.
| 정답 | ①

● 다음 주장을 한 인물에 대한 설명으로 옳은 것은? 17. 국가직(사복직 포함) 9급

> 계급 투쟁은 민족의 내부 분열을 초래할 것이며, 민족의 내쟁은 필연적으로 민족의 약화에 따르는 다른 민족으로부터의 수모를 초래할 것이다. 계급 투쟁의 길은 우리가 반드시 취해야 할 필요는 없고, 민족 균등이 실현되는 날 그것은 자연 해소되는 문제다. …… 이 세계적 기운과 민족적 요청에서 민족 사관은 출발하는 것이며, 민족사는 그 향로와 방법을 명백하게 과학적으로 지시하여야 할 것이다.
> 『조선 민족사 개론』

① 『조선상고사』와 『조선사연구초』를 저술하였다.
② 대동사상을 수용한 「유교구신론」을 주장하였다.
③ 〈진단 학보〉를 발간한 진단 학회의 발기인으로 활동하였다.
④ 「5천 년간 조선의 얼」이라는 글을 〈동아일보〉에 연재하였다.

| 정답해설 | 제시된 『조선 민족사 개론』은 손진태의 저서이다. 손진태는 기존의 계급 사관(사회 경제 사학), 민족주의 사학, 실증주의 사학을 뛰어넘는 신민족주의 사관을 제시하였고, 진단 학회의 발기인으로 활동하였다.
| 오답해설 |
① 신채호는 『조선상고사』와 『조선사연구초』를 저술하였다.
② 박은식은 대동사상을 수용한 「유교구신론」을 주장하였다.
④ 정인보는 「5천 년간 조선의 얼」이라는 글을 〈동아일보〉에 연재하였다.
| 정답 | ③

(5) 신민족주의 사학

① 해방 이후 좌우 이데올로기적 분열이 심해지자 계급보다는 민족이 우선한다는 신민족주의 역사관이 제시되었다. 이는 계급 자체를 부정하는 것이 아니라 상위 개념인 민족 아래 계급 간 융화를 주장한 것이다.
② 신민족주의 사학은 식민 사학을 부정하되 일제하 민족주의 사학, 마르크스주의 사학, 문헌 고증 사학(실증주의 사학)을 통합하는 새로운 민족주의 사학을 제시하였다.

(6) 신민족주의 역사학자

① 안재홍
  ㉠ 『신민족주의와 신민주주의』(1945)라는 저서를 통해 신민족주의 이론을 처음으로 제창하였다.
  ㉡ 그는 식민지에서 해방된 한국이 모든 계급, 집단, 정치 세력을 끌어 안는 초계급적 통합 민족 국가를 건설해야 한다고 강조하였다. 또한 부르주아 민주주의, 프롤레타리아 민주주의를 낡은 민주주의라고 비판하면서 경제 균등을 바탕으로 정치·교육(문화)의 평등을 실현하는 새로운 신(新)민주주의를 강조하였다.
  ㉢ 그가 지향한 사회는 모든 계급이 정치·경제·사회 평등의 권리를 누리는 초계급적 통합 민족 국가였다.

| 단권화 MEMO | **심화** 안재홍 |

안재홍은 신채호의 고대사 연구를 계승·발전시켜 고대 국가의 사회 발전 단계를 해명하는 많은 논문을 발표하여 해방 후 『조선상고사감』이라는 단행본을 엮어냈고, 우리나라의 전통 철학을 정리하여 『불함철학대전』과 『조선철학』을 저술하였다. 또한 '신민족주의와 신민주주의'라는 독창적인 이론을 제시하면서 극좌와 극우를 배격하고 만민공생의 통합된 민족 국가를 건설하려 하였다.

② 손진태
  ㉠ 일제 강점기에는 민속학에 관심을 기울였으며, 진단 학회에도 참여하였으나 기본적으로는 민족주의 사관을 가지고 있다.
  ㉡ 그는 해방 공간에서 신민족주의를 강조하였으며, 대표적 저서로는 『조선 민족사 개론』(1948), 『국사대요』(1948)가 있다.

사료 손진태의 신민족주의 사학

진정한 민족주의는 민족 전체의 균등한 행복을 위한 것이 아니면 안 될 것이다. 민족의 전체가 정치·경제·사회·문화적으로 균등한 의무·권리와 지위 아래 행복을 누릴 수 있을 때에 비로소 완전한 민족 국가의 이상이 실현될 것이며, 민족의 친화와 단결도 비로소 완성될 것이다.
「조선 민족사 개론」

③ 이인영: 손진태의 연구를 비판적으로 계승하였으며, 『한국 만주 관계사의 연구』(1954)를 저술하였다.

03 민족 교육 진흥 운동

(1) 조선 교육회

① 일제하의 교육
  ㉠ 취학률: 한국인의 초등학교 취학률은 일본인의 6분의 1에 지나지 않았다. 이와 같은 현상은 상급 교육 기관으로 올라갈수록 더욱 심하였다.
  ㉡ 식민지 교육의 강화: 3·1 운동 이후 일제 식민 통치의 변화로 교육 시설이 확장되었지만 그것은 일본인을 위한 교육 시설의 확장이지 한국인을 위한 것이 아니었다. 이뿐만 아니라 정규 학교에서의 교육은 철저한 식민지 교육으로, 한국인을 위한 민족 교육은 거의 존재하지 않았다.
  ㉢ 민족 교육 기관: 일제 강점기에 정규 공립 학교에서는 우리 민족을 위한 민족 교육이 어려웠으나 사립 학교나 개량 서당 및 야학에서는 민족의식의 배양을 위한 민족 교육 운동이 활발하게 일어났다.
② 조선 교육회 창설: 1920년대에는 실력 양성 운동의 일환으로 민족 교육 진흥 운동이 일어났다. 한규설과 이상재 등은 조선 교육회를 조직하고 한민족 본위의 민족 교육 진흥에 노력하였다.
③ 민립대학 설립 운동
  ㉠ 배경: 고등 교육 기관을 설립하여 우수한 인재를 양성하는 것이 긴요하다고 판단하여 총독부에 대학 설립을 요구하였다.

■ 민족 교육 기관
개량 서당(改良書堂)은 1910년대 일제의 교육 제도에 편입되는 것을 거부한 한국인들에게 교육의 기회를 제공하였다. 이에 일제는 1918년에 서당 규칙을 제정하여 탄압하였다. 민족 교육 운동은 1920년대 야학(夜學)으로 계승되어 가난한 사람들과 그 자녀들에게 민족 교육을 실시하였다. 교재로는 『대한 역사(大韓歷史)』, 『고등 소학 수신서(高等小學修身書)』 등을 이용하였다.

▲ 서당(1900년경)

ⓒ 경과: 총독부가 이를 묵살하자 조선 교육회는 우리 손으로 대학을 설립하려는 **민립대학 설립 운동**을 전개하였다.
- 조선 민립대학 기성 준비회 결성(1922): 민족 교육 진흥 운동의 중추적 역할을 하던 조선 교육회의 노력으로 이상재를 대표로 하는 **조선 민립대학 기성 준비회**가 결성되었다.
- 조선 민립대학 설립 기성회(1923): 대학 설립이 한국인의 재력과 노력으로만 이루어져야 한다는 원칙을 세우고, 각지에 지방 지부 조직 구성을 서둘렀다.
- 모금 운동의 전개: '한민족 1,000만이 한 사람 1원씩'이라는 구호를 내걸고 1,000만 원 모금 운동을 전개하였다. 전 민족의 참여를 위하여 100여 개소에 지방 조직이 구성되었으며, 만주·미국·하와이 등 해외에서도 모금 운동이 전개되었다.

ⓒ 결과
- 이 운동은 각 지역의 유지들과 사회단체의 후원으로 한때 순조롭게 진행되었으나 일제의 방해와 자연재해로 모금이 어려워져 결국 좌절되었다.
- 이후로도 연희 전문학교, 보성 전문학교, 이화 학당 등을 대학으로 승격시키려는 노력이 계속되었으나 일제의 방해로 실현되지 못하였다.
- 일제는 1924년 **경성 제국 대학(京城帝國大學)**을 설립하여 한국인의 불만을 무마하려고 하였다.

사료 조선 민립대학 설립 기성회의 발기 취지서

우리의 운명을 어떻게 개척할까? …… 가장 급한 일이 되고 가장 먼저 해결할 필요가 있으며, 가장 힘 있고, 필요한 수단은 교육이 아니면 아니 된다. …… 민중의 보편적 지식은 보통 교육으로도 가능하지만 심오한 지식과 학문은 고등 교육이 아니면 불가하며, …… 오늘날 조선인이 세계 문화 민족의 일원으로 남과 어깨를 견주고 우리의 생존을 유지하며 문화의 창조와 향상을 기도하려면, 대학의 설립이 아니고는 다른 방도가 없도다.

(2) 문맹 퇴치 운동

① 배경
ⓐ 우리 민족은 일제의 가혹한 식민지 차별 교육 정책으로 교육의 기회를 상실하였기 때문에 문맹자가 증가하였다.
ⓑ 문맹자의 증가는 민족의 역량을 약화시키는 것이며, 바로 일제가 목표로 하였던 한국인의 우민화를 뜻하는 것이다.

② 전개: 우리 민족은 3·1 운동을 계기로 문맹 퇴치가 급선무임을 자각하여 이를 실천에 옮겼다.
ⓐ 교육 기회의 박탈: 공립 보통학교는 수용 능력이 많이 제한되어 있었을 뿐만 아니라 학비가 비싸서 우리 노동자나 농민, 그리고 도시 빈민에게는 교육의 기회가 주어질 수 없었다.
ⓑ 야학의 설립: 1920년대에는 각지에 야학이 설립되었다.
- 성격: 민족주의 색채가 강하여 가르치는 교과목도 한국어 중심이었다. 야학에서는 우리말로 수업을 하였고, 우리글을 가장 중요시함으로써 공립 학교와는 대조적이었다. 또한 야학은 미취학 아동뿐만 아니라 성인 남녀까지 받아들여 민족 교육 기관으로서 중요한 몫을 차지하였다.

단권화 MEMO

- 일제의 탄압: 민족주의 색채가 강한 야학을 탄압하여 문을 닫게 하였고, 이른바 '1면 1교주의' 시책을 강행하여 공립 보통학교를 증설하였으나 이곳에 수용된 한국 아동은 학령 아동의 5분의 1에 지나지 않았다.

③ 언론의 활동: 1920년대 초부터 학생·지식 청년·문화 단체 등이 계몽 운동을 시작하였다. 이어서 1930년을 전후한 시기에는 언론계와 청년 학생이 힘을 합쳐 문맹 퇴치와 농촌 계몽을 통하여 민족의 자강을 이룩하고자 노력하였다.

㉠ 문자 보급 운동(1929): 〈조선일보〉는 민중 문화의 향상을 위한 문자 보급 운동을 시작하였다. "아는 것이 힘, 배워야 산다."라는 표어를 내걸고 방학 중에 귀향하는 중등 이상의 남녀 학생을 동원하여 전국 각지에서 문맹 퇴치에 힘쓰도록 하였다.

▲ 문자 보급 운동 표어

사료 〈조선일보〉의 문자 보급 운동

농민의 생활을 보라. 노동자의 생활을 보라. 그리고 부인의 생활을 보라. 그들이 무지몽매하기 때문에 그 생활은 더욱 저열하고 향상되지 못하지 않는가. 전 인구의 1,000분의 20밖에 문자를 이해하지 못하고, 취학 연령 아동의 10분의 3밖에 학교에 갈 수 없는 조선의 현실에서 간단하고 쉬운 문자의 보급은 우리 민족이 해결해야 할 가장 시급한 일이라 하겠다.

■ 브나로드

'브나로드(Vnarod)'란 말은 원래 러시아어로 '민중 속으로'라는 뜻이다. 〈동아일보〉가 전개한 문맹 퇴치 운동은 민중의 생활 개선과 문화 생활을 계몽하려는 의도에서 어원을 그대로 사용하였다.

㉡ 브나로드 운동(1931): 〈동아일보〉는 문맹자에게 글을 가르치면서 한편으로 미신 타파·구습 제거·근검 절약 등 생활 개선을 꾀하려는 브나로드 운동을 전개하였다.

사료 브나로드 운동

학생 여러분. 여러분은 여름 방학에 고향의 동포를 위하여 공헌하지 아니하시렵니까? 가령 글을 모르는 이에게 글을 가르쳐 주고, 위생 지식이 없는 이에게 위생 지식을 주고, 이러한 일을 아니 하시렵니까? 당신이 일주일만 노력하면 당신의 고향에 문맹이 없어질 것이요, 당신이 일주일만 노력하면 당신의 고향에 위생 사상이 보급될 것입니다.
〈동아일보〉, 1931

▲ 브나로드 운동 포스터

㉢ 일장기 말소 사건: 1936년 〈동아일보〉가 베를린 올림픽 마라톤 우승자 손기정 선수의 사진을 게재하면서 유니폼에 그려진 일장기를 삭제한 사건이다. 그 결과 〈동아일보〉는 무기한 정간 처분을 당하였다.

㉣ 조선어 학회의 참여: 언론사의 활동이 활발해지자 조선어 학회도 협조를 아끼지 않았다. 문자 보급 운동에 사용할 교재를 만들었으며, 조선어 학회 회원들은 솔선하여 전국을 순회하면서 한글 강습회를 열었다.

㉤ 일제의 탄압: 대규모의 순회 강습이나 문맹 퇴치 운동도 금지한다는 명령이 내려져 민족 교육 운동으로서의 문맹 퇴치 운동은 막을 내렸다.

04 일제 강점기의 종교 활동

일제 강점기에 종교계도 민중 계몽, 문화 사업, 민족 교육, 항일 운동 등의 분야에서 많은 노력을 기울였다.

(1) 천도교

동학의 후신인 천도교 지도자들은 제2의 3·1 운동을 계획하여 「자주독립 선언문」을 발표하였고,

〈개벽〉, 〈어린이〉, 〈신여성〉(1923년 발행), 〈학생〉 등의 잡지를 간행하여 민중의 자각과 근대 문물의 보급에 기여하였다.

> **사료** 「자주독립 선언문」
>
> 존경하는 천도교인과 민중 여러분!
> 우리 대한은 당당한 자주독립국이며, 평화를 애호하는 세계의 으뜸 국민임을 재차 선언합니다. 지난 기미년의 독립 만세 운동은 곧 우리의 전통적인 독립의 의지를 만방에 천명한 것이고, 국제 정세의 순리에 병진(竝進)하는 자유·정의·진리의 함성이었습니다. 그럼에도 불구하고, 일본의 무력적인 압박으로 말미암아 우리의 자유와 평등을 주장한 자주독립 운동은 가슴 아프게도 꺾였습니다. …… 우리의 독립을 위한 투쟁은 이제부터가 더욱 의미가 있고 중요합니다. 뜻이 맞는 동지끼리 다시 모여 기미년의 감격을 재현하기 위해 신명을 바칠 것을 결의하고 선언합니다. ……

(2) 개신교
① 개신교는 천도교와 함께 3·1 운동에 적극 참여하였고, 민중 계몽과 각종 문화 사업을 활발하게 전개하였다.
② 1930년대 후반에는 일제가 강요하는 신사 참배(神祠參拜)를 거부하여 탄압을 받기도 하였다.

(3) 천주교
① 개화기 이래 전개해 온 고아원, 양로원 등 사회 사업을 계속 확대하면서 〈경향〉 등의 잡지를 통해 민중 계몽에 이바지하였다.
② 일부 천주교도들은 만주에서 항일 운동 단체인 의민단(義民團)을 조직하여 항일 무장 투쟁에 나서기도 하였다.

(4) 대종교
① 천도교와 더불어 민족 종교의 양대 세력을 형성한 대종교는 교단 본부를 만주로 이동하여 단군 숭배 사상을 널리 전파하여 민족의식을 고취하였으며, 민족 교육과 항일 무장 투쟁에도 적극적으로 나섰다.
② 대종교 지도자들은 항일 무장 단체인 중광단(重光團)을 조직하였고, 3·1 운동 직후에는 북로 군정서(北路軍政署)로 개편하여 청산리 대첩에 참여하였다.

(5) 불교
① 호국 불교의 전통을 이어 온 불교계도 3·1 운동에 참여하였다.
② 한용운을 비롯한 승려들이 한국 불교를 일본 불교에 예속시키려는 조선 총독부의 정책에 맞서 민족 종교의 전통을 지키려 노력하였다.
③ 교육 기관을 설립하여 민족 교육 운동에 이바지하였다.

(6) 원불교
박중빈이 창시(1916)한 원불교는 불교의 현대화와 생활화를 주창하며 개간 사업과 저축 운동을 통하여 민족의 역량을 배양하였고, 남녀평등, 허례허식의 폐지 등 생활 개선 및 새 생활 운동에도 앞장섰다.

(7) 종교계의 친일 활동
일부 종교계 인사들은 일제의 강압에 굴복하여 친일적 성향을 보이기도 하였다.

■ 대종교
1909년 나철, 오기호 등은 단군교를 창시하였고, 1910년 대종교로 개칭하였다. 이후 북간도에 지사를 설치하였고, 1914년에는 본사를 북간도로 옮겨 포교 영역을 만주 일대까지 넓혔다.

■ 사찰령
일제는 사찰령(1911)을 제정하여 불교를 통제하였다. 사찰령의 핵심은 사찰 재산의 처분과 주지 임명을 조선 총독부 허가제로 운영한 것이다.

각 종교별 활동

종교	대표적인 활동, 저술, 사건	
천도교	• 제2의 3·1 운동 계획 • 어린이날 제정, 「어린이 선언문」 제정	「자주독립 선언문」
개신교	신사 참배 반대	의료 및 교육 활동
천주교	잡지 〈경향〉 발간, 의민단 조직	고아원·양로원 설립 등 사회사업 전개
대종교	• 단군 숭배 • 항일 무장 단체인 중광단 조직 → 북로 군정서로 개편	만주 교포 사회에서 발전
불교	3·1 운동에 참여	한용운의 『조선 불교 유신론』
원불교	• 저축·개간 운동 전개 • 남녀평등, 허례허식 폐지 등	생활 개선, 새 생활 운동 전개
유교	1919년 파리 장서 사건(유림단 사건)	박은식의 「유교구신론」

05 일제 강점기의 문예 활동

(1) 문학 활동

① **근대 문학 활동의 전개**: 우리나라의 근대 문학은 일제의 식민지 지배 체제 때문에 자유로운 발전이 억제되었으나 이러한 악조건 속에서도 저항적이고 자주 사상을 고취하는 문학 활동이 활발히 전개되었다.

㉠ **1910년대**: 근대 문화 예술의 태동기로 이광수·최남선 등은 근대 문학의 개척에 공헌하였다.

이광수	소설 「무정(無情)」(1917년 〈매일신보〉 연재)은 계몽기 신문학의 대표적인 작품임
최남선	새로운 시(詩) 형태를 꾀하여 근대시의 발전에 공헌하였으며, 언문일치의 우리말 문장을 확립하는 데 선구적 역할을 함

㉡ **근대 문학의 발전**
- 민족 문학: 한용운, 김소월, 염상섭 등은 민족 정서와 민족의식을 담은 「님의 침묵」, 「진달래꽃」, 「삼대」 등의 작품을 통하여 근대 문학 발전에 이바지하였다. 특히 김소월의 아름다운 서정시는 많은 사람들이 널리 애송하였다.
- 저항 문학: 심훈, 이육사, 윤동주 등도 민족의식을 담은 작품을 발표하여 민족 정기를 일깨워 주었다.

> **사료** 심훈의 「그날이 오면」
>
> 그날이 오면, 그날이 오면은
> 삼각산이 일어나 더덩실 춤이라도 추고
> 한강물이 뒤집혀 용솟음칠 그날이
> 이 목숨이 끊어지기 전에 와 주기만 하량이면
> 나는 밤 하늘에 나는 까마귀와 같이
> 종로의 인경(人磬)을 머리로 들이받아 울리오리다
> 두개골은 깨어져 산산조각이 나도
> 기뻐서 죽사오매 오히려 무슨 한이 남으오리까

단권화 MEMO

■ 「삼대(三代)」
1931년 〈조선일보〉에 연재된 염상섭의 장편 소설로서, 일제 강점기 한국인 지주 가문의 몰락을 통해 우리 민족의 삶을 사실적으로 그려 냈다.

② 3·1 운동 이후 문학: 3·1 운동 이후 일제가 우리 민족을 회유·동화하는 기만 술책으로 이른바 문화 통치를 내세우자 문예 활동을 하던 지식인들은 일제에 타협하거나 항일 운동에 적극 나서기도 하였다.
  ㉠ 새로운 사조의 등장: 이전까지의 계몽주의적 성격과는 다른 새로운 사조가 들어왔고, 이때 일부 작가들이 동인지를 간행하였다. 그중에서 대표적인 동인지는 김동인이 주동이 된 〈창조〉와 염상섭이 주관한 〈백조〉였다.
  ㉡ 순수 문학의 추구: 계몽주의적 성향의 작품 활동을 지양하고 순수 문학을 추구하였으나 염상섭, 이상화 등은 현실 타파와 현실 개조의 의지를 표현하였다.
  ㉢ 종합 잡지의 간행: 〈개벽〉, 〈조선지광〉 등의 잡지가 많이 출간되어 작품 발표의 기회가 많아져 문학 활동이 왕성해졌다. 그러나 이들 잡지는 독립운동의 내용을 담은 작품을 발표함으로써 일제의 탄압을 받았다.
③ 1920년대 중반 문학: 문학 활동은 식민지적 현실을 극복하는 데 노력하여 새로운 문학의 기반과 사조를 형성하였다.
  ㉠ 신경향파 문학의 대두
    • 신경향파 문학은 3·1 운동 이후 노동자, 농민들이 활발히 조직화되는 추세에서 문학의 사회적 기능이 강조되면서 등장하였다.
    • 이들은 순수 예술을 표방하는 문인들의 각성을 촉구하면서 문학이 현실과 생활을 반영할 것을 강조하였다.
  ㉡ 프로 문학의 대두: 신경향파 문학 이후 프로 문학이 등장하여 극단적인 계급 노선을 추구하였기 때문에 대중과의 연대성이 약화되기도 하였다.
  ㉢ 국민 문학 운동의 전개
    • 민족주의 계열에서는 국민 문학 운동을 일으켜 계급주의에 반대하고, 문학을 통해 민족주의 이념을 선양하려 하였다.
    • 민족의식과 민족애의 고취, 모국어 사랑, 전통문화의 부흥 등을 주요 내용으로 하는 문학 운동을 전개하였다.
④ 1930년대 문학
  ㉠ 순수 문학 잡지의 간행: 1930년대에는 순수 문학의 경향이 뚜렷하게 부각되어 순수 문학 잡지가 간행되었다. 정지용과 김영랑은 〈시문학〉 동인으로 활약하면서 순수 문학과 서정시의 발전에 이바지하였다.
  ㉡ 발전: 문학의 분야가 소설, 희곡, 평론, 수필 등으로 다양해졌을 뿐만 아니라 그 내용에서도 세련미를 갖추게 되었다.
⑤ 일제 말기의 문학: 침략 전쟁의 확대와 함께 일제의 탄압이 극심해져 한국 문학이 암흑기에 접어들었다.
  ㉠ 문인들은 작품 활동을 중단하고 침묵으로 일관하기도 하였으나 이광수, 최남선 등의 일부 문인들은 침략 전쟁을 찬양하는 활동에 참여하였다.
  ㉡ 저항 문학
    • 전문적 문인: 일제의 탄압 속에서도 한용운, 이육사, 윤동주 등은 항일 의식과 민족 정서를 담은 작품을 창작하였다.
    • 비전문적 문인: 조소앙은 「카이로의 그 소식」 등 일제에 저항하는 작품을 남겼다.
    • 역사 소설: 김동인, 윤백남 등은 역사 의식과 민족의식을 고취하기 위하여 많은 역사 소설을 남겼다.

단권화 MEMO

■ 〈삼천리〉
1929년 김동환에 의해 발행된 잡지로서, 문단의 중견 작가 여럿이 집필한 문예 강좌와 김동인의 춘원연구(春園 研究) 등이 발표되었다.

■ 신경향파
사회주의 문학을 말한다. 1920년대 사회주의 사상이 지식인들 사이에 널리 퍼지면서 현실 비판 의식은 더욱 강화되었다. 1925년에 이들은 '카프(KAPF, 조선 프롤레타리아 예술가 동맹)'라는 단체를 결성하였다.

■ 국민 문학 운동
국민 문학 운동은 1926년부터 프롤레타리아 문학 운동에 저항하는 문인들에 의해 일어난 문학 운동이다. 문학에는 '민족' 또는 '국민' 의식이 필요하다고 역설하였으며, 그 기초 위에서 문학이 논의되어야 한다고 주장하였다. 주요 인물로는 최남선, 이광수, 이병기, 염상섭, 조운, 이은상, 양주동, 주요한 등이 있다.

▲ 이육사

▲ 윤동주

| 단권화 MEMO | **심화** 저항 문학 및 친일 문학 |

이상화는 「빼앗긴 들에도 봄은 오는가」에서 식민지 현실의 참혹함과 독립의 염원을 표현하였다. 한용운은 「님의 침묵」(1926), 「당신을 보았습니다」(1926) 등을 통해 일제에 대한 저항 의식을 표현하였으며, 심훈은 「그날이 오면」(1930)을 통해 광복을 희구하였다. 그 외 이육사(「청포도」, 「광야」, 「절정」)와 윤동주(「하늘과 바람과 별과 시」) 등도 대표적 저항 문인이다. 한편 최남선, 이광수, 주요한, 모윤숙, 노천명, 김춘수, 서정주 등은 대동아 공영권을 찬양하면서 한국 청년들을 전쟁에 동원하기 위해 활동하였다.

(2) 민족 예술

① 음악: 우리 민족은 식민지 지배하에서도 항일 독립 의식과 예술적 감정을 창작 음악과 연주 활동을 통해 표현하였다.

㉠ 창가와 트로트
- 1910년대에는 서양 음악에 기반을 두고 창가를 작곡하기도 하였다. 그리하여 국권 피탈 후 「학도가」, 「한양가」, 「거국가」 등 망국민의 슬픔과 일제에 대한 저항적 성격의 노래가 크게 유행하였다.
- 1930년대 중반에는 일본 주류 대중음악의 영향을 받은 트로트 양식이 정립되었다.

㉡ 가곡, 동요
- 가곡: 창가 이후 우리 민족의 창작 음악은 가곡과 동요의 형태로 나타났는데 홍난파, 현제명, 윤극영 등이 많은 작품을 남겼다. 홍난파는 당시 한민족의 심정과 상황을 잘 표출한 「봉선화」를 작곡·발표하였다.
- 동요: 「반달」, 「고향의 봄」 등이 만들어졌고, 이들 동요는 민족적 정서로 오늘날까지 애창되고 있다.

㉢ 「한국(코리아) 환상곡」: 국외에서는 안익태가 「애국가」와 이를 주제로 한 「한국 환상곡」을 작곡하였다. 「한국 환상곡」은 유럽 각국에서 안익태의 지휘로 연주되었고, 대부분 우리말 합창이었다.

② 미술: 안중식이 한국 전통 회화를 발전시켰으며, 고희동과 이중섭은 서양화를 대표하는 화가로 활동하였다.

■ 김은호·김인승
일제의 대륙 침략 정책에 협조하는 그림을 그리고, 친일 미술 단체에 참여하여 전시 체제에 협력하였다.

③ 연극: 연극은 민족의식을 고취하는 수단으로서 다른 어느 분야보다 파급 효과가 컸다. 연극인들은 연극을 통하여 민중을 계몽하였고, 은연중에 독립 정신을 고취하는 데 앞장섰다.

㉠ 3·1 운동 이전: 신파극단들이 서민들의 사랑을 받아 왔다. 주로 사랑과 눈물을 자아내게 하는 신파극단들은 공연을 통해 민중과 더불어 일제의 지배 아래 나라 잃은 슬픔과 외로움을 나누었다.

㉡ 3·1 운동 이후
- 극예술 협회(1920): 민족 계몽 운동이 확산되자 도쿄 유학생들이 조직한 극예술 협회는 연극 공연을 민중 계몽의 수단으로 삼아 이 운동에 활기를 불어넣었다.
- 토월회(1923), 극예술 연구회(1931): 본격적인 근대 연극은 토월회, 극예술 연구회가 조직되어 활동한 이후에 등장하였다. 그리고 이들 극단은 전국 순회공연을 통하여 민족을 각성시키고 민족의식을 고취하였다.

■ 3·1 운동 이후 연극 활동
많은 연극 단체가 곳곳에 창립되어 당시 피압박 민족의 비참한 현실을 고발하고, 일제 수탈 정책의 모순을 폭로하였다.

㉢ 일제의 탄압
- 일제가 중일 전쟁을 계기로 혹독한 탄압을 가하여 연극 무대는 오락 일변도의 가극 무대로 변하였고, 일제의 강요에 못 이겨 일제를 찬양하는 연극도 공연하게 되었다.
- 일제 강점기 말에는 일본어를 쓰지 않는 연극은 공연이 허가되지 않았다.

④ 영화
  ㉠ 영화 활동은 다른 어느 분야보다 발전이 늦었다. 처음 일본 영화의 보조 수단으로 출발하여 한국 영화로 독립하기까지 자본·기술·기재 등에 있어서 많은 어려움을 겪었다.
  ㉡ 나운규의 「아리랑」 발표: 1926년 **나운규**는 「**아리랑**」을 제작하였는데, 이는 한국 영화 사상 기념비적인 작품으로 남아 있다. 고유의 향토적인 정서가 은은히 배어 있는 슬픈 가락을 깔고 당시 일제 지배하의 망국과 통분의 슬픔을 자아내는 한편, 항일 의식과 애국심을 일깨워 주었다. 또한 예술성도 매우 뛰어난 작품이었다.
  ㉢ 일제의 탄압: 1930년대까지 어느 정도 민족적인 색채를 띠던 영화 예술은 1940년 조선 영화령이 발표되면서 심한 탄압을 받았다.
⑤ 문화·예술 활동의 탄압: 제2차 세계 대전이 일어난 후 일제는 모든 문화·예술 분야에 대한 통제를 강화하여 조선 문인 협회·조선 음악 협회·조선 연극 협회 등을 조직하고, 모든 활동을 침략 전쟁과 일제의 식민 통치를 찬양하도록 강요하였다. 이와 같은 내용이 아닌 작품은 모두 만들지 못하게 하였다.

바로 확인문제

● 1930년대의 사회·문화 활동으로 가장 옳은 것은?   15. 경찰 간부

① 나운규가 민족의 비애를 담은 영화 「아리랑」을 발표하였다.
② 손기정 선수가 올림픽에서 마라톤 금메달을 획득하였다.
③ 조선 여성들의 공고한 단결과 지위 향상을 도모하는 근우회가 조직되었다.
④ 신분 차별을 폐지하고 평등한 세상을 만들겠다는 신념 아래 진주에서 조선 형평사가 창립되었다.

▲ 나운규와 영화 제작진

|정답해설| 손기정은 1936년 베를린 올림픽 마라톤 경기에서 금메달을 획득하였다.
|오답해설|
① 나운규의 「아리랑」은 1926년에 발표되었다.
③ 근우회는 여성계 민족 유일당 단체로, 1927년에 조직되었다.
④ 조선 형평사는 1923년에 진주에서 조직되었다.
|정답| ②

06 일제 강점기 사회 구조 및 생활 모습의 변화

(1) 사회 계층 구조의 변화

① 1910~1920년대
  ㉠ 일제의 식민지 경제 정책은 한국의 사회 구조에 큰 변화를 가져왔다.
  ㉡ 농민층의 분해: 토지 조사 사업과 산미 증식 계획으로 토지가 소수의 대지주에게 더욱 집중되어 농민층의 분해 현상이 나타났다.
    • 자작농이나 자소작농이 줄고 소작농이 크게 늘어났으며, 소작농이 화전민이나 도시 빈민 등으로 몰락하는 경우도 많았다.
    • 이와 함께 만주, 연해주, 일본 등으로 이주하는 농민도 늘어났다.
② 1930년대 이후 노동자의 급증
  ㉠ 1930년대 이후 일제가 공업화 정책을 본격적으로 추진하면서 노동자의 수는 빠르게 증가하였다.
  ㉡ 노동자의 상당수는 '막노동자', '지게꾼', '수레꾼' 등 날품팔이 미숙련 노동자로서, 도시 빈민층을 형성하였다.
  ㉢ 공장 노동자의 경우에도 한국인이 고급 기술을 가진 경우는 극소수이고, 대부분 단순 노동자였다. 이들은 낮은 임금을 받으며 열악한 조건 속에서 일해야만 하였다.

(2) 식민지 도시화

① 개항장의 도시화: 개항 이후 서울, 평양 등과 함께 일제 침략의 전진 기지였던 개항장이 근대적 도시로 변화해 갔다.
② 교통의 발전과 도시화: 철도 교통이 발전함에 따라 대전과 신의주 등이 물산의 집산지로서 성장하였고, 일본과의 교역량이 늘어나면서 군산, 목포 등 항만 도시가 발전하였다.
③ 공업화의 발전과 도시화
　㉠ 식민지 공업화의 결과 함흥, 청진 등 북부 지방의 공업 도시가 빠르게 성장하였다.
　㉡ 공주, 개성 등은 식민 지배 정책에서 소외되면서 성장이 정체되었다.
④ 시가지의 형성
　㉠ 도시에는 신작로가 뚫리고 새로운 시가지가 형성되었다.
　㉡ 일본인은 시가지 중심을 차지하고 도시의 경제권을 차지하였다.
　㉢ 일본인이 거주하는 도시의 중심 상권이 외형적으로 크게 발전하고, 화신 백화점(박흥식, 1931)과 같은 백화점도 만들어졌다.
　㉣ 경성의 경우에는 북촌에는 조선인이, 남촌에는 일본인이 주로 거주하였다.
　㉤ 도시 외곽의 **토막촌**에서 어렵게 살아가는 도시 빈민층이 크게 늘었다.

(3) 의식주의 변화

① 의생활의 변화
　㉠ 한복에 고무신을 신고 모자를 쓰는 차림이 주를 이루었다.
　㉡ 도시의 직장인들에게는 양복이 점차 보편화되어 갔고, 여성은 단발머리나 파마머리를 하고 블라우스와 스커트 차림에 하이힐을 신는 경우가 늘어났다.
　㉢ 특히 1920년대 말 서울 거리에는 '모던 걸'과 '모던 보이'가 등장하였는데, 최신의 서양식 옷차림으로 한껏 멋을 부리고 다니며 쇼핑과 외식을 즐기던 젊은 남녀들을 말한다.
　㉣ 1940년대 일제가 전시 통제 정책을 추진하면서 남성은 국방색의 국민복, 여성은 '**몸뻬**'라는 일 바지를 입도록 강요당했다.
② 식생활의 변화
　㉠ 일제의 수탈 정책으로 1인당 쌀 소비량이 갈수록 줄어들었고, 잡곡밥을 먹거나 풀뿌리, 나무껍질로 연명하는 사람이 크게 늘었다.
　㉡ 다만 도시의 상류층을 중심으로 일본 음식과 커피, 과자, 빵, 케이크, 아이스크림 등의 서양식 식품이 소비되면서 대중에게도 소개되었다.
　㉢ 음식 조리 과정에서 왜간장, 조미료 등을 사용하였다.
③ 주생활의 변화
　㉠ 농촌은 대부분 초가나 기와로 된 전통 한옥이 주류를 이루었다.
　㉡ 도시에는 상류층이 거주하는 2층 양옥의 문화 주택이 곳곳에 들어섰고, 대청마루에 유리문을 단 개량 한옥이 만들어졌다.
　㉢ 군수 산업체에 근무하는 노동자의 주택 부족 문제를 해결하기 위해 **영단 주택**이 많이 지어졌다(조선 주택 영단령, 1941).

사료 | 모던 걸, 모던 보이

혈색 좋은 흰 피부가 드러날 만큼 반짝거리는 엷은 양말에 금방 발목이나 삐지 않을까 보기에도 조마조마한 구두 뒤로 몸을 고이고, 스커트 자락이 비칠 듯 말 듯 한 정강이를 지나는 외투에 단발 혹은 미미가쿠시(당시 유행하던 머리 모양)에다가 모자를 푹 눌러 쓴 모양 …… 분길 같은 손에 경복궁 기둥 같은 단장을 휘두르면서 두툼한 각테 안경, 펑퍼짐한 모자, 코 높은 구두를 신고 ……

〈별건곤〉, 1927년 12월호

바로 확인문제

● **일제 강점기 조선인의 생활 모습으로 옳지 않은 것은?** 18. 국가직 9급

① 도시 외곽의 토막촌에는 빈민이 살았다.
② 번화가에서 최신 유행의 모던 걸과 모던 보이가 활동하였다.
③ 몸뻬를 입은 여성들이 근로 보국대에서 강제 노동을 하였다.
④ 상류층이 한식 주택을 2층으로 개량한 영단 주택에 모여 살았다.

| 정답해설 | 영단 주택은 상류층이 아닌 노동자들의 집단 거주지로 만들어졌다.

| 정답 | ④

● **다음 〈보기〉의 내용과 같은 분위기가 유행한 시대에 대한 설명으로 가장 옳지 않은 것은?** 17. 서울시 7급

| 보기 |
혈색 좋은 흰 피부가 드러날 만큼 반짝거리는 엷은 양말에, 금방 발목이나 삐지 않을까 보기에도 조마조마한 구두 뒤로 몸을 고이고, 스커트 자락이 비칠 듯 말 듯 한 정강이를 지나는 외투에 단발 혹은 미미가쿠시(당시 유행하던 머리 모양)에다가 모자를 푹 눌러 쓴 모양 …… 분길 같은 손에 경복궁 기둥 같은 단장을 휘두르면서 두툼한 각테 안경, 펑퍼짐한 모자, 코 높은 구두를 신고 ……

〈별건곤〉 모년 12월호

① 〈신여성〉, 〈삼천리〉 등의 잡지는 새로운 패션이나 화장법을 소개하여 유행을 이끌었다.
② 대한 천일 은행, 한성은행, 조선은행 등이 설립되어 경성 상인에게 자본을 빌려 주어 유행을 뒷받침하였다.
③ 조선 총독부는 기존의 우측 통행 방침을 바꾸어 좌측 통행을 일반화하였다.
④ 사회주의 운동의 영향으로 식민지 현실의 계급 모순을 비판하는 프로 문학이 등장하였다.

| 정답해설 | 〈별건곤〉은 1926년에 발행된 대중 잡지로, 제시된 내용에서는 '스커트'를 입고, '미미가쿠시' 머리 모양을 한 여인들을 묘사하고 있다. 대한 천일 은행(1899), 한성은행(1897), 조선은행(1896)은 일제의 강점 '이전'에 설립되었다.

| 오답해설 |
① 〈신여성〉은 1923년, 〈삼천리〉는 1929년에 발행된 잡지로, 당시의 새로운 패션이나 화장법 등을 소개하여 유행을 이끌었다.
③ 1921년 조선 총독부에서 좌측 통행의 법령을 제정하였다.
④ 1920년대 중반 이후 사회주의 운동의 영향으로, 프로 문학이 유행하였다.

| 정답 | ②

PART VIII 현대 사회의 발전

5개년 챕터별 출제비중 & 출제개념

CHAPTER	비중	출제개념
CHAPTER 01 대한민국 정부 수립과 6·25 전쟁	59%	카이로 회담, 조선 건국 준비 위원회, 모스크바 3국 외상 회의, 신탁 통치, 미소 공동 위원회, 정읍 발언(이승만), 좌우 합작 위원회, 좌우 합작 7원칙, 남북 협상, 5·10 총선거, 대한민국 정부 수립, 반민법, 반민 특위, 6·25 전쟁
CHAPTER 02 민주주의의 시련과 발전	29%	발췌 개헌, 사사오입 개헌, 제3대 대통령·제4대 부통령 선거(1956), 진보당 사건, 4·19 혁명, 장면 내각, 5·16 군사 정변, 6·3 시위(1964), 「브라운 각서」, 유신 헌법, 통일 주체 국민 회의, 긴급 조치, 10·26 사태, 5·18 민주화 운동, 4·13 호헌 조치, 6월 민주 항쟁(1987), 6·29 선언과 대통령 직선제, 노태우 정부, 김영삼 정부, 김대중 정부, 노무현 정부, 이명박 정부, 박근혜 정부, 문재인 정부
CHAPTER 03 북한의 역사와 통일을 위한 노력	0%	북한 정권 수립 과정, 7·4 남북 공동 성명, 남북한 이산가족 고향 방문, 남북한 동시 유엔 가입(1991), 남북 기본 합의서, 한반도 비핵화 선언, 6·15 공동 선언, 10·4 남북 공동 선언, 4·27 판문점 선언
CHAPTER 04 현대의 경제·사회·문화 발전	12%	농지 개혁법, 원조 경제와 삼백 산업, 경제 개발 계획, 박정희 정부의 공업화 정책, 3저 호황, 금융 실명제, OECD 가입, IMF 구제 금융 사태, 금 모으기 운동

한눈에 보는 흐름 연표

1945~
- 【1948】 5·10 총선거, 대한민국 정부 수립
- 【1950】 6·25 전쟁(~1953)
- 【1952】 발췌 개헌
- 【1954】 사사오입 개헌

~현재
- 【2018】 문재인, 4·27 판문점 선언
- 【2007】 노무현, 10·4 남북 공동 선언
- 【2000】 김대중, 6·15 남북 공동 선언
- 【1987】 6월 민주 항쟁(6. 10.), 6·29 민주화 선언

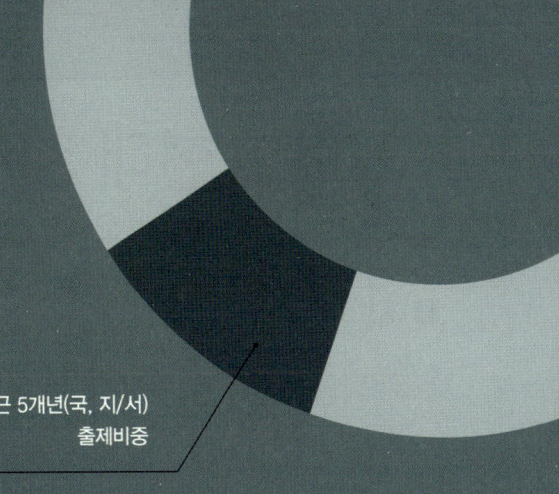

※최근 5개년(국, 지/서) 출제비중

10%

학습목표

CHAPTER 01 대한민국 정부 수립과 6·25 전쟁	❶ 해방 이후 분단국가가 수립되는 과정을 이해한다. ❷ 대한민국 정부 수립 이후 반민법의 제정과 반민 특위의 활동을 파악한다. ❸ 6·25 전쟁의 원인·과정·결과를 구분하여 기억한다.
CHAPTER 02 민주주의의 시련과 발전	❶ 이승만, 박정희, 전두환 등 독재 정권의 특징과 독재에 저항한 민주화 운동(4·19 혁명 등)을 비교하여 파악한다. ❷ 6월 민주 항쟁 이후 출범한 노태우, 김영삼, 김대중 정부의 주요 정책을 구분한다.
CHAPTER 03 북한의 역사와 통일을 위한 노력	❶ 해방 이후 북한 정권의 수립 과정을 파악한다. ❷ 각 시기별 주요 통일 정책(7·4 남북 공동 성명, 남북 기본 합의서 등)을 비교하여 구분한다.
CHAPTER 04 현대의 경제·사회·문화 발전	❶ 1950년대 농지 개혁법, 원조 경제, 삼백 산업을 기억한다. ❷ 1960~1970년대 경제 개발 계획, 박정희 정부의 수출 주도형 공업화 정책을 파악한다. ❸ 1980년대 3저 호황, 1990년대의 금융 실명제(93), OECD 가입(96), IMF 구제 금융 사태(97), 금 모으기 운동(98)을 구분한다.

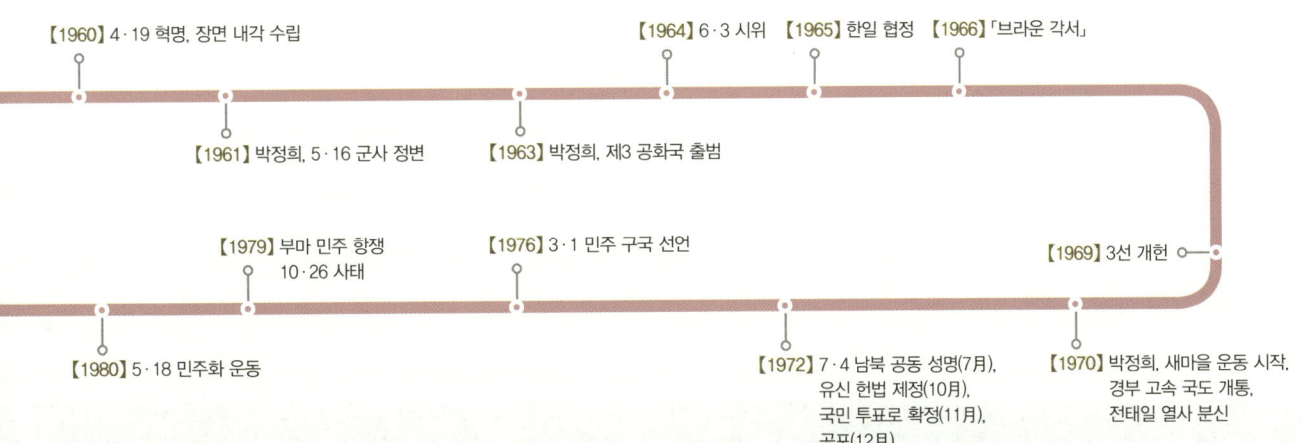

【1960】4·19 혁명, 장면 내각 수립
【1961】박정희, 5·16 군사 정변
【1963】박정희, 제3 공화국 출범
【1964】6·3 시위
【1965】한일 협정
【1966】「브라운 각서」
【1969】3선 개헌
【1970】박정희, 새마을 운동 시작, 경부 고속 국도 개통, 전태일 열사 분신
【1972】7·4 남북 공동 성명(7월), 유신 헌법 제정(10월), 국민 투표로 확정(11월), 공포(12월)
【1976】3·1 민주 구국 선언
【1979】부마 민주 항쟁 10·26 사태
【1980】5·18 민주화 운동

VIII 현대 사회의 발전

1 해방 이후의 정치적 변화

시기	사건
1945. 9. 7.	미국 극동군 사령부, 남한 군정 시행 선포
9. 16.	한국 민주당 결성(송진우, 김성수)
10. 23.	독립 촉성 중앙 협의회 결성(총재 이승만)
12. 16.~12. 25.	모스크바 3국 외상 회의(미, 영, 소)
12. 28.	반탁 국민 총동원 중앙 위원회 결성(12. 31. 전국에서 반탁 데모 단행)
1946. 1. 2.	조선 공산당, 모스크바 3국 외상 회의 결정 사항 지지
1. 15.	남조선 국방 경비대 발족
3. 5.	북조선 임시 인민 위원회, 토지 개혁 법령 공포(무상 몰수, 무상 분배 원칙)
3. 20.	제1차 미소 공동 위원회 소집(5. 6. 무기 휴회)
6. 3.	이승만, 정읍 발언(남한 단독 정부 수립 주장)
7. 25.	좌우 합작 위원회 발족(10. 7. 좌우 합작 7원칙 발표)
8. 10.	북한, 주요 산업의 국유화 실시
8. 29.	북한에서 북조선 공산당과 북조선 신민당의 합당으로 북조선 노동당 결성
11. 30.	월남한 사람들을 중심으로 서북 청년단 결성
1947. 5. 21.	제2차 미소 공동 위원회 개최(10. 21. 결렬)
9.	미국, 한국 문제를 UN에 이관
11. 14.	유엔 총회, 한국 총선안 및 UN 한국 임시 위원단 설치안 가결
1948. 1. 8.	유엔 한국 임시 위원단 입국(12일 소련 사령부에 입북 요구, 23일 입북 거부)
2. 26.	유엔 소총회, 유엔 한국 위원회의 접근 가능 지역(남한)에서만의 총선거안 가결
3. 8.	김구, 남북 협상 제의
4. 3.	제주도에서 4·3 사건 발생
4. 19.	남북 협상 개최
5. 10.	유엔 감시 아래 남한만의 총선거 실시(좌익계·남북 협상파 불참)
7. 17.	헌법 및 정부 조직법 등 공포
7. 20.	국회, 대통령에 이승만, 부통령에 이시영 선출(24일 취임)
8. 15.	대한민국 정부 수립 선포(하지 중장, 미군정 폐지 선포)
9.	반민족 행위 처벌법 제정
10. 19.	여수·순천 10·19 사건 발생
12. 12.	유엔 총회, 한국 정부를 유엔 감시하의 선거가 가능하였던 지역에서 수립된 유일한 합법 정부로 승인
1949. 12.	교육법 공포로 '6-3-3학제' 공식화
1950. 6. 1.	초등 의무 교육 실시

시기	6·25 전쟁
1950. 6. 25.	북한군의 불법 남침으로 전쟁 발발(6. 28. 서울 함락)
6. 27.	유엔 안보리, 대북 제재 결의(7. 1. 연합군 지상 부대, 부산 상륙)
9. 15.	유엔군, 인천 상륙 작전 개시(9. 28. 서울 수복 → 10. 1. 38도선 돌파 → 10. 19. 평양 탈환)
10. 25.	중국군, 전쟁 개입 시작
1951. 1. 4.	1·4 후퇴
4. 12.	맥아더 장군 해임
4. 30.	국회에서 국민 방위군 해체 결의
1953. 6. 18.	이승만, 반공 포로 석방
7. 27.	정전 협정 조인
10.	한미 상호 방위 조약 체결

2 민주주의의 시련과 발전

시기	〈제1 공화국〉 이승만 정부
1950. 5. 30.	제2대 국회 의원 선거(反이승만 성향의 무소속 의원 대거 진출)
1952. 1. 18.	평화선 발표(독도에 대한 영토 주권 공표)
7. 4.	발췌 개헌안 통과
8. 5.	제2대 대통령·제3대 부통령 선거(대통령 이승만, 부통령 함태영 당선)
1953	장준하, 잡지 〈사상계〉 발간
1954. 11. 27.	국회, 개헌안 부결(11. 29. 사사오입 개헌: 사사오입 이론을 적용하여 통과 처리)
1956. 5. 5.	신익희 민주당 대통령 후보, 유세 중 이리(현재의 익산)에서 급서(5. 23. 국민장)
5. 15.	제3대 대통령·제4대 부통령 선거(대통령에 자유당 이승만, 부통령에 민수당 장면 당선)
11.	진보당 창당
1957	『우리말 큰 사전』 완간
1958. 1. 13.	진보당 사건(위원장 조봉암을 간첩 혐의로 구속, 1959. 2. 27. 사형 확정)
12. 19.	보안법 개정안 통과(1959. 1. 5. 보안법 반대 데모 전국으로 확산)
1959	〈경향신문〉 폐간
1960. 2. 15.	조병옥 민주당 대통령 후보 미국 월터리드 육군 병원에서 사망(2. 25. 국민장)
3. 15.	제4대 대통령·제5대 부통령 선거 마산에서 부정 선거 규탄 데모
4. 11.	피살된 김주열의 시체 발견
4. 18.	고려대학교 학생들, 정치 깡패들의 습격으로 피해
4. 19.	4·19 혁명(피의 화요일)
4. 25.	전국 대학교수단 시국 선언문 발표("학생들의 피에 보답하라")
4. 26.	이승만, 대통령 하야 성명
4. 28.	허정 과도 정부 성립
6. 15.	내각 책임제 개헌안 국회 통과·공포
7. 29.	민의원·참의원 선거 실시(민주당의 압승)

시기	〈제2 공화국〉 장면 내각과 박정희 군정
1960. 8. 12.	민참 합동 회의, 제2 공화국 대통령에 윤보선 선출
8. 19.	민의원, 총리에 장면 인준(장면 내각 성립)
9. 22.	민주당 구파 분당 선언
11. 29.	개헌(부정 선거 관련자 처벌을 위한 소급 입법 근거 마련)
12.	반민주 행위자 공민권 제한법 제정
1961. 3. 1.	장면 내각 – 반공법, 데모규제법 제정 추진
4. 29.	충주 비료 공장 준공(국가 기록원 기록 기준)
5. 16.	군사 정변
	군사 혁명 위원회 발족(의장 장도영, 부의장 박정희)
5. 18.	장면 내각 총사퇴
5. 19.	군사 혁명 위원회, 국가 재건 최고 회의로 개편
1962. 1. 13.	제1차 경제 개발 5개년 계획 발표
3. 16.	정치 활동 정화법 공포
11. 12.	김종필–오히라 메모 작성
12. 17.	헌법 개정안 국민 투표 가결(1963. 10. 15. 직선제로 박정희 대통령 당선)

흐름을 한눈에 파악한다! 연표로 보는 핵심정리

시기	〈제3 공화국〉 박정희 정부
1964. 4. 1.	김종필−오히라 메모 공개
5. 7.	울산 정유 공장 준공
6. 3.	6·3 시위
8. 1.	제1차 인민혁명당 사건
10. 31.	한·베트남, 베트남 지원을 위한 국군 파견에 관한 협정 체결
12. 5.	제1회 수출의 날 기념식
1965. 6. 22.	한일 협정(한일 기본 조약) 조인
7. 2.	국무 회의, 1개 전투 사단 베트남 파병 의결
8. 1.	베트남 전쟁 전투 부대 파병 동의안 국회 통과
1968. 1. 21.	1·21 사태, 북한 무장 공비 31명 서울 침입
1. 23.	미 해군 정보함 푸에블로호(Pueblo 號), 북한에 피랍
4. 1.	향토 예비군 창설
11. 2.	울진·삼척 지구 무장 공비 침투 사건
11. 21.	주민등록증 최초 발급
12. 5.	국민 교육 헌장 발표
1969. 2. 5.	중학교 무시험 진학 제도 실시
9. 14.	3선 개헌안 국민 투표 법안 국회에서 변칙 통과 (10. 17. 국민 투표로 개헌안 통과)
1970. 4. 8.	와우 아파트 붕괴 사고
4. 22.	새마을 운동 시작
7. 7.	경부 고속 국도 개통
11. 13.	전태일 열사 분신
1971. 4. 2.	교련 반대 운동(연세대학교에서 시작)
4. 27.	제7대 대통령 선거(박정희 당선)
8. 10.	광주 대단지 사건
1972. 7. 4.	7·4 남북 공동 성명
8. 3.	경제 안정과 성장에 관한 긴급 명령(8·3 조치)
10. 17.	비상 계엄 선포(12. 27. 유신 헌법 공포)

시기	〈제4 공화국〉 박정희 정부(유신 체제)
1973	김대중 납치 사건 개헌 청원 백만 명 서명 운동 제1차 석유 파동
1974	서울, 부산 고등학교 입학생 연합 고사 첫 적용
9. 26.	천주교 정의 구현 전국 사제단 출범
1975. 3. 18.	동아 자유 언론 수호 투쟁 위원회 결성
1976. 3. 1.	민주 구국 선언
8. 18.	판문점 도끼 만행 사건
1977	수출 100억 불 달성
1978	제2차 석유 파동
1979	YH 사건(8월) → 신민당 총재 김영삼 국회 의원 제명(10. 4.) → 부마 민주 항쟁(10. 16.~20.) → 10·26 사태 → 12·12 사태
1980. 5. 17.	비상 계엄 전국 확대
5. 18.	민주화 운동
5. 31.	국가 보위 비상 대책 위원회 설치
7. 30.	7·30 교육 개혁 조치(과외 금지) 발표
10. 27.	개헌 공포(대통령 선거인단에 의한 간선제, 7년 단임제)

시기	〈제5 공화국〉 전두환 정부
1981. 3.	제5 공화국 출범
1982	통행 금지 해제
1983	아웅산 테러 사건
1985	최초의 남북한 이산가족 상호 방문
1986	금강산 댐 사건
1987. 1. 14.	박종철 고문치사 사건
4. 13.	호헌 조치
6. 9.	이한열 열사 최루탄 피격(7. 5. 사망)
6. 10.	6월 민주 항쟁(6. 10.~6. 29.)
6. 29.	6·29 민주화 선언(대통령 직선제 요구 수용)
10. 29.	직선제 개헌 공포
11. 29.	대한항공(KAL) 858기 피격 사건

시기	〈제6 공화국〉 노태우 정부
1988. 2. 25.	노태우 정부 출범
9. 1.	헌법 재판소 개소
9. 17.	서울 올림픽 대회 개최(~10. 2.)
1989. 2.	헝가리와 수교
3.	문익환 목사 방북 사건
11.	폴란드와 수교
1990	소련과 수교
1991. 9.	남북한 유엔 동시 가입
12. 9.	국제 노동 기구(ILO) 가입
12. 13.	남북 기본 합의서 채택
12. 31.	한반도 비핵화 선언
1992. 8. 24.	중국과 수교
12. 22.	베트남과 수교

시기	〈문민 정부〉 김영삼 정부
1993. 3.	북한, NPT(핵 확산 금지 조약) 탈퇴
8.	금융 실명제 실시
1994. 9.	북미 제네바 회담(한반도 핵 문제의 전면적 해결을 위한 협상)
1995. 3. 9.	KEDO(한반도 에너지 개발 기구) 설립
3. 20.	부동산 실명제법 공포
8. 15.	조선 총독부 청사 철거 시작
1996. 3.	학교 운영 위원회 설치
12.	OECD(경제 협력 개발 기구) 가입
1997. 12.	외환 위기(IMF의 구제 금융 지원)

시기	〈국민의 정부〉 김대중 정부
1998. 11.	금강산 관광 시작(해로)
1999. 6. 15.	제1차 연평 해전
9. 29.	동티모르 평화 유지군 상록수 부대 창설(10. 4. 출국, 10. 22. 작전 시작)
2000. 6. 15.	6·15 남북 공동 선언(제1차 남북 정상 회담)
8.	개성 공단 조성 합의
9.	경의선 복구 작업 착공(2003. 6. 14. 경의선 연결식 개최)
2002. 6. 29.	제2차 연평 해전

시기	〈참여 정부〉 노무현 정부
2003. 6.	개성 공단 착공(2004. 6. 개성 공단 시범 단지 완공)
2007. 10. 4.	10·4 남북 공동 선언(제2차 남북 정상 회담)

시기	2008~2013 이명박 정부
2010. 3.	천안함 피격 사건
11.	연평도 포격 사건

시기	2013~2017 박근혜 정부
2017	박근혜 대통령 탄핵

시기	2017~2022 문재인 정부
2018. 4. 27.	판문점 선언

CHAPTER 01 대한민국 정부 수립과 6·25 전쟁

- 1 회 독   월   일
- 2 회 독   월   일
- 3 회 독   월   일
- 4 회 독   월   일
- 5 회 독   월   일

01 광복 직후의 국내 정세
02 국토의 분단
03 대한민국 정부의 수립

단권화 MEMO

01 광복 직후의 국내 정세

(1) 광복 직전의 건국 준비 활동

① 국외의 건국 준비 활동: 국내외에서 민족의 독립을 쟁취하기 위하여 노력하던 우리 민족은 제2차 세계 대전에서 일본의 패전을 확신하고 건국을 준비하였다.

　㉠ 대한민국 임시 정부
　　• 「대한민국 건국 강령」 제정·공포(1941): 민족주의 계열의 독립운동 단체들을 한국 독립당으로 통합하여 그 지지 기반을 강화한 후, 보통 선거를 통한 민주 공화국의 수립을 규정한 「대한민국 건국 강령」을 제정·공포하였다.
　　• 정부 체제의 개편: 조선 민족 혁명당의 지도자들을 받아들여 정부의 체제를 개편하였으며, 김원봉 중심의 조선 의용대 일부를 흡수하여 한국광복군을 보강하고, 항일 전쟁을 더욱 적극적으로 전개하였다.

> **사료** 대한민국 임시 정부의 건국 강령
>
> ❶ 구성: 총강(總綱)·복국(復國)·건국(建國)의 3장 24개 항
> • 제1장 총강: 민족의 과거 내력과 민족 국가 건설에 대한 방향을 제시하였다.
> • 제2장 복국: 독립운동의 단계와 임무를 규정하였다.
> • 제3장 건국: 광복 후 건설할 국가의 정체(政體)는 '민주 공화국(民主共和國)'이고, '균등 사회(均等社會)'를 실현한다는 전제하에 이를 위한 구체적이고 세부적인 방안들을 정리하였다.
>
> ❷ 제3장 건국
> 　삼균 제도를 골자로 한 헌법을 실시하여 정치·경제·교육의 민주적 시설로 실제상 균형을 도모하며, 전국의 토지와 대생산 기관의 국유가 완성되고, 전국의 학령 아동 전체가 고급 교육의 무상 교육이 완성되고, 보통 선거 제도가 구속 없이 완전히 실시되어 …… 개인 간·민족 간·국가 간 균등을 추구한다.

　㉡ 조선 독립 동맹(1942): 중국 화북 지방의 사회주의 계열 독립운동가들도 민주 공화국의 수립을 강령으로 내세우고 건국 준비에 나섰다.

> **사료** 조선 독립 동맹의 강령
>
> 본 동맹은 조선에 대한 일본 제국주의의 지배를 전복(顚覆)하고 독립 자유의 조선 민주 공화국을 수립할 목적으로 다음 임무를 실현하기 위하여 싸운다.
> 1. 전 국민의 보통 선거에 의한 민주 정권의 수립
> 2. 국민 의무 교육 제도를 실시하고, 이에 필요한 경비는 국가가 부담하는 것으로 함

■ 「대한민국 건국 강령」

임시 정부의 기초 정당인 한국 독립당에서 조소앙의 삼균주의(三均主義)에 따라 정치·경제·교육의 균등을 규정하였다.

(주요 내용)
• 삼균 제도를 골자로 하는 헌법의 실시
• 경자유전(耕者有田)의 원칙에 따른 토지 제도 구상
• 보통 선거 제도와 의무 교육의 실시
• 정치·경제·교육의 균등 실시

② 국내의 건국 준비 활동
  ㉠ 조선 건국 동맹 조직(1944): 일제의 가혹한 탄압 속에서도 여운형을 중심으로 일부의 지도자들이 조선 건국 동맹을 조직하고, 일제 타도와 민주주의 국가 건설을 추구하였다.
  ㉡ 조선 건국 준비 위원회 조직(1945): 조선 건국 동맹은 해방 직후 조선 건국 준비 위원회로 개편되고 본격적인 건국 작업에 착수하였다.

사료 | 조선 건국 동맹의 여운형이 조선 총독에게 요구한 5개 조항

1. 정치·경제범을 즉시 석방할 것
2. 3개월분 식량을 확보할 것
3. 조선인의 치안 유지와 건국 운동을 위한 정치 활동에 대하여 절대로 간섭하지 말 것
4. 학생과 청년을 조직·훈련하는 데 간섭하지 말 것
5. 노동자와 농민을 건국 사업에 동원하는 데 절대로 간섭하지 말 것

③ 건국 준비 활동의 공통성: 국내외를 불문하고 독립운동을 추진하던 민족 지도자들은 일제의 패망 후 민주 공화국을 수립한다는 데 뜻을 같이 하였다.

바로 확인문제

● 빈칸에 들어갈 인물에 대한 설명으로 가장 옳은 것은? 16. 서울시 7급

> □□□은(는) 조선 총독에게 정치·경제범의 즉시 석방, 서울의 3개월분 식량 확보, 치안 유지 등을 위한 정치 운동·학생 및 청년 활동·노동자와 농민 동원 등에 대한 불간섭 등을 요구하였다.

① 만주 길림시에서 의열단을 조직하여 일본을 무너뜨리고 '민중적 조선'을 건설하는 것을 목표로 민족 투쟁을 벌였다.
② 김규식과 함께 좌우익의 대표로서 10인의 좌우 합작 위원회를 구성하여 남북한 통일 정부 수립 운동을 벌였다.
③ 단독 정부 수립 운동에 반대하며 분단을 막고 통일 정부 수립을 위하여 북한에 남북 지도자 연석 회의를 제안하였다.
④ 좌우 협력의 민족 운동인 신간회 운동을 주도한 인물 중 한 사람으로 조선학 운동을 통해 민족 문화 수호에 앞장섰다.

(2) 8·15 광복

1945년 8월 15일, 우리 민족은 일제의 지배로부터 벗어나 광복을 맞이하게 되었다. 우리 민족의 광복은 미국·영국·중국·소련 등 연합군이 승리한 결과이기도 하지만, 우리 민족이 국내외에서 줄기차게 전개해 온 독립 투쟁의 결실이었다.

▲ 8·15 광복

단권화 MEMO

■ 기타 정당의 활동

정당	인물	활동 내용
한국 민주당	송진우, 김성수	민족주의 우파 세력 중심. 임시 정부 지지. 미군정에 적극 참여
독립 촉성 중앙 협의회	이승만	이승만을 중심으로 한국 민주당, 국민당, 조선 공산당을 비롯한 2백여 개 단체가 모여 구성한 협의체로, 독립 쟁취를 위하여 공동 투쟁·공동 노선을 취할 것을 결의함
한국 독립당	김구	통일 정부 수립을 위한 활동 전개
국민당	안재홍	중도 우파, 신민주주의 및 신민족주의 표방
조선 인민당	여운형	중도 좌파, 좌우 합작 운동 전개

|정답해설| 제시된 내용은 '여운형'이 해방 직전 조선 총독에게 요구한 사항들이다. 여운형은 1944년 조선 건국 동맹을 조직하였고, 해방 직후 안재홍과 함께 조선 건국 준비 위원회를 설립하였다. 이후 미군정의 지원을 받아 김규식과 함께 좌우 합작 운동을 주도하였으나 1947년 7월 혜화동에서 암살되었다.

|오답해설|
① 김원봉은 1919년 만주 지린(길림)에서 의열단을 조직하였다.
③ 김구는 통일 정부를 수립하기 위해 북한에 남북 지도자 연석 회의를 제안하였다.
④ 안재홍은 신간회 운동을 주도하였고, 정인보 등과 함께 조선학 운동을 추진하였다.

|정답| ②

단권화 MEMO

■ 얄타 회담(1945. 2.)
미국·영국·소련 3국 수뇌는 얄타 협정을 체결하여 소련의 대일전 참전을 결정하였다. 소련군이 대일 전쟁에 참전하자 미국은 소련군의 점령 지역이 과도하게 확대되는 것을 방지하기 위하여 소련에 북위 38도선을 경계로 일본군의 무장을 해제시킬 것을 제의하였으며, 소련이 이에 동의하였다. 한편 이 회담에서 미국의 루스벨트 대통령이 20~30년간의 신탁 통치안을 처음으로 제안하였다고 알려져 있다.

02 국토의 분단

(1) 열강의 한국 독립 논의

① 카이로 회담(1943. 11.): 미국·영국·중국 3국의 수뇌는 카이로 회담에서 한국 인민의 노예 상태에 유의하여 적당한 시기에 한국을 독립시킬 것을 결의하였다.

② 포츠담 선언(1945. 7.): 카이로 회담의 결의를 포츠담 선언에서도 재확인하였다. 이렇듯 우리나라의 독립은 이미 국제 사회에서 약속된 것이었다.

> **사료** 카이로 선언(1943. 12. 1.)
>
> 3대 동맹국은 해로와 육로, 항공로로 야만적인 적국에 대하여 끊임없는 압박을 가할 결의를 표명하였다. 이 압박은 이미 증대하고 있다. 3대 동맹국은 일본의 침략을 정지시키고 이를 벌하기 위하여 지금 전쟁을 속행하고 있다. 위 동맹국은 자국을 위하여 하등 이익을 요구하는 것이 아니며 또 영토를 확장할 아무런 생각도 가지고 있지 않다. 위 동맹국의 목적은 일본국으로부터 1914년 제1차 세계 대전 이후 일본이 탈취하고 또는 점령한 태평양의 도서를 일체 박탈할 것과 만주·타이완 및 펑후 제도와 같이 일본국이 중국인으로부터 훔친 일체의 지역을 중화민국에 반환함에 있고, 일본은 또 폭력과 탐욕에 의하여 약탈한 다른 일체의 지역으로부터 구축될 것이다. 앞의 3대국은 조선 인민의 노예 상태에 유의하여 적당한 시기에 조선이 자유 독립할 것을 결의한다.

> **사료** 포츠담 선언(1945. 7.)
>
> 1. 우리들 합중국 대통령, 중화민국 정부 주석 및 대영국 수상은 우리들의 수억 국민을 대표하여 협의한 결과, 일본국에 대하여 이번 전쟁의 종결을 위한 기회를 주는 데에 의견이 일치되었다.
> 6. 우리들은 무책임한 군국주의가 세계에서 구축될 때까지는 평화, 안전, 정의의 신질서가 생길 수 없다고 주장하는 까닭에, 일본국 국민을 기만하여 그들로 하여금 세계 정복에 나서는 과오를 범하게 한 자의 권력과 세력은 영구히 제거되지 않을 수 없다.
> 7. 이와 같은 신질서가 건설되고 일본의 전쟁 수행 능력이 파괴되었다는 확인이 있기까지는 우리가 여기에 지적하는 기본적 목적을 확실히 달성하기 위해, 연합국이 지정한 일본 영역 내의 지점들은 점령될 것이다.
> 8. 카이로 선언의 모든 조항은 이행될 것이며, 일본의 주권은 혼슈·홋카이도·규슈·시코쿠와 우리가 결정하는 부속 도서로 한정한다.
> 12. 전기의 목적들이 달성되고, 또 일본 국민이 자유로이 표현하는 의사에 따라 평화적 경향을 갖고도 책임 있는 정부가 수립될 때에는 연합국의 점령군은 즉시 일본에서 철수할 것이다.

(2) 국토의 분단

① 민족 독립운동의 의의
  ㉠ 8·15 광복은 온 민족이 일제의 지배에 맞서서 투쟁해 온 결실이었기 때문에 수많은 사람의 희생과 헌신은 민족 운동사의 위대한 업적으로 남게 되었다.
  ㉡ 민족의 독립을 되찾기 위한 노력은 정치·경제·사회·문화·외교 등 모든 영역에 걸쳐 지속적으로 전개되었다.
  ㉢ 독립운동의 방법도 무장 투쟁, 외교 활동, 민족 문화 수호 운동 또는 민족 실력 양성 운동 등으로 전개되었다.
  ㉣ 이처럼 줄기차게 전개된 민족 독립운동이 국내외에 널리 알려짐에 따라 국제적으로도 우리 민족의 독립 국가 수립은 당연히 이루어져야 하는 것으로 여겨졌다.

② 38도선의 확정: 우리나라는 감격적인 광복을 곧바로 독립으로 이어 가지 못하였다. 일본군의 무장 해제를 이유로 미소 양군이 북위 38도선을 경계로 하여 한반도의 남과 북에 각각 진주하였기 때문이다.

▲ 북위 38도선 표지판

③ 군정의 실시: 남한에 주둔한 미군은 곧 군정을 실시하면서 친미적인 우익 정부의 수립을 후원하였다. 북한에서도 소련군과 공산주의자들이 중심이 되어 민족주의 계열의 인사들을 숙청하고, 공산주의 정권을 수립하기 위한 기반을 닦아 나갔다.

④ 민족 분단의 고착화: 우리 민족은 스스로의 능력이나 의지와는 관계없이 자주독립의 통일 국가를 수립하지 못하고 민족 분단의 비극을 맞게 되었다.

> **사료** 국토 분단의 배경
>
> 「일본국 대본영 일반 명령 제1호」(1945. 9. 2.)
> 1. 만주·북위 38도선 이북의 한국, 사할린, 쿠릴 열도에 있는 일본군은 소련 극동군 사령관에게 항복할 것
> 1. 일본국과 일본국 본토에 인접한 여러 소국, 북위 38도선 이남의 한국, 류큐 제도 및 필리핀 제도에 있는 일본군은 미합중국 태평양 육군 부대 최고 사령관에게 항복할 것
> 1. 위에 지정한 각 지휘관만이 항복을 수락할 권한이 부여된 연합국 대표자이며, 모든 일본국 군대는 이 지휘관 또는 그 대표자에게만 항복할 것

> **바로 확인문제**
>
> ● 다음 선언문을 발표한 회담과 관련한 설명으로 옳은 것은? 　　　　　16. 국가직 7급
>
> > 우리 동맹국은 일본이 제1차 세계 대전 이후에 탈취하거나 점령한 태평양의 도서 일체를 박탈할 것과 만주, 팽호도와 같이 일본이 청국에게서 빼앗은 지역을 모두 중화민국에 반환할 것을 목표로 한다. …… 그리고 우리 세 나라는 현재 한국 국민이 노예 상태하에 있음을 유의하여 적당한 시기에 한국을 자주·독립 국가로 할 결의를 가지고 있다.
>
> ① 회담 당사국은 미국, 영국, 소련이었다.
> ② 4개국에 의한 최장 5개년의 한반도 신탁 통치를 결정하였다.
> ③ 회담의 영향으로 임시 정부가 건국 강령을 발표하였다.
> ④ 제2차 세계 대전 중 최초로 한국의 독립을 국제적으로 보장하였다.

(3) 광복 이후 남북한의 정세

① 조선 건국 준비 위원회(1945. 8. 15.)와 조선 인민 공화국의 성립

　㉠ 광복 직후 조선 건국 동맹의 여운형(중도 좌익)을 중심으로, 안재홍 등의 우익이 참여하여 조선 건국 준비 위원회가 조직되었다. 조선 건국 준비 위원회는 완전한 독립과 진정한 민주주의 확립을 목표로 치안대를 조직하고, 전국에 145개 지부를 설치하였다.

> **사료** 조선 건국 준비 위원회 강령
>
> 조선 전 민족의 총의(總意)를 대표하여 이익을 보호할 만한 완전한 새 정권이 나와야 하며 이러한 새 정권이 확립되기까지의 일시적 과도기에 있어서 본 위원회는 조선의 치안을 자주적으로 유지하며 한걸음 더 나가 조선의 완전한 독립 국가 조직을 실현하기 위하여 새 정권을 수립하는 산파적인 사명을 다하려는 의도에서 아래와 같은 강령을 내세운다.
>
> [강령]
> 우리는 완전한 독립 국가의 건설을 기함
> 우리는 전 민족의 정치적, 경제적, 사회적 기본 요구를 실현할 수 있는 민주주의적 정권의 수립을 기함
> 우리는 일시적 과도기에 있어서 국내 질서를 자주적으로 유지하며 대중 생활의 확보를 기함

단권화 MEMO

| 정답해설 | 제시된 선언문은 1943년 카이로 회담에서 발표한 선언문이다. 카이로 회담에서는 최초로 우리나라의 독립을 국제적으로 보장하였다.

| 오답해설 |
① 카이로 회담 당사국은 미국, 영국, 중국이었다.
② 1945년 12월에 개최된 모스크바 3국 외상 회의에 대한 설명이다.
③ 대한민국 임시 정부가 건국 강령을 발표한 것은 1941년이다.

| 정답 | ④

■ 건국 준비 위원회 조직의 의의

건국 준비 위원회(이하: 건준위)는 해방을 맞아 중요한 역할을 하였다. 해방이 되었을 때 국외 독립운동 세력은 너무 멀리 떨어져 있었고, 연합국의 대한(對韓) 정책 때문에 일찍 입국하기가 어려웠다. 김구와 김규식을 수반으로 한 대한민국 임시 정부는 중국 충칭에 있었고, 김두봉을 대표로 한 조선 독립 동맹도 중국 연안에 있었다. 만주에서 활동했던 빨치산은 소련의 하바롭스크 부근에 있었다. 만일 건준위가 조직되어 국내 곳곳에서 자주적으로 건국 활동을 하지 않았더라면 한국은 미국이 주장한 대로 신탁 통치를 받아 마땅하다는 논리에 대답하기가 쉽지 않았을 것이다.

서중석, 「사진과 그림으로 보는 한국 현대사」

ⓒ 연합군에게 정부로 인정받기 위하여 이승만을 주석, 여운형을 부주석, 허헌을 국무총리로 하는 조선 인민 공화국을 선포하고, 발전적으로 해체하였다(1945. 9. 6.). 그러나 실권은 조선 공산당을 재건한 박헌영이 장악하여 좌익 정부나 다름없었다.

ⓒ 1945년 9월 9일 주한 미육군사령관 하지(John R. Hodge) 중장은 아베 노부유키 조선 총독으로부터 정식으로 항복 문서를 접수하였다. 이어 9월 12일 하지 중장은 아놀드(A. V. Arnold) 소장을 군정 장관에 임명한 뒤, 20일 군정청의 성격·임무·기구 및 국·과장급 인사를 발표함으로써 남한에 본격적인 미군정 통치가 시작되었다. 미군정은 조선 인민 공화국을 정부로 인정하지 않았고, 친미적인 우익 정부의 수립을 지원하기 위해 한국 민주당 인사들과 긴밀하게 접촉하였다.

ⓔ 한국 민주당은 대한민국 임시 정부의 법통을 계승하려 한 반면(임시 정부 봉대론) 미군정은 중국과 친밀하고 민족주의적 성격을 지닌 임시 정부를 인정하지 않았다. 이에 주석인 김구의 귀국도 개인 자격으로만 허용하였다.

사료 아놀드 미군정 장관의 조선 인민 공화국 부인 성명

북위 38도 이남의 조선에는 오직 한 정부가 있을 뿐이다. 이 정부는 맥아더 원수의 포고와 하지 중장의 명령과 아놀드 소장의 행정령에 의하여 정당히 수립된 것이다. 이는 아놀드 군정 장관과 군정관들이 엄선하고 감독하는 조선인으로 조직된 정부로서 행정 각 방면에 있어서 절대의 지배력과 권위를 가졌다. 자천자임(自薦自任)한 '관리'라든가 '경찰'이라든가 '국민 전체를 대표'하였노라는 대소 회합이라든가 (자칭) '조선 인민 공화국'이든가 (자칭) '조선 공화국 내각'은 권위와 세력과 실재가 전연 없는 것이다.

ⓜ 1945년 10월에 귀국한 이승만은 독립 촉성 중앙 협의회를 결성하고, '선 좌우익 통합, 후 친일파 제거'를 주장하였다.

ⓗ 한국 사정에 어두웠던 미군정은 총독부 체제를 그대로 유지하고, 친일파를 존속시켰다.

② 북한의 정세: 소련군의 진주로 자주적으로 독립 국가를 수립하려던 민족주의 인사들의 활동이 금지되었으며, 그 대신 소련군과 함께 북한에 들어온 김일성 등 공산주의자들을 중심으로 정치 활동이 전개되었다.

(4) 신탁 통치 문제*

*신탁 통치 문제
모스크바 3국 외상 회의의 결정 내용을 알아 두도록 한다.

① 모스크바 3국 외상 회의(1945. 12.)
  ㉠ 38도선을 경계로 남과 북에 미군과 소련군의 군정이 실시되는 가운데 미국·영국·소련 3국의 외상은 모스크바에서 회의를 열어 한반도 문제를 협의하였다.
  ㉡ 이 회의에서 한국에 임시 민주 정부를 수립하기 위하여 미소 공동 위원회를 설치하고, 한국을 최고 5년 동안 미·영·중·소 4개국의 신탁 통치하에 두기로 결정하였다.

사료 모스크바 3국 외상 회의 결정서(1945. 12.)

1. 조선을 독립 국가로 재건하기 위하여 조선 민주주의 임시 정부를 수립하여 이로써 조선의 산업·교통·농업 발전과 민족의 문화 향상을 도모하게 할 것이다.
2. 조선에 민주적인 임시 정부 수립을 실현하며, 이에 대한 방침을 강구하기 위하여 남조선의 미국군 사령부 대표와 북조선의 소련군 사령부 대표로서 공동 위원회(共同委員會)를 설치한다. 이 위원회는 조선의 민주적 제(諸) 정당 및 사회단체들과 협의한다. 이 위원회의 건의는 미·소·영·중 4개국 정부에 제출되어 검토된 후 미소 양(兩) 정부가 최종 결정한다.

3. 위 공동 위원회는 조선 민주주의 임시 정부를 기타 각 민주주의 단체와 협력하여 조선을 정치적·사회적 및 경제적으로 발전시키며, 민주주의적 자치 정부를 수립하여 독립 국가로 육성시키는 데 사명이 있다. 공동 위원회의 제안은 조선 임시 정부와 타협한 후 미·영·중·소 정부에 제출하여 최고 5년간의 4개국 조선 신탁 통치에 관한 협정을 할 것이다.
4. 남한 및 북한에 관한 긴급 문제의 심의를 위하여 남한의 미군 사령부와 북한의 소련군 사령부 사이에 행정·경제 분야에서 부단한 협력을 확립하기 위한 방법을 검토하기 위하여 미소 점령 사령관의 대표로 구성되는 공동 위원회(共同委員會)를 2주일 내에 개최한다.

② 신탁 통치안의 결정
   ㉠ 신탁 통치안의 성격: 신탁 통치는 강대국이 독립할 능력이 없는 나라를 일정 기간 통치하는 것인데, 실제로 우리 민족에게는 식민지 지배와 크게 차이가 없는 것이었다. 그러므로 모스크바 3국 외상 회의에서 한반도 신탁 통치 결정은 우리 민족에게는 모욕으로 생각될 수밖에 없었다.
   ㉡ 반탁 운동의 전개: 이 소식이 국내에 전해지자 전국적으로 신탁 통치 반대 운동이 치열하게 전개되었으며, 이는 제2의 광복 운동과 같은 성격을 띠었다. 특히 김구를 비롯한 임시 정부 세력은 조직적인 반탁 운동을 전개하려는 목적에서 탁치(신탁 통치) 반대 국민 총동원 위원회를 결성하였다(1945. 12. 28.).
   ㉢ 좌우익의 대립: 처음에는 좌익 세력도 신탁 통치에 반대하였다. 하지만 박헌영이 소련과 협의한 후 신탁 통치의 본질이 임시 정부 수립에 있다고 판단하고 모스크바 3국 외상 회의의 결정을 받아들이기로 하였다.

O 좌우익의 대립

좌익 세력의 통일 전선 (민주주의 민족 전선)	• 일시: 1946년 2월　　• 주체: 조선 공산당, 조선 인민당, 독립 동맹(조선 신민당) 등 • 인물: 임시 정부 세력에서 이탈한 김원봉, 성주식, 김창숙, 장건상 등 • 목적: 조선 민족의 완전한 독립 달성과 민주주의 정권 수립을 위시하여 …… 역사적 임무를 달성하기 위해 조직(규약 제2조) • 성격: 조선 인민 공화국의 후신
우익 세력의 통일 전선 (비상 국민 회의)	• 일시: 1946년 2월　　• 주체: 임시 정부 세력 중심(김구, 이승만) • 모체: 비상 정치 회의 주비회(1월 20일) • 목적: 우익의 통일 전선 구축 • 주장: 좌우익의 연립을 요구하고 반탁을 중심으로 모든 정당이 통일할 것을 주장

사료　반탁 시위 대회 선언문

카이로 선언, 포츠담 선언과 국제 헌장으로 세계에 공약한 한국의 독립은 이번에 모스크바에서 열린 3국 외상 회의의 신탁 관리 결의로써 수포로 돌아갔으니, 다시 우리 3,000만 명은 영예로운 피로써 자주독립을 이루지 않으면 안 될 단계에 들어섰다. / 동포! …… 완전한 자주독립을 이루는 날까지 3,000만 전 민족은 최후의 피 한 방울이 다하도록 항쟁할 것을 선언한다.

심화　해방 직후 좌익과 우익 정당

❶ 좌익(사회주의 계열)
  • 조선 공산당(박헌영, 조선 공산당 산하에 노동 조직인 조선 노동조합 전국 평의회와 농민 조직인 전국 농민 조합 총연맹이 존재함)
  • 남조선 신민당(백남운, 조선 신민당 남조선 분국)
  • 조선 인민당(여운형, 중도 좌파, 좌우 합작 추진)
  → 좌익 3당은 1946년 11월 통합하여 남조선 노동당이 되었다. 이 과정에서 여운형은 참가하지 않았다.

❷ 우익(민족주의 계열)
- 한국 민주당(김성수·송진우 계열, 대지주 출신, 도시 부유층 출신, 특히 많은 친일 세력들이 가담함)
- 독립 촉성 중앙 협의회(이승만 계열)
- 한국 독립당(김구 계열 임시 정부 세력)
- 조선 국민당(안재홍, 신민족주의, 신민주주의, 중도 우파)

바로 확인문제

● 〈보기〉의 결정을 내린 회의에 대한 설명으로 가장 옳지 않은 것은? 18. 서울시 7급

| 보기 |

- 첫째, 한국을 독립 국가로 재건하기 위해 민주주의 임시 정부를 수립한다.
- 둘째, 한국 임시 정부 수립을 위해 미소 공동 위원회를 설치한다.
- 셋째, 미국, 영국, 중국, 소련의 4개국이 공동 관리하는 최고 5년 기한의 신탁 통치를 시행한다.

① 1945년 12월 모스크바에서 개최하였다.
② 미국, 영국, 소련 세 나라의 외무 장관이 참석하였다.
③ 한국의 신탁 통치에 대하여 처음 국제적으로 논의하였다.
④ 이 회의의 결정 소식은 국내 좌우익의 극심한 분열을 일으켰다.

단권화 MEMO

|정답해설| 제시된 내용은 1945년 12월에 개최된 모스크바 3국(미, 영, 소) 외상(외무 장관) 회의의 결과이다. 신탁 통치는 1945년 2월 얄타 회담에서 최초로 논의되었다.

|정답| ③

(5) 미소 공동 위원회와 좌우 합작 운동*

① 제1차 미소 공동 위원회(1946. 3.)
  ㉠ 반탁 운동이 거세게 일어나는 가운데 미국과 소련은 서울에서 미소 공동 위원회를 열었으나 처음부터 난항에 직면하였다.
  ㉡ 소련의 입장: 소련은 신탁 통치 결정을 지지하는 정치 단체만을 미소 공동 위원회와의 협의 대상으로 참여시키자고 주장하였다. 소련의 주장은 신탁 통치를 지지하는 공산당만을 임시 정부 수립에 참여시키려는 의도였다.
  ㉢ 미국의 입장: 미국은 모든 정치 단체를 참여시켜야 한다고 주장하였다.
② 이승만의 정읍 발언(1946. 6. 3.): 제1차 미소 공동 위원회가 결렬(1946. 5.)되자 이승만은 남한만의 단독 정부 수립을 공식적으로 주장하였다.

*미소 공동 위원회와 좌우 합작 운동
미소 공동 위원회의 결렬 이유를 파악하고, 좌우 합작 위원회의 활동을 기억하도록 한다.

사료 정읍 발언

이제 우리는 무기 휴회된 공위(共委)가 재개될 기색도 보이지 않으며 통일 정부를 고대하나 여의케 되지 않으니 남방만이라도 임시 정부 혹은 위원회 같은 것을 조직하여 38선 이북에서 소련이 철퇴되도록 세계 공론에 호소하여야 될 것이니 여러분도 결심하여야 될 것이다. 그리고 민족 통일 기관 설치에 대하여 지금까지 노력하여 왔으나 이번에는 우리 민족의 대표적 통일 기관을 귀경한 후 즉시 설치하게 되었으니 각 지방에서도 중앙의 지시에 순응하여 조직적으로 활동하여 주기 바란다.

③ 좌우 합작 운동(1946. 7.)
  ㉠ 이승만의 정읍 발언 이후 단독 정부 수립 운동이 일어나자 **여운형, 김규식** 등을 중심으로 좌우 합작 위원회를 조직하였다. 미군정도 좌우 합작 위원회를 지원하였다.
  ㉡ 좌우 합작 위원회는 1946년 10월 **좌우 합작 7원칙**을 발표하였으나 조선 공산당 및 한국 민주당의 강력한 반발로 별다른 성과를 거두지 못하였다.

| 사료 | 좌우 합작 7원칙(1946. 10.) |

1. 조선의 민주 독립을 보장한 삼상 회의 결정에 따라 남북을 통한 좌우 합작으로 민주주의 임시 정부를 수립할 것
2. 미소 공동 위원회 속개를 요청하는 공동 성명을 발표할 것
3. 토지 개혁에 있어서 몰수, 유조건 몰수, 체감매상(遞減買上, 토지 소유주의 소유 면적에 따라 토지 할인율 등급을 달리 적용해 사들이는 일) 등으로 토지를 농민에게 무상으로 나누어 주며, 시가지의 기지와 큰 건물을 적정 처리하며, 중요 산업을 국유화하며, 사회 노동 법령과 정치적 자유를 기본으로 지방 자치제의 확립을 속히 하며, 통화와 민생 문제 등등을 급속히 처리하여 민주주의 건국 과업 완수에 매진할 것
4. 친일파 민족 반역자를 처리할 조례를 본 합작 위원회에서 입법 기구에 제안하여 입법 기구가 심리 결정하여 실시케 할 것
5. 남북을 통하여 현 정권하에 검거된 정치 운동가의 석방에 노력하고 아울러 남북 좌우의 테러 행동을 일절 즉시로 제지토록 노력할 것
6. 입법 기구에서는 일체 그 권능과 구성 방법 운영에 관한 대안을 본 합작 위원회에서 작성하여 적극적으로 실행을 기도할 것
7. 전국적으로 언론, 집회, 결사, 출판, 교통, 투표 등 자유를 절대 보장되도록 노력할 것

ⓒ 미군정이 1946년 12월 좌우 합작 위원회와 한국 민주당을 결합하여 남조선 과도 입법 의원(의장 – 김규식)을 구성하자 여운형 등은 위원회를 탈퇴하였다.
ⓔ 1947년 2월 행정부의 최고 책임자인 민정 장관에 안재홍이 취임하였으며, 6월 군정법령 제141호에 따라 38선 이남 지역의 입법·사법·행정 각 부문의 모든 행정 기관을 '남조선 과도 정부'라 부르게 되었다. 7월에는 미국에 거주하던 서재필이 귀국하여 과도 정부의 고문인 한미 최고 의정관에 취임하였으나 별다른 성과를 얻지 못하였다.
ⓜ 결과: 1947년부터는 미국이 소련에 대한 봉쇄 정책으로 입장이 전환되면서 합작 운동이 난관에 빠지게 되었다.

④ 제2차 미소 공동 위원회(1947. 5.)
㉠ 1947년 트루먼 독트린이 발표되면서 미소 간 갈등과 냉전이 시작되었다.
㉡ 이승만은 미국에서 단독 정부의 수립을 주장하였고, 미국 국무성도 단독 정부의 수립을 시사한 후 제2차 미소 공동 위원회도 사실상 결렬되었다(1947. 10. 21.).
㉢ 미국이 제의한 미·영·중·소 4개국 회의에 대해 소련이 거부하였다.
㉣ 두 차례의 미소 공동 위원회 회의는 미국과 소련 간의 서로 다른 주장으로 끝내 아무런 합의도 얻지 못한 채 결렬되고 말았다.

| 바로 확인문제 |

● (가)에 대한 설명으로 옳은 것은? 21. 지방직 9급

> 1945년 12월 모스크바에서 미국, 소련, 영국의 외무 장관들은 한국 문제를 논의하였다. 이 회의에서 미국, 소련, 영국, 중국이 최장 5년간 신탁 통치를 시행한다는 합의가 이루어졌다. 또 미국과 소련이 __(가)__ 를/을 개최해 민주주의 임시 정부 수립 문제에 대해 논의하기로 했다. 이 합의에 따라 1946년 3월 서울에서 __(가)__ 가/이 시작되었다.

① 미소 양측의 의견 차이로 결렬되었다.
② 조선 건국 준비 위원회를 조직하는 성과를 냈다.
③ 민주 공화제를 핵심으로 한 제헌 헌법을 만들었다.
④ 유엔 감시하의 총선거로 정부를 수립한다는 결정을 내렸다.

■ 트루먼 독트린
1947년 3월 미국 대통령 트루먼이 의회에서 선언한 미국 외교 정책에 관한 원칙이다. 그 내용은 공산주의 세력의 확대를 저지하기 위하여 자유와 독립의 유지에 노력하며, 당시 공산 세력으로부터 직접적 위협에 직면하고 있던 그리스와 터키의 반공(反共) 정부에 대하여 미국의 경제적·군사적 원조가 제공된다는 것이었다. 이때부터 미국과 소련의 냉전이 시작되었다.

|정답해설| 모스크바 3국 외상회의(1945. 12.)의 결정에 따라 (가) 미소 공동 위원회가 두 차례 개최되었다(1차 1946. 3., 2차 1947. 5.). 그러나 미소 공동 위원회와 협의할 정당 및 사회단체에 대한 미국과 소련의 의견 차이로, 회의는 두 차례 모두 결렬되었다.

|정답| ①

단권화 MEMO

|정답해설| 제시된 사료는 좌우 합작 위원회에서 1946년 10월에 발표한 좌우 합작 7원칙 중 일부로, 밑줄 친 '입법 기구'는 1946년 12월에 설립된 남조선 과도 입법 의원이다. 남조선 과도 입법 의원의 초대 의장은 김규식이었다.

|정답| ②

● 밑줄 친 '입법 기구'에 대한 설명으로 옳지 않은 것은?

17. 지방직 7급

> 1. 조선의 민주 독립을 보장한 3상 회의 결정에 의하여 남북을 통한 좌우 합작으로 민주주의 임시 정부를 수립할 것
> 2. 미소 공동 위원회 속개를 요청하는 공동 성명을 발(發)할 것
> 3. 토지 개혁에 있어 몰수, 유조건 몰수, 체감매상 등으로 토지를 농민에게 ……
> 4. …… 본 합작 위원회에서 <u>입법 기구</u>에 제안하여 <u>입법 기구</u>로 하여금 심리 결정케 하여 실시케 할 것 ……

① 입법 의원 의원 선거법을 제정하였다.
② 초대 의장으로 여운형이 선임되었다.
③ 관선과 민선 두 종류의 의원이 있었다.
④ 민족 반역자·부일 협력자·간상배에 대한 특별법을 제정하였다.

심화 해방 이후 조선 공산당의 활동과 남조선 노동당(남로당)의 설립

❶ **조선 공산당의 재건**
- 박헌영 등 경성콤그룹(화요파) 계열은 1945년 8월 20일 '조선 공산당 재건 준비 위원회'를 결성하였고, 9월 8일 위원회 중심의 당 재건을 결의하여 사실상 조선 공산당의 창립 대회를 열었다.
- 조선 공산당은 「현 정세와 우리의 임무(8월 테제)」를 발표하였는데, 그 내용은 다음과 같다.
첫째, 조선의 해방이 소·영·미·중 등 진보적 민주주의 국가에 의해 실현됨으로써 평화적으로 혁명의 성공이 가능함을 보여 주었다. 둘째, 조선은 부르주아 민주주의 혁명의 단계에 있으므로 민족적 완전 독립과 토지 문제의 혁명적 해결이 가장 중요한 과제이다. 셋째, 진보적 민주주의 정치를 실시하기 위해 노동자·농민이 중심이 되고 도시 소시민과 인텔리겐차의 대표와 기타 모든 진보적 요소가 정견과 계급과 단체 여하를 막론하고 참여하는 통일 전선을 결성하여 대중이 지지하는 혁명적 인민 정권을 수립해야 한다.

❷ **조선정판사 위조 지폐 사건(1946. 5.)**
조선 공산당이 남한의 경제 혼란을 틈타 활동 자금 확보 목적으로 조선정판사에서 위조 지폐를 대량으로 제작하여 유통시킨 사건이다. 이 사건으로 조선 공산당에 대한 미군정의 탄압이 시작되었다.

❸ **신전술 발표(1946. 7.)**
조선정판사 위폐 사건 이후 미군정의 탄압이 계속되자, 조선 공산당은 미군정과의 협조 노선을 포기하고, 테러, 파업 등 강경 대중 투쟁을 통해 미군정에 압력을 가한다는 신전술을 발표하였다.

❹ **9월 총파업(1946. 9.)**
- 조선 공산당 산하 조선 노동조합 전국 평의회(전평)는 극심한 인플레이션, 식량난에 불만을 가진 노동자들의 파업을 지도하였다.
- 전국 철도 노동자의 총파업 이후 전신, 체신, 전기, 운송 등 각 산업 부분으로 파업이 확산되자, 미군정은 전평 주도 세력을 검거하는 등 강력하게 대응하였다.

❺ **10월 인민 항쟁(대구 10·1 사건, 1946. 10.)**
- 전국에서 9월 총파업이 진행되는 가운데, 10월 1일 대구에서 군중과 경찰이 충돌하면서 경찰의 발포로 노동자가 사망하는 일이 일어났다. 다음날 시민들이 부청(府廳)과 경찰서를 포위하고 경찰의 사과와 책임자의 처벌을 요구하며 점거하였다.
- 이후 대구 전역에서 시민들이 경찰과 우파 인물을 공격하여 사망자와 부상자가 대거 발생하였다.

❻ **남조선 노동당의 결성(1946. 11.)**
조선 공산당, 남조선 신민당, 조선 인민당이 통합하여 창당되었으며, 여운형은 참여하지 않았다.

바로 확인문제

● 8·15 광복 직후에 결성된 정당의 중심 인물과 주요 내용을 정리하였다. 이와 관련된 정당을 바르게 연결한 것은?

14. 국가직 9급

> ㉠ 여운형 등이 중심이 되어 결성하였으며, 진보적 민주주의를 표방하면서 좌우 합작을 추진하였다.
> ㉡ 송진우 등이 중심이 되어 결성하였으며, 인민 공화국을 부정하고, 대한민국 임시 정부의 법통을 계승하려 하였다.
> ㉢ 안재홍 등이 중심이 되어 결성하였으며, 신민족주의를 내세워 평등 사회를 건설하려 하였다.

	㉠	㉡	㉢
①	조선 인민당	한국 민주당	한국 독립당
②	조선 신민당	민족 혁명당	한국 독립당
③	조선 신민당	한국 민주당	국민당
④	조선 인민당	한국 민주당	국민당

| 정답해설 | ㉠ 조선 인민당: 여운형, 중도 좌파, 좌우 합작 추진
㉡ 한국 민주당: 김성수·송진우 계열, 대지주 출신, 도시 부유층 출신, 특히 많은 친일 세력이 가담
㉢ (조선) 국민당: 안재홍, 신민족주의, 신민주주의, 중도 우파

| 정답 | ④

● 다음 내용과 관련이 없는 것은?

> • 모스크바 3국 외상 회의 결정에 의해 좌우 합작으로 임시 정부를 수립할 것
> • 몰수·유조건 몰수 등으로 농민에게 토지 무상 분여 및 중요 산업 국유화
> • 친일파, 민족 반역자 처리 문제는 장차 구성될 입법 기구에서 처리할 것
> • 남북 좌우의 테러적 행동을 일체 제지하도록 노력할 것

① 한국 민주당과 조선 공산당은 적극적으로 반대하였다.
② 여운형, 김규식 등이 주도하였다.
③ 위 내용이 발표된 이후 정판사 위폐 사건이 발생하였다.
④ 미군정은 위 자료를 발표한 세력을 지원하였다.

| 정답해설 | 제시된 자료는 1946년 7월에 구성된 좌우 합작 위원회에서 발표한 좌우 합작 7원칙(1946. 10.)이다. 정판사 위폐 사건은 1946년 5월 조선 공산당이 위조 지폐를 제작하다 발각된 사건이다. 이후 조선 공산당은 미 군정의 탄압을 받았다.

| 오답해설 |
① 한국 민주당은 토지 개혁 내용에 반발하였고, 조선 공산당은 친일파 처단을 미루는 것에 불만을 가졌다.
② 좌우 합작 위원회는 여운형, 김규식 등 중도 세력이 조직하였으며, 좌우익 간 이견을 중도적 입장에서 조정하려 하였다.
④ 미군정은 이승만 세력이 적극적으로 반탁 운동을 추진하자 이승만을 배제하고 중도 세력을 중심으로 친미 정부를 세우기 위해서 좌우 합작 위원회를 적극적으로 지원하였다.

| 정답 | ③

03 대한민국 정부의 수립

(1) 유엔 한국 임시 위원단의 활동

① 한국 문제의 유엔 총회 상정
  ㉠ 원인: 미소 공동 위원회가 실패로 돌아가자 미국과 소련은 각기 남북한에서 별도의 정부를 세우는 데 관심을 가졌다.
    • 북한의 상황: 소련은 북한에서 공산주의자들에 의한 사실상의 정부를 세워 통치 체제를 확립하였으며, 이를 남한으로 확대하려고 노력하였다. 그러므로 광복 이후 공산당을 중심으로 하는 공산주의 활동은 점점 무력 투쟁의 양상을 띠었다.
    • 남한의 상황: 이승만 등의 정치 지도자들은 시급히 독립 국가를 수립하여 모든 국민의 열망을 성취해야 한다고 주장하였다. 한편 좌우 합작 운동을 주도했던 여운형은 1947년 7월 혜화동에서 암살당했다.

| 단권화 MEMO |

ⓒ 한반도 문제의 유엔 이관(1947. 9.): 미소 공동 위원회의 결렬로 미국과 소련이 한반도에서 통일 정부를 수립하는 문제에 관해 의견을 달리하게 되자, 미국은 한반도 문제를 유엔에 이관하기로 결정하였다.

② 유엔 한국 임시 위원단의 구성
  ㉠ 유엔의 결정
    • 유엔은 한반도에서 합법적이고 정통성 있는 정부 수립이 필요하다고 인식하여 남북한 총선거를 결의하였다(1947. 11.).
    • 이를 위해 유엔 한국 임시 위원단을 파견하고(1948. 1.), 조속한 시일에 선거를 통하여 통일된 독립 정부를 한반도에 수립하도록 하였다.
  ㉡ 소련의 반대: 소련은 남한까지도 공산화하려 했기 때문에 이 제안에 반대하였으며, 유엔 한국 임시 위원단이 북한에 들어오는 것조차 거절하였다.
  ㉢ 총선거 실시 결정(1948. 2. 26.): 소련의 반대로 남북한 총선이 불가능해지자, 유엔은 소총회에서 우선 선거가 가능한 지역에서만이라도 총선거를 실시하여 정부를 수립하도록 결정하였다.

■ 유엔 한국 임시 위원단
"남북한의 인구 비례에 따라 남북한 자유 총선거를 실시한다."라는 유엔 총회의 결의에 따라 1948년 1월 한국에 파견되었다. 호주, 프랑스, 캐나다, 중국, 인도, 엘살바도르, 필리핀, 시리아, 우크라이나 등 9개국의 대표 35명으로 구성되었다(우크라이나는 불참). 의장은 인도인 크리슈나 메논이었다.

> **사료** 유엔 총회의 남북한 총선거 결의(1947. 11.)
>
> 총회가 당면하고 있는 한국 문제는 근본적으로 한국민 자체의 문제이며, 그 자유와 독립에 관련된 문제이므로, …… 총회는 한국 대표가 한국 주재 군정 당국에 의하여 지명된 자가 아니라 한국민에 의하여 실제로 정당하게 선출된 자라는 것을 감시하기 위하여 조속히 유엔 한국 임시 위원단을 설치하여 한국에 주재케 하고, 이 위원단에게 한국 전체를 여행·감시·협의할 수 있는 권한을 부여할 것을 결의한다.

> **사료** 유엔 소총회에서 채택된 남한만의 총선거 결의안(1948. 2. 26.)
>
> 소총회는 국제 연합 한국 임시 위원단 의장이 표명한 여러 의견을 명심하며, …… 한국 인민의 자유와 독립이 조속히 달성되도록 국제 연합 한국 임시 위원단과 더불어 상의할 수 있을 한국 인민의 대표를 선출하고, 그 한국 인민의 대표가 국회를 구성하여 한국의 중앙 정부를 수립할 수 있도록 선거를 시행함이 긴요하다고 사료하므로, …… **국제 연합 한국 임시 위원단이 접근할 수 있는 지역**에서 결의문 제2호에 기술된 계획을 시행함이 동 위원단에 부과된 임무임을 결의한다.

③ 남북 협상(1948. 4.)*
  ㉠ 남북한에서 총선거를 실시하여 통일 정부를 수립하려는 유엔의 결의는 소련과 공산주의자들이 반대하였기 때문에 남한에서만 선거가 실시될 수밖에 없었다.
  ㉡ 이때 김구·김규식·조소앙 등은 남한만의 선거로 단독 정부가 수립되면 남북의 분단이 계속될 것을 우려하여 남북한이 협상을 통해서 통일 정부를 수립하자고 주장하였다. 이에 따라 김구·김규식 등은 **남북 협상을 추진하였으나 결국 실패하였다.**
  ㉢ 통일 국가 수립을 위한 그들의 노력은 미소 간의 냉전 체제하에서는 실현되기 어려운 것이었다.

*남북 협상
김구의 통일 정부 수립 운동과 남북 협상의 내용을 파악해야 한다.

■ 남북 협상
1948년 4월 19일~30일까지 평양에서 열린 회담이다. 당시 5월 10일 남북의 총선거를 통해 통일 정부를 구성한다는 유엔의 결의를 북한과 소련 측이 반대하자, 남한 단독 선거라도 추진하자는 국제 여론이 점차 지지를 얻었다. 점차 분단이 확정되어 가자 남측의 김구와 김규식이 분단을 막기 위한 마지막 수단으로 평양을 방문하였다. 그러나 김일성은 통일 대신 북한의 권력 장악을 꿈꾸고 있었기 때문에 아무런 성과를 얻지 못하였다.

> **사료** 김구의 통일 정부 수립 주장
>
> 조국이 있어야 한국 사람이 있고, 한국 사람이 있어야 민주주의도 공산주의도 무슨 단체도 있을 수 있는 것이다. 그러면 우리의 자주독립적 통일 정부를 수립하려는 이때에 있어서 어찌 개인이나 자기 집단의 사리사욕에 탐하여 국가 민족의 백년대계를 그르칠 자가 있으랴? …… 현실에 있어서 나의 유일한 염원은 3천만 동포가 다 손을 잡고 통일된 조국의 달성을 위하여 공동 분투하는 것뿐이다. 이 육신을 조국이 필요로 한다면 당장에라도 제단에 바치겠다. 나는 통일된 조국을 건설하려다 38선을 베고 쓰러질지언정 일신의 구차한 안일을 위하여 단독 정부를 세우는 데는 협력하지 않겠다.
>
> 김구, 「삼천만 동포에게 읍고함」, 1948. 2.

사료 │ 남북 협상 이후 발표된 합의문(남북 정당 사회단체 지도자 협의회의 공동 성명서)

1. 소련이 제의한 바와 같이 외국 군대는 우리 강토로부터 즉시 동시에 철거하는 것이 조선 문제를 해결하는 가장 정당하고 유일한 방법이다.
2. 남·북조선 정당·사회단체 지도자들은 외군이 철거한 이후 내전이 발생할 수 없다는 것을 확인한다. 이들 大 정당·사회단체들 간에 성취된 약속은 우리 조국의 완전한 질서를 수립하는 튼튼한 담보이다.
3. 외국 군대가 철거한 이후에 下記 제 정당들의 공동 명의로 전조선 정치 회의를 소집하여 조선 인민의 각계각층을 대표하는 민주주의 임시 정부가 즉시 수립될 것이며 국가의 일체 정권과 정치·경제·문화 생활의 일체 책임을 가지게 될 것이다. 이 정부는 그 첫 과업으로서 일반적·직접적·평등적 비밀 투표에 의하여 통일적 조선 입법 기관 선거를 실시할 것이며 선거된 입법 기관은 조선 헌법을 제정하며 통일적 민주 정부를 수립할 것이다.
4. 남조선 단독 선거는 절대로 우리 민족의 의사를 표현하지 못할 것이며, 이 성명서에 서명한 정당·사회단체들은 남조선 단독 선거의 결과를 결코 승인하지 않을 것이며 지지하지 않을 것이다.

사료 │ 김구의 '나의 소원'

네 소원(所願)이 무엇이냐 하고 하느님이 내게 물으시면, 나는 서슴지 않고 "내 소원은 대한 독립(大韓獨立)이오." 하고 대답할 것이다. 그다음 소원은 무엇이냐 하면, 나는 또 "우리나라의 독립이오." 할 것이요, 또 그다음 소원이 무엇이냐 하는 세 번째 물음에도, 나는 더욱 소리를 높여서 "나의 소원은 우리나라 대한의 완전한 자주독립(自主獨立)이오." 하고 대답할 것이다.

동포(同胞) 여러분! 나 김구의 소원은 이것 하나밖에는 없다. 내 과거의 칠십 평생을 이 소원을 위하여 살아 왔고, 현재에도 이 소원 때문에 살고 있고, 미래에도 나는 이 소원을 달(達)하려고 살 것이다.

독립이 없는 백성으로 칠십 평생에 설움과 부끄러움과 애탐을 받은 나에게는, 세상에 가장 좋은 것이 완전하게 자주독립한 나라의 백성으로 살아보다가 죽는 일이다. 나는 일찍이 우리 독립 정부의 문지기가 되기를 원하였거니와, 그것은 우리나라가 독립국만 되면 나는 그 나라의 가장 미천(微賤)한 자가 되어도 좋다는 뜻이다.

『백범일지』

바로 확인문제

● 〈보기〉는 해방 후 통일 정부 수립을 위해 노력하던 과정에서 발생한 사건들이다. 시간순으로 바르게 나열한 것은?

19. 2월 서울시 7급

── 보기 ──
(가) 미군정의 지원과 대중적 지지 속에 결성된 좌우 합작 위원회는 '좌우 합작 7원칙'을 발표했다.
(나) 서울의 혜화동에서 여운형이 암살되었다.
(다) 이승만은 전라북도 정읍에서 단독 정부를 수립하자고 연설했다.
(라) 미군정은 좌우 합작 위원회와 한민당을 주축으로 남조선 과도 입법 의원을 구성했다.
(마) 모스크바 3국 외상 회의의 결정 사항을 이행하기 위해 제2차 미소 공동 위원회가 재개되었다.

① (가)-(나)-(다)-(라)-(마)
② (가)-(라)-(마)-(나)-(다)
③ (다)-(가)-(라)-(마)-(나)
④ (마)-(가)-(다)-(나)-(라)

| 정답해설 | 제시된 사건들은 '(다) 이승만의 정읍 발언(1946. 6.) → (가) 좌우 합작 7원칙 발표(1946. 10.) → (라) 남조선 과도 입법 의원 구성(1946. 12.) → (마) 제2차 미소 공동 위원회 개최(1947. 5.) → (나) 여운형 암살(1947. 7.)' 순으로 일어났다.

| 정답 | ③

단권화 MEMO

|정답해설| 한국 독립당(한국 국민당 + 한국 독립당 + 조선 혁명당, 1940)을 결성하여 항일 운동을 주도하고, 해방 이후 김규식과 함께 남북 협상에 참여한 인물은 '김구'이다. 광복 이후 김구는 신탁 통치 반대 국민 총동원 위원회를 결성하고 신탁 통치 반대 운동을 전개하였다.

|오답해설|
① 여운형과 김규식은 좌우 합작 위원회를 구성하고(1946. 7.) 좌우 합작 7원칙을 발표하였다(1946. 10.).
② 여운형은 광복 직후 안재홍 등과 조선 건국 준비 위원회를 만들었다.
③ 박용만은 1914년 하와이에서 대조선 국민 군단을 결성하였다.

|정답| ④

▲ 대한민국 정부 수립 기념식

● 밑줄 친 '그'에 대한 설명으로 옳은 것은? 22. 국가직 9급

> 한국 국민당을 이끌던 그는 독립운동 세력을 통합하고자 한국 독립당을 결성해 항일 운동을 주도하였다. 광복 직후 귀국한 그는 정부 수립을 위한 활동을 이어나갔으며, 남한 단독 선거가 결정되자 김규식과 더불어 남북 협상을 위해 평양을 방문하기도 하였다.

① 좌우 합작 위원회를 구성해 좌우 합작 7원칙을 발표하였다.
② 광복 직후 안재홍 등과 함께 조선 건국 준비 위원회를 만들었다.
③ 무장 항일 투쟁을 위해 하와이로 건너가 대조선 국민 군단을 결성하였다.
④ 모스크바 3국 외상 회의의 결정 사항이 알려지자 신탁 통치 반대 운동을 펼쳤다.

(2) 대한민국 정부의 수립

① **총선거 실시(1948. 5. 10.):** 유엔의 결의에 따라 남한에서 5·10 총선거가 실시되어 제헌 국회가 구성되었다.

> **사료 제헌 의회 선거법**
>
> 제1조
> 1. 국민으로서 만 21세에 달한 자는 성별·재산·교육·종교의 구별이 없이 국회의원의 선거권이 있음.
> 2. 국민으로서 만 25세에 달한 자는 성별·재산·교육·종교의 구별이 없이 국회의원의 피선거권이 있음.

② **헌법 제정(1948. 7. 17.):** 제헌 국회는 대한민국 임시 정부의 법통을 계승한 민주 공화국 체제의 헌법을 제정하였다.

③ **정부 수립(1948. 8. 15.):** 제헌 국회에서 이승만을 대통령으로, 이시영을 부통령으로 선출하였다. 대통령 이승만은 정부를 구성하고 대한민국 정부 수립을 국내외에 선포하였다. 이후 1948년 12월 개최된 제3차 유엔 총회에서 '대한민국은 유엔 감시하의 선거가 가능하였던 한반도에서 수립된 유일한 합법 정부'임을 공식적으로 승인받았다.

> **사료 제헌 헌법의 일부**
>
> ❶ 제4장 정부
>   제1절 대통령
>   제53조 대통령과 부통령은 국회에서 무기명 투표로써 각각 선거한다.
>   제55조 대통령과 부통령의 임기는 4년으로 한다. 단, 재선에 의하여 1차 중임할 수 있다. 부통령은 대통령 재임 중 재임한다.
>
> ❷ 제6장 경제
>   제86조 농지는 농민에게 분배하며 그 분배의 방법, 소유의 한도, 소유권의 내용과 한계는 법률로써 정한다.
>
> ❸ 제10장 부칙
>   제101조 이 헌법을 제정한 국회는 단기 4278년 8월 15일 이전의 악질적인 반민족 행위를 처벌하는 특별법을 제정할 수 있다.
>   제102조 이 헌법을 제정한 국회는 이 헌법에 의한 국회로서의 권한을 행하며 그 의원의 임기는 국회 개회일로부터 2년으로 한다.

(3) 대한민국 정부 수립 전후 국내 정세

정부 수립 초기에는 국내 질서의 확립과 일제의 잔재 청산이 시급한 과제였다.

① 4·3 사건과 10·19 사건
  ㉠ 제주 4·3 사건(1948. 4.): 제주도에서 단독 선거 반대 시위가 일어났고, 이를 진압하는 과정에서 수만 명의 인명 피해가 발생하였다.
  ㉡ 여수·순천 10·19 사건(1948. 10.)
    • 전개: 제주도 4·3 사건을 진압하라는 명령을 받은 제14연대 내 일부 좌익 군인들이 명령을 거부하고 반란을 일으켜 여수·순천 일대를 장악하였다.
    • 결과: 국군과 경찰이 반란을 진압하는 과정에서 다수의 민중이 사망하였다.
  ㉢ 이승만 정부의 반공 정책 강화: 이승만 정부는 이러한 좌우 갈등을 극복하고 사회 질서를 확립한다는 명분으로 반공 정책을 강화하였다.

> **심화** 4·3 사건과 10·19 사건
>
> • 1947년 제주도의 3·1절 기념 행진에서 경찰의 발포로 사상자가 발생하자 주민들이 항의 시위를 벌였다.
> • 시위자를 검거하는 과정에서 수많은 일반인이 체포되자 미군정에 대한 주민들의 반감이 높아졌고, 제주도의 좌익 세력은 5·10 총선거를 앞두고 단독 선거 저지와 통일 정부 수립을 내세우면서 봉기하였다(1948. 4. 3.). 미군정의 무력 진압 시도에도 총선거 당일 3개 선거구 중 2곳에서 선거가 실시되지 못했다. 이러한 저항은 대한민국 정부가 수립된 이후에도 계속되었다(1954년 9월 종결).
> • 이승만 정부는 여수에 주둔한 국군 제14연대에 제주도 출동을 명령하였다. 그러나 부대 내의 좌익 세력은 '제주도 출동 반대', '통일 정부 수립' 등의 구호를 내세우고 무장봉기하여 여수와 순천 일대를 장악하였다(1948. 10. 19.). 그러나 곧 정부군에게 진압되었다. 같은 해 12월 이승만 정부는 대한민국 내의 좌익 세력을 척결한다는 명목으로 국가 보안법을 제정하였다.
> • 제주 4·3 사건과 여수·순천 10·19 사건을 진압하는 과정에서 국가 공권력에 의한 대규모 민간인 학살이 일어났다. 2000년 '제주 4·3 사건 진상 규명 및 희생자 명예 회복에 관한 특별법'이 제정되었고, 2005년에는 '진실·화해를 위한 과거사 정리 기본법'이 만들어져 여수·순천 10·19 사건에 대한 조사도 진행되었다.

② 반민족 행위 처벌법
  ㉠ 제정(1948. 9.): 일제 잔재 청산을 위해 제헌 국회에서 반민족 행위 처벌법을 제정하였다.
  ㉡ 내용: 대한민국 정부 수립 후 친일파 처단을 요구하는 국민적 열망이 고조되어 1948년 8월 헌법 제101조에 의거하여 국회에 '반민족 행위 처벌법 기초 특별 위원회(반민 특위)'가 구성되고, 9월 22일 법률 3호 반민족 행위 처벌법이 통과되었다. 주요 내용은 일제 강점기에 친일 행위를 한 사람들을 처벌하고 공민권을 제한하는 것 등이었다.

> **사료** 반민 특위
>
> 제9조 반민족 행위를 예비 조사하기 위하여 특별 조사 위원회를 설치한다.
>   특별 조사 위원회는 위원 10인으로써 구성한다.
>   특별 조사 위원은 국회 의원 중에서 아래의 자격을 가진 자를 국회가 선거한다.
>   1. 독립운동의 경력이 있거나 절개를 견수하고 애국의 성심이 있는 자
>   2. 애국의 열성이 있고 학식, 덕망이 있는 자
>
> **제3장 특별 재판부 구성과 절차**
> 제19조 본법에 규정된 범죄자를 처단하기 위하여 대법원에 특별 재판부를 부치한다.
> 제21조 특별 재판관과 특별 검찰관은 아래의 자격을 가진 자 중에서 선거하여야 한다.
>   1. 독립운동에 경력이 있거나 절개를 견수하고 애국의 성심이 있는 법률가
>   2. 애국의 열성이 있고 학식, 덕망이 있는 자
>
> 대한민국 『관보』

ⓒ 반민 특위의 활동: 이 법에 따라 국회 의원 10명으로 구성된 '반민족 행위 특별 조사 위원회'에서 친일 혐의를 받았던 주요 인사들을 조사하였다.
ⓔ 결과: 반공을 우선시하던 이승만 정부의 소극적인 태도로 친일파 처벌은 좌절되었다.

사료 │ 반민 특위 활동에 대한 이승만의 담화문(1949. 2. 18.)

국회에서는 대통령이 친일파를 옹호한다고 말하며 민심을 선동하고 있다 …… 공산당이 취하는 방식이라고 말할 수 있을 것이다. …… 국회에서는 치안 혼란을 선동하고 있다. 즉, 경찰을 체포하여 경찰의 동요를 일으킴은 치안의 혼란을 조장하는 것이다. …… 과거에 친일한 자를 한꺼번에 숙청하면 좋을 것인데 기나긴 군정 3년 동안에 못한 것을 지금에 와서 단행하면 앞으로 우리나라가 해 나갈 일에 여러 가지 지장이 많을 것이다.

〈서울신문〉

심화 │ 반민족 행위 처벌법과 반민족 행위 특별 조사 위원회

5·10 총선거를 통해 출범한 제헌 국회는 우리 민족의 정기를 바로잡기 위해 1948년 9월 22일 친일파를 처벌하기 위한 반민족 행위 처벌법(반민법)을 제정·공포하였다. 1948년 7월 17일 제정된 헌법 제101조 "국회는 1945년 8월 15일 이전의 악질적인 반민족 행위를 처벌하는 특별법을 제정할 수 있다."라는 조항에 의거하여 반민법이 제정되었다.

이 법의 집행을 위해 김상덕 위원장과 김상돈 부위원장 등 국회 의원으로 구성된 반민족 행위 특별 조사 위원회(반민 특위)가 설치되었고, 친일 혐의를 받았던 주요 인사들의 명단을 작성하여 조사가 이루어졌다. 반민 특위는 반민족 행위자 제1호로 화신 재벌의 총수로 일제 침략 전쟁에 협력한 화신 산업 사장 박흥식을 체포하면서 본격적인 활동을 하였다. 이어 일제 경찰 간부를 지내면서 독립운동가들을 체포·고문한 악질 경찰 노덕술과 김태석·이종형, 이토 히로부미의 수양딸 행세를 하며 밀정 노릇을 한 배정자, 친일 행위를 한 최남선과 이광수, 문명기, 이성근 등을 구속하였다.

이에 대해 이승만 정부가 불만을 표시하던 중 국회 프락치 사건(1949), 경찰의 반민 특위 습격 사건 등이 일어나게 되었다. 결국 1950년 9월로 규정된 반민법의 시효를 단축시키는 법안이 통과되면서 반민 특위는 해체되고, 반공 정책을 우선시한 이승만 정부의 소극적 태도로 성과를 거두지 못하고 종료되고 말았다.

바로 확인문제

● 〈보기〉의 자료가 공포된 이후에 일어난 일로 가장 옳지 않은 것은? 24. 서울시(자체 출제) 9급

│ 보기 │

유구한 역사와 전통에 빛나는 우리들 대한 국민은 기미 3·1 운동으로 대한민국을 건립하여 세계에 선포한 위대한 독립 정신을 계승하여 이제 민주 독립 국가를 재건함에 있어서 정의, 인도와 동포애로써 민족의 단결을 공고히 하며 모든 사회적 폐습을 타파하고 민주주의 제제도를 수립하여 정치, 경제, 사회, 문화의 모든 영역에 있어서 각인의 기회를 균등히 하고 능력을 최고도로 발휘케 하며 각인의 책임과 의무를 완수케 하여 ……

① 제주 4·3 사건이 발생했다.
② 친일 청산을 위해 '반민 특위'가 설치되었다.
③ 북한에 조선 민주주의 인민 공화국이 수립되었다.
④ '유상 매수, 유상 분배'의 원칙에 따라 농지 개혁이 실시되었다.

단권화 MEMO

|정답해설| 제시된 자료는 1948년 7월 17일 공포된 제헌 헌법 중 일부이다. 제주 4·3 사건은 1948년 4월 3일에 발생하였다.

|오답해설|
② 1948년 9월 공포된 반민족 행위 처벌법(반민법)에 근거하여, 1948년 10월 반민 특위(반민족 행위 특별 조사 위원회)가 구성되었다.
③ 1948년 9월 9일, 북한에 조선 민주주의 인민 공화국이 수립되었다.
④ 1949년 6월 농지 개혁법이 제정되었고, 1950년 3월부터 '유상 매수, 유상 분배'를 원칙으로 농지 개혁이 시행되었다.

|정답| ①

● 다음의 사건을 시기순으로 바르게 나열한 것은?   20. 지방직 9급

(가) 제헌 국회가 구성되어 헌법을 제정하였다.
(나) 여운형과 김규식은 좌우 합작 위원회를 조직하였다.
(다) 조선 건국 동맹을 기반으로 조선 건국 준비 위원회가 조직되었다.
(라) 민주주의 임시 정부 수립을 논의하기 위해 제1차 미소 공동 위원회가 열렸다.

① (가) – (다) – (나) – (라)
② (나) – (다) – (라) – (가)
③ (다) – (라) – (나) – (가)
④ (라) – (나) – (가) – (다)

> **단권화 MEMO**
>
> | 정답해설 | 제시된 사건들은 '(다) 조선 건국 준비 위원회 조직(1945. 8. 15.) → (라) 제1차 미소 공동 위원회 개최(1946. 3.) → (나) 좌우 합작 위원회 조직(1946. 7.) → (가) 1948년 5·10 총선거로 제헌 의회 구성, 헌법 공포(1948. 7. 17.)' 순으로 일어났다.
>
> | 정답 | ③

(4) 6·25 전쟁

① 배경
  ㉠ 애치슨 선언(1950. 1.)으로 한반도가 미국 극동 방위선에서 제외되었고, 미군이 철수하기 시작하였다.
  ㉡ 북한은 민주 기지론을 제기하면서 소련·중국과 군사 비밀 협정을 맺는 등 군사력을 증강하는 한편 조선 의용군을 인민군에 편입시켰다.

사료 애치슨 선언(1950. 1.)

미국의 극동 방위선은 알류산 열도·일본 본토를 거쳐 류큐로 이어진다. …… 방위선은 류큐에서 필리핀으로 연결된다. …… 이 방위선 밖에 위치한 나라의 안보에 대해서는 군사적 공격에 대하여 아무도 보장할 수 없다. 만약 공격이 있을 때에는 …… 제1차 조치는 공격받은 국민이 이에 저항하는 것이다.

애치슨 미 국무 장관의 대아시아 정책 설명 중

② 전개 과정: 북한의 남침(1950. 6. 25.) → 국군, 낙동강 방어선까지 후퇴 → 인천 상륙 작전(1950. 9. 15.) → 서울 탈환(1950. 9. 28.) → 38도선 돌파(1950. 10. 1.) → 평양 탈환(1950. 10. 19.) → 중국군과 유엔군 최초 전투(1950. 10. 25.) → 흥남 철수 작전(1950. 12.) → 1·4 후퇴(서울 재철수, 1951. 1. 4.) → 서울 수복(1951. 3. 14.)

▲ 6·25 전쟁의 전개

> ■ **소련과 중국의 북한 지원**
>
> | | |
> |---|---|
> | 1948. 2. | 인민군 창설: '민주 기지론(民主基地論)'에 의거함 |
> | 1949 | 소련 및 중국과 군사 협정 체결 |
> | 1949. 7. ~ 1950. 4. | 옌안 조선 의용군 귀국, 인민군에 편입 |
> | 1950. 3.~4. | • 김일성, 스탈린 비밀 회담: 경제·문화 협정 체결
• 스탈린: 북한의 '통일 과업 개시(전쟁)'에 동의 |
> | 1950. 5. | • 김일성, 마오쩌둥 베이징 회담
• 마오쩌둥: 미국이 참전할 경우 중공군의 파병 언급 |
>
> ■ **국민 방위군 사건(1951. 1. ~ 4.)**
>
> • 국민 방위군은 1950년 12월 21일 공포된 '국민 방위군 설치법'에 의해 편성된 만 17세 이상 40세 미만의 제2 국민병이었다.
> • 국민 방위군 간부들이 약 25억 원의 국고금과 물자를 부정하게 착복하여 방위군 수만여 명이 아사(餓死, 굶어 죽음)하거나 질병에 걸렸다(국민 방위군 사건).
> • 국민 방위군 사건으로 당시 국방 장관이었던 신성모가 물러나고 이기붕이 그 후임으로 임명되었으며, 사건의 직접적 책임자인 김윤근, 윤익헌 등 국민 방위군 간부 5명의 사형이 집행되었다.

단권화 MEMO
■ **유엔 참전국(16개국)** 미국, 영국, 오스트레일리아, 네덜란드, 캐나다, 뉴질랜드, 프랑스, 필리핀, 터키, 타이, 그리스, 남아프리카 공화국, 벨기에, 룩셈부르크, 콜롬비아, 에티오피아

③ 정전
- ㉠ 소련 유엔 대표 말리크의 제안으로 1951년 7월 개성에서 정전 회담이 시작되었다.
- ㉡ 포로 송환 방식에 대한 입장 차이(공산군: 강제 송환, 유엔: 자유 송환)가 좁혀지지 않아 난항을 거듭하였고, 이후 이승만 대통령의 반공 포로 석방 사건(1953. 6.)이 일어났으나 결국 정전이 성립되었다(1953. 7. 27.).
- ㉢ 한국과 미국 간에 한미 상호 방위 조약(1953. 10.)이 체결되었다.
- ㉣ 중립국 감시 위원국: 스웨덴, 스위스, 체코슬로바키아, 폴란드

심화 정전 협정 과정

❶ 유엔군 측과 공산군 측은 1951년 7월 10일부터 1953년 7월 27일까지 개성(처음 시작)과 판문점 등지에서 정전 회담을 지속하였다. 양측 간에 합의된 협상 의제는 첫째 군사 분계선의 설정, 둘째 정전 감시 방법 및 그 기구의 설치, 셋째 포로 교환에 관한 협정, 넷째 쌍방의 당사국 정부에 대한 건의 등이었다.

❷ 먼저 군사 분계선 설정에 관한 협상은 현재의 접촉선을 군사 분계선으로 하자는 유엔군 측의 주장과 38도선을 군사 분계선으로 설정해야 한다는 공산군 측의 주장이 팽팽하게 맞서 회담이 교착되기도 하였다. 그러나 결국 이 문제는 현재 접촉선을 군사 분계선으로 하자는 유엔군 측의 주장이 관철되었다.

❸ 중립국 감시 위원회의 구성 문제는 소련의 포함 여부를 두고 양측의 견해가 팽팽하게 맞서 협상이 교착 상태에 빠지기도 하였다. 결국 이 문제는 1952년 5월에 재개된 본회의에서 공산군 측이 유엔군 측 제안을 수락하여 5월 7일 쌍방은 소련을 제외한 공산군 측이 지명한 폴란드와 체코슬로바키아 2개국과 유엔군 측이 지명한 스웨덴과 스위스 2개국 등 4개 중립국으로 정전 감시 위원회를 구성하는 데 합의하였다.

❹ 정전 회담에서 가장 난관이었던 문제는 포로 처리 문제였다. 유엔군 측은 포로 개개인의 자유 의사에 따라 한국·북한·중국 또는 대만을 선택하게 하는 이른바 '자유 송환 방식'을 주장한 반면, 공산군 측은 모든 중공군과 북한군 포로는 무조건 각기 고국에 송환되어야 한다는 이른바 '강제 송환 방식'을 고집하였다.

❺ 이승만 대통령의 반공 포로 석방 사건(1953. 6.)이 있었으나, 자유 송환을 원칙으로 결국 정전이 성립되었다(1953. 7. 27.). 이후 한국과 미국 간에 한미 상호 방위 조약(1953. 10.)이 체결되었다.

사료 정전 협정(1953. 7. 27.)
- 하나의 군사 분계선을 긋고 그로부터 쌍방이 2km씩 후퇴하여 비무장 지대를 설치한다.
- 한반도의 외부로부터 어떠한 무기도 추가로 반입할 수 없다.
- 정전 상태의 감시와 유지를 위해 군사 정전 위원회와 중립국 감독 위원회를 운영한다.

사료 한미 상호 방위 조약(1953)

제2조 당사국 중 어느 일국의 정치적 독립 또는 안전이 외부로부터의 무력 공격으로 위협을 받고 있다고 인정할 때에는 언제든지 당사국은 서로 협의한다.

제4조 상호 합의로 미합중국의 육군, 해군, 공군을 대한민국의 영토 내와 그 부근에 배치하는 권리를 대한민국은 허여(許與)하고 미합중국은 이를 수락한다.

④ 결과
- ㉠ 전쟁은 남북을 가릴 것 없이 엄청난 인명 피해와 재산 손실을, 그리고 적대적 대립 체제의 고착화를 가져왔다. 또한 전쟁 과정에서 발생한 보도 연맹 관련자 처형, 거창 양민 학살, 노근리 학살 사건 등은 아직도 해결되지 못한 난제로 남아 있다.
- ㉡ 남한에서는 미국의 영향력이 더욱 커졌고, 반공 체제 강화는 이승만 독재 정권을 강화하는 당위가 되었다.
- ㉢ 북한에서는 '미제'에 대한 인민들의 적개심이 어우러지면서 오늘날 북한 사회의 원형이 만들어졌다.

■ **6·25 전쟁의 피해 상황**
사상자는 약 150만 명에 달하였고, 국토는 초토화되었으며, 건물·도로·공장·발전소 시설 등 대부분의 산업 시설이 파괴되었다.

ㄹ. 일본은 6·25 전쟁 특수를 계기로 미국의 원조와 시장 제공 등에 힘입어 경제 성장의 발판을 마련하였다.

심화 보도 연맹

1948년 12월 시행된 국가 보안법에 따라 좌익 사상에 물든 사람들을 전향시켜 보호하고 인도한다는 취지 하에 결성되었는데, 일제 강점기 사상 탄압에 앞장섰던 '시국 대응 전선 사상 보국 연맹' 체제를 그대로 모방하였다. 1949년 말에는 가입자 수가 30만 명에 달했고, 서울에만 거의 2만 명에 이르렀다. 주로 사상적 낙인이 찍힌 사람들을 대상으로 하였지만 지역별 할당제가 있어 사상범이 아닌 경우에도 등록되는 경우가 많았다. 6·25 전쟁이 발발하자 정부와 경찰은 초기 후퇴 과정에서 이들에 대한 무차별 검속과 즉결 처분을 단행하였다.

바로 확인문제

● 〈보기〉의 상황을 한국 전쟁의 전개 과정에 따라 순서대로 바르게 나열한 것은?

22. 6월 서울시(자체 출제) 9급

┌─ 보기 ─────────────────────────┐
│ ㄱ. 유엔군이 인천 상륙 작전에 성공하였다. │
│ ㄴ. 중국군이 대규모 병력을 파견하기 시작하였다. │
│ ㄷ. 판문점 부근에서 휴전 회담이 열리기 시작하였다. │
│ ㄹ. 이승만 정부가 반공 포로 석방 조치를 실행하였다. │
└───────────────────────────────┘

① ㄱ → ㄴ → ㄷ → ㄹ
② ㄱ → ㄷ → ㄹ → ㄴ
③ ㄴ → ㄱ → ㄷ → ㄹ
④ ㄴ → ㄹ → ㄱ → ㄷ

|정답해설| 제시된 사건의 순서는 ㄱ. 유엔군의 인천 상륙 작전(1950. 9. 15.) → ㄴ. 중국군의 참전(1950. 10. 25.) → ㄷ. 휴전 회담 시작(개성, 1951. 7. 10.) → ㄹ. 반공 포로 석방(1953. 6. 18.)이다.

|정답| ①

● 6·25 전쟁 중 있었던 사실로 옳지 않은 것은?

23. 지방직 9급

① 국군과 유엔군이 인천 상륙 작전을 감행하였다.
② 대통령 직선제를 포함한 발췌 개헌안이 국회에서 통과되었다.
③ 이승만 정부가 북한 송환을 거부하는 반공 포로를 석방하였다.
④ 미국이 한반도를 미국의 태평양 지역 방위선에서 제외한다는 애치슨 선언을 발표하였다.

|정답해설| 1950년 1월 10일 발표된 애치슨 선언은 미국이 한반도를 미국 태평양 지역 방어선에서 제외한다는 내용이었다. 당시 김일성은 '남한을 미국의 태평양 방위선에서 제외하였으므로, 남한을 침공하여도 미국의 무력 지원은 없을 것'이라고 판단하였다. 결국 6·25 전쟁(1950. 6. 25.~1953. 7. 27.)의 배경이 되었다.

|오답해설|
① 1950년 9월 15일, 맥아더 장군의 지휘로 국군과 유엔군이 인천 상륙 작전을 감행하였다.
② (6·25 전쟁 중인) 1952년 대통령 직선제를 포함한 발췌 개헌안이 국회에서 통과되었다.
③ 이승만 정부는 1953년 6월 북한 송환을 거부하는 반공 포로를 석방하였다.

|정답| ④

CHAPTER 02 민주주의의 시련과 발전

01 4·19 혁명과 민주주의의 성장
02 5·16 군사 정변과 민주주의의 시련
03 신군부 세력의 등장과 5·18 민주화 운동
04 6월 민주 항쟁(1987)
05 민주주의의 발전

단권화 MEMO

*4·19 혁명과 민주주의의 성장
이승만 정부의 독재 정치 내용과 4·19 혁명의 전개 과정을 파악해야 한다.

■ 자유당(1951)
1951년 8월 15일 대통령 이승만의 '신당 조직 의사 표명'을 계기로 당시 이승만의 지지 기반이었던 원내의 공화 민정회(共和民政會) 소속 의원들과 국민회(國民會)·대한 청년단(大韓靑年團)·대한 노동조합 총연맹(大韓勞動組合總聯盟)·농민 조합 연맹(農民組合聯盟)·대한 부인회(大韓婦人會) 등 5개 우익 사회단체가 결합하여 결성되었다.

01 4·19 혁명과 민주주의의 성장*

(1) 이승만 정부

① 자유당의 정치 횡포

발췌 개헌 (1952. 7.)	자유당을 창당하고 재선을 위해 **대통령 직선제**로 헌법을 고치는 이른바 발췌 개헌안을 강압적인 방법으로 국회에서 통과시켜 장기 집권을 획책하였다.
사사오입 개헌 (1954. 11.)	국민의 직선으로 재선된 이승만은 장기 집권을 위해 사사오입 개헌안을 통과시켰다. 사사오입 개헌안은 '헌법 공포 당시의 대통령(이승만)은 중임 제한에 규정되지 않는다.'라는 내용을 담고 있었다. 이 개헌을 반대하였던 정치인들은 민주당을 조직해서 이승만 정부를 비판·견제하였다.
1956년 선거	1956년 실시된 정·부통령 선거에서 당시 집권당인 자유당에서는 이승만(대통령 후보)과 이기붕(부통령 후보)이 출마하였으며, 야당인 민주당에서는 신익희(대통령 후보)와 장면(부통령 후보)이 출마하였다. 진보 세력인 조봉암도 대통령에 입후보하였다. 선거 과정 중 신익희가 갑자기 사망하였고 그 후 치러진 선거를 통해 대통령에 이승만, 부통령에 장면이 당선되었다. 조봉암은 대통령 선거에서 득표율 2위를 차지하였다.

> **사료** 발췌 개헌안(1952)
>
> 제31조 입법권은 국회가 행한다. 국회는 민의원과 참의원으로 구성된다.
> 제53조 대통령과 부통령은 국민의 보통, 평등, 직접, 비밀 투표에 의하여 각각 선거한다.
> 부칙 이 헌법은 공포한 날부터 시행한다. 단 참의원에 관한 규정과 참의원의 존재를 전제로 한 규정은 참의원이 구성된 날로부터 시행한다.

> **사료** 사사오입 개헌안(1954)
>
> 제31조 입법권은 국회가 행한다. 국회는 민의원과 참의원으로써 구성한다.
> 제55조 1항 대통령과 부통령의 임기는 4년으로 한다. 단 재선에 의하여 1차 중임할 수 있다. 대통령이 궐위할 때에는 부통령이 대통령이 되고 잔임 기간 중 재임한다.
> 부칙 이 헌법 공포 당시의 대통령에 대하여는 제55조 제1항 단서의 제한을 적용하지 아니한다.

② 진보당 사건(1958. 1.): 이승만 정권에서는 조봉암 등 진보당 간부들이 북한과 내통하였다는 혐의를 씌워 관련자들을 체포하였다(1959년 7월 조봉암 사형 집행). 이후 반공 체제의 강화를 표방하며 신국가 보안법을 통과시켰고(1958. 12.), 〈경향신문〉을 폐간(1959. 4.)시키는 등 언론 탄압을 자행하였다.

| 심화 | 자유당의 정치 횡포 |

❶ 부산 정치 파동과 발췌 개헌(1952)

부산 정치 파동은 1952년 5월 25일의 계엄령 선포로부터 같은 해 7월 7일의 제1차 개정 헌법 공포에 이르기까지 전시 임시 수도였던 부산에서 일어난 정치적 사건이다. 이 과정에서 1952년 6월 21일 국회에 상정된 발췌 개헌안은 정부가 제출한 대통령 직선제와 상·하 양원제를 규정하고, 국무총리의 요청에 의한 국무 위원의 면직과 임명, 국무 위원에 대한 국회의 불신임 결의권 등을 덧붙인 절충안이었다.

❷ 사사오입 개헌(1954)

- 1948년 대한민국 수립 시에 대통령을 국회에서 간접 선거로 선출하도록 되어 있던 헌법을 1952년에는 대통령 직선제 헌법으로 개정(발췌 개헌)하여 이승만이 중임되었다. 이승만과 자유당은 3선을 하고자 하였으나 당시의 헌법에 따르면 대통령의 임기는 4년제이며 1차에 한하여 중임할 수 있다고 제한하고 있었다. 이에 이승만과 자유당은 초대 대통령에 대한 중임 제한 철폐를 골자로 한 개헌을 준비하였다.
- 국회에서 비밀 투표를 한 결과(1954. 11. 27.), 재적 의원 203명, 참석 의원 202명 중 찬성이 135표, 반대가 60표, 기권이 7표로 나타났다. 당시의 개헌 가능 의결 정족수는 재적 의원의 3분의 2 이상이었으므로 이 개헌안이 가결되기 위한 인원은 최소 136명이어야 하였다(재적 의원 3분의 2는 135.33…명이므로, 자연인은 136명이어야 함). 따라서 당시 사회자였던 부의장 최순주는 부결을 선포하였다. 그러나 자유당은 수학의 4사5입론을 적용하여 135.33명은 논리적으로 성립되지 않으며 0.330란 자연인으로 존재할 수 없으므로, 반(半)도 안 되는 소수점 이하는 삭제하는 것이 이론상 옳다고 주장하였다. 결국 야당의 반대에도 불구하고 개헌안을 통과시켰다.

| 바로 확인문제 |

● **1950년대 정치와 사회에 대한 설명으로 가장 옳지 않은 것은?** 16. 서울시 9급

① 이승만 정권은 1951년 국민회, 대한 청년당, 노동 총연맹, 농민 총연맹, 대한 부인회 등 우익 단체를 토대로 자유당을 조직하였다.
② 이승만 정권은 신국가 보안법을 제정하였고 반공 청년단을 조직하였으며 진보당의 조봉암을 간첩 혐의로 사형에 처하였다.
③ 미국의 원조로 소비재 공업이 성장하였고 밀가루, 설탕, 면화 산업 등 삼백 산업이 중심을 이루었다.
④ 이승만 정권은 1954년 의회에서 부결된 대통령 직선제 개헌안을 사사오입의 논리로 통과시켰다.

|정답해설| 대통령 직선제로의 개헌은 1952년 발췌 개헌안의 주요 내용에 해당되며, 1954년 사사오입 개헌안은 '이 헌법 공포 당시의 대통령에 한하여 중임 제한을 철폐'한다는 것을 핵심 내용으로 한다.
|정답| ④

● **〈보기〉의 ㉠과 ㉡에 들어갈 인물들의 이름을 옳게 짝지은 것은?** 19. 10월 서울시 7급

┌ 보기 ─────────────────────────────────┐
│ 1956년의 제3대 정·부통령 선거에서는 평화 통일과 혁신 노선을 내세운 ___㉠___ 후보가 대통령 선거에 출마하여 전체 유효표의 30%를 차지하였고, 부통령 선거에서는 민주당의 ___㉡___ 후보가 자유당의 이기붕 후보를 누르고 당선되었다. │
└──────────────────────────────────────┘

	㉠	㉡
①	조봉암	장면
②	신익희	장면
③	조봉암	김성수
④	신익희	김성수

|정답해설| 1956년 제3대 대통령·제4대 부통령 선거에서는 평화 통일과 혁신 노선을 내세운 ㉠ **조봉암**이 유효표의 30%를 획득하였다(1위는 이승만, 70% 획득). 부통령 선거에서는 민주당의 ㉡ **장면**이 46.4%의 득표율로 자유당의 이기붕 후보를 누르고 당선되었다.
|정답| ①

▲ 4·19 혁명 당시 대학교수단의 시위 모습

(2) 4·19 혁명(1960)

① 정부는 1960년 2월 28일 예정된 장면(민주당 부통령 후보)의 대구 유세에 학생들의 참여를 막고자 일요 등교를 강행 조치하였다. 이에 대구 지역 고등학생들은 자유당 정권을 규탄하는 시위를 시작하였다(2·28 민주 운동).
② 3·15 부정 선거에 반발하는 마산 시민들의 시위가 있었다. 이 과정에서 김주열 군이 사망한 사건이 발생하였다.
③ 4월 18일에는 고려대학교 학생들이 시위 도중 정치 깡패와 충돌하여 많은 사상자가 발생하였다.
④ 4월 19일에는 전국 학생, 시민들의 반독재 시위가 일어났다(4·19 혁명, 피의 화요일).
⑤ 4월 25일 대학교수들은 시국 선언문('쓰러진 학생의 피에 보답하라')을 발표하였다.
⑥ 4월 26일 이승만 대통령이 '국민이 원한다면'이라는 말을 남기고 하야하였고, 혁명 후의 혼란 상태를 수습하기 위해 허정을 내각 수반으로 하는 과도 정부가 수립되었다.
⑦ 4·19 혁명 이후 통일 운동이 활발해지면서 1960년 9월 '민족 자주 통일 중앙 협의회'가 조직되었다.

> **사료** 2·28 민주 운동(1960)
>
> 우리는 배움에 불타는 신성한 각오와 장차 동아(동아시아)를 짊어지고 나갈 꿋꿋한 역군이요 사회악에 물들지 않은 백합같이 순결한 청춘이요 학도이다. 백만 학도여! 피가 있거든 우리의 신성한 권리를 위한 서슴지 말고 일어서라!
>
> 　　　　　　　　　　　　　　　　　　　대구 경북고등학교 학생들의 결의문

> **사료** 4·19 혁명
>
> ❶ 4·19 혁명 선언문
> 　민주주의와 민중의 공복(公僕)이며 중립적 권력체인 관료와 경찰은 민주를 위장한 가부장적 전제 권력의 하수인으로 발 벗었다. 민주주의 이념의 최저의 공리(公利)인 선거권마저 권력의 마수 앞에 농단되었다. …… 나가자! 자유의 비결은 용기일 뿐이다.
>
> ❷ 자유의 종을 난타하는 타수의 일익을(서울대학교 문리대 학생회 4월 혁명 제1 선언)
> 　상아의 진리탑을 박차고 거리에 나선 우리는 질풍과 같은 역사의 조류에 자신을 참여시킴으로써, 지성과 진리, 그리고 자유의 대학 정신을 현실의 참담한 박토에 뿌리려 하는 바이다. …… 보라! 우리는 기쁨에 넘쳐 자유의 횃불을 올린다. 보라! 우리는 캄캄한 밤의 침묵에 자유, 자유의 종을 난타하는 타수의 일원임을 자랑한다. 일제의 철추(鐵鎚)하에 미칠 듯 자유를 환호하던 나의 아버지, 나의 형들과 같이 양심은 부끄럽지 않다. 외롭지도 않다. 영원한 민주주의 사수파는 영광스럽기만 하다.
>
> ❸ 대학교수단 4·25 선언문
> 　이번 4·19 참사는 우리 학생운동 사상 최대의 비극이요, 이 나라 정치적 위기를 초래한 중대 사태이다. 이에 대해 철저히 반성하고 바로잡지 않으면 이 민족의 불행한 운명은 도저히 만회할 길이 없다. 우리 전국 대학교 교수들은 이 비상시국에 대처하여 양심의 호소로서 다음과 같이 우리의 소신을 선언한다.
> 　1. 마산 서울 기타 각지의 데모는 주권을 빼앗긴 국민의 울분을 대신하여 궐기한 학생들의 순수한 정의감의 발로이며 불의에는 언제나 항거하는 민족정기의 표현이다.
> 　3. 합법적이요, 평화적인 데모 학생에게 총탄과 폭력을 기탄없이 남용하여 공전(空前)의 민족 참극을 빚어낸 경찰은 자유와 민주를 기본으로 한 대한민국의 국립 경찰이 아니라 불법과 폭력으로 권력을 유지하려는 일부 정치 집단의 사병(私兵)이다.

구호
이 대통령은 즉시 물러가라!
부정 선거 다시 하라!
살인귀 처단하라!

단기 4293년 4월 25일 대학교수단

> **사료** 이승만 하야 성명
>
> 나는 해방 후 본국에 들어와서 우리 여러 애국애족하는 동포들과 더불어 잘 지내왔으니 이제는 세상을 떠나도 한이 없으나, ……
> 첫째는 국민이 원하면 대통령직을 사임할 것이며,
> 둘째는 지난번 정·부통령 선거에 많은 부정이 있었다고 하니 선거를 다시 하도록 지시하였고,
> 셋째는 선거로 인연한 모든 불미스러운 것을 없애게 하기 위해서 이미 이기붕 의장이 공직에서 완전히 물러가겠다고 결정한 것이다.
> 넷째는 내가 이미 합의를 준 것이지만 만일 국민이 원하면 내각 책임제 개헌을 할 것이다.

(3) 장면 내각

① 허정 과도 정부에서는 내각 책임제와 양원제 국회로 헌법을 개정하였다(1960. 6.). 이후 이 헌법에 따라 총선거가 실시되어 민주당 정부(장면 내각)가 수립되었다(1960. 8.).

② 장면 내각의 과제
　㉠ 장면 내각은 사회 질서를 안정시키고 국가의 안보 체제를 확립하면서 경제·사회의 발전을 통하여 국력을 신장하고, 민족의 숙원인 평화 통일을 앞당겨야 하는 과제를 안고 있었다.
　㉡ 민주당 내의 정치적 갈등(구파 – 윤보선 중심, 신파 – 장면 중심)이 심화되었고 1961년 3월에 반공법, 데모규제법 제정을 추진하여 거센 반대 운동이 일어났다.

> **사료** 장면 내각의 시정 방침
>
> [핵심 내용]
> - 일본과의 국교 정상화 및 유엔 감시하의 남북한 자유선거에 의한 통일
> - 관료 제도의 합리화와 공무원 재산 등록 및 경찰 중립화를 통한 민주주의의 구현
> - 부정 선거의 원흉과 발포 책임자, 부정 및 불법 축재자 처벌
> - 외자 도입과 경제 원조 확대를 통한 경제 개발 계획의 추진
> - 군비 축소와 군의 정예화 추진을 통한 국방력 강화 및 군의 정치적 중립 확보
>
> 셋째로, 부정 선거의 원흉들과 발포 책임자에 대해서는 이미 공소가 제기되어 있으므로 사법부에서 법과 혁명 정신에 의하여 엄정한 판결을 내릴 것으로 믿고 ……
> 여섯째로, 경제 건설과의 균형상 국방비의 과중한 부담을 경감시키기 위하여 점차적 감군을 주장하여 온 우리 당의 정책을 실현하고자 국제 연합군 사령부와 협의하여 신년도부터 약간 감군할 것을 계획 중에 있으며, 동시에 새로운 장비를 도입하기 위한 계획도 이미 수립되어 있음을 양해하시기를 바란다.

> **사료** 제4차 헌법 개정(1960. 11. 29.)
>
> 이 헌법 시행 당시의 국회는 단기 4293년(1960) 3월 15일에 실시된 대통령, 부통령 선거와 관련하여 부정행위를 한 자와 그 부정행위에 항의하는 국민에 대하여 살상(殺傷)·기타의 부정행위를 한 자를 처벌, 또는 단기 4293년 4월 26일 이전에 특정 지위에 있음을 이용하여 현저한 반민주 행위를 한 자의 공민권(公民權)을 제한하기 위한 특별법을 제정할 수 있으며 단기 4293년 4월 26일 이전에 지위 또는 권력을 이용하여 부정한 방법으로 재산을 축적한 자에 대한 행정상 또는 형사상의 처리를 하기 위하여 특별법을 제정할 수 있다.

단권화 MEMO

■ 제3차 개헌 이후 선거 결과
4·19 혁명 이후 실시한 제5대 국회 의원 선거(1960. 7. 29.)에서는 민의원 233명, 참의원 58명이 동시에 선출되었다. 민주당은 민의원 233석 중 175석을, 참의원 58석 중 31석을 장악하였으며, 당시 혁신 정당으로 분류할 수 있는 사회 대중당(혁신 정당의 재건을 목표로 구 진보당 간부와 민주 혁신당 일부가 결성한 정당)은 민의원 4석, 참의원 1석을 획득하는 데 그쳐 원내 진출이 예상 외로 부진하였다.

■ 내각의 구성
총선의 결과로 민주당이 압승하여 새로 구성된 국회에서 윤보선을 대통령으로, 장면을 국무총리로 선출하였다.

■ 신민당
민주당 내 구파(윤보선 중심)는 민주당을 탈당하여 1960년 12월에 신민당을 창당하였다.

단권화 MEMO

| 정답해설 | 4·19 혁명은 'ㄱ. 3월 15일 마산 시위 → ㄴ. 4월 18일 고려대학교 학생들의 시위 → ㅁ. 4월 19일 서울 지역 대학생과 고등학생 및 시민들의 궐기 → ㄷ. 4월 25일 대학교수단의 시국 선언문 발표 → ㄹ. 4월 26일 이승만의 하야' 순으로 전개되었다.

| 정답 | ②

| 정답해설 | 제시된 자료에 나타난 '김주열'은 1960년 3·15 부정 선거를 규탄하는 마산 시위 과정에서 사망한 학생이다. 1960년에 일어난 4·19 혁명으로 이승만 대통령이 사임하였고, 이후 허정의 과도 정부가 수립되어 내각 책임제와 양원제(민의원, 참의원)를 중심으로 한 개헌을 단행하였다.

| 오답해설 |
② 1980년 광주를 중심으로 일어난 5·18 민주화 운동은 신군부의 비상 계엄 확대 조치(5·17 전국적 계엄 확대 조치)에 저항하여 일어났다.
③ 4·13 호헌 조치에 저항하여 6월 민주 항쟁이 시작되었다.
④ 1987년 6월 민주 항쟁의 결과 6·29 민주화 선언이 발표되었다. 이후 대통령 직선제로의 개헌이 이루어졌다.

| 정답 | ①

| 정답해설 | 제시된 사료는 4·19 혁명 당시 발표된 「대학교수단 4·25 선언문」(1960. 4. 25)이다.

| 정답 | ①

바로 확인문제

● **다음 4·19 혁명 당시 일어났던 사실들을 순서대로 바르게 나열한 것은?**

> ㄱ. 마산에서 부정 선거를 규탄하는 대규모 시위가 발생하였다.
> ㄴ. 고려대학교 학생들이 국회 의사당으로 행진하며 연좌 시위를 전개하였다.
> ㄷ. 서울 지역 대학교수들이 학생들의 시위를 지지하는 시위를 벌였다.
> ㄹ. 이승만이 '국민이 원한다면 대통령직을 물러나겠다.'는 하야 성명을 발표하였다.
> ㅁ. 서울 지역 대학생·고등학생과 시민들이 대규모 시위를 전개하며 경무대로 진출하였다.

① ㄱ-ㄴ-ㄷ-ㅁ-ㄹ
② ㄱ-ㄴ-ㅁ-ㄷ-ㄹ
③ ㄱ-ㅁ-ㄴ-ㄷ-ㄹ
④ ㄴ-ㅁ-ㄷ-ㄹ-ㄱ

● **다음 선언문이 발표된 민주화 운동에 대한 설명으로 옳은 것은?** 한국사능력검정시험 고급 28회 변형

> 민주주의와 민중의 공복이며 중립적 권력체인 관료와 경찰은 민주를 위장한 가부장적 전제 권력의 하수인으로 발 벗었다. 민주주의 이념의 최저의 공리인 선거권마저 권력의 마수 앞에 농단되었다. …… 나이 어린 학생 김주열의 참시를 보라! 그것은 가식 없는 전제주의 전횡의 발가벗은 나상밖에 아무것도 아니다.

① 허정 과도 정부 성립의 배경이 되었다.
② 신군부의 비상 계엄 확대에 반대하여 일어났다.
③ 4·13 호헌 조치에 국민들이 저항하며 시작되었다.
④ 직선제 개헌을 약속한 6·29 민주화 선언을 이끌어 냈다.

● **다음 글은 어떤 사건이 일어났을 때 발표되었는가?** 22. 지방직 9급

> 1. 마산, 서울 기타 각지의 데모는 주권을 빼앗긴 국민의 울분을 대신하여 궐기한 학생들의 순수한 정의감의 발로이며 부정과 불의에는 언제나 항거하는 민족정기의 표현이다.
> ……
> 3. 합법적이고 평화적인 데모 학생에게 총탄과 폭력을 거리낌 없이 남용하여 참극을 빚어낸 경찰은 자유와 민주를 기본으로 한 대한민국의 국립 경찰이 아니라 불법과 폭력으로 권력을 유지하려는 일부 정부 집단의 사병이다.
>
> 「대학교수단 4·25 선언문」

① 4·19 혁명
② 5·18 민주화 운동
③ 6·3 시위
④ 6·29 민주화 선언

● 다음 시정 연설을 했던 정부 시기에 있었던 사실로 옳은 것은?   21. 경찰직 1차

> 셋째로, 부정 선거의 원흉들과 발포 책임자에 대해서는 이미 공소가 제기되어 있으므로 사법부에서 법과 혁명 정신에 의하여 엄정한 판결을 내릴 것으로 믿고 ……
> 여섯째로, 경제 건설과의 균형상 국방비의 과중한 부담을 경감시키기 위하여 점차적 감군을 주장하여 온 우리 당의 정책을 실현하고자 국제 연합군 사령부와 협의하여 신년도부터 약간 감군할 것을 계획 중에 있으며, 동시에 새로운 장비를 도입하기 위한 계획도 이미 수립되어 있음을 양해하시기를 바란다.

① 화폐 개혁이 단행되었다.
② 잡지 〈사상계〉가 창간되었다.
③ 주민등록증 발급이 시작되었다.
④ 경제 개발 5개년 계획이 수립되었다.

단권화 MEMO

|정답해설| 제시된 사료 중 "부정 선거의 원흉들과 발포 책임자에 대해 이미 공소가 제기"되었다는 내용을 통해 장면 내각의 정책임을 알 수 있다. 장면 내각에서는 경제 개발 5개년 계획안을 마련하였다.

|오답해설|
① 1961년 5·16 군사 정변 후, 박정희 군정 시기 화폐 개혁이 단행되었다(1962. 6., 10환을 1원으로 개혁).
② 잡지 〈사상계〉는 1953년 4월에 장준하의 주도로 창간되었다.
③ 박정희 정부 시기인 1968년 11월부터 주민등록증이 발급되었다.

|정답| ④

02 5·16 군사 정변과 민주주의의 시련

(1) 5·16 군사 정변(1961)

① 장면 내각은 자유 민주주의의 실현을 위해 노력하였으나 박정희를 중심으로 한 군부 세력이 사회의 혼란을 구실로 군사 정변을 일으켜 정권을 잡으면서 9개월 만에 끝나게 되었다.
② 박정희는 군사 혁명 위원회를 설치하고 혁명 공약 6개조를 발표하였다.
③ 이후 군사 혁명 위원회를 국가 재건 최고 회의로 개칭(의장 박정희)하고 1962년 제1차 경제 개발 5개년 계획을 실시하고 정치 활동 정화법(1962. 3. 16.)을 제정하였다.

사료 5·16 혁명 공약

1. 반공을 국시의 제일로 삼고 반공 태세를 재정비 강화한다.
2. 유엔 헌장과 국제 협약을 충실히 이행하고, 미국을 비롯한 자유 우방과의 유대를 더욱 공고히 한다.
3. 이 나라 사회의 모든 부패와 구악을 일소(一掃)하고 퇴폐한 국민 도의와 민족정기를 바로잡기 위하여 청신한 기풍을 진작시킨다.
4. 민생고를 시급히 해결하고, 국가 자주 경제 재건에 총력을 경주한다.
5. 민족의 숙원인 국토 통일을 위하여 공산주의와 대결할 수 있는 실력 배양에 전력을 집중한다.
6. 양심적인 정치가에게 민정 이양을 한다.

(2) 박정희 정부(1963~1972)

① 출범
  ㉠ 대통령 직선제, 단원제 국회의 권력 구조로 헌법을 개정하고(1962. 12. 5차 개헌), 민정 복귀의 약속을 저버린 채 민주 공화당을 창당하였다(1963. 2.).
  ㉡ 1963년 10월 15일에 실시된 제5대 대통령 선거에서 민주 공화당 후보 박정희가 당선되면서 제3 공화국이 출범하였다.
② 박정희 정부의 정책
  ㉠ 정치 체제: 대통령에 당선된 박정희는 군사 정부가 추진하던 주요 과제들을 대부분 그대로 실천하려 하였다. 강력한 대통령 중심제와 단원제의 권력 구조를 바탕으로 하는 헌법에 의거하여 국정을 운영하였다.
  ㉡ 경제 정책: 조국 근대화의 실현을 국정의 주요 목표로 삼고 경제 성장 정책을 추진하였다. 경제 성장 정책은 공업화의 급속한 추진으로 나타났다. 이 과정에서 외국으로부터 공업화에 필요한 자본을 도입하고, 일본과의 관계를 개선하여 한일 협정을 체결하였다.

| 단권화 MEMO |

> **사료** 제1회 수출의 날 치사(1964. 12.)
>
> 우리나라 수출 무역에 있어서 역사적인 기점을 마련한 오늘을 '수출의 날'로 정하여 널리 기념하게 된 것은 자립 경제의 근간이 되는 수출 증대의 앞날을 위하여서는 참으로 뜻깊은 일로 여기는 바입니다. …… 한편 수출 무역에 있어서 양적인 면에서만 진전을 보았을 뿐만 아니라, 근래에 와서는 국내 산업이 발전함에 따라 공업품 수출이 현저하게 증대되었습니다. 그리하여 후진적인 수출 구조에서 점차로 고도화된 수출 구조로 개선되어 가고 있어, 우리나라 수출 무역의 장래를 밝게 해주고 있음은 매우 고무적인 사실이 아닐 수 없습니다. …… 그러므로, 앞으로 우리는 지난날과 같이 농수산물 및 광산물과 같은 자연 자원 수출에만 치중할 것이 아니라, 우리 국민이 선천적으로 타고난 재질과 저렴하고 풍부한 노동력을 최대한으로 활용하여 다각적인 생산 활동을 벌여 나가야 합니다. 특히 노동집약적인 산업을 육성시키고 여기서 만들어지는 공산품 수출을 진흥시키는 데 더욱 노력할 것을 아울러 요망해 두고자 합니다.
>
> 끝으로 오늘 제1회 '수출의 날' 기념식에 즈음하여 상공 당국이나 대한무역진흥공사가 이룩한 업적을 높이 찬양하고, 또 관계관 여러분의 노고를 치하하면서 이 뜻 깊은 날이 자립 경제를 촉성하는 또 하나의 계기가 될 것을 기원하는 바입니다.

③ 6·3 시위(6·3 항쟁, 1964)

㉠ 군사 정권은 경제 개발에 필요한 자본 확보가 당면 과제였다. 이에 김종필·오히라 간 비밀 협약을 추진하여 일본으로부터 차관을 제공받는 조건으로 한일 국교 정상화를 추진하였다.

■ 김종필-오히라 메모(1962)
무상 원조 3억 달러, 차관 2억 달러, 상업 차관 1억 달러(정식 체결 때 2억 달러 추가) 이상 등의 대일 청구권 자금과 경제 협력 자금 공여에 합의하였다.

㉡ 식민 통치에 대한 사과나 배상은 요구하지 않은 채 차관 도입에만 관심을 둔 군사 정권에 반대하는 수만 명의 학생 시위가 전개되었고, 야당은 '대일 굴욕 외교 반대 범국민 투쟁 위원회'를 결성하였다.

㉢ 정부는 계엄령을 선포하고 1차 인민혁명당 사건(1964. 8.)을 조작하는 등 시위를 강력하게 탄압하였다. 이후 1965년 6월 22일에 한일 기본 조약(한일 협정)이 체결되었다.

> **심화** 인민혁명당 사건
>
> 1964년 8월, 국가 변란을 기도한 대규모 지하 조직인 인민혁명당(약칭 인혁당)이 '북괴의 지령'을 받고 한일 회담 반대 운동을 '배후 조종'한 것으로 중앙정보부에 의해 발표된 사건이다(1차 인혁당 사건).
> 한편 1974년 4월, 전국 민주 청년 학생 총연맹(이하 민청학련) 사건의 배후로 '인민혁명당 재건위원회'가 지목되었다. 당시 중앙정보부는 과거 인민혁명당 조직을 재건하려는 세력과 재일 조총련의 조종을 받은 일본 공산당 세력 등이 "정부 전복 후 공산 계열의 노농 정권 수립을 위한 과도적 통치 기구로서 '민족지도부'의 결성을 계획하였다."는 '인혁당 재건위 사건'을 발표하였다. 이후 1974년 7월, 서도원, 도예종, 송상진, 우홍선, 하재완, 이수병, 김용원, 여정남 등 8인에 대하여 사형이 선고되었고, 대법원 확정 직후 사형이 집행되었다(2차 인혁당 사건).

> **사료** 한일 기본 조약(한일 협정, 1965)
>
> 제1조 양국 간에 영사 관계를 수립한다. 양국은 대사급 외교 관계를 지체없이 교환한다. 양국은 또한 양국 정부가 합의하는 장소에 영사관을 설립한다.
> 제2조 1910년 8월 22일 및 그 이전에 대한 제국과 대일본 제국 간에 체결된 모든 조약 및 협정이 이미 무효임을 확인한다.
> 제3조 대한민국 정부가 국제 연합 총회의 결의 제195호(Ⅲ)에서 명시된 바와 같이 한반도에 있어서 유일한 합법 정부임을 확인한다.

> **심화** 한일 기본 조약(한일 협정)
>
> 기본 조약에 의하여 한일 양국은 외교·영사 관계를 개설하고 한일 병합 조약과 그 전에 양국 간에 체결된 모든 조약 및 협정이 무효임을 확인하였으며, 일본 측은 대한민국 정부가 한반도에서의 유일한 합법 정부임을 인정하였다.

부속 협정인 「청구권·경제 협력에 관한 협정」을 통해 일본이 3억 달러의 무상 자금과 2억 달러의 장기 저리 정부 차관 및 3억 달러 이상의 상업 차관(교환 공문)을 공여하기로 합의하였다. 이에 따라 1966년부터 1975년까지 5억 달러의 대일 청구권 자금이 도입되었다.

「어업 협정」에서는 양국 연안 12해리의 어업 전관 수역을 설정하고, 어업 자원의 지속적 생산성을 확보하기 위해 일정한 공동 규제 수역을 설정하였다. 「재일 교포의 법적 지위와 대우에 관한 협정」에 의하여 재일 한국인이 영주권을 획득할 수 있게 되었으며, 「문화재·문화 협력에 관한 협정」을 통하여 일제 강점기 일본으로 유출된 다수의 문화재를 돌려받게 되었다.

그러나 일본의 침략 사실 인정과 가해 사실에 대한 진정한 사죄가 선행되지 않았고, 청구권 문제, 어업 문제, 문화재 반환 문제 등에서 한국이 지나치게 양보하여 국내에서 크게 논란을 일으켰다. 「청구권·경제 협력에 관한 협정」은 이후 일제 강점기 피해자 보상과 일본군 '위안부' 보상 문제 등과 관련해 갈등이 발생하는 원인이 되었다.

④ 베트남 파병
  ㉠ 대한민국 정부는 미국의 요구를 수용하여 베트남에 전투 부대를 파병하였다(1965. 8., 전투 부대 파병 동의안 국회 통과).
  ㉡ 「브라운 각서」(1966): 미국은 한국군의 증파를 요구하면서 「브라운 각서」를 제시하였다. 각서의 핵심 내용은 국군의 전력 증강과 경제 개발에 필요한 기술 및 차관 제공을 미국이 약속한다는 것이었다.

> **사료** 「브라운 각서」의 일부 내용
>
> A. 군사 원조
>   1. 한국에 있는 한국군의 현대화 계획을 위하여 앞으로 수년 동안에 걸쳐 상당량의 장비를 제공한다.
>   2. 월남에 파견되는 추가 증파 병력에 필요한 장비를 제공하는 한편, 증파에 따른 모든 추가적 경비를 부담한다.
>   3. 월남에 파견되는 추가 병력을 완전히 대치하게 될 보충 병력을 장비하고 훈련하며 이에 따른 재정을 부담한다.
>
> B. 경제 원조
>   4. 수출을 진흥시키기 위한 모든 분야에서 한국에 대한 기술 원조를 강화한다.
>   5. 1965년 5월에 한국에 대해 약속했던 1억 5천만 달러 규모의 차관에 덧붙여 미국 정부는 적절한 사업이 개발됨에 따라 1억 5천만 달러 제공 약속에 적용되는 같은 정신과 고려 밑에 한국의 경제 발전을 돕기 위한 추가 AID차관을 제공한다.

⑤ 3선 개헌(1969. 9.): 박정희가 장기 집권을 위한 3선 개헌(6차 개헌)을 강행하자 여야 국회 의원들은 극심한 대립과 갈등을 겪었다. 3선 개헌은 1968년 1·21 사태, 푸에블로호 피랍 사건(이후 1968년 4월 1일 향토 예비군 창설), 울진·삼척 무장 공비 침투 사건(11월)이 일어나 대북 관계가 악화된 것을 대외적 배경으로 하였다.

> **사료** 3선 개헌 반대
>
> 우리는 이제 3선 개헌을 강행하여 자유 민주에의 반역을 기도하는 어떤 명분이나 위장된 강변에도 현혹됨이 없이 헌정 20년간 모든 호헌 세력의 공통된 신념과 결단 위에서 전 국민의 힘을 뭉쳐 단호히 이에 대처하려 한다. 집권자에 의해서 자유 민주에의 기대가 끝내 배신당할 때, 조국을 수호하려는 전 국민은 요원의 불길처럼 봉기할 것이다. 우리는 날로 그 우방을 확장시키고 있고, 선악의 대결과 진부(眞否)의 결전에서 용솟음치는 결의를 가지고 있다.
> 자유 국민의 조국은 영원하다. 영원한 조국을 가진 국민은 용감하다.
> 전 국민이여! 자유 민주의 헌정 수호 대열에 빠짐없이 참여하라.
> 3선 개헌 반대 범국민 투쟁 위원회

■ 3선 개헌(三選改憲)

일요일 새벽 2시 국회 본회의장에서 3선 개헌안의 통과를 저지하기 위하여 점거 농성을 하고 있던 신민당 의원들을 피하여 여당계 의원 122명은 국회 제3 별관에 모여 기명 투표 방식으로 찬성 122표, 반대 0표로 개헌안을 변칙 통과시켰다. 그 내용은 대통령의 3선 연임 허용, 대통령에 대한 탄핵 소추 발의를 의원수를 30인 이상에서 50인 이상으로 상향 조정, 국회 의원의 각료 및 기타 직위 겸직 허용 등이었다.

단권화 MEMO

정답해설 (가)는 "4월의 참사는 학생 운동 사상 최대 비극이요", "대학교 교수들은 이 비상시국에 대처하여 양심의 호소"에서 4·19 혁명(1960)임을 알 수 있다. (나)는 한일 협정(1965, 제3공화국)의 내용이다. 1961년 5·16 군사 정변 이후에 국가 재건 최고 회의(1961. 5. 19.)를 통해 군정이 실시되었으며, 1964년 굴욕적인 한일 회담을 반대한 6·3 시위가 시작되었다.

오답해설
ㄱ. 진보당 사건은 1958년, 경향신문 폐간은 1959년 발생하였다.
ㄹ. 부산 정치 파동은 발췌 개헌 당시의 사건으로 6·25 전쟁 도중인 1952년 발생하였다.

정답 ②

정답해설 1969년 제6차 개헌은 대통령의 3선을 허용하는 것이 핵심 내용이었다.

정답 ④

바로 확인문제

● (가)와 (나) 사이에 있었던 역사적 사실로 옳은 것을 〈보기〉에서 모두 고르면? 13. 국가직 7급

> (가) 이번 4월의 참사는 학생 운동 사상 최대 비극이요. 이 나라의 정치적 위기를 극복하기 위한 중대 사태이다. 이에 대한 철저한 반성 없이는 이 민족의 불행한 운명을 도저히 만회할 길이 없다. 우리 전국 대학교 교수들은 이 비상시국에 대처하여 양심의 호소를 하는 바이다.
> (나) 대한민국과 일본국은 양국 국민 관계의 역사적 배경을 고려하며, 선린 관계 및 주권 상호 존중 원칙에 입각한 양국 관계의 정상화를 상호 의망(意望)함을 고려하고, 양국의 공동 복지 및 공동 이익을 증진하고 국제 평화 및 안전을 유지하는데 양국이 …… 협력하는 것이 중요하다는 사실을 인식한다.

| 보기 |
ㄱ. 진보당 사건, 〈경향신문〉 폐간이 이어졌다.
ㄴ. 한일 회담에 반대하여 6·3 시위가 일어났다.
ㄷ. 국가 재건 최고 회의가 구성되어 군정이 실시되었다.
ㄹ. 부산 정치 파동으로 야당 국회 의원이 정치적 공격을 받았다.

① ㄱ, ㄴ   ② ㄴ, ㄷ   ③ ㄴ, ㄹ   ④ ㄷ, ㄹ

● (가)에 들어갈 내용으로 가장 옳은 것은? 20. 법원직 9급

> 3차 개헌(1960. 6.) - 의원 내각제, 양원제 채택
> 5차 개헌(1962. 12.) - 대통령 직선제
> 6차 개헌(1969. 10.) - (가   )
> 7차 개헌(1972. 12.) - 대통령 권한 강화

① 대통령 간선제
② 중임 제한 철폐
③ 국회 양원제 규정
④ 대통령의 3선 허용

(3) 유신 체제(1972)

① **배경**: 1970년대에 들어서면서 국제 정세는 급변하기 시작하였다. 미국은 이른바 닉슨 독트린을 선언하고 베트남에서 미군을 철수하였으며, 그 뒤 베트남은 공산화되었다. 또한 미국은 주한 미군 병력의 감축을 결정하였다.

사료 닉슨 독트린(1969)

미국은 앞으로 베트남 전쟁과 같은 군사적 개입을 피한다. 미국은 아시아 여러 나라와의 조약상 약속을 지키지만 강대국의 핵에 의한 위협을 제외하고 내란이나 침략에 대해서는 아시아 각국이 스스로 협력하여 그에 대처하여야 할 것이다.
미국은 '태평양 국가'로서 그 지역에서 중요한 역할을 계속하지 직접적, 군사적 또는 정치적인 과잉 개입은 하지 않으며 아시아 각국의 자주적 행동을 측면 지원한다. 아시아의 각국에 대한 원조는 경제 중심으로 바꾸며 여러 나라 상호 원조 방식을 강화하여 미국의 과중한 부담을 피한다. 아시아 각국이 5~10년의 장래에는 상호 안전 보장을 위한 군사 기구를 만들기를 기대한다.

② 성립
  ㉠ 박정희 정부는 국가 안보와 사회 질서를 최우선적 과제로 내세우면서 지속적인 경제 성장을 이룩하기 위해서는 강력하고도 안정된 정부가 필요하다는 주장을 내세워 헌법을 개정하면서까지 장기 집권을 추구하였다.
  ㉡ 박정희 대통령은 비상 계엄을 선포하고 비상 국무 회의에서 유신 헌법을 제정하는 등 10월 유신을 단행하여 민주적 헌정 체제를 부정하는 독재 체제를 구축하였다.
③ 유신 헌법의 내용
  ㉠ 대통령의 중임 제한을 없앴으며(임기 6년), 통일 주체 국민 회의에서 간접 선출하도록 하여 사실상 영구 집권을 꾀하였다.
  ㉡ 대통령은 유신 정우회(유정회) 의원들을 통해 입법부를 장악할 수 있었으며, 법관 인사권에도 개입하여 사법부도 아우를 수 있었다.
  ㉢ 긴급 조치권, 국회 해산권 등의 절대 권력을 가지게 되었다.

> **사료** 유신 헌법
>
> 제39조 제1항 대통령은 통일 주체 국민 회의에서 토론 없이 무기명 투표로 선거한다.
> 　　　 제2항 통일 주체 국민 회의에서 재적 대의원 과반수의 찬성을 얻은 자를 대통령 당선자로 한다.
> 제40조 제1항 통일 주체 국민 회의는 국회 의원 정수의 3분의 1에 해당하는 수의 국회 의원을 선거한다.
> 제47조 대통령의 임기는 6년으로 한다.
> 제53조 대통령은 천재·지변 또는 중대한 재정·경제상의 위기에 처하거나, 국가의 안전 보장 또는 공공의 안녕질서가 중대한 위협을 받거나 받을 우려가 있어 신속한 조치를 할 필요가 있다고 판단할 때에는 내정·외교·국방·경제·재정·사법 등 국정 전반에 걸쳐 필요한 긴급 조치를 할 수 있다.
> 제59조 대통령은 국회를 해산할 수 있다.

> **심화** 긴급 조치권
>
> 유신 헌법의 대표적인 독소 조항으로, 대통령은 긴급 조치권을 발동하여 헌법에 보장되어 있는 국민의 자유와 권리를 잠정적으로 정지·제한할 수 있었다(유신 헌법 제53조). 1974년 1월 긴급 조치 1·2호를 시작으로 1975년 긴급 조치 9호가 발표되었는데, 그 내용을 보면 유신 헌법을 부정하는 행위나 학생들의 정치 활동을 금지하는 것 이외에도 해외로 재산을 빼돌리거나 불법 이주하는 것을 막았고, 체제를 비방하는 언론 기관은 즉시 정간이나 폐간 조치가 가능하도록 하였다. 필요하면 병력을 동원하여 해결할 수 있도록 하였다.

④ 유신 체제에 대한 저항
  ㉠ 국내적 저항: 학원·언론·종교·정계 등 각 분야에서 민주 헌정의 회복과 개헌을 요구하는 시위가 일어났다. 이에 박정희는 긴급 조치와 같은 강압적인 방법을 동원하였으며, 시위와 관련된 사람들을 구속하였다. 한편 전국 민주 청년 학생 연맹 사건(민청학련 사건, 1974. 4.) 이후 반(反)유신 민주화 운동을 결집하기 위해 민주 회복 국민 회의가 결성되었고(1974. 11. 27.), 1976년에는 「3·1 민주 구국 선언」이 발표되었다.
  ㉡ 국제적 비판: 미국과 일본 등 우방 국가에서도 유신 체제의 인권 탄압을 비판하였으며, 이는 한때 외교 관계에 부정적인 영향을 끼치기도 하였다.

단권화 MEMO

■ 통일 주체 국민 회의
박정희가 조국의 평화적 통일을 추진한다는 명분으로 설립하였다. 통일 주체 국민 회의는 국민의 직접 선거에 의하여 선출된 2,000인 이상 5,000인 이하의 대의원으로 구성되었으며, 대의원으로 출마할 수 있는 자는 국회 의원 피선거권이 있고, 선거일 현재 30세에 달한 자로서 조국의 평화적 통일을 위하여 국민 주권을 성실히 행사할 수 있는 사람이어야 하였다.
주요 임무는 통일에 관한 중요 정책을 결정하거나 변경할 때 국론 통일을 위하여 필요한 경우에 통일 주체 국민 회의 심의에서 재적 대의원 과반수의 찬성을 얻은 통일 정책은 국민의 총의로 보는 통일 정책의 최종 결정 기관이었다. 또한 토론 없이 무기명 투표로 대통령을 선거하고, 정수의 3분의 1에 해당하는 국회 의원을 선거하였으며, 그 밖에 국회 의원이 제안한 헌법 개정안을 국회 의결 후 최종적으로 확정하는 권한을 가졌다.

| 사료 | 전국 민주 청년 학생 총연맹의 선언서 |

극심한 물가고와 공포 정치에 짓눌린 우리의 현실을 타개하고자 우리의 동지인 한국신학대학, 경북대학교, 서강대학교, 연세대학교 학우들이 피의 항쟁을 벌여 왔다.
앞서간 애국 시민 학생의 뒤를 이으며 민중의 편에 서서 민중의 이익을 대변하고자 전국의 모든 학생들은 이 시각을 기하여 총궐기하였다.

국민이여 모두 민주 전선에 우리의 뜨거운 피를 뿌리자!
근로 대중이여 궐기하라!
핍박 받는 민중이여 궐기하라!
지식인 언론인 종교인이여 궐기하라!

1. 굶어 죽을 자유 말고 먹고 살 권리 찾자.
2. 배고파서 못 살겠다. 기아 임금 인상하라!
3. 유신이란 간판 걸고 국민 자유 박탈 마라.
4. 남북통일 사탕발림 영구 집권 최후 수단
5. 재벌 위한 경제 성장 정권 위한 국민 총화
6. 왜놈 위한 공업화에 민중들만 죽어난다.

1974년 4월 3일 전국 민주 청년 학생 총연맹

| 사료 | 「3·1 민주 구국 선언」(1976) |

민주주의는 대한민국의 국시이다. 따라서 대한민국의 정통성은 민주주의에 있다. 그러므로 어떤 구실로도 민주주의가 위축되어서는 안 된다. 노동자, 농민을 차관 기업과 외국 자본의 착취에 내맡긴 경제 입국 논리는 처음부터 국민을 위한 것이 아니었다. 국민의 경제력을 키우면서 그 기반 위에 수출 산업을 육성하지 않은 것이 잘못이다.
이 민족은 또다시 독재 정권의 쇠사슬에 매이게 되었다. 인권은 유린되고 자유는 박탈당하고 있다. 우리에게는 지켜야 할 마지막 선이 있다. 그것은 통일된 이 나라를 위한 최선의 제도와 정책이 '국민에게서' 나와야 한다는 민주주의의 대헌장이다. 민족 통일의 첩경은 민주 역량을 기르는 일이다.

| 심화 | 유신 체제에 대한 저항 – 김대중 납치 사건(1973) |

❶ 내용
1973년 8월 8일 일본 도쿄에서 당시 야당 지도자였던 김대중이 중앙정보부(이후락 부장)에 의해 납치된 사건이다. 김대중은 1971년 대선에 신민당 후보로 출마하여 94만 표 차로 박정희에게 패하였다. 이후 그는 해외에 머물며 유신 반대 활동을 전개하였다.

❷ 경과
- 납치: 김대중은 도쿄 그랜드 팰리스 호텔 2212호로 양일동 씨를 만나러 갔다가 납치되어 오사카로 옮겨졌다. 이후 배(용금호)로 부산에 도착한 뒤, 납치 129시간 만인 8월 13일 서울 동교동 자택 부근에서 풀려났다.
- 외교 문제로 비화: 일본 경찰은 당시 사건 현장에서 김동운 주일 한국 대사관 서기관의 지문을 채취하였고, 한일 양국 간 외교 문제로 비화되었다.

❸ 결과
한국 정부는 관련이 없다고 하였다. 이후 관련자 증언 등으로 당시 이후락 부장을 비롯한 중앙정보부 요원(中情要員)들의 조직적 개입 의혹이 뚜렷해졌다. 김대중은 "나를 수장(水葬)시키려 하였다."라고 하였다.

⑤ 유신 체제의 종말(1979)
㉠ 부산·마산 등지에서 유신 체제에 반대하여 대학생과 시민들의 시위가 연일 계속되었으며, 집권 세력 내부에서도 갈등이 생기게 되었다.

■ 부마 민주 항쟁
YH 사건 이후 반유신 독재 운동을 추진하던 김영삼이 국회에서 제명당하자 일어났다. 당시 박정희 정부는 부산과 마산 일대에 계엄령을 선포하고 민중들을 탄압하였다. 이 사건은 유신 체제의 종말을 이끌어 냈다.

ⓒ 민주주의를 열망하는 민중의 끊임없는 저항과 독재 체제에 대한 도전 속에서 박정희 대통령이 피살되는 10·26 사태가 일어나 유신 체제는 막을 내렸다.

바로 확인문제

● 다음 〈보기〉를 시대순으로 가장 적절하게 나열한 것은? 15. 경찰직 1차

| 보기 |
| ㄱ. 한미 상호 방위 조약 체결 |
| ㄴ. 사사오입 개헌 |
| ㄷ. 휴전 협정 조인 |
| ㄹ. 발췌 개헌 |
| ㅁ. 향토 예비군 창설 |

① ㄷ - ㄹ - ㄱ - ㅁ - ㄴ
② ㄷ - ㄱ - ㄹ - ㅁ - ㄴ
③ ㄹ - ㄷ - ㄱ - ㄴ - ㅁ
④ ㄹ - ㄱ - ㄷ - ㄴ - ㅁ

● 다음과 같이 개원한 국회가 운영되었던 시기의 정치 상황으로 옳은 것은?

한국사능력검정시험 중급 33회

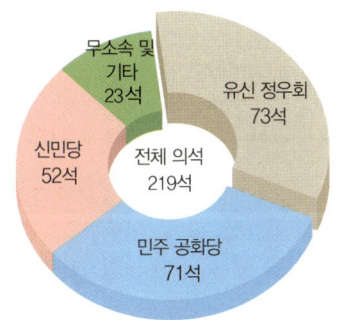

제9대 국회 개원 당시 정당별 국회 의원 분포

① 3선 개헌안이 통과되었다.
② 4·13 호헌 조치가 발표되었다.
③ 대통령의 긴급 조치권이 발동되었다.
④ 지방 자치제가 전면적으로 실시되었다.
⑤ 반민족 행위 특별 조사 위원회가 활동하였다.

● 다음 사건들을 일어난 순서대로 바르게 나열한 것은? 16. 서울시 9급

| (가) 김영삼 신민당 당수 국회 제명 |
| (나) 김대중 납치 사건 발생 |
| (다) 유신 헌법의 국민 투표 통과 |
| (라) 국민 교육 헌장 제정 |
| (마) 7·4 남북 공동 성명 발표 |

① (라) - (마) - (다) - (가) - (나)
② (라) - (마) - (다) - (나) - (가)
③ (마) - (다) - (라) - (가) - (나)
④ (마) - (다) - (라) - (나) - (가)

단권화 MEMO

|정답해설| 제시된 사건들은 'ㄹ. 발췌 개헌(1952) → ㄷ. 휴전 협정 조인(1953. 7.) → ㄱ. 한미 상호 방위 조약 체결(1953. 10.) → ㄴ. 사사오입 개헌(1954) → ㅁ. 향토 예비군 창설(1968)' 순으로 일어났다.

|정답| ③

|정답해설| 민주 공화당은 박정희 정부 때의 여당이며, 유신 정우회는 유신 체제 시기 대통령이 임명한 의원들의 집단이다. 유신 체제에서는 대통령이 긴급 조치권, 국회 해산권 등의 막강한 권력을 행사하였다.

|오답해설|
① 박정희 정부는 장기 집권을 위해 대통령 중임으로 규정되어 있는 헌법을 고쳐 1969년에 3선 개헌안을 통과시켰다.
② 1980년대 중반 대통령 직선제 요구가 높아졌으나, 전두환 정부는 1987년 4·13 호헌 조치로 이를 거부하였다.
④ 지방 자치제가 전면적으로 실시된 것은 김영삼 정부 시기이다.
⑤ 1948년 9월에 반민법이 제정되었고, 이를 토대로 반민족 행위 특별 조사 위원회가 구성되었다.

|정답| ③

|정답해설| 제시된 사건들은 '(라) 국민 교육 헌장 제정(1968) → (마) 7·4 남북 공동 성명 발표(1972. 7. 4.) → (다) 국민 투표로 유신 헌법 확정(1972. 11. 21.) → (나) 김대중 납치 사건(1973) → (가) YH 사건(1979) 이후 반유신 운동을 추진하던 김영삼 국회 제명(1979. 10.)' 순으로 일어났다.

|정답| ②

단권화 MEMO

■ 서울의 봄

1979년 10·26 사태 이후 1980년 5월 17일 전국적인 계엄령 선포 이전까지의 정치적 과도기를 일컫는 말로, 체코의 '프라하의 봄'에 비유한 것이다. 이 시기 대학가에는 자율화 바람이 거세게 불어 학내 민주화 운동과 정치 민주화 운동으로 발전하였다.

■ 5·18 민주화 운동

1980년 5월 신군부의 집권 의도를 반대하고 민주화를 요구하는 대규모 시위가 광주에서 일어났다. 5·17 비상계엄 확대 조치 및 계엄군의 과잉 진압으로 광주에서는 사상자가 발생하였고, 이에 시민군이 결성되어 계엄군과 시가전을 벌이는 과정에서 수많은 시민과 학생이 희생되었다.

03 신군부 세력의 등장과 5·18 민주화 운동

(1) 12·12 사태(1979)

10·26 사태로 정치·사회는 심한 혼란 상태에 빠지게 되었고, 유신 체제의 마지막 총리이던 최규하가 통일 주체 국민 회의에서 대통령으로 선출되었다. 이후 계엄령이 선포되었고, 이 무렵 등장한 신군부 세력이 일부 병력을 동원하고 군권을 차지하여 국민들의 민주화 요구를 무력으로 진압한 뒤 통치권을 장악하였다.

(2) 5·18 민주화 운동(1980)

민주화를 열망하는 국민의 요구는 5·18 민주화 운동으로 이어졌다. 이때 민주주의 헌정 체제의 회복을 요구하는 시민들과 진압군 사이에 충돌이 일어났으며, 이 과정에서 다수의 무고한 시민들도 살상되어 국내외에 큰 충격을 안겨주었다.

> **사료** 5·18 민주화 운동 당시 광주 시민 궐기문
>
> 우리는 왜 총을 들 수밖에 없었는가?
> 먼저 이 고장과 민주주의를 수호하기 위해 피를 흘리며 싸우다 목숨을 바친 시민, 학생들의 명복을 빕니다. 우리는 왜 총을 들 수밖에 없었는가? 그 대답은 너무나 간단합니다. 너무나 무자비한 만행을 더 이상 보고 있을 수만 없어서 너도 나도 총을 들고 나섰던 것입니다. ……
> 그러나 정부 당국에서는 17일 야간에 계엄령을 확대 선포하고 일부 학생과 민주 인사, 정치인을 도무지 믿을 수 없는 구실로 불법 연행했습니다. …… 그러나, 아! 이럴 수가 있단 말입니까? 계엄 당국은 18일 오후부터 공수 부대를 대량 투입하여 시내 곳곳에서 학생, 젊은이들에게 무차별 살상을 자행하였으니!

(3) 전두환 정부

① 국가 보위 비상 대책 위원회(1980. 5. 31.): 신군부 세력은 국가 보위 비상 대책 위원회(국보위)를 구성하여 국가의 통치권을 장악하였고, 통일 주체 국민 회의를 통해 전두환이 11대 대통령에 당선되었다(1980. 8.).
② 전두환 정부의 출범: 신군부 세력은 7년 단임의 대통령을 간접 선거로 선출하는 헌법을 공포(제8차 개헌, 1980. 10.)하였고, 대통령 선거인단을 통해 전두환이 12대 대통령으로 선출되었다(1981. 2. 25.). 전두환 정부는 정의 사회의 구현·복지 사회의 건설 등을 통치 이념으로 내세웠으나 민주화 운동을 탄압하고 인권을 유린하여 국민적 저항에 부딪쳤다.

*6월 민주 항쟁

6월 민주 항쟁의 결과 6·29 민주화 선언이 발표되었고, 이후 대통령 직선제로의 개헌이 이루어졌음을 알아 둔다.

04 6월 민주 항쟁(1987)*

(1) 배경

① 1980년대 중반에 일어난 민주화 운동의 핵심 주장은 대통령 직선제였다.
② 당시 시민·학생들은 대통령 선거인단에 의한 간접 선거 방식으로는 군사 정권을 종식시킬 수 없다고 판단하였고, 대통령 직선제를 지속적으로 요구하였다.
③ 당시 제1야당이었던 신민당은 1986년부터 1천만 명 개헌 서명 운동을 전개하였다.

▲ 6월 민주 항쟁 과정에서 희생된 이한열의 장례식(1987. 7.)

④ 이 과정에서 1987년 1월 박종철 고문치사 사건이 발생하였다.

(2) 전개
① 전두환 정부는 4·13 호헌 조치를 발표하여 직선제 요구를 거부하였다.
② 민주화 세력들은 5월 27일 민주 헌법 쟁취 국민운동 본부를 결성하여 조직적 항쟁을 시작하였다.
③ 6·10 민주 항쟁(연세대학교 학생 이한열의 죽음, 6월 민주 항쟁)에 굴복하여 민주 정의당 대표 노태우가 6·29 민주화 선언을 발표하였다.
④ 이후 5년 단임의 대통령 직선제를 내용으로 하는 개헌이 이루어졌다(제9차 개헌, 현행 헌법).

> **사료 4·13 호헌 조치(1987)**
>
> 본인은 얼마 남지 않은 촉박한 임기와 현재의 국가적 상황을 종합적으로 판단하여 임기 중 개헌이 불가능하다고 판단하고, 현행 헌법에 따라 후임자에게 정부를 이양할 것을 천명하는 바입니다. 이와 함께 본인은 평화적인 정부 이양과 서울 올림픽이라는 양대 국가 대사를 성공적으로 치르기 위해 국론을 분열시키고 국력을 낭비하는 소모적인 개헌 논의를 지양할 것을 선언합니다.

> **사료 6·10 대회 선언문**
>
> 오늘 우리는 전 세계 이목이 우리를 주시하는 가운데 40년 독재 정치를 청산하고, 희망찬 민주 국가를 건설하기 위한 거보를 전 국민과 함께 내딛는다. 국가의 미래요, 소망인 꽃다운 젊은이를 야만적인 고문으로 죽여 놓고 그것도 모자라서 뻔뻔스럽게 국민을 속이려 했던 현 정권에 국민의 분노가 무엇인지를 분명히 보여 주고, 국민적 여망인 개헌을 일방적으로 파기한 4·13 호헌 조치를 철회시키기 위한 민주 장정을 시작한다.
>
> 호헌 반대 민주 헌법 쟁취 운동 본부

> **사료 6·29 민주화 선언(1987)**
>
> 1. 대통령 직선제로 개헌하고 1988년 2월 평화적으로 정부를 이양한다.
> 2. 대통령 선거법을 개정하여 자유로운 출마와 경쟁을 공개적으로 보장한다.
> 4. 인간의 기본권을 존중하기 위해 개헌안에 기본권 강화 조항을 보완한다.
> 6. 지방 자치, 대학의 자율화와 교육 자치를 조속히 실현한다.

○ 헌법 개정의 역사

구분	주요 내용	비고
제1차 개헌(1952)	대통령 직선제	발췌 개헌
제2차 개헌(1954)	헌법 공포 당시의 대통령(이승만)에 대한 대통령 중임 제한 철폐	사사오입 개헌, 이승만의 장기 집권 의도
제3차 개헌(1960)	의원 내각제, 양원제	부통령제 폐지, 민주당 정권 수립
제4차 개헌(1960)	3·15 부정 선거 관련자 처벌	소급 입법 특별법 제정
제5차 개헌(1962)	대통령 직선제, 국회 단원제	공화당 정권 수립 의도
제6차 개헌(1969)	3선 개헌	박정희 장기 집권 의도
제7차 개헌(1972)	대통령 간선제(임기 6년, 무제한 연임 가능, 통일 주체 국민 회의)	유신 체제, 박정희 종신 집권 의도
제8차 개헌(1980)	대통령 간선제(7년 단임, 대통령 선거인단)	국가 보위 비상 대책 위원회 주도
제9차 개헌(1987)	대통령 직선제(5년 단임)	여야 합의에 의한 현행 헌법

■ 9차 개헌
1987년 6·29 선언이 발표된 이후 여야 합의로 개헌안이 의결되고, 1987년 10월 27일 국민 투표로 확정되었다.

| 단권화 MEMO |

심화 전두환 정부 시기의 주요 사건

❶ 언론 통폐합
1980년 11월 12일 전두환을 정점으로 한 신군부 세력이 언론을 장악하기 위하여 물리적 강제력으로 언론 매체를 폐지 또는 통합한 조치이다.

❷ 4·13 호헌 조치
전두환 정부는 1987년 4월 13일에 담화문을 발표하여 국민이 열망하였던 대통령 직선제 개헌과 민주화 요구를 외면하고, 사회 혼란을 구실로 대통령 간선제의 헌법을 고수하려 하였다.

❸ KAL기 폭파 사건(1987)
- 내용 : 1987년 11월 29일 이라크 바그다드에서 서울로 향하던 대한항공(KAL) 858기가 미얀마 상공에서 폭발한 사건이다. 이 사고로 승객과 승무원 115명이 희생되었다.
- 경과 : 정부(당시 안기부장 안무혁)는 북한의 지령을 받은 특수 공작원 김현희와 김승일이 88 서울 올림픽 대회를 방해하기 위해 저지른 범행이라고 발표하였다.
- 결과 : 김승일은 바레인 공항에서 체포 직후 자살하였고, 김현희는 국내로 압송되었다. 1990년 대법원에서 사형을 선고받은 김현희는 한 달 만에 특별 사면(特別赦免)을 받았다.

바로 확인문제

● **다음 (가)~(라)를 내용으로 하는 헌법이 적용되던 시기에 일어난 사건으로 바르게 연결한 것은?**
17. 지방직 9급

(가) 대통령의 임기는 7년이며 중임할 수 없다.
(나) 대통령과 부통령은 국회에서 무기명 투표로 각각 선거한다.
(다) 대통령과 부통령의 임기는 4년으로 하며, 1차 중임할 수 있다. 단, 이 헌법 공포 당시의 대통령에 대하여 중임 제한을 적용하지 아니한다.
(라) 6년 임기의 대통령은 통일 주체 국민 회의에서 선출된다.

① (가) – 남한과 북한은 함께 유엔에 가입하였다.
② (나) – 판문점에서 휴전 협정이 체결되었다.
③ (다) – 평화 통일론을 주장한 진보당의 정당 등록이 취소되었다.
④ (라) – 민족 통일을 위한 남북 공동 성명이 발표되었다.

| 정답해설 | (가)는 1980년 국가 보위 비상 대책 위원회가 주도한 제8차 개헌, (나)는 1948년에 제정된 제헌 헌법, (다)는 1954년 제2차 개헌, (라)는 1972년 '발효'된 유신 헌법의 내용이다. 진보당 사건은 1958년에 발생하였으며, 사사오입 개헌(제2차 개헌)안이 적용되고 있던 시기이다.
| 오답해설 |
① 남북한이 함께 유엔에 가입한 것은 1991년이며, 당시는 제9차 헌법(1987년 개헌)이 적용된 시기이다.
② 휴전 협정은 1953년 7월 27일 체결되었고, 이 시기는 발췌 개헌(1952, 제1차 개헌)으로 개정된 헌법이 적용되고 있던 시기이다.
④ 민족 통일을 위한 남북 공동 성명(7·4 남북 공동 성명, 1972)은 유신 헌법 공포 이전 발표되었다.
| 정답 | ③

● **다음은 같은 해에 벌어졌던 사건들이다. 이러한 사건들로 말미암아 나타난 사실로 옳은 것은?**

- 박종철 고문치사 사건
- 4·13 호헌 조치
- 6·10 국민 대회 개최
- 민주 헌법 쟁취 국민운동 본부 결성

① 국가 보위 비상 대책 위원회가 구성되었다.
② 5년 단임의 대통령 직선제 개헌이 이루어졌다.
③ 전국에 계엄령이 선포되고, 모든 정치 활동이 정지되었다.
④ 대통령의 중임 제한 철폐, 간선제를 골자로 하는 헌법이 제정되었다.

| 정답해설 | 제시된 사건들은 1987년 6월 민주 항쟁과 관련 있다. 6월 민주 항쟁이 확산되자 6·29 민주화 선언이 발표되었고, 이후 5년 단임의 대통령 직선제 개헌이 이루어졌다.
| 오답해설 |
① 전두환 중심의 신군부 시기. ③④ 유신 체제 시기에 해당한다.
| 정답 | ②

05 민주주의의 발전

(1) 노태우 정부(1988~1993)

① 6·29 민주화 선언: 1987년 6월에는 전국에서 격렬한 시위가 연일 심야까지 계속되었다. 이에 노태우(민주 정의당 대표)는 대통령 직선제를 골자로 하는 시국 수습 방안인 6·29 민주화 선언을 발표하였다.

② 노태우 정부 수립: 6월 민주 항쟁을 계기로 5년 단임의 대통령 직선제를 골자로 하는 헌법이 마련되었다. 이 헌법에 따라 대통령 선거에서 신군부 출신의 노태우가 당선되었다.

③ 노태우 정부의 정책
  ㉠ 국정 지표: 민족 자존·민주 화합·균형 발전·통일 번영으로 설정하였으며, 지방 자치제를 부분적으로 실시하였다.
  ㉡ 국위 선양: 제24회 서울 올림픽 대회가 성공적으로 개최되었다.
  ㉢ 북방 정책: 동구 공산주의 국가 및 소련·중국과 외교 관계를 수립하는 북방 정책을 추진하였다. 또한 국제 연합(UN)에 북한과 함께 가입하는 등 적극적인 외교를 펼쳤다.

④ 3당 합당(1990)
  ㉠ 1988년 4월, 제13대 국회 의원 총선거에서 당시 집권 여당이었던 민주 정의당은 과반수 의석 확보에 실패하여 여소야대(與小野大) 정국이 출현하였다.
  ㉡ 이에 노태우 정부는 여소야대 정국을 극복하려 하였고, 그 결과 1990년 1월, 민주 정의당, 통일 민주당(김영삼), 신민주 공화당(김종필)을 통합하여 민주 자유당을 창당하였다.

(2) 김영삼 정부(1993, 문민 정부)

① 문민 정부 출범 직후 금융 실명제 실시(1993), 고위 공직자 재산 공개, 지방 자치제 전면 실시 등 개혁 조치가 진행되었다.

② 신군부의 뿌리인 하나회를 해체하여 군의 정치적 중립을 확보하였고, '역사 바로 세우기'를 내세워 전두환, 노태우 두 전직 대통령을 반란 및 내란죄로 수감하였다. 또한 조선 총독부 건물을 해체하였다(1995).

③ 1996년 경제 협력 개발 기구(OECD)에 가입하였으나, 임기 말 외환 위기를 맞아 국제 통화 기금(IMF)에 지원을 요청하였다(1997).

> **사료** 금융 실명제 실시(1993)
>
> 저는 이 순간 엄숙한 마음으로 헌법 제76조 제1항의 규정에 의거하여, 「금융실명거래 및 비밀보장에 관한 대통령 긴급명령」을 반포합니다. …… 금융 실명제에 대한 우리 국민의 합의와 개혁에 대한 강력한 열망에 비추어 국회 의원 여러분이 압도적인 지지로 승인해 주실 것을 믿어 의심치 않습니다. 친애하는 국민 여러분, 드디어 우리는 금융 실명제를 실시합니다. 이 시간 이후 모든 금융거래는 실명으로만 이루어집니다. 금융 실명제가 실시되지 않고는 이 땅의 부정부패를 원천적으로 봉쇄할 수가 없습니다.

(3) 김대중 정부(1998, 국민의 정부)

① 최초의 선거를 통한 여야 정권 교체가 이루어졌다. 외환 위기 극복에 노력하였는데, 1998년에 국민들의 자발적인 참여로 전개된 '금 모으기 운동'이 대표적 사례이다(2001년 IMF 구제 금융 조기 상환).

② 국민 기초 생활 보장법(1999년 제정, 2000년 시행)을 제정하였고, 2001년 여성부를 신설하여 성차별 극복에 힘썼다.

■ 북방 정책
노태우 정부는 1988년 7·7 특별 선언을 발표하고 북방 정책을 추진하였다. 1989년 헝가리·폴란드, 1990년 체코슬로바키아·불가리아·소련과 외교 관계를 수립하였고, 1991년 남북 유엔 동시 가입을 이루었다. 1992년에는 중국과 수교하였다.

■ 지방 자치제
지방 의회 선거는 노태우 정부 때 실시되었고, 지방 자치 단체장 선거는 김영삼 정부 때 시행되었다.

③ 분단 이후 최초로 남북 정상 회담을 개최하여 2000년 6·15 남북 공동 선언을 이끌어 냈다.

(4) 노무현 정부(2003, 참여 정부)

① 노무현 정부는 참여 정부를 표방하고, 저소득층을 위한 복지 정책을 강화하였다.
② 2004년 한·칠레 자유 무역 협정(FTA)이 발표되었다.
③ 2005년 친일 반민족 행위 진상 규명 위원회를 조직하였다.
④ 김대중 정부의 대북 정책을 계승하여 2007년 제2차 남북 정상 회담을 성사시켰다.

(5) 이명박 정부(2008)

이명박 정부는 4대강 살리기를 포함한 친환경 녹색 성장 등을 추진하였고, 한미 FTA가 비준되어, 2012년 3월부터 발효되었다.

(6) 박근혜 정부(2013)와 문재인 정부(2017)

① 2013년 2월 취임한 박근혜 대통령은 5년 임기를 채우지 못하고, 2017년 3월 10일 탄핵되었다.
② 2017년 5월 9일 제19대 대통령 선거가 실시되어, 문재인 후보가 41.1%의 득표율로 당선되었다.

심화 역대 대통령 선거

구분	실시	대통령	선거 방식(주체)
제1대	1948. 7. 20.	이승만	간접 선거(제헌 국회 의원)
제2대	1952. 8. 5.	이승만	직접 선거
제3대	1956. 5. 15.	이승만	직접 선거
제4대	1960. 3. 15.	이승만	직접 선거(4·19 혁명으로 무효 처리)
제4대	1960. 8. 12.	윤보선	간접 선거(국회 의원)
제5대	1963. 10. 15.	박정희	직접 선거
제6대	1967. 5. 3.	박정희	직접 선거
제7대	1971. 4. 27.	박정희	직접 선거
제8대	1972. 12. 23.	박정희	간접 선거(통일 주체 국민 회의)
제9대	1978. 7. 6.	박정희	간접 선거(통일 주체 국민 회의)
제10대	1979. 12. 6.	최규하	간접 선거(통일 주체 국민 회의)
제11대	1980. 8. 27.	전두환	간접 선거(통일 주체 국민 회의)
제12대	1981. 2. 25.	전두환	간접 선거(대통령 선거인단)
제13대	1987. 12. 16.	노태우	직접 선거
제14대	1992. 12. 18.	김영삼	직접 선거
제15대	1997. 12. 18.	김대중	직접 선거
제16대	2002. 12. 19.	노무현	직접 선거
제17대	2007. 12. 19.	이명박	직접 선거
제18대	2012. 12. 19.	박근혜	직접 선거
제19대	2017. 5. 9.	문재인	직접 선거
제20대	2022. 3. 9.	윤석열	직접 선거

바로 확인문제

● 다음 연설을 한 대통령의 집권기에 일어난 사실로 가장 옳은 것은? 23. 법원직 9급

> 저는 이 순간 엄숙한 마음으로 헌법 제76조 제1항의 규정에 의거하여, 「금융실명거래 및 비밀보장에 관한 대통령 긴급명령」을 반포합니다. …… 금융 실명제에 대한 우리 국민의 합의와 개혁에 대한 강렬한 열망에 비추어 국회 의원 여러분이 압도적인 지지로 승인해 주실 것을 믿어 의심치 않습니다. 친애하는 국민 여러분, 드디어 우리는 금융 실명제를 실시합니다. 이 시간 이후 모든 금융거래는 실명으로만 이루어집니다. 금융 실명제가 실시되지 않고는 이 땅의 부정부패를 원천적으로 봉쇄할 수가 없습니다.

① YH 무역 사건이 일어났다.
② 제4차 경제 개발 계획이 추진되었다.
③ 국민 기초 생활 보장법이 시행되었다.
④ 한국이 경제 협력 개발 기구(OECD)에 가입하였다.

● 〈보기〉에 제시된 헌법 개정의 주요 내용을 시간순으로 바르게 나열한 것은? 19. 2월 서울시 7급

| 보기 |
ㄱ. 대통령을 직선으로 선출하고 임기는 5년으로 하였다.
ㄴ. 대통령을 대통령 선거인단에서 선출하고, 임기는 7년으로 하였다.
ㄷ. 대통령과 부통령을 직선으로 선출하고, 임기는 4년으로 하였다.
ㄹ. 대통령을 통일 주체 국민 회의에서 선출하고, 임기는 6년으로 하였다.

① ㄱ - ㄴ - ㄷ - ㄹ
② ㄴ - ㄹ - ㄷ - ㄱ
③ ㄷ - ㄹ - ㄴ - ㄱ
④ ㄹ - ㄷ - ㄴ - ㄱ

단권화 MEMO

|정답해설| 금융 실명제는 1993년 김영삼 정부(문민정부, 1993. 2.~1998. 2.) 때 처음 시작되었다. 김영삼 정부 시기인 1996년에 경제 협력 개발 기구(OECD)에 가입하였다.

|오답해설|
① 박정희 정부(유신 정부) 때인 1979년 YH 무역 사건이 일어났다.
② 1977년부터 제4차 경제 개발 5개년 계획이 추진되었다.
③ 김대중 정부(국민의 정부) 시기인 2000년에 국민 기초 생활 보장법이 시행되었다.

|정답| ④

|정답해설| 제시된 헌법의 개정 순서는 'ㄷ. 발췌 개헌안(1952, 제1차 개헌) → ㄹ. 유신 헌법(1972, 제7차 개헌) → ㄴ. 제5 공화국 헌법(1980, 제8차 개헌) → ㄱ. 제6 공화국 헌법(1987, 제9차 개헌)'이다.

|정답| ③

CHAPTER 03 북한의 역사와 통일을 위한 노력

01 북한의 정치
02 통일을 위한 노력

01 북한의 정치

(1) 북한 정권의 수립

① 해방 이후 북한에서도 건국 준비 활동이 전개되었다. 평양에서는 조만식을 중심으로 평남 건국 준비 위원회가 결성되었고(1945. 8. 17.), 각지에서 자생적인 정치 조직들이 만들어졌다.

② 북한에 소련군이 진주하면서 각 지역의 건국 준비 조직들은 도 단위의 인민 위원회로 통합되었다.

③ 소군정은 치안 담당, 공공 기관과 산업 기관의 접수, 관리 기구였던 인민 정치 위원회 활동을 통합·조정하기 위하여 북조선 행정 10국(1945. 11. 19.)을 조직하였다. 이듬해 2월에는 중앙 행정 기관인 북조선 임시 인민 위원회가 구성되었다. 반면 우익 세력들은 1945년 11월 신의주 학생 시위 등 반공 운동을 전개하고, 조만식 등이 모스크바 3국 외상 회의 결정에 반대하면서 소군정과 대립하였다.

④ 소련군과 함께 북한에 들어온 김일성은 조선 공산당 북조선 분국을 설립하고, 당 비서로 선출되었다. 김일성은 신탁 통치에 반대하던 조만식(조선 민주당)을 제거하고, 북조선 임시 인민 위원회 위원장으로 선출되었다.

⑤ 북조선 임시 인민 위원회(위원장 김일성, 부위원장 김두봉)는 민주 개혁의 일환으로 5정보를 상한으로 무상 몰수, 무상 분배 방식의 토지 개혁을 실시하였다. 또한 동년 6월에는 8시간 노동제 등을 규정한 노동 법령, 7월에 남녀 평등권에 대한 법률, 8월에는 주요 산업 국유화 법령을 공포하여 일제와 일본인, 그리고 친일파가 소유하던 주요 시설과 공장, 회사 등을 접수하였다.

단권화 MEMO

■ 북한의 공산화 과정

북조선 임시 인민 위원회 조직(1946. 2. 8.) → 토지 개혁(1946. 3., 무상 몰수, 무상 분배) → 중요 산업체 국유화 법령 발표(1946. 8.) → 북조선 노동당 창당(1946. 8. 29.) → 북조선 인민 위원회 조직(1947. 2. 22.) → 남북 정치 협상 제의(1948. 1.) → 조선 인민군 창설(1948. 2. 8.) → 조선 최고 인민 회의 구성(1948. 9. 2.) → 조선 민주주의 인민 공화국 수립 선포(1948. 9. 9.)

사료 북한의 토지 개혁

북조선 토지 개혁에 대한 법령(1946. 3. 5.)

제1조 북조선 토지 개혁은 역사적 또는 경제적 필요성으로 된다.
    토지 개혁의 과업은 일본인 토지 소유와 조선인 지주들의 토지 소유 및 소작제를 철폐하고 토지 이용권은 경작하는 농민에게 있다. 북조선에서의 농업 제도는 지주에게 예속되지 않은 농민의 개인 소유인 농민 경제에 의거한다.

제2조 몰수되어 농민 소유지로 넘어가는 토지들은 아래와 같다.
    ㄱ. 일본 국가, 일본인 및 일본인 단체의 소유지
    ㄴ. 조선 민족의 반역자, 조선 인민의 이익에 손해를 주며 일본 제국주의자의 정권 기관에 적극 협력한 자의 소유지와 일본 압박 밑에서 조선이 해산될 때에 자기 지방에서 도주한 자들의 소유

제3조 몰수하여 무상으로 농민의 소유로 분여하는 토지는 아래와 같다.
ㄱ. 1 농호에 5정보 이상 가지고 있는 조선인 지주의 소유지
ㄴ. 스스로 경작하지 않고 전부 소작 주는 소유자의 토지
ㄷ. 면적에 관계없이 계속적으로 소작 주는 전 토지
ㄹ. 5정보 이상을 소유한 성당, 사원 기타 종교 단체의 소유지

⑥ 소위 민주 개혁은 북한 지도부, 특히 김일성이 대중적 지지를 확보하는 결정적 계기가 되면서 북한에 혁명 기지를 건설한다는 '민주 기지론'으로 정립되었다.
⑦ 이어 1946년 8월 북조선 노동당 결성, 1947년 2월 북조선 인민 위원회 조직, 1948년 2월 조선 인민군 창설 및 8월 25일 최고 인민 회의 대의원 선거를 거쳐, 1948년 9월 9일 조선 민주주의 인민 공화국 수립을 선포하였다.

바로 확인문제

● 〈보기〉의 북한 정권 수립 과정을 시간순으로 바르게 나열한 것은? 18. 서울시 기술직 9급

┤ 보기 ├
ㄱ. 북조선 임시 인민 위원회 성립
ㄴ. 조선 인민군 창설
ㄷ. 토지 개혁 실시
ㄹ. 최고 인민 회의 대의원 선거 실시
ㅁ. 북조선 노동당 결성
ㅂ. 조선 민주주의 인민 공화국 성립

① ㄱ-ㄴ-ㄷ-ㄹ-ㅁ-ㅂ
② ㄱ-ㄷ-ㅁ-ㄴ-ㄹ-ㅂ
③ ㄱ-ㅁ-ㄷ-ㄹ-ㄴ-ㅂ
④ ㄱ-ㅁ-ㄴ-ㄷ-ㄹ-ㅂ

|정답해설| 제시된 사건들은 'ㄱ. 북조선 임시 인민 위원회 성립(1946. 2.) → ㄷ. 토지 개혁 실시(1946. 3.) → ㅁ. 북조선 노동당 결성(1946. 8.) → ㄴ. 조선 인민군 창설(1948. 2.) → ㄹ. 최고 인민 회의 대의원 선거(1948. 8. 25.) → ㅂ. 조선 민주주의 인민 공화국 수립(1948. 9. 9.)' 순으로 일어났다.

|정답| ②

(2) 김일성 체제의 강화 과정

① 북한 초기의 권력 변화
 ㉠ 갑산파, 연안파, 남로당, 소련파의 연립 형태였으나 전쟁을 치르면서 김일성계를 제외한 다른 계파의 인물이 차례로 제거되었다.
 ㉡ 허가이를 비롯한 소련파의 일부가 1950년 10월 당 조직을 잘못 정비한 책임을 이유로 제거되고, 직권 남용을 이유로 연안파 김무정이 군에서 숙청되었다.
 ㉢ 1952년 말에는 박헌영, 이승엽 등의 남로당계에 미 제국주의의 스파이로 쿠데타 음모를 시도하였다는 혐의가 씌워졌다.
 ㉣ 1956년 8월 종파 사건으로 연안파와 소련파가 제거되었다.

심화 8월 종파 사건

김일성은 전쟁 후 스탈린 노선을 모델로 하여 자립 경제를 목표로 중공업과 경공업 병진 정책을 추진하였으나 연안파의 최창익 등은 집단 지도 체제와 인민 생활 향상을 위한 경공업 우선 정책을 주장하였다. 이즈음 1953년 스탈린이 사망하고, 흐루쇼프가 집권하여 스탈린을 비판하자, 북한에서도 김일성 개인 숭배에 대한 연안파, 소련파의 비판이 있었다. 그러나 김일성은 연안파 등을 종파주의, 사대주의, 교조주의, 반혁명주의로 몰아 권력을 내세워 숙청하였다. 김일성이 주체를 강조하고 나선 것이 이 무렵이었다.

■ 북한 초기의 권력 구조
1948년 9월 2일 평양에서 최고 인민 회의 제1차 회의가 개최되어 최고 인민 회의 의장단 구성, 헌법 채택, 내각 구성 등이 논의되었다. 당시 북한은 김일성의 갑산파, 박헌영의 남조선 노동당 세력, 허가이의 소련파, 김두봉의 연안파 등이 각축을 벌이고 있었다. 결국 권력의 핵심인 내각 수상에는 김일성, 부수상에는 박헌영·홍명희·김책, 최고 인민 회의 의장에는 허헌, 상임 위원회 의장에는 김두봉이 선출되었다. 이렇듯 초기 북한 정권의 권력 구조는 집단 지도 체제의 성격을 띠었다.

■ 주체사상 구현
북한은 교조주의를 '남의 것을 기계적으로 옮겨다 놓은 비과학적인 사고방식'이라고 비판하면서 이를 극복하기 위해서는 주체사상과 이를 구현하기 위한 당 노선과 정책을 깊이 연구하고, 철저히 관철해야 한다고 강조하였다.

단권화 MEMO

■ 천리마운동
'하나는 전체를 위하여, 전체는 하나를 위하여'라는 구호를 내건 사회주의 생산성 향상 운동이다.

| 정답해설 | 제시된 자료는 1956년 8월 종파 사건에 대한 내용이다. 이를 계기로 김일성은 연안파와 소련파 등 반대파를 숙청하였다.
| 오답해설 |
① 6·25 전쟁 직후, ② 1946년 8월, ③ 1958년의 상황이다.
| 정답 | ④

| 오답해설 |
① 8월 종파 사건은 1956년에 일어났다.
② 천리마운동은 1958년에 시작되었다.
③ 1969년 3선 개헌 후 1971년에 대통령 선거가 있었다.
| 정답 | ④

■ 4대 군사 노선
- 전 인민의 무장화
- 전 국토의 요새화
- 전군의 간부화
- 전군의 현대화

■ 주체사상과 수령론
주체사상은 '사람이 모든 것을 결정한다.'라는 철학적 원리를 바탕으로 '혁명과 건설의 주인은 인민 대중이며, 혁명과 건설을 추동하는 힘도 인민 대중에게 있다.'라는 것이 핵심 내용이다. 그러나 '인민 대중은 수령의 영도를 받아야만 자기 운명의 주인이 된다.'라는 수령론을 내세워 김일성 유일 체제와 김정일 후계 체제 확립에 이용되었다.

■ 3대 혁명 붉은기 쟁취 운동
'사상도 기술도 문화도 주체의 요구대로'라는 구호를 내세워 대중들을 동원하였다.

---

② 사상 검토 작업(1958~1959), 천리마운동(1958년 시작), 3대 혁명 운동(1958, 사상·기술·문화)가 전개되었다. 한편 1954년부터 1956년까지 3개년 계획을 통해 경제를 거의 전쟁 이전 수준으로 복구할 수 있었다. 이 기간에 협동 농장 체제로 전환하였으며, 1957년부터 시행된 5개년 경제 계획에서는 본격적인 사회주의 경제 체제를 확립하였다.

바로 확인문제

● **다음 자료에 나타난 문제를 해결하고, 권력을 자신에게 집중시키기 위해 김일성이 추진한 일은?**

> 소련 수상 흐루쇼프는 스탈린에 대한 평가를 격하시키고, 개인 숭배를 비판하였다. 반김일성 세력은 1956년 8월 노동당 중앙 위원회 전원 회의에서 김일성 개인 숭배에 대해 비판하였다.

① 남로당과 그 중심 인물인 박헌영을 제거하였다.
② 연안파의 김두봉과 연합하여 북조선 노동당을 창건하였다.
③ 일반 주민에 대한 대대적인 사상 검토 사업을 시행하였다.
④ 김두봉 등 연안파 세력과 소련파 세력을 숙청하였다.

● **1960~1970년대에 남북한에서 일어났던 사실로 옳은 것은?**

① 김일성은 1968년 8월 종파 사건을 계기로 연안파를 숙청하였다.
② 북한은 1960년부터 대중들에게 생산 경쟁을 유도하는 천리마운동을 시작하였다.
③ 박정희는 1971년 3선 개헌을 강행하여 1972년의 대통령 선거에서 야당의 김대중 후보와 경합을 벌였다.
④ 유신 헌법으로 대통령이 국회 의원 정원의 3분의 1을 임명하고 국회를 해산할 수 있는 권한을 가지게 되었다.

③ 1960년대에 들어서 4대 군사 노선을 강조하였고, 1967년 갑산파 내 온건 세력을 숙청하여 김일성 체제가 강화되었다. 1961년부터는 제1차 7개년 계획(1961~1967)을 추진하여 공업의 양적·질적 개선과 전면적인 기술 개혁 및 문화 혁명, 그리고 인민 생활의 급속한 개선을 목표로 하였다. 그러나 소련의 경제 원조 중단과 군사비 증액으로 1970년이 되어서야 마무리되었다.

④ 사회주의 헌법(1972)을 통해 주체사상을 사회 이념으로 공식화하고, 국가 주석제를 도입하여 김일성을 주석으로 하는 유일 체제가 성립되었다.

심화 북한 사회주의 헌법에 담긴 주체사상

조선 민주주의 인민 공화국은 마르크스와 레닌주의를 우리나라의 현실에 창조적으로 적용한 조선 노동당의 주체사상을 자기 활동의 지도적 지침으로 삼는다.

⑤ 1973년부터는 김정일 후계화가 시작되었는데, 3대 혁명 소조 운동을 추진하여 당내 기반을 넓히고, 사회 전반에 대한 세대 교체를 촉진함으로써 1980년 제6차 조선 노동당 대회에서 세습이 공식화되었다.

ⓖ 1971년에 북한은 6개년 계획을 세워 공업 설비의 근대화와 기술 혁명을 추진하고자 하였다. 그러나 자본의 축적과 기술 발전이 뒤따르지 않아 경제 발전에는 한계가 있었고, 1977년이 되어서야 끝났다.

(3) 1980년대 이후 북한의 상황
경제 위기에서 벗어나고, 김정일 후계 체제 강화를 위한 제도를 마련하였다.
① 경제 부분: 합영법(1984), 나진·선봉 자유 무역 지대(1991), 외국인 투자법(1992), 합작법(1993), 제네바 기본 합의서(1994, 북미 관계 정상화 추진), 신의주 경제 특구(2002)
  ㉠ 1990년대 북한의 경제 성장률

연도	1990	1991	1992	1993	1994	1995	1996	1997	1998	1999	2000
경제 성장률(%)	-3.7	-3.5	-6.0	-4.2	-2.1	-4.1	-3.6	-6.3	-1.1	6.2	1.3

  ㉡ 합영법(合營法: 1984. 9. 제정, 1994. 1. 개정)

제1조	조선 민주주의 인민 공화국 합영법은 우리나라와 세계 여러 나라 사이의 경제 기술 협력과 교류를 확대·발전시키는 데 이바지한다.
제5조	합영 기업은 당사자들이 출자한 재산에 대한 소유권을 가지며 독자적으로 경영 활동을 한다.
제7조	공화국 영역 밖에 거주하고 있는 조선 동포들과 하는 합영 기업, 일정한 지역에 창설된 합영 기업에 대하여 세금의 감면, 유리한 토지 이용 조건의 제공 같은 우대를 한다.

  ㉢ 개정 헌법의 경제 관련 조항(1998)

첫째	개인 소유 범위 확대
둘째	특수 지대(特殊地帶)에서의 기업의 창설 및 운영 장려
셋째	독립 채산제 실시 및 원가·가격·수익성 개념 도입
넷째	국가 이외의 사회 협동 단체가 대외 무역의 주체가 될 수 있도록 허용

  ㉣ 북한 경제의 침체
    • 원인: 사회주의 경제 체제가 가져온 생산력 저하, 동유럽 공산주의 국가의 몰락으로 교역 상대국 상실, 에너지와 원자재 부족으로 공장 가동률 저하 등으로 1990년대 이후 대부분 마이너스 경제 성장을 하였다.
    • 위기 극복 정책: 나진·선봉 자유 무역 지대 설치(1991), 외국인 투자법 제정(1992)·합영법을 외국인 투자가 좀 더 유리하도록 개정(1994), 개정 헌법에 경제적 실용주의 노선을 반영(1998)하여 일정 부분 시장 경제적 요소를 수용하는 내용을 담고 있다.
    • 2000년대: 2001년 중국과 합의하여 중국의 단둥과 북한의 신의주에 경제 특구를 설치하기로 하였고, 2002년 7월부터는 일부 생필품의 배급제를 시장 기능으로 보완하였다.
② 김정일 후계 확립: 1992년 헌법 개정(국방 위원회 권한 강화, 주석 권한 약화), 1993년 김정일 국방 위원장 취임, 1998년 헌법 개정(김일성 헌법, 유훈 통치)

> **심화** 유엔 북한 인권 규탄 결의안 '요지' – 조선 민주주의 인민 공화국의 인권 상황
>
> ❶ 식량 부족에 대한 인식
> 유엔 인권 위원회는 북한의 열악한 인도주의적 상황과 특히 상당수 어린이의 신체적·정신적 성장에 영향을 미칠 영양 부족 사태에 깊은 우려를 표명한다.

단권화 MEMO

■ 김일성 유일 체제 확립

정권 수립 초기	연립 정권 형태: 김일성+박금철+이효순(갑산파)·김두봉+최창익(연안파)·박헌영(남로당)·허가이+박창옥(소련파)
1950년대	• 6·25 전쟁 이후 남로당계 숙청 • 8월 종파 사건: 소련파와 연안파가 김일성 개인 숭배 비판(1956. 8.) → 소련파와 연안파 숙청 • 중앙당 집중 지도 사업: 주민들의 사상 검토
1960년대	• 김일성 중심의 통치 체제를 뒷받침하기 위하여 유일사상 체계 확립 • 주체사상: 정치의 자주, 국방의 자위, 경제의 자립
1970년대	• 사회주의 헌법 공포(1972): 국가 주석제 도입 • 김일성의 유일 지도 체계를 확립하는 권력의 기초 마련

| 단권화 MEMO |

❷ 유엔의 촉구

우리는 이런 보고들을 국제 사회가 확인할 수 있도록 할 여건을 북한 당국이 조성하지 않는 것을 유감스럽게 여기고, 북한 정부가 긴급히 답변할 것을 촉구한다.
- 사상·양심·종교·의견과 표현, 평화적 집회와 결사의 자유, 정보 접근권, 국내외의 자유로운 여행을 원하는 모든 시민에게 부과된 제한 조치
- 고문과 그 밖의 잔혹하고 비인간적인 처벌과 대우·공개 처형·정치적 이유에 따른 사형·상당수의 강제 수용소 존재·강제 노동·자유를 박탈당한 사람들의 권리 존중 미약
- 장애 아동(障碍兒童)에 대한 부당한 차별 대우
- 여성의 인권과 기본적 자유에 대한 지속적인 침해

바로 확인문제

● **1945년 해방 이후 남북한의 정치 상황에 대한 설명으로 옳은 것은?**　　　07. 국가직 9급

① 1948년 김일성은 남로당과 연안파 인사들을 배제하고 북한 정부를 구성하였다.
② 1965년 한국군은 UN군의 일원으로 베트남에 파병되었다.
③ 1969년 3선 개헌에 성공한 박정희는 간접 선거를 통해 1971년 대통령에 당선되었다.
④ 1972년 북한은 사회주의 헌법을 공포하여 수령 유일 지도 체제를 확립하였다.

| 오답해설 |
① 김일성은 남로당과 연안파 인사들을 흡수하였으며, ② 한국군은 미국의 요청으로 베트남에 파병되었다. 한편 ③ 박정희는 1971년 직접 선거로 대통령에 당선되었다.

| 정답 | ④

02 통일을 위한 노력

(1) 해방 이후 남북한의 통일 논의

① 1950년대
　㉠ 광복 이후 민족 통일 국가의 수립이 좌절되면서 민족의 최대 과제 중 하나는 민족 분단을 극복하고 통일 국가를 수립하는 일이었다.
　㉡ 6·25 전쟁을 겪으면서 분단은 고착화되었고, 남한의 반공 정책과 북한의 적화 통일 정책으로 남북한 사이에는 통일을 위한 논의조차 이루어지지 않았다.

② 1960년대
　㉠ 4·19 혁명 직후 학생들과 일부 정치인들을 중심으로 통일 논의가 활발하게 개진되어 중립화 통일론이나 남북 협상론 등이 제기되었다.
　㉡ 이러한 통일 논의는 5·16 군사 정변, 남북한 간의 대립 등으로 더 이상 진전될 수 없었다.

③ 1970년대
　㉠ 1970년대 들어와서 정부는 냉전 체제의 완화, 민주화의 요구 등 내외 여건의 변화에 따라 남북 교류를 제의하고, 남북 간에 이산가족 찾기 운동을 위한 적십자 대표 예비 회담을 열었다.
　㉡ 서울과 평양에서 동시에 발표된 7·4 남북 공동 성명(1972. 7. 4.)은 **자주·평화·민족적 대단결**의 통일 원칙을 내세운 것으로 이후 통일 논의의 기본 원칙이 되었다.

④ 1980년대
　㉠ 1980년대에 이르러 남한의 '민족 화합 민주 통일 방안'과 북한의 '고려 민주주의 연방 공화국 방안'이 제시되었다.
　㉡ 남북한의 이산가족이 각각 서울과 평양을 방문하였다(1985. 9.). 이산가족 상봉은 부분적이기는 하지만 분단 후 처음 이루어진 역사적 사건이었다.

■ 남북한의 대립

구분	남한의 정책	북한의 정책
1950년대	• 남한 지역만의 자유 총선거 • 무력 북진 통일론	1950년대 중반 이후: 평화 통일 위장 공세 강화
1960년대	• 유엔 감시하에 남북한 자유 총선거: 장면 내각 • 국토 통일을 위한 실력 배양 주장: 군사 정부 • '선 건설 후 통일' 주장: 박정희 정부	연방제 통일 방안 (1960)

■ 7·4 남북 공동 성명
1972년 7월 4일에 발표된 분단 이후 최초의 남북 간 합의 문서로서, 이를 계기로 국내외적인 평화 분위기가 조성되었다. 그러나 곧 박정희 정부는 10월 유신을 선포하여 장기 집권을 꾀하였고, 북한도 사회주의 헌법을 개정하여 유일 지도 체제를 더욱 강화하였다.

⑤ 1990년대
  ㉠ 급격한 국제 정세의 변화 속에서 적극적인 북방 외교 정책이 추진되었다.
  ㉡ 남북한이 동시에 유엔에 가입하였으며, 남북 고위급 회담이 열리고, 문화·체육의 교류가 이루어졌다.
  ㉢ '남북 사이의 화해와 불가침 및 교류·협력에 관한 합의서(남북 기본 합의서)'가 채택되고(1991. 12.), 한반도 비핵화 선언이 발표되었다(1991. 12. 31.).
  ㉣ 민간 차원의 적극적 통일 노력도 전개되어 평화 통일을 위한 논의가 활성화되었다.
  ㉤ 1994년에는 남북 정상 회담을 위한 예비 접촉이 이루어져 남북 관계가 진전될 기미를 보였지만 김일성의 사망으로 정상 회담이 무산되고, 김일성 조문 문제로 남북 관계는 다시 냉각되었다.
  ㉥ 1998년에 김대중 정부가 들어선 이후 남북 교류가 활성화되었다. 정부는 이른바 남북 화해 협력 정책(햇볕 정책)을 추진하여 민간 차원의 교류를 크게 확대하였다.
⑥ 2000년대
  ㉠ 2000년 남북 정상 회담이 이루어져 6·15 남북 공동 선언이 발표되고, 남북 이산가족이 만나는 등 남북 간의 긴장 완화와 화해·협력이 진전되었다.
  ㉡ 노무현 정부(2003년 출범)에서는 김대중 정부의 대북 햇볕 정책을 계승하였다. 그 결과 노무현 대통령은 2007년 육로로 북한을 방문하여, 남북 관계 발전과 평화 번영을 위한 선언(10·4 남북 공동 선언)을 발표하였다.

▲ 제1차 남북 정상 회담(2000)

*통일 정책의 추진
7·4 남북 공동 성명, 남북 기본 합의서, 6·15 공동 선언, 10·4 남북 공동 선언의 내용은 사료와 함께 기억해야 한다.

(2) 통일 정책의 추진*
① 1970년대
  ㉠ 자주 국방: 국력 신장을 바탕으로 자주 국방을 추진함과 동시에 한반도에서의 평화 정착을 이룩하기 위해서 대북 교섭을 추구하게 되었다.
  ㉡ 8·15 선언(1970): 북한에 대하여 선의의 체제 경쟁을 제의하였는데 한반도에서 평화 정착을 이룩하기 위한 것이었다.
  ㉢ 남북 적십자 회담 제의(1971): 대한 적십자사가 북한에 남북한의 이산가족 찾기를 제의하였다. 북한이 이 제의를 받아들여 남북한 적십자 회담이 이루어졌고, 평화 협상의 길이 최초로 열리게 되었다.
  ㉣ 7·4 남북 공동 성명(1972)

민족 통일의 3대 원칙	자주 통일, 평화 통일, 민족적 대단결
합의 사항	남북한 당국자들은 통일 문제를 협의하기 위해 남북 조절 위원회를 설치하기로 함

사료 7·4 남북 공동 성명(1972. 7. 4.)

1. 쌍방은 다음과 같은 조국 통일 원칙들에 합의를 보았다.
   첫째, 통일은 외세에 의존하거나 외세의 간섭을 받음이 없이 **자주적(自主的)**으로 해결하여야 한다.
   둘째, 통일은 서로 상대방을 반대하는 무력 행사에 의거하지 않고 **평화적(平和的)** 방법으로 실현하여야 한다.
   셋째, 사상과 이념, 제도의 차이를 초월하여 우선 하나의 민족으로서 **민족적 대단결(民族的大團結)**을 도모하여야 한다.

2. 쌍방은 …… 서로 상대방을 중상(重傷)·비방(誹謗)하지 않으며 …… 무장 도발을 하지 않으며 불의의 군사적 충돌 사건을 방지하기 위한 적극적인 조치를 취하기로 합의하였다.
3. 쌍방은 지금 온 민족의 거대한 기대 속에 진행되고 있는 남북 적십자 회담이 하루빨리 성사되도록 적극 협조하는 데 합의하였다.
4. 쌍방은 …… 남북 사이에 제기되는 문제들을 직접·신속·정확히 처리하기 위하여 서울과 평양 사이에 상설 직통 전화를 놓기로 합의하였다.
5. 쌍방은 …… **남북 조절 위원회**를 구성·운영하기로 합의하였다.

ⓜ 6·23 평화 통일 선언(1973): 남북한의 유엔 동시 가입과 호혜 평등의 원칙하에 모든 국가에 대한 문호 개방을 주요 내용으로 하였다.
ⓑ 남북 상호 불가침 협정 체결(1974) 제안: 평화 통일의 3대 기본 원칙에 입각해서 북한에 제안하였다.

② 1980년대
㉠ 민족 화합 민주 통일 방안(1982): 민족 자결의 원칙에 의거해서 겨레 전체의 자유의사가 반영되는 민주적 절차와 평화적 방법으로 민족·민주·자유·복지의 이상을 추구하는 통일 국가를 수립하자는 것이다. 이 무렵 북한은 고려 민주주의 연방 공화국 방안을 제시하였다.
㉡ 남북 이산가족 고향 방문(1985): 남북한 당국자 간의 통일 논의의 재개를 추진하여 남북 이산가족 고향 방문단 및 예술 공연단의 교환 방문이 성사되었다.
㉢ 7·7 선언(민족 자존과 통일 번영을 위한 특별 선언, 1988): 북한을 상호 신뢰·화해·협력을 바탕으로 공동 번영을 추구하는 민족 공동체 일원으로 인식하였다.
㉣ 한민족 공동체 통일 방안(1989): 정부는 서울 올림픽 대회를 계기로 북방 정책의 추진과 함께 통일 정책에도 전진적인 자세를 취하였다. 그리하여 **자주·평화·민주**의 원칙 아래 '한민족 공동체 통일 방안'을 제시하기에 이르렀다.

사료 7·7 선언(1988, 민족 자존과 통일 번영을 위한 특별 선언)

1. 남북 동포 간의 상호 교류 및 해외 동포의 자유로운 남북 왕래를 위한 문호 개방
2. 이산가족의 서신 왕래 및 상호 방문 적극 지원
3. 남북 간 교역을 위한 문호 개방
4. 비군사 물자에 대한 한국의 우방과 북한 간의 교역 찬성
5. 남북 간의 소모적인 경쟁·대결 외교 지양 및 남북 대표 간의 상호 협력
6. 북한과 한국 우방과의 관계 개선 및 사회주의 국가와 한국과의 관계 개선을 위한 상호 협조

③ 1990년대
㉠ 남북 기본 합의서: 1991년 9월에 남과 북이 동시에 UN에 가입하였다. 이후 남북 기본 합의서가 채택되었으며(1991. 12. 13.) 한반도 비핵화 선언이 발표되었다(1991. 12. 31.). 그러나 1993년 북한이 핵 확산 금지 조약(NPT)를 탈퇴하여 북한의 핵 문제가 국제적 관심이 되었다. 이후 1994년 북미 제네바 회담(9. 23.~10. 21.)에서 한반도 핵 문제의 전면적 해결을 위한 협상이 진행되었다. 그리고 1995년 KEDO(한반도 에너지 개발 기구)가 설립되어 북한의 경수로 건설 공사를 시작하였다.

■ **북미 제네바 기본 합의서**
1994년 10월 스위스 제네바에서 한반도 핵 문제의 전반적 해결을 위해 북한과 미국 간에 채택된 합의서로서, 북한의 핵 개발 동결, 미국의 경수로 제공, 북한의 한반도 비핵화 공동 선언의 이행과 남북 대화의 재개, 북미 관계 정상화 추진 등을 주요 내용으로 하였다.

| 사료 | 남북 기본 합의서(1991. 12. 13.) |

남과 북은 …… 7·4 남북 공동 성명에서 천명된 조국 통일 3대 원칙을 재확인하고, 정치적·군사적 대결 상태를 해소하여 민족적 화해를 이룩하고 …… 쌍방 사이의 관계가 나라와 나라 사이의 관계가 아닌 통일을 지향하는 과정에서 잠정적으로 형성되는 특수 관계라는 것을 인정하고, …… 다음과 같이 합의하였다.

제1장 남북 화해
제1조 남과 북은 서로 상대방의 체제를 인정하고 존중한다.
제2조 남과 북은 상대방의 내부 문제에 간섭하지 아니한다.
제4조 남과 북은 상대방에 대한 비방·중상을 하지 아니한다.
제5조 남과 북은 …… 평화 상태가 이룩될 때까지 현 군사 정전 협정을 준수한다.
제7조 남과 북은 …… 판문점에 남북 연락 사무소를 설치·운영한다.

제2장 남북 불가침
제9조 남과 북은 상대방에 대하여 무력을 사용하지 않으며 상대방을 무력으로 침략하지 아니한다.
제13조 남과 북은 우발적인 무력 충돌과 그 확대를 방지하기 위하여 쌍방 군사 당국자 사이에 직통 전화를 설치·운영한다.

제3장 남북 교류·협력
제15조 남과 북은 …… 자원의 공동 개발, 민족 내부 교류로서의 물자 교류, 합작 투자 등 경제 교류와 협력을 실시한다.
제16조 남과 북은 과학·기술·교육 …… 라디오·텔레비전 …… 등 여러 분야에서 교류와 협력을 실시한다.

| 사료 | 한반도의 비핵화에 관한 공동 선언(1991. 12. 31.) |

남과 북은 한반도를 비핵화함으로써 핵전쟁 위험을 제거하고 우리나라의 평화와 평화 통일에 유리한 조건과 환경을 조성하며 아시아와 세계의 평화와 안전에 이바지하기 위하여 다음과 같이 선언한다.
1. 남과 북은 핵무기의 시험·제조·생산·접수·보유·저장·배치·사용을 하지 아니한다.
2. 남과 북은 핵에너지를 오직 평화적 목적에만 이용한다.
3. 남과 북은 핵 재처리 시설과 우라늄 농축 시설을 보유하지 아니한다.
4. 남과 북은 한반도의 비핵화를 검증하기 위하여 상대측이 선정하고 쌍방이 합의하는 대상들에 대하여 남북핵통제공동위원회가 규정하는 절차와 방법으로 사찰을 실시한다.
5. 남과 북은 이 공동 선언의 이행을 위하여 공동 선언이 발효된 후 1개월 동안 남북핵통제공동위원회를 구성·운영한다.

　　ⓒ 3단계 3기조 통일 정책(1993): 정부는 화해·협력, 남북 연합, 통일 국가 완성의 3단계 통일 방안과 이를 효율적으로 실천하기 위해 민주적 국민 합의, 공존·공영, 민족 복리의 3대 기조를 바탕으로 하는 통일 정책을 마련하였다.
　　ⓒ 민족 공동체 통일 방안(1994. 8.): 정부는 민족의 염원인 통일을 조속히 성취하기 위하여 한민족 공동체 건설을 위한 3단계 통일 방안으로서 자주·평화·민주의 3원칙과 화해·협력, 남북 연합, 통일 국가 완성의 3단계 통일 방안을 발표하였다. 이는 한민족 공동체 통일 방안과 3단계 3기조 통일 정책을 수렴하여 종합한 것으로서, 민족 공동체 통일 방안 또는 공동체 통일 방안이라고 한다.
④ 2000년대
　　㉠ 6·15 남북 공동 선언(2000)
　　　　• 통일 문제의 자주적 해결
　　　　• 통일을 위한 연합제(聯合制)와 연방제(聯邦制)의 공통성 인정
　　　　• 이산가족 방문단의 교환과 비전향 장기수 문제 해결을 위한 노력

- 경제 협력을 통한 민족 경제의 균형적 발전과 사회·문화·체육·보건·환경 등 제 분야의 협력과 교류의 활성화 합의
- 당국 간의 대화

> **사료** 6·15 남북 공동 선언(2000. 6. 15.)
>
> 1. 남과 북은 나라의 통일 문제를 그 주인인 우리 민족끼리 서로 힘을 합쳐 자주적으로 해결해 나가기로 하였다.
> 2. 남과 북은 나라의 통일을 위한 **남측의 연합제 안과 북측의 낮은 단계의 연방제 안**이 서로 공통성이 있다고 인정하고, 앞으로 이 방향에서 통일을 지향시켜 나가기로 하였다.
> 3. 이산가족과 친척 방문단을 교환하며, 비전향 장기수 문제를 해결하는 등 인도적 문제를 조속히 풀어나가기로 하였다.
> 4. 남과 북은 경제 협력을 통하여 민족 경제를 균형적으로 발전시키고 **사회·문화·체육·보건 등 제반 분야의 협력과 교류를 활성화**하여 서로의 신뢰를 다져 나가기로 하였다.

ⓒ 10·4 남북 공동 선언(2007)
- 6·15 남북 공동 선언을 적극 구현하는 가운데, 자주적으로 통일 문제를 해결하며 민족의 존엄과 이익을 중시한다.
- 사상과 제도의 차이를 초월하여 법률적·제도적 장치들을 정비하고, 양측 의회 등 각 분야의 대화와 접촉을 적극 추진한다.
- 군사적 적대 관계를 종식시키고, 서해 평화 수역 지정을 위한 남측 국방 장관과 북측 인민 무력부 부장 간 회담을 평양에서 개최하기로 한다.
- 현 정전 체제를 평화 체제로 구축하기 위해 3자 또는 4자 정상들이 만나 종전을 선언하는 문제를 추진하기로 하고, 핵 문제 해결을 위한 6자 회담에서의 성명과 합의가 순조롭게 이행되도록 공동 노력한다.
- 민족 경제의 공동 발전을 위해 서해 **평화 협력 특별 지대**를 설치하고 '개성 – 신의주 철도'와 '개성 – 평양 간 고속도로'를 공동으로 이용하기 위해 개보수 문제를 협의 추진한다. 안변과 남포에 조선 협력 단지를 건설하며 농업·보건 의료·환경 보호 등 분야에서 협력하기로 하고, 현재의 남북 경제 협력 추진 위원회를 부총리급 남북 경제 협력 공동 위원회로 격상한다.
- 사회 문화 분야의 교류와 협력을 발전시켜 나가고, 백두산 관광을 실시하며 이를 위해 '백두산 – 서울 직항로'를 개설하기로 한다.
- 이산가족의 상봉을 확대하며 영상 편지 교환 사업을 추진하고, 금강산 면회소가 완공되는 데 따라 쌍방 대표를 상주시킨다.
- 국제 무대에서 협력을 강화해 나가는 가운데 이 선언의 이행을 위해 남북 총리 회담을 개최하기로 하고, 남북 관계 발전을 위해 정상들이 수시로 만나 현안 문제들을 협의하기로 한다.

ⓒ 4·27 판문점 선언(2018, 한반도의 평화와 번영, 통일을 위한 판문점 선언) 발표

> **사료** 4·27 판문점 선언(2018)
>
> 양 정상은 한반도에 더 이상 전쟁은 없을 것이며 새로운 평화의 시대가 열리었음을 8천만 우리 겨레와 전 세계에 엄숙히 천명하였다.

1. 남과 북은 남북 관계의 전면적이며 획기적인 개선과 발전을 이룩함으로써 끊어진 민족의 혈맥을 잇고 공동번영과 자주 통일의 미래를 앞당겨 나갈 것이다.
   ① 남과 북은 우리 민족의 운명은 우리 스스로 결정한다는 민족 자주의 원칙을 확인하였으며 이미 채택된 남북 선언들과 모든 합의를 철저히 이행함으로써 관계 개선과 발전의 전환적 국면을 열어나가기로 하였다.
   ③ 남과 북은 당국 간 협의를 긴밀히 하고 민간 교류와 협력을 원만히 보장하기 위하여 쌍방 당국자가 상주하는 남북 공동 연락 사무소를 개성 지역에 설치하기로 하였다.
   ⑥ 남과 북은 민족 경제의 균형적 발전과 공동 번영을 이룩하기 위하여 10·4 선언에서 합의된 사업들을 적극 추진해 나가며 일차적으로 동해선 및 경의선 철도와 도로들을 연결하고 현대화하여 활용하기 위한 실천적 대책들을 취해 나가기로 하였다.

2. 남과 북은 한반도에서 첨예한 군사적 긴장 상태를 완화하고 전쟁 위험을 실질적으로 해소하기 위하여 공동으로 노력해 나갈 것이다.
   ① 남과 북은 지상과 해상, 공중을 비롯한 모든 공간에서 군사적 긴장과 충돌의 근원으로 되는 상대방에 대한 일체의 적대 행위를 전면 중지하기로 하였다. 당면하여 5월 1일부터 군사 분계선 일대에서 확성기 방송과 전단 살포를 비롯한 모든 적대 행위를 중지하고 그 수단을 철폐하며 앞으로 비무장 지대를 실질적인 평화 지대로 만들어 나가기로 하였다.
   ② 남과 북은 서해 북방 한계선 일대를 평화 수역으로 만들어 우발적인 군사적 충돌을 방지하고 안전한 어로 활동을 보장하기 위한 실제적인 대책을 세워나가기로 하였다.

3. 남과 북은 한반도의 항구적이며 공고한 평화 체제 구축을 위하여 적극 협력해 나갈 것이다. 한반도에서 비정상적인 현재의 정전 상태를 종식시키고 확고한 평화 체제를 수립하는 것은 더 이상 미룰 수 없는 역사적 과제이다.
   ① 남과 북은 그 어떤 형태의 무력도 서로 사용하지 않을 때 대한 불가침 합의를 재확인하고 엄격히 준수해 나가기로 하였다.
   ② 남과 북은 군사적 긴장이 해소되고 서로의 군사적 신뢰가 실질적으로 구축되는 데 따라 단계적으로 군축을 실현해 나가기로 하였다.
   ③ 남과 북은 정전 협정 체결 65년이 되는 올해에 종전을 선언하고 정전 협정을 평화 협정으로 전환하며 항구적이고 공고한 평화 체제 구축을 위한 남·북·미 3자 또는 남·북·미·중 4자 회담 개최를 적극 추진해 나가기로 하였다.
   ④ 남과 북은 완전한 비핵화를 통해 핵 없는 한반도를 실현한다는 공동의 목표를 확인하였다. 당면하여 문재인 대통령은 올해 가을 평양을 방문하기로 하였다.

   2018년 4월 27일
   판 문 점
   대한민국 대통령 문재인   조선 민주주의 인민 공화국 국무위원회 위원장 김정은

바로 확인문제

● 다음과 같은 남북 합의가 이루어진 정부에서 일어난 사실은?   17. 서울시 9급

> 제1조 남과 북은 서로 상대방의 체제를 인정하고 존중한다.
> 제2조 남과 북은 상대방의 내부 문제에 간섭하지 아니한다.
> 제3조 남과 북은 상대방에 대한 비방·중상을 하지 아니한다.
> 제4조 남과 북은 상대방을 파괴·전복하는 일체 행위를 하지 아니한다.

① 남북 조절 위원회 회담
② 금융 실명제 전면 실시
③ 남북 정상 회담 개최
④ 북방 외교의 적극 추진

| 정답해설 | 제시된 사료는 1991년 12월에 채택된 남북 기본 합의서의 내용이다. 노태우 정부 시기에 남북 기본 합의서가 채택되었고, 북방 외교가 활발히 추진되었다.

| 오답해설 |
① 남북 조절 위원회는 1972년 7·4 남북 공동 성명 이후 남북 대화를 위해 설치한 기구이다(박정희 정부).
② 금융 실명제는 1993년 김영삼 정부에서 전격적으로 실시하였다.
③ 남북 정상 회담은 김대중 정부(1차, 2000. 6.), 노무현 정부(2차, 2007. 10.), 문재인 정부(3차, 2018. 4.) 시기에 이루어졌다.

| 정답 | ④

단권화 MEMO

|오답해설|
① 한반도 비핵화는 한반도 비핵화 공동 선언(1991. 12.)에서 합의되었다.
② 남북한 동시 유엔 가입은 1991년 9월의 일이고, 6·15 남북 공동 선언은 2000년에 발표되었다.
④ 남북 기본 합의서는 1991년에 서울에서 열린 5차 남북 고위급 회담에서 채택된 것이다. 한편 남북 정상 회담은 2000년 김대중 정부 시기에 처음 이루어졌으며, 그 결과 6·15 남북 공동 선언이 발표되었다.
⑤ ⓒ 1972년 → ⓒ 1991년 → ㉠ 2000년 순으로 발표되었다.

|정답| ③

● 다음 ㉠, ㉡, ㉢에 대한 설명으로 옳은 것은?

14. 서울시 9급

> ㉠ 6·15 남북 공동 선언
> ㉡ 7·4 남북 공동 성명
> ㉢ 남북 간의 화해와 불가침 및 교류 협력에 관한 합의서

① ㉠ - 한반도 비핵화를 선언하였다.
② ㉠ - 남북한 동시 유엔 가입에 합의하였다.
③ ㉡ - 통일의 3대 원칙을 천명하였다.
④ ㉢ - 남북 정상 회담의 성과였다.
⑤ ㉠ - ㉡ - ㉢ 순으로 발표되었다.

심화 남북한 통일 정책 비교

❶ 1950~1960년대 초

	남한	북한
이승만 정부	• 북진 통일론 • 평화 통일론 탄압 → 반공 강조	• 무력 통일 • 연방제 통일
장면 내각	• 남북한 총선거에 의한 평화 통일: 유엔 감시하의 인구 비례 남북한 총선거 • 선 경제 건설, 후 통일론	• 제네바 회담(1954): 중립국 감시하의 총선거 주장 • 남북 연방제(1960): 통일 정부 수립까지 과도 단계로 연방제 실시

❷ 1960~1970년대

		남한	북한
박정희 정부		• 선 경제 건설, 후 통일론 계승 • 국력으로 북한 압도 후 통일 논의	• 7·4 남북 공동 성명(1972) – 사회주의 헌법 제정 – 주체사상 명시 – 주석제 신설 • 고려 연방제 제안(1973)
	1969	닉슨 독트린 후 긴장 완화	
	1970	• 8·15 평화 통일 구상 선언 – 선의의 경쟁 주장 – 유엔이 아닌 당사국 협상에 의한 통일	
	1971	남북 적십자 회담	
	1972	• 7·4 남북 공동 성명 – 자주·평화·민족적 대단결의 3원칙 합의 – 남북 조절 위원회 설치 → 남한은 10월 유신, 북한은 사회주의 헌법 제정, 두 국가 모두 독재 강화에 이용	
	1973	• 6·23 평화 통일 외교 선언 – 유엔 동시 가입 제안 → 1991년 실현 – 조국 통일 5대 강령	
	1974	상호 불가침 협정 제안	

❸ 1980년대

		남한	북한
전두환 정부	1982	• 민족 화합 민주 통일 방안 - 국민 투표로 통일 헌법 제정 - 남북한 총선거로 통일 국가 수립	• 고려 민주 연방 공화국 창설 방안(1980) - 1민족 1국가 2제도 2정부 - 남북 연합(X) - 국가 통일 → 민족 통일 • 조선 합작 경영법(합영법, 1984) - 외국의 선진 자본과 기술 도입 - 중국의 경제 특구, 개방 도시 모방
	1984	남북한 교역 및 경제 협력 교류 제의	
	1984	• 남북 경제 회담 - 북한의 수재 물자 제공 - 최대의 물자 교류	
	1985	남북 이산가족·예술단 교환 방문	
노태우 정부	1988	7·7 선언: 북한을 적대 관계에서 협력의 관계로 인식	• 남북 기본 합의서 합의(1991) • 나진·선봉 자유 무역 지대 설치(1991) • 외국인 투자법 제정(1992) • NPT(핵 확산 금지 조약) 탈퇴(1993)
	1989	• 한민족 공동체 통일 방안 - 자주, 평화, 민주 원칙 - 남북 연합이라는 중간 단계	
	1990	남북 고위급 회담	
	1991. 9.	남북한 유엔 동시 가입	
	1991. 12.	• 남북 기본 합의서 - 상대국 내부 간섭 안 함 - 상호 화해·불가침·교류와 협력 추진 - 남북은 통일을 지향하는 과정에서 잠정적으로 형성되는 특수 관계를 인정한다. • 한반도 비핵화 공동 선언 - NPT(핵 확산 금지 조약) 가입 → 1993년 북한의 NPT 탈퇴 선언	

❹ 1990년대 이후

		남한	북한
김영삼 정부	1994	• 민족 공동체 통일 방안 - 1민족 1국가 1체제 1정부 - 남북 연합 - 민족 통일 → 국가 통일	• 신합영법(1994) - 북한은 세계 여러 나라 사이에서 경제 기술 협력과 교류 확대 발전 도모 - 해외 조선 동포들과 하는 합영 기업, 일정한 지역에 창설된 합영 기업에 세금 감면, 유리한 토지 이용 조건 제공
김대중 정부	1998	금강산 관광 시작(해상 교통)	• 6·15 남북 공동 선언(2000) • 신의주 경제 특구(2002)
	2000	• 6·15 남북 공동 선언 - 최초의 남북 정상 회담 - 금강산 육로 관광 추진(2003. 9. 시작) - 개성 공단 조성 합의(2000. 8.), 2003. 6. 착공, 2004. 6. 시범 단지 완공 - 경의선 복원(2000. 9. 착공, 2002. 12. 31. 남측 구간 완료)	

CHAPTER

04 현대의 경제·사회·문화 발전

□ 1회독   월   일
□ 2회독   월   일
□ 3회독   월   일
□ 4회독   월   일
□ 5회독   월   일

01 현대 경제의 발전
02 현대 사회의 변화·발전
03 현대 문화의 성장과 발전

단권화 MEMO

＊현대 한국 경제의 특징
한국 경제의 특징을 1950, 1960, 1970, 1980년대 및 1990년대 이후로 구분해서 기억하자.

■ 미군정기 원조
미군정기의 원조는 독일·일본의 경우처럼 점령지 통치를 위한 점령지 행정 구호 원조(GARIOA)를 중심으로 이루어졌다. GARIOA 원조(약 4억 979만 달러)는 1946~1948년간 미국 대외 원조 총액의 4.5%를 차지하였다. 식료품, 농업 용품, 피복류 등 소비재가 중심 품목으로 경제 재건보다는 긴급 구호에 초점을 맞추었다. 한편 1947년부터의 원조는 한일 간 수직적 분업 구조 속에서 일본 경제 재건을 위해 한국이 일본 상품을 구매하도록 하는 방침하에 운영되었다.

■ 신한 공사
신한 공사는 일제 강점기 동양 척식 주식회사와 여타 일본인(회사·개인) 소유였던 토지를 관할하여 그 보전과 이용 및 회계 등을 담당한 미군정의 회사이다. 신한 공사의 법적 근거는 미 군정 법령 제52호(1946년 2월 21일)에 의해 마련되었고, 그 실효는 1946년 3월 3일부로 개시되었다. 신한 공사의 운영은 미군정 장관의 지시에 따라 이루어졌고, 미군정 장교들이 신한 공사의 최종적 권한을 행사하였다. 1948년 3월 22일 중앙 토지 행정처 설치령과 신한 공사 해산령에 의거하여 그 재산 일체를 중앙 토지 행정처에 넘기고 해산하였다.

01 현대 경제의 발전＊

1 8·15 광복과 새로운 경제 질서 형성

(1) 광복 직후의 경제 상황

① 광복 이후의 경제적 상황: 8·15 광복은 우리 손으로 국가를 수립하고 일제 지배의 잔재 청산과 각종 개혁 실시 및 제도 정비 등을 수행할 출발점이었다.
  ㉠ 경제적 빈곤: 남북 분단과 정치적 혼란으로 경제적 어려움은 가중되었다.
  ㉡ 공장 폐쇄: 광복 직후에 주로 일본 자본으로 운영되던 많은 기업이 원료와 기술, 자본 부족 등의 어려움으로 공장의 문을 닫아야만 하였다.

② 국토 분단과 경제 혼란의 지속
  ㉠ 미군정 체제: 해방 이후 극심한 인플레이션이 발생하였고 원자재, 소비재, 식량 등이 부족하였다. 이에 미군정은 1946년 1월 25일에 '미곡수집령'을 제정하여 1946년 2월부터 미곡수집제를 실시하였다.
  ㉡ 남북 분단: 지하자원과 중공업 시설이 북한에 치우쳐 있는 상황에서 국토가 분단되고 북으로부터 전기 공급마저 중단되자, 농업과 경공업 중심의 남한 경제는 어려움이 가중되었다.
  ㉢ 월남민의 증가: 북한의 공산주의 체제에서 벗어나기 위하여 많은 동포가 월남하였고, 이 때문에 남한에서는 실업률의 증가와 식량 부족으로 경제 혼란이 심화되었다.

(2) 경제 회복을 위한 노력

① 경제 정책의 기본 방향
  ㉠ 대한민국 수립 이후: 정부는 경제 정책의 기본 방향을 농업과 공업의 균형 발전, 소작 제의 철폐, 기업 활동의 자유 보장, 사회 보장 제도의 실시, 인플레이션의 극복 등으로 설정하고 이를 실천하기 위하여 노력하였다.
  ㉡ 경제 안정 시책의 추진
    • 미국과 한미 원조 협정을 체결(1948. 12.)하여 재정적·기술적 원조를 지원받았다.
    • 농지 개혁법을 제정·시행하여 농촌 경제의 안정을 꾀하였고, 귀속 재산을 매각하여 산업 자본의 형성에 기여하였다.

| 사료 | 한미 원조 협정(1948. 12.) |

대한민국 정부는 대한민국의 경제적 위기를 방지하며 국력 부흥을 촉진하고 국내 안정을 확보하기 위하여 미합중국 정부에 재정적, 물질적 및 기술적 원조를 요청하였으며, 미합중국 국회는 1948년 6월 28일에 통과된 법률(제80의회, 법률 제793호)에 의하여 대한민국 국민에게 원조를 제공할 권한을 미합중국 대통령에게 부여하였으며, 대한민국 정부 및 미합중국 정부는 대한민국 정부의 독립과 안전 보장에 합치되는 조건에 의한 그 원조의 제공이 국제 연합 헌장의 근본 목적과 1947년 11월 14일의 국제 연합 총회 결의의 근본 목적을 달성함에 유효하고 미국 국민 및 한국 국민 간의 우호적 유대를 한층 강화할 것을 확신하므로, 아래 서명인은 각자 정부가 그 목적을 위하여 부여한 권한에 의하여 아래와 같이 협정하였다. ……

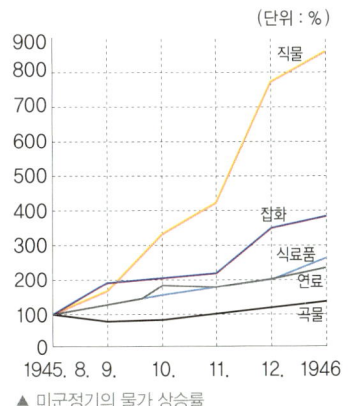
▲ 미군정기의 물가 상승률

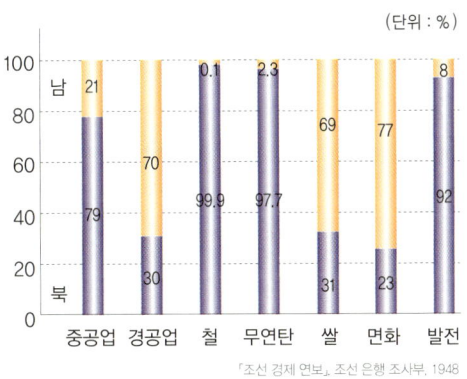
▲ 분단이 경제 구조 파행에 끼친 영향

② 농지 개혁법(1949년 6월 제정, 1950년 3월 실시)
  ㉠ 목적: 소작제를 철폐하고 자영농을 육성하여 민생의 안정을 도모하고자 경자유전(耕者有田)의 원칙(농사를 짓는 사람이 토지를 소유하는 원칙)에 따라 시행하였다.
  ㉡ 원칙
    • 3정보를 상한으로 하여 그 이상의 농지는 유상 매입·유상 분배하고 대신 지가 증권을 발급하여 5년간 지급하도록 하였다.
    • 매수한 토지는 영세 농민에게 3정보를 한도로 유상 분배하여 5년간 수확량의 30%씩을 상환하도록 하였다.
  ㉢ 결과: 지주제가 정리되어 많은 농민이 자기 농토를 가질 수 있게 되었다. 또한 미군정이 접수했던 귀속 재산을 민간에 매각하는 정책도 추진하였다.

| 사료 | 농지 개혁법 |

제1조 본법은 헌법에 의거하여 농지를 농민에게 적정히 분배함으로써 농가 경제의 자립과 농업 생산력의 증진으로 인한 농민 생활의 향상 내지 국민 경제의 균형과 발전을 기함을 목적으로 한다.
제3조 본법에 있어 농가라 함은 가주 또는 동거가족이 농경을 주업으로 하여 독립 생계를 영위하는 합법적 사회 단위를 칭한다.
제5조 정부는 아래에 의하여 농지를 취득한다.
  1. 아래의 농지는 정부에 귀속한다.
    (가) 법령 내지 조약에 의하여 몰수 또는 국유로 된 농지
    (나) 소유권의 명의가 분명하지 않은 농지
  2. 아래의 농지는 적당한 보상으로 정부가 매수한다.
    (가) 농가 아닌 자의 농지
    (나) 자경(自耕)하지 않는 자의 농지

■ 귀속 재산 처리법과 한미 경제 조정 협정

귀속 재산을 유효 적절하게 활용하여 산업 부흥과 국민 경제의 안정을 도모하기 위해 1949년 12월 귀속 재산 처리법이 제정되었다. 한편 1952년 5월, 한미 경제 조정 협정이 체결되어 원조에 대한 한미의 역할과 두 나라의 관계가 조율되었다.

제12조 농지의 분배는 농지의 종목, 등급 및 농가의 능력 및 기타에 기준한 점수제에 의거하되 1가구당 총 경영 면적 3정보를 초과하지 못한다.

제15조 분배받은 농지는 분배받은 농가의 대표자 명의로 등록하고 가산으로서 상속한다.

심화 농지 개혁의 실시

❶ 농지 개혁법의 주요 내용
- 법령 및 조약에 의하여 몰수하거나 국유로 된 농지, 직접 땅을 경작하지 않는 사람의 농지, 직접 땅을 경작하더라도 농가 1가구당 3정보를 초과하는 농지는 정부가 사들인다.
- 분배 농지는 1가구당 총 경영 면적이 3정보를 넘지 못한다.
- 분배받은 농지에 대한 상환액은 평년작을 기준으로 하여 주요 생산물의 1.5배로 하고, 5년 동안 균등 상환하도록 한다.

❷ 농지 개혁 실시 전후 소작지 면적의 변화

1947년 소작지의 89.1%가 1951년까지 자작지로 바뀌었다. 그중 미국 군정청에 귀속되었던 농지를 유상 분배한 것이 18.9%였고, 지주의 임의 처분에 의한 것이 49.2%였다. 따라서 농지 개혁의 실시로 소작지에서 자작지로 바뀐 것은 31.9%에 불과하였다.

이종범, 「농지 개혁사 연구」

사료 귀속 재산 처리법(1949. 12.)

제2조 본 법에서 귀속 재산이라 함은 …… 대한민국 정부에 이양된 일체의 재산을 지칭한다. 단, 농경지는 따로 농지 개혁법에 의하여 처리한다.

제3조 귀속 재산은 본 법과 본 법의 규정에 의하여 발하는 명령이 정하는 바에 의하여 국용 또는 공유 재산, 국영 또는 공영 기업체로 지정되는 것을 제외하고는 대한민국의 국민 또는 법인에게 매각한다.

바로 확인문제

● **다음 법령의 시행 결과에 대한 설명으로 옳은 것은?** 16. 지방직 9급

> 제5조 정부는 다음에 의하여 농지를 매수한다.
> 1. 다음의 농지는 정부에 귀속한다.
>   (가) 법령 및 조약에 의하여 몰수 또는 국유로 된 토지
>   (나) 소유권의 명의가 분명하지 않은 농지
> 2. 다음의 농지는 본법 규정에 의하여 정부가 매수한다.
>   ……
> 제12조 농지의 분배는 1가구당 총 경영 면적 3정보를 초과하지 못한다.

① 협동조합이 모든 농지를 소유하게 되었다.
② 많은 일반 민유지가 총독부 소유로 되었다.
③ 소작지가 크게 줄어들고 자작지가 늘어났다.
④ 지주 소유 토지를 몰수하여 농민에게 무상으로 분배하였다.

| 정답해설 | 제시된 법령 제5조 중 "농지를 매수", 제12조 중 "3정보"를 통해 1949년 6월 대한민국 정부에서 공포한 농지 개혁법임을 알 수 있다. 1950년 초부터 시작된 농지 개혁의 결과 자작농이 증가하면서 소작지가 크게 줄어들었다.

| 오답해설 |
① 농지 개혁에서 토지는 농민에게 유상으로 분배되었기 때문에 지급된 토지는 개인 사유지가 되었다.
② 일제 강점기 토지 조사 사업의 결과 많은 민유지가 총독부 소유가 되었다.
④ 무상 몰수, 무상 분배는 북한에서 실시한 토지 개혁 방식이다.

| 정답 | ③

2 1950년대 이후 경제 성장

(1) 6·25 전쟁으로 인한 경제적 피해

① 생산 시설의 파괴: 6·25 전쟁으로 남한 생산 시설의 약 42%가 파괴되었다. 도로, 철도 등 물류 교통 시설이 파괴되었고, 제조업도 생산 시설의 절반이 파괴될 정도였다. 특히 극심한 피해를 입은 것은 경인 지방에 밀집되어 있던 섬유 공업과 인쇄 공업 분야였다.

② 물가 상승: 전비 지출(戰費支出)로 인플레이션이 가속화되었고, 물가 폭등과 물자 부족으로 국민들의 생활이 어려워졌다.

▲ 6·25 전쟁으로 잿더미가 된 대도시 (서울 충무로 일대)

(2) 원조 경제

① 본격적 시행
   ㉠ 정전 이후 경제 복구 사업이 본격화되었는데, 전쟁 중에는 물론 전후 복구 기간에도 미국은 많은 경제 원조를 제공하였다.
   ㉡ 주로 식료품·농업 용품·피복·의료품 등 소비재와 면방직·제당·제분 공업의 원료에 집중되었다.

② 삼백 산업(三白産業)의 발달: 1950년대 후반기부터 원조 물자에 토대를 둔 제분(製粉, 밀가루)·제당(製糖, 설탕)·면방직(纖維, 섬유) 공업이 성장하였다.

③ 영향: 미국의 원조 물자로 식량이나 생활 필수품이 대량 공급되어 물자 부족이 해소되고, 소비재 공업도 성장하였다. 그러나 밀이나 면화 같은 농산물이 값싸게 들어와 당시 농촌 경제는 타격을 입었다.

▲ 직업을 찾아 거리에 나선 구직자의 모습(1953, 서울)

■ **미국의 원조**

해방이 되던 해부터 한국은 20억 달러가 넘는 미국의 원조를 받아 왔다. 원조 기관으로는 GARIOA(미군 점령 지구 구호 대책 위원회), 그 후의 ECA(미국 경제 협조처), CRIK(6·25 전쟁 중 설치된 유엔군 한국 민간 구호처) 및 ICA(미국 국제 협조 기구: 1955년부터 원조 주도)를 들 수 있다.

■ **차관(借款)**

외국의 기업이나 금융 기관, 정부로부터 빌린 자금으로, 물자의 형태로 제공되기도 한다.

④ 문제점
   ㉠ 생산재 공업의 발달 저하: 소비재 산업이 급속하게 성장한 데 비하여 기계 공업 등의 생산재 산업은 발전하지 못하였다. 이로 인하여 한국 경제는 생산재에서 원료에 이르기까지 수입에 의존할 수밖에 없는 취약성을 안게 되었다.
   ㉡ 농업 분야의 복구 미비: 농업 분야의 복구가 제대로 이루어지지 못하였고, 원조가 줄어들면서 우리 경제는 상당한 어려움을 겪게 되었다.

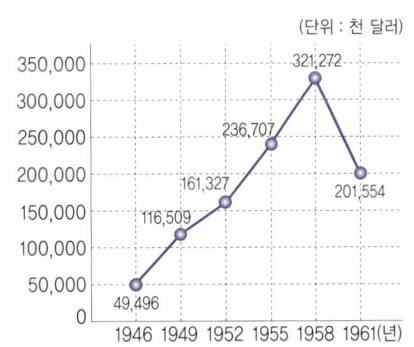
▲ 미국의 경제 원조액 변화

   ㉢ 차관으로의 전환: 1950년대 후반에 미국의 경제 원조가 차관으로 전환되면서 미국의 원조에 의존하였던 한국 경제는 타격을 입었다. 공장의 가동률이 떨어지면서 많은 중소기업이 파산하였으며, 서민들은 생활에 어려움을 겪었다.
   ㉣ 삼분 산업(三粉産業) 발달: 시멘트·비료·밀가루의 생산이 증가하였다.

단권화 MEMO

*화폐 개혁의 역사
우리나라는 정부 수립 후 3차례에 걸쳐 화폐 개혁을 단행하였다. 이는 주로 경제적 이유보다는 정치적 목적이었다.

■ 리디노미네이션(Redenomination)
한 나라에서 통용되는 모든 지폐 및 동전의 액면(額面)을 동일한 비율의 낮은 숫자로 변경하는 조치를 말한다. 예컨대 100원을 1환(가칭)으로 바꾸는 방식이다. 디노미네이션은 화폐·채권·주식 등의 액면 금액 자체를 의미하며, 액면 금액을 변경하는 것과는 구분된다.

| 정답해설 | 정부가 중공업 건설에 주력한 것은 1970년대 제3·4차 경제 개발 5개년 계획을 추진하면서부터이다.

| 정답 | ④

○ 화폐 개혁의 역사*

구분	내용
제1차 화폐 개혁 (1950. 8.)	북한군이 1950년 6월 한국은행 본점에서 탈취한 화폐 사용을 막기 위해 단행하였다. 단, 화폐 단위의 변경은 없었다.
제2차 화폐 개혁 (1953. 2.)	높은 인플레이션을 막기 위한 조치로 통화 및 예금의 봉쇄 조치를 병행하였다. 100대 1의 비율로 화폐의 액면을 절하하고, 화폐 단위를 '원(圓)'에서 '환(圜)'으로 변경 조치하였다.
제3차 화폐 개혁 (1962. 6.)	과잉 유동성을 흡수하고, 퇴장 자금을 산업 자금으로 활용할 목적에서 단행하였다. 통화 및 예금의 봉쇄 조치도 병행하였다. 10대 1의 비율로 화폐의 액면을 절하하고, 화폐 단위를 '환(圜)'에서 '원(圓)'으로 변경하였다.

바로 확인문제

● 6·25 전쟁 직후의 경제 정책에 대한 설명으로 옳지 <u>않은</u> 것은?

① 정부는 산업 복구 국채를 발행하여 내자를 마련하였다.
② 정부는 한국은행에서 돈을 빌려서 적자 재정을 보충하였다.
③ 정부는 특혜로 원조 물자를 일부 기업에 집중적으로 배당하였다.
④ 소비재 중심의 공업보다는 기간 산업인 중공업 건설에 치중하였다.

(3) 경제 개발 계획의 추진과 고도성장

① 경제 개발 계획의 수립
　㉠ 최초 계획: 정부의 경제 개발 계획이 처음 수립된 것은 이승만 정부가 작성한 7개년 계획이었다.
　㉡ 수정: 장면 내각은 처음의 7개년 계획안을 5개년 계획안으로 수정하였다.
　㉢ 실천: 1960년대에 들어서 박정희 정부는 경제 개발 5개년 계획을 추진하여 공업을 발전시키고 수출을 증대시키는 등 획기적인 경제 발전을 이룩하였다.

② 경제 개발 계획의 추진
　㉠ 1960년대: 제1차(1962 ~ 1966)·제2차(1967 ~ 1971) 경제 개발 5개년 계획에서는 기간 산업의 육성과 경공업의 발전에 주력하였다. 한편 국내의 실업을 완화하고, 외화를 획득하기 위하여 국내 노동자들의 해외 파견을 장려하였다. 특히 1963년부터 1977년까지 8,000명의 광부가 서독의 석탄 광산에 파견되었고, 1965년부터 1976년까지 1만여 명의 간호사가 서독의 병원에 취업하였다. 이들은 고국으로 매년 1,000만 달러에 이르는 외화를 송금했으며, 이는 국제 수지 개선 및 국민 소득 향상 등 경제 성장의 밑거름이 되었다.
　• 경제 성장률이 매년 10% 안팎에 이를 정도로 고도성장이 이루어졌다.
　• 광공업의 비중이 높아지는 등 경제 구조의 변화도 뚜렷해졌다.
　• 경제 성장은 외국에서 도입한 차관과 국내의 풍부한 노동력을 결합시켜 섬유·신발 등 경공업 제품을 만들어 수출하는 방식으로 이루어졌다.
　• 정부는 수출 산업을 적극적으로 지원하는 한편, 수출품의 가격 경쟁력을 위해 저임금 정책을 펼쳤다.

ⓛ 1970년대: 이 무렵에는 갚아야 할 차관의 원금과 이자가 늘어나고 경공업 제품의 수출이 차츰 벽에 부딪히면서 그동안 이룩해 온 경제 성장이 위기를 맞아 정책을 재조정할 필요가 있었다.
- 정부는 외국인의 직접 투자 유치, 기업에 대한 각종 특혜 제공, 중화학 공업화 정책의 추진 등으로 문제를 해결하였다.
- 마산·익산(구 이리)에 수출 자유 지역이 만들어져 많은 외국인 기업이 들어섰다. 울산·창원·포항·여수(구 여천)·구미 등에 새로운 공업 단지를 조성하여 철강, 조선, 기계, 전자, 비철 금속, 석유 화학 등 중화학 공업 등이 크게 발전하였다.
- 결과: 1970년대 중반부터 중화학 공업 제품의 비중은 전체 제조업 분야의 수출 상품 구성에서 큰 비중을 차지하게 되었다. 특히 1977년에는 수출 100억 불을 달성하기에 이른다.

■ 포항 종합 제철
1968년 4월 정부 주도로 설립되었으며, 1973년 7월에는 조강 능력 103만 톤이 가능한 제철 공장이 완성되었다.

> **심화** 1960~1970년대 무역의 특징
>
> 1. 원자재와 기술의 외국 의존도가 높아 외화 가득률이 낮았다. 1962년에서 1973년까지 공산품의 외화 가득률은 34%에서 62%로 증가하였지만, 수출 전체의 외화 가득률은 82%에서 65%로 줄었다.
> 2. 수출 위주의 정책으로 국가 경제의 무역 의존도가 높아졌다. 무역 의존도는 1961년의 21%에서 1975년에는 74%로 증가하였다.
> 3. 무역 상대국이 다변화되지 못하고 일본과 미국에 편중되어 있었다. 원자재와 기계를 일본에서 들여온 다음 상품을 만들어 주로 미국에 수출하는 구조를 가지고 있었다. 1967년에는 미국과 일본에 대한 편중도가 69%인데 1972년에는 72%로 증가하는 추세였다.
> 4. 산업 구조는 중화학 공업 중심으로 고도화되었다.
>
> 강만길, 「고쳐 쓴 한국 현대사」

③ 경제 개발 계획의 추진 결과
  ㉠ 전국의 일일생활권화: 경부 고속 국도(1970년 완공)를 비롯한 도로와 항만·공항 등의 사회 간접 시설도 확충되어 전국이 일일생활권에 들어갔다. 이로 인해 물류의 유통이 원활해져 산업의 발전이 가속화되었다.
  ㉡ 식량 생산의 증대: 녹색 혁명의 기치 아래 간척 사업이 진행되고 작물의 품종 개량이 이루어져 식량 생산도 증대되었다.
  ㉢ 고도성장
    - 경제 개발 5개년 계획의 계속적인 추진과 성공으로 1962~1981년 사이에 수출이 비약적으로 증대되는 등 고도성장을 이룩하였다.
    - 이 과정에서 국내 자본의 축적이 이루어져 외국 자본에 의존하던 자본 구조가 어느 정도 개선되었다.

■ 녹색 혁명
1950년대 이후 개발 도상국에서 일어난 대규모의 식량 증산 정책을 일컫는다.

▲ 포항 제철소(포스코)
1968년 설립되어 1973년 1차 공사를 완료하였다.

▲ 경부 고속 국도
1968년에 착공하여 1970년에 개통하였다.

④ 폐단: 자본의 집중이 심화되어 소수의 재벌이 생산과 소득에서 지배적인 위치를 차지하게 되었으며, 국내 산업의 수출 의존도가 심화되었다.

○ 경제 개발 5개년 계획의 추진

구분	시기	특징
제1차	1962~1966년	수출 산업 육성, 사회 간접 자본 확충
제2차	1967~1971년	경공업 중심의 수출 주도형 공업화 추진, 베트남 특수
제3차	1972~1976년	• 수출 주도형 중화학 공업화 추진: 철강·조선·전자 등 • 수출과 건설업의 중동 진출로 제1차 석유 파동 극복
제4차	1977~1981년	중화학 공업에 대한 과잉 투자 및 제2차 석유 파동으로 인한 경제 위기

○ 국내 총생산의 산업별 구조와 공업 구조의 변화 (단위: %)

| 구분 | 농림·어업 | 광공업 | 건설·전기·가스·수도업 | 서비스업 | 제조업 비중 | |
					경공업	중화학 공업
1960	36.8	15.9	4.1	43.2	76.6	23.4
1980	14.8	29.7	10.1	45.3	46.2	53.8
2000	4.6	31.8	11.0	51.6	22.8	77.2

한국은행, 「국민계정」

바로 확인문제

● 1962년 이후 실시된 경제 개발 5개년 계획에 대한 설명으로 옳지 않은 것은? 07. 법원서기보

① 정부 주도로 수출 주도형 산업에 집중한 성장 우선 정책이다.
② 1970년대 말에는 공업 구조가 중공업 중심으로 바뀌는 성과를 보였다.
③ 적극적 외자 도입을 통해 경제 개발의 재원을 마련하였다.
④ 산업 간, 도농 간의 격차는 심화되었으나 빈부 격차는 완화되었다.

(4) 경제 위기 극복과 경제력 집중

① 경제 위기의 극복
  ㉠ 1970년대 말
    • 대외적 요인: 석유 파동(오일 쇼크)이 발생하여 세계 경제가 침체되면서 외국 자본과 대외 무역에 의존하던 한국 경제는 위기를 맞았다.
    • 대내적 요인: 정부의 적극적인 중화학 공업화 정책에 따라 많은 기업이 경쟁적인 과잉 투자를 함으로써 경제 위기는 더욱 심각해졌다.

> **심화** 8·3 조치
>
> 정부는 1972년 8월 3일 '경제 안정과 성장에 관한 긴급 명령'을 선포하였다. 8·3 조치의 주요 내용은 기업과 사채권자의 모든 채권·채무 관계는 1972년 8월 3일 현재로 무효화되고 새로운 계약으로 대체된다는 것이었다. 채무자(기업)는 신고한 사채를 3년 거치, 5년 분할 상환(3년 후부터, 즉 4년째부터 8년째까지 5년 동안 나눠 상환) 조건으로 동결하고 월 이자는 1.35%(연 16.2%)로 하였다. 당시 기업들이 쓰고 있던 사채의 가중 평균 금리가 월 3.84%였는데 8·3 조치에 의해 기업의 사채 이자 부담이 약 3분의 1로 경감되었다.

단권화 MEMO

| 정답해설 | 경제 개발 5개년 계획은 빈부 격차의 심화를 가져왔다. 산업화와 도시화의 진전으로 대규모 이촌 현상이 초래되어 서울·울산 등 대도시의 인구가 기하급수적으로 증가하여 주택난이 심각해졌으며, 대도시 주변에는 판잣집이 즐비하였다. 이에 정부는 농촌 환경 개선을 위해 1970년부터 새마을 운동을 전개하였다.

| 정답 | ④

- ⓒ 1980년대
  - 초기: 전두환 정부는 경제 안정화 정책을 내세워 구조 조정에 적극 개입하였다. 과잉 투자 조정과 부실기업 정리, 재정·금융의 긴축 정책 실시 등을 단행하여 경제 활성화에 기여하였다.
  - 중기: 구조 조정 결과 한국 경제는 안정되었고 **저금리·저유가·저달러의 3저 호황**을 맞아 자동차, 가전제품, 기계, 철강 등 중화학 분야를 주력으로 한 고도성장을 계속해 나갈 수 있었다.
② 경제력 집중: 경제 성장과 함께 경제력의 집중도 심화되었다.
  - ㉠ 대기업: 소수의 대기업은 자본력을 토대로 사업 분야를 확대하여 영향력을 키웠다.
  - ㉡ 중소기업: 자본의 취약성으로 경쟁에서 뒤처지는 현상을 가져왔다.
  - ㉢ 경쟁력의 위기: 세계 경제 구조가 고도의 기술력을 중심으로 재편되는 과정에서 한국 기업들의 독자 기술 개발 능력이 부족하여 경쟁력의 위기를 겪기도 하였다.

(5) 산업화의 진전과 경제적 갈등

① 산업화의 진전
  - ㉠ '한강의 기적'이라고 일컬어지는 고도성장으로 제조업이 차지하는 비중이 크게 늘어났고, 산업별 인구 구성도 크게 바뀌었다.
  - ㉡ 전통적인 농업 사회가 해체되면서 대다수의 인구가 도시에서 생활하였고, 노동자의 비중도 크게 늘어났다.
  - ㉢ 경제 개발 5개년 계획으로 국민 총생산은 연평균 9% 이상 높은 성장률을 이룩하였고, 수출 신장률도 거의 4%에 육박하였다. 그 결과 1977년에는 수출 100억 불을 달성하였다.
  - ㉣ 국민 소득이 증대되고, 수출 상품도 다양화되었으며, 수출 대상 지역도 종전과는 달리 널리 확대되었다.

② 경제적 갈등
  - ㉠ 산업화 과정에서 농촌의 희생
    - 1950년대: 농촌은 값싼 외국 농산물의 원조로 큰 타격을 받았다.
    - 1960년대: 낮은 농산물 가격 정책으로 어려움에 처하였다.
    - 결과: 이에 따라 많은 농민이 도시로 이주하게 되었는데, 이는 도시 빈민이나 실업자의 증가로 이어졌다.
  - ㉡ 노동 조건의 악화
    - 제조업에 종사하였던 많은 노동자는 산업화 과정에서 열악한 작업 환경 아래 저임금과 장시간 노동이라는 악조건에 시달려야만 하였다.
    - 물가 상승으로 명목 임금은 계속 올라갔지만, 실질 임금의 증가율은 노동 생산성의 증가율에 미치지 못하는 한계를 보이기도 하였다.
    - 땅값과 집값 상승, 전세 및 월세 상승, 물가 상승 등으로 서민의 생활이 어려워지기도 하였다.

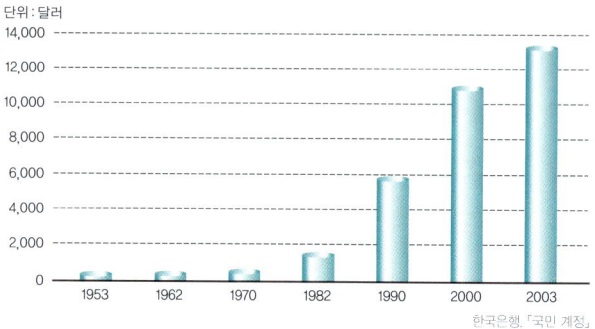

▲ 1인당 국민 총소득의 변화

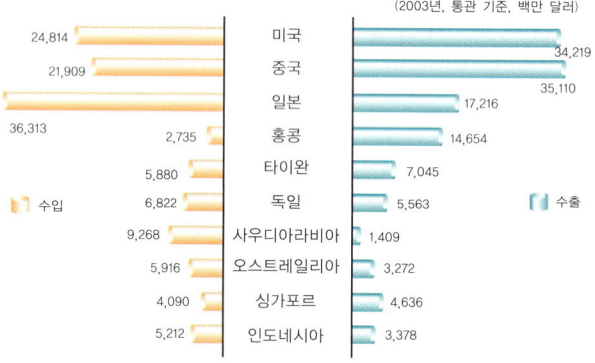

▲ 10대 교역국과의 수출입액

(6) 세계 속의 한국 경제

① 경제 규모의 확대 : 1960년대부터 계속된 고도성장으로 경제 규모는 비약적으로 커졌다.
  ㉠ 경제적 비중의 증대 : 무역 규모의 확대로 세계 경제에서 차지하는 한국의 비중은 크게 늘어났다. 기업의 해외 진출도 빠르게 늘어났으며, 우리나라 제품이 세계 여러 나라에 수출되고 있다.
  ㉡ 원조 제공국으로의 변화 : 우리나라는 원조를 받던 나라에서 원조를 제공하는 나라로 바뀌었다. 이러한 한국 경제의 성장은 적극적인 외자 도입과 수출 주도의 성장 정책 추진 등 세계 경제와의 밀접한 관련 속에서 이루어졌다.

② 시장 개방의 요구 : 상품과 자본의 자유로운 이동을 중시하는 새로운 국제 질서가 수립되었다.
  ㉠ 무역 경쟁의 심화 : 1993년 12월에 우루과이 라운드 협상이 타결되었고 1995년에 세계 무역 기구(WTO)가 출범함으로써 국제 무역 경쟁은 더욱 치열해졌다.
  ㉡ 산업의 위축 : 수입 개방 추세로 농업을 비롯한 1차 산업은 큰 타격을 받았다.

③ 정부의 노력
  ㉠ 산업의 조정 : 우리나라는 수입 자유화에 대응하여 1차 산업의 구조 조정을 추진하고 있다.
  ㉡ 무역 협정의 체결 : 다른 나라들과 자유 무역 협정을 체결하여 수출을 증대하려고 노력하고 있는 가운데, 2007년 한미 자유 무역 협정(KORUS FTA)을 체결하였다.

(7) 21세기 선진 복지 경제를 향한 노력

① 외환 위기 : 1997년에 우리나라는 국제 통화 기금(IMF)을 비롯한 국제 사회로부터 급하게 돈을 빌린 경험이 있다.
  ㉠ 외국에 갚아야 할 외환 부족으로 시작된 위기는 많은 기업의 도산과 대량 실업으로 이어졌다.
  ㉡ 국민의 헌신적인 노력과 정보 통신 기술, 자동차 공업, 선박 제조업, 반도체 생산 등과 같은 새로운 산업의 성장을 통해 외환 위기에서 벗어나게 되었다.

② 경제 개방
  ㉠ 경제 성장 속에서 국민 경제가 외국인에게 개방되었고, 그 결과 적지 않은 기업이 외국인의 손에 넘어가기도 하였다.
  ㉡ 기업이 경쟁력을 내세워 구조 조정을 추진함으로써 비정규직 노동자들도 많이 늘어났으며, 이러한 구조 조정과 개방 과정에서 빈부 격차가 확대되었다.

③ 개선 과제 : 한국 경제가 무한 경쟁의 세계 경제 질서 속에서 성장을 지속하고, 경제 성장의 성과를 바탕으로 삶의 질을 꾸준히 개선하기 위해서는 해결해야 할 문제가 많다.
  ㉠ 정부 : 경제의 구조와 체질을 개선하는 데 노력하고 있다.
  ㉡ 기업 : 지식 산업을 발전시킬 인재 양성과 연구 개발에 많은 투자를 하고 있다.
  ㉢ 공동의 노력 : 지역 간, 계층 간, 산업 간 불평등성을 극복하고 모든 국민이 고루 혜택을 누릴 수 있는 합리적인 경제 규범과 투명하고 공정한 감시 기구를 마련함으로써, 성장과 분배를 동시에 달성해 나갈 수 있는 길을 찾기 위해 노력하여야 한다.

> **단권화 MEMO**
>
> ■ IMF
> 가맹국들의 고용 증대·소득 증가 등에 기여하는 것을 목표로 하는 국제기구이다.

심화 한국 경제의 발전

❶ 경제 규모의 변화 추이

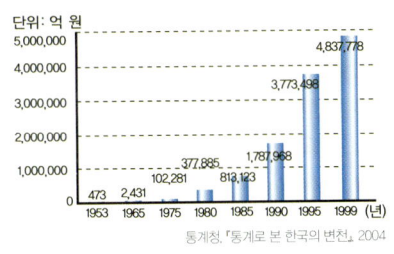

❷ 산업 구조의 변화 추이

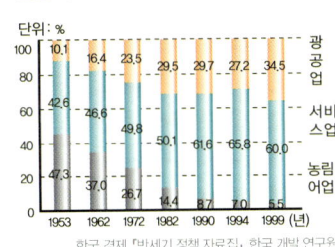

단권화 MEMO

■ 거시 경제 정책

각 경제 주체(가계·기업·정부) 활동의 통합을 다루는 정책이다.

심화 국제 통화 기금(IMF) 「양해 각서」의 주요 내용

- **거시 경제 정책**: 1998년 경제 성장률은 3% 수준, 물가 상승률은 5% 이내로 유지해야 한다.
- **통화 정책**: 긴축적으로 운용하고 일시적으로 금리 상승을 허용하며, 탄력적인 환율 제도를 계속 유지해야 한다.
- **재정 정책**: 강력한 긴축 재정을 유지해야 하며, 세수 확대를 위하여 교통세와 특별 소비세의 인상, 기업의 법인세와 내국세, 부가 가치세의 적용 범위의 확대가 필요하다.
- **금융 부문 구조 조정**: 12월 대통령 선거 후에 금융 개혁 법안 연내 처리, 부실 금융 기관의 퇴출 제도(폐쇄·인수 및 합병)와 바젤 협약 기준*에 부합하는 금융 기관 건전성 감독 기준을 마련해야 한다.

※ 바젤 협약 기준: 국제 결제 은행(BIS)이 정한 은행의 위험 자산 대비, 자기 자본 비율 8% 이상

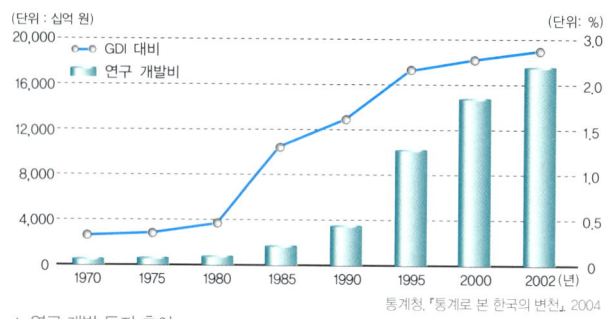

▲ 연구 개발 투자 추이

바로 확인문제

● 해방 이후의 경제 정책과 경제 생활에 관한 설명으로 옳은 것은?   08. 지방직 7급

① 1950년대에는 농지 개혁법의 시행으로 농민층의 부담은 경감되고, 지주층은 불리해졌다.
② 1960년대에는 두 차례에 걸친 경제 개발 계획으로 경제의 대외 의존도가 크게 완화되었다.
③ 1970년대에는 '8·3 조치'를 통해 기업에 특혜를 주었고, 중화학 공업화를 추진하였다.
④ 1980년대에는 '3저 현상'에 따른 한국 경제의 고속 성장으로 노동 운동이 위축되었다.

|정답해설| 1971년 무렵 외자를 통해 성장해 왔던 기업들의 도산이 이어지자 박정희 정부는 8·3 조치를 통해 대기업들의 사채를 동결시키는 금융 특혜를 제공하였다. 그리고 이들을 중화학 공업으로 끌어들이는 조치를 취하였다.

|오답해설|
① 분배받은 토지에 대해 농민이 지주나 정부에 갚아야 하는 부담이 컸다.
② 1960년대 박정희 정부는 미국의 권유로 차관 도입을 통한 수출 주도형 정책을 추진하게 되었고, 이로써 대외 의존도가 크게 높아졌다.
④ 3저 호황이란 1980년대 중반, 금리·유가·달러의 호조로 무역 흑자가 지속된 것을 말한다. 노동 운동은 1980년대부터 활성화되었다.

|정답| ③

02 현대 사회의 변화·발전

1 인구의 변화

(1) 변화의 추이

① 광복 직전: 우리나라 인구는 2,600만 명 정도였다.
  ㉠ 1950년대 초: 1953년 휴전 이후에 출산율이 갑자기 높아져 이른바 '베이비 붐'이 나타났다. 1955~1960년 사이 평균 출산율은 6.3명에 달한 반면, 사망률은 점차 낮아져 인구는 폭발적으로 늘어났다.
  ㉡ 1950년대 중엽: 1955년 남한의 인구는 2,150만 명 정도였는데, 1960년에 2,500만 명을 넘었다.

② 1960년대
  ㉠ 가족 계획 사업의 시행: 정부는 가족 계획 사업을 시작하여 출산율을 낮추려 노력하였다. 여기에 여성의 혼인 연령 상승, 자녀 교육비 증가, 자식에 대한 가치관의 변화, 피임 확산 등으로 출산율은 점점 낮아졌다.
  ㉡ 출산율: 1965년부터 1970년까지의 평균 출산율은 1가구당 4.6명이었다.
  ㉢ 산업화의 영향: 가족 제도의 변화와 함께 연령별 인구 구성도 달라졌다. 1960년대까지만 해도 출산율과 사망률이 높았다.

단권화 MEMO

■ 인구 정책 표어
• 1960년대: 덮어놓고 낳다보면 거지꼴을 못 면한다.
• 1970년대: 딸 아들 구별 말고 둘만 낳아 잘 기르자.
• 1980년대: 잘 키운 딸 하나, 열 아들 안 부럽다.

(2) 핵가족화의 진전

① 출산율의 감소
  ㉠ 저출산의 영향: 1980년대 들어와서는 2명으로 떨어지다가, 2005년에는 1.23명으로 더욱 낮아졌다.
  ㉡ 결과: 저출산으로 핵가족화가 급격히 진전되고 있으며, 남녀 성차별이 점차 둔화되고 있다.
② 인구 구성의 안정화
  ㉠ 1990년대: 출산율과 사망률이 낮아지면서 안정적인 인구 구성을 이루었다.
  ㉡ 고령화 사회로의 진행: 2000년대에 이르러 낮은 출산율이 지속되고 인구 고령화의 빠른 진전으로 **고령화 사회**와 출산율 감소가 사회 문제로 대두되었다.

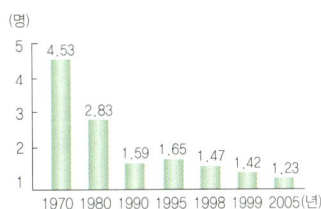
▲ 출산율 변화

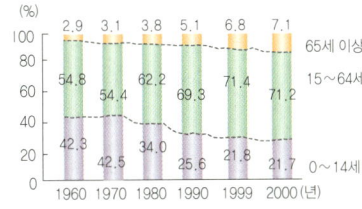
▲ 연령별 인구 구성의 변화

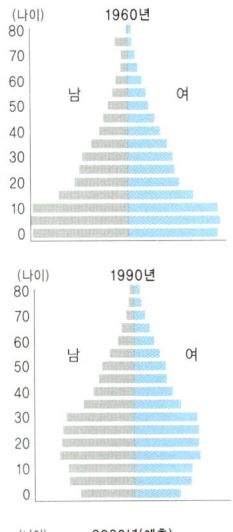
▲ 우리나라 인구 구조의 변화

심화 시대별 인구의 변화

❶ 일제 강점기 우리나라에 거주한 외국인 수

구분	1910년대	1920년대	1930년대	1940년대
일본인	17만여 명	35만여 명	50만여 명	75만여 명
중국인	1만 5천여 명	2만 4천여 명	6만 7천여 명	–
서양인	–	–	1,300여 명	–

『조선 총독부 통계 연보』

❷ 우리나라(남한) 총인구수

(단위: 천 명)

구분	1945년	1960년	1970년	1980년	1990년	2000년	2005년
총인구	16,136	25,012	32,241	38,124	42,869	47,008	48,294
서울 인구	901	2,445	5,686	8,516	10,473	10,078	10,033

한국은행 경제 통계국, 『숫자로 보는 광복 60년』, 2005. 8.

2 산업화와 도시화

(1) 산업화의 진전

① 사회 모습의 변화
- ⊙ 1960년대: 경제 개발 정책이 본격적으로 추진되면서 우리나라는 전통적인 농업 사회에서 산업 사회로 빠르게 바뀌어 갔다.
- ⓒ 1960년대 이후: 경제적으로 어려움을 겪고 있던 농촌 사람은 일자리를 찾아 대도시나 신흥 산업 도시로 나갔다. 이에 따라 처음에는 서울과 부산, 영남의 신흥 공업 도시의 **인구가 급팽창**하였다.
- ⓒ 지역적 불균형: 농업 위주의 다른 지역 인구는 크게 줄어 **지역적 불균형**을 낳았다. 또한 전체 인구 중에 도시에 거주하는 비율은 2005년에 80%를 넘어서 매우 불균형한 수치를 보여 준다.

② 사회 문제의 발생
- ⊙ 인구의 집중: 도시로 인구가 집중되면서 주택, 교통, 실업, 교육, 빈민, 환경 오염 등 여러 사회 문제를 낳았다.
- ⓒ 광주 대단지 사건(1971): 1971년 정부와 서울시가 서울 판자촌 주민을 경기도 광주(현재의 성남)로 강제 이주시키는 과정에서 이주민들이 반발하여 일어난 사건이다.
- ⓒ 정부의 노력: 정부는 신도시의 건설과 대규모 아파트 단지 조성, 지하철 건설과 도로망 확충, 사회 복지 제도 도입, 환경부 신설 등 각종 정책을 마련하여 사회 문제를 해결하기 위해 노력하고 있다.

(2) 도시화

① 생활의 변화
- ⊙ 핵가족화: 급격한 산업화와 도시화는 사람들의 의식과 생활에 큰 변화를 가져왔다. 도시로 이주한 가족은 대부분 **핵가족**의 모습을 띠었다.
- ⓒ 의식의 변화: 공동체 의식은 크게 약화되고 개인주의적 성향이 강해졌다.

② 가치관의 변화: 물질적 가치가 정신적 가치보다 우선시되는 물질 만능주의가 사회를 지배하게 되었고, 범죄의 증가 등 적지 않은 사회 문제를 낳았다.

3 농촌 사회의 변화

(1) 농지 개혁

① 1950년대
- ㉠ 1950년 3월, 땅이 없던 농민은 비록 적은 농토이기는 하지만 농지 개혁으로 자기 땅을 가지게 되었다. 하지만 농촌은 과잉 인구와 만성적인 빚으로 어려움을 겪고 있었다.
- ㉡ 정부는 사회 문제의 해결을 위해 4H 운동을 확대하였다.

② 1970년대
- ㉠ 새마을 운동을 전개(1970)하여 농촌의 생활 환경을 개선함으로써, 농촌의 모습을 크게 바꾸어 놓았다.
- ㉡ 다수확 품종의 개발로 쌀의 자급자족이 가능해졌고, 농민은 원예·축산 등 영농의 다각화를 시행하였다.
- ㉢ 농촌과 도시의 소득 격차는 좁혀지지 않았고, 교육과 일자리 등을 찾아 젊은층이 도시로 나가기 시작하였다.

(2) 경제 개방 정책

① 1980년대
- ㉠ 대외 경제 개방 정책은 농촌에 큰 영향을 끼쳤다.
- ㉡ 곡물에서 가공 식품 원료에 이르기까지 대부분의 농산물 수입이 개방됨으로써 농촌 경제는 커다란 타격을 받았다.

② 1990년대
- ㉠ 우리나라도 다른 나라에 농수산물 시장에 이어 쌀 시장까지 개방해야만 했다.
- ㉡ 정부의 농촌 지원 대책에도 불구하고 농촌의 상황은 좀처럼 나아지지 않았고, 농촌 인력은 갈수록 고령화되었다.

③ 농민 운동의 전개
- ㉠ 1990년대 이후 농민들은 자신들의 권익을 지키고자 적극적으로 나섰다.
- ㉡ 각지에서 농민회를 조직하고, 이를 중심으로 농산물 수입 개방 반대, 농가 부채 해결 등을 요구하는 농민 운동을 전개하였다.

단권화 MEMO

■ 4H 운동
19세기에 미국에서 시작된 농촌 지역 운동으로서, 머리(Head)·가슴(Heart)·손(Hands)·건강(Health)의 첫 글자를 따서 만든 용어이다.

■ 새마을 운동
'근면, 자조, 협동'을 강조하며 농촌에서 도시까지 확대된 운동이다. 그러나 수출 위주 저곡가 정책으로 도시와 농촌 간의 소득 격차는 줄지 않았다.

▲ 쌀 수입 반대 시위(1993)

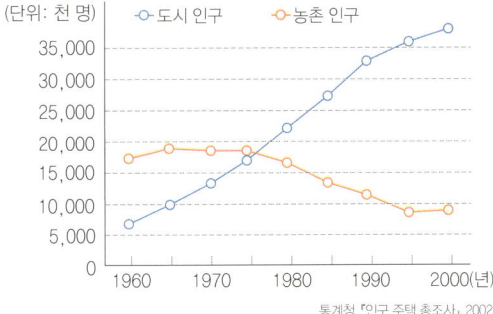
▲ 도시와 농촌의 인구 변화

단권화 MEMO

■ 전태일의 분신 사건

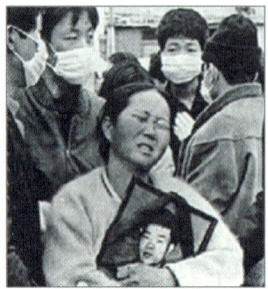

1970년 근로 기준법을 지키라고 외치며 분신한 전태일의 장례식에서 어머니가 울음을 터뜨리고 있다.

■ YH 사건

개발 생산 업체인 YH 무역이 1979년에 폐업하자, 종사자들은 정상화를 요구하며 야당인 신민당사에 들어가 농성하였다. 경찰은 물리력을 동원해 농성을 강제로 해산하였다. YH 사건은 유신 체제 몰락의 한 원인이 되었다.

▲ 농성하는 YH 무역 여성 노동자들 (1979)

■ 최저임금법

저임금 노동자의 생활 안정을 위해 1986년 12월 최저임금법이 제정되었다.

4 노동 계층의 확대와 노동 운동

(1) 노동 계층의 확대

① 노동자의 증가
   ㉠ 1960년대 이후 급속한 산업화가 진전됨에 따라 노동자 수가 크게 증가하였다.
   ㉡ 산업화 초기에 노동자는 낮은 임금과 열악한 노동 환경 등으로 큰 고통을 겪었다.

② 전태일 분신 사건(1970)
   ㉠ 1970년 11월, 서울 청계천 평화 시장에서 재단사로 일하던 전태일이 "근로 기준법을 지켜라.", "우리는 기계가 아니다." 등의 구호를 외치며 자기 몸을 불살라 암울한 노동 현실을 사회에 고발하는 사건이 일어났다.
   ㉡ 이 사건은 노동자뿐만 아니라 학생·지식인·종교계 등에 큰 충격을 주었다.

> **사료** 전태일이 대통령에게 보내는 편지(1969. 11.)
>
> 대통령 각하.
> 저는 서울특별시 성북구 쌍문동 208번지 2통 5반에 거주하는 22살의 청년입니다. 직업은 의류 계통의 재단사로서 5년의 경력을 가지고 있습니다. 저의 직장은 시내 동대문구 평화 시장으로서 종업원은 3만여 명이 됩니다. …… 그러나 저희들은 근로 기준법의 혜택을 조금도 못 받으며 더구나 3만여 명을 넘는 종업원의 90% 이상이 평균 18세의 여성입니다. 인간으로서 어떻게 여자에게 하루 15시간의 작업을 강요합니까? …… 하루에 70원 내지 100원의 급료를 받으며 1일 15시간의 작업을 합니다. …… 저희들의 요구는 1일 15시간의 작업 시간을 1일 10시간 ~ 12시간으로 단축해 달라는 것입니다. 1개월 휴일 2일을 일요일마다 휴일로 쉬기를 원합니다. 건강 진단을 정확하게 하여 주십시오. 시다공의 수당을 50% 인상하십시오. 절대로 무리한 요구가 아님을 맹세합니다. 인간으로서 최소한의 요구입니다.
>
> 조영래, 「전태일 평전」

(2) 노동 운동의 탄압

① 1970년대
   ㉠ 전태일 분신 사건 이후, 노동자들은 노동자의 생존권 쟁취 운동, 노동조합 설립 운동 등을 전개하였다.
   ㉡ 박정희 정부는 노동자의 노동 3권을 크게 제한하여 노동 운동을 탄압하였다. 급기야 1979년에 야당(신민당) 당사에서 생존권 보장을 요구하며 농성하던 YH 무역 여성 노동자를 진압하는 과정에서 여성 노동자가 숨지는 사건이 일어났다.

② 1980년대
   ㉠ 전두환 정권기에도 노동 운동의 상황은 나아지지 않았다. 1970년대 중반 이후 중화학 공업화의 진전으로 대규모 사업장이 등장하였고, 노동자의 수도 크게 늘어났지만 노동자는 노동조합조차 제대로 조직할 수 없었다.
   ㉡ 1987년 민주 항쟁 이후 전국적으로 수많은 노동조합이 새로이 결성되었다.

③ 1990년대
   ㉠ 1991년 정부는 국제 노동 기구(ILO)에 가입하여 국제 수준의 노동 규칙을 따르고자 하였다.
   ㉡ 1997년 외환 위기로 국제 통화 기금(IMF)의 관리를 받게 되면서 노동자의 대량 실직 사태가 발생하였다. 이에 김대중 정부는 **노사정 위원회**를 구성하여 구조 조정에 따른 실업이나 노사 문제 등을 해결하고자 하였다.

5 시민운동의 성장

(1) **시민운동 단체**(NGO)

① NGO의 증가
  ㉠ 1987년 6월 민주 항쟁 이후로 시민운동 단체가 많이 늘어났다.
  ㉡ 정치적 민주화의 진전, 냉전 종식에 따른 이데올로기 대립의 퇴조, 중산층의 형성, 사회의 다양화, 자연 생태와 환경의 위기 심화 등이 시민운동의 활성화를 가져왔다.
② NGO의 역할
  ㉠ 사회·경제의 민주화와 '삶의 질' 향상 등 사회 문제 해결에 노력하고 있다.
  ㉡ 국가 권력의 부패와 권력 남용, 불투명한 기업 운영, 정부·자치 단체나 기업의 환경 파괴 등을 감시하는 활동을 펴 정부와 기업에 대한 강력한 견제 세력으로 등장하였다.

(2) **국제적 연대 도모**

① 1990년대 이후: 세계화의 본격적인 전개에 따라 국제·환경·경제·노동·통일 등의 문제도 국제화되었다. 이에, 관련 시민 단체들은 국제적 연대를 통한 문제 해결을 적극적으로 모색하고 있다.
② 기타 활동
  ㉠ 여성·빈민층 등 약자를 보호하려는 활동을 전개하고 있다.
  ㉡ 외국인 노동자 등 소수자의 보호 운동을 활발히 전개하고 있다.

> **단권화 MEMO**
>
> ■ NGO
> 정부 간의 협정이 아닌, 민간단체가 중심이 되어 만들어진 비정부 국제 조직이다.

6 의식주 생활의 변화

(1) **의생활의 변화**

① 1950년대
  ㉠ 광복이 되자, 사람들은 일제의 강요로 입었던 국민복과 몸뻬를 벗고 한복을 다시 입었다.
  ㉡ 6·25 전쟁 후에 여성은 질기고 오래가는 나일론으로 만든 블라우스를 입었고, 남성은 옷감이 부족하여 군복을 물들여 입기도 하였다.
  ㉢ 여성의 복장은 유행에 따라 변하였다. 플레어 스커트, 타이트 스커트, 맘보 바지 등이 유행하였다.
② 1960년대
  ㉠ 1961년 군사 정권은 '신생활 재건 운동'을 추진하면서 남성은 작업복 스타일의 '재건복'을, 여성은 '신생활복'을 입도록 권장하였다.
  ㉡ 치마 길이가 짧은 미니 스커트와 바지통이 넓은 판탈롱이 등장하였다.
③ 1970년대
  ㉠ 여성복이 맞춤복 시대에서 기성복 시대로 넘어갔다.
  ㉡ 양장은 미니, 맥시, 판탈롱, 핫팬츠 등 다양한 모델을 선보였다. 젊은층 사이에서는 통기타와 팝송을 상징으로 하는 청년 문화의 복장으로 청바지와 장발 등이 크게 유행하였다.
④ 1980년대
  ㉠ 남성복은 1980년대에 기성복 시대로 변화되었고, 컬러 텔레비전의 보급으로 의복의 색상이 더 화려하고 다채로워졌다.
  ㉡ 캐주얼 웨어가 큰 인기를 끌었고, 스포츠·레저용 의류의 소비도 크게 늘었다.

▲ 신생활 간소복(1961)

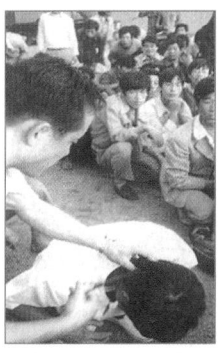

▲ 장발 단속

단권화 MEMO	

> **심화** 의생활의 변화
>
> - 1898년에 장옷을 폐지하고 대신 우산을 지니도록 청하는 상소를 시작으로, 사회 활동을 하는 여성과 여학생은 장옷을 벗고 활동하기 시작하였다.
> - 1930년대에는 양복과 양장을 입는 사람이 늘었으나 일제는 전시 체제를 확대하면서 국민복과 몸뻬를 입도록 강요하였다.
> - 1950년대에는 구호 물자가 들어와 옷차림이 한복에서 양복으로 빠르게 변화하였으며, 1960년대 이후에는 양복의 착용이 보편화되었다. 1970년대에는 기성복이 정착 단계에 이르렀고, 오늘날에는 생활 수준의 향상으로 개성 있는 옷을 입는 현상이 나타나고 있다.

(2) 식생활의 변화

① 1950년대
  ㉠ 광복 이후 인구의 빠른 증가와 6·25 전쟁 후 베이비 붐 등으로 식량난은 계속되었다.
  ㉡ 이때 미국에서 들어온 잉여 농산물은 밀가루가 주종을 이루었고, 정부는 분식·보리 혼식 등을 장려하여 식량난을 해결하고자 하였다.

② 1970년대
  ㉠ 주식(主食)인 쌀의 자급을 달성하였으나, 오히려 밀·옥수수·콩 등의 수입은 늘어났다.
  ㉡ 전체 곡물 자급률은 1977년의 65%에서 1986년에는 45%로 떨어졌다.

③ 1980년대
  ㉠ 식생활이 서구화되면서 밀가루 음식 소비가 부쩍 늘어남에 따라 쌀 생산은 과잉 상태에 이르렀다.
  ㉡ 서구화된 식생활 습관이 일반화되어 가공 식품과 동물성 식품의 섭취량이 빠르게 늘어났다.
  ㉢ 동물성 식품의 증가는 영양의 불균형과 영양 과잉 상태를 초래하여 생활 습관병과 비만 등의 문제를 낳았다.

④ 1990년대: 안전하고 건강한 식품을 찾는 사람이 늘어났고, 농산물에 남아 있는 농약을 우려하는 목소리가 높아지면서 무공해 유기 농산물에 대한 관심도 높아졌다.

(3) 주거 문화의 변화

① 1950년대
  ㉠ 광복에 이어 6·25 전쟁으로 주택난은 더욱 심각해졌다.
  ㉡ 휴전 이후, 파괴된 주택을 복구하고자 재건 주택이 지어졌다.

② 1960년대: 서울 마포에 아파트가 처음 등장하였고, 이후 아파트는 도시의 새로운 주거 형태로 자리 잡았다.

③ 1970년대
  ㉠ 아파트 단지가 강남과 잠실 등지에 건립되면서 도시의 주거 문화도 빠르게 변화하였다.
  ㉡ 서울의 높은 지대와 변두리에 '달동네'라는 빈민촌이 생겨났다.

④ 1980년대: 서울과 수도권 도시, 지방 대도시 곳곳에 아파트 단지가 건설되었고, 달동네나 판자촌도 재개발되어 아파트 단지로 탈바꿈하였다.

▲ 도시 재개발로 철거 위기에 놓인 판자촌(1970)

■ **재건 주택(再建住宅)**
유엔 한국 재건단(UNKRA)의 원조로 건립된 주택으로서, 9평 정도의 흙벽돌집이다.

⑤ 1990년대
  ㉠ 수도권으로 인구가 몰려들어 주택난이 계속되자, 정부는 서울 주변에 대규모 아파트 단지를 중심으로 한 신도시를 건설하였다.
  ㉡ 지방 중소 도시까지 아파트가 공급되면서 아파트에 사는 사람이 국민의 절반을 넘었다.

바로 확인문제

● **다음 한국 현대사에서 있었던 사건들을 시간순으로 바르게 나열한 것은?**

> ㄱ. 다수확 품종의 개발로 쌀의 자급자족이 가능해졌다.
> ㄴ. 전태일은 '근로 기준법을 지켜라.'고 외치며 분신하였다.
> ㄷ. 생존권 투쟁을 외치던 YH 무역 여성 노동자가 사망하였다.
> ㄹ. 직선제 개헌과 민주 헌법 제정을 요구하는 6월 민주 항쟁이 일어났다.

① ㄱ – ㄴ – ㄷ – ㄹ
② ㄱ – ㄴ – ㄹ – ㄷ
③ ㄴ – ㄱ – ㄷ – ㄹ
④ ㄴ – ㄷ – ㄹ – ㄱ

|정답해설| ㄱ. 제3차 경제 개발 계획 기간(1972~1976) 당시 다수확 품종인 유신벼 및 통일벼의 재배를 정부 차원에서 권장하였다.
ㄴ. 1970년, ㄷ. 1979년, ㄹ. 1987년의 일이다.
|정답| ③

03 현대 문화의 성장과 발전

1 한국학 연구의 발전

(1) 전통문화의 복원

① 일제의 잔재 청산
  ㉠ 광복을 맞으면서 우리나라의 학술계는 자유로운 연구와 교육 활동을 바탕으로 일제의 잔재를 일소하고자 하였다.
  ㉡ 단절된 전통문화를 복원하여 현대 문화와 조화를 이루는 노력을 기울였다.
② 1950년대
  ㉠ 학회의 창립: 역사학회, 국어 국문학회, 한국 철학회 등이 창립되어 한국학에 관련된 많은 연구 업적이 축적되기 시작하였다.
  ㉡ 국어 발전에 공헌: 한글 학회가 일제에 의해 강제로 중단되었던 『우리말 큰 사전』을 완간(1957)하여 국어 발전에 이바지하였다.
③ 1960년대
  ㉠ 한국학 연구 활동: 새롭게 창립된 학회와 대학, 연구 기관 등을 중심으로 한국학 분야의 연구 활동이 눈에 띄게 활발해졌다.
  ㉡ 민족주의적 성격 강화: 식민 문화의 극복과 남북통일이 주요 주제로 부각되면서 한국학 연구는 민족주의적 성격이 강화되었다.

(2) 서구 문화의 수용과 전통문화의 계승
① 서구 문화의 수용
  ㉠ 일제의 탄압과 왜곡 속에서 파괴되었던 우리의 전통문화는 서구 문화가 본격적으로 유입되자 더욱 어려움을 겪게 되었다.
  ㉡ 서구 문화의 수용은 국제 사회에 대한 이해와 근대적 사고 형성에 기여하였다. 반면 무비판적 수용으로 전통문화 소외, 물질 위주의 향락 문화를 조장하는 폐단도 나타났다.
② 전통문화의 계승
  ㉠ 1970년대 이후에는 무비판적으로 수용하였던 서구 문화에 대한 반성이 일어나면서 전통문화를 되살리는 노력이 펼쳐졌다.
  ㉡ 대학가에서는 탈춤과 사물놀이가 유행하였고, 사회 전반에 전통문화가 대중화되었다.
③ 발전: 전통문화와 서구 문화를 접목하여 자기화하려는 움직임으로 발전하였다.

2 언론 활동의 발달

(1) 언론의 확대
① 매체의 다양화: 광복 이후 언론은 양적인 팽창을 거듭하고 있다. 신문과 잡지, 라디오와 텔레비전 방송도 급속하게 팽창하였고, 케이블 방송과 인터넷 신문·방송도 등장하였다.
② 기능: 언론의 확대는 정보의 독점을 막고 여론의 힘을 강화시키는 역할을 하고 있다.

(2) 언론 통제
① 정부의 통제: 역대 권위주의적 정부들은 언론을 장악해서 통제하려 하였다.
  ㉠ 박정희 정부와 전두환 정부는 강제로 언론을 통폐합하고 비판적인 언론인들을 구속하거나 해직시키는 등 언론 탄압을 강행하였다.
  ㉡ 전두환 정부는 보도 지침을 통해 언론의 보도 내용을 강제로 규정하기도 하였다.
② 언론 자유의 확대: 1987년 6월 민주 항쟁을 거치면서 언론에 대한 정부의 통제와 간섭은 줄어들고 언론의 자유는 확대되었다.

(3) 언론의 사회적 책임
① 여론의 비등: 1990년대 이후에는 언론의 상업주의 경향 및 편향적인 정보의 취사선택으로 언론의 정화와 사회적 책임을 요구하는 여론이 높아지고 있다.
② 폐단: 인터넷 매체가 기존 언론에 대한 대안으로 제시되고 있지만, 여론 형성 과정에서 나타난 익명성(匿名性)에 의한 부정적 문제점이 지적되고 있다.

3 교육의 확대

(1) 교육 체계 확립
① 학제: 미국식 교육 제도의 영향으로 6-3-3-4학제가 도입되었다.
  ㉠ 이념: 교육 이념으로는 홍익인간(弘益人間)을 채택하였다.
  ㉡ 목표: 민주 시민의 양성을 교육 목표로 확립하였다.

■ 방송의 변화

연도	특징
1927	라디오 최초 방송
1947	대한민국 국적의 라디오 최초 방송
1954	라디오 민간 방송 시작
1961	전국적인 TV 방송
1965	라디오 FM 방송 시작
1980	컬러 TV 방송 시작
1994	케이블 TV의 전국 방송 실시

② 교육 기관의 설립
  ㉠ 광복 이후 대학을 비롯한 고등 교육 기관을 설립하고 중등 교육 기관도 크게 늘어났다.
  ㉡ 현재에는 중학교까지 의무 교육이 실시되어 교육 인구가 급속히 늘어나고 문맹률은 크게 감소하였다.

> **심화** 광복 이후의 교육 정책
>
> 광복 이후의 교육 정책은 미군정청 산하의 학무국 중심으로 시행되었다. 미군정 시기 학무국은 미국식 민주주의 교육을 실시함과 동시에 6-3-3-4의 단선형 학제를 결정하였다. 또한 기존의 5년제 중학교를 중학교 3년 및 고등학교 3년으로 분리시키고, 학기도 2학기제로 바꾸었다. 대한민국 정부 수립 이후에는 미군정 시대의 교육 제도를 바탕으로 1949년 12월 교육법이 공포되어 학제가 공식화되었고(1951년부터 실시), 1950년 6월부터는 초등 교육을 의무 교육화하였다.

(2) 교육열의 확산

① 교육열: 6·25 전쟁 중에도 피란지의 천막 학교 등에서 수업이 진행될 정도로 교육열이 높았다.
  ㉠ 성장의 원동력: 1950년대 후반부터 해외 유학이나 연수를 마치고 돌아온 전문가와 기업인들을 중심으로 고도성장을 이루었다.
  ㉡ 인적 자원: 이들은 1960년대 이후 경제와 사회 발전에 중요한 밑바탕이 되었다.
  ㉢ 국민 교육 헌장 공포(1968): 국민 교육 헌장은 우리나라 교육이 지향해야 할 이념과 목표를 세우고 민족 중흥의 새 역사를 창조할 것을 밝힌 교육 지표이지만, 국가주의적 교육 이념이 반영되었다는 비판도 존재한다.

> **사료** 국민 교육 헌장
>
> 우리는 민족 중흥의 역사적 사명을 띠고 이 땅에 태어났다. 조상의 빛난 얼을 오늘에 되살려 안으로 자주독립의 자세를 확립하고 밖으로 인류 공영에 이바지할 때다. 이에 우리의 나아갈 바를 밝혀 교육의 지표로 삼는다. 성실한 마음과 튼튼한 몸으로 학문과 기술을 배우고 익히며 타고난 저마다의 소질을 계발하고 우리의 처지를 약진의 발판으로 삼아 창조의 힘과 개척의 정신을 기른다. 공익과 질서를 앞세우며 능률과 실질을 숭상하고 경애와 신의에 뿌리박은 상부상조의 전통을 이어받아 명랑하고 따뜻한 협동 정신을 북돋운다. 우리의 창의와 협력을 바탕으로 나라가 발전하며 나라의 융성이 나의 발전임을 깨달아 자유와 권리에 따르는 책임과 의무를 다하여 스스로 국가 건설에 참여하고 봉사하는 국민정신을 드높인다. 반공 민주 정신에 투철한 애국애족이 우리의 삶의 길이며 자유 세계의 이상을 실현하는 기반이다. 길이 후손에 물려줄 영광된 통일 조국의 앞날을 내다보며 신념과 긍지를 지닌 근면한 국민으로서 민족의 슬기를 모아 줄기찬 노력으로 새 역사를 창조하자.
> 1968년 12월 5일 대통령 박정희

② 사회적 폐단: 높은 교육열은 경제 성장의 바탕이 되었다는 긍정적인 면이 있지만, 일류 학교 진학을 위한 과열 경쟁으로 과외 열풍과 학교 교육의 파행이라는 사회 문제를 일으켰다.
③ 개선책
  ㉠ 입시 과열을 막기 위해 1969년부터 중학교 무시험 진학 제도가 도입되었다.
  ㉡ 1974년부터 고교 평준화 정책과 연합 고사(고등학교 입학 선발 고사제)가 시작되었다.
  ㉢ 1980년대 이후에는 고등 교육의 대중화를 위하여 대학이 많이 세워졌다.

단권화 MEMO

(단위: 명)

구분	초등학교	중학교	고등학교 일반계	고등학교 실업계
1970	62.1	62.1	60.1	56.1
1975	56.7	65.5	59.8	57.0
1980	51.5	65.5	59.9	59.6
1985	44.7	61.7	58.0	55.5
1990	41.4	50.2	53.6	51.5
1995	36.4	48.2	48.0	47.9
2000	35.8	38.0	44.1	40.3
2003	33.9	34.8	34.1	31.0

「교육 통계 연보」

▲ 학급당 학생 수

▲ 25세 이상 인구의 학력 구성비

통계청, 「한국의 사회 지표」, 2004

바로 확인문제

● 시대별 교육 문화의 변화에 대한 설명으로 옳지 <u>않은</u> 것은? 17. 지방직 9급

① 미군정기: 미국식 민주주의 교육과 6·3·3학제가 도입되었다.
② 1950년대: 경제적 어려움 속에서도 초등학교 의무 교육제가 시행되었다.
③ 1960년대: 입시 과열을 막기 위해 중학교 무시험 추첨제가 도입되었다.
④ 1970년대: 국가주의 이념을 강조한 국민 교육 헌장이 제정되었다.

4 대중문화의 성장

(1) 미국 문화의 유입

① 유행: 미군정기와 6·25 전쟁을 겪으면서 미국의 대중문화가 급속히 흘러들어와 미국식 춤과 노래가 크게 유행하였다.
② 대중 문화의 성장: 우리나라의 대중문화는 경제 발전 및 대중 전달 매체의 보급이 확산된 1960년대부터 본격적으로 성장하기 시작하였다.

(2) 1970년대

① 텔레비전으로 방영된 가요, 드라마, 코미디가 대중문화의 중심이 되었다.
② 청소년층이 본격적으로 대중문화 소비의 주인공으로 대두하였다.

(3) 1980~1990년대

① 정치적 민주화와 사회·경제적 평등의 확대를 지향하는 민중 문화 활동이 대중문화에 영향을 미치기도 하였다.
② 1990년대에 들어 영화 산업은 미국 할리우드 대자본의 물량 공세에 맞서 한국적 특성이 담긴 영화를 제작하여 국내는 물론, 세계 영화계에서 각광을 받고 있다.

|정답해설| 광복 이후 교육 정책은 미군정청 산하의 학무국을 중심으로 시행되었다. 국민 교육 헌장이 제정된 것은 1968년이다.

|오답해설|
① 미군정 시기 학무국에서는 미국식 민주주의 교육을 실시함과 동시에 6-3-3-4의 단선형 학제를 결정하였는데, 기존의 5년제 중학교를 중학교 3년 및 고등학교 3년으로 분리시키고, 학기도 2학기제로 바꾸었다. 대한민국 정부 수립 이후에는 미군정 시대의 교육 제도를 바탕으로 1949년 12월 교육법이 공포되어 학제가 공식화되었고, 1951년부터 실시하였다.
② 1950년 6월부터는 초등 교육을 의무 교육화하였다.
③ 입시 과열을 막기 위해 1969년부터 중학교 무시험 진학 제도를 실시하였다.

|정답| ④

(4) 한류(韓流) 열풍

① 문화의 전파: 다양하게 발전한 우리의 대중문화는 최근 '한류'라는 이름으로 일본, 중국, 동남아시아 등지에서 선풍적인 인기를 끌고 있다. 대중가요와 영화에서 시작된 한류는 우리의 대중문화뿐만 아니라 전통문화도 다른 나라에 전파하는 역할을 하고 있다.
② 영향: 대중문화는 시장이 확대되면서 상업적 이익만이 아니라 국가의 이미지를 높이는 데에도 큰 영향을 미치게 되었다.

5 문학과 예술, 종교의 발달

(1) 문화계의 활동
광복 직후 문화계에는 좌우익의 이념 대립과 남북 분단으로 갈등이 나타났으며, 전통문화의 계승도 활발하지 못하였다. 그러나 시간이 흐름에 따라 여러 분야에서 다양한 활동을 전개하고 있다.

(2) 문학의 발달
① 순수 문학: 6·25 전쟁 이후 서정성이 중시되었다.
② 민족 문학: 1960년대에는 민족 문학이 대두하였다.
  ㉠ 1970년대: 민족 문학이 확산되면서 문학의 장르가 다양해지고 독자층이 넓어졌다.
  ㉡ 1980년대: 민주화의 진전과 발맞추어 더욱 다양하게 확대되었다.

(3) 음악·미술의 발달
① 1980년대에 국악 등 전통문화에 대한 이해가 깊어졌다.
② 노동자, 농민 및 통일 문제 등 사회 현실에 대한 문제 인식이 심화되면서 민중 예술 활동이 활발해졌다.
③ 이러한 경향은 다양한 문화 예술 발전의 토대가 되었다.

(4) 종교의 발달
① 광복 직후: 분단과 전쟁으로 불안해진 대중에게 정신적 안식처를 제공하였다.
② 전쟁 이후: 사회가 안정되면서 종교계는 양적 팽창을 하는 과정에서 분열하여 각 종교별로 새로운 종파가 생겨났다.
③ 1970년대: 일부 종교 지도자가 박정희 정부에 맞서 민주화 운동에 앞장서거나 노동·농민·통일 운동을 적극적으로 지원하기도 하였다.
④ 1990년대 이후: 종교계는 시민운동 등에 다양하게 참여하면서 포교 활동은 물론 갈등과 투쟁을 지양하고 사랑과 화해를 위해 노력하고 있다.

6 체육 활동의 성장

(1) 성장
① 의의: 광복 이후 국민을 단합시키고, 우리나라를 세계에 알리는 데 큰 기여를 한 것은 체육 활동이었다.
② 국위 선양: 1947년 보스턴 마라톤 대회에서 우리나라 선수가 우승하여 신생 독립 국가의 위상을 국내외에 알렸다.

(2) 정부의 지원 확대
① 지원: 1960년대에 들어 정부의 적극적인 지원으로 체육 활동은 활기를 띠었다.
② 선수촌 건립: 정부는 태릉 선수촌을 건립하는 등 엘리트 체육에 체계적인 지원을 하였다.
③ 올림픽 우승: 이에 힘입어 몬트리올 올림픽 대회(1976) 레슬링 종목에서 광복 이후 최초로 금메달을 획득하였다.

(3) 국제 대회의 개최
① 제10회 아시아 경기 대회(1986)와 제24회 서울 올림픽 대회(1988)를 성공적으로 개최하여 우리나라의 발전상을 전 세계에 알렸다.
② 시드니 올림픽 대회(2000)에서는 태권도가 공식 종목으로 채택되었다.
③ 월드컵 축구 대회 개최(2002): 우리나라가 일본과 공동으로 월드컵 축구 대회를 개최하여 한국에 대한 세계의 인식을 새롭게 하였다. 한국 축구는 4강 진출의 성과를 올렸고, 거리 응원이라는 세계에 자랑할 만한 응원 문화도 만들어 냈다.

(4) 체육 정책에 대한 반성과 지원
① 국민 소득이 증가하고 삶의 질에 대한 관심이 높아지면서 국가 주도의 엘리트 체육 정책에 대한 반성이 일어나고 있다.
② 현재에는 국민 건강과 삶의 질 향상에 기여하는 사회 체육에 대한 관심이 높아지고 이에 대한 지원도 활발해지고 있다.

(5) 남북 간의 교량 역할
① 남과 북을 오가는 통일 축구(1990)가 열린 이후, 일본 지바 세계 탁구 선수권 대회(1991)에서는 단일팀을 구성하여 우승하였다.
② 시드니 올림픽 대회(2000)에서는 남북한이 한반도기(旗)를 들고 함께 입장하여 한민족임을 세계에 알렸다.

▲ 2002년 한일 월드컵 대회 당시 거리 응원

7 과학 기술의 놀라운 발전

(1) 과학 기술의 발전
① 정부의 지원
  ㉠ 광복 이후 한동안 과학 기술 분야는 정체된 상태였으나, 정부의 지속적인 과학 기술 육성책에 힘입어 비약적인 발전을 거듭하고 있다.
  ㉡ 1950년대 후반에 원자력 연구소가 만들어지고, 1966년에 한국 과학 기술 연구소(KIST)가 설립되면서 본격적인 과학 기술 개발을 시작하였다.
② 과학 기술 진흥의 선도
  ㉠ 정부는 장기적인 과학 기술 발전 계획을 수립하여 시행하였다.
  ㉡ 외국에 유학한 재능 있는 과학자들을 유치하는 등 많은 지원을 하였다.
  ㉢ 1950년대 후반에는 과학 기술처가 창설되어 과학 기술 진흥을 선도하였다.

(2) 초고속 성장
① 과학 기술에 대한 투자
  ㉠ 정부와 민간의 꾸준한 과학 기술 투자를 바탕으로 여러 과학 분야에서 큰 발전을 가져왔다.
  ㉡ 통신·교통·컴퓨터·반도체 등의 분야에서는 초고속 성장을 거듭하고 있다.
② 항공 산업
  ㉠ 우주 항공 산업에서는 다목적 실용 위성 아리랑호를 비롯하여 무궁화 7호까지 잇따라 발사에 성공하여 현재 상용 서비스를 하고 있다.
  ㉡ 군사 기술에서도 외국 의존을 벗어나 독자적인 기술 개발이 이루어지고 있다. 현재는 군사 항공 분야에서 독자 기술로 초음속 전투 연습기를 만들어 낼 정도로 큰 발전을 보이고 있다.
③ 전자 산업
  ㉠ 반도체 등 여러 분야에서 세계 최고의 기술력을 가지고 있다. 특히 플래시 메모리 분야에서는 신제품을 개발할 때마다 항상 세계 최초 발명이라고 할 정도로 기술을 주도하고 있다.
  ㉡ 놀라운 과학 기술 발전에 힘입어 무역 규모가 확대되는 등 빠른 경제 성장을 하였고, 생활 수준도 크게 향상되었다.

▲ 아리랑 위성 2호

(3) 오늘날의 과제
① 투자 부문: 경제 성장 과정에서 정부와 민간 기업이 도외시한 기초 학문에 대한 적극적인 투자가 이루어져야 한다.
② 갈등의 해결: 과학 기술도 인간 윤리 및 자연환경과 조화를 이루면서 발전해야 한다. 특히 유전 공학 분야에서는 생명과 관련된 윤리적 갈등을 풀어야 한다.

단권화 MEMO

8 북한 문화와 예술의 이해

(1) 북한 문화의 이해
① 발전 : 북한의 문화와 예술은 아름다움을 추구하는 목적보다는 대중에게 공산주의 혁명 정신을 가르치는 당(黨)의 무기로써 발전하였다.
② 이론 : 김일성 주체사상에 바탕을 둔 문예 이론을 철저하게 지켰다.
③ 문학
　㉠ 주체 문예 이론이 대두한 1970년대부터 계급 혁명을 찬양하는 「피바다」, 「꽃 파는 처녀」 등의 혁명 투쟁 연극을 고쳐서 소설화하였다.
　㉡ 김일성 부자를 찬양하는 문학 외에 남녀 애정을 주제로 하는 「청춘송가」 같은 소설이 발표되기도 하였다.
④ 음악
　㉠ 민족 음악을 표방하였지만, 당과 김일성 부자를 찬양하는 노래가 대부분이다.
　㉡ 남북 교류가 활발해지면서 우리 예술인의 평양 공연이 이루어지고, 남한의 노래도 알려지고 있다.

(2) 예술의 이해
① 영화 중시 : 북한에서는 예술 장르 중 영화가 가장 중시되고 있는데, 대중을 상대로 호소력과 전파력이 가장 강하여 정치 선전에 유리하다고 판단하기 때문이다.
② 집단 예술 발전 : 사회주의 국가의 특징으로 집단 체조, 카드 섹션, 서커스(교예) 등의 집단 예술이 발전하였다.

(3) 언어의 이질화와 문제점
① 이질화 : 북한은 우리의 표준어와 구분되는 문화어를 새로 만들었다.
　㉠ 1966년부터 말 다듬기 운동을 전개하여 『조선말 대사전』을 편찬하였다.
　㉡ 『조선말 대사전』은 1992년 간행되었으며, 33만 개의 어휘가 수록되어 있고 새로 만든 문화어도 5만 개 중 2만 5천 개가 수록되어 있다.
② 문제점 : 분단의 장기화로 남북한 언어의 이질화가 심화되고 있다.

> **심화** 남북한 언어 이질화의 문제
>
> 북한말은 맞춤법부터 남한말과 다르다. 북한에서는 노동자를 '로동자'로 쓴다. 띄어쓰기와 문장 부호도 다르다. 북에서는 거위를 '게사니'로, 헬리콥터를 '직승기'라 부른다. 그래서 탈북 어린이는 수업 받는 내용의 절반 이상을 알아듣지 못한다고 한다. 옛날 이야기도 다르다. '토끼와 자라'를 보면 용왕은 "날마다 술만 퍼먹으면서 흥땅흥땅(흥청망청) 놀기만 해서 병에 걸렸고, 자라는 높은 벼슬과 재물을 바래서 뭍으로 갔다."라고 써 있다. 역사책은 더욱 다르다. 북의 어린이 책은 6·25 전쟁을 승리한 '인민 해방 전쟁'이라 적었다. 북에서 온 아이들이 역사 수업을 가장 버거워함은 너무나 당연하다. 수업 듣기도 벅찬 아이들이 북한 사투리 때문에, 또는 북에서 왔다는 이유로 놀림을 당한다고 들었다.
>
> 　　　　　　　　　　　　　　　　　　　　　　　　　　통일 교실, 통일 교육원

부록
(꼭 알아야 할, 근현대 인물 20인)

꼭 알아야 할, 근현대 인물 20인

박규수
(1807~1877)

- 1807년 서울 계동에서 태어났으며, 박지원(朴趾源)의 손자이다. 헌종 14년(1848) 증광 문과 병과에 급제하여 사간원 정언으로 벼슬에 나선 뒤 병조 정랑·용강 현령·부안 현감(1850)·사헌부 장령(1851)·동부승지(1854)·곡산 부사(1858) 등을 두루 거쳤다. 철종 12년(1861) 연행 사절(燕行使節)의 부사(副使)로 중국에 다녀왔으며, 1862년에는 임술 농민 봉기의 안핵사로 파견되어 민란을 수습하였다.
- 고종 즉위 후인 1866년에는 평안도 관찰사로 재임 중 **제너럴셔먼호를 격침**하였다. 대제학 시절인 1872년 진하사(청 황실에 파견된 축하 사절)의 정사로 다시 중국을 다녀오면서 청의 양무 운동을 목격하고 조선의 개국과 개화의 필요성을 절실히 느꼈다. 귀국 후 형조 판서·우의정을 거치면서 당시 강력한 통상 수교 거부 정책을 펼치던 흥선 대원군에게 천주교 박해 금지와 문호 개방의 필요성을 역설하였지만 뜻을 이루지 못하고 1874년 사퇴하였다. 이때부터 그는 젊은 양반 자제를 대상으로 실학적 학풍을 전하고 중국에서 얻은 견문과 국제 정세를 가르치며 개화파의 형성에 결정적인 역할을 하였다.
- 1875년 운요호 사건을 빌미로 일본이 수교를 요구해 오자 그는 고종에게 일본과 수교를 해야 한다고 주장하여 강화도 조약을 맺게 하였다. 저서로 『환재집(瓛齋集)』·『환재수계(瓛齋繡啓)』가 있다. 편저로는 『거가잡복고(居家雜服攷)』가 있다.

김홍집
(1842~1896)

- **1880년 제2차 수신사**로 임명되어 일본에 다녀왔다. 이때 **황쭌셴(황준헌)의 『조선책략』을 가지고 들어왔고**, 이후 『조선책략』의 유포는 조미 수호 통상 조약 체결(1882)의 계기가 되었다.
- 온건 개화파의 대표적 인물로서 1894년 제1차 김홍집 내각의 수반(총리대신)이 되었으며, 청일 전쟁 발발 이후에는 친일적 성격이 강했던 제2차 김홍집 내각을 성립시켰다(김홍집-박영효 연립 내각). 그러나 박영효, 서광범 등과의 불화로 내각은 와해되었고, 삼국 간섭 이후에는 제3차 김홍집 내각(친러시아적 성격)의 수반이 되었다. 또한 을미사변 이후에는 친일적 제4차 김홍집 내각을 형성하였다. 이 시기 일본의 압력으로 단발령 등 급격한 개혁을 추진하여(을미개혁) 의병 세력의 규탄을 받았으며, 1896년 아관 파천 이후 친러시아적 내각이 수립되면서 김홍집 내각은 붕괴되었다. 이때 김홍집은 광화문 앞에서 민중들에 의해 살해되었다.

김옥균
(1851~1894)

- 박규수, 오경석 등의 영향으로 개화사상을 가지게 되었으며, 1881년 조사 시찰단(신사 유람단)의 일원으로 일본에 파견되었다. 특히 1882년 제3차 수신사 박영효와 함께 일본에 다녀온 후 일본의 힘을 빌려 개혁을 추진하기로 결심하였다. 그러나 일본과의 차관 교섭에 실패한 후, 온건 개화파의 정치적 압력을 받게 되자 **1884년 갑신정변을 일으켰다**.
- 갑신정변은 우리나라 최초의 근대 국가 수립 운동으로 평가되지만 일본의 지원으로 추진되었다는 점, 토지 제도 개혁안이 없었다는 점에서 민중의 지지를 받지 못하였다. 결국 갑신정변은 청군의 개입으로 3일 만에 실패하였다. 갑신정변 실패 이후 일본으로 망명한 김옥균은 10년간 일본에서 생활하다가 1894년 상하이로 망명하였다. 그러나 1894년 민씨 정권이 보낸 자객 홍종우에게 피살당하였다.

유길준
(1856~1914)

- 1881년 조사 시찰단(신사 유람단)의 일원으로 일본에 건너간 유길준은 당시 일본 근대화의 상징적 인물이었던 후쿠자와 유키치에게서 영향을 받았다. 이후 1883년 보빙사 일행으로 미국에 건너갔다가 그곳에서 공부하였고, 1885년 유럽 여러 나라를 돌아볼 기회를 얻었다(이 경험은 『서유견문』 저술에 영향을 주었으며, **한반도 중립화론** 구상의 토대가 됨). 그러나 귀국 후 개화당 일파로 몰려 투옥되었다가 석방된 뒤 김홍집 내각에 입각하여 내무 협판 등을 역임하였다.
- 아관 파천 이후에는 일본으로 망명하였으나 순종 황제의 특사로 귀국한 뒤 흥사단(1907년 설립된 어린이용 교과서를 출판하는 사업체로, 1911년 해체되었는데 안창호의 흥사단과는 다른 단체임)을 창립하였고, 국민 경제회 및 계산 학교를 설립하였다.

최익현 (1833~1907)

- 고종 3년(1868) 10월 경복궁 중건 중지, 당백전(當百錢) 폐지 등을 주장하며 대원군의 정책을 비판하였다. 이때 사간원의 탄핵을 받아 관직이 삭탈되었다. 또한 1873년에는 대원군의 만동묘(萬東廟) 철폐를 비롯한 실정을 비판하며 상소를 올렸다(**계유 상소**). 이 사건을 계기로 10년간 집권한 대원군이 하야하였고, 고종이 직접 정치를 하게 되었다.
- 일본과의 통상 조약 체결이 추진되자 1876년 1월 도끼를 지니고 궁궐 앞에 엎드려 화의를 배척하는 상소(**5불가소 – 왜양일체론**)를 올렸다.
- 1905년 10월 을사늑약이 체결되자, 11월 29일 '**청토오적소(請討五賊疏)**,'를 올려 조약의 무효를 국내외에 선포하고 외부대신 박제순 등 5적을 처단할 것을 주장하였다. 이러한 상소 운동이 실패하자 전라북도 태인에서 거병하였으나 결국 일본에 체포되어 쓰시마섬에 유배된 후 순국하였다.

이상설 (1870~1917)

- 유학자 집안에서 태어난 그는 1896년 성균관 교수 겸 관장에 임명되었다가 사임하고, 한성 사범 학교 교관에 임명되었다. 이 무렵 헐버트(H. B. Hulbert)와 친교를 맺어 영어·프랑스어 등 외국어와 신(新)학문을 공부하였다. 1904년 일본이 황무지 개척권을 요구하자 이를 반대하는 상소를 올렸다. 1905년 일본이 을사늑약을 강제로 체결하자 조약을 파기할 것을 주장하는 상소를 올렸다. 고종이 이를 듣지 아니하자 다섯 차례의 동일한 상소를 올렸다.
- 1906년 북간도에 **서전서숙(瑞甸書塾)**을 설립하였고, **1907년 헤이그에 고종의 밀사로 파견**되었다. 1909년 밀산부에 독립군 기지인 한흥동을 건설하고, 1910년 6월에는 이범윤(李範允)·이남기(李南基) 등과 함께 연해주 방면에 모인 의병을 규합하여 **13도 의군(十三道義軍)**을 편성하였다.
- 일제 강점기 직후 연해주와 간도 일대의 교포들을 규합하여 **성명회(聲鳴會)**를 조직하고, 미국·러시아·중국 등에 일제의 침략을 규탄하고 한국 민족의 독립 결의를 밝히는 선언서를 보냈다. 1911년 12월에는 블라디보스토크에서 김학만(金學滿)·이종호(李鍾浩)·정재관·최재형(崔在亨) 등과 함께 **권업회(勸業會)**를 조직하고 그 기관지로 〈권업신문(勸業新聞)〉을 발행하였다. 또한 **1914년에는 대한 광복군 정부의 대통령으로 추대되었다**.

헐버트 [Homer Bezaleel Hulbert, 한국명: 활보(轄甫)] (1863~1949)

- 고종 23년(1886) 소학교 교사로 초청을 받고 D. A. 벙커 등과 함께 내한(來韓)한 후 육영 공원(育英公院)에서 외국어를 가르쳤다. 1905년 을사늑약 후 한국의 자주독립을 주장하였고, 고종의 밀서를 휴대하고 미국에 돌아가 국무 장관과 대통령을 면담하려 하였으나 실패하였다.
- 1906년 다시 내한하여 『한국평론(The Korea Review)』을 통해 일본의 침략을 폭로하였고, 1907년 고종에게 네덜란드에서 열리는 제2차 만국 평화 회의에 밀사를 보내도록 건의하였다. 그는 한국 대표보다 먼저 헤이그에 도착하여 〈회의 시보〉에 한국 대표단의 호소문을 싣는 등 한국의 국권 회복 운동에 적극 노력하였다.
- 1908년 미국 매사추세츠주 스프링필드에 정착해 한국에 관한 글을 썼고, 1919년에는 3·1 운동을 지지하는 글을 서재필(徐載弼)이 주관하는 잡지에 발표하였다.
- 저서로는 **세계의 지리 지식과 문화를 소개한 『사민필지』**, 『한국사(The History of Korea)』(2권), 『대동기년(大東紀年)』(5권), 『대한 제국 멸망사(The Passing of Korea)』 등이 있다.

홍범도 (1868~1943)

- 1907년 한일 신협약(정미 7조약)의 체결로 전국적으로 의병 운동이 일어나자 홍범도는 주변의 포수들을 모아 신포대를 조직하였고, 의병을 일으켜 큰 활약을 하였다. 1910년 국권이 피탈되자 만주로 건너가 대한 독립군 사령관을 역임하였다. 이후 일제가 독립군 기지인 봉오동을 침공하자 약 120여 명을 사살하여 물리쳤으며(1920년 봉오동 전투), 청산리 전투에서도 활약하였다.
- 소련에서 생활하던 홍범도는 1937년 스탈린이 한국인을 중앙아시아 지방으로 강제 이주시키자 그곳으로 옮겨 갔고 1943년 카자흐스탄에서 사망하였다.
- 1962년 건국 훈장 대통령장을 추서받았고, 2021년 8월 15일 홍범도 장군의 유해가 봉환되어, 국립 대전 현충원에 안장되었다.

김좌진
(1889~1930)

- 북로 군정서의 총사령관으로, 대한 독립군의 홍범도(1868~1943)와 함께 청산리 대첩(1920. 10.)의 주역이었다. 청산리 대첩 당시 북로 군정서를 비롯한 독립군 연합 부대는 백운평, 완루구, 천수평, 어랑촌 등에서 벌어진 10여 회의 전투 끝에 1,200여 명을 사살하는 혁혁한 전과를 올렸다.
- 간도 참변(경신참변) 이후 러시아 적군의 지원 약속에 따라 여러 독립군과 대한 독립 군단을 조직하여 러시아의 극동 지역으로 들어갔으나 자유시 참변(1921. 6.) 직전 만주로 돌아왔다. 이후 조성환 등과 함께 1925년 신민부를 조직하고 동포 사회를 관할하여 민족 유일당 운동을 준비하던 중 공산주의자 박상실에게 피살되었다(1930).

이회영
(1867~1932)

- 호는 우당이다. 안창호 등과 신민회에서 활동하였으며, 국권 피탈 이후에 다른 형제들과 일가족 전체를 거느리고 만주로 망명하여 항일 독립운동을 펼쳤다. 신흥 강습소(신흥 무관 학교)를 설립하고, 의열단 활동을 지원하는 등 국외 항일 운동 전반에 영향을 미쳤다.
- 신채호 등과 무정부주의(아나키스트) 운동을 전개하였으며, 1924년에는 재중국 조선 무정부주의자 연맹(在中國 朝鮮無政府主義者聯盟)을 조직하여 활동하였다.

이동휘
(1873~1935)

- 대한 제국 군인 출신으로 강화 진위대에서 참령으로 근무하였다. 또한 이동녕·안창호 등과 신민회를 조직하여 항일 투쟁을 전개하였다.
- 이후 러시아로 망명하여 1914년 설립된 **대한 광복군 정부의 부통령**을 지냈으며, 대한 국민 의회 결성을 주도하였다. 러시아 혁명 이후인 1918년에는 **최초의 사회주의 정당인 한인 사회당을 결성**하였다(한인 사회당은 1921년에 고려 공산당으로 개편됨).
- 대한민국 임시 정부가 상하이에 성립되자 임정에 참여하여 군무총장 및 국무총리를 역임하였다. 그러나 소련에서 제공받은 독립 자금의 일부를 유용한 것이 문제되어 임시 정부를 떠나게 되었다.

김원봉
(1898~1958)

- 1919년 의열단을 창설하여 6년간 대일 투쟁을 계속하였으나 연합 투쟁 및 조직 투쟁의 필요성을 깨달았다. 이 때문에 1925년에 황푸 군관 학교(중국 정부의 사관 학교)에 입교하여 군사 교육을 받았으며, 1927년에는 중국 국민당의 북벌(北伐)에 합류하였다. 이러한 경험은 1929년 상하이에서 정치 학교를 개설하고, 1932년 난징에서 조선 혁명 간부 학교를 창설하는 과정에서 중국 국민당의 지원을 받을 수 있는 계기가 되었다.
- 1935년에는 신한 독립당·한국 독립당·대한 독립당·조선 혁명당·의열단의 5개 단체를 규합하여 민족 혁명당(1937년 조선 민족 혁명당으로 개칭)을 조직하였다. 1937년 중일 전쟁이 발발하자 우한(武漢)으로 가서 조선 민족 혁명당을 중심으로 사회주의 계열 통합 단체인 조선 민족 전선 연맹을 결성하였다. 1938년에는 중국 국민당 정부의 동의를 얻어 **조선 의용대를 편성**하고 대장에 취임하였다. 김원봉 중심의 조선 의용대 일부는 1942년 한국광복군에 편입되었고, 김원봉은 1944년 임시 정부의 군무 부장에 취임하였으며 광복군 제1 지대장 및 부사령관을 역임하였다.
- 해방 이후 여운형이 암살되고 남한만의 단독 정부 수립이 본격화되자 월북하여 1948년 남북 제정당 사회단체 연석 회의(남북 협상)에 참가하였다. 북한 정권 수립 이후에는 국가 검열상·내각 노동상·최고 인민 회의 대의원 등을 역임하였으나 1958년 11월 숙청당하였다.

지청천 (1888~1957)

- 배재 학당과 대한 제국 무관 학교를 거쳐 일본에서 육군 사관 학교를 졸업한 군사 인재였다. 3·1 운동 이후 본격적으로 독립운동에 뛰어들어 신흥 무관 학교의 교장을 역임하고, 서로 군정서를 지휘하였다. 1924년 정의부가 조직되자 중앙 위원과 산하 의용군 총사령관에 선임되어 국내 진격 작전을 지휘하였다.
- 1930년 지린에서 홍진 등과 함께 한국 독립당을 조직하고 산하에 한국 독립군을 편성하여 총사령관이 되었다. 1931년 만주 사변이 일어나자 중국 호로군과 연합하여 쌍성보, 경박호, 동경성, 사도하자, 대전자령 등에서 혁혁한 전과를 올렸다. 이후 중국 관내(關內)로 이동하여 김구의 주선으로 낙양 군관 학교 한인 특별반 교관으로 재직하며 독립군의 양성에 노력하였다. 1940년에는 한국광복군 창설에 참여하여 총사령관을 맡았으며. 해방 후 1947년 대동 청년단을 조직하여 반공 운동 및 이승만 지지 활동을 하였다.

안창호 (1878~1938)

- 독립 협회에 참여하였고, 1899년에는 강서 지방 최초의 근대 학교인 점진 학교를 설립하였다. 1902년 미국으로 건너가 샌프란시스코에서 한국인 친목회를 조직하고, 이를 기반으로 1905년 4월 **대한인 공립 협회**를 설립하였다. 을사늑약 체결 이후 귀국하여 1907년 양기탁·신채호 등과 함께 비밀 결사인 신민회를 조직하였고, 평양에 대성 학교를 설립하였다.
- 일제 강점 직후인 1911년 미국으로 망명한 이후 1912년 샌프란시스코에서 **대한인 국민회 중앙 총회**를 조직하였고, 〈신한민보〉를 창간하였다. 또한 1913년에는 흥사단을 창설하였다.
- 1919년 3·1 운동 직후 상하이로 건너가 상하이 임시 정부 내무총장 겸 국무총리 대리직을 맡았고, 1923년 국민 대표 회의가 개최되었을 때 **개조파**를 대표하였다.
- 1932년 일본의 중국 본토 침략 정책에 대응하여 독립운동 근거지 건설 계획을 검토하던 중 일본 경찰에 붙잡혀 서울로 송환되었다. 이후 4년의 실형을 받고 복역하다가 1935년 2년 6개월 만에 가출옥하였으나, 1937년 6월 동우회 사건으로 재수감되었다가 병으로 보석되어 휴양 중 순국하였다.

조소앙(본명: 조용은) (1887~1958)

- 「대동단결 선언」(1917)을 집필하였고, 대한민국 임시 정부에서 국무원 비서장, 외무 부장 등을 역임하였다.
- 삼균주의(정치, 경제, 교육의 균등)를 주장하였고, 그의 주장은 1941년 발표된 「대한민국 건국 강령」의 기초 이념이 되었다.
- 해방 이후 귀국하여 1946년 비상 국민 회의를 조직한 후 의장이 되었으며 김구와 함께 임시 정부의 정통성 고수를 주장하였다. 1948년 4월 남북 협상 때 평양에 다녀왔고, 12월에는 사회당을 결성하고 당수가 되었다.
- 1950년 5·30 총선거 때 서울 성북구에서 전국 최고 득표자로 당선되어 제2대 국회에 진출하였으나, 6·25 전쟁 시기 서울에서 강제 납북되었다.

박은식 (1859~1925)

- 〈황성신문〉과 〈대한매일신보〉의 주필을 역임하였으며, 신민회에도 참여하였다. 또한 일본이 유림계를 친일화하려는 정치 공작을 전개하자 대동교를 창립하여 저항하였다. 대동교는 양명학의 지행합일적 입장에서 유교를 실천적으로 개혁한 단체였다. 이는 「유교구신론」을 통해 확인할 수 있다.
- 일제 강점 이후 만주로 망명하여 서간도에서 1년 동안 머물면서 『동명성왕실기』, 『발해태조건국지』, 『명림답부전』, 『천개소문전』, 『대동고대사론』 등을 저술하였다.
- 상하이로 거처를 옮긴 후 신규식과 함께 동제사, 대동보국단을 조직하였고, 1917년 7월 신규식, 조소앙 등과 함께 「대동단결 선언」을 발표하여 국내외 독립운동 세력의 통합과 단결을 통한 임시 정부의 수립을 제의하였다.
- 1919년 대한국민 노인 동맹단으로 조직하여 취지서를 쓰고 지도자로서 활동하였고, 일본의 왕과 조선 총독 앞으로 '독립 요구서'를 보내기도 하였다.
- 1925년 3월 '임시 대통령 이승만 면직안'이 임시 의정원에서 통과된 뒤 **대한민국 임시 정부의 제2대 임시 대통령으로 선출**되었으나, 개헌 이후 1925년 11월 1일 66세를 일기로 상하이에서 서거하였다. 대표적인 저서로는 **『한국통사』**와 **『한국 독립운동 지혈사』**가 있다.

신채호 (1880~1936)

- 1907년 신민회와 국채 보상 운동 등에 참여하였다. 일제 강점 이후에는 블라디보스토크로 이주하여 권업회의 기관지인 〈권업신문〉에서 주필로 활동하기도 하였다. 1915년에는 상하이로 이동하여 신한 청년회 조직에 참가하였다.
- 임시 정부 수립 이후에는 의정원 의원을 역임하였으나 〈신대한〉을 창간하여 이승만 중심의 임시 정부를 비판하였다. 1923년 상하이에서 열린 국민 대표 회의에서는 임시 정부를 해체하고 새로운 조직을 만들자는 **창조파**에 가담하였다.
- 1927년 신간회의 발기인이었으며 무정부주의 동방 동맹에 가입하기도 하였다. 그러나 자금 조달차 타이완으로 가던 중 지룽항에서 체포되어 10년형을 선고받고 뤼순 감옥에서 복역 중 1936년 옥사하였다.
- 역사학자로서 고조선과 묘청의 난 등에 대한 새로운 해석을 시도하였고 '역사는 아와 비아의 투쟁이다.'라는 명제를 통해 민족 사관을 수립하였다. 저서로는 「**독사신론**」, 「**조선상고사**」, 「**조선상고문화사**」, 「**조선사연구초**」, 「**조선사론**」, 「이태리 건국삼걸전」, 「을지문덕전」, 「이순신전」, 「동국거걸최도통전」 등이 있다.

김구 (1876~1949)

- 1893년 동학에 입교하여 농민 운동에 참여하였고, 일본인 쓰치다 살해 사건으로 사형 선고를 받았으나 고종의 특사로 감형되었다. 이후 황해도 안악의 양산 학교에서 학생들을 가르쳤고, 신민회에도 참가하였다. 그러나 1911년 105인 사건으로 체포되어 15년형을 선고받았다(복역 중 감형으로 1915년 출옥).
- 3·1 운동 이후에는 상하이로 망명하여 대한민국 임시 정부에 참여하였고, 초대 경무국장·내무총장·국무령을 역임하였다. **1931년에는 한인 애국단을 조직하여** 이봉창·윤봉길 등의 의거를 지휘하였고, 1935년에는 한국 국민당을 조직하였다. 1940년 대한민국 임시 정부가 충칭(중경)으로 거점을 옮긴 후에는 **대한민국 임시 정부 주석으로서 1941년 대일 선전 포고 및 「대한민국 건국 강령」을 발표**하였다.
- 해방 이후 개인 자격으로 입국한 김구는 한국 독립당 위원장으로서 모스크바 3국 외상 회의 성명을 반박하고 신탁 통치 반대 운동을 주도하였다. 1948년 4월에는 남한만의 단독 선거에 반대하면서 **남북 협상**을 결행하였으나 실패하였다. 1949년 6월 26일 경교장에서 육군 포병 소위 안두희에게 암살당하였다.

김규식 (1881~1950)

- 1918년 모스크바에서 개최된 약소민족 대회 및 **1919년 파리 강화 회의에 한국 대표로 파견**되었고, 1922년에는 동방 피압박 민족 대회에도 참석하였다. 임시 정부의 제5차 개헌 이후 부주석을 역임하였으며 해방 이후에는 반탁 운동을 전개하였다.
- 1946년 2월에는 우익 통합 단체인 민주 의원의 부의장을 역임하였고, **1946년 7월부터 여운형과 함께 좌우 합작 운동을 추진**하였다. 1947년 10월에는 중도 우익 세력을 통합하여 민족 자주 연맹을 창설하기도 하였다.
- 1948년에는 이승만의 남한 단독 정부 수립 주장에 반대하면서 김구와 연합하여 그해 2월 남북 협상을 제안하였다. 이후 3월 15일 김일성·김두봉의 회신에 따라 남북 협상 5원칙을 제시하고, 4월 21일 38선을 넘어 평양을 방문하여 4자 회담을 가졌다(남북 협상).
- 1950년 6·25 전쟁 과정에서 강제 납북되어 사망한 것으로 알려져 있다.

이승만 (1875~1965)

- 1895년 배재 학당에 입학한 후 외국 문화를 접하면서 진보적인 사상을 갖게 되었다.
- 1904년 미국으로 건너간 후 1905년부터 1910년까지 워싱턴대학교, 하버드대학교, 프린스턴대학교 등에서 서구 문화를 공부하였으며, 하와이를 중심으로 박용만·안창호와 협력하여 독립운동에 매진하였다(**대한인 국민회** 참여).
- 1919년 3·1 운동 이후 **대한민국 임시 정부가 수립되자 초대 대통령으로** 추대되었다. 그러나 1925년 탄핵을 받아 대통령직에서 물러난 후 주로 미국에서 외교 독립 활동에 매진하였다.
- 해방 이후 반탁 운동과 남한만의 단독 정부 수립 운동을 주도하였다. 1948년 제헌 국회에서 대한민국 초대 대통령에 당선되어 1948년 8월 15일 취임하였다. 1952년 부산 정치 파동을 통한 발췌 개헌안 처리, 1954년 사사오입 개헌, 1960년 3·15 부정 선거 등을 통해 독재 권력을 유지하고자 하였으나, 4·19 혁명이 발발하면서 대통령직에서 하야하였고, 하와이로 망명하여 생애를 마쳤다.

에듀윌이
너를
지지할게

ENERGY

삶의 순간순간이
아름다운 마무리이며
새로운 시작이어야 한다.

– 법정 스님

여러분의 작은 소리
에듀윌은 크게 듣겠습니다.

본 교재에 대한 여러분의 목소리를 들려주세요.
공부하시면서 어려웠던 점, 궁금한 점,
칭찬하고 싶은 점, 개선할 점, 어떤 것이라도 좋습니다.

에듀윌은 여러분께서 나누어 주신 의견을
통해 끊임없이 발전하고 있습니다.

에듀윌 도서몰 book.eduwill.net
- 부가학습자료 및 정오표: 에듀윌 도서몰 → 도서자료실
- 교재 문의: 에듀윌 도서몰 → 문의하기 → 교재(내용, 출간) / 주문 및 배송

2026 에듀윌 9급공무원 기본서 한국사

발 행 일	2025년 6월 16일 초판
편 저 자	신형철
펴 낸 이	양형남
펴 낸 곳	(주)에듀윌
I S B N	979-11-360-3767-1
등록번호	제25100-2002-000052호
주　　소	08378 서울특별시 구로구 디지털로34길 55 코오롱싸이언스밸리 2차 3층

*이 책의 무단 인용·전재·복제를 금합니다.

www.eduwill.net
대표전화 1600-6700

업계 최초 대통령상 3관왕, 정부기관상 19관왕 달성!

2010 대통령상   2019 대통령상   2019 대통령상

대한민국 브랜드대상 국무총리상   국무총리상   문화체육관광부 장관상   농림축산식품부 장관상   과학기술정보통신부 장관상   여성가족부장관상

서울특별시장상   과학기술부장관상   정보통신부장관상   산업자원부장관상   고용노동부장관상   미래창조과학부장관상   법무부장관상

- **2004**
  서울특별시장상 우수벤처기업 대상
- **2006**
  부총리 겸 과학기술부장관 표창 국가 과학 기술 발전 유공
- **2007**
  정보통신부장관상 디지털콘텐츠 대상
  산업자원부장관 표창 대한민국 e비즈니스대상
- **2010**
  대통령 표창 대한민국 IT 이노베이션 대상
- **2013**
  고용노동부장관 표창 일자리 창출 공로
- **2014**
  미래창조과학부장관 표창 ICT Innovation 대상
- **2015**
  법무부장관 표창 사회공헌 유공
- **2017**
  여성가족부장관상 사회공헌 유공
  2016 합격자 수 최고 기록 KRI 한국기록원 공식 인증
- **2018**
  2017 합격자 수 최고 기록 KRI 한국기록원 공식 인증
- **2019**
  대통령 표창 범죄예방대상
  대통령 표창 일자리 창출 유공
  과학기술정보통신부장관상 대한민국 ICT 대상
- **2020**
  국무총리상 대한민국 브랜드대상
  2019 합격자 수 최고 기록 KRI 한국기록원 공식 인증
- **2021**
  고용노동부장관상 일·생활 균형 우수 기업 공모전 대상
  문화체육관광부장관 표창 근로자휴가지원사업 우수 참여 기업
  농림축산식품부장관상 대한민국 사회공헌 대상
  문화체육관광부장관 표창 여가친화기업 인증 우수 기업
- **2022**
  국무총리 표창 일자리 창출 유공
  농림축산식품부장관상 대한민국 ESG 대상